fol. Lf 115 26 (4)

Dictionnaire des faillites [1848-1913]

1871-1874

4

DICTIONNAIRE

POUR L'ANNÉE 1871

D'après les journaux judiciaires,

DES FAILLITES,

LIQUIDATIONS JUDICIAIRES

SÉPARATIONS DE BIENS, NOMINATIONS DE CONSEILS JUDICIAIRES,

INTERDICTIONS,

PRONONCÉES PAR LES TRIBUNAUX DE PARIS

Avec les conditions sommaires des Concordats homologués, et la répartition
des Dividendes de chaque faillite,

Prix : 6 francs.

Par **H.-F. MASCRET**, ancien notaire,

Auteur du même DICTIONNAIRE depuis 1848, et du TABLEAU DES INTERDICTIONS & DES CONSEILS JUDICIAIRES,
du département de la Seine,

Ouvrage couronné par l'Académie nationale.

PARIS,

CHEZ L'AUTEUR, RUE DES DEUX-PORTES-SAINT-JEAN, N° 6.

1872.

INDICATION

DES

NOTAIRES, AVOUÉS, HUISSIERS

ET CABINETS D'AFFAIRES

de Paris.

Où les intéressés trouveront le *Dictionnaire des Faillites* et tous les documents publiés depuis 1848 jusqu'à l'année 1871 inclusivement.

(Les renseignements de l'année courante sont fournis chez l'auteur, rue des Deux-Portes, 6.)

NOTAIRES.

La Chambre, place du Châtelet (M. RADON, sécrétaire.)

MM.

Aveline, g⁴ rue de Vaugirard, 106.
Barré, boulevard des Capucines, 9.
Baudrier, chaussée d'Antin, 68.
Bonneau, faubourg Poissonnière, 7.
Bertrand, rue Jean-Jacques-Rousseau, 1.
Boissel, rue St-Lazare, 82.
Bouchard, place Boïeldieu, 1.
Bourget, rue St-Georges, 43.
Bouvry, route d'Italie, 21.
Breugnon, à Pantin.
Breuillaud, rue St-Martin, 333.
Carré, place des Petits-Pères, 9.
Cottin, boulevard St-Martin, 3
Crosse, rue Grenelle-St-Honoré, 11.
Delapalme, (Jules-Émile), rue Aubert, 9.
Delapalme, (Émile), chaussée d'Antin, 15.
Demanche, rue de Condé, 5.

MM.

Devès, rue Laffite, 3.
Ducloux, rue Boissy-d'Anglas, 9
Dufour, faubourg Poissonnière, 15.
Duplan, rue St-Honoré, 163.
Durant, faubourg St-Honoré, 64.
Fabre, rue Thévenot, 14.
Fovard, boulevard Haussmann, 94.
Fremyn, rue Bellechasse, 14.
Gautier, rue St-Honoré, 217.
Girardin, rue Richelieu, 43.
Guédon, rue St-Antoine, 214.
Harly-Perraud, rue des St-Pères, 15.
Ingrain, grande rue La Chapelle, 32.
Jozon, boulevard St-Martin, 53
Joson, rue Coquillière, 25.
Lamy, rue Royale-St-Honoré, 10.
Lavoignat, rue Aubert, 3.
Lefébure de St-Maur, rue d'Aboukir, 77.
Mas, rue de Bondy, 38.

MM.

Meignen, rue St-Honoré, 370.
Pascal, rue Grenier-St-Lazare, 2.
Piat, *rue Turbigo*, 4.
Planchat, boulevard St-Denis, 8.
Ploix, place de la Bourse, 10.
Potier, rue Richelieu, 43.
Pourcelt, rue du Bac, 20,
Prestat, rue Rivoli, 77.
Ragot, rue de Flandre, 20.
Raynal, rue St-Ferdinand, 10, aux Ternes.
Renard, rue Montmartre, 131.
Robert, rue St-Denis, 21.
Schelcher, rue Lepelletier, 19.
Taupin, à Clichy.
Thouard, boulevard Sébastopol, 9.
Tolln, rue Ste-Anne, 60.
Trépague, quai de l'École, 8.
Vassal, boulevard Sébastopol, 88.
Weïs, à Courbevoie.

AVOUÉS.

La Chambre, Palais de Justice.
MM.
Bernheim, rue Marché-St-Honoré, 11.
Blaches, rue St-Marc, 36.
Corpet, faubourg Poissonnière, 8.
Gavignot, rue Richelieu, 27.
Guyot-Sionnest, rue Richelieu, 28.

MM.
Gueny, rue des Jeûneurs, 42.
Laubanie, rue Neuve-St-Augustin, 60.
Lamy, boulevard Sébastopol, 135.
Lebocoq, rue Neuve-des-Petits-Champs, 66.
Levesque, rue Bons-Enfants, 21.
Louvel, rue St-Honoré, 243.

MM.
Masse, rue Gaillon, 14.
Michel, rue Cadet, 7.
Parmentier, rue d'Hauteville, 1
Poulet, rue St-Honoré, 231.
Weil, rue Magnan, 8.

HUISSIERS.

La Chambre, rue Montmartre, 30.
MM.
Antier, rue Rivoli, 20.
Baudin, rue d'Hauteville, 13.
Belguise, rue des Jeûneurs, 39.
Bercier, rue Montmartre, 70.
Berlin, boulevard des Italiens, 9.
Bimont, boulevard Beaumarchais, 13.
Bonnenfant, rue Neuve-St-Augustin, 11.
Boileau, rue du Pont-Louis-Phillppe.
Brossier, rue d'Aboukir, 101.
Corsain, rue St-Sauveur, 69.
Dahlain, Faubourg St-Honoré, 5.

MM.
Demachy, rue de Mulhouse, 4.
Demonchy, rue Monge, 110.
Dorlin, rue Lafayette, 53.
Doyen, rue St-Honoré, 243.
Dubois, rue Ste-Appoline, 2.
Feuillâtre, faubourg St-Martin, 34.
Gillet, rue du Sentier, 38.
Giraud, rue Vieilles-Haudriettes, 24.
Languellier, rue Beaurepaire, 20.
Lecoq, rue d'Aboukir, 56.
Lejard, place de la Bourse, 8.

MM,
Marquet, rue Vivienne, 34.
Maupin, boulevard Bonne-Nouvelle, 25.
Mercier, rue Laffite, 5 ou 7.
Petit, faubourg Poissonnière, 27.
Polart, rue Cloître-St-Jacques, 5.
Porcher, rue Neuve-Petits-Champs, 56.
Porret, avenue des Ternes, 2.
Radez, rue Berger, 20.
Richard, boulevard des Italiens, 27.
Rozé, rue Montmartre, 132.
Vincelet, rue St-Marc, 17.

CABINETS D'AFFAIRES.

MM.
Albaret, rue St-Honoré, 97.
Anqueulle, rue Rivoli, 66.
Bettenant, rue Turbigo, 51.
Biernet, rue Petit-Carreau, 40.
Blot, rue J.-J.-Rousseau, 19.
Bonnin, boulevard Sébastopol, 82.
Bouvier, rue Petits-Champs, 6.
Brimont, rue d'Aboukir, 85.
Bureau, rue Lamartine, 12.
Cayasse, rue St-Martin, 252.
Closmadeuc, rue Réaumur, 19.
Clouvet, rue St-Jacques, 320.
Cordier, rue Paul-Lelong, 13.
Debeauvais, rue d'Angoulème, 24.
Decullant, rue des Dames, 48.
Desgrand, passage Brady, 9?.
Desmarest, rue de Condé, 28.
Dozance, rue Coq-Héron, 7.
Dubarle, rue Meslay, 24.
Duditlieu & Lamy, passage Saulnier, 48.
Dumoret, rue de la Paix, 5.
Durand et Cie, boulevard Strasbourg, 18.
Durlot, rue Cherche-midi, 117.

MM.
Domergue, rue Vivienne, 17.
Ferrari, rue Rivoli, 66.
Ferrary, rue Turbigo, 11.
Fromont, rue Portefoin, 13.
Gallet, rue St-Lazare, 44.
Genard, rue des Petites-Écuries, 51.
Gohier, rue Meslay, 30.
Gouhand, rue Guénégaud, 21.
Guillet, boulevard Beaumarchais, 15.
Haudebourt, rue Vivienne, 22.
Hébert, boulevard Sébastopol, 92.
Hébert, boulevard St-Germain, 77.
Heurtaux, rue Montyon, 13.
Houdon et Bedu, rue Berge, 27.
Huan, boulevard Poissonnière, 24.
Hue, rue Rivoli, 55.
Hurel, rue Richer, 10 et 12.
Legris, rue Dunkerque, 23.
Lugand, rue de Lyon, 35.
Manger, rue Monge, 23.
Magnier, avenue Victoria, 18.
Maréchal, rue de Palestro, 20.
Matenas, rue Montyon, 4.
Mascart, rue des Halles, 32.

MM.
Martin, rue Trévise, 8.
Masson, rue des Bons-Enfants, 30.
Michel, rue Montmartre, 15.
Morin, rue Turbigo, 3.
Muriel, rue Paul-Lelong.
Mégisqué, rue de la Victoire, 74.
Niémaz, rue Sedaine, 95.
Penin, rue Montholon, 10.
Picque, rue St-Martin, 5.
Preault, quai St-Michel, 21.
Prevost, place St-Michel, 5.
Ricard, rue de la Verrerie, 99.
Robert, rue Ste-Anne, 64.
Rousseau, rue du Roule, 17.
Sarazin, rue Greneta, 48.
Selègue, place du Marché-St-Honoré, 28.
Spément, place St-Victor, 30.
Spronck, boulevard Sébastopol, 92.
Servel, rue St-Sabin, 64.
Taillet, rue d'Arcet, 7.
Thomas, boulevard de Strasbourg, 21.
Trépassé, boulevard Poissonnière, 27.
Turquel, rue Magnan, 34.
Weil, rue de l'Arbre-Sec, 35.

TRIBUNAL DE COMMERCE.

AU PALAIS DU TRIBUNAL EN LA CITÉ.

Ce tribunal tient ses audiences les lundis, à onze heures, pour les *causes du grand rôle;* tous les autres jours, à dix heures, pour les *causes* et *affaires sommaires;* les *causes* revenant par suite de *rapports d'arbitres* ne sont appelées qu'aux audiences des mercredi, jeudi et samedi.

Président. M. **Drouin** (O. ✳), rue Ste-Croix-de-la-Bretonnerie, 21.

JUGES (14).

MM. **Chabert** ✳, rue Royale-Saint-Honoré, 11.
    Moreau ✳, rue de la Victoire, 98.
    Jourde, rue de Paradis-Poissonnière, 50.
    Cappronnier, rue Billaut, 15.
    Mercier, rue d'Enghien, 48.
    Baudelot, quai de la Rapée, 81.
    Girard ✳, rue du Mont-Thabor, 6.

MM. **Hussenot** ✳, rue du Mail, 1.
    Melon de Pradou, chaussée de la Muette, 16.
    Boullay, quai du Louvre, 30.
    Evette, rue Turgot, 15.
    Cousté, quai des Célestins, 16.
    Séguier, rue Cadet, 24.

JUGES SUPPLÉANTS (25).

MM. **Perry,** rue de Turin, 27.
    Truelle, rue St-Arnaud, 3.
    Marteau, rue Guy-Lussac, 3.
    Bardou, rue de Chabrol, 55.
    Foucher, rue de Chabrol, 31.
    Simon, boulevard Richard-Lenoir, 22.
    Firmin Didot ✳, rue Jacob, 56.
    Martinet, boulevard Sébastopol, 131.
    Rondelet ✳, rue Bonaparte, 74.
    Bouillat, rue Notre-Dame-des-Victoires, 26.
    Courvoisier, rue Lafayette, 126.
    Depinay, boulevard de Strasbourg, 12.

MM. **Deleporte,** rue de Châteaudun, 26
    Bessand, rue du Pont-Neuf, 2
    Dietz-Monnin, rue du Château-d'Eau, 11.
    Croué, rue Grange-Batelière, 12.
    Bernard, rue de la Paix, 1
    Desvignes, à Saint-Maurice.
    Mozet, boulevard Denain, 10.
    Hachette, boulevard Saint-Germain, 77.
    Jousset, rue Furstenberg, 8.
    Reynier, rue Vieille-du-Temple, 30.
    Cogniet, rue Lafitte, 15.

SECRÉTARIAT DE LA PRÉSIDENCE *au Palais du Tribunal.*

M. **Camberlin** ✳, *secrétaire.*

GREFFE.

M. **Glandaz,** *greffier en chef,* boulevard de la Madeleine, 9.

COMMIS GREFFIERS.

MM. **Poidevin,** rue Marie-Antoinette, 1.
    Grattard, rue Neuve-des-Petits-Champs, 80.
    Ch. Roy, rue du Cardinal-Lemoine, 7.

MM. **Lebecq,** rue du Mont-Cenis, 41.
    Pennot, rue d'Enfer, 103.

COMMIS GREFFIERS DES FAILLITES.

M. **Daniel,** rue de Rennes, 59.

M. **Bastard** (A.), rue de Rennes, 59.

HUISSIERS AUDIENCIERS.

MM. **Devaux,** rue Notre-Dame-Nazareth, 9.
    Châle, boulevard Saint-Germain, 84.

MM. **Nitot,** rue Saint-Lazare, 8.
    Deschamps, rue Soufflot, 24.

Suite du Tribunal de Commerce.

AGRÉÉS.

MM.
Deleuze, *doyen*, rue de l'Arbre-Sec, 52.
Buisson, avenue Victoria, 22.
Meignen, rue de Rivoli, 77.
Delaloge, rue des Jeûneurs, 42.
Martel, rue Croix-des-Petits-Champs, 38.

MM.
Schayé, faubourg Montmartre, 8.
Hervieux, quai de la Mégisserie, 12.
Bra (Th.,) rue Croix-des-Petits-Champs, 25.
Walker, rue Turbigo, 3.
Marraud, rue Rossini, 2.

MM.
Ribot, rue Bergère, 18.
Descouches, rue Bertin-Poirée, 15.
Mermilliod, boulevard Sébastopol, 24.
Caron, place Boïeldieu, 1.
Renaud, rue Pernelle, 12.

MEMBRES DE LA CHAMBRE.

MM. Buisson, *président* ; — Delaloge, *syndic* ; — Hervieux, *secrétaire* ; — Walker, *trésorier de la compagnie.*

SYNDICS DES FAILLITES.

MM.
Barbot, boulevard Sébastopol, 22.
Barboux, rue de Rivoli, 94.
Battarel, rue de Bondy, 7.
Beaufour, rue du Château-d'Eau, 63.
Beaugé, avenue Victoria, 24.
Beaujeu, rue de Rivoli, 66.
Bégis, rue des Lombards, 31.
Bourbon, rue Richer, 30.
Chevallier, rue Bertin-Poirée, 9.
Chevillot, rue de Turbigo, 6.
Copin, rue Guénégaud, 17.

MM.
Devin, rue de l'Échiquier, 12.
Dufay, rue Laffitte, 43.
Gauche, avenue Victoria, 7.
Gautier, rue d'Argenteuil, 11.
Grison, boulevard Magenta, 75.
Hécaen, rue de Lancry, 9.
Heurtey fils, rue Mazarine, 68.
Knéringer, rue Labruyère, 22.
Lamoureux, quai de Gèvres, 8.
Legriel, rue de Rivoli, 13.
Maillard, rue Séguier, 3.

MM.
Meillencourt, rue N. D. des Victoires, 40.
Meys, boulevard Magenta, 59.
Moncharville, rue de Provence, 40.
Normand, rue des Grands-Augustins, 19.
Pinet, rue de Savoie, 6.
Pluzanski, rue Monge, 16.
Prodhomme, rue des Déchargeurs, 11.
Quatremère, quai des Grands-Augustins, 55.
Sarazin, quai d'Orléans, 16.
Sautton, boulevard du Palais, 5.
Sommaire, rue des Écoles, 40.

ARBITRES DE COMMERCE

LE PLUS SOUVENT CHOISIS PAR LE TRIBUNAL.

MM.
Bandeuf, quai de Béthune, 21.
Binot de Villiers, rue Taitbout, 80.
Bolle, rue d'Hauteville, 74.
Cauderon, boulevard Montmartre, 19.
Coquerel, rue de la Chaussée-d'Antin, 50.
Corsel, rue St-Pétersbourg, 22.
Dannay, rue Lafayette, 129.
De la Hodde, rue Laffitte, 58.
Delarue, rue des Martyrs, 21.
De Mallartie, rue Blanche, 81.
Devèze, rue Turbigo, 64.

MM.
Flory, rue de Turin, 13.
Fritel, boulevard Sébastopol, 85.
Guary, place du Château-Rouge, 2.
Heurtey, rue de Tournon, 17.
Jessé, place de la Madeleine, 13.
Jutet, rue Montyon, 12.
Laming, rue de l'Odéon, 9.
Leboucher, impasse Mazagran, 6.
De Leiris, rue Moncey, 16.
Loiseau, boulevard Magenta, 8.
Morand, rue du Temple, 11.

MM.
Peyro, rue Lafayette, 100.
Pihan de la Forest, rue de Lancry, 45.
Pinel de Grand-Champs b. de Strasbourg, 68.
Rolland, rue de Dunkerque, 27.
Rousseau, rue Bergère, 17.
Stiebel, rue Lamartine, 5 bis.
Truelle, faubourg St-Martin, 166.
Vanauld, rue St-Honoré, 40.
Vimard, boulevard Magenta, 119.
Walbaum, boulevard St-Michel, 50.

LIQUIDATEURS DE COMMERCE

LE PLUS SOUVENT CHOISIS PAR LE TRIBUNAL.

MM
Bacqua de la Barthe, r. Neuve-St-Augustin, 5.
Delanoy, rue de Constantinople, 5.
Gambey, rue Turbigo, 28.
Giraud, boulevard Beaumarchais, 101.
Giraudeau, rue de Londres, 56.

MM.
Goujon, rue Paradis-Poissonnière, 52.
Harouel, rue de la Victoire, 68.
Juge, rue de Rivoli, 186.
Richardière, rue de la Monnaie, 13.

MM.
Roux, rue de la Sourdière, 31.
Venant, rue des Jeûneurs, 21.
Vidal, boulevard Sébastopol, 137.
Vincent, rue Auber, 14.

Tarif des Agréés du Tribunal de Commerce.

Arrêté du Tribunal de Commerce de la Seine (28 juin 1839).

RÉGLEMENT.

Le Tribunal, après en avoir délibéré ;

Considérant que les arrêtés des 10 juin 1813 et 26 juin 1810, relatifs aux droits de présentation des agréés sont insuffisants et tombés en désuétude ;

Considérant qu'il est utile, dans l'intérêt des justiciables, de fixer par un réglement, les rétributions auxquelles les agréés peuvent prétendre pour tous les actes de leur ministère.

Arrête, par forme de police intérieure ;

A l'avenir, les droits de présentation, vacation, rédaction d'actes, seront réglés comme suit : les agréés seront en droit d'exiger de leurs clients, en outre de leurs déboursés justifiés :

Quatre francs pour l'inscription d'une cause au plumitif et leur présentation à l'audience en demandant ;

Trois francs pour chaque présentation en défendant ;

Trois francs pour vacation à la levée d'un jugement ;

Sous aucun prétexte, les agréés ne pourront prétendre davantage, et aucun client ne pourra se refuser à les payer d'après cette taxe.

Il n'est dû dans toutes les affaires portées aux audiences sommaires qu'une seule présentation ; seulement dans le cas où une remise aura été demandée par la partie, ordonnée par le tribunal, et que l'affaire sera terminée par un jugement contradictoire définitif, il pourra être accordé un nouveau droit de présentation, soit en demandant, soit en défendant.

Dans tous les cas, il ne pourra être exigé au-delà de trois présentations dans une même affaire, soit qu'elle ait été continuée aux audiences sommaires, soit qu'elle ait été renvoyée au grand rôle, et quel que soit d'ailleurs le nombre de remises demandées, accordées ou ordonnées.

Mais, dans toute affaire portée aux audiences sommaires où, après plusieurs remises, il y aura jugement par défaut, ou jugement de renvoi devant un juge-commissaire ou un arbitre-rapporteur, et sans plaidoirie, il ne sera dû qu'une seule présentation de *quatre* francs en demandant, et de *trois* francs en défendant.

Indépendamment du droit de présentation ci-dessus fixé, MM. les agréés, pourront prétendre et réclamer de leurs clients des honoraires pour des causes susceptibles de plaidoirie et de développement.

La fixation de ces honoraires ne pouvant être faite par grèlement, puisqu'elle dépend de la nature et de l'importance de l'affaire, du plus ou moins de soin et de travail qu'elle aura exigé, elle reste abandonnée à la discrétion de MM. les agréés, à leur loyauté et à leur modération ;

En cas de contestation, le tribunal décidera.

La fixation des honoraires dans les faillites confiées à leurs soins continuera à être faite par le juge-commissaire et soumise à l'approbation du président.

Outre les émoluments ci-dessus fixés pour les affaires portées à l'audience, les agréés recevront, pour droits de vacation et rédaction d'actes et requêtes, ceux déterminés ci-après :

La vacation aux enquêtes, soumission de caution, dépôts de jugement de séparations, d'actes d'autorisation de faire le commerce pour les émancipés et pour les femmes, à la distribution des causes du grand rôle, à l'insertion dans les journaux de l'extrait d'un acte de société, y compris la rédaction de l'extrait, est fixée à *trois* francs par vacation.

Le droit pour la levée d'un rapport est fixé comme celui pour la levée d'un jugement, à *trois* francs.

Toute requête en nomination d'experts ;

D'arbitres-juges ;

De placement de cause au grand rôle ;

D'autorisation d'assigner à bref délai ;

De saisir conservatoirement ;

De délivrance d'une deuxième grosse ;

D'obtention de sauf-conduit ;

D'autorisation de juge-commissaire pour cause quelconque ;

D'homologation de concordat ;

Sera taxée à *trois* francs quand la requête aura été répondue ;

La requête à fin de commettre un juge pour faire vérification de livres, ne sera taxée que *un franc cinquante* centimes.

Le présent arrêté sera affiché dans les deux salles d'audience du tribunal, ampliation en sera transmise à la chambre des agréés, pour être transcrite sur le registre de ses délibérations ; il est obligatoire pour tous les agréés, et en cas d'infraction de la part de l'un d'eux, le tribunal se réserve de prendre telles mesures qu'il jugera convenable.

Tarif des salaires dûs aux Conservateurs des Hypothèques.

(ORDONNANCE DU 10 OCTOBRE 1841.)

Il est alloué aux Conservateurs des Hypothèques, pour :

La transcription de chaque procès-verbal de saisie immobilière et de chaque exploit de dénonciation de ce procès-verbal au saisi (art. 677 et 678 du Code de procédure civile), par rôle d'écriture du conservateur, contenant vingt-cinq lignes à la page et dix-huit syllabes à la ligne : 1 fr.

L'acte du conservateur contenant son refus de transcription, en cas de précédente saisie (Pr. 680.) : 1 fr.

Chaque extrait d'inscription ou certificat qu'il n'en existe aucune (arg. de l'art. 692 du Code de procéd. civile) : 1 fr.

La mention des deux notifications prescrites par les art. 691 et 692 du Code de procéd. civile (693) : 1 fr.

La radiation de la saisie immobilière (693) : 1 fr.

La mention du jugement d'adjudication (Pr. 716) : 1 fr.

La mention du jugement de conversion (718) : 1 fr.

Instructions relatives aux réclamations en matière d'enregistrement et de timbre.

Voie administrative.

La voie de réclamation administrative est ouverte aux parties par l'art. 68 de la loi du 22 frim. an VII, pour la solution des difficultés qui peuvent s'élever relativement à la perception des droits d'enregistrement. Les pétitions doivent être rédigées sur papier timbré. (L. 13 brum. an VII, art. 12). On peut les remettre directement au receveur de l'enregistrement du bureau que l'affaire concerne, ou les envoyer au directeur qui réside au chef-lieu de chaque département, ou enfin les adresser par la poste soit au directeur général de l'enregistrement, à Paris, soit au ministre des finances.

Les notaires ont qualité pour demander en leur nom ou pour leurs clients, la restitution de droits d'enregistrement indûment perçus.

Les pétitions adressées aux directeurs particuliers des départements doivent être affranchies.

La réclamation administrative n'est point un préliminaire nécessaire à l'introduction de l'instance, et, d'un autre côté, elle n'a point pour effet d'interrompre la prescription biennale prononcée par l'art. 61 de la loi du 22 frim. an VII, en matière de restitution de droits. Cette interruption ne peut résulter que d'une demande signifiée et enregistrée avant l'expiration du délai de deux ans. (Cass., 14 janvier 1836.)

Les parties ne sont point recevables à se pourvoir au Conseil d'État contre les décisions rendues soit par la régie, soit par le ministre des finances en matière de perception de droits d'enregistrement, de timbre et d'hypothèque. Mais ces décisions ne font point obstacle à ce que les réclamations concernant ces droits soient portées devant les tribunaux.

Voie judiciaire.

C'est devant le tribunal civil de l'arrondissement du bureau où la perception a été faite, ou de celui qui a décerné la contrainte que doit être portée l'instance. S'il s'agit d'une restitution de droits, le tribunal est saisi par une assignation qui est signifiée par un huissier de la régie en la personne, soit du receveur du bureau, soit du directeur du département, soit du directeur général, à Paris. S'il s'agit d'un supplément de droit réclamé par la régie, on doit attendre la signification de la contrainte qui est le premier acte de poursuite pour le recouvrement des droits : mais pour en interrompre l'exécution, il faut faire signifier *immédiatement* soit au receveur lui-même, soit au directeur du département, soit au directeur général à Paris, une opposition contenant assignation à jour fixe ou dans les délais de la loi devant le tribunal civil de l'arrondissement du bureau d'où émane la contrainte. Cette opposition doit être *motivée* et renfermer une élection de domicile dans la commune où siège le tribunal. (L. 22 frim. an VII, art 64.)

L'instruction se fait ensuite par simples mémoires respectivement signifiés, sans plaidoiries. Les parties ne sont point obligées d'employer le ministère des avoués. (L. 27 vent. an IX, art. 17.) Mais elles peuvent s'en servir ; seulement les frais d'avoués restent en tout cas à leur charge ; elles ne peuvent les répéter contre la régie, même lorsque celle-ci succombe et est condamnée aux dépens.

Les pièces des instances en matière d'enregistrement doivent donc être remises au greffe du tribunal civil par les parties elles-mêmes ou leurs mandataires, et pour obtenir la désignation du juge rapporteur et l'appel de la cause, elles doivent s'adresser directement au président.

Les jugements sont rendus sur le rapport d'un juge fait en audience publique et sur les conclusions du ministère public ; ils sont sans appel ; mais ils peuvent être attaqués par voie de cassation (L. 22 frim. an VII, art. 65.)

Dans les pétitions et plus spécialement dans les mémoires, on doit exposer avec fidélité et dans un ordre méthodique les faits de la cause, rappeler ou même transcrire littéralement les dispositions des actes qui donnent naissance au litige, ainsi que toutes celles qui peuvent en aider et faciliter l'interprétation. De l'exposé des faits on fait découler la question, on la pose en termes clairs et précis et on passe à la discussion. Les dispositions de la loi, l'interprétation des conventions, l'appréciation de leur nature et de leurs effets d'après les règles du droit civil, la jurisprudence et l'opinion des auteurs doivent former les éléments de la discussion. Puis on arrive aux conclusions qui doivent être présentées avec soin et embrasser toutes les questions agitées, même subsidiairement, au procès.

Les frais d'une instance en matière d'enregistrement ne se composent que des droits d'enregistrement, de timbre et de frais de signification des contraintes, oppositions et mémoires échangés, ainsi que des droits d'enregistrement et de timbre du jugement ; ils sont ordinairement peu élevés et ne dépassent guère 30 à 40 francs. Mais la partie doit en outre des honoraires particuliers pour le mémoire qu'elle fait rédiger, et ce, sans pouvoir en réclamer le remboursement à la régie, en cas de condamnation contre celle-ci.

POURVOIS EN CASSATION.

Le délai pour se pourvoir en cassation est de deux mois à partir de la signification du jugement. Les formes et délais sont les mêmes qu'en matière civile. Les parties doivent en conséquence s'adresser à un avocat à la Cour de cassation pour former leur pourvoi ; elles ne doivent pas attendre pour cela au dernier moment, car il faut que l'avocat ait le temps de préparer la requête, de la déposer au greffe de la Cour de cassation et de consigner l'amende, ce qui doit avoir lieu dans les trois mois de la signification du jugement, à peine de déchéance.

Pour un pourvoi en cassation, les frais sont plus élevés ; les avocats demandent habituellement une consignation de 600 francs pour porter l'affaire devant la chambre des requêtes, et lorsque la question est soumise à la chambre civile, la consignation demandée ordinairement est de 500 francs.

RÉCLAMATIONS RELATIVES AUX AMENDES ET SUPPLÉMENTS DE DROITS.

Lorsqu'il s'agit d'amendes encourues et que les contraventions sont excusables ou proviennent d'erreur, on peut se pourvoir auprès du ministre des finances pour obtenir la remise entière ou partielle des amendes. La pétition, rédigée sur papier timbré, peut être remise au receveur du bureau ou adressée par la poste soit au directeur du département, soit au directeur général, soit au ministre des finances. On peut également se pourvoir par la même voie afin d'obtenir soit des délais pour le paiement des suppléments de droits et des amendes, soit des prorogations du délai pour passer les déclarations de successions. — MM. les notaires peuvent faire ces réclamations pour les parties.

LOIS NOUVELLES

EXTRAITES DU BULLETIN OFFICIEL.

RÉPUBLIQUE FRANÇAISE.

Loi sur la prorogation des Échéances des Effets de Commerce.

DU 10 MARS 1871.

(Promulguée au *Journal officiel* du 13 mars 1871.)

ART. 1er. Les effets de commerce souscrits avant ou après la loi du 13 août 1870 et venant à échéance après le 12 avril prochain, ne jouiront d'aucune prorogation de délai, et seront exigibles suivant les règles du droit commun.

2. Tous les effets de commerce échus du 13 août au 12 novembre 1870 seront exigibles, sept mois date pour date, après l'échéance inscrite aux titres, avec les intérêts depuis le jour de cette échéance.

Les effets échus du 13 novembre 1870 au 12 avril prochain seront exigibles, date pour date, du 13 juin au 12 juillet, avec les intérêts depuis le jour de la première échéance. Ne seront pas admis à jouir du bénéfice des prorogations tous effets créés postérieurement au 9 février.

Ces dispositions sont applicables aux effets qui auraient été protestés. En cas de nouveau protêt, ce refus de paiement sera constaté par une mention inscrite par l'officier ministériel sur le premier. L'enregistrement se fera exceptionnellement gratis.

Si les premiers protêts ont été suivis de jugement, il sera sursis à l'exécution jusqu'à l'expiration des nouveaux délais de prorogation.

3. Par dérogation à l'article 162 du Code de commerce, le délai accordé au porteur pour faire constater par un protêt le refus de paiement sera de dix jours. Les délais de dénonciation et de poursuites fixés par la loi courront du jour du protêt.

4. Les porteurs de traites ou lettres de change tirées soit à vue, soit à un ou plusieurs jours, mois ou usances de vue, qui, depuis le 13 août 1870, ne les auraient pas présentées en temps et lieux voulus, sont relevés de la déchéance prononcée par l'article 160 du Code de commerce, à la charge d'exiger le paiement ou l'acceptation desdits effets dans le mois qui suivra la promulgation de la présente loi, augmenté du délai légal des distances.

5. Dans les départements occupés en tout ou en partie par les troupes étrangères, conformément à l'article 8 du traité du 26 février, les tribunaux de commerce pourront, pendant le cours de l'année 1871, accorder des délais modérés pour le paiement des effets de commerce, conformément à l'article 1244, § 2, du Code civil.

Les mêmes délais pourront être accordés par les tribunaux de commerce de toute la France aux souscripteurs d'effets qui, retenus hors de chez eux par le service de l'armée régulière et de l'armée auxiliaire, seraient momentanément dans l'impossibilité de payer.

6. Toutes dispositions contraires aux présentes, contenues dans d'autres lois ou décrets, sont et demeurent abrogées.

A

Loi sur les Concordats amiables.

DU 22 AVRIL 1871.

(Promulguée au *Journal officiel* du 9 mai 1871.)

ART. 1er. Les suspensions ou cessations de paiements survenues depuis le 10 juillet 1870 ou qui surviendront jusqu'au 30 septembre 1871, bien que régies par les dispositions du livre III du Code de commerce, ne recevront la qualification de faillite et n'entraîneront les incapacités attachées à la qualité de failli que dans le cas où le tribunal de commerce refuserait d'homologuer le concordat, ou, en l'homologuant, ne déclarerait pas le débiteur affranchi de cette qualification.

2. Le tribunal de commerce aura la faculté, si un arrangement amiable est déjà intervenu entre le débiteur et la moitié en nombre de ses créanciers représentant les trois quarts en somme, de dispenser le débiteur de l'apposition des scellés et de l'inventaire judiciaire.

Dans ce cas, le débiteur conservera l'administration de ses affaires et procédera à leur liquidation concurremment avec les syndics régulièrement nommés, et sous la surveillance d'un juge-commissaire commis par le tribunal, mais sans pouvoir créer de nouvelles dettes.

Les dispositions du Code de commerce relatives à la vérification des créances, au concordat, aux opérations qui les précèdent et qui les suivent, et aux conséquences de la faillite dont le débiteur n'est pas affranchi par l'article 1er de la présente loi, continueront à recevoir leur application.

3. La présente loi est applicable à l'Algérie.

———

Assemblée nationale. — *Séance du 19 décembre 1871.*

PRÉSIDENCE DE M. JULES GRÉVY.

M. Leroyer dépose un rapport sur un projet de loi proposée par M. Drouin, qui demande la prorogation des effets de la loi du 22 avril 1871 jusqu'au 13 mars 1872. Cette loi avait été prorogée au 31 décembre 1871.

M. Drouin a proposé et la commission demande d'urgence que les suspensions de paiements et les concordats amiables soient réglés par la loi du 22 avril 1871 jusqu'au 13 mars 1872.

L'urgence est déclarée.

Le projet de loi renferme cet article unique :

« Les effets de la loi du 22 avril 1872 seront applicables aux suspensions de paiement qui se produiront du 1er janvier au 13 mars 1872.

L'Assemblée adopte à l'unanimité cette disposition.

———

Loi relative aux prorogations des Échéances des Effets de Commerce.

DU 26 AVRIL 1871.

(Promulguée au *Journal officiel* du 7 mai 1871.)

ART. 1er. Les effets de commerce, quelle que soit la date de leur souscription, payable dans le département de la Seine, échus ou à échoir à partir du 18 mars dernier, jusqu'au dixième jour qui suivra le rétablissement du service de la poste entre Paris et les autres parties de la France, ne seront exigibles qu'après ce terme.

2. Une déclaration du Gouvernement constatera la reprise de ce service, et le délai de dix jours courra de l'insertion de cette déclaration au *Journal officiel*.

3. Le délai facultatif de dix jours accordé au porteur, par l'article 3 de la loi du 10 mars, pour les effets prorogés s'appliquera à tous les effets de commerce qui font l'objet de la présente loi.

4. Les délais autorisés par le premier paragraphe de l'article 5 de la loi du 10 mars et par l'article 3 de la loi du 24 mars pourront, pendant le cours de l'année 1871, être accordés par tous les tribunaux de commerce de France, mais seulement aux souscripteurs, endosseurs et autres coobligés résidant dans le département de la Seine ou dans les départements envahis, dénommés dans l'article 8 du traité du 26 février 1871.

———

Loi relative aux Prescriptions et Péremptions en matière civile.

DU 26 MAI 1871.

(Promulguée au *Journal officiel* du 1er juin 1871).

ART. 1er. Toutes prescriptions et péremptions en matière civile, tous délais impartis pour signifier les décisions des tribunaux judiciaires ou administratifs suspendus pendant la durée de la guerre, par le décret du 9 septembre 1870 (1), recommenceront à courir le onzième jour après celui de la promulgation de la présente loi.

2. Toutes péremptions et forclusions en matière d'inscriptions hypothécaires et de transcriptions suspendues par la disposition générale de l'article 1er du décret du 9 septembre 1870 et par la disposition expresse de l'article 1er du décret du 3 octobre suivant (2), recommenceront également à courir le onzième jour après celui de la promulgation de la présente loi.

(1) Bulletin 3, n° 31.
(2) Bulletin 17, n° 110.

3. A partir de la même époque, commenceront à courir :

1° De nouveaux délais égaux aux délais ordinaires pour les différents actes de recours devant les tribunaux judiciaires ou administratifs, conformément à l'art. 2 du décret du 9 septembre et à l'article 2 du décret du 3 octobre 1870 ;

2° Un délai égal à celui qui restait à courir au jour de la suspension pour tous les autres actes faisant l'objet du deuxième paragraphe de l'article 2 du décret du 3 octobre 1870.

4. Les dispositions ci-dessus prescrites ne seront applicables au département de la Seine que le onzième jour après qu'un avis du ministre de la justice, inséré au *Journal officiel*, aura annoncé le rétablissement du cours de la justice dans ce département.

Il en sera de même :

1° Pour les personnes habitant le département de la Seine qui auraient à prendre des inscriptions, transcrire des actes ou signifier des exploits dans d'autres départements de la France, l'Algérie ou les colonies ;

2° Et pour celles qui, habitant en dehors du département de la Seine, auraient à faire ou signifier les mêmes actes dans ce département.

Le délai de dix jours, dans ces deux cas, sera augmenté de celui des distances, ainsi qu'il est déterminé par l'article 1er du Code civil pour la promulgation des lois ;

3° Et pour toutes les personnes qui, par suite d'obstacles provenant de la guerre civile, auraient été dans l'impossibilité d'exercer leurs droits dans les délais fixés par les articles 1, 2 et 3 de la présente loi.

Loi relative aux Réquisitions exercées contre les particuliers, depuis le commencement de la guerre, par les autorités civiles et militaires.

DU 15 JUIN 1871.

(Promulguée au *Journal officiel* du 22 juin 1871.)

ART. 1er. Les porteurs de bons de réquisition délivrés depuis le commencement de la guerre par les autorités françaises, civiles ou militaires, sont tenus, à peine de déchéance de tous droits et actions contre le trésor, de déposer dans un délai de deux mois, à la préfecture du département ou à la sous-préfecture de l'arrondissement dans lesquels les réquisitions ont été exercées, lesdits bons avec un état indicatif des sommes par eux réclamées et les pièces justificatives, si déjà la remise n'en a été faite aux autorités compétentes.

Tous ceux qui se croiraient fondés à réclamer des indemnités, à raison des prestations ou des objets de toute nature qu'ils auraient été contraints de fournir ou de livrer aux troupes françaises sans avoir reçu de réquisitions régulières, sont également tenus, à peine de déchéance, de faire, aux lieux et dans le délai ci-dessus indiqués, le dépôt d'un état indicatif des sommes auxquelles ils prétendent avoir droit, avec les pièces justificatives en leur possession.

Il sera donné un récépissé aux déposants.

2. Les prescriptions de la présente loi seront portées à la connaissance des intéressés au moyen d'affiches spéciales, dont l'apposition, dans chaque commune, sera constatée par un procès-verbal du maire.

Le délai de deux mois, fixé par l'article précédent, ne courra qu'à partir de l'apposition de ces affiches.

3. Dans les trois mois qui suivront l'expiration du délai accordé pour le dépôt des bons et autres titres de réquisition, il sera statué par les administrations compétentes sur toutes les réclamations formées par les déposants.

Loi sur la prorogation des Échéances des Effets de commerce dans le département de la Seine.

DU 4 JUILLET 1871.

(Promulguée au *Journal officiel* du 7 juillet 1871.)

ART. 1er. Le délai de sept mois accordé par l'article 2 de la loi du 10 mars 1871 pour protester les effets de commerce échus du 13 août au 12 novembre 1870 est prolongé de quatre mois, lesdits effets devenant ainsi exigibles, date pour date, du 13 juillet au 12 octobre 1871.

Les effets échus du 13 novembre 1870 au 12 juillet prochain seront exigibles, date pour date, du 13 octobre au 12 novembre.

Les dispositions qui précèdent ne s'appliquent qu'aux effets payables dans le département de la Seine ou dans les communes de Sèvres, Meudon et Saint-Cloud (Seine-et-Oise), et créés antérieurement au 31 mai dernier.

Pour les effets créés depuis le 31 mai, échus déjà ou venant à échéance avant la promulgation, le protêt sera fait dans les cinq jours de la promulgation.

2. Dans les vingt jours qui suivront la promulgation de la présente loi, les porteurs d'effets dont l'échéance primitive serait antérieure à cette promulgation devront avertir leurs débiteurs des engagements qu'ils ont à remplir.

Le même avis sera donné aux échéances postérieures à la promulgation et dans les cinq jours.

Le débiteur aura la faculté de se prévaloir des délais accordés pour le protêt par la présente loi.

L'avertissement donné par le créancier et la réponse du débiteur seront constatés par le visa du débiteur lors de la présentation, ou, en cas d'absence ou de refus, par huissier, sans droit d'enregistrement, aux frais du débiteur.

Le créancier qui n'aurait pas donné cet avertissement ne pourra exiger les intérêts depuis le 15 juillet prochain.

3. Par dérogation à l'article 162 du Code de commerce, et jusqu'au 30 novembre 1871, le délai accordé au porteur pour faire constater par un protêt le refus de paiement sera de dix jours.

Les délais de dénonciation et de poursuites fixés par le droit commun courront du jour du protêt.

4. Tous actes conservant les recours pour les effets de commerce protestés antérieurement ou postérieurement à la loi du 13 août 1870 pourront être faits utilement dans un délai de vingt jours à partir de la promulgation de la présente loi.

5. Les porteurs de traites ou lettres de change tirées soit à vue, soit à un ou plusieurs jours, mois ou usance de vue, qui, depuis le 13 août 1870, ne les auraient pas présentées en temps et lieux voulus, seront relevés de la déchéance prononcée par l'article 160 du Code de commerce, à la charge d'exiger le paiement ou l'acceptation desdits effets dans le mois qui suivra la promulgation de la présente loi, augmenté du délai légal des distances.

6. Le tribunal de commerce de la Seine pourra, pendant le cours de l'année 1871, accorder aux obligés des délais modérés conformément à l'article 1244 du Code civil.

Arrêté relatif au paiement des Annuités des Brevets d'invention.

DU 2 JUILLET 1871.

(Promulgué au *Journal officiel* du 9 juillet 1871.)

ARTICLE UNIQUE. Les décrets du Gouvernement de la défense nationale en date du 10 septembre et du 14 octobre 1870, concernant les annuités des brevets d'invention, cesseront d'avoir leur effet à partir du 1er octobre 1871.

Les annuités échues et non payées depuis le 25 août 1870, ainsi que les premières annuités non payées depuis

le 14 octobre 1870, devront être acquittées à l'époque fixée ci-dessus.

A dater du présent arrêté, les brevetés dont les annuités viendraient à échéance et les nouveaux brevetés qui ne pourraient payer immédiatement la première annuité auront aussi jusqu'au 1er octobre 1871 pour en faire le versement.

Loi qui introduit diverses modifications dans le Tarif des Douanes.

DU 8 JUILLET 1871.

(Promulguée au *Journal officiel* du 9 juillet 1871.)

ART 1er, Les droits sur les sucres de toute origine sont augmentés de trois dixièmes.

2. Les sucres extraits, par les procédés barytiques, des mélasses dites *épuisées*, sont assujettis à un droit de quinze francs les cent kilogrammes, décimes compris.

3. Les mélasses non destinées à la distillation, ayant cinquante pour cent au moins de richesse saccharine, acquitteront un droit de dix-huit francs soixante centimes les cent kilogrammes.

4. Les glucoses à l'état de sirop et à l'état concret, acquitteront un droit de dix francs les cent kilogrammes, décimes compris.

5. Cafés en fèves : des pays hors d'Europe, y compris les possessions françaises, cent cinquante francs les cent kilogrammes ; d'ailleurs, cent soixante-dix francs les cent kilogrammes. — Café torréfié ou moulu, deux cents francs les cent kilogrammes.

6. Chicorée brûlée ou moulue, cinquante-cinq francs les cent kilogrammes.

7. Thé : des pays hors d'Europe, deux cents francs les cent kilogrammes ; d'ailleurs, deux cent soixante francs les cent kilogrammes.

8. Cacaos en fèves : des pays hors d'Europe, y compris les possessions françaises, cent francs les cent kilogrammes ; d'ailleurs, cent vingt francs les cent kilogrammes.

9. Chocolat et cacao broyé, cent soixante francs les cent kilogrammes.

10. Poivre, piment, girofle, cannelle, cassia lignea, muscades en coques : des pays hors d'Europe, y compris les possessions françaises, deux cents francs les cent kilogrammes ; d'ailleurs, deux cent quarante francs les cent kilogrammes.

11. Muscades sans coques et macis : des pays hors d'Europe, y compris les possessions françaises, trois

cents francs les cent kilogrammes ; d'ailleurs, trois cent cinquante francs les cent kilogrammes.

12. Vanille de toute origine, quatre francs le kilogramme.

13. Vins autres que de liqueur, cinq francs l'hectolitre ; vins de liqueur, vingt francs l'hectolitre.

14. Alcools : eaux-de-vie en bouteilles, trente francs l'hectolitre de liquide ; en fûts, trente francs l'hectolitre d'alcool pur. — Alcools autres, trente francs l'hectolitre d'alcool pur.

15. Liqueurs, trente-cinq francs l'hectolitre de liquide.

16. Tabacs et cigarettes dont l'importation est autorisée pour le compte des particuliers, trente-six francs par kilogramme.

17. Huile de pétrole et huile de schiste venant de l'étranger : à l'état brut, des pays hors d'Europe, vingt francs les cent kilogrammes ; d'ailleurs vingt-cinq francs les cent kilogrammes : — épurées, des pays hors d'Europe, trente-deux francs les cent kilogrammes ; d'ailleurs, trente-sept francs les cent kilogrammes.

Essence de pétrole : des pays hors d'Europe, quarante francs les cent kilogrammes ; d'ailleurs, quarante-cinq francs les cent kilogrammes.

Loi relative au mode de suppléer aux Actes de l'état civil du département de la Seine, détruits dans la dernière insurrection.

DU 10 JUILLET 1871.

(Promulguée au *Journal officiel* du 12 juillet 1871.)

ART. 1er. Provisoirement et jusqu'à ce que les actes de l'état civil du département de la Seine, détruits par le feu durant la dernière insurrection, aient été reconstitués, l'acte de naissance dont l'article 70 du Code civil prescrit la remise et que les futurs époux, par suite de cette destruction des registres, seraient dans l'impossibilité de reproduire, pourra être suppléé par l'attestation des père et mère, aïeuls et aïeules présents au mariage, jointe soit au bulletin délivré par les maires au moment de la déclaration de la naissance, soit à l'extrait des registres tenus par les ministres des différents cultes, soit à toute autre pièce ou document rendant vraisemblable la date de la naissance indiquée.

En cas de décès des père et mère, aïeuls et aïeules, ou si aucun d'eux n'assiste au mariage, il pourra être procédé à la célébration sur la déclaration des futurs époux quant à l'époque de leur naissance, jointe à quelqu'une des pièces mentionnées ci-dessus, rendant vraisemblable la date indiquée et certifiée par les témoins du mariage.

À défaut de toute pièce ou de tout document rendant vraisemblable la date de la naissance, il y sera suppléé par un acte de notoriété dressé par le juge de paix soit du domicile, soit du lieu de la naissance, sur la déclaration de quatre témoins de l'un ou de l'autre sexe, parents ou non parents. Cet acte de notoriété sera délivré en minute, visé pour timbre, enregistré gratis et affranchi de toute homologation.

2. Jusqu'à la reconstitution desdits registres, il pourra être suppléé à leurs extraits quant aux actes de décès des père et mère, aïeuls et aïeules, par la déclaration des futurs époux et des quatre témoins, selon les formes indiquées par l'avis du Conseil d'État du 4 thermidor an XIII.

3. Dans les cas prévus aux articles précédents, l'officier de l'état civil fera mention, dans l'acte de mariage, des attestations ou déclarations qu'il aura reçues et des pièces ou documents produits à l'appui.

4. Provisoirement et jusqu'à ce que les actes de l'état civil du département de la Seine aient été reconstitués, les procédures intentées aux termes de l'article 46 du Code civil, relativement aux naissances, mariages ou décès dont la preuve aurait été détruite par les causes indiquées ci-dessus, seront dispensées des frais d'enregistrement et de timbre. Le ministère d'un avoué ne sera pas obligatoire. Dans le cas où le tribunal croirait devoir faire comparaître des parties intéressées ou des témoins, le greffier les appellera par simples lettres chargées.

Loi qui établit des augmentations d'Impôts et des Impôts nouveaux, relatifs à l'Enregistrement et au Timbre.

DU 23 AOUT 1871.

(Promulguée au *Journal officiel* du 25 août 1871).

ART. 1er. Les dispositions de l'article 14 de la loi du 2 juillet 1862, relatives à la perception d'un second décime sur les droits et produits dont le recouvrement est confié à l'administration de l'enregistrement, sont remises en vigueur.

2. Il est ajouté deux décimes au principal des droits de timbre de toute nature.

Ne sont pas soumis à ces deux décimes :

1° Les effets de commerce spécifiés en l'article 1er de la loi du 5 juin 1850, dont le tarif, fixé par ledit article et par l'article 2 de la même loi, est porté au double, ainsi que les effets tirés de l'étranger sur l'étranger, négociés, endossés, acceptés ou acquittés en France, qui sont soumis aux mêmes droits;

2° Les récépissés des chemins de fer, les quittances de produits et revenus délivrées par les comptables de deniers publics, conformément à l'article 4 de la loi du 8 juillet 1865, les reconnaissances de valeurs cotées, ainsi que les quittances de sommes envoyées par la poste, lesquels seront à l'avenir assujettis à un droit de timbre de 25 centimes;

3° Les permis de chasse, dont le droit, perçu au profit du Trésor, est élevé de quinze francs à trente francs.

3. Les dispositions de l'article 7 de la loi du 18 mai 1850, concernant les valeurs mobilières étrangères dépendant des successions régies par la loi française, et les transmissions entre-vifs à titre gratuit de ces mêmes valeurs au profit d'un Français, sont étendues aux créances, parts d'intérêts, obligations des villes, établissements publics et généralement à toutes les valeurs mobilières étrangères, de quelque nature qu'elles soient.

4. Sont assujettis aux droits de mutation par décès les fonds publics, actions, obligations, parts d'intérêts, créances et généralement toutes les valeurs mobilières étrangères, de quelque nature qu'elles soient, dépendant de la succession d'un étranger domicilié en France, avec ou sans autorisation.

Il en sera de même des transmissions entre - vifs, à titre gratuit ou à titre onéreux, de ces mêmes valeurs, lesquelles s'opéreront en France.

5. Les actes d'ouverture de crédit sont soumis à un droit proportionnel d'enregistrement de cinquante centimes par cent francs.

La réalisation ultérieure du crédit sera assujettie aux droits fixés par les lois en vigueur, mais il sera tenu compte, dans la liquidation, du montant du droit payé en exécution du paragraphe premier du présent article.

Le droit d'hypothèque, fixé à un pour mille par l'article 60 de la loi du 28 avril 1816, sera perçu lors de l'inscription des hypothèques garantissant les ouvertures de crédit.

6. Tout contrat d'assurance maritime ou contre l'incendie, ainsi que toute convention postérieure contenant prolongation de l'assurance, augmentation dans la prime ou le capital assuré, désignation d'une somme en risque ou d'une prime à payer, est soumis à une taxe obligatoire, moyennant le paiement de laquelle la formalité de l'enregistrement sera donnée gratis toutes les fois qu'elle sera requise.

La taxe est fixée ainsi qu'il suit, savoir:

1° Pour les assurances maritimes et par chaque contrat, à raison de cinquante centimes par cent francs, décimes compris, du montant des primes et accessoires de la prime.

La perception suivra les sommes de vingt francs en vingt francs, sans fraction, et la moindre taxe perçue pour chaque contrat sera de vingt-cinq centimes, décimes compris;

2° Pour les assurances contre l'incendie et annuellement, à raison de huit pour cent du montant des primes ou, en cas d'assurances mutuelles, de huit pour cent des cotisations ou des contributions.

La taxe sera perçue d'après les mêmes bases sur les contrats en cours, mais seulement pour le temps restant à courir et sauf recours par les assureurs contre les assurés.

Les contrats de réassurance ne sont pas assujettis à la taxe, à moins que l'assurance primitive, souscrite à l'étranger, n'ait pas été soumise au droit.

7. La taxe fixée par l'article précédent sera perçue, pour le compte du Trésor, par les compagnies, sociétés et tous autres assureurs, courtiers ou notaires qui auraient rédigé les contrats.

Les répertoires et livres dont la tenue est prescrite par les articles 35, 44, 45 et 47 de la loi du 5 juin 1850, feront mention expresse, pour chaque contrat, du montant des primes ou cotisations exigibles, ainsi que de la taxe payée par les assurés en exécution de l'article 6 de la présente loi.

Chaque contravention à cette disposition sera passible d'une amende de dix francs.

Ces dispositions, celles de l'article 6 et celles des lois des 5 juin 1850 et 2 juillet 1862 sont applicables aux sociétés et assureurs étrangers qui auraient un établissement ou une succursale en France.

8. Les contrats d'assurances passés à l'étranger pour des immeubles situés en France ou pour des objets ou valeurs appartenant à des Français, doivent être enregistrés avant toute publicité ou usage en France, à peine d'un droit en sus qui ne peut être inférieur à cinquante francs.

Le droit est fixé ainsi qu'il suit:

Pour les assurances contre l'incendie, à raison de huit francs par cent francs du montant des primes multiplié par le nombre d'années pour lequel l'assurance a été contractée;

Pour les assurances maritimes, au taux fixé par l'article 6 ci-dessus.

9. Les contrats d'assurances contre l'incendie passés en France pour des immeubles ou objets mobiliers situés à l'étranger ne sont pas assujettis au payement de la taxe; mais il ne pourra en être fait aucun usage en France, soit par acte public, soit en justice ou devant toute autre autorité constituée, sans qu'ils aient été préalablement enregistrés. Le droit sera perçu au taux fixé par l'article précédent, mais seulement pour les années restant à courir.

10. Un règlement d'administration publique déterminera le mode de perception et les époques de payement de la taxe établie par l'article 6 ci-dessus, ainsi que toutes les mesures nécessaires pour assurer l'exécution des articles 6 et 7 de la présente loi. Chaque contravention aux dispositions de ce règlement sera passible d'une amende de cinquante francs.

11. Lorsqu'il n'existe pas de conventions écrites constatant une mutation de jouissance de biens immeubles, il y est suppléé par des déclarations détaillées et estimatives, dans les trois mois de l'entrée en jouissance.

Si la location est faite suivant l'usage des lieux, la déclaration en contiendra la mention.

Les droits d'enregistrement deviendront exigibles dans les vingt jours qui suivront l'échéance de chaque terme et la perception en sera continuée jusqu'à ce qu'il ait été déclaré que le bail a cessé ou qu'il a été résilié.

En cas de déclaration insuffisante, il sera fait application des dispositions des articles 19 et 39 de la loi du 22 frimaire an VII.

La déclaration doit être faite par le preneur ou, à son défaut, par le bailleur, ainsi qu'il est dit à l'art. 14 ci-après.

Ne sont pas assujetties à la déclaration les locations verbales ne dépassant pas trois ans et dont le prix annuel n'excède pas cent francs. Toutefois, si le même bailleur a consenti plusieurs locations verbales de cette catégorie, mais dont le prix cumulé excède cent francs annuellement, il sera tenu d'en faire la déclaration et d'acquitter personnellement et sans recours les droits d'enregistrement.

Si le prix de la location verbale est supérieur à cent francs, sans excéder trois cents francs annuellement, le bailleur sera également tenu d'en faire la déclaration et d'acquitter les droits exigibles, sauf son recours contre le preneur qui sera dispensé, dans ce cas, de la formalité de la déclaration.

Le droit sera exigible lors de l'enregistrement ou de la déclaration. Toutefois, si le bail est de plus de trois ans et si les parties le requièrent, le montant du droit pourra être fractionné en autant de paiements égaux qu'il y aura de périodes triennales dans la durée du bail. Le paiement des droits afférent à la première période sera seul acquitté lors de l'enregistrement ou de la déclaration, et celui des périodes subséquentes aura lieu dans le premier mois de l'année qui commencera chaque période.

La dernière disposition du n° 2 du paragraphe 3 de l'article 69 de la loi du 22 frimaire an VII, relative aux baux de trois, six ou neuf années, est abrogée.

Les dispositions du présent article ne seront exécutoires qu'à partir du 1er octobre prochain.

12. Toute dissimulation dans le prix d'une vente et dans la soulte d'un échange ou d'un partage sera punie d'une amende égale au quart de la somme dissimulée, et payée solidairement par les parties, sauf à la répartir entre elles par égale part.

13. La dissimulation peut être établie par tous les genres de preuves admises par le droit commun. Toutefois, l'administration ne peut déférer le serment décisoire et elle ne peut user de la preuve testimoniale que pendant dix ans, à partir de l'enregistrement de l'acte.

L'exploit d'ajournement est donné, soit devant le juge du domicile de l'un des défendeurs, soit devant celui de la situation des biens, au choix de l'administration. La cause est portée, suivant l'importance de la réclamation, devant la justice de paix ou devant le tribunal civil. Elle est instruite et jugée comme en matière sommaire; elle est sujette à appel, s'il y a lieu. Le ministère des avoués n'est pas obligatoire; mais les parties qui n'auraient pas constitué avoué ou qui ne seraient pas domiciliées dans le lieu où siége la justice de paix ou le tribunal seront tenues d'y faire élection de domicile, à défaut de quoi toutes significations seront valablement faites au greffe.

Le notaire qui reçoit un acte de vente, d'échange ou de partage est tenu de donner lecture aux parties des dispositions du présent article et de celles de l'article 12 ci-dessus. Mention expresse de cette lecture sera faite dans l'acte, à peine d'une amende de dix francs.

14. A défaut d'enregistrement ou de déclaration dans les délais fixés par les lois des 22 frimaire an VII, 27 ventôse an IX et par l'article 11 de la présente loi, l'ancien et le nouveau possesseur, le bailleur et le preneur sont tenus personnellement et sans recours, nonobstant toute stipulation contraire, d'un droit en sus, lequel ne peut être inférieur à cinquante francs.

L'ancien possesseur et le bailleur peuvent s'affranchir du droit en sus qui leur est personnellement imposé, ainsi que du versement immédiat des droits simples, en déposant dans un bureau d'enregistrement l'acte cons-

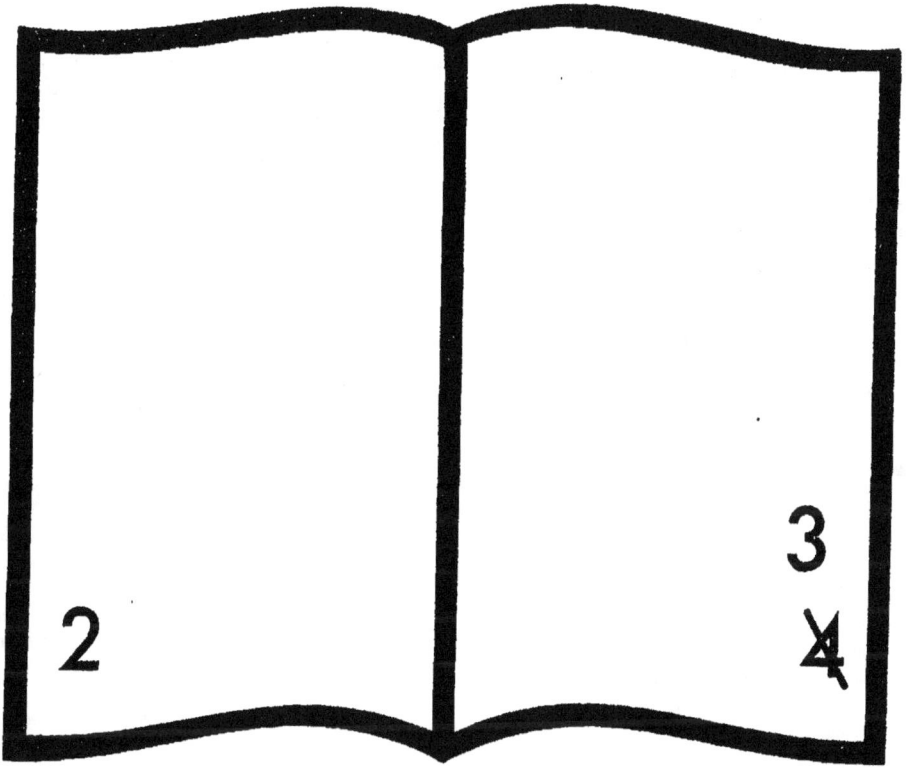

2

3

4

tatant la mutation ou, à défaut d'actes, en faisant les déclarations prescrites par l'article 4 de la loi du 27 ventôse an IX et par l'article 11 de la présente loi.

Outre les délais fixés pour l'enregistrement des actes ou déclarations, un délai d'un mois est accordé à l'ancien possesseur et au bailleur pour faire le dépôt ou les déclarations autorisés par le paragraphe qui précède.

Les dispositions du présent article ne sont pas applicables au preneur dans les cas prévus par les paragraphes 5 et 6 de l'article 11 ci-dessus.

15. Lorsque, dans les cas prévus par la loi du 22 frimaire an VII et par l'article 11 de la présente loi, il y a lieu à expertise, et que le prix exprimé ou la valeur déclarée n'excède pas deux mille francs, cette expertise est faite par un seul expert nommé par toutes les parties, ou, en cas de désaccord, par le président du tribunal et sur simple requête.

16. Les tribunaux devant lesquels sont produits des actes non enregistrés doivent, soit sur les réquisitions du ministère public, soit même d'office, ordonner le dépôt au greffe de ces actes, pour être immédiatement soumis à la formalité de l'enregistrement.

Il est donné acte au ministère public de ses réquisitions.

17. Il est accordé un délai de trois mois, à compter de la promulgation de la présente loi, pour faire enregistrer sans droits en sus ni amendes tous les actes sous signatures privées qui, en contravention aux lois sur l'enregistrement, n'auraient pas été soumis à cette formalité.

Le droit ne sera perçu pour les baux ainsi présentés à l'enregistrement que pour le temps restant à courir au jour de la promulgation de la présente loi.

Le même délai de faveur est accordé pour faire la déclaration des biens transmis soit par décès, soit entre-vifs, lorsqu'il n'existera pas de conventions écrites.

Les nouveaux possesseurs qui auraient fait des omissions ou des estimations insuffisantes dans leurs actes ou déclarations sont admis à les réparer sans être soumis à aucune peine, pourvu qu'ils acquittent les droits simples et les frais dans le délai de trois mois.

Les dispositions du paragraphe 1er du présent article sont également applicables aux contraventions aux lois sur le timbre de dimension encourues à raison des actes sous signatures privées qui n'auraient pas été régulièrement timbrés.

Le bénéfice résultant du présent article ne peut être réclamé que pour les contraventions existant au jour de la promulgation de la présente loi.

18. À partir du 1er décembre 1871, sont soumis à un droit de timbre de dix centimes :

1° Les quittances ou acquits donnés au pied des factures et mémoires, les quittances pures et simples, reçus ou décharges de sommes, titres, valeurs ou objets et généralement tous les titres de quelque nature qu'ils soient, signés ou non signés, qui emporteraient libération, reçu ou décharge ;

2° Les chèques, tels qu'ils sont définis par la loi du 14 juin 1865, dont l'article 7 est et demeure abrogé.

Le droit est dû pour chaque acte, reçu, décharge ou quittance ; il peut être acquitté par l'apposition d'un timbre mobile, à l'exception toutefois du droit sur les chèques, lesquels ne peuvent être remis à celui qui doit en faire usage sans qu'ils aient été préalablement revêtus de l'empreinte du timbre à l'extraordinaire.

Le droit de timbre de dix centimes n'est applicable qu'aux actes faits sous signatures privées et ne contenant pas de dispositions autres que celles spécifiées au présent article.

19. Une remise de deux pour cent sur le timbre est accordée, à titre de déchet, à ceux qui feront timbrer préalablement leurs formules de quittances, reçus ou décharges.

20. Sont seuls exceptés du droit de timbre de dix centimes :

1° Les acquits inscrits sur les chèques, ainsi que sur les lettres de change, billets à ordre et autres effets de commerce assujettis au droit proportionnel ;

2° Les quittances de dix francs et au-dessous, quand il ne s'agit pas d'un à-compte ou d'une quittance finale sur une plus forte somme ;

3° Les quittances énumérées en l'article 16 de la loi du 13 brumaire an VII, à l'exception de celles relatives aux traitements et émoluments des fonctionnaires, officiers des armées de terre et de mer et employés salariés par l'État, les départements, les communes et tous établissements publics ;

4° Les quittances délivrées par les comptables de deniers publics, celles des douanes, des contributions indirectes et des postes, qui restent soumises à la législation qui leur est spéciale.

Toutes autres dispositions contraires sont abrogées.

21. Les avertissements donnés, aux termes de la loi du 2 mai 1855, avant toute citation, devront être rédigés par le greffier du juge de paix sur papier au timbre de dimension de cinquante centimes.

22. Les sociétés, compagnies, assureurs, entrepreneurs de transports et tous autres assujettis aux vérifi-

cations des agents de l'enregistrement par les lois en vigueur sont tenus de représenter auxdits agents leurs livres, registres, titres, pièces de recette , de dépense et de comptabilité, afin qu'ils s'assurent de l'exécution des lois sur le timbre.

Tout refus de communication sera constaté par procès-verbal et puni d'une amende de cent francs à mille francs.

23. Toute contravention aux dispositions de l'art. 18 sera punie d'une amende de cinquante francs. L'amende sera due par chaque acte , écrit , quittance , reçu ou décharge pour lequel le droit de timbre n'aurait pas été acquitté.

Le droit de timbre est à la charge du débiteur ; néanmoins, le créancier qui a donné quittance , reçu ou décharge en contravention aux dispositions de l'article 18, est tenu personnellement et sans recours , nonobstant toute stipulation contraire , du montant des droits , frais et amendes.

La contravention sera suffisamment établie par la représentation des pièces non timbrées et annexées aux procès-verbaux que les employés de l'enregistrement, les officiers de police judiciaire, les agents de la force publique, les préposés des douanes, des contributions indirectes et ceux des octrois sont autorisés à dresser, conformément aux articles 31 et 32 de la loi du 13 brumaire an VII. Il leur est attribué un quart des amendes recouvrées.

Les instances seront instruites et jugées selon les formes prescrites par l'article 76 de la loi du 28 avril 1816.

24. Un règlement d'administration publique déterminera la forme et les conditions d'emploi des timbres mobiles créés en exécution de la présente loi. Toute infraction aux dispositions de ce règlement sera punie d'une amende de vingt francs.

Sont applicables à ces timbres les dispositions de l'article 21 de la loi du 11 juin 1859.

Sont considérés comme non timbrés :

1° Les actes, pièces ou écrits sur lesquels le timbre mobile aurait été apposé sans l'accomplissement des conditions prescrites par le règlement d'administration publique, ou sur lesquels aurait été apposé un timbre ayant déjà servi ;

2° Les actes, pièces ou écrits sur lesquels un timbre mobile aurait été apposé en dehors des cas prévus par l'article 18.

Loi portant augmentation des impôts concernant les Contributions indirectes.

DU 1ᵉʳ SEPTEMBRE 1871.

(Promulguée au Journal officiel du 3 septembre 1871.)

ART. 1ᵉʳ. Le droit de circulation sur les vins, cidres. poirés et hydromels sera perçu, en principal et par chaque hectolitre, conformément au tarif ci-après :

Vins en cercles, à destination des départements : première classe, un franc vingt centimes ; deuxième classe, un franc soixante centimes ; troisième classe, deux francs ; quatrième classe, deux francs quarante centimes.

Vins en bouteilles, quel que soit le département, quinze francs.

Cidres, poirés et hydromels, un franc.

La « taxe de remplacement » perçue aux entrées de Paris sera portée en principal :

Sur les vins en cercles, à huit francs cinquante centimes ; en bouteilles, à quinze francs.

Dans les autres villes rédimées, la taxe de remplacement sera révisée, eu égard au nouveau droit de circulation.

2. Le droit général de consommation par hectolitre d'alcool pur contenu dans les eaux-de-vie et esprits en cercles, par hectolitre d'eaux-de-vie et esprits en bouteilles, de liqueurs et absinthes en cercles et en bouteilles, et de fruits à l'eau-de-vie, est fixé à cent vingt-cinq francs en principal.

Les débitants établis dans les villes qui sont soumises à une taxe unique, les débitants établis en tous autres lieux et qui payent le droit général de consommation à l'arrivée, conformément à l'article 41 de la loi du 21 avril 1832, seront tenus d'acquitter, par hectolitre, un complément de cinquante francs, en principal, sur les quantités qu'ils auront en leur possession à l'époque où les dispositions du présent article seront exécutoires et qui seront constatées par voie d'inventaire.

A dater de la même époque, la taxe de remplacement aux entrées de Paris sera portée à cent quarante et un francs en principal, par hectolitre d'alcool pur contenu dans les eaux-de-vie et esprits en cercles, par hectolitre d'eaux-de-vie et esprits en bouteille, de liqueurs et absinthes en cercles et en bouteilles, et de fruits à l'eau-de-vie.

3. Les vins présentant une force alcoolique supérieure à quinze degrés sont passibles du double droit de consommation, d'entrée ou d'octroi pour la quantité d'alcool comprise entre quinze et vingt et un degrés. Les vins

1

présentant une force alcoolique supérieure à vingt et un degrés seront imposés comme alcool pur.

4. Le droit à la fabrication des bières sera porté, pour la bière forte, à trois francs soixante centimes l'hecto-litre, décimes compris ; pour la petite bière, à un franc vingt centimes.

5. Les droits de vingt-cinq centimes et de quarante centimes actuellement perçus par chaque jeu de cartes à jouer sont remplacés par un droit unique de cinquante centimes, en principal, par jeu, quel que soit le nombre de cartes dont il se compose et quel que soient la forme et le dessin des figures.

Le supplément de taxe sera payé par les fabricants de cartes, sur les quantités reconnues en leur possession et déjà imposées, d'après le tarif qui est modifié.

6. A partir du 1er octobre 1871, les droits de licence seront perçus, d'après le tarif suivant, sur les assujettis qui y sont dénommés :

Débitants de boissons : dans les communes au-des-sous de quatre mille âmes, douze francs ; dans celles de quatre mille à six mille âmes, seize francs ; dans celles de six mille à dix mille âmes, vingt francs ; dans celles de dix mille à quinze mille âmes, vingt-quatre francs ; dans celles de quinze mille à vingt mille âmes, vingt-huit francs ; dans celles de vingt mille à trente mille âmes, trente-deux francs ; dans celles de trente mille à cinquante mille âmes, trente-six francs ; dans celles de cinquante mille âmes et au-dessus (Paris excepté), quarante francs.

Brasseurs : dans les départements de l'Aisne, des Ar-dennes, de la Côte-d'Or, de la Meurthe, du Nord, du Pas-de-Calais, du Rhône, de la Seine, de la Seine-Infé-rieure, de Seine-et-Oise et de la Somme, cent francs ; dans les autres départements, soixante francs.

Bouilleurs et distillateurs de profession : dans tous les lieux, vingt francs.

Marchands en gros de boissons : dans tous les lieux, cent francs.

Fabricants de cartes : dans tous les lieux, cent franc.

Fabricants de sucres et glucoses : dans tous les lieux, cent francs.

Loi portant augmentation des Impôts concernant les Contributions indirectes.

DU 4 SEPTEMBRE 1871.

(Promulguée au *Journal officiel* du 10 septembre 1871.)

ART. 1er. Le prix des tabacs dits de *cantine*, dont la vente a été autorisée par la loi du 28 avril 1816, ne pourra pas excéder deux francs cinquante centimes, quatre francs et six francs chez les débitants, suivant les zones auxquelles ils appartiendront.

Un règlement d'administration publique déterminera l'étendue et la délimitation des nouvelles zones.

2. La régie est autorisée à fabriquer de nouvelles qua-lités de tabacs supérieurs à priser, à fumer et à mâcher, dont les prix seront fixés conformément à l'article 177 de la loi du 28 avril 1816.

3. Il sera perçu par la régie des contributions indi-rectes, sur les allumettes chimiques fabriquées en France ou importées, quelles qu'en soient la forme et la dimen-sion, un droit fixé comme suit, décimes compris :

ALLUMETTES EN BOIS.

Boîtes ou paquets de cinquante allumettes et au-des-sous, un centime cinq millièmes. (Par boîte ou paquet.)

Boîtes ou paquets de cinquante et une à cent allu-mettes, trois centimes. (Par boîte ou paquet.)

Boîtes ou paquets renfermant plus de cent allumettes, trois centimes. (Par centaine ou fraction de centaine.)

ALLUMETTES EN CIRE, EN AMADOU, EN PAPIER, EN TISSU, ET TOUTES AUTRES QUE LES ALLUMETTES EN BOIS.

Boîtes ou paquets de cinquante allumettes et au-des-sous, cinq centimes. (Par boîte ou paquet.)

Boîtes ou paquets de cinquante et une à cent allu-mettes, dix centimes. (Par boîte ou paquet.)

Boîtes ou paquets renfermant plus de cent allumettes, dix centimes. (Par centaine ou fraction de centaine.)

Ces droits seront perçus, indépendamment des taxes de douanes, sur les allumettes importées de l'étranger.

Sont considérés comme allumettes chimiques passibles de l'impôt tous les objets quelconques amorcés ou prépa-rés de manière à pouvoir s'enflammer ou produire du feu, par frottement ou par tout moyen autre que le con-tact direct avec une matière en combustion.

Les allumettes disposées de manière à pouvoir s'en-flammer ou à prendre feu plusieurs fois seront taxées proportionnellement au nombre de leurs amorces. Les allumettes exportées seront affranchies de l'impôt.

4. Le droit sur les allumettes chimiques fabriquées en France sera assuré au moyen de l'exercice des fabriques et des débits par les employés des contributions indirectes.

Les allumettes chimiques fabriquées à l'intérieur ou importées ne pourront circuler ou être mises en vente qu'en boîtes ou paquets fermés et revêtus d'une vignette timbrée constatant la perception du droit.

5. Dans les trois jours de la promulgation de la pré-

sente loi, les fabricants d'allumettes chimiques seront tenus de faire la déclaration de leur industrie dans un bureau de la régie et de désigner les espèces et quantités d'allumettes qu'ils auront en leur possession. Ces quantités seront possibles de l'impôt.

Une déclaration devra être également faite, dans un délai de dix jours avant le commencement des travaux, par les fabricants nouveaux.

Toute fabrication sans déclaration sera punie d'une amende de cent francs à mille francs, sans préjudice de la confiscation des objets saisis et du remboursement du droit fraudé.

Toute autre contravention, soit du fabricant, soit du débitant, sera punie d'une amende de cent francs à mille francs, sans préjudice de la confiscation des objets saisis et du remboursement du droit fraudé.

6. La racine de chicorée préparée est soumise à un droit de fabrication de trente centimes par kilogramme, décimes compris.

Les dispositions de l'article 4 de la présente loi sont applicables à la constatation du droit sur la chicorée ainsi qu'à la vente et à la circulation de ce produit.

Sont également applicables à la fabrication de la chicorée préparée les dispositions de l'article 5, et notamment les dispositions pénales.

La chicorée exportée sera affranchie des droits.

7. Il est établi un droit de fabrication sur les papiers de toute sorte, papiers à écrire, à imprimer et à dessiner, papiers d'enveloppe et d'emballage, papiers-cartons, papiers de tentures et tous autres.

Ce droit, dont la perception s'effectuera à l'enlèvement ou par la voie d'abonnement annuel, réglé de gré à gré entre la régie et les fabricants, est fixé ainsi qu'il suit, décimes compris :

1° Papiers à cigarettes, papiers soie, papiers pelure, papiers parchemin blancs et similaires ;

Papiers à lettres de toute espèce et de tout format, quinze francs les cent kilogrammes ;

2° Papiers à écrire, à imprimer, à dessiner, papiers pour musique et assimilables ;

Papiers blancs de tenture, papiers coloriés et marbrés pour reliure et assimilables, dix francs les cent kilogrammes ;

3° Cartons, papiers-cartons, papiers d'enveloppe et et de tenture ou à pâte de couleurs, papiers d'emballage, papiers buvards et tous similaires, cinq francs les cent kilogrammes.

Les mêmes droits seront perçus, en sus de ceux des douanes, sur les papiers importés de l'étranger.

Les papiers et les objets confectionnés en papier, destinés à l'exportation, seront affranchis du droit.

Les dispositions des articles 4 et 5 sont applicables aux fabricants de papier.

Le papier employé à l'impression des journaux et autres publications périodiques, assujetties au cautionnement, est, en outre, soumis à un droit de vingt francs par cent kilogrammes.

8. Sont applicables aux visites et exercices des employés des contributions indirectes dans les fabriques d'allumettes, de chicorée et de papier, ainsi que dans les imprimeries des journaux et autres publications périodiques, les dispositions énoncées aux articles 235, 236, 237, 238, 245 de la loi du 28 avril 1816.

Les contraventions aux dispositions ci-dessus seront poursuivies et les amendes et confiscations réparties comme en matière de contributions indirectes.

9. Un règlement d'administration publique statuera sur les mesures que nécessitera l'exécution de la présente loi en ce qui concerne les dispositions des articles 4 et suivants.

10. Les dispositions de l'article 6 de la loi du 1er septembre 1871 seront applicables aux fabricants d'allumettes chimiques, aux fabricants de chicorée, aux fabricants de papier, lesquels seront assujettis à un droit annuel de licence de vingt francs en principal.

11. A partir de la promulgation de la présente loi, le prix actuel des diverses espèces de poudre de chasse sera doublé.

Loi relative à la reconstitution des Consignations effectuées dans le département de la Seine antérieurement au 31 mars 1871.

DU 15 SEPTEMBRE 1871.

(Promulguée au *Journal officiel* du 12 octobre 1871.)

ART. 1er. Dans le délai de quatre mois, à partir de la promulgation de la présente loi, tous prétendants droit sur des sommes consignées ou déposées à Paris entre les mains du caissier général de la caisse des dépôts et consignations, à quelque titre que ce soit, même à titre de service spécial, seront tenus, pour conserver le bénéfice des actes par eux faits antérieurement au 31 mars 1871, de remettre à ladite caisse, et contre reçu, une demande énonçant les motifs de leur réclamation et la qualité en laquelle ils agissent. Ils y joindront, si cela est possible, les originaux ou, à défaut des originaux, les copies dûment certifiées et légalisées de tous récépissés, actes de versement, de saisie, d'opposition ou de notification relatifs aux sommes consignées, soient que ces actes aient été signifiés à la caisse, soit que, signifiés à des tiers avant le versement, ils aient été remis par les déposants à l'époque des consignations ; comme aussi de tous bordereaux de collocation, jugements, actes notariés, déclarations et autres documents propres à établir leurs droits.

Les frais occasionnés par ces productions de pièces ou par toutes autres qui seraient exigées par la caisse des dépôts et consignations, en remplacement des documents qui ont péri dans l'incendie, seront, après taxe, remboursés par la caisse, mais seulement quand la demande aura été produite dans le délai ci-dessus fixé.

2. Dans les trente jours qui suivent l'expiration du délai fixé par l'article précédent, la caisse des dépôts et consignations, si les justifications lui paraissent suffisantes, réinscrira sur des registres établis suivant les formes réglementaires :

1° Les consignations faites, avec l'indication de la date primitive et l'énoncé des charges sous lesquelles elles ont été opérées ;

2° Les oppositions formées sur chaque somme consignée, soit avant, soit depuis la consignation ; leurs dates, les sommes pour lesquelles elles ont été faites, les noms et domiciles des opposants et les qualités en lesquelles ils agissent ;

3° Les cessions, transports, états de collocation et tous autres titres notifiés à la caisse, chacun à sa date ;

4° Les payements partiels déjà faits par la caisse et l'indication des parties prenantes et du titre auquel elles ont reçu.

Lorsque ces réinscriptions auront été faites, il en sera délivré des certificats dûment visés pour contrôle.

En cas de refus de réinscription, la caisse devra en faire connaître les motifs aux parties intéressées, sauf recours de celles-ci devant les tribunaux.

3. Les remboursements par la caisse des consignations de sommes déposées antérieurement au 31 mars 1871 ne pourront être attaqués pas les tiers, en vertu d'actes notifiés avant cette date, qu'autant que ces tiers auraient accompli les formalités prescrites par l'article 1er dans le délai qu'il détermine.

4. Pendant les délais fixés par les articles 1 et 2, la caisse ne pourra être tenue de rembourser tout ou partie des consignations réinscrites sur les registres, sauf ce qui sera dit à l'article suivant.

5. Si l'existence d'une consignation antérieure au 31 mars 1871 étant reconnue, les parties intéressées veulent en toucher le montant sans attendre l'expiration desdits délais, elles pourront obtenir ce remboursement en fournissant au préalable un cautionnement destiné à garantir la caisse contre toute réclamation qui se produirait en exécution de l'article 3.

Ce cautionnement sera effectué en rentes sur l'État français, au cours moyen de la veille du jour du payement, et devra être d'une valeur égale à la somme payée, augmentée d'un cinquième.

A défaut de réclamation formée par des tiers dans les quatre mois de la promulgation de la présente loi, le cautionnement sera restitué à l'expiration des trente jours qui suivront.

Si des réclamations se produisent dans ledit délai de quatre mois, les parties seront mises en demeure, par lettre chargée, de restituer la somme reçue avec les intérêts dont la caisse pourrait être constituée comptable ; faute par elles de le faire, le cautionnement pourra être réalisé, à leurs risques et périls, trente jours après la date d'envoi de ladite lettre, sans aucune autre formalité, au cours de la bourse et par le ministère d'agent de change.

6. Les actes faits, les copies et pièces justificatives fournies en exécution de la présente loi, ainsi que tous actes de procédure et d'instance auxquels elle donnerait lieu, seront dispensés des droits de timbre et d'enregistrement.

Il en sera de même pour les actes portant mainlevée des oppositions que la caisse des consignations aurait inscrites d'office s'il est justifié que la mainlevée avait été donnée avant le 31 mars 1871.

7. Il n'est pas dérogé aux droits appartenant à toute personne intéressée de faire à ses frais et risques, et en se conformant aux lois, toute opposition qu'elle croira fondée.

8 Les prétendants droit à des dépôts ou consignations effectués à Paris antérieurement au 31 mars 1871, qui n'auront fait aucune réclamation ou justification dans un délai de trente années, à partir de la promulgation de la présente loi, seront définitivement déchus de tous droits de répétition contre la caisse.

Cette déchéance courra même contre les mineurs et les interdits, sauf leur recours contre leurs tuteurs.

9. Les articles 1, 2, 3, 4, 5, 6 et 7 de la présente loi sont applicables aux versements effectués dans les départements pour les services de la caisse des dépôts dont les opérations sont centralisées à Paris, et entre autres :

1° Aux sommes provenant des successions d'officiers et de militaires décédés dans les hôpitaux ;

2° Aux primes d'engagements, de réengagements ou de remplacements ;

3° Aux versements volontaires faits par les militaires de tous grades à la caisse de la dotation de l'armée ;

4° Aux capitaux versés à la caisse des retraites pour la vieillesse ;

5° Aux primes dues par la caisse d'assurances ;

6° Aux fonds provenant de la liquidation des anciennes caisses d'épargne des instituteurs communaux ;

7° Aux fonds de retraites et pensions diverses dont la caisse des consignations est chargée par l'article 110 de la loi du 28 avril 1816 et par les décrets des 28 juin 1853 et 26 avril 1856.

Il n'est pas dérogé aux lois qui déclarent insaisissables quelques-unes des sommes comprises dans l'énumération qui précède.

10. Les lois et règlements concernant la caisse des dépôts et consignations continueront d'être observés sur tous les points qui ne sont pas réglés par la présente loi.

Loi sur la Contrainte par corps en matière de frais de justice criminelle.

DU 19 DÉCEMBRE 1871.

(Promulguée au *Journal officiel* du 23 décembre 1871.)

ART. 1er. Est abrogé l'article 3, paragraphe 3, de la loi du 22 juillet 1867, qui a interdit l'exercice de la contrainte par corps pour le recouvrement des frais dus à l'État en vertu des condamnations prévues dans l'article 2 de la même loi.

2. Sont, en conséquence, remises en vigueur les dispositions légales abrogées par l'article 13, paragraphe 1er, de la loi du 22 juillet 1867.

Loi sur l'élection des Juges des Tribunaux de commerce.

DU 21 DÉCEMBRE 1871.

(Promulguée au *Journal Officiel* du 29 décembre 1871.)

ART. 1er. Le décret du 2 mars 1852 est abrogé.

2. Les articles 618, 619, 620 et 621 du Code de commerce seront remplacés par les articles suivants :

« ART. 618. Les membres des tribunaux de commerce « seront nommés dans une assemblée d'électeurs pris « parmi les commerçants recommandables par leur « probité, esprit d'ordre et d'économie. — Pourront « aussi être appelés à cette réunion les directeurs des « compagnies anonymes de commerce, de finance et « d'industrie, les agents de change, les capitaines au

« long cours et les maîtres au cabotage ayant commandé « des bâtiments pendant cinq ans et domiciliés depuis « deux ans dans le ressort du tribunal. Le nombre des « électeurs sera égal au dixième des commerçants ins- « crits à la patente ; il ne pourra dépasser mille ni être « inférieur à cinquante ; dans le département de la Seine, « il sera de trois mille.

« ART. 619. La liste des électeurs sera dressée par une « commission composée :

« 1° Du président du tribunal de commerce, qui prési- « dera, et d'un juge au tribunal de commerce. Pour la « première élection qui suivra la création d'un tribunal, « on appellera dans la commission le président du tribunal « civil et un juge au même tribunal ;

« 2° Du président et d'un membre de la chambre de « commerce ; si le président de la chambre de commerce « est en même temps président du tribunal, on appellera « un autre membre de la chambre ; dans les villes où il « n'existe pas de chambre de commerce, on appellera le « président et un membre de la chambre consultative des « arts et métiers ; à défaut, on appellera un conseiller « municipal ;

« 3° De trois conseillers généraux choisis, autant que « possible, parmi les membres élus dans les cantons du « ressort du tribunal ;

« 4° Du président du conseil des prud'hommes, et, s'il « y en a plusieurs, du plus âgé des présidents ; à défaut « du conseil des prud'hommes, on appellera dans la « commission le juge de paix ou le plus âgé des juges de « paix de la ville où siége le tribunal ;

« 5° Du maire de la ville où siége le tribunal de com- « merce, et, à Paris, du président du conseil municipal.

« — Les juges au tribunal de commerce, les membres « de la chambre de commerce, les juges du tribunal civil, « les conseillers généraux et les conseillers municipaux, « dans les cas prévus aux paragraphes précédents, seront « élus par les corps auxquels ils appartiennent. Chaque « année, la commission remplira les vacances provenant « de décès ou d'incapacités légales survenues depuis la « dernière révision. Elle ajoutera à la liste, en sus du « nombre d'électeurs fixé par l'article 619, les anciens « membres de la chambre et du tribunal de commerce, « et les anciens présidents des conseils des prud'hommes. « Ne pourront être portés sur la liste ni participer à « l'élection, s'ils y avaient été portés :

« 1° Les individus condamnés soit à des peines afflic- « tives ou infamantes, soit à des peines correctionnelles « pour des faits qualifiés crimes par la loi, ou pour délit « de vol, escroquerie, abus de confiance, usure, attentat

« aux mœurs, soit pour contrebande quand la condam-
« nation pour ce dernier délit aura été d'un mois au moins
« d'emprisonnement :

« 2° Les individus condamnés pour contravention aux
« lois sur les maisons de jeu, les loteries et les maisons
« de prêts sur gages ;

« 3° Les individus condamnés pour les délits prévus
« aux articles 413, 414, 419, 420, 421, 423, 430, para-
« graphe 2, du Code pénal, et aux articles 596 et 597
« du Code de commerce ;

« 4° Les officiers ministériels destitués ;

« 5° Les faillis non réhabilités, et généralement tous
« ceux que la loi électorale prive du droit de voter aux
« élections législatives.

« La liste sera envoyée au préfet, qui la fera publier
« et afficher. Un exemplaire signé par le président du
« tribunal de commerce sera déposé au greffe du tribunal
« de commerce. Tout patenté du ressort aura le droit
« d'en prendre connaissance et, à toute époque, de de-
« mander la radiation des électeurs qui se trouveraient
« dans un des cas d'incapacité ci-dessus. L'action sera
« portée sans frais devant le tribunal civil, qui pronon-
« cera en la chambre du conseil. En appel, la cour sta-
« tuera dans la même forme.

« ART. 620. Tout commerçant, directeur de compagnie
« anonyme, agent de change, capitaine au long cours et
« maître au cabotage porté sur la liste des électeurs ou
« étant dans les conditions voulues pour y être inscrit,
« pourra être nommé juge ou suppléant s'il est âgé de
« trente ans, s'il est inscrit à la patente depuis cinq ans
« et domicilié, au moment de l'élection, dans le ressort
« du tribunal. — Les anciens commerçants et agents de
« change seront éligibles s'ils ont exercé leur commerce
« pendant le même temps. — Nul ne pourra être nommé
« juge s'il n'a été suppléant. — Le président ne pourra
« être choisi que parmi les anciens juges.

« ART. 621. L'élection sera faite au scrutin de liste
« pour les juges et les suppléants, et au scrutin indivi-
« duel pour le président. Lorsqu'il s'agira d'élire le
« président, l'objet spécial de cette élection sera annoncé
« avant d'aller au scrutin. — Les élections se feront
« dans le local du tribunal de commerce, sous la prési-
« dence du maire du chef-lieu où siège le tribunal,
« assisté de quatre assesseurs qui seront les deux plus
« jeunes et les deux plus âgés des électeurs présents. —
« La convocation des électeurs sera faite, dans la pre-
« mière quinzaine de décembre, par le préfet du dépar-
« tement. — Au premier tour de scrutin, nul ne sera élu
« s'il n'a réuni la moitié plus un des suffrages exprimés

« et un nombre égal au quart du nombre des électeurs
« inscrits. Au deuxième tour, qui aura lieu huit jours
« après, la majorité relative sera suffisante. La durée de
« chaque scrutin sera de deux heures au moins. — Le
« procès-verbal sera dressé en triple original, et le prési-
« dent en transmettra un exemplaire au préfet et un autre
« au procureur général ; le troisième sera déposé au
« greffe du tribunal. Tout électeur pourra, dans les cinq
« jours après l'élection, attaquer les opérations devant
« la cour d'appel, qui statuera sommairement et sans
« frais. Le procureur général aura un délai de dix jours
« pour demander la nullité. »

3. Pour les premières élections, auxquelles il sera procédé immédiatement après la promulgation de la présente
loi, les juges et juges suppléants en exercice seront éligibles. — Pour la première élection, la désignation des
conseillers généraux, dont il est parlé au 3° de l'article 619
ci-dessus, sera faite par la commission départementale.

---

*Loi portant prorogation et autorisation de Surtaxes
à l'octroi de la ville de Paris.*

DU 26 DÉCEMBRE 1871.

(Promulguée au *Journal officiel* du 27 décembre 1871.)

ART. 1ᵉʳ. Sont prorogées, jusqu'au 31 décembre 1876
inclusivement, les surtaxes imposées en dernier lieu par
la loi du 23 juillet 1870 sur les vins, soit en cercles, soit
en bouteilles, et sur les cidres, poirés et hydromels, à
l'octroi de la ville de Paris, département de la Seine.

2. Est autorisé, pour la même période de cinq années,
l'établissement à l'octroi de la ville de Paris d'une surtaxe
sur l'alcool, dont le principal sera porté à soixante-six
francs cinquante centimes à partir de la promulgation de
la présente loi.

Loi sur la Banque de France.

DU 29 DÉCEMBRE 1871.

(Promulguée au *Journal officiel* du 31 décembre 1871.)

ART. 1ᵉʳ. Le chiffre des émissions des billets de la banque de France et de ses succursales, fixé au maximum
de deux milliards quatre cents millions, est élevé provisoirement à deux milliards huit cents millions.

2. La banque de France aura la faculté d'abaisser à
dix francs et à cinq francs les coupures de ses billets.

3. Les établissements qui ont émis, sous leur responsabilité, des billets de dix francs et au-dessous, ne pourront plus en faire de nouvelles émissions, et seront tenus
de les retirer de la circulation dans le délai de six mois,
à partir de la promulgation de la présente loi.

Les surtaxes de l'Enregistrement.

LOI DU 28 FÉVRIER 1872.

(Promulguée au *Journal officiel* le 1er mars 1872.)

ART 1er. — La quotité du droit fixe d'enregistrement auquel sont assujettis, par la loi du 22 frimaire an VII et par les lois subséquentes, les actes ci-après, sera déterminée ainsi qu'il suit, savoir :

1° Les actes de formation et de prorogation de Société, qui ne contiennent ni obligation, ni libération, ni transmission de biens, meubles ou immeubles, entre les associés ou autres personnes, par le montant total des apports mobiliers et immobiliers, déduction faite du passif ;

2° Les actes translatifs de propriété, d'usufruit ou de jouissance de biens immeubles situés en pays étranger ou dans les colonies françaises, dans lesquels le droit d'enregistrement n'est pas établi, par le prix exprimé en y ajoutant toutes les charges en capital ;

L'article 4 de la loi du 16 juin 1824 est abrogé.

3° Les actes ou procès-verbaux de vente de marchandises avariées par suite d'événements de mer et de débris de navires naufragés, par le prix exprimé en y ajoutant toutes les charges en capital ;

4° Les contrats de mariage soumis actuellement au droit fixe de 5 francs, par le montant net des apports personnels des futurs époux ;

5° Les partages de biens meubles et immeubles entre copropriétaires, cohéritiers et coassociés à quelque titre que ce soit, par le montant de l'actif net partagé ;

6° Les délivrances de legs, par le montant des sommes ou par la valeur des objets légués ;

7° Les consentements à mainlevées totales ou partielles d'hypothèques, par le montant des sommes faisant l'objet de la mainlevée ;

S'il y a seulement réduction de l'inscription, il ne sera perçu qu'un droit de cinq francs par chaque acte ;

8° Les prorogations de délais pures et simples, par le montant de la créance dont le terme d'exigibilité est prorogé ;

9° Les adjudications et marchés pour constructions, réparations, entretien, approvisionnements et fournitures dont le prix doit être payé directement par le Trésor public, et les cautionnements relatifs à ces adjudications et marchés, par le prix exprimé ou par l'évaluation des objets ;

L'article 73 de la loi du 15 mai 1818 est abrogé.

10° Les titres nouvels et reconnaissances de rentes dont les actes constitutifs ont été enregistrés par le capital des rentes.

Art. 2. — Le taux du droit établi par l'article précédent est fixé ainsi qu'il suit :

A 5 francs pour les sommes ou valeurs de 5,000 francs et au-dessous, et pour les actes ne contenant aucune énonciation de sommes et valeurs ni dispositions susceptibles d'évaluation ;

A 10 francs pour les sommes ou valeurs supérieures à 5,000 francs, mais n'excédant pas 10,000 francs ;

A 20 francs pour les sommes ou valeurs supérieures à 10,000 francs, mais n'excédant pas 20,000 francs ;

Et ensuite à raison de 20 francs par chaque somme ou valeur de 20,000 francs ou fraction de 20,000 francs.

Si les sommes ou valeurs ne sont pas déterminées dans l'acte, il y sera suppléé, conformément à l'article 16 de la loi du 22 frimaire an VII.

Art. 3. — Si, dans le délai de deux années à partir de l'enregistrement des actes spécifiés en l'article 1er ci-dessus, la dissimulation des sommes ou valeurs ayant servi de base à la perception du droit est établie par des actes ou écrits émanés des parties ou par des jugements, il sera perçu, indépendamment des droits simples supplémentaires, un droit en sus, lequel ne peut être inférieur à 50 francs.

Art. 4. — Les divers droits fixes auxquels sont assujettis par les lois en vigueur les actes civils, administratifs ou judiciaires, autres que ceux dénommés en l'article 1er, sont augmentés de moitié.

Les actes de prestation de serment des gardes des particuliers et des agents salariés par l'Etat, les départements et les communes, dont le traitement et ses accessoires n'excèdent pas 1,500 francs, ne seront soumis qu'à un droit de 3 fr.

Art. 5. — Sont soumis au droit proportionnel, d'après les tarifs en vigueur :

1° Les ordres, collocations et distributions de sommes, quelle que soit leur forme, et qui ne contiennent ni obligation ni transport par le débiteur ;

2° Les mutations de propriétés de navires, soit totales, soit partielles. Le droit est perçu soit sur l'acte ou le procès-verbal de vente, soit sur la déclaration faite pour obtenir la francisation ou l'immatricule au nom du nouveau possesseur.

Les articles 56 et 64 de la loi du 21 avril 1818 sont abrogés.

Art. 6. — Les obligations imposées au preneur, dans le cas de location verbale, par l'article 11 de la loi du 23 août 1871, seront accomplies, à l'avenir, par le bailleur, qui sera tenu du payement des droits, sauf son recours contre le preneur.

Néanmoins, les partis restent solidaires pour le recouvrement de droit simple.

Art. 7. — Les mutations de propriété à titre onéreux de fonds de commerce ou de clientèles sont soumises à un droit d'enregistrement de 2 fr. par 100 fr. Ce droit est perçu sur le prix de la vente de l'achalandage, de la cession du droit au bail, et des objets mobiliers ou autres, servant à l'exploitation du fonds, à la seule exception des marchandises neuves garnissant le fonds. Ces marchandises ne seront assujetties qu'à un droit de 50 centimes par 100 fr., à condition qu'il sera stipulé pour elles un prix particulier, et qu'elles seront désignées et estimées, article par article, dans le contrat ou dans la déclaration.

Art. 8. — Les actes sous signatures privées contenant mutation de propriété de fonds de commerce ou de clientèles sont enregistrés dans les trois mois de leur date.

A défaut d'acte constatant la mutation, il y est suppléé par des déclarations détaillées et estimatives faites au bureau de l'enregistrement de la situation du fonds de commerce ou de la clientèle, dans les trois mois de l'entrée en possession.

A défaut d'enregistrement ou de déclaration dans les délais fixés ci-dessus, il sera fait application des dispositions du paragraphe 1er de l'article 14 de la loi du 23 août 1871. Sont également applicables aux mutations de propriété des fonds de commerce ou de clientèles, les dispositions des paragraphes 2 et 3 dudit article, relatives à l'ancien possesseur, et celles des articles 12 et 13 de la même loi concernant les dissimulations dans les prix de vente.

L'insuffisance du prix de vente du fonds de commerce ou des clientèles peut également être constatée par expertise, dans les trois mois de l'enregistrement de l'acte ou de la déclaration de la mutation.

Il sera perçu un droit en sus sur le montant de l'insuffisance outre les frais d'expertise, s'il y a lieu, et si l'insuffisance excède un huitième.

Art. 9. — La mutation de propriété des fonds de commerce ou des clientèles est suffisamment établie pour la demande et la poursuite des droits d'enregistrement et des amendes, par les actes ou écrits qui révèlent l'existence de la mutation ou qui sont destinés à la rendre publique, ainsi que par l'inscription aux rôles des contributions du nom du nouveau possesseur, et des paiements faits en vertu de ces rôles, sauf preuve contraire.

Art. 10. — Sont soumis au droit proportionnel de 50 centimes par 100 francs les lettres de change et tous autres effets négociables, lesquels pourront n'être présentés à l'enregistrement qu'avec les protêts qui en auraient été faits.

Les dispositions de l'article 50 de la loi du 28 avril 1816, concernant les lettres de change, sont abrogées.

Il n'est rien innové en ce qui concerne les warrants.

Art. 11. — Le droit de décharge de 0, 10 centimes, créé par l'article 18 de la loi du 23 août 1871, pour constater la remise des objets, sera réuni à la taxe due pour les récépissés et lettres de voiture, qui est fixée ainsi qu'il suit :

Récépissé délivré par les compagnies de chemin de fer (droit de décharge compris), 0, 35 ;

Lettre de voiture (droit de décharge compris), 0,70.

Restitution de la taxe des Absents.

(Promulguée le 8 mars 1872.)

Article unique. — Est abrogé le décret du gouvernement de la Défense nationale, en date du 17 septembre 1870, qui établissait une taxe municipale sur les locaux dont les habitants s'étaient éloignés de Paris, pour toute autre cause que pour service public.

Les sommes déjà perçues seront restituées aux ayants droit, ou imputées sur le montant des contributions de 1870 et 1871 non encore acquittées par eux.

Loi sur la perception des impôts indirects et revenus publics.

(Promulguée le 29 mars 1872.)

Art. 1er. — La perception des impôts indirects et des revenus publics, autorisée jusqu'au 1er avril 1872, par la loi du 18 décembre dernier, continuera d'être opérée jusqu'à la fin de l'année courante, conformément aux lois en vigueur.

Art. 2. — Toutes contributions directes ou indirectes autres que celles autorisées par la présente loi et la loi du 4 septembre 1871, à quelque titre ou sous quelque dénomination qu'elles se perçoivent, sont formellement interdites à peine contre les autorités qui les ordonneraient, contre les employés qui confectionneraient les rôles et tarifs, et ceux qui en feraient le recouvrement, d'être poursuivis comme concussionnaires, sans préjudice de l'action en répétition, pendant trois années, contre tous receveurs, percepteurs ou individus qui auraient fait la perception, et sans que pour exercer cette action devant les tribunaux, il soit besoin d'une autorisation préalable.

A

NOMS, PRÉNOMS, PROFESSIONS ET DOMICILES.	Liquidation ou Faillite, syndic provisoire d'avoué.	SYNDICS ET AVOUÉS	FAILLITES ET LIQUIDATIONS.	DATE DES HOMOLOGATIONS DE CONCORDATS	INSUFFIS⁰⁰ ET UNIONS.	SÉPARAT⁰⁰ DE BIENS JUDICIAIRES.	CONS. JUDIC. ET INTERDICT.
ABEILLE (L'). Voir : SAULNIER.							
ACKLIN, femme BRUNEAU. Voir : ANTOINE et Cie.							
ADAM, GUSTAVE, fleuriste, boulevard Bonne-Nouvelle, 10	F	Bégis	16 août 71				
AFCHAIN, LOUIS, cordonnier, boulevard St-Michel, 3	F	Hécaon	14 mars 71	(1)			
AGENCE DES THÉATRES, boulevard des Italiens, 24	F	Moncharville.	10 févr. 69	(2)			
ALARY, ANTOINE-PAUL, cordonnier, à Clichy	F	Meillencourt.	3 octob. 71			* 31 oct. 71	
ALBERT, veuve, ADOLPHE, bijoutière, rue Turbigo, 77	L	Barboux	19 déc. 71				
ALBORGHETTY, FRÉDÉRIC, marchand de vins, rue Gallois, 22	F	Beaujeu	18 nov. 69	(3)			
ALESSANDRI et FILS AINÉ, scieurs d'ivoire, r. Folie-Méricourt, 27	F	Pinet	30 mai 68	15 juin 69	(4)		
ALEXANDRE dame et Cie, EUGÈNE, lingères, rue Halévy, 14	L	Sautton	1er juill. 71			* 14 sept. 71	
ALINOT, ÉMILE, comm. en bijouterie, rue Montgolfier, 16	L	Chevillot	21 sept. 71				
ALLAR, FRANÇOIS, cordonnier, faubourg St-Martin, 89	F	Sommaire	13 mai 70	(5)			
ALLARD et OGÉ, VICT. et ALF., menuisiers pass. Lathuile, 17	L	Moncharville	5 déc. 71				
Id. ÉDOUARD-HIPP., tapissier, r. des Jeûneurs, 42	F	Meillencourt.	8 sept. 71				
Id. –CROMBÉ et Cie, tapissiers, Id	F	Meillencourt..	8 sept. 71				
ALLARD-CHAUVIN, BAPT.-MICHEL, négociant, r. Thévenot, 12	*	Froc					10 août 71
ALLEAUME, TRANQUILLE, limonadier, boul. Poissonnière, 24	F	Dufay	19 sept. 71			* 31 janv. 72	
Id. –CARON Id. Id, Id	*	Nicquevert					22 août 71
ALLIAUME, AMÉDÉE, restaurateur, rue des Jeûneurs, 11	L	Barboux	16 octob. 71				
ALLMAYER jeune, BENJAMIN, commiss⁰⁰, r. Rambuteau, 20	L	Beaufour	4 octob. 71				
ALY, GIORNO-AZAC, bijoutier, chaussée d'Antin, 46	F	Moncharville	1er octob. 68	24 octob. 71	(6)		
AMAERT, PIERRE, tailleur, rue de Vaugirard, 71	F	Prudhomme..	14 sept. 71				
AMAND et ses fils, ferblantiers-lampistes, rue de Bondy, 80	F	Sautton	27 mai 70	(7)			
Id. AUBRÉE, NICOLAS-FRANÇOIS, rue des Rigoles, 106	*	Lemaire					26 déc. 71
AMILHON, JOSEPH-ANTOINE, commissionnaire, r. Rambuteau, 12	F	Copin	10 déc. 68	(8)			
AMNON, beurrier, rue Ste-Croix-de-la-Bretonnerie, 23	F	Sommaire	30 sept. 63	22 déc. 71	(9)		
ANDOUILLÉ, ALEXANDRE, m⁰ au Temple, r. des Fontaines, 16	F	Richard	9 août 61	11 mars 62	* 21 janv. 71		
ANDRIEU-DUCOURNEAU, dame, bonnetière, r. Jean-Lantier, 5	F	Moncharville.	11 mars 71				
ANDROVICH, LÉOPOLD, marchand de dentelles, rue St-Fiacre, 3	F	Meys	10 nov. 65	10 févr. 66	* 30 janv. 72		
ANSEAUME, ADOLPHE-ÉTIENNE, épicier, rue Levis, 55	F	Sautton	4 août 69	(10)			
ANSEN, MICHEL, boulanger, rue Bergor, 5	F	Beaujé	5 août 71				
ANTOINE et Cie, chocolatiers, rue Bondy, 74	L	Richard	18 octob. 71				
ANTOINE, EDMOND, commissionnaire, rue Chabrol, 42	F	Lamoureux ..	30 juill. 70	18 août 71	(11)		

(1) **AFCHAIN** paie 8 fr. 93 c. % unique répartition.

(2) **AGENCE DES THÉATRES** paie 16 fr. 75 c. % unique répart.

(3) **ALBORGHETTI** paie 3 fr. 26 c. % 2e et dernière répartition.

(4) **ALESSANDRI** et FILS AINÉ paient 1 fr. 59 c. % dern. répartition.

(5) **ALLAR** paie 8 fr. 69 c. % unique répartition.

(6) **ALY** doit 40 % en 3 ans, par 1/3, de l'homologation.

(7) **AMAND** et ses fils, paient 0 fr. 61 c. % unique répartition.

(8) **AMILHON** paie 5 fr. 70 c. % unique répartition.

(9) **AMNON** abandonne son actif et paie 20 %, en 4 ans et par 1/4.

(10) **ANSEAUME** paie 1 fr. 07 c. %, unique répartition.

(11) **ANTOINE**, EDMOND, doit 25 %, en 5 ans, par 1/5, de l'homologation.

NOMS, PRÉNOMS, PROFESSIONS ET DOMICILES.	Liquidation L Faillite F Séparations Avoué.	SYNDICS ET AVOUÉS	FAILLITES ET LIQUIDATIONS	DATE DES HOMOLOGATIONS DE CONCORDATS	INSUFFIS ET UNIONS.	SÉPARAT DE BIENS JUDICIAIRES	CONS. JUDIC. ET INTERDICT.
APPERT, Gabriel-Pierre, corroyeur, rue Tourtille, 16........	F	Heurtey	26 sept. 71	....	* 1er déc. 71		
ARDIOT, boulanger, rue Crozatier, 18 et sans domicile connu..	F	Sautton......	11 juill. 71	(1)			
ARNOUS-RIVIÈRE-BLOUNT, Henri, rue Billault, 1...........	*	Boutet.....				28 nov. 71	
ARQUET, maçon, quai de la Tournelle, 35................	F	Heurtey	16 nov. 69		* 30 nov. 71		
ASKER et MEUNIER, cafetiers, rue Laffite, 5..............	F	Quatremère..	11 juin 68	(2)			
ASPE, Pierre, marchand de nouveautés, rue des Écluses, 47..	F	Quatremère..	13 octob. 71				
ASSOCIATION des Peintres en Bâtiments, avenue Duquesne, 15.	F	Gautier.....	26 août 71	....	* 29 déc. 71		
ASSOLU, Jean-Pierre-Philippe, porcelainier, à Plaisance......	L	Heurtey	21 déc. 71				
ASTY, Victor, menuisier, rue Nationale, 30...............	L	Bègis.......	6 déc. 71				
AUBERT, Gustave, sculpteur, rue St-Ferdinand, 21.........	L	Normand	4 nov. 71				
Id. Pierre, plumassier, rue du Temple, 46..........	F	Heurtey	10 octob. 71				
AUBIN, Emmanuel-Anatole, march. de tissus, r Lafayette, 76..	L	Maillard.....	16 octob. 71				
AUBRY, Charles, fabricant de tissus, rue Nollet, 90.........	L	Dufay......	19 déc. 71				
Id. François, boulanger, rue St-Blaise, 13............	F	Sarazin.....	28 mai 70	(3)			
AUCLER, personnellement, photographe, r. Rochechouart, 7..	F	Hécaen.....	29 mars 70	28 déc. 71	(4)		
AUCOUTURIER veuve Pierre. Voir: MAILLOT, dame.							
AUDEBAL, Armand, hôtelier, rue Château-d'Eau, 81.........	L	Richard	29 sept. 71				
AUDONNET, Silvain, maçon, avenue du Maine, 12...........	L	Copin	15 nov. 71				
AUGER, MOREL et Cie, nouveautés, r. N. D. Lorette, 1.......	L	Moncharville.	13 nov. 71				
AUGOT, Jules, passementier, rue St-Lazare, 76............	L	Gauche......	27 octob. 71				
AUGUSTIN, Nicolas, découpeur de bois, rue Vaugirard, 131...	L	Sautton.....	27 déc. 71				
AURAND-CALZA, Pierre-Jules, rue Séguin, 28............	*	Bonfils......		....		9 févr. 71	
AUZOU, Édouard, drapier, rue de Valois, 8................	L	Sarazin.....	10 octob. 71				

B

BACQUEVILLE, Julie-Adolphine. Voir MASSÉ, dame.							
BADINIER, Paul, mercier, rue Richelieu, 106..............	L	Sarazin......	27 déc. 71				
BAILHACHE, Louis-Sébastien, nouveautés, bd Voltaire, 78....	F	Maillard.....	19 juill. 71	(5)			
BALAKA, Jean-Baptiste, brocheur, rue de Buci, 12.........	F	Devin......	27 sept. 71	....	* 15 nov. 71		
BALIN, Victor, droguiste, rue Sévigné, 36................	L	Beaufour....	13 nov. 71				
BALLIN, décédé, menuisier, rue Buttes-Reuilly, 6 et 19......	F	Quatremère..	8 mai 70	(6)			
BALZAC, Auguste, commission., r. Paradis-Poissonnière, 13.	F	Richard	2 juill. 70	....	2 nov. 71		
BAPTISTE, Joseph-Constantin, menuisier, rue Marcadet, 111.	F	Maillard.....	1er juill. 69	(7)			
BARBARIN, Antoine, coupeur de poils, rue Montreuil, 107..	F	Sautton	25 mars 67	....	21 nov. 71		
BARBE-FOUQUET, Jean-Auguste, rue Riquet, 28..........	*	Chéramy		....		21 nov. 71	
BARBEN, Antoine, maçon, rue Mademoiselle, 91...........	F	Sautton	30 octob. 71	....	* 31 janv. 72		

(1) ARDIOT, paie 6 fr. 60 c. % unique répartition·

(2) ASKER et MEUNIER paie 51 fr. 06 c. % unique répartition.

(3) AUBRY, François, paie 5 fr. 97 c. % unique répartition.

(4) AUCLER, garantit 28,000 fr. dans la succession de sa mère et paie 5 % en 5 ans, par 1/5.

(5) BAILHACHE paie 21 fr. 43 c. %, unique répartition.

(6) BALLIN paie 10 fr. %, première répartition.

(7) BAPTISTE paie 10 fr. %, première répartition.

NOMS, PRENOMS, PROFESSIONS ET DOMICIL.ES.	indique Liquidation F Faillite. ASTÉRIQUE voir.	SYNDICS ET AVOUES	FAILLITES ET LIQUIDATIONS.	DATE DES HOMOLOGATIONS DE CONCORDATS	INSUFFIS.. ET UNIONS.	SEPARAT.. DE BIENS JUDICIAIRES.	CONS. JUDIC. ET INTERDICT.
BARD, Jean-Eugène, boulanger, à Joinville...............	L	Copin.......	12 déc. 71				
BARDET, Jean, marchand de vins, rue de Bercy, 114.........	F	Dufay.......	23 juill. 70	....	* 31 oct. 71		
BARDEY, Claude, hôtelier, rue Luxembourg, 3.............	L	Richard.....	13 octob. 71				
BARDIN et Cie, Louis, grainetiers, r. Château-Landon, 25....L	L	Richard.....	2 déc. 71				
BARON et Cie, Irma-Catherine, modistes, r. Richelieu, 104....L	L	Battarel....	25 nov. 71				
BARRAINE, Alphonse, marchand de vins, rue des Halles, 17..F	F	Sautton	31 octob. 71		* 29 déc. 71		
BARRAULT, constructeur, r. Armandiers-Popincourt, 47 et 49.F	F	Moncharville.	4 mai 65	3 août 65	* 18 août 71		
BARRIER, Eugénie. Voir : CHOPLAIN, dame.	L						
BARRUCK, François, tailleur, boul. des Filles-du-Calvaire, 13.F	F	Dufay.......	19 octob. 71		* 30 nov. 71		
Id. ~LION, Id. Id. Id..*	*	Postel......				26 déc. 71	
BARTEL, Félix, miroitier, rue des Francs-Bourgeois, 20....L	L	Beaujen.....	15 déc. 71				
BARTH et GEIGER, carrossiers, rue Rennequin, imp. Javotte..L	L	Knéringer...	18 octob. 71				
BARTHELEMY GUILLOT, Isidore, maçon, avenue Suffren, 100.*	*	Petit-Bergonz				24 août 71	
BASNEL, Octavie-Euphrosine. Voir : GROUD, veuve.	L						
BASSET, Eugène-Victor, épicier, rue de Calais, 5..........	F	Dufay.......	12 octob. 71		* 31 janv. 72		
BASTIEN-BENOIST, Marie-Charles-Gustave, rue Saussure, 12.*	*	Derré.......				16 déc. 71	
BATAILLE-HAGAN, Martial-Eugène, avenue Matignon, 15....*	*	Delaporte...				25 juill. 71	
BAUDON, Pierre, teinturier en bois, boul. Richard-Lenoir, 73.L	L	Chevillot...	28 sept. 71				
BAUDOIN, Pierre-Edouard-Alfred, corroyeur, rue Pascal, 53.L	L	Battarel....	20 nov. 71				
BAUER, journaliste, rue Pigalle, 39................L	L	Sautton.....	19 août 71				
BAYARD, Alfred-Ludovic, charpentier, à Champigny........F	F	Sarazin.....	5 févr. 70	(1)			
BAZILLE dame, Paul-André, bouchère, rue Greneta, 45....F	F	Bourbon....	24 nov. 69	(2)			
BAZIRE, Thomas-Victor, boulanger, à Clichy..........F	F	Battarel....	28 juin 70	....	* 21 sept. 71		
BEAUCOTE-HARPE, Amand, cuisinier, boul. Montparnasse, 157.*	*	Boutet......				26 déc. 71	
BEAUFILS, appareilleur à gaz, rue Montholon, 31..........F	F	Devin......	2 mars 70	18 août 71	(3)		
BEAUFOUR-LEMONIER, Alphonse-Léon, boul. des Italiens, 10.*	*	Dechambre..				11 mars 71	
BEAUQUENEY, Georges. Voir : MICHELOT et BEAUQUENEY. L	L						
BEAUVAIS-LOUVELLE, Jean-Nicolas, à Arcueil........*	*	Husson.....			....	* 26 août 71	
BECHENEC (de), Charles-Louis, propriétaire, cité d'Antin, 4...*	*	Huet.......				....	* 22 août 71
BECHER-HILDEBRAND, restaurateur, rue Pont-Neuf, 8......F	F	Meillencourt	18 mai 69	9 avril 70	(4)		
BECHT, Pierre, ex-tailleur, rue Neuve-Petits-Champs, 71....L	L	Richard.....	24 octob. 71				
BECQUE-GIRÉ, frères, march. de nouveautés, à Aubervilliers.F	F	Meys........	4 nov. 71	....	* 13 janv. 72		
Id. Anatole, marchand forain, à Aubervilliers..........L	L	Sarazin.....	22 nov. 71	....	* 30 déc. 71		
BEGENNE, Eugène-Désiré, hôtelier, rue Palestro, 13........L	L	Normand....	21 octob. 71				
BELASCO, David, cafetier, b. Capucines, 39 et sans d. connu.F	F	Pinet	27 nov. 68	(5)			
BELLAVOINE VAN CAMPENHOUT, papetier, faub. St-Denis, 14.F	F	Gautier.....	7 juin 70	31 août 71	(6)		
BELLÉ, Léon, limonadier, rue de Belleyme, 23............F	F	Chevallier...	2 août 70	(7)			
Id.-BRISSET, Id. Id. ....*	*	Hardy.......	....	....	....	5 août 71	

(1) BAYARD paie 2 fr. 51 c. %, unique répartition.

(2) BAZILLE dame paie 9 fr. 53 c. %, unique répartition.

(3) BEAUFILS doit 25 % en 5 ans, par 1/5, de l'homologation.

(4) BECHER-HILDEBRAND paie 8 f. 50 c. %, produit de son actif.

(5) BELASCO paie 45 %, troisième et dernière répartition.

(6) BELLAVOINE VAN CAMPENHOUT doit 20 % en quatre ans, par 1/4, de l'homologation

(7) BELLÉ paie 9 fr. 10 c. %, unique répartition.

NOMS, PRÉNOMS, PROFESSIONS ET DOMICILES.	À faire Liquidation F Faillite aerérenco Avoué.	SYNDICS ET AVOUÉS	FAILLITES ET LIQUIDATIONS.	DATE DES HOMOLOGATIONS DE CONCORDATS	INSUFFIS⁻ ET UNIONS.	SÉPARAT⁻ DE BIENS JUDICIAIRES.	CONS. JUDIC. ET INTERDICT.
BELLIER, fabricant d'eau de Seltz, boul. Richard-Lenoir, 17.	L	Maillencourt	8 nov. 71				
BELLONIE, Simon, marchand de nouveautés , à Nogent.......	F	Chevallier ...	28 mai 70	....	* 11 août 71		
BELPOIX, Étienne, linger, rue Roquepine, 1...............	F	Beaufour....	5 déc. 71	....	*23 janv. 72		
BELZANNE, Pierre, entrepreneur, rue Saint-Maur, 43.......	L	Maillencourt.	30 déc. 71				
BENOIST, Armand-Alphonse, bonnetier, r. Vieille-Temple, 121.	F	Gauche...	14 juill. 71	21 nov. 71	(1)		
Id. marchand de vins, rue Grenelle, 151 bis...........	L	Lamoureux .	26 sept. 71				
BERARD, Pierre, plumassier, rue des Déchargeurs , 11.......	L	Sautton...	7 nov. 71				
BERDUX, Henri, marchand de bois, rue Citeaux , 10.......	L	Sarazin...	21 nov. 71				
BEREAU-DUCHÊNE, marchand de vin, rue Galande, 20.......	*	Dubost....	....	....		1er août 68	
BERGERON, Léon-Miguel, tapissier, rue d'Hauteville, 49 et 55.	F	Moncharville.	17 avril 69	(2)			
BERGHES SAINT-WINOCK (duc de) Marie, Cours-la-Reine, 38.	*	Mouillefarine.	....	....			11 octob. 71
BERGIER, François, md de bois, avenue de la Roquette, 24...	L	Dufay.......	7 déc. 71				
BERGUE, Adolphe, serrurier, rue Petrelle, 24...............	L	Logriel.....	23 sept. 71				
BERGUES-MILAN, avenue Bosquet, 50.....................	*	Bourse.....	....	....		30 sept. 71	
BERNANORE-DEPAPE, boucher, faubourg Saint-Denis, 80.....	*	Chéramy	....	....		26 août 71	
BERNARD, Antoine, restaurateur, rue Saint-Martin , 213......	L	Beaufour....	23 octob. 71				
Id. frères, fabricants de tissus , rue de Cléry, 9.......	F	Quatremère..	3 déc. 09	21 sept. 71	(3)		
Id. Victor, march. de nouv. faub. St-Antoine, 91....	F	Quatremère..	11 mars 70	21 sept. 71	(4)		
Id. Charles, marchand de tissus, r. N.-D. Victoires, 7.	F	Quatremère..	11 mars 70	21 sept. 71	(5)		
BERNARD-BARBIER, Claude, charbonnier, r. St-Ambroise, 87.	*	Guény	....	....		4 août 70	
BERNHEIM, personn. ex-banquier, rue Vieille-Temple, 107...	F	Legriel......	24 nov. 69	(6)			
BERNIER, Jacques, commissionnaire, à Ivry................	F	Sautton.....	4 août 68	1er sept. 71	(7)		
BERR, Fanny. Voir : ALBERT, veuve.							
BERROD, demoiselle Elisa, ex-mde de vins, rue Turenne, 112.	F	Logriel......	7 nov. 71				
BERRY, Eugène, marchand de nouveautés, boul. Clichy, 16...	F	Moys........	22 févr. 68	17 juill. 68	* 30 nov. 71		
BERT, Laurent, maçon, à Issy	F	Barbot......	15 octob. 68				
BERTHAULT, Étienne-Julien, cordonnier, à Boulogne	F	Beaufour....	13 déc. 69	26 juill. 71	(8)		
BERTHIER, François, mécanicien, r. St-Maur-Popincourt, 67...	F	Chevallier ...	22 mars 70	8 sept. 71	(9)		
Id. Marie, teinturière, r. École-de-Médecine, 109 et 80.	F	Prodhomme .	3 mars 70	(10)			
BERTHOU, Louis, logeur, passage du Renard, 12............	L	Prodhomme .	13 nov. 71				
BERTHOUX, Claude, hôtelier, rue Grange-aux-Belles, 14......	F	Barboux.....	15 déc. 71	....	* 30 janv. 72		
BERTON-LEBLANC, Jacques-Eugène, à Levallois.............	*	Blachez	....	....		9 déc. 71	
BERTRAND, Auguste, cordonnier, rue Legendre, 109	F	Sarazin......	7 déc. 71	....	* 23 déc. 71		
Id. -LAGRANGE, Auguste-Eugène, boul. Voltaire, 119.	*	Clériot......	....	....		31 août 71	

(1) BENOIST, Armand, paie 3 fr. 90 c. %, produit de son actif et parfait 20 % en 4 ans, par 1/4, de l'homologation.

(2) BERGERON paie 7 fr. 38 %, unique répartition.

(3) BERNARD frères paient 25 % à valoir sur l'actif abandonné, et s'obligent à payer 2 % en 18 mois de l'homologation.

(4) BERNARD, Victor, paie 5 % comptant et doit 5 % dans un an de l'homologation.

(5) BERNARD, Charles, doit 10 % payables dans un an de l'homologation.

(6) BERNHEIM, personnellement, paie 34 fr. 26 c. %, unique répartition.

(7) BERNIER paie 1 fr. 42 c. %, produit de son actif, et s'oblige à payer 10 %, en 5 ans, par 1/5.

(8) BERTHAULT paie l'intégralité des créances en 2 ans et trois paiements.

(9) BERTHIER , François, doit 30 %, en 6 ans, par 1/6, de l'homologation.

(10) BERTHIER, Marie, paie 5 fr. 97 c. %, unique répartition.

NOMS, PRÉNOMS, PROFESSIONS ET DOMICILES.		SYNDICS ET AVOUÉS	FAILLITES ET LIQUIDATIONS.	DATE DES HOMOLOGATIONS DE CONCORDATS	INSUFFIS.ces ET UNIONS.	SÉPARAT.ons DE BIENS JUDICIAIRES.	CONS.JUDIC. ET INTERDICT.
BERTRAND, Franç.-Léon. Voir: BLANCHETEAU et BERTRAND.	L						
Id. Alphonse, loueur de voitures, à Montreuil........	L	Gautier......	21 août 71				
BERTRIX (de). Voir: NEAUDOT de BERTRIX.							
BESSON, Jean-Pierre, cafetier, rue des Meuniers, 1..........	L	Copin.......	6 sept. 71				
Id. Michel-Frédéric, ex-chemisier, rue Lancry, 57....	L	Meillencourt.	16 août 71				
BETHMONT, Michel-César, fab. de cidre, r. Vandrezanne, 35..	L	Maillard....	30 sept. 71				
BETRY et Cie. Voir: ESCARÉ, BETRY et Cie.	L						
BEUSSCHOP, Séverin, chapelier, rue Blancs-Monteaux, 26...	F	Normand....	10 sept. 70	22 août 71	(1)		
BEUTIER, Joseph, couvreur, quai Valmy, 91............	L	Sarazin......	5 déc. 71				
BEX, Alexandre-François, stuccateur, rue Laugier, 1........	L	Battarel....	19 sept. 71				
BIDAULT-NOISEUX, Louis-Gustave, négociant r. Temple, 14..	*	Bertot.......				24 août 71	
BIDAUT, quincaillier, rue Braque, 8............	F	Beaugé.......	15 févr. 69	(2)			
BIENAIMÉ, Louis-Arthur, fab. de couseuses, b.d Magenta, 46..	F	Maillard....	21 octob. 69	(3)			
BIGGINS, Anna. Voir: VANELLI, dame.							
BIGOS, modiste, faubourg St-Honoré, 14............	L	Hécaen......	8 nov. 71				
BIGOT, Joseph, boulanger, sans domicile connu........	F	Prodhomme..	30 juin 70	....		* 29 nov. 71	
Id. Id. Id. , quai de Passy, 9............	F	Dufay.......	11 nov. 71			* 30 nov. 71	
Id. veuve MARIN. Voir: FRANÇOIS.							
Id. -PLAMANT, Félix-Alexandre, rue Fontaine-au-Roi, 8..	*	Roche.......				11 juill. 71	
BILLABD, Paul-Auguste, mégissier, rue Glacière, 99....	L	Bégis.......	4 nov. 71				
BILLIET, Ernest, costumier, rue Neuve-Petits-Champs, 13...	L	Heurtey.....	20 sept. 71				
BILLON, Philippe-Joseph, ex-blanchisseur, à Boulogne...	L	Sarazin......	23 déc. 71				
BILLOTTE, Nicolas-Désiré, traiteur, rue Poissonnière, 6...	F	Legriel......	10 janv. 70	17 mai 70	10 octob. 71		
BIMOND, Pierre, plâtrier, à Pierrefitte........	F	Sarazin......	15 juin 70	5 déc. 71	(4)		
BINOIT, Philibert, marchand de cuirs, rue des Dames, 104...	F	Pinet.......	3 août 71				
BIONNIER, Pierre, tailleur, rue Neuve-Petits-Champs, 64...	L	Maillard....	19 sept. 71				
BIZERAY, loueur de voitures, rue Fourneaux, 31...	F	Dufay.......	24 octob. 71			* 30 nov. 71	
BIZOT, Auguste-Nicolas, limonadier, boulevard Sébastopol, 47.	L	Meys.......	10 nov. 71				
BLAIN et ETERLÉ, maçons, rue Alibert, 6 et 8....	L	Beaujeu.....	2 nov. 71				
Id. Élie-Delphin, épicier, rue Pernetty, 57............	L	Chevallier..	18 déc. 71				
BLANC DE LA BARTHE-FRETELLIÈRE, Prosper, r. Douai, 45...	*	Gouget......				20 juill. 71	
Id. marchand de pelleteries, impasse Griset, 12............	L	Meys.......	22 nov. 71				
BLANCHARD-LONGUET, Lucien, boulevard Montparnasse, 120..	*	Boudin......				9 août 71	
Id. négociant en bronzes, place Rotonde-Temple, 2..	F	Lamoureux..	16 mars 70	10 août 71	(5)		
BLANCHETEAU et BERTRAND, bouchons, r. Strasbourg, 12...	F	Barbot......	24 octob. 71			* 8 déc. 71	
Id. Zéphir-Joseph, plâtrier, à Noisy...	L	Maillard....	4 octob. 71				
BLANDAN, Adèle-Étiennette, hôtelière, boul. Temple, 50.....	L	Normand....	29 déc. 71				
BLAVETTE, Auguste, épicier, rue Vaugirard, 134 bis........	L	Prodhomme..	26 octob. 71				
BLIAUX-THOMES, Auguste-Victor, rue Procession, 133.......	*	Henriet......				28 nov. 71	

(1) BEUSSCHOP doit 20 %, en 4 ans, par 1/4, de l'homologation.

(2) BIDAUT paie 11 fr. 84 c. %, deuxième et dernière répartit.

(3) BIENAIMÉ paie 3 fr. 45c. %, unique répartition.

(4) BIMOND doit 25 %, en 5 ans, par 1/5, de l'homologation.

(5) BLANCHARD doit 10 %, en 5 ans, par 1/5, de l'homologation.

NOMS, PRÉNOMS, PROFESSIONS ET DOMICILES.	SYNDICS ET AVOUÉS	FAILLITES ET LIQUIDATIONS.	DATE DES HOMOLOGATIONS DE CONCORDATS	INSUFFIS** ET UNIONS.	SÉPARAT** DE BIENS JUDICIAIRES.	CONS.JUDIC. ET INTERDICT.
BLIAUX, Auguste-Victor, vinaigrier, r. Campagne-1re, 15.....L	Hourtoy.....	26 sept. 71				
BLOCH, DUGENET et Cie, peaussiers, rue Montorgueil, 69.....L	Logriel......	14 déc. 71				
BLOCH, André, mercier rue Neuve-Coquenard, 27..........L	Beaujeu....	21 sept. 71	....		*15 nov. 71	
Id. fils, peaussier, boulevard St-Michel, 125..........L	Chevillot....	24 octob. 71				
BLONDEL, Étienne-Eugène, imprimeur sur étoffes, à Puteaux..L	Hourtoy.....	18 octob. 71	....		*30 nov. 71	
BLOT, Eugène, parfumeur, faubourg Temple, 92..........L	Prodhomme.	16 déc. 71				
Id. -DALLIER, Charlemag.-Édouard-Maximilien, r. Bouret, 8.*	Hardy......		....		....	3 août 71
BLUM, Kauffmann, colporteur, rue Sévigné, 12..........L	Sarazin.....	25 août 71				
BOCCARD, Jacques, marchand de vins, rue St-Denis, 379.....L	Legriel......	27 octob. 71				
BOCQUET, Octave, md de nouveautés, Bd Prince Eugène, 36..F	Copin.....	4 juin 70	27 octob. 70	(1)		
BŒUF, Philippe-Charles, confectionneur, rue Mulhouse, 13...L	Bourbon.....	20 octob. 71				
BOISJON, Julie-Édit. Voir DONIZEAU, dame. L						
BOISSEAU, Jeune, fabricant de cristaux, à Choisy..........L	Saulton	8 août 71				
BOITARD-TABARY, Athan.-Éléonard, chapelier, quai National, 9.*	Dubois.....		....		....	26 déc. 71
BOITELLE, corroyeur, boulevard de la Chapelle, 18..........F	Beaugé.....	31 janv. 70		(2)		
BOIZOT, marchand de vins, à Neuilly..................F	Gauche.....	25 janv. 70		(3)		
BONNAFOUS, Henri, march. de vins rue St-Antoine, 110 bis...L	Pinet.....	23 nov. 71				
BONNAIRE, Auguste-Éloi, traiteur, rue des Usines, 2........L	Beaujeu....	29 sept. 71				
BONNARD, corsetier, rue Turbigo, 40..........L	Meys.....	22 sept. 71				
BONNAT, Marie-Michel, march. de vins, boulevard d'Enfer, 34.L	Barbot......	26 août 71				
BONNEAU, Pierre, march. de vins, cours de Vincennes, 56...L	Normand....	28 sept. 71				
BONNEFOI, marchand de vins, avenue de Clichy, 136........F	Beaufour....	10 octob. 71	....		*13 janv. 72	
BONNEFOUS, Auguste, limonadier, rue Montparnasse, 75.....F	Normand....	24 octob. 71	....		*30 nov. 71	
BONNEFOUX, André, déménageur, rue Montholon, 36.·.....F	Chevalier....	2 mai 70	14 sept. 71	(4)		
BONNET. Voir: CHAMEROIS jeune et BONNET.						
Id. CHOLOUX, fabric. de bouchons, boulev. d'Enfer, 53.L	Barboux.....	12 déc. 71				
Id. Louis, loueur de forces motrices, r. St-Bernard, 25..L	Legriel......	9 déc. 71				
Id. GRAND-COLLOT, fie de bouchons, boul. d'Enfer, 55..*	Dolessard....		....		....	28 janv. 71
BONNEVAL, Victor-Joseph, restaurateur, rue Rivoli, 85.......L	Beaugé....	21 nov. 71				
BONNEVIDE, Pierre, charbonnier, rue de l'Abbé-Groult, 36...L	Quatremère..	22 nov. 71				
BONVALLET fils, march. de bois, avenue Daumesnil, 40 et 42.F	Hourtoy.....	23 juin 70		(5)		
BORDE, André, entrep. de travaux publ., rue de la Pompe, 125.L	Devin.......	24 octob. 71				
BORSARY, bimbelotier, rue de Lyon, 1..................F	Millet.....	25 juin 62	7 nov. 62		*29 déc. 71	
BOSQUAIN, Hôtel meublé, rue Tour d'Auvergne, 10..........L	Beaufour....	21 déc. 71				
BOUCHÉ, veuve J. Bapt., voiturière, quai de la Rapée, 20.....F	Chevallier...	25 mai 67		(6)		
BOUCHER, limonadier, boulevard Beaumarchais, 50..........L	Prodhomme.	7 déc. 71				
Id. Jeune-Alexandre, charpentier, rue Cambronne, 64..L	Barbot.....	29 déc. 71				
BOUCHEREAUX, Paul-Joseph, menuisier, rue de Vanves, 108..F	Richard.....	10 déc. 68		(7)		
BOUCHU-LAMY, Frédéric, ex-ferblantier, sans domicile connu.*	Dumont.....		....		....	27 août 70

(1) **BOCQUET** paie 13 fr. 34 c. % unique répartition de l'actif abandonné.

(2) **BOITELLE** paie 10 % première répartition.

(3) **BOIZOT** paie 2 fr. 76 c. % unique répartition.

(4) **BONNEFOUX** doit 15 %, en 6 ans, par 1/6, de l'homologation.

(5) **BONVALLET** fils paie 5 fr. 53 c. % unique répartition.

(6) **BOUCHÉ**, veuve, paie 16 fr. 23 c. %, 2e et dern. répartition.

(7) **BOUCHEREAUX** paie 11 fr. 02 c. % unique répartition.

NOMS, PRÉNOMS, PROFESSIONS ET DOMICILES.	L Indique Liquidation F Faillite. Acrédaiaque Avoué.	SYNDICS ET AVOUÉS	FAILLITES ET LIQUIDATIONS.	DATE DES HOMOLOGATIONS DE CONCORDATS	INSUFFIS⁰⁰ ET UNIONS.	SÉPARAT⁰ˢ DE BIENS JUDICIAIRES.	CONS. JUDIC. ET INTERDICT
BOUCLIER. Voir : L'ENFANT et BOUCLIER,							
BOUDIER, Jean, marchand de vins, rue de la Gare, 8........	L	Chevallier ...	11 déc. 71				
BOULANGER, Léon, négociant, rue Samson, 28.............	F	Gauche	11 nov. 71				
BOULARD, ex-marchand de vins, rue d'Allemagne, 178.......	L	Beaujeu.....	5 déc. 71				
BOULET, Auguste, marchand de bois, rue Mathis, 15.......	L	Devin.....	15 nov. 71				
BOULFRAY, François-Joseph, épicier, rue Charenton, 289.....	F	Hécaen...	20 octob. 71	....	* 31 oct. 71		
BOULIBŒUF-DROUIN, Louis-Auguste, rue Ducouëdic, 22......	*	Branche....	....	....		6 juill. 71	
BOULLEY-DESBRESLE, Victor, à Montereau-Faut-Yonne.....		Levesque...	....	....		22 déc. 68	
BOUQUET, constructeur de fours, rue Voie-Verte, 1..........	L	Prodhomme .	28 octob. 71				
BOUR-CLERVAUX, Louis-François, rue de Reuilly, 29.......	*	Plassard..	....	....		11 juill. 70	
BOURBON-QUINCEROT, Henri-Jean-Baptiste, rue Berlin, 34..		Delaporte...	....	....		19 octob. 71	
BOURCIEUX, Claude, voiturier, avenue Malakoff, 5..........	L	Sarazin..	1er déc. 71				
BOURDEL, marchand de vins, boulevard Malesherbes, 53.....	L	Copin...	27 déc. 71				
BOURDELOUP-GAUTHERON, Eugène-André, r. Lafayette, 208..*		Outremontelle	....	....		8 juill. 71	
Id. Eugène, épicier, rue Lafayette, 208............	L	Chevillot ...	22 déc. 71				
BOURDEREAU-POCHARD, Louis-Alfred, rue Fontarabie, 4....*		Delpon...	....	....		4 juill. 71	
BOURDIER-GUIBLIN, Jean-Ernest, rue Four-St-Germain, 22...*		Roche......	....	....		13 sept. 71	
Id. Jean-Ernest, restaurateur, rue du Bac, 57....L		Sarazin.	1er août 71				
Id. Jean-Georges-Auguste, boulevard du Temple, 28 ...	L	Langeron....	....	....		....	19 déc. 71
BOURÉE, Charles-Abel, fab. d'eau-de-seltz, r. Sablière, 15 ...*		Maillard...	16 sept. 71				
BOURGAULT-GERVAIS, Julien, rue Bercy-St-Antoine, 216.....	*	Delaporte....	....	....		26 août 71	
BOURGEOIS, ex-crémier, rue Blomet, 9..............	F	Gauche......	18 juill. 68		* 30 sept. 68	(1)	
BOURGOGNE-BERTHELEMY, mouleur, rue Buttes-Reuilly, 6 ..F		Normand....	5 avril 69	30 août 69	* 24 nov. 71		
BOURGOIN Frères, ornemanistes, rue Mézières, 1...........	F	Prodhomme..	13 octob. 71				
BOURLAT-THUILIER, Jean, à Vincennes.............	*	Bertot...	....	....		25 nov. 71	
BOURREIFF, fabricant de bronzes, r. Paradis-Poissonnière, 33 .F		Beaufour....	10 mars 70	4 août 71	(2)		
BOUSSANGE-MAGNEFIN, Alexandre, tailleur, rue Pernetty, 53.*		Labbé.......	....	....		27 juill. 71	
BOUTIN, comm⁰ⁿ en marchandises, r. Godot-de-Mauroy, 30...F		Beaugé...	23 mai 70	18 déc. 71	(3)		
BOUVERET-MOREL, Émile, garçon de recettes, rue Levy, 1...*		Weill	....	....		3 mai 70	
BOUVET Frères, raffineurs, à Aiseray. (Jugement d'Auxonne) ..L		Deleuze....	11 sept. 71				
Id. Id. Id. avenue Choisy, 168...........	L	Moncharville .	5 août 71				
BOUVIER jeune, confectionneur, chaussée du Maine, 50......	F	Maillard....	18 août 71				
Id. Pierre-Adam, restaurateur, rue Cherche-Midi, 58....F		Battarel ..	18 juill. 70	9 déc. 71	(4)		
BOY, Edmond, rue Turenne, 146...............	*	Viollette....	....	....		....	29 août 71
BOYER, Françoise. Voir : CHACK, dame.							
BRACHOTTE, Claude, pâtissier, rue Laugier, 1..............	L	Legriel......	14 déc. 71				
BRAFIN, Jean-Pierre-Léonard, chiffonnier, r. de l'Isly, 9.....L		Devin.......	5 sept. 71	27 déc. 71	(5)		
BRANDON-BONNE, Isaac, r. de Tracy, 8.............	*	Deherpe.....	.....	...		16 nov. 71	
BRAUD, Louis-Félix, encadreur, rue Neuve-Petits-Champs, 43.F		Battarel	20 août 70	18 déc. 70	(6)		

(1) BOURGEOIS. — Réouverture du 5 août 70.

(2) BOURREIFF, abandonne son actif et s'engage à parfaire 85 %, à raison de 5 %, par an.

(3) BOUTIN doit 25 % en 5 ans, par 1/5, de l'homologation.

(4) BOUVIER, Pierre, doit 25 %, en 5 ans, par 1/5, de l'homologation.

(5) BRAFIN paie 25 % comptant et 25 % en 5 ans, par 1/5, de l'homologation.

(6) BRAUD doit 25 % en 5 ans, par 1/5, de l'homologation.

NOMS, PRÉNOMS, PROFESSIONS ET DOMICILES.	*L* indique Liquidation *F* Faillite, astérisque avoué.	SYNDICS ET AVOUÉS	FAILLITES ET LIQUIDATIONS.	DATE DES HOMOLOGATIONS DE CONCORDATS	INSUFFIS^{ce} ET UNIONS.	SEPARAT^{ns} DE BIENS JUDICIAIRES.	CONS. JUDIC. ET INTERDICT.
BRAULT, Alfred-Nicolas, limonadier, rue St-Paul, 3........	F	Barbot......	21 déc. 60	1er août 71	(1)		
BRENAS et CARREAU, mécaniciens, rue de Crimée, 107......	F	Gauche......	12 janv. 70	....	* 30 déc. 70	(2)	
BRESSION, Sophie. Voir : CARON, veuve							
BRETON, marchand de vins, place du Tertre, 13	F	Maillard.....	3 octob. 71	....	* 20 déc. 71		
BREUIL, Michel, cordonnier, faubourg St-Denis, 83........	F	Battarel.....	3 nov. 70	13 octob 71	(3)		
BREYSSE, négociant en tissus, rue Notre-Dame-Nazareth, 19...L		Hourtey.....	20 octob. 71				
BRIANDET, Jean-Baptiste, marchand de vins, rue Châlons, 18.	F	Gautier.....	20 nov. 71	....	* 22 janv. 72		
BRIANNE et PINTIAUX, confectionneurs, rue du Mail, 30 ...L		Battarel.....	27 octob. 71				
Id. dame, modiste, boulevard St-Michel, 13........L		Meys......	1er août 71	....	* 16 sept. 71		
BRIDOU, Ernest, épicier, rue Amandiers, 80............L		Gauche......	1er déc. 71				
BRIFFOZ, Joseph-Marie, chapelier, rue Rambuteau, 8........L		attarel......	2 nov. 71				
BRIGOT et Cie, fabricants de tissus, quai de Gesvres, 6....L		Normand.....	19 octob. 71				
BRILLOUET, Germain, tapissier, faubourg Poissonnière, 98...F		Sarazin......	3 août 70	25 juill. 71	(4)		
BRIOIS-CAUCHOIS, Clément-Jules, à N.-D.-des-Prés (Aube).....	*	Le Brun......	....	....	....	31 août 71	
BRISSON-REUZÉ, François, rue Bayen, 4............		Dubois......	....	....	....	1er déc. 71	
BRISSONNET, Alexandre, fab. de jouets, r. Rambuteau, 22 ...F		Lamoureux..	3 mai 70	19 août 71	(5)		
BROCHERAY, Pierre, menuisier, r. Grande-Chaumière, 4....L		Beaufour....	3 nov. 71				
BRONBERGER, commissionnaire, passage Saulnier, 4.......		Beaujeu.....	31 août 71				
BROTTIER-COLONNA, Jean-Pierre-Étienne, à Charenton......	*	Bourse......	....	....	....	21 déc. 71	
BROUHOT, Claude-François, traiteur, faub. St-Antoine, 235....L		Chevalier....	21 octob. 71				
BRULIN, marchand de vins, rue Truffaut, 9...........	F	Dufay......	4 févr. 71		(6)		
BRUNCH-BUCAILLE, Alfred, chapelier, villa St-Michel, 1.....	*	Chauveau....	....	....	....	18 nov. 71	
BRUNEAU, dame. Voir : ANTOINE et Cie.							
BRUNELLE-MERCERON, Auguste, r. Fontaine-St-Georges, 34..	*	Savignat.....	....	....	....	4 juill. 71	
BRUNET, Hugues, épicier, rue Charenton, 116..........	F	Chevillot....	23 déc. 71	....	* 31 janv. 72		
Id. Jean, marchand de vins, rue Molay, 5...........	F	Bourbon.....	17 août 70	4 août 71	(7)		
BUCHET, Eugène-Joseph, limonadier, rue de Paris, 27.......	L	Prodhomme..	20 nov. 71				
BUFFEREAU, Pierre-Auguste, traiteur, à Boulogne........	L	Chevillot....	20 sept. 71	....	* 10 oct. 71		
BUISSON-BOULÉE, François-Marie-Charles, r. Cherche-Midi, 31..	*	Boulet......	....	....	....	24 juin 71	
BUNEL, Jean-Joseph, plombier, rue St-Georges, 4........	L	Hourtey.....	4 octob. 71	....	* 30 déc. 71		
Id. -DORBEAUX et Cie, commissionnaires, bd Magenta, 26.L		Chevillot	7 sept. 71				
BUNON-DARD, Henri-Louis-Victor, r. Vieille-Temple, 27	*	Weill......	....	....	....	24 août 71	
BURC, François, maroquinier, rue du Temple, 30.........	F	Barboux.....	19 mars 70	29 juin 71	(8)		
BUREAU, Charles-Jean-Baptiste, huilier, rue Flandre, 15....F		Bégis......	29 nov. 67	(9)			
BURON. Léonie. Voir : FROIDEVAUX, veuve.							
BURTIN, Claude-François, ex-traiteur, rue Lafeuillade, 7 ...F		Maillard.....	7 mars 71	....	* 26 juin 71		
BUSQUET-ABRIC, Jean-Joseph, rue Sainte-Anne, 40..........	*	Masse......	....	....	....	8 juin 71	
BUSSON, François, maçon, rue Rambuteau, 29 L		Hourtey.....	16 octob. 71				
Id. et VACHERON, maçons, rue Rambuteau, 20........L		Hourtey.....	16 octob. 71				

(1) BRAULT doit 25 % en 4 ans, par 1/4, du 1er septembre 1872.

(2) BRENAS et CARREAU. — Réouverture du 14 décembre 1871.

(3) BREUIL doit 25 % en 5 ans, par 1/5, de l'homologation.

(4) BRILLOUET doit 20 % en 5 ans, par 1/5, de l'homologation.

(5) BRISSONNET, abandonne une créance éventuelle et s'oblige

à payer 25 % en 5 ans, par 1/5.

(6) BRULIN paie 3 fr. 52 c. % unique répartition.

(7) BRUNET doit 25 % en 5 ans, par 1/5, du jour du concordat.

(8) BURC doit 25 % en 5 ans, par 1/5, de l'homologation.

(9) BUREAU. — Faillite clôturée par jug. du 21 déc. 1871.

NOMS, PRÉNOMS, PROFESSIONS ET DOMICILES.	SYNDICS ET AVOUÉS	FAILLITES ET LIQUIDATIONS.	DATE DES HOMOLOGATIONS DE CONCORDATS.	INSUFFIS⁰⁵ ET UNIONS.	SÉPARAT⁰⁵ DE BIENS JUDICIAIRES.	CONS. JUDIC. ET INTERDICT.

C

NOMS	SYNDICS	FAILLITES	DATE	INSUFF/UNIONS	SÉPARAT	CONS.JUDIC
CABOURET, Virginie-Justine, à Bel-Air............*	Mesnier.....				(1)	9 août 69
CADEVILLE, Philidor, scieur à la mécanique, r. de l'Ourcq, 11. L	Normand....	26 octob. 71				
CAFFIN, Joseph-Marie-Léon, brasseur, rue Reuilly, 11.......F	Quatremère..	13 déc. 67	(2)			
CAGNAT-STEINES, Henri, cordonnier, boul. Malesherbes, 35...*	Husson.....				14 nov. 71	
CAHN, Alfred. Voir : LEVY et GOTTLIEB.						
CAILLARD, Paul, propriétaire, rue Université, 82...........*	Giraud.....				(3)	27 avril 55
CAILLAUD-BIGOT, Pierre, à Aubervilliers....·.......*	Mesnier.....				30 sept. 72	
CAILLOUX, Marie-Louise-Caroline, bouchère, rue Bac, 434...F	Hécaen.....	24 août 69	30 déc. 60	*30 nov. 71		
CALLARD-VIEILLARD, Louis-Étienne, b⁴. Prince-Eugène, 139.*	Guyot.....				28 déc. 69	
CALVET et Cie, marchands de vins, avenue Choisy, 149....F	Dufay.....	13 nov. 71		*31 janv. 72		
CAMBIER, Edouard, épicier, rue Doudeauville, 51..........F	Legriel.....	21 mai 70		*31 août 71		
CAMBOULIVES, Joseph, rue Berton, 1.........*	Postel.....					*23 déc. 71
CAMBRAI, ex-marchand de vins, rue Traversière, 33.......F	Quatremère..	23 nov. 67	4			
CAMENA, fleuriste, rue Ménars, 8..............F	Meys.....	23 juin 70		*4 janv. 71	(5)	
Id. dame, fleuriste, rue Ménars, 8...............L	Meys.....	27 juill. 74				
CAMINADE fils, Georges, hôtelier, rue Colisée, 6..........L	Devin.....	2 octob. 71				
Id. Jean, hôtelier, rue Colisée, 6..............L	Dufay.....	30 sept. 71				
CAMUS Frères, négociants, rue St-Victor, 16.........F	Lacoste.....	9 août 55	29 déc. 74	(6)		
Id. -NOUETTE-DELORME, Charles-Hippolyte, à Passy.....*	Castaignet...				14 déc. 71	
CANDOUR, ferblantier, rue de la Roquette, 112.........L	Beaugé.....	1ᵉʳ déc. 74				
CAPRON, père et fils, marchands de vins, faub. St-Martin, 176.L	Beaugé.....	6 octob. 74	18 déc. 71	(7)		
CARBONNET-SIGNORET, Félix, rue de Douai, 18.........*	Chéramy....				12 août 71	
CARDOT dame, Isidore-Honoré, hôtelière, rue Colisée, 15.....L	Beaujeu....	21 octob. 71				
CARERR-VIGNORD, Jean-Marie, rue Cloître-St-Merry, 16......*	Niquevert...				26 déc. 71	
CARLE, Félix, marchand de fers, à Courbevoie............L	Pinet.....	31 octob. 71				
CARON, Victor-Edouard, mercier, rue Clignancourt, 36.....L	Beaujeu....	28 sept. 71		*31 oct. 71		
Id. Auguste-Joseph, Id. faub. St-Antoine, 238.....F	Gautier.....	14 juill. 70	(8)			
Id. veuve, Charles-Frédéric, hôtelière, r. Miromesnil, 38.L	Heurtey....	23 sept. 71				
Id. fils, grainetier, rue de Javel, 90.............F	Normand...	21 juill. 71	(9)			
CARRÉ, entrepreneur de roulage, à Charenton.............F	Legriel.....	11 octob. 71		*23 déc. 71		
Id. ex-boulanger, rue François-de-Sales, 4..........F	Normand...	17 juin 70	(10)			
CARTIER, Pierre-Eugène, doreur, rue Cretet, 4...........L	Copin.....	1ᵉʳ nov. 71				
CARTOUX-DEIRAS, Jules-Louis, rue des Moulins, 5..........*	Boutet.....				28 nov. 71	

(1) CABOURET. — Main-levée du 22 août 1871.

(2) CAFFIN paie 3 fr. 08 %, unique répartition.

(3) CAILLARD. — Main-levée du 26 août 1871.

(4) CAMBRAI paie 2 fr. 22 c. %, deuxième répartition,

(5) CAMENA. — Faillite annulée par jugement du 21 juillet 1871.

(6) CAMUS Frères, paient l'intégralité de leur passif.

(7) CAPRON, père et fils, ont chacun un concordat distinct : le père paie 25 % en 5 ans, par 1/5 et le fils 10 % également en 5 ans, par 1/5, de l'homologation.

(8) CARON paie 27 fr. 83 %, unique répartition.

(9) CARON fils, paie 2 fr 67 %, unique répartition.

(10) CARRÉ, ex-boulanger, paie 53 fr. 38 c. %, unique répartition.

NOMS, PRÉNOMS, PROFESSIONS ET DOMICILES.	Indique Liquidation ou Faillite. avec lettres Avoué.	SYNDICS ET AVOUÉS	FAILLITES ET LIQUIDATION.	DATE DES HOMOLOGATIONS DE CONCORDATS	INSUFFIS^{ce} ET UNIONS.	SEPARAT^{ns} DE BIENS JUDICIAIRES.	CONS.JUDIC. ET INTERDICT.
CASSE. Voir : TAILLET, CASSE et Cie.							
CASTELLA, Antoine, menuisier, boulevard Mazas, 132	L	Devin	13 sept. 71				
CATALON, Joseph, marchand de cafés, avenue Lacuée, 4	L	Quatremère	11 déc. 71				
CATTIN, Auguste, teinturier, à St-Mandé	L	Beaujeu	28 octob. 71				
CAUSARD, marchand de bois et charbons, rue Tiers, 22 bis	L	Barboux	16 déc. 71				
CAVALIER, chiffonnier, rue Marché-Grenelle, 10	F	Gautier	24 juin 70			* 24 août 71	
CAVY, Charles, march. d'ustensiles de ménage, r. Labat, 11	L	Sautton	22 nov. 71			* 28 déc. 71	
CAYEM demoiselle, Fleurette, restaurateur, à Asnières	L	Moys	7 déc. 71				
CAYROL, Raymond, hôtelier, boulevard de la Gare, 93	F	Sarazin	13 juin 70			* 31 août 71	
CAYRON, Jean, hôtelier, rue Nonnains-d'Hyères, 24	F	Chevillot	9 août 70	15 sept. 71	(1)		
CAZEAUX-SARRAT, chaussée d'Antin, 44	*	Marc				26 août 71	
CAZIER et DUCHATEAU, maçons, rue de Monceau, 12	L	Normand	16 octob. 71				
CELLIER, Martin, menuisier, rue Rennequin, 16	F	Beaujeu	30 sept. 71	13 janv. 72	(2)		
Id. -CHAUVIN, Claude-Honoré, r. Jean-Goujon, 31 et 33	*	Huet				24 févr. 71	
CERF, Léon, fabricant d'alun, rue Oberkampf, 11	L	Sarazin	7 nov. 71				
CHABANNES, marchand de vins, rue Charbonnière, 42	F	Beaujeu	6 avril 68	(3)			
CHABOT, Jean, marchand de vins, rue Fouarre, 11	L	Hécaen	16 déc. 71				
CHABRIER, Pierre, brocanteur, rue Vert-Bois, 13	L	Prodhomme	28 nov. 71				
CHACK dame, couturière, rue Baudin, 10	F	Bourbon	12 août 71	29 déc. 71	(4)		
CHAGNY, Étienne, limonadier, quai d'Orléans, 2	L	Battarel	14 juill. 71	5 déc. 71	(5)		
CHAGRIN-ISRAEL, Joseph, sans domicile indiqué	*	Protat				31 août 71	
CHAIGNON et GRÉE, marchand de vins, à Arcueil	L	Prodhomme	3 déc. 69	(6)			
CHAIN, Louis-Arthur. Voir : DUCHATEAU et CHAIN	L						
CHALIER fils, march. de dentelles, rue Notre-Dame-Victoires, 7	F	Darbot	13 mai 70		6 nov. 71		
CHALIPOUR, entrepreneur de bâtiments, rue Domrémy, 60	F	Sautton	15 avril 70	8 sept. 71	(7)		
CHALIGNE-ROUX, Émile-Esprit, rue Michel-le-Compte, 15	*	Savignat				19 déc. 71	
CHAMBARD, ex-boulanger, route de Versailles, 178	F	Heurtey	7 octob. 69	(8)			
CHAMBROUX, brasseur, boulevard Voltaire, 245	F	Pinet	26 octob. 71		* 30 nov. 71		
CHAMEROIS jeune et BONNET, gantiers, rue Turbigo, 4	L	Beaufour	22 sept. 71				
CHAMPAIN-LESCŒUR, Pierre-René, boulevard Vilette, 149	*	Pérard				11 mars 71	
CHANSAC dame, Pierre, modiste, rue St-Dom.-St-Germain, 41	L	Chevallier	11 déc. 71				
CHANTELOUP et LECOUPEY, banquiers, rue N. P. Champs, 79	F	Moys	31 octob. 71		* 31 janv. 72		
CHANTOISEAU dame, corsetière, boulevard Sébastopol, 21	F	Sautton	29 juill. 71				
CHANTREAU, Claude, serrurier, boulevard Courcelles, 64	L	Bégis	7 déc. 71				
CHAPALEY, tapissier, rue du Théâtre, 140	L	Moys	10 octob. 71				
CHAPOTOT, Étienne, marchand de vins, rue Chaudron, 16	F	Bourbon	14 juill. 70	(9)			
CHAPOUTOT-GASÇOIS, Louis, rue Paccard, 11	*	Delaruelle				2 juin 70	

(1) CAYRON doit 30 %, en 5 ans, par 1/5, de l'homologation.

(2) CELLIER doit 25 %, en 5 ans, par 1/5.

(3) CHABANNES paie 4 fr. 77 c. %, unique répartition.

(4) CHACK dame, paie 40 % par moitié, en 2 ans, de l'homolog.

(5) CHAGNY paie 25 %, en 5 ans, par 1/5, de l'homologation.

(6) CHAIGNON et GRÉE paient 8 fr. 34 c. % unique répartition.

(7) CHALIFOUR doit 25 %, en 5 ans, par 1/5, de l'homolog.

(8) CHAMBARD paie 4 fr. 37 c. %, unique répartition.

(9) CHAPOTOT paie 1 fr. 90 c. %, unique répartition.

NOMS, PRÉNOMS, PROFESSIONS ET DOMICILES.	L Liquidation F Faillite. ANTÉRIEURE (TYPÉE)	SYNDICS ET AVOUÉS	FAILLITES ET LIQUIDATION.	DATE DES HOMOLOGATIONS DU CONCORDATS.	INSUFFIS** ET UNIONS.	SÉPARAT** DE BIENS JUDICIAIRES.	CONS.JUDIC. ET INTERDICT.
CHAPRON dit Auguste, linger, rue de la Paix, 11..........	F	Prodhomme .	9 févr. 70	21 sept. 71	(1)		
Id.　Alexandre, cordonnier, rue Gay-Lussac, 3........	F	Legriel.;....	19 avril 70	29 juin 71	(2)		
CHARDON, Claude-Adolphe, libraire, rue Nansouty, 12......	L	Barboux.....	12 déc. 71				
Id.　Marie-Germaine-Léontine. Voir : PÉCHINET, veuve.							
CHARIÉ-MARSAINES, Dominique-Louis-Gustave, à St-Étienne...*		Drechon.....					12 août 71
CHARREL-PERRIMONT, Eugène-Félix, rue St-Lazare, 13...*		Debladis....				18 mars 71	
CHARRON, Eugène, fruitier, avenue de Breteuil, 59.........	F	Gauche.....	27 déc. 71		* 31 janv. 72		
CHASSERY. Voir : LAURON et CHASSERY.							
CHATENAY-LACROIX, François, rue d'Anjou-St-Honoré, 12...*		Lacroix.....				27 juill. 70	
CHAUMETTE, Germain, entrep. de bâtiments, r. Clavel, 19....	L	Chevallier ...	49 déc. 71				
CHAUVET, bijoutier, rue Neuve-Capucines, 18.............	F	Copin.....	8 déc. 69	(3)			
CHAVANNES et Cie, marchands de charbons, quai d'Orléans, 14.	F	Beaujeu.....	21 avril 70		14 déc. 71		
CHAVARY, marchand de vins, rue Hermel, 26.............	L	Sarazin.....	22 août 71		* 31 oct. 71	(4)	
CHAVY, Jacques-Marie, peintre, impasse Ste-Opportune, 5...	F	Bourbon.....	8 nov. 71		* 18 déc. 71		
CHAZOULIÈRE, peintre, rue St-André-des-Arts, 27.........	F	Gauche.....	6 mai 70		9 déc. 71		
CHEDEVILLE, Émile-François, gravatier, rue de la Glacière, 70.	L	Prodhomme .	25 sept. 71				
CHEDIVY, Arthur, directeur de théâtre, rue Rodier, 10......	L	Pinet.....	45 nov. 71				
CHEMILLY, Edme-François-Anne. Voir : GUYON de CHEMILLY.	L						
CHEMIN, pâtissier, rue d'Argout, 58....................	L	Normand....	2 sept. 71				
CHÊNE, marchand de cidres, à Puteaux................	F	Prodhomme .	31 juill. 71		* 25 oct. 71		
CHENU-DUPLEX, Charles, rue Raynouard.............*		Petit.....				20 déc. 71	
CHÉRON, François-Louis, blanchisseur, à Boulogne........	F	Dufay.....	14 mars 68	11 juill. 68	* 30 déc. 71		
CHEVALIER-CURT, Édouard, fumiste, rue Glacière, 87......	F	Copin.....	5 octob. 71				
CHEVILLOTE, fabricant de cristaux, r. Paradis-Poissonnière, 6.	F	Pinet.....	16 nov. 71				
CHOLLAZ, dame, confectionneuse, boul. Richard-Lenoir, 123.	F	Gauche.....	31 mai 70	(5)			
CHOLLET et Cie, banquiers, rue d'Amboise, 3.............	F	Moncharville.	9 juill. 70				
CHOLOUX, Anne-Anaïs. Voir : BONNET-CHOLOUX.							
CHOPELIN-GIROUD, Gustave-Joseph, rue Annonciation, 37...*		Derré.....				13 sept. 71	
CHOPLAIN, dame, menuisière, rue de la Lune, 32 et 41...	F	Barboux.....	24 nov. 71		* 30 déc. 71		
CHOTIAU, Paul, limonadier, rue Rivoli, 104.............	L	Normand....	21 déc. 71				
CILLIÉ, marchand de vins, rue Obercampf, 107............	L	Prodhomme .	8 déc. 71				
CLARA, Pierre-Honoré, tailleur, rue Vaugirard, 3.........	F	Copin.....	23 août 71	21 nov. 71	(6)		
CLAUDE, Alexis, traiteur, à St-Ouen..................	F	Gautier....	9 octob. 71		* 5 août 71		
CLAUDY, veuve, serrurière en voitures, à Levallois.........	L	Quatremère..	6 déc. 71				
CLAVEAU, dame, Marie-Angélique-Élisabeth, à Billancourt...*		Mouillefarine.					28 juin 71
CLAVEL, apprêteur de châles, rue N. D. Nazareth, 90........	F	Sarazin.....	21 avril 70	(7)			
CLÉMENT, commiss. en marchandises, rue Bouloi, 22......	F	Moncharville.	26 mai 68		* 27 juin 68	(8)	

(1) CHAPRON, dit Auguste, doit 50 %, en 7 ans, et en 7 paiements, de l'homologation.

(2) CHAPRON, Alexandre, doit 40 %, en 5 ans, par 1/5, de l'homologation.

(3) CHAUVET paie 3 fr. 41 c. %, unique répartition.

(4) CHAVARY. — Réouverture du 29 décembre 71.

(5) CHOLLAZ paie 2 fr. 27 c. %, unique répartition.

(6) CLARA doit 25 %, en 3 ans, par 1/12, de l'homologation.

(7) CLAVEL paie 7 fr. 36 c. %, unique répartition.

(8) CLÉMENT, commissionnaire. — Arrêt de la cour, du 19 août 1870, qui met l'appellation et la sentence dont est appel à néant.

NOMS, PRÉNOMS, PROFESSIONS ET DOMICILES.	SYNDICS ET AVOUÉS	FAILLITES ET LIQUIDATIONS.	DATE DES HOMOLOGATIONS DE CONCORDATS	INSUFFIS⁰⁰ ET UNIONS.	SÉPARAT⁰⁰ DE BIENS JUDICIAIRES.	CONS. JUDIC. ET INTERDICT.
CLÉMENT, César-Augustin, traiteur, rue Turbigo, 75........F	Maillard.....	16 sept. 71	....	*30 nov. 71		
Id. Louis-Alexandre, grainetier, à Bagnolet.........L	Kueringer....	10 octob. 71		.		
CLERGEOT, Alexandre, porcelainier, rue de l'Ouest, 89....L	Bégis.......	27 nov. 71				
CLERGET, Nicolas, décédé, md de vins, à Maisons-Alfort.....L	Gauche.....	27 déc. 70				
COBLENTZ dlle. Voir : PY , COBLENTZ et COBLENTZ et Cie.						
COCHAISE, François-Joseph, mercier, rue Lévêque, 16.,....L	Battarel....	30 sept. 71				
COL-DESMEDT, Joseph-Pierre , à Levallois.................*	Loriat......	....	....	....	19 déc. 71	
COLLET-PAINTENDRE, Eugène-François, faub. St-Martin, 46..*	Bourse......	....	....	....	24 août 71	
COLLIÈRE, Emile, chemisier, rue Saint-Lazare, 92..........F	Sommaire....	28 juin 70	(1)	.		
COLMACHE, épicier, rue Montaigne, 10..	Pinet.......	2 déc. 71	(2)			
COLMARD-LIBERT, Constant-Jules, route d'Allemagne , 76...*	Chéramy.....	....	....	....	12 août 71	
COMBES, maçon, rue Duguesclin, 3.....................L	Chevallier...	18 déc. 71				
COMPÈRE dame, lingère, rue Saint-Marc, 6..............F	Lameureux...	11 juin 70	(3)			
COMTE, Louis, menuisier, passage Briard , 8..............L	Chevillot....	12 déc. 71				
Id. Victor, distillateur, rue Saint-Jacques, 348........F	Quatremère..	22 juill. 70	....	*13 oct. 71		
Id. fils, Pierre-Adolphe, limonadier, rue Belleville , 19..F	Normand....	13 sept. 71	(4)			
CONTY, Félix-Gabriel, mécanicien, rue Paris, 18.........F	Richard.....	26 févr. 70	(5)	.		
COQUARD, Jean, ex-marchand de vins, rue Roquette , 177..F	Gauche.....	20 sept. 71	....	*31 janv. 72		
CORAY, marchand de bières, rue Mathis, 25.............L	Beaufour....	6 déc. 71	.			
CORBIN-THUILLIER, Théodore-Ferdinand, r. P.-Ecuries, 42...*	Des Etangs...	....	....	....	11 nov. 71	
CORDIER, appareilleur en photographie, r. St-Victor , 92...F	Barbot......	2 août 71				
Id.-BLET, Adolphe-Pierre, rue Chemin-Vert, 54..........*	Lerat......	....	....	....	12 octob. 71	
CORDUANT, Amédée, linger, rue Lafayette, 62...........F	Bourbon.....	12 sept. 71	10 janv. 72	(6)		
CORNEILLE et Cie, banquiers, rue Lafayette, 54..........F	Legriel......	3 févr. 69	(7)			
CORNETIT, Marguerite-Victorine. Voir : DUFEU dame.						
CORNUT, Charles-Alfred, charcutier, rue Michodière, 16.....L	Richard.....	19 déc. 71				
CORROL, marchand de vins, place d'Aligre, 12..........L	Barbot.....	10 nov. 71				
CORUBLE, marchand de cuirs et crépins, r. Réunion , 23....L	Pinet......	23 août 71				
COTTANCE, Alexandre-Joseph, tabletier, r. Beaubourg , 72...L	Beaugé.....	2 déc. 71				
COTTE, Charles, mercier, rue Buisson-St-Louis, 1........F	Pinet......	13 sept. 71				
Id., fruitier, rue Rochechouart , 49.................F	Beaujeu....	28 janv. 70	....	31 août 71		
COTTENEST, Émilie, femme GAUCHER..................*	Chain.....	....	....	....		*27 juill. 71
COUDOUAIN, François, maçon, rue Poissy, 35...........F	Pinet.....	18 mars 70	11 juill. 71	(8)		
COULLIAUX-LEROY, Edme-Paul, rue Dupin, 12..........*	Labbé......	....	....	....	19 déc. 71	
COULOMBON dit COULON, négociant, rue Favart, 20........L	Lameureux...	30 sept. 71				
COULON, ex-marchand de vins, rue Moret, 26...........F	Hécaen.....	30 mars 70	....	*31 août 71		
Id. et CRÉMIÈRE, négociants, rue Favart, 20.........L	Lameureux...	30 sept. 71				
Id. Voir: COULOMBON, personnellement.						

(1) COLLIÈRE paie 13 fr. 23 c. %, unique répartition.

(2) COLMACHE. — Jugement du 30 décembre 1871 , qui annule la cessation de paiement et la liquidation.

(3) COMPÈRE dame paie 12 %, unique répartition.

(4) COMTE fils paie 4 fr. 94 c. %, unique répartition.

(5) CONTY paie 14 fr. 31 c. %, unique répartition.

(6) CORDUANT doit 50 %, en 5 ans, par 1/5, fin décemb. 1871.

(7) CORNEILLE et Cie paient 1 fr. 80 c. %, unique répartition.

(8) COUDOUAIN doit 25 fr. %, en 5 ans, par 1/5, de l'homologation.

NOMS, PRÉNOMS, PROFESSIONS ET DOMICILES.	Liquidation / Faillite / séparations avoué.	SYNDICS ET AVOUÉS	FAILLITES ET LIQUIDATIONS.	DATE DES HOMOLOGATIONS DE CONCORDATS	INSUFFIS** ET UNIONS.	SÉPARAT** DE BIENS JUDICIAIRES.	CONS. JUDIC. ET INTERDICT.
COURBET, marchand de charbons, rue Puebla, 482	F	Bourbon	31 octob. 71		* 18 déc. 71		
COURMONT, Carlos, lithographe, rue Poissonnière, 14	L	Lamoureux	5 août 71	2 nov. 71	(1)		
COURTIAL et Cie, nég. en dentelles, rue St-Denis, 208	F	Maillard	Avant 1848		* 21 août 44	(2)	
COURTIN, marchand de cafés, rue du Temple, 1	F	Barbot	31 janv. 70		* 30 nov. 71		
Id., Hippolyte, emballeur, rue Meslay, 35	L	Normand	5 déc. 71				
COURTOT, dit LAVONCOURT, pelutier, rue Ste-Anne, 50	F	Devin	19 janv. 69	(3)			
COUSIGNÉ, hôtelier, md de vins, rue des Moines, 113	L	Legriel	11 octob. 71				
COUSIN, Anastase-François, distillateur, à Vincennes	L	Devin	19 déc. 71				
COUSTÉ, Louis, briquetier, rue Gros, 39	L	Richard	30 octob. 71		* 29 déc. 71		
Id., plâtrier, rue de la Voie-Verte, 13	L	Melliencourt	21 déc. 71				
COUTENCEAU, Charles-Henri, herboriste, boul. Villette, 43	F	Maillard	8 nov. 71		* 30 nov. 71		
COUTELLIER, Etienne-François, menuisier, à Levallois	L	Meys	19 déc. 71				
COUTEUX, marchand de fromages, avenue d'Italie, 43	L	Beaujeu	22 nov. 71				
COVLET, Edouard, mécanicien, rue Chopinette, 15	L	Battarel	4 déc. 71				
CRÉMIÈRE. Voir : COULON et CRÉMIÈRE.							
CRÉTENIER, Jean-Joseph, md de vins, rue Virginie, 12	F	Beaujeu	6 sept. 71				
CREUTZER, Jean-Philippe, limonadier, rue Baillet, 2	L	Bégis	16 déc. 71				
CREVISSIER, Victor-Nicolas, cordonnier, r. Legendre, 103	L	Heurley	21 octob. 71				
CROMBÉ. Voir : ALLARD, CROMBÉ et Cie.							
CSILLAG, Antoine, fourreur, rue Montmartre, 163	L	Beaufour	12 déc. 71				
CUDEL, lampiste, rue Beauregard, 22	F	Hécaen	4 févr. 70	31 août 71	(4)		

D

NOMS, PRÉNOMS, PROFESSIONS ET DOMICILES.		SYNDICS ET AVOUÉS	FAILLITES ET LIQUIDATIONS.	DATE DES HOMOLOGATIONS DE CONCORDATS	INSUFFIS** ET UNIONS.	SÉPARAT** DE BIENS JUDICIAIRES.	CONS. JUDIC. ET INTERDICT.
DALSHEIMER, Gustave-Lazare, march. de toiles r. Castex, 9	F	Meys	18 août 71	21 nov. 71	(5)		
DAMIENS, Alphonse, enfermé à Clermont		Cesselin					* 29 août 71
DAMOISEAU-GOUSSARD, François, boulanger, rue Sidaine, 39		Niquevert				21 nov. 71	
DAMOTTE fils, Joseph, marchand de vins, boulev. Villette, 12	F	Sommaire	19 mai 70	(6)			
DANCRE et DIGEON, fre de fers à cheval, faub. Poissonnière, 27	F	Richard	26 nov. 68	(7)			
DANDRÉ-GAY, Jules-Pierre-Charles, av. Lamotte-Piquet, 17		Parmentier				14 sept. 71	
DANGLA, François-Isidore, bijoutier, rue du Temple, 118	F	Barboux	28 nov. 68	(8)			
DANGLETERRE, François, doreur, rue Dauphine, 16	L	Devin	7 déc. 71				
DANIEL, Jacques, march. de nouveautés, bd Haussmann, 116	L	Gauche	28 sept. 71				
DANIS, Amand, march. de fromages, rue Neuve-Coquenard, 21	L	Bégis	11 octob. 71				
DANRÉE, Alexis, restaurateur, rue Quatre-Vents, 6	F	Battarel	6 octob. 71		* 31 janv. 72		
DARNET-LEMAITRE, Désiré, rue Richelieu, 83		Best				12 déc. 71	
Id. Désiré, chemisier, Id. 81	L	Meys	15 sept. 71				

(1) COURMONT paiera l'intégralité des créances, en 5 ans, par 1/5, de l'homologation.

(2) COURTIAL et Cie. — Jugement du 20 juillet 1871 qui rapporte l'insuffisance et ordonne la réouverture.

(3) COURTOT paie 7 fr. 01 c. %, 2e et dernière répartition.

(4) CUDEL doit 20 fr. % en cinq paiements et en 5 ans.

(5) DALSHEIMER doit 25 % en 5 ans, par 1/5, de l'homolog.

(6) DAMOTTE fils paie 0 fr. 40 c. % unique répartition.

(7) DANCRE et DIGEON paie 4 fr. 94 c. % unique répartition.

(8) DANGLA paie 3 fr. 90 c. % 2e et dernière répartition.

NOMS, PRÉNOMS, PROFESSIONS ET DOMICILES.	Indique Liquidation Faillite Astérisques Avoué	SYNDICS ET AVOUÉS	FAILLITES ET LIQUIDATIONS.	DATE DES HOMOLOGATIONS DE CONCORDATS.	INSUFFIS ET UNIONS.	SÉPARAT DE BIENS JUDICIAIRES.	CONS. JUDIC. ET INTERDICT.
DAUBOURG fils, vidangeur, boulevard Rochechouart, 76	F	Hourtey	3 mai 70	27 sept. 71	(1)		
DEAUGE, Adrien-Émile, papetier, rue de Braque, 6	F	Moncharville	8 juin 70	4 août 71	(2)		
DAUPHIN, Maurice, peintre, rue Amelot, 183	L	Gauche	22 sept. 71				
DAUTEUILLE et MONTALANT, porcelainiers, r. Obercampf, 72	F	Hécaen	13 déc. 71		* 31 janv. 72		
DAVID et JOSSERAND, peaussiers, rue Fer-à-Moulin, 39	F	Pinet	28 sept. 71		* 24 janv. 72		
Id. Théodore, hôtelier, avenue de Clichy, 125	F	Lamoureux	17 octob. 71	(3)			
Id. -PATUREAU, employé, boulevard Sébastopol, 141	*	Marquis				19 août 71	
Id. Voir : TISON et DAVID.							
DAVOUD, Intime-Alexis, négociant, rue Montmartre, 82	F	Lamoureux	28 juin 70	8 août 71	(4)		
DEBETZ-BEAUFOND, Jean-Baptiste-Alphonse, rue Truffaut, 72	*	Parmentier				5 août 71	
DEBOUGNOUX-DESANA, Auguste, boul. Malesherbes, 191	*	Robert				11 nov. 71	
DEBRAY, Claude-Marie, négociant, rue Rigoles, 20	F	Logriel	22 juill. 70	18 août 71	(5)		
DE CALDERON et Cie, hôteliers, rue Dix-Décembre, 1	L	Prodhomme	2 sept. 71				
DECAMPS et Cie, C., rue Ferme-Mathurins, 18	L	Normand	28 déc. 71				
Id. J.-Baptiste, porcelainier, rue d'Hauteville, 66	L	Richard	18 nov. 71				
DECAUX, Alfred-Clément, limonadier, rue St-Martin, 127	L	Barboux	11 sept. 71				
DECHAMP, Hippolyte-Auguste, menuisier, rue Gravilliers, 7	F	Barbot	4 juin 70	9 sept. 71	(6)		
DEFRACE-FOUBERT, Victor-Jules, bijoutier, rue Charlot, 77	*	Violette				5 déc. 71	
DEGARIS-DOWDNEY, Alfred, changeur, rue Fontaine, 10	F	Gautier	2 sept. 70	(7)			
DEGOURNAY, commissionn. en marchandises, rue Bergère, 9	L	Barboux	23 août 71				
DEGUINGAND, Adolphe-Joseph, marbrier, rue Commines, 18	L	Chevallier	13 déc. 71				
DEGUY, fruitier, rue Châteaudun, 186, actuellement 163	F	Meys	25 octob. 71		* 13 janv. 72		
DE HENNE et Cie, Hippolyte, chapeliers, boulev. Capucines, 11	L	Barbot	17 octob. 71				
DEIMON-JOURDAN, Théodore, rue Neuve-Petits-Champs, 91	*	Marc				30 sept. 71	
DEJAZET, ex-directeur de Théâtre, rue Béranger, 14	L	Hourtey	24 octob. 71				
DE LA COMBLE. Voir : PRIEUR DE LA COMBLE.							
DE LA COUR, Émile, grainetier, rue de Bercy, 219	L	Kneringer	30 déc. 71				
DELAFOUGE, Étienne-Victor, traiteur, boulevard Vilette, 167	L	Barboux	6 nov. 71		* 30 déc. 71		
DELACONTERIE demoiselle, Eug., négociant, r. St-Martin, 245	L	Gauche	11 nov. 71				
DELAROCHE, épicier, rue St-Louis-en-l'Ile, 52	L	Maillard	3 nov. 71				
DELASALLE, commandant de place, à Bône (Algérie.)	*	Maza					22 nov. 71
DELATTRE, Constantin, fabricant de tissus, à Courbevoie	F	Gautier	4 déc. 71		* 31 janv. 72		
DELAUNAY, cordonnier, rue Glacière, 88	F	Beaufour	14 mars 70	(8)			
DELAVILLE, Albert, bonnetier, grand'rue Chapelle, 95	F	Normand	28 juin 70	(9)			
DELCOURT, Alexandre, mécanicien, rue Saint-Maur, 146	F	Hourtey	30 sept. 71	22 déc. 71	(10)		
DELEBERGUE-BERNIER, Émile-Auguste, aven. d'Orléans, 16	*	Bourse				20 août 71	
DÉLEBOIS-LAFOY et Cie, commissionnaires, rue Réaumur, 9	F	Sautton	5 mai 70	(11)			

(1) DAUBOURG fils paie 18 fr. 96 c. %, produit de son actif, et s'oblige à payer 5 % en 5 ans, par 1/5.

(2) DAUGE doit 25 % payables par 8, 2 et 5 % en 4 ans.

(3) DAVID, Théodore, paie 21 fr. 36 c. %, unique répartition.

(4) DAVOUD doit 50 % en 5 ans, par 1/5, de l'homologation.

(5) DEBRAY doit 25 % en 5 ans, par 1/5, de l'homologation.

(6) DECHAMP doit 40 %, en 5 ans, par 1/5, de l'homologation.

(7) DEGARIS-DOWDNEY paie 31 fr. 27 c. %, unique répartition.

(8) DELAUNAY paie 4 fr. 43 c. %, unique répartition.

(9) DELAVILLE paie 12 fr. 28 c. %, unique répartition.

(10) DELCOURT paie 20 %, en 5 ans, par 1/5, de l'homolog.

(11) DÉLEBOIS-LAFOY et Cie paient 0 fr. 86 %, unique répartit.

NOMS, PRÉNOMS, PROFESSIONS ET DOMICILES.	Liquidation Faillite Astérisque Avoué	SYNDICS ET AVOUÉS	FAILLITES ET LIQUIDATIONS.	DATE DES HOMOLOGATIONS DE CONCORDATS	INSUFFIS^{ce} ET UNIONS.	SÉPARAT^{ons} DE BIENS JUDICIAIRES.	CONS. JUDIC. ET INTERDICT
DELEFOSSE veuve, ex-limonadière, rue Philippe-Girard, 2	L	Chevallier...	12 déc. 71				
DELEON et Cie, fabr. do cuirs, rue Olivier-de-Serres, 13		Moncharville.	11 octob. 71				
DELETTREZ. Voir : PIROU-DELETTREZ.							
DELGRANGE, entrepreneur, rue Meslay, 21	L	Sautton	30 octob. 71				
DELHAIE-LOSSET, JEAN, rue d'Allemagne , 137	*	Roussolet....				15 juill. 71	
DELHAYE-SACHON, AUGUSTE, rue Gravilliers , 12	*	Parmentier ..				2 août 70	
Id.-MOREAU, AUGUSTIN-LOUIS, rue Polivoau , 45	*	Le Brun.....				24 juin 71	
DELHOMME, EMILE, imprimeur, rue d'Argout, 40	L	Pluzanski....	14 nov. 71				
DELLOUE, HENRI-LOUIS, nég. en tissus, boul. Sébastopol, 85.	F	Lamoureux...	16 avril 09	20 sept. 71	(1)		
DELOGES et Cie, marchands de dentelles, rue Feydeau, 26	L	Beaujeu.....	19 déc. 71				
DELOUCHE dame. Voir : HARDY, dame.							
DELPECH, EUGÈNE, tapissier, à Neuilly	L	Sarazin	9 déc. 71				
DELSAUT, HENRI-FRANÇOIS-DOMINIQUE , à Saint-Mandé	F	Id	2 août 71	(2)			
DEMAIMAY, EUGÈNE-DIGREL, ex-m^d de vins, rue St-Honoré, 67.	F	Barboux....	4 févr. 70		*30 mars 70	(3)	
DEMARS, NICOLAS, propriétaire, à Aubervilliers	*	Poinsot.....					8 juill. 71
DEMÉNITROUX-LEDÈGRE, sans domicile connu	*	Servy.......				18 mai 71	
DEMOLIN, NICOLAS-JOS., fab. de bronzes, r. Enfants-Rouges, 9.	L	Chevallier...	16 déc. 71				
DENIAU, EUGÈNE, md de meubles, rue Tour-d'Auvergne, 33.	F	Beaugé.....	15 avril 68	22 octob. 68	23 déc. 71		
DENIMAL THÉRÈSE dlle, couturière, rue Provence, 67	*	Sarazin.....	18 août 71				
DENIS et Cie, limonadiers, rue Choiseul, 1	L	Maillard....	14 sept. 71				
DENOYELLE, J.-B., md de vins, rue Nonnains-d'Hyères, 6.	L	Puzanski....	13 déc. 71				
DERBECQ, EMILE-FRANÇOIS, tailleur, rue Louvois, 2.	L	Legriel.....	25 sept. 71				
DEROSEAUX, ALFRED, confectionneur, rue Cléry, 13	L	Maillard....	15 sept. 71				
DESBOIS, HENRI-JACQUES, serrurier, rue Frochot, 1	L	Dufay......	2 nov. 71				
DESCAYRAC, JEAN, fab. de billards, pass. St-Sébastien, 1.	F	Meys.......	4 mars 70	(4)			
DESCHAMPS-PARMENTIER , rue Ponthieu, 11	*	Chauvin....				4 juill. 71	
Id. CLAUDE-ISIDORE, menuisier, à Levallois.	L	Meys.......	29 déc. 71				
DESDAMES, LOUIS, marchand de vins, faub. St-Martin, 208.	F	Sommaire...	22 mars 69	(5)			
DESFORGES, confectionneur, rue N.-D.-Lorette, 38.	L	Bourbon....	16 sept. 71				
DESINGE, confectionneur, faub. Saint-Martin, 85.	L	Meys.......	21 nov. 71				
DESMAREST, MARCEL, commissionnaires, rue Lacépède , 20.	F	Meillencourt	29 sept. 71		*8 déc. 71		
DÉSORMEAUX-THUBEUF, PROSPER-CONSTANT, r. St-Denis, 135.	*	Marc.......				23 déc. 71	
DESPRELLES, CHARLES-EDOUARD, rue Charonne, 61		Daupeley....					*28 déc. 71
DESPREZ dlle, marchande de nouveautés, r. Pont-Neuf, 19.	F	Meys.......	23 août 70		*5 déc. 70	(6)	
DESRUES dame, teinturière, rue St-Louis-en-l'Ile, 71	L	Gauche.....	30 sept. 71				
DESSEREY-LEPELLETIER, JEAN-BAPTISTE, à Levallois.	*	Chain......				9 déc. 71	
DESSONNAZ, CLAUDE-CÉLESTIN, cafetier, rue Guyot, 85.	F	Battarel....	16 juill. 70		*25 sept. 71		
DETHAN, PAUL-VICTOR, chapelier, r. Ste-Croix-Bretonnerie, 14.	L	Meillencourt	13 déc. 71				
DEVAIRE aîné, marchand de vins , sans domicile connu	F	Bégis	26 juin 68	(7)			

(1) DELLOUE doit 20 %, en 4 ans, par 1/4, de l'homologation.
(2) DELSAUT paie 10 fr. 94 c %, unique répartition.
(3) DEMAIMAY. — Réouverture du 21 juillet 1871.
(4) DESCAYRAC paie 1 fr. 00 c. %, unique répartition.

(5) DESDAMES paie 1 fr. 90 c. %, unique répartition.
(6) DESPREZ dlle. — Réouverture du 5 septembre 1871.
(7) DEVAIRE paie 14 fr. 71 c. %, unique répartition.

NOMS, PRÉNOMS, PROFESSIONS ET DOMICILES.	Index Liquidation P Faillite. L Avertiss. Avoué.	SYNDICS ET AVOUÉS	FAILLITES ET LIQUIDATIONS.	DATE DES HOMOLOGATIONS DE CONCORDATS	INSUFFIS ET UNIONS.	SÉPARAT DE BIENS JUDICIAIRES.	CONS. JUDIC. ET INTERDICT.
DEVAUCOUX dame. Voir : MUTEL, DEVAUCOUX et Cie.							
DEVEAUX dame, marchande de vins, rue Aumaire, 29	L	Heurtey	20 juill. 71		* 5 sept. 71		
DEVERSIN, Emile, vacher, à Villemomble	L	Chevallier	14 déc. 71				
DEVERTU, Auguste-Louis, bonnetier, r. Marie-Stuart, 13	F	Barhoux	30 juin 70		* 28 juill. 70	(1)	
DEVÈS et Cie, commissionnaires, faub. Poissonnière, 33	L	Copin	29 mars 71				
DÉZANGRUMELLE, mercier, rue Richelieu, 69	L	Barboux	15 nov. 71		* 30 déc. 71		
D'HEURLE-GRAVY, Modeste-Théodore, r. Gde-Truanderie, 28	*	Lebrun				28 août 71	
DHUIÉGE, Honoré, modiste, rue Christiani, 12	F	Hécaen	17 octob 71		* 31 oct. 71		
DIEZ, Charles, md de vins, rue Canottes, 19	L	Chevallier	22 déc. 71				
DINSLAGE, Antoine, tailleur, rue Choiseul, 22	L	Meys	25 sept. 71				
DIOT, Pamphile, peintre, rue Saint-Denis, 121	F	Hécaen	27 janv. 71				
DIVOT dame, Alphonse, march. de vins, rue Feydeau, 15	F	Pinet	7 mars 70	(2)			
DODILLE, Claude, entrepreneur, rue Crozatier, 7	F	Moncharville	6 déc. 64	20 avril 65	17 juin 65	(3)	
DODUN DE KÉROMAN-LE LASSEUR (comte), r. Ec.-d'Artois, 9	*	Cosselin				30 août 71	
DOITEAU, nourrisseur, à Gennevilliers	L	Legriel	19 déc. 71				
DOMINIQUE-BÉRTIN, Antoine, place Château-d'Eau, 2	*	Milliot				8 juill. 71	
DONIZEAU dame, traiteur, rue d'Allemagne, 180	L	Hécaen	16 nov. 71				
DORBEAUX. Voir : DUNEL, DORBEAUX et Cie.							
DORDET, Jean-Victor, cafetier, avenue de l'Alma, 1	F	Beaugé	24 févr. 70	3 nov. 71	(4)		
DORE et Cie, Jean-Edouard, cordonniers, rue Lafayette, 88	L	Richard	13 nov. 71				
DORY-BONNIN, Victor-François, rue Puebla, 486	*	Delaporte				28 août 71	
DOUSSOT, limonadier, boulevard du Temple, 39	L	Heurtey	22 déc. 71				
DOYEN, Louis, modiste, boulevard Magenta, 99	F	Maillard	19 juill. 70	10 sept. 71	(5)		
DRILLAUD et GIRE, cafetiers, rue Cadet, 26	L	Prodhomme	22 sept. 71				
DROMAIN, Hilaire-Etienne, md de couleurs, à Courbevoie	L	Beaugé	6 nov. 71				
DROUIN, Modeste-Vincent, bonnetier, avenue Malakoff, 19	F	Beaujou	10 août 70		* 30 sept. 71		
DRUGEON, Alexis, marchand de cafés, rue Crozatier, 5	F	Dufay	11 nov. 71		* 30 nov. 71		
DUBACQ, Hyacinthe, directeur de théâtre, rue Paris, 8	L	Chevallier	27 déc. 71				
DUBAS fils, Eugène, fruitier, rue Vanves, 110	L	Heurtey	21 déc. 71				
DUBEAUX-GÉRARD, Alphonse-Etienne, chemin des Bœufs, 44	*	Picard				7 déc. 71	
DUBOIS, Victor-Frédéric, cordonnier, rue Pagevin, 20	F	Sommaire	6 nov. 71		* 30 nov. 71		
Id. Adolphe-Eugène, grainetier, rue de Nesles, 6	L	Pluzanski	24 nov. 71				
Id.-BONNEVILLE, Simon-Théodore, r. de la Bourse, 1	*	Branche				19 déc. 71	
DUBRAY-CECCONI, Vital-Gabriel, rue Ranelagh, 37	*	Bourse				14 nov. 71	
DUBREUIL, fondeur, cours de Vincennes, 35	L	Heurtey	27 déc. 71				
DUBUS, Ernest-Romain, chasublier, rue du Gindre, 1	L	Beaugé	30 déc. 71				
DUCHAMPS, Alfred-Germain, md de vins, r. Saint-Martin, 135	L	Knéringer	16 octob. 71				
DUCHATEAU, Emile-Xavier. Voir CAZIER et DUCHATEAU.							
Id. et CHAIN, chemisiers, rue Petites-Ecuries, 36	L	Sarazin	28 octob. 71				

(1) DEVERTU. — Réouverture du 11 juillet 1871.

(2) DIVOT, dame, paie 5 %, 2e répartition.

(3) DODILLE paie 4 fr. 85 c. %, 2e et dernière répartition.

(4) DORDET abandonne son actif moins son mobilier personnel, verse 6,000 fr. comptant, paie 3 fr. 75 c. %, unique répartion.

(5) DOYEN paie 20 %, en 4 ans, par 1/4, du concordat.

NOMS, PRÉNOMS, PROFESSIONS ET DOMICILES.		SYNDICS ET AVOUÉS	FAILLITES ET LIQUIDATIONS.	DATE DES HOMOLOGATIONS DE CONCORDATS.	INSUFFIS ET UNIONS.	SEPARAT DE BIENS JUDICIAIRES.	CONS.JUDIC. ET INTERDICT.
DUCHESNE et Cie, boulangers, rue Saint-Blaise, 29.........	F	Hourioy.....	21 déc. 69	(1)			
DU'CLOS-BOUVIER, Louis-Marie, chapelier, rue Leuroine, 71...'		Chauveau....	....	....	....	22 août 71	
DUCOURNEAU, dame. Voir : ANDRIEU-DUCOURNEAU, dame.							
DUCREUX, Jacques-François, limonadier, b. Sébastopol, 101..	L	Barbot......	24 nov. 71				
DUCROPS-ROBICHON, Alexis, faubourg St-Martin, 147...... *		Mouillefarine	....	....	....	23 août 71	
DUCROT veuve, fab. d'éventails, rue d'Hauteville, 8.........	L	Beaufour...	30 sept. 71				
DUFEU dame, lingère, rue Montmartre, 110.........	F	Chevallier...	30 octob. 71	....	* 31 janv. 72		
DUFLOS-MÉLINE, Jean-François-Léon, rue Beaubourg, 38....'		Bertinot.....	....			11 mars 71	
DUFOUR, peaussier, rue de Rennes, 66...	F	Hécaen.....	29 mars 70	(2)			
Id. Victor, maçon, rue des Dames, 2....	F	Boaugé.....	20 déc. 67	(3)			
Id. -DECQUET, Prosper-Édouard, passage St-Roch, 18...'		Goujon......	....			19 déc. 71	
DUGNOLLE-DESBORDES, Jules, rue de la Banque, 22.......		Rivière......	....			26 déc. 71	
DUHAIL aîné, Pierre, marchand de meubles, r. Rivoli, 13...	F	Beaujou.....	19 juill. 70	31 août 71	(4)		
DUJARDIN, fournisseur pour tailleur, r. Joquelet, 5....	F	Barbot......	26 avril 70	(5)			
DUJARRIER, fabricant de chandeliers, rue de Lappe, 19......	L	Moys......	17 nov. 71				
DULAC et Cie, fab. de bronzes d'art, rue St-Sabin, 65......	L	Chevillot...	5 sept. 71				
DUMAS fils, Antoine, marchand de métaux, rue Keller, 13...	L	Dufay......	29 déc. 71				
DUMONT, Augustin, mercier, rue de la Villette, 14......	F	Sarazin.....	12 mai 70		* 31 août 71		
DUMOULIN frères, fumistes, à Maisons-Alfort.............	L	Beaujou.....	6 déc. 71				
DUPARC, agent d'affaires, rue des Halles, 20........	F	Dufay......	21 juin 70		* 30 sept. 71		
DUPÉROU-CLADIÈRE, Louis-Henri, sans domicile connu...'		Maza........	....			12 août 71	
DUPERRAY dame, A., modiste, quai de Passy, 10.........	L	Beaugé.....	27 déc. 71				
DUPILLE, Louis-Isidore, limonadier, boul. Sébastopol, 58...F		Dufay......	15 janv. 69		* 30 sept. 71		
DUPONT père, marbrier, boulevard Voltaire, 212.........	F	Moys......	26 juill. 71				
Id.-VUATELIN, Louis-Etienne-Cyprien, cité Briard, 4...'		Berryer.....	....			17 mai 70	
DU PORT-CHATEAUVILLARD (baron), sans domicile connu....'		Rouget......	....			8 août 71	
DUPRÉ et LERICHE, md de vins, avenue Daumesnil, 15......	F	Pinet......	10 janv. 70	(6)			
Id. aîné, cordonnier, boul. Richard-Lenoir, 115...F		Beaufour....	11 juill. 71	(7)			
DUPRET, Juste, md de vins-traiteur, rue Ramey, 11.........	L	Legriel.....	20 nov. 71				
DUPRONT-GODARD, Jean-Marie-Napoléon, cité des Plantes, 19.'		Coche.......	....			26 août 71	
DUPUIS, distillateur, rue Niepce, 19.........	F	Prodhomme..	28 octob. 71	....	* 24 nov. 71		
Id. et Cie, décédé, cordonniers, rue Paradis-Poissonn., 14..F		Sautton.....	2 avril 70	(8)			
DUQUESNE, maçon, avenue de Clichy, 12.............	L	Chevallier...	30 déc. 71				
DUQUESNEL-L'ECUYER, Achille-Jules, rue Tournon, 21......		Delacourbe..	....	....		20 octob. 71	
DURAND, Joseph, chapelier, rue Saint-Antoine, 189.........	F	Moillencourt.	25 nov. 71	....	* 23 déc. 71		
Id.-JACOB, François-Auguste, r. de l'Arbre-Sec, 45......'		Chauveau....	....			24 août 71	
Id. aîné, fab. de crins frisés, à Montreuil..............	L	Prodhomme..	27 juill. 71				
Id. Claude, ex-limonadier, imp. Moulin-Joly, 21.........	F	Battarel.....	20 juin 67	(9)			

(1) DUCHESNE et Cie paient 49 fr. %, unique répartition.
(2) DUFOUR, peaussier, paie 8 fr. 88 c. %, unique répartition.
(3) DUFOUR, Victor, paie 5 fr. %, première répartition.
(4) DUHAIL doit 30 fr. % en 3 ans, par 1/3 de l'homologation.
(5) DUJARDIN paie 2 fr. 90 c. %, unique répartition.

(6) DUPRÉ et LERICHE paient 1 fr. 27 c. %, unique répartition.
(7) DUPRÉ aîné paie 20 fr. %, première répartition.
(8) DUPUIS et Cie paient 10 fr. %, première répartition.
(9) DURAND, Claude, paie 4 fr. 38 c. %, unique répartition.

4

NOMS, PRÉNOMS, PROFESSIONS ET DOMICILES.	Liquidation Faillite	SYNDICS ET AVOUÉS	FAILLITES ET LIQUIDATIONS	DATE DES HOMOLOGATIONS DE CONCORDATS	INSUFFIS ET UNIONS	SÉPARAT DE BIENS JUDICIAIRES	CONS.JUDIC ET INTERDICT
DURANTY, François, marchand de vins, à Pantin............	F	Barboux.....	21 juill. 71	(1)			
DURIAU dame. Voir : HUET.							
DURIF, Jean-Marie, tailleur, rue Molière, 18	F	Pluzanski....	4 août 70	31 août 71	(2)		
DUSSAUX-LACROIX, avenue de Clichy, 89...............	*	Masse.......				8 juill. 71	
DUSSON, Paul-Adolphe, imprimeur, faubourg St-Martin, 208..	L	Sommaire ...	2 nov. 71				
DUSSOURT, Joseph-Nicolas, limonadier, rue Belleville, 93...	L	Chevillot ...	18 août 71		* 31 oct. 71		
DUTERNE, Adolphe, tapissier, rue Roquette, 2		Beaugé.....	18 janv. 70		* 1er août 71		
DUTOIT, Adrien, fab. d'instruments aratoires, r. Cherche-Midi.	F	Id........	2 août 71		14 nov. 71		
DUTOT, Jérôme et Cie, fondeurs, rue Quatre-Jardiniers, 18...	F	Devin	6 octob. 71				
DUVAL-LAUREAU, Pierre-Henri, à Versailles	*	Levesque....				26 déc. 71	
Id. dame, Ernest-Antoine. Voir : GUERBETTE.							
DUVERGER dame, lingère, boulevard Malesherbes, 41........	F	Meillencourt.	1er fév. 69				
DUVERGIER-HAMEAU de KERCADIOU, rue Saints-Pères, 9....	*	Rougeot.....				5 octob. 71	
DUVOCHEL, Victor, chemisier, galerie d'Orléans, 30.........	L	Chevallier ...	19 déc. 71				

E et F

NOMS, PRÉNOMS, PROFESSIONS ET DOMICILES.	Liquidation Faillite	SYNDICS ET AVOUÉS	FAILLITES ET LIQUIDATIONS	DATE DES HOMOLOGATIONS DE CONCORDATS	INSUFFIS ET UNIONS	SÉPARAT DE BIENS JUDICIAIRES	CONS.JUDIC ET INTERDICT
EDMOND, dit JOBERT, confectionneur, r. St-Honoré, 161.....	F	Prodhomme .	15 sept. 71				
EGGERICKX veuve, commission., boul. Haussmann, 171.....	L	Richard	21 sept. 71				
EMILE, Nestor, à Petit-Brie....................	*	Foussier....					28 octob. 71
EMMERICK, Alphonse, chapelier, rue Verrerie , 61	F	Barbot......	8 août 71				
ENAULT, Auguste, horloger, rue Charenton, 27.............	L	Bégis	29 déc. 71				
ENTZMINGER-COUDRAY, Pierre-Emmanuel, r. Roi-Doré, 2....	*	Gavignot ..				5 févr. 70	
EPAILLY-MALAPERT, rue St-Martin, 150...............	*	Berton......				28 sept. 71	
Id., François. Voir : MALAPERT et EPAILLY.							
ERMENEUX, Léon, négociant, r. Cordelière-St-Marcel, 28.....	F	Dufay.......	24 mars 70	13 octob. 71	(3)		
ESBRAYAT, marinier, quai de la Loire, 1..................	L	Normand....	4 nov. 71				
ESCARÉ, BÉTRY et Cie, mds de vins, Butte-de-la-Loire, 9....	L	Chevillot ...	12 déc. 71				
Id. Id. Id. Id.............	L	Pinet.......	12 déc. 71				
Id., marchand de bières, rue Mathis, 23........	L	Beaufour ...	6 déc. 71				
ESCOFFIER, Joseph-Cyrille, bonnetier, rue Rivoli, 49........	L	Moncharville.	13 nov. 71				
ESCOMPTE et DÉPOTS, Société an., r. Paradis-Poiss., 50....	L	Beaugé.....	26 juill. 70				
ESPARBER-LANDIN, Arthur-Alexandre, b. Belleville, 82.....	*	Viollette....				18 juill. 71	
ESPÉRIES-DUPUIS, Gabriel-Henri-Marie (d°) r. Rennes, 69...	*	Branche.....				31 déc. 71	
ETERLÉ, Pierre-Maurice. Voir BLAIN et ETERLÉ.							
ETIENNE-TIOLIER, avenue Latour-Maubourg, 14...........	*	Cuilerier		●		12 mars 70	
ETTLIN, Louis-Michel, distillateur, aven. Clichy, 143.....	L	Gautier......	3 octob. 71				
EVRARD, Constant, fab. de bonnets montés, r. d'Aboukir, 91.	F	Dufay......	29 août 71	7 déc. 71	(4)		
EVROT. Voir : DENIMAL dlle.							

(1) DURANTY paie 46 fr. 14 c. %, unique répartition.

(2) DURIF doit 25 % en 5 ans, par 1/5, de l'homologation.

(3) ERMENEUX doit 40 % en 5 ans, par 1/5, du 31 décembre 1871.

(4) EVRARD doit 20 % en 4 ans, par 1/4, de l'homologation.

NOMS, PRÉNOMS, PROFESSIONS ET DOMICILES.	Liquidation / Faillite	SYNDICS ET AVOUÉS	FAILLITES ET LIQUIDATIONS.	DATE DES HOMOLOGATIONS DE CONCORDATS	INSUFFIS ET UNIONS.	SÉPARAT DE BIENS JUDICIAIRES.	CONS.JUDIC. ET INTERDICT.
EXBRAYAT-DELABORIETTE-LAFOND, r. Pré-aux-Clercs, 6....	*	Nicquevert...	....		....	16 nov. 71	
FABBE veuve, Auguste, gantière, chaussée d'Antin, 64......	L	Moncharville.	14 nov. 71				
FALCONY et Cie, chimistes, r. Cardinal-Fesch, 30........	F	Battarel....	22 juill. 70		* 30 sept. 71		
FAROUX et SCHUWIRTH, commis., boul. Poissonnière, 14...L	L	Quatremère..	17 nov. 71				
FASLER, Louis-Hyacinthe, md de meubles, r. de Berri, 47...L	L	Lamoureux..	29 nov. 71				
FAUCHEUR, Edouard-Félix, menuisier, r. Brisemiche, 8......	F	Heurtey.....	10 mai 70	13 octob. 71	(1)		
FAUQUEUX, Pierre, tisseur, rue Oberkampf, 114........	L	Barbot.....	30 déc. 71				
FAURE-ORVILLE, André-Gustave, avenue Clichy, 40........	*	Carvès......	....		....	12 déc. 71	
Id.-MOREAU, Jean-Louis-Etienne-Romain, r. d'Enghien, 1.*	*	Tessier......	....			26 octob. 71	
FAUST, Charles. Voir: NOIREAUT et FAUST.							
FAUVELLE et HARDY, mds de nouv., boul. Magenta, 124....L	L	Sautton.....	31 octob. 71				
FAVRAIS, Augustin-Germain, nég. en crépins, r. Charlot, 28..L	L	Richard.....	23 nov. 71				
FEIGENHEIMER, négociant, rue Chapon, 26 et 38........	F	Meilloncourt.	24 octob. 71		* 23 déc. 71		
FELIX-CROSDOIS, Edme-Nicolas-Alex., b. Montparnasse, 117..*	*	Levesque....	....		....	28 nov. 71	
FERRET, Ovide-Eugène, maçon, rue St-Sauveur, 50......	F	Beaugé......	4 déc. 69		(2)		
FERREY, Pierre-Albert, imprimeur, rue Montorgueil, 55...L	L	Copin......	21 octob. 71				
FESC-BOUYOL, André-Emile, rue Montmorency, 5...		Roche.......	....		....	28 nov. 71	
FESQ, Louis-A., md de métaux, rue Keller, 22........	F	Lamoureux..	22 juill. 71		* 30 nov. 71		
FEUGÈRE-CHALAT, Henri-Félix, place de la Bourse, 15......		Berton......	....		....	18 nov. 71	
FEUILLANT, Charles-Xavier-Etienne, r. R.-St-Honoré, 13...*	*	Guidou......	....		(3)		4 juill. 63
FEX jeune, André, négociant, rue Montmorency, 5........	F	Normand....	18 sept. 71	13 janv. 72	(4)		
FICHOT, md de vins, rue des Moines, 58............	L	Heurtey.....	18 déc. 71				
FIEUZAL, serrurier, rue Château-Landon, 17........	L	Dufay......	19 sept. 71				
FIGUET-TAVERNIER dame, modiste, f. St-Honoré, 127......	F	Devin......	13 juill. 71		* 1er août 71		
FILLIOL-RICHER, Mathurin, à Neuilly............	*	Milliot.....	....		....	12 déc. 71	
FISCHER, Octave, directeur de théâtre, place Châtelet......	F	Moncharville.	4 mai 69	3 octob. 71	(5)		
FLAMAND, Gustave, fleuriste, rue St-Denis, 303............	L	Bourbon.....	17 nov. 71				
FLESCHELLE veuve, laitière, rue d'Asnières, 34........	F	Pluzanski...	9 avril 70		(6)		
FLEURIET, Eugène, md de vins, r. Francs-Bourgeois, 19......	F	Sarazin.....	18 juill. 71		* 30 sept. 71		
FLEUROT, Patrice-Eugène, hôtelier, rue Richelieu, 69......	F	Sautton.....	26 sept. 70		(7)		
FLEURY et KOHLER, mds de tissus, r. de Cléry, 3........	L	Beaufour....	10 octob. 71				
Id., chimiste, rue St-Dominique-St-Germain, 179........	L	Beaugé......	11 déc. 71				
Id., Noël-Désiré-Alexis, md de vins, r. Solférino, 8......	L	Sarazin.....	26 octob. 71				
Id., Auguste, liquoriste, rue St-Antoine, 102........	L	Devin......	16 octob. 71				
FLUVIOT, décédé, md de vins, rue de Lourmel, 46......	F	Prodhomme..	8 mars 71		* 31 oct. 71		
FOLIE, Polovic, fleuriste, boulevard Magenta, 58........	F	Sommaire...	13 octob. 71		* 1er déc. 71		
FONTBONNAT, Charles-Joseph, linger, r. Montmartre, 164..F	F	Gautier.....	11 octob. 71		* 23 déc. 71		

(1) FAUCHEUR abandonne son actif, et paie 10 %, première répartition.

(2) FERRET paie 4 fr. 96 c. %, unique répartition.

(3) FEUILLANT. — 4 octobre 1871. Main-levée de son conseil.

(4) FEX doit 30 % en 5 ans, par 1/5, avec la caution du sieur FEX-GATINOT.

(5) FISCHER paie 4 fr. 91 c. %, unique répartition, abandonne son actif, et s'oblige à payer 25 % dans l'année qui suivra le décès de son père.

(6) FLESCHELLE veuve. — Son syndic paie le montant des créances.

(7) FLEUROT paie 7 fr. 24 c. %, unique répartition.

NOMS, PRÉNOMS, PROFESSIONS ET DOMICILES.	Index Liquidation F Faillite, Avoués avoué.	SYNDICS ET AVOUÉS	FAILLITES ET LIQUIDATIONS.	DATE DES HOMOLOGATIONS DE CONCORDATS	INSUFFIS⁰⁵ ET UNIONS.	SÉPARAT⁰⁵ DE BIENS JUDICIAIRES.	CONS. JUDIC. ET INTERDICT.
FONTBONNAT-LYON, linger, rue Montmartre, 101...........	*	Mouillefarine.	....	....	....	26 août 71	
FORESTIER, négociant, rue Taitbout, 15......	F	Dufay......	3 mai 64	3 octob. 71	(1)		
FORGEOT-BOURLOIS, Charles, liquoriste, r. M.-le-Prince, 63...*		Audouin.....	....	....	....	29 août 71	
FORTIER-CHALVET, Eugène, rue Nicolet, 4.......	*	Beudin.....	....	....	....	25 août 71	
FOULON-GULPEN, Jean, bonnetier, r. Rambuteau, 35........	F	Quatremère..	2 mars 70	(2)			
Id. Id. Id. Id. Id........	*	Marc......	....	....		9 mars 71	
FOUQU, md de vins, boul. des Amandiers, 2................	F	Gautier.....	12 août 68	(3)			
FOUQUET, hôtelier, rue Lotellier prolongée, 5.............	L	Richard.....	9 déc. 71				
FOURNAGE, Auguste, bouquiniste, r. St-Jacques, 305........	F	Beaujeu.....	28 févr. 70	....	* 25 oct. 71		
FOURNAUD veuve, Philippe, mercière, r. Fontaine-Molière, 37.	L	Prodhomme .	12 déc. 71				
FOURNIER, Gustave, comm., pass. Ste-Croix-Bretonnerie, 13..	L	Sommaire ...	4 déc. 71				
Id., Joseph, loueur de voitures, r. Département, 4....	L	Gautier.....	4 nov. 71				
Id. et LALLIER, appareilleurs à gaz, ruelle Pelée, 9....	F	Beaujeu.....	23 juill. 70	1er sept. 71	(4)		
Id.-FRAPPIN, Virgile, rue Oberkampf, 137........	*	Dubois.....	....	....	....	16 déc. 71	
FOUROT-RALLIER, Charles-Dieudonné, r. St-Sauveur, 55.....*		Quillot.....	....	....	....	13 juill. 71	
FOURQUEMIN-LAURENT, Vincent, r. Marché-Passy, 3.......	*	Pérard.....	....	....	....	15 juill. 71	
FOUSSE, Jean, droguiste, rue Ste-Croix-Bretonnerie, 40......	L	Hécaen.....	18 déc. 71				
FRAGOT, Auguste, traiteur, à Pantin.............	L	Id	14 déc. 71				
FRAIGNEAU, Marie. Voir : HARDY et Cie.							
FRANC, Rosalie, veuve MOEREL, à l'asile de Charenton.......*		Boutet.....	....	....	....		* 27 juill. 71
FRANCEZON père, fab. de cisailles, r. d'Angoulême, 70.......F		Dufay.....	21 juin 70	....	* 30 sept. 71		
FRANCHOT, Auguste, ex-menuisier, rue Berzélius, 37.......	L	Normand....	14 nov. 71	....	* 30 nov. 71		
FRANCŒUR, Léon, négociant, passage Saulnier, 9...........	F	Prodhomme .	19 août 71	....	* 30 nov. 71	(5)	
FRANÇOIS veuve, Alphonse, quincaillière. r. Fossés-St-B., 30..L		Moys.....	15 déc. 71				
Id., Marie-Joséphine, veuve BIGOT, r. Picpus, 90........*		Bourse.....	....	....	....		* 17 août 71
Id. fils, Zacharie, rue Basses-Vignolles, 47........*		Id	....	....	....		28 juin 71
FRANQUELAIN-DECAUDIN, Amand-Aug.-Jos., r. d'Armaillé, 31.*		Clériot.....	....	....	....	18 nov. 71	
FRÉDERICK-DELAGE, Louis-Auguste, rue St-Denis, 136......*		Delacave	....	....	....	16 nov. 71	
FREMONT aîné, fab. de cuivrerie, rue Cerisaie, 12..........L		Meilleucourt.	12 déc. 71				
FREMY dlle, Marie-Joséphine. Voir : SAUVAGE et FREMY.							
FREZON jeune, loueur de forces motrices, r. Angoulême, 59...F		Barbot.....	25 octob. 64	30 octob. 65	(6)		
FRIANT aîné, md d'articles de chasse, rue Récollets, 27......F		Prodhomme .	5 août 70	20 juill. 71	(7)		
FRIÈSE, Jules, producteur p. dentistes, r. Michodière, 6......L		Devin.....	6 octob. 71				
FRISON, Henri-Désiré, grainetier, à Gentilly...............	F	Lamoureux..	1er déc. 69	12 avril 70	* 22 janv. 72		
Id., Alfred, coiffeur, rue Paradis-Poissonnière, 7 bis....F		Kneringer ...	15 sept. 71	16 déc. 71	(8)		
FROIDEVAUX veuve, Paul, quincaillière, r. St-Roch, 20......L		Battarel.....	28 octob. 71				
FROMENT-FRANCHE, Gustave, employé de commerce........*		Gamard.....	....	....	....	18 août 71	

(1) FORESTIER paie 22 fr. 87 c. %, produit de son actif, et paie 10 % en 6 ans, par 1/5.

(2) FOULON-GULPEN paie 6 fr. 21 c. %, unique répartition.

(3) FOUQU paie 15 fr. 95 c. %, unique répartition.

(4) FOURNIER et LALLIER doivent 50 % en 5 ans, par 1/5, de l'homologation.

(5) FRANCŒUR. — Réouverture du 3 janvier 1872.

(6) FREZON paie 15 %, 1re répartition de l'actif abandonné.

(7) FRIANT doit 25 % en 5 ans, par 1/5, de l'homologation.

(8) FRISON doit 30 % en 5 ans, par 1/5, de l'homologation.

NOMS, PRÉNOMS, PROFESSIONS ET DOMICILES.	Indsous Liquidation / Faillite / Astérisque Avoué	SYNDICS ET AVOUÉS	FAILLITES ET LIQUIDATIONS.	DATE DES HOMOLOGATIONS DE CONCORDATS	INSUFFIS ET UNIONS.	SÉPARAT DE BIENS JUDICIAIRES.	CONS. JUDIC. ET INTERDICT.
FRUGIER, Martial, grainetier, rue Pinel, 11	F	Barboux	2 juin 70	4 août 71	(1)		
FULCRAND-CLAVEL-MERCIER, Eugène, r. N.-D.-Nazareth, 90.	*	Laubanie				31 août 71	
FUMERY-BISSON, Victor, boulevard du Temple, 23	*	Delaruelle				29 août 71	
FUREAUX, Marie-Barbe-Félicité. Voir : FRANÇOIS veuve.							

G

NOMS, PRÉNOMS, PROFESSIONS ET DOMICILES.		SYNDICS ET AVOUÉS	FAILLITES ET LIQUIDATIONS.	DATE DES HOMOLOGATIONS DE CONCORDATS	INSUFFIS ET UNIONS.	SÉPARAT DE BIENS JUDICIAIRES.	CONS. JUDIC. ET INTERDICT.
GABISON aîné, papetier, rue Neuve-Petits-Champs, 82	F	Devin	26 sept. 71				
GACHOT, François. Voir : RICHÉ et GACHOT.							
GALAND-ROGER, restaurateur, rue Pasquier, 46	*	Boutet				29 déc. 70	
GALLAND, Auguste, maçon, rue Marty, 1	F	Barbot	20 octob. 69	(2)			
GALLIFET-LAFFITE (marquis de), avenue Matignon, 17	*	Castaignet				13 déc. 71	
GALOPIN, Jean-Louis-Prosper, hôtelier, boulev. Capucines, 5.	L	Pinot	16 déc. 71				
GALVAING, Antoine, charcutier, rue St-Denis, 301,	F	Beaujeu	20 juin 70	(3)			
GAMBIER, Jules-Alphonse, fab. de fauteuils, r. Moreau, 58.	L	Dufay	30 sept. 71				
Id., boucher, chaussée du Maine, 113	F	Lamoureux	29 sept. 71	(4)			
GARÇON, Auguste, md de vieux papiers, r. Glacière, 64	L	Pluzanski	20 sept. 71				
GARRACHON, logeur, avenue Lowendall, 25	F	Devin	24 nov. 71		*	30 janv. 72	
GASPARI, ex-directeur de théâtre, rue Marais, 46	F	Barbot	26 juill. 70		14 octob. 71		
GASPARI-CAVAILLÉ, Auguste, cité Gaillard, 2	*	Cesselin				1er août 71	
GASTEBOIS, Auguste-Marie, épicier, r. Julien-Lacroix, 79.	L	Beaugé	12 octob. 71				
GAUCHER dame, née COTTENEST, r. N.-P.-Champs, 58.	*	Chain					* 27 juill. 71
GAUFFRE-COUSIN, Edmond, boulevard Voltaire, 119.	*	Henriet				27 août 70	
GAUGUET, Augustin-Célestin, libraire, r. Hautefeuille, 18.	L	Pluzanski	7 octob. 71				
Id., Elie, libraire, rue des Quatre-Vents, 14	F	Id.	7 févr. 70	19 août 71	(5)		
GAUTHERIN-ALBARET, Jacques-Honoré, à Noisy-le-Sec.	*	Robineau				31 nov. 71	
GAUTIER-GERMAIN, Pierre, rue Vandrezanne, 13	*	Hervel				5 déc. 71	
Id., Louis-Jacques, cordonnier, rue des Abbesses, 37	L	Gauche	21 nov. 71				
Id., marchand de vins, rue du Cherche-Midi, 28	L	Copin	7 déc. 71				
Id., marchand de soieries, rue Vivienne, 7	F	Maillard	1er avril 70	16 sept. 71	(6)		
GAVET, ex-fabricant de graisses et huiles, à St-Denis	L	Beaufour	12 déc. 71				
Id.-NAGEOTTE, parfumeur, rue Anc.-Comédie, 27	*	Benoist				22 août 71	
GAY, Jean-Firmin, entrepreneur, r. Vandamme, 63 et 65	L	Meillencourt	28 déc. 71				
GÉDON veuve, charcutière, rue de l'Ecole-de-Médecine, 22.	L	Meys	30 déc. 71				
GEIGER. Voir : BARTH et GEIGER.							
Id. fils, fabr. de machines à coudre, r. Richelieu, 27	L	Heurtey	2 octob. 71				
GELÉE, Jules-Alexandre, serrurier, rue Marcadet, 31	L	Gautier	13 octob. 71				
GELY, chapelier, faubourg St-Martin, 209	F	Beaugé	28 octob. 71		*	24 janv. 72	

(1) FRUGIER doit 30 % en 5 ans, par 1/5, de l'homologation.

(2) GALLAND paie 20 %, première répartition.

(3) GALVAING paie 28 fr. 12 c. %, unique répartition.

(4) GAMBIER, boucher, paie 12 fr. 96 c. %, unique répartition.

(5) GAUGUET doit 10 % en 10 ans, par 1/10, de l'homologation.

(6) GAUTIER paie 2 fr. 35 c. %, produit de son actif, et s'oblige à payer 10 % en 8 ans, de l'homologation.

NOMS, PRÉNOMS, PROFESSIONS ET DOMICILES.	Liquidation / Faillite. astérisque(°voir).	SYNDICS ET AVOUÉS	FAILLITES ET LIQUIDATIONS.	DATE DES HOMOLOGATIONS DU CONCORDAT	INSUFFIS⁰⁵ ET UNIONS,	SÉPARAT⁰⁵ DE BIENS JUDICIAIRES.	CONS. JUDIC. ET INTERDICT.
GENDRIER, Alfred-Lucien, fleuriste, rue St-Honoré, 256.....	F	Bourbon.....	16 août 71	14 déc. 71	(1)		
GENITY, marchand de vins, à la Varenne-St-Hilaire..........	L	Plusanski.....	11 sept. 71				
GENNESSEAU, Clément, charcutier, faubourg St-Honoré, 179..	F	Barbot	18 nov. 71	....	* 30 janv.72		
GENTH, Gustave, cordonnier, r. Neuve-St-Augustin, 21......	L	Dufay.......	18 nov. 71				
GENTY frères, paveurs, à Clichy.........................	F	Maillard.....	10 déc. 09	....	* 24 juin. 71		
GEORGE, Jean-Joseph, fab. de machines, f. St-Denis, 208....	L	Bégis	27 juill. 70				
GEORGES, E., brocanteur, à Ivry.........................	L	Chevalier....	27 déc. 71				
GERARD, Henri. Voir : SIMON fils et GERARD.							
GÉRAULT, Julien. Voir : THOMAS et Cie.							
GERVAISEAU-ACKER, peaussier, rue Basfroi, 48..........	F	Chevallier...	14 juin 70	8 août 71	(2)		
GÉZE, E., md de vins, rue de la Gare, 10..............	L	Bourbon.....	13 nov. 71				
GIBELIN, A., marchand de vins, rue Turbigo, 70........	F	Bégis	19 nov. 09	25 août 71	(3)		
GIGAULT dame, photographe, rue Godot-de-Mauroy........	F	Copin.......	20 juin 68	(4)			
GILLES, Désiré, épicier, rue Brezin, 19..............	L	Beaugé......	1er déc. 71				
GILLET, Firmin, doreur, passage Bonne-Graine, 16.....	L	Bourbon.....	18 nov. 71				
Id., Alexandre, boucher, rue Tourtille, 5............	L	Richard.....	16 déc. 71				
GIRARD-ROBIN, Pierre, peintre, b. Malesherbes, 193.........	*	Giraud.....		....		22 août 71	
Id. dlle, limonadière, passage des Panoramas.........	L	Sommaire....	27 déc. 71				
Id., Alexis, fab. d'eaux gazeuses, r. Neuve-Fontaine, 8....	F	Deaujeu.....	18 juill. 70	19 août 71	(5)		
GIRARDOT, Aimé-Amédée, menuisier, rue Greuze, 24........	L	Battarel.....	27 nov. 71				
GIRAUD dame. Voir : MULLER.							
Id., Alphonse, limonadier, boul. Saint-Martin, 2.......	L	Chevillot....	12 déc. 71				
GIRAULT, Adolphe, charron, avenue St-Ouen, 50..........	L	Normand....	5 déc. 71				
GIRÉ. Voir : BECQUE-GIRÉ frères.							
GIRÉ, Fidèle. Voir : DRILLAUD et GIRE.							
GITTON, Alfred-Hippolyte, hôtelier, r. Servandoni, 12 bis...L		Sarazin.....	28 octob. 71				
GOBÉ aîné, Michel-François-Eloi, peintre, r. Breda, 19...L		Meillencourt.	10 nov. 71				
Id., Louis-Auguste, menuisier, b. de la Villette, 114........	F	Dufay......	23 juill. 70	16 sept. 71	(6)		
GODAIN-LETAURÉ, Louis-Joseph, sans domicile connu........	*	Delacourtie..		....		16 déc. 71	
GODARD, Jules, porcelainier, rue St-Denis, 296............	F	Maillard.....	18 sept. 71	....	* 31 oct. 71		
GODCHAUD. Voir : SNERPE dit GODCHAUD.							
GODEFROY, Hilaire, négoc. en cuirs, r. Bouchardon, 14......L		Meys........	30 sept. 71				
GODET-GUILBERT, Alphonse, grainetier, à St-Ouen............	*	Dechambre...				13 juill. 71	
GODOT, Henri-Léopold, épicier, rue Lancry, 16............	F	Maillard.....	18 sept. 71	....	* 30 nov. 71		
GODQUIN LE ROUX, repr. de commerce, r. Rambuteau, 10...L		Legriel......	27 octob. 71				
GOLESCO, Catherine. Voir : VEISSIER dame.							
GONDAL veuve, Antoine, charbonnière, rue Provence, 77.....F		Knéringer...	12 août 71	....	* 13 janv.72		
GORON, Edouard, md de vins, boul. Montparnasse, 84........L		Bourbon.....	4 nov. 71				

(1) GENDRIER doit 20 % en 5 ans, par 1/5, de l'homologation.

(2) GERVAISEAU-ACKER doit 15 % en 5 ans, par 1/5, de l'hom.

(3) GIBELIN paie 2 fr. 96 c. %, produit de son actif, et doit 15 % en 3 ans, par 1/3.

(4) GIGAULT dame. — Faillite rapportée par arrêt du 19 décembre 1871.

(5) GIRARD doit 20 % en 4 ans, par 1/4, de l'homologation.

(6) GOBÉ doit 20 % en 8 ans, par 1/8, de l'homologation.

NOMS, PRÉNOMS, PROFESSIONS ET DOMICILES.	Liquidation ou Faillite, avec avantages avoués	SYNDICS ET AVOUÉS	FAILLITES ET LIQUIDATIONS.	DATE DES HOMOLOGATIONS DE CONCORDATS	INSUFFIS.. ET UNIONS.	SEPARAT.. DE BIENS JUDICIAIRES.	CONS.JUDIC ET INTERDICT
GOSSELIN, Louis-François, libraire, rue du Louvre, 1	F	Bégis	12 déc. 67	(1)			
GOSSET Joséphine-Anna. Voir: HAREL veuve.							
GOTTLIEB, Israel. Voir: LÉVY et GOTTLIEB.							
GOUBERT, Auguste, marchand de vins, rue Monge, 12	F	Battarel	10 déc. 68	24 avril 69	10 nov. 71		
GOUGENHEIM. Voir: MAYER, SCKLEIN et GOUGENHEIM.							
GOUHIER, Pierre-Domin., loueur de voitures, r. Dames, 123	L	Maillard	26 octob. 71				
GOUIN-ALCAN, Émile, rue de Rennes, 93	*	Roche				30 nov. 71	
GOUJON, Théodule, maçon, à St-Maur	L	Meillencourt	23 octob. 71				
GOULEY-LABORY, Louis-Marie, architecte, r. Boursault, 42	*	Goujon				21 nov. 71	
GOUPIL, Raoul, quincaillier, rue de Rivigo, 16	F	Prodhomme	18 mai 70	(2)			
GOURDON, maçon, rue Riquet, 34	F	Chevallier	19 mars 70	7 déc. 71	(3)		
GOURIET, Marguerite. Voir: DEVEAUX dame.							
GOUT-FUCHOT, passementier, rue Notre-Dame-Nazareth, 28	F	Noys	26 févr. 70	(4)			
GOUTTMANN, Jules, ferreur en voitures, rue Laugier, 18	L	Quatremère	27 déc. 71				
GOUY, Louis, passementier, rue Bondy, 80	F	Barboux	13 juill. 70	8 août 71	(5)		
GRAMBERT, Claude-Prosper, passementier, rue Sentier, 33	L	Beaufour	23 déc. 71				
GRAND, Jean-Maurice, charpentier, rue Boulard, 47	L	Gauche	2 déc. 71				
Id.　　fabricant de papiers d'emballage, imp. Morillons, 25	L	Normand	10 octob. 71				
GRANGE, Antoine, sculpteur, rue Martyrs, 22	F	Hécaen	21 mai 70	22 juill. 71	(6)		
GRANGE-BORDOIS, Parfait, rue Cardinal-Lemoine, 49	*	Bouthemard				8 août 71	
GRANGER-BONNEL, Casimir, faubourg St-Antoine, 19	*	Rougeot				27 juill. 71	
GRATIGNAT, Anet, maçon, rue Lantiez, 27	L	Gautier	22 déc. 71				
GRAU, lampiste, boulevard Bonne-Nouvelle, 31	F	Pinet	1er sept. 71	21 nov. 71	(7)		
GREAVES, William, march. de vins, pl. Palais-Bourbon, 2	F	Beaugé	25 juill. 71				
GRECZYNSKI, André, confiseur, rue Biragne, 14	L	Battarel	14 octob. 71				
GREFFE-FONTEYMOND-PAIN, Louis, rue du Poirier, 20	*	Aymé				28 déc. 71	
GRENIER dame, chocolatière, rue Bouchardon, 15	L	Maillard	9 déc. 71				
Id.　　marchand de comestibles, rue Treilhard, 1	F	Sommaire	15 mars 70		*30 sept. 71		
GRIMAULT-BERTHON, Philippe-Adolphe, rue Clausel, 22	*	Postel				26 déc. 71	
GRIPPON, marchand de vins, rue Patay, 90	F	Prodhomme	10 nov. 71		*30 nov. 71		
GRISEL-HEUTTE, Philippe-Adolphe, rue du Gril, 3	*	Roche				30 nov. 71	
Id.　　Adolphe, fab. d'eau-de-seltz,　Id.	L	Devin	31 août 71				
GRISON et JALQUIN jeune, marchands de vins, à l'Entrepôt	F	Lamoureux	5 nov. 70				
GROLLERON, Jules, charbonnier, à St-Maur	F	Heurtey	19 févr. 67				
GROSJEAN, boucher, rue Portes-Blanches, 27	F	Bégis	10 mai 70	8 août 71	(8)		
GROUD veuve, marchande d'eaux-minérales, r. Saintonge, 62	L	Hécaen	12 sept. 71				
GRUNEWALD et MARET, commissionnaires, rue Entrepôt, 2	F	Barboux	18 sept. 71	29 déc. 71	(9)		

(1) GOSSELIN paie 16 fr. 50 c. %, unique répartition.

(2) GOUPIL paie 17 fr. 85 c. %, unique répartition.

(3) GOURDON doit 40 % en 5 ans, par 1/5, de l'homologation.

(4) GOUT-FUCHOT paie 6 fr. 47 c. %, unique répartition.

(5) GOUY doit 40 % en 5 ans, par 1/5, de l'homologation.

(6) GRANGE doit 25 % en 5 ans, par 1/5, de l'homologation.

(7) GRAU doit 25 % en 5 ans, par 1/5, de l'homologation.

(8) GROSJEAN doit 50 % en 5 ans, par 1/5, de l'homologation.

(9) GRUNEWALD et MARET doivent 40 % en 8 ans, de l'homologation.

NOMS, PRÉNOMS, PROFESSIONS ET DOMICILES.	Liquidation / Faillite / assujettis avoué	SYNDICS ET AVOUÉS	FAILLITES ET LIQUIDATION.	DATE DES HOMOLOGATIONS DE CONCORDATS.	INSUFFIS ET UNIONS.	SÉPARAT DE BIENS JUDICIAIRES.	CONS. JUDIC. ET INTERDICT.
GUEDON, Louis-Hippolyte, hôtelier, rue Sts-Pères, 38......	F	Hourtey.....	28 sept. 71				
GUENEAU, André, plombier, rue Nonnains d'Hyères; 14	L	Copin	14 nov. 71				
GUENOT, Jean-Cyrille, éditeur, rue Vanneau, 56	F	Bégis	17 avril 69	(1)			
Id. François, march. de vins-hôtelier, bd. Charonne, 80.	F	Richard	20 sept. 71	....	* 23 déc. 71		
Id. -AMANT, Jacques, à la Courneuve	*	Picard	....	....	....	29 juill. 71	
GUERBETTE, Yvonne-Désirée femme Duval, à St-Malo	*	Marc........	....			....	27 déc. 71
GUÉRIN, Félix, menuisier, rue Laugier, 34..............	L	Beaufour....	30 sept. 71				
Id. marchand de vins, rue Raynouard, 10	F	Richard	6 janv. 70	....	* 28 fév. 70	(2)	
Id. Paul, march. de vins, r. Aubry-le-Boucher, 17 ...	F	Chevillot ...	4 août 71	....	* 31 août 71		
Id. François-Théophile, plâtrier, à Villetaneuse	F	Prodhomme..	24 déc. 09	20 févr. 71	(3)		
GUEROULT, fabricant de meules, avenue Roquette, 8........	F	Hourtey	5 févr. 70	19 sept. 70	(4)		
GUERRE-MATOUCHET, Jean-François, employé, r. Bouloi 22..	*	Henriet....	....			23 sept. 71	
GUÉRY, Eugénie-Louise-Félicité, rue Picpus, 90...........	*	Tixier.......	....		....		* 16 sept. 71
GUICHON, Jean-Bapt., limonadier, r. Ancienne-Comédie, 13..	L	Quatremère...	24 nov. 71				
GUILBOT dame, marchande de vins, île St-Denis............	F	Beaugé....	28 mai 70	25 juill. 71	(5)		
GUILLARD, François, ex-march. de vins, r. Chanoinesse, 26 ..	F	Moncharville.	24 mai 70	(6)			
GUILLOCHAUD, Joseph, carrier, à Bagneux	L	Dufay.......	2 nov. 71				
GUILLOCHIN, agent d'affaires, rue Bons-Enfants, 26	L	Bégis	11 août 71				
GUILLON. Voir : VERSILLÉ et Cie,							
GUILLOT-LETTERON, Édouard, rue Lesage, 23	*	Delacave,....	....			7 déc. 71	
GUINET, boulanger, boulevard Rochechouard, 18..........	F	Beaujou	23 août 71	....	* 31 oct. 71		
GUINGAND-LECOQ, Alexandre-Louis, sans domicile connu	*	Dumont......	....			1er juill. 71	
GUITARD, Pierre, marchand de vins, rue Doudeauville		Chevallier...	31 mars 06	8 janv. 07	(7)		
GUITTARD aîné, Louis, ex-bonnetier, rue Polonceau, 44	F	Meys........	28 août 71	22 déc. 71	(8)		
GULTINGER, Ulrich, nég. en laines, r. Paradis-Poissonnière, 27.	F	Normand....	4 août 70	22 août 71	(9)	.	
GUTIN, dame, née SIMON, march. de bois, route d'Orléans, 43.	L	Hécaen......	4 nov. 71				
GUYARD-DONDUES, Louis, rue Pierre-Lescot, 10	*	Husson.......	....		....	29 juill. 71	
GUYON de CHEMILLY, ex-épicier, boulevard Belleville, 32.....	F	Prodhomme..	15 juin 71	....	* 27 juill. 71		
GUYOT, Louis-Victor-Frédéric épicier, boulevard Villette, 88..	L	Chevallier...	30 nov. 71				
Id. Jean, épicier, rue du Château....................	F	Meys........	28 nov. 65	....	* 23 mars 66	(10)	

H

HABLIN demoiselle, Marie-Louise, hôtelière, rue des Écoles, 12..	L	Sarazin......	31 octob. 71				
HALBIN, Ferdinand, menuisier, cours Vincennes, 24.........	L	Gautier......	9 sept. 71				
HARAUX veuve, grainetière, Grand-rue-Montrouge, 37.......	L	Bégis	1er déc. 71				

(1) GUÉNOT Jean paie 7 fr. 70 c. %, unique répartition.

(2) GUÉRIN marchand de vins. — Réouverture du 14 sept. 71.

(3) GUÉRIN, François, doit 35 % en 5 ans, par 1/5, de l'homol.

(4) GUEROULT paie 8 fr. 84 c. %, uniq. rép. de l'actif abandonné.

(5) GUILBOT dame, doit 20 % en 5 ans, par 1/5, de l'homolog.

(6) GUILLARD paie 23 fr. 16 c. %, unique répartition.

(7) GUITARD paie 36 fr. 64 c. %, uniq. rép. de l'actif abandonné.

(8) GUITTARD, abandonne sa créance Girardin, et doit 10 % en 4 ans, par 1/4, de l'homologation.

(9) GULTINGER paie 11 fr. 76 c. %, produit de son actif, et le surplus, pour parfaire 20 %, en 3 ans, par 1/3.

(10) GUYOT, Jean. — Réouverture du 13 septembre 71.

NOMS, PRÉNOMS, PROFESSIONS ET DOMICILES.	Liquidation / Faillite / avoué	SYNDICS ET AVOUÉS	FAILLITES ET LIQUIDATIONS.	DATE DES HOMOLOGATIONS DE CONCORDATS	INSUFFIS ET UNIONS.	SÉPARAT DE BIENS JUDICIAIRES.	CONS. JUDIC. ET INTERDICT.
HARDIER, cordonnier, passage Vero-Dodat, 12	F	Gauche	8 juin 70	(1)			
HARDY et Cie, cafetiers, avenue Lowendale, 20	L	Barbot	17 octob. 71				
Id dame, armurière, boulevard Bonne-Nouvelle, 11	L	Bégis	31 octob. 71				
Id Émile. Voir: FAUVELLE et HARDY.							
Id Jean-Adolphe, tailleur, rue Arbre-Sec, 84	F	Copin	2 octob. 71				
Id -DELOUCHE, Joseph-Lambert, sans domicile connu	*	Maucomble				5 déc. 71	
HAREL veuve, marchande de vins, rue Legendre, 48	F	Moys	18 déc. 71			* 30 janv. 72	
HAVARD, Charles, horloger, rue Londres, 34	L	Battarel	28 nov. 71			* 19 fév. 72	
HEBERT de la PLEIGNIÈRE fils, militaire à Rouen	*	Lacroix					12 août 71
Id DESROQUETTES. Voir: CLAVEAU, dame.							
HÉLIE, Alexandre, loueur de voitures, à Clichy	F	Beaujeu	9 déc. 71			* 31 janv. 72	
HELLER dame, marchande de blanc, rue des Moines, 14	L	Id	20 déc. 71			* 19 fév. 72	
HEMERY fils, faïencier, rue St-Denis, 301	L	Meillencourt	10 octob. 71				
HENRI-GEORGES, Jacques, rue Riquet, 5	*	Bertinot				11 mars 70	
HENRIOT. Voir: ROQUEPLAN et HENRIOT.							
HENRY-LEBRUN, Edme-Sulpice, march. de vins, à Vincennes	L	Sommaire	23 août 71				
HERBIN, Paul, rue d'Asnières, 18	*	Niquevert					12 août 71
HÉRICAULT, carrier, rue des Accacias, 37	F	Copin	23 octob. 69	25 mars 70	(2)		
HERMAN, Jules, négociant en métaux, rue St-Gilles, 12	F	Barboux	9 août 71	18 déc. 71	(3)		
HÉRON, marchand de comestibles, rue Cloître-St-Merri, 6	F	Beaufour	28 octob. 62	11 août 63	23 févr. 70	(4)	
HESS, Jean-Frédéric, boulanger, rue Racine, 2	L	Chevallier	7 octob. 71	10 janv. 72	(5)		
HEUSSER, James, tailleur, rue Chauveau-Lagarde, 14	F	Hécaen	27 sept. 71	3 janv. 72	(6)		
HEUTTE, grainetier, à Vanves	F	Beaujeu	11 août 70	4 août 71	(7)		
HILAIRE-CHAUSSURE, FAURE et Cie, tailleurs, rue Auber, 17	F	Pinet	10 janv. 70	31 octob. 71	(8)		
HIRSCH, Williams, commissionnaire, rue Martel, 15	L	Gauche	15 sept. 71			* 30 déc. 71	
HOCQUARD, Nicolas, limonadier, boulevard Vilette, 67	F	Bégis	30 juill. 70	11 déc. 71	(9)		
HOFFMANN, Charles, prod. chimiques, r. Francs-Bourgeois, 41	L	Lamoureux	3 octob. 71				
HOGARD et Cie, commissionnaires, rue de la Banque, 17	F	Meillencourt	19 juin 71	4 octob. 71	(10)		
HOMMEN veuve et fils, passementiers, faubourg St-Martin, 33	L	Kneringer	3 nov. 71				
HOMY Marthe-Julie. Voir: VAUQUELIN, veuve.							
HONGRE, Salmon, casquettier, rue Vieille-Temple, 45	F	Gautier	26 janv. 70	22 juill. 71	(11)		
HONORÉ veuve. Voir: LOUALT, dame.							
HORN, Jean-Conrad, négociant, rue Château-d'Eau, 32	L	Beaufour	8 août 71			* 31 août 71	
HOUGARDY, Henri, fabricant de tissus, rue Bretagne, 8	F	Barboux	25 août 71	18 déc. 71	(12)		

(1) HARDIER paie 1 fr. 32 c. %, unique répartition.

(2) HÉRICAULT paie 7 fr. 76 c. %, produit de son actif.

(3) HERMAN et sa femme paient 30% comptant et doivent 15% par 1/3, de 6 en 6 mois. — Mme HERMAN cautionne.

(4) HÉRON paie 1 fr. 72 %, unique répartition.

(5) HESS paiera l'intégralité des créances en 5 ans, par 1/5, de l'homologation.

(6) HEUSSER doit 20% en 4 ans, par 1/4, de l'homologation.

(7) HEUTTE doit 25% payables en 4 ans, par 6 et 7%.

(8) HILAIRE-CHAUSSURE, FAURE et Cie. — Le sieur Letailleur, membre de la société, doit 5% en 5 ans, par 1/5, et la société paie 42 fr. 05 c. %, unique répartition.

(9) HOCQUARD doit 30% en 5 ans, par 1/5, de l'homologation.

(10) HOGARD et Cie paient 38 fr. 53c. %, produit de l'actif qu'il abandonne.

(11) HONGRE doit 25% en 5 ans, par 1/5, de l'homologation.

(12) HOUGARDY doit 50% en 5 ans, par 1/5, de l'homologation.

NOMS, PRÉNOMS, PROFESSIONS ET DOMICILES.		SYNDICS ET AVOUÉS	FAILLITES ET LIQUIDATIONS	DATE DES HOMOLOGATIONS DE CONCORDATS	INSUFFIS⁰ˢ ET UNIONS	SÉPARATⁿˢ DE BIENS JUDICIAIRES	CONS. JUDIC. ET INTERDICT.
HOUILLIER, MARIE-LAURE, veuve DELAVIGNE, r. Médicis, 3	*	Guibet......	....	....	....	....	26 août 70
HUARD, JULES, ex-tailleur, rue Rivoli, 62, puis à Moulins.....	F	Hourley.....	6 octob. 71	....	* 30 nov. 71		
Id. -LEHODEY, chaudronnier, sans domicile connu.......	*	Pilastre......	....	....	19 août 71		
HUART, GEORGES-HENRI-ALFRED, horloger rue Joubert, 33.....	L	Lamoureux..	27 déc. 71				
HUBER-GILLE, GASPARD, rue Chabrol, 25	*	Boutet	....	....	6 juill. 71		
HUET, veuve, marchande de vins, avenue du Maine, 20......	F	Darboux.....	1ᵉʳ avril 60	14 sept. 71	(1)		
Id., OCTAVIE-JOSÉPHINE-CLAIRE, boulevard du Temple...	*	Bourse......	....	....	....	5 août 71
Id. -CLOMÉNIL, marchand de vins, rue des Boulets, 7...	*	Labbé.......	....	....	22 déc. 71		
HUGO-SOLLIERS, LÉOPOLD-ARMAND, traducteur, rue Victoire, 94..	*	Postel.......	....	....	17 août 71		
HUILLERY décédé, libraire, rue Git-le-Cœur, 10	F	Copin......	3 janv. 70	(2)			
HUMBERT fils, fondeur en fer, rue d'Angoulême, 72.........	L	Dufay......	24 octob. 71				
HUNGER, grainetier, rue J. J. Rousseau, 53	F	Copin......	17 nov. 69	(3)			
HUOT, LOUIS, couvreur, rue Riquet, 71	F	Beaufour....	2 août 71	....	* 31 oct. 71		
Id., LOUIS et ACHILLE décédés, couvreurs, rue Riquet, 72 bis	L	Id......	31 août 71				
HUREL, CHARLES, commissionnaire, rue Thévenot, 10...	L	Meillencourt.	1ᵉʳ août 71				
HURET, ALPHONSE-ALEXANDRE, boulanger, rue Bagnolet, 120..	F	Beaujeu....	23 août 71				
HUSSON, CHARLES-ANTOINE, miroitier, r. Buisson-St-Louis, 23..	L	Meillencourt.	18 nov. 71				
Id. -BRESSON, LOUIS-VICTOR, horloger, rue St-Maur, 60..	*	Leboucq.....	....	....	16 juin 70		
Id., cordonnier, rue Pierre-Levée, 18.................	L	Maillard.....	4 déc. 71				
HUTCHINSON. Voir: HOGARD et Cie.							
HUVIER-BOULNIER, PIERRE-CHARLES, au Raincy............	*	Chéramy....	....	....	25 nov. 71		
HYAUME, ADOLPHE, grainetier, rue Rebeval, 10.............	F	Gautier......	16 mai 70	18 août 71	(4)		

I, J et K

ICHAC, veuve, née MONIER, lingère, r. N.-P.-Champs, 6	F	Maillard....	16 octob. 71	(5)			
INGÉ, tapissier, rue Taitbout, 13.................	*	Meillencourt.	9 juin 70	....	14 déc. 71		
ISAAC, EUGÈNE. Voir : LEFÈVRE et Cie, et WALTER et Cie.							
ISSELIN-MERCIER, rue du Hatrait, 36,.................	*	Froc........	....	....	2 févr. 71		
JACKSON, plombier, rue Grenelle-St-Germain, 164.........	L	Gauche......	18 nov. 71				
JACQUELIN, dame, ex-marchande de vins, av. Mac-Mahon, 95.	L	Bourbon.....	16 déc. 71				
JACQUEMIN, FERDINAND, hôtelier, rue Charonne, 114.........	F	Beaufour....	25 sept. 71	....	* 31 oct. 71		
JACQUEMONT, PORPHYRE-VICTOR, r. Université, 88............	*	Masse......	....	....	(6)	28 févr. 63
JACQUET, veuve, menuisière, rue de Lille, 43	L	Meys........	24 octob. 71				
Id., PIERRE, ex-serrurier, rue Calmels, 32............	F	Sarazin.....	26 août 71				
JALQUIN, ERNEST. Voir: GRISON et JALQUIN.							
Id., personnellement, march. de vins, bᵈ St-Germain, 26 .	F	Lamoureux..	17 nov. 70	(7)			

(1) HUET, veuve, paie 20 %, 1ʳᵉ répartition de l'actif abandonné.

(2) HUILLERY paie 6 fr. 84 c. % dernière répartition.

(3) HUNGER paie 1 fr. 25 % unique répartition.

(4) HYAUME doit 25 %, d m 5 % dans les 6 mois, et le sur-

plus en 4 ans, par 1/4, de l'homologation.

(5) ICHAC paie 25 fr. %, première répartition.

(6) JACQUEMONT. — 12 déc. 1871, main-levée de son conseil.

(7) JALQUIN, personnellement, paie 10 %, 1ʳᵉ répartition.

NOMS, PRÉNOMS, PROFESSIONS ET DOMICILES.	Liquidation / Faillite / Avantages Avoué	SYNDICS ET AVOUÉS	FAILLITES ET LIQUIDATIONS	DATE DES HOMOLOGATIONS DE CONCORDATS	INSUFFIS^es ET UNIONS	SÉPARAT^ns DE BIENS JUDICIAIRES	CONS. JUDIC ET INTERDICT
JALUZEAU. Voir: PERROT-JALUZEAU et Cie.							
JAMBART-DOURNY, Henri-Achille, sculpteur, à Levallois	*	Fitremann				14 déc. 71	
JANICAUD-LECLERC, ex-boulanger, r. Ste-Marguerite, 24	F	Gauche	17 octob. 68	12 sept. 71	(1)		
JARRIGE-CHAMONT, Pierre, ex-instituteur, à St-Mandé	*	Delossard				8 juill. 71	
JAUGEY veuve, couturière, rue Caumartin, 49	L	Copin	15 déc. 71				
JAUJARD jeune, François, charpentier, r. Sibuet, 5	L	Maillard	18 déc. 71				
JEAN, carrossier, av. de l'Alma, 64, puis à Bruxelles	F	Kueringer	20 juill. 71	(2)			
JEANNIN, Adrien, boulanger, rue Entrepreneurs, 59	F	Beaufour	18 octob. 69	(3)			
JÉGU, C., tapissier, rue de la Cerisaie, 15	L	Legriel	29 déc. 71				
JENIN et Cie, Joseph, corsetiers, boulv. Richard-Lenoir, 145	L	Chevillot	14 nov. 71				
JÉRÔME, Frédéric-Guillaume. Voir: DUTOT, JÉRÔME et Cie.							
JOBERT. Voir: EDMOND dit JOBERT.							
JOBIN, Alexandre, liquoriste, boulv. Richard-Lenoir, 4	F	Beaujou	1er août 71			* 23 déc. 71	
JOCHUM aîné, tailleur, rue Rivoli, 116	L	Dufay	30 octob. 71			* 30 déc. 71	
JOLIDOIS, mécanicien, av. La Tour-Maubourg, 92	F	Richard	20 déc. 71			* 19 fév. 72	
JOLY, ex-loueur de voitures, rue Flandre, 51	L	Dufay	4 nov. 71			* 30 déc. 71	
JOSSE-MERCIER, François m^d de vins, rue Cerisale, 35	*	Réty				31 août 71	
JOSSERAND. Voir: DAVID et JOSSERAND.							
JOTTRAT fils, passementier, passage Trinité, 15	F	Devin	4 avril 70	(4)			
JOUANNE dame, logeuse, avenue Friedland, 37	L	Meillencourt	18 nov. 71				
JOUANNEAU, Simon-Auguste, tonnelier, rue Lyon, 4	F	Normand	21 nov. 71				
Id., Thomas, md de volailles, à St-Denis	F	Chevalier	16 août 71			* 23 oct. 71	
JOUBERT-GADRAT, Jean-Antoine-Frédéric, r. Truffaut, 21	*	Dubois				7 nov. 71	
JOUEN, Edouard-Arcade, drapier, r. Montmartre, 98	F	Dufay	15 sept. 71				
JOURNÉ, nég. en calicots, rue Jeuneurs, 42	L	Devin	5 octob. 71				
JOUSSET, Constance-Blanche. Voir: LAMBLIN, veuve.							
JOXE fils, menuisier, rue Linné, 4	F	Heurtey	7 juin 69	(5)			
JOYAULT-PERROT, Jean, ex-épicier, r. Jeanne-d'Arc, 10	*	Dusart				6 octob. 71	
JUILLIARD, Jean-Pascal, fab. de galoches, r. Nys, 6	F	Meys	18 août 71	22 déc. 71	(6)		
JULLIARD, peintre en laques, r. Récollets, 11	F	Devin	18 nov. 71			* 30 janv. 72	
JULLIEN, personnellement, vidangeur, à Pantin	F	Quatremère	9 mars 67	9 avril 68		* 29 juin 71	
JUTEAU, md de vins, boulevard Magenta, 14	L	Bégie	27 déc. 71				
JUTTEAU aîné, boulanger, rue St-Denis, 351	F	Meys	28 sept. 71				
KAHN, Raphaël, colporteur, rue St-Dom.-St-Germain, 163	F	Gauche	7 juin 70			6 nov. 71	
KATZ, md forain, rue Charles V, n° 7	L	Bourbon	23 déc. 71				
KEROMAN. Voir: DODUN de KEROMAN.							
KLEBER, tailleur, rue Feydeau, 30	L	Legriel	27 déc. 71				
KLEIN, Marc, cordonnier, r. de la Victoire, 37	F	Sommaire	29 sept. 71	* 29 janv. 72	(7)		

(1) **JANICAUD-LECLERC** paie 30 fr. 68 c. %, unique répartition de son actif, et parfait 60 %, en 6 ans, par 1/6, de l'homologation, avec la caution de M. Janicaud père.

(2) **JEAN** paie 0 fr. 38 c. %, unique répartition.

(3) **JEANNIN** paie 12 fr. 69 c. %, unique répartition.

(4) **JOTTRAT** fils paie 13 fr. 38 c. %, unique répartition.

(5) **JOXE** fils paie 8 fr. 87 c. %, unique répartition.

(6) **JUILLIARD** abandonne son actif, et doit 5 % en 2 ans, par 1/2, de l'homologation.

(7) **KLEIN** doit 50 %, en 5 ans, par 1/5, de l'homologation.

NOMS, PRÉNOMS, PROFESSIONS ET DOMICILES.	Indique L Liquidation F Faillite. AUTREMENT ÈS QUAL.	SYNDICS ET AVOUÉS	FAILLITES ET LIQUIDATIONS.	DATE DES HOMOLOGATIONS DE CONCORDATS	INSUFFIS^{ce} ET UNIONS.	SÉPARAT^{ns} DE BIENS JUDICIAIRES.	CONS. JUDIC. ET INTERDICT.
KLEVER, chapelier, passage Choiseul, 27...................	F	Legriel......	2 octob. 71	....	* 31 oct. 71		
KOHLER, Hermann. Voir : FLEURY et KOHLER.							
KRAEMER, Vladimir, commis., r. d'Hauteville, 09..........	F	Copin.......	12 août 70	(1)			
KUENTZ, Grégoire, carrossier, faub. St-Honoré, 250........	F	Beaufour	23 octob. 71				
KUPPER, Guillaume, fab. de caisses, r. Trois-Couronnes, 27..F		Pinet........	5 nov. 68	(2)			
KUSS, Justin-Napoléon, maréyeux, r. Ste-Opportune , 7 L		Moys.........	7 octob. 71				

L

L'ABBAYE fils, Charles, menuisier, rue d'Asnières, 57........L		Prodhomme..	31 octob. 71				
LABOURDETTE-CLÉDON, Pierre, m^d. de vins, r. Pergolèse, 43.*		Postel......	....			18 nov. 71	
LABRUNE, Franç., ex-cordonnier, chaussée Clignancourt, 59..L		Chevallier ..	21 déc. 71				
LACAILLE, boulanger, rue Bellot, 2..........\............F		Moys........	27 mai 68		.... 30 déc. 68	(3)	
LACOMBE, Jean-Victor, droguiste, rue Blancs-Manteaux, 19...L		Barboux.....	11 déc. 71				
LAFFOND-THUEUX, Victor, rue Géorama, 7 bis.............*		Daupeley....				14 août 71	
LAFFONT, commissionnaire, à St-Mandé.................L		Sommaire....	18 nov. 71				
LAFONTAINE-MARTIN Leonard-Félicien, rue Laffite, 17....*		Mouillefarine.				9 déc. 71	
LAFOURCADE, Nemours, confectionneur, rue Montmartre, 130.F		Bourbon.....	28 juill. 71	3 nov. 71	(4)		
LAGNY, Désiré-Augustin, chiffonnier, boul. Hôpital, 167.....L		Richard.....	22 août 71				
LAGRANGE-LACHEY, Léonard, avenue d'Orléans, 50..........*		Levesque....	....			18 octob. 71	
LALLEMAND, marchand de verres, faubourg Poissonnière, 62..F		Richard	16 août 71		.... * 15 nov. 71		
LALOUE, Pascal, marchand de vins, rue Condorcet, 44 ......F		Chevallier ..	8 déc. 71		.... * 31 janv. 72		
LAMAIN-DANGAUTHIER, Charles-Alexandre, rue St-Denis, 69..*		Dechambre...				30 déc. 71	
LAMARQUE. Voir : RIGUEUR et LAMARQUE.							
LAMARRE veuve, née ROCHETTE, rue St-Honoré, 179........L		Kneringer...	29 août 71				
LAMATHIÈRE-BODEVIN, Théophile, rue Marais-St-Martin, 47...*		Wandevalle..				29 août 71	
LAMBERT veuve, Louis Benoist, hotelière, boul. Magenta, 133.F		Copin.......	3 août 71	(5)			
Id. fils, Adolphe, fabric. de bronzes, r. Gravilliers, 24..L		Chevallier ..	2 nov. 71				
LAMBLIN veuve, épicière, rue de Vanves, 61 ....F		Barboux.....	19 déc. 71		.... * 30 janv.72		
LAMBOI, Joseph-Honoré, négoc. en sucres, rue Feydeau, 24..L		Quatremère..	25 août 71				
Id. -CHAPARD, Joseph-Henri, rue Feydeau, 34..........*		Drechou.....				11 juill. 71	
LAMBOURG, commissionnaire, quai Valmy, 39..............L		Meillencourt.	13 déc. 71				
LAMI de NOZAN et Cie, négociants, rue Boulogne, 23.........F		Normand....	22 janv. 67	(6)			
LAMIRAL fils, Emile-Edouard, fumiste, r. d'Allemagne, 56...F		Lamoureux..	12 mai 70		.... 6 nov. 71		
LAMPERIÈRE, Franç., entrep^r., r. Château-des-Rentiers, 164 .L		Chevillot ...	14 nov. 71				
LANDAU, Michel, marchand de nouveautés, rue Puebla, 543 .F		Kneringer....	13 nov. 71		.... * 13 janv.72		
LANFANT et BOUCLIER, rue des Jeuneûrs, 21 L		Gautier......	3 nov. 71				
LANGENAIS, Exupère, marchand de vins, à Creteil..........L		Bourbon.....	2 nov. 71				

(1) **KRAEMER** paie 16 fr. 95 c. %, pour toutes répartitions.

(2) **KUPPER** paie 4 fr. 63 c. %, dernière répartition.

(3) **LACAILLE** paie 1 fr. 84 c. %, unique répartition.

(4) **LAFOURCADE** doit 30 % en 6 ans.

(5) **LAMBERT** veuve paie 4 fr. 98 c. %, unique répartition.

(6) **LAMI de NOZAN** et Cie paient 39 fr. 92 c. %, unique répartit.

NOMS, PRÉNOMS, PROFESSIONS ET DOMICILES.	L Indique Liquidation / F Faillite / ASTÉRISQUE AVOUÉ	SYNDICS ET AVOUÉS	FAILLITES ET LIQUIDATIONS	DATE DES HOMOLOGATIONS DE CONCORDATS	INSUFFIS⁰ᵉ ET UNIONS	SÉPARAT⁰ⁿ DE BIENS JUDICIAIRES.	CONS. JUDIC. ET INTERDICT.
LANGLOIS, Simon-Ernest, briquetier, rue Clichy, 46.	F	Pluzanski...	14 octob. 67	25 août 71	(1)		
LANIER-GUILLOST, Augustin, peaussier, r. Montorgueil, 98 ...ᐧ	ᐧ	Lebœuq....	....	....	....	8 août 71	
Id., Victor- Id. Id. Id. ..ᐧ	F	Richard	17 févr. 71				
LANNERET, Alexandre, sellier, faubourg St-Martin, 99	L	Darboux....	5 déc. 71				
LANTERNIE, Paul, tapissier, faubourg St-Antoine, 82	F	Meys....	16 juin 70	3 juill. 71	(2)		
LAPERCHE, Julie, lingère, rue Hôtel-Colbert, 7	F	Hécaen....	6 octob. 71		ᐧ 31 oct. 7		
LARNIER-WEY DEN MEYER, rue Richelieu, 21.	ᐧ	Boutet....	....			30 sept. 71	
LAROCHE, Jacques, maçon, rue Thiboumery, 23...	L	Meys....	21 déc. 71				
LARRIEU-FEUILLOYS, Louis-Jacques-Amédée, rue Royale, 6..ᐧ	ᐧ	Mouillefarine.	....			29 août 71	
LARVY-LARIVIÈRE, Claude, hôtelier, r. Châteaudun, 6 bis ..L	L	Quatremère..	7 déc. 71				
LASNE, Gaston-Jean-Baptiste, à Bar-le-Duc...............		....					31 août 71
LATOUR. Voir : VEYRET-LATOUR.							
LAURENT, Edmond, confectionneur, rue Paul-Lelong, 7.......L	L	Meillencourt..	9 déc. 71				
Id. Marie-Jenny, boulevard Sébastopol, 78.........	ᐧ	Blachez....	....				3 août 71
LAURIN, Pierre, restaurateur, rue Quincampoix, 37.........L	L	Hécaen....	13 sept. 71				
LAURON et CHASSERY, confiseurs, r. Ste-Croix-Bretonnerie, 10.L	L	Bégis....	25 octob. 71				
LAUVAND, charron-serrurier, rue La Chapelle, 27.........F	F	Hécaen....	17 octob. 71		ᐧ 1ᵉʳ déc. 71		
LAUVRIÈRE, Louis, sellier, rue Vinaigriers, 42.........L	L	Id....	25 nov. 71				
LAVAL, Eugène-Alfred	ᐧ	Lacomme....	....				30 déc. 71
LAVALETTE. Voir : TORRISOFF, dite LAVALETTE.							
LAVIGNAC, veuve SIMON, à Ville Evrard..............	ᐧ	Deherpe....	....				ᐧ 28 déc. 71
LAVIGNE, Louis-Alphonse, boulanger, rue Amandiers, 24....F	F	Prodhomme..	27 sept. 69	5 déc. 71	(3)		
LAVOUÉ, maître de bains, boulevard de la Gare, 109.......L	L	Bourbon....	29 nov. 71				
LAYAUD, Joseph, fabricant de biscuits, rue St-Antoine, 129 ..L	L	Beaujeu....	9 déc. 71		ᐧ 30 déc. 71		
LAZARD. Voir : MAYER, SCKLEIN et GOUGENHEIM.							
LEAUTEY, veuve. Voir : PERDRIER, veuve LEAUTEY.							
LE BERTON, fabricant de sièges, rue St-Martin, 176.........F	F	Normand....	26 juin 71	(4)			
LEBIGRE, dit DUQUESNE, libraire, rue Hautefeuille, 16......F	F	Copin....	14 octob. 68	(5)			
LEBLANC, Louis, négociant en vins, à Charenton L	L	Legriel....	8 nov. 71				
LEBORGNE, Antoine-Désiré, traiteur, rue Roquette, 82.....F	F	Heurtey....	22 avril 70	20 sept. 71	(6)		
Id. Edouard, confectionneur, rue Cléry, 12.....F	F	Moncharville.	26 févr. 68	4 juill. 68	ᐧ 27 sept. 71		
LEBOSSÉ-RIVIÈRE, Félix-François, rue Abattucci, 60 ...ᐧ	ᐧ	Labbé....	....			19 déc. 71	
LEBOURGEOIS-TIREAU, Léopold-Eugène, rue du Roule, 11 ...ᐧ	ᐧ	Cesselin....	....			26 août 71	
LECAMP aîné, Louis, marchand de vins, rue Malher, 5.....F	F	Lamoureux..	17 juin 70	9 sept. 71	(7)		
LECANU, ex-marchand de nouveautés, sans domicile connu ...L	L	Normand....	8 déc. 71				
LECARPENTIER-DULONG, Nicolas-Frédéric, à Levallois .....ᐧ	ᐧ	Fitremann..	....			3 août 71	
LECAT, maître d'Hôtel, rue Fontaine-St-Georges, 29.........F	F	Beaugé....	25 nov. 71		ᐧ 31 janv. 72		

(1) LANGLOIS paie 15 % comptant, et doit 10 % en 3 ans, de l'homologation.

(2) LANTERNIE doit 25 % en 5 ans, par 1/5, de l'homologation.

(3) LAVIGNE abandonne son actif.

(4) LE BERTON paie 1 fr. 63 c. %, unique répartition.

(5) LEBIGRE, dit DUQUESNE, paie 8 %, première répartition complémentaire.

(6) LEBORGNE, Antoine, paie 20 fr. 35 %, produit de son actif, et doit 6 % en 3 ans, par 1/3, de l'homologation.

(7) LECAMP aîné, paiera le montant principal de sa dette en 5 ans, par 1/5, de l'homologation.

NOMS, PRÉNOMS, PROFESSIONS ET DOMICILES.	Liquidation F Faillite arrêtée à l'amiable	SYNDICS ET AVOUÉS	FAILLITES ET LIQUIDATIONS.	DATE DES HOMOLOGATIONS DE CONCORDATS	INSUFFIS.™ ET UNIONS.	SÉPARAT.™ DE BIENS JUDICIAIRES.	CONS. JUDIC. ET INTERDICT.
LECAT-BRANDELET, Julien, r. Fontaine-St-Georges, 29	•	Delacave				28 nov. 71	
LECHEVALLIER, Ernest, march. de vins, r. Cherche-Midi, 67 . L		Prudhomme	25 juill. 71	14 déc. 71	(1)		
LECLER, Émile, maçon, rue St-Didier, 12	L	Pinet	15 déc. 71				
LECLERC, Édouard, chemisier, rue Dauphine, 11	F	Normand	7 juin 70	(2)			
LECLÈRE et ROUSSEAU, passementiers, rue St-Martin, 192 . L		Knoringer	28 sept. 71				
LECOLANT, Louis-Pierre, passementier, faub. St-Denis, 14 . F		Hourtey	20 juill. 71	(3)			
LECOMPTE, Louis-Justin, fondeur, rue Belleville, 39	F	Barboux	25 mai 70	(4)			
Id. et Cie, chocolatiers, rue Drouot, 28	F	Dufay	19 juill. 70	13 sept. 71	(5)		
LECOUPEY. Voir : CHANTELOUP et LECOUPEY.							
LECOURT, aîné, marchand de meubles, rue Châteaudun, 45 . F		Chevillot	10 octob. 71				
LEDENT-VION, Charles-Léon-Maxime, rue Rambuteau, 61	•	Cullerier				27 juill. 71	
LEDOUX-VACHEZ, Ernest, rue Fourneaux, 46	•	Clériot				23 déc. 71	
LEDUC, ex-directeur de théâtre, rue Acacias, 40	F	Lamoureux	18 nov. 71		31 janv. 72		
LEFAIVRE et ÉPAILLY, fabric. de corsets, rue Turbigo, 8 bis . F		Sarazin	10 mai 70	(6)			
LEFAVRAIS, Julien-Auguste, modiste, boulevard St-Martin, 5 . L		Barbot	5 déc. 71		• 30 déc. 71		
LEFÉBURE, Paul, bonnetier, rue Rivoli, 114	F	Dufay	1 2 sept. 71				
LEFÈVRE et Cie, marchands de tissus, place des Victoires, 4 . L		Richard	19 déc. 71				
Id. François, march. de bois de sciage, r. Véron, 27 bis . L		Barboux	5 déc. 71				
Id ex-marchand de vins, rue des Poissonniers, 7	F	Pinet	7 déc. 71		• 24 janv. 72		
Id facteur de pianos, rue Laugier, 7	F	Maillard	7 août 71				
Id décédé, drapier, rue du Sentier, 23	F	Meillencourt	30 avril 69	(7)			
LEFRANÇOIS, Désiré-Maurice, mercier, pass. du Ponceau, 18 . F		Darbot	21 octob. 71				
LEGASTELOIS, imprimeur, rue des Billettes, 15	F	Gauche	24 juill. 69		• 29 sept. 69	(8)	
LEGEAT-TINELL, Nicolas-Eugène, rue Véron, 29	•	Milliot				21 déc. 71	
LEGENDRE-DUHAY, Camille-Victor, rue Lafayette, 137	•	Dolessard				16 déc. 71	
Id Victor, scieur à la mécanique, r. d'Allemagne, 127 . L		Richard	19 déc. 71				
LEGLISE, traiteur, rue d'Allemagne, 174	F	Normand	4 janv. 70	19 mai 70	• 23 oct. 71		
LEGOFF-PILLE, marchand de vins, rue Villiers, 65	•	Moutilefarine				22 juin 71	
LE-GRIS-DUCLOS. Voir : JOUANNE, dame							
LEJEUNE, tailleur, à Champerret-Levallois	F	Beaujeu	30 sept. 69	21 juin 71	(9)		
LELARGE, Pierre, ex-march. de vins, r. d'Angoulême, 72 . F		Richard	8 févr. 70	(10)			
LELONG, Joseph, fab. d'articles chinois, rue St-Georges, 19 . L		Beaugé	25 octob. 71				
Id —BURNET, Julien-Gabriel, rue Petites-Écuries, 49	•	Henriet				29 août 71	
LELOUP, Joseph-Edmond, march. de vins, rue Belleville, 240 . L		Chevillot	10 nov. 71				
LEMAN, doreur sur blondes, rue Lafayette, 51	F	Bourbon	12 août 71		• 5 sept. 71		
LEMARCHAND, Amédée, liquoriste, faubourg Montmartre, 6 . F		Beaugé	20 juill. 70	29 juin 71	(11)		

(1) **LECHEVALLIER** doit 80 °/₀ en 10 ans, par 1/10, de l'homol.

(2) **LECLERC** paie 2 fr. 92 c. °/₀, unique répartition.

(3) **LECOLANT** paie 14 fr. 76 c. °/₀, unique répartition.

(4) **LECOMTE**, Louis paie 4 fr. 77 c. °/₀, unique répartition.

(5) **LECOMTE** et Cie doivent 25 °/₀ en 5 ans, par 1/5, de l'homo.

(6) **LEFAIVRE** et **ÉPAILLY** paient 5 fr. 83 c. °/₀, unique répartit.

(7) **LEFÈVRE**, décédé. Le syndic paie 14 fr. 25 c. °/₀, uniq. rép.

(8) **LEGASTELOIS**. — Réouverture du 23 septembre 71.

(9) **LEJEUNE** paie 12 fr. 51 c. °/₀, produit de son actif, et parfait 25 °/₀ en 6 ans, par 1/6, avec la caution de M™ᵉ Lejeune.

(10) **LELARGE** paie 13 fr. 88 c. °/₀, unique répartition.

(11) **LEMARCHAND** doit 25 °/₀ en 5 ans, par 1/5, de l'homolog.

NOMS, PRÉNOMS, PROFESSIONS ET DOMICILES.	L (Liquidation) F (Faillite)	SYNDICS ET AVOUÉS	FAILLITES ET LIQUIDATIONS.	DATE DES HOMOLOGATIONS DE CONCORDATS	INSUFFIS⁰ᴺˢ ET UNIONS.	SÉPARATⁿˢ DE BIENS JUDICIAIRES.	CONS. JUDIC. ET INTERDICT.
LEMASSON-SCHNEIDER, Eugène-Henri, rue d'Allgre, 10.......	*	Carvès......	....		....	26 déc. 71	
Id Eugène-Thomas, boucher, Id. Id.	F	Normand....	13 nov. 71				
LEMBEZAT, Voir : PEPLOWSKA, veuve.							
LEMOINE et MÉZIN, commissionnaires, rue d'Hauteville, 25...	F	Chevallier...	18 juill. 70	28 juill. 71	(1)		
LENICE, Pierre-Belisaire, march. de vins, r. Croix-Nivert, 20.	L	Normand....	23 déc. 71				
LENOIR et Cie, négociants, rue d'Alésia, 60...............	F	Bourbon ...	19 juill. 70	....	* 5 août 71	(2)	
LENORMAND-DE-VILLENEUVE, Paul, rue St-Lazare, 118.....	*	Lacroix.....	....		....	....	22 juill. 71
LEOPOLD, md de vins, r. Clignancourt, 40, et s. dom. connu.	L	Dufay......	25 sept. 71		* 30 déc. 71		
LEOTARD, Émile, tapissier, boulevard Malesherbes, 10......	L	Chevallier...	30 déc. 71				
Id. -ABRAHAM, Id. Id. Id.	*	Robineau....	....		....	28 nov. 71	
LEPINOIS, dame. Voir : GRENIER, dame.							
LEPOUDRÉ, Céline-Louise. Voir : BRIANNE, dame.							
LERETIF, François, tanneur, à Gentilly	L	Beaugé.....	29 déc. 71				
LEROUT, Pierre, md. de nouveautés, Grande r. Montreuil, 13 .	L	Maillard.....	3 octob. 71				
LEROUX, Alexandre, parfumeur, rue de la Chapelle, 38	L	Sarazin.....	20 mars 71	....	* 24 août 71		
Id. Charles, peintre, rue Ranclagh, 5...........	F	Chevallier...	7 juin 70	22 août 71	(3)		
LEROY, ex-restaurateur, rue Poterie-des-Arcis, 7..........	F	Sommaire...	20 juin 70	15 juill. 71	(4)		
Id. entrepreneur de constructions, rue de Rome, 65......	L	Richard.....	11 octob. 71				
LESEIGNEUR et Cie, constructeurs, à Ivry...........	F	Hécaen.....	7 sept. 69	12 sept. 71	(5)		
LESIEUR, Jacques, chapelier, faubourg du Temple, 20.......	F	Normand....	7 nov. 71				
LESPINASSE, Louis-Aimé, fondeur, rue Tombe-Issoire, 90....	L	Copin......	12 sept. 71	22 déc. 71	(6)		
LESTAT fils, Paul-Louis-Prudent, maçon, à Charenton....	L	Gauche.....	29 sept. 71				
LETOURNEUR, boucher, à Boulogne et sans domicile connu..	F	Heurley.....	7 avril 70	(7)			
LEVASSEUR, confectionneur, rue Montmartre, 103	F	Prodhomme..	16 juin 70	25 août 71	(8)		
LEVÊQUE, Louis-Hippolyte, restaurateur, à Puteaux	L	Gautier.....	21 octob. 71				
LEVIEL-VALLÉE, Jean-Pierre, cordonnier, rue Marignan, 10 ..	*	Gouget.....			....	24 août 71	
LEVY-ARON-WEILL, rue des Ecouffés, 6...............	*	Dranche.....			....	31 août 71	
Id. Aron, fabricant de filets et résilles, rue Rambuteau, 23 .	F	Moncharville.	3 mai 70	(9)			
Id. Gerson, marchand de rubans, rue Rambuteau, 35......	L	Meillencourt.	3 octob. 71				
Id. bonnetier, rue Soffroy prolongée, 27	F	Id.	31 août 71	....	* 23 déc. 71		
Id. Abraham, marchand de tulles, rue N.-D.-Nazareth, 61 ..	L	Meys.......	21 déc. 71				
Id. Israël, mercier, rue Hospitalières-St-Gervais, 3........	F	Legriel.....	19 juill. 70	(10)			
Id. et GOTTLIEB Frères, bijoutiers, rue des Rosiers, 26...	F	Quatremère..	24 août 71				
Id. fils cadet, nouveautés, rue Lafayette, 18..............	F	Hécaen.....	9 févr. 70	15 sept. 71	(11)		
Id. -FRAENKEL, Marix, colporteur, à Levallois............	*	Bertinot....			....	22 juill. 71	

(1) LEMOINE et MÉZIN doivent 15 °/₀ en 6 ans.

(2) LENOIR et Cie. — Réouverture du 13 décembre 71

(3) LEROUX, Charles, doit 18 °/₀ en 6 ans, par 1/6, de l'homol.

(4) LEROY restaurateur, paie 78 fr. 92 c. °/₀, unique répartition de l'actif abandonné.

(5) LESEIGNEUR et Cie abandonnent leur actif, et promettent de parfaire 40 °/₀, par 1/5, en 5 ans, de la reddit. de compte.

(6) LESPINASSE paiera l'intégralité en 10 ans, par 1/10.

(7) LETOURNEUR paie 27 fr. 58 c. °/₀, unique répartition.

(8) LEVASSEUR paie 36 fr. 85 c. produit de son actif, et doit 10 °/₀ par moitié, en 2 ans.

(9) LEVY, Aron, paie 20 fr. 29 c. °/₀, unique répartition.

(10) LEVY, Israël. — Faillite clôturée par jugement du 18 août 1871.

(11) LEVY fils cadet, doit 25 °/₀ dont 10 dans 2 ans et 5 dans 3, 4 et 5 ans, de l'homologation.

NOMS, PRÉNOMS, PROFESSIONS ET DOMICILES.	SYNDICS ET AVOUÉS	FAILLITES ET LIQUIDATIONS,	DATE DES HOMOLOGATIONS DE CONCORDATS	INSUFFIS⁰ⁿ ET UNIONS.	SÉPARAT⁰ⁿ DE BIENS JUDICIAIRES.	CONS. JUD.C ET INTERDICT.
LHERITIER, Louis, march. de couleurs. aven. des Ternes, 43 .L	Gautier......	27 déc. 71				
L'HOMME, Alphonse, menuisier, rue Pradier, 28 L	Bégis......	20 déc. 74				
LHOTE, Achille-Étienne, peintre, rue Fossés-du-Temple, 38..F	Sarazin......	29 juin 67	24 octob. 67	*28 déc. 71		
LHUILLIER, Edmond, chapelier, rue de Provence, 1.........L	Gauche,....	29 août 74				
LIBOURNE à BERGERAC, (chemin de fer de), rue Taitbout, 70..F	Pluzanski....	31 déc. 68	(1)			
LIBOZ, D., épicier, rue Lepeu projetée, 16 ....F	Barboux.....	23 sept. 71		*30 déc. 71		
LIÉGEOIS, Augustin-Jean-Baptiste, à St-Maurice ....*	Hardy......	....	....			*30 déc. 71
LIEVIN-BÉRET, Louis, march. de bois, sans domicile connu...*	Delaporte....	....	....		14 déc. 71	
Id, marchand de bois, à Levallois L	Chevillot	14 déc. 71				
LIMONON-MARIE, Louis-Gaston, tailleur, rue Rambuteau, 92..*	Delaruelle....				28 août 74	
LINDER et LAINNÉ, commissionnaires, rue de la Banque, 21..F	Sautton....	45 févr. 09		31 juill. 71		
LINNEWIEL, ETTINGHAUSEN, Jacob, négoc., r. Blanche, 99..*	Robineau,...	....	....		16 nov. 71	
LIZOT-BARDEY, Émile-Isidore, rue d'Aboukir, 71 puis 54.....*	Viollette....	....	....		12 déc. 71	
LODJOIS, Henri-Paul, appareilleur à gaz, rue Bernardins, 22..L	Battarel.....	22 déc. 71				
LOCQUEVILLE, Louis, mercier, rue Lamartine, 6...........F	Sautton....	12 octob. 71	10 janv. 72	(2)		
LOISEAU, Henri-Charles, ex-peaussier, rue Turenne, 108.....L	Legriel....	20 déc. 71				
LOMBARD-VUASSE, Louis, fab. de pianos, sans domicile connu.*	Boutet......	....	....		17 juin 71	
LONDECHAL, Charles-Étienne, droguiste, pass. Pecquay, 12 ..L	Sarazin......	15 déc. 71				
LORENTZ ainé, Joseph, cordonnier, r. St-Bern.-St-Antoine, 32.F	Sommaire ...	10 mai 70	29 juin 71	(3)		
LORIEUX, marchand de vins, quai de la Gare, 6.............F	Pinet.......	11 nov. 08	(4)			
LOROT dame, veuve MÉRAT, rue Cardinal-Lemoine, 69.......*	Boutet					24 juin 71
LOTHAMMER, François-Xavier, limonadier, boul. Magenta, 77.F	Pinet	22 juill. 70	(5)			
LOUAUT dame, veuve HONORÉ, propriétaire, rue Decamp, 2....*	Delacourtie ..					*10 sept. 71
LOUBINEAUX-VERDIER, Antoine, rue Procession, 144........*	Le Brun.....				6 juill. 71	
LOUET, Émile-Jules, ex-distillateur, à Levallois.............L	Bégis......	18 déc. 71				
LOUIS, chapelier, avenue de Clichy, 171 ....F	Barbot......	2 déc. 71		*31 janv.72		
LOUSTAUNAU, Victor, négoc. en literie, rue Moineaux, 23 ...L	Moncharville..	27 juill. 71	24 octob. 71	(6)		
LOUVEL fils, Louis-Charles-François, passage Saulnier, 13....*	Drechou.....					*28 août 70
LOZET-LALANE, Philippe, rue d'Allemagne, 202..........*	Ladon,.....				14 déc. 71	
LUNE dit LEUNE, porcelainier, boulevard Poissonnière, 14..F	Richard.....	4 mars 70	(7)			
LUQUET-HAMEL, Joseph, hôtelier, rue Caumartin, 35.........*	Drechou.....				29 août 74	

M

MACHY, Victor, limonadier, rue Pigale, 53...............F	Meys........	25 juill. 70	....	11 juill. 71	(8)	
MADELEINE, Jean-Jacques, sellier, rue de la Perle, 14........F	Meillencourt..	24 mai 70	25 juill. 71	(9)		
MAES aîné, Théodore, cordonnier, rue Reynie, 26..........L	Moncharville.	6 déc. 71				

(1) LIBOURNE paie 30 %, deuxième répartition.

(2) LOCQUEVILLE doit 30 % en 6 ans, par 1/6, de l'homologat.

(3) LORENTZ doit 40 % en 5 ans, par 1/5, de l'homologation.

(4) LORIEUX paie 41 fr. 77 c. %, unique répartition.

(5) LOTHAMMER paie 4 fr. 75 c. %, unique répartition.

(6) LOUSTAUNAU doit 40 % en 5 ans, par 1/5. — Remise est faite de 98 %, de la créance de Romain-Alphonse LOUSTAUNAU.

(7) LUNE paie 9 fr. 37 %, unique répartition.

(8) MACHY paie 13 fr. 44 c. %, unique répartition.

(9) MADELEINE paie 3 fr. 40 c. %, produit de son actif, et complète 25 % en 4 ans.

NOMS, PRÉNOMS, PROFESSIONS ET DOMICILES.	*le* indique Liquidation *F* Faillite AUTREMENT AVOUÉ	SYNDICS ET AVOUÉS	FAILLITES ET LIQUIDATIONS.	DATE DES HOMOLOGATIONS DE CONCORDATS	INSUFFIS^ns ET UNIONS.	SÉPARAT^ns DE BIENS JUDICIAIRES.	CONS. JUDIC ET INTERDICT
MAGNIEN-BÉRAUD, Georges, négociant, passage d'Orient, 5.	*	Dubois......	....	....	*	6 août 70	
MAGNU dame, couturière, rue Clapeyron, 17..........	F	Copin......	28 sept. 71	....	* 17 nov. 71		
MAILLOT, Françoise, veuve AUCOUTURIER, rue St-Anne, 20.	*	Milliot.....	....	....	*		* 31 août. 71
MAIRESSE et Cie, Charles, négoc., cour des Petites-Écuries, 20.	F	Copin......	28 avril 70	(1)			
MAIRIE, Jean-Baptiste, boulanger, rue Ménilmontant, 34.	F	Sarazin......	7 juin 70	(2)			
MALAIT-BÉCOURT, sans domicile connu..........	*	Boudin.....	....	....		3 août 71	
MALAPERT et ÉPAILLY, corsetiers, boul. Sébastopol, 28 bis.	L	Gautier......	31 juill. 71				
MALASSIS, dame, vannière, faubourg du Temple, 5.	F	Sommaire ...	23 octob. 71	....	* 1er déc. 71		
MALBO, Louis, hôtelier, rue Châteaubriant, 5.	F	Chevillot....	6 octob. 71				
MALFILATRE, Alphonse, linger, boulevard Sébastopol, 78.	L	Pinet	29 déc. 71				
MALINGRE-SANNIER, Henri-Pascal, géomètre, à Maisons.	*	De Benazé..	....	....		19 août 70	
MALLET, marchand de bois et charbons, rue Charolais, 5 bis.	F	Normand....	15 nov. 71	....	* 22 janv. 72		
MALOIGNE, Léopold, marchand de vins, rue Joinville, 12.	F	Hénen......	1er août 71	9 déc. 71	(		
MALUDE-JANNEAU, Ulisse-Ferdinand, rue St-Gilles, 1 bis.	*	Maugin......				25 nov. 71	
MALVAUX-CRÉQUY, Paul-Louis, rue Montmartre, 3..........	*	Guény......				10 août 71	
MANDRON-MORET, Antoine, rue de la Harpe, 55.	*	Lenoir......				23 nov. 71	
MANESSIER-HOUDON, Émile-Dominguo, rue Berger, 35.	*	Clériot.....				21 déc. 71	
MANGIN, Gustave, brasseur, rue de Flandre, 92..........	L	Chevillot....	10 octob. 71				
MANIFICAT, dame. Voir: CHANTOISEAU, dame.							
MANSELLE-ROBERT, limonadier, rue de Bondy, 36.	L	Normand....	25 octob. 71				
MARAND et Cie, chocolatiers, rue de Flandre, 78..........	F	Sauton	3 mai 70	14 déc. 71	(4)		
MARC, Judas, tailleur, rue Montmartre, 48..........	F	Maillard....	25 août 70	11 août 71	(5)		
MARÇAIS, Théodore, march. de vins, boulevard Voltaire, 165.	L	Richard.....	25 sept. 71				
MARCEL. Voir: TRANCHANT, dit MARCEL.							
MARCHAL, Nicolas, crémier, rue des Petits-Pères, 1.	F	Gautier.....	28 juill. 71	....	* 31 oct. 71		
Id Pierre, loueur de voitures, à Levallois.	F	Gautier......	21 juin 70	....	* 31 août 71		
MARCHAND fils aîné, couvreur, rue Durantin, 17.	L	Battarel.....	24 octob. 71				
Id et Cie, commissionn. en march., rue Taibout, 80.	F	Chevillot....	9 juin 70	....	* 30 sept. 71		
MARCOUT, Clément, négociant en bois, à Ivry..........	F	Normand....	28 déc. 71	....	* 31 janv. 72		
MARÉCHAL, Eugénie-Alphonsine. Voir: GÉDON, veuve.							
MARET, Charles. Voir: GRUNEWALD et MARET.							
Id DE St-PIERRE-VIBERT, Michel-Théodore, r. Lille, 23.	*	Mouillefarine.	....			2 déc. 71	
Id décédé, charbonnier, rue Grenelle-St-Germain, 171.	F	Quatremère..	1er avril 70	(6)			
MARGA, veuve, march. de nouveautés, grand rue Bercy, 104.	F	Sarazin......	7 juin 70				
MARGAND, Casimir, ex-commis. en march., r. Maubeuge, 90.	L	Beaugé.....	20 déc. 71				
MARGERIN, Zoé. Voir: DELEFOSSE, veuve.							
MARIEUX-DARCIER, Jean-Édouard, rue Borda, 3..........	*	Pottier.....			....	22 août 71	
MARIN, Émile, linger, faubourg St-Honoré, 19..........	F	Meillencourt.	2 août 70	12 octob. 71	(7)		

(1) **MAIRESSE** et Cie paient 40 %, première répartition.

(2) **MAIRIE** paie 8 fr, 66 c. %, unique répartition.

(3) **MALOIGNE** doit 20 % en 5 ans, par 1/5, de l'homologation.

(4) **MARAND** et Cie paient 5 % et doit 25 % en 5 ans, par 1/5.

(5) **MARC** doit 25 % en 5 ans, par 1/5, de l'homologation.

(6) **MARET**, charbonnier. Son syndic paie 2 fr. 82 c. %, unique répartition.

(7) **MARIN**, Émile, doit 40 % en 6 ans, le 31 déc. de ch. année.

6

NOMS, PRÉNOMS, PROFESSIONS ET DOMICILES.	L Indique Liquidation I Faillite Astérisque A°u 1°.	SYNDICS ET AVOUÉS	FAILLITES ET LIQUIDATIONS.	DATE DES HOMOLOGATIONS DE CONCORDATS	INSUFFIS°° ET UNIONS.	SÉPARAT°° DE BIENS JUDICIAIRES.	CONS. JUDIC. ET INTERDICT.
MARIN, marchand de vins, rue Chazelles, 8................	F	Kneringer ...	9 juill. 69	....	* 31 août 71		
MARION, Constant-Étienne, épicier, boulevard St-Michel, 137.	F	Beaujou.....	11 nov. 71				
MARMET et Cie, commissionnaires, rue Lafayette, 39.........	L	Quatremère..	27 octob. 71				
MARTIGUES (prince de). Voir : GALLIFET-LAFFITE.							
MARTIN et Cie, Jean-Cheri, md° de vins, quai de la Gare, 3 ..	L	Chevillot	12 déc. 71				
Id. Priest, ex-loueur de voitures, boul. Vaugirard, 130.	L	Moys........	11 déc. 71				
Id. Albert-Élie, entrepreneur , rue Erlanger, 12........	L	Battarel	18 déc. 71				
Id. J., affineur de métaux, rue Lagny, 13.............	F	Pinet	30 mai 70	(1)			
Id. et Cie, march. de pâtes alimentaires, rue Javel, 149.	F	Sautton......	14 déc. 69	(2)			
Id. Édouard, parfumeur, faubourg St-Martin, 39.......	L	Hécaen......	20 déc. 71				
Id. fabricant de terres cuites, rue Neuve-St-Médard, 7..	F	Heurtey	3 juin. 70	15 juill. 71	(3)		
Id. -DURAND, Adolphe, batteur d'or, r. Bl.-Manteau, 35.	*	Picard	....	....	28 déc. 71		
Id. -GARDIEN, Jacques-Napoléon, taillandier	*	Boinod......	....	....	15 déc. 70		
Id. -LEBLOND, Théodore, march. de vins, rue Patay, 98.	*	Cesselin.....	....	....	30 juill. 71		
MARTINCOURT, Joseph-Charles, orfèvre, rue Pavée, 11.....	F	Moys........	11 juill. 70	1er juill. 71	(4)		
MARTINEAU, François-Louis, gantier, passage Delorme, 34..	L	Hécaen......	20 juill. 70				
Id. Julie. Voir : LAMBERT, veuve.							
MARTY-BRUNET, Abel-Maxime, maçon, avenue Taillebourg, 9.	L	Barboux.....	20 juill. 70				
Id. Id. -MORGAND Id. Id. Id.	*	Husson......				10 juin 71	
MARX-GUGENHEIM, march. de broderies, rue Montmartre, 159.	L	Maillard.....	31 octob. 71				
MASSÉ, dame, fabricante de sommiers, boul. Strasbour , 55..	L	Battarel	8 nov. 71				
MASSELIN, Gustave-Nicolas, drapier, rue Coquillère, 40.....	F	Prodhomme..	21 sept. 71				
MASSERON, Bazile, ornemaniste, rue Fidélité, 7...........	L	Heurtey	15 déc. 71				
MATHIAS, Émile, nouveautés, rue Bourgogne, 56...........	F	Beaugé.....	18 juin 70	29 juin 71	(5)		
MATHIEU, Marie. Voir : PAYSAILLE, veuve.							
MATIGNON, Pierre, chemisier, rue St-Joseph, 11..........	F	Legriel......	21 juill. 70	....	* 31 août 71		
MATISSE, Léon-Melchion, nég. en tissus, r. des Jeûneurs, 35.	F	Moncharville.	26 octob. 71				
MATTA, marchand de vins traiteur, rue Reynie, 20.........	F	Beaujou.....	4 déc. 71	....	* 22 fév. 72		
MAUCUIT, Antoine-Benjamin, propriétaire, rue de la Clé, 24...	*	Duval.......	....	....	(6)		* 10 janv. 67
MAUGUIN, Rose. Voir : CHANSAC, dame.							
MAURIN, Jean, papetier, rue d'Enghien, 23..............	F	Moys........	16 sept. 71	....	* 31 janv. 72		
MAURY, demoiselle, Marie, tanneur, rue Ste-Hippolyte, 13....	F	Sommaire....	3 janv. 64	(7)			
MAVRÉ, Jules-Alexandre, boulanger, rue Paris-Belleville, 95..	F	Chevillot	17 févr. 70				
MAYER, SCKLEIN et GOUGENHEIM, nouv., r. St-Martin, 182.	L	Sarazin.....	19 déc. 71				
MAYOUSSIER, Pierre-Sylvestre, serrurier, r. Roi-Sicile, 35.	F	Richard.....	30 déc. 71	....	* 17 fév. 72		
MÉNARD, Laurent, boucher, rue d'Anjou, 24.............	L	Devin.......	1er sept. 71				
MENDÈS-FRANCE-CARVALLO, Mardoché, r. Maubeuge, 8......	*	Chain.......	....	....	14 déc. 71		
MENEZ-SCHMITT, Joseph-François, rue Rambuteau, 24.......	*	Nicquevert...	....	....	29 août 71		

(1) **MARTIN**, J., faillite confirmée par arrêt du 30 août 71.

(2) **MARTIN** et Cie paient 4 fr. 55 c. %, unique répartition.

(3) **MARTIN**, Dominique, doit 30 % en 5 ans, de l'homologat.

(4) **MARTINCOURT** doit 30 % en 6 ans, par 1/6, de l'homolog.

(5) **MATHIAS**, doit 20 % en 4 ans, par 1/4, du 1er août 71.

(6) **MAUCUIT**, mainlevée du 27 octobre 71.

(7) **MAURY**, Marie, paie 3 fr. 71 c. %, dernière répartition.

NOMS, PRÉNOMS, PROFESSIONS ET DOMICILES.	Indice Liquidation f Faillite. Astérisque Avoué.	SYNDICS ET AVOUÉS	FAILLITES ET LIQUIDATIONS.	DATE DES HOMOLOGATIONS DE CONCORDATS	INSUFFIS⁹ˢ ET UNIONS.	SÉPARAT^ons DE BIENS JUDICIAIRES.	CONS.JUDIC. ET INTERDICT.
MENIOLLE, Michel-Valentin, éditeur, rue Sèvres, 7.........	F	Copin.......	14 nov. 71				
MÉNOT, marchand de volailles, rue Montmartre, 157........	F	Devin.......	9 octob. 71	....	* 31 janv.72		
MENTION, Édouard-Joseph, rue Pernelle, 1.................	*	Goujon......	....	....	....	....	19 octob. 70
MERAT, dame veuve. Voir : LOROT.							
MERCIER, Lsnri, fabricant de couleurs, à Montreuil........	L	Beaufour....	24 déc. 71				
Id. Louis-Adolphe, boulanger, route de Versailles, 144.	L	Chevillot....	10 nov. 71				
MERLE, Auguste-Denis, blanchisseur, avenue St-Charles, 33..	F	Kneringer...	14 mai 70	(1)			
MERLET, Maurice, ex-charbonnier, à Montreuil,.............	L	Meillencourt.	3 octob. 71				
MESNAGER, Félix, mercier, rue St-Denis, 210.............	F	Moncharville.	21 mars 70	15 déc. 71	(2)		
MESNARD, Jules, libraire, rue des St-Pères, 37.............	F	Sautton....	29 juill. 70	12 sep . 71	(3)		
MÉTIVIER, Louis, boulanger, rue d'Allemagne, 88..........	F	Heurtey.....	2 sept. 70	20 octob. 71	(4)		
METZISLAS-FEDLINSKI-GALLAND, Jules-Louis, rue Vavin, 24.*		Bonnel.......	....	....	....	24 octob. 71	
MEYER, Nicolas, cordonnier, rue Basfroi, 23.............	F	Gautier.....	3 août 70		* 31 oct. 71		
MEZIÈRE, Jean, marchand de vins, rue Geoffroy-Lasnier, 19..	F	Copin.......	28 avril 70	(5)			
MICHAUX père et Cie, fab. de vélocipèdes, av. Montaigne, 29..	F	Beaujeu.....	11 mars 70	(6)			
MICHEL jeune, Paul, ex-marchand de vins, rue Darceau, 85..	F	Pinet.......	21 mai 70	(7)			
Id. Jean, négociant en vins, boulevard Italiens, 18	L	Sautton.....	12 octob. 71				
MICHELOT et BEAUQUENEY, fabric. de chassis, r. Basfroi, 23.	L	Battarel....	23 nov. 71				
MICHON, Baptiste, march. de meubles, r. Doudeauville, 17....	L	Devin.......	24 nov. 71				
MICOL, François, menuisier, rue Lemercier, 106.............	L	Copin.......	30 déc. 71				
MIGEVANT et Cie, photographes, boulevard Beaumarchais, 2...	L	Battarel.....	12 déc. 71				
Id. personnellem' ld. Id. Id...	F	Maillard....	12 déc. 71	....	*30 janv.72		
MIGNATON, Joseph-Acace, maçon, rue des Fermiers, 12	L	Normand....	15 nov. 71				
MIQUEL, Benj., nég. en soieries, r. Neuve-Petits-Champs, 83 ..	L	Hécaen......	25 octob. 71				
MIREY, passementier, boulevard Sébastopol, 98..............	F	Meys........	31 déc. 69	7 octob. 71	(8)		
MŒERREL veuve. Voir : FRANC.							
MOHR, ébéniste, rue Montreuil, 95.....................	F	Gauche.....	29 mars 70	(9)			
MOHRSTAD et FUND, fab. de machines à coudre, r. St-Maur, 189.	F	Devin.......	8 sept. 70	(10)			
MOINE, boulanger, rue Feuillantines, 59	L	Beaujeu.....	13 nov. 71				
MOIZARD, Louis, marchand de vins, rue Malte, 62	F	Devin.......	2 octob. 71	....	*17 nov. 71		
MOLLARD-COCHELIN, négociant, rue Mongo, 117...........	*	Pijon.......				29 août 71	
MOMMESSIN-BIDAUD, Alexandre, rue de Varennes, 31........	*	Goujon......				9 mars 71	
MONARD, Franç.-Théodore, nég. en dentelles, r. Jeuneurs, 42.F		Devin.......	30 sept. 71				
MONIER. Voir : ICHAC, veuve.							
MONNIER-CHANGEA-LONGUEVILLE, Edmond, aven. Clichy, 111.*		Masse.......				4 juill. 71	
MONROUX, Eugène, m⁴. de laines, r. Paradis-Poissonnière, 58.L		Prodhomme .	30 nov. 71				
MONTALAND. Voir : DAUTEUILLE et MONTALAND.							

(1) MERLE paie 8 fr. 43 c. %, unique répartition.

(2) MESNAGER paiera tout en 8 ans, de l'homologation.

(3) MESNARD abandonne tout son actif.

(4) MÉTIVIER paie 5 % de suite, et doit 15 % en 3 ans.

(5) MEZIÈRE paie 3 fr. 11 c. %, unique répartition.

(6) MICHAUX et Cie paient 10 %, première répartition.

(7) MICHEL jeune paie 34 fr. 23 c. %, unique répartition.

(8) MIREY doit 10 % en 5 ans, de l'homologation, et 10 % après le décès de sa mère. — Sa femme est caution à partir du jour du décès de Mme Mirey mère.

(9) MOHR paie 100/100, unique répartition.

(10) MOHRSTAD et FUND paient 9 fr. 15 c. %, uniq. répartition.

NOMS, PRÉNOMS, PROFESSIONS ET DOMICILES.	Indique Liquidation / Faillite. / Astérisque Avoué.	SYNDICS ET AVOUÉS	FAILLITES ET LIQUIDATIONS.	DATE DES HOMOLOGATIONS DE CONCORDATS	INSUFFIS ET UNIONS.	SÉPARAT DE BIENS JUDICIAIRES.	CONS.JUDIC. ET INTERDICT.
MONTESQUIOU-FEZENSAC (comte de), boulevard Invalides, 39 .	*	Gouget......	....	....	....	....	* 13 juill. 71
MONTFORT, ALFRED-J.-BAPTISTE, tapissier, rue Tournelles, 28..	F	Moncharville.	13 octob. 71				
MONTIER-GUILLAUME, JULES, comm, quai de la Loire, 46...	*	Blachez......	....	....	....	23 nov. 71	
MONTIGNY, DÉSIRÉ-AUGUSTE, épicier, rue Patay, 112.........	F	Chovillot....	28 nov. 71		* 30 janv. 72		
MONTION, AUGUSTE, fabricant de cannes, boul. Sébastopol, 117.	L	Barboux.....	9 nov. 71				
MOOCK et Cie, photographes, boulevard des Italiens, 17......	F	Hécaen......	29 mars 70		28 déc. 71		
MORAND, JACQUES-FRANÇOIS, fruitier, faub. St-Honoré, 197...	F	Normand....	18 nov. 71		* 23 déc. 71		
MOREAU veuve, marchande de vins, rue St-Honoré, 11	F	Beaugé.....	29 mars 67	25 févr. 70	(1)		
Id. –ROUARD, PIERRE-VICTOR, avenue du Roule, 40......	*	Michel......	....			5 octob. 71	
Id. EUGÈNE, fabricant de bronzes, rue d'Oran, 5......	L	Hécaen......	14 juill. 71		* 31 août 71		
Id. –BLOT, MODESTE, tapissier, rue Castex, 7......	*	Flat......	....			9 mars 71	
Id. –CHAMPION, CHARLES, rue Muller, 22...............	*	Louvel......	....			7 déc. 71	
MOREL fils, JEAN, gravatior, à St-Ouen.................	F	Sommaire...	14 sept. 69	(2)			
Id. ARTIDOR. Voir: AUGER, MOREL et Cie.							
Id. JEAN-BAPT.-PAUL, march. de nouveautés, r. Ramey, 43 .	L	Heurtey.....	30 déc. 71				
Id. LOUIS-FRANCISQUE, tapissier, rue Ferme-Mathurins, 28.	F	Beaugé......	16 juin 70		* 30 sept. 71		
Id. –CHERRIER, JOSEPH, rue Rochechouart, 7	*	Boinod......	....			5 août 71	
MORET, FRANÇOIS-CHARLES, bijoutier, r. Pont-aux-Choux, 40 .	L	Devin......	15 déc. 71				
MORIN, commissionnaire en comestibles, r. J.-J. Rousseau, 33.	F	Barboux.....	15 juin 71		* 27 sept. 71		
Id. JULES, instruments de physique, rue Séguier, 14	F	Maillard.....	15 sept. 71	6 janv. 72	(3)		
MORRA veuve, marchande de bières, rue Flandre, 15......	F	Meys......	3 août 70		* 29 nov. 70	(4)	
MORTAGNE-BRASSAC, MICHEL-PERJUS, md d'abats, r. Bréa, 14.	*	Gignoux.....	....			20 juill. 71	
MOTTE, PIERRE, marchand de vins, rue Truffaut, 39......	F	Beaugé......	17 octob. 71				
MOTTU et Cie, JULES, banquiers, boulevard Sébastopol, 110 ...	L	Moncharville.	8 août 70				
MOUILLET, HENRI, gantier, rue Châteaudun, 38.............	L	Gauche......	9 sept. 71				
MOUILLON, EUG., fab. d'objets en albâtre, quai Jemmapes, 162.	F	Maillard.....	21 juill. 71				
MOURGUES, BAPTISTIN, chocolatier, à St-Mandé.............	F	Lamoureux..	1er sept. 68	(5)			
MOURIER, fils, entrepr. de bâtiments, faub. St-Honoré, 184 ...	L	Barbot......	8 déc. 71				
MOURIÈRE, AUGUSTE, marchand de futailles, rue Riquet, 9.....	L	Beaujeu.....	26 sept. 71				
MOUTARDIER, EUGÈNE-LOUIS, teinturier, rue Cossonnerie, 14..	F	Legriel......	26 juill. 70	22 août 71	(6)		
MUFFA-JOLY, loueur de voitures, boulevard Villette, 142	F	Devin......	11 juill. 70	(7)			
MUGNIER-MOTTA-DUBOUT, CYRILLE-ALF., bd Sébastopol, 22....	*	Mouillefarine.	....			20 août 71	
MULDER, maître baigneur, rue Pigalle, 1.................	F	Sarazin......	21 mai 70	(8)			
MULLER, MARIE-CLOTILDE, femme GIRAUD, rue d'Enfer, 88....	*	Robert......	....				6 déc. 71
MUNIER, ex-marchand de vins, boulevard Magenta, 125.......	L	Meys......	10 octob. 71				
MURAT-SALOMÉ DE MINGRELLE, (prince), aven. Montaigne, 2.	*	Mouillefarine.	....			23 sept. 71	
MUTEL, DEVAUCOUX et Cie, confectionneurs, bd Capucines, 1.	F	Dufay.......	26 juill. 71				

(1) **MOREAU**, veuve, paie 18 fr. 41 c. %, dernière répartition.

(2) **MOREL** fils paie 10 %, première répartition.

(3) **MORIN**, JULES, doit 30 % en 5 ans, par 1/5, du 13 déc. 71.

(4) **MORRA**, veuve. — Réouverture du 27 septembre 71.

(5) **MOURGUES** paie 21 fr. 04 c. %, unique répartition.

(6) **MOUTARDIER** doit 50 % en 5 ans, par 1/5, de l'homologat.

(7) **MUFFA** paie 6 fr. 27 c. %, unique répartition.

(8) **MULDER** paie 30 %, première répartition.

NOMS, PRÉNOMS, PROFESSIONS ET DOMICILES.	L Liquidation F Faillite. ASTÉRISQUE Avoué	SYNDICS ET AVOUÉS	FAILLITES ET LIQUIDATIONS.	DATE DES HOMOLOGATIONS DE CONCORDATS	INSUFFIS^ce ET UNIONS.	SÉPARAT^on DE BIENS JUDICIAIRES.	CONS. JUDIC. ET INTERDICT.

N et O

NOMS, PRÉNOMS, PROFESSIONS ET DOMICILES.		SYNDICS ET AVOUÉS	FAILLITES ET LIQUIDATIONS.	DATE DES HOMOLOGATIONS DE CONCORDATS	INSUFFIS^ce ET UNIONS.	SÉPARAT^on DE BIENS JUDICIAIRES.	CONS. JUDIC. ET INTERDICT.
NACHON, bottier, rue des Bourdonnais, 24	F	Barbot	13 juill. 70	30 nov. 71	(1)		
NADEAU décédé, boucher, chemin de Reuilly, 16,	F	Pinet	20 sept. 71				
NAGEL, MADELEINE. Voir : CLAUDY veuve.							
NALBERT, JACQ.-ALF., ex-briquetier, boul. Montparnasse, 44	F	Kneringer	23 févr. 70		* 13 oct. 71		
NARBEY-LEGOUPIL, AMBROISE, avenue d'Eylau, 97	*	Langeron				16 sept. 71	
NATHAN et Cie, loueurs de chevaux, rue Villiers, 42	F	Pinet	26 févr. 70	27 sept. 71	(2)		
NAVEAU, ex-march. de vins, rue Croix-des-Petits-Champs, 4	F	Beaugé	9 juill. 70		* 30 sept. 71	(3)	
NEAUDOT DE BERTRIX fils, à Charenton	*	Delessard					* 26 déc. 71
NEESER, CHARLES, limonadier, rue Halévy, 12	L	Prodhomme	18 déc. 71				
NEPY, DENIS-ANTOINE, loueur de voitures, boul. Neuilly, 12	F	Pinet	19 févr. 67	12 juin 67	* 30 déc. 71		
NEVEU, LOUIS, marchand de vins, rue de Rome, 15	L	Richard	15 sept. 71				
NEVEUX, EDOUARD, casquettier, rue Rambuteau, 26	L	Lamoureux	9 déc. 71				
NEZ, ACHILLE, mercier, faubourg Montmartre, 65	F	Richard	27 août 70	12 sept. 71	(4)		
NEZOT dame, ex-boulangère, rue Oberkampf, 139	F	Chevallier	18 nov. 69	23 juin 71	(5)		
NICOLAS-LÉTARD, LOUIS-JOSEPH, passage Désir, 7	*	Lenoir				26 nov. 70	
NICOLLE-SKIEDAMM, François-Auguste, sans domicile connu	*	Id				22 août 71	
NIEL et VALUET, fabricants de presses, rue Lecourbe, 14	L	Chevillot	23 nov. 71				
NIGRETTE, paveur, rue Courcelles, 28	F	Prodhomme	9 sept. 71		* 17 nov. 71		
NOEL, CHARLES-MARIE-ARSÈNE, pâtissier, chaussée d'Antin, 24	F	Sautton	9 juin 71		* 11 déc. 71		
NOIREAUT et FAUST, doreurs, rue Marais-St-Martin, 61	L	Sommaire	12 août 71				
NORMAND, JULIEN, plombier, boulevard Voltaire, 198	F	Barbot	3 octob. 71				
NOSSAY (DE) demoiselle, MARIE-MARGUERITE, à Bordeaux	*	Lacroix					* 22 juin 71
NOTRE-JOUANT, LOUIS-ALFRED, sans domicile connu	*	Trodoux				22 juill. 71	
NUMA-BLANC. Voir : BLANC DE LA BARTHE.							
NUVILLE, PIERRE, chapelier, boulevard Magenta, 73 et 147	L	Richard	19 sept. 71				
OGÉ, ALFRED, Voir : ALLARD et OGÉ.							
OLIVIER. Voir : PORTIER (OLIVIER).							
ORRY, CHARLES-HIPPOLYTE, march. de vins, boul. Voltaire, 126	F	Devin	26 déc. 71		* 30 janv. 72		
ORTENBACH, comm^re en marchandises, boul. Sébastopol, 35	F	Beaujeu	23 mai 70				
OTTO-FRIEDRICH-RAAB, à Berlin. (Jugement de Berlin)						6 juill. 71	

P et Q

NOMS, PRÉNOMS, PROFESSIONS ET DOMICILES.		SYNDICS ET AVOUÉS	FAILLITES ET LIQUIDATIONS.	DATE DES HOMOLOGATIONS DE CONCORDATS	INSUFFIS^ce ET UNIONS.	SÉPARAT^on DE BIENS JUDICIAIRES.	CONS. JUDIC. ET INTERDICT.
PADOY, LOUIS-JOSEPH, tonnelier, rue Cambronne, 20	L	Gauche	25 octob. 71				
PAGE-LÉONIE, FRANÇOIS, tapissier, rue Châteaudun, 44	*	Lerat				23 juill. 71	
PAILLARD-MALECOT, ACHILLE-ELZINE, rue Trois-Bornes, 26	*	Dechambre				6 octob. 71	

(1) NACHON paie 12 % et doit 33 % en 5 ans, de l'homologat.

(2) NATHAN a pour associé ALFRED CHAPRON. Ce dernier a seul le concordat. Il doit 30 % en 5 ans, par 1/5, de l'homologat.

(3) NAVEAU. — Réouverture du 8 janvier 72.

(4) NEZ doit 15 % en 3 ans, par 1/3, de l'homologation.

(5) NEZOT abandonne son actif, moins son mobilier personnel.

Faillites, Séparations, Conseils judiciaires, etc., de 1871.

NOMS, PRÉNOMS, PROFESSIONS ET DOMICILES.	L Indique Liquidation F Faillite. Astérisque (Avoué)	SYNDICS ET AVOUÉS	FAILLITES ET LIQUIDATIONS.	DATE DES HOMOLOGATIONS DE CONCORDATS	INSUFFIS ET UNIONS.	SÉPARAT DE BIENS JUDICIAIRES.	CONS.JUDIC. ET INTERDICT.
PAILLARD-BOUDROT, François-Edouard, boul. Voltaire, 160..	*	Levesque....	....	....	....	22 août 71	
PAILLERET, Pierre-Ant., menuisier, r. Butte-Chaumont, 31 ..	F	Sautton	2 sept. 69	6 avril 70	10 nov. 71		
PAILLERON-LEJEUNE, Pierre, rue du Pressoir, 35..........	*	Niquevert ...	....	....	....	29 juill. 71	
PALAU, Louis-François, boulanger, rue Cinq-Diamants, 20...	F	Meys........	30 juin 70	20 juill. 71	(1)		
PALU, Stéphanie-Marie. Voir : DESRUES, dame.							
PANEL, maçon, à Nanterre..............................	F	Moncharville.	18 mars 70	(2)			
PAPIN, ex-marchand de vins, faubourg St-Denis, 03	L	Chevillot ...	15 déc. 71				
Id. Joseph, carrier, à Maisons-Alfort...............	L	Meillencourt.	23 sept. 71				
PAQUELIN, Gustave, passementier, rue Cléry, 11	F	Beaugé......	20 sept. 71	6 janv. 72	(3)		
PAQUEROT, march. de comestibles, boul. Ménilmontant, 125..	F	Copin......	27 sept. 71	(4)			
PAQUIER, entrepreneur de fêtes publiques, aven. Choisy, 63 ..	L	Maillard....	27 nov. 71				
PARISOT, Alexandre, traiteur, à Gentilly	L	Gautier.....	20 déc. 71				
PASSET, Constant, nég. en dentelles, r. Neuve-P.-Champs, 55.	L	Dufay......	9 déc. 71				
Id. -MANDEVILLE, Emm.-Constant, Id. Id..	*	Maugin.....	....	....	....	16 nov. 71	
PATRON, Jean-Baptiste, confectionneur, à St-Denis..........	F	Pinot	9 juin 70	24 octob. 71	(5)		
PATURAL, Charles-René, march. de nouveautés, à Boulogne..	F	Meillencourt.	21 juin 70	(6)			
PATUREL-BASTIEN, Charles-René, rue de la Pompe, 56.....	*	Guény	....	....	....	21 sept. 71	
PAULIN, boulanger, boulevard Rochechouart, 18...........	F	Barbot	21 juill. 71		* 29 déc. 71		
Id. veuve, née Louise-Joséphine ANCEL, à Vanves..	*	Protat......	....	....	....		* 8 août 71
PAULMIER, maison meublée, rue Friedland, 45.............	L	Battarel	29 nov. 71				
PAUVERT-SENÉCAL, Pierre-Alexandre, rue Batignolles, 19...	*	Hardy......	....	....	....	8 août 71	
PAYEN fils, joaillier, rue Martel, 17	F	Normand....	30 avril 70	(7)			
Id. -GOFFINET, négociant, rue Quincampoix, 18	*	Dumont.....	....	....	....	15 juin 71	
PAYSAILLE veuve, marchande de meubles, r. Vinaigriers, 63..	L	Richard.....	10 octob. 71				
PECHINET veuve, née CHARDON, hôtelière, rue Maubeuge, 12 .	L	Devin.......	12 sept. 71				
PEIFFER, Jules, hôtelier, rue Vaugirard, 13..............	L	Meys.......	12 déc. 71				
PELISSIER, march. de peaux de lapins, r. Montreuil, 113 et 95.	F	Lamoureux...	27 mai 70	27 juill. 71	(8)		
Id. jeune, corroyeur, rue Fer-A-Moulin, 38..........	F	Battarel.....	12 sept. 71	14 déc. 71	(9)		
PELLERIN-TOUCHARD, demeurant à Vanves............	*	Branche.....	....	....	....	28 déc. 71	
PELTIER, Auguste-Joseph, ex-march. de vins, imp. Roux, 4...	L	Beaujeu.....	25 nov. 71		* 30 déc. 71		
PENNETIER demoiselle, Louise, épicière, r. Petit-Carreau, 8..	F	Sautton	26 octob. 70	(10)			
PENSEYRES sœurs, couturières, boulevard Madeleine, 17....	L	Legriel.....	28 nov. 71				
PEPLOWSKA veuve, march. de cafés, r. Montmartre, 162 bis..L	L	Sarazin.....	7 juin 71				
PERCHE, Alexandre-Sébastien. Voir : BRIGOT et Cie.							
PERDRIER dame, veuve LÉAUTEY, boulevard Morland, 6.....	*	Poinsot.....	....	....	....	....	* 9 nov. 71
PERDRIX, boulanger, rue Ste-Lucie, 13...................	F	Heurtey.....	4 août 69	(11)			
PERIGAULT, ex-grainetier, rue Petit, 42.................	F	Barboux.....	25 nov. 71		* 30 janv. 72		

(1) **PALAU** doit 40 % en 7 ans, par 1/5, de l'homologation.

(2) **PANEL** paie 8 fr. 53 c. %, unique répartition.

(3) **PAQUELIN** paie 5 % et doit 15 % en 3 ans, par 1/3.

(4) **PAQUEROT** paie 31 fr. 43 c. %, unique répartition.

(5) **PATRON** doit 25 % en 4 ans, de l'homologation.

(6) **PATUREL** paie 18 fr. 70 c. %, unique répartition.

(7) **PAYEN** fils paie 7 fr. 76 c. %, unique répartition.

(8) **PELISSIER**, Antoine, doit 30 % en 5 ans, par 1/5, de l'homologation.

(9) **PELISSIER** jeune, paie 25 % comptant.

(10) **PENNETIER** paie 4 fr. 83 c. %, unique répartition.

(11) **PERDRIX** paie 4 fr. 88 c. %, unique répartition.

NOMS, PRÉNOMS, PROFESSIONS ET DOMICILES.	Ind. que Liquidation ou Faillite, AVOUÉ	SYNDICS ET AVOUÉS	FAILLITES ET LIQUIDATIONS.	DATE DES HOMOLOGATIONS DE CONCORDATS	INSUFFIS^{ces} ET UNIONS.	SÉPARAT^{ns} DE BIENS JUDICIAIRES.	CONS. JUDIC. ET INTERDICT.
PERNET, marchand de vins, chemin de halage d'Auteuil, 154.	L	Muillard.....	26 août 71				
PERONNEAU-DALIN, Amédée-Claude, rue Lepic, 25.		Servy........				5 août 70	
PERONNET, hôtelier, à St-Denis	L	Richard.....	29 nov. 71				
PERRÉE, Athanase, imprimeur, rue Dunkerque, 58	L	Dufay........	5 déc. 71				
PERRIER-FEUGEAT, Simon-Ant., boucher, r. Oberkampf, 141	*					30 déc. 71	
Id. Augustin-Casimir, ex-boulanger, rue Chaillot, 48.	*	Mouillefarine.					29 août 71
PERRIN, Émile, faubourg St-Honoré, 180	*					(1)	31 août 55
PERRONNET, hôtelier, rue Poncelet, 30.	L	Prodhomme..	30 déc. 71				
PERROT-JALUZEAU et Cie, confectionneurs, rue Turbigo, 52.	L	Lamoureux..	26 sept. 71				
Id. Joséphine. Voir : GUIOT veuve.							
PERRUSSON dite, Louise-Adèle, lingère, rue St-Honoré, 156.	L	Meys........	2 octob. 71				
PETIT-BRIFFAULT, Jean-Eugène, peintre, faub. St-Antoine, 70.	*	Roche........				18 nov. 71	
Id. Louis, maçon, rue des Cloys, 8.	L	Barboux.....	27 déc. 71				
Id. demoiselle, Julie, lingère, boulevard Magenta, 74.	F	Prodhomme	9 févr. 70		18 juin 70	(2)	
Id. tapissier, passage des Panoramas, grande rue, 19	F	Quatremère.	11 mars 03	(3)			
Id. aîné, marchand de vins, avenue la Motte-Piquet, 27	F	Meillencourt.	4 avril 70	(4)			
Id. fabricant de produits lithographiques, r. St-Denis, 347	F	Meys........	16 août 71				
Id. modiste, rue d'Aboukir, 89.	F	Normand..	15 octob. 67	3 août 71	(5)		
Id. -GALET, Sylvain, maçon, rue Parcheminerie, 11	*	Bonfils.....				9 févr. 71	
PEYRONNET, fabricant d'eau-de-seltz, rue Duguesclin, 17.	L	Maillard.....	30 sept. 71				
Id. Aimé, teinturier, rue St-Maur, 139	F	Beaufour...	29 nov. 64	8 janv. 72	(6)		
PEYROT, Philippe, marchand de vins, avenue Roquette, 29.	L	Copin........	12 déc. 71				
PÉZON-CHASSAGNARD, Jean-Baptiste, sans domicile connu	*	Flat..........				8 juill. 71	
PHILIPPE, Georges-Pierre, menuisier, rue Charonne, 149	F	Beaugé......	17 août 71	22 nov. 71	(7)		
PIACENTINI, Eugène, marchand de vins, rue d'Antin, 23	L	Beaujeu.....	14 octob. 71				
PICARD-ULMANN, Adolphe, rue Turenne, 67.	*	Milliot......				12 déc. 71	
PICAULT, coutellier, rue Dauphine, 40.	F	Normand	18 juill. 71		18 déc. 71		
PICAVET, ferblantier, rue Roquette, 49	F	Sarazin.....	5 juill. 70	19 août 71	(8)		
PICOT de BOISFEILLET, graveur, boulevard Clichy, 49	F	Pinet........	22 mars 70	31 octob 71	9)		
PIDECOQ, Léon, rue Clapayron, 5.	*	Deherpe.....					16 déc. 71
PIERRARD, Lucien, épicier, rue St-Jacques, 145	F	Chevallier...	3 mai 68	(10)			
PIERRE, Isidore, marchand de vins, rue de Lappe, 35.	L	Devin........	5 déc. 71				
Id. demoiselle A., mercière, rue Norvins, 9.	L	Dufay........	4 déc. 71				
Id. Clara. Voir : JAUGEY veuve.							
Id. -CHANTRIER, Amédée-Cas., r. Francs-Bourgeois, 13	*	Husson.......				25 juill. 71	
PILLION, dame, grainetière, rue Sartine, 1	F	Sommaire..	18 juin 70	(11)			

(1) PERRIN. — Mainlevée du 29 août 71.

(2) PETIT, Julie, paie 7 fr. 42 c. %, unique répartition.

(3) PETIT, tapissier, paie 3 fr. 38 c. %, unique répartition.

(4) PETIT aîné, paie 1 fr. 46 c. %, unique répartition.

(5) PETIT, modiste, paie 25 % en tout et de suite.

(6) PEYRONNET, Aimé, doit 25 % en 5 ans, par 1/20, de trois en trois mois, de l'homologation.

(7) PHILIPPE doit 40 % en 5 ans, par 1/5, de l'homologation.

(8) PICAVET paie 6 %, et doit 18 % en 3 ans, par 1/3. — Mlle Picavet le cautionne.

(9) PICOT paie 8 % et doit 4 % après une année.

(10) PIERRARD paie 30 fr. 67 c. %, unique répartition.

(11) PILLION dame, paie 0 fr. 75 c. %, unique répartition.

NOMS, PRÉNOMS, PROFESSIONS ET DOMICILES.	Indique Liquidation F Faillite, astérisque Avoué	SYNDICS ET AVOUÉS	FAILLITES ET LIQUIDATIONS.	DATE DES HOMOLOGATIONS DE CONCORDATS	INSUFFIS** ET UNIONS.	SEPARAT** DE BIENS JUDICIAIRES.	CONS.JUDIC. ET INTERDICT**
PILLOT, Hubert, marchand de vins, rue Belleville, 51	L	Heurtey	27 déc. 71				
PINET veuve, négociante, faubourg du Temple, 124	L	Lamoureux	5 déc. 71				
PINÔT, Aquiline-Anicot. Voir : FOURNAUD, veuve.							
PINSARD-ROBINET, Adolphe-Honoré, boulevard Mazas, 90	*	Levesque				31 août 71	
PINTIAUX, Pierre-Joseph. Voir : BRIANNE et PINTIAUX.							
PIOTET-LONGUET, Marie-Pierre, à St-Mandé	*	Pijon				22 juin 71	
PIROU, Jean, négociant, boulevard Haussmann, 23	L	Moncharville	2 déc. 71				
PITON, banquier, place du Hâvre, 15	F	Copin	14 juill. 71	(1)			
Id. -MARTEL, sans domicile connu	*	Delacourtie				28 octob. 71	
PLÉ et dame née BROCHARD, bouchers, rue St-Maur, 75	F	Normand	21 mai 70	15 juill. 71	(2)		
PLEIGNIÈRE (de la). Voir : HÉBERT de la PLEIGNIÈRE.							
PLET, Léon, chemisier, rue St-Honoré, 161	F	Richard	25 juill. 71				
PLIVARD père, marchand de bois, rue Tombe-Issoire, 18	L	Meys	19 août 71				
PLU, Hortense, boulanger, rue Pointe-d'Ivry, 5	F	Lamoureux	6 octob. 71				
PLUCHART, commissionnaire, boulevard Voltaire, 147	L	Maillard	29 sept. 71				
PLUMAT-FERNIQUE, Lambert-Victor-Benoist, r. Cotentin, 4	*	Larroumès				19 déc. 71	
POCHON veuve, née LECHEVALLIER, gravatière, à Bagnolet	F	Sautton	2 août 70	4 août 71	(3)		
POILLEUX, Marie-Alix. Voir : HOMMEN, veuve et fils.							
POIRIER, traiteur, boulevard Beaumarchais, 23	F	Copin	9 juill. 70	8 août 71	(4)		
POIRSON, Charles, courtier d'assurances, b⁴. Poissonnière, 25	*	Pottier					31 août 71
POISNEL, épicier, rue Moret, 32	F	Normand	7 déc. 71		30 janv. 72		
Id. -JOUAULT, Adolphe-Franç., épicier, r. Marcadet, 55	*	Aymé				28 octob. 71	
POISSONNIER, SANSON et Cie, briquetiers, r. Vaugirard, 237	F	Devin	12 octob. 71				
Id. Auguste, briquetier, r. Cherche-Midi, 97	F	Devin	24 octob. 71				
POIZAT, Jean-Baptiste, limonadier, rue Magnan, 9	L	Gauche	29 déc. 71				
POLYNICE, Charles, horloger, rue Saintonge, 20	L	Devin	3 octob. 71				
Id. -MOUTIER, Id. Id. Id.	*	Nottin				20 août 71	
PONSIN, Théophile, ex-épicier, avenue Wagram, 77	F	Prodhomme	28 juin 70	18 octob. 71	(5)		
PONTI, Théodore, commissionnaire, rue Moslay, 28	L	Meys	25 nov. 71				
POQUILLON, veuve, née BAUDOT, mercière, à Neuilly	F	Gautier	7 mars 70	(6)			
PORTIER dit Olivier, parfumeur, rue Ste-Anne, 46	L	Heurtey	18 juill. 71	5 déc. 71	(7		
POTIER, Henri-Joseph, briquetier, à Nogent	F	Lamoureux	30 sept. 71	27 déc. 71	(8)		
Id. Alfred-François, emballeur, rue d'Hauteville, 25	L	Battarel	11 nov. 71				
POTTIER, taillandier, rue Lourcine, 20	F	Richard	19 sept. 71		8 déc. 71		
POUCHET, Jean, md. de nouv., boulevard Sébastopol, 99	F	Normand	31 août 71	18 déc. 71	(9)		
POUDRA, mercier, rue Neuve-Petits-Champs, 46	L	Chevallier	28 sept. 71				
POULAIN, LAMBERT et COTERET, briquet., route Révolte, 159	F	Chevallier	12 août 68	(10)			

(1) PITON paie 5 °/₀, première répartition.

(2) PLÉ et dame, doivent 40 °/₀ en 5 ans, par 1/5, de l'homolog.

(3) POCHON, veuve, doit 20 °/₀ en 4 ans, par 1/4, de l'homolog.

(4) POIRIER paie 24 fr. 70 c. produit de son actif, et parfait 60 °/₀ en 7 ans, par 1/7.

(5) PONSIN aband. son actif et paie 10 °/₀ en 3 ans, par 3 et 4 °/₀.

(6) POQUILLON, veuve, paie 6 fr. 31 c. °/₀, unique répartition.

(7) PORTIER doit 30 °/₀, dans l'année de l'homologation.

(8) POTIER, Henri, doit 25 °/₀ en 5 ans, par 1/5, de l'homolog.

(9) POUCHET paie 7 fr. 21 c., produit de son actif.

(10) POULAIN et consorts, paient 20 fr. 07 c. °/₀, dernière répart.

NOMS, PRÉNOMS, PROFESSIONS ET DOMICILES.	Indique Liquidation / Faillite / Astérisque avoué.	SYNDICS ET AVOUÉS.	FAILLITES ET LIQUIDATIONS.	DATE DES HOMOLOGATIONS DE CONCORDATS	INSUFFIS ET UNIONS.	SÉPARAT DE BIENS JUDICIAIRES.	CONS. JUDIC. ET INTERDICT.
POULET, Claude-Lazare, restaurateur, place d'Eylau, 80.....	F	Hourtey....	11 nov. 71				
POULLEAU, Denise. Voir : JACQUELIN, dame.							
POULLOT, Germain, limonadier, rue Turenne, 47...........	F	Chevalier....	8 mars 70	(1)			
POUPLIN, marchand de nouveautés, grand rue Batignolles, 38.	F	Quatremère..	3 févr. 69	(2)			
POUPON-DRAPIER, médecin, rue St-Martin, 22...........	*	Chauveau....	....	....	....	20 octob. 71	
POURSIN-CHARLIER, Charles-Simon, à St-Ouen........	*	Levesque....	....	....	....	28 déc. 71	
POUY, courtier en vins, rue de la Paix, 1...............	F	Moys........	23 octob. 71		* 13 janv. 72		
PRADEAU, Gabriel, maçon, rue de la Harpe, 49.........	F	Hourtey....	18 octob. 64	13 octob. 71	(3)		
PRAULT, Louis-Théophile, bijoutier, rue Provence, 2.. L		Meillencourt..	15 nov. 71				
PRÉVOST, Romain, boulanger, rue Amandiers, 19.........	F	Hourtey....	4 mai 70	1er août 71	(4)		
PRIEUR, marchand de vins, boulevard Vilette, 80.........	F	Battarel....	15 nov. 69		* 16 sept. 71		
Id DE LA COMBLE-PALUN, Antonin, place du Louvre, 8.*		Mesnier....	....	....	....	17 août 71	
Id Id Id -CHEVILLARD, banq., r. Nemours, 79.*		Id........	....	....	....	27 juill. 71	
PROVOST, hôtelier, rue Rivoli, 202.................	F	Hourtey....	9 avril 70		* 31 août 71		
PRUDON-LHOEST, rue St-Martin, 149.............	*	Trodoux....	....	....	....	20 octob. 71	
PUECH Marie-Jeanne. Voir : GONDAL, veuve.							
PUISSÉGUR, Joseph, tailleur, rue Mogador, 9.............	L	Battarel....	2 déc. 71				
PUSSOT, Alfred, limonadier, boulevard Voltaire, 15... ....F		Barbot....	11 août 71	....	17 nov. 71		
PUTOIS, commissionnaire, avenue Parmentier, 10.........	F	Richard....	31 octob. 71		* 28 déc. 71		
PY, COBLENTZ et COBLENTZ et Cie, banq., bd Magenta, 155..	F	Pinet....	24 octob. 71				
QUÉNARD, Alexandre, hôtelier, boulevard Voltaire, 38.......	L	Dufay....	24 nov. 71				
QUÉNAUT, dame, fruitière, rue de Vanves, 126.............	F	Hourtey....	19 janv. 70	6 sept. 70	(5)		
QUESNEY, fleuriste, rue Richelieu, 89.............	F	Devin....	8 août 71	27 déc. 71	(6)		
QUIBEL, Eugène, limonadier, à Asnières..................	L	Id....	2 déc. 71				
QUILLENT, Félicie. Voir : ROBBE, dame.							
QUINTARD, Alcide-Julien, linger, boulevard Sébastopol, 113.L		Sommaire ...	30 nov. 71				

R

RABOT, Edouard. Voir : DENIS et Cie.							
RABY, horloger, rue St-Claude, 1 (personnellement)......	F	Normand....	4 févr. 68	....	20 déc. 69	(7)	
RAGACHE-CHRISTIAN, Jean-Bapt.-Victor, r. Jeanne-d'Arc, 14.*		Marquis....	....	....	....	27 juin 71	
RAGAINE, marchand de meubles, avenue d'Orléans, 3........L		Quatremère..	13 déc. 71				
RAIMBAULT, Jean, baigneur, rue Ecole-de-Médecine, 97......L		Maillard....	4 octob. 71				
Id. ex-boulanger, rue Moscou, 44................	F	Lamoureux..	13 octob. 71	....	* 23 déc. 71		
Id. scieur à la mécanique, passage St-Sébastien, 15 .L		Dufay.......	27 sept. 71				
RAOULT, Louis-Alexandre, ex-boulanger, r. d'Allemagne, 149.F		Legriel......	7 févr. 70	(8)			

(1) **POULLOT** paie 11 fr. 84 c. %, unique répartition.

(2) **POUPLIN** paie 16 fr. 45 c. %, dernière répartition.

(3) **PRADEAU** par ce nouveau concordat paie 5 % comptant, et doit 10 % en 3 ans, par 3 et 4 %, de l'homologation.

(4) **PRÉVOST** doit 25 % par 1/5, en 5 ans, les 1ers septembre.

(5) **QUÉNAUT**, dame, paie 62 fr. 81 c. %, unique produit de son actif.

(6) **QUESNEY** paie 5 % et doit 20 %, le 31 déc., pendant 4 ans.

(7) **RABY** paie 9 fr. 82 c. %, unique répartition.

(8) **RAOULT** paie 7 fr. 72 c. %, unique répartition.

7

NOMS, PRÉNOMS, PROFESSIONS ET DOMICILES.	L / F	SYNDICS ET AVOUÉS	FAILLITES ET LIQUIDATIONS.	DATE DES HOMOLOGATIONS DE CONCORDATS	INSUFFIS ET UNIONS.	SÉPARAT DE BIENS JUDICIAIRES.	CONS. JUDIC. ET INTERDICT.
RAULIN, march. de nouveautés, boul. Strasbourg, 46 et 48.	F	Prodhomme.	5 octob. 71	....	* 24 nov. 71		
RAVION, Joseph-François, maçon, rue Gerbillau, 3.	L	Pluzanski.	20 sept. 71				
RAVOU veuve. Voir : ROBBE dame.							
RAY et Cie, fabricants de caoutchouc, impasse du Puits, 7.	F	Pinet.	18 août 71	14 nov. 71	(1)		
RAYNA, Dominique, tailleur, rue Ste-Anne, 29.	F	Quatremère.	17 juill. 71	18 octob. 71	(2)		
REINHARD, Eugène, limonadier, rue Rivoli, 78.	L	Kneringer.	27 déc. 71				
RENARD, marchand de bois, rue de Picardie, 16.	F	Barboux.	20 juill. 71	(3)			
RENAUD, Alexandre, parfumeur, chaussée du Maine, 150.	L	Heurtey.	26 octob. 71		* 30 déc. 71		
RENAUDOT-LAMY, plombier, rue Gren.-St-Germain, 24.	*	Denormandie.	....	....		22 déc. 71	
RENAULT, E., verrier, rue de l'Entrepôt, 25.	F	Richard.	13 juill. 70	18 octob. 71	(4)		
RENAUX demoiselle, Lucie, lingère, place Lafayette, 109.	F	Dufay.	12 octob. 71		* 31 oct. 71		
RENEVIER, François, maçon, à Fontenay.	F	Beaujeu.	5 juin 69	20 sept. 71	(5)		
RETORNAZ frères, fabricants de peignes, rue Turbigo, 16.	F	Barbot.	23 déc. 69	(6)			
RETTIG fils, entrepreneur, rue d'Aubervilliers, 42.	L	Meys.	30 nov. 71				
REVEL et Cie, charbonniers, rue Bouchardon, 11.	F	Barboux.	27 octob. 71				
REY, Jean, négociant, rue de Malte, 52.	F	Chevallier.	23 juill. 70	14 nov. 71	(7)		
Id. -PERRIN, Étienne, limonadier, rue Gaillon, 9.	*	Plassard.	....			1er août 71	
REYNAUD, J.-Bapt., march. de vins, r. du Marché-Passy, 14.	L	Battarel.	23 déc. 71				
Id. Irénée, fabricant de tissus, rue Belleville, 216.	L	Maillard.	13 nov. 71				
Id. Élie, menuisier, rue de Sèvres, 133.	F	Bègis.	31 octob. 71				
RIARD, Alexandre, serrurier, rue de Poissy, 25.	L	Normand.	24 octob. 71				
RIBEROL fils, coupeur de poils, rue des Orteaux, 10.	F	Copin.	17 févr. 70	(8)			
RIBIERRE, Pierre, serrurier, r. Grenelle-St-Germain, 151 bis.	F	Legriel.	22 sept. 71	....	* 31 oct. 71		
RIBOTTE, Honoré, antiquaire, rue de Provence, 95.	F	Sarazin.	19 juill. 71	....	* 31 oct. 71		
RIBOULET dame, marchande de vins, boulevard Voltaire, 281.	F	Meillencourt.	18 octob. 71				
RICHARD, maçon, à Levallois.	L	Chevillot.	24 octob. 71				
Id. Auguste-Marie-Toussaint, relieur, rue du Bac, 101.	L	Bourbon.	16 août 71				
RICHARDIÈRE-BRASSEUR, Étienne-Pierre, à Stains.	*	Flat.				18 octob. 71	
RICHÉ et GACHOT, fabricants de fonte, aux Prés-St-Gervais.	L	Battarel.	7 déc. 71				
RICHEFEU, Édouard, menuisier, rue des Boulets, 92.	L	Gautier.	29 déc. 71				
Id. mercier, rue de Nemours, 6.	F	Beaujeu.	27 mai 70		* 30 sept. 71		
RICHELLE, Nicolas-Paul, chimiste, rue Lorraine, 18.	F	Heurtey.	1 mai 69	(9)			
RICHOMME, ex-marchand de vins, rue Montparnasse, 42.	L	Meys.	30 déc. 71				
RICHY, limonadier, faubourg St-Martin, 145.	L	Beaujeu.	6 déc. 71				
RICOUX, marchand de nouveautés, rue Daguerre, 60.	F	Prodhomme.	5 juill. 71	3 nov. 71	(10)		
RIEUTOR, Jean, casquettier, rue Renard-St-Merri, 20.	F	Heurtey.	30 sept. 71	3 janv. 72	(11)		

(1) RAY et Cie doivent 25 % en 5 ans, par 1/5, de l'homologat.

(2) RAYNA doit 20 % en 6 ans, par 1/6, du 1er janvier 73 inclus.

(3) RENARD paie 1 fr. 72 c. %, unique répartition.

(4) RENAULT doit 40 % en 6 ans, de l'homologation.

(5) RENEVIER doit 25 % en 5 ans, par 1/5, de l'homologation.

(6) RETORNAZ frères, paient 14 fr. 96 c. %, unique répartition.

(7) REY paiera tout en 10 ans, par 1/10, de l'homologation.

(8) RIBEROL paie 27 fr. 04 c. %, unique répartition.

(9) RICHELLE paie 4 fr. 60 c. %, unique répartition.

(10) RICOUX paie 3 fr. 55 c. %, produit de son actif, et doit 20 % en 7 ans, avec Madame Ricoux pour caution.

(11) RIEUTOR doit 70 % en 4 ans, de l'homologation.

NOMS, PRÉNOMS, PROFESSIONS ET DOMICILES.	Indiqu Liquidation F Faillite, avec aucun avoué.	SYNDICS ET AVOUÉS	FAILLITES ET LIQUIDATIONS.	DATE DES HOMOLOGATIONS DE CONCORDATS	INSUFFIS[ce] ET UNIONS.	SÉPARAT[ons] DE BIENS JUDICIAIRES.	CONS.JUDIC. ET INTERDICT.
RIEUTOR-GANDA, casquettier. rue Renard-St-Merri, 20	*	Maugin				21 nov. 71	
RIGAL-VERNAUDOU, Joseph, rue du Pressoir, 4	*	Derré				22 juin 71	
RIGAUD, Hippolyte, pelaussier, rue Cambronne, 113	F	Beaujou	10 nov. 71				
RIGNOUX, Pierre, boulanger, à Boulogne	F	Richard	16 mars 70	(1)			
RIGOULOT-COUPEZ, Claude-François, rue Alibert, 8	*	Gamard				20 déc. 71	
RIGOUT, grainetier, rue de la Chapelle, 93	F	Battarel	13 juin 70		* 30 sept. 71		
RIQUEUR et LAMARQUE, march. de nouveautés, r. Cadet, 10	F	Bourbon	8 sept. 71				
ROBBE dame, née QUILLENT, peintre, rue St-Roch, 32	L	Dufay	6 nov. 71				
Id. Jean-Baptiste, menuisier, rue Git-le-Cœur, 5	F	Kneringer	2 juill. 70	27 sept. 71	(2)		
ROBERT née LAVIGNAC. Voir : LAVIGNAC							
Id. frères, charpentiers, à Arcueil	F	Malle	17 juin 65	26 déc. 60	(3)		
Id. Étienne, fabricant de cadres, rue Larrey, 1	F	Chevillot	21 sept. 71				
Id. et Cie, constructeurs, rue Monge, 31	L	Sautton	7 juill. 71				
ROBERTEAU, traiteur, au parc de Montsouris (14 arr[t])	F	Sarazin	23 juill. 69		2 nov. 71		
ROBERTON, maître baigneur, rue St-Jacques, 140	F	Moillencourt	21 déc. 71		* 31 janv. 72		
ROBIN, Louis, charpentier, à Alfort-Ville	F	Hécaen	14 juin 70	15 sept. 71	(4)		
RODINEAU-BIGNON, chapelier, rue Aubriot, 8	*	Duval				26 août 71	
ROCH-DURMATTE, François, m[d] de vins, place de l'Alma, 3	*	Martin				1er août 71	
ROCHARD, Émile-François, négociant, rue de Cléry, 42	L	Battarel	14 nov. 71				
ROCHER, Géraud, marchand de vins, rue Fourneaux, 23	L	Maillard	16 nov. 71				
ROCHETTE, Alice. Voir: LAMARRE, veuve.							
RODIÈRE décédé, Jean-Désiré, plâtrier, à Villemomble	F	Darbot	7 févr. 70		* 30 sept. 71		
RODOLFO, Louis, passementier, à Bourg-la-Reine	F	Kneringer	16 juill. 70		* 30 sept. 71		
ROGER, marchand de nouveautés, rue Réaumur, 30 et 32	F	Beaufour	9 juin 69	16 sept. 69	* 29 nov. 71		
Id. Émile, commissionnaire, rue du Sentier, 28	L	Pinet	7 déc. 71				
ROLLET, Louis-Auguste, traiteur, rue du Chevalleret, 127	F	Gauche	10 août 71		* 31 oct. 71		
ROLLIN, Léonie. Voir: CAMENA, dame.							
Id. Jacques-Barnabé, potier, rue M.-le-Prince, 51	F	Maillard	9 juin 68	*			
RONNAY-OUDIN, Mathieu-Frédéric-Pascal, rue Bellefond, 37	*	Mouillefarine				5 déc. 71	
ROQUEPLAN et HENRIOT, dir. de théâtre, quai Mégisserie, 2	L	Moncharville	2 août 71				
ROTHIER-LEFÈVRE, Pierre-Nicolas, à St-Denis	*	Dumont				26 déc. 71	
Id. père, voiturier, rue Mathis, 18	F	Maillard	10 août 71				
ROUCHEZ, Jean-Pierre, loueur de voitures, rue Saussure, 29	F	Quatremère	20 sept. 71				
Id. Jean, marchand de vins, rue Beaujolais, 12	F	Gautier	30 octob. 71				
ROUGÉ (marquis de), Bonabe-Henri-Louis, rue Pépinière, 97	*	Prévost				(5)	27 déc. 65
ROUGIÉ-PAUL, Antoine, concierge, r. Nonnains d'Hyères, 13	*	Kieffer				8 août 71	
ROUGRAVE (de), Louis-Marie, rue Constantine, 20	*	Tixier				(6)	17 mai 50
ROULET, fils, Louis, fabricant de tubes, rue Commines, 5	L	Barbot	2 janv. 72				
ROULLIER, Pierre-Eugène, brasseur, rue Thénard, 2	F	Sautton	10 août 71	30 déc. 71	(7)		

(1) RIGNOUX paie 10 fr. 43 c. %, unique répartition.

(2) ROBBE, J.-Bapt., doit 20 % en 5 ans, de l'homologation.

(3) ROBERT frères, paient 25 fr. 91 c. %, unique répartition.

(4) ROBIN doit 25 % en 5 ans, par 1/5, de l'homologation.

(5) ROUGÉ, mainlevée du 29 août 1871.

(6) ROUGRAVE, mainlevée du 27 juillet 1871.

(7) ROULLIER paie 2 % et doit 3 % en 3 ans et par 1/3 et 10 % le 1er février 1876.

NOMS, PRÆNOMS, PROFESSIONS ET DOMICILES.	L Index Liquidation F Faillite, Acérique avoué.	SYNDICS ET AVOUÉS	FAILLITES ET LIQUIDATIONS.	DATE DES HOMOLOGATIONS DE CONCORDATS	INSUFFIS^ces ET UNIONS.	SÉPARAT^ons DE BIENS JUDICIAIRES.	CONS. JUDIC. ET INTERDICT.
ROUSSEAU. Voir: LECLÈRE et ROUSSEAU.							
ROUSSEL, Eugène-Guillaume, traiteur, rue Malher, 20.......	F	Gautier......	4 octob. 71	....	* 30 janv. 72		
ROUX-LEMAIRE, Henri, rue Ramponneau...................	*	Weill......	....	....		3 août 71	
ROUXEL, Eugénie-Marie, photographe, faub. St-Denis, 17....	F	Nalle	13 avril 65	17 août 65	* 30 nov. 71		
ROUZÉE, Louis-Juste, confectionn., pass. Grand-Cerf, 18 et 20.	F	Pinet........	23 nov. 71	....	* 12 mars 72		
ROY, César-Anatole, hôtelier, rue de la Sorbonne, 8.........	F	Heurtey.....	12 sept. 71				
Id DE PIERREFITTE et Cie, f^te d'albumines, b^d Rochech., 44.	F	Lefrançois...	15 mai 67	(1)			

S

SABINE, Charles, march. de dentelles, aven. des Ternes, 30..	F	Copin.......	20 sept. 71				
SABOURÉ, couvreur, boulevard de Belleville, 39	L	Dufay.......	27 octob. 71				
SAIGLAN-BAGNÈRES, Jean, rue Franklin, 8 (Jugem^t. d'Elbeuf).	F	Ricard	29 juill. 70				
St-PIERRE-VIBERT. Voir: MARET de St-PIERRE-VIBERT.							
Id-WINOCK, Eugène-Marie. Voir: BERGHES.							
SALLARD-GUILLOU, Réné-François, cocher, rue Blomet, 71 ...	*	Boucher......				18 févr. 70	
SALMON, Auguste, limonadier, rue Poissonnière, 29.........	F	Meys........	13 sept. 71		* 29 nov. 71		
SALONE, employé, rue Daubenton, 17.....................	*	Milliot			....	(2)	23 mars 65
SAMUEL, Joseph, chimiste, rue Thorigny, 3 et 4.............	L	Gauche......	15 déc. 71				
Id. Jonas, colporteur, faubourg du Temple, 33.........	F	Maillard.....	22 juin 70	1er juill. 71	(3)		
SANSON fils, Louis, briquetier, rue Vaugirard, 208..........	L	Sautton.....	18 nov. 71				
Id. Voir: POISSONNIER, SANSON et Cie.							
SARRAT-BENOIST, négociant, rue des Lyonnais, 6...........	*	Nicquevert...	....		....	12 déc. 71	
SARTON, Victor, ex-pâtissier, rue Vaugirard, 33.............	L	Sautton.....	nov. 71		* 30 déc. 71		
SASSIAT, Jules-Edmée, entrepreneur, avenue Trudaine, 33 ..	F	Copin.......	1er févr. 70				
SAUER-BARBEY, Alfred-Arsène, rue d'Antin, 14.............		Duval				21 sept. 71	
SAUGNIÉ-MINIÉ, Gervais, boulevard Voltaire, 78............	*	Dubost				30 déc. 71	
SAUGRIN jeune, Jules, serrurier, à la Varenne.............	F	Legriel......	30 octob. 69	2 avril 70	21 nov. 71		
SAULNIER, Léon, négociant, boulevard Rochechouart, 86 ...	F	Copin.......	28 sept. 71				
Id. veuve mère, sans profession ni domicile indiqués..	*	Duval					21 nov. 71
SAUSE, Antoine-Michel, fab. d'eau-de-seltz, r. Cambronne, 31.	L	Sautton.....	7 nov. 71				
SAUVAGE et FRÉMY, confiseurs, boulevard Morland, 16.....	L	Legriel......	21 octob. 71				
Id. Pierre-Narcisse, serrurier, Grand'rue Passy, 19 ..	F	Bégis.......	7 juin 70	(4)			
SAVARD, Louis-Désiré, boulanger, rue St-Blaise, 29	L	Gauche......	27 déc. 71				
SCHEFFTER-BERNARD, Marie-Joseph-Alphonse, r. Trudaine, 25.	*	Delacave,....				16 mars 71	
SCHINDLER, Philippe-Frédéric, tailleur, rue de la Paix, 17...	L	Sautton.....	21 déc. 71				
SCHMIDT-LORMIER, négociant, rue de l'Echiquier, 44........	*	Weill				31 août 71	
SCHMITT, maître baigneur, rue Rébeval, 4.................	L	Maillard.....	6 nov. 71				
SCHONE, Hippolyte, march. de vins, aven. Grande-Armée, 61.	F	Pinet........	28 sept. 71	....	* 23 déc. 71		

(1) ROY DE PIERREFITTE et Cie paient 7 fr. 17 c. %, troisième et dernière répartition.

(2) SALONE. — Mainlevée du 25 juillet 71.

(3) SAMUEL doit 15 % en 5 ans, par 1/5, de l'homologation.

(4) SAUVAGE, Pierre, paie 5 fr. 83 c. %, unique répartition.

NOMS, PRÉNOMS, PROFESSIONS ET DOMICILES.	L. Liquidation / F. Faillite / astérisque Avoué.	SYNDICS ET AVOUÉS	FAILLITES ET LIQUIDATIONS.	DATE DES HOMOLOGATIONS DE CONCORDATS.	INSUFFIS^ce ET UNIONS.	SÉPARAT^on DE BIENS JUDICIAIRES.	CONS. JUDIC ET INTERDICT
SCHULTZ, Carl, commissionnaire, boulevard St-Denis, 16	F	Gauche	8 sept. 71				
SCHUWIRTH. Voir FAROUX et SCHUWIRTH.							
SCHWARTZ, drapier, rue d'Aboukir, 9	F	Beaugé	28 nov. 08	(1)			
SCKLEIN. Voir: MAYER, SCKLEIN et GOUGENHEIM.							
SECHET-FONTAINE, employé, rue Cloître-St-Honoré, 11	*	Rousselet				29 déc. 71	
SEEMANN, Louis-Philippe, menuisier, à la Garenne	L	Richard	6 nov. 71				
SEGUREL, marchand de tableaux, rue de Rome, 46	L	Sommaire	25 octob. 71				
SEINCÉ, Ambroise-Désiré, bijoutier, rue Michel-le-Comte, 31	L	Prodhomme	26 sept. 71				
SELLEZ, Adèle. Voir: MALASSIS, dame.							
SENICOURT-HUDRI, négociant, avenue St-Mandé, 73	*	Delessard				23 octob. 71	
SEPRÉ, Louis, boulanger, boulevard de la Villette, 90	F	Beaugé	20 juill. 70	(2)			
SEUX, Antoine-Pierre, traiteur, avenue de Labourdonnaie, 1	F	Lamoureux	16 sept. 71	27 déc. 71	(3)		
SEVESTRE, limonadier, boulevard Magenta, 122	L	Devin	16 déc. 71				
SEY, restaurateur, boulevard de la Chapelle, 88	F	Chevillot	18 déc. 71			* 29 fév. 72	
SIBILLE dame, modiste, faubourg St-Honoré, 99	L	Devin	15 nov. 71				
SILVESTRE, Pierre-Marie, menuisier, rue St-Maur, 136	F	Pluzanski	25 juin 70	1er sept. 71	(4)		
SIMON fils, Auguste, marchand de bois, à Asnières	L	Barboux	30 déc. 71				
Id. Étienne, marchand de vins, rue St-Sébastien, 50	L	Beaugé	13 nov. 71				
Id. veuve dite ROBERT. Voir: LAVIGNAC.							
Id. fils et GÉRARD, scieurs, à Asnières	L	Barboux	8 déc. 71				
Id Voir: GUTIN, dame.							
SIMONNE DE SAINT-DENIS, négociant, passage Delorme, 1	*	Drochou				4 juill. 71	
SINOQUET, Eugène-Henri, à Nancy	*	Delaporte					14 octob. 71
SIRE, Gabriel-Régis, marchand de vins, r. de la Roquette, 85	F	Gautier	14 déc. 71		* 30 janv. 72		
SKODA-RENVOYÉ, Vincent, tailleur, rue Ste-Anne, 9	L	Dufay	22 déc. 71				
SNERPE dit GODCHAUD, Aron, négociant, rue Courcelles, 110	L	Richard	3 octob. 71				
SOCIÉTÉ DES CARRIÈRES DU CENTRE. Voir: VERSILLÉ et Cie.							
Id. ANONYME DES SUCRERIES PAR ALCOOL, r. Bayard, 4	L	Legriel	7 octob. 71				
Id. Id. D'ESCOMPTE et de Dépôts. Voir: ESCOMPTE.							
SOIELLY, Benjamin, marchand de vins, rue Burcq, 10	L	Chevallier	23 déc. 71				
SOREL, dlle, Victoire-Stéph-Edm., rue Fontaine-au-Roi, 17	*	Bonnel					* 25 nov. 71
Id. -DUVIVIER, Paul, instituteur, rue du Parc-Royal, 10	*	Levesque				22 août 71	
SOULA, Jean-Baptiste, carrier, rue Perdonnet, 2	L	Moncharville	22 déc. 71				
SOUNALET-FROIDEFOND, homme de peine, quai Valmy, 75	*	Flat				8 juill. 71	
SOUVIGNY, Eugène, bijoutier, boulevard Bonne-Nouvelle, 31	F	Devin	15 mars 69	(5)			
SPARRE, manufacturier, r. Lafayette, 38. (Jugement de Lyon)	L	Grizard	26 juin 71				
SPASIANO, commissionnaire, rue du Château-d'Eau, 60	F	Dufay	1er août 71				
SRIBER, Henri, fabricant d'albums, rue d'Angoulême, 4	L	Bégis	21 nov. 71				
STAUB et MAAG, tailleurs, passage Saulnier, 18	F	Barbot	23 juin 70	17 nov. 71	(6)		

(1) SCHWARTZ paie 2 fr. 89 c. %, unique répartition.

(2) SEPRÉ paie 14 fr. 65 c. %, unique répartition.

(3) SEUX paie la totalité en 10 ans, par 1/10, de l'homologation.

(4) SILVESTRE paie 20 % en 6 ans, par 1/6, de l'homologation.

(5) SOUVIGNY paie 10 %, douxième répartition.

(6) STAUB et MAAG paient 2 r. 78 c. %, unique répartition, et doivent chacun 12 % en 6 ans, par 1/6, de l'homologation.

NOMS, PRÉNOMS, PROFESSIONS ET DOMICILES.	Indication Liquidation F Faillite. avec avoué.	SYNDICS ET AVOUÉS	FAILLITES ET LIQUIDATIONS.	DATE DES HOMOLOGATIONS DE CONCORDATS.	INSUFFIS** ET UNIONS.	SEPARAT** DE BIENS JUDICIAIRES.	CONS. JUDIC. ET INTERDICT.
STAVLAUX, Alphonse, chapelier, boulevard du Temple, 34....	F	Battarel	5 août 71		* 21 sept. 71		
STEENACKERS-PARGOUD, François, rue Chauveau-Lagarde...	*	Derré				7 sept. 71	
STEINER jeune, fabricant de porte-monnaie, rue Chapon, 4 ...	L	Beaujeu	28 octob. 71				
STODINSKI-BRAUX, Nicolas-Jean-Baptiste, rue Maubeuge, 40..	*	Mesnier				22 juin 71	
STOKFILS, Bernard, colporteur, rue St-Gilles, 6............	F	Meillencourt	13 juin 70	15 juill. 71	(1)		
STUMPF, Joseph, loueur de voitures, rue Lafayette, 141	L	Gauche	29 sept. 71				
Id. -TARBOZIECH, Id. Id. Id	*	Des Etangs				17 août 71	
SUCHON-CHANTEAU, Jean-Baptiste, rue St-Martin, 90........	*	Flut				8 juill. 71	
SULTZER, Louis, marchand de vins, quai des Tournelles, 29 ..	F	Barbot	7 sept. 69		* 30 nov. 69	(2)	
SUNN, François, marchand de dégras, boulevard Magenta, 49..	L	Gauche	23 nov. 71				

T

NOMS, PRÉNOMS, PROFESSIONS ET DOMICILES.		SYNDICS ET AVOUÉS	FAILLITES ET LIQUIDATIONS.	DATE DES HOMOLOGATIONS DE CONCORDATS.	INSUFFIS** ET UNIONS.	SEPARAT** DE BIENS JUDICIAIRES.	CONS. JUDIC. ET INTERDICT.
TAFFONNEAU, Louis, passementier, rue d'Aboukir, 43........	F	Bourbon	13 janv. 69	(3)			
TAILLEFER, Antoine, logeur, rue Hôtel-de-Ville, 34........	L	Meys	25 octob. 71				
TAILLET, CASSE et Cie, bijoutiers, rue Vincent, 17........	L	Pinet	24 nov. 71				
TAILLIAR, Jules, marchand à la toilette, rue Monge, 41......	L	Bourbon	18 août 71				
TALON, Etienne, charbonnier, rue de la Glacière, 116	L	Beaufour	27 sept. 71				
TAUTAIN, Gustave, ex-marchand de vins, à St-Ouen..........	L	Beaugé	23 déc. 71				
TAVERNIER dame. Voir : FIGUET-TAVERNIER.							
TEISSÈRE, commissionnaire, rue Richer, 23................	F	Normand	19 août 71	....	* 30 sept. 71		
TEISSET, Durand, emballeur, rue St-Foy, 15................	L	Legriel	19 déc. 71				
TEROLE, Pierre, ex-charbonnier, à Ivry....................	F	Prodhomme	30 sept. 71				
TERRIER-JOSSE, Eugène-Daniel, à Joinville...............	*	Protat			....	12 déc. 71	
TEXIER, Eloi, menuisier, à Neuilly	F	Chevillot	27 sept. 71	....	* 15 nov. 71		
Id. maroquinier, avenue d'Italie, 40............	F	Legriel	16 mai 70	12 sept. 71	(4)		
THÉATRE DU CHATELET. Voir : ROQUEPLAN et HENRIOT.							
THÉPAUT, marchand de matériaux de construction, à Asnières.	L	Barboux	2 nov. 71				
THÉRÈSE. Voir : DENIMAL demoiselle.							
THÉRY, Adolphe, logeur, rue Boulainvilliers, 1	F	Heurtey	22 févr. 71	6 nov. 71	(5)		
THÉVENOT décédé, bonnetier, rue Oberkampf, 120.........L	L	Meillencourt	31 déc. 70				
THÉVENOUX, forgeron, rue de Flandre, 138...............	F	Meys	11 févr. 68	....	* 28 août 68	(6)	
THIERRÉE, maçon, boulevard Richard-Lenoir, 25..........	F	Heurtey	1er octob. 69				
THIERY-GOUGET, Adolphe, rue Boulainvilliers, 1.........	*	Casselin	....	....	....	29 octob. 71	
Id. Isidore, épicier, rue Levis, 57..................	F	Sautton	19 avril 70	(7)			
THION dame. Voir : TISON veuve.							
THIRION-TREMBLAY, Laurent, à Bois-Colombes............	*	Blaches	....	....	....	12 déc. 71	
Id. fils, Albert, boulevard Beaumarchais, 95............	*	Rousseau	....	....	....	....	11 mars 71

(1) STOKFILS doit 20 % en 5 ans, par 1/5, de l'homologation.

(2) SULTZER. — Réouverture du 24 mars 1871. — Il paie 2 fr. 95 c. %, unique répartition.

(3) TAFFONNEAU paie 1 fr. 51 %, unique répartition.

(4) TEXIER, maroquinier, doit 15 % en 5 ans, par 1/5, de l'hom.

(5) THÉRY paie l'intég. en 5 ans, par 1/10, de 6 en 6 mois, de l'hom.

(6) THÉVENOUX. — Réouverture du 8 décembre 1871.

(7) THIERY, Isidore, paie 2 fr. 83 c. %, unique répartition.

NOMS, PRÉNOMS, PROFESSIONS ET DOMICILES.	Indice Liquidation F Faillite. Astérisque Avoué.	SYNDICS ET AVOUÉS	FAILLITES ET LIQUIDATIONS.	DATE DES HOMOLOGATIONS DE CONCORDATS	INSUFFIS** ET UNIONS.	SÉPARAT** DE BIENS JUDICIAIRES.	CONS.JUDIC. ET INTERDICT.
THOMAS, Jules, bijoutier, rue de Louvois, 12	L	Hécaen......	22 nov. 71				
Id. Philippe-René, outilleur, rue des Vertus, 20........	L	Darbot......	6 octob. 71				
Id. et Cie, distillateurs, rue de Levis, 61	F	Hécaen......	11 sept. 71				
Id. Marie-Joséphine-Marthe-Antoinette. Voir : MUTEL.							
THOMASSET, BOURDIOL et MIGNON, banq., bᵈ St-Michel, 30..	F	Sautton......	22 juin 70	....	* 30 déc. 71		
THOMASSIN, Marie, marchand de vins, rue Dunkerque, 58...	F	Hécaen......	29 janv. 70	(1)			
THOMASSON, Louise-Joséphine. Voir : DUCROT, veuve.							
THOMEREL, marchand de cafés, rue des Martyrs, 53........	L	Hécaen......	30 nov. 71				
THOREAU-LEVARÉ, hôtelier, rue St-Marc, 1	L	Deaugé......	23 déc. 71				
THOUVEREY dlle, Anaïs, marchande de vins, rue Verrerie, 20.	L	Richard......	28 juill. 71	....	* 31 oct. 71		
THUBLIN dlle, ex-mercière, rue des Écoles. 31	F	Chevillot.....	19 juill. 71				
THUILLIEZ, J.-Baptiste-Augustin, boulanger, r. Michodière..	L	Bégis......	15 nov. 71		.		
TILLY, Paul, marchand de vins, rue de la Glacière, 212.....	F	Hécaen......	26 sept. 71				
TIPHAIGNE, mercier, avenue de la Roquette, 10........	F	Beaujou.....	3 octob. 71	....	* 17 nov. 71		
TISON, Louis-Alexandre, banquier, rue Blomet, 102 et 104....	L	Moncharville..	27 mai 71				
Id. et DAVID Id. Id. 104....	L	Id........	12 octob. 71				
Id. veuve et fils, fabricants de boutons, rue Turbigo, 64.....	F	Chevillot....	16 juin 70	18 août 71	(2)		
TISSIER, Jean-Louis, maçon, cité Beauharnais, 6...........	F	Sautton......	27 août 69	27 sept. 71	(3)		
Id. fabricant de parapluies, rue de Sèvres, 87.......	L	Heurtey......	27 juill. 71	....	* 14 sept. 71		
Id. Jacques, ex-carrier, à Arcueil....................	L	Gaucho......	1er août 71				
TORCHEBŒUF et Cie, corsetiers, rue Rambutteau, 64.......	F	Hécaen......	26 juill. 70	6 sept. 71	(4)		
TORRISOFF, dame, gantière, passage Choiseul, 87..........	F	Dufay......	7 sept. 71	....	* 31 oct. 71		
TOURÉN, Alix-Madeleine. Voir : RIBOULET, dame.							
TOURET, Pierre-J.-Baptiste, peintre, rue des Rosiers, 36....	L	Normand.....	28 sept. 71	23 déc. 71	(5)		
TOURNADRE, ex-boucher, r. d'Argout, 60 et r. Commerce, 57.	L	Meys.......	21 déc. 71				
TOUTAIN-HANCART, François, menuisier, rue Érard, 26.....	*	Masse......	....			4 juill. 71	
TOUTANT-PETIOT, François-Henry, rue Fondary, 63.........	*	Delessard....	....			9 août 70	
TRAIZET-BIGOT, Pierre-Alphonse, rue Neuve-Bossuet, 24.....	*	Guillemon....	....			26 déc. 71	
TRANCHANT dit Marcel, chapelier, rue Montmartre, 6......	F	Devin......	19 sept. 71				
TRAVERS, Alphonse, cordonnier, rue Morand, 9............	L	Sommaire ...	20 sept. 71				
TRÉAUTIEN-LEMAIRE, Jacques-Victor-Adolphe, r. Vrillière, 2.	*	Cesselin.....	....			26 déc. 71	
TREBUTIEN, Id. Id., drapier, Id. Id.	F	Beaujou.....	19 août 71				
TREMBLAY-VARIN, Pierre-Crist, avenue Clichy, 165........	*	Gueny......	....			10 août 71	
TRÈVES-MAYER, Isidore, rue de l'Échiquier, 46...........	*	Husson......	....			17 juin 71	
TRIÉ père, gravatier, passage de la Paix, 8................	L	Maillard.....	26 octob. 71				
TULPIN, Alexandre, limonadier, rue Thévenot, 16...........	F	Sautton......	14 octob. 71	....	* 31 oct. 71		
TURENNE-D'AYNAC, (vicomte de), rue du Bac, 190...........	*	Marquis.....	....			(6)	4 janv. 70
TYRODE-ROBERT, épicier, rue Cherche-Midi, 85...........	*	Nicquevert...	....			10 août 71	
Id. Illide, Id. Id Id....	F	Bégis......	3 août 70	(7)			

(1) THOMASSIN paie tout immédiatement.
(2) TISON, veuve et fils, doivent 25 % en 5 ans, par 1/5.
(3) TIXIER, J.-L., doit 60 % en 8 ans, par 1/8, de l'homologation.
(4) TORCHEBŒUF et Cie, doivent 35 % en 5 ans, par 1/5, de l'hom.

(5) TOURET, paiera tout, partie de suite et le reste en 4 ans par 1/4, de l'homologation.
(6) TURENNE-D'AYNAC. Mainlevée du 20 septembre 71.
(7) TYRODE paie 7 %, unique répartition.

U et V

NOMS, PRÉNOMS, PROFESSIONS ET DOMICILES.	L indique Liquidation, F Faillite, Astérisque Avoué.	SYNDICS ET AVOUÉS	FAILLITES ET LIQUIDATIONS.	DATE DES HOMOLOGATIONS DE CONCORDATS	INSUFFIS^ce ET UNIONS.	SÉPARAT^ns DE BIENS JUDICIAIRES.	CONS. JUDIC. ET INTERDICT.
UZANNE, marchand de chaussures, rue Ste-Appoline, 9	F	Beaugé	3 nov. 71		* 31 janv. 72		
VACHÉ, Joseph, limonadier, rue Clignancourt, 13	L	Gauche	3 octob. 71				
Id. Joseph, menuisier, avenue St-Ouen, 12	L	Battarel	30 sept. 71				
VACHERON, Sylvain, Voir BUSSON et VACHERON.							
VADUREL, marchand de vins, rue Maublanc, 5	F	Normand	28 juill. 71				
VAISSADE, Antoine, traiteur, boulevard Richard-Lenoir, 3	L	Lamoureux	30 déc. 71				
VALENTIN, fabricant de galoches, rue Diard, 7	L	Dufay	26 déc. 71				
VALENTINY, Jean, maçon, boulevard Montparnasse, 151	F	Gautier	20 juin 70	25 août 71	(1)		
VALETTE, Étienne-Jacques, hôtelier, rue Argonne, 20	F	Heurtey	4 août 70	3 nov. 71	(2)		
VALLET, Amédée, épicier, rue Meslay, 61	F	Prodhomme	28 sept. 71		* 24 nov. 71		
VALLETTE, marchand de vins, rue Vieille-du-Temple, 60	F	Barbot	13 sept. 71		6 janv. 72		
VALLUET, François-Xavier. Voir : NIEL et VALUET.							
VANDENBERGE, appareilleur à gaz, rue Montorgueil, 47	F	Moncharville	22 juill. 71				
VANDENBORG-GOUDSMIT, rue de Belzunce, 11 bis	*	Duboys				16 nov. 71	
VAN DEN BORG et LINNEWIEL, colporteurs, rue Trévise, 43	F	Beaugé	7 mai 68	(3)			
VANDERWALLE, décédé, peintre, rue de Lyon, 41	L	Id.	23 déc. 71				
VANÉCHOP, agent d'affaires, rue St-André-des-Arts, 13	F	Dufay	20 août 70	(4)			
VANELLI, Jules, fumiste, boulevard Beaumarchais, 56	L	Normand	9 sept. 71		* 30 sept. 71		
Id. dame, modiste, Id. Id.	L	Id.	9 sept. 71		* 30 sept. 71		
VANTIGNY, miroitier, rue Neuve-St-Augustin, 4	F	Sautton	28 déc. 69	(5)			
VARACHE, commissionnaire, rue de Lyon, 39	F	Chevillot	6 sept. 69		* 21 sept. 71		
VARENNE, marchand de vins, rue d'Angoulème, 55 bis	F	Richard	20 octob. 71		* 28 déc. 71		
VARICHON, Alfred-Edmond, restaurateur, à St-Mandé	F	Barbot	30 août 71		10 janv. 72		
VARIN, Emmarite-Julie. Voir : CARDOT, dame.							
VASSIVIÈRE, négociant, rue d'Enfer, 45	L	Battarel	11 octob. 71				
VASSORT, Louis-Adrien, boulanger, route d'Orléans, 4	F	Sarazin	28 juill. 71		9 févr. 72		
VATTONNE, François-Léger, menuisier, à Issy	F	Lamoureux	27 avril 70	3 octob. 71	(6)		
VAUNOIS, Médéric, ex-limonadier, rue Beautreillis, 6	F	Dufay	27 déc. 71		* 29 fév. 72		
VAUQUELIN, veuve, née Marthe-Julie Homy, rue Berton	*	Benoist					* 28 oct. 71
VEISSIER, dame, Louis-Alphonse, à St-Mandé	*	Postel					* 28 déc. 71
VELAY-MICHEL, Jean, rue Briançon, 2	*	Tissier				23 sept. 71	
VERDAVAINNE-LABBE, Adolphe-Louis, boulevard Voltaire, 69.	*	Bertinot				30 nov. 71	
VERDIER, chemisier, rue de Provence, 48	F	Barbot	10 mars 71	4 octob. 71	(7)		

(1) **VALENTINY** doit 25 °/₀ en 5 ans, par 1/5, de l'homologation.

(2) **VALETTE** paiera l'intégralité des créances en 5 ans, par 1/10, de 6 en 6 mois, de l'homologation.

(3) **VAN DEN BORG** et **LINNEWIEL** paient 6 fr. 80 c. °/₀, unique répartition.

(4) **VANÉCHOP** paie 1 fr. 41 c. °/₀, unique répartition.

(5) **VANTIGNY** paie 7 fr. 02 c. °/₀, unique répartition.

(6) **VATTONNE** paie 20 fr. 37 c. °/₀, produit de son actif, et doit 30 °/₀ en 6 ans, par 1/6, de l'homologation.

(7) **VERDIER** doit 20 °/₀ en 5 ans, par 1/5, de l'homologation.

NOMS, PRÉNOMS, PROFESSIONS ET DOMICILES.	L Liquidation F Faillite. Antérieure à 1870.	SYNDICS ET AVOUÉS	FAILLITES ET LIQUIDATIONS.	DATE DES HOMOLOGATIONS DE CONCORDATS	INSUFFIS⁰ˢ ET UNIONS.	SÉPARAT⁰ˢ DE BIENS JUDICIAIRES.	CONS.JUDIC. ET INTERDICT.
VERGÉ-SARRAT, Pierre, fabricant de laines, à Clichy.........	F	Devin......	3 août 68	(1)			
VERMOT-BOYER, Louis-Charles, propriétaire, à Neuilly......*		Corpot......				26 août 71	
VERNAUT, chocolatier, rue de Flandre, 52......'..........	L	Moys......	19 déc. 71				
VERNIER, François-Louis, négociant, rue St-Antoine, 205....L		Heurtey.....	5 octob. 71				
VERSILLÉ et Cie, négociants, rue Boursault, 30............L		Beaugé.....	17 octob. 71				
VERSINI-LEBLANC, Victor, boulevard St-Germain, 34.......*		Quillot......				24 août 71	
VEYRET-LATOUR, Pierre, drapier, rue aux Ours, 46........L		Gautier......	20 sept. 71				
VIAL, Louis, liseur de desseins, rue St-Maur, 210........L		Hécaen.....	30 déc. 71				
VICIOT, Jacques-Denis, marchand de bois, rue Montreuil, 64..L		Dufay......	23 déc. 71				
VIDARD, dame, marchande de comestibles, boul. Ornano, 37..L		Chevalier.....	22 nov. 71				
VIEL-CASTEL (de) Amanieu, Raphael et Ulric, rue Gren.-St-Ger..*		Audouin.....					29 août 71
VILACÈQUE-DELAFONT, Eugène-Bernard, à Gauze-les-Bains...*		Denormandie.....				23 juin 70	
VILLE, limonadier, rue d'Aboukir, 127................L		Chevillot.....	25 juill. 71				
VILLEMAIN dlle, Caroline-Anne-Louise, rue Berton, 17.......*		Benoist.....					* 29 déc. 71
VILLEQUIER (de), militaire, à Amélie-les-Bains............		Gignoux.....					23 déc. 71
VINCENT, Alexandre, peaussier, rue Provence, 109........L		Gautier......	15 nov. 71				
Id. -MOREL, Id. Id............		Maugin......				16 mars 71	
Id. Louis-Zéphir, traiteur, boulevard Ornano, 24.......L		Chevillot.....	18 déc. 71				
VIOLET, dlle, Marie-Dolie-Léopoldine, à St-Mandé..........		Poinsot.....					* 29 sept. 71
VITARD, marchand de comestibles, boulevard Ornano, 37.....L		Chevallier.....	22 nov. 71				
VIVET, Julien, marchand de vins, à Nogent............L		Beaujeu.....	16 octob. 71				
VOISINE, ex-charcutier, rue Piat, 30, avant à Charenton......F		Sarazin.....	17 mars 70	(2)			
VOLCLER, boulanger, rue de la Fontaine, 74..............F		Gautier.....	18 août 71				

W, X et Y.

NOMS, PRÉNOMS, PROFESSIONS ET DOMICILES.	L/F	SYNDICS ET AVOUÉS	FAILLITES ET LIQUIDATIONS.	DATE DES HOMOLOGATIONS DE CONCORDATS	INSUFFIS⁰ˢ ET UNIONS.	SÉPARAT⁰ˢ DE BIENS JUDICIAIRES.	CONS.JUDIC. ET INTERDICT.
WAGNER, propriétaire, boulevard Magenta, 145.............		Bourse.....					* 21 déc. 71
WALD et Cie, commissionnaires, cour Petites-Écuries, 8......F		Meillencourt..	18 sept. 69	8 sept. 71	(3)		
WALTER et Cie, négociants en soiries, place des Victoires, 4...F		Dufay.....	29 août 71	2 déc. 71	(4)		
WANTZEL et Cie, chimistes, rue Barbette, 11.............F		Meillencourt..	22 mai 69		* 30 juin 69	(5)	
WATRELOS, Eugène-Joseph, ferblantier, r. Paris-Belleville, 26.L		Devin......	12 déc. 71				
WEIGEL-ISRAEL, Jacob, rue Montmartre, 33..............*		Martin.....				4 juill. 71	
WEIL, Joseph, négociant, rue St-Sébastien, 44............F		Bourbon.....	9 sept. 71				
Id., Auguste, marchand à la toilette, rue Blanche, 104.....F		Moys......	18 juin 70	14 juill. 71	(6)		
Id. -CAHEN, Auguste, confectionneur, rue de Douai, 14...*		Larroumès..				1er août 71	
Id. -LAMBERT, Gabriel, orfèvre, boulevard Voltaire, 34..F		Bourbon.....	25 août 71				
Id. -MAURY, Armand, commissionnaire, r. Oberkampf, 26.F		Sarazin.....	17 juin 70	(7)			

(1) VERGÉ-SARRAT paie 1 fr. 18 c. %, unique répartition.

(2) VOISINE paie 62 fr. 70 c. %, unique répartition.

(3) VALD et Cie paient 24 fr. 58 c. %, unique répartition et doivent 50 % en 4 ans.

(4) WALTER et Cie doivent 25 % en 4 ans, fin novembre.

(5) WANTZEL et Cie. — Réouverture du 16 septembre 71.

(6) WEIL, Auguste, doit 20 % en 5 ans, par 1/5, de l'homolog.

(7) WEIL-MAURY paie 1 fr. 73 c. %, unique répartition.

NOMS, PRÉNOMS, PROFESSIONS ET DOMICILES.	L Indres Liquidation F Faillite. ASTÉRISQUE Avoué.	SYNDICS ET AVOUÉS	FAILLITES ET LIQUIDATIONS.	DATE DES HOMOLOGATIONS DE CONCORDATS	INSUFFIS" ET UNIONS.	SÉPARAT" DE BIENS JUDICIAIRES.	CONS. JUDIC. ET INTERDICT.
WERTHEIMER, Guillaume, commission., r. de l'Échiquier, 40.	L	Richard.....	12 sept. 71				
WILD, Christophe, hôtelier, rue du Harlay, 10.............	F	Maillard.....	6 déc. 71	....	* 30 janv. 72		
WILLEINE, marchand de nouveautés, avenue d'Orléans, 110...	F	Beaugé......	6 octob. 71	....	* 30 nov. 71		
WILLOT, Gustave, traiteur, rue Louvain, 23.............	F	Sautton ...	4 octob. 71	....	* 15 nov. 71		
WOLF, commissionnaire, faubourg Poissonnière, 35.........	F	Barboux.....	9 août 71	....	18 déc. 71		
WORMS-JOSEPH, Gustave, boulevard St-Martin, 35.........	*	Bourse......	....	....	....	30 nov. 71	
YUNCK, boulanger, à St-Mandé, avant à Paris.............	F	Battarel.....	23 nov. 69	....	* 30 sept. 71		

FIN

Imp. et lith. E. Cuenu, à Orléans.

GOR

Le nombre annuel des Faillites du département de la Seine, les

le cours de la Rente 3%, le nombre des Pa

ANNÉES.	PRINCIPAUX ÉVÉNEMENTS POLITIQUES.	ESCOMPTE DE LA Banque de France.		COURS DE LA RENTE 3	
		plus haut	plus bas	plus haut	plu
1828	Expédition en Morée. — Brouille avec le dey d'Alger	4	4	79 80	66
1829	Polignac. — Blocus d'Alger. — Refus de l'impôt en Bretagne. . . .	4	4	86 10	73
1830	RÉVOLUTION DE JUILLET. — LOUIS-PHILIPPE.	4	4	85 35	55
1831	Procès des Ministres. — Troubles à Paris. — Armée française en Belgique. . .	4	4	70 50	46
1832	Occupation d'Ancône. — Prise de Bône. — Insurrection. — Duchesse de Berry.	4	4	79 95	62
1833	Traité entre la Russie et la Turquie. — Prise de Bougie. . .	4	4	80 50	73
1834	Insurrection à Lyon. — Quadruple alliance. — Exposition à Paris .	4	4	80 »	74
1835	Attentat Fieschi. — Prise de Mascara.	4	4	85 50	78
1836	Mort de Charles X. — Expédition de Constantine. — Attentat Meunier.	4	4	82 15	76
1837	Mariage du duc d'Orléans. — Complices de Strasbourg acquittés.	4	4	81 45	77
1838	Evacuation d'Ancône. — Prise de Saint-Jean-d'Ulloa.	4	4	82 28	78
1839	Difficultés avec la Suisse au sujet du prince Louis-Napoléon	4	4	82 50	77
1840	Prise de Mazagran. — Affaire de Boulogne. — Attentat Darmès. . . .	4	4	86 65	65
1841	Troubles à Lille. — Plaintes du Commerce à l'occasion du droit de visite. . .	4	4	80 60	76
1842	Dissolution des Chambres. Mort du duc d'Orléans	4	4	82 30	76
1843	Négociations avec les Anglais au sujet du droit de visite. — Taïti.	4	4	83 20	78
1844	Mogador. — Isly. — Paix du Maroc. — Emprunt de 200 millions. . . .	4	4	85 65	80
1845	Troubles en Suisse au sujet des Jésuites. — Sidi-Brahim.	4	4	86 41	80
1846	Evasion du prince Louis. — Mort du Pape. — Cherté des grains. . . .	4	4	85 »	80
1847	Ouverture des Chambres. — La Kabylie. — Pellapra, Cubières, Teste. — Banquets.	5	4	80 30	74
1848	RÉVOLUTION DE FÉVRIER	5	4	73 20	32
1849	Napoléon, président. — Assemblée législative. — Emeutes à Paris, Lyon, etc. . .	5	4	58 50	44
1850	Sociétés secrètes. — Mort de Louis-Philippe. — Message présidentiel . .	5	4	38 80	33
1851	Conflit entre l'Assemblée législative et le Président. — Coup d'Etat. . . .	5	4	67 »	34
1852	L'EMPIRE. — ÉLECTIONS.	3	3	86 »	63
1853	Question d'Orient. — Mariage de l'Empereur. . . .	4	4	82 15	74
1854	Guerre de Crimée. — Emprunt par souscription publique. . . .	5	4	76 35	61
1855	Mort de Nicolas. — Exposition à Paris. — Prise de Sébastopol. — La Paix. .	6	4	71 75	63
1856	Naissance du Prince impérial. — Le Congrès. — Elections	6	5	73 45	61
1857	Guerre contre la Chine. — Prise de Canton	10	5	71 10	65
1858	Attentat d'Orsini. — Conférences de Paris. — Traité avec le Japon . . .	4 1/2	4	74 95	67
1859	Guerre d'Italie. — Villafranca. — Nouvelle expédition en Chine	4	3 1/2	72 50	60
1860	Libre-Echange. — Annexion de la Savoie. — Traité de Pékin	4 1/2	4 1/2	71 40	67
1861	Conférences avec l'Angleterre et l'Espagne contre le Mexique.	7	5	70 15	66
1862	DÉPART POUR LE MEXIQUE. . . .	4 1/2	3 1/2	72 85	67
1863	Prise de Puebla. — Entrée à Mexico. — Elections. . . .	7	3 1/2	70 60	64
1864	Empire du Mexique. — Traité avec l'Italie. . . .	8	4 1/2	67 70	64
1865	Toujours le Mexique et son emprunt.	5	3	69 57	65
1866	Sadowa. — Cession de la Vénétie. — Evacuation de Rome. . . .	5	3	70 60	62
1867	Evacuation du Mexique. — Question du Luxembourg. — Exposition universelle. . .	3 1/2	2 1/2	70 75	65
1868	La Garde mobile. — Les Chassepots	3	2 1/2	72 05	68

ORRÉLATION

entre

Seine, les principaux Evénements politiques, le taux de l'Escompte à la Banq[ue]
bre des Patentés du département, et le chiffre de la Population annuel.

	COURS DE LA RENTE 3 0/0		NOMBRE des PATENTÉS du département.	Jugements déclaratifs de faillites.	Faillites pour cent en Patents.	POPULATION du département.	OBSERVATIONS CONCERNANT L[E]
bas	plus haut	plus bas					
	79 80	66 88	53.422	567	1.06		Le cours de la rente et le taux de l'escompte à la Banque n'ont a
	86 10	73 95	52.837	500	0.95	Il n'a pas été	failliies.
	85 35	55 »	52.493	516	0.98	fait de recensement.	L'augmentation du nombre des patentes et la suppression ré
	70 50	46 »	52.550	698	1.32	945.698	révèlent qu'une influence supposable. La liberté de la boucherie et
	79 95	62 »	51.7..	349	0.67	975.814	La politique seule est la cause incontestable d'un effet dont on r
	80 50	73 80	52.0..	280	0.53	1.005.984	La politique est le thermomètre du crédit public, le crédit publ est le thermomètre de la faillite.
	80 »	74 75	55.2.	349	0.63	1.036.127	Si la politique de l'Etat est conforme à l'opinion publique, le c
	85 50	76 75	58.2 7	326	0.56	1.066.270	les écueils se multiplient : la faillite augmente.
	82 15	76 85	62.1'1	407	0.65	1.096.314	Dans le cas contraire, le crédit se resserre, le commerce rentr
	81 45	77 55	71.797	544	0.76	1.115.954	se restreint : la faillite diminue.
	82 28	78 15	73.235	440	0.60	1.125.614	EXEMPLE[S]
	82 50	77 88	76.438	1.002	1.31	1.155.264	1829 Ministre impopulaire. — L'opinion publique abandon
	86 65	65 90	77.429	818	1.46	1.175.914	1830-31 Roi citoyen. — Tout citoyen est roi (dit le poète) .
	80 60	76 40	78.935	803	1.02	1.194.603	1832 Insurrections à Paris. — Guerre civile en Bretagne.
	82 20	76 60	84.530	656	0.78	1.228.669	1833-34-35 Troubles. — Dangers à l'étranger. — Guerre d'Afric
	83 20	78 70	86.099	738	0.86	1.262.735	1836-37 La dynastie s'affermit par la mort de Charles X. — N
	85 65	80 10	86.093	751	0.87	1.296.801	1838 Guerre au Mexique. — M. Thiers veut *discipliner* l'o
	86 41	80 90	80.101	832	1.02	1.330.867	1839 La paix du Mexique est signée. — Négociations sans
	85 »	80 40	81.943	938	1.14	1.364.933	1840-41-42 La dynastie est en danger. — Un prétendant. — Mor
	80 30	74 05	83.215	1.323	1.59	1.376.159	1843-44-45 La paix et la victoire. — Conquêtes . . . . .
	73 20	32 50	82.612	631	0.73	1.387.385	1846-47 Nomination d'un pape jeune et libéral. — Le roi livr 1848 Anarchie. . . . .
	58 50	44 70	77.663	607	0.78	1.398.611	1849 Emeutes. — Pas de gouvernement stable. — Assemb
	38 80	33 90	82.002	464	0.56	1.419.837	1850 Le roi est mort. — Qui régnera? — La France est in
	67 »	34 50	90.000	539	0.59	1.422.065	1851 Le Prince-Président inspire de la confiance. — La F
	86 »	63 90	96.008	507	0.58	1.483.166	1852 Les passions s'agitent au sujet des élections. — L'E 1853 L'Empire prend de la consistance. — L'empereur est
	82 15	74 70	96.240	546	0.57	1.544.257	1854-55-56-57 Guerre de Crimée approuvée par tout le monde . .
	76 35	61 50	100.955	821	0.81	1.605.348	1858-59 Guerre d'Italie approuvée. — La paix applaudie.
	71 75	63 20	102.212	781	0.79	1.666.439	1860-61 Libre-échange. — La paix à Pékin. — Conquête cou
	73 45	61 50	105.362	746	0.70	1.727.419	1862 La France s'entend avec l'Angleterre et l'Espagne.
	71 10	65 85	109.229	864	0.79	1.778.537	1863-64-65 L'Angleterre et l'Espagne se sont retirées. — Inquié
	74 95	67 50	115.473	1.084	0.90	1.817.055	1866 Cession de la Vénétie. — Rome évacuée. — La paix 1867 Evacuation du Mexique. — Exposition universelle.
1/2	72 50	60 50	122.397	1.100	0.90	1.862.773	1868-69 L'empereur promet la liberté. — Il dépasse ses prom
	71 40	67 10	124.380	1.212	0.90	1.907.894	1870 Jusqu'à la journée de Sedan. — On a confiance, on v
1/2	70 15	66 80	127.985	1.474	1.15	1.953.660	1870 Depuis la journée de Sedan. — Le nouveau Gouverne
	72 85	67 »	131.137	1.845	1.40	1.993.111	1871 L'anarchie. — La guerre civile jusqu'au 1er juin. . 1871 Rétablissement de l'ordre. — La République avec M
	70 60	66 10	129.148	1.370	1.05	2.032.562	EN RÉSUMÉ :
/2	67 70	64 45	134.572	1.472	1.09	2.072.043	La confiance dans le chef de l'Etat et la bonne politique de son Go
	69 57	65 20	136.620	1.630	1.29	2.111.454	pleines et nouvelles lunes d'équinoxe. La marée ne se brise contre les écu
	70 60	62 45	138.537	1.650	1.12	2.150.916	La mer, c'est le crédit ; la marée, c'est le commerce ; la rive, c'est la f
/2	70 75	65 25	142.036	1.686	1.10	2.203.643	
/2	72 05	68 25	145.087	1.925	1.32	2.256.370	OBSERVATIO[N]

entre

nombre annuel des Faillites du département de la Seine, les principaux Év‹

le cours de la Rente 3%, le nombre des Patentés du dépaı

NCIPAUX ÉVÉNEMENTS POLITIQUES.	ESCOMPTE DE LA Banque de France.		COURS DE LA RENTE 3 0/0.		NOMBRE des PATENTÉS du département.	Jugements déclaratifs de faillites.
	plus haut	plus bas	plus haut	plus bas		
e. — Brouille avec le dey d'Alger	4	4	79 80	66 88	53.422	567
d'Alger. — Refus de l'impôt en Bretagne.	4	4	86 10	73 95	52.837	500
LET. — LOUIS-PHILIPPE.	4	4	85 35	55 »	52.493	516
s. — Troubles à Paris. — Armée française en Belgique. . .	4	4	70 50	46 »	52.550	698
ic. — Prise de Bône. — Insurrection. — Duchesse de Berry. .	4	4	79 95	62 »	51.751	349
ie et la Turquie. — Prise de Bougie.	4	4	80 50	73 80	52.045	280
. — Quadruple alliance. — Exposition à Paris	4	4	80 »	74 75	55.234	349
Prise do Mascara.	4	4	85 50	76 75	58.237	326
— Expédition de Constantine. — Attentat Meunier. . .	4	4	82 15	76 85	62.131	407
rléans. — Complices de Strasbourg acquittés.	4	4	81 45	77 55	71.767	544
ic. — Prise de Saint-Jean-d'Ulloa.	4	4	82 28	78 15	73.265	440
uisse au sujet du prince Louis-Napoléon	4	4	82 50	77 88	76.438	1.002
— Affaire de Boulogne. — Attentat Darmès.	4	4	86 65	65 90	77.429	818
Plaintes du Commerce à l'occasion du droit de visite. . .	4	4	80 60	76 40	78.935	803
ambres. Mort du duc d'Orléans.	4	4	82 20	76 60	84.580	656
es Anglais au sujet du droit de visite. — Taïti. . . .	4	4	83 20	78 70	86.099	738
— Paix du Maroc. — Emprunt de 200 millions. . . .	4	4	85 65	80 10	86.933	751
au sujet des Jésuites. — Sidi-Brahim.	4	4	86 41	80 90	80.101	832
ouis. — Mort du Pape. — Cherté des grains.	4	4	85 »	80 40	81.943	938
mbres. — La Kabylie. — Pellapra, Cubières, Teste. — Banquets.	5	4	80 30	74 65	83.215	1.323
VRIER.	5	4	73 20	32 50	82.612	631
it. — Assemblée législative. — Emeutes à Paris, Lyon, etc. . .	5	4	58 50	44 70	77.663	607
— Mort de Louis-Philippe. — Message présidentiel . . .	5	4	38 80	33 90	82.662	464
mblée législative et le Président. — Coup d'Etat. . . .	5	4	67 »	34 50	90.600	539
IONS.	3	3	86 »	63 90	96.008	507
— Mariage de l'Empereur.	4	4	82 15	74 70	96.240	546
— Emprunt par souscription publique.	5	4	76 35	61 50	100.955	821
Exposition à Paris. — Prise de Sébastopol. — La Paix. . .	6	4	71 75	63 20	102.212	781
e impérial. — Le Congrès. — Elections	6	5	73 45	61 50	105.362	746
hine. — Prise de Canton	10	5	71 10	65 85	109.229	864
— Conférences de Paris. — Traité avec le Japon	4 1/2	3	74 95	67 50	115.473	1.084
Villafranca. — Nouvelle expédition en Chine	4	3 1/2	72 50	60 50	122.397	1.100
Annexion de la Savoie. — Traité de Pékin	4 1/2	4 1/2	71 40	67 10	124.380	1.212
ngleterre et l'Espagne contre le Mexique.	7	5	70 15	66 80	127.985	1.474
EXIQUE.	4 1/2	3 1/2	72 85	67 »	131.137	1.845
Entrée à Mexico. — Elections.	7	3 1/2	70 60	66 10	129.048	1.370
s. — Traité avec l'Italie.	8	4 1/2	67 70	64 45	134.572	1.475
e et son emprunt.	5	3	69 57	65 20	136.620	1.630
o de la Vénétie. — Evacuation de Rome.	5	3	70 60	62 45	138.537	1.650
ique. — Question du Luxembourg. — Exposition universelle. .	2 1/2	2 1/2	70 75	65 25	142.036	1.680

incipaux Evénements politiques, le taux de l'Escompte à la Banque de France,
ités du département, et le chiffre de la Population annuel.

NOMBRE des PATENTÉS du département.	Jugements déclaratifs de faillites.	Faillites pour cent se patentés.	POPULATION du département.	OBSERVATIONS CONCERNANT LE TABLEAU CI-CONTRE.
53.422	567	1.06	Il n'a pas été fait de recensement.	Le cours de la rente et le taux de l'escompte à la Banque n'ont aucun rapport avec les causes du nombre croissant des faillites.
52.837	500	0.95		L'augmentation du nombre des patentes et la suppression récente de l'exercice de la contrainte par corps ne révèlent qu'une influence supposable. La liberté de la boucherie et de la boulangerie y contribue quelque peu.
52.493	516	0.98		
52.550	698	1.32	945.698	La politique seule est la cause incontestable d'un effet dont on aurait tort de s'alarmer.
51.751	349	0.67	975.814	La politique est le thermomètre du crédit public, le crédit public est le thermomètre du commerce et le commerce est le thermomètre de la faillite.
52.045	280	0.53	1.005.984	Si la politique de l'Etat est conforme à l'opinion publique, le crédit se ...., le commerce s'émancipe, déborde,
55.234	349	0.63	1.036.127	les écueils se multiplient : la faillite augmente.
58.237	326	0.56	1.066.270	Dans le cas contraire, le crédit se resserre, le commerce rentre dans ses extrêmes limites, le nombre des écueils
62.191	407	0.65	1.096.314	se restreint : la faillite diminue.
71.767	544	0.76	1.115.954	
73.265	440	0.60	1.125.614	**EXEMPLES :**
70.438	1.002	1.31	1.155.264	1829 — Ministre impopulaire. — L'opinion publique abandonne le Gouvernement . . . . Baisse.
77.429	818	1.46	1.175.914	1830-31 — Roi citoyen. — Tout citoyen est roi (dit le poète) . . . . Hausse.
78.935	803	1.02	1.194.603	1832 — Insurrections à Paris. — Guerre civile en Bretagne. — Duchesse de Berry . . . . Baisse.
84.580	656	0.78	1.228.669	1833-34-35 — Troubles. — Dangers à l'étranger. — Guerre d'Afrique. — Attentat. . . . . Baisse.
86.099	738	0.86	1.262.735	1836-37 — La dynastie s'affermit par la mort de Charles X. — Mariage du duc d'Orléans. . . Hausse.
86.933	751	0.87	1.296.801	1838 — Guerre au Mexique. — M. Thiers veut *discipliner l'anarchie*. — Sociétés secrètes . . . . Baisse.
80.101	832	1.02	1.330.867	1839 — La paix du Mexique est signée. — Négociations sans importance avec la Suisse . . . . Hausse.
81.943	938	1.14	1.364.933	1840-41-42 — La dynastie est en danger. — Un prétendant. — Mort du duc d'Orléans. . . . . Baisse.
83.215	1.323	1.59	1.376.159	1843-44-45 — La paix et la victoire. — Conquêtes . . . . Hausse.
82.612	631	0.73	1.387.385	1846-47 — Nomination d'un pape jeune et libéral. — Le roi livre son ministre à la justice. . . . Baisse.
77.663	607	0.78	1.398.611	1848 — Anarchie. . . . . Baisse.
82.602	464	0.56	1.419.837	1849 — Emeutes. — Pas de gouvernement stable. — Assemblée agitée, divisée . . . . . Baisse.
90.600	539	0.59	1.422.065	1850 — Le roi est mort. — Qui régnera? — La France est inquiète. . . . . Hausse.
96.008	507	0.52	1.483.166	1851 — Le Prince-Président inspire de la confiance. — La France se rassure. . . . . . Baisse.
96.240	546	0.57	1.544.257	1852 — Les passions s'agitent au sujet des élections. — L'Empire se maintiendra-t-il ?. . . . Hausse.
100.955	821	0.81	1.605.348	1853 — L'Empire prend de la consistance. — L'empereur est marié . . . . Hausse.
102.212	781	0.79	1.666.439	1854-55-56-57 — Guerre de Crimée approuvée par tout le monde . . . . Hausse.
105.362	746	0.70	1.727.419	1858-59 — Guerre d'Italie approuvée. — La paix applaudie. . . . . Hausse.
109.229	864	0.79	1.778.537	1860-61 — Libre-échange. — La paix à Pékin. — Conquête commerciale . . . . Hausse.
115.473	1.084	0.90	1.817.655	1862 — La France s'entend avec l'Angleterre et l'Espagne. — On part pour le Mexique . . . Baisse.
122.397	1.100	0.90	1.862.773	1863-64-65 — L'Angleterre et l'Espagne se sont retirées. — Inquiétudes. . . . . . . Hausse.
124.380	1.212	0.90	1.907.891	1866 — Cession de la Vénétie. — Rome évacuée. — La paix après Sadowa . . . . . . Hausse.
127.985	1.474	1.15	1.953.660	1867 — Evacuation du Mexique. — Exposition universelle. — Le commerce est florissant. . . Hausse.
131.137	1.845	1.40	1.993.111	1868-69 — L'empereur promet la liberté. — Il dépasse ses promesses. . . . . . . Hausse.
129.948	1.370	1.05	2.032.562	1870 — Jusqu'à la journée de Sedan. — On a confiance, on va à Berlin ! . . . . . . Hausse.
134.572	1.472	1.09	2.072.013	1870 — Depuis la journée de Sedan. — Le nouveau Gouvernement n'inspire que la défiance. . . Baisse.
136.620	1.630	1.29	2.111.454	1871 — L'anarchie. — La guerre civile jusqu'au 1er juin. . . . . Rien.
138.337	1.650	1.12	2.150.916	1871 — Rétablissement de l'ordre. — La République avec M. Thiers . . . . Rien.
142.036	1.686	1.10	2.203.643	

EN RÉSUMÉ :

La confiance dans le chef de l'Etat et la bonne politique de son Gouvernement sont au commerce ce que sont à l'Océan les pleines et nouvelles lunes d'équinoxe. La marée ne se brise contre les écueils qu'à son terme ascendant.

La mer, c'est le crédit ; la marée, c'est le commerce ; la rive, c'est la faillite.

OBSERVATIONS.

ANNÉES.	PRINCIPAUX ÉVÉNEMENTS POLITIQUES.	ESCOMPTE DE LA Banque de France.		COURS DE LA RENTE 3 0/0		NOMBRE des PATENTÉS du département.	Jurisprudence des faillites
		plus haut	plus bas	plus haut	plus bas		
1828	Expédition en Morée. — Brouille avec le dey d'Alger	4	4	79 80	66 88	53.432	
1829	Polignac. — Blocus d'Alger. — Refus de l'impôt en Bretagne. . .	4	4	86 10	73 95	52.847	
1830	**RÉVOLUTION DE JUILLET.** — Louis-Philippe.	4	4	85 35	55 »	52.443	
1831	Procès des Ministres. — Troubles à Paris. — Armée française en Belgique. . . .	4	4	70 50	46 »	52.550	
1832	Occupation d'Ancône. — Prise de Bône. — Insurrection. — Duchesse de Berry. . . .	4	4	79 95	62 »	51.751	
1833	Traité entre la Russie et la Turquie. — Prise de Bougie	4	4	80 50	73 80	53.015	
1834	Insurrection à Lyon. — Quadruple alliance. — Exposition à Paris . .	4	4	80 »	74 75	55.234	
1835	Attentat Fieschi. — Prise de Mascara.	4	4	85 50	76 75	58.287	
1836	Mort de Charles X. — Expédition de Constantine. — Attentat Meunier. .	4	4	82 15	76 85	62.191	
1837	Mariage du duc d'Orléans. — Complices de Strasbourg acquittés. . .	4	4	81 45	77 55	71.707	
1838	Evacuation d'Ancône. — Prise de Saint-Jean-d'Ulloa.	4	4	82 28	78 15	73.285	
1839	Difficultés avec la Suisse au sujet du prince Louis-Napoléon	4	4	82 50	77 88	76.438	1.
1840	Prise de Mazagran. — Affaire de Boulogne. — Attentat Darmès. . .	4	4	86 65	65 90	77.429	
1841	Troubles à Lille. — Plaintes du Commerce à l'occasion du droit de visite. .	4	4	80 60	76 40	78.935	
1842	Dissolution des Chambres. Mort du duc d'Orléans.	4	4	82 20	76 60	84.580	
1843	Négociations avec les Anglais au sujet du droit de visite. — Taïti. . .	4	4	83 20	78 70	86.099	
1844	Mogador. — Isly. — Paix du Maroc. — Emprunt de 200 millions. . .	4	4	85 65	80 10	86.933	
1845	Troubles en Suisse au sujet des Jésuites. — Sidi-Brahim.	4	4	86 41	80 90	89.101	
1846	Evasion du prince Louis. — Mort du Pape. — Cherté des grains. . .	4	4	85 »	80 40	81.943	
1847	Ouverture des Chambres. — La Kabylie. — Pellapra, Cubières, Teste. — Banquets.	5	4	80 30	74 65	83.215	1.
1848	**RÉVOLUTION DE FÉVRIER**	5	4	73 20	32 50	82.612	
1849	Napoléon, président. — Assemblée législative. — Emeutes à Paris, Lyon, etc. .	5	4	58 50	44 70	77.663	
1850	Sociétés secrètes. — Mort de Louis-Philippe. — Message présidentiel .	5	4	38 80	33 90	82.602	
1851	Conflit entre l'Assemblée législative et le Président. — Coup d'Etat. . .	5	4	67 »	34 50	90.000	1
1852	**L'EMPIRE.** — Elections.	3	3	86 »	63 90	96.008	
1853	Question d'Orient. — Mariage de l'Empereur.	4	4	82 15	74 70	96.240	
1854	Guerre de Crimée. — Emprunt par souscription publique.	5	4	76 35	61 50	100.955	
1855	Mort de Nicolas. — Exposition à Paris. — Prise de Sébastopol. — La Paix. .	6	4	71 75	63 20	102.212	
1856	Naissance du Prince impérial. — Le Congrès. — Elections	6	5	73 45	61 50	105.302	3
1857	Guerre contre la Chine. — Prise de Canton	10	5	71 10	65 85	109.229	
1858	Attentat d'Orsini. — Conférences de Paris. — Traité avec le Japon . .	4 1/2	3	74 95	67 50	115.473	1.
1859	Guerre d'Italie. — Villafranca. — Nouvelle expédition en Chine . . .	4	3 1/2	72 50	60 50	122.397	1.
1860	Libre-Echange. — Annexion de la Savoie. — Traité de Pékin . . .	4 1/2	4 1/2	71 40	67 10	124.380	1.
1861	Conférences avec l'Angleterre et l'Espagne contre le Mexique. . . .	7	5	70 15	56 40	127.985	1.
1862	**DÉPART POUR LE MEXIQUE.**	4 1/2	3 1/2	72 85	67 »	131.437	1.
1863	Prise de Puebla. — Entrée à Mexico. — Elections.	7	3 1/2	70 60	66 10	129.948	1.
1864	Empire du Mexique. — Traité avec l'Italie.	8	4 1/2	67 70	64 45	134.372	1.
1865	Toujours le Mexique et son emprunt.	5	3	69 57	65 20	136.020	1.
1866	Sadowa. — Cession de la Vénétie. — Evacuation de Rome.	5	3	70 60	62 45	138.537	1.
1867	Evacuation du Mexique. — Question du Luxembourg. — Exposition universelle. .	2 1/2	2 1/2	70 75	65 25	142.036	1.
1868	La Garde mobile. — Les Chassepots. — Abolition de la contrainte par corps. .	2 1/2	2 1/2	72 05	68 25	145.687	1.
1869	Elections. — M. Ollivier. — Transformation du régime gouvernemental. .	2 1/2	2 1/2	73 90	69 80	147.973	2.
1869	Transformation de l'Empire en gouvernement constitutionnel. — Elections favorables à l'Empereur.	2 1/2	2 1/2	73 90	69 80	147.973	2.
1870	Ministère Ollivier. — Liberté de la Presse. — Corrélation jusqu'au 4 septembre 1870...	6 0/0	3 1/2	75 10	50 80	156.648	1.
1870	**SEDAN.** — La République Favre. — Corrélation du 4 septemb. 1870 au 1er janv. 1871.	6 0/0	6 0/0	50 80	50 80	156.648	6.
1871	Emeute du 22 janvier. — La Commune. — Corrélation du 1er janvier au 1er juin 1871.	6 0/0	5 0/0	58 45	50 35	145.474	Ré.
1871	La Révolution est vaincue. — La République de M. Thiers — Corrélation au 1er janv. 1872	5 0/0	5 0/0	58 45	50 35	145.474	Ré

Extrait du DICTIONNAIRE DES FAILLITES pour l'année 1871, par M. MASCRET.

PTE à France.		COURS DE LA RENTE 3 0/0		NOMBRE des PATENTÉS du département	Jugements déclaratifs de faillite.	Faillite par cent de faillite.	POPULATION du département.
plus bas	plus haut	plus bas					
4	79 80	66 88	53.412	567	1.06		
4	86 10	73 95	52.847	500	0.95	Il n'a pas été	
4	85 35	55 »	52.413	516	0.98	fait de recensement.	
4	70 50	46 »	52.510	698	1.32	945.698	
4	79 95	62 »	51.751	349	0.67	975.844	
4	80 50	73 80	52.045	280	0.53	1.005.984	
4	80 »	74 75	55.234	349	0.63	1.036.127	
4	85 50	76 75	58.237	326	0.56	1.066.270	
4	82 15	76 85	62.191	407	0.65	1.096.314	
4	81 45	77 55	71.707	544	0.76	1.115.954	
4	82 28	78 15	73.285	440	0.60	1.125.614	
4	82 50	77 88	76.438	1.002	1.31	1.155.264	
4	86 65	65 90	77.429	818	1.46	1.175.044	
4	80 60	76 40	78.935	803	1.02	1.194.603	
4	82 20	76 60	84.580	656	0.78	1.228.669	
4	83 20	78 70	86.099	738	0.86	1.262.735	
4	85 65	80 10	86.933	751	0.87	1.296.801	
4	86 41	80 90	80.101	832	1.02	1.330.867	
4	85 »	80 40	81.943	938	1.14	1.364.933	
4	80 30	74 65	83.215	1.323	1.59	1.376.159	
4	73 20	32 50	82.612	631	0.73	1.387.385	
4	58 50	44 70	77.663	607	0.78	1.398.611	
4	38 80	33 90	82.002	464	0.56	1.419.837	
4	67 »	34 50	90.000	539	0.59	1.422.065	
3	86 »	63 90	96.008	507	0.58	1.483.166	
4	82 15	74 70	96.240	546	0.57	1.544.257	
4	76 35	64 50	100.955	821	0.81	1.605.348	
4	71 75	63 20	102.212	781	0.79	1.666.430	
5	73 45	61 50	105.302	746	0.70	1.727.419	
5	71 10	65 85	109.229	864	0.79	1.778.537	
3	74 95	67 50	115.473	1.084	0.94	1.817.655	
3 1/2	72 50	60 50	122.397	1.100	0.90	1.862.773	
4 1/2	71 40	67 10	124.380	1.212	0.90	1.907.891	
5	70 15	66 80	127.985	1.174	0.91	1.953.660	
3 1/2	72 85	67 »	131.137	1.845	1.40	1.993.111	
3	70 60	66 10	129.948	1.370	1.05	2.032.562	
4 1/2	67 70	64 45	134.572	1.472	1.09	2.072.013	
3	69 57	65 20	136.020	1.630	1.29	2.111.454	
3	70 60	62 45	138.537	1.650	1.12	2.150.916	
2 1/2	70 75	65 25	142.036	1.686	1.10	2.203.643	
2 1/2	72 05	68 25	145.687	1.925	1.32	2.256.370	
2 1/2	73 90	69 80	147.973	2.009	1.35	2.309.096	
3	73 90	69 80	147.973	2.009	1.35	2.309.096	
3 1/2	75 10	50 80	156.648	1.366	»	2.361.822	
3 0/0	50 80	50 80	156 648	6.012	»	2.361.822	
5 0/0	58 45	50 35	145.474	Rien.	»	Indéterminable	
5 0/0	58 45	50 35	145.474	Rien.	»	Indéterminable	

OBSERVATIONS CONCERNANT LE TABLEAU CI-C...

Le cours de la rente et le taux de l'escompte à la Banque n'ont aucun rapport avec les cau... faillites.

L'augmentation du nombre des patentes et la suppression récente de l'exercice de la ... révèlent qu'une influence supposable. La liberté de la boucherie et de la boulangerie et cont...

La politique seule est la cause incontestable d'un effet dont on aurait tort de s'alarmer.

La politique est le thermomètre du crédit public, le crédit public est le thermomètre du ... est le thermomètre de la faillite.

Si la politique de l'État est conforme à l'opinion publique, le crédit se ..., le com... les écueils se multiplient : la faillite augmente.

Dans le cas contraire, le crédit se resserre, le commerce rentre dans ses extrêmes limi... se restreint : la faillite diminue.

EXEMPLES :

1829	Ministre impopulaire. — L'opinion publique abandonne le Gouvernement. . . .
1830-31	Roi citoyen. — Tout citoyen est roi (dit le poète) . . . .
1832	Insurrections à Paris. — Guerre civile en Bretagne. — Duchesse de Berry . . .
1833-34-35	Troubles. — Dangers à l'étranger. — Guerre d'Afrique. — Attentat. . . . . . .
1836-37	La dynastie s'affermit par la mort de Charles X. — Mariage du duc d'Orléans. .
1838	Guerre au Mexique. — M. Thiers veut discipliner l'anarchie. — Sociétés secrètes
1839	La paix du Mexique est signée. — Négociations sans importance avec la Suisse
1840-41-42	La dynastie est en danger. — Un prétendant. — Mort du duc d'Orléans . . . .
1843-44-45	La paix et la victoire. — Conquêtes . . . .
1846-47	Nomination d'un pape jeune et libéral. — Le roi livre son ministre à la justice.
1848	Anarchie.
1849	Émeutes. — Pas de gouvernement stable. — Assemblée agitée, divisée . . . .
1850	Le roi est mort. — Qui régnera? — La France est inquiète. . . . : . . .
1851	Le Prince-Président inspire de la confiance. — La France se rassure. . . . .
1852	Les passions s'agitent au sujet des élections. — L'Empire se maintiendra-t-il ?
1853	L'Empire prend de la consistance. — L'empereur est marié . . . .
1854-55-56-57	Guerre de Crimée approuvée par tout le monde . . . .
1858-59	Guerre d'Italie approuvée. — La paix applaudie. . . . .
1860-61	Libre-échange. — La paix à Pékin. — Conquête commerciale . . . .
1862	La France s'entend avec l'Angleterre et l'Espagne. — On part pour le Mexique
1863-64-65	L'Angleterre et l'Espagne se sont retirées. — Inquiétudes . . . .
1866	Cession de la Vénétie. — Rome évacuée. — La paix après Sadowa . . . .
1867	Évacuation du Mexique. — Exposition universelle. — Le commerce est florissa...
1868-69	L'empereur promet la liberté. — Il dépasse ses promesses. . . . .
1870	Jusqu'au journée de Sedan. — On a confiance, on va à Berlin ! . . . . . .
1870	Depuis la journée de Sedan. — Le nouveau Gouvernement n'inspire que la défi...
1871	L'anarchie. — La guerre civile jusqu'au 1er juin. . . . .
1871	Rétablissement de l'ordre. — La République avec M. Thiers. . . . .

EN RÉSUMÉ :

La confiance dans le chef de l'État et la bonne politique de son Gouvernement sont au comm... pleines et nouvelles lunes d'équinoxe. La marée ne se brise contre les écueils qu'à son terme ascend...

La mer, c'est le crédit ; la marée, c'est le commerce ; la rive, c'est la faillite.

OBSERVATIONS.

Les lois des 22 avril et 19 décembre 1871 ont décidé que les suspensions de paiements surven... jusqu'au 13 mars 1872, ne recevraient pas la qualification de faillite. — Le nombre des liquidation... cette période (du 10 juillet 1870 au 13 mars 1872), a été de 1.354.

La loi identique promulguée, après la révolution de février, les 22 et 26 août 1848, a produit p... un total de 1754.

Donc, la révolution de 1848 a été moins désastreuse que celle de 1870-1871.

Donc, les Gouvernements qui ont remplacé l'Empire, n'ont pas mieux fait que l'Empire.

Orléans...

1871, par M. MASCRET. --- Se vend 1 fr. 50 chez l'auteur, 6, rue des Deux-Portes-St-Jean,

PRINCIPAUX ÉVÉNEMENTS POLITIQUES.	ESCOMPTE DE LA Banque de France.		COURS DE LA RENTE 3 0/0.		NOMBRE des PATENTÉS du département.	jugements déclaratifs de faillites.
	plus haut	plus bas	plus haut	plus bas		
en Morée. — Brouille avec le dey d'Alger	4	4	79 80	66 88	53.422	567
Blocus d'Alger. — Refus de l'impôt en Bretagne. . . .	4	4	86 10	73 95	52.837	500
DE JUILLET. — Louis-Philippe.	4	4	85 35	55 »	52.493	516
Ministres. — Troubles à Paris. — Armée française en Belgique.	4	4	70 50	46 »	52.550	698
d'Ancône. — Prise de Bône. — Insurrection. — Duchesse de Berry.	4	4	79 95	62 »	51.751	349
la Russie et la Turquie. — Prise de Bougie. . . .	4	4	80 50	73 80	53.045	280
à Lyon. — Quadruple alliance. — Exposition à Paris . .	4	4	80 »	74 75	55.234	349
schi. — Prise de Mascara.	4	4	85 50	76 75	58.287	326
arles X. — Expédition de Constantine. — Attentat Meunier. .	4	4	82 15	76 85	62.191	407
duc d'Orléans. — Complices de Strasbourg acquittés. . . .	4	4	81 45	77 55	71.707	544
d'Ancône. — Prise de Saint-Jean-d'Ulloa.	4	4	82 28	78 15	73.265	440
avec la Suisse au sujet du prince Louis-Napoléon	4	4	82 50	77 88	76.438	1.002
azgran. — Affaire de Boulogne. — Attentat Darmès. . . .	4	4	86 65	65 90	77.429	818
Lille. — Plaintes du Commerce à l'occasion du droit de visite. .	4	4	80 60	76 40	78.935	803
des Chambres. Mort du duc d'Orléans	4	4	82 20	76 60	84.580	656
s avec les Anglais au sujet du droit de visite. — Taïti. . .	4	4	83 20	78 70	86.009	738
Isly. — Paix du Maroc. — Emprunt de 200 millions. . .	4	4	85 65	80 10	86.933	751
Suisse au sujet des Jésuites. — Sidi-Brahim. . . .	4	4	86 41	80 90	80.101	832
prince Louis. — Mort du Pape. — Cherté des grains. . .	4	4	85 »	80 40	81.943	938
des Chambres. — La Kabylie. — Pellapra, Cubières, Teste. — Banquets.	5	4	80 30	74 05	83.215	1.323
DE FÉVRIER	5	4	73 20	32 50	82.612	631
président. — Assemblée législative. — Emeutes à Paris, Lyon, etc. .	5	4	58 50	44 70	77.663	607
crètes. — Mort de Louis-Philippe. — Message présidentiel . . .	5	4	38 80	33 90	82.662	464
re l'Assemblée législative et le Président. — Coup d'Etat. .	5	4	67 »	34 50	90.000	539
ELECTIONS.	3	3	86 »	63 90	96.008	507
Orient. — Mariage de l'Empereur.	4	4	82 15	74 70	96.240	546
Crimée. — Emprunt par souscription publique. . . .	5	4	76 55	61 50	100.955	821
colas. — Exposition à Paris. — Prise de Sébastopol. — La Paix. .	6	4	71 75	63 20	102.212	781
du Prince impérial. — Le Congrès. — Elections . . .	6	5	73 45	61 50	105.302	746
tre la Chine. — Prise de Canton	10	5	71 10	65 85	109.229	864
Orsini. — Conférences de Paris. — Traité avec le Japon . . .	4 1/2	3	74 95	67 50	115.473	1.084
alie. — Villafranca. — Nouvelle expédition en Chine . .	4	3 1/2	72 50	60 50	122.397	1.100
nge. — Annexion de la Savoie. — Traité de Pékin. . .	4 1/2	4 1/2	71 40	67 10	124.380	1.212
s avec l'Angleterre et l'Espagne contre le Mexique. . .	7	5	70 15	66 80	127.985	1.474
u le Mexique.	4 1/2	3 1/2	72 85	67 »	131.137	1.845
ebla. — Entrée à Mexico. — Elections.	7	3 1/2	70 60	66 10	130.948	1.370
Mexique. — Traité avec l'Italie.	8	4 1/2	67 70	64 45	134.572	1.472
Mexique et son emprunt.	5	3	69 57	65 20	136.020	1.630
Cession de la Vénétie. — Evacuation de Rome. . .	5	3	70 60	62 45	138.537	1.650
du Mexique. — Question du Luxembourg. — Exposition universelle. .	2 1/2	2 1/2	70 75	65 25	142.636	1.686
nobile. — Les Chassepots. — Abolition de la contrainte par corps. .	2 1/2	2 1/2	72 05	68 25	145.687	1.925
— M. Ollivier. — Transformation du régime gouvernemental. .	2 1/2	2 1/2	73 90	69 80	147.973	2.009
on de l'Empire en gouvernement constitutionnel. — Elections favorables à l'Empereur.	2 1/2	2 1/2	73 90	69 80	147.973	2.009
Ollivier. — Liberté de la Presse. — Corrélation jusqu'au 4 septembre 1870...	6 0/0	3 1/2	75 10	50 80	156.648	1.366
La République Favre. — Corrélation 1870 au 1er janv. 1871..	6 0/0	6 0/0	50 80	50 80	156.648	0.012
22 janvier. — La Commune. — Corrélation du 1er janvier au 1er juin 1871...	6 0/0	5 0/0	58 45	50 35	145.474	Rien.
ion est vaincue. — La République de M. Thiers — Corrélation au 1er janv. 1872	5 0/0	5 0/0	58 45	50 35	145.474	Rien.

ait du DICTIONNAIRE DES FAILLITES pour l'année 1871, par M. MASCRET. —

NOMBRE des PATENTES du département.	Jugements déclaratifs de faillites.	Faillites pour cent de patentés.	POPULATION du département.	OBSERVATIONS CONCERNANT LE TABLEAU CI-CONTRE.
53.422	567	1.06		Le cours de la rente et le taux de l'escompte à la Banque n'ont aucun rapport avec les causes du nombre croissant des faillites.
52.887	500	0.95	Il n'a pas été	
52.493	516	0.98	fait de recensement.	L'augmentation du nombre des patentes et la suppression récente de l'exercice de la contrainte par corps ne révèlent qu'une influence supposable. La liberté de la boucherie et de la boulangerie y contribue quelque peu.
52.550	698	1.32	945.698	La politique seule est la cause incontestable d'un effet dont on aurait tort de s'alarmer.
51.701	349	0.67	975.814	La politique est le thermomètre du crédit public, le crédit public est le thermomètre du commerce et le commerce
52.045	280	0.53	1.005.984	est le thermomètre de la faillite.
55.234	349	0.63	1.036.127	Si la politique de l'État est conforme à l'opinion publique, le crédit se ... , le commerce s'émancipe, déborde,
58.237	326	0.56	1.066.270	les écueils se multiplient : la faillite augmente.
62.191	407	0.65	1.096.314	Dans le cas contraire, le crédit se resserre, le commerce rentre dans ses extrêmes limites, le nombre des écueils
71.757	544	0.76	1.115.954	se restreint : la faillite diminue.
73.265	440	0.60	1.125.614	
76.438	1.002	1.31	1.155.264	**EXEMPLES :**
77.429	818	1.46	1.175.914	1829 — Ministre impopulaire. — L'opinion publique abandonne le Gouvernement. . . . . Baisse.
78.935	803	1.02	1.194.603	1830-31 — Roi citoyen. — Tout citoyen est roi (dit le poète) . . . . Hausse.
84.580	656	0.78	1.228.069	1832 — Insurrections à Paris. — Guerre civile en Bretagne. — Duchesse de Berry . . . Baisse.
86.009	738	0.86	1.262.735	1833-34-35 — Troubles. — Dangers à l'étranger. — Guerre d'Afrique. — Attentat. . . . . Baisse.
86.933	751	0.87	1.296.801	1836-37 — La dynastie s'affermit par la mort de Charles X. — Mariage du duc d'Orléans. Hausse.
80.101	832	1.02	1.330.867	1838 — Guerre au Mexique. — M. Thiers veut *discipliner l'anarchie.* — Sociétés secrètes . Baisse.
81.943	938	1.14	1.364.933	1839 — La paix du Mexique est signée. — Négociations sans importance avec la Suisse . . Hausse.
83.215	1.323	1.59	1.376.159	1840-41-42 — La dynastie est en danger. — Un prétendant. — Mort du duc d'Orléans . . . Baisse.
82.612	631	0.73	1.387.385	1843-44-45 — La paix et la victoire. — Conquêtes. . . . . Hausse.
77.663	607	0.78	1.398.611	1846-47 — Nomination d'un pape jeune et libéral. — Le roi livre son ministre à la justice. Hausse.
82.662	464	0.56	1.419.837	1848 — Anarchie. . . . . Baisse.
90.000	530	0.59	1.422.065	1849 — Emeutes. — Pas de gouvernement stable. — Assemblée agitée, divisée . . . . . Baisse.
96.008	507	0.58	1.483.166	1850 — Le roi est mort. — Qui règnera? — La France est inquiète. . . . . Baisse.
96.240	546	0.57	1.544.257	1851 — Le Prince-Président inspire de la confiance. — La France se rassure. . . . . . Hausse.
100.955	821	0.81	1.605.348	1852 — Les passions s'agitent au sujet des élections. — L'Empire se maintiendra-t-il ?. . Baisse.
102.212	781	0.79	1.666.439	1853 — L'Empire prend de la consistance. — L'empereur est marié . . . . Hausse.
105.302	746	0.70	1.727.419	1854-55-56-57 — Guerre de Crimée approuvée par tout le monde . . . . Hausse.
109.229	864	0.79	1.778.537	1858-59 — Guerre d'Italie approuvée. — La paix applaudie . . . . Hausse.
115.473	1.084	0.90	1.817.655	1860-61 — Libre-échange. — La paix à Pékin. — Conquête commerciale . . . . Hausse.
122.397	1.100	0.90	1.862.773	1862 — La France s'entend avec l'Angleterre et l'Espagne. — On part pour le Mexique . Hausse.
124.380	1.212	0.90	1.907.891	1863-64-65 — L'Angleterre et l'Espagne se sont retirées. — Inquiétudes . . . . Baisse.
127.985	1.474	1.15	1.953.660	1866 — Cession de la Vénétie. — Rome évacuée. — La paix après Sadowa . . . . . . Hausse.
131.137	1.845	1.40	1.993.111	1867 — Evacuation du Mexique. — Exposition universelle. — Le commerce est florissant. Hausse.
129.048	1.370	1.05	2.032.562	1868-69 — L'empereur promet la liberté. — Il dépasse ses promesses. . . . . Hausse.
134.572	1.472	1.09	2.072.013	1870 — Jusqu'à la journée de Sedan. — On a confiance, on va à Berlin ! . . . . . . Hausse.
136.020	1.630	1.29	2.111.454	1870 — Depuis la journée de Sedan. — Le nouveau Gouvernement n'inspire que la défiance. Baisse.
138.537	1.650	1.12	2.150.916	1871 — L'anarchie. — La guerre civile jusqu'au 1er juin. . . . . Rien.
142.036	1.080	1.10	2.203.643	1871 — Rétablissement de l'ordre. — La République avec M. Thiers. . . . . Rien.
145.687	1.925	1.32	2.256.370	
147.973	2.009	1.35	2.309.096	**EN RÉSUMÉ :**
147.973	2.009	1.35	2.309.096	La confiance dans le chef de l'État et la bonne politique de son Gouvernement sont au commerce ce que sont à l'Océan les
156.648	1.366	»	2.361.822	pleines et nouvelles lunes d'équinoxe. La marée ne se brise contre les écueils qu'à son terme ascendant.
156.648	0.012	»	2.361.822	La mer, c'est le crédit ; la marée, c'est le commerce ; la rive, c'est la faillite.
145.474	Rien.	»	Indéterminable	
145.474	Rien.	»	Indéterminable	**OBSERVATIONS.**

Les lois des 22 avril et 19 décembre 1871 ont décidé que les suspensions de paiement survenues depuis le 10 juillet 1870 jusqu'au 13 mars 1872, ne recevraient pas la qualification de faillite. — Le nombre des liquidations judiciaires admises pendant cette période (du 10 juillet 1870 au 13 mars 1872), a été de 1.334.

La loi identique promulguée, après la révolution de février, les 22 et 26 août 1848, a produit pendant le même laps de temps un total de 1764.

Donc, la révolution de 1848 a été moins désastreuse que celle de 1870-1871.

Donc, les Gouvernements qui ont remplacé l'Empire, n'ont pas mieux fait que l'Empire.

MASCRET. --- Se vend 1 fr. 50 chez l'auteur, 6, rue des Deux-Portes-St-Jean, à Paris.

DICTIONNAIRE

POUR L'ANNÉE 1872

D'APRÈS LES JOURNAUX JUDICIAIRES

DES FAILLITES

LIQUIDATIONS, SÉPARATIONS DE BIENS, NOMINATIONS DE CONSEILS JUDICIAIRES,

INTERDICTIONS & RÉHABILITATIONS,

PRONONCÉES PAR LES TRIBUNAUX DE PARIS,

Avec les conditions sommaires des Concordats homologués, et la répartition des dividendes de chaque Faillite,

PAR

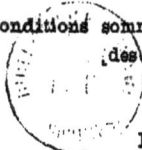

H.-F. MASCRET,

ANCIEN NOTAIRE.

PRIX : **6** FRANCS.

PARIS,

CHEZ L'AUTEUR, RUE DES DEUX-PORTES-SAINT-JEAN, N° **6**,

(Hôtel-de-Ville).

—

1873.

LE JOURNAL GÉNÉRAL D'AFFICHES

DIT

LES PETITES AFFICHES DE PARIS,

41, rue Jean-Jacques Rousseau,

Est encore, par arrêté de M. le Préfet de la Seine, du 28 décembre 1872, maintenu comme publicateur officiel, pour recevoir en 1873, dans le département de la Seine, *toutes les* annonces judiciaires et légales en matière de *procédure civile* et *toutes celles* prescrites en matière de *commerce* et de *faillites*.

Ce Journal dont l'origine remonte à 1612 a constamment été désigné pour les publications officielles depuis qu'elles ont été commandées et organisées par la loi.

C'est qu'en effet, il est le seul entre tous qui comprenne bien l'idée du législateur. Il a su conquérir la confiance de tous les commerçants honnêtes, de tous les officiers ministériels consciencieux, de tous les industriels intelligents qui veulent se produire par la publicité.

Le plus recherché, le plus lu de tous les journaux de sa spécialité, il est aussi le moins coûteux, ainsi :

Le prix d'insertion *est de* 25 centimes *la ligne,* l'annonce *de moins de 5 lignes* se paie 1 franc 25 centimes. — Chaque numéro du journal se paie 25 centimes.

Prix d'abonnement pour *Paris, les départements, l'Algérie et l'Alsace-Lorraine* : 45 francs par an ; — 24 francs pour 6 mois ; — 13 francs pour 3 mois ; — 6 francs pour 1 mois.

Les abonnements partent des 1er et 15 de chaque mois.

LOI

Relative à un impôt sur le revenu des valeurs mobilières.

DU 29 JUIN 1872.

(Promulguée le 30 juin 1872.)

ART. 1ᵉʳ. — Indépendamment des droits de timbre et de transmission établis par les lois existantes, il est établi, à partir du 1ᵉʳ juillet 1872, une taxe annuelle et obligatoire : 1° Sur les intérêts, dividendes, revenus et tous autres produits des actions de toute nature, des sociétés, compagnies ou entreprises quelconques, financières, industrielles, commerciales ou civiles, quelle que soit l'époque de leur création ; 2° Sur les arrérages et intérêts annuels des emprunts et obligations des départements, communes et établissements publics, ainsi que des sociétés, compagnies et entreprises ci-dessus désignées ; 3° Sur les intérêts, produits et bénéfices annuels des parts d'intérêt et commandites dans les sociétés, compagnies et entreprises dont le capital n'est pas divisé en actions.

ART. 2. — Le revenu est déterminé : 1° Pour les actions, par le dividende fixé d'après les délibérations des assemblées générales d'actionnaires ou des conseils d'administration, les comptes rendus ou tous autres documents analogues ; 2° Pour es obligations ou emprunts, par l'intérêt ou le revenu distribué dans l'année ; 3° Pour les parts d'intérêt et commandites, soit par les délibérations des conseils d'administration des intéressés, soit, à défaut de délibération, par l'évaluation à raison de cinq pour cent du montant du capital social ou de la commandite, ou du prix moyen des cessions de parts d'intérêt consenties pendant l'année précédente. Les comptes rendus et les extraits des délibérations des conseils d'administration ou des actionnaires seront déposés, dans les vingt jours de leur date, au bureau de l'enregistrement du siège social.

ART. 3. — La quotité de la taxe établie par la présente loi est fixée à trois pour cent du revenu des valeurs spécifiées en l'article 1ᵉʳ. Le montant en est avancé, sauf leur recours, par les sociétés, compagnies, entreprises, villes, départements ou établissements publics. Pour l'année 1872, les revenus, inté-

rêts et dividendes seront sujets à la taxe pour moitié seulement de leur montant, quelle que soit d'ailleurs l'époque à laquelle le payement aura lieu. A partir de la promulgation de la présente loi, le taux des droits et taxe établis par la loi du 23 juin 1857 et par celles des 16 septembre 1871 et 30 mars 1872, est réduit ainsi qu'il suit, savoir : à cinquante centimes par cent francs pour la transmission ou la conversion des titres nominatifs ; à vingt centimes par cent francs pour la taxe à laquelle sont assujettis les titres au porteur. Ces droits et taxe ne sont pas soumis aux décimes.

ART. 4. — Les actions, obligations, titres d'emprunts, quelle que soit d'ailleurs leur dénomination, des sociétés, compagnies, entreprises, corporations, villes, provinces étrangères, ainsi que tout autre établissement public étranger, sont soumis à une taxe équivalente à celle qui est établie par la présente loi sur le revenu des valeurs françaises. Les titres étrangers ne pourront être cotés, négociés, exposés en vente ou émis en France qu'en se soumettant à l'acquittement de cette taxe, ainsi que des droits de timbre et de transmission. Un réglement d'administration publique fixera le mode d'établissement et de perception de ces droits, dont l'assiette pourra reposer sur une quotité déterminée du capital social. Le même réglement déterminera les époques de payement de la taxe, ainsi que toutes les autres mesures nécessaires pour l'exécution de la présente loi.

ART. 5. — Chaque contravention aux dispositions qui précèdent et à celles du réglement d'administration publique qui sera fait pour leur exécution sera punie conformément à l'article 10 de la loi du 23 juin 1857. Le recouvrement de la taxe sur le revenu sera suivi, et les instances seront introduites et jugées comme en matière d'enregistrement.

DÉCRET

Portant réglement d'administration publique et déterminant, en exécution de la loi du 29 janvier 1872, le mode d'établissement et de perception des droits sur le revenu des valeurs mobilières.

DU 6 DÉCEMBRE 1872.

(Promulguée le 11 décembre 1872.)

ART. 1er. — La taxe de 3 p. 100 établie par la loi du 29 juin 1872 est avancée par les sociétés, compagnies, entreprises, départements, communes et établissements publics, et payée au bureau de l'enregistrement du siége social ou administratif désigné à cet effet, savoir : 1° Pour les obligations, emprunts et autres valeurs dont le revenu est fixé et déterminé à l'avance, en quatre termes égaux d'après les produits annuels afférents à ces valeurs ; 2° Pour les actions, parts d'intérêt, commandites et emprunts à revenu variable, en quatre termes égaux déterminés provisoirement d'après le résultat du dernier exercice réglé et calculés sur les quatre cinquièmes du revenu s'il en a été distribué, et, en ce qui concerne les sociétés nouvellement créées, sur le produit évalué à 5 p. 100 du capital appelé. Chaque année, après la clôture des écritures relatives à l'exercice, il est procédé à une liquidation définitive de la taxe due pour l'exercice entier. Si de cette liquidation il résulte un complément de taxe au profit du Trésor, il est immédiatement acquitté. Dans le cas contraire, l'excédant versé est imputé sur l'exercice courant, ou remboursé, si la société est arrivée à son terme ou si elle cesse de donner des revenus.

ART. 2. — Les payements à faire en quatre termes doivent être effectués dans les vingt premiers jours des mois de janvier, avril, juillet et octobre de chaque année. La liquidation définitive a lieu au moment du dépôt, prescrit par l'article 2 de la loi du 29 juin 1872, des comptes rendus et extraits des délibérations des assemblées générales d'actionnaires ou des conseils d'administration, ou de tous autres documents analogues fixant le dividende distribué. Cette liquidation doit être établie dans les vingt premiers jours du mois de mai pour les sociétés auxquelles leurs statuts n'imposent pas l'obligation de prendre des délibérations sur cet objet. Dans ce cas, la liquidation définitive est opérée à raison de 5 p. 100 du prix moyen des cessions de parts d'intérêt consenties pendant l'année précédente et dûment enregistrées, et, à défaut de cessions, d'après l'évaluation à 5 p. 100 du montant du capital social ou de la commandite.

ART. 3. — Toutes les dispositions des deux articles précédents sont applicables aux sociétés, compagnies, entreprises, corporations, villes, provinces étrangères, ainsi qu'à tous autres établissements publics étrangers dont les titres sont cotés ou circulent en France, ou qui ont pour objet des biens, soit mobiliers, soit immobiliers, situés en France. La taxe sur le revenu, pour les titres cotés à la Bourse ou émis en France, est assise sur la même base que les droits de timbre et de transmission ; elle est déterminée en la forme prévue au réglement d'administration publique du 24 mai 1872. Les sociétés, compagnies et entreprises étrangères dont les titres ne sont pas cotés, mais qui ont pour objets des biens meubles ou immeubles situés en France, doivent la taxe sur le revenu, à raison des valeurs françaises qui en dépendent, et acquittent cette taxe d'après une quotité du capital social fixé par le Ministre des Finances, sur l'avis préalable de la commission instituée par le réglement ci-dessus indiqué. Elles doivent, à cet effet, faire agréer par le Ministre des Finances, avant le 1er décembre 1872, si elles existent actuellement, et, dans le cas contraire, avant toute opération en France, un représentant français personnellement responsable des droits et amendes.

ART. 4. — Aucune émission ou souscription de titres étrangers ne peut avoir lieu en France qu'après qu'un représentant responsable a été agréé par le Ministre des Finances. Dans le mois qui suit la clôture de l'émission ou de la souscription, le Ministre des Finances détermine le nombre des titres qui doivent servir de base à la perception des droits de timbre et de transmission ainsi qu'à l'assiette de la taxe sur le revenu. Ce nombre est fixé conformément aux dispositions des réglements d'administration publique des 17 juillet 1857 et 24 mai 1872.

ART. 5. — La Caisse des dépôts et consignations est autorisée à payer directement à Paris, au bureau qui sera désigné, la taxe annuelle due à raison des prêts de toute nature qu'elle a faits à des départements, communes et établissements publics.

ART. 6. — Les dispositions des articles 1, 2, 3 et 5 qui précèdent sont applicables à la taxe due, pour l'année 1872, sur la moitié des revenus, intérêts et dividendes distribués, quelle que soit d'ailleurs l'époque du payement. Le premier versement aura lieu dans les vingt jours de la promulgation du présent décret. A cette époque, les sociétés qui n'auront pas encore effectué le dépôt prescrit par l'article 2 de la loi du 29 juin 1872 devront remettre au receveur de l'enregistrement les extraits ou comptes-rendus des délibérations des assemblées générales d'actionnaires ou des conseils d'administration, ou de tous autres documents analogues qui ont fixé le chiffre total du dividende distribué pour le dernier exercice.

ART. 7. — Le Ministre des Finances est chargé de l'exécution du présent décret, qui sera publié au *Journal officiel* et inséré au *Bulletin des Lois*.

INSTRUCTION

Pour l'exécution du règlement d'administration publique déterminant le mode d'établissement et de perception de l'impôt direct sur le revenu des valeurs mobilières.

DU 11 DÉCEMBRE 1872.

L'instruction qui suit est divisée en trois parties :

La première est relative au mode de perception et d'établissement de l'impôt direct sur le revenu des valeurs mobilières ;

La deuxième, aux règles de manutention concernant cette perception ;

La troisième, à l'émission ou à la souscription en France de valeurs mobilières étrangères autres que les fonds d'État.

I. — La loi du 29 juin 1872 *(instr. n° 2451)* a fixé à 3 p. 100, sans décimes, la taxe à laquelle est assujetti le revenu des valeurs mobilières. Aux termes de l'article 1er de cette loi, cette taxe est assise : 1° sur les intérêts, dividendes, revenus et tous autres produits des actions de toute nature des sociétés, compagnies ou entreprises quelconques, financières, industrielles, commerciales ou civiles, quelle que soit l'époque de leur création ; 2° sur les arrérages et intérêts annuels des emprunts et obligations des départements, communes et établissements publics, ainsi que des sociétés, compagnies et entreprises ci-dessus désignées ; 3° sur les intérêts, produits et bénéfices annuels des parts d'intérêt et commandites dans les sociétés, compagnies et entreprises dont le capital n'est pas divisé en actions. Cette désignation comprend les sociétés civiles divisées en parts d'intérêt, mais elle exclut les sociétés commerciales en nom collectif et les parts y afférentes, à moins que la société ne comprenne une commandite, auquel cas la taxe n'est due que sur le montant de cette commandite.

Le revenu est déterminé : 1° pour les actions, par le dividende fixé d'après les délibérations des assemblées générales d'actionnaires ou des conseils d'administration, les comptes rendus ou, à leur défaut, tous autres documents analogues ; 2° pour les obligations ou emprunts, par l'intérêt ou le revenu distribué dans l'année ; 3° pour les parts d'intérêt et commandites, par les délibérations des conseils d'administration des intéressés, ou, à défaut de délibération, à raison de 5 p. 100, soit au prix moyen des cessions de parts d'intérêt consenties pendant l'année précédente et dûment enregistrées, soit du montant du capital social ou de la commandite, lorsqu'il n'existe pas de cession. Cette loi assujettit en outre les sociétés, compagnies et entreprises à certaines justifications consistant dans le dépôt des comptes rendus et extraits des délibérations déterminant le revenu. Ces documents peuvent être rédigés sur papier non timbré et doivent être déposés au bureau de l'enregistrement du siège social dans les vingt jours de leur date. Un règlement d'administration publique en date du 6 décembre 1872 a déterminé les époques de payement de la taxe et les mesures nécessaires à l'exécution de la loi.

Époques de payement. — D'après l'article 1er de ce décret, le montant de la taxe est avancé par les sociétés, compagnies, entreprises, départements, communes et établissements publics. Elle est payée au bureau de l'enregistrement du siège social ou administratif, en quatre termes égaux et dans les vingt premiers jours des mois de janvier, avril, juillet et octobre de chaque année, sauf en ce qui concerne le trimestre de juillet 1872, pour lequel, en raison des circonstances, le règlement d'administration publique a disposé que ce versement aurait lieu dans les vingt jours de la promulgation du décret, inséré au *Journal officiel* du 11 décembre 1872.

Mode de liquidation. — La liquidation de la taxe diffère selon la nature des revenus, c'est-à-dire suivant qu'ils sont déterminés à l'avance ou qu'ils varient d'après les résultats financiers de l'entreprise. Pour les obligations et emprunts à *revenu fixe*, la liquidation trimestrielle a lieu d'après le nombre des titres ou bien des valeurs (lorsqu'il n'y a pas de titre négociable) existant au dernier jour du trimestre et d'après le revenu qui leur est attribué. Quant aux valeurs à *revenu variable*, le règlement a été conduit par la nature même des choses à modifier la base de la liquidation. En effet, au moment où cette liquidation a lieu, le revenu n'est pas connu. Il dépend d'événements ultérieurs qui peuvent l'accroître ou l'affaiblir. Le règlement d'administration publique a donc adopté pour base de la liquidation trimestrielle le revenu indiqué par les résultats du dernier exercice réglé et connu au moment de cette liquidation. Il a prescrit, en outre, que l'impôt ne serait payé provisoirement que sur les quatre cinquièmes du revenu ainsi déterminé. Mais en même temps il dispose qu'une liquidation définitive sera opérée après la clôture des écritures de l'exercice et au moment du dépôt des documents fixant le revenu distribué. Pour opérer la liquidation définitive, les receveurs se reporteront aux écritures arrêtées chaque trimestre ; ils prendront pour base de leur travail le nombre de titres ou valeurs existant à la fin de chaque trimestre et indiqué dans leurs écritures ; ils multiplieront ce nombre par le revenu annuel déterminé par les documents indiqués plus haut. Après avoir calculé la taxe à 3 p. 100, d'après les résultats de ce travail, ils imputeront le montant des versements trimestriels faits par les compagnies. Si de cette comparaison il résulte une insuffisance de perception, le complément est immédiatement versé par la compagnie ; si, au contraire, la perception résultant des versements trimestriels excède le montant de la taxe due pour l'année entière, l'excédant est imputé sur l'exercice courant, ou bien il est remboursé, si la compagnie cesse de donner des revenus ou si elle est arrivée à son terme. En cas de remboursement, les receveurs devront adresser d'office et sans retard aux directeurs une proposition de restitution, en y joignant toutes les pièces nécessaires pour que ces chefs de service puissent préalablement s'assurer de l'exactitude de la liquidation. *Quant aux valeurs mobilières assujetties à la taxe de 3 p. 100*, mais dont le revenu n'est pas déterminé par des délibérations ou des documents analogues, les payements trimestriels seront calculés sur les quatre cinquièmes du revenu de l'année précédente. Ce revenu est fixé par la loi à 5 p. 100 du prix moyen des cessions de parts d'intérêt consenties pendant l'année précédente et dûment enregistrées, ou, à défaut de cession, d'après l'évaluation à 5 p. 100 du montant du capital social, s'il est divisé en parts, ou du montant de la commandite. La liquidation définitive a lieu d'après les mêmes bases, dans les vingt premiers jours du mois de mai. Les sociétés nouvellement créées doivent acquitter l'impôt trimestriellement à raison du produit évalué à 5 p. 100 du capital appelé. Le mode et l'époque de la *liquidation définitive* varieront, conformément à ce qui a été indiqué ci-dessus, suivant que ces sociétés nouvelles seront ou non assujetties à l'obligation du dépôt des documents fixant le revenu.

Valeurs étrangères. — L'article 4 de la loi du 29 juin soumet les actions, obligations, titres d'emprunts, quelle que soit d'ailleurs leur dénomination de sociétés, compagnies, entreprises, corporations, villes, provinces étrangères, ainsi que tous autres établissements publics étrangers, à une taxe équivalant à celle établie sur le revenu des valeurs françaises. La loi a confié également à un règlement d'administration publique le soin de fixer le mode d'établissement de ces droits ainsi que la quotité de capital social qui sera assujettie à cette perception. L'article 3 du règlement du 6 décembre 1872 décide que toutes les dispositions relatives aux sociétés françaises sont applicables aux valeurs étrangères énumérées dans l'article 4 ci-dessus rappelé. Ce règlement dispose, en outre, que la taxe sur le revenu pour les titres cotés à la Bourse en émis en France est déterminée en la forme prévue au règlement d'administration publique du 24 mai 1872. C'est donc au Ministre des Finances qu'il appartient, après avoir pris l'avis de la commission instituée par ce règlement, de fixer les bases de la perception de la taxe sur le revenu. Le décret du 6 décembre confie également au Ministre le soin de déterminer, pour la perception de la taxe sur le revenu, la portion du capital social des entreprises étrangères dont les titres ne sont pas cotés en France, mais qui ont pour objet des biens meubles ou immeubles situés sur notre territoire. Ces sociétés doivent, en outre faire agréer immédiatement par le Ministre des Finances si elles existent actuellement (1), et, dans le cas contraire, avant toute opération en France, un représentant français personnellement responsable des droits et amendes.

(1) L'article 3 du règlement d'administration publique indique la date du 1er décembre 1872. Mais sa promulgation n'ayant eu lieu que le 11, cette indication doit être considérée comme non avenue.

Disposition transitoire. — Le troisième paragraphe de l'article 3 de la loi du 29 juin 1872 détermine, par une disposition transitoire, la portion du revenu qui sera soumise à l'impôt pour les six derniers mois de l'année 1872. La taxe sera payée sur la moitié du revenu acquis pendant cette année, sans qu'il y ait lieu de se préoccuper, pour la liquidation, si les opérations qui ont produit ce revenu ont été accomplies ou non depuis l'époque de la mise à exécution de la loi. Il est inutile d'ajouter que, pour la liquidation provisoire de la taxe de cet exercice, les procédés indiqués ci-dessus seront suivis ; et, à cet effet, les sociétés devront remettre au receveur de l'enregistrement, dans les vingt jours de la promulgation du décret, les extraits des comptes rendus, des délibérations ou de tous autres documents analogues qui ont fixé le chiffre total des dividendes distribués pour le dernier exercice (art. 6, § 3, du règlement).

Caisse des dépôts et consignations et Crédit foncier. — Quoique l'impôt direct sur le revenu soit à la charge du créancier, il est néanmoins avancé par le débiteur. L'article 5 du règlement contient une exception à cette disposition en ce qui concerne les prêts consentis par la Caisse des dépôts et consignations aux départements, communes et établissements publics. Aux termes de cet article, aucune taxe ne sera réclamée à ces débiteurs à raison des prêts dont il s'agit. La Caisse des dépôts et consignations acquittera directement à Paris les sommes dont elle est redevable à raison de ces prêts. En conséquence, les receveurs n'auront à recouvrer sur les départements, communes et établissements publics que l'impôt de 3 p. 100 afférent, soit aux titres qu'ils auront émis, soit aux emprunts qu'ils auront contractés autrement qu'à la Caisse des dépôts et consignations. Les prêts consentis aux communes par le Crédit foncier étant représentés par des obligations communales, et les porteurs de ces obligations acquittant l'impôt, cette nature de créances ne donnera lieu à aucune perception dans les départements. Elle sera réglée à Paris.

Recouvrement et poursuites. — Bien que la taxe sur le revenu, ainsi qu'on l'a dit, soit un véritable impôt direct, l'article 5 de la loi du 29 juin 1872 dispose néanmoins que le recouvrement sera suivi et que les instances seront introduites et jugées comme en matière d'enregistrement. Le législateur a voulu, en confiant le recouvrement à l'Administration, mettre à profit les renseignements qui doivent lui être fournis pour la perception des droits de timbre et de transmission. Ces renseignements permettent de connaître, en effet, l'existence des sociétés divisées en actions ou des compagnies et établissements ayant émis des titres d'emprunts. L'enregistrement des actes révèle également l'existence des autres sociétés. Quant au nombre de titres ou de parts, ces renseignements sont également fournis, soit par les enregistrements des actes constitutifs eux-mêmes, soit par les déclarations trimestrielles. Toutes ces indications, rapprochées des extraits des délibérations, permettront aux receveurs de liquider, sauf règlement contradictoire, s'il y a lieu, lors du payement, les droits établis par la loi du 29 juin 1872. Le premier acte de poursuite sera une contrainte. Lorsque le receveur ne possédera pas tous les éléments nécessaires pour liquider la taxe, il décernera cette contrainte, sauf à augmenter ou à diminuer la somme réclamée, suivant la déclaration à faire conformément à l'article 16 de la loi du 22 frimaire an VII. Les instances seront suivies dans la forme ordinaire, et les mémoires seront communiqués à l'Administration sous le timbre de la 2ᵉ division.

Pénalités. — La loi se réfère, pour les pénalités relatives à l'inexécution de ses dispositions ou aux infractions au règlement d'administration publique qui la complète, à l'article 10 de la loi du 23 juin 1857 (*instr.* nᵒ 2404). L'amende de 100 francs à 5,000 francs est même applicable en cas de retard de payement. Toutefois les receveurs pourront recouvrer la taxe sur le revenu sans le payement immédiat de l'amende, qui ne sera exigée que lorsque l'Administration aura statué. Ils soumettront à cet égard leurs propositions motivées au directeur, qui en référera à l'Administration. Indépendamment de l'amende, l'article 10 de la loi du 23 juin 1857 punit d'un droit en sus l'omission ou l'insuffisance de déclaration. Il n'y aura pas lieu à la perception de ce droit en sus, puisque la loi ne prescrit pas de déclaration. Mais si cette insuffisance ou omission résultait d'une infidélité des comptes rendus, extraits ou autres documents qui doivent être déposés en vertu de l'article 2 de la loi, pour servir de base à la perception, le droit en sus deviendrait exigible.

II. — L'impôt direct sur le revenu sera recouvré par les receveurs auxquels est confiée la recette des droits de transmission établis par la loi du 23 juin 1857, lorsqu'il s'agira de valeurs assujetties à ces droits. Dans les autres cas, la recette de la taxe sur le revenu sera confiée au receveur qui a dans ses attributions la perception des droits sur les cessions verbales de fonds de commerce. Toutefois cette désignation n'est que provisoire, les attributions des bureaux établis dans les grandes villes devant être prochainement l'objet d'une nouvelle organisation. Cet impôt, étant complètement distinct des autres produits recouvrés par l'Administration, donnera lieu à des écritures spéciales et à un mode de comptabilité particulier. Des modifications ont été introduites, pour ce dernier objet, dans le sommier de dépouillement. Quant à la constatation et au recouvrement de la taxe, les receveurs feront usage : 1ᵒ d'un sommier dont le modèle est ci-annexé, et sur lequel ils consigneront, d'après les indications portées dans les colonnes et au fur et à mesure des échéances, les droits dus par les divers débiteurs ; 2ᵒ d'un registre de recette, à souche, dont les quittances seront détachées lors des payements. Ces deux registres seront servis conformément aux prescriptions suivantes.

Sommier. — Le sommier est destiné à contenir, d'une part, les renseignements généraux et pour ainsi dire permanents, concernant les sociétés et les débiteurs de la taxe, et, d'autre part, les renseignements particuliers à chaque liquidation, soit trimestrielle, soit définitive. Ce sommier est tenu à feuille ouverte et divisée en onze colonnes. La première colonne, indépendamment d'un blanc réservé pour le numéro de l'article, est affectée à la consignation des renseignements généraux. On y inscrira : 1ᵒ en gros caractères, la raison sociale ou le nom de la société et sa nationalité (*française* ou *étrangère*), les noms des gérants ou directeurs, ou du représentant responsable,

pour les sociétés étrangères ; la désignation des départements, communes ou établissements publics ; 2ᵒ le siège social ou administratif ; 3ᵒ la date de l'acte constitutif de la société ou de l'emprunt et sa durée, et, pour les sociétés étrangères, la date de l'autorisation d'émission ou de négociation ; 4ᵒ le capital social et sa division en titres, parts ou commandites ; leur nombre. On mentionnera également dans cette colonne, en rappelant la date des actes, et au fur et à mesure qu'elles se produiront, les modifications dans la raison sociale, dans la constitution du capital (augmentation ou amortissement), la durée, enfin la dissolution. La deuxième colonne du sommier est destinée à mentionner soit les trimestres pour lesquels il est procédé à une liquidation provisoire, soit la liquidation définitive elle-même. La troisième colonne est affectée à la constatation des renseignements spéciaux à chacune des liquidations. Le montant des droits doit varier, en effet, en raison du nombre de titres émis ou amortis, de l'augmentation ou de la diminution du chiffre des dividendes et des appels de capitaux. Dans la quatrième colonne figureront les sommes passibles de la taxe, c'est-à-dire le produit de la multiplication du nombre des titres par le revenu ou dividende, ou, à défaut de dividende l'évaluation à 5 p. 100 du capital appelé, du prix moyen des cessions ou du montant de la commandite. Les colonnes 5, 6 et 7 sont destinées à inscrire le montant de la taxe à raison de 3 p. 100 de la somme consignée dans la colonne 4, et suivant qu'il s'agit d'actions, d'obligations ou d'emprunts, de parts d'intérêt ou de commandites. On inscrira également à la colonne 7 le montant de la taxe due par les sociétés étrangères ayant des biens en France et assujetties à l'impôt et aux formalités prescrites par le paragraphe 3 de l'article 8 du règlement d'administration publique du 6 décembre 1872. L'usage des colonnes 8, 9 et 10, concernant les amendes et droits en sus et l'indication de la recette, s'explique par leur intitulé. Enfin, la colonne 11 est destinée à recevoir les annotations d'usage dont sont émargés, les articles ouverts aux divers sommiers. Le sommier sera terminé par une table alphabétique. Pour opérer la consignation au sommier, une feuille entière sera affectée à chaque société ou entreprise, à moins qu'il ne s'agisse de société pour laquelle le mouvement des titres peut donner lieu à de nombreux développements. Dans ce cas, il pourra être réservé deux ou plusieurs feuilles. L'instruction nᵒ 2451 a prescrit de faire dresser, dans les greffes de chaque tribunal de commerce, un état des sociétés existantes. Ces états, qui ont dû être conservés dans les directions, y seront immédiatement dépouillés de façon à constituer, pour chacun des bureaux chargés du recouvrement, un relevé spécial des sociétés passibles de la taxe. Ce relevé sera adressé sans retard dans ces bureaux. Les receveurs qui, aux termes du dernier paragraphe de l'instruction nᵒ 2451, ont conservé les renvois des enregistrements d'actes de société et autres pour lesquels ils n'auront pas à recouvrer l'impôt sur le revenu, transmettront sans délai ces renvois au directeur, afin que ce chef de service les adresse aux comptables chargés du recouvrement. On rappelle que cette transmission doit être entourée des garanties et des formalités prescrites en matière d'extraits de jugements. Aussitôt après la réception de ces relevés et renvois, le receveur consignera un article au sommier et adressera au redevable un avertissement, dès l'ouverture du délai accordé pour le payement. En outre, lorsqu'un receveur enregistrera un acte qui donnera lieu à la taxe sur le revenu, il aura soin d'ouvrir, au vu même de l'acte, un article au sommier spécial. Mention de cette consignation sera faite en marge de l'enregistrement de l'acte. Le recouvrement des articles du sommier est constaté au registre de recette dont il sera parlé ci-après. On fait néanmoins remarquer dès à présent que les trois colonnes du sommier affectées à la constatation du montant de la taxe sont utilisées, soit qu'il s'agisse de valeurs françaises, soit qu'il s'agisse de valeurs étrangères : tandis qu'au registre de recette il a été créé six colonnes, dont trois sont affectées aux valeurs françaises et trois aux valeurs étrangères. Les receveurs auront soin d'observer cette division lorsqu'ils auront à constater la recette d'un des articles de leur sommier.

Registre de recette. — Ce registre à souche est tenu à feuille ouverte. Les deux premières colonnes indiquent le numéro d'ordre du registre et le numéro de l'article correspondant du sommier. La troisième colonne est réservée pour constater le total de la recette dont le détail est indiqué dans les colonnes 4 à 10. On y fait également mention du recouvrement des frais de poursuite, bien que ce recouvrement en soit inscrit au registre de recette des droits constatés et des opérations de trésorerie. Les trois colonnes suivantes sont affectées au détail de la recette effectuée sur les valeurs françaises et comprennent les droits dus pour les revenus : 1° des actions dans les sociétés ; 2° des obligations et emprunts soit des sociétés, soit des départements, communes et établissements publics ; 3° des parts d'intérêt et commandites. Les colonnes 7, 8 et 9 seront utilisées pour la recette de la taxe sur le revenu des valeurs étrangères. Si ces valeurs sont cotées à la Bourse, les droits dus sur le revenu qu'elles produisent sont portés dans la colonne 7 s'il s'agit d'actions, dans la colonne 8 s'il s'agit d'obligations ; — quant à la colonne 9, elle est réservée aux droits dus par les sociétés étrangères non cotées à la Bourse et ayant pour objets des biens meubles ou immeubles sis en France. Enfin la dixième colonne servira à inscrire les amendes et droits en sus, lorsqu'il y aura lieu. Les divisions qui précèdent sont celles adoptées pour le sommier de dépouillement, de telle sorte qu'à la fin de chaque mois les recettes faites seront totalisées et arrêtées dans la case qui suivra le dernier enregistrement. Le total de chaque colonne sera reporté directement au sommier de dépouillement. La quittance sera immédiatement délivrée ; elle sera timbrée si elle excède 10 francs ; elle fera connaître la nature des valeurs soumises à la perception. Si l'article recouvré a donné lieu à des frais de poursuites, on remplira ainsi qu'on l'a dit la mention préparée à cet effet dans la colonne n° 3. Afin d'éviter un second droit de timbre, la quittance remise au débiteur de la taxe sur le revenu fera mention du recouvrement des frais de poursuites ; mais la formule de quittance correspondant à la recette inscrite au registre des droits constatés et des opérations de trésorerie ne sera pas détachée de la souche ; elle sera coupée verticalement par moitié et la moitié adhérente à la souche sera annotée de la date et du numéro de la quittance extraite du registre à souche spécial à l'impôt sur le revenu. Le défaut de payement dans les délais prescrits par la loi entraînant une pénalité, le registre de recette sera arrêté, dans la case qui suit le dernier enregistrement, le 20 des mois de janvier, avril, juillet et octobre, au moment de la clôture du bureau. Quant au dépôt des comptes-rendus, extraits des délibérations ou tous autres documents fixant le dividende distribué, il sera constaté sur le principal registre de recette du bureau, afin d'établir que ces documents ont été déposés dans les vingt jours de leur date, conformément au dernier paragraphe de l'article 2 de la loi. Mention de la date, du folio, de la case et du volume concernant cet enregistrement sera inscrite à l'article ouvert au sommier, au nom de la compagnie pour laquelle le dépôt est fait. Si la compagnie n'a pas fait en temps utile le dépôt prescrit, la contravention sera constatée au sommier dans la colonne n° 3, afin de réclamer l'amende de 100 francs à 5,000 francs, en exécution du règlement d'administration publique.

III. — Le paragraphe 2 de l'article 4 a comblé une lacune de la loi du 23 juin 1857, en étendant aux titres des sociétés étrangères une disposition déjà appliquée aux fonds d'États étrangers par l'article 2 de la loi du 25 mai 1872. Aux termes de la loi de 1857, les titres des sociétés étrangères n'étaient soumis aux droits de timbre et de transmission qu'autant qu'ils étaient cotés à la Bourse. Le paragraphe précité de la loi du 29 juin étend cette obligation aux titres émis en France. Le règlement d'administration publique complète cette disposition, en décidant qu'aucune émission ou souscription de titres étrangers ne peuvent avoir lieu qu'après qu'un représentant responsable a été agréé par le Ministre des Finances, et que la société se soumettra à l'acquittement de la taxe sur le revenu et des droits de timbre et de transmission d'après le nombre de titres fixé par le Ministre, sur l'avis préalable de la commission instituée par le règlement d'administration publique du 24 mai 1872. Si donc des sociétés étrangères émettent des titres en France, sans s'être conformées aux dispositions précédentes, les agents devront constater cette contravention par procès-verbal.

A

NOMS, PRÉNOMS, PROFESSIONS ET DOMICILES.	L. Judque Liquidation * Auteur Avoué et Insuffisance	SYNDICS ET AVOUÉS	FAILLITES ET LIQUIDATIONS.	DATE DES HOMOLOGATIONS DE CONCORDATS	INSUFFIS. ET UNIONS.	SÉPARAT. DE BIENS JUDICIAIRES.	CONS. JURID. ET INTERDICT.
ADADIE-DUVIVIER, Pierre, rue Crozatier, 47..........	*	Mercier ..	....	....			23 janv. 72
ABRAHAM-PILLIET, Alphonse, faubourg St-Denis, 132.......	*	Boudin	....	....			12 mars 72
ADAM, Athanase, marchand de vins, rue du Plateau, 3........		Legriel.....	11 sept. 72			* 17 oct. 72	
Id. Augustine-Michelle. Voir : HUVIER, dame.							
ADAMS, Nicolas-Onésime, linger, rue de Vanves, 57		Gautier......	8 octob. 72				
ADLINE-DRELY, Charles, rue St-Sauveur, 25........	*	Trodoux.....	....	....			17 juin 72
ALAUX, marchand de vins et charbons, à St-Ouen		Pinet.....	11 déc. 72				
ALAVOINE-HUREAU, Charles-Alfred, sans domicile connu....	*	Picard......	....	....			19 mars 72
ALBERT, veuve, Adolphe, bijoutière, rue Turbigo, 77....		Barboux.....	19 déc. 71	(1)			
Id. Ed.-Léopold-Joseph. Voir : TURPIN, ALBERT et Cie.							
ALEXANDRE, Laurent-Edo., charpentier, aux Prés-St-Gervais...		Beaugé......	7 juill. 72				
Id. -SCHWARTZ, André-Frédéric, r. Rambuteau, 61.*		Pijon	....	....			15 nov. 72
ALHINC, ex-hôtelier, rue Mouffetard, 108..............		Beaugé......	3 janv. 72			* 9 mars 72	
ALINOT, Émile, bijoutier, rue Montgolfier, 16	L	Chevillot....	21 sept. 71	(2)			
Id. -PERSONNET, Id. Id...........	*	Gouget......					14 mars 72
ALLAIN, Armand, grainetier, rue Jean-Robert, 9		Beaujeu	12 févr. 72				
ALLARD personn'., Ed.-Hipp., tapissier, rue des Jeûneurs, 12...		Meillencourt..	8 sept. 71	26 juin 72	(3)		
Id. , CROMBÉ et Cie, Id. Id. Id...		Id........	Id.	(4)			
Id. et OGÉ, menuisiers, passage Lathuile, 17		Moncharville..	5 déc. 71	(5)			
Id. et Cie, marchands d'élastique, rue de Rocrol, 13		Normand	1er mars 72			* 30 avril 72	
Id. marchand de châles, rue St-Sauveur, 95...........		Gautier.....	1 janv. 72			* 27 mars 72	
ALLEAUME, Hippolyte, marchand de vins, rue Ramey, 49......		Richard.....	6 sept. 72				
Id. Alb.-Fd., march. de nouveautés, r. de Belzunce, 11 bis.		Lamoureux ..	7 juin 72				
ALLÉGUE-LAUSSEDAT, Antoine, avenue Trudaine, 2.........*		Delessard....	....	....			2 juill. 72
ALLELY, François, couvreur, rue Bichat, 37................		Richard.....	1er févr. 70	(6)			
ALLIAUME, Amédée, restaurateur, rue des Jeûneurs, 11 L		Barboux.....	16 oct. 71	31 janv. 72	(7)		
ALLMAYER jeune, commissionnaire, rue Rambuteau, 26......L		Beaufour....	5 oct. 71	27 janv. 72	(8)		
ALLORGE, ex-marchand de nouveautés, rue Mosnier, 21......		Pinet.......	9 avril 72				
ALLOT, veuve, Gilbert, briquetière, rue Monge, 80..........		Devin.......	13 janv. 72				
ALLUART-DELAUNAY, marchand de vins, à Vincennes		Beaufour....	11 mars 72	....		* 21 juin 72	
AMBROSETTI, fumiste, rue Oberkampf, 125................		Chevallier...	17 févr. 72	....		* 10 avril 72	
AMIGUET, Georges, limonadier, place du Château-d'Eau, 23...		Dufay.......	3 sept. 72				

(1) **ALBERT**, veuve. — Jugement du 26 mars 1872 qui qualifie faillite.

(2) **ALINOT** paie 28 fr. 85 c. %, unique répartition. — Un jugement du 4 avril 1872, le qualifie failli.

(3) **ALLARD** personnellement, doit 45 % en 5 ans, par 1/5, premier paiement le 31 décembre 1873.

(4) **ALLARD, CROMBÉ** et Cie, paient 20 fr. 24 c. %, uniq. répar.

(5) **ALLARD** et **OGÉ**. — Un jugement du 19 septembre 1872 les qualifie faillis. — Ils paient 16 fr. 90 c. %, unique répartition.

(6) **ALLELY** paie 4 fr. 27 c. %, unique répartition.

(7) **ALLIAUME** paie 17 fr. 50 c. % produit de son actif, doit 5 %, en 5 ans, par 1/5, de l'homologation, et est qualifié failli.

(8) **ALLMAYER** doit 30 %, en 6 ans, par 1/6, de l'homologation, et est qualifié failli. — Son prénom est : Benjamin.

2

NOMS, PRÉNOMS, PROFESSIONS ET DOMICILES.		SYNDICS ET AVOUÉS	FAILLITES ET LIQUIDATIONS	DATE DES HOMOLOGATIONS DE CONCORDATS	INSUFFIS⁰ⁿ ET UNIONS.	SÉPARAT°ⁿ DE BIENS JUDICIAIRES.	CONS. JUDIC. ET INTERDICT.
AMIOT, Ambroise-Désiré, peintre, rue Poncelet, 24		Prudhomme	25 janv. 72	10 oct. 72	(1)		
Id. -LOLIVREL, Désiré, peintre, rue Poncelet, 24		Hervel				11 avril 72	
AMNON, march. de beurre, rue Ste-Croix de la Bretonnerie, 25		Sommaire	30 sept. 69	22 déc. 71	(2)		
ANASTAY, L., pharmacien, boulevard Magenta, 105		Dattarol	8 oct. 72			30 nov. 72	
ANCELLET, Jules, limonadier, à Nogent		Hécaen	17 juill. 72				
ANDRÉ, Constant, ex-traiteur, rue Vaugirard, 324		Maillard	23 mars 70		3)		
Id. et MANGIN, mécaniciens, passage Raoul, 18		Legriel	10 oct. 72				
ANDRÉOLI, banquier, rue La Fayette, 54		Moncharville	4 juin 72				
ANDRIEU, marchand de vins et charbons, rue de Belleville, 258		Prudhomme	20 sept. 72			31 oct. 72	
ANDRIEUX, camionneur, à Pantin		Sommaire	26 janv. 72			29 févr. 72	
ANET fils, Louis-Sulpice, menuisier, rue Lantiez, 11	L	Dufay	3 févr. 72	27 juin 72	(4)		
ANGELMANN-ALKAN, Philistal-Émile, détenu, à Poissy		Caron				5 août 72	
ANGLARD, fabricant de parapluies, place Vendôme, 4		Dufay	13 nov. 72				
ANJOUBAULT, Michel, ex-marchand de vins, rue du Temple, 60		Maillard	17 févr. 72			29 févr. 72	
ANNUAIRE ENCYCLOPÉDIQUE. Voir: Sté DE L'ENCYCLOPÉDIE.							
ANSEL-GUEBLIN, Léon, rue Lafayette, 37		Niquevert				22 juill. 72	
ANSEN-SEILER, Michel-Eugène, boulanger, rue Berger, 5		Boutet				23 oct. 72	
Id. Id. Id. Id. Id.		Beaugé	5 août 71		(5)		
ANSIAUX-GÉROMME, Philogène-Joseph, rue Montholon, 28		Gignoux				17 juin 72	
ANTOINE, Edmond, commissionnaire, rue Chabrol, 42		Lamoureux	13 mars 72				
Id. Louis-Alfred, hôtelier, rue de l'Ave-Maria, 10		Sarazin	21 août 72				
Id. Paul, tapissier, rue des Moulins, 22		Pluzanski	25 sept. 72				
Id. et Cie, chocolatiers, rue de Bondy, 74	L	Richard	1er juill. 70		(6)		
Id. -PIERSON, Jacques, rue Constance, 5		Pérard				29 août 72	
Id. -RAMARD, Joseph-Adolphe-Edmond, à Bois-Colombes		Labbé				12 août 72	
ANTONAKIS, commissionnaire, rue d'Hauteville, 33		Pinet	3 oct. 72				
APPAY, Claude, marchand de nouveautés, rue Rambuteau, 14		Lefrançois	20 juin 67	6 avril 68	20 févr. 72		
APPERT, Gabriel-Pierre, corroyeur, rue de Tourtille, 16		Heurtey	20 sept. 71		1er déc. 71	(7)	
ARCHAMBAUT, limonadier, rue Crozatier, 18		Sautton	8 mai 72		(8)		
ARCHENAULT-HUGUET, rue de Buci, 32		Froc				29 déc. 71	
ARCHER, Jacques, vitrier, rue St-Paul, 19	L	Dufay	12 mars 72				
Id. -BARDIER, vitrier, rue St-Paul, 19		Robineau				15 févr. 72	
ARETZ-BLANCHARD, Jean-Guillaume, rue St-Antoine, 100		Bourse				22 juin 72	
ARICOT, Claude Antoine, charpentier, à Nogent		Meillencourt	6 mai 72	30 oct. 72	(9)		
ARIGON et BORDET, confectionneurs, rue du Bac, 10		Chevallier	7 août 72				
ARIZOLI, Jean-Marie, appareilleur, rue Muller, 1		Legriel	3 sept. 72				

(1) AMIOT paie 10 %, dans le mois de l'homologation, 10 % le 1er mai 1873, et 30 % en 5 ans, par 1/5 : 1er paiement le 1er mai 1874.

(2) AMNON paie 9 fr. 03 c. %, produit de son actif et doit 20 % en 4 ans, par 1/4, de l'homologation.

(3) ANDRÉ, Constant, paie 18 fr. 45 c. %, unique répartition.

(4) ANET doit 75 %, en 5 ans, par 1/5, de l'homologation.

(5) ANSEN paie 4 fr. 68 c. %, uniq. répart., et est qual. failli.

(6) ANTOINE et Cie. — Jugement du 21 septembre 1872, qui qualifie faillite.

(7) APPERT. — Réouverture du 16 avril 1872. — Il paie 1 fr. 29 c. %, unique répartition, et est qualifié failli.

(8) ARCHAMBAUT paie 16 fr. 11 c. %, unique répartition.

(9) ARICOT doit 25 %, en 5 ans, par 1/5, de l'homologation.

NOMS, PRÉNOMS, PROFESSIONS ET DOMICILES.	L ind que Liquidation * ASTÉRIQUE Avoué et Insuffisance	SYNDICS ET AVOUÉS	FAILLITES ET LIQUIDATIONS.	DATE DES HOMOLOGATIONS DE CONCORDATS	INSUFFIS ET UNIONS.	SÉPARAT DE BIENS JUDICIAIRES.	CONS.JUDIC. ET INTERDICT.
ARMAN, L., négociant, boulevard Haussemann, 31............		Battarel	2 juill. 08	15 mars 72	(1)		
ARNAUD décédé, entrepreneur, rue des Juifs, 15..		Sauton......	15 janv. 72	....	* 20 févr. 72	(2)	
ARNOULT-LIDOUR, Eugène-Paulin, cité Trévise, 5..	*	Milliot......				31 oct. 72	
ARTANCE, demoiselle, Henri, lingère, rue Daguerre, 28 bis ...		Gauche.....	18 janv. 72	....	* 25 mars 72		
ARVI, dit LARINIÈRE-BOULANGER, C⁻-G⁻, cité Bergère, 12..	*	Picard......				17 mai 72	
ASPE-DEBIALIS, Pierre, rue Lafayette, 213........	*	Cohn......				19 août 72	
Id. Pierre, marchand de nouveautés, rue des Écluses, 47...		Quatremère..	13 oct. 71	(3)			
ASSOCIATION GÉNÉRALE des ouvriers menuisiers en bâtiments.	L	Lamouroux ..	15 janv. 72	....	* 31 mai 72		
ASSOLU, Jean-Pierre-Philippe, porcelainier, à Plaisance.....	L	Heurtey.....	21 déc. 71	(4)			
Id. -BERTRAND, négociant, rue de la Procession, 132....	*	Tissier......				19 nov. 72	
ASTY, Victor, menuisier, rue Nationale, 30..		Bégis......	6 déc. 71	13 mars 72	(5)		
ATOY-DOUMAS, Charles, à St-Denis ..		Prévot......				16 avril 72	
AUB, Ignace, tabletier, rue des Petites-Écuries, 10..........	*	Meilleneourt.	23 mai. 72	....	* 31 juill. 72		
AUBAGNAC-DUMAS, Siméon, quai de la Marne, 30	*	Gignoux.....				28 juin 72	
AUBÉ et DELATRE, nég¹ en huiles, r⁻ N.-D. des Victoires, 50 ..		Copin......	16 nov. 72				
AUBERT, Gustave, sculpteur, rue St-Ferdinand, 21........		Normand....	4 nov. 71	14 mai 72	(6		
Id. Pierre, plumassier, rue du Temple, 16..........	L	Heurtey.....	10 oct. 71	(7)			
Id. épicier, rue Turbigo, 78..............		Barbot......	3 mai 72				
Id. et Cie, marchand de vins, rue Nollet, 105.........		Bégis......	25 avril 72	....	* 29 août 72		
Id. fils, Octave, limonadier, rue St-Honoré, 143......		Chevallier ...	9 janv. 72	..........*	19 févr. 72		
Id. -DAVOINE, Thierry-Nicolas, à Château-Thierry		Daupeley....				6 mai 72	
AUDERTEAU, Auguste, charbonnier, place Pinel, 2...........		Sommaire....	17 juin 72		* 2 oct. 72		
AUBIN, marchand de tissus, rue Lafayette, 76..........	L	Maillard.....	16 oct. 71	....	* 29 févr. 72	(8)	
AUBOURG, Éloi-Charles, marchand de vins, rue de l'Odéon, 20.		Hécaen.....	6 juill. 72	(9)			
AUBRIET-de LOZIÈRES, Jean-François, nég¹ rue d'Argout, 40.	*	Robineau....				21 mars 72	
AUBRY, marchand de vins, rue du Rendez-Vous, 36..........		Pluzansk i..	29 sept 64	(10)			
Id. Charles, fabricant de tissus, rue Nollet, 90.....	L	Dufay......	10 déc. 71	13 août 72	(11)		
Id. Eugène, serrurier, rue de l'Arbalète, 20		Normand....	16 sept. 72	..........*	30 sept. 72		
AUCLAIR, François, mouleur, rue de Charonne, 54...........		Bourbon.....	6 déc. 72				
AUCLER personn¹, Ernest, photographe, rue Rochechouart, 7 ..		Hécaen.....	29 mars 70	28 déc. 71	(12)		
AUCLIN, parfumeur, boulevard Sébastopol, 106..........		Chevillot....	10 oct. 72	....	* 30 nov. 72		
AUDAS-BAUDOUIN, Frédéric-Eugène, rue Rambuteau, 4......	*	Huet........				27 avril 72	
AUDEBAL, Armand, hôtelier, rue Château-d'Eau, 81........	L	Richard.....	29 sept. 71	(13)			

(1) ARMAN paiera l'intégralité des créances, en 6 ans, de l'homologation, par 50 %, à la fin des 3 premières années, et 50 %, à la fin de la sixième, avec intérêt à 4 %, jusqu'à parfaite libération.

(2) ARNAUD. — Réouverture du 9 juillet 1872.

(3) ASPE paie 16 fr. 88 c. %, uniq. répart., et est qual. failli.

(4) ASSOLU a été qualifié failli par jugement du 28 mai 1872.

(5) ASTY paie 9 fr. 94 c. %, produit de son actif, abandonne les créances Blanchet, Lasnier et Marthot, parfait 50 %, et paie la différence en 5 ans, par 1/5.

(6) AUBERT, Gustave, doit 30 %, en 5 ans, par 1/5, de l'homol.

(7) AUBERT, Pierre, a été qualifié failli par jugement du 1ᵉʳ février 1872.

(8) AUBIN a été qualifié failli par jugement du 29 février 1872.

(9) AUBOURG paie 4 fr. 08 c. %, unique répartition.

(10) AUBRY, m⁴ de vins, paie 1 fr. 17 c. %, unique répartition.

(11) AUBRY, Charles, doit 20 %, en 4 ans, par 1/4, à partir de fin août 1872, et est qualifié failli.

(12) AUCLER paie 37 fr. 09 c. %, produit de son actif.

(13) AUDEBAL a été qualifié failli par jugement du 12 octobre 1872. — Il paie 9 fr. 13 c. %, unique répartition.

NOMS, PRÉNOMS, PROFESSIONS ET DOMICILES.	L Liquidation Avoué Insérée à l'Indre	SYNDICS ET AVOUÉS	FAILLITES ET LIQUIDATIONS	DATE DES HOMOLOGATIONS DE CONCORDATS	INSUFFIS. ET UNIONS.	SÉPARAT. DE BIENS JUDICIAIRES.	CONS.JUDIC. ET INTERDICT.
AUBOIS-MAUGÉ, Louis-Antoine, à Stains.................		Bertol......	....	....	....	30 nov. 72	
AUDONNET, Silvain, maçon, avenue du Maine, 12		Copin......	15 nov. 71	15 févr. 72	(1)		
AUDRAY-BUBIER, François-Eugène, rue Geoffroy-Marie, 1....		Bourgoin....	....	....	....	1er févr. 72	
AUERBACH, Hermann, commissionnaire, rue Charlot, 62......		Gauche......	3 juin 70	(2)			
AUGER, demoiselle, Stéphanie, hôtelière, rue Rambuteau, 33 ..		Beaujeu....	18 mai 72				
Id. -FOURNIER, Jules, rue Notre-Dame-Lorette, 1.........		Boulet......	....	....		9 janv. 72	
Id. -PICARD, Louis-Auguste, faubourg St-Honoré, 187		Coche......	....	....		20 août 72	
Id. -MOREL et Cie, md de nouveautés, r. N.-D.-Lorette, 1.L		Monchauville.	13 nov. 71	10 févr. 72	(3)		
AUGOT, Jules, mercier, rue St-Lazare, 70.................	L	Gauche......	27 oct. 71	20 août 72	(4)		
AUGUSTIN, Nicolas, découpeur, rue Vaugirard, 131.........	L	Sautton......	27 déc. 71	5 avril 72	(5)		
Id. -CHAUVILLARD, Alfred-Charles, rue de la Paix, 0.		Benoist......	....	....		11 avril 72	
Id. -VOIGNIER, Charles-Eugène, rue de Laval, 32 bis.		Rousseau.....	....	....		17 juin 72	
AUMANN-DANGE, Jean Ferdinand, rue St-Honoré, 312.......		Thiébault....	....	....		12 nov. 72	
AUMÉTAYER, Pierre, entrepreneur, rue Barbette, 3..........		Beaufour....	12 févr. 72	17 juin 72	(6)		
AUZOLLE-LÉRATON, Duc-Antoine, quai de Gesvres, 12		Coche......	....	....		8 août 72	
AUZOU, Édouard, drapier, rue de Valois, 8................L	L	Sarazin......	10 oct. 71	8 févr. 72	(7)		
AVENET, demlle, tenant bazar, passage Jouffroy, 12 L	L	Beaufour....	11 mars 71				
AVIRON, Jacques, charbonnier, rue Bouvet, 19............		Sommaire....	28 août 72				
AVRIL, Louis-Victor, ex-blanchisseur, à Auteuil...........		Gautier......	25 nov. 72				
AYGALÈNE, plombier, rue du Rainey, 53..................		Maillard.....	15 févr. 72	....	20 mars 72		

B

BABONEAU, William-Arthur, commissionnaire, r. Maubeuge 71 ...		Copin......	30 avril 72	21 août 72	(8)		
BADAIRE, Constant, charron, au Petit-Colombes...........		Legriel......	8 mai 72	1er oct. 72	(9)		
BADER, Henri, lampiste, passage des Trois-Couronnes, 0......		Chevallier ...	13 juill. 72	31 déc. 72	(10)		
BADILLER, Charles, épicier, rue Greneta, 32		Peaugé......	21 mai 72				
BADIN, Pierre-Marie-Désiré, mécanicien, rue Dareau, 41......		Meys........	21 févr. 72	(11)			
BADINIER, Paul, mercier, rue Richelieu, 106.............L	L	Sarazin......	27 déc. 71	8 mai 72	(12)		
BAEHR, Jules-Philibert, fourreur, rue St-Honoré, 131		Beaufour....	8 mars 72	29 juin 72	(13)		
BAGILET-JOURNAL, Antoine, rue de Lappe, 26...........		Gavignot	....	....	....	14 nov. 72	

(1) AUDONNAT est qualifié failli et doit 75 °/₀, en 4 ans, premier paiement 31 mai 1872.

(2) AUERBACH paie 1 fr. 55 c. °/₀, unique répartition.

(3) AUGER, MOREL et Cie paient 10 °/₀ dans le mois de l'homologation, doivent 30 °/₀, en 6 ans, par 1/6, et sont qualifiés faillis.

(4) AUGOT paie 11 fr. 27 c. °/₀ produit de son actif, doit 25 °/₀, en 10 ans, par 1 10, de l'homologation, et est qualifié failli.

(5) AUGUSTIN doit 50 °/₀, en 10 ans, de l'homologation, et est qualifié failli.

(6) AUMÉTAYER doit 30 °/₀, en 5 ans, par 1/5, de l'homologation.

(7) AUZOU paie 7 fr. 22 c. °/₀, produit de son actif, et est qualifié failli.

(8) BABONEAU doit 25 °/₀, en 5 ans, par 1/5, de l'homolog.

(9) BADAIRE doit 35 °/₀, en 5 ans, par 1,5, de l'homologation.

(10) BADER paie 30 °/₀, en 5 ans, par 1/5, de l'homologation.

(11) BADIN paie 11 fr. 03 c. °/₀, unique répartition.

(12) BADINIER doit 15 °/₀, en 5 ans, par 1/3, de l'homologation, et est qualifié failli.

(13) BAEHR doit 32 °/₀, en 4 ans, par 1/4, 1er paiement fin février 1873.

NOMS, PRÉNOMS, PROFESSIONS ET DOMICILES.	Indique Liquidation Avoué et Arbitrages Avoué et Insuffisance	SYNDICS ET AVOUÉS	FAILLITES ET LIQUIDATIONS.	DATE DES HOMOLOGATIONS DE CONCORDATS	INSUFFIS- ET UNIONS.	SÉPARAT⁵ DE BIENS JUDICIAIRES.	CONS. JUDIC. ET INTERDICT.
BAILLAU, ex-restaurateur, rue d'Aboukir, 28...		Barbot......	26 mars 72	(1)			
BAILLET-LUCE, Antoine-Émile, architecte, av. Friedland, 11...		Mouillefarine.	....	....		18 juin 72	
BAILLON-LAPOINTE, Louis-Armand, rue de la Harpe, 11...		Drechou......	....	....		17 déc. 72	
BALATHIER-BRACELONNE, de Fl⁵-Ars, d⁵ de J⁵, r. Sts-Pèr., 30.L		Sautton......	4 janv. 72	13 mai 72	(2)		
BALIN, Victor, droguiste, rue Sévigné, 36.................L		Beaufour	13 nov. 71	5 juill. 72	(3)		
BALL, Charles, commissionnaire, faubourg Poissonnière, 126..		Régis......	27 mai 72	21 déc. 72	(4)		
BALLET, Thérèse-Marie, Voir : BARRÈRE, veuve.							
BALLIN, décédé, entrepreneur de menuiserie, rue Darceu, 61...		Quatremère..	8 mai 70	(5)			
BALZAC, Auguste, commissionnaire, r. Paradis-Poisson., 13...		Richard.....	2 juill. 70	....		2 nov. 71	(6)
BANQUE CATHOLIQUE. Voir : CHÉRON de VILLIERS.							
Id. des ACTIONNAIRES. Voir : MANCEL et Cie.							
BAPICOT, Sylvain, marchand de vins à Clichy.............		Bourbon......	13 mars 72	1er août 72	(7)		
BAPST, Mathieu, marchand à la toilette, rue de Bondy, 63.....		Pluzanski....	10 janv. 72	21 août 72	(8)		
BAPTISTE, Joseph-Constantin, menuisier, rue Marcadet, 111...		Maillard.....	1er juill. 69	(9)			
Id. père, Nicolas, Id. Id.		Barbot......	24 janv. 72	(10)			
BAQUEY fils et JEANTET, entrepreneurs, rue Fessart, 17......		Moucharville.	12 févr. 72	28 juin 72	(11)		
BAR-BARRÉS, Louis-Eugène, rue Laborde, 39...............		Postel......	....	....		8 juill. 72	
BARAT, Jacques, gravatier, rue St-Maur, 210..............		Prodhomme...	22 mars 72				
BARATTE et Cie, commissionn dres, passage Saulnier, 18....		Beaujeu......	6 sept. 72		27 sept. 72		
BARBARÉ, Armand, maçon, rue de la Motte-Picquet, 27.......		Lamoureux....	2 déc. 72				
BARBARIN-MEIGNEN, Louis, rue Dasfroi, 14...............		Dubost......	....	....		23 janv. 72	
BARBE, limonadier, rue Lafayette, 43....................		Barbot......	20 déc. 67		29 févr. 68		
BARBEN, Antoine, maçon, rue Mademoiselle, 91............		Sautton......	30 oct. 71		31 janv. 72	(12)	
BARBERON-AMADIEU, Pierre, faubourg St-Martin, 43........		Devaux......	....	....		8 mars 72	
BARBIER, charpentier, rue du Roi de Sicile, 4..............		Knéringer.....	3 févr. 72				
Id. mercier, place St-Michel, 3....................		Gauche......	31 janv. 72	7 mai 72	(13)		
Id. -HUBERT, Victor, traiteur, rue de Viarmes, 17...		Vivet......	....	....		24 juin 72	
BARD, Jean-Eugène, boulanger, à Joinville.............L		Copin......	12 déc. 71	2 avril 72	(14)		
BARDE, père, marchand de vins, rue Mouton-Duvernet, 4.....		Barbot......	11 sept. 72		20 nov. 72		
BARDIN pers⁵, Louis-Philémon, grainetier, rue Ch.-Laudon, 25.L		Richard.....	2 déc. 71				
BARDOULET, Genev.-Émilie, veuve COTTENEST, r. Legendre, 94.		Chain......	....	....			27 juill. 71
BARELLE, Léon, marchand de charbons, place Jessaint, 5......		Normand.	3 janv. 72				

(1) **BAILLAU** paie 19 fr. 09 c. % unique répartition.

(2) **BALATHIER** doit 10 % le 15 sept. 72, et 10 % le 15 janv. 74.

(3) **BALIN** abandonne son actif à valoir sur le montant intégral des créances qu'il s'engage à payer en 4 ans, par 1/4, du 11 juin 72 et est qualifié failli.

(4) **BALL**, doit 30 %, en 3 ans, par 1/12 de trois mois en trois mois, 1er paiement trois mois après l'homologation.

(5) **BALLIN** paie 5 fr. 18 c. % 2e et dernière répartition.

(6) **BALZAC** paie 5 fr. 62 c. % unique répartition.

(7) **BAPICOT** doit 25 %, en 4 ans, à partir de l'homologation.

(8) **BAPST** doit 30 %, en 4 ans, par 1/4, de l'homologation.

(9) **BAPTISTE** Joseph, paie 5 fr. 56 c. % unique répartition.

(10) **BAPTISTE** père, paie 1 fr. 09 c. % unique répartition.

(11) **BAQUEY** fils et **JEANTET** paieront l'intégralité des créances en 6 ans, par 1/3.

(12) **BARBEN** est qualifié failli par jugement du 31 janvier, 72.

(13) **BARBIER**, mercier, doit 50 % en 5 ans, par 1/5, 1er paiement un an après l'homologation.

(14) **BARD**, Jean, doit 30 % en 6 ans, par 1/12, 1er paiement le 10 novembre 1872 et est qualifié failli.

NOMS, PRÉNOMS, PROFESSIONS ET DOMICILES.	L (indique Liquidation, * Astérisque Avoué et Insuffisance)	SYNDICS ET AVOUÉS	FAILLITES ET LIQUIDATIONS.	DATE DES HOMOLOGATIONS DE CONCORDATS.	INSUFFIS. ET UNIONS.	SÉPARAT. DE BIENS JUDICIAIRES.	CONS. JUDIC. ET INTERDICT.
BARON, mercier, rue Condorcet, 47		Pinet	23 avril 69		* 28 juin 69	(1)	
Id. et Cie, verriers, rue Grange-Batelière, 28		Pascal	30 avril 57	(2)			
Id. et Cie, modistes, rue Richelieu, 104	L	Battarel	25 nov. 71		* 20 avril 73	(3)	
Id. et BORDET, marchands de bois, à Pantin		Chevallier	8 juin 72				
BARRAINE-ALLEMAND, Jacob, rue St-Lazare, 5	*	Servy				29 févr. 72	
Id. -MEYER, Alphonse, march. de vins, rue Blanc. 12	*	Carlot				8 juill. 72	
BARRAS, Jules-Auguste, marchand de bois, rue de l'Ourcq, 32	*	Meilloncourt	12 juill. 72		* 34 déc. 72		
Id. -LE BRUN, Jules-Auguste, Id. Id. 30-32	*	Benoist				16 oct. 72	
BARRAU, A, ex-limonadier, passage Ste-Avoye, 6		Prodhomme	9 oct 72		* 30 nov. 72		
BARRAULT, ex-marchand de vins, boulevard de Clichy, 3		Quatremère	5 juill. 72		* 30 sept. 72		
BARRÉ, Hippolyte. Voir : LANGLOIS et BARRE.							
Id. -VIRON, Élie-Éléonore-Maxime, à Alfort	*	Mercier				8 juin 72	
BARRÉ, veuve J.-Bapt., modiste et hôtelière, pass. Hébert, 1	*	Richard	6 juin 72	23 déc. 72	(4)		
Id. FOURCAND-LORDE, Jean-Édouard, à Bourron	*	Thiébault				13 avril 72	
BARRÈRE, veuve, Joseph, marchande de vins, rue Frochot, 3	*	Meys	26 nov. 72				
BARRIÉ-GUILLERY, Pierre, boulevard Ornano, 27	*	Pijou				17 févr. 72	
BARRIER, limonadier, avenue de Clichy, 128	*	Legriel	25 sept. 72		* 20 nov. 72		
Id. -JUCHEREAU, Gilbert, m⁴ de vins, r. Greneta, 63	*	Caron				2 août 72	
Id. Étienne, marchand de vins, rue Popincourt, 24 et 28		Richard	16 juill. 72				
BARRON, Pierre-Benjamin, marc. de vins, b⁴ Rochechouart, 3	*	Meys	24 juill. 72		* 31 août 72		
BARROY, veuve, f⁰ d'escaliers, rue Chapon, 23		Legriel	12 oct. 72				
BARRUÉ, Prudent, sellier, faubourg Poissonnière, 54		Lamoureux	18 oct. 72				
BARRY, d⁰ dite Camille, modiste, rue Rougemont, 3		Sommaire	9 août 70	(5)			
Id. veuve, Jean-Pierre, terrassière, rue d'Enfer, 29		Lamoureux	14 juin 70	(6)			
BARTEL, Félix, miroitier, rue des Francs-Bourgeois, 20	L	Beaujeu	13 déc. 71	(7)			
BARTH et GEIGER, carrossiers, impasse Javotte		Knéringer	18 oct. 71	(8)			
BASCHET-MARTIN, Léon, avenue Trudaine, 6	*	Henriet				3 juin 72	
BASSY et Cie, A, commissionnaires, faubourg Poissonnière, 29		Copin	29 mars 70	(9)			
BASTIDE, marchand de vins, r. Rébéval, 6 et r. du Dépotoir, 2		Beaujeu	13 janv. 72		* 28 févr. 72		
BAT-VOISIN, Félix-Frédéric, rue du Port-St-Ouen, 47	*	Leboucq				20 févr. 72	
BATAILLE, ex-menuisier à St-Maur		Dufay	12 avril 72		* 31 mai 72		
BATIFOL, négociant, rue du Chaume, 5 et sans domicile connu		Legriel	22 avril 72		* 14 juill. 72		
BATILLOT, Justin-Alexis-Aimé, entrep., boul. des Batignolles 52		Gautier	12 mars 72				
BAUBY, veuve, loueuse de voitures, r. Jean-Robert, 4		Prodhomme	19 mars 72		* 30 mai 72		
BAUCHARD-BARBIER, Édouard, sans domicile connu	*	Barberon				5 août 72	
BAUDINET demoiselle, Louise, march. de vins, av. d'Italie, 150		Barboux	20 août 72		* 30 oct. 72		

(1) **BARON**, mercier. — Réouverture du 30 janvier 72.

(2) **BARON** et Cie, verriers, paient 8 fr. 96 %, 2ᵉ et dernière répartition.

(3) **BARON** et Cie, modistes, sont qualifiés faillis par jugement du 29 avril 1872.

(4) **BARRÉ**, veuve, doit 5 %, en 5 ans, par 1/5, 1ᵉʳ paiement fin janvier 1874.

(5) **BARRY**, dame, paie 4 fr. 67 c. %, unique répartition, après avoir annoncé qu'elle payait l'intégralité.

(6) **BARRY**, veuve, paie 23 fr. 85 c. %, unique répartition.

(7) **BARTEL** paie 2 fr. 32 %, uniq. répart., et est qualifié failli.

(8) **BARTH** et **GEIGER** paient 26 fr. 46 c. %, pour toutes répartitions, et sont qualifiés faillis par jugement du 1ᵉʳ août 72.

(9) **BASSY** et Cie, paient 23 %, en deux répartitions.

NOMS, PRÉNOMS, PROFESSIONS ET DOMICILES.	L Indique Liquidation ⚹ Antérieure Avoué et Insuffisance	SYNDICS ET AVOUÉS.	FAILLITES ET LIQUIDATIONS.	DATE DES HOMOLOGATIONS DE CONCORDATS.	INSUFFIS ET UNIONS.	SÉPARAT DE BIENS JUDICIAIRES.	CONS. JUDIC. ET INTERDICT.
BAUDON, Adèle. Voir : OUDET, veuve.							
Id. ex-épicier, r. St-Placide, 19 et passage Waterloo......		Hécaen......	25 juin 72				
Id. Pierre, teinturier en bois, boul. Richard-Lenoir, 73..	L	Chevillot....	28 sept. 71	19 févr. 72	(1)		
Id. -RÉGNAULT Jean-Baptiste-Séverin, à Pantin.......		Mouillefarine.	....	....		29 juill. 72	
BAUDOIN, Pierre-Édouard-Alfred, corroyeur, rue Pascal, 53.	L	Battarel.....	20 nov. 71	21 mars 72	(2)		
Id. -BRACONNET, Alf.-Pre-Édouard, corroy., r. Pasc., 53. *		Gavignot....				18 sept. 72	
BAUDRY, Dr François, mégissière, rue du Fer-à-Moulin, 31.....		Moys.....	3 oct. 72				
Id. -TILLIER, Cha.-Alexandre, rue de Bergues, 11...*		Bertinot....				22 févr. 72	
BAUDUIN, Jules-Abel, hôtelier, rue Pigalle, 45.............		Beaugé....	18 déc. 72				
BAUER, directeur de journal, rue Pigalle, 39.............		Sautton....	19 août 71	4 mai 72	(3)		
BAUMGARTNER, hôtelier, rue Amelot, 42.............		Bégis....	2 août 72		....	31 oct. 72	
BAYARD de la VINGTRIE, pers', Charles, négoc., r. Vanneau, 37.		Meilloncourt.	15 mars 72				
Id. Id. pers', Arm.-Jos., nég', r. Varennes, 36.		Id........	15 mars 72				
Id. Id. Frs et Cie. Voir : Soc. des usines de M.		Id........	15 mars 72				
BAYELLE, demois., Évelina, md de tulles et dent., r. Richer, 35.		Gauche....	6 janv. 72	(4)			
BAYER, Bernard, teinturier en plumes, rue St-Denis, 357.....		Kaéringer...	29 juill. 72				
BAYLE-POUGEOIS, Étienne, ex-écon. de l'hôp. St-Ant., à Lyon..*		Labbé....				9 juill. 72	
BAZIN, Jules-Adrien, marchand de vins, rue de Rome, 15.....		Chevallier...	28 juin 72				
Id. -MITON, Arsène-Charles, md de nouv., r. Maubeuge, 79..*		Caron.....				30 juill. 72	
BEAUBÉRAUT, Franç.-Pierre-Ét-Eug., entrep. r. d'Alsace, 41.		Dufay.....	14 juin 72				
BEAUDON-BARBICHON, Dieudonné-Delphin, rue Vauvilliers, 11.		Berton....	....	....		14 déc. 72	
BEAUFOUR-LEMONNIER, bijoutier, boulevard des Italiens, 10..		Copin....	29 mars 70		18 juill. 70	(5)	
BEAUMONT-THÉRLIN, Ovide-Edmond, place Royale, 6........*		Roche.....				6 févr. 72	
BEAUSSE, Louis, maçon, à la Varenne-St-Maur.............		Beaujeu....	17 août 72		31 oct. 72		
BEAUVAIS, boucher, rue de l'Église prolongée, à Montrouge...		Devin.....	3 oct. 72		24 déc. 72		
Id. Félix-Paul, fab' d'huiles, r. du Chalet, 4, à Asnières.		Beaujeu....	8 août 72				
Id. Nicolas-Jean-Hospice-Napoléon, boucher, à Arcueil.		Devin.....	11 sept. 67	(6)			
Id. -VINCENT, Charles, r. St-André-des-Arts, 23 ou 13.*		Gavignot....				29 juill. 72	
BEAUVENT-DUCERF, Gilbert, sans domicile connu......... *		Blachez....	....			13 mai 72	
BEAUX jeune et Cie, Stanislas, corroyeurs, à Alfort-Ville......		Gauche....	5 janv. 70	(7)			
BÉCHERET (comte de). Voir : HARYETT-CSUZY.							
BECKER-SYBILLE, Jacques-André, rue de Charenton, 84....*		Bonfils....	....			4 juin 72	
BECUIN, Louis-Prosper, traiteur, à Aubervilliers.............		Battarel....	20 sept. 72				
BEDEL jeune, Jean-Louis, md de nouveautés, r. Oberkampf, 65.		Normand....	27 août 72	10 déc. 72	(8)		
BEDOS, Louis, marchand de vins, boulevard de la Villette, 69...		Meilloncourt.	12 juin 72				
BEDOUT, MONNIER et Cie, commissionn., faubs Montmartre, 33,.		Copin.......	6 déc. 72				
BEER-LEVY, Charles. Voir : CAHEN-LEVY.							

(1) **BAUDON**, Pierre, paie 22 fr. 35 c. %, produit de son actif, doit 5 %, en 5 ans, par 1/5, de l'homolog., et est qualifié failli.

(2) **BAUDOIN** doit 25 % en 5 ans, par 1/5, de l'homolog., et est qualifié failli.

(3) **BAUER** doit 15 % en 5 ans, par 1/5, de l'homologation, et est qualifié failli.

(4) **BAYELLE** paie 4 fr. 43 %, unique répartition.

(5) **BEAUFOUR-LEMONNIER** paie 16 fr. 95 c. %, uniq. répart.

(6) **BEAUVAIS** paie 7 fr. 84 c. %, unique répartition.

(7) **BEAUX** paie 5 fr. 30 c. %, unique répartition.

(8) **BEDEL** doit 20 % en 5 ans, par 1/5, de l'homologation.

NOMS, PRÉNOMS, PROFESSIONS ET DOMICILES. (L indique Liquidation; * Astérisque Avoué et Insuffisance)	SYNDICS ET AVOUÉS	FAILLITES ET LIQUIDATIONS.	DATE DES HOMOLOGATIONS DE CONCORDAT.	INSUFFIS- ET UNIONS.	SÉPARAT- DE BIENS JUDICIAIRES.	CONS. JUDIC. ET INTERDICT.
BEGENNE, Eugène-Désiré, hôtelier, rue de Palestro, 13... *L*	Normand....	21 oct. 71	(1)			
DEGOUL-KOHOTE, Louis-Eugène, à Libourne .... *	Gamard				19 janv. 72	
BEHRENS-BOULANGER, Jean-Frédéric, passage Moutier, 5 ... *	Dusart......				13 févr. 72	
DÉLALBRE, Baptiste, marchand de vins, rue Boursault, 47	Meys........	9 déc. 72				
DELIN-BAZA, Edme-Eugène, employé, rue des Dames, 90......	Gougon				12 nov. 72	
Id. Louis-Nicolas, limonadier, rue St-Lazare, 118	Chevillot ...	1er août 72			20 nov. 72	
DELISSENT-AUBÉ, Paul-Alexis, négoc., r. Grange-Batelière, 13.*	Delacave ...				16 oct. 72	
DELLANGER, Ferdinand-Paul, épicier, à Issy.............. *	Pinet	4 mai 72				
BELLEROCHE, Charles-Louis-Marie, relieur, r. St-Ferdinand, 22.	Id........	27 sept. 72		14 nov. 72		
BELLEVILLE-ROULIN, Gustave, rue de la Corderie, 8.........	Bourgoin....				7 mai 72	
BELLIER, Achille-Henri, f.d d'eau de selz, b.d Richard-Lenoir,17.*L	Meilleancourt..	8 nov. 71	5 avril 72	(2)		
Id. -PIACENTINI, Achille-Henri, Id. Id. *	Derré				4 janv. 72	
DELLIN-LAINIER, Jean-Claude, mod., r. St-Dom.-St-Germ., 4. *L*	Gautier....	12 févr. 72	3 juin 72	(3)		
DELLOCHE, Henri-François, produits chimiques, à Gentilly	Id........	1er mars 72	18 juill. 72	(4)		
BELMAS, limonadier, à Vincennes..........................	Sautton ...	17 juill. 72		(4 bis)		
BELOT, Charles, maison de santé, avenue Malakoff, 133.......	Copin......	25 juin 72	8 nov. 72	5,		
DELOTTE et Cie, Francis, banquiers, boul. de Strasbourg, 11...	Heurley	29 oct. 72				
BELUZE Id. Jean-Pierre, banquiers, rue Magnan, 22......	Id........	10 févr. 69		6,		
BELZANNE, Pierre, entrep.r de travaux publics, r. St-Maur, 43.*L*	Meilleancourt..	30 déc. 71	10 août 72	(7)		
DENARD, Louise-Joséphine. Voir: PETRÉQUIN, veuve.						
Id. Alfred-François-René, corroyeur, aven. d'Orléans, 122.	Sommaire ...	7 mai 70	(8)	•		
DENOIST, marchand de vins, rue de Grenelle, 151 bis........*L*	Lamoureux...	26 sept.-71	9·			
Id. -LEBOUTELLIER, loueur de voit., r. Gren.-St-G. 149.*	Tissier				8 juill. 72	
DENOIT et Cie, René-Paul, appareill. à gaz, r. Fontaine-au-Roi, 39.	Chevallier...	26 août 70		18 déc. 70		
Id. -CATLIN, dit DULAURIER, m.d de charbons, r. Chap., 160.	Id........	20 août 70				
Id. -MECOY, Désiré-Emmanuel, rue St-Séverin, 6.........*	Delessart ...				17 juin 72	
BÉRANGER aîné, comm.re r. du Commerce, 71 et Réaumur, 7...	Beaujeu....	22 juin 72		31 août 72		
Id. -CHENOST, Charles, rue Clignancourt, 18	Archambault.				16 avril 72	
BÉRARD, Pierre, plumassier, rue des Déchargeurs, 11.......*L*	Sautton ...	7 nov. 71	7 mars 72	(10)		
Id. -DANVILLE, Etienne-André, rue Marcadet, 224......*	Blachez				12 août 72	
BERAULT, Jeanne. Voir: MAGNIEN, dame.						
BERCHON des ESSARDS, nég.t, r. Lafayette, 35, sans dom. connu.	Barhoux.....	6 sept. 72				
BERDUX, Henri, marchand de bois, rue de Citeaux, 16 ....*L*	Sarazin.....	21 nov. 72		(11)		
BERGER, Joseph. Voir: MICHON, dit BERGER.						

(1) **BEGENNE** est qualifié failli par jugement du 11 juillet 72.

(2) **BELLIER** doit 50 %, en 6 ans, de l'homol., et est qualifié failli.

(3) **BELLIN-LAINIER** paiera l'intégral. des créances en 10 ans, par 1/10, de l'homologation.

(4) **BELLOCHE** doit 30 %, en six paiem. égaux de 5 % chacun, le 1er fin décembre 72, et est qualifié failli.

(4 bis) **BELMAS** paie 41 fr. 93 c. %, unique répartition.

(5) **BELOT** doit 40 %, en 3 ans, par 1/3, de l'homologation.

(6) **BELUZE** et Cie paient 6 fr. 86 %, 2e et dernière répartition.

(7) **BELZANNE** paie 5 % produit de son actif, et doit 35 %, en 5 ans, par 1/5, de l'homologation.

(8) **DENARD** paie 7 fr. %, unique répartition.

(9) **BENOIST**, marchand de vins, a été qualifié failli par jugement du 18 juin 1872.

(10) **BÉRARD** doit 30 %, en 3 ans, par 1/3, de l'homologation, et avec qualification de faillite.

(11) **BERDUX** paie 1 fr. 32 c. %, unique répartition, et est qualifié failli.

NOMS, PRÉNOMS, PROFESSIONS ET DOMICILES.	Indique Liquidation * astérisque Avoué et Transflisence	SYNDICS ET AVOUÉS	FAILLITES ET LIQUIDATIONS.	DATE DES HOMOLOGATIONS DE CONCORDATS	INSUFFIS- ET UNIONS.	SÉPARAT- DE BIENS JUDICIAIRES.	CONS. JUDIC. ET INTERDICT.
BERGIER, entrepreneur, bᵈ Magenta, 142, et domicile inconnu..		Beaujou.....	15 juin 72				
Id.　FRANÇOIS, mᵈ de bois de sciage, av. de la Roquette, 24.	L	Dufay.....	7 déc. 71	13 avril 72	(1)		
BERGUE, ADOLPHE, serrurier, rue Petrelle, 24	L	Legriel.....	23 sept. 71	30 mai 72	(2		
BERJEAUT, JEAN, couvreur, boulevard de Clichy, 20		Gauche...	20 mai 70	....		28 févr. 72	(3)
BERLAND, MARIE. Voir : CHAUDRON, veuve.							
BERLIN aîné, gantier, rue Mandar, 8. L		Hourtey.....	3 janv. 72	(4)			
BERLIRE décédé, fumiste, rue d'Argout, 21 .....*		Id.....	3 sept. 72				
BERNADAC-CHAUMET, PAUL-FRANÇOIS-MARIE, av. d'Essling, 10.*		Mouillefarine.	....			23 mars 72	
BERNARD, agent d'affaires, boulevard Magenta, 16		Barboux..	8 août 72	....	* 30 oct. 72		
Id.　A., tabletier, rue d'Angoulême, 50		Knéringer...	9 août 72	....	* 30 sept. 72		
Id.　ANTOINE, restaurateur, rue St-Martin, 215.......L		Beaufour..	23 oct. 71	11 mars 72	(5		
Id.　CLÉMENT, café concert, rue de la Gaîté, 20		Barboux..	15 févr. 72				
Id.　père et fils, lampistes, rue de la Cerisaie, 4 ..		Beaujou..	10 févr. 70	(6)			
Id.　-BERET, JACQUES, à Clichy		*Delessard....				13 sept. 71	
Id.　-FÉLIX, ADOLPHE, boulevard de Strasbourg, 63.....		*Mesnier...				10 déc. 72	
BERNHEIM, SYLVAIN, march. de chevaux, av. Grande-Armée, 19.		Gautier...	18 oct. 72				
Id.　-SAUPHAR, SYLV., mᵈ de chev., av. Gᵈᵉ-Armée, 19.*		Postel-Dubois..				29 oct. 72	
BERROD, dᶫᶫᵉ ÉLISA, ex-march. de vins, rue de Turenne, 112.L		Legriel...	7 nov. 71	* 28 mars 72	(7)		
BERTEAUX, JOSEPH-THÉOPH., art. de photogr., r. V.-du-Temp. 24.		Hécaen..	26 janv. 72	25 juin 72	(8)		
BERTÈCHE, RAOUL-J.-BAPTISTE, peintre, rue Guichard, 2.....		Pluzanski...	7 août 72				
BERTHAULT, maçon, rue Douley, 15		Normand...	29 janv. 72	....	* 29 févr. 72		
BERTHE, ÉMILE-AUGUSTE, mᵈ de nouveautés, faub. St-Denis, 27 .		Beaugé..	24 sept. 72	24 déc. 72	(8 bis)		
BERTHEAU, AUGUSTE, grainetier, rue de Lyon, 17		Gautier...	27 août 72				
BERTHELON, décédé, ex-boulanger, rue Beaubourg, 17.......		Beaugé..	4 oct. 72				
BERTHELOT. Voir : DUBREUIL et DERTHELOT.							
BERTHEVILLE, VICTOR, chiffonnier, rue Petit-Carreau, 24		Copin..	20 juin 72	5 oct. 72	(9)		
BERTHIER, ADOLPHE, machines à coudre, r. des Écl.-St-Martin, 5.		Beaufour..	23 mai 72	....	* 29 juin 72		
Id.　et Cie, Cᵐᵉˢ, machines à coudre, r. de Montreuil, 82.		Copin...	12 juill. 72				
BERTHOU, LOUIS, marchand de vins, passage du Renard, 12...		Prudhomme..	13 nov. 71	19 févr. 72	(10)		
BERTIN, JEAN, marchand de bois, quai de Seine, 83		Dufay.....	5 déc. 72				
Id.　dame, THÉODORE, cordonnière, r. de la M.-Ste-Gen. 5..		Meys...	8 mars 72	(11)			
Id.　VILLAIN-BINARD, EUGÈNE-MARIE, av. Gᵈᵉ-Armée, 17.*		Benoist..				16 avril 72	
BERTON, AUGᵗᵉ-JOSEPH, ex-fᵗ de porte-monnaie, r. St-Martin, 326.		Prudhomme..	6 juin 72	....	* 29 juin 72		
Id.　-BIESSENBERGER, ALOÏSE, rue des Fourneaux, 12..*		Violette..				29 juill. 72	
Id.　EUGÈNE-JACQUES. Voir : LABOURET et Cie.							

(1) BERGIER doit 40 %, en 5 ans, par 1/5, de l'homologation, et est qualifié failli.

(2) BERGUE paiera le montant des créances en 10 ans, par 1/10, et est qualifié failli.

(3) BERJEAUT paie 1 fr. 63 c. %, unique répartition.

(4) BERLIN aîné. — Liquidation annulée par jugᵗ du 20 févr. 72.

(5) BERNARD, ANTOINE, doit 30 %, en 6 ans, par 1/6, de l'homologation et est qualifié failli.

(6) BERNARD, père et fils, paient 11 fr. 62 c. %, uniq. répartit.

(7) BERROD, dᶫᶫᵉ, a été qualifiée faillie par jugᵗ du 28 mars 72.

(8) BERTEAUX doit 30 %, en 5 ans, par 1/5, de l'homologation.

(8 bis) BERTHE paie 50 %, en 5 ans, par 1/5.

(9) BERTEVILLE doit 25 %, en 5 ans, par 1/5, de l'homologat.

(10) BERTHOU doit 50 %, en 4 ans, par 1/8, de l'homologation.

(11) BERTIN, dame, paie 11 fr. 30 %, unique répartition.

NOMS, PRÉNOMS, PROFESSIONS ET DOMICILES.	Indique Liquidation * astérisque Avoué et Insuffisance	SYNDICS ET AVOUÉS	FAILLITES ET LIQUIDATIONS.	DATE DES HOMOLOGATIONS DE CONCORDATS	INSUFFIS^ces ET UNIONS.	SÉPARAT^on DE BIENS JUDICIAIRES.	CONS. JUDIC. ET INTERDICT.
BERTRAND, Alphonse, loueur de voitures, à Montreuil	L	Gautier	21 août 71	15 janv. 72	(1)		
Id. Jules, commissionnaire, rue Dieu, 17		Lamoureux	23 mars 72		(2)		
Id. -SOLAIRE, Antoine-Paul-Albert, r. des Martyrs, 15.	*	Des Étangs				16 nov. 72	
Id. et Cie, Lucien-Ch., droguiste, r. Ste-Cr.-Bretonn., 5.		Quatremère	11 juin 07	14 févr. 68	(3)		
Id. -MAËS, Jules-Pascal-Victor, rue de Bondy, 32	*	Levesque				17 déc. 72	
BERY, Jean-Narcisse, bijoutier, rue du Temple, 79		Heurtey	16 mars 72				
Id. -GIRARD, Jean-Narcisse, bijoutier, rue du Temple, 79	*	Boudin				8 juill. 72	
BESANÇON, boucher, à Asnières		Bourbon	30 juill. 72		* 30 nov. 72		
Id. Alphonse, limonadier, rue Pont-Louis-Philippe, 23.		Gauche	12 mars 72		* 30 avril 72		
BESSA, Alfred, parfumeur, rue de Sèze, 4		Prodhomme	31 juill. 72		(4)		
BESSE, Annet, loueur de voitures, rue d'Autancourt, 19.		Meilloncourt	20 sept. 72				
BESSET, négociant, boulevard de Bercy, 64		Hécaen	20 août 68		* 31 oct. 72		
BESSON, Alcide, traiteur, rue Geoffroy-l'Asnier, 19.		Chevallier	12 août 72		* 31 août 72		
Id. Eugène, commissionnaire, rue Marie-Antoinette, 6		Devin	21 nov. 72		* 28 déc. 72		
Id. Michel-Frédéric, ex-chemisier, rue de Lancry, 57	L	Meilloncourt	16 août 71	15 févr. 72	(5)		
BETHMONT, Michel-César, fabric. de cidre, r. Vandrezanne, 35.	L	Maillard	30 sept. 72	7 mars 72	(6)		
BÉTOUILLE père, ex-fabric. de billards, rue Oberkampf, 93		Sautton	23 mai 72		* 28 août 72		
BÉTRIX-BRETHONNEAU, Émile, rue Rochechouart, 45.		Cullerier				24 déc. 72	
BEUDIN-BRILLARD, Auguste-Jules-Étienne, r. du Fouare, 19.	*	Devaux				17 juin 72	
BEUTIER, Joseph, couvreur, quai Valmy, 91	L	Sarazin	5 déc. 71	2 mai 72	(7)		
BÉVALOT, Pierre, marchand de vins, passage Falampin, 17		Copin	14 mars 72		* 28 mars 72		
BEYMOND, Auguste, ferrailleur, à Ivry		Richard	30 nov. 72				
BIBAL-BORDIER, Jean-Antoine, rue de Meaux, 8, hôtel Viguier.	*	Mercier				9 nov. 72	
BIBUS, Joseph, tailleur, rue Richelieu, 19		Chevallier	19 mars 72		* 4 avril 72		
BICHAT-HECQUET. Voir : ESTIBAL-HECQUET.							
BIDON-ROCHE, Basile, garçon m^d de vins, rue de Provence, 80.	*	Duval				13 févr. 72	
BIDOUILLAT, Edme, tapissier, faubourg St-Antoine, 12.		Sautton	5 janv. 72	15 avril 72	(8)		
Id. -DIEU, Edme, tapissier, faubourg St-Antoine, 12.	*	Flat				17 févr. 72	
BIED, Léon-Henri, entrep^r de fêtes publiques, b^d St-Jacques, 44.		Sautton	9 avril 72	5 oct. 72	(9)		
BIEHLER, Jean-Baptiste, traiteur et hôtelier, à Passy		Richard	10 janv. 69		(10)		
Id. -CHEVROLAT, J.-Bapt., garç. m^d de vins, r. M^tre, 4.		Protat				29 juill. 72	
BIENAIMÉ, Albert, m^d de machines à coudre, r. des Carrières, 5.		Battarel	30 oct. 72				
BIENDINÉ-FROIDURE, Alfred, rue Vanneau, 70	*	Clériot				16 janv. 72	
BIERRE, Étienne, chapelier, boulevard Beaumarchais, 7	L	Barbot	16 févr. 72		* 31 mai 72		
BIGI, Charles, marchand de tableaux, rue Halévy, 16		Beaugé	9 févr. 72	27 mai 72	(11)		

(1) BERTRAND, Alphonse, doit 55 %, en 5 ans, de l'homolog.

(2) BERTRAND, Jules, paie 20 %, première répartition.

(3) BERTRAND et Cie paient 5 fr. 16 c. %, troisième et dernière répartition de l'actif abandonné.

(4) BESSA paie 4 fr. 42 c. %, unique répartition.

(5) BESSON, Michel, paie 10 fr. %, unique répartition, doit 15 %, en 3 ans, par 1/3, de l'homolog., et est qualifié failli.

(6) BETHMONT doit 25 %, en 5 ans, par 1/5, de l'homologation, et est qualifié failli.

(7) BEUTIER paie l'intégralité des créances en 10 ans, par 1/10, de l'homologation, et est qualifié failli.

(8) BIDOUILLAT doit 45 %, en 5 ans, par 1/10, de 6 mois en 6 mois, avec la caution de sa femme.

(9) BIED doit 30 %, en 5 ans, par 1/5, de l'homologation.

(10) BIEHLER paie 14 fr. 11 c. %, unique répartition.

(11) BIGI, Charles, doit 15 %, en 5 ans, par 1/5, de l'homolog.

NOMS, PRÉNOMS, PROFESSIONS ET DOMICILES.	Liquidation Judiciaire Avoué et Insuffisance	SYNDICS ET AVOUÉS	FAILLITES ET LIQUIDATIONS.	DATE DES HOMOLOGATIONS DE CONCORDATS	INSUFFIS.ces ET UNIONS.	SÉPARAT.ns DE BIENS JUDICIAIRES.	CONS. JUDIC. ET INTERDICT.
BIGI et Cie, Cuiers-Babolin, chauffage et éclairage, r. Halévy, 16..		Beaugé......	23 févr. 72	27 mai 72	(1		
BIGNAUD-JACQUEMARD-FLOUCQUET, Juste, r. des F.-St-Thom., 4.*		Foussier.....	....	....	....	3 févr. 72	
BIGORNE, Léon, épicier, rue Nationale, 55 bis...............		Devin......	20 avril 72	....	* 15 mai 72		
BIGOS, coiffeur, faubourg St-Honoré, 14................	L	Hécaen.....	8 nov. 71	(2)			
BIGUET-NÉHA, Frédéric-Jean-François, sans domicile connu.*		Petit......	....	....	....	8 juill. 72	
BILLARD, Paul-Auguste, mégissier, rue de la Glacière, 99...L		Bégis......	4 nov. 71	(3)			
BILLAULT, dlle, lingère, pass. Verdeau, 20 et boul. Clichy, 60..		Hécaen......	13 mars 72	....	* 30 avril 72		
BILLET, Joséphine. Voir : MASSON, veuve.							
BILLIET, Ernest, costumier, rue Neuve-Petits-Champs. 13...L		Hourtey.....	20 sept. 71	(4			
BILLOIR décédé et Cie, entrep.rs de construction, r. Marcadet, 212.		Copin......	1er nov. 71				
BILLON, Philippe-Joseph, ex-blanchisseur, à Doulogne......L		Sarazin.....	23 déc. 71	(5)			
BILLOTTE, Nicolas-Désiré, traiteur, rue des Poissonniers, 6...		Logriel.....	10 janv. 70	17 mai 70	10 oct. 71	(6)	
Id. · —JAMAULT, Désiré, rue des Jardiniers, 6...		Guillemon...	....	....	....	3 déc. 72	
BILLOUT, Adolphe, confectionneur, boulevard Sébastopol, 79...		Quatremère..	12 mai 68	(7)			
BIN, veuve Charles, lingère, rue du Bac, 122		Barboux.....	23 févr. 72	18 juill. 72	(8)		
BINOIT, Philibert, marchand de cuirs, rue des Dames, 104....		Pinet......	3 août 71	(9)			
BION, Émile, négociant, r. Lepelletier, 20 et av. Parmentier, 10.		Barbot.....	24 août 72				
BIONNIER, Pierre, tailleur, rue Neuve-Petits-Champs, 64.....L		Maillard....	19 sept. 71	(10)			
BISCARA-DEPERT, Louis-Charles, rue Lamartine, 5..........		Cesselin....	....	....	....	31 déc. 72	
BISON, Jean-Alphonse, md. de parapluies, r. Nve-Pte-Champs, 39.		Battarel....	10 oct. 72				
BISTON-CORDOUAN, Guillaume, rue Rochechouart, 21........		Engrand.....	....	....	....	24 juin 72	
BIVERT-BRICE, Henri, rue Geoffroy-l'Angevin, 7...........		Pérard.....	....	....	....	29 févr. 72	
BIZOT, Auguste-Nicolas, limonadier, rue St-Denis 18.....L		Meys......	10 nov. 71	(11)			
BLAD père, Salomon, ex-peintre, rue Rochechouart, 49.......		Lamoureux..	20 avril 70				
BLADIER, traiteur, avenue Richerand, 4...............		Normand....	16 janv. 72	(12)			
Id.　Jean, tôlier, f.ours St-Martin, 46 et r. Bouchardon, 10..		Beaujeu.....	2 mai 72	....	* 29 juin 72		
BLAIN, Étienne-Adolphe, carrossier, cité Bosquet, 9.......		Chevillot...	26 avril 72	13 déc. 72	(13)		
Id.　Élie-Delphin, épicier, rue Pernetty, 57............L		Chevallier...	18 déc. 71	1er mai 72	(14)		
Id.　—MARÉCHAL　Id.　Id.　Id.　...........		Husson.....	....	....	....	13 janv. 72	
Id.　des CORMIERS, Jean-Bapt.-Henri, r. de l'Université, 83..		Prévot.....	....	....	....	31 juill. 72	
BLANC, pelletier, rue Oberkampf, 125.................L		Meys......	22 nov. 71	....	* 16 avril 72	(15)	
Id.　Jean-Alexandre, imprimeur, avenue des Ternes, 63...L		Beaujeu.....	31 janv. 72	....	* 31 mai 72		
Id.　—MIROU, Martin-Laurent, rue d'Orléans, 49..........		Maugin.....	....	....	....	27 mai 72	

(1) BIGI et Cie doivent 20 %, en 5 ans, par 1/5, de l'homologat.

(2) BIGOS a été qualifié failli par jugement du 21 juin 1872.

(3) BILLARD a été qualifié failli par jugement du 8 février 1872.

(4) BILLIET a été qualifié failli par jug. du 26 novembre 1872.

(5) BILLON a été qualifié failli par jugement du 20 juin 1872.

(6) BILLOTTE paie 17 fr. 05 c. %, unique répartition.

(7) BILLOUT paie 3 fr. 92 c. %, unique répartition.

(8) BIN, veuve, paiera l'intégral. des créances en 10 ans, par 1/10.

(9) BINOIT paie 0 fr. 38 c. %, unique répartition.

(10) BIONNIER paie 3 fr. 20 c. %, unique répartition, et est qualifié failli.

(11) BIZOT a été qualifié failli par jugement du 23 avril 1872.

(12) BLADIER paie 1 fr. 44 c. %, unique répartition.

(13) BLAIN, Étienne, doit 15 %, en 5 ans, par 1/5, de l'homolog.

(14) BLAIN, Élie, doit 30 %, en 6 ans, par 1/6, de l'homolog., et est qualifié failli.

(15) BLANC, pelletier, a été qualifié failli par jugement du 16 avril 1872.

NOMS, PRÉNOMS, PROFESSIONS ET DOMICILES.	Indique Liquidation * astérisque Avoué et Incessionne	SYNDICS ET AVOUÉS	FAILLITES ET LIQUIDATIONS.	DATE DES HOMOLOGATIONS DE CONCORDATS	INSUFFIS^{ts} ET UNIONS.	SÉPARAT^{ns} DE BIENS ET JUDICIAIRES.	CONS. JUDIC. ET INTERDICT.
BLANC-MASSON, Pierre, rue Oberkampf, 125	*	Berton				9 janv. 72	
Id. -VERDIER, Noël-Jules-Adolphe, rue d'Aubervilliers, 30.	*	Lebrun				9 avril 72	
BLANCAN-BARRAULT, Jean-Baptiste-Édouard, à New-Yorck	*	Clériot				12 août 72	
BLANCHET, m^d de vins, r. Cr.-des-P^{ts}-Ch., 19, et r. Bouret, 7		Dufuy	9 avril 72				
Id. Isidore, maçon, rue d'Alleray, 89		Legriel	10 janv. 72		* 29 juin 72		
BLANDAN, demois., Adèle-Étiennette, hôtel.. b^d du Temple, 50.	L	Normand	29 déc. 71	21 mai 72	(1)		
BLANDIN François. marchand de vins, rue Ste-Appoline, 20		Knéringer	22 févr. 72	20 juin 72	(2)		
Id, PÈNE, Alexandre, rue de l'Évangile, 1	*	Pijon				29 juill. 72	
BLAVETTE, Auguste, épicier, rue Vaugirard, 134 (bis)	L	Prodhomme	20 oct. 71	7 mars 72	(3)		
BLAY, Émile. Voir : PETIT, BLAY et Cie.							
BLAYE fils, Jules-Pierre-Ansène, papelier, rue Caumartin, 29		Chevallier	9 nov. 72				
Id. -BILLET, Id. Id. Id.	*	Violette				3 déc, 72	
BLÉS, demoiselle, Palmyre, couturière, rue de Douai, 3		Legriel	21 oct. 72		* 26 nov. 72		
BLEUZE, Paul. Voir : CAILLAUCE et BLEUZE.							
BLIAUX, Auguste-Victor, vinaigrier, r. Campagne-Première, 15.	L	Heurtey	26 sept. 71	6 févr. 72	(4)		
BLIN, François-Stanislas, hôtelier. rue J.-J.-Rousseau, 70		Gautier	6 juill. 69		(5)		
Id. Onésime-Remy, avenue de Clichy, 78	*	Langeron					25 janv. 72
Id. Victor-Adrien, dit Simon, ex-menuisier, r. de la Lune, 43.		Gauche	13 août 72		* 26 sept. 72		
BLOCH fils, pcaussier, r. Montorgueil, 69, et b^d St-Michel, 125.	L	Chevillot	24 oct. 71		* 28 févr. 72	(6)	
BLON, Ch. marchand de vins, rue Madame, 45		Barboux	22 mai 69	20 oct. 69	* 31 juill. 72		
BLOND, limonadier, boulevard de Strasbourg, 8		Pluzanski	17 juill. 72				
BLONDEL, Étienne-Eugène, imprimeur sur étoffes, à Puteaux		Heurtey	18 oct. 71	31 août 72	(7)		
BLONDIN, veuve, Jean-Alex., ex-fab. de vis, boul. Villette, 165.		Meys	9 févr. 72		* 29 févr. 72		
BLOQUÉ-MAROT, Joseph-Casimir, sans domicile connu	*	Fitremann				5 mars 72	
BLOT, Eugène, parfumeur, faubourg du Temple, 92	L	Prodhomme	16 déc. 71	26 avril 72	(8)		
Id. Sylvain, maçon et m^d de vins, r. Croix-Nivert, 130-132		Id	1er déc. 60				
BLUM, Kauffmann, colporteur, rue Sévigné, 12	L	Sarazin	25 août 71	5 mars 72	(9)		
Id. Voir : DAVID et BLUM.							
Id. -SCHMOLLE, David, rue Hauteville, 17	*	Martin				19 août 72	
BOCCARD, Jacques, marchand de vins, rue St-Denis, 379	L	Legriel	27 oct. 71	(10)			
BOCHER, Amable-C^{ve}, papiers peints, quai G^{ds}-Augustins, 17		Beaufour	10 févr. 72	19 juill. 72	(11)		
BOCKAIRY et Cie, m^{ds} de nouveautés, boul. des Capucines, 37.	L	Devin	22 févr. 72	29 juin 72	(12)		

(1) **BLANDAN** doit 40 %, en 6 ans, de l'hom., et est qual. failli.

(2) **BLANDIN** paiera l'intégral. des créances en 6 ans, à partir de l'homologation.

(3) **BLAVETTE** doit 40 % en 6 ans de l'homologation, et est qualifié failli.

(4) **BLIAUX** paie 11 fr. 10 c. % produit de son actif, s'engage à parfaire l'intégral. des créances en 10 ans, par 1/10, de l'hom. et est qualifié failli.

(5) **BLIN** paie 28 fr. 24 c. %, unique répartition.

(6) **BLOCH** fils. — Réouverture du 24 août 72. — 28 février 72 qualification de faillite.

(7) **BLONDEL** doit 25 %, en 5 ans, par 1/5, de l'homolog., et est qualifié failli.

(8) **BLOT** doit 25 %, en 6 ans, par 1/6, de l'homologation. M. Henri-Eugène BLOT fils, caution. — Il a été qualifié failli par jugement du 26 avril 1872.

(9) **BLUM** doit 25 %, en 5 ans, par 1/5, de l'homologation, et est qualifié failli.

(10) **BOCCARD** a été qualifié failli par jugement du 9 mars 1872.

(11) **BOCHER** doit 40 %, en 10 ans, par 1/10, de l'homologation.

(12) **BOCKAIRY** et Cie paieront l'intégralité des créances, en 10 ans, par 1/10, premier paiement 31 décembre 1872.

NOMS, PRÉNOMS, PROFESSIONS ET DOMICILES.	Indique Liquidation judiciaire • Astérisque Avoué et Insuffisance	SYNDICS ET AVOUÉS	FAILLITES ET LIQUIDATIONS.	DATE DES HOMOLOGATIONS DE CONCORDATS	INSUFFIS^{es} ET UNIONS.	SÉPARAT^s DE BIENS JUDICIAIRES.	CONS. JUDIC. ET INTERDICT.
BOETZEL, ALBERT, direct' du journal la Religion, r. Drouot, 17.		Mailloncourt.	9 oct. 72	....	* 11 déc. 72		
BŒUF, PHILIPPE-CHARLES, confectionneur, rue Mulhouse, 13 ..L		Dourbon.....	20 oct. 71	15 janv. 72	(1)		
BOGI, JEAN, loueur de voitures, rue Terrasse, 21		Battarel	12 mars 72	18 juill. 72	(2)		
BOINON, JACQUES, coiffes p' chapellerie, r. des Gravilliers, 10...		Heurtey	5 avril 72				
BOISREMONT (DE). Voir: DELOUCHE DE BOISREMONT.							
BOISSARD. Voir: PICHON et BOISSARD.							
BOISSEAU jeune, ÉLIE-AUGUSTE, fab. cristaux, à Choisy-le-Roi..L		Saution	8 août 71	6 févr. 72	(3)		
BOISSIER, CHARLES. Voir: DERBIER et BOISSIER.							
BOITAL, FABIUS, négociant, boulevard Malesherbes, 218.......		Gauche.....	31 mai 67		13 août 68	(4)	
BOITARD-PRÉSIDY, LÉONCE-PAUL, boulevard St-André, 4.......	*	Levesque.....	....			27 août 72	
BOITELLE, corroyeur, b⁴ de la Chapelle, 18 et sans dom. connu.		Beaugé.....	31 janv. 70	(5)			
Id. LÉON, march. de comestibles, avenue Parmentier, 22.		Chevillot	20 mars 72		* 30 avril 72		
BOLARD, hôtelier, avenue d'Eylau, 117		Richard.....	14 juin 70	(6)			
BONAMOUR-LEBAUD, FRANÇOIS, quai Bourbon, 25		Masse.....				13 mai 72	
BONANGE-LADESSE, FRANÇOIS, tailleur, rue Condorcet, 36.......	*	Masse.....				27 avril 72	
BONCOUR-ABRAHAM, SÉVÈRE-MICHEL, rue Berwick, 8	*	Carlot.....				29 juill. 72	
BONGARDS et LIBERT dame, cordonniers, boul. de Clichy, 81..		Sarazin.....	16 oct. 72		* 30 nov. 72		
BONGUE, ALFRED-JOSEPH, maçon, rue du Cherche-Midi, 116....		Heurtey.....	13 avril 69				
BONNAFOUS, m⁴ de vins, r⁽ᵉ⁾ de Châtillon, 10 et r. Lafayette, 144.		Beaujeu.....	13 mai 72		* 29 juin 72		
Id. HENRI, march. de vins, rue St-Antoine, 110 bis...L		Pinet.....	23 nov. 71	10 avril 72	(7)		
BONNAIRE, AUGUSTE-ÉLOI, traiteur, rue des Usines, 2........L		Beaujeu.....	29 sept. 71	(8)			
BONNARD, corsetier, rue Turbigo, 40.................L		Meys.....	22 sept. 71	(9)			
Id. AUGUSTE, menuisier, rue de la Glacière, 103		Lamoureux ..	4 août 72				
Id. et THÉVENOT, menuisiers, rue de la Glacière, 103 ..		Lamoureux ..	7 août 72				
Id. -NOBÉCOURT, Aug¹ᵉ, men⁽ᵉ⁾, r. de la Glac., 103 et 105.	*	Berton	....			25 sept. 72	
BONNAT, MARIE-MICHEL, marchand de vins, boul. d'Enfer, 34..L		Barbot.....	26 août 71	(10)			
BONNAUD, maçon, rue Puebla, 147...		Pinet.....	18 févr. 70	(11)			
Id. porcelainier, rue des Moines, 47		Knéringer.....	20 sept. 72		* 26 nov. 72		
BONNEAU, PIERRE, marchand de vins, cours de Vincennes, 56..L		Normand.....	18 sept. 71	15 févr. 72	(12)		
BONNEFOY-DOURGERIE, LOUIS-ALFRED, rue Rambuteau, 59 ...		Roche.....	....			6 avril 72	
BONNET, loueur de forges motrices, rue St-Bernard, 25 L		Legriel.....	9 déc. 71	26 mars 72	(13)		
Id. -LECANNELIER, JEAN-PIERRE, m⁴ de vins, à Villejuif.	*	Girauld.....	....			4 juin 72	
Id. Id. Id. Id....		Pinet	28 août 72	....	* 24 déc. 72		
BONNETAT-OLLIVIER, J..B⁽ᵉ⁾, rue de Lappe, cour St-Louis		Coche.....	....			21 mars 72	

(1) BŒUF abandonne son actif et paiera 5 %, en 5 ans, par 1/5, de l'homologation, et est qualifié failli.

(2) BOGI doit 50 %, en 5 ans, par 1/5, de l'homologation.

(3) BOISSEAU doit 50 %, en 5 ans, par 1/5, de l'homologation

(4) BOITAL paie 1 fr. 29 c. %, unique répartition.

(5) BOITELLE paie 11 fr. 58 c. %, deuxième et dernière répart.

(6) BOLARD paie 23 fr. 75 c. %, deuxième et dern. répartition.

(7) BONNAFOUS paiera l'intégralité en 5 ans, de l'homologation, et est qualifié failli.

(8) BONNAIRE a été qualifié failli par jugement du 3 février 1872.

(9) BONNARD paie 11 fr. 44 c. %, unique répartition.

(10) BONNAT paie 7 fr. 69 c. %, unique répartition, et est qualifié failli.

(11) BONNAUD paie 15 fr. 31 c. %, unique répartition.

(12) BONNEAU paie 37 fr. 91 c. %, produit de son actif qu'il abandonne.

(13) BONNET, EDME, doit 25 %, en 6 ans, par 1/6, de l'homologation, et est qualifié failli.

NOMS, PRÉNOMS, PROFESSIONS ET DOMICILES.	Liquidation o arrièrage Avoué et Insuffisance	SYNDICS ET AVOUÉS	FAILLITES ET LIQUIDATIONS.	DATE DES HOMOLOGATIONS DE CONCORDATS	INSUFFIS⁺ª ET UNIONS.	SÉPARAT⁺ª DE BIENS JUDICIAIRES.	CONS. JUDIC. ET INTERDICT.
BONNEVAL, Victor-Joseph, restaurateur, rue de Rivoli, 85	L	Beaugé,.....	24 nov. 74	(1)			
BONNEVIDE, Pierre, m⁴ de charbons, r. de l'Abbé-Groult, 36 .	L	Quatremère..	22 nov. 74	(2)			
BONNEVILLE-PELLION, Prosp⁺⁺-Ant., imprim⁺, r. Poliveau, 36..	*	Lacroix......	....		....	13 avril 72	
BONTÉ-BOUCHER, Pierre-Toussaint, rue Dulot, 8	*	Duval......	....		....	2 avril 72	
BONVALET, Maurice, briquetier, quai de Javel, 35..........		Bourbon.....	3 janv. 72	25 juill. 72	(3)		
BONY, Hilaire, mercier, rue d'Albouy, 19................		Bègis	6 avril 72	(4)			
BORDE, André, entrepreneur, rue de la Pompe, 125	L	Devin.......	24 oct. 74	(5)			
Id. aîné, Louis, peintre, rue du Gril, 2................		Sarazin......	7 nov. 72		* 29 nov. 72		
BORDELIN-FAIVRE, Jean, rue Baudelicque, 9..............	*	Maugin......	....			5 déc. 72	
BORDEREAU, Auguste, fruitier, rue Bleue, 25............		Knéringer ...	28 déc. 72				
BORDERIE, ferrailleur, rue de la Roquette, 48..........		Sarazin......	16 août 72		* 24 oct. 72		
BORDET. Voir : BARON et BORDET.							
Id. Cyprien. Voir : ARIGON et BORDET. ·							
BORNY, Poise-Xavier, tailleur, rue Nve-des-P⁺ˢ-Champs, 69.....		Gauche......	2 mars 72	25 mai 72	(6)		
BORY, Bernard, nourrisseur, rue de la Carrière, 43.........		Barboux.....	31 oct. 72		* 11 déc. 72		
Id. -ROUCHÈS, Jean-Bernard, Id. Id. ....*		Henriot......	....			18 juin 72	
BOSCH, fabricant de chaussures, rue Lord-Byron, 5..........		Devin.......	20 juill. 72				
BOSQUAIN, François-Gilbert, hôtelier, r. Tour-d'Auvergne, 10.	L	Beaufour....	21 déc. 74	....	* 31 mai 72	(7)	
BOTTE, Alfred-Adolphe, tapissier, rue Rochechouart, 90		Beaujeu.....	27 janv. 72	3 juin 72	(8)		
BOTTEAU, Désiré-Armand, chapelier, rue du Temple, 31, 33, 35.		Lamoureux...	31 juill. 72	9 nov. 72	(9)		
BOTZUM-CROSSE, Frédéric-Adolphe, rue Rochechouart, 93...	*	Nicquevert...	....			31 déc. 72	
BOUBOU, Françoise. Voir : DEMARIGNY veuve.							
Id. Albertine-Marie, hôtelière. rue des Écoles, 29.......		Barboux.....	20 mars 72	(10)			
BOUCARUC, Isidore et Eugène, nég⁺ˢ, r. de la Bienfaisance, 42..		Beaufour....	28 févr. 68		* 30 mai 72		
BOUCHARD-DESHAYES, Nicolas dit Auguste, rue Billaut, 29..*		Husson......	....			5 mars 72	
BOUCHÉ, Jules, serrurier, rue du Rendez-vous, 85..........		Dufay......	20 avril 72		* 31 mai 72		
Id. Jean-Arm., ex-limon., r. Ramey. 31 et b⁴ Beaum., 80.	L	Prodhomme..	7 déc. 74	(11)			
BOUCHER jeune, Alexandre, charpentier, rue Cambronne, 64 .	L	Barbot......	29 déc. 74	(12)			
Id. -PETIT, Octave, rue des Bons-Enfants, 31.........*		Rousseau....	....			27 janv. 72	
BOUCHERON, Joachim, menuisier, rue Érard, 7............		Maillard.....	5 janv. 72	11 juin 72	(13)		
BOUCHERRE, Alexandre, hôtelier, rue Galilée, 80..........		Sarazin......	2 oct. 68	(14)			
BOUCHET, Alfred, marchand de vins, rue Vincent, 6		Sarazin......	9 oct. 72				
Id. -JANNET, Urbain, rue Dulong, 64 bis.............*		Brémard.....	....			1ᵉʳ févr. 72	

(1) **BONNEVAL** paie 4 fr. 95 c. %, unique répartition, et est qualifié failli.

(2) **BONNEVIDE** paie 24 fr. 14 c. %, unique répartition, et est qualifié failli.

(3) **BONVALET** aband. son actif et parfait 25 %, en 5 ans, par 1/5.

(4) **BONY** paie 7 fr. 44 c. %, unique répartition.

(5) **BORDE** a été qualifié failli par jugement du 23 février 1872.

(6) **BORNY** doit 20 %, en 5 ans, par 1/5, de l'homologation.

(7) **BOSQUAIN**. — Réouverture du 26 juillet 1872. Qualification de faillite du 31 mai 1872.

(8) **BOTTE** doit 30 %, en 5 ans, par 1/5, de l'homologation.

(9) **BOTTEAU** doit 40 %, en 5 ans, par 1/5, premier paiement fin novembre 1872.

(10) **BOUBOU**, Albertine, paie 13 fr. 12 c. %, unique répartition.

(11) **BOUCHÉ**, Jean, paie 3 fr. 86 c. %, unique répartition, et est qualifié failli.

(12) **BOUCHER** jeune, a été qualifié failli par jug⁺ du 9 avril 1872.

(13) **BOUCHERON** doit 25 %, en 5 ans, par 1/5, de l'homolog.

(14) **BOUCHERRE** paie 0 fr. 59 c. %, unique répartition.

NOMS, PRÉNOMS, PROFESSIONS ET DOMICILES.	Indique Liquidation / astérisque Avoué et Insuffisance	SYNDICS ET AVOUÉS	FAILLITES ET LIQUIDATIONS.	DATE DES HOMOLOGATIONS DE CONCORDATS	INSUFFIS.™ ET L'UNIONS.	SÉPARAT.™ DE BIENS JUDICIAIRES.	CONS. JUDIC. ET INTERDICT.
BOUCHEZ, d⁰ˡˡᵉ, NATHALIE, march. de blouses, r. d'Allemagne, 200.		Maillard	9 déc. 72		* 31 déc. 72		
BOUCHON, courtier d'annonces, rue N.-D.-des-Victoires, 42.		Richard	3 mars 70	20 févr. 72	(1)		
BOUCHU, march. d'ustensiles de ménage, r. Rochechouart, 38.		Moys	20 oct. 72		* 28 déc. 72		
BOUDIER, Jean, marchand de vins, r. de la Gare d'Orléans, 8.	L	Chevallier	11 déc. 71	26 avril 72	(2)		
BOUDIN-PICARD, CHARLES-HENRI, rue d'Enghien, 20.	*	Gignoux				8 juin 72	
BOUET, couvreur, avenue Choisy, 191		Knöringer	31 oct. 72				
BOUFFLET, JULES, serrurier, rue de Clignancourt, 17.		Pinot	26 janv. 72	24 oct. 72	* (3)		
BOUGER et CHASSY, Frères, menuisiers, square Napoléon, 19.		Sauton	8 nov. 72				
BOUGEROLÈS, Rocu, hôtelier, r. St-Jacques, 233.		Knöringer	2 févr. 72				
BOUILLIANT, ARSÈNE, charbonnier, à Clichy		Prodhomme	15 févr. 72		* 30 mai 72		
BOUILLIAT, JULIEN, changeur, b⁰ʳᵈ Bonne-Nouvelle, 19.		Beaugé	7 juin 72				
BOUILLON, PIERRE-FRANÇOIS, limonadier, boul. de la Villette, 198.		Moys	16 nov. 72				
BOUILLOT et GUILLON, PIERRE, maçons, rue Legendre, 175.		Id.	23 janv. 72	6 août 72	(4)		
BOUIVEUX-BAZARDI, CLAUDE, loueur de voitures, à Passy	*	Gamard				25 avril 72	
BOULANGER, LÉON, négociant, rue Samson, 28		Gauche	11 nov. 71		* 26 juin 72		
Id. JEAN-LOUIS, confectionneur, boulevard St-Denis, 7.		Beaufour	14 avril 69	17 juill. 69	* 11 déc. 72		
Id. -MARLIER, JEAN-LÉON-ATH., r. Gren.-St-Germ. 59.	*	Marc				1ᵉʳ févr. 72	
Id. -PAUPIN, FRANÇOIS-VICTOR, boul. Montmartre, 19.	*	Cesselin				2 avril 72	
BOULARD, ex-marchand de vins, rue d'Allemagne, 178.	L	Beaujéu	5 déc. 71		* 17 févr. 72	(5)	
BOULET et Cie, épiciers et marchands de vins, rue du Rocher, 29.		Pinet	5 janv. 72	(6)			
Id. AUGUSTE, marchand de bois de sciage, rue Mathis, 15.	L	Devin	15 nov. 71	(7)			
Id. JACQUES-GABRIEL-LÉON, fab. de prod. chim. r. Lepic, 11.		Beaufour	20 nov. 67	(8)			
BOUNIOL, PIERRE-AUGUSTE, serrurier, rue Domat, 6.		Quatremère	7 mars 72				
BOUQUET, constructeur de fours, rue de la Voie-Verte, 1.	L	Prodhomme	28 oct. 71	24 mai 72	(9)		
BOUQUOT-DALLOIS, FRANÇOIS, avenue Daumesnil, 108.	*	Corpet				12 août 72	
BOURCHANI et Cie, appareilleurs, rue des Tournelles, 52.		Barboux	25 juill. 72		* 28 août 72		
BOURCIEUX, CLAUDE, loueur de voitures, avenue Malakoff, 5.	L	Sarazin	1ᵉʳ déc. 72	(10)			
BOURDEL, limonadier, boulevard Malesherbes, 53.	L	Copin	27 déc. 71		* 9 mars 72	(11)	
BOURDELOUP-GAUTHERON, EUGÈNE-ANDRÉ, r. Lafayette, 208.	*	Cohn				8 juill. 71	
Id. Id. épicier, id.	*	Chevillot	22 déc. 71		* 29 févr. 72		
BOURDIER, JEAN-ERNEST, restaurateur, rue du Bac, 57.	L	Sarazin	1ᵉʳ août 71	11 avril 72	(12)		
Id. -PIMPERNEL, JEAN-GEORGES, r. Fontaine-au-Roi, 28.		Langeron				27 févr. 72	
BOURDIN, loueur de voitures, rue Curial, 46		Prodhomme	16 juill. 72		* 31 août 72		

(1) BOUCHON doit 25 °/₀, en 5 ans, par 1/5, de l'homologat. — Bouchon fils, caution.

(2) BOUDIER doit 30 °/₀, en 2 ans, de l'homologation, et est qualifié failli.

(3) BOUFFLET promet 40 °/₀ au moyen de l'abandon de ses créances, et parfait la différence restant due sur les 40 °/₀, en 5 ans, par 1/5, avec la caution de M. Esther Jolivet.

(4) BOUILLOT et GUILLON paieront 35 °/₀, en 6 ans : 1ᵉʳ paiement fin décembre 72.

(5) BOULARD a été qualifié failli, par jugement du 17 févr. 72.

(6) BOULET et Cie paient 25 °/₀, 1ʳᵉ répartition.

(7) BOULET, AUGUSTE, a été qual. failli par jug⁺ du 24 févr. 72.

(8) BOULET, JACQUES, paie 0 fr. 84 c. °/₀, unique répartition.

(9) BOUQUET doit 50 °/₀, par 6 paiements, et en 6 ans de l'homologation, et est qualifié failli.

(10) BOURCIEUX paie 5 fr. 92 c. °/₀, unique répartition, et est qualifié failli.

(11) BOURDEL est qualifié failli, par jugement du 9 mars 72.

(12) BOURDIER paiera 15 °/₀, en 5 ans, par 1/5, de l'homolog., et est qualifié failli.

NOMS, PRÉNOMS, PROFESSIONS ET DOMICILES.	L indique Liquidation * astérisque Avoué et Insuffisance	SYNDICS ET AVOUÉS	FAILLITES ET LIQUIDATIONS.	DATE DES HOMOLOGATIONS DE CONCORDATS	INSUFFIS^{ces} ET UNIONS.	SÉPARAT^{ns} DE BIENS JUDICIAIRES.	CONS. JUDIC. ET INTERDICT.
BOURDON, marchand de vins, rue du Roi de Sicile, 41........		Legriel......	10 oct. 72	....	* 23 déc. 72		
Id. CLÉMENTINE-JOSÉPHINE, Voir : GUILLEMAIN.							
BOURÉE, CHARLES-ABEL, fabric. d'eau seltz, r. de la Sablière, 15.l.		Maillard.....	16 sept. 71	12 févr. 72	(1)		
BOURGEOIS-BAJOU, HIPPOLYTE, rue St-Dominiq.-St-Germ. 185.*		Bonfils......				5 août 72	
Id. -GIRARD, ARMAND-ADOLPHE, rue Salneuve, 25....*		Drémard.....				22 févr. 72	
Id. -GAUTHERIN, CLAUDE, cordonn. r. de Penthièvre, 25.*		Michel				7 mai 72	
Id. -CHARRON, ÉDOUARD-ZULMA, boulevard Voltaire, 205.*		Roche........				17 déc. 72	
BOURGÈS, AUGUSTE, confectionneur, rue du Sentier, 6........		Lamoureux..	13 avril 67	16 sept. 67	* 20 févr. 72		
BOURGEY, ÉMILE, entrepreneur de bâtiments, rue Monge, 88..L		Sautton	30 sept. 71	23 oct. 72	(2)		
Id. jeune, AUGUSTE, photographe, ru. du Commerce, 73.		Pinet........	2 août 72		* 17 oct. 72		
Id. -CHANARD, ÉMILE, rue Monge, 88..............		Chauveau....				23 mars 72	
BOURGOIN, frères, ornemanistes, rue Mézières, 1...........L		Prodhomme..	13 oct. 71	(3)			
BOURLET, LOUIS, ex-march. de nouv., r. Boissy d'Anglas, 24..		Sommaire ...	20 juill. 72				
BOURLIER, marchand de vins, boulevard Voltaire, 21		Bégis	25 juin 72				
Id. AUGUSTE-DÉSIRÉ, maçon, rue de Charenton, 107....		Devin	6 sept. 69	(4)			
BOURNAZEL-PARMENTIER, PIERRE, avenue d'Italie, 104 .....*		Fitremann ...				4 janv. 72	
BOURNEUF, ÉTIENNE, march. de vins traiteur, rue Gambey, 18..		Richard	5 avril 72		* 30 mai 72		
BOURON-NICOLAS, VA COME-LOUIS-PHILIPPE, pass. Parmentier, 15.*		Lesage.......				12 août 72	
BOURREL, PIERRE-ROSE, maréchal, rue d'Allemagne, 83.......		Beaugé...	27 mars 72	9 juill. 72	(5)		
BOURSERET, EUGÈNE-FRANÇOIS-BENJAMIN, teinturier, à Arcueil...		Legriel......	23 mars 72	12 sept. 72	(6)		
BOUSQUET, frères, peaussiers, rue Simon-le-Franc, 25..(....		Lamoureux..	12 déc. 72				
Id. -DELOCHE, ENNEMOND-JOSEPH, rue de la Pompe, 7.*		Cesselin				3 févr. 72	
BOUTET, ARMAND-GUILLAUME, fab. de timbres, faub. St-Martin, 31.		Beaugé......	31 juill. 72		* 2 oct. 72		
BOUTIN, marbrier, à St-Maur-les-Fossés		Beaujeu.....	14 sept. 72				
Id. -MULDER, JACQUES, avenue des Ternes, 90.........		Husson				16 juill. 72	
BOUVET, JEAN, ferblantier, rue Hassard, 1 et 2		Barbot	4 oct. 72				
Id. frères, raffineurs, avenue de Choisy, 168..........L		Moncharville.	5 août 71	20 janv. 72	(7)		
BOUVIALA-VENNET, GERMAIN-HECTOR, rue Tiquetonne, 20...		Hervel				25 avril 72	
BOUVIER, menuisier, à Levallois		Bégis	22 mai 72		* 28 août 72		
Id. jeune, PIERRE, confectionneur, pass. Grand-Cerf, 3.L		Maillard......	18 août 71	(8)			
Id. -SCHWEITZER, HIPPOLYTE, à St-Denis		Hervel				22 juill. 72	
Id. ERNEST, commissionnaire, rue Trévise, 28		Copin	20 déc. 72				
BOUVRY, ERNEST, quincaillier, rue Lafayette, 69...........		Dufay	1er mai 72		* 26 nov. 72		
BOWLES, BROTHERS et Cie, banquiers, rue de la Paix, 12.....		Richard	21 déc. 72				
BOYETTE-ABADIE, PIERRE-JEAN, rue du Roi de Sicile, 23....*		Froc.........				13 mai 72	
BRACHOTTE, CLAUDE, pâtissier, rue Laugier, 1...........		Legriel,.....	14 déc. 71		* 20 févr. 72		

(1) **BOURÉE** paie 4 fr. 65 c. %, produit de son actif, s'oblige à payer 10 %, en 5 ans, par 1/5, de l'homologation.

(2) **BOURGEY**, ÉMILE, doit 20 %, en 6 ans, par 1/6, de l'homol.

(3) **BOURGOIN** paie 5 fr. 70 c. %, unique répartition, et est qualifié failli.

(4) **BOURLIER**, AUGUSTE, paie 20 %, 1re répartition.

(5) **BOURREL** paie 49 fr. 66 c. %, produit de l'actif qu'il abandonne, moins son mobilier personnel. — MM. Lemaire, Boulé, et Bourrel (Jean-Anne), renoncent à leur part dans ledit actif.

(6) **BOURSERET** paie 16 fr. 94 c. %, produit de son actif, et s'engage à parfaire 50 %, en 5 ans.

(7) **BOUVET**, frères, doivent 50 %, en 5 ans, par 1/5 : 1er paiement fin décembre 72, et sont qualifiés faillis.

(8) **BOUVIER**, jeune, paie 0 fr. 55 c. %, unique répartition, et est qualifié failli.

NOMS, PRÉNOMS, PROFESSIONS ET DOMICILES.	SYNDICS ET AVOUÉS	FAILLITES ET LIQUIDATIONS.	DATE DES HOMOLOGATIONS DE CONCORDATS	INSUFFIS.ᶜᵉˢ ET UNIONS.	SÉPARAT.ᵒⁿˢ DE BIENS JUDICIAIRES.	CONS. JUDIC. ET INTERDICT.
BRAFIN, Jean-Pierre-Léonard, chiffonnier, à Poissy L	Devin......	5 sept. 71	27 déc. 71	(1)		
BRAILLARD-SARRAZIN, Victor-Jules, rue Poncelot, 24......	Duboys....				29 juill. 72	
BRAILLY-LECERRE, Barthélemy, boulevard Voltaire, 256....	Delcenvo...				13 févr. 72	
BRANCHU, ex-mᵈ de vins, bᵈ Ménilmontant, 116 et à Vincennes.	Dufay......	29 août 72		* 30 nov. 72		
BRANDIMBOURG-MACHET, Ch.-Louis, ex-négᵗ, sans dom. connu.	Mouillefarine.				15 juill. 72	
BRANDRETH, Henri, constructeur, rue Réboval, 98..........	Copin......	11 avril 72	5 juill. 72	(2)		
BRASSET, Joseph, voiturier, boulevard St-Marcel, 9..........	Battarel....	11 mai 72	(3)			
BRASSEUR, march. de petit bronze, rue N.-D. de Nazareth, 59..	Battarel....	30 sept. 72		* 23 déc. 72		
BRAUN, Joseph, boulanger, rue Bellot, 2..................	Knöringer...	30 avril 70	(4)			
BRÉANT-CASTEL, Victor-Joseph, rue Ste-Anne, 58 bis	Delcessard...				1ᵉʳ mars 72	
BRENAS et CARREAU, mécaniciens, rue de Crimée, 167......	Gauche.....	12 janv. 70	13 févr. 72	(5)		
BRESNU, Louis, maçon, rue Lavieuville, 9..................	Chevillot...	20 mars 69	16 oct. 72	(6)		
BRETAGNE-PETIT, Jean, détenu à Ste-Pélagie..............	Lebrun.....				8 juill. 72	
BRETET, ex-hôtelier, r. de Buci, 22 et r. du Val-de-Grâce, 18...	Chevallier...	20 juin 72		* 31 juill. 72		
BRETON, grainetier, rue d'Allemagne, 22 et boulev. Neuilly, 95.	Devin......	28 avril 60	18 nov. 69	* 7 nov. 72		
Id. Louis, marchand de vins, à St-Denis.............	Serazin....	22 août 72		* 30 sept. 72		
Id. Auguste-Louis, marchand de vins, rue Daubenton, 38.	Dufay......	2 mars 72		* 28 mars 72		
Id. -BÉREUIL, Valentin-François, rue de Rennes, 114...	Chauveau...				3 déc. 72	
BREUIL, cordonnier, faubourg St-Denis, 83.................	Battarel....	22 févr. 72		* 30 mai 72		
BREUX, Nicolas, marchand de vins, impasse du Bel-Air, 4....L	Beaujeu....	26 janv. 72		* 18 avril 72		
BREVET-BOURDON, Julien-Louis, rue Condorcet, 22.........	Berton.....				20 janv. 72	
BREYSSE, négociant en tissus, rue N.-D. de Nazareth, 19 L	Hourtey....	20 oct. 71	8 nov. 72	(7)		
BRIANNE et PINTIAUX, confectionneurs, rue du Mail, 30....L	Battarel....	27 oct. 71	5 oct. 72	(8)		
BRICK, Auguste, libraire, rue Sugor, 4...................	Chevillot...	27 févr. 72		* 27 mars 72		
BRIDOU, Ernest, épicier, rue des Amandiers, 80 L	Gauche.....	1ᵉʳ déc. 71		5 avril 72	(9)	
Id. -ROUVEL, Ernest-Joseph, rue Dauphine, 10........	Roche......				3 févr. 72	
BRIFFOZ, Joseph-Marie, art. pʳ chapellerie, rue Rambuteau, 8.L	Battarel....	2 nov. 71	19 mars 72	(10)		
BRIGOT et Cie, fabricants de tissus, quai de Gesvres, 6 L	Normand...	19 oct. 71	13 avril 72	(11)		
BRIOT, Paul-Léon-Maurice, boulevard St-Michel, 46.........	Caron......					30 janv. 72
BRISACIER, ex-boulanger, rue St-Martin, 90................	Battarel....	19 oct. 72		* 23 déc. 72		
BRISSON, Esther-Désirée, à St-Lô.....................	Dorré......					* 17 juin 72
BROC, Auguste-Théophile-Pierre, mᵈ de vins, r. Clignancourt, 8.	Gautier.....	23 févr. 72	21 août 72	(12)		

(1) **BRAFIN** paie 15 %, comptant, et doit 25 %, en 5 ans, par 1/5.

(2) **BRANDRETH** abandonne son actif et s'oblige de payer 5 %, en 4 ans, par 1/4, de l'homologation

(3) **BRASSET** paie 1 fr. 05 %, unique répartition.

(4) **BRAUN** paie 15 %, première répartition.

(5) **BRENAS** et **CARREAU** doivent 50 %, en 3 ans, par 1/3, de l'homologation.

(6) **BRESNU** abandonne son actif et une créance de 12,000 fr. sur un sieur Bertrand, et s'oblige de payer 6 %, en 6 ans, par 1/6.

(7) **BREYSSE** doit 20 %, en 4 ans, par 1/4, de l'homologation, et est qualifié failli.

(8) **BRIANNE** et **PINTIAUX** paient 40 %, en deux répartitions, et sont qualifiés faillis. — Pintiaux personnellement doit 5 %, en 5 ans, par 1/5, de l'homologation.

(9) **BRIDOU** paie 30 fr. 22 c. %, unique répartition, et est qualifié failli.

(10) **BRIFFOZ** doit 20 %, en 5 ans, par 1/5, de l'homologation, et est qualifié failli.

(11) **BRIGOT** et Cie paient 5 %, dans le mois de l'homologation, et doivent 25 %, en 5 ans, par 1/5.

(12) **BROC** doit 35 %, en 5 ans, par 1/5, de l'homologation.

NOMS, PRÉNOMS, PROFESSIONS ET DOMICILES.	Indique Liquidation • Astérisque Avoué et Insuffisance	SYNDICS ET AVOUÉS	FAILLITES ET LIQUIDATIONS.	DATE DES HOMOLOGATIONS DE CONCORDATS	INSUFFIS. ET UNIONS.	SÉPARAT. DE BIENS JUDICIAIRES.	CONS. JUDIC. ET INTERDICT.
BROCHERAY, Pierre-Fois-Ernest, menuis', r. de la Gde-Chaum., 4.	L	Beaufour	3 nov. 71	29 févr. 72	(1)		
BROCHET, Charles-Pierre, menuisier, à Asnières............		Knöringer ...	10 janv. 72	27 août 72	(2)		
BROGARD, François, marchand de cafés, rue Rochechouart, 15 .		Beaugé,.....	2 sept. 72	....	* 29 oct. 72		
BRONBERGER, commissionnaire, passage Saulnier, 4........	L	Beaujeu.....	31 août 71	19 juin 72	(3)		
BROQUIER, marchand de cotons cardés, rue du Caire, 18		Chevallier ...	10 sept. 72				
BROQUIN-LEMOINE, Léon, boulevard Haussmann, 13........	*	Boutet.......	....	....	....	12 nov. 72	
BROSSARD, ex-épicier, r. de Châteaudun, 31 et f. Montmartre, 52.		Maillard.....	2 juill. 72				
BROT-HERARDOT, Alexe-Laur., miroitier, r. Boissy-d'Anglas, 41.	*	Vivet	....			31 déc. 72	
BROUHOT-FAVRU, Claude-François, faubourg St-Antoine, 235.	*	Branche......	....			6 avril 72	
Id. Claude-François traiteur, Id. Id	L	Chevallier ...	24 oct. 71	(4)			
BROUILLARD, dit Henry. Voir : HENRY et HÉRARD.							
BROUILLET, Louis-Auguste, passementier, rue St-Denis, 127 ...		Bourbon.....	11 oct. 69	17 mars 70	(5)		
BRUAND-CABOURDIN, Louis-Pierre-Edme, boulev. Mazas, 92 ..	*	Gavignot	....	....	....	10 déc. 72	
BRUÈRE-SEMEN, Jean-Baptiste-Eugène, rue de Bruxelles, 23 ..	*	Bourse.......	....	....	....	21 mars 72	
BRUEZIER, marchand de cuirs et peaux, rue de la Harpe, 41....		Hécaen......	17 mai 72	4 nov. 72	(6)		
BRUFEL, entrepreneur de pavage, rue de Provence, 59........		Legriel......	21 mai 72				
Id. et Cie, entrepreneur de pavage, rue de Provence, 59...		Id..........	2 sept. 72				
BRUGNAUD et HUTIN, drapiers, rue Montmartre, 148........		Hécaen......	7 juin 70	(7)			
BRULÉ, Ferdinand, drapier. rue Lavandière-Ste-Opportune, 10.		Lamoureux..	25 oct. 69	5 mai 70	20 janv. 72		
BRULEAUD-DARNET, Charles-Eugène, à la Varenne-St-Maur...	*	Roche.......	....			24 juin 72	
BRULIN-LEMARDELÉ, Léon-Louis-Joseph, r. de Provence, 122.	*	Chauveau....	....			12 août 72	
BRUNAUD, marchand de nouveautés, rue Réaumur, 5........		Gauche......	9 mars 72		* 6 mai 72		
BRUNEAUX et Cie, Fes machines de filatures, r. des Deux-Gares, 16.		Meillencourt.	22 juin 72				
BRUNET, Léon-Valentin, ex-md de vaches, rue Polonceau, 23 ..		Maillard.....	19 août 72		* 21 sept. 72		
BRUNETEAUD et LÉONARD, Gab. et Pl., maçons, r. du Ch., 30.		Quatremère..	6 juin 66	(8)			
BRUNETIÈRE, hôtel meublé, rue Gomboust, 7		Sommaire....	20 févr. 72		* 25 avril 72		
BRUNNER, Marc, négociant, rue d'Asnières, 6		Meillencourt.	25 oct. 72		* 31 déc. 72		
Id. aîné, Daniel, art. de solde, r. Soffroy prolongée, 24.		Id..........	25 oct. 72				
BRUNO, tailleur, rue de Suresnes, 3 et rue Provence, 81......		Bégis	10 sept. 72		31 oct. 72		
BRUNSCHWICK frères, négociants en tissus, r. des Jeûneurs, 10.		Pinet	9 déc. 72				
BUAN, Pierre-Marie, traiteur, rue Pradier, 18		Meys........	26 nov. 72		* 31 déc. 72		
BUCHET, Eugène-Joseph, limonadier, rue de Paris, 27......L		Prudhomme..	20 nov. 71	23 mars 72	(9)		
BUCK, Aloïse, marchand de vins, rue St-Denis, 230..........		Copin.......	10 avril 72				
BUISSON, Louis-Frois, md de vins, place Rotonde-du-Temple, 2.	L	Barboux.....	29 févr. 72	10			

(1) BROCHERAY doit 25 %, en 5 ans, par 1/5, de l'homologation, et est qualifié failli.

(2) BROCHET abandonne les sommes restant aux mains du syndic, moins une somme de 800 fr., et s'oblige de payer le solde restant dû sur le montant des créances en 8 ans, par 1/8, mais en cas de perte du procès contre le sieur Bonvalet, les dividendes à payer se trouveraient réduits à 28 %, savoir : 8 % dans le mois du jugement ou de l'arrêt définitif, et 20 %, en 5 ans, par 1/5, de l'homologation. — Il paie 3 fr. 36 c. %, unique répartition.

(3) BRONBERGER doit 20 % dans le mois de l'homologation,

et 80 %, en 4 ans, par 1/4. — il paie 100 fr. %, unique répartition.

(4) BROUHOT a été qualifié failli par jugement du 5 mars 1872.

(5) BROUILLET paie 6 fr. 51 c. %, deuxième et dern. répartit.

(6) BRUEZIER doit 15 %, dans l'année qui suivra l'homologation.

(7) BRUGNAUD et HUTIN paient 1 fr. 05 c. %, unique répartit.

(8) BRUNETEAUD et LÉONARD paient 5 fr. 60 c. %, uniq. répart.

(9) BUCHET paiera l'intégralité en 8 termes, d'année en année, et est qualifié failli.

(10) BUISSON paie 2 fr. 58 c. %, unique répartition, et est qualifié failli.

NOMS, PRÉNOMS, PROFESSIONS ET DOMICILES.	Indique Liquidation * actionnaire Avoué et Insuffisance	SYNDICS ET AVOUÉS	FAILLITES ET LIQUIDATIONS.	DATE DES HOMOLOGATIONS DE CONCORDATS	INSUFFIS⁰ⁿˢ ET UNIONS.	SÉPARAT⁰ⁿˢ DE BIENS JUDICIAIRES.	CONS. JUDIC. ET INTERDICT.
BULARD veuve, Louis-Simon, mercière, rue Clichy, 30........		Maillard....	4 mars 72	29 juin 72	(1)		
BULLEUX et MAITRE, ex-loueurs de voitures, rue Roussin, 45...		Id........	1ᵉʳ mars 72				
BUNEL, DORBEAUX et Cⁱᵉ, Dominique, commⁱˢ, bᵈ Magenta, 26. L		Chevillot	7 sept. 71		10 déc. 72	(2)	
BURDET-DEMÉSY, David, rue Scribe, 9..................	*	Flat				19 août 72	
BURÉ, Lucien, marchand de cafés, rue Demours, 41,........		Meys........	26 févr. 72	19 sept. 72	(3)		
BUREAU, marchand boucher, boulevard Mazas, 58..........		Devin	6 avril 72			* 31 juill. 72	
Id. Étienne, bourrelier-sellier, à Noisy-le-Sec......		Prodhomme ..	10 juin 72			* 29 juin 72	
BURÉE, François-Denis, beurre et œufs, rue Ferronnerie, 35...		Sommaire ...	21 janv. 69	(4)			
BURES, marchand de vins, à St-Denis..................		Bourbon....	3 mai 66	16 oct. 72	(5)		
BURET, Romain, brossier, rue de Meaux, 34..............		Barbot......	20 mars 72	(6)			
BURETTE, Alphonse-Victor, peintre, rue Chanaleilles, 13......		Gauche......	23 mai 72				
BURGER, Lazar, march. de nouveautés, rue Château-d'Eau, 18.		Normand....	21 oct. 72			* 30 déc. 72	
BURNOT, Joseph-Amédée, entrepreneur, rue Chevalleret, 90....		Trille	31 juill. 68	(7)			
BUSSIGNY, (de) commissionnaire, boulevard Voltaire, 67......		Bourbon....	30 janv. 72			* 27 mars 72	
BUSSON, Constant, luthier, boulevard Voltaire, 166........		Sauton	14 août 72				
Id. et VACHERON, Fⁱˢ et Silv., maçons, r. Rambuteau, 29. L		Heurtey	16 oct. 71	8 août 72	(8)		
Id. personnellement, maçon, rue Rambuteau, 29........		Id....	16 oct. 71	8 août 72	(9)		
BUTTEMANS, commissionnaire, place de la Madeleine, 9......		Devin	31 août 72			* 29 nov. 72	
BUZELIN jeune, voiturier, rue d'Allemagne, 94.............		Normand	9 déc. 72				

C

CABANTONS-BRUN, Émile-Fleury, gantier, Fⁱᵉ St-Martin, 209. *		Berryer......					8 févr. 72
CABASSE, Gernard-Louis-Henry, escompteur, rue Joubert, 20...		Pinet........	13 août 69	(10)			
CABROLIER, Denis, ex-limonadier, rue St-Honoré, 125........		Dufay	8 juin 72			* 31 juill. 72	
CADEVILLE, Philidor, scieur, rue de l'Ourcq, 11............. L		Normand....	26 oct. 71	10 févr. 72	(11)		
CAEN dit Samson, confectionneur, boulevard Bonne-Nouvelle, 5. L		Beaujeu	15 janv. 72	29 août 72	(12)		
Id. Id. -ABRAHAM, Alphonse, bᵈ Bonne-Nouvelle, 5. *		Dumont					14 mars 72
CAHEN dame, Maurice, lingère, rue Château-d'Eau, 27		Dufay	2 août 72			* 31 oct. 72	
Id. -LEVY, Jacob dit Charles BEER, rue de Lancry, 2 ...*		Lamy					26 août 72
CAILLAUCE et BLEUZE, chocolatiers, rue d'Angoulême, 66		Pinet	18 janv. 72	(13)			
CAILLAUD, Pierre, marchand de vins, à Aubervilliers		Prodhomme .	26 mars 72			* 30 mai 72	
CAILLÉ, marchand de vins, rue Condorcet, 21..............		Semmaire ..	17 sept. 72			* 30 nov. 72	

(1) BULARD doit 20 %, en 4 ans, par 1/4, de l'homologation.

(2) BUNEL, DORBEAUX et Cⁱᵉ. — 10 décembre 1872, qualification de faillite.

(3) BURE, paiera 10 %, aussitôt après l'homologation.

(4) BURÉE paie 18 fr. 89 c. %, deuxième et dernière répartition.

(5) BURES doit 5 %, aussitôt après l'homologation, et 15 %, en 3 ans, par 1/3. — Mᵐᵉ veuve Bures, caution.

(6) BURET paie 3 fr. 34 c. %, unique répartition.

(7) BURNOT paie 7 fr. 20 c. %, deuxième et dern. répartition.

(8) BUSSON et VACHERON abandonnent l'actif réalisé plus deux créances à recouvrer. — Vacheron personnellement paie 12 %, en 5 ans, par 1/5, de l'homolog. Ils sont qualifiés faillis.

(9) BUSSON personnellement doit 20 %, en 5 ans, par 1/5, de l'homologation, et est qualifié failli.

(10) CABASSE paie 1 fr. 89 c. %, unique répartition.

(11) CADEVILLE doit 25 %, en 5 ans, par 1/5. de l'homologation, et est qualifié failli.

(12) CAEN dit Samson, doit 40 %, en 5 ans, par 1/5, de l'homolog.

(13) CAILLAUCE et BLEUZE paient 4 fr. 38 c. %, uniq. répart.

NOMS, PRÉNOMS, PROFESSIONS ET DOMICILES.	*L* En cours Liquidation · Advoués Avoués ? Insuffisance	SYNDICS ET AVOUÉS	FAILLITES ET LIQUIDATIONS.	DATE DES HOMOLOGATIONS DE CONCORDATS	INSUFFIS. ET UNIONS.	SÉPARAT. DE BIENS JUDICIAIRES.	CONS. JUDIC. ET INTERDICT.
CAILLEAU-COSSELIN, Nestor-J.-Bapt., rue du Mont-Cenis, 113.	·	Cuvignot				20 août 72	
CAILLET-HEINRICH, Auguste, négociant, rue Blomet, 127.	·	Derró				17 juin 72	
CAILLIAS, Frédéric, boulanger, rue de Crimée, 178.		Knéringer ..	19 juill. 72				
CAILLOUE-MARGANTIN, Jean-Georges, rue du Petit-Musc, 30.	·	Gonjon				8 févr. 72	
CAISSE GÉNÉRALE et CENTRALE, rue Grange-Batelière, 1.		Quatremère..	25 févr. 70	(1)			
CALBAT demoiselle, négocianto, à Gentilly.		Barbot	21 oct. 72			* 24 déc. 72	
CALDAGUES-MARTIGNAN, Pierre-Paul, négt rue Perdonnet, 6.	·	Lemaire				21 juin 72	
CALVET-GILLOT, Bernard, boulevard de Bercy, 4.	·	Roche				10 mars 72	
CAMBIER, Charles-Frédéric, chocolatier, rue de Flandre, 47.		Chevillot ..	12 mars 72	25 juin 72	(2)		
CANDRAY-BERTHIER, J.-Bapt.-Alphonse, bd Strasbourg, 12.	·	Fitremann..				19 nov. 72	
CAMBRONNE, marchand de meubles, à Plaisance.		Dufay	10 mars 72			* 31 mai 72	
CAMENA dame, Adolphe, fleuriste, rue Ménars, 8.		Moys....	27 juill. 71			* 31 août 72	
CAMINADE, Jean, hôtel meublé, rue du Colysée, 6.	L	Dufay	30 sept. 71	20 févr. 72	(3)		
Id. fils, Georges, hôtel meublé, rue du Colysée, 6.	L	Devin	2 oct. 71	19 janv. 72	(4)		
CAMUSET, Eugène-François, menuisier, rue Morère, 18.		Pinet	1er juin 72				
CAMY-CHAVAU, Louis, sans domicile connu.	·	Bertot				17 août 71	
Id. -PHILIPPE, Jean, négociant, rue Vaugirard, 11.	·	Cullerier ..				28 nov. 72	
CANAPE, Émile, peintre, rue St-Denis, 376.		Beaufour ..	27 janv. 72	25 juin 72	(5)		
CANAT-DOREY, marchand de vins, rue Volta, 9.		Normand...	29 juin 72				
CANDOUR, ferblantier, rue de la Roquette, 112.		Beaugé	1er déc. 71			* 27 févr. 72	
CANISY (marquis de). Voir: HERVÉ DE CARBONNEL-SCHEPPENS.							
CANNY, Louis-Maxime, marchand de vins, rue Vincent, 27.	L	Copin ...	9 mars 72	30 mai 72	(6)		
CANTEL, Frédéric, ex-libraire, rue Hautefeuille, 5.		Beaugé	9 août 72				
CANUT, papetier, rue d'Hauteville, 36.		Moncharville.	6 avril 70	(7)			
CAPDEVIELLE-DULAURIER fils, md de tissus, quai des Célestins, 54.		Darboux	23 déc. 72				
CAPELLE, Émile-Victor, md de farines, r. des Bourdonnais, 28.		Meillencourt	30 nov. 69	(8)			
CAPON veuve, Joseph, marbrière, boulevard Ménilmontant, 12.		Id	12 déc. 72				
CAPY, serrurier, rue des Poissonniers, 45.		Copin	17 août 72			* 30 déc. 72	
CARAMELLO, J., ferblantier, rue Pierre-Levée, 10.		Beaugé	10 sept. 72				
CARBONARI, Tancrède-Démètre-Marie, relieur, q. du Louvre, 10.		Lamoureux ..	2 avril 72		(9)		
CARION, Alexandre, constructeur, boulevard Rochechouard, 85.	L	Devin	14 mars 72	10 déc. 72	(10)		
CARITEY, Eugène, fondeur en cuivre, r. St-Maur-Popincourt, 54.	L	Meillencourt	12 févr. 72			* 28 mars 72	
CARJAT, Joseph, marchand de vins, à Boulogne.		Moys	7 mai 72				
CARLE, Félix, marchand de fers, à Courbevoie.	L	Pinet ...	31 oct. 71	20 févr. 72	(11)		
CARON, Louis-Gustave, imprimeur, rue St-Sauveur, 69.		Normand...	1er juin 72	3 oct. 72	(12)		
CARPENTIER jeune, Maxime, fab. de cirage, boul. Jourdan, 20.		Bégis	10 juill. 72			* 31 août 72	

(1) CAISSE GÉNÉRALE paie 5 %, deuxième répartition.

(2) CAMBIER doit 25 %, en 5 ans, par 1/5, de l'homologation.

(3) CAMINADE, Jean, paiera l'intégralité en 6 ans, par 1/6, de l'homologation.

(4) CAMINADE fils, paiera l'intégralité en 6 ans, par 1/6, de l'homologation.

(5) CANAPE doit 25 %, en 6 ans, par 1/5, de l'homologation.

(6) CANNY doit 30 %, en 3 ans, par 1/3. — Mme CANNY, caution.

(7) CANUT paie 12 fr. 86 c. %, unique répartition.

(8) CAPELLE paie 8 fr. 50 c. %, unique répartition.

(9) CARBONARI paie 21 fr. 32 c. %, unique répartition.

(10) CARION doit 40 %, en 8 ans, par 1/8, de l'homologation.

(11) CARLE paiera l'intégralité en 11 ans, d'année en année.

(12) CARON doit 20 %, en 4 ans, par 1/4, de l'homologation.

NOMS, PRÉNOMS, PROFESSIONS ET DOMICILES.	Indique Liquidation * astérisque Avoué et insuffisance	SYNDICS ET AVOUÉS	FAILLITES ET LIQUIDATIONS.	DATE DES HOMOLOGATIONS DE CONCORDATS	INSUFFIS.ce ET UNIONS.	SÉPARAT.ons DE BIENS JUDICIAIRES.	CONS. JUDIC. ET INTERDICT.
CARRANT-KARGER, Xavier-Joseph, boulevard Magenta, 118...	*	Estienne....	....		....	17 juin 72	
CARRAUT, Xavier-Joseph, md d'huiles, Id. ..L		Hourtoy.....	12 janv. 72				
CARRÉ-BOUTOT veuve, décédée, mde de vins, r. Charenton, 342.		Barboux.....	9 avril 72	....	* 15 mai 72		
CARRIER, Ferdinand, forgeron, rue de la Roquette, 88		Maillard....	29 juill. 72		* 21 sept. 72		
CARRIÈRE, Alexandre, peintre, avenue Bugeaud, 27		Quatremère..	27 juill. 72				
CARROL-HERMITTE, François, boulevard Sébastopol, 22 ..	*	Popelin....	....		....	24 juin 72	
CARTAULT jeune, march. de nouveautés, rue d'Aboukir, 21		Chevallier ..	21 mars 72				
CARTERET et Cie, distillateurs, rue d'Allemagne, 180.........		Lamouroux...	22 juin 72		* 31 juill. 72		
CARTIER, Pierre-Eugène, doreur, rue Crotet, 4 L		Copin.......	1er nov. 71	(1)			
Id. Jules-Louis. Voir : FORTIER et CARTIER.							
Id. Jacques-Étienne, menuisier, pass. Ménilmontant, 4 ..		Prodhomme..	5 févr. 72	28 mai 72	(2)		
CASABONE, peintre, rue Oberkampf, 101		Knéringer ..	28 mars 72		* 20 juin 72		
CASAGRANDE. Voir : SELLIER et CASAGRANDE.							
CASEY, PICARD et Cie, commissionnaires, rue Provence, 5.		Sautton.....	6 nov. 68	; (3)			
CASSAGNE-MOUIN, Michel, quai Jemmapes, 196...........	*	Doherpe.....	....		....	30 juill. 72	
CASSE, François, marchand de vins, rue Beaubourg, 91......		Legriel.....	18 janv. 72		* 6 juin 72		
CASTEL-FROISSY, Léon-Vict., md de vins, r. du Mont-Cenis, 108.	*	Aymé.......				19 août 72	
CASTELLA-EIMANN, Antoine, boulevard Nazas, 132	*	Bourse.....				2 mars 72	
CASTILLE, François, maçon, aux Prés-St-Gervais.......		Barbot.....	24 févr. 72				
CASZALOT jeune, Édouard-Fuis, mercier, boul. Sébastopol, 87 ..		Sarazin.....	11 déc. 72				
CATALON-MORET, Joseph, rue des Haies, 3...............		Hardy.......				15 juill. 72	
Id. Joseph, marchand de cafés, avenue Lacuée, 4		Quatremère..	11 déc. 71		* 28 févr. 72	(4)	
CATAYS, Louis, ex-marchand de vins, rue d'Armaillé, 29 L		Bourbon....	13 mars 72				
CATIN, marchand de vins, boulevard de Belleville, 69.......		Legriel.....	28 oct. 72		* 23 déc. 72		
CATLIN-BELLANGER, Benoist, négoc. rue de la Chapelle, 160.	*	Pagès......				10 déc. 72	
CATTIN, Auguste, teinturier, à St-Mandé..................		Beaujeu....	28 oct. 71	20 janv. 72	(5)		
CAUBET, Marie. Voir : MICHALET veuve.							
CAUCHARD, Pierre-Ant., maçon, r. des Murs-de-la-Roquette, 10.		Bourbon....	22 mars 72				
CAUDRELIER, François-Marie-Émile, tapissier, rue Gaillon, 7..		Dufay......	17 août 65	20 févr. 66	* 29 août 72		
CAUDRILLIER, libraire, rue St-Jacques, 28		Copin.......	13 nov. 69	8 mars 70	(6)		
CAURET-PERRIN, Hippolyte-Pierre-Marie, à Charenton		Benoist.....	....		....	5 août 72	
CAUSARD, marchand de bois et charbons, rue Tiers, 22 bis....		Barboux.....	16 déc. 71		* 29 févr. 72		
CAUSE-HAMOND, Jean-Hippolyte, rue Charenton, 225........	*	Delpon.....				2 janv. 72	
CAUSEL-MATROT, Eugène-Alexandre, sans domicile connu ..	*	Wandewalle..				3 juill. 72	
CAUSSADE, bottier, rue Vivienne, 18 et rue Auber, 1		Copin.......	28 juin 72		* 31 juill. 72		
CAYEM demoiselle, Fleurette, restaurateur, à Asnières.......L		Meys.......	7 déc. 71	18 mars 72	(7)		
CAYLA, Jean-Louis, hôtelier, rue Saintonge, 41..............		Richard.....	20 mai 72		* 17 oct. 72		
CAZEAU, Eugène, courtier, rue Vivienne, 49...............		Barboux.....	4 juill. 72		* 31 juill. 72		

(1) CARTIER, Pierre, paie 33 %, unique répartition, et est qualifié failli.

(2) CARTIER, Jacques, doit 23 %, en 5 ans, par 1/5, de l'homol.

(3) CASEY, PICARD et Cie paient 50 %, première répartition.

(4) CATALON a été qualifié failli par jugement du 28 février 1872.

(5) CATTIN paiera l'intégralité en 8 ans, par 1/8, de l'homologation, et est qualifié failli.

(6) CAUDRILLIER paie 3 fr. 77 c. %, produit de son actif.

(7) CAYEM paiera l'intégralité en 5 ans, par 1/5, le 1er terme exigible le 1er janvier 1873.

NOMS, PRÉNOMS, PROFESSIONS ET DOMICILES.	L indique Liquidation * Arténisque Avoué et Insuffisance	SYNDICS ET AVOUÉS	FAILLITES ET LIQUIDATIONS.	DATE DES HOMOLOGATIONS DE CONCORDATS.	INSUFFIS·ce ET UNIONS.	SÉPARAT·on DE BIENS JUDICIAIRES.	CONS. JUDIC. ET INTERDICT.
CAZET, FERDINAND, commissionnaire, rue Pernelle, 4		Prodhomme..	9 févr. 72		* 30 mai 72		
CAZIER et DUCHATEAU, maçons, rue de Monceau, 12...		Normand....	16 oct. 71	(1)			
CEILLA-POURIN, EUGÈNE-VICTOR, rue Condorcet, 24..........	*	Mouillefarine..	....		....	29 juill. 72	
CELCIS, bimbelotier, cité Trévise, 16 bis...................		Beaugé.	17 avril 72		* 27 sept. 72		
CERCLÉ-GRAMMONT. Voir : BIGI et Cie.							
CÉRÈS et Cie, PIERRE-FÉLIX, corroyeur, rue Chanoinesse, 22...		Pluzanski....	16 oct. 72				
CERF, ALFRED, libraire, rue des Bourdonnais, 38............		Beaujeu....	25 juill. 72				
Id. LÉON, fabricant d'alun, rue Oberkampf, 11 L		Sarazin....	7 nov. 71	3 avril 72	(2)		
Id. -LAZARD, ALFRED, rue des Bourdonnais, 38	*	Benoist	....			31 déc. 72	
CEZ-AUDRAIN, TIMOLÉON-FRANÇOIS, menuisier, rue Pernelle, 14..	*	Robineau....	....			3 juin 72	
CHABOT-FONTENAY, EUGÈNE-DRCTUS, mécanicien, r. Chapon, 17.		Chevillot...	12 déc. 72				
Id. JEAN, marchand de vins, rue du Fouarre, 11.......L		Hécaen....	10 déc. 71	2 avril 72	(3)		
CHABRIER, PIERRE, brocanteur, rue du Vert-Bois, 13.......L		Prodhomme..	28 nov. 71	29 mars 72	(4)		
CHABRILLAT, ANTOINE, teinturier, rue St-Jacques, 328		Beaugé....	31 déc. 72				
CHABROLLET, ANDRÉ-BAPTISTE, maçon, à Nogent		Pluzanski..	8 mars 72		* 6 mai 72		
CHABROULLET-MOBINIER, J.-BAPTISTE, rue des Haies, 90 ...*	*	Audouin....	....		....	23 oct. 72	
CHAFFAUT et Cie. Voir : ASSOCIATION GÉNÉRALE, etc.							
CHAGNIAT-BLUM, LOUIS-EDMOND-JEAN, rue Paris-Belleville, 5..	*	Levesque....	....			15 mars 72	
CHAGNY, veuve, ex-marchande de vins, à Asnières............		Gauche....	6 avril 72		* 30 mai 72		
CHAILLEY, ALPHONSE, grainetier, rue des Halles, 28..........		Sautton....	12 mars 72	26 juill. 72	(5)		
CHAINE, dame, bureau de placement, rue Montorgueil, 44...		Gautier....	9 nov. 72		* 30 déc. 72		
Id. MARTIN, peintre, rue Chabrol, 5		Hécaen....	30 août 72				
CHALIER, fils, négoc. en dentelles, rue N.-D. des Victoires, 7..		Darbot	13 mai 70	....	6 nov. 71	(6)	
CHALIFOUR, entrepreneur de bâtiments, rue Domrémy, 60.....		Sautton....	15 avril 70	8 sept. 71	* 23 déc. 72		
CHALMEIGNÉ, épicier, rue Caplat, 1...................		Knéringer...	7 déc. 72				
CHALORY, MARIE-AUGUSTIN-LÉON, bijout., boul. des Italiens, 33..		Lamoureux..	1er juin 70	6 nov. 72	(7)		
CHALVET, fabricant de soufflets, rue du Hainaut, 23......		Chevillot...	8 oct. 72	....	* 28 déc. 72		
CHAMBILLE, VICTOIRE-LOUISE. Voir : PATURAL, dame.							
CHAMBRAUT-GUINARD, JACQUES-FRANÇ., r. N.-D.-des-Ch., 13.*	*	Houdin......	....			17 août 72	
Id. chocolatier, rue Sedaine, 27............		Hourtcy....	12 mai 69	(8)			
CHAMEROIS jeune et BONNET, gantiers, rue Turbigo, 4.......L		Beaufour...	22 sept. 71	12 févr. 72	(9)		
CHAMPAGNE dit HUBERT, appareilleur, boul. Bonne-Nouvelle, 8.		Beaugé....	12 juill. 72	....	* 30 sept. 72		
CHAMPIEUX-MAITRE, EDOUARD-CYPRIEN, rue d'Allemagne, 100.*	*	Foussier....	....			23 mars 72	
CHAMPIN, fils, ex-marchand de vins, boulevard Magenta, 39....		Prodhomme..	9 août 72	....	* 30 sept. 72		

(1) **CAZIER** et **DUCHATEAU** ont été qualifiés faillis par jugement du 21 mai 1872.

(2) **CERF**, LÉON, paie 8 %, dans le mois de l'homologation, 5 % 1 an après, et 87 % en 6 termes d'année en année.

(3) **CHABOT** doit 20 %, en 4 ans, par 1/4, de l'homologation, et est qualifié failli.

(4) **CHABRIER** paie 15 % comptant, doit 10 %, en 5 ans, par 1 5, de l'homologation, et est qualifié failli.

(5) **CHAILLEY** doit 20 %, en 4 ans, par 1/4 de l'homologation.

(6) **CHALIER** paie 10 %, première répartition.

(7) **CHALORY** paie 1 fr. 99 %, produit de son actif, et s'oblige à payer 20 %, en 4 ans, par 1 4, du 22 octobre 72.

(8) **CHAMBRAUT** paie 4 fr. 69 %, unique répartition.

(9) **CHAMEROIS** et **BONNET** paient 11 fr. 69 %, produit de leur actif. — Bonnet doit 25 % et Chamerois 10 %, par 1/8 ; 1er paiement 1er décembre 1874. Ils sont qualifiés faillis.

NOMS, PRÉNOMS, PROFESSIONS ET DOMICILES.	Indique Liquidation * astérisque avoué et Insuffisance	SYNDICS ET AVOUÉS	FAILLITES ET LIQUIDATIONS.	DATE DES HOMOLOGATIONS DE CONCORDATS	INSUFFIS^ces ET UNIONS.	SÉPARAT^ons DE BIENS JUDICIAIRES.	CONS. JUDIC. ET INTERDICT.
CHAMPION-DESGROYES, Alexis, sommelier, rue Ste-Anne, 13.	*	Bourse				22 juill. 72	
Id. , jeune, Victron, couvreur, rue Neuve-Coquenard, 27.		Quatremère	3 juill. 72		* 31 juill. 72		
Id -BEAUJONAN, Joseph-Jean-Célestin, à Neuilly.		Thuasme				14 déc. 71	
CHAMPY-SIMMONET, Jean-Louis, carrier, à Châtillon.		Laubanie				18 avril 72	
CHANCEAU, Alain-François, ex-boulanger, rue Brezin, 9.		Gautier	8 août 70	(1)			
CHANGENET, boulanger, rue Censier, 16.		Richard	1er sept. 68	(2)			
CHANSAC, dame, Pierre, modiste, rue St-Dom.-St-Germ., 11.L		Chevallier	11 déc. 71	25 mars 72	(3)		
CHANTOISEAU, dame, Henri-Louis, corsetière, boul. Sébast., 21.L		Sautton	29 juill 71		(4)		
CHANTREAU, Claude, serrurier, boulevard Courcelles, 64 .L		Régis	7 déc. 71	23 mars 72	(5)		
CHAPALEY, tapissier, rue du Théâtre, 140.		Meys	10 oct. 71		* 22 févr. 72		
CHAPEAU, François-Adolphe, fondeur, impasse Plichon, 26.		Hourley	9 mars 72	18 sept. 72	(6)		
CHAPELET, Alexandre, marchand de vins, r. d'Angoulème, 82.		Hourley	13 mars 72		* 25 avril 72		
CHAPERON-TIRLIEN, Charles-Honoré, propr., rue Vaug., 71.	*	Chéramy				28 oct. 72	
CHAPET, François-Jules, couvreur, boulev. Beaumarchais, 47.		Meys	4 juill. 72				
CHAPPE, Pierre-Henry, march. de vins, faub. Poissonnière, 80.		Maillard	23 févr. 72		* 26 mars 72		
CHAPUS, Charles-Fernand, marc. de meules, r. Sedaine, 49 bis.		Chevallier	27 juin 72				
CHAPUT-TOURTIN, Sylvain-Clément, r. Champollion, 9 .	*	Weil				10 août 72	
Id. , Léon-Michel-Nicolas, marchand de vins, à Montreuil.		Richard	16 févr. 72		* 26 mars 72		
CHARBONNEAU, Claude, ex-hôtelier, rue des Moines, 55.		Dufay	5 mars 72		* 23 mars 72		
CHARBOUILLOT, marchand de vins, rue Servant 11.		Gautier	9 nov. 72		* 24 déc. 72		
CHARDIN, charbonnier, avenue Clichy, 77.		Dufay	20 mars 72				
CHARDON, Claude-Adolphe, libraire, rue Nansouty, 12 .L		Barboux	12 déc. 71	2 avril 72	(7)		
CHARLIER-RIST, Thimothée, à Valence.	*	Carvès				16 mars 72	
CHARLOT-CHARLOT, Auguste, grainetier, rue de Bercy, 19.	*	Clériot				6 mai 72	
CHARMETON-PHILY, Jean-Claude, rue de Moscou, 39.	*	Dubost				26 nov. 72	
CHARPENTIER, Jean-Baptiste, ex-épicier, rue Rameau, 7.	*	Beaugé	10 août 72		* 21 sept. 72		
Id et frère, marchands de vins, au Petit-Vanves.		Hécaen	29 août 72				
Id fils, comm^re en vins, rue des Bernardins, 35.		Sommaire	16 mars 72		* 29 juin 72		
Id. fils aîné, comm^re en bois, à Ivry.		Legriel	22 janv. 72	24 oct. 72	(8)		
Id. Benjamin, march. de vins, r. Folie-Méricourt, 34.		Chevillot	24 juin 72		* 31 août 72		
Id. grainetier, rue Beurel, 8.		Prodhomme	7 nov. 72		* 30 déc. 72		
Id. veuve, marchande de vins, r. des Amandiers, 40.		Id	23 avril 08				
Id. père, agent de locations, faub. Montmartre, 17.		Mellencourt	15 févr. 72		* 30 avril 72		
CHARPILLON-ANDRÉ, Benoit-Félix, rue Dulong, 87.	*	Levaux				19 août 72	
CHARRIER-CLÉMENT, François, à St-Denis.	*	Lesage				24 août 71	
CHARRUÉ. Voir : DUFOUR et CHARRUÉ.							

(1) CHANCEAU paie 37 fr. 20 c. %, unique répartition.

(2) CHANGENET paie 15 %, première répartition.

(3) CHANSAC doit 20 %, en 4 ans, par 1/4, de l'homologation, et est qualifiée faillie.

(4) CHANTOISEAU paie 2 fr. 22 c. %, unique répartition, et est qualifiée faillie.

(5) CHANTREAU doit 20 %, en 4 ans, par 1/4, de l'homologation et est qualifié failli.

(6) CHAPEAU, doit 50 %, en 6 ans, par 1/6, de l'homologation.

(7) CHARDON doit 25 %, en 5 ans, par 1/5, de l'homologation et est qualifié failli.

(8) CHARPENTIER, fils aîné, doit 15 %, en 8 ans, du jour de l'homologation, et est qualifié failli.

NOMS, PRÉNOMS, PROFESSIONS ET DOMICILES.	Indique Liquidation * arrérages Avoué et Insuffisance	SYNDICS ET AVOUÉS	FAILLITES ET LIQUIDATIONS.	DATE DES HOMOLOGATIONS DE CONCORDATS	INSUFFIS** ET UNIONS.	SÉPARAT** DE-BIENS JUDICIAIRES.	CONS.JUDIC. ET INTERDICT.
CHARTIER et Cie, limonadiers, boulevard St-Martin, 4........		Meillencourt.	14 nov. 72		* 31 déc. 72		
CHARTRAIRE et Cie, Édouard-Félix, lingers, rue Vivienne, 13..		Dufay.......	24 déc. 72				
CHASSANG, marchand de nouveautés, rue de la Réunion, 88....		Beaufour....	20 avril 72		* 26 juin 72		
Id. Voir : MEUNIER, dame.							
CHASSY, frères. Voir : BOUGER et CHASSY.							
CHASTANG, François, mercier, rue St-Louis en l'Ile, 78........		Gautier......	7 juill. 69	(1)	*		
CHATARD, Pierre, nourrisseur, Chemin-Neuf-Ménilmontant, 51.		Meillencourt.	4 août 69		* 30 oct. 69	(2)	
CHATEAU, H. marchand de nouveautés, rue d'Aboukir, 63......		Dufay.......	19 juill. 72				
CHATELAIN, demoiselle, Joséphine, épicière, rue Pastourel, 32.		Beaugé......	6 janv. 72		* 31 janv. 72		
CHATOUREL, François, ébéniste, rue du Chemin-de-Fer L		Pinet.......	28 janv. 72				
CHAUDEMANCHE (décédé), Jean, boulanger, bd Montparnasse, 57.		Copin.......	2 nov. 69	(3)			
CHAUDRON veuve, Henri, fab. de fouets, r. Château-d'Eau, 60.		Beaugé......	8 août 72	14 nov. 72	(4)		
CHAUMEIL, François, brocanteur, rue de Lappe, 21		Normand....	11 avril 72		* 25 mai 72		
CHAUMETTE, Germain, entrepren** de bâtiments, r. Clavel, 19 L		Chevallier...	19 déc. 71	3 mai 72	(5)		
CHAUSSURE dit HILAIRE, personnellem**, tailleur, r. Auber, 17.		Bégis.......	20 avril 70		...	4 juin 72	
CHAUVEAU, passementier, rue Cloître-St-Jacques, 3..........		Beaujeu.....	17 janv. 72	(6)			
CHAUVEL, Jules et Alfred, maçons, à Boulogne............. L		Quatremère..	24 janv. 72	23 juin 72	(7)		
CHAUVET, Xavier. Voir : LESOBRÉ et CHAUVET.							
CHAUVIÈRE-BARREAU, Louis-Henri, mécanicien, r. Cadet, 18. *		Robineau...	....			14 mars 72	
CHAUVIN, Gustave-Omer, horloger, boulevard Voltaire, 110....		Beaufour...	31 janv. 72	6 juin 72	8)		
CHAUVOT, Adrien, briquetier, à Malakoff..................		Gautier.....	25 mai 72				
CHAVANNES et Cie, Georges, md de charbons, q. d'Orléans, 14.		Beaujeu	21 avril 70		14 déc. 71	(9)	
CHAVARIBERT et Cie, commissionnaires, rue Poulet, 44.......		Meillencourt.	10 févr. 72		* 21 juin 72		
CHAVARY, J.-Bapt.-Hyacinthe, march. de vins, r. Hormel, 26. L		Sarazin......	22 août 71	11 avril 72	(10)		
CHAVY-CHATELLARD, Jacques-Marie, rue N.-D.-Nazareth, 42. *		Maucomble ..	....			19 sept. 72	
CHAZOULIÈRE, peintre, rue St-André-des-Arts, 27		Gauche......	6 mai 70		9 déc. 72	(11)	
CREDEVILLE, menuisier, rue du Pressoir, 3................		Normand....	11 nov. 72				
Id. Émile-Fois, gravatier, rue de la Glacière, 70 ... L		Prodhomme..	25 sept. 71	(12)			
CHEDIVY, Arthur, directeur de Théâtre, rue Rodier, 10.....L		Pinet........	15 nov. 71	(13)			
CHEMIN, pâtissier, rue d'Argout, 58...................L		Normand	2 sept 71	(14)			
CHENEVEAU, Louis-Paulin. Voir : BONNARD et THÉVENOT.							
CHENNEVAT, Étienne-Edmond, nég. en tissus, r. Montmartre, 10.		Beaujeu.....	18 nov. 69	....	* 5 mai 70	(15)	
CHÉRADAME, Émile-Adolphe, ex-limonadier, boul. St-Michel, 6.		Gauche......	17 août 70	(16)			

(1) CHASTANG paie 27 fr. 84 c. %, unique répartition.

(2) CHATARD. — Réouverture du 17 janvier 72.

(3) CHAUDEMANCHE paie 8 fr. 75 c. %, 2e et dern. répartition.

(4) CHAUDRON doit 20 %, en 4 ans, par 1/4, de l'homologation.

(5) CHAUMETTE doit 20 %, en 4 ans, par 1/4, de l'homologation, et est qualifié failli.

(6) CHAUVEAU paie 0 fr. 70 c. %, unique répartition.

(7) CHAUVEL doit 60 %, en 6 ans, par 1/6, de l'homologation.

(8) CHAUVIN doit 25 %, en 5 ans, par 1/5, de l'homologation.

(9) CHAVANNES paie 88 fr. 61 c. %, unique répartition.

(10) CHAVARY doit 25 %, en 5 ans, par 1/5, de l'homologation.

(11) CHAZOULIÈRE paie 18 fr. 68 c. %, unique répartition.

(12) CHEDEVILLE paie 30 fr. 25 c. %, unique répartition, et est qualifié failli.

(13) CHEDIVY paie 3 fr. 92 c. %, unique répartition, et est qualifié failli.

(14) CHEMIN paie 7 fr. 67 c. %, unique répartition, et est qualifié failli.

(15) CHENNEVAT. — Réouverture du 17 juin 1872.

(16) CHÉRADAME paie 5 fr. 36 c. %, unique répartition.

NOMS, PRÉNOMS, PROFESSIONS ET DOMICILES.	Liquidation avoué et insuffisance	SYNDICS ET AVOUÉS	FAILLITES ET LIQUIDATIONS.	DATE DES HOMOLOGATIONS DE CONCORDATS	INSUFFIS** ET UNIONS.	SÉPARAT** DE BIENS JUDICIAIRES.	CONS. JUDIC. ET INTERDICT.
CHERER de CABANNES-D'ARJUZON, Fabt-Cier, à Fontainebleau.	*	Lacomme....				30 janv. 72	
CHÉRON de VILLIERS, direc¹ de la Banq. Cathol., r. Bonapar¹º, 1.		Sautton	2 oct. 72		* 30 nov. 72		
Id. Émile-Désiré, boucher, rue de la Villotte, 29........		Sommaire ...	22 janv. 72	(1)			
CHERPITEL, fabricant de talons, passage Dondeauville, 15		Bégis	26 janv. 72	14 juin 72	(2)		
CHESNEAU-DESMARETS, Fréd.-Édouard-Rom., r. Chabrol, 37..	*	Bertinot....				6 janv. 72	
CHÉTIVAUX, Alexandre-Pierre, gantier, r. de la Jussienne, 14.	L	Richard	9 mars 72	29 juin 72	(3)		
CHEVALIER, Pierre-Alb., md de salaisons, r. Rambuteau, 101..		Normand ...	23 sept. 72				
Id. marchand de nouveautés, boulevard Strasbourg, 11..		Dovin	16 juill. 72				
Id. -BOURARD, Pierre-Albert, rue Rambuteau, 104..	*	Cosselin				17 déc. 72	
CHEVALLIER veuve, Pasc., tenant lavoir, r. Cardinal-Lemoine, 14.		Chevillot ...	2 avril 72	14 sept. 72	(4)		
Id. -CURT-MARCONNET, Édouard, r. St-Jacques, 260	*	Delessart ...				25 juin 72	
Id. marchand de vins, rue de Bruxelles, 16........		Hécaen	29 févr. 72		* 28 mars 72		
Id. E., entrepreneur, avenue la Dourdonnaie, 59		Crampel....	22 juin 68	(5)			
CHEVILLOT, Charles, marbrier, rue Montreuil, 23...		Beaujeu	29 avril 72		* 30 mai 72		
CHEVILLOTTE, fabric. de cristaux, rue Paradis-Poissonnière, 6.		Pinet	16 nov. 71	(6)			
Id. -WENGER, Marie-Pierre, à Puteaux.........	*	Berton......				20 févr. 72	
CHEVRETEAU, bijoutier, faubourg du Temple, 27........		Richard	11 nov. 71		* 22 août 72		
CHEVREUIL, François, maçon, rue Charenton, 131.......		Beaujeu	26 oct. 69	31 mars 70	* 20 juin 72		
CHEVROLIER-TALLOIS, Hipp.-Théod., r. N.-D.-de-Nazareth, 30.		Maucomble ..				3 déc. 72	
CHICOUASNE, Victor-Auguste, march. de comestibles, à Antony.		Bégis	12 déc. 72		* 24 déc. 72		
CHILLIET, Alfred-François, mercier, rue Racine, 19........		Hourtey	6 janv. 72	6 mai 72	(7)		
CHIOROZAS, Étienne, limonadier, à Bois-Colombes.........	L	Dufay	25 janv. 72	20 sept. 72	(8)		
CHIRON, épicier, faubourg du Temple, 46...........		Dufay	6 mai 72		* 31 juill. 72		
CHIVÉ, Casimir-Jean-Baptiste, faïencier, rue Mabillon, 18		Copin	29 janv. 72	(9)			
CHOINE, Jules, courtier en vins, avenue Clichy, 97		Pinot.......	23 oct. 72		* 30 déc. 72		
CHOLLET, tapissier, à la Varenne-St-Maur		Sommaire ...	1er oct. 72		* 30 nov. 72		
Id. -PUPIN, Auguste, employé, rue Turgot, 9	*	Chauveau...				13 août 72	
CHOPARD, commissionnaire, rue Chabrol, 31........		Normand ...	23 avril 72		* 26 juin 72		
CHOPART-MARGET, sans domicile connu	*	Carlet......				5 déc. 71	
CHOQUE, épurateur d'huiles, faubourg St-Denis, 190.........		Pinet,.....	10 févr. 72		* 30 nov. 72		
CHOTIAU, Paul, limonadier, rue Rivoli, 104		Normand ...	24 déc. 71	25 mars 72	(10)		
Id. -CAPEL, Jacques-Paul, rue Rivoli, 104	*	Niquevert ...				20 févr. 72	
CHRISTOL, J.-Bapt.-Benjamin, bourrelier, faub. St-Martin, 14..		Pinet......	11 oct. 72				
Id. tailleur, rue St-Denis, 290..............		Normand ...	15 sept. 08	29 juill. 69	* 21 sept. 72		
CILLIÉ, marchand de vins, rue Oberkampf, 107..............		Prodhomme..	8 déc. 71		* 28 févr. 72		
CINTRAT, Alexandre-Eugène, épicier, r. de la Goutte-d'Or, 57..		Barboux,....	27 août 72				

(1) CHÉRON paie 50 fr. 87 c. %, unique répartition.

(2) CHERPITEL doit 60 %, en 4 ans, par 1/4, de l'homologation.

(3) CHÉTIVAUX abandonne son actif, moins son mobilier personnel, il paie 40 fr. 20 c. %, unique répartition dudit actif.

(4) CHEVALLIER veuve, paiera l'intégralité en 10 ans, par 1/10, sans intérêts pendant les 5 premières années et avec intérêts à 5 % à partir de la fin de la cinquième.

(5) CHEVALLIER, E., paie 5 fr. 54 %, unique répartition.

(6) CHEVILLOTTE paie 0 fr. 50 c. %, unique répartition.

(7) CHILLIET doit 30 %, en 4 ans, avec la caution du sr Halley.

(8) CHIOROZAS paiera l'intégralité en 10 ans, par 1/10.

(9) CHIVÉ paie 8 %, première répartition.

(10) CHOTIAU paie 4 fr. 86 c. % produit de son actif, doit 10 %, en 3 ans, à partir de l'homologation, et est qualifié failli.

NOMS, PRÉNOMS, PROFESSIONS ET DOMICILES.	L Indique Liquidation * Astérisque Avoué et Insuffisance	SYNDICS ET AVOUÉS	FAILLITES ET LIQUIDATIONS.	DATE DES HOMOLOGATIONS DE CONCORDATS	INSUFFIS.ᶜᵉˢ ET UNIONS.	SÉPARAT.ᵒⁿˢ DE BIENS JUDICIAIRES.	CONS.JUDIC. ET INTERDICT.
CISSAC, Jacques-Marie, carrier, à Ivry....................		Sarazin.....	23 avril 72	1ᵉʳ août 72	(1)		
CLAISSE-DELMOTTE, négociant, rue Meslay, 10		Beaufour....	11 nov. 72				
Id. Charles, fab. de savons, Id.		Chevallier...	16 nov. 72				
CLAPARÈDE, liquoriste, rue Richelieu, 110, ...		Bourbon....	5 janv. 72	....	* 22 févr. 72		
CLARA, Fernando-Narcisse, commissionnaire, rue Béranger, 7..		Pinot.......	26 janv. 72	23 sept. 72	(2)		
CLAUDY veuve, Joseph, serrurière, à Levallois..........	L	Quatremère..	6 déc. 71	....	* 29 févr. 72		
CLAUSE jeune, Jean-Baptiste, commissionnaire, r. Laugier, 14.		Beaujeu....	9 août 72	....	* 24 oct. 72		
CLAVEAU, marchand de vins, rue d'Enfer, 55............		Sommaire...	29 août 72	....	* 26 nov. 72		
CLAVERIE, Auguste, menuisier, à St-Maur		Devin.....	14 nov. 65	14 nov. 66	* 30 sept. 72		
CLÉMENT, Aimé-Léonor, imprimeur, rue Rivoli, 58.......		Battarel..	28 oct. 72				
Id. Louis-Alexandre, grainetier, à Bagnolet........	L	Knéringer..	10 oct. 71	19 juin 72	(3)		
CLERGEOT, Alexandre, porcelainier, rue de l'Ouest, 89 ..	L	Bégis	27 nov. 71	(4)			
Id. -SCHNEIDER, Alexandre, rue de Niepce, 1....		*Rivière.....	....			31 août 72	
CLERGET, Nicolas, marchand de vins, à Maisons-Alfort.......		Gaucho..	27 déc. 70	....	* 29 févr. 72		
CLIPPET. Voir: NIELOUD et CLIPPET.							
COCAR, commissionnaire, rue Mazarin, 72,............		Beaugé.....	22 juin 72	....	* 31 oct. 72		
COCARD, Edmond, grainetier, rue Libert, 9..............		Devin....	24 avril 72				
COCHAISE, François-Joseph, mercier, rue Lévêque, 16........		Battarel	30 sept. 71	(5)			
COCHARD-GOURDIN, Pierre, rue J.-J. Rousseau, 61		*Trodoux....				17 juin 72	
COCHE-MONCOURANT, Pierre, rue Rochechouart, 92......		*Mesnier				16 août 72	
COCHERIL-DESHAGUES, Marie-Isid., plâtrier, r. St-Jacques, 281.*		Bouthemard..				1ᵉʳ févr. 72	
COCHN. Voir: ISAC, TIANO et COCHN.							
COCQUEMPOT, menuisier, à Nogent..............		Prodhomme..	28 mars 72	....	* 30 mai 72		
CODOUX, Henri-Michel, mᵈ de comestibles, r. de la Harpe, 6.L		Normand....	19 févr. 72				
COFFIGNON aîné, bijoutier, rue du Château-d'Eau, 13		Dufay	14 juin 72	....	* 30 oct. 72		
COGNET-PELOUIS, Louis, à Boulogne..............		*Dubost.....				19 nov. 72	
COHEN, David, bijoutier, cité Thuré, 3................	L	Meillencourt..	1ᵉʳ févr. 72				
COHIN, Auguste, marchand d'engrais, boul. Beaumarchais, 14..		Moys....	7 mai 72	....	30 nov. 72		
COINDAT, Victor, matériel pour bâtiments, rue Roquette, 118...		Sarazin......	11 avril 70	(6)			
COLART-DORMENNAL, Adolphe-Théodore, rue Popincourt, 33 .*		Debladis.....				4 avril 72	
COLAS-GOUJON, Louis-Aimé, tapissier, rue de Calais, 6 ....*		Gouget.....				26 août 72	
COLIN, marchand de vins, avenue d'Italie, 147..........		Prodhomme..	18 juin 72	24 déc. 72	(7)		
Id. Augustin, liquoriste, rue Ménilmontant, 3............		Chevillot ...	16 mai 72	11 sept. 72	(8)		
Id. -CREVOISIER, Jean-François, avenue d'Italie, 147....		*Millot	....	....		25 avril 72	
COLLAS, Louis, maçon, rue Rennequin, 36.....:.......... L		Legriel.....	24 janv. 72	3 oct. 72	(9)		
Id. aîné, peintre en bâtiments, à Aubervilliers..........		Barbot.....	16 mai 72	....	* 31 août 72		

(1) CISSAC doit 15 %, en 5 ans, par 1/5, de l'homologation.

(2) CLARA doit 20 %, dans les 6 mois de l'homologation, avec la caution de Paulus-Josué Padilla jusqu'à concurrence de 24,000 fr., et il est qualifié failli.

(3) CLÉMENT, Louis, paie 10 %, première répartition, et s'oblige à payer 10 %, en 4 ans, par 4/1, avec la caution de la dᵉ Clément.

(4) CLERGEOT paie 3 fr. 50 c. %, uniq. rép., et est qualifié failli.

(5) COCHAISE paie une répart. de 4 fr. 78 c. %° et est qual. failli.

(6) COINDAT paie 7 fr. 09 c. %, unique répartition.

(7) COLIN doit 50 %, en 5 ans, de l'homolog. par 5, 10 et 15 %.

(8) COLIN, Augustin, doit 50 %, en 5 ans, par 1/5, de l'homolog.

(9) COLLAS, Louis, abandonne son actif, et s'oblige à payer 5 %, en 5 ans, par 1/5, de l'homologation.

NOMS, PRÉNOMS, PROFESSIONS ET DOMICILES.	En faillite Liquidation Affranchis Avoué et Insuffisance	SYNDICS ET AVOUÉS	FAILLITES ET LIQUIDATIONS.	DATE DES HOMOLOGATIONS DE CONCORDATS.	INSUFFIS.ces ET UNIONS.	SÉPARAT.on DE BIENS JUDICIAIRES.	CONS. JUDIC. ET INTERDICT.
COLLAS-BENOIST, Félix-Léon, négociant, rue Maubeuge, 35..		Cosselin....	....			4 juin 72	
COLLÉ-DENIRIAZ, Hippolyte-Jules, rue du Nil, 8............		Chauveau....	....			22 déc. 71	
COLLET, Ulysse, casquettier, rue Ste-Croix-Bretonnerie, 14		Prodhomme..	2 août 72				
Id. Eugène, ex-plâtrier, à Neuilly puis à Nogent		Sautton	14 mars 72	(1			
COLLEVILLE-SAILLARD, Édouard-Baptiste, à Auteuil........*		Husson....	....			6 mai 72	
COLLOT-LEPESTEUR, François-Athanase, maçon, à Drancy		Levesque ...	....			4 juin 72	
COLONVILLIER, Bonaventure, appareilleur, rue d'Albouy, 23...		Barbot....	10 août 69	30 nov. 69	* 30 oct. 72		
COLSON, loueur de voitures, r. St-Martin, 298...............		Beaugé....	23 mars 72	17 août 72	(2)		
COMBAZ, fils, Hippolyte, tôlier, rue Folie-Méricourt, 18........		Bégis....	16 mars 72	(3			
COMBE, voiturier, à Pantin		Maillard....	4 juill. 72			* 21 sept. 72	
COMBES, maçon, rue Duguesclin, 8......................		Chevallier ...	18 déc. 71			* 27 févr. 72	
COMBETTES-BEAUCHAMPS, Louis-Eugène, a Varère (Italie) ...*		Roche....	....			9 nov. 72	
COMMELIN, Marie-Joséphine. Voir : FOUQUET, dame.							
COMPAGNIE ANONYME du chemin de fer de Lyon à Sathonay...		Trille	18 janv. 65		15 févr. 69	(4)	
Id. FRANÇAISE des Cotons et Produits agr.les algériens..		Bourbon.....	2 avril 72				
Id. LYONNAISE. Voir : BOCKAIRY et Cie.							
COMPÈRE, apprêteur de draps, rue du Plâtre, 3.............		Meys....	6 juill. 67		* 21 nov. 67	(5)	
COMTE, Louis, menuisier, rue Rochechouart L		Chevillot....	12 déc. 71	(6)			
CONCHON, André, marchand de nouveautés, boul. Magenta, 78..		Prodhomme..	13 août 72	22 nov. 72	(7)		
Id. , Gabriel, marchand de vins, rue St-Maur, 63, 65, 67.		Bourbon.....	31 juill. 71				
CONDON, demoiselle, marchande de vins, rue Vandrezanne, 8..		Moncharville.	23 nov. 69	(8)			
CONORD-SARDIN, François-Placide, détenu à Poissy ....*		Roche........	....			8 juill. 72	
CONSEIL, Philippe, b.d Magenta, 133 (tribunal de Soissons)....		Cailliez.....	....				27 mars 72
Id. François-Xavier, fleuriste, à Levallois.............		Meys....	21 déc. 72				
CONSTANTIN et Cie, f.re de biscuits américains, b.ard Malesh.es, 78.		Lamoureux ..	21 mars 72				
CONTANT, Louis-Armand, chocolatier, rue du Temple, 71......		Meilloncourt.	13 nov. 72				
CONTI, frères, fumistes, rue des Récollets, 13..............		Beaugé....	16 sept. 72		* 4 nov. 72		
COPPIN, Edm.-Hégésippe, restaurateur, galerie Valois, 173.....		Sarazin....	16 nov. 69	14 avril 70	(9)		
Id. , restaurateur, boulevard de Strasbourg, 8..........		Prodhomme..	21 juin 72		* 31 juill. 72		
COQUEGNIOT, Edm.-Pierre, marc. de charb., r. du Chevaleret, 57.		Beaujeu....	2 sept. 72				
COQUELET-ALEXANDRE, Pierre-Gustave, rue Vaucanson, 4..*		Mouillefarine.	....			27 mai 72	
COQUENTIN-VANAUD, Firmin-Alfred, négoc., rue Chabrol, 48.*		Castagnet....	....			14 nov. 72	
COQUILLAT, marchand de vins, rue du Maroc, 38...........		Meys........	14 sept. 72				
CORAY, marchand de bières, rue Mathis, 23..............		Beaufour ...	6 déc. 71		* 17 févr. 72		
CORBEDAINE, Auguste-Nicolas, épicier, rue Oberkampf, 78		Prodhomme..	7 déc. 72				
CORBIN, hôtelier, rue de Fleurus, 3.....................		Beaujeu	4 juill. 72				
Id. Franç.-Alex.-Désiré, cordonn. f.ours St-Martin, 174....		Moncharville.	30 juin 70	(10)			

(1) **GOLLET** paie 1 fr. 51 c. %, unique répartition.

(2) **COLSON**, doit 80 %, en 6 ans et 9 paiem. de 10 % chacun.

(3) **COMBAZ** paie 4 fr. 33 c. %, unique répartition.

(4) **COMPAGNIE ANONYME** paie 30 %, en 2 répartitions.

(5) **COMPÈRE**. — Réouverture du 14 décembre 72.

(6) **COMTE** a été qual. failli et paie 8 fr. 34 %, seule répartition.

(7) **CONCHON**, André, paie 10 %, dans la quinzaine de l'homologation, avec la caution du sieur Rigaud.

(8) **CONDOM** paie 18 fr. 64 c. %, unique répartition.

(9) **COPPIN**, Edme, paie 0 fr. 62 c. %, uniq. rép. de l'actif abandonné.

(10) **CORBIN**, François, paie 12 fr. 68 c. %, pour toutes répartit.

NOMS, PRÉNOMS, PROFESSIONS ET DOMICILES.	L Indique Liquidation 0' astérisque AVOUÉ et Insuffisance	SYNDICS ET AVOUÉS	FAILLITES ET LIQUIDATIONS.	DATE DES HOMOLOGATIONS DE CONCORDATS	INSUFFIS" ET UNIONS.	SÉPARAT" DE BIENS JUDICIAIRES.	CONS. JUDIC. ET INTERDICT.
CORBIOT-GANTOIS, CHARLES-MARIE, marchand de vins, à Clichy.	*	Berryer.....	....	....	....	29 juin 72	
CORBON, VICTOR, constructeur, rue de la Bienfaisance, 11		Barbot	27 juill. 72	....	* 30 sept. 72		
CORDESSE, marchand de bois et charbons, rue Vaugirard, 131..		Pinet	24 janv. 72	....	* 6 mai 72		
CORDIER, JEAN-PIERRE, cordonnier, à St-Denis............		Gautier.....	7 nov. 72	....	* 30 déc. 72		
Id. GASTON-RENÉ, hôtelier, place du Panthéon..........	*	Denormandie.	....	....	....		11 avril 72
Id. veuve, rue d'Ulm, 11	*	Id..........	....	....	....		11 avril 72
CORELLIER, négociant, rue St-Honoré, 350...............		Beaujeu.....	29 juin 72				
CORMIER, PRUDENT-ALEXAND., mercier, r. du Château-d'Eau, 39.		Id.........	6 juill. 72	....	* 31 juill. 72		
CORNE, CORNÉLIE-OCTAVIE. Voir : DUPIC et CORNE.							
CORNELLIER, ÉTIENNE. Voir : DAVID et Cie.							
CORNET, ARTHUR, commissionnaire, à Aubervilliers		Gautier.....	30 août 72	....	* 20 nov. 72		
CORNETET, dame, modiste, rue Montmartre, 111............	L	Pinet	8 févr. 72				
Id. , d^{lle}, ANNE-ALEX^{ne}, confect^{ce}, r. Montmartre, 111.		Barboux.....	23 mai 72				
CORNETTE, PIERRE, ex-marchand de nouveautés, à Vanves.....		Bégis	26 sept. 72				
CORNIL, grainetier, rue J.-J. Rousseau, 49		Dufay	4 oct. 72	....	* 31 déc. 72		
Id. -DELMOTTE, CHARLES, id., 19	*	Dechambre ...	....	....	....	25 oct. 72	
CORNILLET, JENNY. Voir : SALLES, veuve.							
CORNU, d^e, EUGÈNE, marchande de curiosités, rue Provence, 21 .		Gauche......	13 avril 72				
CORNUT, CHARLES-ALFRED, charcutier, rue Michodière, 16.....		Richard.....	19 déc. 71	6 juin 72	(1)		
CORPLET, traiteur, rue de la Tour-d'Auvergne, 15..........		Barboux.....	14 déc. 72				
CORROL, marchand de vins, place d'Aligro, 12.............		Barbot	10 nov. 71	(2)			
CORUBLE, JEAN-JULES-AMOUR, march. de cuirs, rue Réunion 23..		Pinet	23 août 71	20 févr. 72	(3)		
COSSU, veuve, VICTOR, hôtelière, rue Montorgueil, 48.........		Knéringer ...	17 janv. 72	....	* 10 avril 72		
COSTADAU, ADRIEN-HILAIRE, confectionneur, r. des Jeûneurs, 25.		Saulton	19 juill. 72	8 nov. 72	(4)		
COSTARD, d^{lle}, BLANCHE, chapelière, r. Neuve St-Augustin, 14 ..		Devin.......	20 juill. 65	20 janv. 66	4 mai 70		
COSTE-BOUVOT, CLAUDE, rue Quincampoix, 27.............	*	Lacomme.....				10 juin 72	
COSTY, demoiselle, OCTAVIE, café-concert, rue Oberkampf, 109..		Sommaire	8 nov. 72				
COTELLE, LOUIS-HIPPOLYTE, peintre, à Léhoteville..........		Bégis	31 oct. 72	....	* 24 déc. 72		
COTTANCE, ALEXANDRE-JOSEPH, tabletier, rue Beaubourg, 72 ..L		Beaugé......	2 déc. 71	7 mars 72	(5)		
COTTAT-BALTARD, EUGÈNE-ALEXANDRE, à Lyon............	*	Dolpon......				26 août 72	
COTTÉ, CHARLES, mercier, rue Buisson-St-Louis, 1..........L		Pinet	13 sept. 71	(6)			
COTTENEST, veuve, DENIS-MARIE-NICOLAS. Voir : BARDOULET.							
COTTIN, voiturier, boulevard Ney, 8,...............		Prodhomme ..	19 août 72	....	* 31 oct. 72		
Id. PIERRE, marchand de vins, rue Rochechouart, 58......		Prodhomme ..	31 mai 72	5 octob. 72	(7)		•
Id. et ROUSSEAU, march. de dentelles, rue d'Aboukir, 71.		Normand....	16 janv. 72	4 mai 72	(8)		

(1) CORNUT doit 30 %, en 6 ans, par 1/6, de l'homologation, et est qualifié failli.

(2) CORROL paie 17 fr. 32 c. %, unique répartition, et est qualifié failli.

(3) CORUBLE doit 25 %, en 3 ans, par 1/3, de l'homologation, et est qualifié failli.

(4) COSTADAU paie 10 % compt. et doit 40 %, en 4 ans, par 1/4.

(5) COTTANCE doit 25 %, en 5 ans, par 1/5, de l'homologation, et est qualifié failli.

(6) COTTÉ paie 1 fr. 72 c. %, uniq. répartition, et est qual. failli.

(7) COTTIN, PIERRE, paie 23 %, produit de son actif, et s'oblige à payer 10 %, en 3 ans, par 1/3 ; 1er paiement fin décemb. 73.

(8) COTTIN et ROUSSEAU paient 8 fr. 31 c. %, produit de leur actif, et doivent 20 %, en 10 ans, par 1/10, de l'homologation.

NOMS, PRÉNOMS, PROFESSIONS ET DOMICILES.	L indique Liquidation * astérisques Avoué et Insuffisance	SYNDICS ET AVOUÉS	FAILLITES ET LIQUIDATIONS.	DATE DES HOMOLOGATIONS DE CONCORDATS	INSUFFIS⁻ ET UNIONS.	SÉPARAT⁻ DE BIENS JUDICIAIRES.	CONS. JUDIC. ET INTERDICT.
COUBET, Désiré-Ferdinand, brasseur, rue Riquet, 56.........		Devin.......	24 avril 72		* 31 juill. 72		
COUCHOT, marchand de vins, rue St-Denis, 133...............		Devin.......	27 mars 72		* 6 mai 72		
COUDOUIN, Jean, constructeur, rue des Moines, 114		Beaugé.....	26 sept. 72				
COUDY-MONTIER, Étienne, rue Grange-Batelière, 19.........	*	Goujon.				2 janv. 72	
COULOMBON dit COULON, pers⁺, rue de la Rochefoucault, 14...L		Lamoureux	30 sept. 71	29 févr. 72	(1)		
COULON-MARTY. Voir : MARTY dame.							
Id. et CREMIÈRE, négociants, rue Favart, 20............L		Lamoureux	30 sept. 71	7 mars 72	(2)		
COULOUMY dame, mᵈᵉ de vins, rue St-Dominique-St-Germ., 50..		Sarazin..	9 déc. 72				
COUMANI et DIAMANTOPOULO, nég⁺⁺, r. Paradis-Poissonnière, 42.		Battarel	9 sept. 72				
COUPPAS-CHIDAINE, Edmond-Charles, rue de la Roquette, 79..	*	Dubost				16 juill. 72	
COUQUAUX, François-Théophile, cantinier, à St-Denis........		Beaugé	3 mai 69	(3)			
COURAGEUX, L., marchand de bois, rue de Lyon, 4..........		Gautier.....	1ᵉʳ mai 72				
COURTALON, Alix, fabric. de cols en papier, rue Chorron, 18..L		Legriel	22 janv. 72		* 29 févr. 72		
COURTIAL, Julien, négociant en dentelles, rue St-Denis, 208....		Maillard	Avant 1848	(4)			
COURTIN, Hippolyte, emballeur, rue Meslay, 35.............L		Normand	5 déc. 71	21 mars 72	(5)		
COUSIGNÉ, hôtelier, rue des Rigoles, 98 L		Legriel	11 oct. 71	28 févr. 72	(6)		
COUSIN, Anastase-François, distillateur, à Vincennes........	*	Devin.....	19 déc. 71		* 25 avril 72		
Id. -MORIS, Émile-François-Joseph, rue St-Honoré, 256..		Caron....				9 avril 72	
Id. Émile-François-Joseph, f⁻ de jouets, rue St-Honoré, 256.		Legriel	9 févr. 72	27 juin 72	(7)		
Id. -ANTHEAUME, Charles-Benoît, boulev. Magenta, 56..		Mesnier				30 déc. 71	
COUSTÉ, plâtrier, rue de la Voie-Verte, 13 L		Meillencourt	21 déc. 71		* 31 mai 72		
COUTELLIER, Étienne-François, menuisier, à Levallois.......		Moys....	19 déc. 71		* 31 mai 72		
COUTERET-BULON. rue J.-J. Rousseau, 12.................		Dromery....				19 mars 72	
COUTET-HEU, sans domicile connu		Marquis				27 avril 72	
COUTEUX. marchand de fromages, avenue d'Italie, 43 L		Beaujeu..	22 nov. 71		* 22 févr. 72		
COUTURE, Georges, changeur, rue Lafayette, 54............L		Richard....	12 janv. 72				
COUTURIER-MALADRY, F⁻ois-Joseph-Alexᵈʳᵉ, r. de la Chap., 49.*		Poinsot....				10 juin 72	
Id. Louis-Alexᵈʳᵉ-Prudent, fondeur, à la Cour-Neuve..		Battarel	29 avril 70	(8)			
COVLET, Édouard, mécanicien, rue de la Chopinette, 15.....L		Battarel	4 déc. 71	(9)			
COZETTE, tripier, route de Flandre, 101		Dufay.....	20 juin 72		* 30 sept. 72		
CRÉANGE, Édouard, appareilleur, boulevard Bonne-Nouvelle, 8.		Beaugé.....	13 mars 72	29 juin 72	(10)		
CRÉDIT CENTRAL. Voir : RICHEBOURG et Cie.							
CREMIER dit LARGE-BAUDINOT, Léon, négoc. rue Wagram, 2 .*		Duval.....				24 juin 72	
CRÉMIEUX-PORTO-RICHE, Jacob-Henri, r. Château-d'Eau, 58..*		Chéramy..				24 avril 72	
CRÉPEL-EYMIN, Nicolas-Édouard, rue N.-D.-Nazareth, 66...*		Flat.......				23 janv. 72	
CREPEY-AMNEZER, Xavier-Ferdinand, rue du Temple, 18......*		Violette..				16 nov. 72	
CRÉPIER, marchand de vins, boulevard de Bercy, 49		Sautton	19 mai 70	(11)			

(1) COULOMBON paiera tout en 10 ans, par 1/10, du 5 février 1872.

(2) COULON et CRÉMIÈRE. — Le syndic paie l'intég. des créances.

(3) COUQUAUX paie 3 fr. 92 c. %, unique répartition.

(4) COURTIAL paie 15 %, première répartition.

(5) COURTIN doit 25 %, en 5 ans, par 1/5, de l'hᵒᵒ, et est qual. failli·

(6) COUSIGNÉ paiera 25 %, 30 jours ap. l'hom., et est qual. failli.

(7) COUSIN paie 10 % comptant et 90 %, en 6 ans, par 1/12' avec la caution de la dame Cousin. 1ᵉʳ paiement fin janvier 1873.

(8) COUTURIER, Louis, paie 20 fr. 73 c. %, unique répartition.

(9) COVLET paie 9 fr. 13 c. %, uniq. répartit., et est qual. failli.

(10) CRÉANGE doit 30 %, en 6 ans, par 1/6, de l'homologation.

(11) CRÉPIER paie 14 fr. 54 c. %, unique répartition.

NOMS, PRÉNOMS, PROFESSIONS ET DOMICILES.	L indique Liquidation * astérisque Avoué et Insuffisance	SYNDICS ET AVOUÉS	FAILLITES ET LIQUIDATIONS,	DATE DES HOMOLOGATIONS DE CONCORDATS	INSUFFIS^ce ET UNIONS.	SÉPARAT^on DE BIENS JUDICIAIRES.	CONS. JUDIC. ET INTERDICT.
CRÉPIN-LAURENT, Félix-Hilarion, rue Bichat, 32	*L	Dubost				8 août 72	
CRÉTEAU-BÉRENGER, Eugène, nég^t, faubourg du Temple, 108.		Baupeley				4 juin 72	
CRÉTÉNIER, Jean-Joseph, marchand de vins, rue Virginie, 12.	L	Beaujen	6 sept. 71	1)			
CRÉTU, serrurier, à St-Ouen	*L	Gauche	31 déc. 72				
CREUILLOT, boulanger, rue Crozatier, 18		Normand	28 juin 72	(2			
CREUILOT-CHAPRON, Léon-Alex^dre, boulanger, s. dom. connu.		Clériot				26 août 72	
CREUTZER, Jean-Philippe, limonadier, rue Baillet, 2.	L	Bègle	16 déc. 71	11 mars 72	(3)		
CREVISSIER, Victor-Nicolas, cordonnier, rue Legendre, 103.	L	Heurtey	21 oct. 71	31 janv. 72	(4)		
CRIMONT, Lucien-Arcade, passementier, rue Turbigo, 77		Darboux	31 déc. 72				
CRIQUET-BRUNET, Louis-Victor, boulevard de Clichy, 2.	*	Niquevert				16 mars 72	
CRISTALLERIE DE PUTEAUX, rue Paradis-Poissonnière, 6.		Beaugé	19 janv. 72				
CROCÉ-SPINELLI d^e, Isidore-Achille, hôtelière, r. Pépinière, 27.		Id.	15 juill. 70		13 févr. 72		
CROCHARD, Raoul-Eug., f^t de porte-monnaie, r. N.-D.-Nazar., 26.		Gautier	9 nov. 72				
CROMBÉ, Alphonse-Jules, tapissier, rue des Jeûneurs, 42		Meillencourt	9 sept. 71				
CROSSON-HOLLEY-WILLIAMS, Anu.-Alex.-Mar., r. Tronchet, 4.	*	Brémard				16 oct. 72	
CROUIN, L., marbrier, rue Dunkerque, 56.		Prodhomme	14 mai 72		* 30 mai 72		
CROZIER, modiste, boulevard Sébastopol, 19.		Richard	21 juin 72		* 29 oct. 72		
CSILLAG, Antoine, fourreur, rue Montmartre, 103.	L	Beaufour	13 déc. 71		16 févr. 72	(5)	
CUISINOT et LECOURTOIS, maçons, rue des Épinettes, 12		Dufay	27 janv. 72		* 30 avril 72		
CUOCI-DESCHARS, Anatole-Henri, en Italie.	*	Archambault				5 août 72	
CUREAU, chapelier, rue Francs-Bourgeois, 54		Prodhomme	5 févr. 72	10 juill. 72	(6)		
CURT, ex-hôtelier, rue Provence, 61		Beaufour	27 août 67	15 févr. 70	(7)		
CUVELIER, Guillaume, m^d de bois, à Douchy (Valenciennes)		Gobert	31 déc. 71				

D

DACQUEMENNE demoiselle. Voir : MARTIN et Cie.							
DAGUENET, Jules-Joseph, limonadier, rue d'Allemagne, 180		Lamoureux	3 juill. 72		* 31 juill. 72		
DAGUET, Jean-Baptiste, serrurier, rue Galande, 47		Barbot	5 févr. 72		* 29 févr. 72		
DAGUIN. Voir : BLONDIN veuve.							
DAIX, Armand, grainetier, rue Charenton, 100.		Chevillot	12 févr. 72	(8			
DALDOY-DUMONT, Pierre-Ant.-Joseph, r. Château-d'Eau, 62.	*	Niquevert				22 févr. 72	
DALIGAULT. Voir : FEUILLY veuve.							
DALMAS, TRIBOUT DE MORAMBERT. Voir : JULLIEN, dame.							
DAMÉRON, Louis, voiturier, à Pantin		Quatremère	21 mars 72				
DAMOTTE. Voir : PITOUX veuve.							

(1) CRÉTÉNIER paie 2 fr. 35 c. °/₀, uniq. rép., et est qual. failli.

(2) CREUILLOT paie 9 fr. 30 c. °/₀, unique répartition.

(3) CREUTZER doit 25 °/₀, en 5 ans, par 1/5, de l'homologation, et est qualifié failli.

(4) CREVISSIER doit 25 °/₀, en 5 ans, par 1/5, de l'homologation, et est qualifié failli.

(5) CSILLAG paie 7 fr. 13 c. °/₀, unique répartition, et est qualifié failli.

(6) CUREAU doit 30 °/₀, en 6 ans, par 1/6, de l'homologation.

(7) CURT paie 20 fr. 70 c. °/₀, deuxième et dernière répartition de l'actif abandonné.

(8) DAIX paie 9 fr. 63 c. °/₀, unique répartition.

NOMS, PRÉNOMS, PROFESSIONS ET DOMICILES.	L indice Liquidation * astérisque Avoué et Insuffisance	SYNDICS ET AVOUÉS	FAILLITES ET LIQUIDATION.	DATE DES HOMOLOGATIONS DE CONCORDATS	INSUFFIS ET UNIONS.	SÉPARATⁿ DE BIENS JUDICIAIRES.	CONS. JUDIC. ET INTERDICT.
DANELOU-ROSENFELDER, Jacq.-René, tailleur, cité Bergère, 9.	*	Dubois......				22 juill. 72	
DANGLETERRE, Fᵒⁱˢ, doreur, r. de Seine, 40 et r. Dauphine, 10.	L	Devin......	7 déc. 71	11 mai 72	(1)		
DANGU-GROULT, Frédéric-Rémy, rue Levallois............		Robineau......				6 juill. 72	
DANGUILLECOURT. Voir : PATENOTTE et DANGUILLECOURT.							
DANIEL, Jacques, march. de nouveautés, bᵈ Haussmann, 116.	L	Gauche......	28 sept. 71	25 mars 72	(2)		
Id. -LÉVY, march. de fromages, r. des Bourdonnais, 47.	L	Normand....	14 sept. 72	....	* 31 oct. 72		
DANIELOU, tailleur, cité Bergère, 9 (Voir : DANE),..........		Meys......	8 oct. 72	....	* 23 déc. 72		
DANIS, Armand, ex-march. de fromages, impasse des Moulins, 6.	L	Régis......	11 oct. 71	20 janv. 72	(3		
DARCHE-DARCHE, Jean-Louis-Honoré, à Asnières........	*	Quillet......				15 juill. 72	
DARD-ROSE, Philippe, à Levallois....................	*	Husson......				3 déc. 72	
DARDE, Gustave, épicier, rue de Bagnolet, 37............		Pinet......	2 avril 72	(4)			
DARDESPINNE, Alexᵈʳᵉ-Philippe, fᵗ de chaux, q. Jemmapes, 46.		Beaufour....	9 mars 72	9 août 72	(5)		
DARY, Jules-François. Voir : PELLEGRIN et DARY.							
DARY, Jules, négociant en fruits et primeurs, rue des Halles, 2.	L	Knöringer..	19 août 72	....	* 24 déc. 72		
DAUGNY-HAVEQUEZ, Alphonse, boulevard Voltaire, 142......	*	Gamard......				2 janv. 72	
DAUPHIN, Anne-Marie. Voir : GUILLOCHIN, dame.							
Id. E., marchand de bois, à Arcueil............		Sommaire..	25 janv. 72				
Id. Maurice, peintre, rue Amelot, 155..............	L	Gauche......	22 sept. 71	....	21 févr. 72	(6)	
DAUTRY, Prosper, marchand de vins, quai Valmy, 93........		Régis......	14 sept. 72	....	* 30 oct. 72		
DAVIAU et Ciᵉ, Paul-Louis, carriers, rue Bergère, 25........		Barbot......	17 oct. 72				
DAVID et BLUM, fournitures pour chapellerie, r. Rambuteau, 30.		Sautton......	8 juin 72	17 déc. 72	(7)		
Id. -BACKMAN, Félix-Jacques, passage Pecquay, 11......	*	Milliot......				26 août 72	
Id. -PORTIER, Gabrielle-Étienne-Louis, rue Bourgogne, 50.	*	Coche......				7 mars 72	
DAVID-SCHILTZ, René-Marie, banquier, avenue Breteuil, 23..	*	Postel......				2 janv. 72	
Id. parfumeur, passage Choiseul, 70....................		Dufay......	15 avril 72	....	* 31 juill. 72		
Id. Édouard, grainetier, rue Sartine, 1		Chevillot....	26 juin 72				
DAVID. Voir : CHARTIER et Ciᵉ.							
Id. Pierre, tailleur, rue Neuve-Petits-Champs, 4 bis........		Barbot......	8 juin 72	....	* 31 août 72		
Id. et Cie, Jacques-Michel, charbonniers, r. Chemin-Vert, 129.		Gautier......	5 juill. 72				
Id. id. peintres, rue Maubeuge, 31..................	L	Meillencourt.	8 janv. 72	....	* 29 juin 72		
DAVIES-WALTER, restaurateur, rue Matignon, 32..........		Chevallier..	13 juin 72	....	* 29 oct. 72		
DAVOULT, Henri-Armant, corsetier, rue du Sentier, 6........		Gauche......	21 déc. 72				
DEBERGUE-LEFÈVRE, François-Stanislas, boul. de Clichy, 3.	*	Non indiqué.	....	....		9 avril 72	
DEBLOIS-DAVID, Michel-Désiré, mᵈ de vins, r. de Bercy, 108.	*	Cosselin......	....	....		31 déc. 72	
DE BONADONA-ROMAN, Jules-Fortuné, rue du Manoir, 7...	*	Chéramy......	....	....		31 oct. 72	
DE BONDT-VANDE-WORDE, Théophile, avenue du Maine, 21.	*	Leboucq......	....	....		13 mai 70	
DÉBONNAIRE, Léon, limonadier, boulevard Belleville, 64		Gauche......	9 févr. 72	....	* 28 mars 72		

(1) DANGLETERRE doit 25 º/₀, en 5 ans, par 1/5, de l'homologation, et est qualifié failli.

(2) DANIEL, Jacques, doit 10 º/₀, en 5 ans, par 1/5, de l'homologation, et est qualifié failli.

(3) DANIS abandonne son actif, et est qualifié failli.

(4) DARDE paie 3 fr. 10 c. º/₀, unique répartition.

(5) DARDESPINNE abandonne son actif, et doit 10 º/₀, en 10 ans,
par 1/10.

(6) DAUPHIN, Maurice, paie 12 fr. 08 c. º/₀, unique répartition,
et est qualifié failli.

(7) DAVID et BLUM doivent 20 º/₀, en 4 ans, par 1/4, du jour de
l'homologation.

NOMS, PRÉNOMS, PROFESSIONS ET DOMICILES.		SYNDICS ET AVOUÉS	FAILLITES ET LIQUIDATIONS.	DATE DES HOMOLOGATIONS DE CONCORDATS	INSUFFIS.ce ET UNIONS.	SÉPARAT.on DE BIENS JUDICIAIRES.	CONS. JUDIC. ET INTERDICT.
DEBRAY, Claude-Marie, loueur, rue des Rigoles, 20..........		Legriel,.....	22 juill. 70	18 août 71	* 20 nov. 72		
Id. -HOUZIAUX, Papineur-Philogone, r. de la Fidélité, 7.*		Aymó.......				30 janv. 72	
DEBREZ et Cie, entrepreneurs de transports, rue Greneta, 9....		Bôgis	14 mars 72				
DEBSKI, négociant en vins, à St-Mandé..................		Bôgis	1er août 72				
DE CAERLÉ, sellier, rue de Ponthieu, 41.................		Devin	9 mars 72				
DECAMPS, J.-Baptiste, porcelainier, rue d'Hauteville, 66.....L		Richard	18 nov. 71	.....	18 nov. 72		
Id. et Cie, G., rue Ferme-Mathurins, 18............		Normand	28 déc. 71	(1)			
DE CARANZA, Amédée, fayencier, rue Dancourt, 4		Chevallier...	22 oct. 72				
DECAUX, Charles-Jules-Fçis, march. de laines, r. Greneta, 55..		Hécaen....	17 févr. 72	(2)			
Id. Alfred-Clément, limonadier, rue St-Martin, 127 .. L		Barboux...	11 sept. 71	18 janv. 72	(3)		
DECOURT, fabricant de bourses, rue de la Mare, 105........		Legriel....	8 mars 72		* 31 mai 72		
DE COYE et Cie, ex-limonadiers, place de Valois, 6........		Lamouroux..	21 août 72				
DEDIEU et Cie, Farazol, fte de crinolines, r. Folie-Méricourt, 65.		Beaufour...	17 juin 72	30 oct. 72	(4)		
DEDOS, François, marchand de meubles, rue de Citeaux..		Normand....	12 juill. 72	22 nov. 72	(5)		
DEERF-CHOLLET, François-Édouard, md de vins, r. Belot, 5..*		Delaporte....				9 avril 72	
DEFENOUILLIÈRE-BLERVACQ, Louis-Fçis, r. Cardin-Lemoine, 7.*		Robineau...				23 avril 72	
DEFER, Paul-Louis-Edmond, md de bois, r. des Cendriers, 20.L		Sommaire...	23 févr. 72	25 juill. 72	(6)		
DEFITE dit ROMANVILLE veuve, modiste, chaussée d'Antin, 8..		Prodhomme ..	18 juill. 72	(7)			
DEFLERS, Émile-Louis, md de nouveautés, boul. Voltaire, 75...		Heurtey	22 juill. 70		* 30 juin 71	(8)	
Id. -BOURGNET, Narcisse-Émile, rue Martin, 5 et 7...		Picard				17 déc. 72	
DEFORGES, Raphaël-Jean, plâtrier, à Vitry L		Meillencourt .	11 mars 72	20 sept. 72	(9)		
DEGON-BRAY, Aristide, rue de Turenne, 113		Servy ...				30 avril 72	
DE GOURNAY, commissionnaire, rue Bergère, 9...........		Barboux....	23 août 71	9 mars 72	(10)		
DEGUINGAND, Adolphe-Joseph, marbrier, r. de Commines, 18..		Chevallier..	13 déc. 71				
DE HENNE et Cie, Hippolyte, chapeliers, bd des Capucines, 11..		Barbot.....	17 oct. 71				
DEHOIZE-DUHAMEL, Louis-Toussaint, rue de l'Ouest, 23....*		Chauveau..				27 août 72	
DÉJARDIN, Louis-Joseph, marchand de vins, rue de Douai, 52..		Lamouroux..	29 févr. 72		* 4 avril 72		
DEJAZET, ex-directeur de Théâtre, rue Béranger, 14.........		Heurtey	24 oct. 71		* 24 sept. 72		
DEJOY-ZINDEL, Pierre, rue Jeanne-d'Arc, 40 ....*		Henriet				26 août 72	
DELACOUR, Alexis, grainetier, avenue Parmentier, 14.........		Beaufour....	25 avril 72		* 20 juin 72		
Id. Émile, Id. rue de Bercy, 219.......		Knéringer ..	30 déc. 71		* 19 févr. 72		
DELACROIX, Édouard-Constant, march. de vins, r. Salneuve, 24.		Richard......	18 oct. 72		* 26 nov. 72		
Id. -FROUST, hôtelier, rue Taitbout, 62............		Id........	30 avril 72				
Id. Id. -CARRÉ, Ant.-Émile, r. Taitbout, 62..		Archambault.				7 mai 72	

(1) DECAMPS et Cie ont été qual. faillis par jug¹ du 21 nov. 72.

(2) DECAUX, Charles, paie 8 fr. 27 c. %, unique répartition.

(3) DECAUX, Alfred, doit 20 %, en 5 ans, par 1/5, premier paiement fin décembre 1872.

(4) DEDIEU et Cie paient 5 %, 1 mois après l'homologation, et doivent 10 %, on 3 ans par 3 et 4 %.

(5) DEDOS doit 25 %, en 5 ans, par 1/5, de l'homologation.

(6) DEFER paiera tout en 6 ans, et 6 paiements, à partir de l'homologation.

(7) DEFITE doit 15 %, en 4 ans, par 1/4, de l'homologation.

(8) DEFLERS. — Réouverture du 4 mai 1872.

(9) DEFORGES paie 8 fr. 62 c. %, unique répartition ; il paiera le montant des créances en 6 ans, par 1/6, avec la caution de sa femme et s'engage à distribuer aux créanciers à valoir sur les dividendes, les sommes qu'il pourra recevoir de l'État pour l'indemnité qu'il réclame.

(10) DE GOURNAY paie 5 % comptant, et doit 20 %, en 3 ans, de l'homologation, et est qualifié failli.

NOMS, PRÉNOMS, PROFESSIONS ET DOMICILES.	Liquidation judiciaire * astérisque Avoué et Insuffisance	SYNDICS ET AVOUÉS	FAILLITES ET LIQUIDATIONS.	DATE DES HOMOLOGATIONS. DE CONCORDATS	INSUFFIS⁰ˢ ET UNIONS.	SÉPARAT⁰ⁿ DE BIENS JUDICIAIRES.	CONS.JUDIC. ET INTERDICT.
DELAFONT, camionneur, rue d'Aubervilliers, 50..........		Normand...	18 avril 72	....	* 23 mai 72		
DELAGONTERIE dᵉˡˡᵉ, Eugénie, vente de fonds, r. St-Martin, 215.		Gauche......	11 nov. 71	....	* 28 févr. 72		
DELAHACHE, marchand de vins, à Puteaux,..............		Knéringer..	8 juill. 72	....	* 17 oct. 72		
DELAIL, père et fils, bottiers, passage Jouffroy, 46.........		Pinet......	28 mai 72	3 déc. 72	(1)		
DELAITRE-GUERIN, Frédéric, cité des Fleurs, 21 et 23......*		Drochou.....	....	....		17 févr. 72	
DELAMARCHE, marchand de vins, rue de Flandre, 133.......		Hourtey....	14 mars 72	4 sept. 72	(2)		
DELAMARE, Eugène-Jules, entrepreneur, rue Maubeuge, 13....		Lamoureux..	3 déc. 72				
DELAMONTAGNE et BLOT, entrepreneurs, aven. Daumesnil, 408.		Battarel	4 nov. 67	19 juin 72	(3)		
DE L'A MOTTE DE GUINGAUD, J.-B.-Léon, boulev. Neuilly, 34.*		Soloman.....	....	....		20 juin 72	
DELANCHY, Louis-Victor-Auguste, grainetier, rue Nollet, 122..		Prudhomme..	25 avril 72	....	* 20 juin 72		
DELANNOY, Théod.-Alph., négᵗ en vins, r. des Pᵗᵉˢ-Écuries 44..		Darboux....	20 sept. 71	(4)			
DE LA PERROTIÈRE, H., entrepreneur, boul. de Reuilly, 15..		Barbot	9 nov. 72	....	* 31 déc. 72		
DELAPLACE, Alcibiade, marchand de beurre, à Suresnes		Hécaen.....	14 oct. 72				
DELAPORTE-DENEUX, Joseph-Adolphe, faub. Poissonnière, 57.*		Casselin....	....	....		25 oct. 72	
Id. aîné, verrier, rue des Moines, 26..............L		Sarazin.....	2 août 70				
DELARFEUX, peintre, rue Daguerre, 35...............L		Chevillot ..	3 févr. 72				
DELAROCHE, épicier, à St-Mandé....................		Maillard....	3 nov. 71	....	* 26 mars 72		
DELAROCHETTE, ex-gravatier, rue Notre-Dame-de-Lorette, 49..		Hécaen.....	16 janv. 72	....	* 28 mars 72		
DELARUE, boulanger, rue Lahire, 9 et 5		Sommaire ..	20 janv. 72	....	* 26 mars 72		
DELATRE. Voir : AUBÉ et DELATRE.							
Id. -VINCENT, Charles, chaussée Ménilmontant, 24....*		Mignot......	....	....			13 mai 72
Id. -CURÉ, Louis-Georges, rue N.-D. des Victoires, 40..*		Duval......	....	....			17 déc. 72
DELAUL-DUPONT, Guillaume, passage Jouffroy, 46.........*		Gavignot....	....	....			15 juill. 72
DELAUNAY, Fᵒⁱˢ-Charles, commissionnᵉ, faub. St-Martin, 126..		Gauche......	4 juill. 72	....	* 7 août 72		
DE LAURÈS demoiselle, maison meublée, rue de Provence, 3..		Devin......	13 mai 72				
DELAVEUFVE, ex-épicière, à Courbevoie puis à la Garenne		Hécaen.....	7 févr. 72	....	* 31 mai 72		
DE LA VINGTRIE. Voir: BAYARD DE LA VINGTRIE.							
DELAYE et Cie, carrossiers, boulevard Courcelles, 73.........		Sarazin.....	19 août 72	(5)			
Id. Victor, mécanicien, rue Halévy, 4,..............		Moncharville.	22 juin 69	9 déc. 69	* 30 nov. 72		
Id. J.-B.-Émile, marchand de jouets, rue Bondy, 32...:..		Gautier......	21 juin 72				
DELBARRE-CHARMAND, Pierre-Jean, rue de Birague, 14 ....*		Réty......	....	....		12 août 72	
DELEBOIS, Gustave, grainetier, rue Pigalle, 38..........		Sautton	21 déc. 72				
DELEFOSSE, veuve, ex-limonadière, rue Philippe-de-Girard, 2.		Chevallier ..	12 déc. 71				
DELEON et Cie, fabricants de cuirs, rue du Bouloi, 20.........		Moncharville.	11 oct. 71	....	* 5 févr. 72		
DELET, Henri, menuisier, à Bois-Colombes................		Beaujeu....	29 oct. 69	(6)			
DELEUZE, Isidore, agent d'affaires, rue de l'Échiquier, 17.....		Chevillot ...	22 août 72	....	* 30 nov. 72		
DELGRANGE-VALLET, Louis-Éloi, à Billancourt ....*		Thiébault...	....	....			8 juill. 72
Id, , Louis-Éloi, entrepreneur, rue Meslay, 24.......		Sautton	30 oct. 71				

(1) DELAIL, père et fils, abandonnent leur actif, et s'engagent à payer 30 %, en 6 ans, par 1/6, de l'homologation.

(2) DELAMARCHE doit 25 %, en 5 ans, par 1/5, de l'homolog.

(3) DELAMONTAGNE et BLOT paient 6 %, première répartition, et doivent chacun 8 %, 6 mois après l'homologation.

(4) DELANNOY paie 27 fr. 30 c. %, unique répartition, et est qualifié failli.

(5) DELAYE et Cie. — Faillite annulée par jugement du 9 octobre 1872.

(6) DELET paie 3 fr. 09 c. %, unique répartition.

NOMS, PRÉNOMS, PROFESSIONS ET DOMICILES.	L indice Liquidation astérisque Avoué et leurs licences	SYNDICS ET AVOUÉS	FAILLITES ET LIQUIDATIONS.	DATE DES HOMOLOGATIONS DE CONCORDATS	INSUFFIS ET UNIONS.	SÉPARAT DE BIENS JUDICIAIRES.	CONS.JUDIC. ET INTERDICT.
DELHOMME, Émile, imprimeur, rue d'Argout, 40............		Pluzanski...	14 nov. 71	(1)			
DELLIOT. Voir : MOURIN, dame.							
DELNINGER-KAUPP, Georges, rue du Conservatoire, 17......		*Mouillefarine.				18 juin 72	
DELOGES et Cie, marchand de dentelles, rue Feydeau, 26.....		Beaujou..	19 déc. 71	3 avril 72	(2)		
DELORMEAU-DUMONT, René, blanchisseur, rue Taitbout, 20 ..		Dromery....				14 mars 72	
DELORTHE-LAFARGUE, Jean-Alfred, rue de Poissy, 1....		*Nicquevert..				16 janv. 72	
DE LOSSY-RIGOLET, Henri-Alexandre, rue de l'Arcade, 16..		Doutot...				24 mars 72	
DELOUCHE de BOISREMONT, hôtelier, rue Rivoli, 80		*Normand..	22 juin 72		* 30 sept. 72		
Id. Id. Id. -BADON, quai Malaquais, 17....		*Boutot ...				10 sept. 72	
DELPECH, Eugène, tapissier, à Neuilly		Sarazin..	9 déc. 71	24 mars 72	(3)		
DELPHIN, dame, lingère, rue Lamartine, 42............		*Barbot ..	6 mars 72		* 30 avril 72		
DELPOUGET-ROCHER, Michel-Alphonse, sans domicile connu..		*Fitremann....				19 mars 72	
DELPUECH, Antoine, voiturier, rue Petit, 4............		Prodhomme..	1er avril 72		* 30 mai 72		
DELREZ et Cie, voituriers, rue Tiquetonne, 11		Bégis	14 mars 72		* 30 avril 72		
DELSANT-POREAUX, Louis-Dom.-François, rue de Rome, 147..		Gamard ..				12 janv. 72	
DELUCENAY, Claude-Marie, limonadier, rue des Rosiers, 7....		Bégis	5 nov. 63	16 oct. 72	(4)		
DELVALLE, Joseph-André, charbonnier, quai de Seine, 77....		Gautier..	10 mai 72				
DEMARIGNY, veuve, Edme, marc. de vins, rue du Chevaleret, 159.		Sommaire ..	7 juill. 72		* 31 juill. 72		
DEMATON, Nicolas-Alexis, menuisier, rue Breda, 27 bis.......		Darbot	8 oct. 72				
DEMAUNAY-GORMET, Eugène, rue Marie-Stuart, 21...........		*Loriat				19 mars 72	
DEMAZY, Auguste, boulanger, rue St-Jacques, 162..........		Gautier ..	26 juill. 72				
DEMOLIN, Nicolas-Joseph, fab. de bronzes, r. Enfants-Rouges, 9.		Chevallier ..	16 déc. 71	4 avril 72	(5)		
DE MONTFORT, fils, Philogène, rue de Rome, 99, et à Reims..		*Rome					22 mars 72
DEMONTREUIL, dame, bouchère, rue Saussure, 93		Meys......	11 avril 72		* 30 sept. 72		
DEMOREST, Franç.-Hippol., marc. de farines, r. Petit-Carreau, 7.		Gaucho..	16 juill. 72		* 31 juill. 72		
DENAYROUZE, Pierre, marchand de vins, rue de Bercy, 3.....		Beaujeu	14 nov. 72				
DENCOURT. Voir : PEUVREL, DENCOURT et Cie.							
DENEUVILLE, Lucien, tailleur, rue Ste-Anne, 21		Meillencourt..	2 sept. 72				
Id. -FOUCAULT, Jules-François, r. de la Comète, 15.*		Poisson ..				19 août 72	
DENIAU, ex-marchand de vins, passage Tocanier, 9........		Barbot..	27 mai 72		* 29 juin 72		
Id. commissionnaire en vins, rue Clignancourt, 62.......		Pinet..	14 mars 72		* 15 mai 72		
DENIMAL, demoiselle, Thérèse, couturière, r. de Provence, 67..		Sarazin..	18 août 71	15 janv. 72	(6) +		
DENIS, Braenne, boulanger, rue Marcadet, 35		Gautier..	23 oct. 69	26 mars 70	(7)		
Id. , Jules-Auguste, ex-restaurateur, rue des Saules, 37....		Barbot ..	13 mars 72				
Id. et Cie, limonadiers, rue de Choiseul, 1.............		Maillard...	14 sept. 71				
DENISE, Émile, orfèvre, rue Turenne, 119...........		Beaujeu	6 mai 72	16 sept. 72	(8)		

(1) **DELHOMME** paie 1 fr. 03 c. %, unique répartition.

(2) **DELOGES** et Cie, abandonnent leur actif, moins le mobilier personnel, s'engagent à parfaire 20 % des créances, à partir de l'homologation, et sont qualifiés faillis.

(3) **DELPECH** doit 25 %, en 5 ans, par 1/5, de l'homologation.

(4) **DELUCENAY** paiera l'intégralité des créances, en 1 an, par moitié, de l'homologation.

(5) **DEMOLIN** doit 20 %, en 5 ans, par 1/5, de l'homologation, et est qualifié failli.

(6) **DENIMAL** paie 5 fr. 87 c. %, produit de son actif, et parfait 25 %, dans les 8 jours de cette répartition.

(7) **DENIS**, Braenne, paie 20 f. 95 c. %, uniq. rép. de l'actif aband.

(8) **DENISE**, Émile, paie 11 fr. 70 c. %, produit de son actif, et 60 %, au moyen de 8,000 fr. à prendre sur l'actif réalisé.

NOMS, PRÉNOMS, PROFESSIONS ET DOMICILES.	Indique Liquidation ♦ Astérisque Avoué et Insuffisance	SYNDICS ET AVOUÉS	FAILLITES ET LIQUIDATIONS.	DATE DES HOMOLOGATIONS DE CONCORDATS	INSUFFIS.ce ET UNIONS.	SÉPARAT.on DE BIENS JUDICIAIRES.	CONS.JUDIC. ET INTERDICT.
DÉNISE et PAIN, maçons, boulevard Charonne, 61		Darbot	6 avril 72	30 oct. 72	(1)		
Id. Ferdinand-Désiré, boulanger, à St-Maurice		Quatremère	14 juin 72				
DENISOT-LECLERC, Séverin-René, rentier, rue du Rocher, 18.	*	Marquis				6 juill. 72	
DENNÉ-SCHMITZ, commissionnaire, rue Favart, 2		Moncharville	24 janv. 72	30 mai 72	(2)		
DENOYELLE, J.-Bapt., marc. de vins, r. Nonnains-d'Hyères, 6		Pluzanski	13 déc. 71	8 juin 72	(3)		
DEODOR et JOUSSE, entrepreneurs, rue du Chevaleret, 51		Quatremère	5 sept. 68	(4)			
DEPLAND, loueur de voitures, rue St-Nicolas-d'Antin, 60		Copin	15 sept 03	2 janv. 66	* 22 août 72		
DEPLANQUE, fabricant de pierres factices, à Maisons-Alfort		Beaujou	6 déc. 72				
DÉPOT, peintre, rue Tracy, 10		Gautier	20 sept. 72		* 28 nov. 72		
DEPRAX, marchand de bières, rue de la Chapelle, 40		Beaujeu	20 févr. 72		* 29 juin 72		
DEPRÉNDEZ, Jean, hôtelier, rue Radziwill, 15		Lamoureux	16 juin 70	(5)			
DERBECQ, Émile-François, tailleur, rue Louvois, 2		Legriel	25 sept. 71	17 janv. 72	(6)		
DERBIER et BOISSIER, confect., r. Croix-des-Petits-Champs, 26.		Darbot	22 oct. 72				
DÉRIVET-CÉSAR, sans domicile connu		Estienne				12 août 72	
DEROCQUE, Louis-Alexandre, chemisier, rue Rambuteau, 54		Chevallier	9 janv. 72	4 avril 72	(7)		
DERQME-JACQUINOT de PRESLE, Alex.-Théod.-Noel, à Rennes.	*	Prévo				28 déc. 71	
DERONDEL, Eugène, marchand de vins, rue Stéphenson, 1		Pinot	7 nov. 72				
DÉROSEAUX, Alfred, confectionneur, rue de Cléry, 13		Maillard	13 sept. 71				
DE ROUVRE et Cie, commissionnaires, rue Montparnasse, 41.		Legriel	1er oct. 09	18 mars 72	(8)		
DERRON, veuve, Charles-Louis, mécanicienne, à Suresnes		Barboux	8 nov. 72				
DESART, tailleur, rue Dauphine, 31		Heurtey	29 août 72		* 30 oct. 72		
DESBOIS-WATRIS, Antoine, rue Rivoli, 66		Mesnier				23 janv. 72	
Id., Henri-Jacques, serrurier, rue Frochot, 1		Dufay	2 nov. 71	13 mars 72	(9)		
DESBORDES, Jean-Baptiste, marc. de vins, boul. Vaugirard, 45.		Bégis	14 sept. 72		* 20 nov. 72		
DESCAVES, Léopold, confectionneur, rue de la Chapelle, 73 bis.		Sarazin	10 avril 72	(10)			
DESCERY. Voir : BAUBY.							
DESCHAMPS, Claude-Isidore, menuisier, à Levallois		Meys	29 déc. 71				
Id. Philippe, traiteur, rue Vivienne, 2		Beaufour	3 févr. 72	21 mai 72	(11)		
DES FARGES. Voir : TEYSSIER DES FARGES.							
DESFORGES, marchand de nouveautés, rue N.-D.-Lorette, 38.		Bourbon	16 sept. 71	27 janv. 72	(12)		
Id. confectionneur, Id. Id.		Sarazin	21 nov. 72				
DESGUIRAUD et Cie, négociants, rue Fontaine-St-Georges, 13.		Barboux	24 mars 70	(13)			
DESINGE, confectionneur, faubourg St-Martin, 85		Meys	21 nov. 71	4 mai 72	(14)		

(1) DENISE et PAIN abandonnent tout leur actif mobilier, M. Denise paiera 30,000 fr. en 6 ans, par 1/6, et M. Pain, 12,000 fr. en 8 ans, par 1/8, de l'homologation, etc., etc., etc.

(2) DENNÉ-SCHMITZ paiera 25 %, en 6 ans, par 1/6, de l'hom.

(3) DENOYELLE paie 1 fr. 73 c. %, produit de son actif, payera 12 %, en 6 ans, par 1/6, de l'homologation, et est qualifié failli.

(4) DÉODOR et JOUSSE paient 2 fr. 93 c. %, unique répartition.

(5) DEPRENDEZ paie 9 fr. 71 c. %, unique répartition.

(6) DERBECQ paiera 40 %, en 12 termes, de 6 en 6 mois, 1er paiement fin décembre 72.

(7) DEROCQUE doit 30 %, en 6 ans, par 1/6, de l'homologation.

(8) DE ROUVRE et Cie, doivent 25 %, en 5 ans, par 1/5 de l'homolog. — M. et Mme de Rouvre, père et mère, cautionnent.

(9) DESBOIS, Henri, paiera 50 %, en 5 ans, par 1/5, de l'homol.

(10) DESCAVES paie 2 fr. 95 c. %, unique répartition.

(11) DESCHAMPS, Philippe, paie 4 %, après l'homologation, et doit 11 %, en 3 ans.

(12) DESFORGES doit 25 %, en 5 ans, par 1/5, de l'homolog.

(13) DESGUIRAUD et Cie paient 0 fr. 98 c. %, uniq. répartition.

(14) DESINGE doit 20 %, en 5 ans, et est qualifié failli.

NOMS, PRÉNOMS, PROFESSIONS ET DOMICILES.	Date de la Liquidation * Astérisque Avoué et Insuffisance	SYNDICS ET AVOUÉS	FAILLITES ET LIQUIDATIONS.	DATE DES HOMOLOGATIONS DE CONCORDATS.	INSUFFIS^{ces} ET UNIONS.	SÉPARAT^{ons} DE BIENS JUDICIAIRES.	CONS. JUDIC. ET INTERDICT.
DESMANT aîné, Étienne-Noël, marchand de vins, à Choisy		Beaufour	24 janv. 72		*28 mars 72		(1)
DESMARET, Alfred, limonadier, boulevard Denain, 6		Meilloncourt	31 mai 72		*30 nov. 72		
DESMARETS, Alexandre-Ulysse, bonnetier, à Puteaux		Bourbon	27 juill. 72				
DESMARS aîné, Louis-Gabriel, peintre, rue Keller, 14		Chevallier	20 févr. 72				
DESNOS, Jules-Marie, chocolatier, rue Guillon, 21		Chevillot	16 déc. 72				
DESORMEAUX, Constant, mercier, rue St-Denis, 155	L	Battarel	16 janv. 72				
DESPAIGNÉ-DOLORES DE DEREDIA, Louis-Henri, r. Ponthieu, 54.	*	Servy				3 déc. 72	
DESPREZ d^{lle}, Francine, m^{de} de nouveautés, rue Pont-Neuf, 19.		Meys	23 août 70	(2)			
DESQUESNES, fab^t d'articles de voyage, rue des Gravilliers, 10.		Dufay	26 févr. 72		*28 mars 72		
DESROQUES, menuisier, avenue de Clichy, 96		Dufay	4 août 72				
DESRUES dame, teinturière, rue St-Louis en l'Ile, 71		Gauche	30 sept. 71	20 févr. 72	(3)		
DESTABLE, Ernest, charbonnier, rue Lafayette, 219		Beaufour	13 avril 72	20 nov. 72	(4)		
Id. JACOB, Henri-Camille, r. de Seine-St-Germain, 13.		Debladis				4 juin 72	
DESTAIGNE, hôtelier, place de la Rotonde-du-Temple, 6.	*	Lamoureux	5 avril 72				
DESVIGNES et THIERRY, selliers, rue de Trévise, 41		Barboux	9 août 72				
DETHAN, Paul-Victor, chapelier, rue Ste-Cr.-Bretonnerie, 14.		Meilloncourt	13 déc. 71	4 juin 72	(5)		
DE TOURNEMINE et Cie, agents d'affaires, rue St-Lazare, 28		Beaufour	3 mai 70		(6)		
DETOYAT-BUHOT, Pierre Henri, employé, rue Carbonnet, 50	*	Huet					23 avril 72
DETRÉ père, Louis, ébéniste, rue de Montreuil prolongée, 35.		Knéringer	23 nov. 72				
DEVAUX-FRÉGONI, François-Charles-Jules, rue Greneta, 55..	*	Deherbe				11 avril 72	
DEVEIDEIX veuve, porcelainière, rue des Poissonniers, 1		Dufay	1er févr. 72		*30 sept. 72		
DEVELLENNE veuve, scierie à vapeur, aux Prés-St-Gervais		Lamoureux	1er sept. 66	10 nov. 68	*31 juill. 72		
DEVERSIN, Émile, marchand de vaches, à Villemomble		Chevallier	14 déc. 71	13 mars 72	(7)		
DEVÈS et Cie, commissionnaires, faubourg Poissonnière, 33		Copin	20 mars 71	10 févr. 72	(8)		
DEVISSE-MENOTTE, Céleste-Anatole-Optat, rue Breda, 26	*	Pilastre				13 mai 72	
DEVOOGHT, Charles-Léopold, maître de lavoir, rue Drouot, 23.		Sautton	1er juill. 68				
DEVOUCOUX, Jean-Jacques, m^d de vins, r. des Deux-Portes, 28.		Hourtey	11 déc. 72				
DHAINAUT, Émile-Augustin, cordonnier, rue du Bac, 45		Beaujeu	20 déc. 72				
D'HAUTESEGURE, Michel-Émile-A^{te} hôtelier, rue de Seine, 47.		Barbot	20 mai 67		(9)		
DHEURLE décédé, boulanger, rue de la Grande-Truanderie, 28.		Barboux	31 déc. 72				
DIAMANTOPOULO. Voir : COUMANI et DIAMANTOPOULO.							
DIARD, Eugène, plâtrier, à Pierrefitte		Lamoureux	19 mars 72	14 sept. 72	(10)		
Id. -JEULIN, Id. Id.	*	Picard				27 mai 72	
DIEHLY-RAFFY, Henri-Amédée, sans domicile connu	*	Delacourtie				25 janv. 72	
DIEUDONNE-TESSIER, Louis-Nicolas-Eug., r. J.-J. Rousseau, 32.		Rivière				31 août 72	
Id. André, chapelier, rue Turenne, 64		Normand	9 mars 72				

(1) DESMANT. — Réouverture du 23 décembre 1872.

(2) DESPREZ, demoiselle pale 8 fr. 83 c. %, unique répartition.

(3) DESRUES, dame, paie 5 % aussitôt après l'homologation, 5 % 6 mois ap., 25 % en 5 ans, par 1/5, et est qual. faillie.

(4) DESTABLE abandonne son actif, et parfait 25 %, en 6 ans, par 1/6, de l'homologation.

(5) DETHAN doit 25 %, en 5 ans, par 1/5, de l'homologation.

(6) DE TOURNEMINE et Cie paient 23 fr. 73 c. %, uniq. répart.

(7) DEVERSIN paie 40 % comptant, et doit 40 %, en 3 ans, par 1/3, de l'homologation.

(8) DEVÈS et Cie paient 40 % comptant, et sont qualifiés faillis.

(9) D'HAUTESEGURE paie 2 fr. 11 c. %, 2e et dern. répartition.

(10) DIARD doit 35 %, en 5 ans, par 1/5, de l'homologation.

NOMS, PRÉNOMS, PROFESSIONS ET DOMICILES.	Z indique Liquidation * Astérisque Avoué et Insuffisance	SYNDICS ET AVOUÉS	FAILLITES ET LIQUIDATIONS.	DATE DES HOMOLOGATIONS DE CONCORDATS	INSUFFIS^es ET UNIONS.	SÉPARAT^n DE BIENS JUDICIAIRES.	CONS. JUDIC. ET INTERDICT.
DIEZ, CHARLES, marchand de vins, rue des Canettes, 19........		Chevallier	22 déc. 71	1er août 72	(1)		
DIGARD-DELASTRE DE VAL-DUFRESNE, rue de Clichy, 78 ...	*	Dumont				19 déc. 71	
DIJON, FRANÇOIS-LOUIS, batteur de tapis, à Clichy.............		Bourbon,....	9 mars 72	1er août 72	(2)		
DINOCHEAU frères, restaurateurs, rue Bréda, 16.............		Normand....	5 févr. 72	(3)			
DINSLAGE, ANTOINE, tailleur, rue de Choiseul, 22.....		Moys....	25 sept. 71	23 déc. 71	(4)		
DINVILLE, EUGÈNE, formier, rue Grange-aux-Belles, 39.		Beaufour....	3 juill. 72			*30 sept. 72	
DIOT, PAMPHILE, peintre, rue St-Denis, 121..............		Hécaen....	27 janv. 71		(5)		
DISDÉRI et Cie, ANDRÉ-ADOLPHE, photographes, b^d des Italiens, 8.		Battarel....	16 janv. 72	4 déc. 72	(6)		
Id. pers^t, Id. Id. Id.		Id....	Id.	Id.	(7)		
DITTUS, négociant, rue des Acacias, 33................		Dufay....	13 sept. 72				
DIVOT dame, ALPHONSE, marchande de vins, rue Feydeau, 15...		Pinel....	7 mars 70	(8)			
DIZENGREMEL, grainetier, rue d'Allemagne, 18........		Beaugé....	14 oct. 72				
DOBY, fabricant de chaux, rue Borzélius prolongée, 8....		Normand....	27 août 72			*2 oct. 72	
DOENCH et Cie, merciers, rue du Cloître-St-Jacques, 8........		Beaugé....	10 juin 72	5 oct. 72	(9)		
DOËR veuve, march. de peaux de lapins, rue Folie-Méricourt, 6.		Barbot....	6 mars 72			*30 avril 72	
DOITEAU, ARSÈNE-ÉTIENNE-DÉSIRÉ, m^d de vins, à Gennevilliers.		Legriel....	19 déc. 71	3 juin 72	(10)		
DOLZ DE TOCQUEVILLE, Cu^les-FRÉD.-ERDMANN, b^d Pereire, 229.	*	Boutet....				12 août 72	
DOMANGE, lithographe, rue Courtibourg, 10..........		Normand....	4 janv. 72	2 avril 72	(11)		
DOMART-RAVIN, EDMOND, banquier, sans domicile connu.....		Estienne....				23 janv. 72	
DOMAU-RICARD, JULIEN-PIERRE-MARIE, r. des Bons-Enfants, 24.	*	Gavignot....				27 avril 72	
DOMERCQ, marchand de vins, rue de Lille, 29.............		Beaufour....	31 déc. 69	(12)			
DOMINGE-ARRIBAT, ALEXANDRE, rue Miromesnil, 43.........	*	Petit-Bergonz....				22 déc. 71	
DONIZEAU dame, marchande de vins, rue d'Allemagne, 180....		Hécaen....	16 nov. 71	14 juin 72	(13)		
DORÉ et Cie, JEAN-ÉDOUARD, cordonniers, rue Lafayette, 88....		Richard....	13 nov. 71	(14)			
DORIZON veuve, boulangère, rue Byron, 12..........		Barboux....	30 août 72			*30 oct. 72	
DORGELOT, ex-hôtelier, rue Ponthieu, 30..........		Barboux....	25 mars 72			*30 avril 72	
DORLIAT, marchand de chaux, rue Buot, 5..........		Moys....	22 avril 70	26 mars 72	(15)		
DOSSION. Voir : MOINE et DOSSION.							
DOSSY, CHARLES, bijoutier, rue Vivienne, 5...........		Richard....	3 févr. 72			*25 avril 72	
DOTÉSIO dame, tenant café, avenue Wagram, 24..........		Barbot....	22 avril 72			*31 juill. 72	
DOUCHET, NICOLAS, quincaillier, avenue Parmentier, 19.......		Chevillot....	15 avril 72	12 août 72	(16)		
Id. -PAGNON, Id. Id.	*	Mesnier....				8 juill. 72	

(1) **DIEZ** paie l'intég. des créances dans les 6 mois de l'homol.

(2) **DIJON** paie le montant des créances en 4 ans, par 1/4, de l'homologation, et est qualifié failli.

(3) **DINOCHEAU** frères, paient 39 fr. 69 c. %, unique répartit.

(4) **DINSLAGE** paie 5 %, dans le mois de l'homologation, et 45 %, en 5 ans, par 1/5, et est qualifié failli.

(5) **DIOT** paie 40 fr. 10 c. %, uniq. répartition, et est qual. failli.

(6) **DISDÉRI** et Cie doivent 20 %, en 5 ans, par 1/5, de l'homologation, et sont qualifiés faillis.

(7) **DISDÉRI** personnellement, doit 20 %, en 5 ans, par 1/5, de l'homologation, et est qualifié failli.

(8) **DIVOT** paie 8 fr. 66 c. %, troisième et dernière répartition.

(9) **DOENCH** et Cie doivent 30 %, en 6 ans, par 1/6, de l'hom.

(10) **DOITEAU** doit 25 %, en 5 ans, par 1/5, de l'homologation.

(11) **DOMANGE** doit 30%, en 5 ans, par 1/5, 1er p^ment 31 déc. 1872.

(12) **DOMERCQ** paie 6 fr. 64 c. %, deuxième et dernière répart.

(13) **DONIZEAU** doit 30 %, en 5 ans, par 1/5, de l'homologation, et est qualifié failli.

(14) **DORÉ** et Cie paient 7 fr. 39 c. %, unique répartition.

(15) **DORLIAT** paiera l'intégralité en 10 ans, par 1/10, de l'homol.

(16) **DOUCHET** doit 30 %, en 5 ans, par 1/5, de l'homologation.

NOMS, PRÉNOMS, PROFESSIONS ET DOMICILES.	L Indique Liquidation • Astérisque Avoué et Insuffisance	SYNDICS ET AVOUÉS	FAILLITES ET LIQUIDATIONS.	DATE DES HOMOLOGATIONS DE CONCORDATS	INSUFFIS^{ce} ET UNIONS.	SÉPARATⁿ DE BIENS JUDICIAIRES.	CONS. JUDIC. ET INTERDICT.
DOUCOURT, marchand de vins, rue Tlemcen, 15..		Legriel....	31 juill. 72	....	* 29 oct. 72		
DOUGE et CHARTON, march. d'huiles, r. du Cloître-St-Jacques, 5.		Saulton	23 oct. 62	17 mars 64	(1)		
DOUSSOT, limonadier, boulevard du Temple, 39		Heurtey ..	29 déc. 71	(2)			
DRAMARD-DAUDRY, Louis-Pierre-Stanislas, rue de Lille, 1..."		Dechambre ..	....			24 oct. 72	
DREUX, coiffeur, faubourg St-Honoré, 72		Richard ...	29 nov. 72				
DREYFUS, Moïse, marchand de nouveautés, rue Keller, 16.....		Heurtey ..	17 janv. 72	18 juin 72	(3)		
DRIER et Cie, instruments de précision, à Joinville...........		Chevillot ...	3 avril 69	(4)			
DRILLAUD et GIRE, brasseurs, rue Cadet, 26		Prodhomme .	22 sept. 71	19 févr. 72	(5)		
DROMAIN, Hilaire-Étienne, march. de couleurs, à Courbevoie..		Beaugé...	6 nov. 71	20 janv. 72	(6)		
DROUART et Cie, cordonniers, rue St-Maur, 185............		Legriel	22 mai 69				
DROUET. Voir: HAIN veuve et DROUET.							
DROUOT, march. de nouveautés, faubourg Poissonnière, 112...		Chevillot ..	16 févr. 72	....	* 20 avril 72		
DRULHON-DELISLE, Aristide-Oscar, bonnetier, r. des Halles, 17.		Richard ..	14 févr. 72	8 juill. 72	(7)		
DUBACQ, Hyacinthe, directeur de Théâtre, rue de Paris, 8.....		Chevallier ..	27 déc. 71	13 mai 72	(8)		
DUBAS fils, Eugène, épicier, rue de Vanves, 110.............		Heurtey ...	21 déc. 71				
DUBERT, bandagiste, rue Biot, 9.......................		Maillard ..	7 août. 72	....	* 30 oct. 72		
DUBOIS, jeune, Denis, marchand de vins, rue Compiègne, 4....		Saulton....	12 févr. 72	(9)			
Id. , marchand de vins, rue St-Maur, 31...........		Beaugé ..	27 mars 72	(10)			
Id. , bonnetier, rue Turbigo, 6...............		Normand...	22 avril 72	(11)			
Id. , dame, couturière, rue Taitbout, 76...........		Quatremère..	12 juin 72			* 21 sept. 72	
Id. , Alexis, limonadier, boulevard Clichy, 92....		Beaujeu ...	12 janv. 72	14 juin 72	(12)		
Id. , Jean-Baptiste-François, liquoriste, rue Charlot, 11...		Dufay ...	30 janv. 72	....	* 30 avril 72		
Id. , Adolphe-Eugène, grainetier, rue de Nesles, 6........		Pluzanski..	24 nov. 71	20 oct. 72	(13)		
Id. -SEBOURGE, Id. Id. Id........		Chauveau..	....				16 janv. 72
DUBOZ, limonadier, rue Belleville, 5 ..".......		Meys......	31 janv. 72	....	* 20 mai 72		
DUBREUIL et BERTHELOT, marchands de vins, rue Lacroix, 13.		Sommaire ..	20 juill. 72	....	* 27 sept. 72		
Id. , Jean-Baptiste, parfumeur, rue Magnan, 30 ...		Meillencourt .	6 sept. 72	....	* 27 sept. 72		
Id. , Benjamin, fondeur de suifs, cours de Vincennes, 35.		Heurtey ..	27 déc. 71				
DUBRIT, cordonnier, rue Lafayette, 82...............		Gauche....	3 févr. 72	11 mai 72	(14)		
DUBUISSON, demoiselle, Anna, trait ur, avenue Lowendall, 25.		Sarazin....	29 févr. 72	....	* 10 avril 72		
DUBUS, Ernest-Romain, chasublier, rue du Gindre, 1..........		Beaugé...	30 déc. 71	(15)			
DUCHAMP et Cie, Antoine, ex-march. de vins, b^d du Temple, 41.		Knéringer ...	2 oct. 60	(16)			

(1) BOUGE et CHARTON, paient 4 fr. 68 c. %, troisième et dernière répartition.

(2) DOUSSOT paie 7 fr. 95 c. %, unique répartition et est qualifié failli.

(3) DREYFUS doit 25 %, en 4 ans, 6 % les 3 premières années et 7 %, la quatrième, à partir de l'homologation.

(4) DRIER et Cie paient 2 fr. 72 c. %, unique répartition.

(5) DRILLAUD et GIRE doivent 25 %, en 7 ans, par 1/7, de l'homologation, et sont qualifiés faillis.

(6) DROMAIN paiera l'intégralité du passif en 8 ans, par 1/8, premier paiement 31 décembre 1872, et est qualifié failli.

(7) DRULHON-DELISLE doit 30 %, en 6 ans, par 1/6, de l'homol.

(8) DUBACQ paiera l'intégralité en 7 ans, par 1/7, de l'homologation, et est qualifié failli.

(9) DUBOIS, jeune, paie 38 fr. 96 c, %, unique répartition.

(10) DUBOIS, m^d de vins, paie 10 fr. 28 c. %, unique répart.

(11) DUBOIS, bonnetier, paie 4 fr. 72 c. %, unique répartition.

(12) DUBOIS Alexis, paie 2 fr. 67 c. %, produit de son actif, et doit 10 %, en 5 ans, par 1/5, de l'homologation.

(13) DUBOIS, Adolphe, doit 20 %, en 5 ans, par 1/5, de l'homologation, et est qualifié failli.

(14) DUBRIT doit 30 %, en 3 ans, par 1/3, de l'homologation.

(15) DUBUS paie 10 fr. 85 c. %, uniq. répart., et est qual. failli.

(16) DUCHAMP et Cie, paient 15 fr. %, première répartition.

NOMS, PRÉNOMS, PROFESSIONS ET DOMICILES.	L indique Liquidation ♦ astérisque Avoué et Insuffisance SYNDICS ET AVOUÉS	FAILLITES ET LIQUIDATIONS.	DATE DES HOMOLOCATIONS DE CONCORDATS	INSUFFIS⁰ⁿ ET UNIONS.	SÉPARAT⁰ⁿ DE BIENS JUDICIAIRES.	CONS.JUDIC. ET INTERDICT.
DUCHAMPS, Alf.-Germ.-Alex., md de vins, r. St-Martin, 135..L	Knèringer ...	16 oct. 72	20 avril 72	(1)		
DUCHATEAU, marchand de vins, avenue Trudaine, 40	Id	25 mars 72	(2)			
Id. et Cie, marchands de vins, rue Clignancourt, 66 ..	Id	19 oct. 72	....	* 31 déc. 72		
Id. et CHAIN, chemisiers, rue des Petites-Écuries, 36.	Sarazin......	28 oct. 71	(3)			
DUCHEMIN, DUCASSE et Cie, commissionnaires, r. Lafayette, 88.	Quatremère..	9 mai 68	(4)			
DUCHESNAY-MALTAILLÉ, Pierre-André, rue de Turenne, 124.*	Audouin......			....	12 août 72	
DUCHESNE, Émıle-Louis-Marıe, hôtelier, rue de Buci, 22	Sarazin......	4 janv. 72	(5)			
DUCHOLET et SUCHECKI, mds de nouv. faub. St-Antoine, 161..	Beaugé......	7 mars 72	15 et 16 juill. 72	(6)		
DUCLOS, décédé, boulanger, rue de l'Hôtel-Colbert, 4........	Pinet	27 sept. 72				
DUCOT dit JEANTI, Jean, marchand de vins, à Billancourt......	Héenen	5 déc. 72				
DUCREUX, Jacques-François, limonadier, boul. Sébastopol, 101.	Barbot	24 nov. 71	25 mars 72	(7)		
Id. et MARANDIER, march. de tulles, r. d'Aboukir, 71.	Bégis	27 déc. 72				
DUCROCQ-SUEUR, Louis-François, employé, à Auteuil......*	Foussier			....	29 juill. 72	
Id. marchand de vins, rue du Petit-Pont, 17..	Sommaire	23 mai 72				
Id. -DAMM, Pierre, Id.	Delessard......			....	15 févr. 72	
DUCROS, Jean, logeur, à la Varenne.................	Prodhomme..	25 mars 72	25 juin 72	(8)		
DUCROT, veuve, fabricant d'éventails, rue d'Hauteville, 8......	Beaufour......	30 sept. 71	27 janv. 72	(9)		
DUCROUX, Antoine, commre en vins, rue de Jussieu, 31......	Sarazin	7 déc. 72		* 31 déc. 72		
DUDOUET, Louis, marchand de vins, à Romainville L	Meillencourt..	18 janv. 72		* 27 févr. 72		
DUFOSSÉ, Eugène-Ferdinand, tôlier, impasse Gaudelet, 13.....	Bourbon......	22 juin 67	24 déc. 67	(10)		
DUFOUR, Victor, maçon, rue des Dames, 2	Beaugé......	20 déc. 67		(11)		
Id. , Joseph-Ferdinand, quincaillier, rue de Lyon, 138 ...	Meys	15 oct. 72				
Id. , Alphonse, entrepren. de transports, r. de Nantes, 30.	Bégis	17 sept. 72	14 déc. 72	(12)		
Id. -BODSON, fils, chapelier, rue Royale-St-Honoré, 22..	Lamoureux..	14 sept. 72				
Id. et CHARRUÉ, marchands de vins, rue Crozatier, 47...	Sommaire	8 juin 72	....	* 7 août 72		
Id. , veuve, Thomas, boulangère, à Puteaux	Barbot	5 sept. 72				
Id. -DAGA, Joseph-Alfred, rue Royale-St-Honoré, 22....*	Duval			....	12 août 72	
Id. -LETRILLARD et Cie, peauss., bd Bonne-Nouvelle, 27.	Richard	19 avril 72				
DUFOURNEAUD, marchand de vins, à Épinay........	Dufay	9 juill. 72		* 20 août 72		
DUFOURNET, Joseph-Alfred, commissionnaire, r. d'Enghien, 28.	Cepin	15 mai 72		23 nov. 72		
Id. -FARÉ, Id. Id. Id.......	Pijon				30 janv. 72	
DUFRESNE de LIGHTY, Jean-Baptiste, r. Royale-St-Honoré, 14.*	Maugin			....	22 janv. 72	
DUGOLLET-WALHE, chiffonnier, rue Cabanis, 12...........*	Benoist			....	21 nov. 71	

(1) DUCHAMPS paie 6 %, dans un an de l'homologation, et 9 %, en 3 ans, par 1/3, de la même époque.

(2) DUCHATEAU. — Faillite clôturée par jugt du 10 sept. 1872.

(3) DUCHATEAU et CHAIN paient 0 fr. 64 c. %, unique répartition et sont qualifiés faillis.

(4) DUCHEMIN, DUCASSE et Cie, paient 4 %, quatrième répart.

(5) DUCHESNE paie 6 fr. 93 c. %, unique répartition.

(6) DUCHOLET et SUCHECKI paient 12 fr. 95 c. %, unique répartition. — Ducholet paie 7,000 fr. en espèces dans la huitaine de l'homologation, et doit 10 %, en 5 ans, par 1/5. — Suchecki doit 5 %, en 5 ans, par 1/5.

(7) DUCREUX paie 7 fr. 16 c. %, produit de son actif; le sieur Ducreux fils, renonce à sa créance.

(8) DUCROS doit 25 %, en 5 ans, par 1/5, de l'homologation.

(9) DUCROT, veuve, doit 40 %, en 4 ans, et est qualifiée faillie.

(10) DUFOSSÉ paie 2 fr. 29 c. %, produit de son actif, et doit 5 %, en 3 ans, par 1/3, de l'homologation.

(11) DUFOUR, Victor, paie 6 fr. 04 c. %, deuxième et dernière répartition.

(12) DUFOUR, Alphonse, paiera l'intégralité, en 5 ans, par 1/5, premier paiement, 1er octobre 1873.

NOMS, PRÉNOMS, PROFESSIONS ET DOMICILES.	Indique : liquidation, avoué, et Insuffisance	SYNDICS ET AVOUÉS	FAILLITES ET LIQUIDATIONS.	DATE DES HOMOLOGATIONS DE CONCORDATS	INSUFFIS. ET UNIONS.	SÉPARAT⁰ DE BIENS JUDICIAIRES.	CONS. JUDI. ET INTERDICT.
DUHORDEL et Cie, passementiers, rue de l'Échiquier, 40......		Chevillot..	29 févr. 72				
DUHOTOY-LEJEUNE, Auguste, mécan., r. de la Roquette, 115..	*	Robineau....				5 mars 72	
DUJARRIER, fabricant de chandeliers, rue de Lappe, 19		Meys....	17 nov. 71		* 20 août 72		
DULAC et Cie, Adolphe, fabric. de bronzes d'art, r. St-Sabin, 65.		Chevillot...,	5 sept. 71	24 févr. 72	(1)		
DULION, Eugénie. Voir : FRONTIER, veuve.							
DUMAS et Cie, commissionnaires, rue de Chabrol, 31.........		Normand....	23 avril 72				
Id. , demoiselle, Pauline, mercière, rue Beaubourg, 87....		Lamoureux..	20 févr. 72	30 mai 72	(2)		
Id. , fils, marchand de métaux, rue Keller, 13		Dufay......	29 déc. 71	15 avril 72	(3)		
DUMESNIL, camionneur, rue des Terres-au-Curé, 12.........		Sarazin.....	27 janv. 72		* 20 juin 72		
DUMEZ-DURIEUX, Camille-Chles-Mar.-Pierre, s. dom. connu.	*	Rousseau....				10 nov. 72	
DUMOND-COUDER, Léger, à Châtillon...................	*	Foussier.....				29 juill. 72	
DUMONT veuve, fruitière, rue St-Martin, 61.............		Barhoux....	18 mai 72		* 31 juill. 72		
Id. Constant-Fois, md de vins, r. de la Poter.-des-Halles, 9.		Meys.......	3 août 72	20 déc. 72	(4)		
Id. ex-marchand de vins, à Châtillon................		Gauche.....	19 avril 72				
Id. -CLAUDE, Alexis-Jos., serrurier, r. du Commerce, 86.	*	Bouthemard..				31 déc. 72	
DUMONTEIL, marchand de vins, au Petit-Vauves............		Normand....	8 juill. 72		* 31 août 72		
DUMOULIN, fabricant de parapluies, rue St-Denis, 261 et 263...		Chevallier ...	27 nov. 72				
DUMUSSY-MULOT, chemisier, rue Monceau, 6		Barbot.....	8 juill. 72		* 31 août 72		
DUNET, maçon, rue de Lyon, 71		Beaugé.....	25 janv. 72	(5)			
DUPERRAY, A., modiste, quai de Passy, 40.............		Beaugé.....	27 déc. 71		* 28 févr. 72		
DUPIC et CORNE, fleuristes, rue du Caire, 21.............		Dufay......	17 févr. 72				
DUPIN-PERRADON, Pierre-Alphonse, sans domicile connu	*	Mercier.....				8 juill. 72	
DUPONT, Chles-Fort., limonadier, rond point des Ch.-Élysées, 6.		Meys.......	24 oct. 72				
Id. -ALEXIS, Michel-Édouard, rue Jacob, 19..........	*	Denormandie..				21 août 72	
Id. -LAURENT, Jean, rue de la Colonie, 10..........		Bertot......				17 juin 72	
Id. frères, fabricants de boutons, rue Chapon, 30.......		Sautton.....	8 août 62	20 nov. 72	(6)		
Id. père, marbrier, boulevard Voltaire, 212........		Meys.......	26 juill. 71	(7)			
DUPRÉ, Auguste, agent d'affaires, boulevard Sébastopol, 73...		Barbot.....	29 nov. 72		* 30 déc. 72		
Id. aîné, cordonnier, boulevard Richard-Lenoir, 115...		Beaufour....	11 juill. 71	(8)			
DUPRET, Juste, marchand de vins, rue Ramey, 41		Legriel.....	20 nov. 71	26 mars 72	(9)		
Id. -COURTADON, Henri-Dieudonné, rue Rameau, 6....	*	Gavignot				19 août 72	
DUPUIS dlle, Anna, fᵗ de queues de billards, r. Clde-Vellefaux, 18.		Gautier.....	24 juin 72				
Id. et Cie (décédé), Sylv., cordonnier, r. Parad.-Poissonn., 14.		Sautton.....	2 avril 70	(10)			
DUPUY et DINNAT, commissionnaires, rue du Croissant, 5......		Hécaen.....	1er juill. 70	(11)			
DUQUESNE, maçon, avenue de Clichy, 12		Chevallier ...	30 déc. 71		* 19 févr. 72		

(1) DULAC et Cie, — Le syndic paie l'intégralité des créances. — La société est qualifiée faillie.

(2) DUMAS, demoiselle, doit 25 %, en 5 ans, par 1/5, de l'homol.

(3) DUMAS, fils, doit 40 %, en 6 ans, par 1/6, de l'homologation, et est qualifié failli.

(4) DUMONT, Constant, paie 4 %, dans le mois de l'homologation, et doit 16 %, en 5 ans, par 1/5, premier paiement dans 18 mois de l'homologation.

(5) DUNET paie 5 %, première répartition.

(6) DUPONT frères, paient l'intégralité de leur passif.

(7) DUPONT, père, paie 20 %, 1re répartition, et est qual. failli.

(8) DUPRÉ aîné, paie 34 fr. 78 c. pour toute répartition.

(9) DUPRET doit 50 %, à raison de 5 %, par semestre.

(10) DUPUIS et Cie paient 8 fr. 70 c. %, deuxième répartition.

(11) DUPUY et DINNAT paient 43 fr. 41 c. %, uniq. répartition.

NOMS, PRÉNOMS, PROFESSIONS ET DOMICILES.	SYNDICS ET AVOUÉS	FAILLITES ET LIQUIDATIONS.	DATE DES HOMOLOGATIONS DE CONCORDATS	INSUFFIS...ET UNIONS.	SÉPARAT...DE BIENS JUDICIAIRES.	CONS.JUDIC. ET INTERDICT.
DURAND-BRIDÉ, François-Louis, rue Traversière, 9..........	Boutet......				19 déc. 71	
Id. et DUMONT, banquiers, faubourg Poissonnière, 25.....	Pillon......	15 juill. 72				
Id. -SOULAS, Edme-Raphael-Jean-Bapt., rue d'Enfer, 59..	Naucombie ..				6 mai 72	
Id. Toussaint, entrepreneur, rue de la Glacière, 19.....L	Lamoureux..	2 févr. 72				
DURANDO, Charles-Claude-Constant, linger, rue Rivoli, 44....	Bourbon....	26 mars 72				
DUROC, François, mercier, rue Ramponneau, 15...........	Legriel......	15 juin 72		* 28 août 72		
DUROZEY, frères et Cie, usiniers, rue Royale-St-Honoré, 6...	Normand....	27 juill. 71				
DUSSARGÉ. Voir : CLAUSE jeune.						
DUTIL-SAVOYE, Jules-Hippolyte, sans domicile connu.......	Robert......				27 mai 72	
DUTOT et OURSIN, merciers, rue St-Jacques, 212	Chevallier ..	21 déc. 72				
Id. , JÉRÔME et Cie, fondeurs, r. des Quatre-Jardiniers, 15.	Devin.......	6 oct. 71	(1)			
Id. Stanislas-Jean, ornemaniste, rue Mézières, 1	Moys........	2 oct. 67	22 janv. 68	* 30 mai 72		
DUSSAUD-VENEM, Joseph, rue Peyronnet, 10 bis...........	Poinsot......				20 janv. 72	
DUSSÉGNÉ-FARNUEL, Antoine-Édouard, rue Rivet, 10.......	Postel-Dubois				16 oct. 72	
Id. Édouard-Antoine, marchand de vins, à Levallois....	Gautier.....	6 janv. 72				
DUSSON, Paul-Adolphe, imprimeur, faubourg St-Martin, 208.	Sommaire...	2 nov. 71	2 févr. 72	(2)		
DUTREUIL, Victor, distillateur, à Aubervilliers.............	Devin.......	6 janv. 62	1er mai 69	(3)		
DUVAL, entrepreneur, boulevard Clichy, 6.................	Devin.......	26 janv. 72		* 30 avril 72		
Id. -GATEAU, J.-Baptiste, rue St-Denis, 304...........	Gamard				2 avril 72	
Id. -COURTIER, Léopold-Gustave, boulevard Magenta, 72.*	Benoist				24 avril 72	
Id. Jules-Alexandre, rue de Rome, 21...............	Des Étangs ..					27 juin 72
Id. Jacques-Jean, fab. de bronzes, bd Richard-Lenoir, 121.	Beaufour....	17 avril 72				
DUVERGER, dame, lingère, boulevard Malesherbes, 41.....	Meillencourt.	1er févr. 69	(4)			
DUVOCHEL, Auguste, marqueteur, rue Buisson-St-Louis, 2.....	Bégis	6 janv. 70	10 mai 70	(5)		
Id. Victor, chemisier, galerie d'Orléans, 30..........	Chevallier ...	19 déc. 71		* 22 févr. 72		

E et F

EBRAN, François-Auguste, marchand de vins, à St-Denis	Prodhomme..	10 mai 72		* 31 mai 72		
ECHARD-GOUJON, Edmond-Clément, cultivateur, à Sceaux....*	Rousseau....				8 juill. 72	
ÉCLAIRAGE au GAZ de NAPHTE, rue de Provence, 9........*	Gauche......	23 oct. 71				
EDMOND, dit JOBERT, Alexandre, confect., r. St-Honoré, 161..	Prodhomme.	15 sept. 71	23 déc. 71	(6)		
EHRMANN et Cie, commres en marchandises, rue de la Douane, 6.	Gauche......	19 juin 72		* 31 juill. 72		
EICHER, Valentin, mécanicien, rue Marbeuf, 43.............	Beaufour	13 avril 72		* 15 mai 72		
ELIOT, marchand de vins, rue de la Michodière, 20...........	Prodhomme..	23 juill. 72		* 31 août 72		
EMARD, Sylvain-Hector, cordonnier, rue des Vosges, 17	Gauche......	4 mars 72		* 30 avril 72		
EMERY. Voir: HAIN, veuve, et DROUET.						

(1) DUTOT, JÉRÔME et Cie paient 4 fr. 44 c. %, unique répartition, et sont qualifiés faillis.

(2) DUSSON doit 25 %, en 3 ans, par 1/3, de l'h°s, et est qual. failli.

(3) DUTREUIL paie 18 fr. 35 c. %, uniq. rép. de l'actif aband.

(4) DUVERGER, dame, paie 10 fr. 01 c. %, unique répartition.

(5) DUVOCHEL, Auguste, paie 53 fr. 68 c. %, produit de son actif, et doit 25 %, en 3 ans, par 1/3, de l'homologation.

(6) EDMOND, paie tout en 10 ans, par 1/10. — Sa dame caution.

7

NOMS, PRÉNOMS. PROFESSIONS ET DOMICILES.	Liquidation astérisques et Insuffisance	SYNDICS ET AVOUÉS	FAILLITES ET LIQUIDATIONS.	DATE DES HOMOLOGATIONS DE CONCORDATS	INSUFFISⁿˢ ET UNIONS.	SÉPARATⁿˢ DE BIENS JUDICIAIRES.	CONS.JUDIC. ET INTERDICT.
EMERY, A., bonnetier, rue St-Denis, 102, puis 87		Gautier	20 août 72				
EMMERICK, Alphonse, chapelier, rue de la Verrerie, 64		Darbot	8 août 71	(1)			
EMPRIN, veuve, marchande de vins, à Pantin		Beaujeu	19 sept. 72				
ENAULT, Auguste, horloger, rue de Charenton, 97		Bégis	29 déc. 71	5 avril 72	(2)		
EPARGNE (l'). Voir : KLOTZ (Paul).							
Id. (l'). (Caisse et Journal), rue de la Bourse, 1		Sautton	21 sept. 70				
EPARVIER-CHELLE, Jean, passage Dubois, 5 et 7	*	Coche				6 févr. 72	
Id. Jean, marchand de vins. Id.		Dattarel	1er juill. 70		*31 juill. 72		
ERBA, fumiste, avenue Parmentier, 8		Copin	13 juin 72	(2 bis)			
ESBRAYAT-VION, Jean-Antoine-Pierre-Ferd., r. de Flandre, 69.	*	Marquis				12 mars 72	
Id. , Antoine-Pierre-Ferdinand, marinier, Id.		Normand	4 nov. 71	15 avril 72	(3)		
ESCARÉ, BÉTRY et Cie, marchands de vins, butte de la Loire, 9.		Pinot	12 déc. 71	16 avril 72	(4)		
Id. , brasseur, rue Mathis, 25		Beaufour	6 déc. 71		*28 févr. 72		
ESCOFFIER, Joseph-Cyrille, bonnetier, rue Rivoli, 49		Moncharville	13 nov. 71	(5)			
ESCOMPTE et DÉPOTS, rue Paradis-Poissonnière, 50		Beaugé	26 juill. 70	3 mai 72	(6)		
ESNAULT-PELTERIE-BELLE, Émile, boulev. Haussmann, 180.	*	Delaporte				8 juill. 72	
ESTIBAL-HECQUET, Félix-Auguste, dit DICHAT, à Vincennes.	*	Carvès				31 oct. 72	
ESTIVAL-ROUEL, Antoine, plombier, boulevard St-Germain, 52.	*	Postel				23 janv. 72	
ESTIVIN-LEMBLÉ, François, rue Greneta, 18	*	Poinsot				17 juin 72	
ÉTIENNE-MOYABET, Yves-Marie, rue Grenelle-St-Germain, 12.	*	Bremard				19 janv. 72	
ETTLIN, Louis-Michel, distillateur, avenue de Clichy, 115		Gautier	3 oct. 71	8 févr. 72	(7)		
EYRAUD, passementier, rue Grange-aux-Belles, 23	*	Copin	14 nov. 72				
FABRE veuve, Auguste, gantière, chaussée d'Antin, 64		Moncharville	14 nov. 71	7 mars 72	(8)		
FABROT personnelⁱ, ex-distillateur, rue St-André-des-Arts, 30.		Bourbon	3 sept. 72	(9)			
Id. et LEGRAND, Id. Id.		Heurtey	Id.				
FAJOL-BARDÈS, Félix, quai de la Loire, 54	*	Maucomble				12 mars 72	
FALCOZ-CHAUMET, Alphonse, rue St-Laurent, 18	*	Bouthemard				3 déc. 72	
FALLOT, épicier marchand de vins, rue Pelleport, 162		Normand	17 juill. 72		*31 août 72		
FASLER, Louis-Hyacinthe, march. de meubles, r. de Berri, 47.		Lamoureux	29 nov. 71	(10)			
FATH, marchand de vins, rue de Charenton, 106		Heurtey	12 janv. 72		*28 mars 72		
FAUCHEUR, menuisier, rue Brisemiche, 8		Id.	10 mai 70	13 oct. 71	(11)		
FAUCHEUX veuve, marchande de tabletterie, boul. St-Denis, 7.		Beaujeu	20 mars 72		*30 avril 72		
FAUGERON, Antoine, marchand de vins, à Châtillon		Legriel	7 oct. 72				
FAUQUEUX, Pierre, tisseur, rue Oberkampf, 114		Darbot	30 déc. 71	12 juin 72	12		

(1) EMMERICK paie 5 fr. 08 c. %, unique répartition.

(2) ENAULT paiera l'intégralité en 6 ans, par 1/6, de l'homologation, et est qualifié failli.

(2 bis) ERBA paie 3 fr. 36 c. %, unique répartition.

(3) ESBRAYAT paie 29 fr. 29 c. %, uniq. rép., et est qual. failli.

(4) ESCARÉ, BÉTRY et Cie paient 6 fr. 67 c. %, unique répartition. — Escaré doit 20 %, en 6 ans, de l'homologation.

(5) ESCOFFIER paie 5 fr. 22 c. %, uniq. rép., et est qual. failli.

(6) ESCOMPTE et DÉPOTS. — Le syndic paie 15 % comptant, produit de l'actif abandonné, et est qualifié failli.

(7) ETTLIN doit 25 %, en 5 ans, par 1/5, de l'homologation.

(8) FABRE doit 25 %, en 5 ans, par 1/5, de l'homologation.

(9) FABROT persⁱ. — Faillite annulée par jugᵗ du 1er octob. 72.

(10) FASLER paie 2 fr. 43 c. %, unique rép., et est qual. failli.

(11) FAUCHEUR paie 30 % de l'actif abandonné.

(12) FAUQUEUX doit 25 %, en 5 ans, par 1/5, du 1er juin 1872.

NOMS, PRÉNOMS, PROFESSIONS ET DOMICILES.	SYNDICS ET AVOUÉS	FAILLITES ET LIQUIDATIONS.	DATE DES HOMOLOGATIONS DE CONCORDATS.	INSUFFIS⁰⁵ ET UNIONS.	SÉPARAT⁰⁵ DE BIENS JUDICIAIRES.	CONS. JUDIC. ET INTERDICT.
FAURE personnellement, Jean-Louis, tailleur, rue Auber, 17..	Knéringer...	29 avril 70			* 30 déc. 72	
Id. fabricant de bronzes, rue d'Angoulême, 76 bis.........	Maillard....	14 mars 72			* 21 sept. 72	
FAURIAT, Jean, marchand de vins, rue de Bercy, 223........	Régis	27 juill. 72				
FAURON, Émile-César, md de curiosités, bd Rochechouart, 84. L	Meys......	29 févr. 72	(1)			
FAUVEL-DUGUET, Édouard-Charles-Marie, r. de Chabrol, 30..*	Dromery....	....			20 avril 72	
FAVRAIS-SOURDET, Auguste-Germain, rue Charlot, 25......*	Plassard....	....			2 janv. 72	
FÉBURIER-DESTRÉS, Fois-Eugène-Alf., fleuriste, r. du Caire, 8.	Régis	26 nov. 72				
FÉDÉRATION COMMERCIALE. Voir : LAMY et Cie.						
FEIGE, Jean, marchand de vins, avenue de Clichy, 16........	Normand...	31 oct. 72				
FELDER, Joseph-Léon, peintre, rue d'Enghien, 22	Knéringer...	26 juill. 70	....		* 14 juin 72	
FENET, Julien, ex-limonadier, rue de Bretagne, 22 ....*	Chevallier...	21 déc. 72			* 31 déc. 72	
FERETTE, Louis, boucher, rue Niepce, 16...............	Chevillot...	6 juin 72			* 20 juin 72	
FERMOND, Prosper, menuisier, rue Mazarine, 56........	Maillard....	19 oct. 72				
FERRAUD, ex-colporteur-bonnetier, villa St-Michel, 26	Dufay......	24 avril 72			* 29 août 72	
FERRET, Joséphine. Voir : PARICHAULT veuve.						
FERREY, Pierre-Albert, imprimeur, rue Montorgueil, 55...*	Copin	21 oct. 71	15 févr. 72	(2)		
FERRY-GEFFROY, Jean-Baptiste, cocher, rue Saincuve, 22....*	Prévot	....			4 avril 72	
FEUDENHEIM veuve, marchande de vins, rue Nys, 11.......*	Beaujeu...	18 févr. 70	20 juin 72	(3)		
FEUILLY veuve, ex-briquetière, rue Vaugirard, 277........	Beaugé....	1er avril 70				
FEUVRIER, Léon, hôtelier, aux Lilas..............	Heurtey ...	12 déc. 71			* 28 mars 72	
FÉVRIER-BOUZÉ, Parfait, détenu à Ste-Pélagie.......	Dubost....	....			16 avril 72	
FIANCETTE-MICHE, Pierre-Jules, rue N.-D.-Victoires, 52......	Gavignot ...	....			24 juin 72	
FIAT, Xavier-Jules, ferblantier, rue St-Denis, 287	Beaugé...	12 août 72				
FICHOT, marchand de vins, rue des Moines, 58.............	Heurtey ...	30 déc. 71			* 29 févr. 72	
FIET-GARREAU, Edmond-François-Abel, à Levallois ....*	Benoist....	....			26 août 72	
FIEUZAL, serrurier, rue Château-Landon, 17	Dufay.....	19 sept. 71	(3 bis)			
FIGEAC, ex-marchand de vins, passage Crouin, 4	Beaugé....	20 août 72				
FILLET, Ernest-François, march. de vins, boulev. Excelmans...	Dufay.....	24 déc. 72				
FILLIOL-OLIÉ, Eugène, horloger, à St-Ouen...............	Kieffer.....	....			23 févr. 72	
FILLION, Octave, marchand de vins, boulevard Magenta, 22..	Heurtey ...	1er août 72			* 14 nov. 72	
FILLIOT, Jules-Léon, casquettier, rue des Quatre-Fils, 5	Bourbon...	6 déc. 72				
FINANCE, marchand de vins, boulevard de la Chapelle, 26....	Gautier....	21 nov. 72				
FIRMIN, Jules-Armand, porcelainier, boulevard Magenta, 137..	Chevillot ...	....				
FLAMAND, fabricant de grillages, rue Lafayette, 201	Chevallier...	9 avril 72			* 31 mai 72	
Id. Gustave, fleuriste, rue St-Denis, 303....	Bourbon...	17 nov. 72	... 72	(4)		
FLAMANT-POIZOT, Jules-Arsène, rue Neuve-des-Mathurins, 37.*	Protat.....	....			10 déc. 72	
FLAMMANG, marchand de vins, rue Palestro, 9	Meys.....	20 juin 72			28 août 72	
FLANDRIN-SOMBRET, Pierre-Théoph., r. Grégoire-de-Tours, 30.*	Poilier.....	....			12 mars 72	
FLECHEUX-BOURDEL, Ch.-Henri-Adre, r. des Ptes-Écuries, 55.*	Vivet.....	....			3 juin 72	

(1) FAURON. — Liquidation clôturée par jugement du 10 juillet 1872. — M. Fauron a payé tous ses créanciers.

(2) FERREY doit 30 %, en 4 ans, et est qualifié failli.

(3) FEUDENHEIM veuve, paie 1 fr. 84 c. %, produit de son actif, et parfait 25 %, en 5 ans, par 1/5, du 1er juillet 1872.

(3 bis) FIEUZAL paie 27 fr. 35 c. %, unique répartition.

(4) FLAMAND, Gustave, doit 25 %, en 5 ans, par 1/5, de l'homologation, et est qualifié failli.

NOMS, PRÉNOMS, PROFESSIONS ET DOMICILES.	L Indique Liquidation * assistance Avoué et Insuffisance	SYNDICS ET AVOUÉS	FAILLITES ET LIQUIDATIONS.	DATE DES HOMOLOGATIONS DE CONCORDATS	INSUFFIS^{ce} ET UNIONS.	SÉPARAT^{ns} DE BIENS JUDICIAIRES.	CONS. JUDIC. ET INTERDICT.
FLECK, Frédéric, tapissier, rue Gît-le-Cœur, 12		Prodhomme .	2 mai 72				
Id. -GIRARD, Sébastien, à Clichy	*	Maugin				11 mars 72	
FLESCHELLE veuve, laitière, rue d'Asnières, 34		Pluzanski	9 avril 70	20 févr. 72	(1		
FLEURY, m^d de produits chimiq., r. St-Dominiq.-St-Germ., 170.		Beaugé	11 déc. 71	11 mars 72	(2		
Id. Noël-Désiré-Alexis, march. de vins, r. Solférino, 8. .	L	Sarazin	20 oct. 71	16 févr. 72	(3		
Id. et KOHLER, marchands de tissus, rue de Cléry, 3		Beaufour	1er juill. 71		(4		
Id. Auguste-Nicolas, m^{ds} de toiles, r. Bertin-Poirée, 11. .		Moncharville	4 janv. 72		(5		
Id. Auguste, liquoriste, rue St-Antoine, 102		Devin	16 oct. 71	3 avril 72	(6		
Id. Léon, graveur, place de la Bourse, 9		Sarazin,	30 nov. 72				
FLOBERT. Voir : DE COYE et Cie.							
FLOIRE-DUGUET, Ch^{les}-Philippe, facteur, r. des Missions, 15 . .	*	Corpet				11 déc. 72	
FLORENTIAU, Étienne, marchand de bois, à Châtillon	L	Gautier	5 janv. 72	21 mai 72	(7		
FOHR demoiselle, Barbe, hôtelière, à Mennecy (Seine-et-Oise).		Meys	2 avril 72		* 11 juin 72		
FOISSIN, Julien, marchand de vins, boulevard St-Germain, 42 . .		Hécaen	11 oct. 72				
FOLIES-MARIGNY (théâtre des). Voir : NUMA, Georges.							
FOLLET, marchand de vins, rue Marché-St-Honoré, 8		Maillard	6 févr. 72		* 20 mars 72		
FONTEYNE et PRINET, baigneurs et plombiers, à Levallois.		Quatremère.	13 mars 72	20 juill. 72	(8		
FORESTIER d^{lle}, m^{de} de comestibles, r. Paradis-Poisson., 58.		Gautier	7 mai 72				
FORFELIER, fabricant d'épingles, rue Brantôme 15	L	Dufay	12 mars 72	18 juill. 72	(9		
FORGELOT, Charles, ex-boulanger, rue de Belleville, 88		Dattarel	21 déc. 72				
FORGEOIS, marchand de produits chimiques, rue Lalande, 19.		Sarazin	12 mars 72	17 juin 72	(10		
FORGET fils, entrepositaire, rue Bellefonds, 1		Bourbon	27 juill. 72				
Id. Raymond-Pierre, mécanicien, av. de St-Ouen, 53 et 62.		Normand	5 déc. 72				
FORTIER fils aîné, J.-Bapt., m^d de vins, rue St-Sébastien, 46 . .	L	Pluzanski	7 mars 72	20 août 72	(11		
Id. et CARTIER, m^{ds} de charb, et grains, b^d Magenta, 130.		Barboux	30 nov. 72				
Id. négociant, rue Ramey, 2		Bégis	13 juill. 72				
FORTIN, Alfred-Armand, fabricant de bronzes, r. Turenne, 49. .		Meillencourt	15 déc. 71	12 déc. 72	(12		
FOSSA et Cie, commissionnaires, rue Lepelletier, 7		Beaugé	4 sept. 69		* 30 sept. 69	(13	
FOUANON, Noël, march. de machines à battre, à Montreuil		Beaujou	12 janv. 70	(14			
FOUCHE. Voir : CAHEN dame.							

(1) **FLESCHELLE** abandonne son actif, et parfait 15 %, en 5 ans, par 1/5, et paie 10 %, première répartition.

(2) **FLEURY** doit 25 %, en 5 ans, par 1/5, de l'h^{on}, et est qual. failli.

(3) **FLEURY**, Noël, paiera l'intégralité en 6 ans, de l'homolog.

(4) **FLEURY** et **KOHLER** paient 21 fr. 34 c. %, pour toutes répartitions, et sont qualifiés faillis.

(5) **FLEURY**, Auguste-Nicolas, paie 1 fr. 56 c. %, uniq. répart.

(6) **FLEURY**, Auguste, doit 50 %, en 5 ans, par 1/5, avec la caution de la dame Fleury, et est qualifié failli.

(7) **FLORENTIAU** paiera l'intég. en 10 ans, par 1/10, de l'hom.

(8) **FONTEYNE** et **PRINET** doivent 40 %, en 5 ans, par 1/5 ; premier paiement le 8 juillet 1873.

(9) **FORFELIER** doit 40 %, en 4 ans, par 1/8, de 6 en 6 mois, de l'homologation.

(10) **FORGEOIS** doit 25 %, en 5 ans, par 1/5, de l'homologation .

(11) **FORTIER** fils aîné, doit 20 %, en 4 ans, par 1/4, de l'hom.

(12) **FORTIN.** — Paiement de 40 %, faisant abandon à valoir sur cet engagement de : 1° Solde du compte du syndic ; 2° De la somme qui pourra lui revenir dans les prix des différentes tapisseries dont il est propriétaire, pour quart, pour le surplus formant la différence restant due, être payé en 5 ans, par 1/5, et faisant en outre abandon des sommes que plusieurs créanciers ont été condamnés à rapporter à la masse.

(13) **FOSSA** et **Cie.** — Réouverture du 9 octobre 1872.

(14) **FOUANON** paie 13 fr. 83 c. %, unique répartition.

NOMS, PRÉNOMS, PROFESSIONS ET DOMICILES.	Indiqué Liquidation · Astérisque Avoué en Insuffisance	SYNDICS ET AVOUÉS	FAILLITES ET LIQUIDATIONS.	DATE DES HOMOLOGATIONS DE CONCORDATS	INSUFFIS ET UNIONS.	SÉPARAT DE BIENS JUDICIAIRES.	CONS. JUDIC. ET INTERDICT.
FOUCLET, Jules-Théophile, march. de vins, rue Turbigo, 87...		Prodhomme	10 avril 72	23 nov. 72	(1)		
FOUGERAY, Paul, fab. de machines à coudre, r. Portefoin, 14..		Pinet	10 janv. 72	17 mai 72	(2)		
FOULD-SIMONIN, Gustave, rue de l'Arcade, 22...	*	Delacave				20 mars 72	
FOULLEY, fils, Jean, marchand de vins, rue Lebon, 7...		Bourbon	1er juin 72			*31 juill.72	
Id. -LECANUET, Id. Id.	*	Postel				*23 mars 72	
FOULON, décédé, Edmond, fabric. de corsets, r. Bambuteau, 77..		Gautier	23 mai 71			*31 déc. 72	
FOUQUET-FRANC, boulevard Montparnasse, 50...	*	Postel				14 août 72	
Id. -VOILLAT, François, peintre, rue Jouffroy, 14...	*	Pothier				12 août 72	
Id. , dame, apparlem. meublés, pass. St-Dominique, 40..		Knéringer	10 févr. 68	(3)			
FOUQUIÈRES, veuve. Voir : GAMBIER, dame.							
FOUR, Jean-Claude, marchand de bois, rue St-Louis-en-l'Ile, 24.		Knéringer	12 déc. 72				
FOURBET-CLERFEUILLE, Const.-Constantin, sans dom. connu.*		Plassard				5 août 72	
FOURCAND, ex-marchand de vins, rue de l'Argonne, 25...		Knéringer	5 août 68				
FOUREAU de la TOUR-BOULARD, Adolphe-Amédée, r. Grétry, 5.*		Louvel				19 août 72	
FOURMIES, François, gravatier, boulevard Brune, 3...		Copin	21 oct. 72			*31 oct. 72	
FOURNAUD, veuve, Philippe, mercière, rue Fontaine-Molière, 37.		Prodhomme	12 déc. 71			*28 févr.72	
FOURNEAU-GAUNEAU, Désiré-Simon, r. Basse-du-Rempart, 4.*		Mercier				24 déc. 72	
FOURNIER, André, marchand de vins, rue Bleue, 27...		Bourbon	15 oct. 72				
Id. -LAVIGNE, Michel, rue Montmartre, 78...		Pijon				15 juill. 72	
Id. - Id. Id. , bijoutier, bd Montmartre, 78..		Sarazin	12 sept. 72	19 déc. 72	(4)		
FOURNIER-PETIT-PRÊTRE, François, rue Tiquetonne, 53...		Gavignot				5 avril 70	
Id. , Joseph, loueur de voitures, rue du Département, 4.		Gautier	4 nov. 71	29 juin 72	(5)		
Id. , Jean-Thomas, restaurateur, boulevard Voltaire, 130.		Quatremère	3 janv. 72		(6)		
Id. -BUISSON, Gustave, rue St-Guillaume, 20...		Lemaire				23 avril 72	
Id. Gust., commr, pass. Ste-Croix de la Bretonnerie, 13.		Sommaire	4 déc. 71		(7)		
Id. fumiste, boulevard de Belleville, 55...		Sarazin	15 mars 72			*31 mai 72	
FOURNY-HATTAT, voiturier, rue d'Allemagne, 168...		Chevallier	18 avril 72				
FOUSSE, Jean, droguiste, rue Ste-Croix-Bretonnerie, 40...		Hécaen	18 déc. 71	17 juin 72	(8)		
FRADIN, François-Hippolyte, mre de manège, r. Lhomond, 51.		Pluzanski	12 août 72				
FRAGOT, Auguste, marchand de vins, à Pantin...		Hécaen	14 déc. 71				
FRANCK, Jean-Georges, tailleur, boulevard de la Madeleine, 5..		Pinet,	9 janv. 72	27 mai 72	(9)		
FRANÇOIS, veuve, Alphonse, quincr, r. Fossés-St-Bernard, 30.		Meys	15 déc. 71		(10)		
Id. , veuve, cordonnière, rue Neuve-St-Merri, 27...		Sarazin	16 févr. 72				
Id. -COTE, sans domicile connu...	*	Boutet				9 mars 72	
Id. , marchand de vins, aux Prés-St-Gervais,		Beaugé	15 déc. 72				

(1) FOUCLET doit 15 °/₀, en 5 ans, par 1/5, de l'homologation.

(2) FOUGERAY paiera l'intégralité des créances en 10 ans, par 1/10, de l'homologation, et est qualifié failli.

(3) FOUQUET, dame, paie 9 fr. 07 c. °/₀, unique répartition.

(4) FOURNIER - LAVIGNE doit 40 °/₀, en 5 ans, par 1/10, de 6 en 6 mois, à partir de 6 mois après l'homologation.

(5) FOURNIER, Joseph, doit 40 °/₀, en 5 ans, par 1/5, de l'homologation, et est qualifié failli.

(6) FOURNIER, Jean-Thomas, paie 88 fr. 20 c. °/₀, uniq. répart.

(7) FOURNIER, Gustave paie 4 fr. 24 c. °/₀, unique répartition, et est qualifié failli.

(8) FOUSSE doit 25 °/₀, en 5 ans, par 1/5, de l'homologation, et est qualifié failli.

(9) FRANCK doit 40 °/₀, en 5 ans, par 1/10, de 6 en 6 mois, de l'homologation, et est qualifié failli.

(10) FRANÇOIS, veuve, paie 7 fr. 48 c. °/₀, unique répartition.

NOMS, PRÉNOMS, PROFESSIONS ET DOMICILES.	Liquidation * astérique Avoué et insuffisance	SYNDICS ET AVOUÉS	FAILLITES ET LIQUIDATIONS.	DATE DES HOMOLOGATIONS DE CONCORDATS	INSUFFIS⁃ ET UNIONS.	SÉPARAT⁃ DE BIENS JUDICIAIRES.	CONS. JUDIC. ET INTERDICT.
FRANQUELAIN, marchand de vins, rue d'Armaillé, 31.........		Chevallier ...	26 janv. 72	....	* 25 mars 72		
FRANQUET, Id. , rue de Montreuil, 63......		Normand	10 août 72	....	* 28 nov. 72		
FRAPPA, liquoriste, rue Tholozé, 20.........		Gauche...	9 févr. 69	....	* 31 août 72		
FREISE-FEIFFER, LAURENT, cité Lesage, 1............*		Bonnel	....	....	....	6 mai 72	
FRÉMOND de BLAINVILLE, LOUIS, bijoutier, rue du Temple, 67.*		Protat	....	....	....	6 août 72	
FRÉMONT, aîné, fabricant de cuivrerie, rue de la Cerisaie, 12..		Meillencourt	12 déc. 71	12 juin 72	(1)		
FRÉVAL, DANIEL-FLAVIEN, commissionnaire, faub. St-Jacques, 21		Id.	13 juill. 70	(2)			
FRÉVILLE, frères, appareilleurs, boulev. Strasbourg, 46 et 48..		Sautton	23 juill. 72	23 déc. 72	(3)		
FREYDIER, JOSEPH-EUGÈNE, hôtelier, rue des Bourdonnais, 10..		Beaufour ..	11 mai 72	......	* 11 juill. 72		
FRIBOURG, LOUIS, colporteur, rue Fontaine-St-Georges, 11		Hécaen	3 mai 72	......	* 29 juin 72		
FRIÈS, frères, ébénistes, passage Montgallet, 6.............		Id.	28 juill. 72	9 nov. 72	(4)		
FROIDURE, AUGUSTE, dragueur, à St-Ouen		Meys......	4 oct. 69	4 juill. 70	5		
FROMENT, déménageur, rue Vieille-du-Temple, 119.........		Devin	20 févr. 72				
Id. -BLIN, CHARLES-LOUIS-ALPHONSE, faub. St-Denis, 146.*		Weill	....	....	....	46 avril 72	
Id. -PETITJEAN, ERNEST-NICOLAS, sans domicile connu..		Naucomble ..	....	....	....	6 janv. 72	
FRONTIER, veuve, ARMAND, épicière, faubourg du Temple, 85..		Meys......	7 mai 72	....	* 31 juill. 72		

G

GABANOU, MICHEL-ARISTIDE, mégissier, rue de l'Ourcine, 19....		Gauche......	26 avril 70	(6)			
GABILLON-DUCOLLET, GUSTAVE, rue Joquelet, 7.............*		Lacomme....	....			2 févr. 72	
GABISON, aîné, JOSEPH, papet., r. Neuve-des-Petits-Champs, 83.		Devin	26 sept. 71	26 janv. 72	(7)		
GACHELIN, jeune, md de nouveautés, r. St-Dom.-St-Germ., 157..		Sautton	9 févr. 72	27 mai 72	8		
GADRAT, PIERRE, charpentier, rue Charenton, 172.........		Beaujeu	10 janv. 70	14 mai 70	19 août 72		
Id. -NALBERT, PIERRE, Id. 135.........		Levesque....				6 févr. 72	
GAGNAGE et Cie, PIERRE-FRÉDÉRIC, entrepositaires, r. Charlot, 5.		Pinet	4 sept. 72				
GAILLARD, CHARLES, fondeur, passage St-Joseph, 4.		Barboux.....	16 nov. 72				
Id. , JULES, marchand de vins, rue Trézel, 27.		Battarel.....	20 janv. 72			* 31 juill. 72	
Id. -MOINE, ANTOINE-PHIL., r. Vieille-du-Temple, 137.*		Berryer.....				30 mai 72	
GALLET, marchand de vins, place des Fêtes, 1.............		Maillard....	25 juin 72			* 21 sept. 72	
GALLOUX, décédé, FRANÇOIS, maçon, passage Gut-Bois, 11.....		Gauche......	10 déc. 71				
GALOPIN, JEAN-LOUIS-PROSPER, hôtelier, boulevard Capucines, 5.		Pinet	16 déc. 71			* 12 mars 72	
GAMARD-DABEUR, ADOLPHE-CHARLES, rue de Ponthieu, 24.....*		Milliot				9 mars 72	
GAMARE, ALEXANDRE-GAUTIER, parfumeur, rue St-Antoine, 161..		Sautier.....	24 août 72				
GAMBEY et Cie, négociants, rue du Temple, 113		Lamoureux...	21 nov. 72	....	* 31 déc. 72		
GAMBIER, dame, CHARLES, march. de vins, faub. St-Martin, 236.		Bourbon....	29 juin 72			* 21 sept. 72	

(1) **FRÉMONT**, aîné, paiera 15 %, en 6 ans, à partir du 12 juin 1872, et est qualifié failli.

(2) **FRÉVAL** paie 1 fr. 40 %, unique répartition.

(3) **FRÉVILLE**, frères, abandonnent le reliquat des comptes du syndic, et s'engagent à parfaire 60 %, à raison de 5 % par an.

(4) **FRIÈS** doivent 30 %, en 5 ans, par 1/5, de l'homologation.

(5) **FROIDURE** paie 15 fr. 16 c. %, deuxième et dernière répartition de l'actif abandonné.

(6) **GABANOU** paie 1 fr. 43 c. %, unique répartition.

(7) **GABISON** paiera 20 %, tous les 6 mois, premier paiement 1er janvier 73, et est qualifié failli.

(8) **GACHELIN** doit 30 %, en 6 ans, par 1/6, de l'homologation.

NOMS, PRÉNOMS, PROFESSIONS ET DOMICILES.	L Indique Liquidation astérisque Avoué et Insuffisance	SYNDICS ET AVOUÉS	FAILLITES ET LIQUIDATIONS.	DATE DES HOMOLOGATIONS DE CONCORDATS.	INSUFFIS^{ces} ET UNIONS.	SÉPAR^{ons} DE BIENS JUDICIAIRES.	CONS. JUDIC. ET INTERDICT.
GAMBIER, Jules-Alphonse, fabric. de fauteuils, r. Moreau, 58..		Dufay.......	30 sept. 74	20 févr. 72	(1)		
GAMBOGI et Cie, Charles, éditeurs, rue Richelieu, 112.......	L	Chevillot ...	23 janv. 72				
GANNERON, mécanicien, avenue Grande-Armée, 83		Devin.......	28 juill. 70	....		24 févr. 72	(2)
GANSSEN, William, tailleur, rue Halévy, 12.......		Heurtey....	20 mars 72				
GARCIA, Raphaël, négociant, quai des Orfèvres, 18		Beaujeu....	19 avril 72		* 30 mai 72		
Id. -LEYASNIER, Raphaël, dentiste, boul. Sébastopol, 3..	*	Roche.......	.....			17 déc. 72	
GARÇON, Auguste, chiffonnier, rue de la Glacière, 64..		Pluzanski..	20 sept. 71		* 25 avril 72		
GARDES, Jacques Justin, mercier, rue des Moineaux, 28......		Barbot......	19 févr. 72		* 20 févr. 72		
GARNIER-FATIGUET, Auguste-Adolphe, nég., r. d'Aboukir, 17.	*	Guillemon..	......			18 sept. 72	
Id. -MAUXION, Louis-Victor, rue Ste-Anne, 58 bis..		Lacomme....	......			13 mai 72	
Id. -DUFOSSE, Émile-Louis, cité du Waux-Hall, 6..		Carvès......	......			17 juin 72	
Id. et LAGUEYRIE, négociants, rue d'Aboukir, 17........		Bourbon....	10 oct. 72				
Id. Voir : ROMÉO et GARNIER.							
Id. -GAUTHIER, Pierre, boulevard Ornano, 13..		Rêty........	......		......	12 août 72	
Id. , dame, couturière, place de la Madeleine, 3.......		Reaugé.....	20 janv. 72	16 mai 72	(3		
Id. , Victor-Louis, m^d de couleurs, rue Ste-Anne, 58 bis..		Legriel.....	12 mars 72	12 août 72	(4)		
GASNIER-BONTEMPS, rue St-Bon, 9....		Deherpe....	......			27 août 72	
GASSE, Alphonse, serrurier, rue Mercier, 1...........		Knéringer ..	5 juin 70	20 oct. 72	(5)		
GASSELIN, marchand de cidre, passage Alexandre, 7.........		Lamoureux..	10 avril 72		* 30 mai 72		
GASTEBOIS, Auguste-Marie, épicier, rue Julien-Lacroix, 79...	L	Reaugé.....	12 oct. 71	2 févr. 72	(6)		
GATINEAU, marchand de vins, à Montreuil...........		Hécaen....	30 août 72		* 31 oct. 72		
GAUCHÉ-MOREL, Joseph, rue Keller, 31..		Rivière.....	......			31 août 72	
GAUDEAU, Pierre-Armand, maçon, rue des Épinettes, 30..		Barbot......	21 févr. 72	26 juill. 72	(7)		
GAUDEBERT, cordonnier, rue St-Maur, 105..........		Barboux....	29 oct. 72		* 14 déc. 72		
GAUDIN, boucher, rue Linné, 27..........		Id	20 juin 72				
Id. , photographe, rue de la Perle, 9............		Moncharville.	8 mars 72	5 juill. 72	(8)		
Id. , Achille, commissionnaire, rue Saucier-Leroy, 9..		Régis........	12 mars 72		8 juill. 72		
Id. , Charles-Just, passementier, rue St-Denis, 248....		Beaujeu....	7 mai 72				
Id. , dit PITRÉ-PHILIPPE, Louis-François, r. Chab. 65 ..		Robineau....	.....			24 déc. 72	
GAUDRÉ, Antoine, marchand de vins, rue Maubeuge, 17....		Legriel.....	30 mai 72				
GAUGUIN et MINART, bijoutiers, rue Marcadet, 115..........		Id	1er oct. 72				
GAUGUET, Augustin-Célestin, libraire, rue Hautefeuille, 18...		Pluzanski....	7 oct. 71	21 mai 72	(9)		
GAULARD-CHAUMONT, Jacques-François, rue de Nantes, 16..		Tixier......	....				4 avril 72
GAULON, cordonnier, faubourg Poissonnière, 47..		Hécaen....	2 janv. 72		* 29 févr. 72		
GAULT, Eugène, peintre, rue Germain-Pilon, 20... ?..		Dufay......	4 juin 67	16 nov. 67	* 30 nov. 72		
GAUTHIER, peaussier, rue Montorgueil, 32..........		Meillencourt.	6 nov. 72		* 23 déc. 72		
GAUTIER, marchand de vins, rue du Cherche-Midi, 28........		Copin......	7 déc. 71	10 avril 72	(10)		

(1) GAMBIER, Jules, doit 35 %, en 3 ans, par 1/3, de l'homologation, et est qualifié failli.

(2) GANNERON paie 0 fr. 66 c. %, unique répartition.

(3) GARNIER, dame doit 25 %, en 5 ans, par 1/5, de l'homolog.

(4) GARNIER, Victor, doit 25 %, en 5 ans, par 1/5, de l'homol.

(5) GASSE doit 60 %, en 5 ans, de l'homologation.

(6) GASTEBOIS doit 25 %, en 5 ans, par 1/5, de l'homolog.

(7) GAUDEAU paie 3 %, prod. de son actif, et doit 30 %, en 5 ans.

(8) GAUDIN doit 20 %, en 5 ans, par 1/5, de l'homolog.

(9) GAUGUET doit 25 %, en 5 ans, par 1/5, de l'homolog.

(10) GAUTIER, qualifié failli, abandonne son actif, moins son mobilier personnel, et paie 19 fr. 97 c. %, unique répartition.

NOMS, PRÉNOMS, PROFESSIONS ET DOMICILES.	Indice Liquidation ° serrurier Avoué et Insuffisance	SYNDICS ET AVOUÉS	FAILLITES ET LIQUIDATIONS.	DATE DES HOMOLOGATIONS DE CONCORDATS	INSUFFIS^es ET UNIONS.	SÉPARAT^on DE BIENS JUDICIAIRES.	CONS. JUDIC. ET INTERDICT.
GAUTIER, Louis-Jacques, cordonnier, rue des Abbesses, 37...		Gauche......	21 nov. 71	....	* 28 févr. 72		
GAVET, ex-fabricant de graisses, rue de l'Ancienne-Comédie, 27.		Beaufour....	12 déc. 71	27 juin 72	(1)		
GAVREL-MONTVOISIN, Antoine-Stanislas, boul. de Grenelle, 64.*		Husson........	....	....	....	2 avril 72	
GAY, Louis, négociant, rue d'Hauteville, 34		Chevillot....	8 avril 72	....	* 31 déc. 72		
Id. Jean-Firmin, entrepreneur, rue Vandamme, 63 et 65......		Maillencourt.	28 déc. 71				
Id. -GRAMMONT, Eugène, marchand, rue St-Maur, 63.......		*Pothier......	....	....	....	12 août 72	
GAYRAUD-MARTIN, Joseph-Lucien, boulevard Sébastopol, 42..*		Masse........	....	....	....	31 déc. 72	
GAZET-LEFEBVRE, C., fabricant de bougies, à Ivry........		Pinet........	22 févr. 72				
GÉANT. Voir : DUFOUR veuve.							
GEAUX-UNGUER, Jean-Étienne, rue de Rivoli, 114		*Chauveau....	....	....	....	13 févr. 72	
GEDON, veuve, charcutière, rue de l'École-de-Médecine, 22....		Meys........	30 déc. 71	11 mai 72	(2)		
GEIGER, fils, fabricant de machines à coudre, rue Richelieu, 27.		Heurtey......	2 oct. 71	....	* 20 févr. 72		
GELÉE-CHERONNET, Julien-Alexandre, rue Marcadet, 31....		*Louvel......	....	....	....	22 juill. 72	
Id. Jules-Alexandre, serrurier, Id.		Gautier......	13 oct. 71				
GÉLIN-FOUCOU, Dominique-Gabriel, avenue des Ternes, 60...*		Louvel........	....	....	....	10 déc. 72	
GELIN, Joseph, marchand de vins, rue Boissière, 63, à Passy...		Dufay	20 avril 72	....	* 31 mai 72		
GELLÉ, Pierre-Charlemagne, teinturier, rue St-Denis, 305.....		Barboux.....	16 oct. 68	17 mars 70	* 31 juill. 72		
GELLÉE-HAUTECŒUR, Albert, sans domicile connu..........		*Vandewalle..	....	....	....	6 janv. 72	
GELU, Gustave, épicier, rue Tholozé, 20................		Barbot	11 oct. 72	....	* 30 nov. 72		
GENAILLE, Louis, maçon, rue du Cherche-Midi, 113 et 115..		Knöringer....	11 sept. 72				
GENDRIER-MEYNIAL, Alfred-Lucien, rue St-Honoré, 364....*		Martin........	....	....	....	19 août 72	
GENEL, décédé, Louis, f^t de clous et boutons, r. Montmorency, 28..		Chevillot	23 oct. 69	(3)			
GÉNITY. marchand de vins, à la Varenne-St-Hilaire.......		Pluzanski....	11 sept. 71	....	* 25 avril 72		
GENTH, Gustave, cordonnier, rue Neuve-St-Augustin, 21....		Dufay	18 nov. 71	20 févr. 72	(4)		
GENTIL, Louis-René, tailleur, rue St-Honoré, 314.........		Bourbon.....	27 janv. 72	18 juin 72	(5)		
GENTILHOMME-POIRIER, Étienne-Franç.-André, r. Tanges, 25.*		Niquevert....	....	....	....	2 janv. 72	
GENTINE, Louis, ex, marchand de nouveautés, av. Clichy, 92..		Meys........	10 déc. 72				
GEOFFRAY, loueur de voitures, à Montreuil..............		Dufay	21 janv. 72	....	* 28 mars 72		
GEOFFROY-SEMEL, Eugène-Henri, rue Lemercier. 102.......		*Bertinot....	....	....	....	3 déc. 72	
GEORGE, Jean-Joseph, fabricant de machines, f^t St-Denis, 268..		Bègis	27 juill. 70	(6)			
GEORGES, E., brocanteur, à Ivry......................		*Chevallier...	27 déc. 71	....	* 20 févr. 72		
GÉRARD, Jean-Mathurin, m^d de vins, rue Miromesnil, 85.		Chevillot	1er juill. 72				
Id. -TISSIER, Auguste, rue Chabanais, 11		*Michel	....	....	....	20 févr. 72	
Id. -SCELLIER, Jean-Mathurin, rue Miromesnil, 85.....		*Popelin.....	....	....	....	17 déc. 72	
GERBER, F^ois-Michel, tourneur en bois, pass. Main-d'Or, 17...L		Maillencourt..	23 janv. 72	5 juill. 72	(7)		
GERENTES-BERNARD, Pierre, négociant, rue Thevenot, 24....		Sautton	24 juin 70	(8)			
GERFAUX, Hyacinthe, marchand de machines, r. Richelieu, 27..		Heurtey	31 juill. 72	....	* 30 oct. 72		
GÉRINOT-PAINE, Étienne, teinturier, rue St-Denis, 187........*		Lescot......	....	....	....	30 avril 72	

(1) GAVET doit 25 %, en 6 ans, par 1/6, de l'homologation.

(2) GEDON, veuve, paie 10 % 1 mois après l'homologation, et 10 %, 1 an après.

(3) GENEL paie 55 fr. 13 c. %, unique répartition.

(4) GENTH doit 25 %, en 5 ans, par 1/5, de l'homologation.

(5) GENTIL doit 20 %, en 4 ans, par 1/4, de l'homologation.

(6) GEORGE paie 2 fr. 89 c. %, uniq. rép., et est qualifié failli.

(7) GERBER paie 5 fr. 30 c. %, produit de son actif, et parfait 50 %, en 10 ans, par 1/10, de l'homologation.

(8) GERENTES-BERNARD paie l'intégralité des créances.

NOMS, PRÉNOMS, PROFESSIONS ET DOMICILES.	L Indique Liquidation ° astérisque Avoué et Insuffisance	SYNDICS ET AVOUÉS	FAILLITES ET LIQUIDATIONS.	DATE DES HOMOLOGATIONS DE CONCORDATS	INSUFFIS⁼ ET UNIONS.	SÉPARAT⁼ DE BIENS JUDICIAIRES.	CONS.JUDIC. ET INTERDICT.
GERMAIN-LABORDE, Maximilien-Pierre, rue du Pavé, 11.....	*	Gavignot	....	....	....	23 avril 72	
GERMOND, Jacques-Louis-Victor, plombier, r. Goutte-d'Or, 5...		Richard	17 juin 72				
GÉROME père et fils et RICARD, brasseurs, rue Racine, 3......		Sautton	31 mai 72				
GERVAIS-GRIMNER, Jean-Baptiste, rue Bouret, 12........	*	Derton				8 juill. 72	
Id. , Jules-Achille, menuisier, rue Rocroy, 14. .:........		Normand	3 janv. 72				
GÈZE, E., marchand de vins, rue de la Gare, 10........		Bourbon....	13 nov. 71	(1)			
GHYS veuve, Alexandre, couturière, rue Ste-Anne, 53.......		Gauche....	11 mars 72	20 juin 72	(2)		
GIBELIN, marchand de charbons, rue Moreau, 57.......		Pinet	18 sept. 72	....	* 24 déc. 72		
GIB-THOUÈON, Gustave-Félix, négociant, passage Saulnier, 71.*		Dertot.....	....			17 déc. 72	
GIÉLY, François-Hilaire, imprimeur, rue St-Martin, 326...		Gautier....	13 août 72				
GILAIN, menuisier, rue du Cherche-Midi, 94..........		Maillard	28 mai 72		* 26 juin 72		
GILBERT, Emile-Joseph, tailleur, rue Châteaudun, 29...		Battarel	3 sept. 72	20 déc. 72	(3)		
Id. , Charles, menuisier, rue Jean-Goujon, 26........L		Burbot	24 févr. 72	8 juin 72	(4)		
GILLE, Eugène-Henri, gantier, rue Neuve-St-Augustin, 33...L		Gautier....	12 mars 72	9 juill. 72	(5)		
GILLES, Désiré, épicier, rue Brezin, 19............		Beaugé....	1er déc. 71	(6)			
GILLET, Firmin, doreur, faubourg St-Antoine, 115.......		Bourbon....	18 nov. 71	28 févr. 72	(7)		
Id. Alexandre, boucher, rue Tourtille, 5..........		Richard	16 déc. 71	....	* 17 févr. 72		
Id. -TOURLY, Théodore-Florimond, faub. St-Denis, 148..*		Robert	....			6 févr. 72	
GILLON-BÉLAIN, Adolphe-Marie-André, architecte, r. Monge, 3.*		Nicquevert	....			30 oct. 72	
GINDRE et RENÉ, marchands comestibles, rue Nicolaï, 49......		Gauche....	18 oct. 72				
GINISTY-MORILLON, Antoine, rue des Messageries, 7.......		Plassard	....			22 juill. 72	
GIRARD, Eugène, ex fab. chaussures, rue Poissonnière, 18...		Pinet.......	22 août 72				
Id. delle, Cath. limonadre, pass. Panorama, 24, 26 et 28...L		Sommaire	27 déc. 71			* 29 févr. 72	
Id. , Claude-Joseph, limonadier, place St-Michel, 4......		Maillard	1er août 71				
Id. , Frédéric, boulanger, faubourg St-Antoine, 237.......		Gauche....	21 sept. 72				
Id. , Abel-Arthur, épicier, rue Guénegaud, 27..........		Beaugé.····	28 févr. 72	(8)			
Id. -BONNAFÉ, Léon-Alfred, rue du Dragon, 7.........*		Besson	....			16 mars 72	
Id. -COURTOIS, Jules-Sévère-Célestin, rue Boursault, 16.*		Pilastre....	....			3 déc. 72	
GIRARDOT, Désiré, ex-distillateur, rue Bréa, 23........,...		Bourbon....	21 mai 72				
Id. , Aimé-Amédé, menuisier, rue Greuze, 24..........		Battarel	27 nov. 71	25 juin 72	(9)		
Id. -CORDUANT, place Voltaire, 5................	*	Carvès	....	....	* 27 févr. 72		
GIRAUD, Alphonse, limonadier, boulevard St-Martin, 2....L		Chevillot	12 déc. 71			* 16 déc. 72	
Id. , Paul, courtier, rue du Marais, 53............		Richard	25 mars 72				
GIRAULT, Pierre. Voir : PIRONNIAS et GIRAULT.							
Id. , Adolphe, charron, avenue St-Ouen, 50............		Normand	5 déc. 71	13 mars 72	(10)		
GIRE-DELAPORTE, Fidèle, rue de Rome, 15.............*		Mercier.....	....	., ...	....	24 déc. 72	

(1) **GÈZE.** — Liquidation clôturée par jugement du 9 février 72.

(2) **GHYS** paie 10 %, compt., et 40 %,, en 4 ans, par 1/4, de l'hon.

(3) **GILBERT,** Emile, doit 40 %, en 5 ans, par 1/5, de l'homolog.

(4) **GILBERT,** Charles, paie 5 %, produit de son actif, et doit 55 %, en 5 ans, avec la caution de MM. Gustave et Henri Gilbert. — Le sieur Darbedienne s'engage à ne rien toucher avant que les dividendes promis aient été intégralement payés.

(5) **GILLE** paie 10 % comptant, et doit 30 %, en 3 ans.

(6) **GILLES** paie 12 fr. 40 c. %,, uniq. rép., et est qualifié failli.

(7) **GILLET** doit 25 %, en 7 ans, par 1/7, de l'homologation.

(8) **GIRARD** paie 2 fr. 34 %, unique répartition.

(9) **GIRARDOT,** Aimé, doit 25 %, en 5 ans, par 1/5, de l'homolog.

(10) **GIRAULT** doit 50 %, en 5 ans, pas 1/5, 1er paiement dans 2 ans de l'homologation, et est qualifié failli.

NOMS, PRÉNOMS, PROFESSIONS ET DOMICILES.	Indique Liquidation ° antérieure Avoué et Insuffisance	SYNDICS ET AVOUÉS	FAILLITES ET LIQUIDATIONS.	DATE DES HOMOLOGATIONS DE CONCORDATS	INSUFFIS⁰⁰ ET UNIONS.	SÉPARAT⁰⁰ DE BIENS JUDICIAIRES.	CONS. JUDIC. ET INTERDICT.
GIRERD-CARPENTIER, André-Victor, rue de Luxembourg, 46.	*	Fitremann...	....	....		21 févr. 72	
GIRION, Marie. Voir : GAMBIER dame.							
GIROD, Louis-Norbert, voiturier, r. Traversière-St-Antoine, 17.		Sarazin......	18 déc. 72				
GIROUD, marchand de bois, rue de la Clef, 34...........		Battarel...	22 mars 72	....	* 27 sept. 72		
Id. -DAILLANT, Philibert-Jules, rue Albert, 15	*	Boudin...	....			20 févr. 72	
GIROUST, grainetier, à Nanterre		Battarel...	19 févr. 72	23 déc. 72	(1)		
GITTON, Alfred-Hippolyte, hôtelier, rue Servandoni, 12 bis ..		Sarrazin...	28 oct. 71	10 févr. 72	(2)		
GLINCK, Joseph-Aloïs, fabricant de pipes, rue Bourse, 3		Beaugé...	19 févr. 72	6 juill. 72	(3)		
GLORIEUX, Florimond, marinier, quai de l'Oise, 3........		Battarel...	16 août 72				
GOBÉ aîné, Michel-Franç.-Éloi, mᵈ de couleurs, rue Breda, 19.		Meilloncourt...	10 nov. 74	28 mai 72	(4)		
GODARD-LANGLOIS, Julien-Edouard, détenu à Melun........	*	Cohn...	....			23 nov. 71	
Id. Joseph, marchand de vins, rue Palikao, 13...........	*	Legriel...	18 déc. 72				
GODEFROY, Hilaire, négociant en cuirs, rue Bouchardon, 14...		Meys...	30 sept. 71	29 févr. 72	(5)		
Id. -PRÉEL, rue de Lourmel, 89...............	*	Vivet...	....			6 févr. 72	
GODENNE, Jean, fabricant de limes, à St-Denis		Maillard...	22 janv. 72	....	* 28 mars 72		
GODFRIN-LACSSU, François-Hippolyte, rue du Boulol, 15.....	*	Lenoir...	....			24 juin 72	
Id. Émile, boucher, rue de Flandre, 51...............		Normand...	19 févr. 70	1ᵉʳ juin 70	27 févr. 72		
GODIN, J.-A., bijoutier, rue Ménilmontant, 21		Pinet...	23 janv. 72		* 28 mai 72		
GODOT, Louis, gazier, rue Richelieu, 19		Barbot...	19 oct. 72		* 24 déc. 72		
GODQUIN LE ROUX, Huc.-Cul⁰⁰-Irénée, nég., r. Rambuteau, 10.		Legriel...	27 oct. 71	29 avril 72	(6)		
GOFFRIÉ, marchand de meubles, faubourg St-Antoine, 50 ...		Battarel...	20 janv. 72				
GOGOIS, Eugène, marchand de vins, rue du Dépotoir, 14 ...		Heurtey...	11 oct. 69	8 juill. 70	4 sept. 72		
GOMBAULT-PARMENTIER, Alexdre-Hippolyte, r. Fontaine, 33.	*	Dufour...	....			10 déc. 72	
Id. Alexandre-Hippolyte, épicier, Id. Id...		Meys...	3 août 72	23 nov. 72	(7)		
GOMMÈS-DOUCHAIN, Abraham-Édouard, r. Cr.-Pⁱᵃ-Champs, 46.	*	Cohn...	....			8 juill. 72	
GONNEAU, marchand de vins, rue du Grand-Chantier, 16		Bourbon...	6 juill. 72		* 17 oct. 72		
GONNIER-GÉRARD, Gras-Maurice, boul. Ménilmontant, 90 ...	*	Brémard...	....			12 août 72	
GONTHIER et Cie, Dreyfus, chemisiers, rue du Sentier, 24.....		Barboux...	31 oct. 72		* 24 déc. 72		
GORGOUX, marchand de vins, rue Bargue, 4.............		Copin...	19 avril 72		* 5 juin 72		
GORJU, Louis, restaurateur, rue Sedaine, 39..., ...		Beaugé...	10 avril 72		* 30 avril 72		
GORLIN-CHANDESON, Eugène, serrurier, sans domicile connu.	*	Boutet...	....			9 mars 72	
GORMOTTE, marchand de vins, rue d'Aubervilliers, 9.........		Pluzanski...	15 nov. 69	(8)			
GORON, Édouard, marchand de vins, boul. Montparnasse, 84..		Bourbon...	4 nov. 71	23 mars 72	(9)		
GOSSE, épicier, rue de l'Ouest, 32, et sans domicile connu		Hécaen...	22 oct. 72		* 30 déc. 72		
GOSSET, épicier, rue de la Tombe-Issolre, 66		Sommaire...	14 mars 70	(10)			

(1) **GIROUST** doit 25 °/₀, en 5 ans, par 1/5, de l'homologation.

(2) **GITTON** doit 20 °/₀, en 4 ans, par 1/4, de l'homologation, et est qualifié failli.

(3) **GLINCK** doit 25 °/₀, en 5 ans, par 1/5, de l'homologation.

(4) **GOBÉ** doit 20 °/₀, en 5 ans, par 1/5, de l'homologation, et est qualifié failli.

(5) **GODEFROY** paiera 6 °/₀, en 3 ans, de l'homologation, et est qualifié failli.

(6) **GODQUIN LE ROUX** doit 25 °/₀, en 5 ans, par 1/5, de l'homologation, et est qualifié failli.

(7) **GOMBAULT** doit 15 °/₀, en 5 ans, par 1/5, de l'homologation.

(8) **GORMOTTE** paie 18 fr. 58 c. °/₀, unique répartition.

(9) **GORON** paiera l'intégralité des créances en 5 ans, par 1/5, de l'homologation, et est qualifié failli.

(10) **GOSSET** paie 39 fr. 65 c. °/₀, unique répartition.

NOMS, PRÉNOMS, PROFESSIONS ET DOMICILES.	SYNDICS ET AVOUÉS	FAILLITES ET LIQUIDATIONS.	DATE DES HOMOLOGATIONS DE CONCORDATS	INSUFFIS⁰⁰ ET UNIONS.	SEPARAT⁰ⁿ DE BIENS JUDICIAIRES.	CONS. JUDIC. ET INTERDICT.
GOST, Pierre-Jean, marchand de vins et charbons, aux Lilas...	Pinet.......	12 nov. 72				
GOT, Louis-Médéric-Gustave, épicier, rue Mademoiselle, 58...	Gauche....	28 févr. 72	....	* 28 mars 72		
GOTTSCHALK-BRISAC, Maurice, négoc., rue de Provence, 53..*	Mesnier....	....			20 déc. 71	
GOUAULT-GOUAULT, André-F⁰¹⁸, boulev. de Strasbourg, 256..	Levaux......	....			20 août 72	
GOUBERT, limonadier, faubourg Poissonnière, 18...........	Bourbon....	10 nov. 69		10 oct. 70	(1)	
GOUDEAU, march. de vins, passage St-Pierre-du-Temple, 12...	Boaugé.....	18 avril 72		* 29 juin 72		
GOUDMITT, marchand de toiles, rue Bellefond, 4...........	Chevillot....	6 juin 72		* 31 juill. 72		
GOUERRE veuve, Ernest-Léopold, ex-épicière, à St-Mandé..	Prodhomme..	14 mai 72	17 sept. 72	(2)		
GOUGON-DEROUDDAUD, Jean, rue Richer, 54.............*	Bertinot....	....			24 juin 72	
GOUHIER, Pierre-Dom., loueur de voitures, r. des Dames, 123..	Maillard....	21 oct. 71	(3)			
Id. -RADIGUE, Eugène-Jules, faubourg St-Denis, 150..	Masso......	....			25 avril 72	
GOUIN, négociant en tissus, boulevard Sébastopol, 37........	Lamoureux..	4 sept. 72				
GOUJON, Théodule, maçon, à St-Maur...................	Meilloncourt.	23 oct. 71	1er août 72	(4)		
GOUMY, Joseph, maçon, rue Émile-Lepeu, 30...........	Prodhomme..	3 nov. 72				
GOURDIN dame, Anicia, négociante, rue Thérèse, 5.......	Sommaire...	14 mai 72				
GOURGUES, PATTA et Cie, f⁰ⁱᵉ de mach. à coudre, r. St-Sauv., 14 et 26.	Heurtoy....	16 août 72		* 16 déc. 72		
GOURNAY-CUVILLIER, Édouard-J., courtier, r. des Halles, 13.	Lortat......	....			26 août 72	
GOUTAL, négociant, rue Debelleyme, 38...............	Meilloncourt.	14 juin 72		* 31 juill. 72		
GOUTTMANN, Jules, ferreur en voitures, rue Laugier, 18......	Quatremère..	27 déc. 71	15 mai 72	(5)		
GOUVIÉ, Siméon, exportateur, rue d'Hauteville, 13..........	Beaujeu....	20 sept. 72	26 déc. 72	(6)		
GOYARD, Léon, restaurateur, galerie Beaujolais, 98.........	Barboux....	14 mars 72				
GOYER-TAILLEUX, Albert-Victor, boulevard Haussmann, 87.*	Martin.....	....			8 juill. 72	
GRAEB, Marie-Philippe-Gustave, comm⁰ⁿᵉ, rue aux Ours, 61...	Pinet......	23 avril 60	(7)			
GRAGNON, André, tailleur, chaussée d'Antin, 22...........	Knéringer...	13 juill. 72				
GRAMBERT, Cl.ᵈᵉ-Mar.-Prosp., passementier, r. du Sentier, 23..	Beaufour...	23 déc. 71	3 avril 72	(8)		
GRANCHAMP-GIVORD, Camille-Joseph, boul. Beaumarchais, 76.*	Boutet.....	....			19 nov. 72	
GRAND, Jean-Maurice, serrurier, rue Boulard, 17..........L	Gauche....	2 déc. 71	9 avril 72	(9)		
GRAND, André-Pierre, boulanger, cité Jolly, 17...........L	Devin.....	20 janv. 72	(10)			
Id. Claude-Antoine, fab. de papiers, imp. Morillons, 25 ...	Normand....	10 oct. 71	16 févr. 72	(11)		
Id. et Cie, grainetiers, rue de la Butte-Chaumont, 75.....	Battarel....	1er août 72				
GRANDGURY, A., ferblantier, rue du Caire, 44...........	Lamoureux..	7 août 72		* 26 sept. 72		
GRANDJEAN, serrurier, rue de Valois, 42...............	Meys......	15 janv. 72		* 29 juin 72		
Id. Justin-Simon, négoc. en dentelles, rue Meslay, 53.	Chevillot....	23 août 70	(12)			
GRANJON-BARLU-AGUSTONI, avenue de Choisy, 200.........	Laden.....	....			15 juill. 69	
GRARE, Joseph, confectionneur, rue de Charenton, 244.......	Beaujeu....	9 févr. 72	(13)			

(1) GOUBERT. — Le syndic paie aux créanciers privilégiés un dividende de 100 %.

(2) GOUERRE doit 10 %, dans le mois de l'homologation.

(3) GOUHIER paie 2 fr. 85 c. %, uniq. rép., et est qualifié failli.

(4) GOUJON doit 25 %, en 5 ans, par 1/5, de l'h⁰ⁿ, et est qual. failli.

(5) GOUTTMANN doit 5 %, en 6 ans, par 1/6, de l'homologat.

(6) GOUVIÉ doit 50 %, en 4 paiements, le 1er fin juin 1873.

(7) GRAEB paie 0 fr. 32 c. %, unique répartition.

(8) GRAMBERT doit 30 %, en 5 ans, par 1/5, de l'homologation, et est qualifié failli.

(9) GRAND, Jean, paiera le principal en 5 ans, par 1/5, et les intérêts dans 6 ans de l'homologation.

(10) GRAND, André, paie 10 %, première répartition.

(11) GRAND, Claude, doit 50 %, en 5 ans, par 1/5, de l'homol.

(12) GRANDJEAN paie 7 fr. 64 c. %, unique répartition.

(13) GRARE paie 24 fr. 53 c. %, uniq. répart., et est qual. failli.

NOMS, PRÉNOMS, PROFESSIONS ET DOMICILES.	L indique Liquidation * astreintes Avoué et Insuffisance	SYNDICS ET AVOUÉS	FAILLITES ET LIQUIDATIONS.	DATE DES HOMOLOGATIONS DE CONCORDATS	INSUFFIS^ce ET UNIONS.	SÉPARAT^n DE BIENS JUDICIAIRES.	CONS. JUDIC. ET INTERDICT.
GRATIGNAT, Anet, maçon, rue Lantier, 27	L	Gautier	22 déc. 71	12 juin 72	(1)		
GRAVELIN, Édouard-F^ois, passementier, b^d Malesherbes, 127		Meilleucourt	28 janv. 70	(2)			
GRAVELLE, Charles, boucher, rue de Flandre		Hécaon	9 sept. 72		* 14 nov. 72		
GRÉCZYNSKI, André, confiseur, rue de Birague, 14		Battarel	14 oct. 71				
GRÉGOIRE, quincaillier, rue Lafayette, 37		Gautier	3 sept. 72		* 31 déc. 72		
GRÉGY-STEHLI, Narcisse-Hippolyte, passage Raoul, 24	*	Plat				9 avril 72	
GRÉMY, Henri, nourrisseur, à Asnières		Meilleucourt	20 juin 72		* 31 août 72		
GRENGE, Jean, marchand de vins, rue de Cléry, 43		Prodhomme	3 juin 72		* 29 juin 72		
GRENIER dame, fabricante de chocolats, rue Bouchardon, 15		Maillard	9 déc. 71	30 août 72	(3)		
Id. ex-hôtelier, rue du Rocher, 32		Gauche	14 juill. 72				
GRÉSILLON jeune, charcutier, faubourg du Temple, 135		Normand	2 avril 72	(4)			
GRIGNON-BLARY, Paul, rue du Temple, 187	*	Levesque				12 mai 72	
Id. François-Charlemagne, drogueur, r. Lemercier, 91		Meys	31 oct. 68		* 26 févr. 69	(5)	
GRISEL, Adolphe, fabricant d'eau-de-seltz, rue du Gril, 2	L	Devin	31 août 71	29 avril 72	(6)		
GROGNET, imprimeur, rue de la Montagne-Ste-Geneviève, 63		Sommaire	31 janv. 72		* 28 mars 72		
GROLEY, François-Joseph, marbrier, boulevard Montrouge, 54		Copin	10 juin 70	(7)			
GROSDOIS de SOULAINE-de BOURNONVILLE, rue Clerc, 40	*	Pottier				5 janv. 72	
GROSJEAN, Claude, parqueteur, rue Riquet, 38		Hourtey	3 janv. 72	1er mai 72	(8)		
GROS-RENAUD, Henri, commissionnaire, boul. Strasbourg, 50		Beaugé	11 mars 72				
GROSS. Voir : WITTKOWSKI, GROSS et Cie.							
GROSSEMY, Philippe-Raymond, tailleur, rue Caumartin, 11		Prodhomme	27 nov. 72		* 30 déc. 72		
GROSSIORD-SPETTEL, Franç.-Élie, lapid., sans domic. connu.	*	Engrand				29 juill. 72	
GROSSOT, François-Virgile, fumiste, rue d'Aval, 11		Sommaire	5 oct. 72				
GROU, quincaillier, rue de Flandre, 60 et 64		Sarazin	23 mai 72	(9)			
Id. -BOUVIER, Marie-Édouard, rue de Flandre, 64	*	Lescot				29 juill. 72	
GROUD, veuve, Valentin, m^de d'eaux miner., r. de Saintonge, 62		Hécaon	12 sept. 71	14 mars 72	(10)		
GRUNEWALD et MARET, commissionn., rue de l'Entrepôt, 12		Barboux	18 sept. 71	29 déc. 71	* 24 dé. 72		
GRUSILLE-GARNIER, Gustave-Charles-Eug., route d'Ivry, 33	*	Huet				8 juill. 72	
GUANOS de MEJILLONES BOLIVIE (S^té anon. des), r. Caum., 60		Devin	11 févr. 69		* 26 févr. 69	(11)	
GUÉDÉ, Auguste, maçon, rue Émile-Lepeu, 13		Meys	15 oct. 69	30 janv. 73	(12)		
GUÉDON-LECLERC, Louis-Hippolyte, faubourg Montmartre, 55	*	Marquis				19 nov. 72	
GUELDRY, Pierre-François, crémier, rue du Bac, 45		Breuillard	29 mai 57				
GUÉNANTIN, marchand de vins, rue Boursault, 50		Bégis	8 mars 70	(13)			

(1) GRATIGNAT doit 60 %, en 6 ans, par 1/6, de l'homologation.

(2) GRAVELIN paie 16 fr. 31 c. %, unique répartition.

(3) GRENIER dame, s'oblige à verser 50,000 fr. dans les 2 mois de l'homologation, paie 20 % produit de son actif, et abandonne le prix de vente de l'usine, les loyers de la maison rue de Berlin, les sommes à revenir sur le prix de cette maison, et celles touchées par le syndic.

(4) GRÉSILLON paie 7 fr. 82 c. %, unique répartition.

(5) GRIGNON. — Faillite annulée par arrêt du 9 avril 1872.

(6) GRISEL est qualifié failli et paiera tout en 7 ans, par 1/7, de l'homologation. — M. Pierre Hrutte cautionne jusqu'à concurrence de 25 %.

(7) GROLEY paie 7 fr. 38 c. %, unique répartition.

(8) GROSJEAN doit 30 %, en 6 ans, par 1/6, de l'homologation.

(9) GROU paie 20 %, première répartition.

(10) GROUD, veuve, doit 25 %, en 5 ans, par 1/5, de l'homolog., et est qualifiée faillie.

(11) GUANOS de MEJILLONES. — Réouverture du 7 mars 72.

(12) GUÉDÉ, abandonne l'actif et paie 20 %, en 5 ans par 1/5.

(13) GUÉNANTIN paie 0 fr. 84 c. %, unique répartition.

NOMS, PRÉNOMS, PROFESSIONS ET DOMICILES.	Liquidation certaines Avoué et Insuffisance	SYNDICS ET AVOUÉS	FAILLITES ET LIQUIDATIONS.	DATE DES HOMOLOGATIONS DE CONCORDATS	INSUFFIS^{ces} ET UNIONS.	SÉPARAT^{ns} DE BIENS JUDICIAIRES.	CONS. JUDIC. ET INTERDICT.
GUÉNEAU, ANDRÉ, plombier, rue des Nonnains-d'Hyères, 14 ...		Copin......	14 nov. 71	(1)			
GUENIFFEY, ex-épicier, à Vincennes.......................		Prodhomme..	6 nov. 72		*29 nov. 72		
GUENIOT, marchand de vins, rue Lauglier, 54.............		Normand ...	28 févr. 72		*28 mars 72		
GUÉRARD, père, PIERRE-BAPTISTE, négociant, rue Rivoli, 204..		Sarazin...	14 août 72		*28 déc. 72		
GUERBY, dame, LOUIS-MATHIEU, parfumeur, avenue Bosquet, 12.		Sarazin......	9 avril 69	6 déc. 09	26 déc. 72		
GUÉRET-STUREL, ADOLPHE-NAPOLÉON. sans domicile connu....		Castaignet ...				3 juin 72	
GUÉRIN, FÉLIX, menuisier, rue Lauglier, 34		Beaufour ..	30 sept. 71	12 févr. 72	(2)		
GUÉRINET-LOUIS, CHARLES, propriétaire, rue d'Astorg, 4.....		Dromery....				13 avril 72	
GUESNON, ARSÈNE-FRANÇOIS, limonadier, rue Soufflot, 12....		Moys........	20 mars 72	5 juill. 72	(3)		
Id. -MOUTAUD, FRANÇOIS-ARSÈNE, Id. ...*		Delpon.....				16 mars 72	
GUFFROY, DALILA. Voir : THILLIER et femme.							
Id. -EPERCHE, VICTOR-ADOLPHE, rue Lepic............*		Huet........				8 juin 72	
GUICHARD, ISAÏE, tailleur, rue d'Ambroise, 6		Battarel	19 déc. 72				
Id. , JEAN-AUGUSTE, fondeur, rue au Maire, 13.........		Barboux....	4 janv. 72	26 avril 72	(4)		
GUICHARDOT, ALBIN, crémier, rue Cherche-Midi, 47........		Prodhomme..	23 févr. 72		*27 mars 72		
GUICHEUX, ALFRED-ÉLOI, chapelier, faubourg St-Martin, 225 . L		Moys........	12 mars 72	24 août 72	(5)		
GUICHON, JEAN-BAPTISTE, limonadier, rue Ancienne-Comédie, 13.		Quatremère..	24 nov. 71				
GUIDEVEAUX, vins, boulevard de Neuilly, 117.............		Chevillot ..	20 sept. 69	(6)			
GUIET, ex-vannier, rue Lecourbe, 36 et 35......:		Prodhomme ..	31 mai 72		*31 juill. 72		
GUIGNARD, CÉLESTIN, menuisier, rue St-Ambroise, 25		Beaufour ...	12 nov. 68	(7)			
GUIGUE, PIERRE-ERNEST, limonadier, boulevard Sébastopol, 6..L		Chevillot	9 mars 72	18 juill. 72	(8)		
Id. -CLOUET, Id. Id. Id. ...*		Pijon				30 avril 72	
GUILBERT, LÉOP.-LOUIS-VICTOR, horloger, faub. St-Martin, 204.		Maillard ...	23 juill. 72	(9)			
GUILLAUME, plombier, rue Lebrun, 50		Sarazin....	18 juill. 72		*21 oct. 72		
Id. , LOUIS, marchand de vins, rue Mouffetard, 34...		Moys........	16 sept. 72				
GUILLAUMET, JEAN-CHARLES, grainetier, rue de Chartres, 10 ...		Pinet.......	17 mai 70		*30 oct. 72		
GUILLAUMOT, JOS.-CÉLEST., peint., av. de la Mot.-Piq., 51 et 60.		Bégis	16 nov. 72		*24 déc. 72		
Id. , veuve, escompteur, à Charenton.......		Sommaire ...	16 nov. 69	(10)			
GUILLEMAIN, dame, CHARLES-LAURENT, mercière, à Vitry.......		Meillencourt.	15 nov. 72				
Id- -COCAULT, SOSTHÈNE-CÉLEST., r. du Ranelagh, 22.*		Popelin				13 mai 72	
GUILLEMET, menuisier, boulevard St-Germain, 1.............		Beaujeu....	9 mars 72				
GUILLEMIN, fabricant de jouets d'enfants, r. de la Roquette, 125.		Barboux.....	30 mars 72		*28 mai 72		
Id. -MANDEL, NICOLAS-JULES, à Médéah (Algérie).....*		Fitremann...				24 févr. 72	
GUILLER, JACQUES, marchand de vins, à Pantin.............		Bégis	13 mars 72				
GUILLERMET et Cie. Voir : ASSOCIATION Cie des ouvriers, etc.							
GUILLOCHAUD, JOSEPH, carrier, à Bagneux................		Dufay	2 nov. 71	18 mars 72	(11)		

(1) GUÉNEAU paie 20 %, en deux répart. et est qual. failli.

(2) GUÉRIN doit 10 %, 3 mois après l'homologation, 80 %, à partir du 1er paiement, et est qualifié failli.

(3) GUESNON doit 10 %, dans le mois de l'homologation.

(4) GUICHARD, JEAN, doit 20 %, en 5 ans, par 2/5, du 5 avril 72.

(5) GUICHEUX doit 50 %, en 5 ans, par 1/5, de l'homologation.

(6) GUIDEVEAUX paie 10 fr. 27 c. %, unique répartition.

(7) GUIGNARD paie 14 fr. 37 c. %, unique répartition.

(8) GUIGUE doit 50 %, en 5 ans, par 1/5, du 1er juillet 1872.

(9) GUILBERT paie 66 fr. 66 c. %, unique répartition.

(10) GUILLAUMOT, paie 20 %, première répartition.

(11) GUILLOCHAUD doit 50 %, en 6 ans, par 1/6, de l'homologation, et est qualifié failli.

NOMS, PRÉNOMS, PROFESSIONS ET DOMICILES.	Liquidation ° astérisque Avoué ou insolvance	SYNDICS ET AVOUÉS	FAILLITES ET LIQUIDATIONS.	DATE DES HOMOLOGATIONS DE CONCORDATS	INSUFFIS** ET UNIONS.	SÉPARAT** DE BIENS JUDICIAIRES.	CONS.JUDIC. ET INTERDICT.
GUILLOCHIN, dme, Alphonse-Léopold. mde de sucres, r. Thérèse.		Dourbon.....	14 nov. 72	....	* 31 déc. 72		
GUILLON, Pierre. Voir : BOUILLOT et GUILLON.							
GUILLORY, fabric. de produits lithographiq., faub. St-Denis, 80.		Logriel......	29 nov. 72				
GUIMIAUX-JUGUET, Jean-Pierre, rue Richelieu, 27		Roche......			....	24 juin 72	
GUINET, Jean-Baptiste-Félix, chapelier, rue Barbette, 5..		Lamouroux..	9 nov. 72				
GUIOT, veuve, épicière, rue de la Cerisaie, 12.............		Beaugé.....	10 févr. 72		* 28 févr. 72		
GUIROUD, ex-boucher, rue Buzelin, 18		Hécaen.....	13 avril 72		* 20 juin 72		
GUITTARD, aîné, ex-bonnetier, rue Polonceau, 11		Meys......	28 août 71	22 déc. 71	(1)		
GUISLE-DELAUNEZ, Pierre-Louis, déporté à la Nlle Calédonie..*		Berryer			....	22 juill. 72	
GUMPRECHT, Gustave, commissionnaire, rue Magnan, 22...		Prodhomme..	16 mai 72	(2)			
GUTIN, dame, Jean-Clair-André, march. de bois, à Montrouge.		Hécaen......	4 nov. 71	12 sept. 72	(3)		
GUTMANN, Georges-Guillaume, brocheur, rue M. le Prince, 29.		Hécaen......	3 févr. 72	13 août 72	(4)		
GUY-DUBOIS, Jules-Alexandre, négociant, rue d'Aboukir, 14..*		Cessella....			....	3 août. 72	
GUYARD, Louis-Auguste, marc. de conserves, r. Pierre-Lescot, 10.		Richard	16 juill. 72				
GUYON, Jean-Baptiste, carrier, à Alfort-Ville.............		Bourbon....	26 mars 72				
GUYOT, Louis-Victor-Frédéric, épicier, boul. de la Villette, 88.		Chevallier ...	30 nov. 71	2 avril 72	(5)		
Id. , Eugène, restaurateur, avenue Trudaine, 4..........		Legriel......	25 oct. 72	....	* 20 nov. 72		
Id. , J.-Baptiste-Alexandre, coutelier, place Vendôme, 9..		Beaufour ...	26 nov. 72				
Id. -HÉRODIER, Jean, rue Neuve-Dejean, 3............*		Louvel......			....	25 janv. 72	

H

HABER dlle Marie-Catherine, traiteur, rue de Charonne, 83....		Heurtey	26 nov. 72	....	* 23 déc. 72		
HABLIN dlle Marie-Louise, hôtelière, rue des Écoles, 12		Sarazin	31 oct. 71		* 28 mars 72		
HADOT, Alexandre-Xavier, herboriste, rue de Vanves, 60.....		Sommaire ...	8 juin 72		* 29 juin 72		
HAËFFELY, commissionnaire, rue Baudin, 27		Dufay......	19 juin 72		* 30 sept. 72		
HAFENER, André, cordonnier, faubourg St-Martin, 87........		Normand....	8 mars 72	22 juin 72	(6)		
HAIN veuve et DROUET, menuisiers, rue Tiquetonne, 51......		Heurtey	15 oct. 72				
Id. épicier, rue des Couronnes, 22		Legriel......	1er févr. 72		* 12 mars 72		
HALABY. Voir : WILLIAMS dit PIERRET.							
HALBIN, Ferdinand, menuisier, cours de Vincennes, 24........		Gautier......	9 sept. 71	20 mars 72	(7)		
HAMBURGER, Isidore, bijoutier, passage des Panoramas, 5.....		Copin.......	17 févr. 72				
HAMEL, Louise-Laure. Voir : BERTIN dame.							
Id. -DRUSCH, Pierre, sans domicile connu............*		Dinet.......			....	5 août 72	
HAMELIN-SAUTA, Édouard-Charles, sans domicile connu....*		Picard			....	22 juill. 72	
HAMON-LENOIR, Jean-Marie, sans domicile connu ....*		Non indiqué.	....		....	Id.	

(1) **GUITTARD** paie 22 fr. 72 c. %, produit de son actif, doit 10 %, en 4 ans, par 1/4, et abandonne une créance sur la demoiselle Girardin, et est qualifié failli.

(2) **GUMPRECHT** paie 4 fr. 09 c. %, unique répartition.

(3) **GUTIN**, dame doit 20 %, en 4 ans, par 1/4, de l'homologation, et est qualifiée faillie.

(4) **GUTMANN** doit 40 %, en 5 ans, par 1/5, de l'homologation.

(5) **GUYOT**, Louis doit 40 %, en 6 ans, de l'homologation, et est qualifié failli.

(6) **HAFENER** doit 25 %, en 5 ans, par 1/5, de l'homologation.

(7) **HALBIN** doit 15 %, en 6 ans, par 1/6, de l'homologation.

NOMS, PRÉNOMS, PROFESSIONS ET DOMICILES.	Indice Liquidation * astérisque avoué et insuffisance	SYNDICS ET AVOUÉS	FAILLITES ET LIQUIDATIONS	DATE DES HOMOLOGATIONS DE CONCORDATS	INSUFFIS. ET UNIONS.	SÉPARAT. DE BIENS JUDICIAIRES.	CONS.JUDIC. ET INTERDICT.
HAMON, ébéniste, rue de la Roquette, 2.		Chevillot	18 avril 72		* 29 juin 72		
HANAPPIER et Cie, Eugène, direct. de Théâtre, rue Richer, 45.		Lefrançois	19 juin 66	(1)			
HANNETELLE-CHAPUIS, Jos.-Gust., r. Deux-Portes-St-Sauv., 22.	*	Plassard				18 mai 72	
HANOT, Georges, distillateur, rue Saussure, 64 et 67.		Prodhomme	28 févr. 72	(2)			
HANRIOT, Julia-Hélène, modiste, rue Montmartre, 103.		Chevallier	4 oct. 72				
HANS, maître de lavoir, avenue de Clichy, 99.		Sarazin	27 sept. 72		* 28 nov. 72		
HARANCHAMP-COQUILLE, Joseph, rue de l'Ouest, 51.	*	Marquis				12 mars 72	
HARAUX veuve, Pierre-Jean-Charles, grainetière, à Montrouge.		Bégis	1er déc. 71	7 mars 72	(3)		
HARDIER dame, Irma, cordonnière, au Marché-St-Honoré, 179.		Gautier	29 avril 72		* 29 juin 72		
HARDY, Jean-Adolphe, tailleur, rue de l'Arbre-Sec, 54.		Copin	2 oct. 71	(4)			
Id. et Cie, Vital-Louis, cafetiers, avenue Lowendal, 20.		Barbot	17 oct. 71	(5)			
Id. ex-épicier, rue Gérando, 20.		Meillencourt	30 oct. 72		* 24 déc. 72		
Id. dame, Lambert, armurier, boul. Bonne-Nouvelle, 11. L		Bégis	31 oct. 71	5 mars 72	(6)		
HARYETT-CSUZY, comte de Bécheret, rue Miromesnil, 98.	*	Fitremann				5 août 72	
HATELISE, Louis, charcutier, rue Rochechouart, 83.		Normand	3 juill. 72		* 31 juill. 72		
HAUDIGUÉ-PIGEROLLE, Antoine, cité Ste-Anne, 18.	*	Audouin				12 juill. 72	
HAUET-ROYER, Louis, rue Niepce, 19.	*	Quillet				19 août 72	
HAUSER, Eugène, limonadier, rue de la Roquette, 75.		Bégis	27 juill. 72				
HAUTCOLAS, Joseph, cordonnier, à Neuilly.		Pinet	14 mars 68	24 juill. 68	* 16 avril 72		
HAVARD-POCHARD, Charles-Félix, rue Martignon, 32.	*	Hardy				19 août 72	
Id. Charles, horloger, rue de Londres, 34.		Battarel	28 nov. 71		* 28 mars 72		
HAYE, Irénée-Paul, limonadier, rue des Dames, 5.		Hourtey	29 févr. 72	4 sept. 72	(7)		
Id. -RIGAUX, Pierre-René-Paul, ex-limon., cité Fontaine 12.		Labbé				3 déc. 72	
HAYO, Pierre-Joseph, marchand de vins, avenue des Ternes, 5.		Beaugé	2 avril 72	(8)			
HÉBERT-LEROY, boucher, rue Dupin, 14.		Normand	22 janv. 72	(9)			
Id. ex-boulanger, rue Volta, 7 et rue Magnan, 22.		Sommaire	4 juin 72				
Id. Henri, tailleur, rue de Lisbonne, 22.		Richard	6 déc. 72				
Id. Joseph-Désiré, liquoriste, boulevard de Clichy, 79.		Beaufour	23 janv. 72		* 23 mars 72		
Id. Eugène, marchand de cerceaux, rue de Flandre, 123.		Chevillot	22 mars 72				
HEBRARD, François, marchand de vins, rue de la Roquette, 75.		Hécaen	20 nov. 72		* 30 déc. 72		
HEDOT, parfumeur, rue Monge, 94 et à Chatou.		Chevillot	27 nov. 72				
HEINDL, François, limonadier, rue du Quatre-Septembre, 1.		Beaugé	28 nov. 72				
HEITZ-LEMERLE, Louis-Camille, rue de Châteaudun, 17.	*	Maza				21 mars 72	
HÉLIARD, parfumeur, rue Mogador, 7.		Gautier	28 mars 72		* 29 juin 72		
HELIE, marchand de vins, rue de Flandre, 138.		Pluzanski	22 mars 72		* 21 juin 72		
HÉMARD, Isidore-François, boulanger, avenue Laumière, 5.		Normand	23 févr. 72	1er juill. 72	(10)		

(1) HANAPPIER et Cie paient 73 fr. 18 c. %, pour toutes répart.

(2) HANOT paie 4 fr. 46 c. %, unique répartition.

(3) HARAUX veuve, doit 15 %, en 6 ans, par 1/6, de l'homolog.

(4) HARDY, Jean, paie 10 fr. 48 c. %, unique répartition.

(5) HARDY et Cie paient 1 fr. 15 c. %, unique répartition, et sont qualifiés faillis.

(6) HARDY dame, doit 30 %, en 5 ans, par 1/5, de l'homologat.

(7) HAYE doit 40 %, en 4 ans, par 1/4, 1er paiement 1er juill. 73.

(8) HAYO paie 23 fr. 14 c. %, unique répartition.

(9) HÉBERT-LEROY paie 1 fr. 98 c. %, unique répartition.

(10) HÉMARD doit 60 %, en 3 paiements de 20 % chacun.

NOMS, PRÉNOMS, PROFESSIONS ET DOMICILES.	SYNDICS ET AVOUÉS	FAILLITES ET LIQUIDATIONS.	DATE DES HOMOLOGATIONS DE CONCORDATS	INSUFFIS ET UNIONS.	SÉPARAT DE BIENS JUDICIAIRES.	CONS. JUDIC. ET INTERDICT.
HEMERY fils, JACQUES-ÉMILE, faïencier, rue St-Denis, 361......	Melilencourt.	10 oct. 71	21 oct. 72	(1)		
HENAULT dame, JOSEPH-MICHEL, lingère, rue de Mulhouse, 2...	Meys........	14 oct. 72	....	* 29 nov. 72		
HENOCQUE-GAFFÉ, NAPOLÉON-PIERRE, rue de Courcelles, 190..	Branche.....	....	....		23 oct. 72	
HENOT-HETET, AUGUSTE, sans domicile connu.............	Bonfils.....	....	....		8 juill. 72	
HENRICY-GARIMOND, LOUIS-CASIMIR, rue du Renard, 3.......	Poisson.....	....	....		27 févr. 72	
HENRY, JULIE. Voir : HÉNAULT, dame.						
Id. ALPH.-ÉD., fⁱ de porte-bouteilles, r. de la Roquette, 88.	Sarazin......	5 déc. 72				
Id. et HÉRARD, confectionneurs, rue du Temple, 207....	Prodhomme..	3 janv. 72	5 juill. 72	(2)		
Id. LOUIS-ADRIEN, ex-boulanger, rue aux Ours, 10....	Barbot......	23 févr. 69	(3)			
Id. AUGUSTE, march. de bois de sciage, r. de Montreuil, 113.	Dégis........	10 févr. 70	(4)			
HÉRARD, FRÉDÉRIC. Voir : HENRI et HÉRARD.						
HÉRAULT, marchand de vins, rue Perignon, 11...........	Bourbon.....	23 janv. 72		* 20 févr. 72		
HEREST dit EREY, briquetier, cour Bouy, 7...............	Prodhomme..	8 mai 72				
HÉRICOURT veuve, LAURENT, grainetière, rue de Flandre, 31...	Lamoureux..	8 juin 72				
HÉRINCQ, exportateur, rue de l'Échiquier, 14	Devin.......	20 août 72		* 30 sept. 72		
HERMAN, J.-BAPTISTE, marchand de charbons, à Puteaux.......	Meys........	11 mai 72				
HERMANN, négociant, rue Richer, 2.................	Beaufour....	30 avril 68	....	* 29 mai 68	(5)	
HERMIER, tôlier, rue de Rome, 117.............:	Battarel....	12 avril 72		* 26 juin 72		
HERVÉ DE CARBONNEL-SCHEPPENS, r. Dumont-d'Urville, 13 .	Delacave....	....	....			2 juill. 72
Id. EUGÈNE, boulanger, boulevard de la Villette, 111.	Beaujeu.....	3 mai 72				
HERVY et RENAUDIE, march. de nouveautés, bᵈ Sébastopol, 98.	Lamoureux..	27 janv. 72		* 25 avril 72		
HEULIN, ARSÈNE, ex-boulanger, rue de Buffon, 5 ...	Legriel.....	3 sept. 72				
HEULLANT, SALOMON, march. de nouveautés, r. Coquillière, 23.	Sommaire ...	15 sept. 68	(6)			
HEURTANT-BURSTEPT, HIPP., carrefour de la Croix-Rouge, 1 .	Aymé.......	....			2 mai 72	
HIÉROUPOULO et Cie, G.-K., commiss,ᵉ r. de l'Échiquier, 11..	Normand....	20 janv. 72	23 déc. 72	(7)		
HILAIRE, LOUIS, ex-banquier, rue Rivoli, 80...........	Meys........	12 mars 72	20 nov. 72	(8)		
HILDEBRAND-MAIRE, JULES-ÉTIENNE, boulevard St-Germain, 30.	Levesque....	....	....		17 févr. 72	
HILL-DURDANT, THOMAS-ALFRED, rue de Choiseuil, 27.....	Blachez.....	....	....		12 août 72	
HILLION, YVES-ÉDOUARD, papetier, boulevard St-Germain, 36..	Battarel....	1 sept. 72				
HIMBERT, boulanger, rue Nationale, 2................	Beaufour....	28 avril 70	(9)			
HINARD, LOUIS-FRANÇOIS, marchand de vins, rue Berger, 25...	Sautton.....	22 avril 72	6 sept. 72	(10)		
HIRCH, LIPPMANN, marchand de rouenneries, rue St-Martin, 198.	Barboux.....	5 juill. 72				
HIRSCH-RHEIMS, LIPPMANN, rue Rambuteau, 23............	Boudin.....	....	....		17 déc. 72	
HOCDÉ, ÉMILE, scieur, rue du Département, 10............	Prodhomme..	13 mars 72	20 sept. 72	(11)		

(1) HEMERY paie 6 fr. 03 c. %, doit 20 %, en 5 ans, par 1/3, et est qualifié failli. — Les dames veuves DEMONCEAUX et HEMERY renoncent à leur part dans la répartition de l'actif.

(2) HENRI et HÉRARD sont qualifiés faillis, ils doivent 15 %, en 3 ans, par 1/3, et abandonnent ce qui leur sera payé par l'État à titre d'indemnité de guerre.

(3) HENRY, LOUIS, paie 10 fr. 80 c. %, unique répartition.

(4) HENRY, AUGUSTE, paie 2 fr. 95 c. %, unique répartition.

(5) HERMANN. — Un arrêt de la Cour du 3 juin 1872 casse le jugᵗ déclaratif de cette faillite, et dit qu'elle ne devait avoir lieu.

(6) HEULLANT paie 3 fr. 80 c. %, 3ᵉ et dernière répartition.

(7) HIÉROUPOULO et Cie. — Paiement de 20 %, dans le mois du concordat, et est qualifié failli.

(8) HILAIRE paie 2 %, 2 mois après l'homologation, 1 %, 6 mois après et 5 %, en 5 ans, par 1/3. — M. Charles LACROIX caution.

(9) HIMBERT paie 30 fr 78 c. %, unique répartition.

(10) HINARD doit 50 %, en 3 ans, par 1/3, de l'homologation.

(11) HOCDÉ doit 25 %, en 5 ans, par 1/3, du 1ᵉʳ décembre 1872, et est qualifié failli.

NOMS, PRÉNOMS, PROFESSIONS ET DOMICILES.	Indique Liquidation * Astérisque Avoué et Insuffisance	SYNDICS ET AVOUÉS	FAILLITES ET LIQUIDATIONS.	DATE DES HOMOLOGATIONS DE CONCORDATS	INSUFFIS⁰ˢ ET UNIONS.	SÉPARÁT⁰ˢ DE BIENS JUDICIAIRES.	CONS. JUDIC. ET INTERDICT.
HOFFLETERS-GRAIN, Joseph, Grande rue de Montreuil, 122..	*	Goujon......				30 avril 72	
HOFFMANN, Cᵒˡᵉˢ, produits chimiques, r. Francs-Bourgeois 41..		Lamoureux..	6 août 70	21 nov. 72	(1)		
HOGARD et Cie, Henry, commissionnaires, r. de la Banque, 17..		Moilloncourt	19 juin 71	4 oct. 71	(2)		
HOLDRINET, ex-fabricant d'éventails, faubourg St-Denis, 67....		Maillard....	31 mai 72		* 31 juill. 72		
HOMMEN, veuve et fils, passementiers, faubourg St-Martin, 33..		Knériger....	3 nov. 71	27 mars 72	(3)		
HONNETTE-BAUDARD, Alexandre-Grégoire, à Levallois......	*	Barberon....				29 juill. 72	
HORWITZ, Bernard-Boeur, commissionnaire, r. du Sentier, 37.		Devin.......	25 mai 69	(4)			
HOST, jeune, Édouard, tailleur, rue Richelieu, 30............		Richard.....	17 août 72	21 déc. 72	(5)		
HOSTEIN, Jules-J.-Bapt., direct. de Théâtre, q. de la Mégisser., 2		Pinet.......	1ᵉʳ janv. 68	30 juill. 69	(6)		
HOTTOT, Louis-Victor, serrurier, quai d'Orsay, 113...........	*	Beaufour....	17 août 72				
HOUDARD-LOIZEL, Eugène-Charles-Auguste, rue de Lagny, 1..	*	Pijon.......				3 juin 72	
Id. -LEROY, Pierre-Maurice, limonad., bᵈ des Italiens, 1..	*	Caron.......				5 mars 72	
HOUDARD, ex-maître de lavoir, impasse Dany, 3............	*	Prodhomme..	6 juin 72				
HOUDRY, Edme-Nicolas, restaurateur, rue Boileau, 14........		Dattarel....	10 oct. 72				
HOUPY, Théophile, peintre, rue du Mont-Cenis, 78..........		Battarel....	2 nov. 72		* 23 janv. 73		
HOURDEQUIN, Félix-Hippol., mᵈ de bois, gᵈ r. de Montreuil, 45.		Bourbon....	5 juin 72				
HOURDRY, ébéniste, rue de Lancry, 6................		Copin.......	24 août 72		* 21 sept. 72		
HOUSSET, boulanger, faubourg St-Martin, 142...........		Meys.......	27 févr. 72	(7)			
HOUY-ADAM, Louis-Étienne, rue des Gravilliers, 18.........	*	Pijon.......				26 août 72	
HUART, Georges-Henry-Alfred, horloger, rue Joubert, 33.....		Lamoureux..	27 déc. 71	15 avril 72	(8)		
HUBER, déchets de laines, passage de la Ferme, 15..........		Sommaire...	11 sept. 69		* 23 janv. 72	(9)	
HUBERT, fils. Voir : CHAMPAGNE, dit HUBERT, fils.							
HUBY, fils, Jean-Laurent, serrurier, pass. de la Bonne-Graine, 18.		Moncharville.	12 juill. 72	2 nov. 72	(10)		
Id. Émile-Joseph, fabricant de meubles, rue St-Antoine, 205.		Copin.......	6 févr. 72	6 juin 72	(11)		
HUDDE-RICHE, Alexandre, serrurier, rue des Écouffes, 11 ..	*	Chauveau...				6 mai 72	
HUDEL, Marie-Joseph, voiturier, à Clichy-la-Garenne........		Dattarel....	11 mars 69	(12)			
HUE, Louis, traiteur, rue Neuve-des-Boulets, 5............		Heurtey.....	12 févr. 69		* 30 juin 69	(13)	
HUET, Victor, marchand de vins, rue Ste-Anne, 33 bis.......		Hécaen.....	17 sept. 72		* 31 oct. 72		
Id. , veuve, marchande de vins, avenue du Maine, 20......		Barboux....	1ᵉʳ avril 69	14 sept. 71	(14)		
HUGUENIN-HUGUENIN, Charles, sans domicile connu.........	*	Goujon.....				29 juill. 72	
HUGUENY, demoiselle, Virginie, hôtelière, rue St-Jacques, 273.		Beaujou....	2 mars 72		* 30 avril 72		
HUGUES, chemisier, rue des Halles, 26..................		Legriel.....	28 oct. 72				
HUGUET, Ernest, banquier, rue N.-D.-des-Victoires, 32........		Moncharville.	8 mai 72				

(1) **HOFFMANN** abandonne son actif, verse 40,000 fr. avant l'homologation, parfait immédiatement 17 %, s'oblige à payer 10 %, en 2 ans, par 1/2, et est qualifié failli.

(2) **HOGARD** et Cie. —Un arrêt de la cour du 11 juin 1872, les affranchit de la qualification de faillis.

(3) **HOMMEN** veuve et fils, doivent 50 %, en 5 ans, de l'homologation et sont qualifiés faillis.

(4) **HORWITZ** paie 1 fr. 80 c. %, unique répartition.

(5) **HOST**, jeune, doit 25 %, en 5 ans, par 1/5, de l'homologat.

(6) **HOSTEIN** paie 10 %, quatrième répartition.

(7) **HOUSSET** paie 73 fr. 11 c. %, pour toutes répartitions.

(8) **HUART** paie 2 fr. 92 c. %, produit de son actif qu'il abandonne, moins son mobilier personnel, et est qualifié failli.

(9) **HUBER** paie 8 %, première répartition.

(10) **HUBY** fils doit 30 %, en 6 ans, par 1/6, de l'homologation.

(11) **HUBY**, Émile doit 25 %, en 5 ans, par 1/5, de l'homolog.

(12) **HUDEL** paie 45%, première répartition.

(13) **HUE**. — Réouverture du 1ᵉʳ août 72.

(14) **HUET**, veuve paie 10 %, deuxième répartition.

NOMS, PRÉNOMS, PROFESSIONS ET DOMICILES.		SYNDICS ET AVOUÉS.	FAILLITES ET LIQUIDATIONS.	DATE DES HOMOLOGATIONS DE CONCORDATS	INSUFFIS^ces ET UNIONS.	SÉPARAT^ns DE BIENS JUDICIAIRES.	CONS.JUDIC. ET INTERDICT.
HULOT, Henri, chemisier, boulevard des Filles-du-Calvaire, 13..		Richard.....	12 août 72				
HUMBERT, fils, fondeur, rue d'Angoulême, 72		Dufay.......	24 oct. 71	....	* 16 déc. 72		
HUOT, décédé, couvreur, rue Riquet, 72 bis		Beaufour....	31 août 71	(1)			
HUREL, Charles, commissionnaire, rue Thévenot, 10		Meillencourt	1er août 71	16 avril 72	(2)		
HURET, Alphonse-Alexandre-Almire, boulanger, r. Bagnolet, 120.		Beaujeu.....	23 août 71	(3)			
HURTREL, Georges, imprimeur, place St-André-des-Arts, 41...		Barbot......	12 août 72	(4)			
HUS-MEUNIER, Jules-Joseph, grande rue de la Chapelle, 84...*		Lamy.......			....	26 août 72	
HUSSON, commissionnaire, boulevard Magenta, 133		Barboux....	22 mars 72		* 29 avril 72		
Id. -RICHER, Jean-Eugène, rue de Lyon, 53	*	Lesage.....		....		26 août 72	
Id. , Jean-Félix, crémier, rue de l'Arbre-Sec, 46		Chevillot..	28 mars 72				
Id. , Charles-Antoine, miroit., r. du Buisson-St-Louis, 23.		Meillencourt	18 nov. 71	(5)			
Id. -BRESSON, Louis-Victor, sans domicile connu	*	Lebocq.....				10 juin 72	
Id. -DAMHET, Joseph-Stanisl., conc., r. Pierre-Levée, 18.	*	Lesage.....				17 juin 72	
Id. , cordonnier, rue Pierre-Levée, 18		Maillard....	4 déc. 71	....*	* 29 févr. 72		
HUTIN, Henri, ex-marchand de comestibles, rue d'Arras, 3.		Hécaen......	17 juill. 72		* 31 juill. 72		
HUVÉ, Henri, boucher, avenue des Ternes, 3		Beaufour....	14 oct. 72				
HUVELLE, veuve, marchande de vins, square Napoléon, 11		Barboux....	11 juill. 72	,			
HUVIER, dame, Émile, fleuriste, rue Vivienne, 18 et 43		Devin......	12 janv. 72	27 mai 72	(6)		

I, J et K

ICHAC, veuve, Eugène, lingère, rue Neuve-des-Petits-Champs, 6.		Maillard.....	16 oct. 71	(7)			
ISAC, TIANO et COCUN, escompteurs, rue Richer, 54		Bourbon.....	8 mai 72				
ISOPY, Léon, marchand de chevaux, rue Spontini, 22	L	Dufay......	3 févr. 72				
ISSERTEL, Auguste, charpentier, quai de la Gare, 72		Barbot......	3 oct. 72				
ITALIANI, Joseph, maître d'hôtel, rue Montaigne, 30		Meys.......	1er févr. 72				
JACKSON, James-Horatio, plombier, r. Grenelle-St-Germain, 104.		Gauche......	18 nov. 71	11 mars 72	(8)		
JACOB-THIERRY, Joseph-Maximilien, rue Oberkampf, 104	*	Donfils.....			....	2 mars 72	
JACOBY, ex-limonadier, à Veckersviller (Meurthe)		Beaugé......	1er avril 70	(9)			
JACQUARD-BOUTET, sans domicile connu	*	Savignat....				19 août 72	
JACQUELIN, dame, Claude, ex-m^de de vins, av. Mac-Mahon, 95.		Bourbon,....	16 déc. 71	19 juin 72	(10)		
JACQUEMARD, Frédéric, grainetier, rue St-Sébastien, 31		Hécaen......	11 sept. 72		* 30 janv. 73		

(1) HUOT paie 3 fr. 27 c. %, pour toutes répartitions, et est qualifié failli.

(2) HUREL paie 3 fr. 72 c. %, produit de son actif, doit 5 %, comptant, et 15 %, en 5 ans, par 1/3, de l'homologation, et est qualifié failli.

(3) HURET paie 37 fr. 09 c. %, pour toutes répartitions, et est qualifié failli.

(4) HURTREL. — Faillite rapportée par jugem. du 12 octobre 72.

(5) HUSSON, Charles, a été qual. failli par jugem. du 12 oct. 72.

(6) HUVIER doit 15 %, en 5 ans, par 1/5, de l'homologation, et est qualifié failli.

(7) ICHAC, veuve, paie 53 fr. 78 c. %, pour toutes répartitions, et est qualifié failli.

(8) JACKSON est qualifié failli, il paiera tout en 10 ans, par 1/10, de l'h^on. — M. Le Mercier, renonce à réclamer aucun dividende avant l'exécution du concordat envers tous les autres créanciers.

(9) JACOBY paie 54 fr. 47 c. %, unique répartition.

(10) JACQUELIN, dame, paie 5 fr. 33 c. %, unique répartition, doit 10 %, en 5 ans, par 1/5, de l'h^on, et est qualifié failli.

NOMS, PRÉNOMS, PROFESSIONS ET DOMICILES.	Indique Liquidation * astérisque Avoué et Insuffisance	SYNDICS ET AVOUÉS	FAILLITES ET LIQUIDATIONS.	DATE DES HOMOLOGATIONS DE CONCORDATS	INSUFFIS⁰⁰ ET UNIONS.	SÉPARAT⁰⁰ DE BIENS JUDICIAIRES.	CONS.JUDIC. ET INTERDICT.
JACQUEMIN, Joseph, cartonnier, rue St-André, 48............		Maillard....	11 mai 72	....	* 20 déc. 72		
Id. Raymond-Salvador, comm^{re}, rue de la Tour, 150...		Hourley.....	26 juill. 72				
JACQUEMOT, commissionnaire, rue de la Douane, 47..........		Legriel.....	13 avril 70	(1)			
JACQUET, veuve, menuisière, rue de Lille, 13..........		Moys.......	24 oct. 71		* 20 nov. 72		
Id. marchand de couleurs, cité Boufflers, 12..........		Pinot	27 nov. 72				
Id. Pierre-Victor, tailleur, avenue d'Orléans, 47......		Hécaen.....	6 août 72	15 nov. 72	(2)		
Id. et Cie, commissionnaires, rue des Petites-Écuries, 23. L		Maillard....	13 févr. 72				
JACQUINET, Edme, ex-fabr. de fermoirs, rue de Provence, 82..		Legriel	5 janv. 72	....	* 29 févr. 72	(3)	
JACQUOT. Voir : LEGRAND et sa femme.							
JALLON, Céleste-Étienne, comm^{ce}, rue Tréviso, 13 et 15.....		Maillard....	29 oct. 69	23 mars 72	(4)		
JALOWSKI, Maurice, maroquinier, faubourg du Temple, 14....		Chevallier...	6 juill. 72		* 31 juill. 72		
JALQUIN-LOCQUE, Ernest-Armand, nég^t, r. Hautefeuille, 32...		Robineau....				19 mars 72	
JAMET, fabric. de vis cylindriques, rue St-Maur, 214........		Knöringer....	15 mars 72	(5)			
Id. Ernest. Voir : SOIRON et JAMET.							
JANDELLE fils aîné, maçon, rue Rébeval, 45..............		Gauche.....	10 sept. 68	(6)			
JANNOT, marchand de cafés, r. du Marché St-Honoré, 6.....		Bégis....	26 juill. 64		* 29 sept. 64	(7)	
JANODY, Jean-Marie, confectionneur, boulev. Batignolles, 60..		Richard....	10 mai 72		* 14 nov. 72		
JANSEN, SALOMON et Cie, comm^{res}, rue Baudin, 31........		Barboux....	13 sept. 72				
JARDET-GRAFF, Amable, sans domicile connu............		* Savignat....				8 juill. 72	
JARDIN, Victor-Jean, entrepreneur, cité Tréviso, 8.........L		Beaugé....	19 janv. 72	20 juin 72	(8)		
Id. Pierre-Étienne, march. de cafés, av. des Ternes, 6....		Legriel.....	27 mai 72		* 20 juin 72		
JARRETHOUT, confectionneur, rue du Caire, 44..........		Moys.....	21 mars 72		* 26 juin 72		
JARRIANT jeune, Antoine-Marie, nég^t, av. des Ternes, 103....		Knöringer....	17 août 72	13 nov. 72	(9)		
JARROT, François, marchand de vins, à St-Ouen..........		Knöringer....	2 août 72		* 21 oct. 72		
JAUCEY, veuve, couturière, rue Caumartin, 49..........		Copin....	15 déc. 71	23 mars 72	(10)		
JAUNIN fils, entrepositaire, rue de Flandre, 14..........		Lamoureux...	10 févr. 69	(11)			
Id. -DIDIÈS, Étienne, id. id....		* Thiébault....				3 juin 72	
JAY, Joseph-Laurent, journaliste, rue Guénégaud, 27........		Beaufour....	17 févr. 68	(12)			
JAVAL. Voir : PARAF-JAVAL et Cie.							
JEANMAIRE, Hippolyte, horloger, rue Tiquetonne, 62....		Sarazin.....	21 févr. 72	12 juill. 72	(13)		
JEANRASSE, J.-D.-Julien. Voir : NOIZETTE, JEANRASSE et Cie.							
JEANTET, Olivier. Voir : BAQUEY fils et JEANTET.							
JEANTI. Voir : DUCOT dit JEANTI.							
JEAUD jeune, serrurier, rue Crozatier, 33................		Normand....	11 oct. 72				
JEFFORD, John, marchand de vins, rue Charlot, 73..........		Prodhomme..	15 mai 72		* 20 juin 72		

(1) JACQUEMOT paie 0, fr. 83 c. %, unique répartition..

(2) JACQUET doit 50 %, en 5 ans, par 1/10, de l'homologation.

(3) JACQUINET. — Réouverture du 5 juin 1872.

(4) JALLON doit 15 %, en 3 ans, par 1/3, de l'homologation.

(5) JAMET paie une répartition de 17 fr. 92 %, et une autre de 100 %.

(6) JANDELLE paie 9 fr. 19 c. %, 2e et dernière répartition.

(7) JANNOT. — Réouverture du 3 octobre 1872.

(8) JARDIN, Victor, paie un dividende de 4 fr. 91 c. et l'intégralité en 4 ans, par 1/4, de l'homologation.

(9) JARRIANT paiera l'intégralité des créances en 10 ans, de l'homologation, avec intérêts, à 5 %.

(10) JAUCEY, veuve, doit 25 %, en 5 ans, par 1/5, de l'homologation, et est qualifiée faillie.

(11) JAUNIN fils, paie 3 %, 1re répartition.

(12) JAY paie 4 fr. 52 %, unique répartition.

(13) JEANMAIRE doit 30 %, en 5 ans, par 1/5, de l'homolog.

NOMS, PRÉNOMS, PROFESSIONS ET DOMICILES.	Indiqué Liquidation Astérisque Avoué et Insuffisance	SYNDICS ET AVOUÉS	FAILLITES ET LIQUIDATIONS.	DATE DES HOMOLOGATIONS DE CONCORDATS	INSUFFIS⁺⁺ ET UNIONS.	SÉPARAT⁺⁺ DE BIENS JUDICIAIRES.	CONS. JUDIC. ET INTERDICT.
JEGU, C., tapissier, rue de la Cerisaie, 15................		Legriel...	29 déc. 71	23 mai 72	(1)		
JÉNIN et Cie, Joseph, fab. de corsets, Boul. Richard-Lenoir, 143.		Chevillot....	14 nov. 71	(2)			
JÉROME-COZETTE, Frédéric-Guillaume, à St-Mandé.........	*	Benoist....				24 déc. 72	
JOB, Émile, fabr. de chaises, rue de Charenton, 55.........		Pluzanski ...	28 sept. 72		* 24 déc. 72		
JOBARD, Nicolas-J.-B., marbrier, rue de Charenton, 84......		Gautier....	4 mai 70	10 nov. 70	(3)		
JOFFROY, hôtelier, rue de Vaugirard, 230..............		Barboux....	30 déc. 72				
JOIGNEAUX-MONTURAT, François-Étienne, r. de Mulhouse, 7.	*	Maucomble ..	....			9 mars 72	
JOLLY, Alphonse-Louis, boulanger, passage Doudeauville, 35...		Richard	19 mars 72		* 26 juin 72		
Id. -LEROY, Guy-Frédéric, cultivateur, à Ivry............	*	Robineau				10 juin 72	
JORDANIS. Marcus-Jean-Edouard, nég., r. Rambuteau, 18.. ◆		Meys....	26 août 72		* 30 nov. 72		
JOSEPH, ex-marchand de vins, boulev. Ménilmontant, 140...		Legriel....	12 sept. 72		* 30 oct. 72		
JOSSE-LOURTAU, Arnaud-Parocles, sans domicile connu...	*	Vivet....				26 août 72	
JOUANNE-DELAHERCHE, rue de l'Arrivée, 12............	*	Berton				Id.	
Id. Charles-Emile, épicier, à Courbevoie.............		Dufay	24 juill. 72		* 31 oct. 72		
Id. dame, Jean-Sylvestre, hôtelière, av. Friedland, 37.L		Meillencourt	18 nov. 71	20 juin 72	(4)		
JOUBERT, Amédée-Grégoire, rue du Helder, 18...........	*	Clériot				....	1er mars 72
JOUBIN, meunier, à Créteil............		Knöringer ..	5 juill. 72	(5)			
JOUEN, Edouard-Arcade, drapier, rue Montmartre, 98........		Dufay	15 sept. 71	(6)			
JOUFFROY-LAUNOY, Charles-Macloire, maçon, à Charenton..	*	Popelin				13 mai 72	
JOUHANNEAUD, Achille, porcelainier, faubourg St-Martin, 28..		Chevillot ..	12 juill. 72		* 31 déc. 72		
JOURDAIN frères, maçons, rue Riquet, 43............		Knöringer ..	2 févr. 70	(7)			
JOURDAN aîné, Georges, doreur, rue Portefoin, 6............		Meillencourt	30 juill. 72	28 nov. 72	(8)		
JOURDY, marchand de bois, rue d'Allemagne, 85............		Bourbon....	13 mai 72				
JOURNÉ, négociant en calicots, rue des Jeûneurs, 42..........		Devin	5 oct. 71	(9)			
JOVET, François, marchand de vins, rue de Reuilly, 100		Devin	22 avril 72	(10)			
Id. César, ex-confiseur, rue de la Paix, 9		Copin	16 avril 72	10 août 72	(11)		
JOXE-BERTCH, Auguste-François, entrepreneur, cité Talma, 6.		Trodoux....	....			27 janv. 72	
JUDAS-LÉON, Benjamin, rue du Chevaleret, 84............	*	Poisson	....			24 déc. 72	
JUILLIARD, Jean-Pascal, fabricant de galoches, rue Nys, 6 ...		Meys.......	18 août 71	22 déc. 71	(12)		
JUIN-MASSÉ, Pierre-Louis, rue Cardinet, 132............		Mouillefarine				19 nov. 72	
JULIAN, marchand de charbons, rue Pajou, 53		Maillard	20 mars 72		* 29 avril 72		
JULIEN, Charles-Adonis, modiste, cité Trévise, 10..........		Lamoureux..	6 févr. 72		* 31 mai 72		
Id. Toussaint, carrier, à Vitry...................		Dufay	18 janv. 72	6 mai 72	(13)		
Id. J.-Bapt.-Ambroise. négociant, rue des Gravilliers, 16 .L		Lamoureux ..	17 févr. 72				

(1) JEGU doit 40 %, en 5 ans, par 1/3, de l'homologation, et est qualifié failli.

(2) JÉNIN et Cie paient 9 fr. 06 c. %, unique répartition, et sont qualifiés faillis.

(3) JOBARD paie 18 fr. 55 c. %, produit de son actif.

(4) JOUANNE, dame, paie 5 % comptant, et doit 95 %, en 8 ans, 1er paiement, fin juillet 1873.

(5) JOUBIN.— Faillite annulée par arrêt de la Cour, du 29 août 72.

(6) JOUEN paie 6 fr. 84 c. %, unique répart., et est qual. failli.

(7) JOURDAIN frères, paient 1 fr. 36 c. %, unique répartition.

(8) JOURDAN doit 40 %, en 5 ans, par 1/5, de l'homologation.

(9) JOURNÉ paie 10 %, 1re répartition, et est qualifié failli.

(10) JOVET, François, paie 6 fr. 12 c. %, unique répartition.

(11) JOVET doit 25 %, en 5 ans, par 1/5, du 1er août 1872.

(12) JUILLIARD est qualifié failli, il paie 14 fr. 06 c. %, produit de son actif, et doit 5 %, en 2 ans, par 1/2.

(13) JULIEN, Toussaint, doit 40 %, en 4 ans, premier paiement 1er août 1872.

NOMS, PRÉNOMS, PROFESSIONS ET DOMICILES.	Indique Liquidation ° astérisque Avoué et Insuffisance / SYNDICS ET AVOUÉS	FAILLITES ET LIQUIDATIONS.	DATE DES HOMOLOGATIONS DE CONCORDATS	INSUFFIS⁰⁰ ET UNIONS.	SÉPARAT⁰ DE BIENS JUDICIAIRES.	CONS. JUDIC. ET INTERDICT.
JULIEN-LITTEL, J.-BAPT., métal anglais, rue des Gravilliers, 10..	* Bouthomard..	....	....	....	3 déc. 72	
JULLIARD veuve, négociante en vins, rue Ste-Anne, 31........	Gautier.....	24 oct. 72				
JULLIEN, d° décédée, CLAUDE-FÉLIX, hôtelière, r. Caumartin, 41.	Richard.....	30 déc. 72				
Id. -DUHAMEL, PIERRE-CLOVIS, employé, b⁴ de Clichy, 66.	* Pijon........	....	....	......	1ᵉʳ août 72	
Id. demoiselle, lingère, rue du Petit-Thouars, 4........	Barboux.....	11 juill. 72				
JULLIENNE-JAMIN, Louis-PHILIP.-ÉDOUARD, faub. St-Honoré, 52.	Rousseau....	....			8 juill. 72	
JUMEL-LEPRÊTRE, CHARLES-JOSEPH, rue du Ruisseau, 40....	* Froc........	....			19 avril 72	
Id. et LUNEL, négociants, Id.	Régis........	23 déc. 72				
JUPILE, JEAN-RAYMOND, plombier, rue Letellier, 66..........	Gaucho.....	21 févr. 72	12 juin 72	(1)		
JURQUET, GUILLAUME-EUGÈNE, tapissier, rue Richelieu, 25.....	Barboux.....	2 avril 72	(2)			
JUSTINOT, JULES, cordonnier, boulevard Sébastopol, 36.......	Gautier.....	30 juill. 70	(3)			
JUTEAU, ALEXANDRE, marchand de vins, boulevard Magenta, 14.	Régis	27 déc. 71	(4)			
JUTTEAU aîné, ADOLPHE-ÉDOUARD, boulanger, r. St-Denis, 351.	Meys........	28 sept. 71	(5)			
KAHN, SELIGMANN, colporteur, rue Keller, 28	Normand....	20 févr. 72		* 29 févr. 72		
KAMMERMANT-PRUDHOMME, LOUIS-ANTOINE, rue Lebrun, 143.	Labbé.......	....			1ᵉʳ févr. 72	
KATZ, marchand forain, rue Charles V, 7	Bourbon....	23 déc. 71		* 19 mars 72		
KAUFRIED, Louis, forain, rue de la Chapelle, 19 et 106.......	Sarazin.....	11 oct. 72				
KEENAN-HERSANT, JEAN-ALEXANDRE, négociant, à Puteaux....	Roche.......	....			23 janv. 72	
KESSEL-DUPONT, ADOLPHE, ouvrier en pianos, aux Lilas.....	Ladon.......	....			26 août 72	
KILL, NICOLAS, fabricant de couleurs, à Montreuil..........	Gauche.....	6 mars 72	15 juin 72	(6)		
KLÉBER, tailleur, rue Feydeau, 30....................	Legriel.....	27 déc. 71	6 juin 72	(7)		
KLEIN dame, marchande à la toilette, rue Grange-Batelière, 6..	Hécaon.....	2 juill. 72		* 31 août 72		
Id. marchand de charbons, rue Bonaparte, 59.........	Copin......	19 avril 72		* 28 mai 72		
KLOTZ, PAUL, directeur de journal, rue de Châteaudun, 11.....	Beaufour...	21 déc. 72				
Id. LAZARE, tissus en solde, rue de Béranger, 12.........	Prodhomme.	28 juill. 70	(8)			
KNIZP, NICOLAS, négociant, à Gentilly................	Gautier.....	19 nov. 72		* 30 janv. 73		
KNOD, MARIE-CLOTILDE-VIRGINIE. Voir : LAGGER veuve.						
KOENIG, peintre, rue St-Sébastien, 15	Hécaon.....	7 oct. 72				
KOHLER-CHASSANG, LOUIS-HENRI-HERMANN, à Neuilly........	* Violette	....			26 nov. 72	
KOPP, marchand de vins, rue du Rhin, 17...............	Chevallier..	17 août 72		* 26 sept. 72		
Id. SALOMON-LÉODEGARD, marchand de bois, r. Rondelet, 10.	Moncharville.	11 janv. 72	6 juin 72	(9)		
KRAUSHAAR-RIESER, RAPHAEL, négociant, r. Montorgueil, 76 .	* Firemann...	....			19 déc. 72	
KRELL, JEAN, marchand de vins, rue des Amandiers, 82	Beaugé.....	19 févr. 72		* 29 févr. 72		
KUENTZ, GRÉGOIRE, carrossier, faubourg St-Honoré, 250.....	Beaufour...	23 oct. 71	(10)			
Id. -LENGERT, GRÉGOIRE, Id. Id. Id......	* Dubois.....	....			16 avril 72	
KUNZÉ, MARTIN, représentant de commerce, r. du Temple, 178.	Barbot......	20 août 72		* 27 sept. 72		
KUSS, JUSTIN-NAPOLÉON, march. de salaisons, r. Ste-Opportune, 7.	Meys........	7 oct. 71	22 avril 72	(11)		

(1) JUPILE paiera l'intég. des créanc. en 10 ans, par 1/10, de l'h⁰⁰.

(2) JURQUET paie 3 fr. 97 c. %, unique répartition.

(3) JUSTINOT paie 10 fr. 83 c. %, unique répartition.

(4) JUTEAU a été qualifié failli par jugement du 17 mai 1872.

(5) JUTTEAU paie 1 fr. 82 c. %, uniq. répart., et est qual. failli.

(6) KILL doit 40 %, en 5 ans, par 1/5. — Mᵐᵉ Kill et M. Dreux cautionnent. — Il est qualifié failli.

(7) KLÉBER abandonne son actif moins son mobilier personnel et paie un dividende de 100 %.

(8) KLOTZ, LAZARE, paie 20 fr. 08 c. %, unique répartition.

(9) KOPP doit 25 %, en 5 ans, et par 5 paiements, le 1ᵉʳ juillet des années 73, 74, 75, 76 et 77, et est qualifié failli.

(10) KUENTZ paie 4 fr. 75 c. %, uniq. répart., et est qual. failli.

(11) KUSS doit 30 %, en 5 ans, par 1/5, de l'homologation.

L

NOMS, PRÉNOMS, PROFESSIONS ET DOMICILES.	L liquidation * astérisque avoué et insuffisance	SYNDICS ET AVOUÉS	FAILLITES ET LIQUIDATIONS.	DATE DES HOMOLOGATIONS DE CONCORDATS	INSUFFIS" ET UNIONS.	SÉPARAT" DE BIENS JUDICIAIRES.	CONS. JUDIC. ET INTERDICT.
LABBAYE, Aîné, Charles, menuisier, rue d'Asnières, 57........		Prodhomme..	31 oct. 71	24 févr. 72	(1)		
LABBÉ, Adolphe-Alfred, chapelier, rue Vivienne, 31.........		Beaufour	20 janv. 70	3 juin 70		* 30 sept. 72	
Id. fabricant d'équipements militaires, rue Rambuteau, 10..		Beaujeu	31 mai 72	....		* 20 juin 72	
Id. , Eugène-Théophile, boucher, boulevard Voltaire, 106..		Sarazin......	11 déc. 72				
Id. , Martin, mécanicien, rue Claude-Vellefaux, 3........	L	Bégis	13 mars 72				
Id. , limonadier, rue Ste-Croix-de-la-Bretonnerie, 12.....		Beaujeu	18 sept. 72			* 30 nov. 72	
Id. , veuve, ex-marchande de vins, à Vitry..............		Chevallier ..	10 avril 72	2 sept. 72	(2)		
LABORIE, Jean, traiteur, rue de la Chapelle, 182............		Moys.........	15 avril 72	26 nov. 72	(3)		
Id. , François, serrurier, à Courbevoie		Gauche......	20 janv. 70	21 août 72	(4)		
LABOURDETTE, Pierre, marchand de vins, rue Pergolèse, 43..		Chevallier ..	23 janv. 72	....		* 28 févr. 72	
LABOURÉ, dame, Nicolas, limonadière, rue Montorgueil, 7....		Normand	21 févr. 72				
LABOURET et Cie, Henri, dégraisseurs, à Clichy.............		Beaujeu	21 mars 72				
LABREN, frères, tôliers, rue du Buisson-St-Louis, 10 et 12.....		Sommaire ...	13 août 69	30 nov. 72	(5)		
LABRUNE, François, ex-fabric. de chaussures, r. Lamartine, 46.		Chevallier ...	21 déc. 71	(6)			
LABURE, Françoise. Voir : LAVILLE veuve.							
LABY, Émile, marchand de vins, rue Oberkampf, 63..........		Bourbon.....	23 nov. 72				
LABYSSE-MARCHAND, Alexandre, rue Marcadet, 96..........	*	Laden......	....			*	16 août 72
LACAUGIRAUD, Eugène, limonadier, place de la Chapelle, 14...		Hécaen....	14 oct. 72			* 30 nov. 72	
LACAUX, Léonard, marchand de vins, rue Cardinal-Lemoine, 1.		Prodhomme	24 mai 72	18 sept. 72	(7)		
LACHAPELLE-LEROY, Félix-Louis, rue de Flandre 101.......	*	Delepouve...	....			*	13 mai 72
LACHARME, charcutier, faubourg St-Denis, 44..............		Sommaire ...	30 juill. 72			* 20 nov. 72	
LACHARMOISE, Alexandre-Barthélemy, serrurier, r. Dupin, 10.		Gautier......	18 mars 72	31 oct. 72	(8)		
LACOMBE, Jean-Victor, droguiste, rue des Blancs-Manteaux, 19.		Barboux.....	11 déc. 71	(9)			
LACQUET, Charles-Louis, confectionneur, rue du Temple, 162.		Devin.......	23 janv. 72	(10)			
LACROIX-VERDOECKHOVEN et Cie, librair., faub. Montmart., 13.		Copin.......	22 juin 72				
LA DÉMOCRATIE, (Journal). Voir : TOURNOIS.							
LADEUIL, corroyeur, rue de la Tombe-Issoire, 38		Normand....	18 oct. 72	....		* 24 déc. 72	
LADEVIE, Joseph, restaurateur, rue Montorgueil, 13..........		Barbot	12 oct. 72				
LADURON et Cie, mariniers, r. de la Montagne-Ste-Geneviève, 34.		Moys........	18 sept. 69	(11)			
LAFFONT, commissionnaire, à St-Mandé.................		Sommaire ...	18 nov. 71	18 déc. 72	(12)		
LAFLEUR, Antoine, commissionnaire, rue des Petits-Hôtels, 7..		Dattarel	7 nov. 72				
LAFOLLIE-DESCHAMPS, Aug.-Martial, r. J.-J.-Rousseau, 21 ..*		Bouthemard..	....				19 nov. 72

(1) **LABBAYE** doit 50 %, en 8 ans, de l'hom., et est qual. failli.
(2) **LABBÉ**, veuve doit 25 %, en 5 ans, par 1/3, de l'homologat·
(3) **LABORIE**, Jean doit 20 %, en 5 ans, par 1/3, de l'homolog.
(4) **LABORIE**, François paie 7 fr. 63 c. %, produit de son actif, et doit 15 %, en 3 ans, par 1/3, de l'homologation.
(5) **LABREN**, frères abandonnent tout l'actif de la société, et doivent 25 %, en 5 ans, par 1/3, de l'homologation.

(6) **LABRUNE** paie 2 fr. 65 %, unique répart., et est qual. failli.
(7) **LACAUX** doit 30 %, en 6 ans, par 1/6, de l'homologation.
(8) **LACHARMOISE** doit 40 %, en 5 ans, par 1/5, de l'homolog.
(9) **LACOMBE** est qual. failli, et paie 11 fr. 17 c. %, uniq. rép.
(10) **LACQUET** paie 11 fr. 27 c. %, unique répartition.
(11) **LADURON** et Cie, paient 28 fr. 90 c. %, unique répartition.
(12) **LAFFONT** doit 20 %, en 4 ans, par 1/4, de l'hom, et qual. failli.

NOMS, PRÉNOMS, PROFESSIONS ET DOMICILES.	E indique Liquidation * astérisque Avoué et Insuffisance	SYNDICS ET AVOUÉS	FAILLITES ET LIQUIDATIONS.	DATE DES HOMOLOGATIONS DE CONCORDATS.	INSUFFIS** ET UNIONS.	SÉPARAT** DE BIENS JUDICIAIRES.	CONS.JUDIC. ET INTERDICT.
LAFFOLIE, Martial-Auguste, traiteur, rue J.-J.-Rousseau, 21...		Bourbon.....	13 juill. 72				
LAFON, traiteur, boulevard Beaumarchais, 09.............		Sommaire ...	5 mars 72	....	* 30 avril 72		
LAFOSSE-AMIARD, Marc-Henri, place Wagram, 3..........	*	Kieffer		....		20 juill. 72	
LAGARRIGUE-DRÉVILLE, Victor-Hipp., pass. de l'Industrie, 16.	*	Des Étangs...		....		20 avril 72	
LAGGER, veuve, chapelière, boulevard Haussmann, 30........		Chevillot ..	7 mai 72	10 août 72	(1)		
LAGNIEL-VILAIN, Philippe, rue du Four, 74.............	*	Lamy				6 mai 72	
LAGNY-SERRES, Henri, pharmacien, rue d'Allemagne, 98.....	*	Archambault.				14 août 72	
Id. -DUBOIS, Désiré-Auguste-Étienne, bd de l'Hôpital, 109.	*	Maugin.....				19 août 72	
Id. , Désiré-Auguston, chiffonnier, boulev. de l'Hôpital, 107.		Richard	22 août 71	(2)			
LAGRENÉE, Jules-Jean-Bapt., menuisier, r. des Patriarches, 12.		Prodhomme..	7 juill. 70		* 29 févr. 72		
LAGUEYRIE. Voir : GARNIER et LAGUEYRIE.							
LALANDRE, Eugène-François, md de vins, bd de la Villette, 131.		Sarazin.....	24 juin 70		* 30 mai 72		
LALAUNE-GUBLIN, André-Louis, rue Rossini, 5..........	*	Masse				22 juill. 72	
LALAUZE, Baptiste-Joseph-André, tailleur, av. de Clichy, 100.		Heys.....	23 nov. 72				
LALLEMAND, marchand de verrerie, faubourg Poissonnière, 62.		Richard	30 nov. 72		*23 janv. 73		
LALONDE-ALLEMOZ. Voir : MAGNI de LALONDE-ALLEMOZ.							
LALOUX-PRÉVOST, Louis-Alexandre, route de la Révolte, 123.	*	Guyot.....				23 avril 72	
LAMARE-LEYMET, François-Eugène, rue de la Roquette, 51 ...	*	Roche				13 mai 72	
Id. , cordonnier, rue Lamartine, 17.............		Bourbon.....	28 févr. 72		* 28 mars 72		
LAMARQUE, Jean-Bapt., menuisier, rue de la Huchette, 27....		Heurtey	29 mai 72				
Id. Adrien, menuisier, rue des Francs-Bourgeois, 5....		Prodhomme..	3 déc. 72				
LAMARRE, veuve, Paul-Émile, hôtelière, rue St-Honoré, 179		Knéringer ..	29 août 71	(3)			
LAMBERT, fils, Adolphe, fab. de bronzes, r. des Gravilliers, 24.7.		Chevallier ...	2 nov. 71	22 févr. 72	(4)		
Id. -LANNOIE. Voir : LAUNOY.							
LAMBOURG, commissionnaire, quai Valmy, 39.............		Meillencourt	13 déc. 71	21 août 72	(5)		
LAMBRON, dame, bijoutière, rue de l'Écluse, 2		Bourbon.....	8 avril 72	....	* 5 juin 72		
LAMÉTHE, Firmin, fabricant d'eau gazeuse, à Courbevoie.....		Normand..	31 oct. 72				
LAMOTHE-ZOÉ, J.-Baptiste, voyageur, rue Château-d'Eau, 76..	*	Gouget.....	....			25 avril 72	
Id. -ZOÉ, Id. boulevard Richard-Lenoir, 93..	*	Gouget.....	....			9 janv. 72	
LAMOURET, Delphine-Célestine. Voir : PONCEROT, dame.							
LAMPERIÈRE, Fois, entrepreneur, r. Château-des-Rentiers, 164.		Chevillot	11 nov. 71	(6)			
LAMY, grainetier, rue St-Blaise, 54...........		Maillard.....	12 avril 72		* 29 avril 72		
Id. et fils, négociants, rue Tiquetonne, 57 et Cambronne, 57.		Bégis	7 nov. 72				
Id. charbonnier, rue d'Angoulême, 2...........		Beaujeu.....	3 avril 72		* 25 mai 72		
Id. Paul-Alfred, marchand de vins, rue Bagnolet, 73		Prodhomme..	11 déc. 72				
Id. Voir : PAGNON, dit LAMY.							
Id. et Cie, journalistes, rue Tiquetonne, 57.............		Bégis	22 oct. 72				
Id. marchand de vins, rue du Chemin-Vert, 15		Chevallier ...	23 sept. 72				

(1) LAGGER, veuve, doit 40 %, en 8 ans, par 1/8, de l'homolog.

(2) LAGNY a été qualifié failli par jugement du 10 juin 72.

(3) LAMARRE, veuve, a été qual. failli par jug¹ du 22 févr. 72.

(4) LAMBERT fils, paiera l'intégr. des créances en 6 ans, de l'h⁰ⁿ.

(5) LAMBOURG doit 25 %, en 5 ans, par 1/5, de l'homologation, et est qualifié failli.

(6) LAMPERIÈRE a été qualifié failli, et paie 31 fr. 16 c. %, unique répartition.

NOMS, PRÉNOMS, PROFESSIONS ET DOMICILES.	Liquidation • astérisqué Avoué et Insuffisance	SYNDICS ET AVOUÉS.	FAILLITES ET LIQUIDATIONS.	DATE DES HOMOLOGATIONS DE CONCORDATS.	INSUFFIS°° ET UNIONS.	SÉPARAT°° DE BIENS JUDICIAIRES.	CONS. JUDIC. ET INTERDICT.
LAN et Cie, commissionnaires, rue Mongo, 13		Beaugé	3 avril 72	....	* 30 mai 72		
LANDA et Cie, graveurs, rue des Boulets, 119		Hourtey	20 juin 72				
LANDAIS. Voir : LEMIÈRE, dame.							
LANDAU-JACOB, Michel, rue d'Allemagno, 29	*	Drochou	....		....	26 août 72	
LANDEAU, Joseph-Pierre, bourrelier, rue de Maistre, 56		Hécaen	11 oct. 69	27 déc. 69	20 juin 72		
LANDRIN-MEUVIET, Michel-Toussaint, faubourg St-Denis, 104	*	Lenoir	....		....	19 nov. 72	
LANEZ, mécanicien, rue Marie-Louise, 10		Normand	13 sept. 72		* 31 oct. 72		
LANFANT et BOUCLIER, rue des Jeûneurs, 21	L	Gautier	3 nov. 71	16 oct. 72	(1)		
LANGE, J.-Bapt.-Charles, f° de couleurs, r. du Roi-de-Sicile, 26		Beaufour	26 juill. 72	23 déc. 72	(2)		
Id. Frédéric, tapissier, rue St-Honoré, 288		Barbot	1er févr. 72	26 avril 72	(3)		
LANGENAIS, Eupère, marchand de vins, à Créteil		Bourbon	2 nov. 71		6 févr. 72	(4)	
LANGLOIS, Alfred-Léon, march. de fouets, r. St-Martin, 127	L	Legriel	30 janv. 72	14 avril 72	(5)		
Id. marchand de vins, avenue du Bel-Air, 4		Moncharville	16 avril 72	....	* 26 juin 72		
Id. -CADY, Ernest-Simon, rue Neuve-Mathurin, 58	*	Mesnier	....		....	5 août 72	
Id. et BARRE, distillateurs, rue Filles-du-Calvaire, 12		Gauche	9 mars 72				
LANIER, Victor, marchand de cuirs, rue Montorgueil, 98		Richard	17 févr. 71	(6)			
LANNERET, Alexandre, sellier, faubourg St-Martin, 99		Barboux	5 déc. 71	16 mars 72	(7)		
LAPAQUE, Joseph, restaurateur, rue du Croissant, 5		Gautier	12 juill. 72		* 2 oct. 72		
LAPÈRE, Louis, vannier, rue de la Butte-Chaumont, 87		Dufay	23 mai 72		* 31 juill. 72		
LAPEYRE-PATRIARCHE, Louis-Hipp., av. Ulbrich, villa Saïd, 18	*	Martin	....		....	19 août 72	
LAPEYRÈRE, éditeur, rue Neuve des Petits-Champs, 62		Trille	12 oct. 68	(8)			
LAPIERRE, négociant, rue de Bagnolet, 73		Pinet	3 oct. 72		* 24 déc. 72		
Id. -DALLAVOINE, Georges, tapissier, boul. St-André, 2	*	Flat	....		....	8 juill. 72	
Id. Georges, tapissier, rue Cherche-Midi, 109		Battarel	12 févr. 72				
LAPRÉE-LEMOINE, Antoine, rue du Temple, 106	*	Langeron	....		....	12 août 72	
LAQUERRIÈRE-RAGOURD, Adolphe, rue St-Pétersbourg, 7	*	Guibet	....		....	2 avril 72	
LARINIÈRE-BOULANGER. Voir : ARVI, dit LARINIÈRE.							
LARIVIÈRE-LECHERPIN-FEIL, Pierre-Alfred, r. d'Aumale, 14	*	Pilastre	....		....	17 juin 72	
LAROCHE, Jacques, maçon, rue Thiboumery, 23		Meys	21 déc. 71	17 oct. 72	(9)		
LAROQUE, Pierre-Jules, voiturier, boulevard Ménilmontant, 98		Prodhomme	2 mars 72	(10)			
LAROSE-LIBERT, Jean-Louis, boulevard Haussmann, 62	*	Dumont	....		....	19 sept. 72	
Id. Jean-Louis, horloger, Id.		Beaujeu	14 nov. 72	....	* 31 déc. 72		
LAROZE, Id. Id. Id.		Knéringer	28 sept. 72	(11)			

(1) **LANFANT** et **BOUCLIER** doivent 50 °/₀ dans les 6 mois de l'homologation.

(2) **LANGE**, J.-Bapt., doit 30 °/₀, en 3 ans, de l'homologation.

(3) **LANGE**, Frédéric, paiera la totalité du passif en 5 ans, par 1/10, 1er paiement 1er novembre 72, et est qualifié failli.

(4) **LANGENAIS** paie 4 fr. 04 c. °/₀, unique répartition, et est qualifié failli.

(5) **LANGLOIS** paiera l'intégralité des créances en 8 ans, par 1/8, de l'homologation.

(6) **LANIER** paie 11 fr. 34 c. °/₀, unique répartition.

(7) **LANNERET** doit 25 °/₀, en 5 ans, par 1/5, et s'engage à porter à 10°/₀ chacun des 5 paiements, dans le cas où la dame Geoffroy éteindrait la partie du passif dans laquelle elle est obligée principale. — Il est qualifié failli.

(8) **LAPEYRÈRE** paie 2 fr. 01 c. °/₀, 2e et dernière répartition.

(9) **LAROCHE** doit 50 °/₀, en 6 paiements et en 6 ans, de l'homologation, et est qualifié failli.

(10) **LAROQUE** paie 10 fr. 94 c. °/₀, unique répartition.

(11) **LAROZE**. — Un jugement du 28 décembre 72 annule cette faillite et déclare que celle du 14 novembre 72 subsiste seule.

NOMS, PRÉNOMS, PROFESSIONS ET DOMICILES.	Indique Liquidation • Astérisque Avoué et Resseignement	SYNDICS ET AVOUÉS	FAILLITES ET LIQUIDATIONS.	DATE DES HOMOLOGATIONS DE CONCORDATS	INSUFFIS^ce ET UNIONS.	SÉPARAT^ons DE BIENS JUDICIAIRES.	CONF. JUDIC. ET INTERDICT
LARTIGUE-LELOUP, Pierre-Fois-Oct., r. du Buisson-St-Louis, 28.	*	Rocho........	....	....	....	22 juill. 72	
Id. Pierre-Fois-Oct., ex-m^d de vins, Id.	...	Chevillot..	9 janv. 72	....	* 31 janv. 72		
LARUE, Jules, nourrisseur, rue Croix-Nivert, 34.		Sarazin..	28 sept. 71	....	* 24 déc. 72		
Id. et CASTOUL, commissionnaires, rue Hauteville, 35.		Maillard..	16 déc. 68	31 janv. 72	(1)		
LARUELLE-GODFROY, Clovis, caissier, faub. St-Honoré, 108.	*	Trodoux..	....	....	....	29 juill. 72	
LARVY-LARIVIÈRE, Cl^és-Georges, hôtelier, r. Châteaudun, 6 bis.		Quatremère..	7 déc. 71	10 déc. 72	(2)		
LASBENNES, Jean-Guillaume, tailleur, chaussée d'Antin, 50.		Lamoureux..	13 janv. 72	20 avril 72	(3)		
LASCAUX, décédé, menuisier, rue de l'Arbalète, 26.		Sarazin..	16 nov. 69	(4)			
LASSERAYE-BILLARD, libraire, rue Pasquier, 23.	*	Froc..	....	....	....	28 mai 72	
LAUBRY-RAITH, Alexandre-Isidore, à la Varenne.	*	Pothier..	....	....	....	17 janv. 72	
LAUMAILLÉ, Albert-Octave, rue de Clichy, 88.	*	Denormandie..	....	....	....		11 avril 72
LAUNOY, Lambert-Joseph, verrier, à St-Denis.	L	Beaujeu..	13 janv. 72	....	....		
LAURENS, Eugène-Paul, commissionn^re, rue de l'Université, 153.		Heurtey..	17 sept. 72	....	....		
LAURENT, tôlier, faubourg St-Martin, 167.		Normand..	4 avril 72	8 août 72	(5)		
Id. Paul-Henri, serrurier, à Levallois.		Prodhomme..	23 nov. 72	....	....		
Id. marchand de vins, faubourg St-Honoré, 268.		Lamoureux..	10 déc. 72	....	....		
Id. Alfred, charron, rue de Bercy, 5.		Chevillot..	27 févr. 72	....	* 7 août 72		
LAURENT, marchand de vins, rue de l'Abbé-Groult, 3.		Normand..	30 mai 72	....	* 29 juin 72		
Id. Joseph, ex-charpentier, rue Marcadet, 104.		Beaufour..	10 janv. 72	....	* 17 févr. 72	(6)	
Id. Edmond, confectionneur, rue Paul-Lelong, 7.		Meillencourt..	9 déc. 71	14 août 72	(7)		
Id. Alfred, épicier, rue de Strasbourg, 14.		Meys..	4 juill. 72	....	....		
LAURIN, Pierre, restaurateur, rue Quincampoix, 37.	L	Hécaen..	13 sept. 71	15 janv. 72	(8)		
LAURON et CHASSERY, confiseurs, r. Ste-Cr. de la Bretonn., 10.		Bégis..	25 oct. 71	23 mars 72	(9)		
LAUVRIÈRE, Louis, sellier, rue des Vinaigriers, 42.		Hécaen..	25 nov. 71	2 mars 72	(10)		
LAVILLE veuve, Jean-Victor, loueuse de voit., r. Ernestine, 19.		Legriel..	22 janv. 72	29 juin 72	(11)		
LAVOUÉ, maître de bains, boulevard de la Gare, 169.		Bourbon..	29 nov. 71	....	* 16 avril 72		
LAYAT-CATTET, Louis, rue Grenier-St-Lazare, 2.	*	Guillemon..	....	....	....	4 janv. 72	
LAZARD et Cie, chemisiers, rue d'Argout, 4.		Sommaire..	2 avril 72	....	* 28 mai 72		
Id. chemisier, rue Montorgueil, 67.		Pinet..	6 mars 72	....	* 29 juin 72		
Id. marchand de chevaux, rue des Tournelles, 70.		Battarel..	28 mars 72	....	Id.		
LEAUTEY, serrurier, rue Nicolet, 5.		Hécaen..	10 août 72	....	* 2 oct. 72		
LEBAILLY père, Pierre-Auguste, carrier, sans domicile connu.		Bourbon..	27 mai 72	....	....		
LEBEAU, dit D'AUBEL, fabricant de pianos, rue Condorcet, 18.		Beaujeu..	8 juin 72	....	....		
LEBEAUX père, ex-boucher, rue des Buttes-Chaumont, 36.		Quatremère..	8 mai 68	....	* 28 août 68	(12)	

(1) **LARUE** et **CASTOUL** paient 15 %, première répartition de leur actif. — Larue abandonne ses droits dans la succession de sa mère et complète 20 %, en 1 an du jour de la reddition de compte du syndic.

(2) **LARVY-LARIVIÈRE** est qualifié failli. — Il paie 15 %, produit de son actif, et parfait 50 %, dans 3 ans, de l'homol.

(3) **LASBENNES** doit 25 %, en 5 ans, par 1/5, de l'homologation.

(4) **LASCAUX** paie 19 fr. 57 c. %, unique répartition.

(5) **LAURENT**, tôlier, doit 20 %, en 4 ans, par 1/4, de l'homol.

(6) **LAURENT**, Joseph. — Réouverture du 17 juin 72.

(7) **LAURENT**, Edmond, paie 10 %, produit de son actif, doit 10 %, en 4 ans, par 1/4, 1er paiement le 31 déc. 73, et est qual. failli.

(8) **LAURIN** doit 50 %, en 5 ans, par 1/5. Mme Laurin, caution.

(9) **LAURON** et **CHASSERY** sont qualifiés faillis, et doivent 20 %, en 4 ans, et par 1/4, de l'homologation.

(10) **LAUVRIÈRE** doit 30 %, de l'homolog., et est qualifié failli.

(11) **LAVILLE**, veuve, doit 50 %, en 5 ans, par 1/5, de l'homolog.

(12) **LEBEAUX**. — Réouverture du 19 août 72.

NOMS, PRÉNOMS, PROFESSIONS ET DOMICILES.	Indices Liquidation * astérisque Avoué et Insuffisance	SYNDICS ET AVOUÉS	FAILLITES ET LIQUIDATION.	DATE DES HOMOLOGATIONS DE CONCORDATS	INSUFFIS⁶⁶ ET UNIONS.	SÉPARAT⁶⁶ DE BIENS JUDICIAIRES.	CONS. JUDIC. ET INTERDICT.
LEBEL-HÉLIX, Louis-Alexandre, placier, rue Daubenton, 25 ..	*	Postel......	....	....	....	10 juin 72	
LEBLANC, demoiselle, Marie, mercière, avenue Dosquet, 32...		Richard.....	13 mars 72	(1)			
Id. , Louis, marchand de vins, à Charenton..........		Legriel.....	8 nov. 71	....	20 mars 72		
Id. , Alphonse-Narcisse, cordonnier, r. Chemin-Vert, 10.		Bégis.......	8 avril 72	(2)			
Id. et PORTIER, commissionnaires, rue Bergère, 5...		Pinet......	6 févr. 72	....	* 20 avril 72		
Id. frères, fabricants de pompes, rue de Dondy, 72 L		Dufay......	27 févr. 72				
LEBOITEUX, Clément-Alexandre, md de chevaux, av. d'Ivry, 74.		Beaugé.....	2 févr. 72	....	* 28 févr. 72		
LEBON, Félix-Dominique, cafetier, rue des Moines, 61........		Sautton....	21 juin 66	24 oct. 72	(3)		
LE BORGNE, Alceste, marchand de blanc, rue du Bac, 50.....		Darboux,....	2 déc. 71	(4)			
LEBOURGEOIS, Eugène-Léopold, cord., rue de l'Arbre-Sec, 22.		Beaugé.....	14 avril 70	(5)			
LEBRE, ex-marchand de vins, rue Grange-aux-Belles, 8.......		Chevallier ..	3 oct. 72				
LEBRETON, François, marchand de bois, boulev. de la Gare, 217.		Devin......	30 oct. 72				
LEBRUN, dame, ex-mde de meubles, boulev. Beaumarchais, 95.		Hécaen......	19 juill. 72			* 30 sept. 72	
Id. -ROHÉE, Charles-Frédéric, r. Félic-Méricourt, 24..	*	Laden......	....	....		13 févr. 72	
LECAMP, ainé, Louis, marchand de vins, rue Malher, 5.......		Lamoureux..	17 juin 70	9 sept. 71	* 30 nov. 72		
LECANU, ex-marchand de nouveautés, sans domicile connu...		Normand....	8 déc. 71	18 mars 72	(6)		
LECARPENTIER, Nicolas-Frédéric, md de meubles, à Levallois.		Pinet.......	1er août 70				
LECAT-BRANDELET, Julien, rue Ste-Croix-Bretonnerie, 26....	*	Delacave ...	....	....		10 oct. 72	
Id. , Émile-Charles, maçon, à Levallois.............		Crampel....	28 avril 68	(7)			
LECERF, boucher, rue Philippe-de-Girard, 96........		Legriel.....	18 janv. 72	(8)			
Id. , Édouard, mécanicien, rue d'Allemagne, 50..		Dattarel....	30 juin 70	26 janv. 72	(9)		
Id. -ROBERT, Jean-François, sans domicile indiqué......	*	Mouillefarine.	....	....		5 janv. 72	
LECHAUGUETTE, Louis-Narcisse, march. de vins, à Boulogne.		Sommaire ...	5 déc. 72				
LECHEVALLIER, veuve, Jacques. Voir : FEUILLY, veuve.							
LECHEVREL, Édouard-Michel, tapis., r. Gren.-St-Germain, 170.L		Meillencourt.	17 févr. 72		* 20 juin 72	(10)	
LECLERC, veuve, marchande de vins, à Bagnolet..........		Beaugé.....	31 mai 72		* 23 août 72		
Id. et ROUSSEAU, merciers, rue St-Martin, 192......		Knöringer...	23 sept. 71	(11)			
Id. , Louis-Charles, marchand de vins, r. Pastourel, 28..		Lamoureux..	2 avril 72	24 août 72	(12)		
Id. frères, négociants, rue de la Chapelle, 23......		Pinet.......	27 sept. 72		* 23 déc. 72		
LECLERCQ, Alexandre-Louis, méc., r. St-Maur-Popincourt, 70.		Dattarel	3 juin 69	18 févr. 70	* 14 juill. 72		
LECOCQ, François-Édouard, emballeur, rue d'Hauteville, 90....		Legriel.....	7 févr. 72	2 sept. 72	(13)		
LECOLLANT-CATELIN, Pierre-Louis, faubourg St-Denis, 14...'	*	Foussier....	....	....		1er févr. 72	
LECOMTE, décédé, limonadier, rue d'Amsterdam, 22........		Legriel.....	6 juill. 72				
Id. , marchand de vins, rue Constantine, 17,..........		Knöringer ...	16 nov. 72				
Id. , Guillaume-Charles, employé, faub. St-Denis, 134..'	*	Hervel......	....	....			3 juin 72

(1) LEBLANC, demoiselle, paie 31 %, unique répartition.

(2) LEBLANC paie 48 fr. 67 c. %, unique répartition.

(3) LEBON paie 20 %, 1re répartition de l'actif abandonné.

(4) LE BORGNE paie 10 %, 1re répartition.

(5) LEBOURGEOIS paie 11 fr. 07 c. %, 2e et dre répartition.

(6) LECANU paie 24 %, dans le mois de l'homologation.

(7) LECAT, Émile, paie 2 fr. 44 c. %, unique répartition.

(8) LECERF boucher, paie 14 fr. 72 c. %, unique répartition

(9) LECERF, Édouard, doit 50 %, en 5 ans, par 1/5, de l'hom.

(10) LECHEVREL. — Réouverture du 10 déc. 72.

(11) LECLERC et ROUSSEAU ont été qualifiés faillis par jugement du 27 mai 72.

(12) LECLERC, Louis, paie 1 fr. 11 c. %, produit de son actif, et doit 10 %, en 4 ans, par 1/4, de l'homologation.

(13) LECOCQ doit 20 %, en 5 ans, par 1/5, de l'homologation.

NOMS, PRÉNOMS, PROFESSIONS ET DOMICILES.	L indique Liquidation * appartient Avoué et Insuffisance	SYNDICS ET AVOUÉS	FAILLITES ET LIQUIDATIONS.	DATE DES HOMOLOGATIONS DE CONCORDATS	INSUFFIS^{ce} ET UNIONS.	SÉPARAT^{ns} DE BIENS JUDICIAIRES.	CONS. JUDIC. ET INTERDICT.
LECOMTE, Charles, restaurateur, rue Richelieu, 40.........		Pluxanski....	10 janv. 72	....	* 25 avril 72		
LECONTE, négociant, chaussée d'Antin, 57.................		Meillencourt.	2 juill. 72	(1)			
LECORDONNIER, loueur de voitures, rue de Juillet, 45, puis, 11.	Sommaire ...	18 juin 72	....	* 31 juill. 72			
LECOUR, Louis-Joseph, épicier, rue Turbigo, 38.........		Hourtey...	9 mars 72	8 nov. 72	(2)		
Id. -VERNHES, Joseph, épicier, rue Turbigo, 38.........	*	Rousseau...				2 juill. 72	
LECOURT, aîné, marchand de meubles, rue Châteaudun, 45....		Chevillot...	10 oct. 71	(3)			
Id. -DELEAU, Gauthier, rue du Pont-Neuf, 9.........	*	Violletto...	....			13 févr. 72	
LECOURTOIS. Voir : CUISINOT et LECOURTOIS.							
LECREUX, Emile-Victor, propriétaire, à Nancy.............	*	Delacave ...	(4)				
LEDANTEC, Louis-Anatole-Yves, serrurier, à St-Denis.......		Beaujeu...	9 sept. 72	....	* 30 oct. 72		
LEDOUX, fils, Hippolyte-J.-B., linger, rue du Caire, 23......		Hécaen.....	12 janv. 72	(5)			
Id. extracteur de terres, rue des Francs-Bourgeois, 4.....		Battarel....	28 oct. 61	(6)			
LE DUC, Gustave-Julien, loueur de voitures, r. de Verneuil, 49.L	Chevillot...	9 mars 72	26 juin 72	(7)			
Id. -BERTOT, Georges, rue Duperré, 11.............	*	Bertot.....	....			27 mai 72	
LEFAUCHEUR, Yves-Jean, marchand de vins, rue de Lille, 44..		Devin......	7 juin 72				
LEFEBURE-FILLIOL, Paul-Ernest, boulevard Sébastopol, 11...	*	Clériot	....			6 févr. 72	
LEFEBVRE, agent d'affaires, boulevard St-Michel, 9.........		Knéringer...	28 oct. 72	....	* 31 déc. 72		
Id. Pierre-Henri, docteur, à l'hôpital Lariboisière....*	Mignot.....		....				* 21 déc. 72
Id. -MALEZIEUX, Alexandre, faubourg Poissonnière, 113.*	Masse.....					19 août 72	
Id. Alphonse. Voir : JACQUET et Cie.							
Id. agent d'affaires, boulevard St-Michel, 9.............		Devin......	8 mai 72		* 11 déc. 72		
Id. -GUY, Victor-Auguste, rue Chapon, 5...........	*	Best				1er févr. 72	
LEFÉVRE, Jules, fruitier, à St-Mandé.................		Copin.....	18 févr. 72		* 30 avril 72		
Id. et Cie, Auguste, m^{ds} de tissus, place des Victoires, 4.	Richard.....	19 déc. 71		* 14 nov. 72			
Id. -MAYEUX, Louis-Etienne-Désiré, r. St-Honoré, 103.*	Blachez					16 août 72	
Id. Ermance. Voir : GOUERRE, veuve.							
Id. Ferdinand, facteur de pianos, rue Laugier, 7......		Maillard....	7 août 71	8 févr. 72	(8)		
Id. François, marchand de bois, rue Véron, 27 bis......		Darboux....	5 déc. 71	11 mars 72	(9)		
Id. frères, Lucien et Edmond, mécan., b^d Malesherbes, 70.	Maillard....	20 juill. 72	4 déc. 72	(10)			
Id. -VARRY, Augustin-Alexand., r. du Grand-Prieuré, 37.*	Mercier					10 juin 72	
Id. Philogien-Joseph, taill., pass. du Grand-Cerf, 38 et 40.	Crampel....	31 août 68	23 déc. 68	(11)			
LEFORT, marchand de charbons, rue Grange-Batelière, 17....		Quatremère.	25 avril 72	....	* 31 déc. 72		
LEFOURNIER-TIECS, Hippte-Hyacinthe-Fort., r. Rennequin, 51.*	Benoist		....			17 juin 72	
LEFRANÇOIS, Désiré-Maurice, mercier, passage du Ponceau, 18.	Barbot.....	21 oct. 71	(12)				
LEGASTELOIS, imprimeur, rue des Billettes, 15.............		Gauche.....	21 juill. 69	....	* 29 sept. 69	(13)	

(1) **LECONTE.** — Faillite rapportée par arrêt du 7 nov. 72.

(2) **LECOUR** abandonne son actif, et doit 10 %, en 5 ans, par 1/5, de l'homologation.

(3) **LECOURT** aîné, paie 20 fr. 79 c. %, unique répartition, et est qualifié failli.

(4) **LECREUX.** — 2 janvier 1872, main-levée de conseil judic^{re}.

(5) **LEDOUX**, fils, paie 4 fr. 37 c. %, unique répartition.

(6) **LEDOUX** paie 1 fr. 84 c. %, unique répartition.

(7) **LE DUC** doit 30 %, en 3 ans, par 1/3, de l'homologation.

(8) **LEFÈVRE**, Ferdinand, doit 30 %, en 6 ans, par 1/6, de l'hom.

(9) **LEFÈVRE**, François, est qualifié failli, et doit 25 %, en 5 ans, par 1/5, de l'homologation.

(10) **LEFÈVRE** frères, doivent 50 %, en 5 ans, de l'homologation.

(11) **LEFÈVRE**, Philogien, paie 3 fr. 09 c. %, produit de son actif.

(12) **LEFRANÇOIS** paie 1 fr. 24 c. %, unique répartition.

(13) **LÉGASTELOIS** paie 24 fr. 88 c. %, unique répartition.

NOMS, PRÉNOMS, PROFESSIONS ET DOMICILES.	L indique Liquidation ° astérisque Avoué et Insuffisance	SYNDICS ET AVOUÉS	FAILLITES ET LIQUIDATIONS.	DATE DES HOMOLOGATIONS DE CONCORDATS	INSUFFIS^ces ET UNIONS.	SÉPARAT^on DE BIENS JUDICIAIRES.	CONS.JUDIC. ET INTERDICT.
LEGAULT-BLANCHARD, rue St-Jacques, 303	*	Mesnier				30 avril 72	
LEGAUME. Voir : BAUDRY, dame.							
LEGAY, Gabriel-Esprit, serrurier, rue St-Jacques, 235		Gauche	17 sept. 72				
Id. -TRÉCOUR, Louis-Joseph, sans domicile connu	*	Dinot				23 janv. 72	
LEGENDRE, E., ex-limonadier, à Versailles		Beaujeu	20 juill. 72		* 30 déc. 72		
Id. Camille-Victor, scieur, rue d'Allemagne, 127		Richard	19 déc. 71	27 juin 72	(1)		
Id. banquier, boulevard des Italiens, 9		Beaugé	6 mai 72				
LEGÉNISSEL, peintre, boulevard du Temple, 32		Moys	2 sept. 72				
LEGER, Julien, marchand de vins, route de Montrouge, 112		Prodhomme	12 mars 72	12 août 72	(2)		
Id. Achille, limonadier, rue Greneta, 48		Lamoureux	21 sept. 72				
Id. Léon, cordonnier, rue St-Martin		Prodhomme	29 nov. 72				
Id. Voir : VALNET, dit LÉGER.							
LEGOUIX, Ernest, éditeur de musique, rue Helévy, 14		Sommaire	13 mai 72	17 déc. 72	(3)		
LEGRAIN-BARBOT, Alphonse-Joseph, employé, rue St-Roch, 14	*	Foussier				7 mai 72	
LEGRAND, pers^t, Dés.-Étien.-Paul, ex-dist., r. Miromesnil, 24		Dufay	3 sept. 72		* 23 déc 72		
Id. marchand de vins, rue Balagny, 7		Normand	2 févr. 72		* 12 mars 72		
Id. -THOMAS, Arm.-Dés.-Étien.-Paul, r. Miromesnil, 24	*	Masse				26 nov. 72	
Id. marchand de vins-traiteur, avenue Bugeaud, 53		Legriel	19 sept. 72				
Id. Pierre-Alfred, hôtelier, rue St-Arnaud, 11		Bourbon	19 avril 72	20 août 72	(4)		
Id. marchand de vins, rue de Balagny 7		Devin	27 avril 72		* 31 août 72		
LEGROS, Jules-Louis, ex-limonadier, rue Truffaut, 32		Copin	29 nov. 72		* 31 déc. 72		
LEGU-GUILLOUX, Nicolas-François, rue Aumaire, 15	*	Maza				13 mai 72	
LEGUAY, Marie-Françoise. Voir : DERRON, veuve.							
LEGUILLOCHET, marchand de vins, rue Gouvion-St-Cyr, 25		Crampel	31 août 68	4 mai 72	(5)		
LEHALLEUR-BENARD, Léon, rue de Charenton, 217	*	Dubost				9 avril 72	
LEHEL-HERVIEU, Joseph-Michel, sans domicile connu	*	Boutet				24 juin 72	
LEHMAN, Lazard, bonnetier, rue St-Quentin, 38		Devin	31 juill. 72		* 30 sept. 72		
LEHMANN et PIERRON, E. peintres, avenue Parmentier, 18		Beaugé	6 mars 72		* 30 avril 72		
LEIST-OUVRARD, Jacques, ébéniste, rue des Tournelles, 16	*	Girauld				8 juill. 72	
LEJALLEY, Auguste, ex-march. de nouveautés, r. Guisarde, 14		Normand	14 juin 72		* 22 août 72		
LEJEUNE, Léon, hôtelier, boulevard Neuilly, 17	L	Richard	23 févr. 72				
Id. commissionnaire, r. Notre-Dame-des-Victoires, 44		Sautton	18 mai 72				
Id. -LEFEBVRE, place Pereire, 4	*	Bourse				9 avril 72	
Id. LECONTE, Prosper, r. Notre-Dame-des-Victoires, 44	*	Foussier				8 févr. 72	
LELIÈVRE, porcelainier, rue Neuve-St-Merry, 5		Darbot	16 déc. 72		* 31 janv. 73		
LELONG, Frédéric-Joseph, art. chinois, rue St-Georges, 10		Beaugé	25 oct. 71	24 févr. 72	(6)		
LELOUTRE, d^elle, Eugénie-Virginie, hôtelière, r. d'Argout, 35		Copin	30 avril 72	27 août 72	(7)		

(1) LEGENDRE, Camille, paiera l'intégralité des créances en 7 ans, 1er paiement, le 15 juillet 73, et est qualifié failli.

(2) LÉGER, Julien, paiera 40 %, en 6 ans, de l'homologation, et est qualifié failli.

(3) LEGOUIX paie 10 %, 1re répartition, et doit 2 %, en 2 ans, et deux paiements égaux.

(4) LEGRAND, Pierre, doit 20 %, en 4 ans, par 1/4, de l'hom.

(5) LEGUILLOCHET doit 20 %, en 4 ans, par 1/4, de l'hom.

(6) LELONG doit 50 %, en 5 ans, par 1/5, de l'homologation et est qualifié failli.

(7) LELOUTRE, demoiselle, doit 40 %, en 3 ans, de l'homologation.

NOMS, PRÉNOMS, PROFESSIONS ET DOMICILES.	Indice Liquidation * astérisques Avoué Insuffisance	SYNDICS ET AVOUÉS	FAILLITES ET LIQUIDATIONS.	DATE DES HOMOLOGATIONS DE CONCORDATS	INSUFFIS^{es} ET UNIONS.	SÉPARAT^{ns} DE BIENS JUDICIAIRES.	CONS. JUDIC. ET INTERDICT.
LEMAGNAN, menuisier, boulevard St-Jacques, 10............		Sarazin......	22 juin 72	....	* 22 août 72		
LEMAIRE, Eugène-François, entrepreneur, avenue Clichy, 41.L		Chevillot	30 janv. 72				
LEMARCHAND, mercier, rue d'Aboukir, 80..................		Maillard......	6 mars 72	(1)			
Id. cafetier, rue Dénoyer, 3...................		Moillencourt .	3 mai 72		* 21 juin 72		
Id. Eugène-Amédée, liquoriste, faub. Montmartre, 6.		Beaugé........	5 avril 72		* 6 mai 72		
LEMASSON, Eugène-Henri, boucher, place d'Aligre, 10......		Normand...	13 nov. 71	(2)			
LEMÉE, Ch., ex-commissionaire, rue des Petites-Écuries, 8...		Moillencourt	13 juill. 72	(3)			
Id. Amand-Théophile, bonnetier, rue de Rivoli, 100......		Sarazin......	19 févr. 72				
LEMELLE-JACOLET, Laurent-Jules, à Levallois..........	*	Loriat........		....		24 févr. 72	
LEMIÈRE, dame, limonadière, boulevard Beaumarchais, 27....		Quatremère..	7 déc. 72				
Id. limonadier, boulevard Beaumarchais, 27............		Id........	28 sept. 72				
LEMIRE dit VANNIER, m^d de chevaux, r. des 2 Portes-St-Sauv., 18..		Sarazin......	22 oct. 72				
LEMIT, Pascal, pharmacien, rue de la Verrerie, 4...........		Barbot........	9 janv. 72		17 oct. 72		
Id. -ALEXANDRE, pharmacien, rue de la Verrerie, 4.......*		Quillot				22 févr. 72	
LEMOINE, Louis-Désiré boulanger, rue de Charonne, 24......		Hécaen......	18 déc. 72				
Id. -CHADRIN, marchand de vins, rue des Écoles, 38...		Copin........	2 janv. 72	(4)			
LEMOING, marchand de vins, rue Charles V, 14...........		Chevillot	16 août 72		* 29 nov. 72		
LEMONNIER-GOULLEY, Adolphe, rue Gay-Lussac, 5.......*		Delepouve....					3 avril 72
Id. fabricant de produits en terre cuite, à Vanves.......		Lamoureux..	29 févr. 72	16 oct. 72	(5)		
Id. Charles-J.-B.-Marie, l^r de voitures, r. d'Asnières, 144.		Devin........	12 avril 70	(6)			
LENFANT, Louis-Firmin, limonadier, rue Vaugirard, 38.....		Chevallier ...	24 févr. 72	(7)			
Id. -JEANNEST-St-HILAIRE, Isid.-Jos., r. des Jeûneurs, 21.*		Delessard.....				5 mars 72	
LENICE, Pierre-Bélisaire, m^d de vins, r. Croix-Nivert, 20..		Normand.....	23 déc. 71		* 28 mars 72		
LENOIR et Cie, fabric. de meubles pour dessin, r. d'Alésia, 60..		Bourbon......	19 juill. 70	2 mars 72	(8)		
Id. -BATISSIER, Jean, rue Radziwill, 29.............*		Archambault..				3 déc. 72	
Id. et Cie, Gabriel, entrepreneur, rue de Provence, 62......		Moncharville..	27 déc. 72				
Id. maçon, rue du Rocher, 17..................		Chevallier ...	24 sept. 72				
LE NORCY, Jean-Mathurin, linger, rue Tronchet, 18.......		Normand.....	13 mars 72	22 juin 72	(9)		
LENTZEN, Jean-Antoine, bijoutier, rue de Tracy, 7..........		Sarazin......	31 janv. 66		16 juill. 72		
LÉON fils et SEY, confectionn., r. Croix-des-Petits-Champs, 28 .		Bégis	19 déc. 72				
LÉONARD et Cie, Jean-Baptiste, pharmaciens, rue Laval, 3...		Quatremère..	23 févr. 70		22 juin 70	(10)	
Id. fabricant d'essieux, rue Beaudricourt, 56........		Sautton......	29 janv. 72	(11)			
Id. -THIRION, Édouard-J.-B., place du Château-d'Eau, 5.*		Milliot					17 déc. 72
Id. agent d'affaires, rue Laffitte, 1............		Normand.....	22 févr. 70		* 25 avril 72		
LÉOTARD, Émile, tapissier, boulevard Malesherbes, 10........		Chevallier ...	30 déc. 71				
LEPÉE, ex-boulanger, rue du Théâtre, 133		Hécaen......	17 févr. 72		* 28 mars 72		

(1. LEMARCHAND, mercier, paie 0 fr. 79 c. %, uniq. répartition.

(2) LEMASSON paie 23 fr. 41 c. %, uniq. rép., et est qual. failli.

(3) LEMÉE, Ch. — Faillite annulée par jugement du 28 nov. 72.

(4) LEMOINE-CHADRIN paie 10 %, en deux répartitions.

(5) LEMONNIER, fabricant de produits, doit 25 %, en 5 ans, par 1/5, de l'homologation.

(6) LEMONNIER, Charles, paie 5 %, 1re répartition.

(7) LENFANT paie 6 fr. 67 c. %, unique répartition.

(8) LENOIR et Cie, paient 10 %, 1re répartition de l'actif abandonné. LENOIR se réserve l'établissement de la rue d'Alésia, 60, et s'engage à payer 15 %, en 3 ans, par 1/3.

(9) LE NORCY doit 30 %, en 5 ans, par 1/5, de l'homologation.

(10) LÉONARD et Cie paient 100 %, unique répartition.

(11) LÉONARD, fab^t d'essieux, paie 14 fr. 60 c. %, unique rép.

NOMS, PRÉNOMS, PROFESSIONS ET DOMICILES.	Indique Liquidation * astérisque Avoué et Insuffisance	SYNDICS ET AVOUÉS	FAILLITES ET LIQUIDATIONS.	DATE DES HOMOLOGATIONS DE CONCORDATS	INSUFFISce ET UNIONS.	SÉPARATn DE BIENS JUDICIAIRES.	CONS.JUDIC. ET INTERDICT.
LEPELLETIER, marchand de vins, quai de la Mégisserie, 18....		Lamoureux.	18 janv. 00	....	22 oct. 72		
LEPÈRE-LEFEBVRE, Louis-Alphonse, costumier, à Asnières...		Brémard...	....	....		30 avril 72	
LEPETIT-RIDET, Jean-Baptiste. avenue Grande-Armée, 06....		Doudin....	....	....		15 juill. 72	
LEPLAIN, Étienne-Émile, cordonnier, boulev. Poissonnière, 5.		Prodhomme.	11 sept. 72				
LEPLAY, NOEL et Cie, appareilleurs, rue Lafayette, 94		Moncharville.	16 juill. 72				
LE PRÊTRE, Émile, limonadier, boulevard St-André, 4......		Beaufour.	15 juill. 72		* 31 août 72		
LEPRON-CAHAIS, Émile, avenue d'Orléans, 00.............		De Bonazé...				20 janv. 72	
LEQUEUX. Voir : LACROIX-VERBOECKHOVEN et Cie.							
LERAT-YTASSE, J.-Bapt.-Gustave, rue Chabanais, 4........		Lofoullon...				28 nov. 71	
LEREBOURS, veuve, Pierre-Henri, peintre, r. de l'Arbre-Sec, 51.		Lamoureux..	13 janv. 72		* 30 avril 72		
LEREDDE-LANGLOIS, Ange-Victor, rue de Tourville, 45......		Poisson....				26 août 72	
LERÉTIF, François, tanneur, à Gentilly...................		Beaugé.	22 déc. 71	10 avril 72	(1)		
LE REVEIL, journaliste, rue d'Aboukir, 9		Richard...	18 juin 72				
LERICHE, Pierre-François, marchand de vins, av. Lacuée, 52.		Prodhomme..	20 déc. 72				
LE RIVEREND, Victor-Louis, pharmacien, r. Châteaudun, 4 bis.		Normand...	27 févr. 72	19 juin 72	(2)		
LERNON, Eugène, ex-voiturier, rue Colineau, 2...........		Bourbon....	5 déc. 72				
LEROITEUX-BARBEROT, Clément-Alexandre, av. d'Italie, 134.*		Blachez....				17 juin 72	
LEROUT, Pierre, marc. de nouv., grande r. de Montreuil, 13..		Maillard....	3 oct. 71	28 févr. 72	(3)		
LEROUX, fabricant de chaussures, faubourg Montmartre, 40..		Pinet.....	11 nov. 72		* 24 déc. 72		
Id　　-LEGENDRE, Théodore-Denis, rue de Lancry, 5.....	*	Castaignet ...				25 avril 72	
LEROY, Maxime, boucher, rue Cardinal-Lemoine, 85.......		Meys....	4 déc. 72				
Id. , marchand de vins, à Levallois.............		Legriel....	13 nov. 72		* 31 janv. 73		
Id. , Pierre, boulanger, rue de la Gaîté, 12		Battarel....	18 mars 72	(4)			
Id. , Ernest-Louis, épicier, rue de Charonne, 139......		Normand....	21 juill. 72	(5)			
Id. , Pierre-Antoine, potier, rue Château-des-Rentiers, 74.		Barboux....	29 mai 72	....	* 29 juin 72		
Id. , Charles, mercier, rue St-Antoine, 181		Sommaire ...	7 juill. 72				
Id. , Hippolyte, mercier, rue Vaugirard, 208.......		Gautier....	13 mai 72				
Id. , Célestin, ex-nourrisseur, rue Lauriston, 114.......		Beaujeu....	9 juill. 72	(6)			
Id. DE St-ARNAUD DE TRAZÉGNIES D'ITTRE, r. Tournon, 5.*		Archambault..				13 janv. 72	
LESELLLIER-HUSSON, Céleste-Frédéric-Nicolas, à St-Mandé.*		Dumout.....				14 mars 72	
LESIEUR, Jacques, chapelier, faubourg du Temple, 20		Normand...	7 nov. 71	29 janv. 72	(7)		
LESOBRE-TESTUT, Alfred, rue de Louvois, 8............*		Branche...				20 avril 72	
LESOBRÉ et CHAUVET, tailleurs, rue Richelieu, 48..........L		Gautier....	13 mars 72	22 juill. 72	(8)		
LESOURT, Paul, plâtrier, à Villemomble................		Quatremère..	1er mars 69	23 nov. 69	(9)		
LESTAT fils, Paul-Louis-Prudent, maçon, à Charenton........		Cauche....	20 sept. 71				
LESUEUR, Louis, marchand de comestibles, rue Rambuteau, 22		Meys.......	3 avril 72	11 juill. 72	(10)		

(1) **LERÉTIF** doit 30 %, en 5 ans, par 1/5, de l'homologation, et est qualifié failli.

(2) **LE RIVEREND** doit 60 %, en 4 ans, par 1/4, de l'homologation.

(3) **LEROUT** doit 30 %, en 3 ans, par 1/3, de l'homologation, et est qualifié failli.

(4) **LEROY**, Pierre, paie 2 fr. 15 c. %, unique répartition.

(5) **LEROY**, Ernest, paie 26 fr. 82 c. %, unique répartition.

(6) **LEROY**, Célestin. — Faillite annulée par jugt du 26 déc. 72.

(7) **LESIEUR** doit 50 %, en 5 ans, par 1/5, de l'homologation, et est qualifié failli.

(8) **LESOBRÉ** et **CHAUVET** doivent 40 %, en 6 ans, de l'homol.

(9) **LESOURT** paie 1 fr. 20 c. %, troisième et dern. répartition.

(10) **LESUEUR** doit 40 %, en 5 ans, de l'homologation.

NOMS, PRÉNOMS, PROFESSIONS ET DOMICILES.	L ted que Liquidation * astreignen Avoué ei Insuffisance	SYNDICS ET AVOUÉS	FAILLITES ET LIQUIDATIONS.	DATE DES HOMOLOGATIONS DE CONCORDATS	INSUFFIS^ce ET UNIONS.	SÉPARAT^e DE BIENS JUDICIAIRES.	CONS.JUDIC. ET INTERDICT.
LE TESSIER, aîné, Félix, boulanger, rue Grenelle-St-Germain..		Meys........	27 févr. 72				
LETOUZÉ, Charles, marchand de vins, rue des Alouettes, 8....		Id........	12 juin 72	21 nov. 72	(1)		
LETOUZET, Jean-Baptiste, ex-négociant, rue Rivoli, 182.....		Boangé...	13 mai 72	22 août 72	(2)		
LEVASSEUR-ROCHETTE, Jean-François, à Clichy...........	*	Cignoux....	....			29 juill. 72	
Id. -MITARD, Henri-Jules, rue Vieux-Colombier, 6...	*	Poinsot.....	....			3 avril 72	
LEVAVASSEUR, Eugène, marchand de vins, rue St-Lazare, 15..		Beaufour...	20 nov. 69		* 30 déc. 69	(3)	
Id. -MAUSSET, Just-Alphonse, rue Monge, 33.....		Berryer.....				23 avril 69	
LEVÊQUE, Charles, ex-traiteur, rue Gallois, 4		Hécaen.....	3 sept. 72		* 27 sept. 72		
Id. , marchand de bois, rue Bisson, 16...........		Logriel.....	8 juin 72		* 17 oct. 72		
Id. , Louis-Hippolyte, restaurateur, à Puteaux........	L	Gautier.....	24 oct. 71	5 mars 72	(4)		
LEVERGER-CALON, Victor-Mathurin, rue de Provence, 40....		Mouillefarine.				8 juill. 72	
LEVESQUE, dame, lingère, rue Lafayette, 102....		Chevillot...	28 févr. 72		* 30 avril 72		
LEVI et Cie, passementiers, rue Montmartre, 130........		Lamoureux..	9 févr. 72	12 juin 72	(5)		
LEVILLAIN-BARBEREAU, Auguste-François, cité Trévise, 3...		Duval......				12 nov. 72	
LEVINTE-CHODRON, Charles-Joseph, rue Lafayette, 43.......		Foussier...				18 juill. 72	
LEVOIN, Théodore, marchand de vins, à St-Ouen........		Bégis	24 nov. 69	(6)			
LÉVY, L. marchand de draps, rue des Filles-du-Calvaire, 15...		Gautier.....	3 déc. 72				
Id. , Lazare, colporteur, boulevard Ménilmontant, 72......		Prodhomme..	23 sept. 72	18 déc. 72	(7)		
Id. , Sylvain, marchand de confections, faub. St-Martin, 77...		Copin......	11 juin 72				
Id. , aîné, Sylvain, confectionneur, chaussée du Maine, 54..		Bourbon...	4 juill. 72				
Id. -DASTET, Hippolyte, rue de Belleville, 109...........	*	Gougot.....				8 févr. 72	
Id. , Abraham, m^d de tulles et rubans, r. N.-D.-Nazareth, 61..		Meys......	21 déc. 71	21 mai 72	(8)		
Id. et GOTTLIED, bijoutiers, rue des Rosiers, 26........		Quatremère..	24 août 71	(9)			
Id. -LALIGANT, rue du Temple, 81............		Benoist....				18 avril 72	
Id. , Philippe, marchand à la toilette, rue Popincourt, 11...		Prodhomme..	12 juill. 72		* 31 août 72		
Id. , Léon, charbonnier, rue du Temple, 81..........		Sarazin.....	16 janv. 72	14 sept. 72	(10)		
Id. , Gerson, marchand de rubans, rue Rambuteau, 35.....		Meilloncourt..	3 oct. 71	25 mars 72	(11)		
Id. , fabricant de cuirs, avenue d'Orléans, 42.......		Sautton....	20 mars 72		* 30 mai 72		
Id. -LEVY, Israël, colporteur, quai des Célestins, 8.......	*	Postel......				27 mai 72	
Id. aîné, Simon, confectionneur, boulevard Magenta, 107..		Darboux....	7 mai 70	16 août 70	* 30 avril 72		
Id. -BERNARD, Sylvain, rue des Lions-St-Paul, 5.......	*	Cesselin....				9 janv. 72	
LEYDER-DENARD, François-Joseph, sans domicile connu.....	*	Plassard....				19 août 72	
Id. Léon, marchand de vins, boulevard de Strasbourg, 30.		Devin.......	13 mai 72		* 5 juin 72		

(1) LETOUZÉ doit 50 %, en 6 ans, par 1/6, de l'homologation.

(2) LETOUZET paiera l'intégr. des créances en 6 ans, de l'h^on.

(3) LEVAVASSEUR, Eugène. — Réouverture du 6 nov. 72.

(4) LÉVÊQUE, Louis, paiera l'intégralité du passif en 3 ans, par 1/3, de l'homologation.

(5) LEVI et Cie paient 14 fr. 10 c. %, produit de leur actif, abandonnent 20,650 fr. déposés entre les mains du syndic, et paient 15 %, en 4 ans, par 1/4, de l'homologation.

(6) LEVOIN paie 52 fr. 70 c. %, unique répartition.

(7) LÉVY, Lazare doit 25 %, en 5 ans, par 1/5, de l'homologat.

(8) LÉVY, Abraham paiera l'intégralité des créances en 10 ans, de l'homologation, et est qualifié failli.

(9) LEVY et GOTTLIEB paient 1 fr. 02 c. %, unique répartition, et sont qualifiés faillis.

(10) LEVY, Léon, abandonne les sommes qui lui reviendront dans ses procès avec le chemin de fer du nord et le sieur Labarre, et doit 20 %, en 5 ans, par 1/5. — Madame Levy renonce à part dans la répartition de l'actif abandonné.

(11) LÉVY, Gerson, doit 25 %, en 5 ans, par 1/5, 1er août 72, et est qualifié failli.

NOMS, PRÉNOMS, PROFESSIONS ET DOMICILES.	L indique Liquidation * astreignes Avoué et Insuffisance	SYNDICS ET AVOUÉS.	FAILLITES ET LIQUIDATIONS.	DATE DES HOMOLOGATIONS DE CONCORDATS	INSUFFIS** ET UNIONS.	SÉPARAT** DE BIENS JUDICIAIRES.	CONS.JUDIC. ET INTERDICT.
LHERITIER, Louis-François, md de couleurs, av. des Ternes, 45.		Gautier......	27 déc. 74	12 juill. 72	(1)		
LHOMME, libraire, à St-Denis..........................		Chevillot....	31 oct. 72	....	* 30 nov. 72		
Id. Pierre-Benois, épicier, rue Clichy, 61	L	Meillenconrt.	19 janv. 72	26 juill. 72	(2)		
Id. -JUBERT, Pierre-Denoit, rue de Clichy, 61	*	Gamard	....	....	....	13 avril 72	
LHOSTE, marchand de vins, rue Lemercier, 32............		Pluzanski...	19 oct. 72		* 31 déc. 72		
LHUILLIER, Edmond, chapelier, rue de Provence, 1..........		Ganche......	9 août 71	20 févr. 72	(3)		
Id. négociant en fourrures, rue Vivienne, 11..........		Normand....	10 déc. 71				
LIAN-JAFFON, Léopold-Gustave, boulevard Neuilly, 82.......		Berton	....			31 déc. 72	
LIBOURNE à BERGERAC (chemin de fer de), rue Taitbout, 76..		Pluzanski...	18 juill. 66	(4)			
LICOT, Charles, marchand de vins, à Bagnolet.............		Prodhomme .	3 déc. 72				
LIGIER, G., appareilleur, rue des Amandiers, 14...........		Gautier......	20 juill. 72		* 30 oct. 72		
LION, Henri, tailleur, rue St-Lazare, 120.............		Dufay........	6 févr. 72		* 29 févr. 72		
Id. -RACHEL, Henri-Isaac, rue Marais-St-Martin, 40.......		Labbé........	....			7 nov. 72	
LIONS, papetier, rue de Lancry, 55....................		Hécaen......	3 mars 72		* 15 mai 72		
LIPMANN-LÉVY, Louis, commissionnaire, rue de la Victoire, 66.		Bourbon....	23 mai 72		* 29 juin 72		
LIZOT, Emile-Isidore, ex-voiturier, rue d'Aboukir, 54.....		Barboux......	9 mars 72	12 juin 72	(5)		
LOBJOIS-DUTERTRE, Joseph-François, rue Maubuée, 7.....		Trodoux......	....			27 nov. 69	
Id. Henri-Paul, appareilleur, rue des Bernardins, 22..		Battarel......	22 déc. 71	14 mai 72	(6)		
LOCATELLI-FROC (de), Napoléon-Parfait, sans domicile connu.	*	Chéramy	....			23 mars 72	
LOEB, Ernest-Alphonse. Voir : WORMS et LOEB.							
LOISEAU, Henri-Charles, ex-marchand de cuirs, à Fécamp....		Legriel......	20 déc. 71	27 mai 72	(7)		
LOISEL, boulanger, rue Saussure, 93...................		Pinet........	10 févr. 70	....	* 27 avril 70	(8)	
LOLLIOT-MATHIEU, Jules-Gust., doct. en méd., r. Tréviso, 28..		Lamy........	....			3 août 72	
LOMBARDI, Antoine, limonadier, avenue d'Orléans, 110......		Sarazin,.....	3 avril 72		* 29 juin 72		
LONDECHAL, Charles-Etienne, droguiste, passage Pecquay, 12.		Id........	15 déc. 71		* 28 mars 72		
LORIOT, loueur de voitures, avenue Tourville, 20.........		Moys........	7 mai 72		* 31 juill. 72		
LORY, Edmond-Constantin, fabricant de vernis, r. Turenne, 41.	L	Pluzanski...	17 févr. 72	9 juill. 72	(9)		
LOSSY de VILLE, Henry, entrepreneur, bd Haussmann, 43....		Moncharville.	2 sept. 72				
LOUET, Emile-Jules, ex-distillateur, à Levallois.............	L	Bégis......	25 sept. 69				
LOUIS, Simon, limonadier, rue de Flandres, 140..............		Chevallier...	25 mars 72	8 août 72	(10)		
Id. Pierre-François, distillateur, rue Ménilmontant,25.....		Barbot......	15 juill. 70	(11)			
LOUSSERT, Jean, limonadier, rue Turbigo, 45..............		Bégis......	10 janv. 72				
LOUVEL, entrepreneur, rue Rennequin, 32................		Beaugé......	19 sept. 72				
Id. -PEQUET, François, rue des Abbesses, 20...........	*	Levaux......	....	....	....	11 mai 72	

(1) LHERITIER abandonne son actif, moins son mobilier personnel, et est qualifié failli.

(2) LHOMME, Pierre, paie 10 %, 6 mois après l'homologation, et doit 40 %, en 3 ans, par 1/3.

(3) LHUILLIER doit 20 %, dans 3 ans, de l'homologation. — M. ELOY cautionne les premiers 10 %.

(4) LIBOURNE à BERGERAC. — Le syndic paie une répartition de 30 %, une autre de 100 %, puis un dividende de 12 fr. 02 c. % pour obligation, et de 4 fr. 80 c. % sur les autres créances.

(5) LIZOT, doit 5 %, dans 3 mois, de l'homologation, et 15 %, en 3 ans, par 1/3.

(6) LOBJOIS, Henri, doit 35 %, en 5 ans, par 1/5, de l'homologation, et est qualifié failli.

(7) LOISEAU doit 40 %, en 6 ans, par 1/6, de l'homologation.

(8) LOISEL. — Réouverture du 18 mai 1872.

(9) LORY doit 50 %, payables par 1/8, de l'homologation.

(10) LOUIS, Simon, doit 25 %, en 5 ans, par 1/5, de l'homolog.

(11) LOUIS, Pierre, paie 8 fr. 87 c. %, unique répartition.

NOMS, PRÉNOMS, PROFESSIONS ET DOMICILES.	L Indique Liquidation ° Aversuraqca Avoué et Insuffisance	SYNDICS ET AVOUÉS	FAILLITES ET LIQUIDATIONS.	DATE DES HOMOLOGATIONS DE CONCORDATS	INSUFFIS°° ET UNIONS.	SÉPARAT°° DE BIENS JUDICIAIRES.	CONS. JUDIC. ET INTERDICT.
LUBAC-MAURIN, Antoine, ouvrier gantier, rue du Bac, 38....		Henriot........			....	30 avril 72	
LUCAS, Adolphe-Pierre-Joseph, maçon, rue St-Georges, 33....		Prodhomme..	27 déc. 72				
LUCRON-VIARD, Marie-Jean-Georges, rue Fabert, 32.......	*	Branche.....				15 juill. 72	
LUEZ-NOEL, Edouard, faubourg St-Antoine, 345......	*	Archambault.				26 déc. 72	
LUNDY-VAVASSEUR, Gustave, sans domicile connu.........	*	Roche......				21 févr. 72	
LUQUET-ROUSSELIN, Savinien, avenue de Clichy, 50....	*	Gavignot				15 juill. 72	
LUSSEAU, Charles, marchand de vins, rue de la Malte, 53.....		Copin........	3 janv. 72	(1)			
LUYAIRE, Armand-J.-B., boisselier, rue Gît-le-Cœur, 8........		Bourbon....	9 mars 72	25 juin 72	(2)		
LUYO, delle, dite PAUL, Elisabeth, couturière, r. Lafayette, 41..		Gautier......	4 janv. 72	30 mai 72	(3)		

M

NOMS, PRÉNOMS, PROFESSIONS ET DOMICILES.	L Indique Liquidation	SYNDICS ET AVOUÉS	FAILLITES ET LIQUIDATIONS.	DATE DES HOMOLOGATIONS DE CONCORDATS	INSUFFIS°° ET UNIONS.	SÉPARAT°° DE BIENS JUDICIAIRES.	CONS. JUDIC. ET INTERDICT.
MABIRE-BAYONNET, Constant, rue de la Victoire, 23........	*	Réty........			....	14 août 72	
MABOUT, laitier en gros, rue Dufrénoy, 14		Bégis	2 janv. 72		* 17 févr. 72		
MABRIC et LARDIER, marchand de vins, quai de Bercy, 14.....		Bourbon....	10 sept. 72		* 28 nov. 72		
MACAIRE, marchand de vins, place de la Nativité........		Gauche.....	10 août 72		* 31 oct. 72		
MACÉ-MALLET, Jules-Charles, tourneur, rue St-Maur, 450...		Nottin........				26 août 70	
MACHARD, Jean-Louis, marchand de vins, boul. de Bercy, 40...		Chevallier...	17 oct. 72		* 23 déc. 72		
MACHEFER, loueur de voitures, rue St-Arnaud, 3........		Dufay.......	6 avril 72		* 30 mai 72		
MAËS aîné, Théodore, cordonnier, rue de la Reynie, 26.......		Moncharville.	6 déc. 71	13 mars 72	(4)		
MAFFRE-BROSSELARD, Léandre-Alphonse, à St-Maurice......	*	Masse.......				21 mars 72	
MAGGIOLO, fabricant de boutons, boulevard Voltaire, 276....		Beaujeu.....	12 avril 72		* 25 mai 72		
MAGNÉ sœurs, négociantes, rue Richer, 37.............		Heurtey.....	25 sept. 72		* 31 déc. 72		
MAGNI de LALONDE-ALLEMOZ, Victor-Avelin, r. d'Aboukir, 60.*		Trodoux.....				5 mars 72	
MAGNIEN dame, Georges, hôtelière, rue des Trois-Bornes, 22..		Pinet........	29 févr. 72	(5)			
MAGOT, Jacques, maçon, rue du Marché, 3.............		Barboux.....	12 mars 72		* 28 mars 72		
MAGRON-PAQUES, Jules-Arthur, linger, bd Bonne-Nouvelle, 47.		Dufay.....	29 août 72				
MAHIEU, entrepreneur, rue Constantinople, 2...........		Devin.....	26 janv. 72		* 6 mai 72		
MARON, Louis, fabricant de feuillage, rue N.-D. de Lorette, 3..		Knéringer ...	31 déc. 72				
MAIGRAT, Jules, linger, rue Montmartre, 16...........		Beaujeu.....	27 févr. 72	29 juin 72	(6)		
MAILLARD, Joseph-Adre, menuisier, rue de la Condamine, 70...		Copin.....	3 sept. 72				
MAIRESSE et Cie, Charles, négociants, cour Petites-Écuries, 20.		Id........	28 avril 70	(7)			
MAISONS-FRANÇOIS, Henri-Étienne-Félix, r. de l'Annonciat., 21.*		Delpon.....	....			28 sept. 72	
MAISTRIAU, Victor-Norbert, charbonnier, boul. de Clichy, 34..		Knéringer ...	29 juin 70	(8)			
MAITRE, marchand de vins, boulevard Mazas, 76...........		Sommaire ...	17 déc. 72		* 31 janv. 73		
Id. Voir : BULLEUX et MAITRE.							
Id. -D'HOTEL, Eugène-François, confiseur, r. Réaumur, 35.		Barbot......	25 nov. 72				

(1) LUSSEAU paie 8 °/₀, unique répartition.

(2) LUYAIRE doit 30 °/₀, en 5 ans, par 1/5, de l'homologation.

(3) LUYO, demoiselle, doit 15 °/₀, en 3 ans, par 1/3, de l'homol.

(4) MAËS aîné, est qualifié failli et doit 30 °/₀, en 4 ans, par 1/4, de l'homologation.

(5) MAGNIEN dame, paie 42 fr. 69 c. °/₀, unique répartition.

(6) MAIGRAT doit 40 °/₀, en 7 ans, 1er paiement dans 1 an de l'homologation.

(7) MAIRESSE et Cie paient 99 °/₀, en 4 répartitions.

(8) MAISTRIAU paie 7 fr. 78 c. °/₀, unique répartition.

NOMS, PRÉNOMS, PROFESSIONS ET DOMICILES.	& indique Liquidation * astérisque Avoué et Insuffisance	SYNDICS ET AVOUÉS	FAILLITES ET LIQUIDATIONS.	DATE DES HOMOLOGATIONS DE CONCORDATS	INSUFFIS⁹⁹ ET UNIONS.	SÉPARAT⁹ DE BIENS JUDICIAIRES.	CONS. JUDIC. ET INTERDICT.
MAITREJEAN-BOSQUILLON, Frédéric, à Rennes.............		*Delaporte....			....	19 août 72	
MALACRIDA, Jules, opticien, rue Vivienne, 12...............		Moncharville.	29 août 72				
MALAPERT-BOULAY, Édouard, rue Montmartre, 55..........		*Rousseau...			....	3 déc. 72	
Id. et ÉPAILLY, fab. de corsets, b⁴ Sébastopol, 28 bis..		Gautier....	31 juill. 71	(1)			
MALASSIS, baigneur, rue Croix-Petits-Champs, 26		Bécaen.....	13 févr. 72		*28 mars 72		
MALÉ-PIHET, J.-Baptiste, rue Rivoli, 134.................		Robert......				14 mars 72	
MALFILATRE, Alphonse, linger, boulevard Sébastopol, 78 ..		Pinet	29 déc. 71	27 mai 72	(2)		
MALIOT-BONNET, Jean, cocher, rue de la Charbonnière, 22..*		Mignot......				9 avril 72	
MALLET, Jean, limonadier, rue Moreau, 23		Knéringer...	5 févr. 72	18 juill. 72	(3)		
Id. Auguste-Victor, limonadier, boul. Strasbourg, 59...		Beaugé......	3 févr. 72	....	*25 avril 72		
MALLEZ-BOURGOGNE, Alphonse-Désiré-Constant, au Vésinet..*		Delcavo.....				27 mai 72	
MALNUIT, ex-marchand de vins, à St-Ouen		Barboux.....	20 mars 72		*29 avril 72		
MALOREY, J.-Baptiste, paveur, à Plaisance		Pluzanski....	1ᵉʳ août 67	(4)			
MALVAUX et MILLOT fils, lingers, rue Montmartre, 31.....		Chevillot....	21 juin 70	(5)			
MALVEZIN, Directeur de la Cie d'assurances l'Union, r. Rivoli, 83.		Barboux.....	19 nov. 72		*27 janv. 73		
MALZAC, Henri, ex-boulanger, faubourg St-Denis, 222.......		Beaugé......	13 janv. 72	(6)			
MANANCELLIER, négociant, rue Véron, 15 ou 151..........		Devin	7 oct. 64	(7)			
MANASSE, Séraphin, direct⁹ de théâtre, pl. Château-d'Eau, 13..		Meys........	22 janv. 72		*31 déc. 72		
MANCEAU, négociant, à Vincennes......................		Barbot	4 déc. 72				
MANCEL et Cie, banquiers, rue de Provence, 17		Id...........	19 sept. 72		*21 oct. 72		
MANDRON, ex-marchand de vins, à Ivry		Barboux.....	10 janv. 72		*10 avril 72		
MANERTZ, Georges, hôtelier, rue des Poissonniers, 129..		Richard	1ᵉʳ juill. 72				
MANGIN, Gustave, brasseur, rue de Flandre, 92		Chevillot....	10 oct. 71	19 févr. 72	(8)		
Id. Voir : ANDRÉ et MANGIN.							
MANIÈRE-MINET, François, rue de Belleville, 85		*Duboys.....			....	30 avril 72	
MANSART-VASSEUR, Auguste-Arsène, pl. du Château-d'Eau, 1.*		Clériot......			....	15 août 72	
MANSELLE-ROBERT, marchand de vins, rue de Bondy, 36...		Normand....	25 oct. 71	(9)			
MARAIS, Eugène-Antoine, march. de vins, impasse Froissart, 11.		Pinet	5 oct. 72				
MARC, marchand de vins, rue Bois-le-Vent, 6.............		Dégis	10 oct. 72				
MARCADIER, Jacques, hôtelier, rue de Vaugirard, 227.......		Gautier.....	4 déc. 69	(10)			
MARÇAIS, Théodore, marchand de vins, boulev. Voltaire, 165..		Richard	25 sept. 71		14 sept. 72		
MARCAULT, négociant, rue Cadet, 42 et à Chatou		Sarazin.....	29 mars 72	26 sept. 72	(11)		
MARCEAU-SORDONNÉ, Sylvain, à Ivry ....*		Poisson.....				8 oct. 72	
MARCEL, marchand de vins, boulevard Malesherbes, 121		Chevallier ...	19 sept. 72		*31 oct. 72		
MARCHAL-MONVOISIN, Nicolas, rue des Petits-Pères, 1.......*		Engrand.....				24 déc. 72	

(1) **MALAPERT** et **ÉPAILLY** paient 8 %, première répartition, et sont qualifiés faillis.

(2) **MALFILATRE** est qualifié failli ; il paie 15,000 fr. comptant entre les mains du syndic et une uniq. répart. de 12 fr. 42 c. %.

(3) **MALLET**, Jean, doit 30 %, en 5 ans, par 1/5, de l'homolog.

(4) **MALOREY** paie 51 fr. 11 c. %, unique répartition.

(5) **MALVAUX** et **MILLOT** fils paient 3 fr. 12 c. %, uniq. répart.

(6) **MALZAC** paie 57 fr. 45 c. %, pour toutes répartitions.

(7) **MANANCELLIER** paie 6 fr. 70 c. %, unique répartition.

(8) **MANGIN** est qualifié failli et doit 25 %, en 5 ans, par 1/5, de l'homologation.

(9) **MANSELLE-ROBERT** est qualifié failli, il paie 3 fr. 96 c. %, unique répartition.

(10) **MARCADIER** paie 44 fr. 87 c. %, unique répartition.

(11) **MARCAULT** abandonne son actif, et s'engage à payer le montant de sa dette en 6 ans, par 1/12, de l'homologation.

NOMS, PRÉNOMS, PROFESSIONS ET DOMICILES.	Indice Liquidation Avoué et Insuffisance	SYNDICS ET AVOUÉS	FAILLITES ET LIQUIDATIONS.	DATE DES HOMOLOGATIONS DE CONCORDATS.	INSUFFIS^ce ET UNIONS.	SÉPARAT^on DE BIENS JUDICIAIRES.	CONS. JUDIC. ET INTERDICT.
MARCHAL et Cie, banquiers, rue Taitbout, 54		Beaugé	18 mars 72		* 25 mai 72		
MARCHAND, Louis-Luc., maître de lavoir, r. des Cordelières, 12.		Pluzanski	27 déc. 72				
Id. Clovis-Isidore, march. de vins, r. St-Bernard, 12.		Sommaire	17 janv. 72		* 28 mars 72		
Id. fils aîné, Henri-René, couvreur, rue Durantin, 17.		Battarel	24 oct. 71	(1)			
Id. -GASTELLIER-DELGIRAULT, rue du Temple, 64.		Dubois				29 juill. 72	
Id. Oscar, hôtelier, rue du Temple, 65	L	Chevillot	12 mars 72	24 déc. 72	(2)		
MARCILLE, ex-marchand de vins, boulevard Magenta, 109		Maillard	3 févr. 72		* 29 févr. 72	(3)	
MARCILLY, dame décédée, bijoutière, boulevard Sébastopol, 9.		Bourbon	27 nov. 71				
MARCUS, H., casquettier, rue du Petit-Thouars		Dufay	19 août 72		* 14 nov. 72		
MARÉCHAL, Théophile, fabricant de lits, rue St-André, 15	L	Maillard	6 mars 72				
MARET-RONHERT, Charles, rue Magnan, 33	*	Delessard				8 juill. 72	
MARETTE, Alfred, marchand de bronzes, rue Cadet, 26		Dufay	8 avril 70	13 août 70	* 29 août 72		
MARGAND, ex-commissionnaire, rue Paradis-Poissonnière, 43		Beaugé	20 déc. 71	27 mars 72	(4)		
MARGELIDON, confectionneur, rue Condorcet, 55		Lamoureux	1er août 72				
MARICHAL, Léandre, marchand de bouteilles, quai Valmy, 43.		Pinet	5 févr. 72	3 juin 72	(5)		
Id. Jacques, marchand de vins, rue St-Martin, 345.		Barbot	1er févr. 70		* 30 mars 70	(6)	
MARIÉ, Abel, hôtelier, boulevard Bonne-Nouvelle, 35		Normand	18 mars 72		* 15 mai 72		
Id. Marcel, voiturier, avenue Malakoff, 63		Gautier	10 janv. 70	3 avril 72	(7)		
MARIGNAC-LOUISE, Manuel-Rodolphe-Stanislas, à Vincennes.	*	Cesselin				20 févr. 72	
MARILLIER, marchand de chaussures, rue Vaugirard, 240		Barboux	19 avril 72	(8)			
MARION, confectionneur, rue Monsigny, 6		Sarazin	13 nov. 72				
Id. marchand de vins, rue Marcadet, 190		Copin	14 juin 72		* 31 juill. 72		
Id. Constant-Étienne, épicier, boulevard St-Michel, 137.		Beaujou	11 nov. 71	6 févr. 72	(9)		
MARIOTTE et Cie, François, fabricants de jupons, r. Mulhouse, 13.		Bourbon	9 avril 72				
MARLIANI, tapissier, rue Rochechouart, 18		Gautier	4 sept. 72		* 24 déc. 72		
MARLIER, Charles, Voir : NOIZETTE, JEANRASSE et Cie.							
MARMET et Cie, H., commissionnaires, rue Lafayette, 59	L	Quatremère	27 oct. 71		* 18 avril 72		
MAROTTE, Théophile, éditeur, rue St-Jacques, 22		Lamoureux	5 juin 72				
MARQUE, marchand d'articles de voyage, rue Lafayette, 124		Barboux	24 janv. 72		* 29 févr. 72		
MARQUÉ-CASSÉ, Jean-François, rue de la Sourdine, 12		Carlot				3 juin 72	
MARQUET, Voir : SELLE veuve.							
MARQUIGNIES, Hippolyte, peintre, rue Rodier, 22		Chevillot	11 mars 72				
MARRE, Jean, marinier, boulevard Magenta, 111		Richard	30 déc. 72				
MARSAULT, fils aîné, marchand d'huiles, à Levallois		Legriel	7 févr. 72		* 26 mars 72		
MARTEAU, négociant, rue Vivienne, 48		Quatremère	28 août 63	(10)			

(1) MARCHAND fils aîné, a été qual. failli par jug¹ du 6 nov. 72.

(2) MARCHAND, Oscar, doit 40 %, en 6 ans, par 1/6, de l'hom.

(3) MARCILLE. — Réouverture du 25 octobre 1872.

(4) MARGAND est qualifié failli ; il abandonne 6,000 fr. se trouvant aux mains du syndic, 4,000 fr. montant de deux traites tirées sur le comptoir d'escompte de Paris et paie 12 fr. 23 c. %, produit de son actif.

(5) MARICHAL, Léandre, doit 25 %, en 5 ans, par 1/5, premier paiement le 31 décembre 1872.

(6) MARICHAL, Jacques. — Réouverture du 29 février 72

(7) MARIÉ, Marcel, doit 20 %, en 3 ans, par 1/4, de l'homol.

(8) MARILLIER paie 0 fr. 77 c. %, unique répartition.

(9) MARION, Constant, paie 38 fr. 23 c. %, produit de son actif.

(10) MARTEAU paie 9 fr. 72 c. %, unique répartition.

NOMS, PRÉNOMS, PROFESSIONS ET DOMICILES.	Règlem Liquidation assurance Avoué et Insuffisance	SYNDICS ET AVOUÉS	FAILLITES ET LIQUIDATIONS.	DATE DES HOMOLOGATIONS DE CONCORDATS	INSUFFIS^{ns} ET UNIONS.	SÉPARAT^{on} DE BIENS JUDICIAIRES.	CONS.JUDIC. ET INTERDICT.
MARTEAUX, Joseph, porcelainier, rue Popincourt, 28		Meillencourt.	22 mars 72	18 oct. 72	(1)		
Id. -LIGNEY, Joseph, Id		Mesnier				5 août 72	
MARTIAL, Jules-Alexandre, passementier, boulev. Magenta, 22.		Hécaen	12 avril 72		* 31 mai 72		
MARTIN, marchand de vins, faubourg St-Denis, 172		Sarazin	9 mars 72				
Id. -PILLET, Simon, r. St-Lazare, 45 et St-Denis, 172		Mignot				17 déc. 72	
Id. Priest, ex-voiturier, boulevard Vaugirard, 130		Moys	11 déc. 71	(2)			
Id. Eugène-Napoléon-Charles, changeur, r. Lafayette, 138.		Normand	9 oct. 72				
Id. peintre, faubourg St-Antoine, 159		Chevillot	12 déc. 72		* 31 déc. 72		
Id. Ch., fabricant de gélatine, rue St-Maur, 119	L	Meillencourt.	4 janv. 72		* 29 févr. 72		
Id. et Cie, marbriers, boulevard Richard-Lenoir, 145		Id	15 avril 72				
Id. L., marchand de vins, rue Vitruve, 20		Gauche	11 déc. 69	(3)			
Id. Jean, maçon, boulevard de la Gare, 149		Beaugé	24 févr. 72	(4)		*	
Id. et Cie, Jean-Chéri, march. de vins, quai de la Gare, 36.		Chevillot	12 déc. 71	(5)			
Id. et Cie, fabricants de nécessaires, r. des Gravilliers, 84.		Barbot	31 janv. 72	5 juill. 72	(6)		
Id. loueur de voitures, quai Jemmapes, 194.		Chevillot	29 août 72				
Id. Édouard, parfumeur, faubourg St-Martin, 39.		Hécaen	26 déc. 71	2 avril 72	(7)		
MARTINEAU, dame, couturière, passage Delorme, 34.		Gautier	23 févr. 72		* 30 mai 72		
Id. François-Louis, gantier, passage Delorme, 34.		Hécaen	21 oct. 71	16 févr. 72	(8)		
Id. -PINCHON, Charles, boulevard Plepus, 48.	*	Berryer				7 mars 72	
Id. confectionneur, faubourg St-Denis, 16.		Beaufour	18 déc. 72		* 30 janv. 73		
MARTINET, Adolphe-Antoine, bijoutier, rue Ste-Anne, 64		Legriel	20 août 72		* 31 août 72		
Id. directeur de Théâtre, rue Scribe, 17.		Moncharville.	5 juin 72				
Id. marchand de vins, quai de la Gare, 30.		Knéringer	8 juill. 72		* 26 sept. 72		
Id. -LAURENT, J.-Baptiste, rue St-Honoré, 205.	*	Cesselin				2 avril 72	
MARTINIÈRE, Sylvain, boulanger, à Aubervilliers.		Battarel	12 févr. 69	(9)			
MARTRAIT-PIOTTE, Antoine, ruelle des Gobelins, 7.	*	Lesage				26 août 72	
MARTY dame, cordonnière, rue Quincampoix, 61		Sarazin	8 oct. 72				
Id. -BRUNET, maçon, avenue de Taillebourg, 9.		Barboux	20 juill. 70	27 mars 72	(10)		
MARTZ, Florian, bijoutier, rue de la Paix, 2		Moncharville.	21 sept. 69	(11)			
MARX GUGENHEIM, march. de broderies, rue Montmartre, 159.		Maillard	31 oct. 71	17 mai 72	(12)		
MAS-LESPEZ. Voir : MOTHON dit MAS-LESPEZ.							
MASANTI, Louis, marchand de perles, boulevard Sébastopol, 85.		Richard	21 oct. 72				
MASCART et Cie, fondeurs, rue de la Cerisaie, 14		Hécaen	19 juill. 70	(13)			

(1) **MARTEAUX** doit 50 °/₀, en 3 paiements. Mᵐᵉ Marteaux caution.

(2) **MARTIN**, Priest, est qual. failli : il paie 3 fr. 19 c. °/₀, uniq. rép.

(3) **MARTIN**, L., paie 10 fr. 79 c. °/₀, unique répartition.

(4) **MARTIN**, Jean, paie 33 fr. fr. 89 c. °/₀, unique répartition.

(5) **MARTIN** et Cie, Jean-Chéri, sont qualifiés faillis par jugement du 8 mars 1872.

(6) **MARTIN** et Cie paieront 25 °/₀, en 5 ans, par 1/5, de l'hom.

(7) **MARTIN**, Édouard, est qualifié failli, et paie 20 °/₀, un mois après l'homologation.

(8) **MARTINEAU**, François, est qualifié failli et doit 35 °/₀, par 1/5, de l'homologation.

(9) **MARTINIÈRE** paie 22 fr. 25 c. °/₀, unique répartition.

(10) **MARTY-BRUNET** est qualifié failli, et doit 50 °/₀, dans 4 ans, de l'homologation.

(11) **MARTZ** paie 5 fr. 54 c. °/₀, 3ᵉ et dernière répartition.

(12) **MARX GUGENHEIM** est qual. failli, et doit 20 °/₀, en 6 ans, par 1/6, de l'homologation.

(13) **MASCART** et Cie paient 1 fr. 91 c. °/₀, unique répartition.

NOMS, PRÉNOMS, PROFESSIONS ET DOMICILES.	Liquidation avoué et Insuffisance	SYNDICS ET AVOUÉS	FAILLITES ET LIQUIDATIONS.	DATE DES HOMOLOGATIONS DE CONCORDATS.	INSUFFIS ET UNIONS.	SÉPARAT DE BIENS JUDICIAIRES.	CONS. JUDIC. ET INTERDICT.
MASSELIN, Gustave-Nicolas, drapier, rue Coquillière, 40.....		Prodhomme..	21 sept. 71	8 févr. 72	(1)		
MASSERON, Basile, sculpteur, rue de la Fidélité, 7..........		Heurtey	15 déc. 71	17 juin 72	(2)		
Id. -LECLERC, Id. Id.	*	Plassard...				10 janv. 72	
MASSIQUOT, Charles, mécanicien, quai Jemmapes, 32........		Bourbon..	20 nov. 61	20 juill. 72	(3)		
MASSON veuve, marchande de cafés, rue Berthellet, 7........		Chevillot	12 mars 72		* 31 juill. 72		
Id. coiffeur, rue Croix des Petits-Champs, 17.		Copin......	11 mars 72		* 28 mars 72		
Id. Louis, peintre, rue Oberkampf, 59............		Sautton	16 déc. 72				
Id. restaurateur, avenue de la Motte-Piquet, 67..		Gauche.	22 nov. 72		* 30 janv. 73		
Id. Pierre-Ange-Louis, chapelier, boulevard Voltaire, 46..		Id...	11 sept. 72				
Id. Isidore, bottier, rue St-Sulpice, 26		Barbot..	13 févr. 72	20 juin 72	(4)		
MASSUN. Voir : DOENCH et Cie.							
MATHEY, Augustin, traiteur, à Port-Créteil................		Gautier...	4 déc. 72		* 28 déc. 72		
Id. Joseph, marchand de vins, rue Rivoli, 110		Beaufour..	19 mars 72		* 25 avril 72		
MATHIEU, ex-marchand de bois, rue Rochechouart, 51		Heurtey	20 mars 72				
Id. -BLONDEL, ex-march. de bois, rue Rochechouart, 51.	*	Hardy				17 juin 72	
Id. -HORSON, Pierre, cordonnier, à Thiais....	*	Levesque				3 févr. 72	
Id. -DOSSELMAYER, Louis, rue Dupuytren, 6...	*	Delacave				19 août 72	
MATHIS-RADIGUE, François, rue Pierre-Lescot, 5..........	*	Dubost				9 avril 72	
MATHONET, marchand de bois, boul. Mazas, impasse Bouton, 13.		Sarazin..	22 nov. 72				
MATILLARD-MONGIN, Pierre-Eugène, rue de Lourmel, 98....	*	Husson..				12 août 72	
MATISSE, négociant en tissus, rue des Jeûneurs, 35...........		Moncharville.	26 oct. 71	26 janv. 72	(5)		
Id. -FABREGUETTES, Id. Id..	*	Blachez				2 janv. 72	
MATTIFFAS, marchand de vins, rue Geoffroy-Lasnier, 38......		Chevallier ...	25 mars 72				
MAUDUIT veuve, restaurateur, quai de la Gare, 28...........		Barboux..	21 juill. 70	(6)			
MAUFAY, Julien-Ernest, menuisier, rue Guillou, 19.........		Lamoureux ..	9 mars 72	(7)			
MAUGENEST, J.-Baptiste, hôtelier, rue St-Thomas-d'Aquin, 1..		Heurtey	25 mars 72	16 oct. 72	(8)		
MAUGER, fabricant d'amidons, rue des Écluses-St-Martin, 36 ..		Richard	26 août 72				
MAUPERIN, fruitier, rue Vandamme, 19...................		Legriel	24 août 72				
MAUREY et VATOT, passementiers, rue du Mail, 33..........		Devin	26 juin 72				
MAURICE, Nicolas, charbonnier, rue St-Maur, 184		Barbot	3 sept. 72		* 21 sept. 72		
Id. Voir: MORITZ, Léopold.							
MAURITZ, horloger, rue Charon, 4...................		Sommaire..	11 janv. 72	11 nov. 72	(9)		
MAURIZIS, Antoine, hôtelier, faubourg St-Honoré, 50.......		Legriel....	30 mai 72		* 28 août 72		
MAUS-MOISE, Émile-Xavier, rue Vieille-du-Temple, 65 ....*		Clériot				26 août 72	
MAVRÉ, Jules-Alexandre, boulanger, r. de Paris-Belleville, 95.		Chevillot	17 févr. 70		* 31 juill. 72		

(1) **MASSELIN** est qualifié failli ; il paie 10 % dans le mois de l'homologation et doit 30 %, en 3 ans, par 1/3.

(2) **MASSERON** est qualifié failli et doit 20 %, en 4 ans, du jour de l'homologation.

(3) **MASSIQUOT** paiera l'intégralité des créances sur les premiers deniers à provenir de la succession de son père, décédé en septembre 1870.

(4) **MASSON** doit 25 %, en 5 ans, par 1/5, de l'homologation.

(5) **MATISSE** est qualifié failli ; il paie 10 % dans le mois de l'homologation et doit 15 %, en 5 ans, par 1/5.

(6) **MAUDUIT** veuve paie 15 fr. 23 c. %, unique répartition.

(7) **MAUFAY** paie 9 fr. 61 c. %, unique répartition.

(8) **MAUGENEST** abandonne l'actif réalisé et ce qui restera libre sur le prix du domaine de l'Hôpital après le paiement des créances hypothécaires, et s'oblige à payer 20 %, en 8 ans, par 1/8.

(9) **MAURITZ** doit 40 %, en 4 ans, par 1/4, de l'homologation.

NOMS, PRÉNOMS, PROFESSIONS ET DOMICILES.		SYNDICS ET AVOUÉS	FAILLITES ET LIQUIDATION.	DATE DES HOMOLOGATIONS DE CONCORDATS	INSUFFIS** ET UNIONS.	SÉPARAT** DE BIENS JUDICIAIRES.	CONS. JUDIC. ET INTERDICT.
MAYER, négociant, rue Lepelletier, 26, puis à Londres........		Devin	20 août 72	....	* 29 nov. 72		
Id. Moïse, marchand de machines, rue St-Martin, 243.....		Pinet,....	22 août 72				
Id. ,SCKLEIN et GOUGENHEIM, mds de nouv., r. St-Mart., 182.		Sarazin......	19 déc. 71	29 oct. 72	(1)		
Id. et Cie, escompteurs, boulevard Poissonnière, 10......		Hécaen.....	10 juill. 72				
Id. Jean, tailleur, rue St-Honoré, 110....................		Sarazin.....	22 janv. 72	11 juin 72	(2)		
Id. mercier, place des Vosges, 2..................		Normand....	12 nov. 72	....	* 27 janv. 73		
MAZANDIER. Voir : DUCREUX et MAZANDIER.							
MAZARD-CLAVEL, CRUZ et MARQUÈZE, commres, f. Poissonn., 29.		Moncharville.	15 juill. 68	11 mai 70	(3)		
MAZEAU, Eugène, marchand de vins, boulevard St-Jacques, 1..		Pluzanski....	14 mai 72				
MAZURE père, bijoutier, rue des Filles-du-Calvaire, 18		Bourbon.....	10 avril 72		(4)		
MEGRET, Léon-Louis-Pierre, sellier, à Vincennes.............		Normand....	15 févr. 72	....	* 28 mai 72		
MÉGROT-MORIN, Nicolas, rue St-Honoré, 107		*Bouthemard..	....		....	26 août 72	
Id. marchand de vins, quai Napoléon, 23.............		Pinet	26 avril 72				
MEILHAN-LE ROMAIN, Pierre-Valentin, rue Balzac, 4........		*Niequevert..				1er févr. 72	
MELGEU, menuisier, rue Lavieuville, 7....................		Meillencourt.	4 mars 72		* 21 juin 72		
MELIQUE, demoiselle, Gabrielle, mde de vins av. Lowendal, 18.		Battarel.....	27 nov. 72		* 23 janv. 73		
MÉNARD et Cie, appareilleurs, faubourg St-Martin, 122......		Moncharville.	14 mars 72	27 juin 72	(5)		
Id. Laurent, boucher, rue d'Anjou-St-Honoré, 24........		Devin	1er sept. 71	23 mars 72	(6)		
Id. marchand de vins, aux Deux Pavillons du Raincy.....		Beaugé.....	28 déc. 72				
MENESCLOU, ancien épicier, passage de l'Arcade, 4.........		Pinet	20 sept. 64	....	* 23 nov. 64	(7)	
MÉNÉTRIER, Etienne-Adolphe mde de cafés, r. Mouffetard, 108.		Legriel.....	16 janv. 72		* 9 févr. 72		
MÉNIER, Constant, march. de nouveautés, r. Montmartre, 117.		Saution	12 août 72				
MENIOLLE, Michel-Valentin, éditeur, rue de Sèvres, 7........		Copin.....	14 nov. 71	10 févr. 72	(8)		
MENNESSIER, Prosper, ex-md de nouv. faub. Poissonnière, 64.		Pinet........	27 nov. 71				
MENONVILLE. Voir : BOTTE.							
MENU, Pierre-Rémy, appareilleur, rue Delaborde, 36.........		Legriel.....	6 sept. 72				
MERCIER, Henri, fabricant de couleurs, à Montreuil..........		Beaufour....	21 déc. 71		(9)		
Id. Honoré. Voir : PIERLOT et MERCIER.							
Id. Louis-Adolphe, boulanger, route de Versailles, 144..		Chevillot	10 nov. 71	10 mars 72	(10)		
Id. -LEFÈVRE, Léonard-Vict., gendarme, r. de Béarn, 12.*		Corpet			....	19 août 72	
Id. et Cie, ex-commres, r. de Flandre, 13, puis à Bobigny.		Beaufour	26 mars 72		* 30 avril 72		
Id. François-Désiré-Emile, épicier, rue Turenne, 134...		Devin........	28 févr. 72		(11)		
Id. maçon, aux Prés-St-Gervais...................		L Chevillot	17 janv. 72		*		

(1) **MAYER, SCKLEIN** et **GOUGENHEIM** sont qualifiés faillis et ils paient 25 %, 1re répartition. — Gougenheim doit 5 %, dont 2 % fin décembre 1873, et 3 % fin décembre 1874.

2) **MAYER, Jean,** doit 25 %, en 5 ans, par 1/5, de l'homolog.

(3) **MAZARD-CLAVEL, CRUZ** et **MARQUÈZE** paient 6 fr. 87 c. %, troisième et dernière répartition.

(4) **MAZURE** père, paie 3 fr. 42 c. %, unique répartition.

(5) **MÉNARD** et Cie, doivent 50 %, en 5 ans, par 1/5, du 15 juin 1872.

(6) **MÉNARD, Laurent,** est qualifié failli, et doit 40 %, en 5 ans, par 1/5, de l'homologation. — Madame veuve **Ménard** s'engage à exécuter les clauses du concordat.

(7) **MENESCLOU.** — Réouverture du 8 novembre 1872.

(8) **MENIOLLE** est qualifié failli, et paie 33 fr. 95 c. %. produit de son actif qu'il abandonne, moins son mobilier personnel.

(9) **MERCIER, Henri,** paie 5 fr. 18 c. %, unique répartition, et est qualifié failli.

(10) **MERCIER, Louis,** paie 37 fr. 43 c. %, produit de son actif, doit 10 %, en 4 ans, par 1/4, et est qualifié failli.

(11) **MERCIER, François,** paie 19 fr. 48 c. %, uniq. répartition.

NOMS, PRÉNOMS, PROFESSIONS ET DOMICILES.	Indice Liquidation, Astérisques Avoué et Insuffisance	SYNDICS ET AVOUÉS	FAILLITES ET LIQUIDATIONS.	DATE DES HOMOLOGATIONS DE CONCORDATS	INSUFFIS ET UNIONS.	SÉPARAT DE BIENS JUDICIAIRES.	CONS.JUDIC. ET INTERDICT.
MERKENS-CIBOT, Louis-Alb., banquier, r. N.-D.-des-Champs, 83.	*	Girault.....				15 juill. 72	
MERLAUD, Pierre-Sylvain, hôtelier, rue Mongo, 60.........		Dégis	9 sept. 72				
MERLET, Maurice, charbonnier, Vieille rue de Montreuil, 36...		Moillencourt.	3 oct. 71	20 mars 72	(1)		
MERMET, François, fruitier, rue d'Hauteville, 41...........		Gautier....	23 févr. 72		* 27 mars 72		
NESLÉ-PALPIER, Ch.-Ernest, ébéniste, rue de Sèvres, 45....	*	Barberon....				27 févr. 72	
MESURE-BOURNE, François, rue Ramey, 37..............		Mazas.....				9 janv. 72	
MÉTAU-LANIER, Henri, à Montreuil-sous-bois........	*	Filroman....				31 oct. 72	
MÉTENIER, Jules-Jean, mercier, boulevard St-Michel, 61......		Pinet.......	17 févr. 72	11 juin 72	(2)		
MEUNIER, Louis, négociant en vins, à Clamart.............		Lamoureux..	16 mai 72		* 26 sept. 72		
Id. dame, Adolphe, fleuriste, rue du Caire, 45.........		Maillard....	18 juin 72		* 24 oct. 72		
Id. Jacques, carrier, à Vanves....................		Beaugé.....	13 nov. 68		1er mars 69	(3)	
Id. charbonnier, à St-Ouen....................		Richard....	22 mai 72				
MEURET-BEUCHET, Hubert, rue de la Verrerie, 52........	*	Delepouve....				26 août 72	
MEYER, frères, boulangers, rue Neuve-Petits-Champs, 11......		Pinet	9 août 72				
Id. delle, Joséphine, couturière, rue de la Paix, 18.......		Sarazin....	27 nov. 72				
Id. -DREYFUS, Abraham, rue Montorgueil, 27........	*	Colin......				30 oct. 72	
Id. Léopold, fabricant de boutons, rue de Bondy, 64.....		Normand...	14 mars 72	29 juin 72	(4)		
MEYNARD, Joseph-Alexandre, boulevard Beaumarchais, 93...	*	Robineau....					3 juin 72
MICHALET, veuve, fte de porte-monnaie, faubourg St-Denis, 23.		Normand....	6 nov. 72				
MICHAUD, Léon, tôlier, rue Tiquetonne, 62..........		Moys.......	15 avril 72		* 20 juin 72		
MICHAULT-LOLLIEUX, Eusèbe-Saturnin, rue Lévy, 4.........	*	Dufourman elle				9 janv. 72	
MICHAUX, père et Cie, fte de vélocipèdes, cité Godot-de-Mauroy, 5.		Beaujeu....	11 mars 70	(5)			
MICHEL, Jean, marchand de vins, boulev. des Italiens, 18......		Sautton....	12 oct. 71		5 mars 72	(6)	
Id. et dame, marchands de vins, à Petit-Bry........		Copin......	29 févr. 72	19 juin 72	(7)		
Id. -ROBERT, Charles, horloger, rue de Sévigné, 11.....	*	Dussart....				21 mars 72	
Id. décatisseur, rue St-Honoré, 108..........		Maillard....	13 janv. 72				
Id. Joseph-Victor, tailleur, rue Duphot, 31........		Beaugé.....	5 avril 69		19 oct. 69	(8)	
MICHELON, Hébert, chapelier, rue de Rivoli, 40 bis......		Beaufour....	20 sept. 72		* 26 nov. 72		
MICHON dit BERGER, Jos., bottier, r. de l'Ancienne-Comédie, 18.		Lamoureux..	2 déc. 72		* 23 janv. 73		
Id. -HODARD, Jean-Baptiste, rue Doudeauville, 17.......	*	Girault....				22 juill. 72	
Id. BRICK, Jean, voiturier, boulevard St-Marcel, 9.......	*	Flat.......				20 juill. 72	
Id. marchand de meubles, rue Doudeauville, 17.....		Devin......	21 nov. 71	(9)			
MICOL, François, menuisier, rue Lemercier, 106.............		Copin......	30 déc. 71	16 avril 72	(10)		
MIGAUX-BARLUET, Alphonse, sans domicile connu........	*	Lacroix....				31 mai 72	
MIGNAN, veuve, maîtresse de pension bourgeoise, r. du Pré, 45.		Moillencourt.	28 juin 72	30 oct. 72	(11)		

(1) **MERLET** est qualifié failli, et doit 25 %, en 5 ans, par 1/5..

(2) **MÉTENIER** doit 50 %, en 5 ans, par 1/5, de l'homologation.

(3) **MEUNIER**, Jacques, paie 7 %, unique répartition.

(4) **MEYER** doit 25 %, en 5 ans, par 1/5, du 1er juillet 1872.

(5) **MICHAUX**, père et Cie, paient 10 %, 2e répartition.

(6) **MICHEL**, Jean, est qualifié failli, et paie 1 fr. 85 %, unique répartition.

(7) **MICHEL** et dame, doivent 30 %, en 6 ans, par 1/6, du 1er juin prochain.

(8) **MICHEL**, Joseph, paie 12 fr. 44 %, unique répartition.

(9) **MICHON** a été qualifié failli par jugement du 27 mars 1872.

(10) **MICOL** est qualifié failli, et doit 75 %, en 4 ans, de l'homol.

(11) **MIGNAN**, veuve, abandonne son actif, et doit 20 %, en 5 ans, par 1/5. Monsieur Mignan fils, caution.

NOMS, PRÉNOMS, PROFESSIONS ET DOMICILES.	L. à-dessus Liquidation * astérisque Avoué et Insolvance	SYNDICS ET AVOUÉS	FAILLITES ET LIQUIDATIONS.	DATE DES HOMOLOGATIONS DE CONCORDATS	INSUFFIS** ET UNIONS.	SÉPARAT** DE BIENS JUDICIAIRES.	CONS. JUDIC. ET INTERDICT.
MIGNATON, Joseph-Acace, maçon, rue des Fermiers, 12......L		Normand....	15 nov. 71	7 mars 72	(1)		
MIGNOT. Voir : JULLIARD, veuve.							
MIL-LEBLOND, Guill**-Louis-Joseph, drapier, b⁴ Sébastopol, 33.		Maillard.....	20 janv. 72	(2)			
Id. Id. -GIRARD, Louis-Joseph, b⁴ Sébastopol, 33....*		Pijon				2 avril 72	
MILLE-RENARD, Théodore-Victor, rue du Temple, 7........*		Gavignet				15 juill. 72	
MILLOCHAU, Ernest, épicier, rue des Rigoles, 10............		Barboux....	16 sept. 72				
MILLON, E., hôtelier, boulevard Strasbourg, 17............		Sarazin...	16 févr. 72		* 30 avril 72		
MILLOT, marchand de vins, faubourg St-Martin, 3		Chevillot ..	24 févr. 72	13 déc. 72	(3)		
Id. Alexandre, linger, rue St-Fargeau, 65		Lamoureux..	16 nov. 72		* 30 nov. 72		
MINART, Auguste. Voir : GAUGAIN et MINARD.							
MINET-CHAUBET, Alexandre, à la Varenne-St-Hilaire....... *		Levaux....				22 juill. 72	
MINETTE, cafetier, rue Vieille-du-Temple, 2 bis		Sarazin...	18 juill. 72		* 30 sept. 72		
MININI, Pierre, marchand de comestibles, avenue Napoléon, 4 .		Gauche...	10 juill. 72				
MINOUFLET, père et fils, voituriers, rue du Marché, 3........		Beaugé...	21 févr. 72				
MIQUEL, Benjamin, négociant, rue Neuve-Petits-Champs, 83....		Hécaen...	25 oct. 71		* 28 mars 72		
MIRANDOL, marchand de vins, rue de Châlons, 40		Beaugé..	14 oct. 72		* 31 déc. 72		
MIRAT, Julien, fabricant de cristaux, faubourg St-Martin, 76...		Meillencourt.	10 sept. 72				
MIRAULT-FERRAND, René-Adolphe, rue des Moineaux, 28...*		Gignoux.....	....			17 juin 72	
MIRAY. Voir : MARCILLY, dame.							
MOHR, H., chapelier, rue des Écouffes, 25		Beaugé...	3 août 72		* 20 sept. 72		
MOINE et DOSSION, chemisiers, rue de Cléry, 49............		Beaugé...	9 sept. 72				
Id. boulanger, rue des Feuillantines, 59...............		Beaujou...	13 nov. 71	(4)			
MOIZARD-SAULGEOT, Jules-Alexandre, rue Monge, 10....*		Quillet....	....			24 juin 72	
MOLHERAT, Jean-Pierre, épicier, passage St-Dominique, 26...		Normand....	24 janv. 72	18 mai 72	(5)		
MOLIERA, couvreur, rue Lafayette, 48		Moncharville.	7 mars 72		* 29 avril 72		
MOLINA, Salomon-Benjamin, cordonnier, rue Rivoli, 48 bis.....		Legriel....	2 sept. 72		* 17 oct. 72		
MOLINS-WILKIN, Antoine-Bonaventure............... *		Protat....	....			29 juill. 72	
MOLVEAUX, ex-restaurateur, rue Boulogne. 36 bis............		Barboux....	31 oct. 72		* 23 déc. 72		
MOMMESSIN, Alexandre, boulanger, rue de Varennes, 31....		Id........	1er sept. 70	(6)			
MONARD, François-Théodore, négociant, rue des Jeûneurs, 42..		Devin......	30 sept. 71	(7)			
MONGÉRARD. Voir : COSSU, veuve.							
MONGONT, Pierre, traiteur, rue Pauquet-de-Villejust, 14......		Pinet.......	15 janv. 70	26 juill. 70	3 déc. 72		
MONNIER. Voir : BEDOUT, MONNIER et Cie.							
Id. En., tapissier, boulevard Haussmann, 98		Sarazin.....	17 juin 70	22 juin 72	(8)		
MONROUX, Eugène, m⁴ de laines, r. Paradis-Poissonnière, 58 ..		Prodhomme..	30 nov. 71	19 juin 72	(9)		
MONTALAND dit TALBOT-GEOFFROY, Denis, r des Martyrs, 40. *		Denormandie.	....	....		4 avril 72	

(1) MIGNATON paiera l'intégralité des créances en 4 ans, et 4 paiements.

(2) MIL-LEBLOND paie 15 %, 1re répartition.

(3) MILLOT paiera 16 %, 1 mois après l'homologation, et 8 fr. 50 %, les 31 octobre 1873, 1874, 1875, 1876, en tout 50 %.

(4) MOINE, boulanger, est qualifié failli, et paie 11 fr. 35 %, unique répartition.

(5) MOLHERAT doit 20 %, en 5 ans, par 1/5, de l'homologation.

(6) MOMMESSIN paie 6 fr. 42 c. %, unique répartition.

(7) MONARD est qual. failli, et paie 6 fr. 03 c. %, uniq. répart.

(8) MONNIER, En.. paie 10 %, 1re répartition de l'actif abandonné et doit 5 %, en 5 ans, par 1/5, de l'homologation.

(9) MONROUX paie 45 fr. 88 c. %, produit de son actif.

NOMS, PRÉNOMS, PROFESSIONS ET DOMICILES.	SYNDICS ET AVOUÉS	FAILLITES ET LIQUIDATIONS.	DATE DES HOMOLOGATIONS DE CONCORDATS	INSUFFIS** ET UNIONS.	SÉPARAT** DE BIENS JUDICIAIRES.	CONS. JUDIC. ET INTERDICT.
MONTARU-GENTY, Louis-Joseph, rue des Innocents, 9 ....*	Boudin.....				22 juill. 72	
MONTEUX et GILLY, cordonnier, rue de Chabrol, 42.........	Gauche....	19 avril 72	(1)			
MONTEZER, Léon, passementier, rue St-Denis, 366.........	Dufay.....	20 janv. 72	4 mai 72	(2)		
MONTFORT, Alfred-J.-Bapt., tapissier, rue des Tournelles, 28 .	Moncharville.	13 oct. 71	22 janv. 72	(3)		
MONTHAU-GREVIN, Jacques-Alexandre, cour St-Eloi ....*	Naucomble ..				5 mars 72	
MONTIGNON. Voir : BIN, veuve.						
MONTION, Auguste, fabricant de cannes, boul. Sébastopol, 117.	Barboux.....	9 nov. 71	(4)			
Id. -PALAT, Auguste, boulevard Sébastopol, 117......*	Tixier.....				27 févr. 72	
MONTOURCY-VIGNES, Antoine, rue des Vertus, 18..........	Milliot				23 juill. 72	
MONTREUIL, cravatier, impasse Tourgé, 8	Beaugé.....	4 avril 72		* 29 juin 72		
MONVOISIN, peintre, rue Lahire, 4	Bourbon....	19 juin 72		* 31 juill. 72		
MOOS, J., commissionnaire, rue des Marais, 30...........	Copin.....	13 juin 72		* 24 déc. 72		
MORAND-MORAND, Jean-François, faubourg St-Honoré, 197...*	Laubanie....				6 avril 72	
MOREAU, A., droguiste, rue St-Denis, 390...............	Beaufour....	13 janv. 72				
Id. Jean-Pierre, voiturier, rue de Charenton, 310.....	Pinet.....	30 avril 72	2 nov. 72	(5)		
Id. Marc-Antoine, confectionneur, r. du Petit-Thouars, 16.	Bourbon....	15 oct. 72				
Id. -GODARD, Léonidas, rue Oberkampf, 90	Loriat.....				13 avril 72	
Id. Modeste, marchand de meubles, rue Castex, 7	Gauche....	19 juill. 72		* 21 sept. 72		
Id. Alexandre-Marin, tailleur, rue Oberkampf, 90......	Chevillot	12 mars 72	12 août 72	(6)		
MOREL-MUNIER, Eugène, rue de l'Entrepôt, 27............*	Bourgoin...				17 déc. 72	
Id. -DIEUTEGARD, Victor, bijoutier, rue du Vert-Bois, 56.*	Nottin.....				20 août 72	
Id. J.-Bapt.-Paul, marchand de nouveautés, r. Ramey, 43.	Heurtey	30 déc. 71				
Id. -ARRAUT, Id. Id. .*	Barberon....				3 juin 72	
Id. fils et Cie, commissionnaires, rue Pirouette, 5........	Moncharville.	15 févr. 68	(7)			
Id. frères et Cie, banquiers, rue Richelieu, 100..........	Id........	18 nov. 72				
Id. -MOTTE, François-Alexandre, rue de Passy, 55 .....*	Des Étangs ..				3 déc. 72	
MORENO-VILLANOVA, commissionnaire, rue des Halles, 20 ..	Lamoureux..	20 nov. 72				
MORET, François-Ch.-Casimir, bijoutier, r. Pont-aux-Choux, 10.	Devin......	15 déc. 71	15 mai 72	(8)		
MORILLON-ZARO, Henri, faubourg du Temple, 21..........*	Chauvelot..				20 janv. 72	
MORIN-CARON, Jacques-Bazile, boulevard de Grenelle, 45 ....*	Pottier....				3 févr. 72	
Id. jeune, Louis, ex-charpentier, à St-Maurice............*	Pinet.....	27 nov. 72				
Id. François, limonadier, boulevard Voltaire, 278.........	Sergent	16 janv. 02	10 juin 02	* 6 mai 72		
Id. boucher, rue Fontaine-St-Georges, 43................	Pinet	19 sept. 72		* 24 déc. 72		
Id. -DUFFLOT, Charles-Jules, sans domicile connu ....*	Lesage.....				1er mars 72	
MORIS, Charles-Grégoire, limonadier, rue N.-D.-Nazareth, 38..	Barbot.....	17 janv. 72	4 mai 72	(9)		

(1) **MONTEUX** et **GILLY**. — Faillite rapportée par jugement d'un 11 juin 1872.

(2) **MONTEZER** doit 40 %, en 5 ans, par 1/5, du jour de l'homol.

(3) **MONTFORT** est qualifié failli et s'engage à payer le principal des créances par 1/20, de 6 en 6 mois, 1er paiement le 19 décembre 1872.

(4) **MONTION** est qualifié failli et paie 8 fr. 02 c. %, unique répartition.

(5) **MOREAU**, Jean, paiera l'intégralité des créances en 10 ans, par 1/10, de l'homologation.

(6) **MOREAU**, Alexandre, doit 30 %, en 6 ans, par 1/6, de l'homologation, et est qualifié failli.

(7) **MOREL** fils et Cie paient 4 fr. 53 c. %, unique répartition.

(8) **MORET** est qualifié failli et doit 30 %, en 5 ans, par 1/5, de l'homologation.

(9) **MORIS** doit 40 %, en 5 ans, par 1/5, de l'homologation.

NOMS, PRÉNOMS, PROFESSIONS ET DOMICILES.	Index Liquidation • arrangés Avoué et Insuffisance	SYNDICS ET AVOUÉS	FAILLITES ET LIQUIDATIONS.	DATE DES HOMOLOGATIONS DE CONCORDATS	INSUFFIS⁰ⁿ ET UNIONS.	SÉPARAT⁰ⁿ DE BIENS JUDICIAIRES.	CONS. JUDIC. ET INTERDICT.
MORISON dame, couturière, rue St-Lazare, 14		Dufay	5 mars 72		* 31 juill. 72		
MORISOT et LACHAPELLE, grainetiers, rue Pont-Neuf, 22		Chevallier	10 déc. (8)				
MORISSET, ex-agent d'affaires, rue Monge, 84		Finot	30 juill. 72				
MORITZ, Léopold, bijoutier, rue Oberkampf, 143		Normand	15 janv. 72	25 mars 72	(1)		
MORNET, Jean-Gabriel, cordonnier, rue Mouffetard, 80		Beaugé	14 févr. 72		* 28 févr. 72		
MOSSER, cordonnier, boulevard Magenta, 120		Hécaen	8 janv. 72		* 12 mars 72		
MOTHON dit MAS-LESPEZ, Jules-Alexandre, rue Breguet, 4	*	Masse				10 déc. 72	
MOTTE, Pierre, marchand de vins, rue Truffaut, 30		Beaugé	17 oct. 71	2)			
MOTTU et Cie, Jules, banquiers, boulevard Sébastopol, 110		Moncharville	8 août 70		* 26 avril 72	3)	
Id. Alexandre-Jules. Voir : WITTEMANN et Cie.							
MOUILLET, Henri, gantier, rue Châteaudun, 38		Gauche	9 sept. 71	16 févr. 72	(4)		
MOUILLON, fabricant d'objets en albâtre, quai Jemmapes, 162		Maillard	21 juill. 71	15 janv. 72	(5)		
MOULIN, Voir : MÉNARD et Cie.							
MOULINET, peintre, boulevard Richard-Lenoir, 113		Hécaen	3 déc. 69	(6)			
MOULLET, Louis, loueur de voitures, à St-Ouen		Meillencourt	13 déc. 72				
MOURIER, fils, entrepreneur, faubourg St-Honoré, 184	L	Barbot	8 déc. 71	17 mai 72	(7)		
MOURIÈRE, Auguste, marchand de futailles, rue Riquet, 9		Beaujou	26 sept. 71	13 avril 72	(8)		
MOURIN, dame décédée, march. de vins, r. de Belleville, 237		Chevillot	12 août 72				
MOUROUX-FLAN, Eugène-Constant, r. Paradis-Poissonnière, 58.	*	Parmentier				8 févr. 72	
MOURRIER, fabricant de cols et cravates, rue Montmartre, 80		Legriel	12 août 72				
MOUSSEAU, voiturier, à Charenton		Bourbon	26 juin 72		* 31 juill. 72		
MOUSSIER-MOINE, Toussaint, rue Tiquetonne, 33		Lacomme				13 avril 72	
MOUSTY, limonadier, rue Grégoire-de-Tours, 6		Gautier	18 sept. 72		* 31 déc. 72		
MOUTON, marchand de vins, rue de la Lingerie, 6		Sommaire	30 nov. 71		* 20 avril 72		
MOUTRELIL, carrossier, rue Caumartin, 20		Copin	31 janv. 72		* 22 juin 72		
MOVET dlle, Ernestine, marchande à la toilette, rue Mandar, 16		Barbou	18 sept. 72				
MOYAUX veuve, Adolphe, fleuriste, rue du Caire, 47		Richard	9 mars 72		* 28 mai 72		
MUELLE, Jean-Baptiste, maçon, à Ivry		Dufay	14 juin 70		* 31 janv. 72		
MUGNIER-GERFAUD, Victor, rue Notre-Dame-Nazareth, 24	*	Cesselin				16 juill. 72	
MULDER, maître baigneur, rue Joubert, 44		Sarazin	21 mai 70	(9)			
MULIEZ, confectionneur, rue Rivoli, 61		Normand	19 mars 72				
MULLER, Pierre, marchand de meubles, avenue d'Italie, 120		Normand	23 janv. 72				
Id. ébéniste, rue Montreuil, 97		Barbot	24 oct. 72		* 30 déc. 72		
Id. -PATINOT, Georges, avenue Lamothe-Piquet, 35	*	Lescot				16 avril 71	
MULOT, treillageur, à Maisons-Alfort		Gautier	16 janv. 72		* 28 mars 72		
MUNIER, ex-marchand de vins, boulevard Magenta, 125		Meys	10 oct. 71		* 16 avril 72		

(1) **MORITZ** doit 25 %, en 5 ans, par 1/5, de l'homologation.

(2) **MOTTE** paie 17 fr. 72 c. %, pour toutes rép., et est qual. failli.

(3) **MOTTU** et Cie, sont qualifiés faillis par jug¹ du 26 avril 72.

(4) **MOUILLET** est qualifié failli, et doit 25 %, en 5 ans, par 1/5, de l'homologation.

(5) **MOUILLON** est qualifié failli ; il paie 22 fr. 29 c. %, produit de son actif, et parfait 28 %, en 3 ans, par 1/3, de l'homolog.

(6) **MOULINET** paie 4 fr. 82 c. %, unique répartition.

7) **MOURIER** paiera l'intégralité des créances en principal et intérêts.

(8) **MOURIÈRE** est qualifié failli ; il paie 12 fr. 83 c. %, produit de son actif, et parfait 30 %, en 4 paiements égaux, le 1er terme le 1er décembre 1873.

(9) **MULDER** paie 12 fr. 24 c. %, 2ᵉ et dernière répartition.

NOMS, PRÉNOMS, PROFESSIONS ET DOMICILES.	SYNDICS ET AVOUÉS	FAILLITES ET LIQUIDATIONS.	DATE DES HOMOLOGATIONS DE CONCORDATS	INSUFFISᵗˢ ET UNIONS.	SEPARATⁿˢ DE BIENS JUDICIAIRES.	CONS. JUDIC. ET INTERDICT.
MURAT-FRASER, Pierre-Napoléon-Fois-Lucien, bᵈ Malesherbes.	Mouillefarine	....			15 juill. 72	
MUSSART, marchand de toiles, à St-Maurice	Beaugé	30 sept. 72	....	* 14 nov. 72		
MUSSEL aîné et Cie, négociants, rue du Chaume, 5	Heurtey	14 juin 72				
MUSTE, Auguste-Lucien, serrurier, rue Boissière, 63	Pinet	5 févr. 72	29 juin 72	(1)		
MUTEL, DEVAUCOUX et Cie, confectionneurs, bᵈ des Capucines, 1.	Dufay	28 juill. 71	8 avril 72	(2)		
Id. déménageur, rue des Dames, 58	Legriel	20 févr. 72	....	* 31 mai 72		
MUZARD fils, François-Charles, cordonnier, faub. St-Denis, 19.	Dattarel	15 oct. 68	(3)			

N et O

NOMS, PRÉNOMS, PROFESSIONS ET DOMICILES.	SYNDICS ET AVOUÉS	FAILLITES ET LIQUIDATIONS.	DATE DES HOMOLOGATIONS DE CONCORDATS	INSUFFISᵗˢ ET UNIONS.	SEPARATⁿˢ DE BIENS JUDICIAIRES.	CONS. JUDIC. ET INTERDICT.
NACHET, jeune, Camille-Joseph, opticien, avenue Napoléon, 2.	Heurtey	16 janv. 72	7 mai 72	(4)		
NADEAU, décédé, boucher, chemin de Reuilly, 16	Pinet	20 sept. 71	(5)			
NAMSLAUER, D., escompteur, rue de Provence, 21	Chevillot	15 oct. 72				
NAUDET, Joseph, corroyeur, rue St-Martin. 67	Sarazin	2 déc. 72				
Id. hôtelier, rue Maubuée, 20 et 18	Id	12 juin 72				
NAUDIN, mercier, rue de Belleville, 124	Normand	25 mai 72	(6)			
NAUDOT-PONCELLE, Bénigne, sans domicile connu	Goujon	....			26 août 72	
NAVEAU, ex-marchand de vins, rue Croix-Petits-Champs, 4.	Beaugé	9 juill. 70	....	9 mars 72	(7)	
NAVIZET, Jean-François, charpentier, boulevard Piepus, 28.	Battarel	12 sept. 63	(8)			
NÉEL, Antoine-Thomas-Honoré, mᵈ de vins, bᵈ Montparnasse, 9.	Bégis	11 mars 72	14 juin 72	(9)		
NEESER, Charles, limonadier, rue Halévy, 12	Prodhomme	18 déc. 71	Id.	(10)		
NEGRÉ-PEZARD, Jules-Guillaume-Antoine, sans domic. connu.	Pérard	....			13 mai 72	
NEUVILLE, François, boulanger, rue Bellefont, 22	Heurtey	7 nov. 72				
NEVEU, Louis, marchand de vins, rue de Rome, 15	Richard	15 sept. 71	18 juill. 72	(11)		
NEVEUX, Edouard, casquettier, rue Rambuteau, 26	Lamoureux	9 déc. 71	(12)			
Id. -RIGOT, Edouard, à Bicêtre	Maucomble				9 avril 72	
NEY, père, tailleur, rue Lepelletier, 25	Dufay	21 sept. 72	....	* 31 déc. 72		
NEZ dit NEY, Pierre-Joseph, ébéniste, passage Dubois, 19	Battarel	23 juin 68	(13)			
NICLOUD et CLIPPET, traiteurs, rue du Chemin-Vert, 144	Id	14 nov. 72	....	* 30 déc. 72		
NICOLARDOT-RAVET, Charles, rue J.-J.-Rousseau, 49	Froc				10 avril 72	
NICOLAS, charron, à Noisy-le-Sec	Chevillot	31 mai 72				
Id. charbonnier, à Colombes	Moncharville	3 janv. 72	....	* 19 févr. 72		

(1) MUSTÉ abandonne son actif et parfait 50 %, en 5 ans, par 1/5, à partir de la reddition de compte du syndic.

(2) MUTEL, DEVAUCOUX et Cie doivent 10 %, en 8 ans, par 1/8, sont qualifiés faillis et paient 15 %, 1ʳᵉ répartition.

(3) MUZARD fils, paie 11 fr. 32 c. %, unique répartition.

(4) NACHET. — Paiement d'une somme fixe de 7,000 fr., par 1/2, fin juillet 1872 et 1873, avec la caution de M. Nachet père.

(5) NADEAU. — Le syndic paie 24 fr. 62 c. %, unique répart.

(6) NAUDIN paie 1 fr. 06 c. %, unique répartition.

(7) NAVEAU paie 3 fr. 45 c. %, unique répartition.

(8) NAVIZET paie 18 fr. 59 c. %, unique répartition.

(9) NÉEL doit 25 %, en 5 ans, par 1/5, de l'homologation.

(10) NEESER est qualifié failli, et doit 40 %, en 0 paiements, le 1ᵉʳ juin de chaque année.

(11) NEVEU est qualifié failli, et doit 25 %, en 5 ans, par 1/5, de l'homologation.

(12) NEVEUX est qualifié failli, et paie 20 %, 1ʳᵉ répartition.

(13) NEZ, dit NEY, paie 57 fr. 40 c. %, unique répartition.

NOMS, PRÉNOMS, PROFESSIONS ET DOMICILES.	L Indique Liquidation ° antérieures Avoué et Insuffisance	SYNDICS ET AVOUÉS	FAILLITES ET LIQUIDATIONS.	DATE DES HOMOLOGATIONS DE CONCORDATS	INSUFFIS⁰⁰ ET UNIONS.	SÉPARAT⁰⁰ DE BIENS JUDICIAIRES.	CONS.JUDIC. ET INTERDICT.
NICOLEY de GENNES, Ant.-Léopold-Napol., rue de Clichy, 32.	*	Poinsot......	....	....		16 avril 72	
NICOLLE, boulanger, à Billancourt.........................		Battarel	1er juill. 70	(1)			
NIEL et VALUET, fabricants de presses, rue Lecourbe, 14.....		Chevillot	25 nov. 71	23 déc. 72	(2)		
NILLÈS, Jean, ex-peintre, passage St-Fiacre, 3.............		Barbot......	30 août 72		* 30 sept. 72		
NIVAL-TIECHON, Magloire-Eugène, boucher, rue Blanche, 60.	*	Branche......				9 avril 72	
NIVERT-VARNIER, Pierre-Philippe, aux Prés-St-Gervais	*	De Benazé...				19 mars 72	
NOÉ, Frédéric-Constant, marchand de vins, place du Trône, 28.		Prodhomme..	28 févr. 72		* 27 mars 72		
NOEL-LECOURT, Gustave-Constant, sans domicile connu	*	Pijon				22 juill. 72	
Id. -DESTREMONT, Victor-Henri, propriét., r. de Rivoli, 63.	*	Francastel ...				Id.	
Id. Jules. Voir : LEPLAY, NOEL et Cie.							
NOIREAUT et FAUST, miroitiers, rue Marais-St-Martin, 60.....		Semmaire ..	12 août 71	15 janv. 72	(3) '		
NOIROT-BÉCHAUD, Anatole-Clément-Léonor, r. du Rocher, 20.*		Chauveau....		....		7 août 72	
NOIZETTE, JEANRASSE et Cie, imprim., pass. St-Bernard, 2..L		Gautier......	12 févr. 72	21 août 72	(4)		
NOLOT, Catr.-Désirée. Voir : MAUDUIT, veuve.							
NONY, delle, Jeanne, marchande de vins, boulevard Magenta, 6..		Barboux....	12 sept. 72				
NORMAND-SALLES, Julien-Jean-Louis, boulevard Voltaire, 108.	*	Drochou....		....		30 janv. 72	
NORMANDIN, bijoutier, passage Choiseul, 13.............		Richard	7 août 72	(5)			
NORTIER, décédé, Frédéric, peintre, rue St-Paul, 24.........		Bourbon....	28 sept. 71				
NOTTELLE, jeune, Victor-Amédée, bonnetier, à Nouilly.......		Richard	29 mars 72	31 déc. 72	(6)		
NOUZILLET, Louis-Antoine, marchand de vins, à Ivry........		Meilleneourt.	13 janv. 72				
NUBLAT et ROUX, négociants, avenue de Clichy, 2 bis........		Dufay......	5 oct. 72	....	* 31 déc. 72		
NUMA, Georges, directeur de théâtre, sans domicile connu....		Copin......	25 juill. 72	....	* 28 sept. 72		
NUVILLE, Pierre, chapelier, boulevard Magenta, 73 et 147....		Richard.....	19 sept. 71	18 avril 72	(7)		
OBERT, Victor, marchand d'éponges, rue Meslay, 63.........		Beaujeu....	11 sept. 72				
Id. Emile, marchand de vins, rue Rochechouart, 9......		Gauche......	6 janv. 72		* 31 janv. 72		
OLIVE et PETIT, bijoutiers, rue Montmartre, 85..........		Beaufour....	14 oct. 60	(8)			
OLIVIER, Denis-François, md de bois, route d'Allemagne, 90..L		Prodhomme .	12 mars 72		* 31 mai 72		
Id. Etienne, hôtelier, boulevard de la Villette, 80........		Richard	9 janv. 72		* 17 févr. 72		
Id. Olivier-Charles, marchand de dentelles, r. Feydeau, 1.		Id........	7 mars 72				
OLIVIERI, personnelt Hyacinthe, papetier, rue Barbette, 13....		Barbot......	21 oct. 72		* 30 déc. 72		
Id. et VERSINI, papetiers, rue Barbette, 14.............		Id........	4 déc. 72		* 30 déc. 72		
OLLIVIER, Benjamin-Constant, charron, rue Paris-Charonne, 81.		Id........	14 nov. 66	5 mars 67	* 20 oct. 72		
OPPENHEIM, marchand de curiosités, boulev. St-Martin, 2......		Knöringer ...	7 sept. 72				
OPSOMMER-WINANT, dame, mécanicienne, rue Richelieu, 59...		Prodhomme..	28 juin 72				

(1) **NICOLLE** paie 0 fr. 96 %, unique répartition.

(2) **NIEL** et **VALUET** sont qualifiés faillis. **Valuet** doit 5 %, en 5 ans, par 1/5, de l'homologation.

(3) **NOIREAU** et **FAUST** sont qualifiés faillis; ils paient chacun 1 %, en 3 ans, par 1/3. — L'actif abandonné est rétrocédé par les créanciers, au sieur Hagneau, moyennant 15 %, des créances en 3 ans, par 1/3, de l'homologation.

(4) **NOIZETTE, JEANRASSE** et Cie, — Délaissement au profit de Noizette par Jeanrasse et Marlier, moyennant lesquels seraient considérés comme entièrement libérés envers les créanciers de la société ; de son côté Noizette restant possesseur de l'établissement et des brevets, paierait auxdits créanciers le principal de leurs créances en 10 ans, par 1/20.

(5) **NORMANDIN**. — Faillite clôturée par jug. du 27 sept. 1872.

(6) **NOTTELLE** jeune, doit 40 %, en 4 ans, par 1/5, 1er paiement le 15 janvier 1874.

(7) **NUVILLE** est qualifié failli, et doit 30 %, en 4 ans, par 1/4, de l'homologation.

(8) **OLIVE** et **PETIT** paient 30 %, 1re répartition.

NOMS, PRÉNOMS, PROFESSIONS ET DOMICILES.	Indice Liquidation * astérisque Avoué et Insuffisance	SYNDICS ET AVOUÉS	FAILLITES ET LIQUIDATIONS.	DATE DES HOMOLOGATIONS DE CONCORDATS	INSUFFIS^ts ET UNIONS.	SÉPARAT^s DE BIENS JUDICIAIRES.	CONS.JUDIC. ET INTERDICT.
ORBA, fumiste, avenue Parmentier, 8. — Voir : ERBA.		Copin.......	17 juin 72				
ORDONNEAU, ALPHONSE, passementier, rue Rambuteau, 81.....		Barboux.....	11 nov. 68	21 oct. 72	(1)		
ORLHAC-FOUREZ, ÉTIENNE, sans domicile connu............*		Estienne....	....	....		12 août 72	
ORSET, dame, fruitière, chemin des Bœufs, 28..............		Bègis	10 avril 72		* 31 mai 72		
ORTENBACH, J., commissionnaire, boulevard Sébastopol, 35...		Beaujeu....	28 mai 70	20 févr. 72	(2)		
ORY, ALEXANDRE-PASCAL, restaurateur, rue Budé, 2..........		Beaugé.....	23 mars 72	19 juill. 72	(3)		
OSLET-DELAFOE, JOSEPH-ALEXANDRE, faubourg St-Antoine, 43.*		Debladis....	....	....		5 août 72	
OSSENT, père, ex-marchand de vins, rue Chemin-Vert, 124.		Barbet......	13 mai 72		* 20 juin 72		
OSSONA, JULES, parfumeur, boulevard Voltaire, 5...........		Sommaire ...	28 mars 72	30 oct. 72	(4)		
OUDET, veuve, hôtelière, boulevard Courcelles, 124.........		Gautier......	8 oct. 72				
OUDIN, dame, brodeuse, chaussée Clignancourt, 43.........		Beaujeu.....	13 juin 72		* 22 août 72		
OUGEN, JEAN, maçon, cité Beauharnais, 7.................		Heurtey.....	12 janv. 72	5 juin 72	(5)		
OURSIN. Voir : DUTOT et OURSIN.							
OURY, marchand de vins, r. du Dragon, 1, et domicile inconnu.		Chevallier ...	1er juill. 72		* 22 août 72		
OUTREQUIN, d^elle, LAURE-MARIE-EUG., conf^se, r. du Temple, 189.		Knéringer ...	8 juin 72	4 déc. 72	(6)		
OUTURQUIN, AUGUSTE, passementier, r. du Cloître-St-Jacques, 10.		Pluzanski....	6 avril 70	20 févr. 72	(7)		
OUVRÉ, limonadier, rue Lepic, 59, et rue Louvois, 4.........		Bourbon.....	27 nov. 72				

P

NOMS, PRÉNOMS, PROFESSIONS ET DOMICILES.		SYNDICS ET AVOUÉS	FAILLITES ET LIQUIDATIONS.	DATE DES HOMOLOGATIONS DE CONCORDATS	INSUFFIS^ts ET UNIONS.	SÉPARAT^s DE BIENS JUDICIAIRES.	CONS.JUDIC. ET INTERDICT.
PACHOT-REDON, CH.-THÉODORE, rue de la Plaine, 2.........*		Daupeley....				9 avril 72	
PADOY, LOUIS-JOSEPH, tonnelier, rue Cambronne, 20..........		Gauche.....	25 oct. 71	15 mai 72	(8)		
PAGE, FRANÇOIS, tapissier, rue Châteaudun, 44..........		Chevillot ...	23 févr. 72	1er juill. 72	(9)		
PAGEOZ, FRANÇOIS-NARCISSE, m^d de vins, r. Buisson-St-Louis, 11.		Legriel......	20 juill. 72		* 21 sept. 72		
PAGÈS, EAN-PIERRE-MARIE, plumassier, r. N.-D.-Nazareth, 60.		Id........	21 août 72	23 nov. 72	(10)		
Id. JEAN, charbonnier, rue Oudinot, 11..........		Beaugé.....	28 févr. 70	(11)			
PAGNON dit LAMY, PIERRE-FRANÇOIS, hôtelier, rue du Rhin, 23.		Moncharville.	23 févr. 72	....	* 28 mars 72		
PAIN, JEAN-BAPTISTE-ALEXANDRE. Voir : DENISE et PAIN.							
PALASI, JACQUES, marchand de bois, rue Demours, 88........		Prodhomme..	27 août 72				
PALLIER, MARTIN, march. de vins, r. Grange-aux-Belles, 23...		Id........	22 oct. 72				
PALLOTO, commissionnaire, avenue des Ternes, 47...........		Legriel......	20 mai 72		* 11 juill. 72		
PAMELARD. Voir : PATRIS et Cie.							
PANEIN-BOUILLET, PIERRE, sans domicile connu..........*		Bertinot.....			....	23 mars 72	

(1) **ORDONNEAU** doit 30 %, en 5 ans, par 1/5, de l'homolog.

(2) **ORTENBACH** paie 5 fr. 85 c. %, produit de son actif, et s'oblige à verser dans la huitaine 1,700 francs aux mains du syndic, et à payer 15 %, en 5 ans, par 1/5, de l'homologation.

(3) **ORY** paie 10 fr. 76 c. %, produit de son actif, qu'il abandonne à l'exception de son mobilier personnel.

(4) **OSSONA** doit 25%, en 5 ans, par 1/5, de l'homologation.

(5) **OUGEN** est qualifié failli, et doit 50 %, en 5 ans, par 1/5, de l'homologation.

(6) **OUTREQUIN**, demoiselle, doit 30 %, en 5 ans, par 1/5. — M. DUSAN, rue du Temple, 189, caution.

(7) **OUTURQUIN** doit 20 %, en 5 ans, par 1/5, de l'homolog.

(8) **PADOY** est qualifié failli, et doit 50 %, en 5 ans, de l'homologation.

(9) **PAGE** doit 25 %, en 5 ans, par 1/5 de l'homologation.

(10) **PAGÈS**, ERNEST, doit 30 %, en 6 ans, par 1/6, de l'homol.

(11) **PAGÈS**, JEAN, paie 42 fr. 73 c. %, unique répartition.

NOMS, PRÉNOMS, PROFESSIONS ET DOMICILES.	Indique Liquidation • astérisque AVOUÉ et Insuffisance	SYNDICS ET AVOUÉS	FAILLITES ET LIQUIDATIONS.	DATE DES HOMOLOGATIONS DE CONCORDATS	INSUFFIS⁰ˢ ET UNIONS.	SÉPARAT⁰ˢ DE BIENS JUDICIAIRES.	CONS. JUDIC. ET INTERDICT.
PAPE, Jean-Léonard, mécanicien, passage Tournus, 11........		Beaufour	29 janv. 72				
Id. -CARREY, Jean-Léonard, Id. Id..........	*	Deherpe....	....	....	....	13 janv. 72	
PAPIN, Michel-Louis, marchand de vins, rue de Rome, 83.....		Knéringer ...	7 nov. 08	(1)			
Id. Pierr.-François-Amép. ex- m⁴ de vins, faub. St-Denis, 03.	*	Chevillot	13 déc. 71	12 déc. 72	(2)		
PAQUELET, Charles-Emile, ex mégissier, boulev. Arago, 21..L		Beaugé.....	20 juin 70				
PAQUIER, Henri-Joseph, march. forain, av. de Choisy, 03.....		Maillard....	27 nov. 71	13 mai 72	(3)		
PARAF, JAVAL et Cie, négociants en tissus, rue du Sentier, 32..		Beaugé.....	20 juill. 70				
PARFU, François-Jos.-Eug., march. de vins, r. de Turenne, 20.		Gauche.....	5 nov. 80	22 nov. 72	(4)		
PARICAUD, peintre, rue Château-des-Rentiers, 08...........		Hécaen.....	13 mai 72	....	* 28 déc. 72		
PARICHAULT, veuve, tenant lavoir, boulevard Mazas, 126......		Chevallier ..	12 déc. 71				
PARISOT, Alexandre, traiteur, à Gentilly................. L		Gautier.....	20 déc. 71	20 août 72	(5)		
Id. Jules-Théodore, marchand de vins, r. Marcadet, 39..		Chevallier ..	23 juin 72	....	* 31 juill. 72		
PARISSOT, personn¹, Léon, plâtrier, rue Dumont-d'Urville, 25..		Barbot......	18 oct. 72				
Id. Voir : DAVIAU et Cie.							
PARMENTIER-STOCKMANN, Ch.-Jos., boulev. de Strasbourg, 1.*		Carvès	....	....		3 juin 72	
Id. Ghislain-Théophile, sellier, rue Jacob, 48.......		Devin.......	16 févr. 72	23 juin 72	(6)		
PARRA, marchand de vins, rue de la Tour-d'Auvergne, 42.....		Chevillot ...	5 févr. 72	....	* 30 avril 72		
PARRIZOT, Léon-Césaire, serrurier, rue Laromiguière, 0......		Legriel.....	19 juin 72				
PASQUIER-PLESSIS, Louis, avenue de Clichy, 34........... *		Benoist.....	....	....		22 juill. 72	
Id. Léon, marchand de couleurs, rue Maubeuge, 33......		Quatremère..	12 déc. 72				
Id. marchand de bois, passage Raguinot, 28..........		Beaufour	30 avril 70	(7)			
PASSAL-MORSALINE, Victor-Jean, rue Four-St-Germain, 08...*		Bonfils.....	....	....		4 janv. 72	
PASSET, Constant, négoc. en dentelles, r. Nve-Ptes-Champs, 55..		Dufay......	9 déc. 71	(8)			
PASTOR-POIRIER, Ferdinand-Albert-Léopold, bd St-Michel, 53.*		Masse......	....	....		11 janv. 72	
PASTY, Pierre, boulanger, rue Myrrha, 73...............		Barboux.....	13 nov. 72	...	* 11 déc. 72		
PATENOTTE et DANGUILLECOURT, grainetiers, r. des Vinaigr.,30.		Dufay.....	1ᵉʳ août 71				
PATOU, marchand de vins, grande rue de Montreuil, 93.......		Chevillot	2 mars 72	....	* 30 avril 72		
PATRIS et Cie, restaurateurs, faubourg St-Martin, 08..........		Richard.....	13 févr. 72	....	* 23 avril 72		
PATTA. Voir: GOURGUES, PATTA et Cie.							
PATTE, Léon, commissionnaire, boulevard Sébastopol, 55......		Barboux.....	15 juin 69	8 nov. 69	27 déc. 72		
PATURAL, dame, modiste, boulevard des Capucines, 5.......L		Lamoureux ..	13 mars 72	20 juin 72	(9)		
PAUL, demoiselle. Voir : LUYO, dite PAUL.							
PAULET, marchand de vins, rue de Lyon, 9 et à Puteaux.......		Beaujeu.....	9 mars 72	....	* 6 mai 72		
PAULIN-CAILLE, Jean-Christophe, rue d'Amsterdam, 80....... *		Poisson.....	....	....		23 mars 72	
PAULMIER, maison meublée, rue Friedland, 15..............		Battarel	29 nov. 71	....	* 29 avril 72		
PAULUS-HEIN, Antoine-Adolphe, faubourg du Temple, 52.....*		Duval.....	....	....		20 avril 72	
Id. fils, voiturier, rue Duguay-Trouin, 6 et 8		Chevallier ...	31 juill. 72				

(1) PAPIN, Michel, paie 12 fr. 02 c. %, unique répartition.

(2) Id. Pierre, est qualifié failli, doit 20 %, en 5 ans, par 1/3, de l'homologat., et paie 35 fr. 57 %, produit de son actif.

(3) PAQUIER est qualifié failli ; il doit 10 %, en 5 ans, par 1/3, abandonne l'indemnité due par l'État, par suite des faits de guerre, et paie 13 fr. 43 c. %, produit de son actif.

(4) PARFU paie 59 fr. 08 c. %, produit de son actif.

(5) PARISOT, Alexandre, doit 30 %, en 5 ans, par 1/3, de l'hᵒᵐ.

(6) PARMENTIER doit 25 %, en 5 ans, par 1/3, de l'homolog.

(7) PASQUIER, m⁴ de bois, paie 0 fr. 64 c. %, uniq. répartition.

(8) PASSET a été qualifié failli par jugement du 26 avril 1872.

(9) PATURAL doit 50 %, en 5 ans, par 1/3, de l'homologation.

NOMS, PRÉNOMS, PROFESSIONS ET DOMICILES.	Indique Liquidation ∥ asteriaque AVOUÉ in Insuffisanée	SYNDICS ET AVOUÉS	FAILLITES ET LIQUIDATIONS.	DATE DES HOMOLOGATIONS DE CONCORDATS	INSUFFIS⁽ᶜ⁾ ET UNIONS.	SEPARAT⁽ᶜ⁾ DE BIENS JUDICIAIRES.	CONS. JUDIC. ET INTERDICT.
PAULUS, voiturier, rue Duguay-Trouin, 6 et 8............	L	Gautier....	3 nov. 71				
PAUTARD-CHARBONNEL, Jean, charretier, r. des Boulets, 125.		Doutet......				11 avril 72	
PAUX-POURNARIN, Jean-Nicolas, r. Lavandière-Ste-Opportune.	*	Des Étangs..				29 juill. 72	
PAVAUX, Stanislas-Joseph, tailleur, rue Pierre-Levée, 13...		Dufay......	27 déc. 72				
PAVIE, Charles, banquier, rue de Provence, 59...........		Lamouroux..	10 mai 72		* 23 juill. 72		
PAVY, peintre, rue Lacépède, 5...........		Sommaire..	21 juin 72		* 7 août 72		
PAX, Victor, constructeur, rue Ramey, 19...........		Copin......	5 août 69	14 janv. 70	12 avril 72	(1)	
PAYSAILLE veuve, Louis, mde de meubles, r. des Vinaigriers, 63.		Richard....	19 oct. 71	18 mars 72	(2)		
PEETRINS, marchand de vins, boulevard Ménilmontant, 104...		Bourbon....	2 mai 72		* 23 juill. 72		
PEIFFER, Jules, hôtelier, rue de Vaugirard, 13........		Meys......	12 déc. 71	11 juin 72	(3)		
PELARDY ainé, marchand de bois, rue des Boulets, 50.......		Meilloncourt.	24 juin 72		* 29 oct. 72		
PELISSON, Denis-Joseph, fourreur, rue Palestro, 5........		Beaufour..	24 avril 72		* 31 mai 72		
PELLEGRIN et DARY, mds de comestibles, r. des Halles, 15 et 17.		Battarel..	3 sept. 72				
PELLERIN, Paul-Marie, march. de broderie, r. des Jeûneurs, 11.		Bourbon....	9 nov. 72		* 11 déc. 72		
PELLET, E., marchand de vins, rue St-Irénée-St-Maur.......		Battarel..	7 oct. 72		Id.		
PELLETIER ainé, Siméon, appareilleur, rue Lafayette, 7.......		Hécaen....	6 janv. 72	2 mai 72	(4)		
Id. -AUDOYNAUD, Paul-Procien, rue des Dames, 55.	*	Douthemard..				3 déc. 72	
Id. -ROGIER, Alfred, rue St-Antoine, 213........		Huet......				5 mars 72	
PELTIER, A., libraire, quai Napoléon, 9 et 11........		Pinet......	2 mai 70	(5)			
PENDARIÈS-PUECH, à Ivry........		Douthemard..				4 mai 72	
PENOT, marchand tripier, rue Popincourt, 38........		Gauche.....	20 août 72		* 29 oct. 72		
PENSEYRES sœurs, couturières, boulevard Madeleine, 17...	L	Legriel.....	28 nov. 71	18 avril 72	(6)		
PEPIN, C., papetier, avenue des Ternes, 34........		Meys......	17 avril 72		* 31 août 72		
PEPING, sellier-éperonnier, rue Miromesnil, 126........		Barbot.....	22 janv. 70	(7)			
PERADON. Voir : HÉRICOURT veuve.							
PERCHAPPE, négociant, à St-Mandé........		Id.	27 sept. 72		* 30 nov. 72		
PERDREAU-AUBONNET, Anatole, employé, rue Lemercier, 91.	*	Archambault.				23 mars 72	
PÈRE, limonadier, rue Turbigo, 2........		Battarel..	27 mai 69		* 30 nov. 72		
PERELLI et Cie, agents d'affaires, rue du Quatre-Septembre, 29.		Meys......	3 août 72		Id.		
PERIER-BILLIOT, Jean-Baptiste-Elphège, rue des Dames, 101.	*	Plassard....				17 juin 72	
PERINELLE, confiseur, rue des Francs-Bourgeois, 51.		Knéringer..	28 nov. 72				
PERNETTE, ex-marchand de vins, quai de la Tournelle, 29....		Maillard....	3 mai 72		* 30 mai 72		
PERNOT, fruitier, rue St-Denis, 55		Beaugé.....	11 mai 72		* 29 juin 72		
PEROCHEAU, menuisier, rue d'Argout, 55...........		Meys......	17 juill. 72				
PERONNET, hôtelier, à St-Denis........	L	Richard....	29 nov. 71	(8)			
PERRÉ-VINCENT, Louis-Marie-Joseph, à Neuilly........	*	Lenoir.....				19 nov. 72	
PERRÉE, Alexandre, bijoutier, chaussée d'Antin, 3........	L	Heurtey....	16 janv. 72	(9)			

(1) **PAX** paie 7 fr. 87 c. %, unique répartition.

(2) **PAYSAILLE** veuve, est qualifiée faillie, et doit 30 %, un mois après l'hom, avec la caution des sieurs Auger et Morel.

(3) **PEIFFER** est qualifié failli ; il paie 5 fr. 88 c. %, produit de son actif, et doit 25 %, en 5 ans, par 1/5, de l'homologation.

(4) **PELLETIER** ainé, doit 25 %, en 5 ans, par 1/5, de l'homol.

(5) **PELTIER** paie 6 fr. 46 c. %, unique répartition.

(6) **PENSEYRES** sœurs, doivent 50 %, en 5 ans, par 1/5, de l'homologation.

(7) **PEPING** paie 4 fr. 24 c. %, unique répartition.

(8) **PERONNET**. — Liquidation clôturée par jugᵗ du 9 mars 72.

(9) **PERRÉE**, Alexandre, paie 40 %, première répartition.

NOMS, PRÉNOMS, PROFESSIONS ET DOMICILES.	L indique Liquidation ● avérásique Avoué et Insuffisance	SYNDICS ET AVOUÉS	FAILLITES ET LIQUIDATIONS.	DATE DES HOMOLOGATIONS DE CONCORDATS	INSUFFIS⁼⁼ ET UNIONS.	SÉPARAT⁼⁼ DE BIENS JUDICIAIRES.	CONS. JUDIC. ET INTERDICT.
PERRÉE, Athanase, imprimeur, rue Dunkerque, 58..........		Dufay.......	5 déc. 71	27 mars 72	(1)		
Id. -FREUDENTHALER, Alexandre, chaussée d'Antin, 9.*		Petit-Bergonz	....	....		16 avril 71	
PERRET, Charles, fabricant de papiers peints, r. Provence, 49.		Gauche.....	15 janv. 72	26 juin 72	(2)		
PERRIGUEUX-BOURBONNAIS, Jean, rue de l'Orillon, 35.		Fitremann..	....	....		1ᵉʳ févr. 72	
PERRILLIAT, Claude, limonadier, rue Turbigo, 10.		Beaugé.....	15 juin 72	25 oct. 72	(3)		
PERRON, Ferdinand, cordonnier, avenue Friedland, 43.......		Legriel......	7 mars 72	29 juin 72	(4)		
PERRONNET veuve. Voir: LEGRAND et sa femme.							
Id. hôtelier, rue Poncelet, 30.		Prodhomme..	30 déc. 71	....	*28 mars 72		
PERROT, Jean-Baptiste, march. de bois, place Jeanne-d'Arc, 20.		Beaugé.....	28 août 72	17 déc. 72	.5|		
Id. Jean, march. de pommes de terre, r. des Innocents, 9.		Chevillot....	28 avril 70	(6)			
Id. -JALUZEAU et Cie, confectionneurs, rue Turbigo, 52..		Lamoureux..	20 sept. 71	(7)			
PERRUSSON demoiselle, Louise-Adèle, lingère, r. St-Honoré, 156.		Meys.......	2 oct. 71	23 mars 72	(8)		
PERTUISAT, Ambroise, ciseleur, faubourg St-Martin, 78./......		Id.......	29 mai 72	....	* 7 août 72		
PESME, Hubert-Clément, hôtelier, rue Mariotte, 13.........		Chevallier...	20 juill. 72	....	*31 juill. 72		
PESSIONE, Pierre-Joseph, mécanicien, rue de la Perle, 10......		Chevillot....	18 mai 72				
PESTY, François, voiturier, rue Torcy, 29		Pluzanski....	26 sept. 72	....	* 31 déc. 72		
PETIT, Émile, limonadier, Grande rue de la Chapelle, 61.....		Devin.......	10 juill. 72	....	* 16 déc. 72		
Id. Eugène, ciseleur, rue Oberkampf, 69...........		Beaufour....	11 mai 72	....	* 28 mai 72		
Id. Auguste, marchand de vins, rue Magnan, 12.......L		Knéringer...	5 févr. 72	....	* 31 mai 72		
Id. teinturier, à Montreuil...........		Barboux.....	13 déc. 72				
Id. Maurice, maréchal-ferrant, rue Poliveau, 39.......L		Maillard....	9 févr. 72	.	*23 juill. 72		
Id. Louis, maçon, rue des Cloys, 8...........		Barboux.....	27 déc. 71	29 juin 72	(9)		
Id. Auguste, fabricant de billards, rue Biscornet, 23......		Meys.......	21 août 72	7 déc. 72	(10)		
Id Charles, entrepreneur, rue de la Grande-Chaumière, 16.		Sommaire...	2 juill. 72	....	* 31 déc. 72		
Id. ,BLAY et Cie, chemisiers, rue Châteaudun, 15..........		Gauche.....	12 févr. 72	15 mai 72	(11)		
PETITCLERC, Charles-François, fabric. de pianos, r. Gaillon, 17.L		Meillencourt.	23 févr. 72	12 juill. 72	(12)		
PETIT-HUGUENIN-GAITET, Etienne-Cn., bᵈ St-Germain, 14.*		Cabane.....				21 avril 72	
PETITE-RUFFIER, Hégésippe-Edouard, boulev. Voltaire, 93..*		Lenoir......				9 janv. 72	
PETITEAU et Cie, bijoutiers, rue Scribe, 1		Beaufour....	11 août 68	20 nov. 69	(13)		
PETITJEAN, entrepreneur de bâtiments, à Billancourt........		Chevallier...	1ᵉʳ déc. 64	6 févr. 66	(14)		
Id. et QUEHEN, constructeurs, à Billancourt.........		Devin.......	10 mai 67	(15)			

(1) **PERRÉE**, Athanase, est qualifié failli, et doit 25 %, en 3 ans, par 1/3, du 1ᵉʳ juin 1872.

(2) **PERRET** est qualifié failli, et doit 50 %, en 5 ans, par 1/5, avec la garantie de Nicolas Hénault; 1ᵉʳ paiement 15 juill. 73.

(3) **PERRILLIAT** doit 15 %, en 5 ans, par 1/5, de l'homologation.

(4) **PERRON** est qualifié failli; il paie 5 % dans le mois de l'homologation, et doit 20 %, en 4 ans, par 1/4, de l'homolog.

(5) **PERROT**, J.-Bapt., doit 50 %, en 5 ans par 1/5, de l'homolog.

(6) **PERROT**, Jean, paie 4 fr. 42 c. %, unique répartition.

(7) **PERROT-JALUZEAU** et Cie sont qualifiés faillis par jugement du 10 mai 1872.

(8) **PERRUSSON** demoiselle, est qualifiée faillie; elle paie 10 % après l'homologation, et doit 20 %, en 3 ans, par 1/3.

(9) **PETIT**, Louis, est qualifié failli; il doit 25 %, en 5 ans, par 1/5, de l'homologation.

(10) **PETIT**, Auguste, paiera 100 %, sur le montant des créances en principal, intérêts et frais en 10 ans, et en 10 paiements, de l'homologation.

(11) **PETIT, BLAY** et Cie sont qualifiés faillis; ils paient 10 %, comptant, et doivent 20 %, en 5 ans, par 1/5, de l'homolog.

(12) **PETITCLERC** paiera l'intégralité des créances par 1/8, en 8 ans, de l'homologation.

(13) **PETITEAU** et Cie paient 3 %, 3ᵉ répartition.

(14) **PETITJEAN** paie 2 fr. 53 c. %, 5ᵉ et dernière répartition.

(15) **PETITJEAN** et QUEHEN paient 13 fr. 17 c. %, unique répartition.

NOMS, PRÉNOMS, PROFESSIONS ET DOMICILES.	L indique Liquidation * astérisque Aveu et Insuffisance	SYNDICS ET AVOUÉS	FAILLITES ET LIQUIDATIONS.	DATE DES HOMOLOGATIONS DE CONCORDATS	INSUFFIS^{ces} ET UNIONS.	SÉPARAT^{ns} DE BIENS JUDICIAIRES.	CONS. JUDIC. ET INTERDICT.
PETITNICOLAS, Jean-Bapt., march. de métaux, r. Vinaigriers, 54.		Copin......	26 juill. 71	20 juill. 72	(1)		
PETREQUIN, veuve, couturière, boulevard des Italiens, 28....		Beaufour....	4 juin 72	26 oct. 72	(2)		
PEUVREL, DENCOURT et Cie, m^{ds} de nouveautés, r. Turbigo, 3.		Battarel.....	6 sept. 72				
PEYNAUD, maçon, avenue de Choisy, 122.................	L	Prodhomme..	16 janv. 72				
PEYRONNET, Pierre, fabric. d'eau de seltz, r. Duguesclin, 17.	L	Maillard.....	30 sept. 71	6 févr. 72	(3)		
PEYROT, Philippe, marchand de vins, av. de la Roquette, 29...		Copin......	12 déc. 71	23 mars 72	(4)		
PHILIP-LANDAU, Jean, quai de la Râpée, 34..........	*	Loriot......				13 avril 72	
Id. -SICRIST, Alphonse-Honoré, rue Brochant, 27......	*	Id.......				20 mars 72	
PHILIPPET, ex-maître de lavoir, rue Douret, 7.........		Gautier.....	26 oct. 72		* 28 déc. 72		
PHILIPPON, Gustave-Minaire, f^t de socles, r. du Chemin-Vert, 26.		Barbot......	12 août 72		* 30 oct. 72		
PHILIPPOT, François-Etienne, ébéniste, rue de Cîteaux, 5...		Battarel.....	31 oct. 72		* 24 déc. 72		
PIACENTINI, Eugène, marchand de vins, rue d'Antin, 23......		Beaujeu.....	14 oct. 71		(5)		
PIC-BAYART, Jean-Jules-Firmin, boulevard Magenta, 108......	*	Drechou.....				26 août 72	
PICARD, commissionnaire, rue Turenne, 67.........		Sommaire...	14 mars 72		* 28 mars 72		
Id. Arsène, épicier, rue des Amandiers, 50...........		Meillencourt	4 oct. 72				
Id. Pierre-Armand-Appollinaire, tabletier, r. de Jarente, 4.		Sommaire...	21 févr. 70		(6)		
Id. et RISSER, corroyeurs, r. Biraguc, 12.............		Lamoureux..	20 déc. 09		(7)		
PICAUD, marchand de vins, rue Fontaine-au-Roi, 56.........		Legriel.....	5 sept. 72		* 21 oct. 72		
PICAULT-POURRAT, Eugène-Édouard, rue Dauphine, 46......	*	Marc.......				27 mai 72	
Id. , Eugène-Édouard, coutelier, rue Dauphine, 46......		Normand....	18 juill. 71		18 déc. 71	(8)	
PICHARD, Victor, manouvrier, à Fresnes..........		Hervel.....			....		* 26 mai 72
PICHENOT, Pierre, marchand de vins, rue Montmartre, 60....		Beaufour....	8 janv. 72		* 31 janv. 72		
PICHON et BOISSARD, négociants en vins, rue de Flandre, 164..		Bégis	9 oct. 72				
PICHOT-BONASTUE, Jules-Albert, sans domicile connu.....	*	Pijon......				8 juill. 72	
Id. , épicier, rue Beethoven, 5.................		Beaujeu.....	25 mai 72		* 22 août 72		
PICON, aîné, Pierre, maçon, rue Lalande, 6..........		Sautton.....	10 avril 72		* 23 juill. 72		
Id. , Édouard-Désiré, avenue de la Motte-Piquet, 17.....	*	Caron......				(9)	15 févr. 66
PICOT, Jules, restaurateur, à Maisons-Alfort..........		Dufay.....	3 août 72				
Id. -HUET, Jules, à Alfort..........	*	Hardy......			....	8 juill. 72	
PICQUEFEU et DOCHET, art. de St-Quentin, rue de Cléry, 10 ...		Devin......	1er mai 69	9 janv. 70	(10)		
PIÉPLU-DUFOUR, Constant-Charles, boulev. de Grenelle, 18 ..	*	Foussier....			*	23 juill. 72	
PIERLOT et MERCIER, François-Éloi, menuisiers, rue Davy, 16.		Lamoureux..	20 août 72	26 déc. 72	(11)		
PIERRE, Isidore, marchand de vins, rue de Lappe, 35........		Devin......	5 déc. 71		(12)		

(1) **PETITNICOLAS** est qualifié failli, paie 8 fr. 80 c. %, produit de son actif, et doit 20 %, en 5 ans, par 1/5, du jour de la répartition.

(2) **PETREQUIN**, veuve, doit 30 %, en 5 ans, par 1/3, 1er paiement fin octobre 1873.

(3) **PEYRONNET** paiera l'intégralité du passif, en 5 ans, par 1/5.

(4) **PEYROT** est qualifié failli, et doit 40 %, en 5 ans, par 1/5, de l'homologation.

(5) **PIACENTINI** est qualifié failli, et paie 4 fr. 14 c. %, unique répartition.

(6) **PICARD**, Pierre, paie 9 fr. 62 c. %, unique répartition.

(7) **PICARD** et **RISSER** paient 0 fr. 45 c. %, unique répartition.

(8) **PICAULT** est qual. failli, et paie 0 fr. 07 c. %, uniq. rép.

(9) **PICON**. — 21 mars 1872, main-levée de son conseil.

(10) **PICQUEFEU** et **BOCHET** paient 26 fr. 92 c. %, unique répartition, et 6,000 fr. dans le mois de l'homologation, sous le cautionnement du sieur Sergent.

(11) **PIERLOT** et **MERCIER**. — Paiement intégral des créances avec intérêt à 5 % l'an, en 5 ans, par 1/3, de l'homologation.

(12) **PIERRE**, Isidore est qualifié failli, et paie 20 fr. 95 c. %, unique répartition.

NOMS, PRÉNOMS, PROFESSIONS ET DOMICILES.	Indique Liquidation * astérisque Avoué et Insolvance	SYNDICS ET AVOUÉS	FAILLITES ET LIQUIDATIONS.	DATE DES HOMOLOGATIONS DE CONCORDATS	INSUFFIS** ET UNIONS	SÉPARAT** DE BIENS JUDICIAIRES.	CONS. JUDIC. ET INTERDICT.
PIERRE, A., demoiselle, mercière, rue Norvins, 9............		Dufay......	4 déc. 71	....	* 29 févr. 72		
PIERRENOUD, Albert, voiturier, rue des Fermiers, 29........		Id.......	25 sept. 72				
PIERRET. Voir: WILLIAMS dit PIERRET.							
PIERRON, marchand de vins, rue d'Alésia, 167..............		Barboux.....	17 oct. 72		* 11 déc. 72		
Id. . Voir: LEHMANN et PIERRON.							
PIERROT-PREBOIS, Julien-Nicolas, à New-York-Liwington....	*	Berton......		....		12 août 72	
PIERSON-PIERRARD, Louis-Ant.-Camille, r. du Temple, 172..	*	Leboucq.....				9 juill. 72	
PIGACHE. Voir: BILLOIR et Cie.							
PIGALLE, consignataire de marchandises, rue Ste-Anne, 57		Sarazin.....	23 sept. 72		* 31 janv. 73		
PIGEON, Hippolyte, quincaillier, rue Lafayette, 9		Normand....	22 mars 72	(1)			
PILLARD-BAUDIAU, Edmond-Louis, à St-Ouen	*	Milliot.....				19 déc. 72	
PILLET, marchand de vins, à Issy..............		Battarel.....	12 avril 72		* 5 juin 72		
PILLEUX, Id. , rue Montaigne, 11		Sarazin.....	31 juill. 72		* 30 sept. 72		
PILLON-FILLON, Pierre, à St-Denis	*	Duboys.....				22 juill. 72	
PILLOT, Hubert, marchand de vins, rue de Belleville, 51......		Heurtey.....	27 déc. 71	(2)			
PILON, marchand de vins, rue Vintimille, 9.............		Pinet......	31 juill. 72		* 30 nov. 72		
PILOU-ROCHEREUX, Antonin, sans domicile connu...........	*	Marquis.....				13 avril 72	
PINARD, appareilleur, rue St-Maur, 43		Gauche.....	19 avril 72		* 29 juin 72		
Id —MEVIALLE, Victor, sans domicile connu...........	*	Marquis.....				23 janv. 72	
PINAUD, Léon-Paul, libraire, rue Richer, 18..............		Beaugé.....	8 janv. 72		17 mai 72	(3)	
PINÇON et sœur, Julie, modistes, rue Richelieu, 100.........		Dufay......	4 avril 72	27 août 72	(4)		
PINEL-GANNEVAL, J.-Baptiste, rue Radziwill, 23..........	*	Cesselin.....				15 févr. 72	
Id. , marchand de vins, rue de Glacière, 71....	L	Sautton.....	20 janv. 72		* 29 févr. 72		
PINET, veuve, négociante, faubourg du Temple, 124........		Lamoureux...	5 déc. 71	(5)			
PINGUET, tapissier, rue Pauquet-de-Villejust, 11............		Knéringer...	13 déc. 72				
PINJON-ROUART, Isidore-Félix-Émile, rue Quincampoix, 27..	*	Lacombe....				25 avril 72	
PINSON-MASSERON, Narcisse, passage des Poissonniers, 20..	*	Chéramy....				27 mai 72	
PIOT, Auguste, confiseur, rue Berger, 8.................		Lamoureux...	9 juill. 72	(6)			
Id. -DOURCEY, Louis-Casimir, à Neuilly.................	*	Bertot......				24 juin 72	
PIQUET-CHAMPY, Constant-Faustin, rue Vaugirard, 7........	*	Guibet.....				30 avril 72	
PIRONNIAS et GIRAULT, couvreurs, avenue St-Ouen, 20......		Prodhomme..	12 juill. 72				
PIROU, Edmond-Constant, hôtelier, r. Paradis-Poissonnière, 10.		Sarazin......	28 juin 72	....	* 8 août 72	(7)	
Id. Jean, marchand de papiers peints, bd Haussmann, 23...		Moncharville.	2 déc. 71	11 mars 72	(8)		
PISKIEWIEZ, serrurier, rue de Charonne, 57..............		Beaugé.....	17 déc. 72		* 31 janv. 73		
PITARD-RENIER, Pierre-Marie, rue Lafayette, 163...........	*	Pijon......				5 août 72	
PITON, Fois-Hippolyte, menuisier, av. de la Motte-Piquet, 27 ..		Gautier......	10 nov. 72		* 24 déc. 72		
PITOUX, veuve, bijoutière, Grande rue de la Chapelle, 43.....		Quatremère..	11 oct. 72				

(1) PIGEON paie 5 fr. 92 c. °/₀, unique répartition.

(2) PILLOT est qualifié failli, et paie 8 fr. 11 c. °/₀, unique rép.

(3) PINAUD paie 0 fr. 16 c. °/₀, unique répartition.

(4) PINÇON et sœur doivent 20 °/₀, à raison de 10 °/₀ chacun, en 4 ans, par 1/4, sans solidarité entre elles.

(5) PINET, veuve, est qualifiée faillie, et paie 7 fr. 01 c. °/₀, unique répartition.

(6) PIOT paie 0 fr. 23 c. °/₀, unique répartition.

(7) PIROU, Edmond. — Réouverture du 27 septembre 1872.

(8) PIROU, Jean, est qualifié failli; il doit 30 °/₀, en 5 ans, par 1/5, de l'homologation.

NOMS, PRÉNOMS, PROFESSIONS ET DOMICILES.	Indique Liquidation ° avoués Avoué et Insuffisance	SYNDICS ET AVOUÉS	FAILLITES ET LIQUIDATIONS.	DATE DES HOMOLOGATIONS DE CONCORDATS	INSUFFIS^ces ET UNIONS.	SÉPARAT^ns DE BIENS JUDICIAIRES.	CONS. JUDIC. ET INTERDICT.
PITRÉ-PHILIPPE. Voir : GAUDIN, dit PITRÉ-PHILIPPE.							
PITTET, ex-confectionneur, rue d'Aboukir, 15............		Maillard.....	12 juin 72	....	* 31 juill. 72		
PIVARD, Henri, marchand de vins, rue des Lombards, 7......		Bégis	24 avril 72	....	* 31 mai 72		
PIVOT, jeune, Antoine, charcutier, à Billancourt.............		Knöringer...	8 oct. 72				
PLACET, Émile, photographe, rue St-Jacques, 328............		Beaugé.....	6 juill. 70	(1)			
PLATTET, Gustave. Voir : THIBAUD et Cie.							
PLAUSZEWEKI-SORY, Pierre-Simon, rue des Dames, 106.....*		Cullerier.....	....	....		7 mai 72	
PLET, Léon, chemisier, rue St-Honoré, 161............		Richard.....	25 juill. 71	10 févr. 72	(2)		
PLIVARD, père, marchand de bois, r. de la Tombe-Issoire, 18.L		Meys.....	10 août 71	15 janv. 72	(3)		
PLUCHART, Pierre-Joseph-Alexandre, comm^re, b^d Voltaire, 147.		Maillard.....	29 sept. 71	(4)			
PLUMET-FAYEL, Élie-Christophe, rue Lecourbe, 84.......		*Dussart.....				12 mars 72	
POCHARD-MARTIN, Adolphe-Anatole, rue Dupin, 15........		*Derré.....				30 janv. 72	
POIDEVIN, Paul, cordonnier, boulevard Malesherbes, 59......		Chevillot.....	26 févr. 72		* 30 avril 72		
POIGET, Léon-Loup, gravatier, aux Prés-St-Gervais.....		Normand....	14 mai 69	13 août 69	21 nov. 72		
POINT, ex-marchand de vins, rue Davy, 16.............		Barboux.....	2 janv. 72		* 30 janv. 72		
POIRIER, Auguste, confectionneur, rue Mouffetard, 23......		Normand....	18 janv. 72		5 avril 72		
Id. Voir : WITTELSBACH, dame.							
Id. marchand de vins, boulev. Beaumarchais, 23......		Copin.....	9 juill. 70	8 août 71	* 24 déc. 72	(5)	
POIRSON, dame, lingère, rue de Valois, 2..............		Barbot.....	10 août 72	......	* 30 sept. 72		
POISAT, fils aîné, Gaét.-Auguste, f^t d'huiles, pass. Saulnier, 25.		Hécaen.....	27 déc. 72				
Id. -HORTENSE, Id. Id. Id. *		Savignat.....				17 déc. 72	
POISEMBERT-BICHET, Ch.-Antoine, b^d Latour-Maubourg, 94..*		Aymé.....	....	....		17 déc. 72	
POISLE DESGRANGES-TOLLAY, rue de Compans, 16........*		Gouget.....	....	....		4 juill. 72	
POISSONNIER, Auguste, briquetier, rue du Cherche-Midi, 97...		Devin.....	24 oct. 71	(6)			
Id. , SANSON et Cie, briquetiers, r. Vaugirard, 237..		Id........	12 oct. 71	(7)			
POITEVIN, boulanger, rue du Maine, 7.................		Battarel.....	13 juin 70		* 31 juill. 72		
Id. père^t, Auguste, ex-journaliste, rue St-Georges, 43...		Barboux.....	5 nov. 69	(8)			
Id. et Cie, Id. rue Montmartre, 125..		Id........	2 août 69	(9)			
Id. fabricant d'outils, boulevard Ornano, 25............		*Sarazin.....	7 juin 72				
POIZAT, Jean-Baptiste, limonadier, rue Magnan, 9...........		Gauche.....	29 déc. 71		* 25 mars 72		
POLFFER, charron, rue de l'Ourcq, 60................		Maillard.....	18 juill. 72		* 21 sept. 72		
POLLARD, Paul, grainetier, rue Montesquieu, 9............		Bégis.....	6 nov. 69	(10)			
Id. -LENEPVEU de CARFORT, Paul, rue d'Argout, 13...*		Delcpouve...	....	....		6 mars 71	
POLLET, crémier, boulevard Voltaire, 130................		Meys.....	10 août 72		* 31 déc. 72		
POLOCE, Benoît, entrepreneur, rue Marcadet, 91...........		Beaugé.....	13 mars 72	(11)			

(1) PLACET paie 8 %, première répartition.

(2) PLET est qual. failli, et doit 25 %, en 5 ans, par 1/5, de l'h^on.

(3) PLIVARD, père, doit 50 %, en 5 ans, par 1/5, de l'homologation, avec la caution de Louis et Jules Plivard, ses fils.

(4) PLUCHART est qualifié failli, et paie 3 fr. 44 c. %, unique répartition.

(5) POIRIER, marchand de vins, paie 24 fr. 70 c. %, produit de son actif.

(6) POISSONNIER, Auguste, paie 1 fr. 69 c. %, unique répartition, et est qualifié failli.

(7) POISSONNIER, SANSON et Cie sont qualifiés faillis, et paient 12 fr. 55 c. %, unique répartition.

(8) POITEVIN, Auguste, paie 74 fr. 08 c. %, unique répartition.

(9) POITEVIN et Cie paient 61 fr. 54 c. %, unique répartition.

(10) POLLARD paie 11 fr. 96 c. %, unique répartition.

(11) POLOCE paie 3 fr. 54 c. %, unique répartition.

NOMS, PRÉNOMS, PROFESSIONS ET DOMICILES.	L. Indique Liquidation * Antérieure Avoué et Insuffisance	SYNDICS ET AVOUÉS	FAILLITES ET LIQUIDATIONS.	DATE DES HOMOLOGATIONS DE CONCORDATS	INSUFFIS⁻ ET UNIONS.	SÉPARAT⁻ DE BIENS JUDICIAIRES.	CONS. JUDIC. ET INTERDICT.
POLTON-GIBIER, Charles, négociant, à Boulogne............	*	Leral........				27 août 72	
POLYNICE, Charles, horloger, rue de Saintonge, 30.........		Devin.......	3 oct. 71	15 janv. 72	(1)		
POMMIER, Rémy, ex-marchand de vins, à Gennevilliers........		Gauche......	5 août 72	....	* 27 sept. 72		
Id. Pierre-Eugène, menuisier, à Choisy..............		Barboux.....	1er oct. 72				
PONCEROT dame, modiste, rue Laffitte, 2..............		Chevallier...	24 sept. 72	....	* 14 nov. 72		
PONCET, ex-commissionn., puis photographe, rue Réaumur, 9..		Gauche......	10 avril 72				
PONSIN, Théophile, ex-épicier, avenue Wagramm, 77		Prodhomme..	28 juin 70	18 oct. 71	(2)		
PONSONNAILLE-FORGES, Pierre-Jean, à Levallois..........	*	Savignat.....				6 mai 72	
PONTI, Théodore, commissionnaire, rue Meslay, 28........		Meys........	25 nov. 71		4 déc. 72		
PORRET, restaurateur, boulevard St-Michel, 34..........		Sautton.....	13 mars 72				
PORTE, marchand de vins, rue Pascal, 23 et à Ivry........		Pinet.......	8 nov. 72	....	* 30 déc. 72		
Id. -ENSEIGNE, miroitier, rue Henri-Chevreau, 32.....		Barbot......	12 déc. 72	....	* 31 janv. 73		
PORTIER, Olivier, parfumeur, rue Ste-Anne, 46		Heurtey.....	18 juill. 71	5 déc. 71	(3)		
Id. Voir : LEBLANC et PORTIER.							
POTARD, Charles-Jules, hôtelier, avenue Montaigne, 44......		Prodhomme..	15 févr. 72				
POTEL, baigneur, rue Rambuteau, 82...............		Lamoureux...	23 janv. 72	24 mai 72	(4)		
POTET, Félix, peintre sur verres, rue Amelot, 70..........L		Meillancourt.	3 févr. 72	....	* 20 juin 72		
POTHIER et DUMONT, boulangers, rue Croix-Nivert, 49		Gauche......	15 juin 70	(5)			
POTIER-FERRE, Alfred-Fçois, emballeur, r. Château-Landon, 47.*		Hervel				24 déc. 72	
Id. Id. Id. Id. rue d'Hauteville, 25...		Dattarel.....	11 nov. 71				
POTIN et Cie, entrepreneurs de bains électriques, à Vincennes..		Sautton.....	13 mai 72		* 7 août 72		
POTRON, Louis-Charles, appareilleur, rue Nemours, 12......		Richard	14 mars 72	2 sept. 72	(6)		
POTTÉE. Voir : CHEVALLIER veuve.							
POTTIER, Pierre-François, march. de cuirs, r. de Provence, 95.		Knéringer ...	9 mars 72	8 nov. 72	(7)		
Id. Edmond, mercier, rue d'Argout, 67............L		Beaujeu.....	13 janv. 72	....	* 27 févr. 72		
POUARD et Cie, marchands de vins, rue Beaudricourt, 69		Chevillot....	24 oct. 72	....	* 31 déc. 72		
POUDRA, Emile-Edouard-Hector, mercier, r. Nve-Pte-Champs, 40.		Chevallier...	28 sept. 71				
Id. -RIOU, Id. Id. Id.*		Lacroix......				16 mai 72	
POULAIN, boulanger, rue Coquillière, 24...............		Legriel.....	30 juill. 72				
POULET, ex-banquier, rue Rossini, 22.................		Moncharville.	3 mai 66	(8)			
Id. Claude-Lazare, restaurateur, place d'Eylau, 80...		Heurtey.....	11 nov. 71	9 févr. 72	(9)		
POUMEYROL-PEYRAT, fab. de papier bitumé, r. Lafayette, 83..		Chevillot....	30 nov. 69	....	29 juin 70	(10)	
POURCHEZ, Victor, march. de produits chimiques, à St-Mandé.		Pluzanski....	2 oct. 72				

(1) **POLYNICE** est qualifié failli, et doit 40 %, en 4 ans, par 1/4, de l'homologation.

(2) **PONSIN** paie 33 fr. 96 c. %, produit de son actif.

(3) **PORTIER** paie 28 fr. 83 c. %, produit de son actif, et parfait 30 %, un an après l'homologation.

(4) **POTEL** paie 57 fr. 49 c. %, produit de son actif qu'il abandonne y compris le solde du compte à rendre par M. Bonnel de Lonchamps, séquestre des établissements qu'exploitait le sieur Potel.

(5) **POTHIER** et **DUMONT** paient 16 fr. 89 c. %, unique répart.

(6) **POTRON** est qualifié failli, et doit 40 %, en 4 ans, par 1/4, de l'homologation.

(7) **POTTIER**, Pierre, est qualifié failli ; il abandonne son actif, et s'oblige à payer 40 %, en 10 ans, par 1/10.

(8) **POULET**, ex-banquier, paie 45 %, 1re répartition.

(9) **POULET**, Claude, est qualifié failli ; il paiera 25 %, en 5 ans, par 1/5, 1er terme fin juin 72.

(10) **POUMEYROL-PEYRAT** paie 2 fr. 33 c. %, uniq. répartition.

NOMS, PRÉNOMS, PROFESSIONS ET DOMICILES.	Indique Liquidation • astérisque Avoué et Insuffisance	SYNDICS ET AVOUÉS	FAILLITES ET LIQUIDATION.	DATE DES HOMOLOGATIONS OU CONCORDATS	INSUFFIS^ce ET UNIONS.	SÉPARAT^n DE BIENS JUDICIAIRES.	CONS.JUDIC. ET INTERDICT.
POUTHIER, gantier, rue Rivoli, 158		Bourbon	7 mai 72	17 déc. 72	(1)		
POUTRAIN DE LOUX, brasseur, boulevard de la Villette, 103.		Maillard	18 juin 72			* 31 juill. 72	
PRADEAU-LEBLANC, JULES-EUGÈNE, rue Cels, 11	*	Delessard					14 mars 72
PRADELLE, négociant, rue de Belzunce, 10		Beaujeu	4 mai 72		* 29 juin 72		
PRADON, ex-épicier, rue Dunkerque, 02		Richard	25 janv. 72		* 27 mars 72		
PRAULT, LOUIS-THÉOPHILE, bijoutier, rue de Provence, 2		Meillencourt	15 nov. 71	3 juin 72	(2)		
PREVOST fils, ex-m^d de cafés, rue N.-D.-Bonne-Nouvelle, 11		Hécaen	27 mai 72				
Id. ALEXANDRE, renseig^ts commerciaux, r. des Jeûneurs, 35		Meillencourt	20 mars 72	30 déc. 72	(3)		
Id. LOUIS-ETIENNE, à Tournon (Indre)		Henriot					* 10 janv. 72
Id. SOPHIE. Voir : BULARD, veuve.							
Id. dame. Voir : CORNU, dame.							
PRÉVOT aîné, LOUIS-F^ois, ex-march. de vins, r. de Crimée, 128		Chevallier	1er juill. 72		* 31 juill. 72		
Id. EUGÈNE, épicier, rue St-Martin, 112		Bourbon	12 déc. 72				
PREYSSLER, commissionnaire, rue Marcadet, 87		Meys	30 mai 72		* 30 sept. 72		
PRIEUR-DELACOMBLE, CHARLES-AMANCE, banquier, r. Rivoli, 70		Sauton	28 oct. 70	6 mars 72	(4)		
PRINET. Voir : FONTEYNE et PRINET.							
PRINI, JACQUES, peintre, rue des Écouffes, 11		Gauche	23 avril 72				
PRIVAT-BOYER, ANTOINE-GERVAIS, rue Valadon, 22	*	Guillemon				20 janv. 72	
PROTIN-MAGAIL, HIPPOLYTE-JEAN, rue Jean-de-Bologne, 4	*	Roche				19 août 72	
PROUST, EUGÈNE, épicier, à Courbevoie		Legriel	17 juin 72		* 29 juin 72		
Id. bonnetier, rue de l'Échiquier, 14		Beaufour	25 mai 72		* 31 juill. 72		
PRUDHOMME frères, commissionnaires, boul. de Strasbourg, 16		Sauton	2 avril 70	5 sept. 72	(5)		
PRUDON et Cie, fab. de papiers à cigarettes, rue St-Martin, 149		Richard	31 oct. 72				
PRUNEAU dame, ex-modiste, rue Clausel, 19		Beaujeu	26 mars 69	2 mars 70	(6)		
PRUNET-DELZANGLES, rue de la Roquette, 31	*	Roche				10 déc. 72	
Id. -LACOMBE, JEAN-PHILIPPE, rue de la Roquette, 31	*	Id.				Id.	
Id. frères, JEAN-PHILIPPE, tôliers, Id. Id.		Barboux	21 sept. 72				
Id. PIERRE, marchand de vins, rue Lauzin, 7		Meys	3 sept. 72				
PUFF, CHARLES, limonadier, boulevard Rochechouart, 108		Richard	18 nov. 72		* 24 déc. 72		
PUISSÉGUR, JOSEPH, tailleur, rue Mogador, 9		Battarel	2 déc. 71	3 avril 72	(7)		
PUSEL, restaurateur, rue Laffitte, 40		Bégis	27 sept. 72		* 31 oct. 72		
PUSSOT, ALFRED, limonadier, boulevard Voltaire, 15		Barbot	11 août 71		17 nov. 71	(8)	
PY, COBLENTZ et COBLENTZ et Cie, banquiers, b^d Magenta, 155		Pinet	21 oct. 71		* 11 déc. 72		
Id. -JEACROY, DELPHIN-EUGÈNE, sans domicile connu	*	Plassard				29 août 72	

(1) POUTHIER abandonne son actif sauf une somme de 200 fr. et son mobilier.

(2) PRAULT est qualifié failli, et doit 20 %, en 5 ans, par 1/5, de l'homologation.

(3) PRÉVOST, ALEXANDRE, doit 15 %, en 5 ans, par 1/5, de l'homologation, et paie 5 %, produit de son actif.

(4) PRIEUR-DELACOMBLE paie 11 %, en deux répartitions, de l'actif abandonné ; Mme Prieur-Delacomble fils renonce à prendre part aux opérations.

(5) PRUDHOMME frères, paient 8 fr. 87 c. %, produit de leur actif, et s'obligent à payer chacun 5 %, en 5 ans.

(6) PRUNEAU, dame, paie 18 fr. 74 c. %, produit de son actif, qu'elle abandonne.

(7) PUISSÉGUR est qualifié failli, et doit 35 %, en 5 ans, par 1/5, de l'homologation.

(8) PUSSOT est qualifié failli, et paie 1 fr. 23 c. %, unique répartition.

Q R

NOMS, PRÉNOMS, PROFESSIONS ET DOMICILES.	L indique liquidation * astérisque Avoué et Insuffisance	SYNDICS ET AVOUÉS	FAILLITES ET LIQUIDATIONS	DATE DES HOMOLOGATIONS DE CONCORDATS	INSUFFIS ET UNIONS	SÉPARAT de BIENS JUDICIAIRES	CONS.JUDIC. ET INTERDICT.
QUANTIN, fils aîné, ALEXANDRE-ÉTIENNE, scieur, à St-Denis		Barbot......	11 juin 70				* 29 févr. 72
QUÉNARD, ALEXANDRE, hôtelier, boulevard Voltaire, 38..........		Dufay......	24 nov. 71	(1)		10 nov. 72	
Id. -CHARPENTIER, ALEXANDRE, rue St-Placide, 44.....	*	Delacourtie..					
QUENNESSON. Voir : FRANÇOIS, veuve.							
QUÉRU, DÉSIRÉ-AUBIN, maçon, rue d'Allenay, 30.............		Dufay......	12 mars 72	1er août 72	(2)		
QUIBEL, EUGÈNE, limonadier, à Asnières...................		Devin......	2 déc. 71	1er mai 72	(3)		
QUINCENET, PIERRE, commissionnaire, rue de Turenne, 50....		Chevillot....	24 févr. 70				
Id. -COLLARD, PIERRE, rue de Turenne, 51..........	*	Dubois......				29 août 72	
QUINTARD, ALCIDE-JULIEN, linger, boulevard Sébastopol, 113..L		Sommaire ..	30 nov. 71	2 mars 72	(4)		
Id. -DUBOIS, JULIEN-ALCIDE, Id ..	*	Coche......				15 févr. 72	
RABEUF, CHARLES, marchand de couleurs, rue de Turenne, 38..		Bourbon....	3 déc. 72				
RABITXE. Voir : DEFITE dit ROMANVILLE, veuve.							
RABOT. Voir : ROUSSEAU et RABOT.							
RACOLLIET, LOUIS-ÉPAMINONDAS, peintre, rue Bagnolet, 109....		Beaugé......	17 août 70	(5)			
RADAROT, VICTOR, marchand de vins, rue de Bercy, 67.......		Barboux....	10 août 72			* 29 août 72	
RADIGUE-VADUREL, PIERRE, rue Rambuteau, 4.............	*	Parmentier...				18 sept. 72	
RAFFAELLI, commissionnaire, passage Saulnier, 9.		Chevallier ...	14 déc. 72			* 30 déc. 72	
RAFFY, veuve, ex-marchande de vins, rue Strasbourg, 19.....		Bourbon....	12 avril 72				
Id. , marchand de vins, rue de Strasbourg, 19...........		Barboux....	18 juill. 72				
RAGAINE, marchand de meubles, avenue d'Orléans, 3.......L		Quatremère..	13 déc. 71			* 25 mars 72	
RAGE-BERTHE, maçon, rue de Lourmel, 69...............		Henriot......				24 déc. 72	
RAGON, fils. Voir : VIGNARDET et Cie							
RAIGUENET, cafetier, rue de Jouy, 16................		Sarazin,.....	14 mars 72			* 30 mai 72	
RAILLARD, éditeur, boulevard Poissonnière, 4		Battarel.....	3 déc. 72			* 23 janv. 73	
RAIMBAULT, JEAN, baigneur, rue de l'École de Médecine, 97 ...		Maillard.....	4 oct. 71	(6)			
Id. , limonadier, boulevard St-Germain, 15..........		Dufay......	10 avril 72			* 30 mai 72	
Id. , AUGUSTE-DÉSIRÉ, scieur, place des Vosges, 17 ...		Id........	27 sept. 71	11 mars 72	(7)		
RALLU, ARMAND-ALPHONSE, négociant, rue du Sentier, 8......		Sommaire ...	3 juill. 72				
RALLU-LESPORT, ARMAND-ALPHONSE, rue du Sentier, 8........	*	Dechambre...				29 août 72	
RANGLET-JULIEN, HIPPOLYTE-ACHILLE, à Melun	*	Robert......				5 juin 72	
RASTOUL, charbonnier, rue du Rendez-Vous, 14		Normand....	25 mars 72			* 31 mai 72	
RATEL-BESANÇON, PAUL-POLYCARPE, avenue d'Orléans, 85....	*	Deblades...				7 mai 72	
RAUEL de MALVAL-BAUDIN, JEAN-MICHEL, à Montrouge......	*	Gavignot				24 août 72	

(1) QUÉNARD a été qualifié failli par jugement du 28 juin 72.

(2) QUÉRU doit 15 %, en 5 ans, par 1/3, 1er paiement dans 6 mois de l'homologation.

(3) QUIBEL est qualifié failli ; il abandonne l'indemnité à payer par l'État par suite de faits de guerre et parfait 25 %, en 4 ans, par 1/3.

(4) QUINTARD paiera l'intégralité des créances en 10 ans, par 1/10, de l'homologation.

(5) RACOLLIET paie 4 fr. 27 c. %, unique répartition.

(6) RAIMBAULT, JEAN, a été qualifié failli par jugt du 28 mai 72.

(7) RAIMBAULT, AUGUSTE, est qualifié failli, et doit 10 %, en 5 ans, par 1/3, de l'homologation.

NOMS, PRÉNOMS, PROFESSIONS ET DOMICILES.	SYNDICS ET AVOUÉS	FAILLITES ET LIQUIDATIONS.	DATE DES HOMOLOGATIONS DE CONCORDATS	INSUFFIS ET UNIONS.	SÉPARAT DE BIENS JUDICIAIRE.	CONS.JUDIC ET INTERDICT.
RAVION, Joseph-François, maçon, rue Gerbillau, 3..........L	Pluzanski....	20 sept. 71	8 juin 72	(1)		
Id. -DEBROSSES, Joseph, rue d'Assas, 20..............	Non indiqué..				23 avril 72	
RAVOU, fabricant de charbons, rue des Bois, 6..............	Pluzanski....	3 mai 72				
RAVU, cordonnier, rue Laffite, 43......................	Bégis	8 oct. 72		* 24 déc. 72		
RAY-HATTIER, Denis-Antoine-Alexand., r. des Boulangers, 30.*	Levesque..				12 nov. 72	
RAYMOND-LABOUREL, Jules-Louis, rue Coquillière, 25..	Vandewalle..				15 juill. 72	
Id. fabricant de papiers, rue de la Glacière, 158......	Barbot.....	26 févr. 72		* 30 avril 72		
REBOULEAU, maître de lavoir, faubourg St-Martin, 49........	Beaugé....	29 août 72				
REBOUR, Charles-Antoine, menuisier, passage des 2 Sœurs....	Chevallier..	19 nov. 72		* 23 déc. 72		
REDET, Joseph-Amédée, négociant en vins, rue Laval, 14.....	Prodhomme..	6 mai 72		* 30 mai 72		
REDON, Pierre-Guillaume, gantier, boulevard Magenta, 110..	Hécaen....	24 nov. 64	8 mars 65	* 29 avril 69	(2)	
REGEAUD, Joseph, ex-entrepren', rue de Paris, 53, (Belleville).	Battarel.....	6 mai 67	26 sept. 67	(3)		
REGNARD-VALENTIN, Henri-Théodore, rue du Colombier, 6...	Maugin....			....	9 mars 72	
REGNIER, Armand-Mathieu, hôtelier, rue Clausel, 22.........	Gauche....	19 déc. 72				
Id. -OLLIER, Émile-Charles, boulevard Magenta, 12 ...	Du Boys...				4 janv. 72	
RÉGNIER-GABRIEL, Nicolas, cordonnier, rue Boule, 6 ......*	Delacourtie..				17 déc. 72	
REH, épicier, rue Pueblu, 525, passage St-Nicolas, 7........	Hécaen....	27 mai 72		* 31 juill. 72		
REINE-DELOUZAN, Pierre-Louis, rue de Bièvre, 31.........*	Kieffer....				5 déc. 72	
REINHARD, Eugène, limonadier, rue Rivoli, 78............	Knöringer ...	27 déc. 71	(4)			
RELIER, Pierre, marchand de vins, avenue St-Ouen, 80......	Richard....	6 juill. 72		* 30 oct. 72		
RÉMINIAC et Cie, modistes, rue du Quatre-Septembre, 24.....	Chevallier ...	28 sept. 72		* 23 déc. 72		
REMOND, Marc, marchand de vins, à Charenton............	Pinet	24 févr. 72	18 sept. 72	(5)		
RENARD-ROBERT, Simon-Adolphe, rue de Douay, 32.....*	Lesage......				8 févr. 72	
RENAUDEAU, Louis-René, ex-carrier, à Nanterre............	Moncharville.	17 sept. 72				
RENAUDIE. Voir : HERVY et RÉNAUDIE.						
RENAUX-PIERREL, André-Alexandre, rue Goutte-d'Or, 38....*	Bertot......				27 janv. 72	
RENE. Voir : GINDRE et RENÉ.						
RENEVIER-BAUDON, François, entrepreneur, à Fontenay .....*	Bourse.....				25 avril 72	
RENOULT, Louis-Gustave, ex-charcutier, rue de Reuilly, 28...	Richard....	19 juin 69	(6)			
RENOUX, Alphonse-Louis, menuisier, place de la Nativité, 8...	Barboux.....	2 oct. 72				
Id. -CHAVANNE, Louis-Alphonse, Id. ...*	Husson......				19 mars 72	
RÉQUIER, limonadier, rue des Martyrs, 79	Sommaire ...	25 sept. 72		* 31 déc. 72		
RETTER dame, marchande de vins fins, r. Nve-des-Mathurins, 103.	Dufay	12 mars 72		* 30 avril 72		
RETTIG fils, entrepreneur, rue d'Aubervilliers, 42............	Meys......	30 nov. 71	(7)			
REUSSE et SIMON veuve, traiteurs, rue Drouot, 11..........	Bégis	9 avril 70	(8)			
RÉVEL et Cie, marchands de charbons, rue Bouchardon, 11....	Barboux.....	27 oct. 71	(9)			

(1) **RAVION** doit 75 %, et en cas de vente de sa maison rue d'Assas, le prix restant libre après l'acquit des dettes hypothécaires sera réparti aux créanciers, jusqu'à due concurrence.

(2) **REDON.** — Réouverture du 4 décembre 1872.

(3) **REGEAUD** paie 11 fr. 18 c. %, 3e et dernière répartition de l'actif abandonné.

(4) **REINHARD** a été qualifié failli par jug' du 20 août 1872.

(5) **REMOND** doit 25 fr. %, en 5 ans, par 1/5, de l'homologation.

(6) **RENOULT** paie 16 fr. 70 c. %, 3e et dernière répartition.

(7) **RETTIG** fils, paie 2 fr. 26 c. %, uniq. rép., et est qual. failli.

(8) **REUSSE** et **SIMON** veuve. — **REUSSE** paie 5 fr. 64 c. %, unique répartition. — (Voir l'année 1870).

(9) **RÉVEL** et Cie sont qualifiés faillis. — Le syndic paie l'intégralité des créances.

NOMS, PRÉNOMS, PROFESSIONS ET DOMICILES.	L Index Liquidation astérisque Avoué Insuffisance	SYNDICS ET AVOUÉS	FAILLITES ET LIQUIDATIONS.	DATE DES HOMOLOGATIONS DE CONCORDATS	INSUFFIS.ces ET UNIONS.	SÉPARAT.ns DE BIENS JUDICIAIRES.	CONS. JUDIC. ET INTERDICT.
REVERT, Gustave, crémier, rue de l'École-de-Médecine, 39		Chevallier..	12 déc. 72				*
REVOL, ex-liquoriste, rue et Île St-Louis, 54......		Lamoureux..	26 nov. 61	(1)			
REY, Pierre-Alexandre, chapelier, rue Simon-le-Franc, 7		Copin........	16 févr. 72	8 mai 72	(2)		
REYMOND, Justin, bijoutier, rue du Bouloi, 7		Legriel.......	23 janv. 72		* 22 févr. 72		
REYNAUD, Élie, menuisier, rue de Sèvres, 133		Bègis........	31 oct. 71	12 févr. 72	(3)		
REYNÈS-DEGOUL, Joseph-Basile, rue de l'Ouest, 4..........	*	Delessard...	....	....		27 avril 72	
REYNIER, directeur de Théâtre, rue de Douai, 7..........		Quatremère..	1er juill. 67	(4)			
RIARD, Alexandre, serrurier, rue de Poissy, 25............	L	Normand...	24 oct. 71	17 janv. 72	(5)		
RIBOULET dame, Alfred-Aug.te, ex-m.de de vins, b.d Voltaire, 281.		Meilleucourt.	18 oct. 71	7 mars 72	(6)		
RIBOULOT fils, entrepreneur, rue de Montreuil, 92........		Battarel.....	18 oct. 72		* 30 nov. 72		
RICARD. Voir : GÉROME, père et fils et RICARD.							
Id. . PELISSON et BOUILLET, paveurs, r. Tour-d'Auv., 11.		Barboux.....	5 août 69	(7)			
RICAUD jeune, charpentier, rue des Haies, 5		Copin........	6 avril 70	8 juill. 70	* 10 déc 72		
RICHARD et fils, fabricants de tissus, r. Paradis-Poissonnière, 29.		Beaujon ...	12 avril 70	(8)	*		
Id. . relieur, rue du Bac, 101.............		Bourbon....	10 août 71	18 déc. 71	(9)		
Id. et Cie, Toussaint, fab. d'eaux gazeuses, f. St-Denis, 12.		Quatremère..	10 nov. 66	(10)			
Id. marchand de vins, rue de Cambronne, 104........		Heurtey....	10 mai 72		* 31 août 72		
Id. Paul, pharmacien, rue de Taranne, 10..........		Normand...	12 mars 72	27 juin 72	(11)		
RICHÉ et GACHOT, fabric. de fonte de fer, aux Prés-St-Gervais,.		Battarel.....	7 déc. 71	8 juin 72	(12)		
RICHEBOURG et Cie, banquiers, rue Le Peletier, 3............		Sautton......	7 nov. 72				
RICHEFEU, mercier, rue de Nemours, 6		Beaujon	27 mai 70	20 août 72	(13)		
Id. Louis, boulanger, faubourg St-Denis, 139		Moncharville.	30 mai 72		* 7 août 72		
Id. Édouard, menuisier, rue des Boulets, 92.........		Gautier.....	29 déc. 71	23 oct. 72	(14)		
RICHOMME, Prosper, ex-marchand de vins, r. Montparnasse, 42.		Meys........	30 déc. 71		* 31 juill. 72		
RICHY, J.-Baptiste, limonadier, faubourg St-Martin, 145 L	L	Beaujon	6 déc. 71	27 mars 72	(15)		
RIGAUD, Hippolyte, corroyeur, rue Cambronne, 113		Id........	16 nov. 71	(16)			
Id. -DELCOURT, Hippolyte, Id.	*	Bouthemard..	....	....	....	11 avril 72	
RIGOLLET, Eugène-Hippolyte, m.d de vins, r. d'Angoulême, 43.		Dufay........	4 déc. 72		* 31 déc. 72		
RIGOT-BURIÈRE, Louis-Auguste, rue Beethoven, 13	*	Gouget.....	....	....	....	9 juill. 72	
RINGEL, confectionneur, rue de la Ferme-des-Mathurins, 7		Beaufour....	13 juin 72	16 déc. 72	(17)		
RIPAULT, Ernest, cordonnier, rue Oberkampf, 8		Bègis........	28 mars 71		* 30 avril 72	(18)	

(1) REVOL paie 10 %, sixième répartition.

(2) REY doit 36 %, en 6 ans, par 1/6, de l'homologation.

(3) REYNAUD, qual. failli, doit 25 %, en 3 ans, par 1/3, de l'ho m.

(4) REYNIER paie 0 fr. 86 c. %, 2e et dernière répartition.

(5) RIARD paiera l'intégralité des créances en 7 ans.

(6) RIBOULET dame, est qualifiée faillie, et doit 30 %, en 6 ans, par 1/12, de l'homologation.

(7) RICARD, PELISSON et BOUILLET, paient 26 fr. 64 c. %, unique répartition.

(8) RICHARD et fils, paient 1 fr. 75 c. %, unique répartition.

(9) RICHARD, relieur, est qualifié failli, et doit 20 %, en 4 ans, par 1/4 ; 1er terme le 18 décembre 1872.

(10) RICHARD et Cie, paient 50 %, 1re répartition.

(11) RICHARD, Paul, paiera l'intégralité des créances en 10 ans, par 1/10, de fin juin 1872.

(12) RICHÉ et GACHOT sont qualifiés faillis ; ils doivent 25 %, en 5 ans, par 1/3, de l'homologation.

(13) RICHEFEU, mercier, paie 17 fr. 07 c. %, produit de son actif, abandonne un billet de 530 fr. 85 c. souscrit par Delahaye, et s'oblige à payer 20 %, en 4 ans, par 1/4, de l'homologation.

(14) RICHEFEU, Édouard, est qualifié failli, et doit 20 %, en 4 ans, par 1/4 ; 1er paiement fin octobre 1873.

(15) RICHY paie l'intégralité des créances.

(16) RIGAUD est qual. failli, et paie 4 fr. 41 c. %, uniq. répartit.

(17) RINGEL doit 30 %, en 5 ans ; 1er paiem.t 1 mois après l'hom.

(18) RIPAULT. — Réouverture du 10 juillet 1872.

NOMS, PRÉNOMS, PROFESSIONS ET DOMICILES.	Indique Liquidation ⁎ Astérisque Avoué n…	SYNDICS ET AVOUÉS	FAILLITES ET LIQUIDATIONS.	DATE DES HOMOLOGATIONS DE CONCORDATS	INSUFFIS^es ET UNIONS.	SÉPARAT^ns DE BIENS JUDICIAIRES.	CONS. JUDIC. ET INTERDICT.
RIQUAIN, Jean, épicier, rue St-Dominique, 8		Chevillot..	28 mars 72	8 août 72	(1)		
RISACHER-BAZINET, Valentin, sans domicile connu........		Cullerier...	....			13 avril 72	
RIVART-DEFRANCE, Claude, boulevard St-Germain, 58...		Wandevallo..	....			15 juin 72	
RIVAUT, veuve, marchande de nouveautés, rue Monge, 26..		Darbot......	16 févr. 72		⁎ 28 mars 72		
RIVIÈRE, décédé, Jean-Claude, charpentier, cité Jolly, 11 et 13.		Beaugé......	19 déc. 71				
Id. CELLE, Jules, boulevard Denain, 7................		Robert......	....			6 févr. 72	
ROBBE, dame, peintre, rue St-Roch, 32.................		Dufay......	6 nov. 71	16 mars 72	(2)		
ROBERT, Marie-Édouard, marchand de vins, rue Jarente, 5...		⁎Maillard...	4 mars 72	26 juill. 72	(3)		
Id. -DOMO, Joseph, bijoutier, rue Galande, 6...		Cavignot....	....			12 août 72	
Id. -CAPELLE, Joseph, rue de l'Écluse, 16..		⁎Bertinot...	....			13 janv. 72	
Id. Joseph, ex-marchand de vins, rue Neuve-Bréda, 25..		Dégis......	25 juill. 62	(4)			
Id. marchand de vins, r. des Dames, 41, et sans dom. con.		Dufay......	28 févr. 72		⁎ 29 août 72		
Id. Paul, ex-m^d de vins, rue de l'Université, 157 bis..		Beaujeu....	1er mars 72		⁎ 29 avril 72		
Id. Étienne, fabricant de cadres, rue Larrey, 1..		Chevillot...	21 sept. 71	15 févr. 72	(5)		
ROBINEAU, Pierre, limonadier, rue Pont-Louis-Philippe, 4...		Sommaire...	22 janv. 72		⁎ 29 avril 72		
Id. -LEGROS, Pierre, quai Bourbon, 53..		⁎Laden.....	....			24 déc. 72	
ROBINET, fabricant de cordons de montres, r. St-Denis, 286...		Chevillot...	9 déc. 72				
ROBLOT, Eugène-Annibal, peintre, rue Cambronne, 11...		Beaugé.....	19 oct. 72		⁎ 30 déc. 72		
ROCHARD, Émile-François, négociant, rue de Cléry, 42......		Battarel....	14 nov. 71		(6)		
ROCHE, négociant, à Vincennes........................		Beaugé.....	15 oct. 72		⁎ 23 déc. 72		
ROCHE, Séverin-Palémon, tabletier, rue Geoffroy-Marie, 7.....		Meillencourt.	30 sept. 72				
ROCHER, Géraud, marchand de vins, rue des Fourneaux, 23...		Maillard....	16 nov. 71	10 déc. 72	(7)		
Id. -CHAUVIGNY, Jean-René, rue Palikao, 11........		⁎Prévot....	....			11 mai 72	
ROCHERON-FLAMENT, Albénie-Germain, rue de Rennes, 153..⁎		Dubois.....	....			9 mars 72	
ROCHET-CAPELLAN-BEZEN, Jean, pass. St-Sébastien, 1 bis...⁎		Archambault.	....			22 juill. 72	
Id. Id. Martin, march. de vins, r. de Commines, 6.		Normand....	16 mai 72	20 sept. 72	(8)		
ROCHETTE et Cie, imprimeurs, boulevard Montparnasse, 90....		Moncharville.	4 oct. 72				
ROCQUES-GRASSON, Jean-Paul, rue François-Miron, 5......		⁎Audouin...	....			27 févr. 72	
ROCQUILLON-FORMATIN, Edmond-Arsène, à Charenton........		⁎Aymé.....	....			27 mai 72	
RODEL, ainé, appareilleur, faubourg St-Denis, 81		Sommaire...	2 févr. 72	15 mai 72	(9)		
RODIÉ, Mathieu-Isidore, ex-limonadier, rue Lepic, 80........		Darbot.....	26 déc. 67	....	⁎ 20 févr. 68		(10)
ROESSLER, marchand de poils de lapins, pass. St-Maurice, 4....		Normand....	5 févr. 70	(11)			
ROFFIT-LAPERELLE, Louis-Ambroise, rue du Dragon, 25...⁎		Rougeot....	....			31 juill. 72	
ROGER, Henri-Alexandre, voiturier, à l'Hay (Seine)...........		Barboux.....	5 mars 72	6 sept. 72	(12)		

(1) RIQUAIN paie 5 fr. 50 c. %, produit de son actif, et doit 12 %, en 6 ans, par 1/6 ; 1er paiement 1er août 1874.

(2) ROBBE, dame, est qualifiée faillie, et doit 25 %, en 5 ans, par 1/5, de l'homologation.

(3) ROBERT, Marie, doit 40 %, en 6 ans, par 1/6, de l'homologation. ; il est qualifié failli.

(4) ROBERT, Joseph, paie 1 fr. 28 c. %, unique répartition.

(5) ROBERT, Étienne, est qualifié failli, et doit 50 %, en 8 ans, par 1/8, de l'homologation.

(6) ROCHARD est qualifié failli, et paie 3 fr. 45 c. %, uniq. répart.

(7) ROCHER, Géraud, est qualifié failli, et doit 25 %, en 5 ans, par 1/5, de l'homologation.

(8) ROCHET-CAPELLAN doit 40 %, en 4 ans, par 1/4, de l'hom.

(9) RODEL, ainé, doit 25 %, en 5 ans, par 1/5, de l'homolog.

(10) RODIÉ. — Réouverture du 4 septembre 1872.

(11) ROESSLER paie 2 fr. 25 c. %, deuxième et dernière répart.

(12) ROGER, Henri, doit 25 %, en 5 ans, par 1/5, de l'homolog.

14

NOMS, PRÉNOMS, PROFESSIONS ET DOMICILES. (L indique Liquidation • arriérage Avoué et Insuffisance)	SYNDICS ET AVOUÉS	FAILLITES ET LIQUIDATIONS.	DATE DES HOMOLOGATIONS DE CONCORDATS	INSUFFISᶜᵉˢ ET UNIONS.	SÉPARATᵗˢ DE BIENS JUDICIAIRES.	CONS. JUDIC. ET INTERDICT.
ROGER, Emile, commissionnaire, rue du Sentier, 23	Pinet	7 déc. 71	1ᵉʳ mai 72	(1)		
Id. Edouard, pulvériseur, rue des Amandiers, 95 L	Chevillot	23 févr. 72	18 juill. 72	(2)		
Id. -FLEURY, Alexis-Marie-Joseph, boulev. St-Michel, 31.*	Dobladis				21 déc. 71	
ROGNON, Pierre, marchand de vins, à Ivry	Maillard	26 oct. 72		* 24 déc. 72		
ROL, ex-marchand de vins, rue de la Roquette, 14	Barbot	29 avril 72		* 29 juin 72		
ROLLET, Clément, limonadier, rue St-Jacques, 69 bis	Maillard	7 nov. 72				
Id. Victor-Frédéric, charpentier, rue Miollis, 22	Gauche	1ᵉʳ févr. 72	7 mai 72	(3)		
ROMANVILLE, veuve. Voir : DEFITE, dit ROMANVILLE.						
ROMÉO et GARNIER, hôteliers, rue Vivienne, 43 et 45	Gautier	12 sept. 72				
ROQUEBLAVE, demoiselle, marchande de pianos, r. Bergère, 24.	Richard	21 juin 72		* 20 nov. 72		
ROQUEPLAN et HENRIOT, dir. de théâtre, q. de la Mégisserie, 2.	Moncharville	2 août 71	27 mai 72	(4)		
ROQUES, Antoine, marchand de vins, boulev. de la Villette, 80.	Barbot	3 oct. 72				
ROSE, Palmyre-Joseph, marchand de vins, rue Surcouf, 3	Chevallier	16 avril 72				
ROSSEL, veuve, fabricante de meubles, faub. St-Antoine, 71	Barbot	4 juin 67		(5)		
ROSSI, Ferdinand, bijoutier, rue du 4 Septembre, 29	Beaufour	20 févr. 72				
ROTH, Léon, hôtelier, rue d'Angoulême, 53 L	Quatremère	14 févr. 72				
ROTHIER, père, voiturier, rue Mathis, 18	Maillard	10 août 71		(6)		
ROTTEMBOURG. Voir : RUBEL et Cie.						
ROUARD, Eugène, marchand de vins, rue du Roule, 16	Beaugé	23 avril 72	25 oct. 72	(7)		
Id. Léopold, commissionnaire, rue d'Enghien, 15	Normand	25 nov. 72				
ROUAUD et Cie, Jean-Louis, usiniers, rue de la Victoire, 21	Moncharville	1ᵉʳ mai 67	6 juill. 69	(8)		
ROUBIER et BROOMEAD, mariniers, rue Meyerbeer, 3	Richard	23 mai 72		* 30 sept. 72		
Id. -MARESSAL, Ernest-Félix-Edmond, r. de Ponthieu, 13.*	Delepouve				7 mai 72	
ROUCHÈS-VIGOUROUX, Pierre, rue d'Albouy, 20	Chauveau				17 juin 72	
ROUCHEZ-RICHARD, Jean-Pierre, Grande r. de la Chapelle, 95.*	Masse				23 avril 72	
Id. Jean, marchand de vins, rue Beaujolais, 12	Gautier	30 oct. 71		(9)		
ROUGE-FOURNIER, Jean, rue de l'Arbre-Sec, 31	Bourse				13 mai 72	
ROUGÉ-TRÉPANT, Jean-Henri, rue Oberkampf, 44	Lefoullon				26 août 72	
ROUGEAUX, Louis-Charles, marchand de vins, rue de Gols, 10.	Quatremère	21 janv. 72				
ROUGELOT, fabricant de bouchons, boulevard Magenta, 22	Bourbon	22 mars 72		* 21 juin 72		
ROUGEMAILLE, marchand de vins, boulevard Magenta, 31	Barbot	30 mai 72		* 29 juin 72		
ROUILLON, Hubert-Émile, traiteur, rue de Provence, 81	Dufay	27 févr. 72		* 30 avril 72		
ROULET, fils, fabricant de tubes en cuivre, r. de Commines, 5.L	Barbot	2 janv. 72	27 mars 72	(10)		
ROUS, négociant, boulevard Haussmann, 31	Copin	27 juill. 71	23 mars 72	(11)		

(1) ROGER, Émile, est qualifié failli, et doit 25 %. en 5 ans, par 1/5, de l'homologation.

(2) ROGER, Edouard, paiera l'intégralité des créances dans 18 mois, par 1/3, à partir de l'homologation.

(3) ROLLET, Victor, doit 30 %, en 4 ans, 1ᵉʳ paiement, 1 mois après l'homologation.

(4) ROQUEPLAN et HENRIOT paient 7 fr. 92 c. %, unique répartition. — Henriot s'oblige à payer aux créanciers de la société 10 %, en 5 ans, à raison de 2 % par an.

(5) ROSSEL, veuve, paie 29 fr. 17 c. %, unique répartition.

(6) ROTHIER père, est qualifié failli, et paie 7 fr. 33 c. %, unique répartition.

(7) ROUARD, Eugène, paie 3 fr. 32 %, produit de son actif, et doit 5 %, en 5 ans, par 1/5, de l'homologation.

(8) ROUAUD et Cie paient 12 fr. 81 c. %, 1ᵉʳ répartition.

(9) ROUCHEZ, Jean, a été qualifié failli par jugᵗ du 11 mars 72.

(10) ROULET fils, paiera tout en 10 ans, par 1/10, de l'homolog.

(11) ROUS paiera le montant des créances en 2 ans, au moyen de répartitions de 20 %, qui seront faites au fur et à mesure de la réalisation de l'actif.

NOMS, PRÉNOMS, PROFESSIONS ET DOMICILES.	L Indique Liquidation * astérisque Avoué ou Insuffisance	SYNDICS ET AVOUÉS	FAILLITES ET LIQUIDATIONS.	DATE DES HOMOLOGATIONS DE CONCORDATS.	INSUFFIS. ET UNIONS.	SÉPARAT. DE BIENS JUDICIAIRES.	CONS. JUDIC. ET INTERDICT.
ROUSSEAU et RADOT, restaurateurs, rue des Prouvaires, 10.....		Bourbon.....	13 juill. 72	....	* 11 déc. 72		
Id.　　Voir : COTTIN et ROUSSEAU.							
ROUSSEL-DELANNOY, Louis-Émile-Stanislas, rue de Flandre..	*	Donard.....				16 mai 72	
Id.　 -GOYARD, Charles-Nicolas, rue Villehardouin, 20..	*	Roche.....			.....	15 févr. 72	
Id.　 E., marchand de vins, rue des Acacias, 16...........		Lofrançois...	9 mars 68	(1)			
ROUSSELLE-CHAMPENOIS, Joseph-Marie, r. Fontaine-au-Roi, 3.	*	Dumont.....				12 août 72	
ROUSSILLE-MONPLOT, Théodore, place d'Italie, 7......	*	Postel Dubois				19 mars 72	
ROUSSIN, Nicolas-Charles, peintre, faubourg St-Honoré, 137.		Beaugé.....	16 mars 70	(2)			
ROUX. Voir : NUDLAT et ROUX.							
Id.　 -BOURBON, Frédéric, rue St-Sauveur, 39.............	*	Pijon.....				16 oct. 72	
Id.　 Jacques, marchand de vins, place de Clichy, 2.........		Battarel.....	4 juin 72				
ROUYER-LIVET, Alexandre-François, boulevard Sébastopol, 99.	*	Langeron...				14 mars 72	
ROUZEAUD et Cie, marchands de vins, rue de Douai, 31.....		Moys.....	29 août 72		* 30 nov. 72		
ROY-HACHETTE, François-Joseph, sans domicile connu......	*	Corpet.....				26 août 72	
Id.　 César-Anatole, hôtelier, rue de la Sorbonne, 8.........		Hourtey...	12 sept. 71	(3)			
ROYÉ-FLICOTÉAUX, Antoine, faubourg St-Denis, 66.....	*	Dussart.....				19 sept. 72	
ROYER, fruitier, rue de Lyon, 4.......................		Prodhomme..	20 août 72		* 2 oct. 72		
Id.　 -RUELLE, François, rue Grenelle-St-Germain, 57...	*	Berryer.....				30 avril 72	
RUBEL et Cie, maroquiniers, rue Turbigo, 62...........		Knéringer...	13 sept. 72		* 24 déc. 72		
RUCHE (la). Voir : WANOFF.							
RUCKEBUSCH et DOUCET, maçons, rue de Moscou, 18.....		Barboux.....	12 févr. 70	(4)			
RUELLE-DEMOUSSY, Charles-Émile, rue Bellechasse, 6	*	Boudin.....				27 févr. 72	
RUMMEL, hôtelier, rue Montaigne, 2...................		Dufay.....	3 mai 72		* 31 déc. 72		
RUSPINO-DECOURT, Pierre-Jules, à St-Mandé.............	*	Branche.....				30 janv. 72	

S

SABINE, Charles, marchand de dentelles, avenue des Ternes, 30.		Copin.....	20 sept. 71	(5)			
SABLET, Émile-Édouard, voiturier, rue du Docteur, 8.........		Beaujou.....	7 juill. 72	(6)			
SABOURÉ, Adam, couvreur, boulevard de Belleville, 39.........		Lamoureux..	6 mars 72				
SABOURIN-NEUMANN, Émile-Marie, rue Gozlin, 1.......	*	Kieffer.....				23 août 72	
SACHSÉ, aîné, Hermann-Isaac, md de toiles, r. de l'Entrepôt, 12.		Lamoureux..	28 sept. 70	(7)			
SADOUL, aîné, Pierre, marchand de vins, rue de Javel, 56.....		Sarazin.....	14 mars 67	24 août 67	* 28 nov. 72		
SAGAULT, Alfred-Joseph, logeur, rue Mouffetard, 66		Meys.....	14 févr. 72	(8)			
SAIN, Thomas-Eugène, chemisier, passage Panoramas, 54......		Normand ...	11 mars 72	20 juin 72	(9)		
SAINT-ANGE-MARION. Voir : MARION.							

(1) ROUSSEL a été réhabilité par arrêt de la Cour de Nîmes, du 3 décembre 1872, confirmé par jugement du Tribunal de la Seine, du 24 décembre 1872.

(2) ROUSSIN paie 44 fr. 56 c. %, pour toutes répartitions.

(3) ROY, César, est qual. failli, et paie 16 fr. 24 c. %, uniq. rép.

(4) RUCKEBUSCH et DOUCET paient 1 fr. 13 c. %, unique rép.

(5) SABINE est qual. failli, et paie 1 fr. 02 c. %, uniq. répartition.

(6) SABLET, paie 20 fr. %, unique répartition.

(7) SACHSÉ, aîné. — Faillite annulée par arrêt du 15 juin 1872.

(8) SAGAULT paie 3 fr. 76 c. %, unique répartition.

(9) SAIN doit 30 %, en 5 ans ; premier paiement 1 mois après l'homologation.

NOMS, PRÉNOMS, PROFESSIONS ET DOMICILES.	Liquidation • asrdinigez Avoué et Insuffisance	SYNDICS ET AVOUÉS	FAILLITES ET LIQUIDATIONS.	DATE DES HOMOLOGATIONS DE CONCORDATS	INSUFFIS⁰ ET UNIONS.	SEPARAT⁰ DE BIENS JUDICIAIRES.	CONS.JUDIC. ET INTERDICT.
SAINT-DIDIER et CHÉRET, cafetiers, boulev. de Strasbourg, 14..		Barbot......	5 juin 68	14 juin 69	15 mars 72		
Id. -ÉTIENNE, Sylvain, éditeur, passage Saulnier, 9........		Knöringer...	22 avril 72				
Id. -MARTIN-NICQUET, Alexandre, rue Joubert, 12.........*		Delepouve...				15 juill. 72	
Id. -ROMAS-STEEL, Guillaume, à Levallois............	*	Gouget......				14 mars 72	
SALARNIER, Jean, traiteur, boulevard Ménilmontant, 108......		Knöringer...	10 juin 72				
SALEINE-GALGANI, Charles-Henri, rue de Jouy, 14......	*	Corpet......				13 mai 72	
SALLES, veuve, confectionneuse, rue Neuve-St-Augustin, 5..		Hourley....	14 févr. 72	(1)			
SALM, fils, Nicolas, coupeur de poils, rue des Halos, 5..		Chevallier...	5 oct. 72				
SALMON, dame, mercière, marché St-Germain, 72, 73........		Bégis......	9 juill. 72				
Id. GIODERGIA, Adrᵉ, architecte, rue St-Pétersbourg, 49.*		Rousseau....				24 déc. 72	
SALOMON, Abraham-Isaac, peaussier, rue Montmartre, 157....		Normand....	14 mars 72	5 juill. 72	(2)		
SAMBON, Alfred, mercier, rue J.-J.-Rousseau, 22.........		Normand....	18 déc. 72				
SAMSON-DUMONT, Henri-François-Alph., r. des Batignolles, 13.*		Gavignot....				12 sept. 72	
Id. , boulanger, rue Lahire, 9....................		Beaugé....	5 août 72		* 30 sept. 72		
Id. , Charles-Félix...........................	*	Michel......					2 janv. 72
SAMUEL, Joseph, droguiste, rue Thorigny, 3 et 4........		Gauche....	15 déc. 71	23 mars 72	(3)		
SANDER, père et fils, fabricants de graisses, rue de Meaux, 27..		Sommaire...	10 avril 72	27 nov. 72	(4)		
SANDRAS, Émile-Auguste, bonnetier, faubourg St-Honoré, 138.		Meys........	8 févr. 72	25 juin 72	(5)		
SANGES (de). Voir : CONSTANTIN et Cie.							
SANGLIER, Jules, commissionnaire, rue du Rocher, 21........		Barboux....	20 févr. 72	10 juin 72	(6)		
Id. -REBUFFET, Jules, à Orsay, (Seine-et-Oise)........*		Plassard....				6 avril 72	
SANGNIÉ-LEVAVASSEUR, Philippe, rue Vieille-du-Temple, 15.*		Labbé......				9 janv. 72	
SANRY, Auguste, bijoutier, rue des Vosges, 10		Pinot.......	20 févr. 72		* 31 mai 72		
SANSON-FREGÉ, Louis, rue Vaugirard, 208............	*	Deblaids....				3 févr. 72	
SANTERNE-GANCIN, J.-B.-Léopold, rue St-Honoré, 40	*	Lenoir......				31 déc. 72	
SANZ, Manuel, mécanicien, passage Jouffroy, 21...........		Meys.......	6 juill. 72	20 déc. 72	(7)		
SARAZIN, Lucien, boucher, rue Beaubourg, 101...........		Barboux....	26 sept. 72				
SARRADE-DESPEYROUS, Jean, rue de Charonne, 5..........		Robineau...				12 août 72	
SARRAIL-GUINDEUIL, Damat-Fulcrand, boul. Batignolles, 38..	*	Drechou....				14 janv. 72	
SARRAT, Eugène, négociant en vins, rue Lyonnais, 6.........		Quatremère..	5 janv. 72				
SARRAZIN-LANURAL, Jean-Marie, boulevard de Reuilly, 25....*		Francastel...				31 oct. 72	
SARRETTE-BOQUET, Jules, rue Lafayette, 189............		Berton......				18 janv. 72	
SARTIAUX, Émile, tapissier, rue Vivienne, 2...............		Barboux....	5 mars 68	3 juill. 72	(8)		
SASAINHOLE-MASSIPI, Henri-François, rue Cadet, 20		Bertinot....				29 août 72	
SASSÉ, cordonnier, rue Vieille-du-Temple, 90............		Legriel.....	23 déc. 72				

(1) **SALLES**, veuve paie 2 fr. 11 c. °/₀, unique répartition.

(2) **SALOMON** est qualifié failli, et doit 30 °/₀ premier paiement 1 an après l'homologation,

(3) **SAMUEL**, est qualifié failli, et doit 25 °/₀, en 5 ans, par 1/5, de l'homologation.

(4) **SANDER**, père et fils paient 50 °/₀, en 5 ans, par 1/5, de l'homologation.

(5) **SANDRAS** doit 40 °/₀, en 4 ans ; premier paiement dans le mois de l'homologation. — Mᵐᵉ Sandras mère, s'engage à ne toucher aucun dividende avant l'exécution du concordat envers les autres créanciers.

(6) **SANGLIER** paie 50 °/₀ comptant, et doit 50 °/₀, en 8 ans, par 1/8, avec la caution de Mᵐᵉ Sanglier.

(7) **SANZ** doit 25 °/₀, en 5 ans, par 1/5, de l'homologation

(8) **SARTIAUX** doit 20 °/₀, en 5 ans, par 1/5, de l'homologation.

NOMS, PRÉNOMS, PROFESSIONS ET DOMICILES.	I. Indique Liquidation antérieure * astérisque Avoué et Insuffisance	SYNDICS ET AVOUÉS	FAILLITES ET LIQUIDATIONS.	DATE DES HOMOLOGATIONS DE CONCORDATS	INSUFFIS.ᵉˢ ET UNIONS.	SEPARAT.ⁿ DE BIENS JUDICIAIRES.	CONS.JUDIC. ET INTERDICT.
SASSIAT, Jules-Edmée, entrepreneur, avenue Trudaine, 33.....		Copin........	1ᵉʳ févr. 70	18 mai 72	(1)		
SAUCIER, Etienne, paveur, rue St-Maur, 110		Pluzanski....	16 avril 72				
SAUGET, Louis, marchand de bois, à Alfort-Ville.............		Chevillot	13 sept. 72	....	* 30 nov. 72		
SAUGUES et Cie, négociants, faubourg St-Denis, 157		Sarazin......	7 août 72				
SAULNIER, Léon, négociant, boulevard Rochechouart, 86		Copin........	28 sept. 71	(2)			
SAUSE, Antoine-Michel, fab. d'eau-de-seltz, r. Cambronne, 31.		Sautton	7 nov. 71	(3)			
SAUSSEROUSSE-BUISSON, Adolphe, à Vincennes............	*	Mouillefarine.		....		15 juill. 72	
SAUVAGE et FRÉMY, confiseurs, boulevard Morland, 16		Legriel......	21 oct. 71	5 mars 72	(4)		
Id. -DAUNY, Pierre-Narcisse, rue de Passy, 10........	*	Hardy.......				10 févr. 72	
SAUVAT, fils aîné, bazar, rue Soufflot, 13 et 15..............		Barbot.......	19 févr. 72		* 30 avril 72		
SAVARD, boulanger, rue St-Blaise, 29		Gauche.......	27 déc. 71	(5)			
SAVOIE-YAM, Antoine, rue Cambronne, 19	*	Boriot.......		....		26 août 70	
SAVREUX, Antoine, sculpteur, rue des Vinaigriers, 33........		Chevillot	28 févr. 72	18 juill. 72	(6)		
SCHÉRER, Stanislas, marchand de vins, à Nogent............		Meys........	21 mai 72				
SCHIÉVER, ex-limonadier, rue Darreau, 56............		Knéringer ...	26 janv. 72	6 août 72	(7)		
SCHINDLER, Philippe-Frédéric, tailleur, rue de la Paix, 17 ...		Sautton......	21 déc. 71	5 juill. 72	(8)		
SCHLOSSER et Cie, négociants, à St-Denis..............	L	Beaufour	26 févr. 72				
SCHMIDT frères, commissionnaires, rue Condorcet, 41		Sautton......	9 oct. 72				
SCHMITT-MÉCHANT, J.-Bapt.-Nicolas, rue des Beaux-Arts, 3..	*	Boudin.......	....	....		21 mars 72	
Id. Charles-Marie-Édouard, mᵗʳᵉ de bains, r. Robeval, 4.		Maillard.....	6 nov. 71	13 mars 72	(9)		
SCHMITZ, tailleur, rue de la Pépinière, 8		Barbot.......	8 févr. 72		* 30 avril 72		
SCHMUTZ-LAMBIN, Joseph-François, tailleur, r. Balagny, 64..	*	Delepouve....	....	....		10 juin 72	
SCHNEIDER, Albert, tailleur, rue Ste-Anne, 43............		Devin........	9 mars 72	18 juill. 72	(10)		
Id. -MOULIN, Albert, tailleur, rue Ste-Anne, 43 ..	*	Viollette.....		....		13 janv. 72	
SCHOEN, Jean-Georges, ex-droguiste, faubourg St-Martin, 70 ...		Bourbon.....	28 déc. 63	5 déc. 65	(11)		
SCHOENFELD, Alexandre, papetier, faubourg Poissonnière, 11 .		Beaufour	14 nov. 72		* 26 nov. 72		
SCHOLL-PERKINS, Aurélien, rue des Martyrs, 13	*	Cœuré.......		....		26 mars 72	
SCHONE-MOREL, Hippolyte, rue du Débarcadère, 3	*	Poisson......		....		12 août 72	
SCHULTZ, Carl, commissionnaire, boulevard St-Denis, 16......		Gauche.......	8 sept. 71	(12)			
SCHWEITZER, Léopold, confectionneur, rue des Amandiers, 15.		Gautier......	30 nov. 72				
SEDILLON, Louis-Édouard, messager, rue du Bouloi, 25		Legriel......	5 juill. 72	....	* 21 oct. 72		
SEEMANN, Louis-Philippe, menuisier, à la Garenne.........	L	Richard.....	6 nov. 71	2 sept. 72	(13)		

(1) **SASSIAT** abandonne son actif, et parfait 20 %, en 10 paiements égaux, le 1ᵉʳ 2 ans après l'homologation.

(2) **SAULNIER** paie 18 fr. 84 c. %, uniq. rép., et est qual. failli.

(3) **SAUSE** est qual. failli, et paie 58 fr. 15 c. %, uniq. répartition.

(4) **SAUVAGE** et **FRÉMY** sont qualifiés faillis, et doivent chacun 10 %, en 4 ans, par 1/4.

(5) **SAVARD** est qualifié failli, et paie 6 fr. 40 c. %, unique rép.

(6) **SAVREUX** doit 20 %, en 5 ans, par 1/5, de l'homologation.

(7) **SCHIÉVER** paiera l'intégralité en 8 ans, par 1/8, de l'homol.

(8) **SCHINDLER** est qualifié failli ; il abandonne son actif sous la réserve de son mobilier personnel et industriel, de sa clien-

tèle, et de 2,750 fr. prix de loyers payés d'avance. — Mᵐᵉ Schindler renonce à prendre part à la répartition pour le montant de ses droits.

(9) **SCHMITT**, Charles, est qualifié failli, et doit 15 %, en 3 ans, par 1/3, 1ᵉʳ paiement 1ᵉʳ juillet 1872.

(10) **SCHNEIDER** doit 40 %, en 5 ans, par 1/10, de l'homolog.

(11) **SCHOEN** paie 3 fr. 53 c. %, 2ᵉ et dernière répartition de l'actif abandonné.

(12) **SCHULTZ** est qualifié failli, et paie 12 fr. 53 c. %, uniq. rép.

(13) **SEEMANN** paiera l'intégralité des créances en 5 ans, par 1/5, 1ᵉʳ paiement 15 janvier 1873.

NOMS, PRÉNOMS, PROFESSIONS ET DOMICILES.	L indique Liquidation * astérisque Avoué insuffisance	SYNDICS ET AVOUÉS	FAILLITES ET LIQUIDATIONS.	DATE DES HOMOLOGATIONS DE CONCORDATS	INSUFFIS ET UNIONS.	SÉPARAT DE BIENS JUDICIAIRES.	CONS. JUDIC. ET INTERDICT.
SEGUIN, Pierre, négociant, rue de Louvois, 2.		Heurtey.	13 févr. 72	(1)			
Id. -PRIEUR, Joseph, rue Geoffroy-Marie, 10 bis	*	Vachez.				26 mars 72	
SEID, Jean-Baptiste, caléchier, rue de Courcelles, 118.		Maillard.	4 mars 72	17 oct. 72	2		
SEINCÉ, Ambroise-Désiré, bijoutier, rue Michel-le-Comte, 31 . . .		Prodhomme..	26 sept 71	13 avril 72	(3)		
Id. -TESSON, Id. Id. Id.	*	Benoist.				27 févr. 72	
SEINTEIN demoiselle, Marie-Anne, hôtelière, rue Charlot, 72. . .		Gautier.	17 nov. 69	(4)			
SELLE veuve, J.-Baptiste, limonadière, boul. Rochechouart, 44.		Heurtey	3 mars 72	. . . .	* 26 juin 72		
SELLERIN, hôtelier, avenue Parmentier, 14.		Beaufour. . .	23 avril 72		* 29 août 72		
Id. -BOUTHEMARD, Pierre-Honoré-Laur., r. Sédaine 74.	*	Laubanie. . . .				6 févr. 72	
SELLIER et CASAGRANDE, potiers, r. Ste-Cr. de la Bretonn., 24.		Richard	10 sept. 72				
SÉNICOURT-HUDRI, Jules-César, avenue St-Mandé, 72	*	Delessart . . .				30 avril 72	
SÉRÉ, Gustave, mercier, rue de Flandre, 143		Heurtey	10 mai 72	18 oct. 72	5		
SERRENNE-RICHER, Firmin, sans domicile connu.	*	Laden.				23 avril 72	
SERVINIERE, horloger, avenue des Ternes, 98		Sommaire . .	9 mars 72				
SEVESTRE, marchand de vins, boulevard Magenta, 122.		Devin.	16 déc. 71	18 juill. 72	(6)		
SEVIGNON veuve, marchande de cristaux, rue St-Placide, 36 . . .		Sommaire . . .	13 sept. 72				
SEVIN-BRINDELLE, Honoré-Eugène, rue de la Terrasse, 19 . . .	*	Foussier. . . .				12 août 72	
SEY, O. Voir : LÉON fils et SEY.							
SEYBERT. Voir : GHYS, veuve.							
SEYROL, ex-pharmacien, à Vincennes.		Pinel.	12 sept. 72		* 31 déc. 72		
SIBILLE dame, modiste, faubourg St-Honoré, 99.		Devin.	15 nov. 71	. . . .	* 19 mars 72		
SIGOT, Pierre, ex-gravatier, rue des Boulets, 104.		Hécaën.	11 avril 72				
SIMON fils, Auguste, marchand de bois, à Asnières.		Barboux.	30 déc. 71	(7)			
Id. Id. et GÉRARD, Id Id.		Barboux.	8 déc. 71	(8)			
Id. Nicolas-Adolphe, linger, rue Castiglione, 11		Gauche. . . .	27 janv. 72	17 mai 72	(9)		
Id. marchand de couleurs, rue Montholon, 28		Bourbon. . .	12 mars 72	. . . .	* 15 mai 72		
Id. ex-marchand de vins, rue St-Jean, 10.		Barboux. . . .	29 janv. 72		* 28 mars 72		
Id. Étienne, ex-marchand de vins, rue St-Sébastien, 50. . . .		Beaugé. . . .	13 nov. 71	(10)			
Id. Louis, Id. à St-Denis. . . .		Sarazin. . . .	17 août 72		* 30 sept. 72		
Id. Jacques-Eugène, horloger, rue Lafayette, 95		Barboux. . . .	24 oct. 72				
Id. Félix-Marie-Joseph, épicier, rue des Amandiers, 106. . .		Prodhomme..	22 févr. 72				
SIMPSON et Cie, fab. de machines à coudre, bd Sébastopol, 97. .		Sarazin. . . .	27 sept. 72				
SINGER, fabricant d'encriers, rue d'Argenteuil, 9		Chevillot . . .	16 févr. 72		* 27 mars 72		
SIOT-FOISSIN, Alexandre-Joseph, boulevard de la Chapelle, 88.	*	Delessart				7 août 72	
SIROT, Adolphe, emballeur, rue d'Aboukir, 101		Sautton	17 janv. 72	17 mai 72	(11)		
SIRVEN, marchand de vins, rue St-Ambroise, 7.		Heurtey	1er mai 72		* 21 sept. 72		

(1) **SEGUIN** paie 15 %, première répartition.

(2) **SEID** doit 25 %, en 5 ans, par 1/5, de l'homologation.

(3) **SEINCÉ** est qualifié failli, et doit 40 %, en 5 ans, de l'hom.

(4) **SEINTEIN** demoiselle, paie 4 fr. 70 c. %, unique répartition.

(5) **SÉRÉ** doit 30 %, en 3 ans, par 1/3, de l'homologation.

(6) **SEVESTRE** paie 2 fr. 37 c. %, produit de son actif, et doit 15 %, en 5 ans, par 1/5, 1er paiement le 1er juin 1873.

(7) **SIMON** fils, a été qualifié failli par jugement du 27 déc. 72.

(8) **SIMON** fils et **GÉRARD** ont été qualifiés faillis par jugement du 12 décembre 1872.

(9) **SIMON**, Nicolas, doit 30 %, en 3 ans, par 1/3, de l'homol.

(10) **SIMON**, Étienne, est qualifié failli, et paie 8 fr. 09 c. %, unique répartition.

(11) **SIROT** doit 40 %, en 5 ans, par 1/5, de l'homologation.

NOMS, PRÉNOMS, PROFESSIONS ET DOMICILES.	SYNDICS ET AVOUÉS	FAILLITES ET LIQUIDATIONS.	DATE DES HOMOLOGATIONS DE CONCORDATS	INSUFFIS⁰ ET UNIONS.	SÉPARAT⁰ DE BIENS JUDICIAIRES.	CONS. JUDIC. ET INTERDICT.
SLAMKA-GUY, Lucien, rue de Cléry, 60	De Benazé...	....	....		3 juin 72	
Id. Lucien, confectionneur, rue St-Martin, 135	Bourbon.....	3 juin 70	(1)			
SNERPE dit GODCHAUD, Aaron, md d'étoffes, r. de Courcelles, 110.	Richard...	3 oct. 71	9 avril 72	(2)		
SOBAUX-BERTRAND, Alfred-Sénaphin, rue Montorgueil, 76 ..	Nicquevert ...	....			10 juin 72	
SOCIÉTÉ ANONYME dite des SUCRERIES par ALCOOL, r. Bayard, 4.	Legriel.....	7 oct. 71	(3)			
Id. de L'ENCYCLOPÉDIE, rue Pré-aux-Clercs, 6 L	Lamoureux ..	20 janv. 72	(4)			
Id. des USINES de MONTJEAN et de CHAUNY, r. St-Guill., 31.	Maillencourt ..	15 mars 72				
SOIELLY, Benjamin, marchand de vins, rue Bureq, 10	Chevallier ...	23 déc. 71	10 avril 72	(5)		
SOIRON et JAMET, Paul, tabletiers, rue du Temple, 171......	Dattarel	5 janv. 72	26 juin 72	(6)		
SOLA, hôtelier, rue St-Lazare, 24.	Gauche.....	19 mai 72	....	* 24 juin 72		
SONNETTE, P., marchand de vins, rue Dupin, 18	Sommaire ...	3 oct. 72	....	* 30 déc. 72		
SORANO, E., ex-changeur, boulevard de Strasbourg, 25........	Lamoureux ...	6 nov. 72				
SORBIN, Francis, tailleur, boulevard des Italiens, 25	Prodhomme..	13 mars 72	3 juill. 72	(7)		
SORDOT, Claude, marchand de couleurs, rue de Turenne, 26...	Richard.....	27 mars 72				
SOUBERBIELLE, Léon, entrepreneur, avenue Trudaine, 27.....	Barbot.....	3 oct. 72				
SOUBRY-AUGIER, Isidore-Yves-Paul, détenu à Gaillon. .....*	Maugin.....	....	....		6 mai 72	
SOUCHET, marchand de vins, Grande rue de Belleville, 325	Sarazin.....	10 juin 72				
SOUCHON, Id. avenue de Trudaine, 2	Gautier.....	29 janv. 72	....	* 28 mars 72		
SOULA, J.-Baptiste, carrier, rue Perdonnet, 2...............	Moncharville.	1er juill. 70				
SOULÉ dame, François-Eugène, couturière, r. St-Honoré, 356..	Gauche.....	19 juin 72	....	* 7 août 72		
SOULET, ex-maître de bains, rue Sedaine, 32	Hourtey	26 avril 72				
SOURISSE, passementier, faubourg St-Denis, 44	Richard	27 août 72	....	* 17 oct. 72		
SOUVIGNY-DIEU, Eugène, boulevard Bonne-Nouvelle, 31......*	Rousselet....	....			19 août 72	
SOYER, Charles-Marius, bijoutier, rue Pagevin, 16	Legriel.....	14 juin 72				
SPRANCK, Clément, fabricant de meubles, faub. St-Antoine, 115.	Hourtey	6 févr. 72	(8)			
Id. -SCHUMMERS, Clément, Id. .*	Poinsot.....	....			26 août 72	
SRIBER, Henri, fabricant d'albums, rue d'Angoulême, 4.......	Bégis	21 nov. 71	28 févr. 72	(9)		
STASSE-TADARY, André-Alfred, rue des Amandiers, 46 ......*	Bertinot.....	....			20 janv. 72	
STEFFENS, mégissier, à Gentilly	Sommaire ...	13 nov. 72				
STEINER, Jean-Pierre, fabric. de porte-monnaie, r. Chapon, 4.	Beaujeu.....	28 oct. 71	19 févr. 72	(10)		
STETSON. Voir: BOWLES, BROTHERS et Cie.						
STEYMEYER, Simon, brasseur, rue des Enfants-Rouges, 5	Bégis	8 juin 72				
STIÉVENARD-COURTAUD-DIVERNERESSE, r. du Rocher, 33 ..*	Gouget......	....	....		23 janv. 72	
STOBINSKI, loueur de voitures, à Levallois................	Knéringer ...	5 mars 72		* 31 déc. 72		
STOUFF. Voir: VIMEUX, STOUFF et Cie.						

(1) SLAMKA paie 1 fr. 20 c. %, unique répartition.

(2) SNERPE dit GODCHAUD est qualifié failli, et doit 30 %, en 5 ans, par 1/5, de l'homologation.

(3) SOCIÉTÉ ANONYME est qualifiée faillie. — Le syndic paie 17 fr. 66 c. %, unique répartition.

(4) SOCIÉTÉ de L'ENCYCLOPÉDIE. — Liquidation annulée par jugement du 29 janvier 1872.

(5) SOIELLY est qual. failli, et doit 15%, en 3 ans, par 1/3, de l'h**.

(6) SOIRON et JAMET, doivent 30 %, en 5 ans, et 5 paiements, à partir de l'homologation.

(7) SORBIN doit 25 %, en 5 ans, par 1/5, de l'homologation.

(8) SPRANCK paie 12 fr. 62 c. %, unique répartition.

(9) SRIBER est qualifié failli, et doit 30 %, en 6 ans, par 1/6, de l'homologation.

(10) STEINER jeune, est qualifié failli, et doit 30 %, en 4 ans, par 1/4, de l'homologation.

NOMS, PRÉNOMS. PROFESSIONS ET DOMICILES.	L indique Liquidation * astérisques Aveu et Teser...	SYNDICS ET AVOUÉS	FAILLITES ET LIQUIDATIONS.	DATE DES HOMOLOGATIONS DE CONCORDATS.	INSUFFIS⁰ⁿ ET UNIONS.	SÉPARAT⁰ⁿ DE BIENS JUDICIAIRES.	CONS.JUDIC. ET INTERDICT.
STREMSDOERFER-LEDOUX, Joseph, passage du Caire.........*		Coche......	......	......		4 juill. 72	
STRENDEL, lingère, rue St-Martin, 130....................		Knéringer...	14 déc. 72				
STUMPF, Joseph, loueur de voitures, rue Lafayette, 141		Gauche......	20 sept. 71	20 févr. 72	(1)		
SUADE. Voir : ALLOT, veuve.							
SUCHECKI. Voir : DUCHOLET et SUCHECKI.							
SUGHOL, marchand de vins, à St-Ouen.....................		Prodhomme..	14 mars 72	......	* 30 mai 72		
SUIX demoiselle, lingère, rue du Château-d'Eau, 66..........		Gauche......	22 oct. 72				
SUREAUD-LEPELTIER, lampiste, rue des Martyrs, 41 ....*		Cesselin......	......	......		30 avril 72	
SUNN, François, marchand de dégras, boulevard Magenta, 10 ..		Gauche......	23 nov. 71	9 nov. 72	(2)		
SURETE FINANCIÈRE. Voir: KLOTZ, Paul.							
SUTTER, Daniel, marqueteur, passage Ménilmontant, 6........		Id........	20 avril 72	.3)			

T

NOMS, PRÉNOMS. PROFESSIONS ET DOMICILES.		SYNDICS ET AVOUÉS	FAILLITES ET LIQUIDATIONS.	DATE DES HOMOLOGATIONS DE CONCORDATS.	INSUFFIS⁰ⁿ ET UNIONS.	SÉPARAT⁰ⁿ DE BIENS JUDICIAIRES.	CONS.JUDIC. ET INTERDICT.
TAFORET, Charles, maître de lavoir, rue Tardieu, 5..........		Barbot......	14 nov. 72				
Id. -DUCHEMIN, Charles, place St-Pierre, (Montmartre).*		Savignat......				31 oct. 72	
TAILLEFER-ITIÉ, Justin, au grand Montrouge.............*		Dubois......				21 mars 72	
Id. -PELISSIER, Antoine, rue des Bernardins, 38,....		Leboucq......				12 nov. 72	
Id. , Antoine, marc. de vins, r. de l'Hôtel-de-Ville, 31.		Meys........	25 oct. 71	(4)			
TAILLET, CASSE et Cie, V., bijoutiers, rue Vincent, 17.......		Pinet	21 nov. 71	18 déc. 72	(5)		
Id. , personnellement, orfèvre, rue Vincent, 12.........		Moncharville.	5 janv. 72		* 31 déc. 72		
Id. -CHALEY, Vincent-Athanase, rue Bergère, 30 bis...*		Savignat......				16 avril 72	
TAILLIAR, Jules, fripier, rue Monge, 41		Bourbon......	18 août 72	15 janv. 72	(6)		
TALBOT-GEOFFROY. Voir: MONTALAND dit TALBOT-GEOFFROY.							
TALIEN, cantinier, caserne de la Pépinière.................		Beaujeu......	30 avril 72	......	* 21 juin 72		
TALON, Étienne, marchand de charbons, r. de la Glacière, 110.		Beaufour......	27 sept. 71	11 mars 72	(7)		
TAMELLE-BERDE, cordonnier, rue de l'Ourcine, 72 ....*		Nottin......	......	......		12 août 72	
TAMET, Maxence, changeur, rue de la Vrillière, 10..........		Gauche......	13 mai 72	(8)			
TAMPIED, Louis-Hippolyte, fab. de peignes, r. Rambuteau, 71..		Gauche......	22 avril 72	16 oct. 72	(9)		
TARLAY, Louis-Athanase, sellier, passage Chausson, 10........		Ballarel......	5 déc. 72				
TAUTAIN, Gustave, ex-marchand de vins, à St-Ouen......:...		Deaugé......	23 déc. 71	2 avril 72	(10)		
TAVENET, Pierre-Alexand., restaurateur, r. Ferme-Mathurins, 1.		Chevallier ...	23 janv. 72	26 avril 72	(11)		
TEISSÈDRE, marchand de vins, rue Croix-Nivert, 24..........		Prodhomme..	19 avril 70	......	* 30 avril 70	(12)	

(1) **STUMPF** paie 4 fr. 50 c. °/₀, produit de son actif, doit 15 °/₀, en 5 ans, par 1/5, et est qualifié failli.

(2) **SUNN** est qualifié failli, et paie 18 °/₀, dans la quinzaine qui suit l'homologation.

(3) **SUTTER** paie 1 °/₀, unique répartition.

(4) **TAILLEFER** a été qualifié failli par jugement du 15 avril 72.

(5) **TAILLET, CASSE** et Cie, sont qualifiés faillis, et doivent 5 °/₀, en 8 ans, par 1/8, de l'homologation.

(6) **TAILLIAR** est qual. failli, et doit 40 °/°, en 3 ans, de l'h⁰ⁿ.

(7) **TALON**, Étienne, est qualifié failli, et doit 15 °/₀, en 5 ans, par 1/5, de l'homologation.

(8) **TAMET**. — Faillite annulée par jugement du 19 juillet 72.

(9) **TAMPIED** paie 8 fr. 78 c. °/₀, produit de son actif, et doit 25 °/₀, en 5 ans, par 1/5, de l'homologation.

(10) **TAUTAIN** est qualifié failli, et doit 40 °/₀, en 4 ans, par 1/4, du 8 mars 1872

(11) **TAVENET** doit 20°/₀, en 4 ans, par 1/4, de l'homologation.

(12) **TEISSÈDRE**. — Réouverture du 23 octobre 1872.

NOMS, PRÉNOMS, PROFESSIONS ET DOMICILES.	Indique Liquidation * Astérisque Avoué ∞ Insuffisance	SYNDICS ET AVOUÉS	FAILLITES ET LIQUIDATIONS.	DATE DES HOMOLOGATIONS DE CONCORDATS	INSUFFIS ET UNIONS.	SÉPARAT DE BIENS JUDICIAIRES.	CONS. JUDIC. ET INTERDICT.
TEISSET, Durand, emballeur, rue Ste-Foy, 15..........		Legriel......	19 déc. 71	26 mars 72	(1)		
TEITER, Jules, limonadier, rue de Bondy, 30............		Maillard....	18 janv. 72	24 juin 72	(2)		
TERMOZ, marchand de vins, rue de la Gaîté, 24......		Beaufour...	18 juin 72	....	* 31 juill. 72		
TERNANT, François, cordonnier, rue Sédaine, 51..........		Bourbon...	24 juin 72	....	* 23 juill. 72		
TÉROLE, Pierre, ex-charbonnier, à Ivry..............		Prodhomme..	30 sept. 71	(3)			
TERRASSE-LAMBLIN, à St-Maur...............	*	Delessart	....	....	....	18 juin 72	*
TERRET et BOUCHERON, Michel, maçons, rue Lemercier, 84...		Meys...	20 sept 69	17 oct. 72	(4)		
TESSIER, aîné. Voir : LETESSIER.							
Id. , serrurier, rue de l'Asile-Popincourt, 14...........		Hécaen...	14 oct. 72				
TESTA-CARAGNE, Jean-Pierre, rue de Montreuil, 134.......	*	Gavignot	....	....	....	22 juill. 72	
Id. , Jean-Pierre, entrepreneur, grande rue de Montreuil, 134.		Chevillot	27 mars 72				
TESTARD, ex-hôtelier, rue Croix-Nivert, 21		Meys...	21 févr. 72	....	* 20 juin 72		
TÉTERGER, A., bijoutier, rue Villedo, 13...............		Moncharville..	2 mai 72	(5)			
TÊTU, Firmin, teinturier, rue d'Argout, 31..............		Normand...	6 avril 72	....	* 2 oct. 72		
TEXIER, fabricant de portefeuilles, rue de Belleville, 127......		Hécaen...	21 juin 72	....	* 31 juill. 72		
TEYSSIER des FARGES, militaire, rue François 1er...........	*	Lacroix...	....	....	....	....	9 janv. 72
THAREL, dlle, marchande de vins, rue de la Ville-Neuve, 9....		Meillencourt..	3 avril 72	(6)			
THEILHADER, Jules, ex-bijoutier, rue Montmartre, 108.......		Beaugé...	14 déc. 72				
THÉPAUT, Philippe-Auguste, constructeur, à Asnières........		Barboux...	2 nov. 71	2 mars 72	(7)		
THÉRY, chocolatier, rue du Bac, 40..............		Kneringer ...	17 mai 72	....	* 23 juill. 72		
Id. , Étienne-Louis, confectionneur, rue des Halles, 22....		Beaugé...	22 mai 72				
THEURIER, J., ex-marchand de cafés, rue Sédaine, 81		Sarazin...	22 août 72	....	* 31 déc. 72		
THEURIET, François, marchand de vins, avenue Wagram, 25...		Devin...	7 nov. 72	....	* 24 déc. 72		
THÉVANNE, marchand de vins, à la Garenne..........		Legriel...	5 oct. 72	....	* 11 déc. 72		
THEVENAUD-YVARD, François, passage St-Joseph, 15.......	*	Dumont...	....	....	....	6 avril 72	
THEVENET, delle, teinturière, grande rue de la Chapelle, 46....		Sautton...	17 juin 72	....	* 11 juill. 72		
THÉVENOT, décédé, bonnetier, rue Oberkampf, 120..........		Meillencourt.	31 déc. 70	(8)			
Id. Voir : BONNARD et THÉVENOT.							
THÉVENOUX, forgeron, rue de Flandre, 138.........		Meys...	11 févr. 68	5 juill. 72	(9)		
THIBAUD, Zacharie, ex-restaurateur, rue Mondétour, 24......		Beaugé...	14 nov. 72				
Id. et Cie, marchands de vins, rue d'Amboise, 5......		Hécaen...	17 déc. 69	....	* 28 févr. 70	(10)	
THIBAULT, Émile-Prudent, marchand de vins, rue Volta, 44...		Chevallier ...	28 nov. 72				
Id. François-Nicolas, parqueteur, rue des Acacias, 49...		Beaujeu...	19 févr. 72	27 sept. 72	(11)		
THIÉBAULT, Charles, marchand de vins, rue de Châteaudun, 7.		Richard.....	1er mars 72	....	* 26 mars 72		
THIEL-SAVEL, Joseph-Ch., photographe, r. Lacoudamine, 36...		Maillard.....	9 févr. 72	....	* 27 mars 72		

(1) TEISSET est qual. failli, et doit 25 %, en 5 ans, par 1/5, de l'h°°.

(2) TEITER paiera l'intég. des créances en 5 ans, par 1/5, de l'h°°.

(3) TÉROLE est qual. failli, et paie 3 fr. 77 c. %, uniq. rép.

(4) TERRET et BOUCHERON paient 33 fr. 30 c. %, produit de leur actif ; abandonnent la créance Bachimont et tout leur mobilier industriel, et s'obligent à payer 10 %, en 5 ans, par 1/5, de l'homologation.

(5) TÉTERGER paie 4 fr. 76 c. %, unique répartition.

(6) THAREL, demoiselle, paie 93 fr. 17 c. %, unique répartit.

(7) THÉPAUT est qualifié failli ; il paiera l'intégralité des créances en 6 ans, par 1/6, de l'homologation.

(8) THÉVENOT, décédé, est qualifié failli. — Le syndic paie 65 fr. 87 c. %, unique répartition.

(9) THÉVENOUX paiera l'intégralité des créances dans 2 mois, à partir de l'homologation, avec la caution du sieur Hyver.

(10) THIBAUD et Cie. — Réouverture du 9 mars 1872.

(11) THIBAULT, François, doit 25 %, en 5 ans, par 1/5, 1er paiement 15 juillet 1873.

15

NOMS, PRÉNOMS, PROFESSIONS ET DOMICILES.	à indiquer Liquidation * Astérisque Avoué et Insolvence	SYNDICS ET AVOUÉS.	FAILLITES ET LIQUIDATIONS.	DATE DES HOMOLOGATIONS DE CONCORDATS.	INSUFFIS⁰⁰ ET UNIONS.	SÉPARAT⁰⁰ DE BIENS JUDICIAIRES.	CONS. JUDIC. ET INTERDICT.
THIERRÉE, maçon, boulevard Richard-Lenoir, 25............		Heurtey.....	1ᵉʳ oct. 09	(1)			
THIERRY. Voir : DESVIGNES et THIERRY.							
Id. tailleur, faubourg St-Antoine, 191.................		Barbot......	14 févr. 72	....	*28 mars 72		
THIEURRY, ÉTIENNE-CLAIR, cartonnier, rue St-Sauveur, 95.....		Bégis.......	10 déc. 72				
THILLIER et sa femme, merciers, faubourg St-Denis, 97......		Meys........	17 sept. 72	19 déc. 72	(2)		
THIRION, ex-marchand de vins, rue Neuve-St-Merry, 39.....		Maillard....	18 sept. 72		* 30 oct. 72		
THIROUIN, LOUIS-JOSEPH, voiturier, au Grand-Montrouge......		Gautier.....	20 avril 72	12 août 72	(3)		
THOLLOT, FRANÇOIS, mᵈ de fourneaux, r. Neuve-Bourg-l'Abbé, 6.		Barbot......	24 mai 70	(4)			
THOMAS, LÉON-HENRI, marchand de vins, rue St-Lazare, 115...		Knéringer..	26 oct. 72				
Id. JULES, bijoutier, rue de Louvois, 12.................		Hécaen.....	22 nov. 71	25 mars 72	(5)		
Id. père et fils, Fᵒⁱˢ-XAVIER, bouchers, r. du Mont-Cenis, 103.		Meys........	8 nov. 72				
Id. et Cie, ADOLPHE, distillateurs, rue de Lévis, 61........		Hécaen.....	11 sept. 71	(6)			
Id. et Cie, commissionnaires, rue Chabrol, 29 et 31.......		Chevallier..	16 mars 72	....	*31 juill. 72		
Id. PHILIPPE-RENÉ, fabricant d'outils, rue des Vertus, 20...		Barbot......	6 oct. 71	10 juin 72	(7)		
Id. JACQUES, ex-maître d'hôtel, place du Panthéon, 9....		Sommaire ...	22 juin 72				
Id. -TEXEREAU, DIDIER-PROSPER, Chaussée-d'Antin, 46...*		Thiébault..		....		10 févr. 72	
THOMASSIN, marchand de fumier, rue Boulainvilliers, 18 ...		Chevallier ..	22 avril 72	....	*31 juill. 72		
THOMEREL, marchand de cafés, rue des Martyrs, 53...........		Hécaen.....	30 nov. 71	2 avril 72	(8)		
THOMETTON, marchand de vins, boulevard de la Chapelle, 14 .		Dufay.......	4 oct. 72				
THORD et Cie, restaurateurs, rue Vivienne, 49		Heurtey.....	21 juin 72				
THOREAU-LEVARÉ-DUTERTRE, Fᵒⁱˢ-MARIN-JEAN, r. Myrrha, 73.*		Protat......		....		11 avril 72	
THORIN jeune, marchand de vins, boulevard de Reuilly, 23...		Knéringer ...	23 déc. 69	....	* 5 juin 72		
THUBLIN demoiselle, ex-mercière, rue des Écoles, 31		Chevillot ...	19 juill. 71	(9)			
THUREAU, HENRY, hôtelier, boulevard Voltaire, 247		Bourbon,...	30 avril 72				
TIANO. Voir : ISAC, TIANO et COCHN.							
TILLOY père, LOUIS, ex-ébéniste, boulevard de Belleville, 84 ...		Normand....	19 déc. 72	....	* 31 déc. 72		
TILLY, PAUL, marchand de vins, rue de la Glacière, 242.... .		Hécaen.....	26 sept. 71	8 févr. 72	(10)		
TINAS, maître de bains, quai de Bercy		Maillard....	17 sept. 72				
TINIÈRE, marchand de vins, rue de Chappe, 18.............		Normand....	23 mai 72	....	* 29 juin 72		
TISON, LOUIS-ALEXANDRE, escompteur, rue Blomet, 102........		Moncharville..	27 mai 71	(11)			
Id. fils aîné, bijoutier, rue N.-D. de Nazareth, 12		Richard....	15 juill. 70	....	* 9 nov. 70	(12)	
TISSIER, père et fils, GABRIEL, fumistes, rue du Rocher, 40 ...		Normand....	27 févr. 72	12 juill. 72	(13)		
Id. et Cie, fabricants de châssis, à Pantin..............		Maillard....	14 mars 70	(14)			
Id. -FRESNARD, GABRIEL, rue du Rocher, 40		Milliot		....		17 mars 72	
Id. -ARTUS, CHARLES-ISIDORE, rue du Chemin-de-Fer, 17 .*		Poinsot......		....	... ..	18 janv. 72	

(1) THIERRÉE paie 14 fr. 85 c. %, unique répartition.

(2) THILLIER et sa femme doiv. 30 %, en 5 ans, par 1/5, de l'hᵒⁿ.

(3) THIROUIN doit 50 %, en 5 ans, par 1/5 de l'homologation.

(4) THOLLOT paie 12 fr. 51 c. %, unique répartition.

(5) THOMAS, JULES, est qualifié failli, et doit 50 %, en 10 ans, par 1/10, avec la caution de la veuve THOMAS, etc.

(6) THOMAS et Cie, sont qual. faillis, et paient 0 fr. 74 c. %, uniq. rép.

(7) THOMAS, PHILIPPE, est qualifié failli, et doit 20 %, en 3 ans, par 1/3, de l'homologation.

(8) THOMEREL est qualifié failli, et doit 25 %, en 5 ans, par 1/5, avec le cautionnement du sieur THOMEREL père.

(9) THUBLIN paie 1 fr. 81 c. %, uniq. rép., et est qual. failli.

(10) TILLY est qual. failli et doit 25 %, en 5 ans, par 1/5, de l'hᵒⁿ.

(11) TISON, LOUIS, a été qualifié failli par jug⁺ du 22 mai 1872.

(12) TISON, fils aîné. — Réouverture du 18 décembre 1872.

(13) TISSIER, père et fils, doiv. 30 %, en 5 ans, par 1/5, de l'hᵒⁿ.

(14) TISSIER et Cie paient 26 fr. 11 c. %, unique répartition.

NOMS, PRÉNOMS, PROFESSIONS ET DOMICILES.	L Indique Liquidation ° Assignances Avoué o Insuffisance	SYNDICS ET AVOUÉS	FAILLITES ET LIQUIDATIONS.	DATE DES HOMOLOGATIONS DE CONCORDATS	INSUFFIS.ces ET UNIONS.	SÉPARAT.ns DE BIENS JUDICIAIRES.	CONS. JUDIC. ET INTERDICT.
TONNIER veuve, opticienne, rue Ramponneau, 29............		Beaugé....	13 sept. 72				
TOQUET-PACHOUND, Pierre-Philippe, r. des Entrepreneurs, 48.*		Huet......	....		....	16 janv. 72	
TORDEUX, Alexandre, vannier, rue des Vinaigriers, 40.......		Richard....	13 juill. 72				
TORELLE-MARIOTTI, ex-boucher, rue Château-d'Eau, 53....		Beaujeu....	16 janv. 72		*31 janv. 72		
TORRINI, Emmanuel-Joseph, horloger, boul. de Belleville, 3....		Chevallier..	19 juill. 72		* 22 août 72		
TORTEZ, Alfred, passementier, rue Laffite, 44............		Copin.....	13 mars 72				
Id. -FÉRIN, Alfred, Id.		Marc......				2 mars 72	
TOSCAN, François, commissionnaire, faubourg Poissonnière, 68.		Beaufour...	14 juin '72	5 nov. 72	(1)*		
TOUCHOIS-LEFÉVRE, Louis-Auguste, rue Lafayette, 94....		Engrand....				20 août 72	
TOURAILLE, gravatior, avenue de Choisy, 155............		Knéringer...	6 août 68	(2)			
TOURLAQUE-FALLERINS, François, rue Lepic, 53........		Postel.....				16 oct. 72	
TOURNACHON, A., photographe, cité Malesherbes, 9.........		Dufay.....	7 mai 72		* 14 nov. 72		
TOURNADRE, Amable, ex-boucher, rue du Commerce, 57....		Meys......	21 déc. 71		* 29 avril 72		
TOURNOIS, journaliste, rue Clauzel, 21...............		Pinet.....	28 sept. 72		*27 janv. 73		
TOUTAIN-MULLER, tapissier, boulevard Malesherbes, 19...	*	Robineau...				19 mars 72	
TOUTAN, Louis-Xavier, épicier, rue des Sts-Pères, 33........		Chevillot...	17 févr. 72		* 29 févr. 72		
TOUYA, épicier, rue de la Victoire, 46...............		Normand...	21 mars 70	(3)			
TRAIZET, Pierre, marchand de bois, rue Neuve-Bossuet, 24...		Richard....	6 févr. 72	8 juill. 72	(4)		
TRANCHANT dit MARCEL, chapelier, rue Montmartre, 6....		Devin.....	19 sept. 71	1er mai 72	(5)		
TRAPON, peintre, rue Gerbillon, 5...............		Sarazin....	11 sept. 72				
TRAVERS, Alphonse, cordonnier, rue Morand, 9.........		Sommaire...	20 sept. 71	23 févr. 72	(6)		
TRAVERSIER, ex-marchand de vins, rue Charlot, 74........		Bégis.....	14 déc. 72				
TRÉBUTIEN, marchand de draps, rue de la Vrillière, 2.....		Beaujeu....	19 août 71	(7)			
TREMBLAY-PILÉ, grainetier, rue Balagny, 18...........	*	Larroumès..	....		....	6 mai 72	
TREMOLIÈRE, marchand de bois, rue de la Chapelle, 24....		Dufay.....	12 mai 72		* 31 juill. 72		
TRESSY-MILLERIOT, Jules, boulevard Voltaire, 97.......	*	Bonnel....				3 déc. 72	
TRETEAU, marchand de nouveautés, faubourg du Temple, 108.L		Chevillot...	12 mars 72				
TRÈVES, Isidore, ex-marchand de blanc, rue Chabrol, 31....		Legriel....	20 janv. 72	24 sept. 72	(8)		
TRIADOUX, ex-marchand de charbons, rue de Marseille, 1....		Meillencourt	15 mai 72	29 nov. 72	(9)		
TRIBOUILLET, Joseph, marchand de vins, rue d'Alésia, 163....		Maillard..	21 sept. 72	21 déc. 72	(10)		
TRIÉ père, gravatior, passage de la Paix, 8...........		Maillard..	26 oct. 71	Id.	(11)		
TRILLAUD, ex-marchand de vins, avenue de Choisy, 164....		Hécaen....	14 juin 72		* 31 août 72		
TRIOULLIER, cartonnier, rue St-Denis, 244...........		Beaugé....	19 sept. 72		* 29 oct. 72		
TRIPIER, ex-épicier, boulevard de la Villette, 41............		Gauche....	5 avril 70		* 28 août 70	(12)	
TROCHON-BOULONNEUX, Claude-Alfred, quai Bourbon, 45.*		Chauveau..				17 juin 72	
TROTIGNON-TOURLAQUE, Georges-Henri, rue Lepic, 59.*		Dinet.....				26 oct. 72	
Id. Georges-Henri, briquetier, Id.		Normand...	18 nov. 71				

(1) TOSCAN doit 35 %, en 6 ans, à partir de l'homologation.

(2) TOURAILLE paie 6 fr. 27 c. %, unique répartition.

(3) TOUYA paie 9 fr. 04 c. %, unique répartition.

(4) TRAIZET doit 30 %, en 4 ans, par 1/4, avec la caution de M. Traizet, et est qualifié failli.

(5) TRANCHANT, dit MARCEL, est qualifié failli, et doit 25 %, en 5 ans, par 1/5, du 15 avril 1872.

(6) TRAVERS est qual. failli, et doit 50 %, en 5 ans, par 1/5, de l'hon.

(7) TRÉBUTIEN est qualifié failli, et paie 30 %, en 2 répartitions.

(8) TRÈVES paiera l'intég. des créances en 5 ans, par 1/5, de l'hon.

(9) TRIADOUX doit 30 %, en 3 ans, par 1/3, de l'homologation.

(10) TRIBOUILLET doit 25 %, en 5 ans, par 1/5, de l'homolog.

(11) TRIÉ père, qual. failli, doit 20 %, en 5 ans, par 1/5, de l'hon.

(12) TRIPIER. — Réouverture du 12 août 72. — Il paie 22 fr. 09 c. %, unique répartition.

NOMS, PRÉNOMS, PROFESSIONS ET DOMICILES.	L indique Liquidation * Arréstages Avoué et Insuffisance	SYNDICS ET AVOUÉS	FAILLITES ET LIQUIDATIONS.	DATE DES HOMOLOGATIONS DE CONCORDATS	INSUFFIS** ET UNIONS.	SÉPARAT** DE BIENS JUDICIAIRES.	CONS. JUDIC. ET INTERDICT.
TROUILLARD-PERRIN, Louis-Paul, rue Lallier, 6 .... *		Pagès......				16 nov. 72	
TROUPEL, Frédéric, rue de la Tour-des-Dames, 15		Normand....	1er mai 72	(1)			
TROUSLARD-LAMOTTE, hôtelier, rue du Dauphin, 3		Gautier.....	29 janv. 69	(2)			
TROUSSELOT, Albert, marchand de vins, rue de Naples...		Gautier....	3() oct. 72			30 nov. 72	
TRUCHON frères, marchands de vins, rue Budé, 4		Heurtey...	12 nov. 71				
Id. -ROUSSET, Henri-Germain, rue de Budé, 11 .... *		Chauveau..				17 juin 72	
TURBIL, modiste, rue St-Denis, 110 (*Tribunal de Lyon*).....		Grizard.....	3 déc. 69				
TURPIN, Jules, pharmacien, rue de Vienne, 5		Gauche...	22 janv. 72	4 mai 72	(3)		
Id. -DUCLOS, passage St-Pierre, 11 .... *		Masse				5 août 72	
Id. , ALBERT et Cie, mds de dentelles, r. du Port-Mahon, 8.L		Chevillot	12 mars 72				
TURQUAN, Eugène, passementier, boulevard Sébastopol, 71 ..		Beaujeu....	7 mars 72	15 juill. 72	(4)		
Id. -JOHNSON, Fois-Eugène, Id. ..*		Maucomble..				18 janv. 72	
TUTIN, mercier, boulevard de la Villette, 230		Beaujeu...	27 juill. 72			* 30 oct. 72	

U V

UGINET-CAILLOT, Jean-Marie, rue Roquépine, 10 .... *		Engrand.....				8 juill. 72	
ULRICH, Augustin-Jean-Michel, boulanger, rue Corbeau, 17...		Beaugé.....	28 sept. 72	23 déc. 72	(5)		
UNION AGRICOLE (l'). Voir : MALVEZIN.							
Id. -MARITIME, place de la Bourse, 10		Battarel	20 mai 64	(6)			
VACHÉ, aîné, menuisier, avenue d'Orléans, 61		Quatremère..	30 avril 72				
Id. Louis, teinturier, rue Ramey, 8		Sarazin....	11 oct. 72				
Id. Joseph, limonadier, rue de Clignancourt, 13		Gauche....	3 oct. 71	6 mai 72	(7)		
Id. Id. menuisier, avenue de St-Ouen, 12		Battarel....	30 sept. 71	28 févr. 72	(8)		
VACHIER, Joseph, maçon, rue Lévis, 66		Gauche....	20 avril 72				
VACQUEREL, commissionnaire, rue des Halles, 11		Heurtey....	6 janv. 72			* 29 févr. 72	
VADUREL-GÉRAUD, Théophane, rue Maublanc, 5 .... *		Lenoir.....				18 avril 72	
VAGUENER-NOVEL, Eugène, sans domicile indiqué .... *		Dinet.....				22 juill. 72	
VAILLANT, Alexandre-Joseph, corsetier, rue Latérale, 15		Heurtey....	25 sept. 72			* 23 déc. 72	
Id. marchand de vins, rue Philippe-de-Girard, 74		Maillard.....	19 févr. 72			* 26 mars 72	
VAISSADE, Antoine, marchand de vins, bd Richard-Lenoir, 3..		Lamoureux..	30 déc. 71	27 mai 72	(9)		
VAISSETTE, limonadier, boulevard de la Chapelle, 124		Sarazin....	5 oct. 72			* 28 nov. 72	
VALENTIN, fabricant de galoches, rue Diard, 7		Dufay.....	26 déc. 71	2 mai 72	(10)		
VALÉRY, Henri, peintre, rue du Roi-de-Sicile, 2		Barboux.....	21 août 72				
VALLANT-SALHORGNE, Ernest-Henry, r. Geoffroy-Marie, 1...		Levesque.....				12 mars 72	
VALLÉE-MERLIN, Edouard-Célestin, rue St-Sébastien, 16....*		Maugin......				22 juill. 72	

(1) **TROUPEL** paie 19 fr. 27 c. %, unique répartition.

(2) **TROUSLARD-LAMOTTE** paie 0 fr. 71 c. %, unique répartit.

(3) **TURPIN**, Jules, doit 20 %, en 5 ans, par 1/5, de l'homolog.

(4) **TURQUAN** doit 20 %, en 5 ans, par 1/5, de l'homologation.

(5) **ULRICH** paiera l'intégralité des créances en 2 ans, par 1/4, de 6 mois en 6 mois, de l'homologation.

(6) **UNION MARITIME.** — Le syndic paie 1 fr. 54 c. %, 2e et dernière répartition.

(7) **VACHÉ**, Joseph, est qualifié failli, et doit 10 %, en 5 ans, par 1/5, 1er paiement 1er mai 1873.

(8) **VACHÉ**, menuisier, est qualifié failli, et paie 12 %, 1re rép.

(9) **VAISSADE** est qual. failli, et doit 40 %, en 5 ans, par 1/5, de l'hon.

(10) **VALENTIN** est qualifié failli ; il paie 26 fr. 62 c. %, produit de son actif, et doit 10 %, en 20 ans, de l'homologation.

NOMS, PRÉNOMS, PROFESSIONS ET DOMICILES.	Indiqué Liquidation ◆ astérisque Avoué ʳ Insuffisance	SYNDICS ET AVOUÉS	FAILLITES ET LIQUIDATIONS.	DATE DES HOMOLOGATIONS DE CONCORDATS	INSUFFIS. ET UNIONS.	SÉPARAT. DE BIENS JUDICIAIRES.	CONS. JUDIC. ET INTERDICT.
VALLÉE veuve, Jean-Joseph, couturière, boul. Haussmann, 48..		Hécaen......	11 nov. 72				
Id. Pierre-Auguste, imprimeur; rue du Croissant, 16.....		Sarazin......	17 août 72				
Id. et Cie, fabricants de bétons anglais, bᵈ de la Villette, 142.		Gauche......	7 mars 70	(1)			
VALLET-COTE, Lucien, tailleur, rue Debelleyme, 30..........	*	Girault......	... .	....	....	19 déc. 72	
VALLETTE, Victor, linger, rue de Penthièvre, 9.............		Gautier......	5 juill. 72				
Id. Louis, marchand de vins, rue Vieille-du-Temple, 60.		Barbot......	13 sept. 71	....	6 janv. 72	(2)	
VALLOIS, Adolphe-Frédéric, voiturier, rue de Nantes, 25....		Legriel......	24 juin 72	30 oct. 72	(3) .		
VALNET dit LÉGER, André, mᵈ de vins, rue de la Fidélité, 34...		Pinet......	28 févr. 72	....	* 6 mai 72		
VALORY-LOISEL, Alfred, rue Basfroi, 47 et à Melun.........	*	Pijon......	... .	....	....	7 mars 72	
VAN BALTHOVEN, Pierre, marchand de meubles, rue Duphot, 8.		Beaugé......	30 juin 68	(4)			
VANCAUVENBERGHE et VERMEEREN, rue de la Roquette, 85..		Beaugé......	7 août 72				
VANDENBERGHE, Ludovic, appareilleur, rue Montorgueil, 47...		Moncharville..	22 juill. 71	(5)			
VAN DER VEENNE, Eugène, marchand de vins, r. de Lacroix, 5.		Heurtey.....	16 janv. 72	10 juin 72	(6)		
VANDERWALLE, décédé, peintre, rue de Lyon, 41..........		Beaugé......	23 déc. 71	26 avril 72	(7)		
VAN MINDEN-WEILL, David, opticien, boulev. St-Martin, 25...	*	Bertinot......	... .	....	....	12 août 72	
VANNIER. Voir : LEMIRE, dit VANNIER.							
VANTIER, Auguste, restaurateur, galerie de Valois, 173........		Normand......	4 janv. 72	(8)			
VARENNE, marchand de vins, rue d'Angoulême, 55.........		Richard......	20 oct. 71	....	* 28 déc. 71	(9)	
VARICHON, Alfred-Edmond, marchand de vins, à St-Mandé....		Barbot......	30 août 71	....	10 janv. 72	(10)	
VARLET-DUMAS, Philippe, rue de Charenton, 96...........	*	Thiébault......	... .	....	....	13 mai 72	
Id. Alphonse-Natalis, apprêteur, r. Fontaine-au-Roi, 41...		Beaugé......	15 janv. 72	29 avril 72	(11)		
VARY, Jules, négociant, rue des Halles, 2. Voir : DARY...		Knéringer......	19 août 72				
VASLIN-ANDIGUIR, Jean-Baptiste, rue Geoffroy-Marie, 15....	*	Cohn......	... .	....	....	6 juin 72	
VASSAL, Edmond-Eugène, papetier, rue Monge, 40...........		Pluzanski....	21 nov. 72				
VASSEUR, veuve. Voir : CAPON, veuve.							
VASSIVIÈRE, négociant, rue d'Enfer, 45.................		Battarel......	11 oct. 71	20 nov. 72	(12)		
VASSORT, Joseph, limonadier, rue Neuve-St-Merri, 39.......		Chovillot....	10 juin 72	....	* 30 nov. 72		
VASSORT, Louis-Adrien, boulanger, route d'Orléans, 4.......		Sarazin......	28 juill. 71	....	9 févr. 72	(13)	
VATOT. Voir : MAUREY et VATOT.							
VAULTIER-BASSÉE, Casimir-J.-Baptiste, rue de Crimée, 150..	*	Milliot......	... .	....	....	24 juin 72	
Id. , marchand de vins, rue de Crimée, 130...........		Barboux......	30 déc. 72	....	* 31 janv. 73		
VAUMANSART, Pierre-Joseph, mᵈ de vins, r. de Cambronne, 2.		Meys......	7 oct. 72	....	* 28 nov. 72		
VAUVERT, mercier, rue Neuve-des-Mathurins, 6...........		Pinet......	21 août 72	....	* 24 déc. 72		
VAYSSETTES, charbonnier, à Clichy....................		Knéringer....	27 sept. 72				
VEDIE, veuve, Onésime, maçon, rue de Cloys, 8.............		Beaufour......	12 mars 72				
VEILLARD, Clément, nouveautés, rue de Cléry, 14.........		Copin......	3 oct. 72				
VEILLET-DEBARLE, J.-B., maroquinier, r. des Cordelières, 25..		Beaufour....	10 juill. 72	23 déc. 72	(14)		

(1) **VALLÉE** et Cie paient 2 fr. 94 c. %, unique répartition.
(2) **VALLETTE** paie 0 fr. 85 c. %, unique répartition.
(3) **VALLOIS** doit 20 %, en 4 ans, par 1/4, de l'homologation.
(4) **VAN BALTHOVEN**, paie 7 fr. 18 c. %, unique répartition.
(5) **VANDENBERGHE** est qual. failli, et paie 22 fr. 76 c. %, uniq. rép.
(6) **VAN DER VEENNE** doit 30 %, en 5 ans, par 1/5, de l'hom.
(7) **VANDERWALLE** est qualifié failli ; il paie 25 %, produit de 2 répartitions de l'actif abandonné.

(8) **VANTIER** paie 5 fr. 86 c. %, unique répartition.
(9) **VARENNE** est qual. failli. — Réouverture du 23 déc. 72.
(10) **VARICHON** est qual. failli, et paie 1 fr. 67 c. %, uniq. répart.
(11) **VARLET** paie 5 % comptant, et doit 25 %, en 5 ans, par 1/5.
(12) **VASSIVIÈRE**, qual. failli, doit 15 %, en 5 ans, par 1/5, de l'hon.
(13) **VASSORT** est qual. failli, et paie 6 fr. 65 c. %, uniq. répart.
(14) **VEILLET-DEBARLE** doit 20 %, en 5 ans, par 1/5, avec la caution solidaire de Georges Veillet, son fils.

NOMS, PRÉNOMS, PROFESSIONS ET DOMICILES.	° indique Liquidation * astérisque Avoué et Insuffisance	SYNDICS ET AVOUÉS	FAILLITES ET LIQUIDATIONS.	DATE DES HOMOLOGATIONS DE CONCORDATS	INSUFFIS.es ET UNIONS.	SÉPARAT.ns DE BIENS JUDICIAIRES.	CONS. JUDIC. ET INTERDICT.
VERACHTER. Voir : BONGARDS et LIBERT.							
VERBOECKHOVEN. Voir : LACROIX-VERBOECKHOVEN et Cie.							
VERDIER-GIRARD, Norbert, chemisier, rue de Provence, 48..	*	Delopouve...	....		....	11 janv. 72	
VERDON de la MORLIÈRE, banquier, rue Chabanais, 6........		Sautton....	7 janv. 66		10 avril 67	(1)	
VERDURE-CUNIN, François-Alexandre-Célestin, à Vincennes..	*	Martin	....		....	28 nov. 71	
VÉRET-FAYETTE, Casimir, rue N.-D.-des Victoires, 28........	*	Id	....		....	13 déc. 72	
VÉRITÉ, Jamin, boulanger, r. Lafayette, 93, (Tribunal du Mans).		Greauger....	1er juill. 72				
Id. -CAUVEL, Narcisse-Fuscien, boulevard de Neuilly, 34.*		Cullerier....				4 janv. 72	
VERMEEREN. Voir : VANCAUVENBERGHE et VERMEEREN.							
VERNAUT, Louis-Ernest, distillateur, rue Ventadour, 5........		Meys........	19 déc. 71	1er août 72	(2)		
VERNHES, tailleur, rue St-Denis, 554.............		Prodhomme..	25 nov. 72		....	*27 janv. 73	
VERNIER, François-Louis, fab. de cordons, r. St-Antoine, 205..		Heurtey	5 oct. 71	(3)			
VERPILLAT, Jean-Auguste, chemisier, b.d Bonne-Nouvelle, 31..		Meys........	14 mars 68	16 juin 68	13 déc. 72		
VERRIER-SCARDY, rue Bagnolet, 24................	*	Prévot				17 juin 72	
VERSILLÉ et Cie, carriers, rue Boursault, 30.............		Beaugé....	17 oct. 71	20 fév. 72	(4)		
VERSINI. Voir : OLIVIERI et VERSINI.							
VETU, fils, marchand de vins, à Gentilly..................		Sommaire ...	3 juin 72			* 31 déc. 72	
VEYRET-LATOUR, Pierre, drapier, rue aux Ours, 46........		Gautier....	20 sept. 71	23 fév. 72	(5)		
VIAL, Joseph, gantier, boulevard Sébastopol, 121		Chevillot ..	9 sept. 72				
Id. , Louis, liseur de dessins, rue St-Maur, 210.............		Hécaen....	30 déc. 71	21 mai 72	(6)		
Id. , ex-marchand de vins, rue Poissonnière, 37		Meys........	25 avril 72				
VIARD, François, ex-marchand de vins, rue Frémicourt, 3....		Millet......	8 juill. 62	14 août 72	(7)		
VICAIRE, Alexandre-Désiré, fruitier, rue du Sommerard, 22 ..		Meys........	23 oct. 72		* 28 nov. 72		
VICARD, peintre, à Nogent..................		Meys........	20 avril 72		* 31 mai 72		
VICIOT, Jacques-Denis, march. de bois, rue de Montreuil, 64...		Dufay......	23 déc. 71	4 mai 72	(8)		
VIDAL-GONZALE, Ernest-Moïse, pass. des Petites-Écuries, 22..*		Weil........	....		....	12 nov. 72	
Id. , Ernest-Moïse, négociant en vins, Id. Id..		Richard	7 oct. 72				
Id. , Pierre-Auguste, charpentier, rue du Ruisseau, 94.....		Copin......	26 fév. 72	12 juin 72	(9)		
VIDALINC, Gérome, marchand de vins, rue du 4 septembre, 20.		Bourbon.....	26 mars 72				
VIDARD, dame, marchande de comestibles, boulevard Ornano, 37.		Chevallier ...	22 nov. 71	(10)			
VIDIOL-LERAT, Joseph, rue de Berlin, 35.................	*	Henriet....	....		....	6 févr. 72	
VIDY, Toussaint, charbonnier, rue Daubenton, 58...........		Meys........	21 févr. 72	28 mai 72	(11)		
VIET-MOREAU, Jules, rue Poinsot, 29.................	*	Dubois	....		....	11 juin 72	
VIETTE, Armand, menuisier, rue Léonie, 2 et 3.............		Beaufour....	21 mai 63	(12)			
VIGNAL, demoiselle, Marie-Hortense, hôtelière, r. Chaillot, 95.		Devin......	18 nov. 72		....	* 24 déc. 72	

(1) VERDON de la MORLIÈRE paie 3 fr. 19 c. %, 4e et dern. rép.

(2) VERNAUT est qual. failli, et doit 40 %, en 7 ans, par 1/7, de l'hon.

(3) VERNIER est qual. failli, et paie 1 fr. 35 c. %, uniq. répart.

(4) VERSILLÉ et Cie sont qualifiés faillis, et doivent 25 %, par 1/5, de l'homologation, et dans le cas où l'actif dépasserait 25 %, le surplus demeurerait acquis aux créanciers.

(5) VEYRET-LATOUR est qual. failli, et doit 10 %, en 2 ans, de l'hon.

(6) VIAL, Louis, est qualifié failli, paie 10 % comptant, et doit 10 %, le 1er de chacun des mois de janv., juill. et déc. 1873.

(7) VIARD paie l'intégralité des créances dans la quinzaine du jour de l'homologation.

(8) VICIOT est qualifié failli, et doit 30 %, en 5 ans, par 1/5, de la reddition de compte du syndic.

(9) VIDAL, Pierre, doit 25 %, en 5 ans, par 1/5, de l'homolog.

(10) VIDARD, dame, a été qual. faillie, par jug.t du 23 mars 72.

(11) VIDY doit 30 %, en 5 ans, par 1/5, le 31 déc. de chaque année.

(12) VIETTE paie 2 %, troisième répartition.

NOMS, PRÉNOMS, PROFESSIONS ET DOMICILES.	Liquidation Astérisque Avoué et Insuffisance	SYNDICS ET AVOUÉS	FAILLITES ET LIQUIDATIONS.	DATE DES HOMOLOGATIONS DE CONCORDATS	INSUFFIS... ET UNIONS.	SÉPARAT... DE BIENS JUDICIAIRES.	CONS.JUDIC. ET INTERDICT.
VIGNARDET et Cie, marchands de vins, à St-Ouen		Lamoureux	12 juill. 72		* 30 nov. 72		
Id. —MONGIN, Hugues-Barthélemy, à St-Ouen	*	Langeron				9 mars 72	
VIGNERON, François, tourneur, rue des Gravilliers, 59		Bourbon	18 nov. 72				
Id. marchand de literie, rue de Vaugirard, 326		Beaujeu	5 mars 72		* 29 avril 72		
VIGUIER et Cie, Claude-Casimir, marchand de vins, à Asnières		Normand	12 mars 72	10 juill. 72	(1)		
VIGY dame, boulangère, rue Sedaine, 51		Sarazin	7 sept. 72		* 31 oct. 72		
VILLAIN, épicier, avenue Grande-Armée, 17	L	Pluzanski	25 janv. 72	20 août 72	(2)		
VILLAUME-LECLANCHÉ, ingénieur, boul. Bonne-Nouvelle, 28	*	Violette				3 déc. 72	
VILLE, limonadier, rue d'Aboukir, 127		Chevillot	25 juill. 74	(3)			
VILLENEUVE père, fabricant d'étrindelles, rue Petrel, 5		Pinot	28 mai 72				
Id. tailleur, rue J.-J. Rousseau, 39		Dufay	29 sept. 72		* 30 nov. 72		
VILLETTE, Alfred, mercier, rue St-Maur, 29		Beaugé	10 juin 72		* 29 juin 72		
Id. commissionnaire, quai d'Orléans, 26		Normand	22 févr. 72		* 28 mars 72		
VIMEUX, STOUFF et Cie, banquiers, rue Magnan, 20		Beaufour	10 août 72				
VINCENT, marchand de nouveautés, rue Lafayette, 67		Beaujeu	21 mars 72	6 déc. 72	(4)		
Id. Alexandre, peaussier, rue de Provence, 109		Gautier	15 nov. 71	3 avril 72	(5)		
Id. Camille, march. de vins, r. du Marché-la-Chapelle, 6		Chevallier	16 avril 72				
Id. Charles, marchand de vins, rue de Valois, 12	L	Knéringer	16 févr. 72		* 30 avril 72		
Id. Louis-Zéphir, traiteur, boulevard Ornano, 24		Chevillot	18 déc. 71	29 juin 72	(6)		
VINSOT, marchand de vins, rue des Fossés-St-Bernard, 28		Heurtey	5 nov. 72				
VIRLY-ROTHE, Étienne, ciseleur, rue Keller, 14	*	Gavignot				15 juill. 72	
VITEL, marchand de dentelles, rue d'Aboukir, 61		Sarazin	2 mars 72	4 juill. 72	(7)		
VIVET, Julien, marchand de vins, à Nogent	L	Beaujeu	16 oct. 71	8 févr. 72	(8)		
VOISEMBERG, Ch.-Antoine, logeur, rue Barthélemy, 5		Battarel	31 déc. 72				
VOLCLER, Auguste-Victor, boulanger, rue de la Fontaine, 74		Gautier	18 août 74	(9)			
Id. —LEFEBVRE, Vict., Id. Id.	*	Henriet			*	27 janv. 72	
VOLFEARIUS. Voir : LACROIX, VERBOECKHOVEN et Cie.							
VOLTZ, négociant, rue Boucher, 8		Moys	12 déc. 72		* 31 janv. 73		
VOTAT-HURÉ, Jean, rue de Liancourt, 38	*	Lamy				15 juill. 72	
VOYER, Victor, mécanicien, avenue des Gobelins, 297		Hécaen	5 juill. 70		* 28 mars 72		
VUATEAU et Cie, droguistes, rue des Juifs, 11, et à Bièvres		Hécaen	4 juill. 72				
VUILLAUME-POMADÈRE, Sébastien, rue Grange-Batelière, 8		Boutet				21 août 72	
VUILLET, Ernest, marchand de vins, rue de Bagnolet, 1		Legriel	25 oct. 72				
VULLIEN-CHAGNAT, Henri-Léonard, rue St-Séverin, 4	*	Chauveau				3 déc. 72	

(1) VIGUIER et Cie paient 50 %, en 10 ans, par 1/10, de l'homologation.

(2) VILLAIN doit 25 %, en 5 ans, par 1/5, de l'homologation.

(3) VILLE a été qualifié failli par jugement du 13 juin 1872.

(4) VINCENT, marchand de nouveautés, doit 25 %, en 5 ans, par 1/5, de l'homologation.

(5) VINCENT, Alexandre, est qual. failli, et paie 10 fr. 53 c. %, produit de son actif. — Le sieur Joseph Vincent renonce à prendre part à la répartition, et s'engage à verser avant

l'homologation une somme de 20,000 fr. à répartir aux créanciers.

(6) VINCENT est qualifié failli, et doit 25 %, en 5 ans, par 1/5, de l'homologation.

(7) VITEL paiera 25 %, en 5 ans, par 1/5, de l'homologation.

(8) VIVET paie 11 fr. 56 c. %, produit de son actif, et parfait l'intégralité des créances à raison de 5 %, tous les 6 mois.

(9) VOLCLER paie 14 fr. 38 c. %, unique répartition, et est qualifié failli par jugement du 7 décembre 1871.

W. X. Y. Z.

NOMS, PRÉNOMS, PROFESSIONS ET DOMICILES.	L indique Liquidation / * astérisque Avoué et Insuffisance	SYNDICS ET AVOUÉS	FAILLITES ET LIQUIDATION.	DATE DES HOMOLOGATIONS DE CONCORDATS.	INSUFFIS⁶⁹ ET UNIONS.	SÉPARAT⁰⁹ DE BIENS JUDICIAIRES.	CONS. JUDIC. ET INTERDICT.
WAGNER, charcutier, rue de l'Ourcq, 68		Barbot	30 oct. 72		* 28 déc. 72		
WAINWIGH et Cie, commissionnaires, r. Neuve-St-Augustin, 62		Prodhomme	31 mai 72		* 30 sept. 72		
WALL, R., ex-tailleur, rue de Rivoli, 168		Moillencourt	11 juill. 72		* 31 août 72		
WALLERY, cordonnier, rue Oberkampf, 101		Sarazin	27 nov. 72		* 30 déc. 72		
WALLIS-THEUVENOT, Ernest, rue de Choiseuil, 8		Dechambre				23 mars 72	
WANDRILLE-FROUTÉ-PLACE, Jacques, avenue Friedland, 4	*	Corpot				26 août 72	
WANOFF, vente de fonds, rue de Chabrol, 36		Sautton	26 févr. 72		* 30 avril 72		
WANTZEL et Cie, chimistes, rue Darbette, 11		Moillencourt	22 mai 69	25 juin 72	(1)		
WATRELOS, ferblantier, rue de Paris-Belleville, 20		Devin	12 déc. 71		* 25 avril 72		
WATRIN, vétérinaire, cité Fénelon, 5		Barboux	9 janv. 72	6 mai 72	(2)		
Id. -MASSON, Jean-Nicolas-Auguste, cité Fénelon, 5	*	Louval				6 mai 72	
WEBB-CERF, Edouard-Tom., av. Champs-Elysées, 65		Debladis				6 août 72	
WEBER-VINGTANS, Nicolas, rue de Villejuif, 20	*	Blachez				9 avril 72	
WEBNET-SAINT-LÉÉRY, rue Tour-d'Auvergne, 13		Mesnier				26 juin 72	
WEIDNER. Voir : MAYER et Cie.							
WEIL, marchand de nouveautés, rue Javel, 73		Barboux	24 mai 69	(3)			
WEILLER-CAHEN, Louis-Edouard, faubourg St-Martin, 12	*	Popelin			*	5 mars 72	
WENZINGER-MOULIN, Louis, passage Neveu, 10	*	Borryer				12 août 72	
WERY, Eugène, maçon, avenue Dugoaud, 22		Pinet	13 janv. 72				
WEYL-ALVAREY, Manuel, rue St-Georges, 60	*	Wandevalle				4 juin 72	
WHITNEY. Voir : DOTÉSIO, dame.							
WILLARME-BENOIST, Fçois, mᵈ de cheveux, r. St-Martin, 347	*	Lenoir					12 juill. 71
WILLIAMS dit PIERRET, Fréd.-Jean, luthier, r. des Poitevins, 0		Beaugé	13 mars 72	20 août 72	(4)		
WINISTORFFER, décédé, limonadier, rue St-Martin, 331		Beaufour	24 mars 71		* 28 mai 72	(5)	
WINZELLE-OLLIVIER, Joseph, ébéniste, chaussée du Maine, 90	*	Carlot				26 août 72	
WITH CLAY (mines de), rue Godot-de-Mauroy, 30		Chevallier	13 juill. 72		* 28 août 72		
WITTELSBACH, dame, boulangère, boulevard Haussmann, 57		Id.	11 déc. 72				
WITTEMANN et Cie, peaussiers, rue des 2 Portes-St-Sauveur, 22. L		Sautton	6 janv. 72				
WITTKOWSKI, GROSS et Cie, commissionnaires, r. Béranger, 7. L		Gauche	30 janv. 72				
Id. Michael, articles de Paris, rue Béranger, 7. L		Hocnon	28 févr. 72				
WOLFF-ROSMAN-BIRTZ, rue Basfroi, 10	*	Engrand				10 févr. 72	
WORMS, Abraham, passementier, rue du Cygne, 2		Prodhomme	19 oct. 72				
Id. et LOEB, fabricants de cols, rue N.-D.-des-Victoires, 26		Dufay	3 déc. 72				
XAINTE, Pierre, négociant, rue Vital, 38		Sarazin	4 oct. 72		* 30 déc. 72		
XAVIER-MOUTHIERS, Louis-Augustin-Cas., bᵈ de la Chapelle, 64	*	Thiebault				7 déc. 72	
YUNG-HARTMANN, rue Moret, 7	*	Drechou				17 févr. 72	
Id. tailleur, rue Maubeuge, 30		Copin	11 janv. 72		* 28 mars 72		
ZEUG, Joseph, tailleur, chaussée d'Antin, 42		Pinet	5 déc. 72		* 31 déc. 72		

(1) WANTZEL et Cie paient 25 %, en 5 ans, par 1/5, de l'hom.
(2) WATRIN doit 30 %, en 5 ans, par 1/5, 1ᵉʳ paiement le 1ᵉʳ février 1873.
(3) WEIL paie 5 fr. 05 c. %, unique répartition.
(4) WILLIAMS, dit PIERRET, paie 20 %, en 5 ans, par 1/5, de l'hᵒⁿ.
(5) WINISTORFFER. — Réouverture du 14 décembre 1872.

Imp. et lith. E. CHENU, à Orléans.

DICTIONNAIRE

POUR L'ANNÉE 1873

D'APRÈS LES JOURNAUX JUDICIAIRES

DES FAILLITES

LIQUIDATIONS, SÉPARATIONS DE BIENS, NOMINATIONS DE CONSEILS JUDICIAIRES,

INTERDICTIONS & RÉHABILITATIONS,

PRONONCÉES PAR LES TRIBUNAUX DE PARIS,

Avec les conditions sommaires des Concordats homologués, et la répartition
des dividendes de chaque Faillite,

PAR H.-F. MASCRET, ANCIEN NOTAIRE.

———

Ouvrage honoré d'une Médaille d'argent, le 30 novembre 1872, par l'Académie Nationale de Paris.

———

PRIX : 6 FRANCS.

———

PARIS,

CHEZ L'AUTEUR, RUE DES DEUX-PORTES-SAINT-JEAN, N° 6,

(Hôtel-de-Ville).

—

1874.

LOIS

PROMULGUÉES EN 1872.

Loi portant modification des articles 450 et 550 du Code de Commerce.

DU 12 FÉVRIER.

ART. 1ᵉʳ. — Les articles 450 et 550 du Code de commerce sont modifiés et remplacés par les dispositions suivantes :

Art. 450. Les syndics auront, pour les baux des immeubles affectés à l'industrie ou au commerce du failli, y compris les locaux dépendant de ces immeubles et servant à l'habitation du failli et de sa famille, huit jours, à partir de l'expiration du délai accordé par l'article 492 du Code de commerce aux créanciers domiciliés en France pour la vérification de leurs créances, pendant lesquels ils pourront notifier au propriétaire leur intention de continuer le bail, à la charge de satisfaire à toutes les obligations du locataire.

Cette notification ne pourra avoir lieu qu'avec l'autorisation du juge-commissaire et le failli entendu.

Jusqu'à l'expiration de ces huit jours, toutes voies d'exécution sur les effets mobiliers servant à l'exploitation du commerce ou de l'industrie du failli, et toutes actions en résiliation du bail seront suspendues, sans préjudice de toutes mesures conservatoires et du droit qui serait acquis au propriétaire de reprendre possession des lieux loués. — Dans ce cas, la suspension des voies d'exécution établie au présent article cessera de plein droit.

Le bailleur devra, dans les quinze jours qui suivront la notification qui lui serait faite par les syndics, former sa demande en résiliation.

Faute par lui de l'avoir formée dans ledit délai, il sera réputé avoir renoncé à se prévaloir des causes de résiliation déjà existantes à son profit.

Art. 550. L'article 2102 du Code civil est ainsi modifié à l'égard de la faillite :

Si le bail est résilié, le propriétaire d'immeubles affectés à l'industrie ou au commerce du failli aura privilége pour les deux dernières années de location échues avant le jugement déclaratif de faillite, pour l'année courante, pour tout ce qui concerne l'exécution du bail et pour les dommages-intérêts qui pourront lui être alloués par les tribunaux.

Au cas de non-résiliation, le bailleur, une fois payé de tous les loyers échus, ne pourra pas exiger le payement des loyers en cours ou à échoir, si les sûretés qui lui ont été données lors du contrat sont maintenues, ou si celles qui lui ont été fournies depuis la faillite sont jugées suffisantes.

Lorsqu'il y aura vente et enlèvement des meubles garnissant les lieux loués, le bailleur pourra exercer son privilége comme au cas de résiliation ci-dessus, et, en outre, pour une année à échoir à partir de l'expiration de l'année courante, que le bail ait ou non date certaine.

Les syndics pourront continuer ou céder le bail pour tout le temps restant à courir, à la charge, par eux ou leurs cessionnaires, de maintenir dans l'immeuble gage suffisant, et d'exécuter, au fur et à mesure des échéances, toutes les obligations résultant du droit ou de la convention, mais sans que la destination des lieux loués puisse être changée.

Dans le cas où le bail contiendrait interdiction de céder le bail ou de sous-louer, les créanciers ne pourront faire leur profit de la location que pour le temps à raison duquel le bailleur aurait touché ses loyers par anticipation, et toujours sans que la destination des lieux puisse être changée.

Le privilége et le droit de revendication établi par le n° 4 de l'article 2102 du Code civil, au profit du vendeur d'effets mobiliers, ne peuvent être exercés contre la faillite.

ART. 2. — La présente loi ne s'appliquera pas aux baux qui, avant sa promulgation, auront acquis date certaine.

Toutefois le propriétaire qui, en vertu desdits baux, a privilége pour tout ce qui est échu et pour tout ce qui est à échoir, ne pourra exiger par anticipation les loyers à échoir, s'il lui est donné des sûretés suffisantes pour en garantir le payement.

Loi concernant les Droits d'Enregistrement.

DU 28 FÉVRIER.

ART. 1er. — La quotité du droit fixe d'enregistrement auquel sont assujettis, par la loi du 22 frimaire an VII et par les lois subséquentes, les actes ci-après, sera déterminée ainsi qu'il suit, savoir :

1° Les actes de formation et de prorogation de société, qui ne contiennent ni obligation, ni libération, ni transmission de biens, meubles ou immeubles, entre les associés ou autres personnes, *par le montant total des apports mobiliers et immobiliers, déduction faite du passif* ;

2° Les actes translatifs de propriété, d'usufruit ou de jouis-sance de biens immeubles situés en pays étranger ou dans les colonies françaises, dans lesquels le droit d'enregistrement n'est pas établi, *par le prix exprimé en y ajoutant toutes les charges en capital.*

L'article 4 de la loi du 16 juin 1824 est abrogé.

3° Les actes ou procès-verbaux de vente de marchandises avariées par suite d'événements de mer et de débris de navires naufragés, *par le prix exprimé en y ajoutant toutes les charges en capital* ;

4° Les contrats de mariage soumis actuellement au droit fixe de 5 francs, *par le montant net des apports personnels des futurs époux* ;

5° Les partages de biens meubles et immeubles entre co-propriétaires, cohéritiers et coassociés à quelque titre que ce soit, *par le montant de l'actif net partagé* ;

6° Les délivrances de legs, *par le montant des sommes ou par la valeur des objets légués* ;

7° Les consentements à main-levées totales ou partielles d'hypothèques, *par le montant des sommes faisant l'objet de la main-levée* ;

S'il y a seulement réduction de l'inscription, il ne sera perçu qu'un droit de 5 francs par chaque acte ;

8° Les prorogations de délai pures et simples, *par le montant de la créance dont le terme d'exigibilité est prorogé* ;

9° Les adjudications et marchés pour constructions, réparations, entretien, approvisionnements et fournitures dont le prix doit être payé directement par le Trésor public, et les cautionnements relatifs à ces adjudications et marchés, *par le prix exprimé ou par l'évaluation des objets* ;

L'article 73 de la loi du 15 mai 1818 est abrogé.

10° Les titres nouvels et reconnaissances de rentes dont les actes constitutifs ont été enregistrés, *par le capital des rentes.*

ART. 2. — Le taux du droit établi par l'article précédent est fixé ainsi qu'il suit :

A cinq francs pour les sommes ou valeurs de cinq mille francs et au-dessous, et pour les actes ne contenant aucune énonciation de sommes et valeurs ni dispositions susceptibles d'évaluation ;

A dix francs pour les sommes ou valeurs supérieures à cinq mille francs, mais n'excédant pas dix mille francs ;

A vingt francs pour les sommes ou valeurs supérieures à dix mille francs, mais n'excédant pas vingt mille francs ;

Et ensuite à raison de vingt francs par chaque somme ou valeur de vingt mille francs ou fraction de vingt mille francs ;

Si les sommes ou valeurs ne sont pas déterminées dans l'acte, il y sera suppléé conformément à l'article 16 de la loi du 22 frimaire an VII.

ART. 3. — Si, dans le délai de deux années, à partir de l'enregistrement des actes spécifiés en l'article premier ci-dessus, la dissimulation des sommes ou valeurs ayant servi de base à la perception du droit est établie par des actes ou écrits émanés des parties ou par des jugements, il sera perçu, indépendamment des droits simples supplémentaires, un droit en sus, lequel ne peut être inférieur à cinquante francs.

ART. 4. — Les divers droits auxquels sont assujettis par les lois en vigueur les actes civils, administratifs ou judiciaires autres que ceux dénommés en l'article premier, sont augmentés de moitié.

Les actes de prestation de serment des gardes des particuliers et des agents salariés par l'État, les départements et les communes, dont le traitement et ses accessoires n'excèdent pas mille cinq cents francs, ne seront soumis qu'à un droit de *trois francs.*

ART. 5. — Sont soumis au droit proportionnel, d'après les tarifs en vigueur :

1° Les ordres, collocations et distributions de sommes, quelle que soit leur forme, et qui ne contiennent ni obligation ni transport par le débiteur ;

2° Les mutations de propriété de navires, soit totales, soit partielles. Le droit est perçu soit sur l'acte ou le procès-verbal de vente, soit sur la déclaration faite pour obtenir la francisation ou l'immatricule au nom du nouveau possesseur.

Les articles 56 et 64 de la loi du 21 avril 1818 sont abrogés.

ART. 6 — Les obligations imposées au preneur, dans le cas de location verbale, par l'article 11 de la loi du 23 août 1871, seront accomplies, à l'avenir, par le bailleur, qui sera tenu du payement des droits, sauf son recours contre le preneur.

Néanmoins, les parties restent solidaires pour le recouvrement du droit simple.

ART. 7. — Les mutations de propriété à titre onéreux de fonds de commerce ou de clientèles sont soumises à un droit d'enregistrement de *deux* francs par cent francs.

Ce droit est perçu sur le prix de la vente de l'achalandage, de la cession du droit au bail et des objets mobiliers ou autres servant à l'exploitation du fonds, à la seule exception des marchandises neuves garnissant le fonds. Ces marchandises ne seront assujetties qu'à un droit de cinquante centimes par cent francs, à condition qu'il sera stipulé pour elles un prix particulier, et qu'elles seront désignées et estimées, article par article, dans le contrat ou dans la déclaration.

ART. 8. — Les actes sous signatures privées contenant mutation de propriété de fonds de commerce ou de clientèles sont enregistrés dans les trois mois de leur date.

A défaut d'acte constatant la mutation, il y est suppléé par des déclarations détaillées et estimatives faites au bureau de l'enregistrement de la situation du fonds de commerce ou de la clientèle, dans les trois mois de l'entrée en possession.

A défaut d'enregistrement ou de déclaration dans les délais fixés ci-dessus, il sera fait application des dispositions du § 1ᵉʳ de l'article 14 de la loi du 23 août 1871. Sont également applicables aux mutations de propriété des fonds de commerce ou de clientèles, les dispositions des §§ 2 et 3 dudit article relatives à l'ancien possesseur et celles des articles 12 et 13 de la même loi concernant les dissimulations dans les prix de vente.

L'insuffisance du prix de vente du fonds de commerce ou des clientèles peut également être constatée par expertise dans les trois mois de l'enregistrement de l'acte ou de la déclaration de la mutation.

Il sera perçu un droit en sus sur le montant de l'insuffisance outre les frais d'expertise, s'il y a lieu, et si l'insuffisance excède un huitième.

Art. 9. — La mutation de propriété des fonds de commerce ou des clientèles est suffisamment établie, pour la demande et la poursuite des droits d'enregistrement et des amendes, par les actes ou écrits qui révèlent l'existence de la mutation ou qui sont destinés à la rendre publique, ainsi que par l'inscription aux rôles des contributions du nom du nouveau possesseur, et des payements faits en vertu de ces rôles, sauf preuve contraire.

Art. 10. — Sont soumis au droit proportionnel de cinquante centimes par cent francs les lettres de change et tous autres effets négociables, lesquels pourront n'être présentés à l'enregistrement qu'avec les protêts qui en auraient été faits.

Les dispositions de l'article 50 de la loi du 28 avril 1816 concernant les lettres de change sont abrogées.

Il n'est rien innové en ce qui concerne les warrants.

Art. 11. — Le droit de décharge de dix centimes, créé par l'article 18 de la loi du 23 août 1871, pour constater la remise des objets, sera réuni à la taxe due pour les récépissés et lettres de voiture, qui est fixé ainsi qu'il suit :

Récépissé délivré par les Compagnies de chemins de fer (droit de décharge compris), trente-cinq centimes ;

Lettre de voiture (droit de décharge compris), soixante-dix centimes.

Loi sur les Patentes.

DU 29 MARS.

Art. 1ᵉʳ. — Le patentable ayant plusieurs établissements, boutiques ou magasins de même espèce ou d'espèces différentes, est, quelle que soit la classe ou la catégorie à laquelle il appartient comme patentable, passible d'un droit fixe entier, en raison du commerce, de l'industrie ou de la profession exercée dans chacun de ces établissements, boutiques ou magasins.

Les droits fixes sont imposables dans les communes où sont situés les établissements, boutiques ou magasins qui y donnent lieu.

Art. 2. — Seront établis sans limite de maximum les droits de patente des professions, commerces et industries compris dans les tableaux annexés aux lois en vigueur, et qui sont tarifés en raison du nombre des ouvriers, machines, instruments ou moyens de production et autres éléments variables d'imposition.

Art. 3. — Les droits fixes des patentables rangés dans le tableau C annexé à la loi du 25 avril 1844, et dans les tableaux modificatifs correspondants annexés aux lois subséquentes, sont rehaussés d'un cinquième, sauf en ce qui concerne les marchands forains avec balle, bête de somme ou voiture, et les marchands forains de poterie sur bateau.

Art. 4. — Le taux du droit proportionnel de patente, établi d'après la valeur locative, est porté :

Du quinzième au dixième, pour les patentables compris dans la nomenclature générale des patentes à la première classe du tableau A et au tableau B annexés à la loi du 25 avril 1844, ainsi qu'aux tableaux modificatifs correspondants annexés aux lois subséquentes ;

Du vingtième au quinzième, pour les patentables compris dans les deuxième et troisième classes du tableau A annexé à la loi du 25 avril 1844, et des tableaux modificatifs correspondants annexés aux lois subséquentes.

Art. 5. — Les articles 17 de la loi du 18 mai 1850 et 9 de la loi du 4 juin 1858, ainsi que les tableaux annexés aux lois de patentes en vigueur, sont modifiés en ce qu'ils ont de contraire aux dispositions des articles 1, 2, 3 et 4 ci-dessus.

Ces dispositions auront leur effet à partir du 1ᵉʳ avril 1872.

Dans les rôles supplémentaires où seront portées, pour l'exercice 1872, les augmentations de tarif résultant de la présente loi, il ne sera pas tenu compte des centimes additionnels départementaux et communaux.

Art. 6. — Les Compagnies de chemins de fer, les services de transports fluviaux, maritimes et terrestres, ainsi que les établissements d'entrepôts et de magasins généraux, sont tenus de laisser prendre connaissance des registres de réception et d'expédition de marchandises aux agents des contributions directes chargés de l'assiette des droits de patente.

Loi relative aux Titres au porteur.

DU 15 JUIN.

Art. 1ᵉʳ. — Le propriétaire de titres au porteur qui en est dépossédé par quelque événement que ce soit, peut se faire restituer contre cette perte dans la mesure et sous les conditions déterminées dans la présente loi.

Art. 2. — Le propriétaire dépossédé fera notifier par huissier à l'établissement débiteur un acte indiquant : le nombre, la nature, la valeur nominale, le numéro, et, s'il y a lieu, la série des titres.

Il devra aussi, autant que possible, énoncer :

1° L'époque et le lieu où il est devenu propriétaire, ainsi que le mode de son acquisition ;

2° L'époque et le lieu où il a reçu les derniers intérêts ou dividendes ;

3° Les circonstances qui ont accompagné sa dépossession. Le même acte contiendra une élection de domicile dans la commune du siége de l'établissement débiteur.

Cette notification emportera opposition au payement tant du capital que des intérêts ou dividendes échus ou à échoir.

ART. 3. — Lorsqu'il se sera écoulé une année depuis l'opposition sans qu'elle ait été contredite, et que, dans cet intervalle, deux termes au moins d'intérêts ou de dividendes auront été mis en distribution, l'opposant pourra se pourvoir auprès du président du tribunal civil du lieu de son domicile, afin d'obtenir l'autorisation de toucher les intérêts ou dividendes échus ou à échoir, au fur et à mesure de leur exigibilité, et même le capital des titres frappés d'opposition dans le cas où ledit capital serait ou deviendrait exigible.

ART. 4. — Si le président accorde l'autorisation, l'opposant devra, pour toucher les intérêts ou dividendes, fournir une caution solvable dont l'engagement s'étendra au montant des annuités exigibles, et de plus à une valeur double de la dernière annuité échue. Après deux ans écoulés depuis l'autorisation sans que l'opposition ait été contredite, la caution sera de plein droit déchargée.

Si l'opposant ne veut ou ne peut fournir la caution requise, il pourra, sur le vu de l'autorisation, exiger de la Compagnie le dépôt à la caisse des dépôts et consignations des intérêts ou dividendes échus et de ceux à échoir, au fur et à mesure de leur exigibilité. Après deux ans écoulés depuis l'autorisation, sans que l'opposition ait été contredite, l'opposant pourra retirer de la caisse des dépôts et consignations les sommes ainsi déposées, et percevoir librement les intérêts et dividendes à échoir, au fur et à mesure de leur exigibilité.

ART. 5. — Si le capital des titres frappés d'opposition est devenu exigible, l'opposant qui aura obtenu l'autorisation ci-dessus pourra en toucher le montant à charge de fournir caution. Il pourra, s'il le préfère, exiger de la Compagnie que le montant dudit capital soit déposé à la caisse des dépôts et consignations.

Lorsqu'il se sera écoulé dix ans depuis l'époque de l'exigibilité, et cinq ans au moins à partir de l'autorisation sans que l'opposition ait été contredite, la caution sera déchargée, et, s'il y a eu dépôt, l'opposant pourra retirer de la caisse des dépôts et consignations les sommes en faisant l'objet.

ART. 6. — La solvabilité de la caution à fournir en vertu des dispositions des articles précédents sera appréciée comme en matière commerciale. S'il s'élève des difficultés, il sera statué en référé par le président du tribunal du domicile de l'établissement débiteur.

Il sera loisible à l'opposant de fournir un nantissement au lieu et place d'une caution. Ce nantissement pourra être constitué en titres de rente sur l'État. Il sera restitué à l'expiration des délais fixés pour la libération de la caution.

ART. 7. — En cas de refus de l'autorisation dont il est parlé en l'article 3, l'opposant pourra saisir, par voie de requête, le tribunal civil de son domicile, lequel statuera après

avoir entendu le ministère public. Le jugement obtenu dudit tribunal produira les effets attachés à l'ordonnance d'autorisation.

ART. 8. — Quand il s'agira de coupons au porteur détachés du titre, si l'opposition n'a pas été contredite, l'opposant pourra, après trois années à compter de l'échéance et de l'opposition, réclamer le montant desdits coupons de l'établissement débiteur, sans être tenu de se pourvoir d'autorisation.

ART. 9. — Les payements faits à l'opposant suivant les règles ci-dessus posées libèrent l'établissement débiteur envers tout tiers porteur qui se présenterait ultérieurement. Le tiers porteur au préjudice duquel lesdits payements auraient été faits, conserve seulement une action personnelle contre l'opposant qui aurait formé son opposition sans cause.

ART. 10. — Si, avant que la libération de l'établissement débiteur ne soit accomplie, il se présente un tiers porteur des titres frappés d'opposition, ledit établissement doit provisoirement retenir ces titres contre un récépissé remis au tiers porteur ; il doit de plus avertir l'opposant, par lettre chargée, de la présentation du titre, en lui faisant connaître le nom et l'adresse du tiers porteur. Les effets de l'opposition restent alors suspendus jusqu'à ce que la justice ait prononcé entre l'opposant et le tiers porteur.

ART. 11. — L'opposant qui voudra prévenir la négociation ou la transmission des titres dont il a été dépossédé, devra notifier, par exploit d'huissier, au syndicat des agents de change de Paris, une opposition renfermant les énonciations prescrites par l'article 2 de la présente loi ; l'exploit contiendra réquisition de faire publier les numéros des titres.

Cette publication sera faite, un jour franc au plus tard, par les soins et sous la responsabilité du syndicat des agents de change de Paris, dans un bulletin quotidien, établi et publié dans les formes et sous les conditions déterminées par un règlement d'administration publique.

Le même règlement fixera le coût de la rétribution annuelle due par l'opposant pour frais de publicité. Cette rétribution annuelle sera payée d'avance à la caisse du syndicat, faute de quoi la dénonciation de l'opposition ne sera pas reçue ou la publication ne sera pas continuée à l'expiration de l'année pour laquelle la rétribution aura été payée.

ART. 12. — Toute négociation ou transmission postérieure au jour où le bulletin est parvenu ou aurait pu parvenir par la voie de la poste dans le lieu où elle a été faite sera sans effet vis-à-vis de l'opposant, sauf le recours du tiers porteur contre son vendeur et contre l'agent de change par l'intermédiaire duquel la négociation aura eu lieu. Le tiers porteur pourra également, au cas prévu par le précédent article, contester l'opposition faite irrégulièrement ou sans droit.

Sauf le cas où la mauvaise foi serait démontrée, les agents de change ne seront responsables des négociations faites par leur entremise qu'autant que les oppositions leur auront été signifiées personnellement ou qu'elles auront été publiées dans le bulletin par les soins du syndicat.

ART. 13. — Les agents de change doivent inscrire sur

leurs livres les numéros des titres qu'ils achètent ou qu'ils vendent.

Ils mentionneront sur les bordereaux d'achat les numéros livrés. Un réglement d'administration publique déterminera le taux de la rémunération qui sera allouée à l'agent de change pour cette inscription des numéros.

Art. 14. — A l'égard des négociations ou transmissions de titres antérieurs à la publication de l'opposition, il n'est pas dérogé aux dispositions des articles 2279 et 2280 du Code civil.

Art. 15. — Lorsqu'il se sera écoulé dix ans depuis l'autorisation obtenue par l'opposant, conformément à l'article 3, et que pendant le même laps de temps l'opposition aura été publiée sans que personne se soit présenté pour recevoir les intérêts ou dividendes, l'opposant pourra exiger de l'établissement débiteur qu'il lui soit remis un titre semblable et subrogé au premier. Ce titre devra porter le même numéro que le titre originaire, avec la mention qu'il est délivré par duplicata.

Le titre délivré en duplicata conférera les mêmes droits que le titre primitif et sera négociable dans les mêmes conditions.

Le temps pendant lequel l'établissement n'aurait pas mis en distribution de dividendes ou d'intérêts ne sera pas compté dans le délai ci-dessus.

Dans le cas du présent article, le titre primitif sera frappé de déchéance, et le tiers porteur qui le représentera après la remise du nouveau titre à l'opposant n'aura qu'une action personnelle contre celui-ci au cas où l'opposition aurait été faite sans droit.

L'opposant qui réclamera de l'établissement un duplicata payera les frais qu'il occasionnera. Il devra, de plus, garantir par un dépôt ou par une caution que le numéro du titre frappé de déchéance sera publié pendant dix ans, avec une mention spéciale, au bulletin quotidien.

Art. 16. — Les dispositions de la présente loi sont applicables aux titres au porteur émis par les départements, les communes et les établissements publics, mais elles ne sont pas applicables aux billets de la Banque de France, ni aux billets de même nature, émis par des établissements légalement autorisés, ni aux rentes et autres titres au porteur émis par l'État, lesquels continueront à être régis par les lois, décrets et réglements en vigueur.

Toutefois, les cautionnements exigés par l'administration des finances pour la délivrance des duplicata de titres perdus, volés ou détruits, seront restitués si, dans les vingt ans qui auront suivi, il n'a été formé aucune demande de la part des tiers porteurs, soit pour les arrérages, soit pour le capital. Le Trésor sera définitivement libéré envers le porteur des titres primitifs, sauf l'action personnelle de celui-ci contre la personne qui aura obtenu le duplicata.

Loi portant établissement de taxes additionnelles aux impôts indirects.

Art. 1er. — Sont établis à titre extraordinaire et temporaire les augmentations d'impôts et les impôts énumérés dans la présente loi.

Amendes et condamnations.

Art. 2. — Il est ajouté aux impôts et produits de toute nature déjà soumis aux décimes par les lois en vigueur :

5 0/0 du principal pour les impôts et produits dont le principal seul est déterminé par la loi, ainsi que pour les amendes et condamnations judiciaires.

4 0/0 du droit actuel sur les sucres, des taxes de douanes et autres, dont la quotité fixée par la loi comprend à la fois le principal et les décimes.

Cette disposition ne s'applique pas :

1° Aux droits de greffe et de timbre ;

2° Aux droits sur les allumettes et la chicorée ;

3° A l'impôt sur les places de voyageurs et le transport à grande vitesse en chemin de fer et en voitures de terre et d'eau,

Infraction aux lois et réglements sur les sucres.

Art. 3. — Toute infraction aux dispositions des lois et réglements concernant la perception de la taxe des sucres indigènes et des glucoses est punie d'une amende de 1,000 à 5,000 francs et de la confiscation des sucres, glucoses, sirops et mélasses fabriqués, recelés, enlevés et transportés en fraude.

En cas de récidive, l'amende peut être portée à 10,000 fr.

Les sucres importés de l'étranger avec le caractère de fraude donneront lieu aux mêmes peines.

Pétrole et huiles minérales.

Art. 4. — Le tarif des douanes, en ce qui concerne les pétroles et autres huiles minérales similaires, est réglé comme suit :

Huile raffinée à 800 degrés de densité et au-dessus à la température de 15 degrés, 37 francs les 100 kilogrammes ;

Essence à 700 degrés de densité et au-dessous à la température de 15 degrés, 47 francs les 100 kilogrammes ;

Pour les huiles importées à l'état brut, le service constatera combien elles contiennent d'essence, combien d'huile pure, et on appliquera à chacun de ces deux produits les droits suivants :

Pour 100 kilogrammes d'huile pure à 800 degrés de densité à la température de 15 degrés, 37 francs ;

Pour 100 kilogrammes d'essence à 700 degrés de densité à la température de 15 degrés, 40 francs.

Quand la densité des huiles importées autrement qu'à l'état d'huile brute s'établira entre 800 et 700 degrés, le droit de 37 francs sera augmenté de 10 centimes par degré au-dessous de 800 degrés.

Surtaxes d'entrepôt.

Art. 5. — Quel que soit l'état dans lequel les produits seront présentés, les arrivages d'ailleurs que des pays de production continueront à être frappés d'une surtaxe d'entrepôt de 5 francs par 100 kilogrammes.

Art. 6. — Les augmentations de droits établies par les articles précédents sont applicables à partir de la promulgation de la présente loi.

Ces augmentations de droits doivent être acquittées sur les quantités, même libérées des impôts antérieurs, existant à cette époque dans les fabriques ou magasins, ou dans tout autre lieu en la possession des fabricants, raffineurs et commerçants.

Les quantités sont reprises par voie d'inventaire.

Savons.

ART. 7. — A partir de la promulgation de la présente loi, il sera perçu sur les savons de toute nature un droit d'accise de 5 francs par 100 kilogrammes.

Les fabricants de savons devront faire une déclaration préalable, et payer chaque année, comme droit de licence, une somme de 20 francs.

Les fabriques seront assujetties à l'exercice des employés de l'administration des contributions indirectes.

Toute contravention sera punie d'une amende de 100 à 500 francs, et, en cas de récidive, de 500 à 1,000 francs.

Les savons étrangers payeront à l'importation un droit compensateur, de 5 francs par 100 kilogrammes, comme équivalent du même droit payé par le fabricant français ; les savons exportés auront droit à la décharge de l'impôt.

ART. 8. — Les savons employés à la préparation des soies, des laines, des cotons, pourront être livrés avec décharge du droit, si l'emploi en est suffisamment justifié. Cette justification résultera de l'exercice des fabriques qui réclameront le bénéfice de cette exemption ; les frais de ces exercices seront à leur charge.

Les articles de la présente loi, relatifs à l'exercice des fabriques de stéarine et de bougie, seront applicables aux fabriques de savons.

Le règlement d'administration publique indiqué à l'article 15 déterminera la forme spéciale de l'application de ces dispositions aux fabriques de savons, et notamment en ce qui regarde l'exception consentie pour les fabriques et teintureries de soies, laines et cotons.

Acide stéarique, bougies, cierges.

ART. 9. — Il est établi, sur l'acide stéarique et autres matières à l'état de bougies ou de cierges, un droit de consommation intérieure, fixé en principal à 25 francs les 100 kilogrammes.

Cette taxe ne sera point soumise au demi-décime établi par la présente loi.

Sont imposables comme bougie stéarique tous les mélanges ou composés factices d'acide stéarique et autres substances.

Quelle qu'en soit la composition, les chandelles et bougies à mèche tissée, ou tressée, ou moulinée, ayant subi une préparation chimique, sont passibles de la même taxe.

ART. 10. — Le tarif des douanes, en ce qui concerne l'acide stéarique et les bougies, est modifié en ces termes :

Acide stéarique, 5 0/0 de la valeur ;

Bougies de toutes sortes et chandelles comme elles sont définies par l'article précédent, 10 0/0.

ART. 11. — Le droit établi par l'article 9 est assuré sur les produits fabriqués à l'intérieur au moyen de l'exercice des fabriques d'acide stéarique, de bougies ou de produits assimilés, par l'administration des contributions indirectes.

En ce qui concerne les produits importés, ce droit est perçu ou garanti à l'importation, indépendamment des droits de douane.

Les produits exportés sont affranchis de l'impôt par voie de décharge au compte des fabricants.

Les fabricants d'acide stéarique, de bougies ou de produits assimilés sont soumis à un droit annuel de licence de 20 francs en principal par établissement.

ART. 12. — L'acide stéarique en masses, blocs, plaques ou tablettes, ne peut circuler que sous le plomb de la douane ou de l'administration des contributions indirectes et en vertu d'acquits-à-caution garantissant, sur les quantités y énoncées, le quadruple du droit afférent à un poids égal de bougie pour le cas de non représentation de la marchandise.

L'acide stéarique à l'état de bougie et les autres produits assimilés à la bougie stéarique ne peuvent circuler qu'en boîtes ou paquets fermés dans les conditions fixées par le règlement d'administration publique mentionné à l'article 15 ci-après.

ART. 13. — Dans le délai de trois jours à partir de la promulgation de la présente loi, les fabricants et les marchands d'acide stéarique, de bougies et d'autres produits assimilés sont tenus de faire la déclaration de leur industrie dans un bureau de la régie, et de désigner les espèces et quantités qu'ils ont en leur possession.

Une déclaration doit être également faite, dans un délai de dix jours, avant le commencement des travaux, par les fabricants nouveaux.

ART. 14. — Sont applicables aux visites et vérifications des employés des contributions indirectes, dans les fabriques d'acide stéarique, de bougies et de produits assimilés, les dispositions des articles 235, 236, 237, 238 et 245 de la loi du 28 avril 1816, ainsi que celle de l'article 24 de la loi du 21 juin 1873.

ART. 15. — Il sera statué, par un règlement d'administration publique, sur les mesures que nécessitera l'exécution des articles 9 à 14.

Dans le cas où le règlement prescrirait de revêtir les boîtes ou paquets fermés mis en circulation d'une vignette timbrée constatant la perception de l'impôt, cette vignette sera apposée aux frais du fabricant ou de l'importateur.

ART. 16. — Toute fabrication d'acide stéarique, de bougies ou de produits assimilés, sans déclaration, est punie d'une amende de 300 à 3,000 francs, sans préjudice de la confiscation des objets saisis et du remboursement du droit fraudé.

Toute autre contravention auxdits articles et aux règlements d'administration publique rendus pour leur exécution est punie d'une amende de 100 francs à 1,000 francs, indépendamment de la confiscation des objets saisis et du remboursement du droit fraudé.

Le produit des amendes et confiscations est réparti conformément aux dispositions de l'article 126 de la loi du 25 mars 1817.

ART. 17. — Les taxes sur les savons, l'acide stéarique et les bougies seront perçues par voie d'inventaire sur les quantités existant, au moment de la promulgation de la présente loi, dans les fabriques ou magasins, ou dans tout autre lieu en la possession des fabricants et commerçants.

A

NOMS, PRÉNOMS, PROFESSIONS ET DOMICILES.	L indique Liquidation • astérisque Avoué et Insuffisance	SYNDICS ET AVOUÉS	FAILLITES ET LIQUIDATIONS.	DATE DES HOMOLOGATIONS DE CONCORDATS	INSUFFIS^{ces} ET UNIONS.	SÉPARAT^{ons} DE BIENS JUDICIAIRES.	CONS. JUDIC. ET INTERDICT.
AARON, Michel, porcelainier, rue de Dondy, 30		Heurtey	6 mai 73				
ABALO, commissionnaire, rue Paradis-Poissonnière, 40		Knœringer ...	21 nov. 73				
ABAULT, Arthur-Auguste, mercier, rue de la Réunion, 80.....		Beaugé......	18 août 73	25 nov. 73	(1)		
ABELONS-COLLIGNON, Étienne-Jules, à Charenton...........	*	Pagès				13 mai 73	
ADRIAL, Paul-André, mercier, rue St-Denis, 371		Maillard	13 février 73				
ACQUIER-TOURNAIRE, Victorin-Blaise, r. N.-D. de Nazareth, 22.	*	Langeron				26 août 73	
ADAM, Étienne, marchand de meubles, rue Lamartine, 26		Normand	21 juin 73	12 sept. 73	(2)		
Id. Auguste, marchand de vins, cité des Plantes, 19.......		Dégis.......	6 avril 73		* 30 avril 73		
ADAMISTE, Joseph, constructeur, rue Bichat, 61		Heurtey	23 juillet 68	26 avril 70	12 août 73		
ADAMS, Nicolas-Onésime, linger, rue de Vanvos, 57		Gautier.....	8 octob. 72		* 30 déc. 72		
ADNOT, Léon, charcutier, faubourg St-Honoré, 4		Normand	25 février 73	20 mai 73	(3)		
ADOR-CHEVERRY et Cie, cafetiers, rue St-Antoine, 211........		Beaugé......	21 août 73				
ADOR, limonadier, rue St-Antoine, 211		Sautton	7 mars 73				
AKER-DELORIS, Pierre, employé, rue N.-D.-des-Victoires, 40..	*	Engraud.....				1er avril 73	
ALAUX, marchand de vins et charbons, à St-Ouen		Pinot.......	11 déc. 72		* 25 févr. 73		
ALBERT de SAULTY, Henri-Guillaume, rue Martignac, 12....	*	Berryer......					20 août 73
Id. -MILLOT, Hilarion-Anselme-Alfred, rue Nollet, 33 ..		Réty........				21 juin 73	
Id. Jacques-Dominique, marchand de vins, à Vincennes		Heurtey	22 sept. 73				
ALBERTI, Antoine, négociant, à Clichy-la-Garenne...........		Knœringer ...	4 déc. 73				
ALBOUSE, négociant en charbons, à Courbevoie		Prodhomme..	23 octob. 73		* 6 déc. 73		
ALEXANDRE, fils ainé, Jn-Léon, passementier, r. St-Denis, 177.		Bourbon.....	26 juillet 73	29 octob. 73	(5)		
ALIX, Denis-François. Voir : GORIN et ALIX.							
ALIZON, marchand de vins, à Arcueil....................		Prodhomme..	8 octob. 73				
ALLEAUME, dame, limonadière, à Neuilly		Richard.....	10 octob. 73		* 21 oct. 73		
Id. -DLGTÉE, Hippolyte-Jacques, rue Custine, 22....	*	Leboucq.....				6 mars 73	
Id. Hippolyte, marchand de vins, rue Ramey, 40.....		Richard.....	6 sept. 72		(3)		
ALLÈGRE, Auguste, direct. du Théâtre Tivoli, boul. Clichy, 78..		Copin	1er juillet 73				
ALLOT, Charles-François, maçon, à Charenton.............		Gautier.....	30 avril 73	14 août 73	(6)		
ALTMAYER, Nicolas, marchand de vins, r. de l'Assomption, 46.		Devin	13 juin 73	6 déc. 73	(7)		
AMAND, E., dir. du Comptoir financier de la Seine, r. de Rennes, 61.		Barbot......	20 août 73				
AMBIEHL, Charles, boulanger, rue de la Harpe, 1		Beaujeu	28 août 73	10 déc. 73			
AMBROISE, Émile-Louis, coiffeur, r. Turbigo, 82...........		Meilheaucourt.	13 février 73	24 juin 73	(8)		
AMÉDÉE, Pierre, ex-comm^{re} en draperie, r. des Fr.-Bourgeois, 43.		Barboux.....	8 mai 73	....	* 31 juill 73		
AMOUROUS, Léopold, commissionnaire, rue Baudin, 20.......		Chevillot	18 nov. 73				

(1) ABAULT doit 30 %, en 5 ans, par 1/5, à partir du concordat.

(2) ADAM, Étienne, doit 50 %, en 5 ans, par 1/5, de l'homolog.

(3) ADNOT doit 30 %, en 6 ans, par 1/6, de l'homologation.

(4) ALEXANDRE doit 25 %, en 5 ans, par 1/5, de l'homologat.

(5) ALLEAUME, Hippolyte, paie 16 fr. 17 c. %, unique répart.

(6) ALLOT paiera l'intégralité, savoir : 10 %, fin décembre 1873 et 90 %, en 6 ans, par 1/6, à compter du 30 décembre 1873.

(7) ALTMAYER doit 15 %, en 5 ans, par 1/5, de l'homologation.

(8) AMBROISE paie 12 fr. 19 c. %, produit de son actif, plus 800 fr. comptant, et doit 15 %, en 6 ans, par 1/6, de l'homol.

2

NOMS, PRÉNOMS, PROFESSIONS ET DOMICILES.	L [indique Liquidation * astérisque Avoué d Insuffisance]	SYNDICS ET AVOUÉS.	FAILLITES ET LIQUIDATIONS.	DATE DES HOMOLOGATIONS DE CONCORDATS	INSUFFIS^ces ET UNIONS.	SÉPARAT^ns DE BIENS JUDICIAIRES.	CONS. JUDIC. ET INTERDICT.
ANCELLET, Jules, limonadier, à Nogent		Hécaen......	17 juillet 72	(1)			
ANDRE. Voir : FROGET, André.							
ANDRÉ et MANGIN, mécaniciens, passage Raoul, 18..........		Legriel......	10 octob. 72	....	* 24 avril 73		
ANDRIEU, Henri, marchand de vins, rue de la Glacière, 18.....		Chevallier ...	3 mai 73				
Id. Étienne, marchand de vins, bois et charbons, à Ivry.		Hécaen......	30 déc. 73				
ANET fils, Louis-Sulpice, menuisier, rue Lantiez, 11........L	L	Dufay......	3 février 72	27 juin 72		28 août 73	
ANGELINI et Cie, charcutiers, rue de Moscou, 4..............		Beaujeu......	23 août 73				
ANGER-LECLERC, Louis, rue de la Roquette, 8.............*	*	Niequevert...			....	11 nov. 73	
ANJOUBAULT, dame, née SALLES, ex-boulangère, à Levallois...		Neys....*....	5 mars 73				
ANQUETIL, Auguste-Jean, md de vins et horticulteur, à Thiais..		Beaugé......	5 mars 73				
ANTHEAUME. Voir : TACON et Cie.							
ANTOINE, Paul, tapissier, rue des Moulins, 22		Plazanski....	25 sept. 72	13 juin 73	(2)		
Id. Louis-Alf., md de vins hôtelier, r. de l'Ave-Maria, 10.		Sarazin......	21 août 72	1er févr. 73	(3)		
ANTONAKIS, Constantin, commissionnaire, rue d'Hauteville, 33.		Pinet	3 octob. 72	(4)			
APFELBAUM et Cie, Isidore, commissionnaire, rue Magnan, 25.		Moncharville..	13 déc. 73				
APPLICATIONS DE L'ÉLECTRICITÉ, soc. anme, fg Poissonn., 147.		Sommaire	9 octob. 73				
ARBELLOT, Pascal, passementier, boulevard Sébastopol, 16....		Prodhomme..	22 août 73	17 nov. 73	(5)		
ARCHENAULT-HUGUET, employé à la Préfecture, r. de Buci, 32.*	*	Froc........	....	....	....	29 déc. 71	
Id. veuve, tenant maison meublée, r. Maubeuge, 13.		Bégis	11 avril 73	....	* 31 mai 73		
ARCHER, Jacques, vitrier, rue St-Paul, 19		Dufay......	12 mars 72	(6)			
ARDOUIN, Paul-Jean-Ant., md de papiers, r. des Gravilliers, 10.		Pinet......	3 sept. 73				
ARIGON et BORDET, confectionneurs, rue du Bac, 10..........		Chevallier ...	30 avril 71	3 avril 73	(7)		
ARIZOLI, Jean-Marie, appareilleur, rue Muller, 1		Legriel......	3 sept. 72	4 févr. 73	(8)		
ARMAND, Nicolas, cordonnier, à Levallois		Richard	5 avril 73	....	* 20 mai 73		
ARMBRUSTER, commissionnaire, rue Julien-Lacroix, 12.......		Chevillot	25 juillet 73	(9)			
ARNUPHILE, restaurateur, rue d'Allemagne, 194.......		Barboux.....	13 nov. 08	1er mars 09	13 déc. 73		
ARRACHART, Louis-Désiré, constructeur, rue Léopold, 3.. ...		Richard	25 mai 70				
ARUS, Joseph. Voir : BALMIER et Cie.							
ASSOCIATION GÉNÉRALE des ouvriers menuisiers en bâtimts..L	L	Lamoureux ..	15 janv. 72	....	* 31 mai 72	(10)	
ASSOLU, Jean-Pierre-Phil., porcelainier, r. de la Procession, 132.		Heurtey	21 déc. 71	(11)			
AUBÉ-MARCHAIS de la BERGE, Ferd., r. N.-D.-des-Victoires, 40.*	*	Maucomble...	....				15 octob. 73
Id. et DELATRE, nég. en huiles et vins, Id. Id. ..		Copin	31 juill. 72	1er avril 73	(12)		

(1) **ANCELLET** paie 5 fr. 50 c. %, unique répartition.

(2) **ANTOINE**, Paul, doit 50 %, en 5 ans, par 1/5, de l'homolog.

(3) **ANTOINE**, Louis, doit 25 %, en 5 ans, par 1/5, de l'homol.

(4) **ANTONAKIS** paie 4 fr. 53 c. %, unique répartition.

(5) **ARBELLOT** doit 30 %, en 6 ans, par 1/6, de l'homologation.

(6) **ARCHER**. — Liquidation qualifiée faillite par jugement du 15 février 1873. — Il paie 1 fr. 53 c. %, unique répartition.

(7) **ARIGON** et **BORDET** paient 10 fr. 49 c. %, unique répartition et doivent 10 %, en 5 ans, par 1/5, de l'homologation.

(8) **ARIZOLI** paie 4000 fr. dans le mois du concordat avec la caution du sieur Vigneron, et doit 20 %, en 5 ans, par 1/5, de l'homol.

(9) **ARMBRUSTER**. — Jugt du 26 août 1873 qui annule cette faillite, et déclare que celle du 24 août 1869 subsiste seule.

(10) **ASSOCIATION GÉNÉRALE**. — Réouverture du 9 sept. 1873. La société paie 18 fr. 08 c. %, unique répartition.

(11) **ASSOLU** paie 1 fr. 16 c. %, unique répartition.

(12) **AUBÉ** et **DELATTRE**. — Le sieur Aubé doit 10 % en 4 ans, par 1/4. Il se réserve sa propriété de Neuilly pour laquelle il paie au syndic la somme de 2.500 fr., valeur des constructions qui y sont élevées, et son mobilier personnel pour lequel il verse la somme de 672 fr. 52 c. Il couvre par cette dernière somme les avances faites par le syndic pour contributions relatives à la propriété.

NOMS, PRÉNOMS, PROFESSIONS ET DOMICILES.	Z indique Liquidation * astérisque Avoué et Insuffisance	SYNDICS ET AVOUÉS	FAILLITES ET LIQUIDATIONS.	DATE DES HOMOLOGATIONS DE CONCORDATS	INSUFFISances ET UNIONS.	SÉPARATions DE BIENS JUDICIAIRES.	CONS. JUDIC. ET INTERDICT.
AUBERT, épicier, rue Turbigo, 78...................		Barbot......	3 mai 72	(1)			
AUBERTIN-GOUSPEYRE, Antoine, rue Grange-aux-Belles, 8 ...*		Branche.....	....	....		15 mai 73	
AUBINEAU, restaurateur, rue Lafayette, 76..............		Beaujeu....	3 nov. 73				
AUBOUER fils, François-Adrien, sculpteur, rue St-Gilles, 12....		Pluzanski...	20 août 67	10 déc. 73	(1 bis)		
AUBRY. Voir : BRÉNOT et AUBRY.							
Id. -GINOUX, Eugène-Gustave, rue de l'Arbalète, 20 .....*		Garnard	....	....		5 août 73	
AUCLAIR, François, fabricant de moulures, r. de Charonne, 54.		Bourbon...	6 déc. 72	8 avril 73	(2)		
AUDIBERT, Félix, commissionnaire, boulevard St-Michel, 81 ...*		Maillencourt .	8 mai 73	....	* 24 juin 73		
AUDOYER, dir. du Journal Financier, rue de la Banque, 18....		Sautton	29 juin 70	....	* 30 juin 71	(3)	
AUÉ et Cie, fleuristes, rue Lafayette, 120...................		Gauche....	19 janv. 70	(4)			
AUER, André, brasseur, boulevard Montparnasse, 168.........		Bourbon...	4 nov. 73	....	* 6 déc. 73		
AUGER, Louis-Aimable, marchand de vins, rue Boulard, 33		Sommaire .	13 janv. 73	4 août 73	(5)		
Id. demoiselle, Stéphanie, hôtelière, rue Rambuteau, 53 ..		Beaujeu..	18 mai 72	(6)			
AUGIER de la SAUZAIE, tenant maison de santé, à Champigny..		Id........	19 août 68	(7)			
AUGUSTE, Léontine-Restitut. Voir : PRUNES, dame.							
AUMETEYER, F., maçon, rue de la Butte-Chaumont, 47........		Lamoureux .	21 nov. 68	(8)			
AUNAY-DE VANVERT, Louis-Alexandre, r. du Chemin-de-Fer, 15.*		Poinsot.....	....	....	....	4 mars 73	
Id. François, loueur de voitures, rue d'Asnières, 116.....		Beaugé..	6 janv. 73	7 avril 73	(9)		
AUXENFAIES-LEDLANC, Alph.-Joseph, cocher, r. Traverse, 8..*		Lesage	....	....	....	14 mai 73	
AVENARD-MALYS, Jean-Victor, rue Maublanc, 19............*		Michel.....	....	....	....	8 octob. 73	
AVENET, décédé, ayant tenu bazar, passage Jouffroy, 12.......		Beaufour ..	11 mars 71	(10)			
AVILAIN veuve, hôtelière, rue d'Aboukir, 20		Richard....	30 déc. 72	....	* 22 avril 73		
AVIRON, Jacques, marchand de charbons, rue Bouvet, 10......		Sommaire .	28 août 72	....	* 31 déc. 72		
AVISSE, Pierre-Victor, pulvériseur, rue de Flandre, 81		Pinet......	8 févr. 73	....	* 29 août 73		
Id. Désirée. Voir : DELHALLE, veuve.							
AVRIL, Louis-Victor, ex-blanchisseur, rue Lemarrois, 37......		Gautier....	25 nov. 72	22 avril 73	(11)		

B

BADOLAT-ROUSSEL, Alfred, sans domicile connu............*		Roche......	....	....		18 févr. 73	
BADONEAU-BAYEUX, William-Alexandre, rue Maubeuge 71 ..*		Dreebou....	....	....		17 juin 73	
BACALOU veuve, marchande de charbons, rue Delambre, 39...		Barboux....	25 avril 73	....	* 27 juin 73		
BACHELIN-DECOCHEVIS, Edme-Isid., ex-bouch'', pass. Malassis, 5.*		Postel-Dubois.	....	....	....	2 déc. 73	

(1) AUBERT paie 7 fr. 83 c. °/₀. unique répartition.

(1 bis) AUBOUER doit 13 °/₀, en 5 ans, par 1/3, de l'homolog.

(2) AUCLAIR doit 40 °/₀, en 5 ans, par 1/5, de l'homologation.

(3) AUDOYER. — Jug' du 14 oct. 1873 ordonnant la réouverture.

(4) AUÉ et Cia paient 23 fr. 27 c. °/₀. unique répartition.

(5) AUGER, Louis, abandonne tout l'actif mobilier et immobilier, moins son mobilier personnel.

(6) AUGER demoiselle, paie 100 °/₀. unique répartition.

(7) AUGIER de la SAUZAIE paie 35 fr. 65 c. °/₀. unique répart.

(8) AUMETEYER paie 60 fr. 00 c. °/₀, unique répartition.

(9) AUNAY, François, abandonne son actif moins son mobilier personnel et s'oblige à payer 5 °/₀, en 3 ans. — Il paie 19 fr. 08 c. °/₀, unique répartition.

(10) AVENET. — Liquidation qualifiée faillite par jugement du 14 mars 1873.

(11) AVRIL paie 7 °/₀, première répartition. — Il abandonne son actif sauf son mobilier personnel, et s'oblige à payer 20 °/₀, en 5 ans, par 1/5 ; 1er paiement dans 2 ans du concordat.

NOMS, PRÉNOMS, PROFESSIONS ET DOMICILES.	SYNDICS ET AVOUÉS	FAILLITES ET LIQUIDATIONS.	DATE DES HOMOLOGATIONS DE CONCORDATS	INSUFFIS⁰ˢ ET UNIONS.	SÉPARAT⁰ˢ DE BIENS JUDICIAIRES.	CONS. JUDIC. ET INTERDICT.
BACHEVILLE demoiselle, Françoise, mᵈᵉ de vins, r. Mansart, 3.	Dufay.......	27 octob. 73				
BACHEVILLIERS, boucher, r. des Lavandières-Ste-Opportune, 6.	Pinet....	5 juill. 73	....	* 14 août 73		
BADILLER, Charles, épicier, rue Grencta, 32..............	Beaugé....	21 mai 72	(1)			
BAEHR, Jules-Philibert, fourreur, rue St-Honoré, 131	Deaufour..	15 avril 73	3 sept. 73	(2)		
Id. aîné et TROUVÉ demoiselle, fourreurs, rue Royale, 18.	Normand....	8 mars 73	5 juill. 73	(3)		
BAFFI dame, née FOUCHET, lingère, rue de l'Echiquier, 34	Bégis....	11 févr. 73	2 juill. 73	(4)		
BAILAZ, Louis, ex-limonadier, rue Burg, 15...............	Sautton....	29 octob. 68	(5)			
BAILLEUL veuve, marchande de literie, boulevard Voltaire, 280.	Darbot	30 mai 73	....	* 31 juill. 73		
BAILLIARGEOT, Pierre-Franç.-Auvᵗᵉ, menuisier, r. Tholozé, 23.	Knéringer ...	8 juill. 73				
BAILLOT (baron), agent d'affaires, place Vendôme, 10........	Maillard....	7 nov. 73				
BALENSI, E., banquier, rue St-Lazare, 85..............	Dourbon....	24 janv. 73				
DALIN, Victon, droguiste, rue de Sévigné, 38.............	Beaufour ..	13 nov. 74	5 juill. 72	13 déc. 73		
BALMIER et Cie, banquiers, rue Taitbout, 27	Heurtoy ..	18 sept. 69	28 octob. 73	(6)		
BALOCHE-DELFOSSE, Louis-Victor, rue St-Charles, 101....*	Trodoux....	....	....	....	2 déc. 73	
BANCE fils aîné, Adolphe, fabric. de rubans, r. St-Martin, 141..	Meillencourt.	28 mai 70	(7)			
BANQUE GÉNÉRALE des REPORTS. Voir : VALLEIX.						
BANQUE des PROVINCES, rue de la Banque, 22.............	Meys....	8 mai 73				
BARA-LEDUC, Victor, sans domicile connu ....*	Goujon....	....	....	....	29 avril 73	
BARDARE, Armand, maçon, rue de Lamothe-Piquet, 27........	Lamouroux..	2 déc. 72	....	* 27 janv. 73		
BARDARIN, Victor, ex-limonadier, passage Lathuile, 21	Knéringer ...	21 mai 73				
Id. -PIERROT, André-François, faub. St-Antoine, 115..	Blachez......	....	....	....	4 mars 73	
BARBÉ, Émile-Louis, quincaillier, à Levallois..............	Quatremèro..	23 janv. 73				
BARBENOIRE, march. de charbons de bois, r. Pierre-Picard, 13.	Copin.......	8 nov. 73				
DARBEROT, Émile, fabric. d'art. de Paris, boul. de Neuilly, 80.	Gauche.....	25 août 73				
DARBET, Léon, fab. de cristaux et verrerie, r. St-Charles, 129 ..	Darboux....	17 juin 73	4 octob. 73	(8)		
BARDIER, Jules, marchand de vins, rue de Charenton, 53...	Devin.......	28 janv. 73				
Id. dᵉˡˡᵉ, Julie, confectionneuse, faub. St-Honoré, 58...	Maillard....	24 janv. 73	....	* 21 mars 73		
Id. Léon et Alfred, march. de vins, boul. St-Denis, 19..	Barbot	7 octob. 73				
Id. Victor, mᵈ de tabletterie, rue des Bons-Enfants, 19.	Pinet.......	3 août 66	24 déc. 66	15 octob. 73		
BARDOT, Ch.-Marie et sa mère, horticulteurs, rue Friant, 42....	Meys.......	26 août 68	(9)			
BARDEY, Claude, hôtelier, rue de Luxembourg, 3	Richard....	13 octob. 74	....	* 19 oct. 73		
BARDON, Alfred, négociant en draperies, rue Bertin-Poirée, 13.	Barboux.....	19 mai 73	4 octob. 73	(10)		
BARDON-CHALMETTE, Victor-Armand, sans domicile connu..*	Dromery....	....	....	....	18 janv. 73	

(1) **BADILLER** paie 4 fr. 47 c. %, unique répartition.

(2) **BAEHR** doit 40 %, en 8 ans, par 1/8, avec la caution de M. et Mᵐᵉ Fischer. — Mᵐᵉ Baehr renonce à toucher aucun dividende avant l'exécution du concordat envers les autres créanciers.

(3) **BAEHR** aîné et **TROUVÉ** demoiselle paieront l'intégralité des créances en 6 ans et 6 paiements ; 1ᵉʳ paiement le 1ᵉʳ mars 1874.

(4) **BAFFI** dame, doit 30 %, savoir : 5 % après le concordat et 5 % tous les 6 mois à partir du 1ᵉʳ paiement.

(5) **BAILAZ** paie 46 fr. 60 c. %, 2ᵉ et dernière répartition.

(6) **BALMIER** et Cie doivent 25 %, savoir : 5 % le 31 décembre 1873 et 20 %, en 5 ans, par 1/5, 1ᵉʳ paiement le 31 décembre 1874.

(7) **BANCE** paie 5 francs %, 1ʳᵉ répartition.

(8) **BARBET** doit 20 %, en 5 ans, par 1/5, de l'homologation.

(9) **BARBOT** et sa mère, paient 6 fr. 40 c. %, 2ᵉ et dernière répartition.

(10) **BARDON** paiera 40 % dans 3 mois, 20 % dans 15 mois et 20 % dans 27 mois, à partir de l'homologation. — M. Feuya cautionne le 1ᵉʳ paiement et seulement la moitié du second.

NOMS, PRÉNOMS, PROFESSIONS ET DOMICILES.	SYNDICS ET AVOUÉS	FAILLITES ET LIQUIDATIONS.	DATE DES HOMOLOGATIONS DE CONCORDATS	INSUFFIS^{es} ET UNIONS.	SÉPARAT^{ns} DE BIENS JUDICIAIRES.	CONS. JUDIC. ET INTERDICT.
BARDOT, appareilleur à gaz, rue St-Maur, 186...............	Chevillot..	14 janv. 70	12 août 73	(1)		
BARELLE, Léon, marchand de charbons, place Jessaint, 5......	Normand...	3 janv. 72		(2)		
BARGON, marchand de vins, boulevard Ornano, 44...........	Beaujou...	4 juill. 73	....	*29 août 73		
BARON et BORDET, marchands de bois, à Pantin............	Chevallier...	8 juin 72	8 avril 73	(3)		
Id. Nicolas, marchand de vins, rue des Champs, 137......	Sarazin...	21 nov. 73				
BARONNET, J.-Bapt.-Étienne, agent d'affaires, r. Rochambeau, 8.	Gauche.....	26 sept. 73	....	* 6 déc. 73		
BAROT jeune, Alfred, charpentier, avenue Malakoff, 15 et 17 ..	Quatremère..	8 août 60	(4)			
BARRET, Célestin, marchand de vins, avenue de Taillebourg, 8.	Beaujeu...	6 déc. 73				
BARRIER, Étienne, marchand de vins, rue Popincourt, 24 et 28.	Richard.....	16 juill. 72		*22 avril 73		
Id. -JEAN, Alexis, place Dancourt, 6................	*Pagès.....	....		....	8 mars 73	
BARROY veuve, fabricante d'escaliers, rue Chapon, 23........	Legriel.....	12 octob. 72	(5)			
BARTH, mécanicien, rue Darreau, 61....................	Gautier...	8 octob. 73				
BARTHE, marchand de vins, rue Gay-Lussac, 47............	Richard.....	21 mai 73		*25 juill. 73		
BARTHÉLEMI-CRIDLIG, Pierre-Claude, rue Plepus, 34......	*Masse.....	....			15 juill. 73	
BARTHÉLEMY et Cie, comm^{res} en vins, r. Paradis-Poissonn., 40.	Barboux.....	11 nov. 73				
BASTHARD, BOGAIN et Cie, m^{ds} de meubles, b^d Belleville, 124.	Darboux.....	27 nov. 73				
BASTIDE, Antoine, marchand de charbons, rue Sébastopol, 11..	Gauche.....	20 mars 73	19 juill. 73	(6)		
BATTENDIER frères, négociants en tissus, rue des Jeûneurs, 11.	Dufay	15 févr. 73				
BAUDEQUIN d^{lle}, Jeanne, maitresse d'hôtel, r. du Dauphin, 4 et 6.	Gauche.....	21 mai 70		(7)		
BAUDET, Édouard-Franç.·Alexis, m^d de vins, b^d de Clichy, 134.	Gautier.....	31 octob. 73				
Id. -ENG, Jean-Louis, rue St-Denis, 227..............	*Chagnet....	....			9 déc. 73	
BAUDIAU, Antoine, cordier, à Puteaux...................	Bourbon ...	27 nov. 73				
BAUDIN et TAUPAIN, négociants en vins, à Levallois	Gautier.....	13 octob. 73				
BAUDINOT-BOURDON, Alexandre, rue Croix-Nivert, 116......	Dinet.......	....			8 juill. 73	
BAUDUIN veuve, ex-limonadière, rue de Vaugirard, 16	Hourley	10 nov. 73				
BAUMANN, loueur de voitures et march. de chevaux, r. Duperré, 13.	Sautton.....	1er févr. 73				
BAY-LOUCHARD, Louis-Alexandre, rue Dasfroy, 34.........	*Parmentier ..	....			17 juill. 73	
BAYER-HEYMANN, Bernard, rue St-Denis, 337.............	Picard......	....			27 mai 73	
BAYLÉ-DESBOURDIEUX, François-Ulysse, rue Dauphine, 18...	*Tixier......	....			3 déc. 72	
BAZIN veuve, couturière, rue du Mont-Thabor, 28	Beaugé.....	30 sept. 73				
BAZOCHE, Louis-Gustave, épicier, rue Bouret, 8	Meillencourt.	17 avril 73				
Id. -DEVILLE, Louis-Gustave, rue de la Roquette, 65...	*Trodoux....	....			25 nov. 73	
BEAUBECQ, Eugène, colleur de carton, rue Asselin, 9	Gauche.....	24 octob. 73		*28 nov. 73		
BEAUDERAUT, entrepreneur de bâtiments, rue d'Alsace, 44 ...	Dufay......	14 juin 72		*17 mai 73		
BEAUCHAMPS et RABIET, march. de vins, place Vintimille, 10.	Beaugé.....	17 mai 73		*25 juill. 73		
BEAUDET, Benoist, boulanger, rue Montorgueil, 53	Meillencourt..	30 mai 73	30 octob. 73	(8)		
BEAUDOIN-LÉGAL, Ernest-Charles, rue des Gardes, 10	Delepouve...	....			18 févr. 73	

(1) BARDOT paie l'intégralité des créances en principal, intérêts et frais dans le mois de l'homologation.

(2) BARELLE paie 2 fr. 91 c. %, unique répartition.

(3) BARON et BORDET paient 4 fr. 22 c. %, unique répartition. — Baron abandonne son actif et s'engage à payer 5 % dans le mois qui suivra l'homologation.

(4) BAROT paie 6 fr. 75 c. %, 3e et dernière répartition.

(5) BARROY veuve, paie 4 fr. 83 c. %, unique répartition.

(6) BASTIDE doit 25 %, en 5 ans, par 1/5, de l'homologation.

(7) BAUDEQUIN demoiselle paie 5 francs %, 1re répartition.

(8) BEAUDET doit 50 %, en 6 ans et 6 paiements, pour le 1er avoir lieu le 15 novembre 1874.

NOMS, PRÉNOMS, PROFESSIONS ET DOMICILES.	(Lorsque la Liquidation * ASTÉRISQUE Avoué et Insuffisance)	SYNDICS ET AVOUÉS	FAILLITES ET LIQUIDATIONS.	DATE DES HOMOLOGATIONS DE CONCORDATS	INSUFFIS^ce ET UNIONS.	SÉPARAT^on DE BIENS JUDICIAIRES.	CONS. JUDIC. ET INTERDICT.
BEAUFILS père, négociant en bois, quai de la Râpée, 48		Hourtcy	25 août 73				
BEAUFUME-BOISSAY, Pierre, à San-José, Rép. de Costa-Riqua.	*	Levesque				25 févr. 73	
BEAUGRAND, ex-boucher, rue du Commerce, 52		Beaujeu	29 janv. 73		* 30 avril 73		
BEAUJARD, veuve et Cie, chapelières, au Grand-Montrouge		Pinet	18 juin 73		* 29 sept. 73		
BEAUX, Émile. Voir: RAVIER et Cie.							
BECHNER-KUEIN, Jean, tailleur, rue de la Paix, 21	*	Defontaine				18 févr. 73	
BECHT, Pierre, ex-taill., r. N^de-des-P^ts-Ch., 71, puis à Reims .L		Richard	24 octob. 71	11 mars 73	(1)		
BECKER, Nicolas, chapelier, galerie d'Orléans, 6 et 8		Bourbon	18 avril 73		* 21 mai 73		
Id. commission^re et march. de vins, rue de la Paix, 17		Hécaen	23 octob. 73				
Id. -GOFFIN, Jules, rue Letellier prolongée, 4	*	Plassard				10 déc. 72	
BECCUN, Louis-Prosper, traiteur, à Aubervilliers		Dattarel	20 sept. 72	26 mars 73	(2)		
BEDEL, marchand de nouveautés, rue St-Maur, 188, puis 105		Prodhomme	5 août 73		* 1er oct. 73		
BEDOS, Louis, marchand de vins, boulevard de la Villette, 89		Meillencourt	12 juin 72	(3)			
BEDOUET, Jean, marchand de vins et jardinier, à St-Mandé		Barbot	17 avril 73		* 30 juin 73		
BEGENNE, Eugène-Désiré, marchand de vins, rue Palestro, 13.		Normand	21 octob. 71	(4)			
BEGIN, Éléonore-Hubert-Victor-Auguste, r. de Grenelle, 133.	*	Gamard					27 nov. 73
BEGUIN, épicier en gros, rue Maître-Albert, 7		Lamoureux	19 août 73	17 nov. 73	(5)		
DELALBRE, Baptiste, marchand de vins, rue Boursault, 47		Moys	9 déc. 72	19 avril 73	(6)		
DELHOMME de FRANQUEVILLE-STAR, Louis-Jules, à Neuilly.	*	Gignoux				5 mars 73	
DELIN-COUDRAY, Louis-Nicolas, sans domicile connu		Rousselet				29 avril 73	
BELLANGER-RIO, Édouard-Raphaël, rue St-Paul, 32	*	Picard				25 mars 73	
BELLAVOINE, Eugène-François, menuisier, à Colombes		Maillard	19 févr. 73	(7)			
BELLENCONTRE d^lle, Estelle, march. de vins, r. Maubeuge, 17.		Legriel	13 mars 73		* 17 mai 73		
BELLEUX, Jules-Louis, marchand de vins, boulev. Magenta, 64.		Sarazin	16 mai 73		* 30 août 73		
BELLIARD veuve, ex-marchande de vins, à St-Denis		Sarazin	14 janv. 73		* 30 avril 73		
BELLOT aîné, ex-marchand de vins, rue St-Sébastien, 48		Barbot	10 juin 73		* 20 nov. 73		
Id. -GIRONDON, Charles, à Ivry		Cohn				8 mai 73	
BELLU-PERREAU, Arsène-Théophile, sans domicile connu	*	Dinet				4 févr. 73	
DELORGEY, Marie-Françoise. Voir : SEULIN veuve.							
BELOTTE et Cie, banquiers, boulevard de Strasbourg, 11		Hourtcy	1er sept. 71	11 octob. 73	(8)		
BELYN, François, épicier, march. de vins, boul. des Batignolles, 5.		Beaujeu	22 janv. 73	(9)			
BÉNARD veuve, née DUQUET, tenant hôtel meublé, r. Soufflot, 8.		Normand	16 avril 73	30 août 73	(10)		
BENET, Étienne-Léopold, fabricant d'art. en perles, r. du Nil, 9.		Prodhomme	10 sept. 73		* 29 oct. 73		
BENOIST, marchand de vins, rue de Grenelle, 151 (bis)		Lamoureux	26 sept. 71	(11)			

(1) BECHT paiera 5 °/° 3 mois après l'homologation, 5 °/° un an après, et 40 °/°, en 4 ans, par 1/4, à partir du 2e paiement.

(2) BECCUN doit 20 °/°, en 4 ans, par 1/4, de l'homologation.

(3) BEDOS paie 11 francs °/°, 1re répartition.

(4) BEGENNE paie 2 fr. 09 c. °/°, unique répartition.

(5) BEGUIN abandonne son actif et parfait 40 °/°, en 5 ans, par 1/5, à partir de la reddition de compte.

(6) BELALBRE doit 30 °/°, en 5 ans, par 1/5, de l'homologation.

(7) BELLAVOINE paie 2 fr. 13 c. °/°, unique répartition.

(8) BELOTTE et Cie. — Belotte abandonne son actif sous la réserve de tous droits indivis qu'il a dans une maison à Frétigny, et s'oblige à payer 5 °/°, en 5 ans, par 1/5, 1er paiement 1er janvier 1875.

(9) BELYN paie 10 francs °/°, 1re répartition.

(10) BÉNARD veuve, doit 40 °/°, en 4 ans, par 1/4, de l'homologation.

(11) BENOIST, marchand de vins, paie 5 fr. 53 c. °/°, unique répartition.

NOMS, PRÉNOMS, PROFESSIONS ET DOMICILES.	Index Liquidation * Astérisque Avoué ou Insuffisance	SYNDICS ET AVOUÉS	FAILLITES ET LIQUIDATIONS.	DATE DES HOMOLOGATIONS DE CONCORDATS.	INSUFFIS^ces ET UNIONS.	SÉPARAT^ons DE BIENS JUDICIAIRES.	CONS. JUDIC. ET INTERDICT.
DENOIST, Ernest-Eugène, bonnetier, rue Greneta, 91.........		Gauche......	13 sept. 73				
Id. Edmond-Désiré, épicier, boulevard Montparnasse, 41..		Beaugé.....	3 octob. 73				
DENOIT, Jules-Franç., f^t de pianos, b^d de la Chapelle, 71 et 73.		Prodhomme..	13 juin 73				
Id. Dominique, ex-maréchal ferrant, à Boulogne.........		Meilloncourt.	15 mars 73	....	* 30 juin 73		
Id. -CATLIM, march^d de charbons, r. de la Chapelle, 160.		Chevallier...	20 août 72	25 févr. 73	(1)		
DÉRARD, Théophile, marchand de vins, rue Plat, 35.........		Battarel...	30 avril 73		* 10 juin 73		
BERAUD, commissionnaire, rue d'Enghien, 26............		Copin...	21 mai 73		* 30 juin 73		
BERANGER, Alexandre, voiturier, quai Jemmapes, 148......		Legriel....	30 août 73	19 déc. 73			
BERGER, Léon, march. de chaussures, r. Lecourbe, 98 et 100..		Prodhomme..	24 octob. 73				
BERGERET, François-Lucius. Voir : GUILLERME et BERGERET.							
BERGERON, Jules-Thomas, marchand de vins, à Montreuil......		Normand....	18 sept. 73		* 29 oct. 73		
Id. -GOLNER, Pierre-Henri, rue de Belleville, 68...*		Moullefarine.	....			12 août 73	
BERGMULLES, Marie. Voir : DIBART, veuve.							
BERGOUGNOUX, J. KARWOWSKI, m^ds de tapis, r. des Jeûneurs, 44		Meys........	8 mars 73				
BERHARD, Alexandre, dentiste-bijoutier, rue Drouot, 34...		Knöringer...	6 janv. 73	27 juin 73	(2)		
DERINGER et Cie, Jules, tapissiers, rue de Cléry, 43...........		Beaugé.....	24 janv. 73	1er mai 73	(3)		
Id. -PHILIPPE, Claude-Antoine, rue Lafayette, 92...*		Bourgoin...	....			27 nov. 73	
BERJAUD, fruitier, avenue d'Eylau, 45.................		Bourbon...	15 octob. 73		* 29 nov. 73		
BERNARD, Joseph, limonadier, faub. St-Denis, 212........		Moncharville.	12 sept. 73		* 31 oct. 73		
Id. Clément, tenant café-concert, rue de la Gaîté, 20....		Barboux.....	15 févr. 72	(4)			
Id. Jean, restaurateur, avenue d'Orléans, 2.............		Legriel......	17 nov. 73				
Id. Francisque, hôtelier, rue de Luxembourg, 3........		Sarazin...	7 avril 73	....	* 30 août 73		
Id. frères, fabricants de tissus, rue de Cléry, 9.........		Quatremère..	3 déc. 69	21 sept. 71	(5)		
Id. -FRÉGÉ, Lucien, rue Lecourbe, 121............*		Firemann...	....			1er juill. 73	
Id. -LANGUEMENT, Pierre, rue des Vinaigriers, 26....*		Maugin...	....			27 mai 73	
Id. Félix, marchand d'engrais, boul. de Strasbourg, 62.		Beaujeu....	5 juill. 73				
BERNHEIM, Sylvain, m^d de chevaux, av. de la G^de-Armée, 19..		Gautier...	18 octob. 72		* 27 févr. 73		
Id. -FONTAINE, Benoist, rue St-Honoré, 147........		Gamard...	....			17 juin 73	
BERNIER-MOREL, Pierre, sans domicile connu............*		Bonnel...	....			18 nov. 73	
BERROD-CROZAT, Alphonse, rue St-Martin, 83............*		Pijon...	....			9 déc. 73	
BERSEVILLE et Cie, changeurs, rue Turbigo, 5............		Richard....	21 juin 73				
BERTALL, photographe, boulevard de Neuilly, 82.........		Beaufour...	6 juin 73				
BERTAUX, Édouard-Félix, marc. de vins, r. des Prouvaires, 3.		Chevillot...	9 avril 73				
Id. -DROISSART, Charles, sans domicile connu......*		Lacroix...	....			22 avril 73	
BERTHE, Émile-Auguste, march. de nouveautés, f^t St-Denis, 27.		Beaugé.....	24 sept. 72	24 déc. 72	26 déc. 73		
BERTHEAU, Auguste, grainetier, rue de Lyon, 17.........		Gautier...	27 août 72	3 janv. 73	(6)		
BERTHÉLEMY, veuve, Félix, modiste, boul. de la Madeleine, 45.		Moncharville.	30 sept. 73		* 31 oct. 73		
BERTHELON, décédé, marchand de couleurs, rue St-Gilles, 10.		Beaugé,.....	4 octob. 72	(7)			

(1) **BENOIT-CATLIM** paie 20 fr. % comptant, produit de son actif, et doit 80 %, en 6 ans, par 1/6, de l'homologation.

(2) **BERHARD** doit 30 %, en 5 ans, par 1/5, de l'homologation.

(3) **BERINGER** et Cie paieront 40 %, par 1/8, de 6 en 6 mois ; 1er paiement le 31 décembre 1873.

(4) **BERNARD**, Clément, paie 2 fr. 11 %, unique répartition.

(5) **BERNARD** frères, paient 4 fr. 78 c. %, 3e et dernière rép.

(6) **BERTHEAU** doit 30 % en 4 paiements, par 1/4 ; 1er paiement 10 jours après l'homol. et les 3 autres fin déc. 1873-74 et 75.

(7) **BERTHELON** paie 51 fr. 07 c. %, unique répartition.

NOMS, PRÉNOMS, PROFESSIONS ET DOMICILES. (L indique Liquidation • astérisque Avoué et Insuffisance)	SYNDICS ET AVOUÉS	FAILLITES ET LIQUIDATIONS	DATE DES HOMOLOGATIONS DE CONCORDATS	INSUFFIS** ET UNIONS.	SÉPARAT** DE BIENS JUDICIAIRES.	CONS. JUDIC. ET INTERDICT.
BERTHIER et Cie, CHARLES, fab. de machines, r. de Montreuil, 83.	Copin......	1er mai 72				
Id. de WAGRAM, veuve LEBRUN, rue Oudinot, 12 (bis).*	Caron......			....	....	11 mars 73
BERTHILIER-LALLEMENT, PHILIBERT, faub. St-Antoine, 231...*	Delessard..	....	....	....	27 mai 73	
BERTHOD, EUGÈNE-CLAUDE, commissionnaire, r. d'Hauteville, 25.	Gauche....	24 avril 68	21 nov. 68	31 octob. 73	(1)	
BERTIER, fabricant de papiers dorés, rue Chapon, 4.........	Normand...	17 avril 73	(2)			
BERTIN, marchand de vins, à Pantin.....................	Gauche....	28 févr. 73		* 31 mars 73		
Id. EUGÈNE, ex-fabricant de pianos, r. Lévêque, 21	Bégis......	4 mars 73		* 31 mai 73		
Id. JEAN, marchand de bois, quai de Seine, 83..........	Dufay.....	5 déc. 72	13 mai 73	(3)		
Id. -BUCHANNER, JOSEPH-ALEX., r. de l'Annonciation, 18.*	Huet......				7 août 73	
BERTON, LOUISE-MATHILDE. Voir : SILVESTRE, dame.						
BERTRAND-DUQUÉNOIS, DÉSIRÉ-THÉOD., q. de la Mégisserie, 18.*	Clériot....	....	....	....	28 mai 73	
BESNARD, AUG.-ALEXIS, md de vins, pl. du Théâtre Français, 1 .	Beaufour..	1er juill. 73		.		
BESOMBES, ferblantier, passage St-Sébastien, 2............	Beaugé....	25 octob. 73		* 29 nov. 73		
DESSE, ANNET, loueur de voitures, rue d'Autancourt, 19.......	Meillencourt.	20 sept. 72	(4)			
BESSON, ÉTIENNE, menuisier, marc. de vins, r. de la Chapelle, 3.	Saruzin.....	18 sept. 73		* 31 oct. 73		
BEUNET-LEBON, PIERRE, rue Jullienne, 4 ....*	Clériot....				19 août 73	
DEX, ALEXANDRE-FRANÇOIS, stucateur, rue Laugier, 1.........	Battarel....	19 sept. 71	2 avril 73	(5)		
DEYMOND, AUGUSTE, ferrailleur à Ivry....................	Richard....	30 nov. 72		* 31 mars 73		
BIANCHINI et Cie, commissionnaires, chaussée d'Antin, 15....	Heurtey...	20 nov. 73				
BIBAL-BORDIER, JEAN-ANTOINE, rue de Meaux, 8............	Mercier...				20 avril 73	
BIDLOCQUE, ADÈLE. Voir : PIERRE, veuve.						
BICAN, LOUIS, marchand de vins, rue Forest, 5.........	Beaugé.....	15 sept. 73		* 19 nov. 73		
BICHEBOIS et Cie, marchands de vins, port de Bercy, 27.......	Sommaire..	19 juill. 61	30 déc. 64	(6)		
BIENAIMÉ, ALBERT, md de machin, à coudre, r. des Carrières, 3.	Battarel...	30 octob. 72		* 20 janv. 73		
DIENNAIT, ALEXANDRE-ALFRED, fab. de cartouches, r. Kléber, 86	Heurtey...	12 juill. 73		* 28 nov. 73		
BIENTZ, CONSTANT, marchand de vins, à Ivry............	Chevillot..	13 déc. 73				
DIGORNE, ZÉPHIR-FULMENCE, épicier, rue Curial, 34...........	Lamoureux..	10 octob. 73				
DIGOS, modiste-coiffeur, faub. St-Honoré, 11............	Decaen.....	8 nov. 71	(7)			
DIGOT, dame, fabricante de couronnes, rue de Lourmel, 81.....	Darboux...	8 août 71				
Id. -DURIÈRE, LOUIS-AUGUSTE, rue Beethoven, 10.........	Gouget....				1er mai 73	
DIGUET, LAURENT, loueur de voitures, à Levallois............	Darboux...	24 juill. 73		* 30 oct. 73		
DILBILLE, PAUL, passementier, rue St-Denis, 113	Maillard....	13 juill. 73	21 octob. 73	(8)		
Id. -FICHOT, MARIE-PAUL, id. 467........*	Marc......				1er juill. 73	
DILLAULT, ERNEST, négoc. en soieries, r. des Lions-St-Paul, 19.	Sautton	21 juill. 70	(9)			
BILLECOQ, MARIE-LOUISE. Voir : LAPERER, dame.						
BILLIET, ERNEST, costumier, rue Neuve-des-Petits-Champs, 13..	Heurtey.....	20 sept. 71	(10)			

(1) BERTHOD. — Jug¹ du 28 nov. 73 qui annule la résolution.

(2) BERTIER paie 26 fr. 49 c. %, unique répartition.

(3) BERTIN, JEAN, paiera 5 % 6 mois après l'homol., 5 %, 6 mois après et 5 % d'année en année jusqu'à concurrence de 30 %.

(4) BESSE paie 31 fr. 07 c. %, unique répartition.

(5) BEX est qualifié failli. — Il doit 30 % en 6 ans, par 1/6, de l'homologation.

(6) BICHEBOIS et Cie paient 12 fr. 52 c. %, 2e et dernière répartition de l'actif abandonné.

(7) BIGOS paie 5 f. 12 c. %, unique répartition.

(8) BILBILLE doit 25 %, en 5 ans, par 1/5, de l'homologation.

(9) BILLAULT paie 10 francs %, première répartition.

(10) BILLIET paie 3 fr. 81 c. %, unique répartition.

NOMS, PRÉNOMS, PROFESSIONS ET DOMICILES	L	SYNDICS ET AVOUÉS	FAILLITES ET LIQUIDATIONS.	DATE DES HOMOLOGATIONS DE CONCORDATS.	INSUFFIS. ET UNIONS.	SÉPARAT. DE BIENS JUDICIAIRES.	CONS. JUDIC. ET INTERDICT.
BILLOIN-JUGLAR, Denis-Charles, rue Matignon, 6	*	Duval				5 mars 73	
BILLOIR et Cie, constructeurs, rue Marcadet, 212 bis		Copin	1er nov. 71		8 avril 73		
BILLON, Philippe-Joseph, ex-blanchisseur, à Boulogne		Sarazin	23 déc. 71	(1)			
BIN, veuve, lingère, rue du Bac, 122		Barboux	23 févr. 72	18 juill. 72	15 nov. 73		
BINARD, Gabriel-Adolphe, papetier, rue d'Aboukir, 52		Darbot	13 nov. 73				
BINET et Cie, commissionnaires, rue Le Peletier, 23		Darbot	30 sept. 73			* 31 oct. 73	
Id. -DECAQUERAY, à Bois-Colombes		Bourgeois				8 juill. 73	
DION, Émile, négociant, avenue Parmentier, 10		Darbot	31 mars 72				
BISON, march. de parapluies, rue Neuve-des-Petits-Champs, 30		Battarel	10 octob. 72	25 avril 73	(2)		
BISSEUL, marchand de nouveautés pour deuil, r. Montmartre, 40		Richard	27 janv. 73			* 24 avril 73	
Id. -BARRÉ, Louis-Adolphe, Id. Id.		Lenoir				8 mars 73	
BISSON, Charles-Marie-Jude, traiteur, rue Puebla, 506		Barboux	7 nov. 73				
BLAIN et ÉTERLÉ, maçons, rue Alibert, 6 et 8		Beaujeu	2 nov. 71			* 28 févr. 73	
Id. -DROISY, Antoine, boulevard de Clichy, 29		Lamy				8 juill. 73	
BLAISE et Cie, marchands de sucres pilés, rue Rossini, 4		Sautton	19 nov. 73				
BLANC, Miguel, restaurateur, boulevard Voltaire, 77		Meys	31 juill. 73				
Id. marchand de vins en gros, à Montreuil		Sautton	29 octob. 73				
Id. Alexandre, agent d'affaires, chaussée d'Antin, 15		Maillard	7 mai 73	(3)			
BLANCGARIN-LAPIERRE, rue de la Verrerie, 28	*	Barberon				10 déc. 72	
BLANCHARD, Louis-Édouard, agent d'affaires, rue Houdon, 14		Darbot	1er févr. 73			* 28 févr. 73	
Id. et Cie, fabric. d'acide phosphorique, r. Tilsit, 16		Heurtey	25 févr. 73				
Id. -FINET, Jean-Baptiste, faubourg St-Honoré, 10	*	Guyot-Clément				8 juill. 73	
Id. Émile, marc. de bronzes et orfèvre, q. Valmy, 19		Beaujeu	19 nov. 73				
BLANCHET, marchand de pommes de terre, rue du Couëdic, 60		Meillencourt	25 juill. 73			* 7 oct. 73	
Id. -GARNIER, Adrien-Joseph, cocher, à Neuilly	*	Laubanie				8 juill. 72	
Id. et PROVOST, march. de nouv. r. St-Martin, 333		Beaugé	28 déc. 73				
BLANCHETON, Joseph-Victor, charpentier, rue Quinault, 11		Dufay	1er févr. 73			* 30 juill. 73	
BLANDIN, Pierre, maréchal ferrant, quai d'Ivry, 13, à Issy		Dufay	6 mars 73	14 juill. 73	(4)		
BLAN-MUNIER, marchand de vins, rue Fontaine-au-Roi, 26		Gauche	25 nov. 73				
BLARD, Clément-Martin, marchand de vins, rue St-Martin, 21		Beaufour	26 août 73			* 26 sept. 73	
Id. Étienne, marchand de vins, rue de la Lingerie, 6		Moncharville	4 sept. 73				
BLAYE, fils, papetier, rue Caumartin, 29		Chevallier	9 nov. 72	22 mars 73	(5)		
BLOCH, frères, fabricants de cravates, rue d'Aboukir, 54		Battarel	1er mars 73	27 octob. 73	(6)		
Id. Benoist-Emmanuel, marchand de meubles, r. Poulet, 28		Battarel	4 nov. 73			* 28 nov. 73	
Id. marchand de tissus, rue d'Enghien, 50		Copin	20 août 73			* 17 oct. 73	
Id. fils, peaussier, boulevard St-Michel, 125		Chevillot	24 octob. 71	20 janv. 73	(7)		
Id. DUGENET et Cie, peaussiers, boulevard St-Michel, 125		Legriel	14 déc. 71			* 31 mars 73	

(1) BILLON paie 100 %, unique répartition.

(2) BISON doit 25 %, en 5 ans, par 1/5, de l'homologation.

(3) BLANC, Alexandre. — Faillite rapportée par arrêt de la 3e chambre, du 26 août 1873.

(4) BLANDIN doit 50 %, en 5 ans, par 1/5, de l'homologation.

(5) BLAYE paiera l'intégralité des créances en 12 ans, par 1/24, de 6 en 6 mois ; 1er paiement le 1er octobre 1873.

(6) BLOCH frères, paient 12 fr. 78 c. %, produit de leur actif, abandonnent les valeurs en recouvrement au Comptoir d'Escompte et parfont 40 %, en 5 ans, par 1/5, de l'homolog.

(7) BLOCH fils, paie 10 % comptant.

NOMS, PRÉNOMS, PROFESSIONS ET DOMICILES.	L indique Liquidation ♦ arriérages Avoué et insuffisance	SYNDICS ET AVOUÉS	FAILLITES ET LIQUIDATIONS.	DATE DES HOMOLOGATIONS DE CONCORDATS	INSUFFIS⁰⁰ ET UNIONS.	SÉPARAT⁰⁰ DE BIENS JUDICIAIRES.	CONS. JUDIC. ET INTERDICT.
BLOND, limonadier, boulevard de Strasbourg, 8		Pluzanski..	17 juill. 72	(1)			
BLONDEAU, marchand de vins, à St-Mandé...................		Beaugé....	6 mai 73	....	* 30 juin 73		
Id. et OEHLERT, Id.		Pinet......	1ᵉʳ sept. 74				
Id. SYLVAIN, serrurier, rue des Tournelles, 31		Dufay......	31 juill. 73	....	* 29 nov. 73		
BLONDEL-PITANCIER, Ch.-Henri, r. des Filles-du-Calvaire, 23 .*		Bouthemard .	....	....		26 avril 73	
Id -KOHLER, Eugène, à Courbevoie ....*		Fitremann...				2 déc. 73	
Id. imprimeur sur étoffes, à Puteaux, puis à Courbevoie..		Prodhomme.	6 déc. 73				
BLONDIAUX veuve, parfumeuse, faubourg du Temple, 31		Knéringer...	17 mars 73	....	* 31 juill. 73		
Id. Georges, épicier, à l'Ile-St-Denis		Legriel.....	10 nov. 73				
BLOT, boulanger, rue du Port-St-Ouen, 1		Legriel.....	13 octob. 73	....	* 26 nov. 73		
Id. marchand de vins, faubourg St-Martin, 213		Bourbon ...	29 octob. 73				
BLOTTEAU, marchand de vins, rue de Rennes, 143...........		Normand....	8 févr. 73	....	* 17 mars 73		
BLOUZET veuve, ex-boulangère, rue des Martyrs, 40..........		Beaugé....	18 févr. 73	....	* 31 mars 73		
BOBET, Édouard, épicier, à Levallois.................		Lamoureux..	13 octob. 73				
BOC, Pierre-Émile, march. de bouchons, faub. du Temple, 25..		Gauche.....	10 nov. 72				
Id. -DELAS, Émile, Id. Id. .*		Bourgoin...	....	....	....	19 août 73	
BOCHE dame, couturière, rue Condorcet, 70..............		Devin......	19 févr. 73	....	* 31 mai 73		
Id. veuve, fᵉ d'ustensiles de chasse, r. des Vinaigriers, 45 ..		Pluzanski...	20 févr. 73				
BOCKSTHALER-BAUCHAIS, Jacques, rue Alibert, 8 .... *		Flat				12 juill. 73	
BOCQUET, Élisabeth. Voir : SCHMITTGALL veuve.							
BOEUF, Paul, représentant de commerce, boul. de Neuilly, 90 .		Meys........	8 août 73	....	* 28 nov. 73		
BOGAIN. Voir : BASTHARD, BOGAIN et Cie.							
BOILLE, marchand de vins, cité des Plantes, 21...............		Copin......	12 mai 73	....	* 24 juin 73		
BOINET, Louis. Voir : VANTIER et BOINET.							
BOIRON, fab. de coiffes pour chapeaux, rue des Gravilliers, 16..		Heurtey....	5 avril 72	(2)			
BOISSARD-CARON, Léonard, rue Mathis, 7..............		Delaporte....	....	....		18 nov. 73	
BOISSEAU jeune, fabricant de cristaux, à Choisy-le-Roi		Sautton	8 août 74	6 févr. 72	22 sept. 73		
BOISSELIER-CHAPEAU, Pierre-Édouard, rue des Rigoles, 96.. *		Lamy......	....	....		13 mai 73	
BOISSICAT, marchand de vins, avenue des Ternes, 28		Legriel.....	6 mai 73	....	* 28 juill. 73		
BOITEL, Eugène-Alphonse, mercier, faubourg St-Martin, 91...		Barbot.....	6 janv. 73	....	* 31 mai 73		
BOITEUX-MANSION, Louis-Théodore, rue de Jessaint, 24......*		Petit-Bergonz	....	....		26 août 72	
BOIZARD, Firmin-Denis, marchand de vins, rue Consier, 33.....		Normand....	5 avril 73	18 sept. 73	(3)		
BON, François, restaurateur, rue de la Gaîté, 1		Dufay......	7 janv. 73				
Id -BRESSOT, Auguste-Hippolyte, rue de Belleville, 86 ...*		Loriat-Jacob.	....	....		17 juill. 73	
BONDENET, Charles-Constant, traiteur à Courbevoie		Pinet......	11 octob. 73	....	* 17 déc. 73		
BONDU, Ferdinand. Voir : BOURON et BONDU.							
BONOUEL-JUIN, tisseur en papiers, rue des Poissonniers, 12...*		Berryer	....	....	....	10 juin 73	
BONFILS, A., boucher, rue de Flandre, 233		Richard.....	12 avril 73	....	* 29 oct. 73		
BONGUE, Alfred-Joseph, maçon, rue du Cherche-Midi, 110.....		Heurtey.....	13 avril 69	(4)			
BONHOMME, François, camionneur, à Courbevoie		Dufay......	8 mars 73	....	* 30 avril 73		

(1) **BLOND** paie 3 francs %, première répartition.
(2) **BOIRON** paie 10 fr. 08 c. %, unique répartition.

(3) **BOIZARD** paie 20 fr. 25 c. %, produit de son actif, et s'oblige à payer 40 %, en 4 ans, par 1/4, de l'homologation.
(4) **BONGUE** paie 7 francs %, unique répartition.

NOMS, PRÉNOMS, PROFESSIONS ET DOMICILES.	L indique Liquidation * arriérisque Avoué et Insuffisance	SYNDICS ET AVOUÉS	FAILLITES ET LIQUIDATIONS.	DATE DES HOMOLOGATIONS DE CONCORDATS	INSUFFIS⁰⁰ ET UNIONS.	SÉPARAT⁰⁰ DE BIENS JUDICIAIRES.	CONS. JUDIC. ET INTERDICT.
DONNAIRE, Auguste-Éloi, traiteur, rue des Usines, 2..........		Beaujou.....	29 sept. 71	(1)			
BONNAL, décédé, marchand de vins, rue du Pressoir, 11......		Maillard....	30 janv. 73	....	* 27 mars 73		
BONNARD, Auguste, menuisier, rue de la Glacière, 103........		Lamoureux..	4 août 72	(2)			
Id. et THEVENOT, menuisiers, rue de la Glacière, 103 ..		Lamoureux..	7 août 72	(3)			
BONNARDEL veuve, march. de chaussures, r. Montmartre, 52..		Beaujou.....	5 juill. 73	24 octob. 73	(4)		
DONNEAUX-DURAND, Henri, rue de Seine, 33		* Nicquevert....	....	....	....	26 août 73	
BONNEFOI, limonadier, boulevard de Clichy, 136		Heurtey.....	2 juin 73	....	* 31 juill. 73		
BONNEFOY, Louis-Alfred, limonadier, rue Rambuteau, 59		Saulton	29 août 73	(5)			
Id. Id. Id. Id.		Pinet	9 octob. 69	....	* 29 nov. 69	(6)	
Id. Henri, marchand de vins, boul. Montparnasse, 166.		Barboux.....	5 octob. 69	12 janv. 70	* 28 avril 73		
BONNET-CHOLOUX, fabricant de bouchons, boulev. d'Enfer, 55.		Barboux.....	12 déc. 71	(7)			
Id. -GILLET-DUCOUDRAY, F⁰¹ˢ-Auc¹ⁱⁿ-Gust., s. dom. connu.*		Duboys	....	....		6 févr. 73	
BONNOUVRIER, Eug. Voir : LABRUGUIÈRE et BONNOUVRIER.							
BONOMÉ et Cie, négociants, rue du Caire, 51................		Sommaire...	26 avril 73	....	* 15 juill. 73		
BONTEMPS, Jean-Louis, représ¹ de commerce, q. de Bercy, 11.		Sarazin	17 octob. 73	....	* 29 nov. 73		
BONVALET, Maurice, briquetier, quai de Javel, 35...........		Bourbon	3 janv. 72	25 juill. 72	(8)		
BONY, Jean-Louis, fabricant de chaises, rue de Charonne, 27 ...		Iffécacn....	31 mars 73	24 juill. 73	(9)		
BORDE, peintre et marchand de vins, rue Mazarine, 30		Beaujou.....	10 mars 73	29 mai 73	(10)		
Id. Léon-Alexandre, épicier, avenue d'Orléans, 8....		Dafay.......	29 avril 73	28 août 73	(11)		
BORDEBEAU, Auguste, fruitier, rue Bleue, 28...............		Knéringer...	28 déc. 72	....	* 31 mars 73		
BORET, Thierry, emballeur, rue Mathis, 25		Beaugé.....	31 janv. 73	24 juin 73	(12)		
BORIE, Paul, briquetier-potier, rue de Pontoise, 7...........		Bégis	17 mars 73				
BORIÈS, Pierre, charbonnier, à St-Denis...............		Meys.......	19 févr. 73	22 août 73	(13)		
BORNICHE, Pierre-Antoine, serrurier, rue Lesage, 23..........		Barboux.....	16 déc. 73				
BORTIER-HAGENBACH, Camille-Achille, rue Chapon, 4		* Violette....	....	....	....	12 août 73	
BOSCH, fabricant de chaussures, rue Lord-Byron, 5...........		Devin.......	20 juill. 72	....	* 25 mars 73		
BOSSUROY veuve et fils, drapiers, rue Montesquieu, 5, 7 et 9...		Gauche	1ᵉʳ sept. 73				
BOTTARD, march. de vins, à l'Entrepôt, rue de la Côte-d'Or, 87.		Saulton	26 sept. 73				
BOTTELIN, négociant, rue Thibouménie, 40................		Normand....	15 avril 73	(14)			
BOUCARUC, Eug., entrepr⁰ de trav. publ., r. de la Bienfaisance, 42.		Beaufour....	28 févr. 68	....	24 févr. 69	(15)	
BOUCHÉ jeune, march. de matériaux pʳ constructions, bᵈ Mazas, 5.		Maillard.....	16 juill. 73				
Id -LOITRON, Nicolas-Albert, cité Ste-Thérèse, 5....		* Blachez....	....	....		13 mai 73	
BOUCHER, Isidore-Félix-Ern., limonadier, r. des Amandiers, 11.		Moucharville.	13 sept. 73				

(1) BONNAIRE paie 8 fr. 54 c. °/₀, unique répartition.

(2) BONNARD, Auguste, paie 7 fr. 27 c. °/₀, unique répartition.

(3) BONNARD et THEVENOT paient 4 fr. 95 c. °/₀, unique répartition.

(4) BONNARDEL veuve, doit 30 °/₀, en 5 ans, par 1,5, à partir du jour de l'homologation.

(5) BONNEFOY, Louis. — Un jugement du 21 octobre 1873 rapporte cette faillite et déclare que celle du 9 octobre 1869 subsiste seule.

(6) BONNEFOY, Louis. — Réouverture du 21 octobre 1873.

(7) BONNET-CHOLOUX paie 28 fr. 65 c. °/₀, unique répartition.

(8) BONVALET paie 1 fr. 85 c. °/₀, uniq. rép. de l'actif abandonné.

(9) BONY doit 40 °/₀, en 8 ans, par 1/8, de l'homologation.

(10) BORDE peintre, doit 20 °/₀, en 4 ans, par 1/4, de l'homolog.

(11) BORDE, Léon, doit 30 °/₀, en 5 ans, par 1/5, de l'homolog.

(12) BORET doit 25 °/₀, en 5 ans, par 1/5, de l'homologation.

(13) BORIÈS doit 30 °/₀, en 5 ans, par 1,5, de l'homologation.

(14) BOTTELIN paie 1 fr. 36 c. °/₀, unique répartition.

(15) BOUCARUC paie 1 fr. 98 c. °/₀, unique répartition.

NOMS, PRÉNOMS, PROFESSIONS ET DOMICILES.	SYNDICS ET AVOUÉS	FAILLITES ET LIQUIDATION.	DATE DES HOMOLOGATIONS DE CONCORDATS	INSUFFIS** ET UNIONS.	SÉPARAT** DE BIENS JUDICIAIRES	CONS. JUDIC. ET INTERDICT.
BOUCHER, marchand de tissus en caoutchouc, rue Chapon, 35 ..	Beaugé......	29 octob. 73		* 28 nov. 73		
Id. MARIE-LOUISE. Voir : TAILLARD dame.						
BOUCHERON, JOACHIM, menuisier-rampiste, rue Erard, 7	Maillard,.....	5 janv. 72	11 juin 72	* 19 nov. 73		
BOUCHET, ALFRED, marchand de vins, rue Vincent, 6..........	Sarazin	9 octob. 72	4 févr. 73	(1)		
BOUCOUR, LÉOPOLD-SÉVÈRE, ex-limonadier, bd Rochechouart, 40.	Meys	20 juin 73				
BOUDET, ALEXANDRINE-VICTORINE. Voir : PUZIN, veuve.						
Id. LOUISE-JEANNE. Voir : BIGOT, dame.						
BOUDROT, ANNE-VICTOIRE. Voir : PAILLARD, dame.						
BOUET, couvreur, avenue de Choisy, 191................	Knéringer...	31 octob. 72		* 31 janv. 73		
BOUGER et CHASSY, menuisiers, square Napoléon, 19	Sautton	8 nov. 72				
BOUILLE père, épicier - marchand de vins, à Nogent..........	Heurtey.....	19 févr. 73		* 22 mars 73		
BOUILLET personn¹, ex-maître d'hôtel, r. J.-J. Rousseau, 18...	Barboux,.....	5 août 69	(2)			
BOUILLIAT, JULIEN, changeur, boulevard Bonne-Nouvelle, 19 ...	Beaugé......	7 juin 72	(3)			
Id. -GONET, JULIEN, rue Croix-des-Petits-Champs, 48.	Donfils......	......			23 nov. 73	
BOUILLON, PIERRE-FRANÇOIS, limonadier, bd de la Villette, 198.	Meys.......	10 nov. 72	(4)			
Id. -DUCHÊNE, FRANÇOIS, rue Coquillière, 1	Maza.......				12 août 73	
BOUINAIS-BERRANGER, ARISTIDE-MARIE, cité Bergère, 2	Delpon......				24 juin 73	
BOULANGÉ, FLORINE. Voir : BOSSUROY, veuve et fils.						
BOULANGER-PATUREAU, LOUIS-GEORGES, sans domicile connu.	Pijon.......	......			26 juill. 73	
Id. -DEQUIN, LOUIS-ERNEST-BENOIT, r. Tiquetonne, 62.	Flat	......			21 janv. 73	
Id. marchand d'os, à Boulogne................	Beaugé.....	11 déc. 73				
BOULAY-DEGÉNÈRE, JEAN, détenu à la prison de la Santé...	Dinet.......	......			29 avril 73	
Id. et WEINBERG, mds de bross., r. Vieille-du-Temple, 44.	Copin.......	5 août 73	2 déc. 73	(5)		
BOULÈGNE-COUTISSON, JOSEPH, rue Cels, 20	Castaignet...	......			16 déc. 73	
BOULERY, CLAUDE-MARIE, boulanger, rue St-Martin, 149......	Meys,.......	28 juin 73				
BOULET, AUGUSTE, marchand de bois de sciage, rue Mathis, 15.	Devin.......	15 nov. 71	(6)			
Id. et Cie, épiciers, march. de vins, r. de la Bienfaisance, 2.	Pinet	5 janv. 72	(7)			
BOULIAC, GUILL., md de vins et charbons, bd de la Villette, 37.	Lamoureux...	10 sept. 73				
BOULLET, ERNEST, limonadier, rue d'Aboukir, 41............	Gauche.....	19 juin 73		* 20 août 73		
BOULONZAC, ANDRÉ-JEAN, ex-marchand de vins, r. Aubriot, 12..	Trille.......	26 avril 64		* 7 oct. 64	(8)	
BOULOUZAT-ANNICHINI, CLÉMENT, faubourg Montmartre, 65...	Pijon.......	......			21 déc. 72	
BOUNIOL, PIERRE-AUGUSTE, serrurier, rue Domat, 6..........	Quatremère..	7 mars 72	(9)			
BOUQUEREL, commissionnaire en fruits, rue des Innocents, 4...	Hécaen......	22 avril 73				
BOUQUET et Cie, marchands de salaisons, rue Turbigo, 6	Gautier	21 nov. 73				
BOUR-GADEAU, JEAN-PIERRE, rue de Montreuil, 95..........	Hardy......	......			21 déc. 72	
BOURCERET, marchand de bois, rue Vandamme, 26..........	Chevallier ...	22 févr. 73				
BOURDIER, ÉTIENNE, agent d'affaires, rue Neuve-Coquenard, 26.	Knéringer...	18 avril 73				

(1) BOUCHET doit 25 °/₀, en 3 ans, par 1/3, de l'homologation.

(2) BOUILLET paie 23 fr. 01 c. °/₀, unique répartition.

(3) BOUILLIAT paie 4 fr. 73 c. °/₀, unique répartition.

(4) BOUILLON paie 5 fr. 48 c. °/₀, unique répartition.

(5) BOULAY et WEINBERG doivent 40 °/₀, en 4 ans, par 1/8, de 6 mois en 6 mois ; 1er paiement le 15 juillet 1874.

(6) BOULET, AUGUSTE, paie 6 fr. 05 c. °/₀, unique répartition.

(7) BOULET et Cie paient 10 °/₀, 2e répartition et 3 fr. 98 c. °/₀, 3e et dernière répartition.

(8) BOULONZAC. — Jugement du 22 février 1873 ordonnant la réouverture.

(9) BOUNIOL paie 2 fr. 30 c. °/₀, unique répartition.

NOMS, PRÉNOMS, PROFESSIONS ET DOMICILES.	Indique Liquidation * astérisque Avoué Insuffisance	SYNDICS ET AVOUÉS	FAILLITES ET LIQUIDATIONS.	DATE DES HOMOLOGATIONS DE CONCORDATS.	INSUFFIS- ET UNIONS.	SÉPARAT° DE BIENS JUDICIAIRES.	CONS. JUDIC. ET INTERDICT.
BOURDON-RIGOUT, Jules-Louis, quai de la Loire, 36.........	*	Levesque....				2 déc. 73	
BOUREAU aîné, chapelier, r. des Vieilles-Haudriettes, 3 et 5 bis.		Prodhomme.	20 nov. 73				
BOURET aîné, commissionnaire, rue de l'Échiquier, 4		Legriel......	14 août 73		* 17 oct. 73		
Id. -CHOPPÉ, Jean, sans domicile connu...	*	Fitremann....				24 janv. 73	
BOURGADE, march. de vins, rue Foutrier, 22, puis à St-Ouen...		Barboux,....	14 mars 73	(1)			
BOURLET fils, marchand de nouveautés, r. Boissy-d'Anglas, 24.		Sommaire ...	29 juill. 7.		* 31 déc. 72		
BOURNAY et Cie, fabricants de cols et cravates, rue St-Maur, 177.		Barboux	23 juill. 73				
BOURNELLE, épicier, rue Ste-Croix-de-la-Bretonnerie, 25...		Beaujeu....	25 sept. 73				
BOURNHONET, directeur de l'Office Financier et Industriel		Maillard....	6 sept. 73				
BOURON et BONDU, fabricants de chaussures, r. Quincampoix, 46.		Barbot......	10 déc. 72				
BOURREIFF, fabricant de bronzes, r. Paradis-Poissonnière, 33.		Beaufour...	10 mars 70	4 août 71	(2)		
BOURSIER dlle, Claire, couturière, passage St-Roch, 18.......		Hécaen....	14 déc. 72				
BOUSQUET, commissionnaire, rue d'Hauteville, 33...........		Barbot......	5 juin 73		* 20 nov. 73		
Id. Frères, peaussiers, rue Simon-le-Franc, 25......		Lamoureux..	12 déc. 72	(3)			
Id. -CHRISTOPHE, Jean-Joseph-François, r. Belidor, 7.*	*	Derré........				5 août 73	
BOUTARD, marchand de nouveautés, à Gentilly		Beaugé......	2 août 73				
BOUTAUD de LAVILLÉON-CROS de MONTEMDŒUF, r. Constple .*	*	Du Benazé....				17 mai 73	
BOUTEILLE, Pierre, ex-marchand de vins, faub. St-Denis, 72..		Prodhomme.	28 mars 73		* 28 avril 73		
BOUTET, maçon et marchand de vins, boul. de la Villette, 101.		Pinot......	11 févr. 73				
Id. Antoine, entrepreneur de bâtiments, r. d'Obligado, 13.		Dufay......	9 juin 73	6 déc. 73	(4)		
Id. -HURTÉ, Joseph, sans domicile connu	*	Guillemon...				14 août 73	
BOUTIER, Louis. Voir : VIALETTE et BOUTIER.							
BOUTOUX, Paul-Marie-Antony, rue de l'Échelle, 2...........	*	Drechou....					1er octob. 73
BOUTRON, entrepreneur de peinture, à Boulogne		Gautier.....	20 janv. 73		* 17 mars 73		
BOUVET, Jean, ferblantier, rue Hassard, 1 et 2.............		Barbot......	4 octob. 72	13 févr. 73	(5)		
Id. Jean-Baptiste, marchand de nouveautés, à Boulogne..		Barbot......	16 juin 73				
Id. fils, serrurier, passage Pecquay, 4		Deangé.....	15 juill. 73				
BOUVIER, Ch.-Antoine, emballeur, r. du Buisson-St-Louis, 45..		Hécaen....	14 août 73				
Id. -SALUSSE, Martial-Ernest, rue Trévise, 28........*	*	Viollette				1 mars 73	
BOUVIGNE, Léon, marbrier, boulevard de la Gare, 103.........		Beaugé......	5 juin 73		* 30 août 73		
BOUVOT, E., fleuriste, rue de Rivoli, 114		Dufay......	24 déc. 73				
BOWLES, personnellement, banquier, rue de la Paix, 12......		Richard.....	21 janv. 73				
BOYER, François, fabricant de parapluies, rue St-Sauveur, 7..		Pinot......	16 août 70	(6)			
Id. fruitier, rue du Poirier, 26..............		Beaugé.....	8 févr. 73		* 22 mars 73		
Id. -ALFROY, Adolphe-Joseph, rue Duperré, 14 .....*	*	Beriot......				24 juin 73	
BOYETTE-ABADIE, Jean-Pierre, rue du Roi-de-Sicile, 23.....*	*	Froc........				27 mai 73	
BRACH, Joseph, marchand de literie, rue du Temple, 164.....		Barboux....	20 mars 73	5 juill. 73	(7)		
BRACK, limonadier, chaussée du Maine, 44............		Beaujeu....	18 août 73				

(1) **BOURGADE** paie 3 fr. 61 c. %, unique répartition.

(2) **BOURREIFF** paie 80 fr. 40 c. %, unique répartition.

(3) **BOUSQUET** frères, paient 10 fr. 37 c. %, unique répartition.

(4) **BOUTET**, Antoine, paiera l'intégralité des créances à raison de 12.000 fr. par an, pour lesquels les immeubles du failli et diverses créances qui lui sont dues seront affectés.

(5) **BOUVET** doit 25 %, en 6 ans, par 1/6, de l'homologation.

(6) **BOYER**, François, paie 24 fr. 23 c. %, unique répartition.

(7) **BRACH** doit 40 %, en 5 ans, par 1/5, de l'homologation.

NOMS, PRÉNOMS, PROFESSIONS ET DOMICILES.	E Indique Liquidation * Astérisque Avoué et Insuffisance	SYNDICS ET AVOUÉS	FAILLITES ET LIQUIDATIONS.	DATE DES HOMOLOGATIONS DE CONCORDATS	INSUFFIS^{cs} ET UNIONS.	SÉPARAT^{ns} DE BIENS JUDICIAIRES.	CONS. JUDIC. ET INTERDICT.
BRACK, Christophe, restaurateur, rue de Flandre, 158 (bis)		Hourtey	1er octob. 73			* 29 nov. 73	
BRALEY, Léon-Xavier, tanneur à St-Denis		Meys	2 octob. 73				
BRALLE, Louis-Victor, épicier, à Courbevoie		Prodhomme	28 déc. 73				
BRANCOURT, Léon-Maxime, marc. de vins, r. Ménilmontant, 24.		Beaugé	3 mars 73			* 21 mars 73	
BRANDEBOURGER, décédé, Mathias, hôtelier, r. des Écoles, 31.		Hourtey	8 sept. 72				
BRANDIMDOCRG, dame. Voir : MACHET, dame.							
BRANDRETH, Henri, mécanicien, rue Rébeval, 98		Copin	11 avril 72	5 juill. 72	(1)		
BRAQUEHAIS, Bruno, photographe, boulevard des Italiens, 11.		Chevillot	4 déc. 73				
BRARE, Jules-Eugène-Noel, libraire, place St-Michel, 6.		Sommaire	10 mars 73	21 août 73	(2)		
BRAS, marchand de vins, rue Jouy-Rouve, 20		Bourbon	20 mai 73			* 28 juin 73	
BRAT-HAUDOT, Eugène-François, rue Durantin, 4.	*	Gamard					1er juill. 73
BREBANT, Louis-Alfred, marc. de vins, r. Grange-aux-Belles, 1.		Richard	22 avril 73			* 29 mai 73	
BREDILLET-MACHOT, Victor, architecte, rue Condorcet, 48.	*	Mancomble				4 mars 73	
BREDIMUS, Jean, peintre en voitures, avenue de Wagram, 35.		Normand	17 mars 73			* 30 avril 73	
BRÉMANT, Octave, négociant en cuirs, r. des Orteaux, 19 et 21.		Dégis	31 mars 73	(3)			
BRENOT et AUBRY, cartonniers, rue du Temple 157		Richard	5 juin 73				
Id. personnellement, Id. Id. Id.		Richard	Id				
BRET-DAUDIN, Louis-Florentin	*	Cesselin				14 déc. 72	
BRETON, loueur de voitures, rue Marcadet, 113		Darboux	4 août 73			* 18 sept. 73	
Id. -MOULINET, Jean, Id.	*	Delpon				29 mai 73	
Id. -CHOUFFLOT, Germain, cité des Fleurs, 34.	*	Carvès				12 août 73	
Id. Voir : CHOLLET et BRETON.							
BRETSCHNEDER, tailleur, rue Godot-de-Mauroy, 18.		Gauche	23 avril 73			* 29 mai 73	
BREUIL, Alfred, fabricant de couleurs, à St-Denis		Meys	9 juill. 70	(4)			
BRIANNE et PINTIAUX, confectionneurs, rue du Mail, 30.		Battarel	27 octob. 71	5 octob. 72	(5)		
BRIARD, Frédéric-Eugène, bonnetier, rue Turbigo, 73.		Sarazin	13 mars 73			* 29 avril 73	
BRICK-GYSELINCK, Auguste, rue Suger, 4	*	Poinsot				18 févr. 73	
BRIER, Geoffroy, parfumeur, rue Basse-du-Rempart, 50.		Legriel	7 févr. 73	18 juill. 73	(6)		
Id. -CHEVALIER, Id. Id. Id.	*	Delessard				22 avril 73	
BRILL, commissionnaire, rue Paradis-Poissonnière, 20		Prodhomme	28 févr. 70	(7)			
BRIN et Cie, fabricants de produits chimiques, à Puteaux.		Beaugé	2 mai 73			* 30 juin 73	
BRIONNE, tonnelier, à Charenton		Beaugé	3 nov. 73				
BRISAULT, Gabriel, maçon, rue des Boulets, 117.		Hécaen	14 juill. 73			* 30 sept. 73	
BRISON-ACTIM, Auguste-Arsène, rue des Petits-Pères, 1.	*	Delessard				10 juin 73	
BRISSET et Cie, mécaniciens, rue des Cloys, 13		Hourtey	24 octob. 73				
BROCHET et MAUNIER dames, modistes, faub. Poissonnière, 86.		Hourtey	10 mars 73			* 29 août 73	
BRODIN. Voir : BANQUE DES PROVINCES.							
Id. -COLLET, négociant, rue de La Rochefoucault, 60.		Meys	6 juill. 73				
BROGUIER, marchand de ouates, rue de Tracy, 9.		Dufay	9 sept. 72			* 31 mars 73	

(1) **BRANDRETH** paie 49 francs 40 c. %, produit de l'actif abandonné.

(2) **BRARE** doit 30 %, en 5 ans, par 1/5, de l'homologation.

(3. **BRÉMANT**. — Faillite clôturée par jug^t du 4 sept. 1873.

(4) **BREUIL** paie 11 fr. 13 c. %, unique répartition.

(5) **BRIANNE** et **PINTIAUX** paient 5 fr. 13 c. %, 3e et dern. rép.

(6) **BRIER** paiera 20 % en 4 ans, par 1/4, à partir de l'homolog.

(7) **BRILL** paie 1 fr. 91 c. % unique répartition.

NOMS, PRÉNOMS, PROFESSIONS ET DOMICILES.	L Indique Liquidation * astérisque Aveu et Insuffisance	SYNDICS ET AVOUÉS	FAILLITES ET LIQUIDATIONS.	DATE DES HOMOLOGATIONS DE CONCORDATS	INSUFFIS^{es} ET UNIONS.	SÉPARAT^{ns} DE BIENS JUDICIAIRES.	CONS.JUDIC. ET INTERDICT.
BROQUIER, négociant en cotons cardés, rue du Caire, 18......		Chevallier...	10 sept. 72		* 20 avril 73		
BROSSARD, Jean, fleuriste, rue St-Roch, 23............		Gauche ...	23 août 73		* 20 sept. 73		
Id. ex-épicier, faubourg Montmartre, 52.		Maillard.....	2 juill. 72	(1)			
BRUETT-LAINÉ, Léon-Henri, rue Montmartre, 87 ....*		Engrand				14 mai 73	
BRUEYS de St-ANDRÉ, nég. en pierres lithog., cité Trévise, 2 ..		Barboux...	25 avril 73				
BRUFEL et Cie, entrepreneurs de pavage, rue de Provence, 59..		Legriel......	2 sept. 72				
BRUGEROLLE, L., négociant, boulevard Malesherbes, 12...		Copin......	8 nov. 73				
Id. Joseph, marchand de vins, rue de la Fidélité, 10.		Sommairo ...	20 octob. 73				
BRULARD, Élisabeth. Voir : LAVERGNE, veuve.							
BRULÉ, Ferd., drapier, r. des Lavandières-Ste-Opportune, 10...		Lamoureux..	25 octob. 69	5 mai 70	20 janv. 72	(2)	
Id. et OUDOT, mécaniciens, rue de Saintonge, 15		Régis	4 juill. 73				
BRUN, passementier, rue du Dragon, 19...........		Bourbon ...	2 janv. 73		* 27 févr. 73	(3)	
Id. fabricant de tiges pour chaussures, rue du Jour, 31.....		Barboux....	25 juill. 73		* 23 sept. 73		
Id. Charles, limonadier, boulevard de la Villette, 50		Régis ...	11 juill. 73		* 31 juill. 73		
BRUNEL, bijoutier, rue du Temple, 38...........		Hécaen....	16 janv. 73		* 31 mars 73		
BRUNET, marchand de vins, à Ivry...........		Meys.....	24 mars 73		* 30 août 73		
BRUNNER, Marc, négociant, rue d'Asnières, 6............		Meillencourt	23 octob. 72	2 mai 73	(4)		
BRUNO-KRENER, Pierre-Joseph, rue de la Michodière, 115 ...*		Delacourtie.			....	27 mai 73	
BRUNSCHWICK, frères, négociants en tissus, r. des Jeûneurs, 10.		Pinet	9 déc. 72	(5)			
Id. -BERNHEIM, Nephtalie, rue d'Enghien, 54....*		Camard				21 janv. 73	
Id. -ARON, Siméon, boulevard St-Martin, 37 ....*		Camard				Id.	
BRUSSON-PARIS, Baptiste-Jules, épicier, rue Lepeltier, 26...*		Nottin......				14 janv. 73	
BRUZEAU, boulanger, rue d'Aligre, 17............		Moncharville	11 octob. 73				
BUDILLON, d^{elle}, Marie, modiste, pass. du G^d-Cerf, 41 et 43...		Chevillot ..	25 juill. 73	26 nov. 73	(6)		
BUFFET, Louis-Félix, limonadier, rue Montmartre, 49·.......		Hourtoy	22 octob. 73				
BUHLEZ, Théodore, tapissier, rue d'Anjou-St-Honoré, 61......		Battarel.....	6 juin 73	23 sept. 73	(7)		
BUISSON, Pierre, loueur de voitures, rue des Chaufourniers, 7 .		Régis	5 août 73	26 nov. 73	(8)		
BULLEUX et MAITRE, ex-loueurs de voitures, rue Roussin, 43..		Maillard.....	1er mars 72	(9)			
BULVESTRE, Alfred, march. de vins et hôtelier, r. d'Alsace, 9..		Gauche	13 mars 73				
BUMONT-GOY, Jean-Baptiste, sans domicile connu...........*		Vandewalle.				28 janv. 73	
BUNEL-DORBEAUX et Cie, commissionnaires, boul. Magenta, 26.		Chevillot	7 sept. 71	....	10 déc. 72	(10)	
BUQUET, Marie-Désirée. Voir : DÉNARD, veuve.							
BUREAU, Étienne, bourrelier, à Noisy-le-Sec...............		Prodhomme..	10 juin 72		* 29 juin 72	(11)	
Id. Voir : SOCIÉTÉ INDUSTRIELLE.							
BURETTE, Alphonse-Victor, décorateur, rue Chanaleilles, 13..		Gauche	23 mai 72	23 févr. 73	(12)		

(1) BROSSARD, ex-épicier, paie 30 fr. 84 c. %, unique répart.

(2) BRULÉ paie 4 fr. 04 c. %, unique répartition.

(3) BRUN, passementier. — Réouverture du 18 septembre 73.

(4) BRUNNER paiera 3 % après l'homologation, avec la caution du sieur Daltroff, son beau-père, et 7 %, en 3 ans, par 1/3, à partir du jour de l'homologation.

(5) BRUNSCHWICK frères, paient 24 francs %, en 2 répartitions.

(6) BUDILLON doit 25 %, en 3 ans, par 1/3, de l'homologation.

(7) BUHLEZ doit 30 %, en 3 ans, par 1/3, de l'homologation.

(8) BUISSON paiera l'intégralité des créances en 5 ans, par 1 5, à partir du jour de l'homologation.

(9) BULLEUX et MAITRE paient 17 fr. 94 c. %, unique répart.

(10) BUNEL-DORBEAUX et Cie paient 1 fr. 35 c. %, uniq. rép.

(11) BUREAU. — Réouverture du 28 octobre 1873.

(12) BURETTE paie 1 fr. 78 c. %, produit de son actif, et parfait 10 % à raison de 2 % par an ; 1er paiement 2 ans après l'hom.

NOMS, PRÉNOMS, PROFESSIONS ET DOMICILES.	Le quo Liquidate lettre que avoué et Insuffisance	SYNDICS ET AVOUÉS	FAILLITES ET LIQUIDATIONS.	DATE DES HOMOLOGATIONS DE CONCORDATS	INSUFFIS. ET UNIONS.	SÉPARAT. DE BIENS JUDICIAIRES.	CONS. JUDIC. ET INTERDICT.
BURGER, Charles-Frédéric, négociant en vins, r. St-Maur, 63..		Moncharville.	9 octob. 73				
Id. —COHN, Lazard, ex-m⁴ de nouv., r. du Chât.-d'Eau, 18.*		Mignot......	....	....		6 mai 73	
BURGNION, Jean dit Jules, march. de chevaux, r. Réaumur, 55.		Sarazin	9 octob. 73				
BURGOD, Benoist, tailleur, rue de la Bourse, 1............		Meillencourt.	29 mai 79				
BURGUES et LAVONDES, agents d'affaires, rue St-Augustin, 5..		Dufay......	28 févr. 79	....	*30 avril 73		
BURGUIÈRE, Antoine, marc. de charbons, r. de Courcelles, 96.		Gauche	13 août 73				
BURTSCHI-NICOLAS, Joseph, boulevard de Belleville, 43	*	Collot......	....	....	....	26 août 73	
Id. Joseph, tailleur, Id. Id........		Hécaen.....	2 déc. 73				
BUSNOUT, ex-entrep. de travaux publics, pass. St-Joseph, 22...		Hécaen.....	5 avril 73				
BUSSON, Constant, fabric. d'accordéons, boulev. Voltaire, 160.		Sautton.....	11 août 72	16 janv. 73	(1)		
BUTET, pharmacien, rue de Birague, 4		Copin......	28 octob. 73				
BUZELIN, Jules-Louis, mécanicien, aux Lilas..............		Meys.......	8 nov. 73				
Id. jeune, entrepreneur de transports, r. d'Allemagne, 94.		Normand....	9 déc. 72	18 sept. 73	(2)		
BYR et Cie, H., fabricants de toiles, à St-Mandé............		Chevillot	8 juill. 73	....	*30 août 73		

C

NOMS, PRÉNOMS, PROFESSIONS ET DOMICILES.		SYNDICS ET AVOUÉS	FAILLITES ET LIQUIDATIONS.	DATE DES HOMOLOGATIONS DE CONCORDATS	INSUFFIS. ET UNIONS.	SÉPARAT. DE BIENS JUDICIAIRES.	CONS. JUDIC. ET INTERDICT.
CABIT dame, ex-bouchère, rue de Charenton, 10.............		Copin.......	13 déc. 72				
CABROL, Pierre-Léon, charbonnier, à Choisy-le-Roi		Maillard.....	21 mai 73				
Id. voiturier, rue Roussin, 17		Barbot......	26 juin 73	....	*31 juill. 73		
CACHAL, Léonce, ornemaniste, rue de Rennes, 66...........		Hécaen.....	13 sept. 73	....	*29 nov. 73		
CADETTE-GUIMBAL, Auguste, sans domicile connu...........	*	Huet........	....	....	....		18 janv. 73
CADINE. Voir : REB et CADINE.							
CADOR-FAVROT, Justin, rue Lemercier, 91		Lamy.......	....	....	....		3 mai 73
CAGÉ, Auguste, fruitier-marchand de vins, à Boulogne........		Meys	6 nov. 73				
CAGNARD, Germain, marchand de toiles cirées, à Vanves.......		Battarel.....	7 avril 73	....	*19 juin 73		
CAHEN, décédé, négociant en tissus, cour des Miracles, 8......		Pinet.......	17 févr. 73	(3)			
CAILLEUX, marchand de vins, boulevard Soult, 4............		Normand....	22 octob. 73	....	*19 nov. 73		
Id. —QUETTE, Jean-Baptiste-Désiré, b⁴ de la Gare, 12.*		Roche.......	....	....	....		16 juin 70
CAILLIAS, Frédéric, boulanger, rue de Crimée, 178...........		Knéringer ...	19 juill. 72	(4)			
Id. —MONTAUBAN, Pierre-Fréd., aux Prés-St-Gervais...*		Quillet......	....	....	....	12 août 73	
CAILLOZ, Jean-François, marchand de vins, rue Lauriston, 50..		Meillencourt.	4 avril 73	....	*26 avril 73		
CAISSE CENTRALE des allocations, etc. Voir : LYON.							
Id. D'AVANCE sur titres. Voir : PETIT-JEAN D'INVILLE et Cie.							
Id. FRANÇAISE. Voir : LANGLOIS, THIBOUST et THOMASSON.							
Id. COMMERCIALE. Voir : CHOPPIN D'ARNOUVILLE.							
CALLY-JACQUET, Joseph, apprêteur, avenue de Bouvines, 10..*		Castaignet ...	....	....	....		6 mars 73
CAMBIER, Ch.-Frédéric, fabric. de chocolats, r. de Flandre, 47.		Chevillot.....	12 mars 72	25 juin 73	5 déc. 73		

(1) BUSSON paiera 20 %, en 5 ans, à partir de l'homologation.

(2) BUZELIN paie 100 %, produit de son actif qu'il abandonne, moins une somme de 500 fr., et parfait le montant intégral des créances en 2 ans, par moitié, à partir de la reddition de compte.

(3) CAHEN, décédé. — Le syndic paie 1 fr. 43 c. %, unique répartition.

(4) CAILLIAS paie 9 fr. 10 c. %, unique répartition.

NOMS, PRÉNOMS, PROFESSIONS ET DOMICILES.	L indique Liquidation * astérisque Avoué et Insuffisance	SYNDICS ET AVOUÉS	FAILLITES ET LIQUIDATIONS.	DATE DES HOMOLOGATIONS DE CONCORDATS	INSUFFIS.es ET L'UNIONS.	SÉPARAT.ns DE BIENS JUDICIAIRES.	CONS. JUDIC. ET INTERDICT.
CAMDON, J.-Baptiste, ex-traiteur, rue Poulet, 28............		Dufay......	7 octob. 73				
CAMBRAY, marchand de futailles, rue Riquet, 53, puis 38......		Beaujou	15 avril 73	....	* 31 mai 73		
CAMON, Ernest, ex-marchand de vins, à St-Denis............		Barboux....	28 nov. 73				
CAMPISTRON, mécanicien, rue des Tournelles, 31, puis 12......		Dufay......	31 juill. 73		* 29 nov. 73		
CAMUSET, Eugène-François, menuisier, rue Morère, 18........		Pinet......	1er juin 70	(1)			
CANAT-DOREY, marchand de vins, rue Volta, 9............		Normand....	29 juin 72	(2)			
CANDON, marchand de vins, rue J.-J. Rousseau, 27............		Bégis	9 août 73		* 30 août 73		
CANON-ROBERT, Théodore-Marie, rue Fontarabie, 4........		* Vivet.	....	....	....	22 avril 73	
CANONGE-KOPPER, St-Cyr-Émile-Oscar, sans domicile connu..		* Trodoux.	....	....	....	13 août 73	
CANONNE-DOUAY, Léon-Et.-Marie-Joseph, r. Thiboumery, 13..		Cesselin	....	....	....	12 août 73	
CANTEL, Auguste-Désiré, photographe, rue St-Martin, 147....		Barboux....	25 sept. 73		* 20 oct. 73		
Id.　　Frédéric, ex-libraire, rue d'Hautefeuille, 5...........		Beaugé....	9 août 72	10 avril 73	(3)		
CANTIN, marchand de vins, rue Ste-Irénée, 7............		Id........	21 mai 73				
CAPDEVIELLE-DULAURIER fils, négt en tiss., q. des Célestins, 54.		Barboux....	3 avril 70				
CAPDEVILLE. Voir : LA HARANNE, CAPDEVILLE, etc.							
CAPON veuve, marbrière, boulevard Ménilmontant, 12........		Meilleucourt	12 déc. 72	8 avril 73	(4)		
CAPPRIOL de St-Hilaire, Clotilde, rue des Postes, 6........		* Protat.	....	....	....		22 juin 61
CARAMELLO, ferblantier, rue Pierre-Levée, 16............		Beaugé....	10 sept. 72	(5)			
Id.　　-RODARD, Jean, rue Popincourt, 8............		* Dinet				9 déc. 73	
CARBONARI-DOUILLANT Tancr.-Dém.-Marie, av. du Roule, 25.		* Milliot.....				11 févr. 73	
CARBONEL, Mathieu, commissionnaire, boulevard Magenta, 193.		Prodhomme..	14 mars 73		* 29 avril 73		
CARBONNEL, agent d'affaires et banq., r. Cr.-des-Pts-Champs, 31.		Battarel.....	27 déc. 62	(6)			
CAREAU, Pierre-Maurice, md de beurre, r. St-André-des-Arts, 26.		Prodhomme..	29 juill. 73				
CAROLINE, Amélie-Jeanne. Voir : ALLEAUME dame.							
CARON fils, épicier, à St-Denis, puis à Enghien........		Devin.....	18 janv. 73	(7)			
Id.　　Martin-Marcellin, marchand de légumes, à Stains.....		Beaujeu.....	22 déc. 73				
CARPENTIER-LEFRÈRE, Maxime, à Levallois................		* Pottier	....	....	....	18 mars 73	
CARRAUT, marchand d'huiles et savons, boulevard Magenta, 118.		Heurtey.....	12 janv. 72	(8)			
CARRAZ, Alphonse, mécanicien, cité du Vauxhall, 5........		Maillard....	24 octob. 73				
CARREAU, Jean, limonadier, rue de Rotrou, 2............		Meilleucourt.	30 déc. 73				
CARRIER dlle, Marie, charbonnière, rue des Couronnes, 30.....		Bégis....	15 janv. 73	....	* 31 janv. 73		
CARRIÈRE, Étienne-Isidore, charbonnier, à Neuilly...........		Barbot.....	8 juill. 73	....	* 30 août 73		
Id.　　Honorine-Désirée. Voir : VANNIER veuve.							
CARTAULT jeune, confectionneur, rue d'Aboukir, 21..........		Chevallier...	21 mars 72	(9)			
Id.　　Jules-Paul, passementier, rue Montmartre, 55....		Heurtey.....	12 août 73				
Id.　　-MARTENOT, Paul-Jules, rue de Varennes, 35.....		* Laden.....	....	....	....	14 janv. 73	
Id.　　-FOYEAU, Jean-Gustave, à Auteuil............		* Cullerier ...	....	....	....	25 février 73	

(1) CAMUSET paie 5 fr. 93 c. %, unique répartition.

(2) CANAT-DOREY paie 60 fr. 42 c. %, unique répartition.

(3) CANTEL palera 20 %, en 4 ans et 4 paiements.

(4) CAPON doit 40 %, en 5 ans, par 1/5, de l'homologation.

(5) CARAMELLO paie 16 fr. 80 c. %, unique répartition.

(6) CARBONNEL paie 4 fr. 70 c. %, 2e et dernière répartition.

(7) CARON fils, paie 1 fr. 73 c. %, unique répartition.

(8) CARRAUT. — Liquidation qualifiée faillite par jugt du 31 juillet 1873. — Il paie 12 fr. 73 c. %, unique répartition.

(9) CARTAULT jeune, paie 1 fr. 77 c. %, unique répartition.

4

NOMS, PRÉNOMS, PROFESSIONS ET DOMICILES.	L indique Liquidation * astérisque Avoué et Insolvance	SYNDICS ET AVOUÉS	FAILLITES ET LIQUIDATIONS.	DATE DES HOMOLOGATIONS DE CONCORDATS.	INSUFFIS.ᶜᵉ ET UNIONS.	SÉPARAT.ⁿˢ DE BIENS JUDICIAIRES.	CONS. JUDIC. ET INTERDICT.
CASALINI-BUISSON, Gustave-Didier, architecte, à San José..	*	Levesque....				25 fév. 73	
CASIEZ, fabricant de gravures pʳ étoffes, r. Lepeu projetée, 15..		Hécaen......	4 nov. 73				
Id. -MORCELET, Charlemagne, passage d'Isly, 11......	*	Clériot......				20 avril 73	
CASSAGNE, Michel, sellier, rue de Sully, 9...............		Barboux.....	21 fév. 73		* 28 avril 73		
CASSARD, négociant, rue de Ménars, 8		Moucharville.	23 juill. 63		2 déc. 68	(1)	
Id. -MARLÉE, Louis-Clément, à St-Maur............	*	Savignat.....				20 avril 73	
CASTAGNONE et Cie, commissionnˢ, rue du Château-d'Eau, 55.		Maillard.....	11 janv. 73		* 31 janv. 73		
CASTAN, Jean-Henri, tapissier, rue du Caire, 9..........		Chevillot....	17 mars 73				
Id. -PERNIN, Jean dit Henri, Id.	*	Chaln.......				1er juill. 73	
CASTEL, Léon-Victor, ex-traiteur, rue du Mont-Cenis, 108....		Barboux.....	19 juin 73		* 25 juill. 73		
CASTELLA, Antoine, menuisier, boulevard Mazas, 132.........		Derln.......	13 sept. 71	(2)			
CASTILLE, A., imprimeur, rue N.-D.-de-Nazareth, 63........		Beaugé......	8 mai 73		* 31 oct. 73		
Id. François, maçon, aux Près-St-Gervais.........		Barbot......	24 fév. 72	(3)			
CASZALOT jeune, mercier, boulevard Sébastopol, 87..........		Sarazin.....	11 déc. 72	26 mai 73	(4)		
CATAYS, Louis, ex-marchand de vins, rue d'Armaillé, 29......		Bourbon.....	13 mars 72	4 janv. 73	(5)		
CATELAIN-DURAND, Jean-Baptiste, place de la Bourse, 16....	*	Masse.......				26 juill. 73	
CATHIARD-MIGUET, Pierre, boulevard Picpus, 60........	*	Prévost.....				11 févr. 73	
CATTELOTTE, ex-directeur de journal, rue Blanche, 64........		Barbot......	29 janv. 73		* 28 févr. 73		
Id. -LEFEBVRE, Ferdinand, sans domicile connu...	*	Darberon....				29 avril 73	
CAUCHOIS, Louis, serrurier, rue Berzélius, 19..............		Lamoureux...	31 mars 72	1er juill. 73	(6)		
CAUDECOSTE. Voir : BELHOMME DE FRANQUEVILLE-STAR.							
CAURET, Denis-Joseph, à la maison de santé, r. de Charonne, 161.	*	Bourse......					* 19 août 73
CAUSSAT, négociant, rue St-Nicolas, 5...................		Barboux.....	13 mai 73		* 25 juill 73		
CAUVIN, marchand de vins, passage de la Trinité, 4..........		Heurtey.....	12 févr. 73		* 29 mai 73		
CAUVRY, Victor-Alphonse, marchand de vins, rue d'Antin 11..		Chevallier...	12 juin 68		* 28 sept. 68	(7)	
CAUZIQUE dame, société de l'Acro-Gaz, avenue des Ternes, 9...		Régis	29 nov. 72		* 30 juin 73		
CAVAILLON, Edouard, commˢ en bestiaux, r. d'Allemagne, 180.		Heurtey.....	26 août 73		* 31 oct. 73		
CAVE, François, limonadier, rue d'Argout, 32..............		Sarazin.....	4 août 73		* 30 août 73		
CAYRON, charbonnier, rue Godot-de-Mauroy, 1.............		Gautier.....	27 sept. 73				
CAZALONG dˡˡᵉ, Marie, modiste, rue du Quatre-Septembre, 31..		Pinet	19 déc. 73				
CAZAUX, Bernard, pharmacien, rue J.-J. Rousseau, 42		Barboux.....	24 févr. 73				
CAZIER et DUCHATEAU, maçons, rue de Monceau, 12.........		Normand....	16 octob. 71	(8)			
CELLIER, Martin, menuisier, impasse Javotte		Beaujeu.....	30 sept. 71	13 janv. 72	9 octob. 73		
CERF, Alfred, libraire, rue des Bourdonnais, 38............		Id	25 juill. 72	(9)			
CERILLE-CAMPARIO-HUBERT, Joseph-Julien, r. Montmartre, 70.	*	Déglise.....				31 juill. 73	
CERISIER, march. de fournitures pʳ chaussures, r. Greneta, 20.		Régis	11 févr. 73	1er juill. 73	(10)		
Id. -DERCHAS, Ant.-Marie-Vict.-Alph., r. Greneta, 20.ᵗ	*	Pijon				6 mai 73	

(1) CASSARD paie 1 fr. 75 c. %, unique répartition.

(2) CASTELLA paie 3 fr. 60 c. %, unique répartition.

(3) CASTILLE paie 49 fr. 52 c. %, unique répartition.

(4) CASZALOT paie 16 fr. 38 c. %, produit de son actif et parfait l'intégralité des créances en 10 ans, par 1/10, de l'homologat.

(5) CATAYS doit 25 %, en 5 ans, par 1,5, de l'homologation.

(6) CAUCHOIS doit 25 %, en 5 ans, par 1/5, de l'homologation.

(7) CAUVRY. — Réouverture du 11 novembre 1873.

(8) CAZIER et DUCHATEAU paient 16 fr. 97 c. %, unique rép.

(9) CERF paie 1 fr. 55 c. %, unique répartition.

(10) CERISIER paie 3 fr. 57 c. %, produit de son actif et s'engage à parfaire 20 %, en 4 ans, par 1/4, de l'homologation.

NOMS, PRÉNOMS, PROFESSIONS ET DOMICILES.	Indique Liquidation s'adressage Avoué et Insuffisance	SYNDICS ET AVOUÉS	FAILLITES ET LIQUIDATIONS.	DATE DES HOMOLOGATIONS DE CONCORDATS.	INSUFFIS.ce ET UNIONS.	SÉPARAT.on DE BIENS JUDICIAIRES.	CONS. JUDIC. ET INTERDICT.
CHABAL-LEFÉBURE, François-Joseph, cité des Fleurs, 17.....		Delacourtie..	....	....	....	13 février 73	
CHABARDÉS-MARAIS, Marie-Jacques, à Gennevilliers........	*	Denormandie.	....	....	....	23 déc. 73	
CHABRILLAT, Antoine, teinturier, rue St-Jacques, 328........		Beaugé....	31 déc. 72	....	*27 janv. 73		
CHABUT, Martial, ex-traiteur, logeur, à Levallois............		Sautton	7 nov. 73				
CHAGNAT, Armand, marchand de vins, rue Richer, 34..		Battarel.....	27 mars 73	(1)			
CHAINE, Martin, peintre, rue de Chabrol, 5.............		Hécaen.....	30 août 72	(2)			
CHALIER fils, J., négt en dentelles, rue N.-D.-des-Victoires, 7..		Barbot.....	13 mai 70	....	6 nov. 71	(3)	
CHALMEIGNÉ-ROYER, Jules, épicier, rue Caplat, 1...........	*	Dorré......		....	....	1er avril 73	
Id. épicier, rue Caplat, 1.............		Knöringer ..	7 déc. 72	(4)			
CHALVET-PAUC, Pierre, passage de l'Épargne, 5..........	*	Trodoux....		....	....	26 août 73	
CHAMDON, Adolphe-Barthélemy, marchand de vins, à Levallois.		Copin......	15 sept. 72				
CHAMDRON, Jean-Marie, fabricant de jalousies, rue Curiale, 23.		Hécaen.....	21 mars 73	28 nov. 73	(5)		
CHAMOULLEAU, entrepreneur de travaux publics, r. Bassano, 44.		Sautton	7 nov. 73				
CHAMPEL veuve. Voir : MALÉCOT dame.							
CHAMPENOIS, traiteur, boulevard Magenta, 125.............		Bourbon	11 sept. 73				
CHAMPION, ex-épicier, rue Lafayette, 43, puis 70........		Devin.....	14 mars 73	....	*31 mai 73		
Id. fleuriste, rue St-Sauveur, 37.................		Prodhomme..	30 avril 73	25 sept. 73	(6)		
CHAMPROUX-MARTIN veuve, mde de vins, bd Voltaire, 63 et 65..		Pluzanski ..	27 nov. 69	(7)			
CHANGENET dlle, Noémie, boulangère, rue Galande, 7........		Barboux....	7 août 73	....	*29 sept. 73		
CHANONA, fabricant de cadres, faubourg du Temple, 64.......		Gaucho.....	9 déc. 73				
CHANONAT-FEUILLADE, Antoine, boulevard de la Villette, 144..		Duboys.....	....	....	....	11 mars 73	
CHANTRAIN, limonadier, rue Grégoire-de-Tours, 6..........		Knöringer ..	28 mars 73	....	*31 juill. 73		
CHAPELLE, Alfred. Voir : COGNY, CHAPELLE et Cie.							
Id. Louise-Geneviève-Antoinette. Voir : JUQUIN dame.							
CHAPELLIER, marchand de vins, boulevard Ney, 10..........		Bégis.....	31 mars 73	....	*30 avril 73		
CHAPERON, Ch.-Honoré, changeur, avenue d'Orléans, 8.......		Meys.....	7 octob. 73				
CHAPET, François-Jules, couvreur, boulev. Beaumarchais, 47..		Meys.....	4 juill. 72	26 mars 73	(8)		
Id. -COLLET, Id. Id. rue des Carrières, 42.....	*	Brémard.....	....			21 janv. 73	
CHAPTAL, Justin-Claudius, pâtissier, place St-Michel, 4.....		Gautier.....	30 avril 73	....	*27 juin 73		
CHAPUS, Ch.-Fernand, marchand de meules, r. Sedaine, 49 bis.		Chevallier..	27 juin 72	(9)			
CHAPUT-BUISSON, Michel-Nicolas-Léon, r. du Chevaleret, 21.*		Prévost.....	....	....	....	11 févr. 73	
CHARIAUT veuve. Voir : GERMANN dame.							
CHARLET, J.-Bapt., marchand de vins, avenue de St-Mandé, 87.		Barboux.....	29 mars 73				
Id. -COLLET, Jacques, sans domicile connu..........		Maza.....				29 mai 73	
CHARLOT, Auguste, courtier de commerce, rue Duret, 38......		Beaugé....	13 juin 73	....	*30 août 73		
Id. -LEMIÈRE, Pierre, rue Popincourt, 27.........*		Guibot.....	....	....	....	18 févr. 73	
CHARMONT, Jules, agent d'affaires, rue des Tournelles, 24.....		Chevillot..	17 octob. 73	....	*20 nov. 73		

(1) CHAGNAT paie 21 fr. 03 c. %, unique répartition.

(2) CHAINE paie 9 fr. 32 c. %, unique répartition.

(3) CHALIER fils, paie 2 fr. 08 %, unique répartition.

(4) CHALMEIGNÉ paie 10 fr. 25 c. %, unique répartition.

(5) CHAMBRON doit 40 %, en 5 ans, par 1/5, à partir du jour de l'homologation.

(6) CHAMPION, fleuriste, doit 20 %, en 5 ans, par 1/5, à partir du jour de l'homologation.

(7) CHAMPROUX-MARTIN paie 20 fr. 75 c. %, unique rép.

(8) CHAPET paie 12 fr. 28 c. %, produit de son actif et s'oblige à payer 25 %, en 5 ans, par 1/5.

(9) CHAPUS paie 14 fr. 37 c. %, unique répartition.

NOMS, PRÉNOMS, PROFESSIONS ET DOMICILES.	À indique Liquidation ° astérisque Avoué et Insuffisance	SYNDICS ET AVOUÉS	FAILLITES ET LIQUIDATIONS.	DATE DES HOMOLOGATIONS DE CONCORDATS	INSUFFIS. ET UNIONS.	SÉPARAT. DE BIENS JUDICIAIRES.	CONS. JUDIC. ET INTERDICT.
CHARON, Jules-Alexandre, march. de draps, r. d'Aboukir, 36..		Bourbon	15 mars 73	6 août 73	(1)		
CHARPANTIER. Voir : VEZIN, dame.							
CHARPENTIER, marchand de bois, rue de la Gare, 8		Maillard.....	21 avril 73	....	° 27 mai 73		
Id.　Élisabeth-Ida. Voir : HARAUX, veuve.							
Id.　Édouard-Alex., ex-m⁴ de vins, r. d'Alleray, 28.		Beaujeu....	15 juill. 73	(2)			
Id.　Id.　Id.　Id.　id.		Darbot	13 févr. 69	....	° 31 mars 69	(3)	
Id.　et frère, marchands de vins, au Petit-Vanves.		Hécaen.....	20 août 72	20 avril 73	(4)		
Id.　de RETY, Jean, m⁴ de vins boul. Voltaire, 120.	°	Langeron....				14 janv. 73	
Id.　-FRABOULET, Alph.-Valentin, r. St-Martin, 102.	°	Branche.....				25 mars 73	
CHARPILLON, Félix, ex-marchand de fils, rue Dulong, 87......		Darboux....	15 mars 73	....	° 21 juin 73		
CHARRIER, Frédéric, teinturier, à Suresnes................		Meillencourt	21 octob. 73				
CHARTON. Voir : GUÉRIN, CHARTON et FIGARÈDE.							
CHARTRAIN-COURTOIS, François, rue de la Harpe, 9....	°	Petit-Bergonz.				15 mai 73	
CHARTEAUX-LEPRINCE, Édouard-Félix, rue Vivienne, 13....	°	Francastel...				4 mars 73	
CHASPOUL, Victor-André, serrurier, rue du Vert-Bois, 11.....		Gauche.....	29 juill. 73	29 nov. 73	(5)		
CHASSAGNAC et Cie, marchands de bouteilles, rue Suger, 7...		Sautton.....	24 mai 73				
CHASSERIAU, Alexandre, pâtissier, rue des Martyrs, 00		Darboux.....	14 juin 73				
CHATAIN, veuve, loueuse d'appartem. meublés, à Courbevoie...		Bégis	18 janv. 73	....	° 30 avril 73	°	
CHATARD, Pierre, nourrisseur, ch. neuf de Ménilmontant, 54..		Meillencourt .	4 août 69	(6)			
CHATAUX et CLAUDE, fils, fab. de broderies, r. Rambuteau, 40.		Maillard.....	4 octob. 73				
CHATEAU, H., fabricant d'étoffes de laine, rue d'Aboukir, 63 ...		Dufay......	19 juill. 72	4 juin 73	(7)		
Id.　Germain-J.-Bapt., mercier, rue Montmartre, 69......		Beaufour....	10 juin 73				
Id.　E., serrurier, rue Descombes, 8.................		Gautier.....	5 juill. 69	(8)			
Id.　-DACOSTA, Alfred-Thomas-Didier, r. Rodier, 2....	°	Roche......				11 févr. 73	
Id.　-JOUANNE, Louis-Jacques, sans domicile connu	°	Laden......				5 août 73	
CHATEL et Cie, Émile, fabricants de robinets, rue Tanger, 18...		Gautier.....	12 juin 73	8 octob. 73	(9)		
CHATELAIN, E., m⁴ de vins et d'h⁴ᵉˢ d'olives, r. des Moulins, 13.		Pinot.......	25 nov. 73				
Id.　Alexandre-Émile, fabric. de capelines, r. Bailly, 4.		Quatremère..	15 janv. 73	8 avril 73	(10)		
CHATENOUD, Jules-Antoine-Jean, militaire, en Afrique.......	°	Dubost.....				....	25 nov. 73
CHATILLON-COUTANT, Ant⁴ᵉ, serrurier, cité Germ.-Pilon, 8....	°	Derré......				29 juill. 73	
CHATOUILLAT, marchand de vins, rue Mesnil, 7.............	°	Heurtey.....	17 sept. 73				
CHAUMETTE, décédé, fabricant de brosses et tapis, r. Charlot, 7.		Darbot	26 sept. 73				
CHAUMONT, Pierre-Ch.-Edm., boucher, faub. St-Antoine, 220..		Pluzanski...	18 juin 73	....	° 30 août 73		
CHAUSSON, Paul-Abraham, épicier, rue de Nemours, 4........		Prodhomme..	26 mars 73	21 août 73	(11)		

(1) CHARON paiera l'intégralité des créances en 6 ans, avec la caution de Mᵐᵉ veuve Charon, sa mère ; le 1ᵉʳ paiement aura lieu 1 an après l'homologation.

(2) CHARPENTIER, Édouard. — Faillite annulée par jugement du 20 août 1873.

(3) CHARPENTIER, Édouard. — Réouverture du 26 août 73.

(4) CHARPENTIER et frère paient 24 fr. 81 c. %, unique répartition et doivent 25 %, en 5 ans, par 1/5, de l'homologation. — Jean CHARPENTIER paie 10 % comptant, aussitôt après l'homologation.

(5) CHASPOUL doit 50 %, en 7 ans, à partir de l'homologation.

(6) CHATARD paie 8 fr. 45 c. %, unique répartition.

(7) CHATEAU, H. doit 20 %, en 5 ans, par 1/5, de l'homologat.

(8) CHATEAU, E., paie 6 fr. 85 c. %, unique répartition.

(9) CHATEL et Cie, paieront 40 %, en 3 ans, à partir de l'hom.

(10) CHATELAIN doit 25 %, en 5 ans, par 1/5, de l'homolog.

(11) CHAUSSON paie 30 %, dans le mois de l'homologation, avec la caution de M. Alphonse-Ambroise Fleureau, demeurant à Faremoutiers (Seine-et-Marne).

NOMS, PRÉNOMS, PROFESSIONS ET DOMICILES.	Z indique liquidation · astérisque avoué et insuffisance	SYNDICS ET AVOUÉS	FAILLITES ET LIQUIDATIONS.	DATE DES HOMOLOGATIONS DE CONCORDATS.	INSUFFISces ET UNIONS.	SÉPARATons DE BIENS JUDICIAIRES.	CONS. JUDIC. ET INTERDICT.
CHAUTEMPS, Jean, restaurateur, rue Faber, 50.............		Beaujeu	22 janv. 73	....	* 31 mars 73		
CHAUVAIN, Alphonse, marchand de vins, à Charenton......		Sarazin	1er août 73				
CHAUVEAU, Almyre, bonnetier, à Choisy-le-Roi.............		Id	1er avril 73		* 31 mai 73		
CHAUVEL, chapelier, quai du Louvre, 20..................		Meys	6 déc. 73				
CHAUVETTE, marchand de vins, rue de Dalagny, 14......		Id......	2 mai 73		* 19 sept. 73		
CHAUVIN, marchand de veaux, à Aubervilliers.............		Bégis	10 juin 73		* 1er oct. 73		
Id. Louis-Théodore, peintre, rue des Fontis, 7........		Meys	18 sept. 73				
Id. -MERCADIER, Paul-Alphonse-Philippe, à Charenton. *		Laden......			....	25 nov. 73	
CHAUVOT, Adrien, fabricant de briques, à Malakoff...........		Gautier...	23 mai 72	18 févr. 73	(1)		
CHAVARRI, commissionnaire, rue de l'Échiquier, 15......		Heurtey	7 avril 73		* 28 juin 73		
CHAVIGNY, fabricant de cuivrerie, rue Folie-Méricourt, 84.....		Beaujeu	18 octob. 73				
Id. -ODLET, Id. Id. Id..... *		Chauveau....			....	30 sept. 73	
CHAVOIX-DAUPHIN, François, rue d'Alsace, 41.............*		Lacomme....				2 déc. 73	
CHAVOUTIER, marchand de vins, rue de la Roquette, 18		Legriel...	16 déc. 72	(2)			
CHEDEVILLE, marchand de papiers-peints, rue Martin, 5......		Beaujeu	22 avril 73				
CHEDIVY, directeur de théâtre, rue Rodier, 10............		Chevillot	4 juill. 73		* 30 août 73		
CHEMIN, Alfred-Clovis, fabricant d'amidons, r. des Chantiers, 8.		Chevallier ...	20 sept. 73				
Id. Ferdinand, maçon, rue Violet, 37.................		Heurtey	20 août 73				
CHENNEVAT, Ét.-Edm., négociant en tissus, rue Montmartre, 19.		Beaujeu	18 nov. 69	13 janv. 73	(3)		
CHENU, Adolphe, chemisier, rue le Peletier, 15.............		Sommaire	19 mars 73	29 juill. 73	(4)		
CHÉRIER, Louis-Henri. Voir: DURÉ et CHÉRIER.							
Id. -ROUGET, Louis-Henri, rue d'Harlay, 3........*		Pijon			....	12 août 73	
CHÉRON, Thérèse. Voir : VILDET veuve							
CHERRIER, Albert-Alexandre. Voir : GAIGNOT dit CHERRIER.							
CHERVIN-CASTILLON, Jean-Alphonse, avenue du Maine, 32... *		Mesnier	....			1er avril 73	
CHESNAIS, demoiselle, lingère, rue Monsieur le Prince, 40 ...		Hécaen...	4 févr. 73		* 28 févr. 73		
CHEVALIER, Pierre, march. de salaisons, r. de Rambuteau, 104.		Normand...	28 sept. 72	1er févr. 73	(5)		
Id. Auguste-Adolphe, menuisier, rue Blomet, 49....		Sommaire	8 déc. 73				
CHEVALLIER, Émile, ex-md de vins, rue St-Vincent-de-Paul, 7.		Dattarel ...	14 août 73				
Id. et Cie, march. de bois de boulange, r. Moreau, 4.		Dufay	10 mai 73				
Id. -DELAAGE, Ean., md de vins, q. de la Marne, 4...		Hécaen......	1er déc. 73				
CHEVET, fils. Voir : VERRIER et CHEVET.							
CHEVILLARD, Benjamin, avenue de St-Mandé, 87.............		Darboux...	20 mars 73				
CHEVILLET, Alexandre-Claude, boulanger, rue de Meaux, 53..		Heurtey	3 févr. 73		* 21 mai 73		
CHEVRIER, marchand de bois, rue d'Allemagne, 96.........		Hécaen....	2 mai 73		* 31 juill. 73		
CHEZAUD-BENARD, Louis-François, rue Payenne, 4.........*		Picard......			....	4 mars 73	
CHICANDARD, Jules-Alexandre, rentier, interné à Charenton..*		Coche......			....		* 9 déc. 73
CHIOROZAS, Étienne, limonadier, à Bois-Colombes.........		Dufay......	22 déc. 73				
CHIRON-NETTER, Auguste, employé à Londres............*		Levaux.....			....	13 févr. 73	

(1) **CHAUVOT** doit 40 %, en 6 paiements, d'année en année.

(2) **CHAVOUTIER** paie 6 fr. 74 c. %, unique répartition.

(3) **CHENNEVAT** paie 25 francs %, aussitôt après l'homologation.

(4) **CHENU** doit 25 %, en 5 ans, par 1/5, à partir de l'homolog.

(5) **CHEVALIER**, Pierre, paie l'intégralité des créances, unique répartition de l'actif abandonné.

NOMS, PRÉNOMS, PROFESSIONS, ET DOMICILES.	L. Indique Liquidation * antérieure Avoué et Insuffisance	SYNDICS ET AVOUÉS	FAILLITES ET LIQUIDATIONS.	DATE DES HOMOLOGATIONS DE CONCORDATS	INSUFFIS* ET UNIONS.	SÉPARAT* DE BIENS JUDICIAIRES.	CONS. JUDIC. ET INTERDICT.
CHIRON-DELAMOYE, Léon-Arthur, rue du Dragon, 4	*	Rivière.....				21 janv. 73	
CHIVÉ, Casimir-J.-Bapt., faïencier, rue Mabillon, 18...........		Copin.......	29 janv. 72	(1)			
CHOBERT, Désirée. Voir : NEVEUX, veuve.							
CHOCAT, Jean-Paul, restaurateur, à Suresnes................		Barboux.....	17 déc. 73				
CHODOT-GOUTTARD, Eugène, rue de Sèvres, 50, puis 104.....	*	Denormandie.				18 nov. 73	
CHOIRAT-POMET, Joseph, rue St-Maur, 8	*	Le Brun.....				1er juillet 73	
CHOLIN-CHOLIN, Adolphe, rue de Flandre, 400...........	*	Debladis.....				27 août 73	
CHOLLET et BRETON, grainetiers, rue J.-J.-Rousseau, 19		Meys.......	20 janv. 73				
Id. et Cie, Édouard, banquiers, rue d'Amboise, 3		Moncharville.	9 juill. 70	(2)			
CHOMETTON, marchand de vins, boulevard de la Chapelle, 14..		Dufay......	4 octob. 73			* 31 janv. 73	
CHOPPIN-D'ARNOUVILLE, banquier, rue Joquelet, 41........		Richard.....	15 nov. 73				
CHOQUEUX-MARTINEAU, J.-Bapt.-Joseph, rue St-Marc, 17....	*	Francastel ...				25 octob. 73	
CHOTARD, veuve. Voir : SEULIN, veuve.							
CHRÉTIEN-ROUX, Émile-Henri, rue du Chemin-Vert, 107......	*	Debladis.....				7 janv. 73	
CHRISTOL, bourrelier, faubourg St-Martin, 14...............		Pinet	4 octob. 72	4 mars 73	3)		
CHRISTOPHE, fd d'horlogerie, rue Mandar, 10, puis à Petit-Bry.		Deaujeu	9 sept. 73				
CHUVIN, Eugène, mégissier, rue de Lourcine, 25...........		Bourbon.....	17 octob. 73				
CINGAL-BENOIT, Alphonse, à la croix d'Arcueil	*	Henriet......				30 août 72	
CITRON-GUINARD, Alexandre-Désiré, rue de Charenton, 240..	*	Drechou.....				9 déc. 73	
CLAISSE-DELMOTTE, négociant, rue Meslay, 40		Beaufour	11 nov. 72			* 30 janv. 73	
Id. -DIRÉE, Jean-Charles, aux Lilas	*	Thiébault				8 juill. 73	
CLARA, Pierre-Honoré, tailleur, rue de Vaugirard, 3		Copin.......	23 août 71	21 nov. 71	9 déc. 73		
CLASEL-COUDEYRE, Jean-Fois, r. des Nonnains-d'Hyères, 13.	*	Dumont				15 févr. 73	
CLAUDE, fils. Voir : CHATAUX et CLAUDE fils.							
Id. -BERTRAND, Paul, grande rue de Montreuil, 52.....	*	Rivière.....				21 janv. 73	
CLAUDIN, fils, voiturier, à Maisons-Alfort..................		Prodhomme..	26 juillet 73				
CLAUSIER, Jacques, menuisier, à St-Mandé		Darbot	8 sept. 68	(4)			
CLÉMENT, Eugène, gantier, rue du Pélican, 41		Meys.......	3 mai 73				
Id. Louis-Alexandre, grainetier, à Bagnolet..........	L	Knéringer ...	10 octob. 71	19 juin 72	(5)		
Id. Aimé-Léonide, imprimeur, rue de Rivoli, 58........		Battarel	28 octob. 73	(6)			
Id. imprimeur, rue Moutmartre, 131.................		Moncharville.	2 janv. 73	(7)			
CLERIN, tonnelier, rue Le Peletier, 27....................		Copin......	23 août 73				
CLOQUEMIN, mercier-bourrelier, rue de Flandre, 205........		Hécaen.....	15 février 73	27 nov. 73	(8)		
CLOQUET, Alexandre-Frédéric, bijoutier, rue du Temple, 138..		Deaujeu....	13 mai 73	14 octob. 73	(9)		
Id. fondeur en fer, rue de Charenton, 233.............		Moncharville.	41 sept. 73				
CLOSIER, Georges, relieur, rue d'Hautefeuille, 32...........		Deaujeu.....	28 juill. 73	26 nov. 73	(10)		
CLOSSON. Voir : MURATET et CLOSSON.							

(1) CHIVÉ paie 0 fr. 29 c. %, deuxième et dernière répartition.

(2) CHOLLET et Cie paient 3 fr. 72 c. %, unique répartition.

(3) CHRISTOL doit 30 %, en 5 ans, par 1/5, de l'homologation.

(4) CLAUSIER paie 5 fr. 80 c. %, unique répartition.

(5) CLÉMENT, Louis paie 14 fr. 31 c. %, 2e et dernière répartition de l'actif abandonné.

(6) CLÉMENT, Aimé, paie 41 fr. 63 c. %, unique répartition.

(7) CLÉMENT, imprimeur. — Faillite clôturée par jugement du 17 juillet 1873.

(8) CLOQUEMIN doit 30 %, en 3 ans, par 1/3, de l'homologat.

(9) CLOQUET, Alexandre doit 25 %, en 5 ans, par 1/5, de l'hom.

(10) CLOSIER doit 40 %, en 5 ans, par 1/5, de l'homologation.

NOMS, PRÉNOMS, PROFESSIONS ET DOMICILES.	Indice Liquidation * arriérage Avoué et Insuffisante	SYNDICS ET AVOUÉS	FAILLITES ET LIQUIDATIONS.	DATE DES HOMOLOGATIONS DE CONCORDATS	INSUFFIS et UNIONS.	SÉPARAT de BIENS JUDICIAIRES.	CONS. JUDIC. ET INTERDICT.
CLUZEAU, Pierre-Marcelin, marchand de vins, rue Basfroi, 41.		Lamoureux	6 août 73				
COCHET et Cie, commissionnaires, boulevard Magenta, 32......		Sarazin......	25 juill. 73				
COCQUELET frères, bijoutiers, rue Vaucanson, 4............		Boauge.	28 janv. 73	....		*31 mars 73	
CODOUX, Henri-Michel, mᵈ de comestibles, r. de la Harpe, 6...		Normand....	19 févr. 72	(1)			
COEDÈS-LALLEMAND, Gustave, marchand de vins, à Colombes.		Barboux......	7 octob. 73	....		*30 oct. 73	
CŒURET fils aîné, blanchisseur, à Levallois................		Hécaen......	23 janv. 73	5 juill. 73	(2)		
COFFIGNON aîné, bijoutier, rue du Château-d'Eau, 13		Dufay......	14 juin 72	....		*30 oct. 72	(3)
COGERY et Cie, dᵐᵉ, Alexandrine, mercières, rᵉ Poissonnière, 47.		Boauge......	16 mai 73	....		*31 juill. 73	
COGNIAT-COCHET, Blaise, commissionnaire, r. de Turenne, 62.		Moys........	9 déc. 73				
COGNY, CHAPELLE et Cie, lingers, rue de Cléry, 16 et 18.....		Devin......	11 juill. 73	13 déc. 73			
COHART, Pierre-Auguste, limonadier, rue Rochechouart, 5....		Barboux......	16 mai 73				
COHEN. Voir : HERDT, père et Cie.							
Id.　David, bijoutier, cité Thuré, 3		Meilhoncourt.	1er févr. 72	25 févr. 73	(4)		
COHN-HAMBURGER, Auguste, boulevard Beaumarchais, 44...*		Mouillefarine.	....		....	13 mai 73	
COIGNARD, Font., mᵈ de vins, grainet., r. de la Procession, 100.		Sarazin	1er mars 73	(5)			
COISNE, Nicolas-Joseph, mécanicien, rue St-Romain, 15 et 17.		Chevallior ...	17 nov. 73				
COISNON, apprêteur en cuivre, rue d'Anjou-au-Marais, 10		Barboux......	31 mai 73	....	18 sept. 73	(6)	
COLART-PRION, Henri-Jean-Baptiste, au Bourget		*Pottier......	....		....	5 mars 73	
COLESSE, Sylvain, marchand de vins, à Ivry		Barboux......	10 avril 73	(7)			
COLFS, march. de bois d'ébénisterie, boul. des Batignolles, 43..		Heurtey......	11 févr. 73				
Id.　-HEYNE, Jean-François,　　Id.　　　*		Delaporte....	....		....	9 déc. 73	
COLIN-MOREAU, Jean-Baptiste		Plassard......	....		....	25 mars 73	
Id.　-HALLEUX, Jacques-Joseph, sans domicile connu.......		*Best	....		....	11 janv. 73	
COLISCH-FOSSE, François, sans domicile connu...........		*Archambault.	....		....	17 juill. 73	
COLLAS, Honoré, fabricant de benzine, rue St-Denis, 195.....		Lamoureux ..	17 avril 73	....		*31 juill. 73	
COLLET, Ulysse, casquettier, rue Ste-Cr.-de-la-Bretonnerie, 44.		Prodhomme..	2 août 72	(8)			
Id.　Joseph, commissionnaire, boulevard Poissonnière, 14.		Quatremère...	22 février 73	....		*29 avril 73	
Id.　Eugène, mercier, rue Montmartre, 37 et 39..........		Heurtey......	22 juillet 73	27 nov. 73	(9)		
Id.　-DESCHER, Pierre-Eugène, rue Montmartre, 37 et 39.		Marc........	....		....	27 sept. 73	
Id.　-MEYGRET-MEYGRET-COLLET, rue de Douai, 5 ...*		Martin du Gard	....		....	11 août 73	
COLLOMDIER, Jean-Martin, fabricant d'arçons, r. d'Abbeville, 5.		Barbot......	4 mars 73	....		*29 mars 73	
COLLOT dame, plâtrière, à Suresnes................		Richard......	17 mars 73	....		*31 oct. 73	
Id.　marchand de vins, traiteur, à Nogent-sur-Marne		Moys........	25 janv. 73				
COLMACHE-BUIS, Henri-Parfait, à St-Denis ....*		Benoist......	....		....	5 août 73	
COLOMB-PETIT, J.-Bapt., cuisinier, boulevard St-Michel, 123 ..*		Pagès......	....		....	4 janv. 73	

(1) CODOUX paie 1 fr. 65 c. %, unique répartition.

(2) CŒURET paiera le montant intégral des créances, en 10 ans, par 1/10, de l'homologation, et dans le cas où une indemnité lui serait allouée pour le préjudice par lui éprouvé pendant la guerre, cette indemnité sera affectée au paiement des dividendes promis.

(3) COFFIGNON. — Réouverture du 19 mai 1873.

(4) COHEN paie 22 fr. 11 c. %, produit de son actif et abandonne une créance avec engagement de parfaire 25 %, à raison de 3 % le 1er novembre de chaque année.

(5) COIGNARD paie 3 fr. 66 c. %, unique répartition.

(6) COISNON paie 1 fr. 84 c. %, unique répartition.

(7) COLESSE paie 8 fr. 70 c. %, unique répartition.

(8) COLLET, Ulysse, paie 7 fr. 86 c. %, unique répartition.

(9) COLLET doit 30 %, en 3 ans, par 1/3, à partir de l'homolog.

NOMS, PRÉNOMS, PROFESSIONS ET DOMICILES.	indique Liquidation ♦ Arriérages Avoué et Insuffisance	SYNDICS ET AVOUÉS	FAILLITES ET LIQUIDATIONS.	DATE DES HOMOLOGATIONS DE CONCORDATS	INSUFFIS⁻ ET UNIONS.	SÉPARAT⁻ DE BIENS JUDICIAIRES.	CONS.JUDIC. ET INTERDICT.
COLOMBIN, Henriette. Voir : MEUNIER, dame.							
COLON, Alexandre, ex-agent d'affaires, faub. Montmartre, 36 bis.		Meillencourt.	8 avril 73	....	* 26 avril 73		
COLSON, Eugène, marchand de vins et ex-maçon, à St-Mandé...		Battarel.....	28 juin 73	....	*20 août 73		
Id. François-Louis, loueur de voitures, r. St-Martin. 208.		Sarazin......	31 mars 73				
COMBAUD, marchand de bois de placage, r. de Citeaux, 27 et 32.		Pinet.......	28 juill. 73				
COMBRUN, Léon, marchand de vins, avenue de St-Ouen, 70		Sarazin.....	3 avril 73	....	* 19 juin 73		
Id. et Cie, fab⁺ de pots, dits caves de vins, r. Dulong, 87.		Id........	24 mai 73	3 déc. 73	(1)		
COMEBRAN-BESSON, Pierre-Paul, sans domicile connu.......		Plassard.....	....	....	....	30 août 73	
COMMON, Édouard, Voir : veuve FRÊLON et COMMON.							
COMPAGNIE ANONYME du chemin de fer de Lyon à Sathonay...		Trille......	18 janv. 65		15 févr. 66	(2)	
Id. BEAUJOLAISE. Voir : MALAVOY et Cie.							
Id. CENTRALE d'éclairage par le gaz. Voir : LEBON.							
Id. GÉNÉRALE des mess. à vapeur, r. de Provence, 59.		Gopin.......	17 sept. 73				
COMPÈRE, apprêteur de draps, rue du Plâtre, 3..............		Meys..	6 juillet 67	6 mai 73	(3)		
Id. ex-limonadier, rue Ste-Croix-de-la-Bretonnerie, 43...		Sarazin	1ᵉʳ octob. 72				
COMPTOIR FINANCIER de la SEINE. Voir : AMAND.							
Id. et CAISSE de REPORTS. Voir : MILLAUD.							
CONNIER-DUDARLE, Louis-Ernest, rue Monge, 92 ....*		Lamy.......	....	....		11 mars 73	
CONRAD-AUBERT, Ernest-Victor, rue Oberkampf, 150........*		Lortat-Jacob .	....	....		17 juin 73	
CONSEIL, François-Xavier, bijoutier-fleuriste, à Levallois...		Meys........	21 déc. 72	(4)			
CONSTANTIN-MAURICE, Pierre-Domin., r. Château-d'Eau, 44..*		Boudin......	....	....		22 févr. 73	
CONTANT, Louis-Armand, fab. de chocolats, r. du Temple, 71...		Meillencourt.	15 nov. 72	10 sept. 73	(5)		
Id. Jean, marchand de vins, rue Montparnasse, 75......		Maillard....	30 août 73				
CONVENANCE dame, mercière, rue St-Ferdinand, 8		Dufay......	4 octob. 73		* 17 déc. 73		
COPPIN, marchand de vins, rue Jean-de-Beauvais, 23..........		Bégis......	1ᵉʳ octob. 73		* 29 nov. 73		
COPPONNET, marchand de vins, à Billancourt...............		Beaujeu....	11 nov. 73				
COQUEGNIOT-COTTE, Pierre-Édouard, rue du Chevaleret, 57 ..*		Trodoux.....	....	....		24 juin 73	
Id. Edmond-Pierre, charbonnier, Id.		Beaujeu....	2 sept. 72	(6)			
COQUENTIN, Alfred-Firmin, commⁱ, faub. Poissonnière, 46...		Copin.......	14 mars 73		2 juill. 73		
COQUERAY, Nicolas-Aug., mᵈ de vins et maçon, à Alfort-Ville..		Barboux....	5 sept. 73		29 sept. 73		
COQUET, Victor-Adrien, restaurateur, passage Choiseul, 24....		Chevillot ...	27 août 73				
Id. -HERBET, Eugène-Alexis-Félix, sans domicile connu..*		Cesselin.....	....	....		24 sept. 73	
COQUILLAT, traiteur, rue du Maroc, 38....................		Meys.......	14 sept. 72	(7)			
COR fils, ex-march. de cuirs, rue Greneta, 34 et act. à St-Ouen.		Sarazin......	6 juin 73				
CORDIÈRE-FLEURY, René, rue Doudeauville, 20..........*		Derlot......	....	....		17 sept. 73	
CORBIN, François-Nicolas, orfèvre, rue de Rivoli, 12.........		Barboux....	10 juill. 73	25 nov. 73	(8)		
Id. maître d'hôtel meublé, rue de Fleurus, 3............		Beaujeu.....	4 juill. 72	(9)			

(1) **COMBRUN** et **Cie** abandonnent leur actif et s'obligent à payer 5 %, en 5 ans, par 1/5, de l'homologation.

(2) **COMPAGNIE ANONYME** paie 55 francs %, 3ᵉ répartition.

(3) **COMPÈRE**, apprêteur, paie 53 fr. 25 c. %. produit de son actif et s'engage à verser aussitôt après l'homologation la somme de 5.000 fr. pour être répartie aux créanciers.

(4) **CONSEIL** paie 24 fr. 30 c. %, unique répartition.

(5) **CONTANT**, Louis, paie 1 fr. 25 c. %, unique répartition, abandonne son actif et s'oblige à payer 20 %, en 5 ans, par 1/5.

(6) **COQUEGNIOT** paie 2 fr. 19 c. %, unique répartition.

(7) **COQUILLAT** paie 4 fr. 22 c. %, unique répartition.

(8) **CORBIN**, François, doit 25 %, en 5 ans, par 1/5, de l'homol.

(9) **CORBIN**, hôtelier, paie 6 fr. 46 c. %, unique répartition.

NOMS, PRÉNOMS, PROFESSIONS ET DOMICILES.	Liquidation judiciaire • astérisque avoué et insuffisance	SYNDICS ET AVOUÉS	FAILLITES ET LIQUIDATIONS.	DATE DES HOMOLOGATIONS DE CONCORDATS	INSUFFIS⁰⁰ ET UNIONS.	SÉPARAT⁰⁰ DE BIENS JUDICIAIRES.	CONS.JUDIC. ET INTERDICT.
CORBIOT, fils aîné, ex-marchand de vins, à Clichy-la-Garenne..		Prodhomme..	13 mars 73				
CORDEUX, Julie. Voir : BOCHE, veuve.							
CORDIER, veuve. Voir : LAFFITTE, Odette.							
CORDONNAIRE, Louis, grainetier, rue Poncelet, 44...........		Bourbon.....	30 sept. 73				
CORDONNIER dlle, Angéline, mercière, à St-Denis.............		Battarel....	8 janv. 73	17 sept. 73	(1)		
CORMERAIS, Émile-Napoléon-Alex., droguiste, r. de Tracy, 14.		Lamoureux..	31 janv. 73	....		* 28 juin 73	
CORNETET dlle, confecte, rue de la Faisanderie, 28, à Passy...		Barboux....	23 mai 72	(2)			
CORNETTE, Ladislas, menuisier, à Neuilly.................		Sommaire ..	18 mai 70	(3)			
Id. Silvain, maçon, rue du Cherche-Midi, 128.......		Legriel.....	10 sept. 67	(4)			
CORNILLON, François, appareilleur, boulevard de Clichy, 29 ..		Beaujeu....	14 janv. 73	....		* 30 avril 73	
CORNU dame, Eugène, march. de curiosités, r. de Provence, 21.		Gaucho.....	13 avril 72	(5)			
CORNUAT, peintre en voitures, rue Folio-Méricourt, 48........		Id	9 mai 73	....		* 20 juin 73	
COROISY-BEAUGRAND, Théodore, rue de Bourgon, 29 ...	*	Corpet.....					11 févr. 73
CORPEL, Charles, représent. de commerce, r. de la Villette, 56.		Meys........	4 janv. 73	....		* 26 avril 73	
CORPLET, traiteur, rue de la Tour-d'Auvergne, 5 et 15........		Barboux....	14 déc. 72	....		* 30 janv. 73	
CORTET-MALIETTE, Philippe, rue de Vanves, 86...........	*	Derré.....				29 juill. 73	
CORYER-SCHREIDER, rue du Vert-Bois, 4................	*	Maugin.....				22 avril 73	
COSTARD dame, Blanche, modiste, rue d'Argenteuil, 35		Devin.....	4 févr. 73	....		* 30 sept. 73	
COSTE, Marius-François, peaussier, à Bicêtre...............		Sommaire..	20 sept. 73	12 déc. 73			
Id. Angélique. Voir : SOYER dame.							
Id. marchand de charbons, à St-Ouen.............		Hécaen.....	15 nov. 73				
COSTON, Édouard-Eugène, fruitier, rue Piron, 1 et 2........		Barbot.....	1er févr. 73				
COT, Jean-Baptiste, fabricant de vermicelle, à Pantin........		Richard	20 déc. 73				
COTTARD-RICARD, René-Louis, rue Seguin, 30	*	Delaporte...	.....			7 janv. 73	
COTTEREL, commissionnaire, rue de Dunkerque, 22.........		Prodhomme..	12 déc. 73				
COTTIN, Joseph, traiteur, rue du Bellay, 3...............		Sarazin	21 août 73	....		* 30 sept. 73	
COTTRELL-O'LANYER, Charl.-Michel-Mar., r. de Dunkerque, 24.	*	Bertinot....	.....			25 nov. 73	
COUBAND, E., entrepreneur de travaux publics, r. du Delta, 20.		Pinet........	12 sept. 73				
Id. -ROBERT, Edmond-Aimé, Id.	*	Servy......	.....			13 mai 73	
COUCHOT-ANDRÉ, Pierre-Auguste, rue d'Écosse, 6	*	Laden.....	.....			10 juin 73	
COUDIÈRE dame, marchande de bois à œuvrer, à Alfortville		Barboux....	14 octob. 73				
Id. Constant, march. de bois, à Ivry, puis à Alfortville..		Moncharville..	7 avril 69	20 juill. 69	* 22 févr. 73		
COUDOUIN, Jean, constructeur, rue des Moines, 114..........		Déaugé.....	10 févr. 72	29 nov. 73	(6)		
COUDRAY veuve, bouchère, rue Bouret, ex-nº 5		Barboux....	28 mars 73	....		* 20 mai 73	
COULBAUX-CARLIQUE, Léopold-Eugène, bd des Batignolles, 39.	*	Chain.....	.....			1er avril 73	
COULOUMY dame, mde de vins, r. St-Dominique-St-Germain, 50.		Sarazin	9 déc. 72	....		* 31 janv. 73	
COURAGEUX, L., marchand de bois, rue de Lyon, 4.........		Gautier.....	1er juill. 70	7 octob. 73	(7)		

(1) CORDONNIER, dlle, doit 30 %, en 3 ans, par 1/3, de l'hom.

(2) CORNETET. — Faillite annulée par arrêt du 21 janvier 1873.

(3) CORNETTE, Ladislas, paie 18 fr. %, 1re répartition.

(4) CORNETTE, Silvain, paie 2 fr. 33 c. %, unique répartition.

(5) CORNU, dame, paie 3 fr. 78 c. %, unique répartition.

(6) COUDOUIN abandonne son actif à l'exception : 1º du matériel de l'exploitation ; 2º des marchandises restant au chantier ; 3º des créances à recouvrer sur travaux faits depuis la faillite ; 4º de 2.000 fr. à prendre sur l'actif ; 5º et de son mobilier personnel. Il s'oblige en outre à payer 5 %, en 3 ans, par 1/3, 1er paiement le 31 décembre 1875.

(7) COURAGEUX paie 5 % 2 mois après l'homologation, et doit 4 % d'année en année jusqu'à concurrence de 25 %.

5

NOMS, PRÉNOMS, PROFESSIONS ET DOMICILES.	*L* Indique Liquidation • Astérisque Avoué ou Insuffisance	SYNDICS ET AVOUÉS	FAILLITES ET LIQUIDATIONS.	DATE DES HOMOLOGATIONS DE CONCORDATS.	INSUFFIS^{ces} ET UNIONS.	SÉPARAT^{ns} DE BIENS JUDICIAIRES.	CONS. JUDIC. ET INTERDICT.
COURAULT-RIBAULT, Jean, rue des Haies, 80............	*	Barberon....				27 sept. 73	
COURDET, J.-Bapt., ex-m^d de vins, épicier, fruit., r. Dulong, 55.		Battarel	7 fév. 73				
COURCIER, libraire-éditeur, boulevard St-Michel, 13		Beaujeu	25 fév. 73	23 juill. 73	(1)		
COURTIAL, Jules, négociant en dentelles, rue St-Denis, 208 ...		Maillard.....	1837	(2)			
COURTOIS, épicier, à Charlebourg, commune de Colombes		Chevillot ...	19 juill. 73				
Id. -SAPIN, faubourg St-Martin, 122, passage Bondy ...	*	Michel		....		16 juill. 73	
COUSANÇA, ex-restaurateur, rue Oberkampf, 72.............		Hécaen	18 mars 73	....	* 30 avril 73		
COUSIN, Émile-François-Joseph, m^d de jouets, r. St-Honoré, 236.		Legriel......	7 mars 73	(3)			
Id. Élie-Lazare, boulanger, faubourg St-Martin, 407......		Plazanski....	20 mars 73	1 octob. 73	(4)		
Id. -BASTIEN, Gustave-Charles, rue de Penthièvre, 38...*	*	Savignat....		....		6 mai 73	
COUTARD, René-Léon, bijoutier, rue de Rivoli, 200		Gautier......	26 août 69	(5)			
COUTERET-BRUNET, J.-Bapt., r. des Hospitaliers-St-Gervais, 12.*	*	Mercier......				26 avril 73	
COUTURE, Georges, changeur, rue Lafayette, 54.............		Richard	12 janv. 72	(6)			
COUTURIER, Edmond, ex-marchand de fruits, à Montreuil.....		Beaujeu	23 juin 73	....	* 30 sept. 73		
Id. dit WIKPOTEL, négociant, rue des Halles, 20..		Heurtey	19 mars 73		* 29 mai 73		
COUVREUR jeune, charcutier, rue Montagne-Ste-Geneviève, 50..		Beaugé......	18 nov. 73				
COX, linger, faubourg St-Denis, 30................		Copin.......	8 avril 73	(7)			
CRÉMIEUX-BERNHEIM, Antoni-Lange, rue du Colysée, 13 ...		Denormandie.		....		4 févr. 73	
CRÉPIAT, Esther. Voir : FALAIZEAU, dame.							
CRÉTEAU, Eugène, march. de nouveautés, f^g du Temple, 108..		Chevillot	12 mars 72	22 juill. 72	20 octob. 73		
CRÉTEUR-RIBAULT, Jean-Baptiste, rue Taranne, 12		Lamy........		....		1er mars 73	
CRÉTINON-ANGER, rue de Montreuil, 37................		Martin du Gard				8 juill. 73	
CRÉTU, serrurier, à St-Ouen		Gauche......	21 déc. 72		* 30 janv. 73		
CREUSAT, Jean, marchand de vins, rue Zacharie, 7..........		Maillard.....	23 juin 73		* 24 oct. 73		
CRIDIER, Charles. Voir : FABRY, CRIDIER et Cie.							
CRIMON, Lucien-Arcade, passementier, rue Turbigo, 77		Barboux.....	31 déc. 72		* 27 janv. 73		
CROCHARD, fabricant de porte-monnaie, rue N.-D.-Nazareth, 26.		Gautier... ..	9 nov. 72	18 juin 73	(8)		
Id. -DARDERIN, Auguste, boulevard de Grenelle, 61..	*	Maza........		....		23 déc. 73	
CROCHIN, Prosp.-Jos., m^d d'engrais, r. de la Butte-Chaumont, 87.		Beaujeu	20 nov. 73				
CROIZAT-RODICQ, Prosper, boulevard Beaumarchais, 12......		Delepouve....				17 déc. 72	
CROS-VIDHALINE, rue des Prêtres-St-Séverin, 10		Plassard.....		....		8 juill. 73	
CRUCQ, chimiste, rue de Trévise, 11..................		Pinet.......	10 mars 73	12 août 73	(9)		
CRUVILLIER aîné, Martial, m^d de vins, rue de Montreuil, 10...		Legriel......	28 octob. 73	....	* 6 déc. 73		
CUENNET-LEFRANC, Pierre, détenu à Melun..............		Delessard				11 mars 73	
CULLET-PRÉVOST, fruitier et crémier, rue Thonin, 4..........		Beaugé......	28 nov. 73				
CULLMANN, veuve, boulangère, au Grand-Montrouge.........		Normand ...	5 févr. 73	....	* 29 mars 73		

(1) COURCIER doit 35 %, en 5 ans, par 1/5, de l'homologation.

(2) COURTIAL paie 45 fr. 60 c. %, 2e et dernière répartition.

(3) COUSIN, Émile, paie 16 fr. 59 c. %, unique répartition.

(4) COUSIN, Élie, doit 40 %, en 8 ans, par 1/8, de l'homologat.

(5) COUTARD paie 100 francs %, unique répartition.

(6) COUTURE. — Liquidation qualifiée faillite par jugement du 9 juillet 1873. — Il paie 3 fr. 37 c. %, unique répartition.

(7) COX paie 15 fr. %, 1re répartition.

(8) CROCHARD paie 22 fr. 55 c. %, 1re répartition de l'actif abandonné. Dans le cas où le total de l'actif ne produirait pas 80 fr. %, le sieur Crochard s'engage à parfaire cette somme, en 2 ans, par 1/2, à partir du paiement de la dernière répartition.

(9) CRUCQ doit 30 %, en 5 ans, par 1/5, de l'homologation.

NOMS, PRÉNOMS, PROFESSIONS ET DOMICILES.	Indique Liquidation * Astérisque Avoué et Insuffisance	SYNDICS ET AVOUÉS	FAILLITES ET LIQUIDATIONS.	DATE DES HOMOLOGATIONS DE CONCORDATS	INSUFFIS.ce ET UNIONS.	SÉPARAT.ns DE BIENS JUDICIAIRES.	CONS. JUDIC. ET INTERDICT.
CULVERHOUSE et GRIMARD, ex-courtiers, rue St-Marc, 17.....		Heurtey.....	27 janv. 73	(1)			
CUNY, dame, march. de vins, rue du Moulin-de-la-Pointe, 27...		Bégis.......	23 févr. 73	....	* 30 avril 73		
CUOREAU-TURIAULT, Louis-Étienne, r. du Cherche-Midi, 110 .*		Levaux......	....	....	....	25 janv. 73	
CUREAU, Édouard, chapelier, rue des Francs-Bourgeois, 54....		Beaujeu.....	2 août 73	....	* 29 août 73		
CURET, marbrier, boulevard de Montrouge, 85...............		Prodhomme .	6 octob. 73				

D

NOMS, PRÉNOMS, PROFESSIONS ET DOMICILES.	Indique	SYNDICS ET AVOUÉS	FAILLITES ET LIQUIDATIONS.	DATE DES HOMOLOGATIONS DE CONCORDATS	INSUFFIS.ce ET UNIONS.	SÉPARAT.ns DE BIENS JUDICIAIRES.	CONS. JUDIC. ET INTERDICT.
DAGRY-PIERRARD, Désiré, sans domicile connu.............	*	Bontet......	....	....	....	12 nov. 73	
DAGUÉ, Victor-René, boulanger, rue Nationale, 2		Bourbon.....	26 déc. 73				
DALIBERT-GÉRARD, sans domicile connu...................		Benoist.....	....	....	....	22 avril 73	
DALLAIN-RENAULT, Louis-Fois-Jullien, r. du Chevaleret, 102.*		Kieffer.....	....	....	....	29 juill. 73	
DALLE, Auguste, marchand de vins, rue St-Louis-en-l'Ile, 81...		Bégis	13 octob. 73				
DALSÈME jeune, Maurice, négociant en châles, rue Chauchat, 9.		Meillencourt..	14 févr. 73	25 nov. 73	(2)		
DAMÈME, cordonnier, rue du Pont-Louis-Philippe, 13........		Barboux	7 mars 73	27 juin 73	(3)		
DAMÉRON, Louis, entrepreneur de transports, à Pantin........		Quatremère..	21 mars 72	(4)			
DANGES-HELLODIN, Théodore-Delphin, sans domicile connu ..*		Audouin.....	....	....	....	20 févr. 73	
DANIEL, cordonnier, rue Taitbout, 32		Dufay......	17 mars 69	17 juin 69	3 avril 73		
Id. Jacques, march. de nouveautés pr deuil, bd Magenta, 33.		Gaucho	28 sept. 71	23 mars 72	* 29 mai 73		
DANIET, Ch.-Martial, agent de fabriques, rue Quincampoix. 59.		Devin.......	17 juin 73				
DANIS, Amand, ex-march. de fromage, r. Neuve-Coquenard, 21.		Bégis.......	11 octob. 71	20 janv. 72	(5)		
Id. -DUHAMEL, Armand-Joseph, sans domicile connu......		Pijon.......	....	....	....	23 août 73	
DARBOIS, charron, rue Lacroix, 18.......................		Pinet.......	30 août 73	....	* 21 nov. 73		
DARDEURRE-BARBAT DU CLOSEL, Pierre, r. Bonaparte, 124.*		Petit-Bergonz	....	....	....	5 févr. 73	
DAREY, Adolphe, marchand de vins, rue Puebla, 525.........		Meillencourt.	3 juill. 73	....	* 29 août 73		
DARIS, peintre-vitrier, rue d'Aboukir, 14		Heurtey.....	27 mars 73				
DARME, directeur de théâtre, avenue de la Bourdonnais, 65....		Sautton.....	15 sept. 73	....	* 27 déc. 73		
DARNET, Désiré, chemisier, rue de Richelieu, 81...........		Meys.......	13 sept. 71	(6)			
DARRAS, banquier, à St-Denis.........................		Maillard.....	9 juill. 73				
DAUBIGNY, dame, modiste, rue Laffitte, 22...............		Dufay.......	21 nov. 73				
DAUBRESSE, ex-marchand de vins, rue d'Allemagne, 7........		Prodhomme .	5 juill. 73	....	* 29 août 73		
DAUDELOT-GALLOIS, Édouard-Appollinaire, rue Lecourbe, 17.*		Hardy.......	....	....	....	19 août 73	
DAUDIN-TESTUOT, Joseph, rue d'Aubervilliers, 52.........		Denormandie.	....	....	....	12 juin 73	
DAUGÉ-PRILIP, Émile-Adrien, faubourg Poissonnière, 54 ....*		Thiébault....	....	....	....	15 févr. 73	
DAUPHIN, E., marchand de bois, à Arcueil................		Sommaire ...	23 janv. 72	(7)			
DAUTREVAUX-LAURENT, Félix, opticien, rue Clor, 53........*		Berryer......	....	....	....	24 juill. 73	

(1) CULVERHOUSE et GRIMARD. — Faillite annulée par jugement du 9 avril 1873.

(2) DALSÈME abandonne : 1° l'actif réalisé par le syndic ; 2° les marchandises non vendues ; 3° le montant de l'indemnité à recevoir de la Ville, pour l'incendie des marchandises déposées aux Magasins généraux, et s'oblige à payer 8 %, en 4 ans, par 1/4 ; premier paiement le 1er janvier 1875.

(3) DAMÈME doit 30 %, en 3 ans, par 1/3, de l'homologation.

(4) DAMÉRON paie 2 fr. 93 c. %, unique répartition.

(5) DANIS. — Le syndic paie l'intégralité des créances ainsi que la répartition de l'actif abandonné.

(6) DARNET. — 13 février 1873, qualification de faillite.

(7) DAUPHIN paie 0 fr. 47 c. %, unique répartition.

NOMS, PRÉNOMS, PROFESSIONS ET DOMICILES.	Indice Liquidation • astérisque Avoué et Insuffisance	SYNDICS ET AVOUÉS	FAILLITES ET LIQUIDATIONS.	DATE DES HOMOLOGATIONS DE CONCORDATS	INSUFFIS^er ET UNIONS.	SÉPARAT^on DE BIENS JUDICIAIRES.	CONS. JUDIC. ET INTERDICT.
DAVIAN-GAUDIN, Paul-Louis, rue Bergère, 25	*	Duboya	....	....	....	28 janv. 73	
Id. Paul-Louis, plâtrier. Id.		Barbot......	17 octob. 72				
DAVID, Édouard, grainetier, rue Sartine, 1..............		Chevillot....	20 juin 72	(1)			
Id. et Cie, marchands de charbons, r. du Chemin-Vert, 129.		Gautier.....	5 juill. 72	....	21 mars 73	(2)	
Id. et BLUM, m^de de fournit. p^r chapell., r. Rambuteau, 30.		Sautton	8 juin 72	17 déc. 72	(3)		
Id. fils. Voir : JACOB, Alexandre.							
DAVIER-NICOLAS, Benoît-Noël, rue de la Lingerie, 3.........	*	Pijon	....	....	......	15 juill. 73	
DAVOULT, Henri-Armand, corsetier, rue du Sentier, 6.........		Gaucho	21 déc. 72	21 mars 73	(4)		
DAVY, veuve. Voir : BIGOT, dame.							
DAZEVILLE-OSSELIN, Jean-François, rue de Bercy, 223 bis....		Drechou.....	....	....	......	4 mars 73	
DEBACKER-PRECHEVIN, Jules-Aug.-Pierre, à Buenos-Ayres ..	*	Benoist.......	....	....	......	8 juill. 73	
DEBAIN, ex-marchand de vins, rue de Louvois, 10...........		Devin.......	11 août 73				
DEBLADIS, Amédée, rue Fontaine-au-Roi, 9...............	*	Deblads.....	....	....	......	(5)	13 mai 69
DE BONDT, Louis-Pierre, serrurier, à St-Ouen.............		Gautier.....	25 octob. 73				
DEBONNELLE, Emma-Marie-Alexandrine, rue de Crussol, 11...	*	Mignot.......	....	....	......		* 20 mai 73
DEBORDES, Lucie, rue St-Honoré, 257..............	*	Sarazin......	28 avril 73				
DE BOURGOING-DOLFUS, Philippe, avenue Marigny, 1........	*	Delessard....	....	....	......	18 octob. 73	
DE BOURSETTY et Cie, raffin., r. du 4-Sept^bre, 23 et à Honfleur.		Darboux.....	19 nov. 73				
Id. pers^t, Jules, raffineur, r. des Feuillantines, 72.		Id........	12 nov. 73				
DEBROUT-DEBLADIS, Antoine, rue Jean-Cottin, 8	*	Trodoux.....	....	....	......	15 nov. 73	
DEDUSSI, Aimé-Charles-Antonio, av. de la Grande-Armée, 5..		Hervel	....	....	......	.	17 juin 63
DEBUY et Cie. Voir : LAHOUSSE.							
DE CAMILLI, m^d de denrées alimentaires, r. de Châteaudun, 2..		Beaufour	8 août 73				
DECAMPS, Jean-Baptiste, porcelainier, rue d'Hauteville, 66....		Richard	18 nov. 71	....	18 nov. 72	(6)	
Id. et Cie, G., rue de la Ferme-des-Mathurins, 18......		Normand....	28 déc. 71	(7)			
Id. -LATOUR, Jean-Baptiste-Antoine, r. des Fêtes, 47 .	*	Picard.....	....	....	......	28 janv. 73	
DE CARANZA, Amédée, faïencier, rue Dancourt, 1		Chevallier....	22 octob. 73		* 22 mars 73		
DECARPENTRIES, marchand de vins, à Levallois.............		Maillard....	25 mars 73		* 21 mai 73		
DECAU, mécanicien, rue Vanneau, 70......................		Pinet.......	16 juin 73		* 18 sept. 73		
DECEMBRE, libraire, rue de l'Abbé-Groult, 138.............		Barboux.....	3 sept. 73		* 30 oct. 73		
DECHAUME, directeur de théâtres, passage St-Pierre, 5.......		Moncharville.	24 octob. 73				
DE CHAVANNES, Henri-Paul, ingénieur, rue St-Charles, 111 ..		Chevillot....	3 octob. 73				
DE CHEVARRIER-DE PÊNE D'ARGAGNON, avenue Marigny, 27.	*	Benoist......	....	....	......	19 juin 73	
DECKER. Voir : LAUTENSCHLAGER.							
DE COÉTLOGON-PARAT de CLACY (vicomte), rue Tronchet, 31.	*	Déglise......	....	....	......	2 déc. 73	
DECOMBEROUSSE, Léon, ex-m^d de vins, r. de la Butte-Chaum., 47.		Dattarel.....	22 janv. 73		* 22 févr. 73		
DECOMBES, A., marchand de pianos, rue Geoffroy-Marie, 1.....		Bourbon.....	19 juin 73	....	* 10 nov. 73		
DE COYE et Cie, ex-limonadiers, place Valois, 6		Lamoureux ..	3 mai 72				
DECROIX, Élise-Béatrix. Voir : PIERRET, veuve.							

(1) DAVID, Édouard, paie 0 fr. 86 c. %, unique répartition.

(2) DAVID et Cie paient 1 fr. 33 c. %, unique répartition.

(3) DAVID et BLUM paient 22 fr. 79 c. %, unique répartition de l'actif abandonné.

(4) DAVOULT doit 25 %, en 5 ans, par 1/5, de l'homologation.

(5) DEBLADIS. — 22 novembre 1873 main-levée de conseil.

(6) DECAMPS paie 16 fr. 66 c. %, unique répartition.

(7) DECAMPS et Cie paient 20 fr. %, 1re répartition.

NOMS, PRÉNOMS, PROFESSIONS ET DOMICILES.		SYNDICS ET AVOUÉS	FAILLITES ET LIQUIDATIONS.	DATE DES HOMOLOGATIONS DE CONCORDATS	INSUFFIS™ ET UNIONS.	SÉPARAT™ DE BIENS JUDICIAIRES.	CONS. JUDIC. ET INTERDICT.
DE DONHET, Albert, rue St-Dominique-St-Germain, 40......	*	Lacomme....					22 nov. 73
DEFER, marchand de bois, rue de Tlemcen, 11..............		Sommaire...	23 févr. 72	25 juill. 72	* 29 nov. 73		
DEGRANDY, maçon, rue Myrrha, 45.		Copin....	27 févr. 73		* 29 mars 73		
DEHAHAUT-DANGARD, Jules-Hippolyte, place Voltaire, 2		Archambault..				5 avril 73	
DEHEAULME de VALLOMBREUSE-FRAIGNEAU, r. Richelieu, 40.	*	Barberon....				12 août 73	
DE HENNE et Cie et pers¹, chapeliers, boul. des Capucines, 11 ..		Barbot.....	17 octob. 71	(1)			
DEHORTER personnellement, négociant, rue Richelieu, 112.....		Devin....	30 avril 58		* 31 janv.59	(2)	
DEININGER, maître d'hôtel, rue Louis-le-Grand, 22..........		Hécaen....	2 août 73		* 29 nov. 73		
DE JALLAIS et Cie, exploiteurs de théâtre, faub. St-Martin, 33..		Heurtey....	19 févr. 73				
DEJEAN, marchand de vins, faubourg St-Martin, 141		Barboux....	31 mars 73	25 août 73	(3)		
Id.　-CHÉRIOT, Jean, sans domicile connu.............	*	Vandewalle..				21 janv. 73	
DEKENS, Gustave, traiteur, boulevard de la Villette, 14 et 16..		Beaugé..	12 mai 73				
DE KERVADOS, dame, hôtelière, place d'Eylau, 9		Copin.....	23 avril 73				
DELABARRE, père, Charles-Dominique, ruelle Barrault, 21	*	Kieffer....					* 29 avril 73
DE LA CHÈRE-MATHEWS, Beatr.-F°¹⁸-Jul., av. Ch.-Élysées, 416.	*	Caron....				29 avril 73	
DE LAGRANGE pers¹, Abel, court. en vins, r. des Quatre-Vents, 6.		Beaugé..	30 juill. 73				
Id.　　pers¹, Adhémar,　Id.　　Id.		Id........	Id				
Id.　　et Cie, A., march. de vins,　Id.　.		Id......	14 octob. 73		* 26 nov. 73		
DELAIL, père et fils, bottiers, passage Jouffroy, 46..........		Pinet.....	28 mai 72	5 déc. 72	(4)		
DELAIRE, charpentier, à la Courneuve.................		Prodhomme..	17 juill. 73				
DELAISEMENT, Ernest, négociant en toiles, rue St-Honoré, 380.		Beaugé...	10 octob. 67	2 déc. 73	(5)		
DELAPLACE, Alcibiade, marchand de beurre, à Suresnes		Hécaen....	14 octob. 72	(6)			
Id.　-DÉFRANCE,　Id.　　Id.　　.	*	Flat.....				25 mars 73	
DELAPORTE aîné, marchand de verrerie, rue des Moines, 26...		Sarazin..	2 août 70	(7)			
Id.　Pierre-Charles, bimbelotier, r. Montmorency, 34.		Beaugé..	20 déc 73				
DE LA PROVOSTAYS, négociant, à Vitry...............		Beaujeu..	20 mai 73		* 29 août 73		
DE LA PROVOTAYE. Voir : SAMSON et Cie.							
DELAROCQUE et Cie, distillateurs, rue Mazarine, 38		Heurtey..	4 avril 73		* 30 juin 73		
DELARUE-LEGAY, Eugène, rue Cardinet, 125.............	*	Gamard..				25 janv. 73	
DE LATREILLE, négociant, rue St-Georges, 6.............		Beaujeu..	31 octob. 73		* 29 déc. 73		
DELATTRE, Abel, hôtelier, rue Rossini, 18.............		Lamoureux..	12 nov. 63	6 juin 64	* 31 oct. 67	(8)	
DELAYE, négociant en articles de jeux, rue de Bondy, 32.....		Beaujeu..	28 octob. 73				
DELBARRE-DANNIN, Jean-Bapt.-Ernest, sans domicile connu..	*	Gamard ...				12 août 72	
DELCHER, Jean, nourrisseur, à St-Mandé.............		Sarazin..	24 mars 73		* 30 juin 73		
DELEBOIS, Gustave, grainetier, rue Pigalle, 38		Sautton ..	21 déc. 72		* 31 mars 73		
DELEFOSSE, négociant, à Bagnolet.........:........	*	Beaufour..	9 juill. 73		* 26 sept. 73		

(1) **DE HENNE et Cie et pers¹.** — La société paie 2 fr. 30 c. %, unique répartition. — DE HENNE pers¹ paie 0 fr. 81 c. %, unique répartition.

(2) **DEHORTER.** — Réouverture du 30 janvier 1873.

(3) **DEJEAN** doit 50 %, en 5 ans, par 1/5, de l'homologation.

(4) **DELAIL**, père et fils, paient 7 fr. 76 c. %, unique répartition de l'actif abandonné.

(5) **DELAISEMENT** paie 3 fr. % dans le mois de l'homologation, et doit 15 %, en 5 ans, par 1/5, de l'homologation.

(6) **DELAPLACE** paie 7 fr. 95 c. %, unique répartition.

(7) **DELAPORTE**, aîné. — Liquidation qualifiée faillite par jugement du 29 juillet 1873. — Il paie 6 fr. %, 1ʳᵉ répartition.

(8) **DELATTRE.** — Réouverture du 18 juillet 1873.

NOMS, PRÉNOMS, PROFESSIONS ET DOMICILES.	L Ladque Liquidation * ASTÉRISQUE Avoué et Insuffisance	SYNDICS ET AVOUÉS.	FAILLITES ET LIQUIDATIONS.	DATE DES HOMOLOGATIONS DE CONCORDATS	INSUFFIS** ET UNIONS.	SÉPARAT** DE BIENS JUDICIAIRES.	CONS. JUDIC. ET INTERDICT.
DELEFOSSE demoiselle, retordeuse de coton, à Bagnolet......		Richard	12 sept. 73	....	* 24 oct. 73		
DELENTE jeune, JEAN-JOSEPH, quincaillier, rue de Malte, 42 ...		Id........	20 juin 70	(1)			
DELESALLE, HENRI, cordonnier, rue Dareau, 61		Dufay.....	15 avril 73	18 sept. 73	(2)		
DELEZENNE, J.-BAPT.-Joseph, cafetier, boul. Ménilmontant, 46 .		Barboux.....	28 juin 73		* 30 juill. 73		
DELGRANGE, entrepreneur de bâtiments, rue Meslay, 24......		Sautton.....	30 octob. 71	(3)			
DELHALLE veuve, libraire, rue Richer, 46		Barboux.....	9 sept. 73		* 30 sept. 73		
DELHAYE, Louis-Augustin, ponussier, rue Poliveau, 45.......		Gautier......	12 mars 70	(4)			
DE LISLE DE SALES-BERNIER, ÉMILE-XAV.-JEAN, r. Charlot, 9. *		Michel			....	4 mars 73	
DELMAS, ANDRÉ, marchand de vins, quai Jemmapes, 122......		Régis.....	21 juill. 73		* 31 oct. 73		
Id. tailleur, rue Trévise, 8		Quatremère...	23 avril 73	27 octob. 73	(5)		
Id. EMÉRIE, boulevard Beaumarchais, 82 .... *		Bourse			....		* 20 déc. 73
DELMEZ, maître de lavoir, à l'île Laroche...............		Prodhomme .	19 avril 73	19 sept. 73	(6)		
DELOGES et Cie, marchands de dentelles, rue Feydeau, 26		Beaujeu.....	19 déc. 71	3 avril 72	(7)		
DELORME, JEAN-BLAISE, bimbelotier, boulevard Voltaire, 80...		Dufay.....	17 sept. 73				
DELOUVRES, ALPH.-ADOLPHE, fabr. de chaises, r. de Bondy, 80.		Pinet	27 août 73				
DELPEUX, ANTOINE, boulanger, à Levallois...............		Sarazin.....	10 octob. 73		* 28 nov. 73		
DELPIERRE, MARIA. Voir : PAGÈS, dame.							
DELPUECH-CASTEL, NICOLAS-LACOSTE, sans domicile connu ... *		Laden	....	....	....	9 déc. 73	
DELSARTE, décédé, CALIXTE, grainetier, rue Truffaut, 46		Hécaen.....	6 nov. 73				
DELSHENS, L., fabricant d'essieux, rue Traverso, 21		Sarazin.....	20 nov. 73				
DELVALLE, JOSEPH-ANDRÉ, march. de charbons, q. de Seine, 77.		Gautier	10 mai 72		* 25 mars 73		
DELYE, JEAN-AUGUSTE, linger, rue des Ternes, 22............		Id	31 déc. 69	(8)			
DEMAESENER et Cie, FÉLIX, marchands de vins, r. Villedo, 41..		Copin.....	11 août 73				
DEMANGE demoiselle, ROSE, modiste, boulevard Montmartre, 11.		Id	2 déc. 73				
DEMARS aîné, Louis-GABRIEL, peintre, rue Keller, 44.........		Chevallier ...	20 févr. 72	(9)			
DEMARTRES-CONTE, FRANÇOIS, rue St-Honoré, 91........... *		Delessard...	....	....	....	10 juin 73	
DEMATON, NICOLAS-ALEXIS, menuisier, rue Breda, 27 bis......		Barbot......	8 octob. 72	3 févr. 73	(10)		
DE MAZENOD-DE CLERQ (vicomte), Louis-ANT., av. Wagram, 53. *		Boutet	....	....	....	13 mars 73	
DEMAZY, AUGUSTE, boulanger, rue St-Jacques, 102		Gautier.....	26 juill. 72	(11)			
DENANS, J.-BAPTISTE, appareilleur, cité Rougemont, 6........		Prodhomme .	16 janv. 73		* 31 mars 73		
DENARD, MARIE-MADELEINE. Voir : DUNAND, veuve.							
DENAYROUZE, PIERRE, marchand de vins, rue de Bercy, 3......		Beaujeu.....	14 nov. 72	25 févr. 73	(12)		
DENEUVILLE, tailleur, rue Ste-Anne, 21.................		Meillencourt..	2 sept. 72	8 avril 73	(13)		
DENFER-DENFER, PAUL-LOUIS, rue de Flandre, 3............ *		Nottin......	....	....	....	22 juill. 73	

(1) **DELENTE** paie 15 fr. 04 c. °/₀, unique répartition.

(2) **DELESALLE** paie 10 °/₀ comptant aux créanciers qui n'ont rien touché lors de l'arrangement amiable et doit 20 °/₀, en 4 ans, par 1/4, de l'homologation.

(3) **DELGRANGE** paie 2 fr. 15 c. °/₀, unique répartition.

(4) **DELHAYE** paie 9 fr. 97 c. °/₀, unique répartition.

(5) **DELMAS** doit 25 °/₀, en 5 ans, par 1/5, de l'homologation.

(6) **DELMEZ** paie 8 °/₀ dans le mois de l'homologation, et doit 30 °/₀, en 4 ans.

(7) **DELOGES** et Cie paient 0 fr. 44 c. °/₀, unique répartition de l'actif abandonné.

(8) **DELYE** paie 3 fr. 82 c. °/₀, unique répartition.

(9) **DEMARS**, aîné, paie 26 fr. 30 c. °/₀, unique répartition.

(10) **DEMATON** doit 40 °/₀, en 8 ans, par 1/8, de l'homologation.

(11) **DEMAZY**, paie 7 fr. 38 c. °/₀, unique répartition.

(12) **DENAYROUZE** doit 25 °/₀, en 5 ans, par 1/5, de l'homolog.

(13) **DENEUVILLE** doit 5 °/₀, en 5 ans, par 1/5, de l'homolog.

NOMS, PRÉNOMS, PROFESSIONS ET DOMICILES.	Indique Liquidation * astérisque Avoué et Insuffisance	SYNDICS ET AVOUÉS	FAILLITES ET LIQUIDATIONS.	DATE DES HOMOLOGATIONS DE CONCORDATS	INSUFFIS" ET UNIONS.	SÉPARAT" DE BIENS JUDICIAIRES.	CONS. JUDIC. ET INTERDICT.
DENIS. Voir : LOISEAU et DENIS.							
DENISE, Ferdinand-Désiré, boulanger, à St-Maurice.		Quatremère.	11 juin 72	(1)			
Id. et PAIN, maçons, boulevard de Charonne, 61........		Barbot......	6 avril 72	30 octob. 72	(2)		
DEPAGNIAT, J.-Baptiste, entrepreneur, rue Condorcet, 28.....		Pinet	21 juill. 70				
DEPÈRE-FONTAINE, Joseph, rue de Charenton, 218	*	Husson......	....	....	....	6 mai 73	
DEPERET, commissionnaire, rue Fontaine-St-Georges, 31		Battarel	16 janv. 73	....	* 24 avril 73		
DEPLANQUE, Loris, fabric. de pierres factices, à Maisons-Alfort.		Beaujeu	6 déc. 72	20 octob. 73	(3)		
DEPLIHEZ, fabricant de capelines, rue de la Poterie, 9........		Heurtey.....	23 octob. 69	6 octob. 70	* 29 oct. 73		
DE POLART, marchand de vins, rue de Turenne, 38...........		Dufay......	25 sept. 73				
DEQUEN, Anne-Louise. Voir : FOURNIER, dame.							
DE RAISMES, v^tesse de Vaublanc, placée comme aliénée à Passy.*		Denormandie.	....	....	....	....	* 27 mai 73
DE RECOULÉS, Adolphe, courtier de banque, r. Le Peletier, 21.		Chevallier..	3 déc. 73				
DERIGNY, Eugène, plombier, rue des Petits-Hôtels, 23........		Dufay......	4 octob. 73				
DERIOT-PIOT, Auguste, rue du Temple, 118.................	*	Cullerier ...	....	....	....	4 avril 73	
DÉRIVRY, ex-marchand de vins, à Courbevoie...............		Gautier......	28 janv. 73	....	* 17 mars 73		
DEROUCETAUX, charpentier, rue St-Maur, 9...............		Chevillot ...	11 octob. 73	....	* 26 nov. 73		
DEROY, ex-boulanger, rue de la Roquette, 12.............		Beaugé......	20 avril 70	2 août 70	* 30 juill. 73		
DERRON veuve, mécanicienne, à Suresnes...............		Barboux.....	8 nov. 72	27 juin 73	(4)		
DE St-THOMAS, Nicolas, maître maçon, rue du Vert-Bois, 64...		Prodhomme..	9 sept. 73	....	* 29 oct. 73		
Id. d°, malt. blanchisseuse, Id. Id...		Id........	Id.	....	Id.		
DE SAULI, Thérèse. Voir : FERRUS et POURCET, veuve.							
DESCHAMPS, marchand de vins, rue Belidor, 4		Gautier......	25 nov. 73				
DESCHAMTRES dame, Jean. Voir : LEPOIGNEUX et Cie.							
DESCOMBES, frères et Cie, march. à la toilette, place Voltaire, 7.		Normand	29 avril 73				
Id. -SAROT, Claude, m^d de vins, r. de Charenton, 151.*		Maugin	....	....	....	4 mars 73	
DÉSERT, Jules-Benoni, ex-épicier, boul. Richard-Lenoir, 98....		Chevillot	17 nov. 73				
DESFORGES, confectionneur, rue N.-D.-de-Lorette, 38		Sarazin.....	21 nov. 72	....	* 22 fév. 73		
DESFOURS-DORTE, Hippolyte-Ant.-Émile, p^te r. St-Antoine, 0.*		Robineau....	....	....	....	22 octob. 73	
DESGHAMPS aîné, Alfred-Théod., menuisier, r. de Flandre, 99.		Dufay......	1er mai 73	28 août 73	(5)		
DESGOFFE et Cie, mécaniciens, boulevard de Vaugirard, 0 ..		Beaufour ...	11 févr. 73	(6)			
DESGRANGE-SAILLY, Marcel-Auguste, rue Soulage, 23......*		Daupeley ...	....	....	....	9 déc. 73	
DESHAYES, LACRESSONNIÈRE et Cie, dir. de th., q. Mégisserie, 2.		Quatremère..	30 juin 73				
DESINGE, confectionneur, faubourg St-Martin, 85...........		Meys........	21 nov. 71	4 mai 72	1er août 73	(7)	
DESMANT aîné, Étienne-Noël, marchand de vins, à Choisy.....		Beaufour ...	21 janv. 72	7 octob. 73	(8)		
DESMAREST, René, marchand de bois, rue Beaubourg, 39		Beaugé......	16 juill. 73				

(1) DENISE, Ferdinand-Désiré, paie 21 fr. 64 c. %, unique répartition.

(2) DENISE et PAIN paient 11 fr. 78 c. %, unique répartition de l'actif abandonné.

(3) DEPLANQUE paiera 60 %, en 6 ans, par 1/6, de l'homologation, et, dans le cas où la succession de son père produirait en sa faveur un actif disponible, il s'engage à en verser le montant à ses créanciers.

(4) DERRON, veuve, paie 5 %, 1 mois après l'homologation, et doit 5 % à la fin des 6 années suivantes.

(5) DESGHAMPS aîné, doit 30 %, en 6 ans, par 1/6, à partir de l'homologation.

(6) DESGOFFE et Cie. — Faillite rapportée et annulée par jugement du 21 avril 1873.

(7) DESINGE. — Résolution rapportée par jug^t du 10 octob. 73.

(8) DESMANT aîné, doit 25 %, en 5 ans, par 1/5, de l'homolog.

NOMS, PRÉNOMS, PROFESSIONS ET DOMICILES.	Époque Liquidation Aseraignes Avoué et Insuffisance	SYNDICS ET AVOUÉS	FAILLITES ET LIQUIDATIONS.	DATE DES HOMOLOGATIONS DE CONCORDATS	INSUFFIS** ET UNIONS.	SÉPARAT** DE BIENS JUDICIAIRES.	CONS. JUDIC. ET INTERDICT.
DESMARET, ALFRED, limonadier, boulevard Denain, 6		Meilloncourt	31 mai 72		* 30 nov. 72	(1)	
DESNOS, JULES-MARIE, fabricant de chocolats, rue Guillon, 21		Chevillot	16 déc. 72		* 24 juill. 73		
DESOMBRES, J., mercier, rue Neuve-des-Petits-Champs, 13		Chevallier	8 mars 72	20 juill. 73		(2)	
DESORMEAUX, CONSTANT, mercier, rue St-Denis, 155		Battarel	10 janv. 72	(3)			
DESOUROU, JEAN-CLAUDE, restaurateur, rue des Vosges, 7		Normand	17 mars 73	27 mai 73		(4)	
DESPAQUIS, CH.-HIPPOLYTE, bourrelier, rue d'Allemagne, 185		Dufay	26 juill. 73	17 nov. 73		(5)	
DESROCHES, PAUL, entrep' de travaux publics, r. Pasquier, 17		Barboux	28 déc. 73				
DESRUES dame, teinturière en soie, rue St-Louis-en-l'Ile, 71		Gauche	10 déc. 73				
DESTABLE, ERNEST, agent de charbonnages, rue Lafayette, 219		Beaufour	13 avril 72	20 nov. 72		(6)	
DESTAIGNE, hôtelier, place de la Rotonde-du-Temple, 6		Lamoureux	5 avril 72	25 janv. 73		(7)	
DESTREZ-LADOUSY, JUSTIN-ERNEST, rue des Ecoles, 8	*	Michel					22 avril 73
DESVIGNES et THIERRY, harnacheurs, rue Trévise, 11		Barboux	9 août 72	7 janv. 73	(8)		
DESWATTENNE, marchand de nouveautés, rue St-Honoré, 239		Chevillot	23 janv. 73				
DETAILLE-LAGNEAU, JULES, changeur, faubourg St-Denis, 228		Sommaire	7 janv. 73				
DETIENNE-BERNARD, BERNARD-ALEXANDRE, rue des Rosiers, 7	*	Savignat					1er avril 73
DETRÉ père, LOUIS, ébéniste, rue de Montreuil prolongée, 35		Knéringer	23 nov. 72		* 12 févr. 73		
DEULLY-OLLIVIER, LOUIS, avenue de Clichy, 58	*	Laden				4 mars 73	
DEVALS-ECHÉ, JEAN-PIERRE, sans domicile connu	*	Barberoa				3 juill. 73	
DEVAUX. Voir : MIOUX et DEVAUX.							
DE VERGY, GABRIELLE. Voir : THIÉBAULT veuve.							
DEVEUX-FERANNÉ, MARTIN, rue des Hautes-Gatines, 17	*	Dorré				14 janv. 73	
DEVILLIERS, EUGÈNE-ADRIEN, cordonnier, rue St-Martin, 140		Bégis	21 octob. 73				
DEVOIR-SCHOMBERGER, NARCISSE, r. des Grandes-Carrières, 4	*	Parmentier				12 déc. 72	
DEVOUCOUX, JEAN-JACQUES, m⁴ de vins, r. des Deux-Portes, 28		Heurtey	11 déc. 72	(9)			
DEZEST, VICT.-ALEXᵈʳᵉ, fab. de feuillages, boul. Sébastopol, 78		Copin	13 avril 73		* 19 juin 73		
DHAINAUT, ÉMILE-AUGUSTIN, cordonnier, rue du Bac, 45		Beaujeu	20 déc. 72	2 mai 73	(10)		
D'HERDT, JEAN, imprimeur sur étoffes, à St-Denis		Quatremère	9 avril 71		* 30 avril 73		
DHEURLE, décédé, boulanger, rue de la Grande-Truanderie, 28		Barboux	15 nov. 71				
DIARD, EUGÈNE, plâtrier, à Pierrefitte		Lamoureux	19 mars 72	14 sept. 72	30 octob. 73		
DIBART veuve, hôtelière, rue Marbeuf, 39		Richard	14 mai 73		* 26 sept. 73		
DIDART veuve, restaurateur, rue du Port-Mahon, 8		Bégis	4 juill. 73		* 31 juill. 73		
DIDELOT-PEUTOT, CÉLESTE-BENJAMIN, rue Boutebrie, 14	*	Boudin				10 déc. 72	
DIEU, LOUIS-FRANÇOIS-ALEXᵈʳᵉ, peaussier, r. de l'Entrepôt, 22		Maillard	4 nov. 73				
Id. TUEDORE, commissionnaire, rue de Richelieu, 78		Meilloncourt	8 nov. 73				
Id. -BOS, LOUIS-FRANÇOIS-ALEXANDRE, rue de l'Entrepôt, 22	*	Flat				16 déc. 73	
DIEUDÉ-NICOLAS, JOSEPH-JULES, enduiseur, rue St-Romain, 20		Robineau				27 mai 73	

(1) DESMARET. — Réouverture du 5 juillet 1873.

(2) DESOMBRES doit 25 %, en 5 ans, par 1/5, de l'homologat.

(3) DESORMEAUX. — Jug¹ du 30 août 1873 qui qualifie faillite.

(4) DESOUROU doit 20 %, en 5 ans, par 1/5, de l'homologation.

(5) DESPAQUIS doit 25 %, en 5 ans, par 1/5, de l'homologation.

(6) DESTABLE paie 4 fr. 54 c. %, unique répartition de l'actif abandonné.

(7) DESTAIGNE doit 50 %, en 8 ans, par 1/8, d'année en année, à partir du jour de l'homologation.

(8) DESVIGNES et THIERRY doivent 25 %, en 5 ans, par 1/5, à partir du jour de l'homologation.

(9) DEVOUCOUX paie 16 fr. 03 c. %, unique répartition.

(10) DHAINAUT paie 5 % après l'homologation, et doit 30 %, en 4 paiements, d'année en année.

NOMS, PRÉNOMS, PROFESSIONS ET DOMICILES.	L Indique Liquidation * Astérisque Avoué et Insuffisance	SYNDICS ET AVOUÉS	FAILLITES ET LIQUIDATIONS.	DATE DES HOMOLOGATIONS DE CONCORDATS.	INSUFFIS^er ET UNIONS.	SÉPARAT^on DE BIENS JUDICIAIRES.	CONS.JUDIC. ET INTERDICT.
DIEUDONNÉ, André, chapelier, rue de Turenne, 64		Normand....	9 mars 72	(1)			
DIEUMEGARD, Martial, forgeron, à St-Ouen		Meilloncourt.	21 avril 73		* 30 juin 73		
DINNAT. Voir : THIL et DINNAT.							
DINOCHEAU-JULLIEN, Arthur-Théod.-Abel, rue Perdonnet, 1.	*	Michel	....	....	....	18 févr. 73	
DIVERNERÈS-SALLARD, rue des Trois-Bornes, 22	*	Berryer	....	....	....	27 mai 73	
DIZENGREMEL, grainetier, rue d'Allemagne, 18		Beaugé..	14 octob. 72	(2)			
Id. -HUYARD, Pierre-Ach.-Onézime, r. Bailleul, 4.	*	Aymé	....	....	....	25 mars 73	
DIZY-OLION, Ernest-Dieudonné, à St-Denis	*	Leboucq..	....	....	....	20 mai 73	
Id. Ernest-Dieudonné, épicier, Id.		Beaugé..	8 avril 73		* 17 mai 73	.	
DOENCH, Pierre, mercier, rue du Cloître-St-Jacques, 8		Id	7 août 73		* 17 oct. 73		
DOLIVEUX-FLOYD de la SALLE, Pierre-Jean, r. St-Georges, 40.	*	Aymé	....	....	....	22 juillet 73	
DOMANGE, Alexandre, marchand de vins, à St-Mandé		Beaufour..	28 févr. 73		* 24 avril 73		
DOMART, banquier, rue de Provence, 2.		Sarazin.....	13 avril 70	(3)	.		
DOMERGUES-BOURDIOL, J.-Bapt., rue d'Hautefeuille, 1 bis....	*	Poisson	....	....	....	17 juin 73	
DONNADIEU dame. Voir : PRINS, aîné et sœur.							
DORIVAL, Michel-Constant, maçon, rue Berzélius, 54.		Normand....	21 mai 70	6 août 70	(4)		
DORMITZER, commissionnaire en peaux, rue Lafayette, 103		Dufay.......	9 sept. 73				
DORRON, marchand de vins, rue Rampon, 9................		Meilloncourt.	8 mars 73		* 26 avril 73		
DOSMOND, François-Gustave, ex-boulanger, r. Montorgueil, 90.		Barboux.....	5 août 73				
DOUARD père, Hilaire, marchand de vins, rue Riquet, 43......		Id	11 avril 73		* 24 juin 73		
DOUAT TOULON-RONDELET, François, rue Bonaparte, 74....*		Barberon..	....	....	....	3 juill. 73	
DOUILLART-CANION, détenu à la Roquette		Larroumès...	....	....	....	6 mai 73	
DOURY, Eugène, orfèvre, rue de Lancry, 57.		Legriel....	24 mai 73		* 30 juin 73		
DOUVILLE, Eugène-Fortuné, tailleur, rue N^le-des-Mathurins, 84.		Beaujeu....	4 janv. 73		* 28 févr. 73		
DOWLING, Georges, peintre, rue Fontaine-St-Georges, 47		Knéringer...	31 déc. 72				
DRAPIER veuve, hôtelière, rue des Petites-Écuries, 20		Normand...	8 déc. 73				
DRAPPIER-PHILARDEAU, Joseph-Désiré, rue Cujas, 10 ......*		Guyon..	....	....	....	25 nov. 73	
DRIGON, Eugène-Nicolas, boulanger, rue des Grands-Degrés, 3.		Maillard.....	17 juill. 73				
DRILLAUD et GIRE, restaurateurs, rue Cadet, 26.............		Prodhomme..	22 sept. 71	19 févr. 72	8 sept. 73		
DRIOU-RHÉVILLE, Georges-Ferdinand, sans domicile connu...	*	Nicquevert...	....	....	....	28 déc. 72	
DROGLAUD, Ch.-F^ois, m^d de bois et charbons, q. de Béthune, 13.		Maillard....	8 déc. 73				
DROUET, confectionneur, rue Neuve-des-Mathurins, 79.......		Beaugé..	3 juin 73				
DRUBIGNY-FRAIRIN, Joseph-Augustin, rue des Vinaigriers, 8..	*	Gavignot	....	....	....	1er avril 73	
DRULHON-DELISLE, bonnetier, rue des Halles, 17............		Richard....	14 févr. 72	8 juill. 72	* 7 oct. 73		
DRUYER, Nicolas-Louis, rentier, retenu rue Picpus, 90 ....*		Robineau....	....	....	....	....	* 1er mai 73
DUAND, Étienne-Lucien, sellier, rue Château-d'Eau, 55.......		Pluzanski...	31 déc. 73				
DUBOIS, Joseph-Alexandre, march. de cuirs, r. Lafayette, 147.		Dufay.......	3 avril 73				
Id. demoiselle, cordonnière, rue Bonaparte, 27		Bégis........	27 mars 73		....	* 30 avril 73	
Id. Alexandre, commissionnaire, avenue d'Eylau, 115....		Barboux.....	1er juill. 73	17 octob. 73	(5)		

(1) DIEUDONNÉ paie 8 fr. 81 c. %, unique répartition.

(2) DIZENGREMEL paie 8 fr. 95 c. %, unique répartition.

(3) DOMART paie 4 fr. 62 c. %, unique répartition.

(4) DORIVAL paie 25 fr. 94 c. %, unique rép. de l'actif abandonné.

(5) DUBOIS, Alexandre, doit 20 %, en 4 ans, par 1/4, à partir de l'homologation.

NOMS, PRÉNOMS, PROFESSIONS ET DOMICILES	Indice Liquidation * Astérisque Avoué et Insuffisance	SYNDICS ET AVOUÉS	FAILLITES ET LIQUIDATIONS	DATE DES HOMOLOGATIONS DE CONCORDATS	INSUFFIS ET UNIONS	SÉPARAT DE BIENS JUDICIAIRES	CONS. JUDIC. ET INTERDICT.
DUBOIS dame, limonadière, rue St-Martin, 268		Hécaen	9 sept. 73		* 29 nov. 73		
Id. -BELLAN, Louis-Léon, rue d'Argout, 18	*	Benoist				27 févr. 73	
DUBOSCQ, Auguste, marchand de vins, à Clichy		Sommaire	25 févr. 73				
DUBOST, coiffeur, rue Molière, 25		Barboux	9 mai 73		* 24 juin 73		
DU BOUCHET de NESME DESMARETS-HUGO, à Puteaux	*	Cesselin				29 avril 73	
DUBROT-KARGER, Jean-Léon, faubourg St-Martin, 189	*	Lacomme				11 févr. 73	
DUBUC, marchand de vins, avenue d'Italie, 129		Pluet	15 octob. 73				
DUDUISSON, Joseph-Alexandre, corroyeur, à Villejuif		Legriel	29 mars 73	9 juill. 73	(1)		
Id. Voir: DE St-THOMAS, dame.							
DUCARDONNAY-HERGAT, Henri, rue de Flandre, 45	*	Reimbert				24 mai 73	
DUCASSE et HUGOT, confectionneurs, rue du Mail, 25		Pinet	13 nov. 73				
DUCHAMP et Cie, Ant., ex-march. de vins, boul. du Temple, 41		Knéringer	2 octob. 66	(2)			
DUCHANOY, Joseph-Vict., serrurier, rue Bouchard-de-Sarron, 6		Beaufour	7 févr. 73		* 29 mars 73		
Id. -MARY, Id. Id.	*	Coche				11 nov. 73	
DUCHAUFFOUR, Louis, marchand de vins, rue de Flandre, 203		Sarazin	18 févr. 73		* 29 avril 73		
DUCHÉ, marchand de fourrures, rue Richelieu, 78		Dufay	22 janv. 73		* 31 mai 73		
DUCHEMIN, chemisier, rue de Maistre, 18		Beaujeu	4 sept. 67	14 janv. 68	* 14 août 73		
DUCHIRON-BELLET, Félix-Eugène, rue de Provence, 2	*	Desgranges				1er juill. 73	
DUCLERC, Auguste, marchand de vins, rue de Douai, 33		Deaugé	4 juin 73				
DUCLOS décédé, boulanger, rue de l'Hôtel-Colbert, 4		Pinet	27 sept. 72	(3)			
Id. veuve, chapelière, passage Pecquay, 7		Battarel	17 févr. 73				
Id. Ed.-Pierre, peintre, rue Boursault, 9		Heurtey	21 mars 73	21 octob. 73	(4)		
DUCOT dit Jeanti, marchand de vins, à Billancourt		Hécaen	5 déc. 72		* 31 juill. 73		
DUCOURTIOUX fils, Joseph, paveur, rue Patay, 30		Copin	18 mai 70	19 août 70	(5)		
DUCREY-PRUDHOMME, Théodore, sans domicile connu	*	Le Brun				27 mars 73	
DUCROCQ, marchand de vins, rue du Petit-Pont, 17		Sommaire	22 mai 72		* 31 mars 73		
DUCROT veuve, fabricante d'éventails, rue d'Hauteville, 8		Prodhomme	26 déc. 73				
DUCRUIX dit Ducauy, ex-marchand de vins, à Adamville		Beaujeu	8 juill. 73				
DUDAL, Pierre-Marie, logeur, à Neuilly		Chevillot	8 sept. 73		* 26 nov. 73		
DUFEY-DELASAUX, Émile, rue Sodaine, 83		Mercier				22 avril 73	
DUFFOUR, marchand de vins, à Alfort		Beaugé	29 juill. 73		* 26 sept. 73		
DUFOULON-LECLERCQ, Claude, rue de Hornay, 3	*	Maugin				12 août 73	
DUFOUR, Cécile. Voir: GIGNOUX, veuve et fils aîné.							
Id. veuve, marchande de vins, rue d'Argout, 55		Sarazin	10 févr. 73		* 29 avril 73		
Id. tonnelier, place Jussieu, 1		Bourbon	11 févr. 73		* Id.		
Id. -ARMAND, Paul, place Jussieu, 3	*	Michel				24 juin 73	
Id. -BODSON fils, chapelier, rue Royale-St-Honoré, 22		Lamoureux	18 juin 72	29 avril 73	(6)		
DUFOURNET, Joseph-Alfred, commissionne, rue d'Enghien, 28		Copin	15 mai 72		23 nov. 72		(7)
DUGRATOUX, boulanger, rue Basfroi, 10		Legriel	3 nov. 73		* 30 déc. 73		

(1) DUBUISSON, Joseph, doit 20 %, en 5 ans, par 1/5, à partir de l'homologation.

(2) DUCHAMP et Cie paient 3 fr. 50 c. %, 2e et dernière rép.

(3) DUCLOS, décédé. — Le syndic paie 9 fr. 90 c. %, unique rép.

(4) DUCLOS, Édouard, doit 25 %, en 5 ans, par 1/5, de l'homol.

(5) DUCOURTIOUX paie 20 %, 1re répart. de l'actif abandonné.

(6) DUFOUR-BODSON doit 40 %, en 6 ans, du jour de l'homol.

(7) DUFOURNET paie 7 fr. 99 c. %, unique répartition.

NOMS, PRÉNOMS, PROFESSIONS ET DOMICILES.	E indique liquidation * astérisque Avoué ou Tranfliouro	SYNDICS ET AVOUÉS	FAILLITES ET LIQUIDATIONS.	DATE DES HOMOLOGATIONS DE CONCORDATS.	INSUFFIS ET UNIONS.	SÉPARAT DE BIENS JUDICIAIRES.	CONS.JUDIC. ET INTERDICT.
DUGUÉ-GAILLARD, Jean-Marie, sans domicile connu	*	Violette....				13 févr. 73	
DUHAMEL, Paul-Georges, imprimeur sur étoffes, à Puteaux....		Pinet......	6 octob. 73				
Id. -ALLARD, Georg., Id. Id. ..	*	Huet.....				3 octob. 73	
DUHORDEL et Cie, passementiers, rue de l'Echiquier, 40......		Chevillot..	5 janv. 72	(1)			
DULAC, Louis-François, fab. d'habits militaires, r. Vivienne, 4..		Dovia.....	18 juill. 73				
Id. -FRIANT, Adolphe-Edouard, ciseleur, r. Poncelet, 28 ..	*	Kieffer.....				23 août 73	
DULBERGER, Maurice, commis, rue des Petites-Écuries, 13..		Barboux....	12 août 73		* 24 déc. 73		
DULOY, Théophile-Pierre, changeur, rue de la Bourse, 3		Sommaire ..	3 janv. 73				
DUMAGNOU-DE TALMOURS, Joseph-Eug.-Serph, rue Trard	*	Michel......				8 octob. 73	
DUMAIGNOT, J.-Bapt., march. de vins, rue Neuve-St-Médard, 13.		Gautier	27 nov. 73				
DUMAS et Cie, négociants, rue Chabrol, 31...............		Battarel ...	7 juill. 73		* 29 août 73		
DUMESNIL-NEHR, Eugène-Alfred, rue St-Maur, 163.........	*	Boudin.....				17 juin 73	
DUMONT, négociant en huiles, boulevard de la Villette, 244		Quatremère..	28 avril 73		* 24 juin 73		
Id. ex-marchand de vins, à Châtillon		Gauche....	19 avril 72		* 31 mars 73		
Id. -CLAUDE, Alexis-Joseph, rue du Commerce, 10	*	Bouthomard				14 janv. 73	
Id. -GOY, Jean-Baptiste, sans domicile connu	*	Vandewalle .				28 janv. 73	
Id. veuve, maîtresse d'hôtel meublé, rue de Moscow, 31 ..		Battarel ...	8 nov. 73				
DUMOULIN, f de montures de parapl., r. St-Denis, 261 et 263..		Chevallier ..	27 nov. 73	1er mars 73	(2)		
DUNAND veuve, déménageur, rue Keller, 17..............		Bégis	9 avril 73		* 31 mai 73		
DUNET-HUBIN, Ernest-Aristide, employé, à Pantin..........	*	Duval.....				25 févr. 73	
DUNEUFFOUR, Antoine-Alphonse, bijoutier, rue de Bondy, 30..		Sarazin....	20 févr. 73	27 juin 73	(3)		
DUNEUFGERMAIN, marchand de salaisons, av. d'Italie, 143 bis..		Barboux....	23 août 73				
DUPIC et CORNE, fleuristes, rue du Caire, 21.............		Dufay ;	17 févr. 72	(4)			
DUPLESSIS, Rosalie. Voir: LEMARCHAND, dame.							
DUPONCHEL, Charles-Pierre, restaurateur, rue Montorgueil, 52.		Bourbon	28 déc. 73				
DUPONT, Alexandre, boucher, rue St-Maur, 222............		Battarel ...	9 juin 73		* 30 août 73		
Id. Louis-Alphonse, marchand de salaisons, à Nanterre....		Barboux....	21 avril 73	29 juill. 73	(5)		
Id. Ch.-Fort., limonadier, rond point des Ch.-Élysées, 6..		Moys.....	24 octob. 72	7 avril 73	(6)		
Id. père, marbrier, boulevard Voltaire, 212...........		Id	26 juill. 71	(7)			
Id. -ALEXIS, Michel-Édouard, avocat, rue Jacob, 19	*	Denormandie.				15 juill. 73	
Id. -NATHAN, Gustave-Benoît, à Arcueil.......		Levesque....				2 déc. 73	
DUPRÉ, Herminie. Voir: COGNY, CHAPELLE et Cie.							
DUPREZ-COLLEVILLE, Romain-Joseph, rue de Fourcy, 16	*	Henriet.....				5 août 73	
DUPUIS, Arsène-Frédéric, march. de vins, rue de Crimée, 178.		Heurtey	25 janv. 73		* 22 mars 73		
Id. Clovis-Marie, cafetier, rue Rochechouart, 7........		Pinet.......	28 avril 73				
DUPUY, Louis-Victor-Joseph, gantier, rue de Rennes, 52		Prodhomme,.	3 octob. 73				
DUQUENOY, François, mercier, rue du Parc-Royal, 2		Deaufour ...	5 avril 73		* 30 avril 73		

(1) DUHORDEL et Cie paient 20 %, 1re répartition.

(2) DUMOULIN paie 40 %, produit de son actif, et doit 65 %, en 5 ans, par 1/10, de 6 mois en 6 mois; 1er paiement 6 mois après la reddition de compte.

(3) DUNEUFFOUR doit 25 %, en 5 ans, par 1/5, de l'homolog.

(4) DUPIC et CORNE paient 6 francs %, 1re répartition.

(5) DUPONT, Louis, doit 30 %, en 5 ans, par 1/5, de l'homolog.

(6) DUPONT, Ch., paie 15 fr. 45 c. %, produit de son actif, abandonne 20.000 fr. provenant de la vente de son fonds de commerce, et s'oblige à payer 10 %, en 2 ans.

(7) DUPONT père, paie 17 fr. 54 c. %, deuxième et dernière répartition.

NOMS, PRÉNOMS, PROFESSIONS ET DOMICILES.	Indéquo Liquidation ° Artvéatique Avoue et Insuffisance	SYNDICS ET AVOUÉS	FAILLITES ET LIQUIDATIONS.	DATE DES HOMOLOGATIONS DE CONCORDATS	INSUFFIS** ET UNIONS.	SÉPARAT** DE BIENS JUDICIAIRES.	CONS.JUDIC. ET INTERDICT.
DURAND et Cie, restaurateurs, rue de la Chapelle, 84		Normand....	9 nov. 72	(1)			
Id. aîné, décédé, fabricant de crins frisés, à Montreuil..		Prodhomme..	27 juill. 71	21 nov. 71	9 mai 73	(2)	
Id. brocanteur, au marché des Batignolles, rue Brochant..		Barboux.....	15 sept. 73	....	* 29 oct. 73		
Id. JEAN-BAPT.-AUGUSTE, limonadier, rue St-Lazare, 120 ..		Chevallier ...	29 avril 73	....	* 28 nov. 73		
Id. et DUMONT, banq., (v Poiss^re, 25 (Trib. de Montdidier).		Grimardias ..	15 juill. 72				
DURÉ, VICTOR, tourneur en cuivre, passage St-Pierre-Amelot, 8.		Chevallier ...	29 juill. 73				
Id. et CHÉRIER, fab. de meubles de luxe, rue du Harlay, 5..		Beaugé....	17 octob. 72				
DURET, MICHEL, commissionnaire, place de la Bourse, 31		Barboux.....	9 sept. 73				
DURNOY-FURG, JEAN, rue Monge, 62...............		* Gavignot	....	....	....	12 août 73	
DUROZEY, frères et Cie, usiniers, rue Royale-St-Honoré, 6....		Normand...	27 juill. 71	(3)			
DUSSAILLANT, JEAN, grainetier, boulevard Richard-Lenoir, 25..		Beaujeu	13 juin 70	(4)			
DUSSANGE-ARRIGON, FRANÇOIS, rue Neuve-St-Merri, 17......*		Maugin......	....	....	....	11 mars 73	
DUSSAULT, bijoutier, rue Chérubini, 4, puis à Bois-Colombes..		Maillard.....	15 octob. 73				
DUSSINE, décédé, peintre, rue Mabillon, 10.................		Normand....	14 août 72	(5)			
DUTERNE, corsetier, rue Michel-le-Comte, 25......		Gauche	18 juin 73	14 octob. 73	(6)		
Id. -JOKIN, ADOLPHE, rue des Tournelles, 2..........*		Mercier......	....	....	....	29 avril 73	
DUTERTRE, décédé, FRÉDÉRIC, négociant, rue d'Angoulême, 66.		Heurtey.....	17 octob. 72				
Id. HUBERT-EUG., libraire, pass. Bourg-l'Abbé, 18 et 20.		Barbot......	6 nov. 73				
Id. demoiselle, BLANCHE, café-concert, r. Lafayette, 521.		Knöringer ...	12 avril 73	....	* 31 juill. 73		
DUTOT et OURSIN, merciers, rue St-Jacques, 212		Chevallier ...	21 déc. 72	27 mai 73	(7)		
DUTOUR, ÉMILE. Voir : BOURNAY et Cie.							
DUVAL, JACQUES-JEAN, fab. de bronzes, b^d Richard-Lenoir, 121		Beaufour	17 avril 72	(8)			
Id. JOSEPH-JEAN, menuisier, rue Labat, 10		Moillencourt.	6 févr. 73	(9)			
Id. PIERRE-HENRI, plâtrier, à Antony..................		Legriel....	29 mars 70	17 juin 73	(10)		
Id. PHILOGONE-NORBERT, ferblantier, rue du Terrage, 24....		Beaugé.....	14 mars 73	24 juin 73	(11)		
Id. CHARLES, marchand de vins, rue St-Sabin, 21..........		Chevallier ..	7 mars 73	....	* 29 avril 73		
Id. -GUERRE, JOSEPH, rue Rivoli, 62 ....*		Marc........	....	....	....	9 déc. 73	
DUVERGEY, ANTOINE, traiteur, à Pantin...................		Heurtey.....	21 mai 73	....	* 30 août 73		
DUVIVIER et Cie, banquiers, rue de Provence, 59, ex-63........		Gautier......	13 janv. 73	....	* 15 juill. 73		
Id. maître d'hôtel, rue Fabert, 34		Lamoureux...	22 août 73				
Id. ALFRED, menuisier, cité Henry, 40..............		Dufay.......	16 janv. 73	....	* 1er oct. 73		
DUVOYE, graveur en lithographie, rue Marie-Louise, 10		Heurtey.....	8 octob. 73				

(1) **DURAND** et **Cie** paient 17 fr. 71 c. %, unique répartition.

(2) **DURAND** paie 40 francs %, 1re répartition.

(3) **DUROZEY**, frères et Cie paient 12 fr. 01 c. %, unique répart.

(4) **DUSSAILLANT** paie 7 fr. 91 c. %, unique répartition.

(5) **DUSSINE**. — Faillite annulée et rapportée par jugement du 17 septembre 1873.

(6) **DUTERNE** doit 30 %, en 5 ans, par 1/5. — Mme DUTERNE cautionne.

(7) **DUTOT** et **OURSIN** doivent 30 %, en 5 ans, par 1/5, à partir du jour de l'homologation.

(8) **DUVAL**, JACQUES, paie 19 fr. 66 c. %, unique répartition.

(9) **DUVAL**, JOSEPH, paie 25 fr. 80 c. %, unique répartition.

(10) **DUVAL**, PIERRE, doit 20 %, en 5 ans, par 1/5, à partir du jour de l'homologation.

(11) **DUVAL**, PHILOGONE, doit 25 %, en 5 ans, par 1/5, à partir du jour de l'homologation.

NOMS, PRÉNOMS, PROFESSIONS ET DOMICILES.	à Indique Liquidation · Astérisque Avoué et Insuffisance	SYNDICS ET AVOUÉS	FAILLITES ET LIQUIDATIONS.	DATE DES HOMOLOGATIONS DE CONCORDATS.	INSUFFIS^{es} ET UNIONS.	SÉPARAT^{ns} DE BIENS JUDICIAIRES.	CONS. JUDIC. ET INTERDICT.

E et F

NOMS, PRÉNOMS, PROFESSIONS ET DOMICILES.		SYNDICS ET AVOUÉS	FAILLITES ET LIQUIDATIONS.	DATE DES HOMOLOGATIONS DE CONCORDATS.	INSUFFIS. ET UNIONS.	SÉPARAT. DE BIENS JUDICIAIRES.	CONS. JUDIC. ET INTERDICT.
ECASSE, Eugène-Ernest, marchand de couleurs, à Asnières....		Prodhomme.	14 juin 73	....	* 29 août 73		
EHRHARD, Jean, boulanger, rue des Récollets, 0............		Beaujou.....	8 octob. 73				
ELIE, Clémence, femme LEROY, limonadière, à Neuilly........		Barboux....	28 avril 70	....	* 28 juill. 73		
Id. entrepreneur de transports, rue Virginie, 38...........		Chevillot...	25 avril 73				
EMARD-BERNARD, Hector-Sylvin, rue Oberkampf, 17 .... *		Pilastre.....	....	....	....	4 févr. 73	
EMERY, A., bonnetier, rue St-Denis, 102, puis 87............		Gautier.....	20 août 72	....	* 31 janv. 73		
EMILE-MOUDÉ, Augustin, sans domicile connu.............. *		Violletie	....	....	....	24 juin 73	
EMOND, marchand d'articles de chasse, rue des Halles, 32		Beaugé....	23 janv. 73	6 mai 73	(1)		
ENFER-ROLLAND, Jean-Baptiste, rue Berger, 37............ *		Martin du Gard	....	....	....	1er juillet 73	
ENGARD-BACHELIER, Jean-Baptiste, sans domicile connu.... *		Delessard...	....	....	....	9 août 73	
ENGEL-SALLES, Christophe-Hippolyte, rue Vendrezanne, 22.. *		Vivet......	....	....	....	22 avril 73	
Id. Hippolyte, marchand de vins, Id. ..		Normand....	9 avril 69	17 juillet 09	14 nov. 73		
ENGELSBACH et VOISIN, ten. le café du Globe, bd Strasbourg, 8.		Richard.....	1er août 73				
ENQUEBEC, Ch.-Philippe, ex-logeur, rue Poncelet, 9........		Chevallier...	10 juin 73	....	* 28 nov. 73		
ENTRAYGUES, Mart., march. de comestibles, r. du Pont-Neuf, 25.		Knéringer ...	21 mai 73				
ERMENEUX, L., md de prod. en terre cuite, r. des Cordelières, 28.		Dufay......	24 mai 70	13 octob. 71	* 28 juin 73		
ESNAULT, Yves-François, peintre, faubourg St-Denis, 66		Legriel.....	15 mars 73	....	* 26 avril 73		
ESPELDINGER, Adam, restaurateur, rue Guy-Labrosse, 13		Meys.......	17 juillet 73	....	* 20 sept. 73		
ESTIER et HUGUES, commissionnaires, rue des Gravilliers, 16..		Maillard....	26 déc. 73				
ETOC, boulanger, rue de Vanves, 216............		Knéringer ...	22 août 73				
EUGET AUGET-CHARTIER, rue Julien-Lacroix, cité Rivoli, 9 ..*		Tixier......	....	....	......:	....	20 mars 73	
EUSÈBE, fabricant de gaz et apprêts, à Vincennes............		Normand....	4 avril 73	14 sept. 73	(2)		
EVEN, Pierre-Julien, restaurateur, à Port-Créteil...........		Barboux....	19 sept. 73				
EVENO, Louis-Léopold, bijoutier, rue Charlot, 52............		Bégis......	13 mai 73	....	* 31 juill. 73		
EVERLING, march. de machines à coudre, r. de Charenton, 331.		Beaugé.....	22 juillet 73	....	* 17 oct. 73		
EVRARD, marchand de vins, boulevard de Belleville, 38.......		Gautier.....	6 déc. 73				
FABRE, J.-Maurice, sellier, boulevard des Italiens, 23........		Gauche	26 déc. 73				
FABROT et LEGRAND, distillateurs, rue St-André-des-Arts, 30 ..		Heuricy.....	3 sept. 72	(3)			
FABRY, CRIBIER et Cie, fabricants de bronzes, rue de Metz, 14..		Meillencourt.	20 févr. 73	1er août 73	(4)		
FAGET-FOUET, Jean, boulevard de Charonne, 89 .... *		Réty.......	....	....	....	4 févr. 73	
Id. Jean, charpentier, rue de Puebla, 38...........		Maillard....	28 déc. 73				
FAILLE-PETIT, Pierre-Léon, rue de Flandre, 142............ *		Poinsot.....	....	....	....	29 juill. 73	
FAIVRE, Pierre, épicier, à Boulogne.......................		Hécaen......	3 avril 73	....	* 31 mai 73		
Id. Antoine, restaurateur, rue du Pont-Louis-Philippe, 6..		Meillencourt.	9 juin 73	....	* 26 juill 73		
Id. -MALIN, Id. Id. .. *		Chagnet	....	....	....	18 nov. 73	

(1) EMOND doit 25 %, en 5 ans, par 1/5, à partir du jour de l'homologation.

(2) EUSÈBE paie 5 fr. 13 c. %, produit de son actif et parfait 20 %, en 3 ans, par 1/3.

(3) FABROT et LEGRAND paient 72 fr. 75 c. %, unique répart.

(4) FABRY, CRIBIER et Cie paient 13 fr. 36 c. %, unique répartition. — CRIBIER doit 20 %, en 5 ans, par 1/5, de l'homologation. — FABRY doit 10 %, en 6 ans, par 1/6, de l'hom.

NOMS, PRÉNOMS, PROFESSIONS ET DOMICILES.	Indique Liquidation • Astérisques Avoué et Insuffisance	SYNDICS ET AVOUÉS	FAILLITES ET LIQUIDATIONS.	DATE DES HOMOLOGATIONS DE CONCORDATS	INSUFFIS⁰ⁿ ET UNIONS.	SEPARAT⁰ DE BIENS JUDICIAIRES.	CONS.JUDIC. ET INTERDICT.
PALAIZEAU dame, restaurateur, rue de Seine, 76		Chevillot	3 sept. 73	. . . .	* 31 oct. 73		
FALCOU, Achille, agent d'affaires, rue Tronchet, 13.		Beaufour	1er juin 63	(1)			
FANTIN, Jean-Henri-Honoré, négoc. en tissus, r. d'Aboukir, 12.		Devin	24 nov. 73				
FARAIS, André-Silvain, gravailler, rue de la Pépinière, 28		Pluzanski. . . .	28 juin 05	(2)			
FARCY-FRANCASTEL, Joseph-Alⁿᵉ, r. Nᵛᵉ-des-Capucines, 22. .	*	Mouillefarine.	. . . .			27 mai 73	
FAROUX-PERRIER, Adrien-Jul., mᵈ de chov., r. Oberkampf, 39.	*	Dumont				7 janv. 73	
FAU, Pierre-Henri, rue de Provence, 00	*	Marquis				. . . .	* 5 août 73
FAUCHÉ, Raymond, restaurateur, boulevard Magenta, 31		Chevallier . . .	18 févr. 73	. . . .	* 29 mars 73		
FAUH, marchand de glaces et verreries, rue du Dragon, 25. . . .		Heurtey	21 juin 73				
FAURE personnellement, Jean-Loboïs, tailleur, rue Auber, 17 . .		Knéringer . . .	29 avril 70	5 mai 73	(3)		
Id. dame, bonnetière, rue Jacob, 9		Barboux	18 mars 73	. . . .	* 28 avril 73		
FAVRAIS, Augustin-Germain, march. de crépins, r. Charlot, 28 .		Richard	23 nov. 71	(4)			
FAVRE, Auguste, marchand de meubles, à Sceaux.		Heurtey	15 avril 73				
Id. -FÉLIX, François, cordonnier, boul. des Capucines, 27.		Knéringer . . .	3 juin 73	(5)			
FAVRESSE, Augᵗᵉ-Jos., entrepʳ de transports, aux Prés-St-Gervais.		Gautier	17 mai 73	26 nov. 73	(6)		
FAYANT-BEAUFILS, Alfred, rue Lauriston, 36	*	Bourgoin		. . . .		20 mai 73	
FÉBURIER-DESTRÉS, fleuriste, rue du Caire, 8.		Dégis	26 nov. 72	7 avril 73	(7)		
FEIGE, Jean, restaurateur, avenue de Clichy, 16		Normand	31 octob. 72	10 févr. 73	(8)		
FELLER, tenant bal et concert, à Aubervilliers		Pinet	10 juill. 73	. . . .	* 14 août 73		
FERAUD, Jean-Baptiste, commissionnaire, rue Lafayette, 118. .		Dégis	1er sept. 73				
FERENOUX-CHAMBERLIN, Louis, rue Nollet, 12.		Pijon		. . . .		21 mars 73	
FERIN, Alphonse, chapelier, rue Fontaine-St-Georges, 44.		Barboux	23 juin 73	. . . .	* 30 juill. 73		
FERLIN Jame, modiste, au Temple, gᵈᵉ av. du Milieu, 751 et 753.		Pinet	30 juin 73	. . . .	* 14 août 73		
FERMOND, Prosper, menuisier, rue Mazarine, 30.		Maillard	19 octob. 72	17 mars 73	(9)		
FERREY et MUSSAULT, bijoutiers, boulevard Voltaire, 99.		Beaugé	4 déc. 73				
FERRIOL. Voir : GODARD et FERRIOL.							
FERRUS et POURCET, veuves, hôtelières, av. du Roi-de-Rome, 10.		Dufay	6 août 73	. . . .	* 31 oct. 73		
FERTELLE, Daniel, passementier, rue d'Hautpoul, 22		Beaugé	26 déc. 68	(10)			
FEUCHOT-DELCOURT, François, à Sèvres	*	Mouillefarine.				18 févr. 73	
FEUVRIER fils, Léon-François-Parfait, traiteur, aux Lilas		Beaujeu	5 août 73	. . . .	* 19 sept. 73		
FEYDEAU-BOGUSTAWA, Ernest-Aymé, rue Copenhague, 3 . . .	*	Lacroix				25 mars 73	
FIAT, Xavier-Jules, ferblantier, rue St-Denis, 287		Beaugé	12 août 72	(11)			
FICHOT-LAFFITTE, Ferdin.-Fⁱˢ, r. de l'Ancienne-Comédie, 27. .	*	Duval				19 juin 73	
FIGARÈDE. Voir : GUÉRIN, CHARTON et FIGARÈDE.							

(1) FALCOU paie 6 fr. 85 c. %, 2e et dernière répartition.

(2) FARAIS paie 22fr. 48 c. %, unique répartition.

(3) FAURE persⁱ, paie 2 fr. 03 c. %, unique répartition, abandonne son actif et doit 5 %, en 5 ans, par 1/5.

(4) FAVRAIS est qualifié failli. — Il paie 8 fr. 45 c. %, unique répartition.

(5) FAVRE-FÉLIX paie 15 francs %, 1ᵉ répartition.

(6) FAVRESSE doit 60 %, en 6 ans, par 1/0, avec la caution de sa femme.

(7) FÉBURIER-DESTRÉS doit 25 %, en 4 ans, par 1/8, de 6 en 6 mois, à partir de l'homologation.

(8) FEIGE paiera l'intégralité des créances en 10 ans, par 1/10 avec les intérêts à raison de 5 % par an.

(9) FERMOND paiera l'intégralité des créances, sans intérêts, en 10 ans, par 1/10, de l'homologation.

(10) FERTELLE paie 2 fr. 69 c. %, unique répartition.

(11) FIAT paie 4 fr. 41 c. %, unique répartition.

NOMS, PRÉNOMS, PROFESSIONS ET DOMICILES.	Liquidation ● antérieure à Avoué et Insuffisance	SYNDICS ET AVOUÉS	FAILLITES ET LIQUIDATIONS.	DATE DES HOMOLOGATIONS DE CONCORDATS	INSUFFIS^{es} ET UNIONS.	SÉPARAT^{ns} DE BIENS JUDICIAIRES.	CONS. JUDIC. ET INTERDICT.
FIGEAC, ex-marchand de vins, traiteur, passage Crouin, 4		Beaugé......	20 sept. 71	24 juin 73	(1)		
FILLET, Ernest-François, marchand de vins, boul. Excelmans..		Dufay......	24 déc. 72	....	* 29 nov. 73		
FILLOCHE, marchand de vins, rue du Canal-St-Martin, 3.......		Maillard....	10 nov. 73	....	* 30 déc. 73		
FINANCE, march. de vins et liqueurs, boul. de la Chapelle, 20..		Gautier......	24 nov. 72	....	* 12 févr. 73		
FINIS, f^t de coquilles en cuivre, ch. de ronde du Père-Lachaise, 21.		Beaujeu	12 févr. 73	....	* 31 mars 73		
FINOT, Alexandre-Melchior, traiteur, à Pantin..............		Id	20 octob. 73	....	* 28 nov. 73		
FIRMIN, Jules-Armand, porcelainier, boulevard Magenta, 137...		Chevillot....	27 mai 72	(2)			
FISANE-COUSIN, Auguste, rue de Javel, 65..................	*	Louvel......	....	....	....	15 mars 73	
FLAMIER-LABARRAQUETTE, Eug.-Alf., r. du Chem.-Vert, 92..	*	Labbé.......	....	....	....	27 mai 73	
FLAMMANG d^{lle}, Anna, liquoriste, boulevard Bonne-Nouvelle, 25.		Bourbon....	12 mai 73	....	* 24 juill. 73		
FLECK, Frédéric, tapissier, rue Git-le-Cœur, 12		Prodhomme..	2 mai 72	(3)			
FLEUREAU-FORTIN, Louis-Auguste, sans domicile connu.....*		Laubanie....	....	....	....	19 juill. 73	
FLEURIER, loueur de voitures, rue d'Amsterdam, 28..........		Copin.......	2 sept. 73	....	* 21 nov. 73		
FLEURY, Léon, graveur, place de la Bourse, 9...............		Sarazin.....	30 nov. 72	6 sept. 73	(4)		
Id. -GUY, Auguste-Nicolas, à Neuilly	*	Henriet.....	....	....	....	1er juill. 73	
FLOQUET-DÉBOST, Louis, banquier, rue Salomon-de-Caux, 4...		Chevillot....	7 mars 73				
FLORANCE, Jules, cartonnier, rue aux Ours, 23..............		Prodhomme..	14 juin 73	....	* 30 juin 73		
FLORAND, Pierre-Joseph, négociant, rue St-Sauveur, 24.......		Dufay	12 nov. 63	(5)			
FLOREZ. Voir : POURCELLE dit FLOREZ.							
PLOS dame, marchande de comestibles, rue des Amandiers, 105.		Barboux.....	3 févr. 73	....	* 25 mars 73		
FOA-MANUEL, Édouard-Eugène, détenu à Beaulieu (Calvados)..*		Desgranges...	....	....	....	30 avril 73	
FOCAS, Paul-Victor, courtier en chevaux, à Bagnolet.........		Beaujeu	30 sept. 73	....	* 31 oct. 73		
FOISSIN, Julien, marchand de vins, boulevard St-Germain, 42..		Hécaen......	11 octob. 72	(6)			
FOLIES-MARIGNY. Voir : GARNIER.							
FOLLET-ARCONY, Adolphe-Antoine, rue de la Glacière, 87....*		Gignoux.....	....	....	....	17 mai 73	
FOMBERTASSE, père et fils, restaurateurs, rue du Renard, 16 ..		Sommaire ...	14 août 73	....	13 déc. 73		
FONTAINE, Em., restaurateur, rue Ménilmontant, 78..........		Beaugé......	19 juill. 73	....	* 31 oct. 73		
Id. doreur, rue des Marais, 09..................		Battarel	24 mars 73	....	* 30 juin 73		
FONTEYNE et PRINET, malt. de bains et plombiers, à Levallois.		Quatremère..	13 mars 72	26 juill. 72	20 déc. 73		
FONTREAUX de JALLAIS. Voir : DE JALLAIS et Cie.							
FORESTIER d^{lle}, Marie, traiteur, boulevard Voltaire, 144.......		Pinet.......	12 déc. 73				
FORGELOT, Charles, ex-boulanger, rue de Belleville, 88		Battarel	21 déc. 72	31 mai 73	(7)		
FORGET fils, entrepreneur de marchandises, rue de Bellefond, 1.		Bourbon	27 juill. 72	....	* 31 janv. 73		
FORIASKI, cafetier, boulevard Ornano, 15		Barbot......	19 févr. 73	....	* 31 mars 73		
FORIWSKY-DUPONT, Augustin, boulevard Ornano, 15.........*		Berlinet.....	....	....	....	25 nov. 73	
FORTIER, négociant, rue Ramey, 2........................		Bégis	13 juill. 72	13 mars 73	(8)		
Id. -HUBERT, Adolp.-Aug., détenu à Beaulieu (Calvados).*		Lacomme....	....	....	....	18 juin 73	

(1) FIGEAC paie 5 %, comptant, 7 % dans 1 an et 7 % à l'expiration des 4 années suivantes.

(2) FIRMIN paie 9 fr. 04 c. %, unique répartition.

(3) FLECK paie 12 fr. 29 c. %, unique répartition.

(4) FLEURY, Léon, paie 45 fr. 85 c. %, produit de son actif, et doit 10 %, en 5 ans, par 1/5, de l'homologation.

(5) FLORAND paie 4 fr. 60 c. %, unique répartition.

(6) FOISSIN paie 2 fr. 30 c. %, unique répartition.

(7) FORGELOT doit 40 %, en 5 ans, par 1/10, de 6 en 6 mois.

(8) FORTIER, négociant, doit 20 %, en 4 ans, par 1/4, avec la caution de Mme Victorine-Marie Aufray, sa femme.

NOMS, PRÉNOMS, PROFESSIONS ET DOMICILES.	Indique Liquidation Astérisques Avoué et Insuffisance	SYNDICS ET AVOUÉS	FAILLITES ET LIQUIDATIONS.	DATE DES HOMOLOGATIONS DE CONCORDATS	INSUFFIS™ ET UNIONS.	SÉPARAT™ DE BIENS JUDICIAIRES.	CONS.JUDIC. ET INTERDICT.
FORTIER et CARTIER, charb. et grainet., r. St-Vinc.-de-Paul, 15.		Barboux.....	30 nov. 72	15 avril 73	(1)		
FORTIN, Alfred-Armand, fabric. de bronzes, r. de Turenne, 49.		Meillencourt.	15 déc. 71	12 déc. 72	(2)		
Id. —SAVY, Jules-Désiré, rue du Rocher, 59	*	Lescot.....	....	....	....	3 mai 73	
Id. —BAUDSON, Gaston-Ferdinand, rue Clauzel, 11	*	Corpot	....	....	....	15 juill. 73	
FOSSA et Cie, commissionnaires, rue Lepeltier, 7		Beaugé.....	4 sept. 69	20 janv. 73	(3)		
FOSSE, Eugène, grainetier, rue des Fermiers, 25.		Copin	30 janv. 73	(4)			
FOUANON-COURBOULET, Noël, à Vincennes.............	*	Mercier.....	....	....	....	4 févr. 73	
FOUBERT, Antoine, marchand de vins, quai de Billy, 54 bis...		Barboux.....	25 janv. 73	....	* 21 mars 73		
FOUCARD-LEROY, F.-Vict., boulang., r. N°-des-Capucines, 9.	*	Berton	....	....	....	8 févr. 73	
FOUCAULT-BONVALET, Ec.-Bap., à Belle-Ile-en-Mer, (Morb.).	*	Réty.....	....	....	....	7 févr. 73	
FOUCHET, Pauline. Voir : BAFFI, dame.							
FOUDRIAT, Charles, marchand de draps, rue du Temple, 38...		Meillencourt.	15 juill. 73	30 déc. 73			
FOULLON-MONTHIERS, Pierre-Cul°°, à St-Ouen-l'Aumône (Oise).	*	Clériot	....	....	....	4 mars 73	
FOUQUET, march. de vins et hôtelier, r. Letellier prolongée, 5.		Richard.....	9 déc. 71	....	* 7 oct. 73		
Id. —COURBEYRE, Gustave, rue Monge, 35	*	Plassard.....	....	....	....	7 janv. 73	
Id. —DEVINCE, Aug¹°-Ach.-Hipp., r. Letellier prolong., 8.	*	Vandewalle..	....	....	....	19 août 73	
FOUR, Jean-Claude, marchand de bois, r. St-Louis-en-l'Ile, 24.		Knéringer...	12 déc. 72	5 avril 73	(5)		
FOURCADE-HEUDERYKSEN, Jean, négociant, rue Sibour, 6....		Devaux.....	....	....	....	14 janv. 73	
FOURCAND, ex-marchand de vins, rue de l'Argonne, 25........		Knéringer...	5 août 68	(6)			
FOURCAUD-MARTIN, Jean, rue Keller, 17	*	Rougeot.....	....	....	....	25 nov. 73	
FOURCHÉ, Théodore-Charles, serrurier, à St-Mandé		Chevallier...	17 févr. 66	25 mars 67	* 31 mars 73		
FOURIAND, Edmond, peintre, march. de vins, q. de Béthune, 34.		Beaujou	20 juin 73	3 nov. 73	(7)		
FOURNEAUX-FLAITZ, Charles-Constant, sans domicile connu.		Pagès.....	....	....	....	25 janv. 73	
FOURNIER, Charles, marchand de vins, rue St-Maur, 25....		Beaujou	24 nov. 73				
Id. dame, bijoutière, rue Montmorency, 18............		Pinet.....	3 mars 73	5 juin 73	6 déc. 73		
Id. gantier, rue de l'Abbaye-St-Germain, 14..		Hécaen.....	14 mai 73	....	* 30 août 73		
Id. Jean-Edmond, dit PELLETIER, banq., r. Taitbout, 3.		Lamoureux..	7 mai 73				
Id. dit PELLETIER-CASTILLE, banq., b¹ Beauséjour, 39.	*	De Benazé..	....	....	....	5 août 73	
Id. —JARDEL, Jacques-Suz.-Jos.-Ern., b¹ Montmartre, 8.	*	Gignoux.....	....	....	....	15 juill. 73	
Id. —MARQUET, Pierre, rue Daguerro, 42 bis........	*	Carvès.....	....	....	....	23 juill. 73	
FOURNIOUX. Voir : GRENIER, veuve.							
FOURNY, dit HATTAT, voiturier, rue d'Allemagne, 168........		Chevallier...	18 avril 72	(8)			
FOURRIER, Désiré, limonadier, rue Choron, 14		Barbot.....	18 mars 73	....	* 31 juill. 73		
FRADIN, marchand de vins, rue Boileau, 5		Meys..	9 août 73	....	* 27 déc. 73		
Id. maître de manège, rue Lhomond, 51		Pluzanski....	12 août 72	(9)			
FRAGOT-OCHIN, Auguste-Léonard, rue de Flandre, 16........		Berton	....	....	....	6 mai 73	
FRANCE-ALEMANNS, Paul, rue de Bercy, 129	*	Rivière.....	....	....	....	9 déc. 73	

(1) FORTIER et CARTIER doivent 25 %, en 5 ans, par 1/5, à partir du jour de l'homologation.

(2) FORTIN paie 31 fr. 67 c. %, produit de son actif.

(3) FOSSA et Cie. — Auguste Ponsot, l'un des associés, paie 80 % dans le mois de l'homologation.

(4) FOSSE paie 8 fr. 85 c. %, unique répartition.

(5) FOUR doit 25 %, en 5 ans, par 1/5, de l'homologation.

(6) FOURCAND paie 12 fr. 91 c. %, unique répartition.

(7) FOURIAND doit 30 %, en 6 ans, par 1/6, de l'homologation.

(8) FOURNY paie 9 fr. 73 c. %, unique répartition.

(9) FRADIN paie 7 fr. 03 c. %, unique répartition.

NOMS, PRÉNOMS, PROFESSIONS ET DOMICILES.	E Indique Liquidation * astérisques Avoué et Insuffisances	SYNDICS ET AVOUÉS	FAILLITES ET LIQUIDATIONS.	DATE DES HOMOLOGATIONS DE CONCORDATS	INSUFFIS** ET UNIONS.	SÉPARAT*n DE BIENS JUDICIAIRES.	CONS.JUDIC. ET INTERDICT.
FRANCŒUR, Léon, négociant, rue St-Joseph, 6.............		Prodhomme..	19 août 71	19 août 73	(1)		
FRANÇOIS, veuve, cordonnière, rue Neuve-St-Merri, 27...		Sarazin.....	16 févr. 72	(2)			
Id. Léopold, marchand de vins, rue St-Sauveur, 58		Hécaen......	20 mai 73	....		* 31 mai 73	
Id. dit Eugène LIAUD, ex-restaurateur, r. St-Antoine, 110.		Legriel.....	1er juillet 72				
Id. Adolphe, marchand de vins, rue de la Verrerie, 9...		Copin....	7 févr. 73	....		* 27 mai 73	
Id. marchand de vins, aux Prés-St-Gervais		Beaugé...	15 déc. 72			* 31 janv. 73	
Id. -SIMOND, Théophile, Id.	*	Doudin..					12 août 73
FRAUDIN-LE COUEZEL, Clément, boulevard Voltaire, 46 .....*		Bertinot...	....			21 juin 73	
FRÉCHON-COUILLARD, Abel-Étienne, à Bois-Colombes ......*		Flat....	....			29 octob. 73	
FRÉDON, marchand de vins, rue de la Plaine, 4		Beaugé...	3 juin 73			* 31 juill. 73	
FRÉLON, vᵉ et COMMON, eaux gaz., rue St-Domin.-St-Germ., 172.		Barbot...	4 avril 73	14 octob. 73	(3)		
Id. Id. fabr. de cartonnages, rue de Braque, 5.		Id....	Id.	13 et 14 octob. 73	(4)		
FRÉMOND, Édouard, bijoutier, rue du Temple, 67.		Barboux...	7 juillet 73			* 30 sept. 73	
FRÉVILLE frères, appareilleurs, boulevard Strasbourg, 46 et 48.		Saulton....	23 juillet 72	23 déc. 72	(5)		
FRÉZARD-RAMONAT, Ernest, sans domicile connu............*		Maza....				8 juill. 73	
FROGET, André, boucher, rue des Panoyaux, 14		Beaugé...	15 sept. 73			* 29 sept. 73	
FROIDEFOND, Jean, marchand de vins, rue Cadet, 9, puis 18 ...		Chevallier...	16 mai 73			* 30 juin 73	
FROIDEVAUX veuve, quincaillière, rue St-Roch, 20........L		Battarel....	28 octob. 71	7 févr. 73	(6)		
FROMENT, Claude-Alphonse, limonadier, rue Montmartre, 122..		Gauche...	21 févr. 73				
FROMION, Louis-Édouard, traiteur, à St-Mandé...........		Copin...	19 août 73				
FROMONT, marchand de bouteilles, r. de l'École-de-Médecine, 60.		Dufay...	21 avril 73			* 31 oct. 73	
FRONT-PLAZAVLA, Jacques-Marie, rue de Bondy, 70........*		Cullerier	....				24 juin 73

G

GABRIAC, Antoine-Roch, restaurateur, rue Vivienne, 49		Richard...	28 mars 73	....		* 31 mai 73	
GACHELIN, épicier, rue des Haies, 32....................		Bégis...	13 sept. 73	(7)			
Id Id. rue de Bercy, 3, puis rue des Haies, 32...		Pinet....	26 juillet 66	....		* 17 oct. 66	(8)
GACHER, François-Alex., chapelier, r. Vieille-du-Temple, 64..		Beaugé...	4 févr. 73	6 mai 73	(9)		
GACHET, Daniel, crémier-glacier, rue Chauveau-Lagarde, 9...		Chevillot....	12 juin 73				
GACONNET, Claude-Joseph, marchand de vins, rue Malher, 15..		Knéringer ...	24 févr. 73	6 octob. 73	(10)		
GAGNAGE et Cie, entrepositaires, rue Charlot, 5............		Pinet......	13 avril 73				

(1) FRANCŒUR paiera l'intégralité des créances au moyen de l'abandon de ses droits dans la succession de son père.

(2) FRANÇOIS veuve, paie 2 fr. 02 c. %, unique répartition.

(3) FRÉLON, veuve et COMMON, fabricants d'eaux gazeuses, paient l'intégralité des créances au moyen de 100 fr. %, produit de leur actif.

(4) FRÉLON, veuve et COMMON, cartonniers. — Mme veuve Frélon, abandonne son actif et s'oblige à payer 4 %, dans 4 mois de l'homologation, avec la caution de son fils Eugène. — Common abandonne son actif, paie 2 %, dans 3 mois de l'homologation, et doit 13 %, en 4 ans, par 1/4.

(5) FRÉVILLE frères, paient 6 fr. 79 c. %, produit de leur actif.

(6) FROIDEVAUX veuve, paie 20 fr. 44 c. %, unique répartition de l'actif abandonné.

(7) GACHELIN. — Faillite rapportée par jug. du 18 déc. 1873.

(8) GACHELIN. — Réouverture du 18 décembre 73.

(9) GACHER paie 4 fr. 94 c. %, unique répartition, abandonne son actif et s'oblige à payer 15 %, en 5 ans, par 1/5, de l'hom.

(10) GACONNET paie 5 fr. %, dans 1 an de l'homologation et doit 5 %, tous les 6 mois, à partir du 1er paiement jusqu'à concurrence de 50 %.

7

NOMS, PRÉNOMS, PROFESSIONS ET DOMICILES.	Liquidation judiciaire ● avérésique Avoué et insuffisance	SYNDICS ET AVOUÉS	FAILLITES ET LIQUIDATIONS.	DATE DES HOMOLOGATIONS DE CONCORDATS.	INSUFFIS. ET UNIONS.	SÉPARAT. DE BIENS JUDICIAIRES.	CONS. JUDIC. ET INTERDICT.
GAGNAGE-DOUCHARD, Pierre-Frédéric, rue de l'Arcade, 60..	*	Rousselet....	....		....	9 déc. 73	
GAIDAN, Louis-Auguste, maroquinier, rue Turbigo, 02		Barboux.....	2 août 73				
GAIDIOZ, ex-boulanger, passage Vaucanson, 11............		Heurtey	25 févr. 73	....	* 27 mai 73		
GAIGNOT dit CHERRIER, parfumeur, rue des Écouffes, 21.....		Moncharville.	3 sept. 73	29 nov. 73	(1)		
GAILLARD, march. de vins et hôtelier, r. des Enfants-Rouges, 7.		Chevillot.....	10 juill. 73		* 30 août 73		
Id. maître d'hôtel, rue Dauphine, 45...............		Hécaon......	6 févr. 73		* 31 mars 73		
GALBRUN, maître de bains, rue de l'Ecole de médecine, 43.....		Dufay.......	8 avril 73				
GALHAUT, demoiselle, hôtelière, à St-Mandé		Sarazin......	20 sept. 73		.		
GALIBERT, fabric. d'appareils respiratoires, b⁴ Sébastopol, 131.		Beaugé......	11 nov. 73				
GALLAIS, Clovis, boucher, rue de Flandre, 199, puis 223.....		Chevillot	27 août 73	....	* 26 nov. 73		
GALLAND, Auguste, maçon, rue Marty, 1		Barbot	20 octob. 69	(2)			
GALLARD, demoiselle, Julie, hôtelière, rue de Malte, 40......		Knéringer ...	26 mars 70	25 janv. 73	(3)		
GALLIEN, Victorine. Voir : MAC'ALISTÉR.							
GALLOIS, jeune, marchand de nouveautés, rue de Buci, 42...		Sautton	12 août 70	(4)	.		
Id. marchand de vins, rue de la Reynie, 53...........		Battarel	9 octob. 69	(5)			
Id. -TRILLOT, Eugène-Adrien, détenu à la Roquette....	*	Dechambre ..	....	....	....	5 août 73	
GALLOUIN-FLAMENT, marc. de nouveautés, r. du Commerce, 58.		Bégis	25 août 73				
Id. Id. J.-Bapt.-Amédée, r. de la Cossonnerie, 64.	*	Roche.......	....	....	....	2 déc. 73	
GALLOUX, décédé, François, maçon, passage Gat-Bois, 11...		Gauche	10 déc. 71	(6)			
GALOCHET, Eugène-Hilaire, gazier, avenue de Clichy, 70 bis...		Heurtey	6 nov. 73		* 30 déc. 73		
GALPIN, cordonnier, rue des Tournelles, 38...............		Barboux	16 juin 73	....	* 24 oct. 73		
GAMARE, Alexandre-Gautier, parfumeur, rue St-Antoine, 101..		Gautier......	24 août 72	(7)			
GAMBIER-CAPLIN, François-Edmond, à Senlis..............	*	Deberpe......	....	....	....	21 janv. 73	
GAMBOGI et Cie, Charles, éditeurs, rue Richelieu, 112......	L	Chevillot.....	23 janv. 72	25 avril 73	(8)		
GANDOUIN, Louis-Ernest, marchand de tableaux, r. Laffitte, 33.		Moillencourt .	25 octob. 73				
GANIFET-BERNARD, J.-Bapt.-Édouard, rue St-Honoré, 274...	*	Dubost......	....	....	....	1ᵉʳ avril 73	
GANOT, horloger, rue du Chemin-Vert, 63		Bégis	6 janv. 73		* 31 mars 73		
GANSSEN, William, tailleur, rue Halévy, 12...............		Heurtey	20 mars 72	(9)			
GANUCHAUD, épicier, chaussée Clignancourt, 2............		Maillard.....	5 mai 73	....	* 26 août 73		
GARDES. Voir : MERKENS et GARDES.							
GARDEY, Antoine, ex-coiffeur, rue Ducouédic, 3..........		Sommaire ...	31 mars 73	....	* 31 mai 73		
GARDON, Louis-Alexandre, menuisier, rue Jacquemont, 5.....		Beaujeu	8 sept. 73				
GAREAUD, Henri, restaurateur, avenue de Breteuil, 4.......		Knéringer ...	4 nov. 73	....	* 29 déc. 73		
GARNIER, directeur des Folies-Marigny, rue Taitbout, 36.....		Chevillot	17 janv. 73				
Id. Henri, boucher, rue de Flandre, 169..........		Sarazin......	2 avril 73	....	* 31 mai 73		
Id. -QUINETTE, Charles, rue de Rivoli, 68	*	Delessard....	....	....	....	26 août 73	

(1) **GAIGNOT dit CHERRIER** doit 25 %, en 5 ans, par 1/5, à partir du jour de l'homologation.

(2) **GALLAND** paie 15 fr. 30 c. %, 2ᵉ et dernière répartition.

(3) **GALLARD**, demoiselle, abandonne tout l'actif dépendant de la faillite, moins quelques objets mobiliers et 15 %, sur le montant de l'actif réalisé.

(4) **GALLOIS**, jeune, paie 1 fr. 15 c. %, unique répartition.

(5) **GALLOIS**, marchand de vins, paie 2 fr. 95 c. %, uniq. rép.

(6) **GALLOUX**, décédé, paie 38 fr. 83 c. %, pour toutes répart.

(7) **GAMARE** paie 29 fr. 31 c. %, unique répartition.

(8) **GAMBOGI et Cie** paient 5 fr. 38 c. %, produit de leur actif, et s'engagent à parfaire un 1ᵉʳ dividende de 8 %, un an après l'hᵒⁿ, et 32 %, en 4 paiements, d'année en année, de 8 % chacun.

(9) **GANSSEN** paie 16 fr. 28 c. %, unique répartition.

NOMS, PRÉNOMS, PROFESSIONS ET DOMICILES.	L indique Liquidation ● astérisque Avoué et Insuffisance	SYNDICS ET AVOUÉS	FAILLITES ET LIQUIDATIONS.	DATE DES HOMOLOGATIONS DE CONCORDATS	INSUFFIS.. ET UNIONS.	SÉPARAT. DE BIENS JUDICIAIRES.	CONS. JUDIC. ET INTERDICT.
GARNIER, Philibert, mégissier, rue Greneta, 58.............		Quatremère..	16 janv. 73				
Id.　-BELLEVILLE, Id.　　Id.　..........●		Cesselin......		....	....	25 mars 73	
GARREAU, dame, ex-crémière, rue de Turenne, 112..........		Hécaen......	20 déc. 73				
GASCON, fils, marchand de vins, rue de Bercy, 43..........		Chevillot	5 juillet 73		● 20 nov. 73		
GAUBERT, marchand de vins, boulevard Ornano, 13 et 15.....		Sarazin	7 avril 73		● 31 mai 73		
GAUDE, Pierre, marchand de vins en gros, à Ivry.....		Dufay	1er mars 73●	.'....	● 17 mai 73		
GAUDIN, Achille, commissionnaire, rue Saulier-Leroy, 9.....		Bégis	12 mars 72		8 juill. 72	(1)	
Id.　photographe, rue de la Perle, 9.................		Moncharville.	8 mars 72	5 juill. 72	● 17 oct. 73		
Id.　Charles-Just, passementier, rue St-Denis, 243.......		Beaujeu	7 mai 72	(2)			
Id.　et Cie, commissionnaires, rue de Chabrol, 65........		Devin.....	14 janv. 73		● 29 mars 73		
Id.　-BRIAIS, Charles-Jules, détenu à Ste-Pélagie....... ●		Lacomme....				29 juill. 73	
GAUDION, François-Émile, épicier, boulevard de Belleville, 74..		Barboux.....	14 févr. 73		● 25 mars 73		
GAUDRY, Louis, hôtelier, rue d'Hauteville, 1		Beaufour	7 juin 73		● 24 juill. 73		
GAUGAIN et MINARD, bijoutiers, rue Marcadet, 115..........		Legriel.....	1er octob. 72	5 févr. 73	(3)		
GAULDRÉE-BOILEAU — TAYLOR-BENTON, av. Friedland, 4..●		Denormandie..	....			10 juin 73	
GAULLARD, maître de lavoir, boulevard de Strasbourg, 38....		Beaufour	8 mars 73	(4)			
GAULT, Claude. Voir : GOURET aîné et GAULT.							
GAULUPEAU, aîné, boulanger, bd Voltaire, 58		Normand...	23 juin 73	7 octob. 73	(5)		
GAUTHIER, Pierre, marchand de vins, à Ivry...............		Sarazin	27 août 73				
Id.　ex-marchand de vins, puis boucher, r. de Bagnolet, 20..		Meys.......	13 août 73		● 29 déc. 73		
·Id.　Hippolyte-Joseph, restaurateur, à Joinville		Hécaen.....	3 juin 73	11 nov. 73	(6)		
Id.　Louis-Joseph, distillateur, bd Haussmann, 109......		Beaujeu	20 août 73		● 28 nov. 73		
Id.　père, marc. de vins et cafetier, r. Neuve-St-Merri, 35.		Pinet	17 octob. 73				
Id.　-AULIKER, Aimé-Étienne, avenue Richerand, 4.....●		Lesage				11 févr. 73	
Id.　-PINEAU, Étienne, à Neuilly		Bertinot				27 mai 73	
Id.　vannier, boulevard Malesherbes, 81...............		Chevillot ...	8 déc. 73				
GAUTIER, Laurent, marchand de vins, av. d'Esling, 20.......		Devin ...	7 juill. 73				
Id.　herboriste, rue Monge, 62.................●		Sommaire ...	4 janv. 73		● 17 mars 73		
Id.　marchand de vins, rue Fondary, 25.............		Meillencourt .	4 nov. 69	(7)			
Id.　-BEAULIEU, Louis-Ch.-Aug., r. Nve-St-Augtin., 22..●		Dechambre ..				16 janv. 73	
Id.　DE CHARNACÉ, Gaston-Marie, rue de Suresnes, 7..●		Denormandie..	....			....	● 1er mai 73
GAVELLE, Louise-Ismérie. Voir : JOGAND, veuve.							
GAY, Jean-Firmin, entrep. de bâtiments, r. Vandamme, 63 et 65.		Meillencourt .	28 déc. 71	(8)			
Id.　et Cie, appareilleurs, rue Lafayette, 83 bis		Chevallier ...	7 mai 73		● 30 août 73		
Id.　Gabriel, ex-marchand de vins, rue de Grammont, 11....		Hécaen.....	11 mars 73		● 29 mai 73		
Id.　marchand de vins, rue de Grammont, 11		Devin	12 juin 73		● 30 juin 73		
GAZET, loueur de voitures, rue des Cendriers, 35		Pinet........	5 sept. 73				

(1) GAUDIN, Achille, paie 6 fr. 25 c. %, unique répartition.

(2) GAUDIN, Charles, paie 18 fr. 01 c. %, unique répartition.

(3) GAUGAIN et MINART doivent 20 %, en 4 ans, par 1/4, à partir du jour de l'homologation.

(4) GAULLARD paie 3 fr. 03 c. %, unique répartition.

(5) GAULUPEAU doit 20 %, en 5 paiements égaux d'année en année ; le premier aura lieu le 1er janvier 1875.

(6) GAUTHIER, Hippolyte, doit 45 %, en 5 ans, par 1/5 ; 1er paiement le 1er septembre 1874.

(7) GAUTIER, marchand de vins, paie 8 fr. 52 c. %, uniq. rép.

(8) GAY paie 13 fr. 81 c. %, unique répartition.

NOMS, PRÉNOMS, PROFESSIONS ET DOMICILES.	Index Liquidation · Astérisque Avoué en Insuffisance	SYNDICS ET AVOUÉS	FAILLITES ET LIQUIDATIONS.	DATE DES HOMOLOGATIONS DE CONCORDATS	INSUFFIS. ET UNIONS.	SÉPARAT. DE BIENS JUDICIAIRES.	CONS.JUDIC. ET INTERDICT.
GAZET-LEFEBVRE, C., fabricant de bougies, à Ivry..........		Pinot.......	22 févr. 73	(1)			
GEIGER, ADOLPHE, marc. de cols et cravates, r. de Choiseul, 16.		Mollencourt.	4 avril 73	....	* 28 juin 73		
GÉLIOT-KARGOFF, CAMILLE, rue Soulages, 9................	*	Gavignot	....	.. ....	....	4 mars 73	
GELLÉE-HAUTCŒUR, ALBERT, sans domicile connu	*	Vandewalle..	....			12 août 73	
GELLY-CHEVANCE, PROSPER, sans domicile connu...........	*	Langeron....	....			24 sept. 73	
GENDREL, ALEXANDRE-EUGÈNE, passementier, rue Thévenot, 19.		Battarel.....	7 août 73				
GENTINE, LOUIS, ex-marchand de nouveautés, av. de Clichy, 92.		Moys........	10 déc. 72	......	* 31 janv. 73		
GENUIT, jeune, march. de vins et liqueurs, r. Quincampoix, 73.		Beaufour	17 juin 73		* 30 juill. 73		
GEORGE, marchand de vins, rue du Parc-Royal, 13.........		Beaujou	28 avril 73		* 24 juin 73		
Id. -COLLARDEL, EUSTACHE, rue Sibour, 4	*	Boutet.......	....		....	1er mars 73	
Id. marchand de vins, rue Crozatier, 72.................		Chevillot..	22 avril 73		* 30 juin 73		
Id. JEAN, marchand de vins, rue du Maroc, 28..........		Maillard....	19 juin 73		* 28 juill. 73		
GEORGES. Voir : DEMANGE, demoiselle.							
GÉRARD, marchand de comestibles, boulev. Ménilmontant, 123.		Knéringer ...	13 mai 73				
Id. BARTHÉLEMY-ÉMILE, chemisier, rue Lafayette, 1......		Bourbon....	11 août 73		* 19 nov. 73		
Id. courtier en vins, boulevard Voltaire, 120............		Beaugé.....	20 janv. 73		* 21 mars 73		
Id. ex-fabricant de cadres, quai Jemmapes, 18..........		Bourbon....	12 mai 73				
Id. Voir : LENEVEU, GÉRARD et Cie.							
Id. -LAMAMY, HENRI, rue Cardinet, 85............	*	Bertinot.....	....		....	27 mai 73	
Id. -LECOMTE, LUCIEN-ALFRED, rue Sauffroy, 4....	*	Barberon....	....		....	26 août 73	
GERBAIX, fabricant de chaussures, rue Magnan, 28........		Copin.......	10 sept. 73				
GERDOIS, march. de vins-restaurateur, r. Cardinal-Lemoine, 83.		Barbot.......	19 déc. 73				
GERMAIN et Cie, chapeliers, rue des Vieilles-Haudriettes, 2....		Lamoureux ..	5 déc. 73				
Id. boulanger, route de Versailles, 178.................		Normand....	5 avril 73	....	* 28 juill. 73		
GERMANN, dame, épicière, rue du Vert-Bois, 30		Barboux....	11 juill. 73		* 29 août 73		
GERMOND, plombier, rue de la Goutte-d'Or, 5.............		Richard.....	17 juin 73	18 janv. 73	(2)		
GÉROME père et fils et RICARD, brasseurs, rue Racine, 3......		Sautton......	31 mai 72	(3)			
GERST-DREYFUS, ARTHUR, rue Mayran, 9.................	*	Weil........	....		....	25 octob. 73	
GERSTLE. Voir : MERLE, veuve.							
GETTING, JULES-ALBERT, marchand de vins, rue Meyerbeer, 7..		Beaugé......	21 juill. 73		* 31 juill. 73		
GIDAULT, BAPTISTE, md de vins, rue des Trois-Couronnes, 44...		Chevillot..	22 mars 73				
GIBOURDEL, fabricant de mastic, rue St-Maur, 8.............		Pinot.......	19 avril 73		* 15 juill. 73		
GIÉ et Cie, armuriers, passage Saulnier, 7.................		Bourbon....	9 juill. 73				
GIEDELMANN, marchand de vins, rue de Rivoli, 110		Copin.......	1er juill. 73				
GIÉLY, FRANÇOIS-HILAIRE, imprimeur, rue St-Martin, 326		Gautier.....	13 août 72	3 janv. 73	(4)		
GIFFAULT, ex-marchand de vins, à Levallois		Normand....	29 août 73		* 26 sept. 73		
GIGNOUX, veuve et fils aîné, passemrs, r. du Petit-Thouars, 18..		Lamoureux ..	20 mai 73				
Id. -DUFOUR, GUST.-HYACINTHE, Id. .	*	Marc........	....		....	28 janv. 73	
GILBERT, MARIE-CHARLES, menuisier, rue Jean-Goujon, 19 ...		Barbot.....	11 nov. 73				
Id. marchand de bois et charbons, r. Boileau, 7, à Auteuil.		Battarel.....	17 sept. 73		* 26 nov. 73		

(1) GAZET-LEFEBVRE paie 32 fr. 55 c. %, pour toutes répart.

(2) GERMOND paiera l'intégralité des créances en 10 ans, par 1/10, à partir de l'homologation.

(3) GÉROME et RICARD paient 4 fr. 44 c. %, unique répartition.

(4) GIÉLY doit 20 %, en 4 ans, par 1/4, de l'homologation.

NOMS, PRÉNOMS, PROFESSIONS ET DOMICILES.	Index Liquidation, arrérages Avoué ou Insuffisance	SYNDICS ET AVOUÉS	FAILLITES ET LIQUIDATIONS.	DATE DES HOMOLOGATIONS DE CONCORDATS.	INSUFFIS. ET UNIONS.	SÉPARAT. DE BIENS JUDICIAIRES.	CONS. JUDIC. ET INTERDICT.
GILBERT, maréchal-ferrant, à St-Ouen.........		Barbot...	22 nov. 73		• 30 déc. 73		
GILLES, ÉMILE, libraire, rue St-Sulpice, 20 et 26		Chevallier...	2 sept. 73				
Id. maître d'hôtel meublé, boulevard de la Villette, 196 ...		Moys...	1er avril 73		• 30 déc. 73		
Id. -KING, JULES, rue Boissy-d'Anglas, 27.........		Lortat-Jacob.				23 août 73	•
GILLET, entrepreneur de charpentes, rue de Vouillé, 43		Heurtey...	3 déc. 73				
Id. -FAUCONNIER, CHARLES-JACQUES, rue Pagevin, 18....		Milliot...		......		22 juill. 73	
GILSON-DOURDIN, JACQUES-VALÉRIE, à Vincennes	•	Lacomme...				12 août 73	
GIMONET, fabricant de cadres et moulures, rue de l'Orillon, 33 .		Beaugé...	30 janv. 73		• 25 mars 73		
GINDRE et RENÉ, marchands de comestibles, rue St-Denis, 74 .		Gauche...	18 octob. 72	(1)			
GINISTY et Cie, marchands de vins, rue de Charenton, 110....		Moys...	20 avril 73				
GINOUX, marchand de chaussures, faubourg du Temple, 79		Heurtey.....	25 juin 73				
GIORDANI, HENRI, marchand de vins, rue des Boulets, 3		Rœmen...	27 mai 73		• 31 juill. 73		
GIRARD, EUGÈNE, ex-cordonnier, impasse Fessart, 5		Pinet...	22 août 72		• 25 janv. 73		
Id. ALEXANDRE, boulanger, rue Racine, 17......		Prodhomme..	20 août 73				
Id. ANTOINE, loueur de voitures, rue de Lourcine, 156		Id...	12 sept. 73		• 29 oct. 73		
Id. LOUIS-JOSEPH, fabricant de galoches, rue du Rutrait, 6.		Lamoureux ..	12 févr. 73	26 mai 73	(2)		
Id. CLAUDE-JOSEPH, limonadier, place St-Michel, 4.		Maillard...	1er août 73	(3)			
Id. ANTOINE, banquier, rue Grange-Batelière, 16........		Pinet...	13 nov. 73				
Id. -RAMAUWLT, PIERRE-ARSÈNE, rue du Port-Mahon, 7.•		Brémard...	......		......	23 août 73	
Id. -CHAUDRÉ, ARTHUR-ABEL, chaussée du Maine, 42...		Cesselin...	......			13 avril 73	
GIRARDOT-BIDON DE LA CROIZERIE, ERNEST-HENRI, r. Blomet, 1.•		Huot...				17 juill. 73	
GIRAUD, CYPRIEN, épicier, rue de Vanves, 146, à Plaisance		Sarazin...	27 octob. 73		• 17 déc. 73		
GIRAUDON, CHARLES, fumiste, à St-Maur-les-Fossés		Id...	25 sept. 73		• 29 nov. 73		
GIRAULT, ADOLPHE, marchand de vins, avenue de St-Ouen, 50 .		Barboux...	11 sept. 73		• 17 déc. 73		
GIRERD, VICTOR, coiffeur, rue Duphot, 12.......		Meillencourt	11 janv. 73				
GIRET, ALFRED-ISIDORE, agent d'affaires, rue Turbigo, 60		Barbot...	30 août 73		• 31 oct. 73		
GIRETE-PANNIER, LOUIS-AUGUSTE-ÉDOUARD, r. d'Allemagne, 137.•		Dehorpe...	......		......	26 juill. 73	
GIROD, LOUIS-NORBERT, voiturier, r. Traversière-St-Antoine, 17.		Sarazin	18 déc. 72		• 31 janv. 73		
Id. -PETIT, LOUIS-PRUDENT, rue Pierre-Lescot, 10		Drechou...	......			4 févr. 73	
GIROTVERGNE, ALBERT, parfumeur, rue Meyerbeer, 3		Beaufour...	23 août 70	24 octob. 73	(4)		
GITTIN-CHAUVIÈRE, ANTOINE, rue du Ponceau, 4		Dehorpe...	......			27 août 73	
GIZARD fils, JACQUES, marchand de vins, rue des Rats, 3......		Barboux...	29 avril 73		• 27 juin 73		
GLADEL-BARDY, THÉODORE, à Vincennes		Boutet...	......			28 janv. 73	
GLASSON-POTTIER, AUGUSTE, rue des Grandes-Carrières, 4 ...•		Bertinot...	......			3 déc. 72	
GLORIEUX, FLORIMOND, marinier, quai de l'Oise, 3...........		Battarel...	16 août 72	(5)			
GOBÉ fils, peintre, rue Maubeuge, 18.........		Chevillot...	25 sept. 73				
GOBET-GIRAUD, CHARLES, sans domicile connu	•	Flat...	......			1er juill. 73	
GODARD, JOSEPH, marchand de vins, rue Palikao, 13		Logriel...	18 déc. 72		• 31 janv. 73		
Id. et FERRIOL, mds de vins et liqueurs, av. Joséphine, 48.		Richard	16 juill. 73		• 24 oct. 73		
Id. -NOEL, FRANÇOIS-HENRI, sans domicile connu ......•		Roche...	......			26 août 73	

(1) **GINDRE** et **RENÉ** paient 48 fr. 98 c. %, unique répartition.

(2) **GIRARD**, LOUIS, doit 30 %, en 6 ans, par 1/6, de l'homolog.

(3) **GIRARD**, CLAUDE, paie 17 fr. 95 c. %, unique répartition.

(4) **GIROTVERGNE** paiera 50 %, en 5 ans, par 1/5, à partir du jour de l'homologation.

(5) **GLORIEUX** paie 1 fr. 23 c. %, unique répartition.

NOMS, PRÉNOMS, PROFESSIONS ET DOMICILES.	L Indique Liquidation ♦ astérisque Avoué et Toutiffeance	SYNDICS ET AVOUÉS	FAILLITES ET LIQUIDATIONS.	DATE DES HOMOLOGATIONS DE CONCORDATS	INSUFFIS⁰ ET UNIONS.	SÉPARAT⁰ⁿ DE BIENS JUDICIAIRES.	CONS. JUDIC. ET INTERDICT.
GODFRIN-OURY, Eugène-Claude, à Etain (Meuse)	*	Labbé				10 nov. 72	
GODON veuve, lingère, rue St-Honoré, 422 et 279		Moys	9 déc. 73				
GODOT-GEUHEM, Louis-Théodore, rue de Lancry, 55	*	Levesque				6 mai 73	
GOETHALS et Cie, mᵈˢ de tissus en caoutchouc, bᵈ Sébastopol, 98.		Beaufour	23 mars 73				
GOGARD-RENDU, Éléonore-Henri, rue de Vaugirard, 71	*	Des Etangs				14 juin 73	
GOGOIS, Eugène, marchand de vins, rue du Dépotoir, 11		Heurtoy	11 octob. 69	8 juill. 70	4 sept. 72	(1)	
GOGUELAT-GANT, Édouard-Joseph, rue Corneille, 3	*	Foussier				5 août 73	
GOIX, Julien-Marie, dit Jules, mᵈ de vins, au Grand-Montrouge.		Bégis	16 sept. 73				
GOLDNER, Lévy, rentier, à Vincennes.	*	Weil					*13 sept. 73
GOMBAULT-BARACAN, Jacq.-Abel, mᵈ de glaces, r. Sévigné, 44.		Marquis				14 janv. 73	
GOMIOT, Jean-Paul, restaurateur, rue d'Amsterdam, 6		Moys	20 janv. 73		* 17 mai 73		
GONDARD-BIZOT, Jean, sans domicile connu	*	Lamy				18 nov. 73	
GONNET, ex-marchand de vins, rue des Dames, 28		Gautier	24 nov. 73				
GONTHIER, march. de vins et hôtelier, r. Grégoire-de-Tours, 31.		Logriol	7 mars 73		* 29 mars 73		
GONTIER-RIVIÈRE, François-Henri, à Ivry	*	Déglise				5 août 73	
Id. -GUENIN, Alfred, déporté à Nouméa	*	Thiébault				28 août 72	
GORIN et ALIX, fabricants de lampes, rue Rampon, 12		Moncharville	5 sept. 73	25 nov. 73	(2)		
GORON, Édouard, march. de vins, boulevard Montparnasse, 84.		Bourbon	4 nov. 71	23 mars 72	* 18 sept. 73		
GOSSELIN, mᵈ de rognures de cuirs, rue de la Santé, 115		Beaujeu	19 sept. 73		* 30 oct. 73		
GOSSERT-GALLET, Édouard-Stanislas, mᵈ de vins, r. St-Denis, 76.*		Levaux				17 août 72	
GOST, Pierre-Jean, marchand de vins et charbons, aux Lilas.		Pinet	12 nov. 72	25 sept. 73	(3)		
GOUBERT, Auguste, marchand de vins, rue Monge, 12	*	Dattarel	10 déc. 68	24 avril 69	10 nov. 71	(4)	
Id. -SALLEZ, Augᵗᵉ, mᵈ de vins, r. du Ratrait prolong., 20.*		Robineau				10 déc. 73	
GOUDCHOU, négociant, rue Magnan, 3		Beaugé	22 juill. 73				
GOUDEMETZ de NEUVILLE-AYGALING, Henri, à Cœuilly (Seine).*		Froc				15 juill. 73	
GOUDET, Jean, ex-négociant en tissus, rue du Caire, 33		Barboux	9 nov. 73				
GOUDRY fils, E., marchand de vins, à Clichy		Prodhomme	18 octob. 73				
GOUÉRY, J.-F., négociant, rue du Chemin-Vert, 36		Heurtey	5 juill. 73				
GOUFFRAY, veuve et Cie, fab. de bougies, r. des Billettes, 10		Moys	28 mars 73		* 19 sept. 73		
GOUGIS-DORET, Louis-Eugène-Stanislas, boul. Voltaire, 98	*	Debladis				8 févr. 73	
GOUIN, négociant en tissus, boulevard Sébastopol, 37		Lamoureux	4 sept. 72		23 févr. 73		
GOUINOT-BICHOFFE, Paul-Jean, rue Jacquemart, 10	*	Bertinot				1ᵉʳ juill. 73	
GOUJON, maçon, rue du Gaz, 35		Sarazin	2 avril 73		* 19 juin 73		
Id. Ern.-J.-Bapt., march. de tapis, boul. Malesherbes, 40.		Maillard	6 janv. 73	6 mai 73	(5)		
Id. Jules-Ambroise, messager, quai de la Loire, 14		Gauche	29 octob. 73				
GOULUT, épicier, ruelle des Carrières, rue de Meaux, 28		Pinet	25 avril 73		* 18 sept. 73		
GOUMY, Joseph, maçon, rue Émile-Lepeu, 30		Prodhomme	3 nov. 72	10 févr. 73	(6)		
GOURDIN dame, Anicie, négociante, rue Thérèse, 5		Sommaire	14 mai 72	6 mai 73	(7)		

(1) GOGOIS paie 3 fr. 42 c. %, unique répartition.

(2) GORIN et ALIX doivent 30 %, en 5 ans, par 1/5, de l'hom.

(3) GOST doit 30 %, en 5 ans, par 1/5, de l'homologation.

(4) GOUBERT paie 5 francs %, 1ʳᵉ répartition.

(5) GOUJON, Ernest, doit 25 %, en 5 ans, par 1/5, de l'homol.

(6) GOUMY doit 30 %, en 5 ans, par 1/5, de l'homologation.

(7) GOURDIN dame, paie 8 fr. 90 c. %, produit de son actif, abandonne une créance de 4 fr. 80 c. sur M. Bruxeltot, et parfait 25 %, en 4 ans, par 1/4.

NOMS, PRÉNOMS, PROFESSIONS ET DOMICILES.	Indique Liquidation ° Avoué Avoué et Insuffisance	SYNDICS ET AVOUÉS	FAILLITES ET LIQUIDATIONS.	DATE DES HOMOLOGATIONS DE CONCORDATS	INSUFFIS°° ET UNIONS.	SÉPARAT°° DE BIENS JUDICIAIRES	CONS. JUDIC. ET INTERDICT.
GOURET, aîné et GAULT, chaudronniers, à St-Denis..........		Maillard.....	5 juin 73	26 nov. 73	(1)		
GOURLAUD, François, serrurier, rue de Flandre, 58..........		Bégis.......	11 févr. 73	27 octob. 73	(2)		
GOURNAY, Louis-Boniface. Voir : WITZ, GOURNAY et Cie.							
GOUTIÈRE, charpentier, rue de l'Église, 52.................		Bégis......	27 mars 73	....	* 31 mai 73		
GOUTTE-BOITON, Georges, rue d'Argout, 18...............	*	Mouillefarine.	....	....	....	4 mars 73	
GOYARD-BONIN, Jules-Alexandre, rue Paul-Lelong, 3........	*	Gavignot	....	....	....	18 mars 73	
GRABOWSKI, comte Ladislas, interné à Charenton..........	*	Vandewalle..	....	....	....	....	* 12 août 73
GRAGNON, André, tailleur, chaussée d'Antin, 22		Knéringer...	13 juill. 72	(3)			
GRAMBERT, Prosper, passementier, rue du Sentier, 23		Prodhomme..	29 octob. 73				
GRANCHAMPS-COBLENTZ, sans domicile connu	*	Delaporte...	....	....	....	21 janv. 73	
GRANDGURY-BARREY, Armand, rue des Bons-Enfants, 19....	*	Lamy	....	....	....	26 août 73	
GRANDIN, Félix-Antoine, restaurateur, rue St-Jacques, 100....		Prodhomme..	3 mai 73	25 nov. 73	(4)		
GRANIER, Antoine, marchand de vins, rue Harvey, 1........		Sarazin....	22 avril 73	....	* 31 mai 73		
GRANJEAN-GRANJEAN, rue de Valois, 42	*	Chauveau...	....	....	....	18 févr. 73	
Id. -RAMBURE, Jules-Charles-Eug., r. Jeanne-d'Arc, 12.	*	Louvel	....	....	....	11 févr. 73	
GRARE-MOUTOT, Joseph, confectionneur, r. de Charenton, 244.		Berryer	....	....	....	14 janv. 73	
GRAS, Louise. Voir : PAGÈS et Cie.							
Id. -ROUSSEAU, Victor, faubourg St-Martin, 209	*	Pagès	....	....	....	10 janv. 73	
GRASSET, Guillaume, camionneur, quai de la Gare, 72		Maillard....	6 sept. 73	22 déc. 73	(5)		
GRAT-LABORDE, ex-marchand de vins, rue de Cléry, 69....		Beaujeu..	1er avril 73	....	* 30 juin 73		
GRATIEN-BAILLON, Paul-Louis, sans domicile connu.......	*	Estienne...	....	....	....	24 sept. 73	
GRAVEL, Charles-Henri, bonnetier, rue Clignancourt, 28.....		Prodhomme..	7 janv. 73	18 juill. 73	(6)		
GRAVIER demoiselle, Léontine, rue Biot, 18	*	Denormandie..	....	....	....	....	11 mars 73
GRAY-LHOMENIDE, Jean-Firmin, rue de l'Orne, 2	*	Barberon...	....	....	....	10 juin 73	
GRAZIANO-FANO, banquier, boulevard Haussmann, 30		Richard	15 octob. 73	....	* 21 nov. 73		
GRELHER, md de vins, à la Fourchette, commune de Champigny .		Sarazin	30 juill. 73	....	* 29 oct. 73		
GRELLOT, Eugénie. Voir : GUILLOT, veuve.							
GRENIER, ex-maître d'hôtel, rue du Rocher, 32		Gauche...	11 juill. 72	12 nov. 73	(7)		
Id. dame, fabricante de chocolats, rue Bouchardon, 15..		Maillard....	9 déc. 71	30 août 72	(8)		
Id. décédé, Joseph-Victor, boulanger, rue Riquet, 81 ...		Chevillot...	31 octob. 73				
GRENON, Isidore, passementier, faubourg Montmartre, 38......		Bégis.....	22 avril 73				
GRIMARD. Voir : CULVERHOUSE et GRIMARD.							
GRISEL, Jean-Eugène, fab. de machines, r. Buisson-St-Louis, 15.		Barboux...	28 août 73				
GRIVEAU, Julien, march. de meubles, faubourg St-Martin, 162.		Gauche	13 mars 73				
GROGNET, Charles, entrepreneur, rue du Helder, 15 .:.....		Knéringer..	18 mars 73	....	* 29 déc. 73		
GROLLERON, Jules, marchand de bois de sciage, à St-Maur ..		Heurtey....	19 févr. 67	....	* 29 mai 73		
GROLLIER, Léon, ex-marchand de vins, rue Fondary, 72.......		Beaufour	6 janv. 70	(9)			

(1) GOURET, aîné et GAULT, doivent 25 %, en 5 ans, par 1/5, à partir du jour de l'homologation.

(2) GOURLAUD doit 30 %, en 5 ans, par 1/5, de l'homologation.

(3) GRAGNON. — Faillite annulée par arrêt du 22 mars 1873.

(4) GRANDIN paie 15 % dans le mois de l'homologation avec la caution de François GRANDIN.

(5) GRASSET paiera 35 %, en 5 ans, par 1/5, de l'homologation.

(6) GRAVEL doit 35 %, en 5 ans, par 1/5, de l'homologation.

(7) GRENIER, ex-maître d'hôtel, abandonne son actif et s'oblige à payer 5 % dans le mois de l'homologation.

(8) GRENIER dame, paie 23 fr. 20 c. %, produit de son actif.

(9) GROLLIER paie 13 fr. 58 c. %, unique répartition.

NOMS, PRÉNOMS, PROFESSIONS ET DOMICILES.	Indique Liquidation * astérisque Avoué et Insuffisance	SYNDICS ET AVOUÉS	FAILLITES ET LIQUIDATIONS.	DATE DES HOMOLOGATIONS DE CONCORDATS	INSUFFIS** ET UNIONS.	SÉPARAT** DE BIENS JUDICIAIRES.	CONS.JUDIC. ET INTERDICT.
GROLLIMUND. Voir : VON BRUNN et GROLLIMUND.							
GROSELIER, boucher, rue Neuve-Coquenard, 13 bis..........		Pluzanski....	14 déc. 69	(1)			
GROSHENS, frès et Cie, vente à crédit, bd Richard-Lenoir, 131 ..		Devin.......	6 août 73				
GROSJEAN-ZAMBEAU, Maurice, rue Oberkampf, 160	*	Derré.......	....		....	24 déc. 72	
GROS-LAMBERT, marchand de vins, rue du Ruisseau, 37..		Sommaire...	22 octob. 73		....	* 28 nov. 73	
GROSPAUD, maçon, passage Crouin, 3.............		Gautier...	24 févr. 72			* 27 juin 73	
GROS-RENAUD, Henri, commissionnaire, boul. Strasbourg, 50..		Beaugé.....	11 mars 72	(2)			
Id. Id. -LÉONARD, commissionnre, Id. ..	*	Debladis...	....		....	11 mars 73	
GROSSEMY-BAILLY, Philippe-Raymond, rue Caumartin, 11..	*	Laubanie...	....		....	20 avril 73	
GROSSETÊTE, Charles, restaurateur, boulevard des Italiens, 10.		Moncharville..	10 avril 73		....	* 19 juin 73	
GROSSOT, François-Vincile, fumiste, rue d'Aval, 11..........		Sommaire...	5 octob. 72	27 mars 73	(3)		
GROSSRIEDER, Benoist, couvreur, rue Daru, 1.............		Hécaen.....	7 janv. 73		....	* 27 févr. 73	
GROU-MARY, Charles, rue Bellefond, 29.................	*	Plassard....	....		....	29 juillet 73	
GROUX, banquier, à Poitiers (Tribunal de Poitiers)		Tixier......	23 juillet 73				
GRUET-JANIN, Alexandre, sans domicile connu.............	*	Nottin.....	....			16 août 73	
GRUNFELD, Maurice, opticien, rue de Marseille, 8............		Beaujou.....	13 nov. 72				
GUÉDÉ, Auguste, maçon, rue Émile-Lepeu, 13.............		Meys......	15 octob. 60	30 janv. 73	(4)		
GUÉNIER-PICARD, André, plombier, rue des Nonnains-d'Hyères, 14....		Copin......	14 nov. 71	(5)			
GUÉNIER-PICARD, Armand-Étienne-Hil.-Marie, r. Traverso, 11.	*	Cohn	....			13 mai 73	
GUENIN-PHILIPART, Isidore-Jean-Bapt., r. Folie-Méricourt, 82.	*	Savignat...	....		......	22 juillet 73	
GUEPET, marchand de vins, rue Lafayotte, 144.............		Sautton....	23 sept. 73		....	* 30 déc. 73	
GUERDY dame, parfumeuse, avenue Bosquet, 12.............		Sarazin	9 avril 69	6 déc. 69		* 28 févr. 73	
GUERIN, Émile, ex-marchand de vins, rue Lauriston, 35....		Beaugé.....	18 déc. 72		....	* 31 mars 73	
Id. , CHARTON et FIGARÈDE, voituriers, r. Salom.-de-Caux, 4.		Battarel.....	2 mai 73		....	* 26 sept. 73	
GUÉRINEAU-AUBRY, Eugène, gantier, boulov. Sébastopol, 66 ..		Devin.......	30 janv. 73	4 juin 73	(6)		
GUERRE, boulanger, rue Daguerre, 60		Barbot.....	29 avril 73	6 sept. 73	(7)		
GUERRIER, passementier, rue Coq-Héron, 5.............		Gautier....	23 avril 73		....	* 27 juin 73	
GUEUDET-CARPENTIER, Edmond-Nicolas, à Créteil..........	*	Huot.....	....		....	15 mars 73	
GUICHARD, Jean-Auguste, fondeur, rue Aumaire, 13		Darboux....	4 janv. 72	26 avril 72	* 28 nov. 73		
Id. Isaïe, tailleur, rue d'Amboise, 6.........		Battarel.....	19 déc. 72	13 mai 73	(8)		
GUIGNARD, Marcel, restaurateur, rue Geoffroy-Marie, 12.....		Sommaire ...	10 janv. 73		....	* 29 mars 73	
GUILBERT et BOURDIER, fabric. de boutons, place Laborde, 14.		Quatremère..	22 nov. 67	(9)			
Id. -CAUDELOT, Louis-Victor, sans domicile connu...	*	Lacomme...	....		....	14 janv. 73	
GUILLAUME, J.-Luc., limonadier, bd des Filles-du-Calvaire, 24.		Chevallier ...	27 octob. 73		....	* 28 nov. 73	
Id. veuve, marchande de vins, à Ivry.............		Beaujou.....	7 juillet 73		....	* 19 sept. 73	

(1) GROSELIER paie 32 fr. 70 c. %, 2e et dernière répartition.

(2) GROS-RENAUD paie 14 fr. 05 c. %, unique répartition.

(3) GROSSOT paiera 10 % un an après l'homologation, et 30 %, en 5 ans, par 1/3, de l'homologation.

(4) GUÉDÉ paie 13 fr. 40 c. %, produit de son actif, et doit 20 %, en 5 ans, par 1/5, de l'homologation.

(5) GUÉNEAU paie 10 %, troisième répartition, et 6 fr. 61 c. %, quatrième et dernière répartition.

(6) GUÉRINEAU-AUBRY paie 4 fr. 31 c. %, produit de son actif. — Mme veuve Guérineau et Mlle Aubry renoncent à prendre part dans la répartition de l'actif.

(7) GUERRE doit 40 %, en 8 ans, par 1/8, de l'homologation.

(8) GUICHARD, Isaïe, doit 30 %, en 5 ans, par 1/5, à partir de l'homologation.

(9) GUILBERT et BOURDIER paient 6 fr. 16 c. %, deuxième et dernière répartition.

NOMS, PRÉNOMS, PROFESSIONS ET DOMICILES.	& before Liquidation judiciaire * avant union Avoué et Insuffisance	SYNDICS ET AVOUÉS	FAILLITES ET LIQUIDATIONS.	DATE DES HOMOLOGATIONS DE CONCORDATS	INSUFFIS?? ET UNIONS.	SÉPARAT?? DE BIENS JUDICIAIRES	CONS. JUDIC. ET INTERDICT.
GUILLAUME, Louis, traiteur, rue Mouffetard, 34.........		Meys........	10 sept. 72	5 déc. 73	(1)		
GUILLAUMIN-DUCOIN, Jean-Maurice, boulevard du Temple, 35.*		Le Brun....	....	....	....	28 janv. 73	
GUILLEMAIN dame, mercière, à Vitry		Meillencourt	15 nov. 72	5 avril 73	(2)		
GUILLEMARD, marchand de vins, rue St-Sauveur, 67....		Chevillot..	3 juin 73	....	* 31 juill. 73		
GUILLEMAUX-DUBUISSON, gendarme à la caserne des Minimes.*		Martin du Gard	....	....	....	11 nov. 73	
GUILLEMET, menuisier, boulevard St-Germain, 1		Deaujou	9 mars 72	(3)			
GUILLEMIN, cartonnier, rue Folie-Méricourt, 104......		Deaugé.....	17 juin 73	....	* 30 juill. 73		
Id. -PELATIÉ, Jean, à Courbevoie		Brémard....	....	....	*........	12 déc. 72	
GUILLEMOT-MANNE, Louis-Auguste, rue des Vinaigriers, 117.*		Trodoux....	....	....	....	17 juin 73	
GUILLER, Jacques, marchand de vins, à Pantin		Bégis.......	13 mars 72	(4)			
GUILLERME et BERGERET, distillateurs, rue Ménilmontant, 25.		Sarezin....	10 nov. 72				
GUILLET, Ferdinand, ferblantier, aux Lilas............		Hocaon.....	8 juillet 73	....	* 30 août 73		
GUILLON dame, marchande de vins, rue du Val-de-Grâce, 18...		Dufay......	26 juin 73	....	* 30 oct. 73		
GUILLORY, fab. de produits lithographiques, faub. St-Denis, 80.		Legriel.....	29 nov. 72	18 juillet 73	(5)		
GUILLOT, boulanger, cité Bergère, 3		Richard....	6 févr. 72				
Id. veuve, commissionnaire en fleurs, rue d'Aboukir, 124.		Dufay......	15 avril 73	....	* 31 mai 73		
GUILLOU, Pierre-Julien, libraire, rue Gozlin, 15......		Normand...	28 avril 73	(6)			
GUIMBAL-GUIMBAL, Guillaume, rue Nicolet, 25......	*	Maza.......	....	....	....	26 août 73	
GUINEPAIN, Ambroise, marchand de vins, boulevard Pereire, 32.		Normand....	15 nov. 73				
GUINET, Honorine. Voir : HUSSON, dame.							
Id. Jean-Baptiste-Félix, chapelier, rue Barbette, 5......		Lamoureux..	9 nov. 72	3 mai 73	(7)		
GUINGAUD-LEDASTARD, Charles-Joseph, r. de la Huchette, 17.*		Barberon...	....	....	....	18 févr. 73	
GUIONNET-ROBIN, François-Edmond, rue Myrrha, 35..*		Delacourtie..	....	....	....	17 sept. 73	
GUIOT-BONNEVALLE, Jean-Baptiste, rue de Paris-Clichy, 39..*		Bourgoin..	....	....	....	13 mai 73	
GUIPON, Jean-Alfred, linger, rue St-Martin, 345......		Beaugé....	15 mars 73	24 juin 73	(8)		
GUITON dame, ex-boulangère, rue Rochechouart, 76.........		Prodhomme..	18 nov. 72				
GUITTEAUX-ROLLÉ, Henri, rue du Bac-Case, 10 ....*		Pijon.......	....	....	....	10 déc. 72	
GUITTET, Adèle-Geneviève. Voir : QUÉDÉ, veuve.							
GUNTHER. Voir : SHACKELFORT GUNTHER.							
GUSSEURVE fils, Adolphe, march. de crépins, rue Turbigo, 2 .		Chevillot....	22 mars 73	....	* 31 mai 73		
GUY, Jean, entrepren? de travaux publics, avenue d'Orléans, 54.		Barbot.....	19 août 73				
GUYON et Cie, marchands de tapis, rue Maubeuge, 16		Bourbon....	30 mai 73				
Id. -KRIEGER, Nicolas-Désiré, Id. ....*		Mouillefarine	.	.	....	3 juillet 73	
GUYOT, marchand de vins et épicier, rue de Flandre, 32......		Beaufour....	28 juin 73	....	* 30 oct. 73		
Id. Jean-Bapt.-Alexandre, coutelier, passage Vendôme, 9..		Id........	26 nov. 72	....	* 31 janv. 73		

(1) GUILLAUME, Louis, paiera l'intégralité des créances au jour de la faillite, aussitôt après l'homologation.

(2) GUILLEMAIN dame, paiera 40 %, en 4 ans, par 1/4, avec la caution de son mari.

(3) GUILLEMET paie 55 fr. 79 c. %, unique répartition.

(4) GUILLER paie 74 fr. 59 c. %, unique répartition.

(5) GUILLORY paiera l'intégralité des créances, en 10 ans, savoir : 10 % dans un an et le solde par 1/20, à partir de l'homologation.

(6) GUILLOU paie 9 fr. 84 c. %, unique répartition.

(7) GUINET, J.-Bapt., paie 39 fr. 29 c. %, produit de son actif, et parfait 40 %, en 2 ans, par 1/2, à partir de la reddition de compte.

(8) GUIPON doit 50 %, en 5 ans, par 1/5 ; 1er paiement le 1er juillet 1874.

8

H

NOMS, PRÉNOMS, PROFESSIONS ET DOMICILES.	Liquidation / * astérisque / Avoué et / Insuffisance	SYNDICS ET AVOUÉS	FAILLITES ET LIQUIDATIONS.	DATE DES HOMOLOGATIONS DE CONCORDATS	INSUFFIS.ces ET UNIONS.	SÉPARAT.ns DE BIENS JUDICIAIRES.	CONS.JUDIC. ET INTERDICT.
HADEZ, Pierre, cordonnier, rue de Charenton, 68............		Bégis	19 mars 73	....	* 30 avril 73		
HACKENBERGER, chemisier, rue de Dunkerque, 51		Gautier......	11 août 73				
HACQ, Maxime-Gervais, hôtelier, rue d'Aubervilliers, 30		Prodhomme .	21 nov. 73				
HAIN veuve et DROUET, menuisiers, rue Tiquetonne, 51		Heurtey.....	15 octob. 72	30 mai 73	(1)		
HAISTRE, boulanger, rue Duris, 10...........		Beaujou.....	14 octob. 73				
HALBUTIER-PASCAL, Brice, aux Lilas..............	*	Derré			....	1er avril 73	
HALLEY, Henry, à Asnières	*	Caron......					9 août 73
HAMBURGER, Isidore, bijoutier, passage des Panoramas, 5.....		Copin.......	17 févr. 72	(2)			
HAMELIN, Henri, fabricant de bronzes, rue Comminos, 14.....		Quatremère. .	9 juin 73	....	8 nov. 73		
Id. —FERRIÈRE, Ferdinand, rue de la Roquette, 155...*		Quillet......			....	30 avril 73	
HAMELLE-TOUSSAINT, Hippolyte-Benonie, r. du Commerce, 30.*		Rousseau....			....	25 mars 73	
HAMON, Jean-Marie, boulanger, rue Nationale, 4.............		Beaugé......	26 avril 73	(3)			
Id. —MULLER, Id. ....*		Duboys.....			....	6 mai 73	
HANAU, Eugène, fab. de vestes de cuisine, r. Montorgueil, 29 ..		Beaugé......	7 avril 73	(4)			
HANCE-PELLERIN, Joseph-Pierre, rue de l'Ouest, 53........*		Leboucq....			....	20 mai 73	
HANEUZE-FAROU, Julien-Benoit, rue de Charenton, 240 ......*		Corpet......			....	22 octob. 73	
HANNEUZE, maçon, rue de Charenton, 240.................		Meys........	20 mai 73				
HANSEN, Georges-Louis, tapissier, rue Miroménil, 9		Heurtey.....	3 mai 73	11 nov. 73	(5)		
Id. Voir : KOCH, HANSEN et Cie.							
HARAUX veuve, grainetière, Grande rue de Montrouge, 37		Bégis	21 octob. 73				
HARDY, François-Nestor-Canaris, relieur, rue Git-le-Cœur, 15 .		Normand....	15 juillet 73	24 octob. 73	(6)		
HAREL fils, Louis, à l'asile de Quatremares, près Rouen......*		Lacomme....					* 22 nov. 73
HARLÉ, marchand de lingerie, boulevard St-Martin, 15........		Beaujeu....	21 mars 73				
Id. —NOREL, marchand de lingerie, boulev. St-Martin, 27.*		Tixier.......			....	25 nov. 73	
HARMAND veuve, parfumeuse, rue Fontaine-St-Georges, 25		Chevallier...	30 mai 66	17 nov. 66	* 20 avril 73		
HATTÉ-DALISSON, André-Alphonse, rue du Dragon, 33......*		Levaux......			....	15 juillet 73	
HATTEMER, Philippe, facteur en pianos, r. de Valenciennes, 8.		Moncharville.	30 avril 73	29 juillet 73	(7)		
HAUBTMANN, Ignace, boulanger, rue Lemercier, 35..........		Normand....	3 nov. 73				
HAUSER, Eugène, limonadier, rue de la Roquette, 75.........		Bégis	27 juillet 72	13 févr. 73	(8)		
HAUSERMANN, Jacques, tailleur, rue Dauphine, 25...........		Beaufour....	28 octob. 73	....	* 29 nov. 73		
HAUTBERG-GARNERY, Faustin, charretier, r. du Chevaleret, 137.*		Pagès.......			....	4 févr. 73	
HAUTECLOQUE-MONTIGNY, Vict.-Am., r. du Cherche-Midi, 71 .*		Lefoullon....			....	20 janv. 73	
HAUTIN-DALLÉE, Louis-Étienne, sans domicile connu.......*		Rougeot.....			....	10 juillet 73	
HÉBERT, Louis-Georges. Voir : MARGELIDON et HÉBERT.							

(1) HAIN veuve et DROUET, abandonnent leur actif, et parfont 20 %, à raison de 1 % par an.

(2) HAMBURGER paie 16 fr. 48 c. %, unique répartition.

(3) HAMON paie 23 fr. 96 c. %, unique répartition.

(4) HANAU paie 26 fr. 69 c. %, unique répartition.

(5) HANSEN doit 25 %, en 6 ans et 6 paiements à partir de l'homologation.

(6) HARDY doit 25 %, en 5 ans, par 1/5, de l'homologation.

(7) HATTEMER doit 30 %, en 6 ans, par 1/6, de l'homologat.

(8) HAUSER doit 25 %, en 5 ans, par 1/5, de l'homologation.

NOMS, PRÉNOMS, PROFESSIONS ET DOMICILES.	(indices Liquidation, astérisque Avoué et Insuffisance)	SYNDICS ET AVOUÉS	FAILLITES ET LIQUIDATION.	DATE DES HOMOLOGATIONS DE CONCORDATS	INSUFFIS ET UNIONS.	SÉPARAT DE BIENS JUDICIAIRES.	CONS. JUDIC. ET INTERDICT.
HÉBERT, Henri, tailleur, rue de Lisbonne, 22		Richard	6 déc. 72		*29 mars 73		
Id. Joseph-Désiré, liquoriste, boulevard de Clichy, 79		Beaufour	23 janv. 72		*28 mars 72	(1)	
Id. -JEAN, Georges-Louis, boulevard de Clichy, 16	*	Goujon				29 avril 73	
Id. et Cie, Paul, escompteurs, boulevard Magenta, 47		Maillard	6 déc. 73				
Id. père, Louis-Pierre, peintre, à Neuilly		Bégie	8 déc. 68	(2)			
HEILIG, marchand de chaussures, rue du Temple, 78		Beaugé	7 octob. 73				
HEINDL, François, limonadier, rue du Quatre-Septembre, 1		Id	28 nov. 72	25 févr. 73	(3)		
HEIT-CLAIRIN, Édouard-Auguste, rue de Maubeuge, 42	*	Mouillefarine				1er octob. 73	
HÉLIE, Alfred, bijoutier, rue de la Victoire, 43		Legriel	19 août 73				
HELY, Louis-Adrien, traiteur, boulevard de Grenelle, 165		Pinet	5 août 73				
HEMARD, Isidore-François, boulanger, avenue Laumière, 22		Normand	3 nov. 73				
HENNO, Jean-Baptiste-Ernest, négociant en vins, à Neuilly		Hécaen	26 sept. 73		*29 déc. 73		
HÉNOC, Adolphe-Alexandre, boulanger, r. du Chemin-Vert, 123		Chevillot	19 juillet 73				
HENOCQ dame, restaurateur, rue Charlot, 52		Battarel	18 octob. 73		*17 déc. 73		
HENON-GRANDVOINE, Jacques, cocher, sans domicile connu	*	Lemaire				26 août 73	
HENRI, marchand de vins, à Levallois		Heys	1er juillet 73		*17 oct. 73		
HENRICY et Cie, marchands de charbons, boul. Haussmann, 72.		Dufay	28 octob. 73				
HENRIOT, mercier-colporteur, rue Violet, 16		Hécaen	14 juillet 73		*30 août 73		
Id. -HUGLY, linger, Id.		Richard	8 juillet 73				
HENRY, Edmond-Sulpice, marchand de vins, à Vincennes		Sommaire	23 août 71	(3 bis)			
Id. Jules, traiteur, boulevard de la Villette, 208		Bourbon	28 mai 73				
Id. dame, Cécile, mtresse d'hôtel meublé, r. du Dragon, 14.		Beaufour	29 avril 73	(4)			
Id. -MICHANT, Jules-Emmanuel, rue de Flandre, 1	*	Blachez				26 août 73	
HENTZEN, voiturier, à St-Ouen		Bourbon	29 janv. 73		*25 mars 73		
HERAIT. Voir : HEREST dit HERAIT.							
HERARD, Adèle. Voir : MARCHAND, dame.							
HERBINOT et SAURET, fondeurs de cuivre, r. d'Angoulème, 72.		Normand	10 sept. 73	13 déc. 73			
HERBUISON-ALLEMAN, Achille, sans domicile connu	*	Delaporte				13 mai 73	
HERDT, père et Cie, entrepreneurs d'éclairage, r. de Calais, 17.		Barboux	10 juillet 73	(5)			
HEREST dit HERAIT, Zacharie-Julien, briquetier, cour Bony, 7.		Prodhomme	29 janv. 70				
HERISSON-GALLE, Philippe-Léopold, rue d'Enghien, 8	*	Tixier				22 juillet 73	
HERMANN, Louis, cordonnier, rue du Cygne, 7		Legriel	18 août 73		*30 sept. 73		
Id. peintre-vitrier, avenue de la Grande-Armée, 10.		Sommaire	30 nov. 65	28 juin 67	(6)		
HERMET, Alexandre, quincaillier, avenue Parmentier, 17.		Barboux	14 mai 73		*25 juill. 73		
HERQUIER et Cie, marchands de vins, à Vincennes		Heys	12 juin 73		*24 oct. 73		
HERR, Augustin, marchand de vins, faubourg Poissonnière, 57.		Dufay	6 nov. 73				
HERRMANN, Élie. Voir : PREVOST et HERRMANN.							
HERT, Daniel, entrepren d'éclairage, rue Brochant, 17 et 19		Barboux	10 juillet 73		*29 août 73		

(1) HÉBERT, Joseph. — Réouverture du 26 novembre 1873.

(2) HÉBERT père, paie 38 fr. 11 c. %, unique répartition.

(3) HEINDL paie 7 % dans le mois de l'homologation, et doit 28 %, en 4 ans, par 1/4.

(3 bis) HENRY, Edm., est qual. failli par jugt du 23 juill. 1873.

(4) HENRY dame, paie 49 fr. 60 c. %, unique répartition.

(5) HERDT, père et Cie. — Faillite rapportée et annulée par jugement du 9 septembre 1873.

(6) HERMANN, peintre, paie 29 fr. 52 c. %, unique répartition de l'actif abandonné.

NOMS, PRÉNOMS, PROFESSIONS ET DOMICILES	Tel que Liquidation v astérisqués Avoué et Insolvables	SYNDICS ET AVOUÉS	FAILLITES ET LIQUIDATIONS.	DATE DES HOMOLOGATIONS DE CONCORDATS	INSUFFIS" ET UNIONS.	SÉPARAT" DE BIENS JUDICIAIRES.	CONS. JUDIC. ET INTERDICT.
HERTZEN, boucher, rue du Commerce, 71		Chevillot	21 févr. 73		* 23 mars 73		
HERVAUX, charcutier, avenue d'Italie, 18		Sarazin......	14 févr. 73	(1)			
HERVÉ, Eugène, boulanger, boulevard de la Villette, 114		Beaujeu.....	3 mai 72	(2)			
Id. Joseph-Marie, dessinateur, rue Oberkampf, 91 ...	*	Masse					* 11 déc. 73
HERVIEUX, Hippolyte-Édouard, m⁴ de vins, r. de Vaugirard, 232.		Beaufour	16 déc. 73				
HERVY, marchand de vins, rue St-Irénée, 12		Moys........	21 août 73				
Id. et PLOUET, march. de nouveautés, boul. Magenta, 62.		Chevillot	13 mars 73	23 juillet 73	(3)		
HERZER-LATOUCHE, Léopold, boulevard Magenta, 145 ...	*	Cohn........				29 mai 73	
HESS, marchand de meubles, rue Sedaine, 36, puis 23		Chevallier ...	31 mai 73		* 30 juin 73		
HESSE, Gabriel, épicier, rue Sedaine, 71		Normand....	19 juillet 73	(4)			
HÉTIS, Thérèse-Augustine. Voir : COLLOT, dame.							
HEU-GUILLEMONT, Joseph, appareilleur, rue Montgolfier, 16...		Chevillot	7 mai 73		28 octob. 73		
HEULIN-JOURDE, Arsène, rue Racine, 17	*	Kieffer				12 août 73	
Id. Arsène, ex-boulanger, rue de Buffon, 5		Legriel......	3 sept. 72	(5)			
HEZEZ, Charles, fleuriste, boulevard de Strasbourg, 37		Pluzanski....	31 déc. 73				
HILDEVERT AUBERT-VILLENISCH, Arm., à la Pointe de Galles.*		Lacroix......				28 mai 73	
HILLION, Yves-Édouard, libraire, boulevard St-Germain, 30...		Battarel	4 sept. 72	1er févr. 73	(6)		
HINGUE, Léopold, march. de vins des Iles, rue de Malte, 49...		Beaugé......	7 nov. 73				
HIPP-SIMONNE, rue Cardinal-Lemoine, 1	*	Francastel ...				27 mai 73	
HIQUET, Jean, ébéniste, rue de Charonne, 59		Dufay	20 juin 73		* 31 juill. 73		
HIRCH, marchands de rouennerie, rue St-Martin, 198		Barboux.....	5 juillet 72	(7)			
HIRSCH, marchand de nouveautés, cours de Vincennes, 14		Gautier......	13 nov. 73				
HOBSON-GALAUP, Henri-James, sans domicile connu		Gamard				3 juillet 73	
HOCÉDÉ-PETITJEAN, Louis-François-Alexis, à Charenton...	*	Debladis.....				31 juillet 73	
HODIN, peintre, rue St-Honoré, 64		Gautier......	4 déc. 73				
HODOT, marchand de vins, rue de Crussol, 2		Barboux.....	31 déc. 72		* 12 févr. 73		
HOFFMANN, Charles, droguiste, rue des Francs-Bourgeois, 41..		Lamoureux...	6 août 70	21 nov. 72	(8)		
HOMBERT, Louis-Joseph, hôtelier, rue Montholon, 10		Knéringer ...	10 mai 73				
HORSLAVILLE, décédé, fabric. de caoutchouc, r. St-Martin, 314.		Sarazin......	24 févr. 73				
HOUDARD, Alexdre-Fois-Isidore, limonadier, bd des Italiens, 41 ..		Bourbon.....	17 déc. 73				
HOUDELET, épicier, rue Tholozé, 20		Beaujeu.....	7 août 73		* 30 sept. 73		
HOUDRY, Edme-Nicolas, restaurateur, r. Boileau, 74, à Auteuil..		Battarel	10 octob. 72	28 avril 73	(9)		
Id. Pierre, marchand de vins, rue de l'Ouest, 2		Beaugé......	22 déc. 73				
HOURDEQUIN, march. de bois de sciage, gde r. de Montreuil, 43.		Bourbon.....	16 août 69				
HOURTOLOU, loueur de voitures et m⁴ de vins, place d'Enfer, 12.		Heurtey.....	28 janv. 73	28 juin 73	(10)		
HOUSSEMAINE, Charles, traiteur, aux Lilas		Barboux.....	11 avril 73		* 26 juin 73		
HOUSSEMANN, layetier-emballeur, aux Lilas		Bégis	20 mars 73		* 30 avril 73		

(1) HERVAUX paie 4 fr. 43 c. %, unique répartition.

(2) HERVÉ paie 1 fr. 08 c. %, unique répartition.

(3) HERVY et PLOUET paient 10 % dans le mois de l'homologation, 6 % un an après, et doivent 24 % par 1/3.

(4) HESSE paie 4 fr. 16 c. %, unique répartition.

(5) HEULIN paie 26 fr. 56 c. %, unique répartition

(6) HILLION doit 20 %, en 4 ans, par 1/4, de l'homologation.

(7) HIRCH paient 45 fr. 68 c. %, unique répartition.

(8) HOFFMANN paie 18 fr. 42 c. %, produit de son actif.

(9) HOUDRY doit 20 %, en 5 ans, par 1/5, de l'homologation.

(10) HOURTOLOU doit 40 %, en 5 ans, par 1/5, à partir du jour de l'homologation.

NOMS, PRÉNOMS, PROFESSIONS ET DOMICILES.	à indiquo Liquidation • astérisque Avoué et Insuffisance	SYNDICS ET AVOUÉS	FAILLITES ET LIQUIDATIONS.	DATE DES HOMOLOGATIONS DE CONCORDATS	INSUFFIS^{es} ET UNIONS.	SÉPARAT^{on} DE BIENS JUDICIAIRES.	CONS.JUDIC. ET INTERDICT.
HOUY, traiteur, rue de la Roquette, 49		Beaufour	4 nov. 73		* 6 déc. 73		
HUBAUT, Joseph-Irénée, march. de vins, boul. Haussmann, 192.		Battarel	22 déc. 73				
HUBER, march. de déchets de laines, passage de la Ferme, 15.		Sommaire ...	14 sept. 69		23 janv. 72	(1)	
HUBERT-COMBAZ, Charles, sans domicile connu	*	Delaporte....				19 août 73	
Id. Paul-Adonis, menuisier, à St-Mandé		Prodhomme..	21 janv. 73		* 31 mars 73		
HUBY, Émile-Joseph, fabricant de meubles, r. St-Antoine, 205.		Copin	6 févr. 72	6 juin 72	* 26 août 73		
HUE-DAVID, Wilfrid-Gabriel, rue Amelot, 62	*	Maucomble..				28 janv. 73	
HUET, ainé et Cie, m^{ds} de tissus en caoutchouc, r. de l'Échiq., 30.		Beaugé......	19 août 73				
Id. -LAUNAY, Pierre-Fernand, rue d'Enghien, 25.	*	Flat				11 nov. 73	
Id. veuve, marchande de vins, avenue du Maine, 20.		Barboux....	1er avril 69	14 sept. 71	(2)		
HUGELMANN, Gabriel, ex-agent d'affaires, rue de Rennes, 47.		Maillard.....	20 déc. 73				
HUGOT. Voir : DUCASSE et HUGOT.							
HUGUES, Auguste. Voir : ESTIER et HUGUES.							
HUGUET, Ernest, banquier, rue N.-D.-des-Victoires, 32.		Moncharville.	8 mai 72	(3)			
HULOT, Henri, chemisier, boulevard des Filles-du-Calvaire, 13.		Richard.....	12 août 72	4 janv. 73	(4)		
HUMEAU, Alph.-Auguste-Vincent, relieur, rue de la Harpe, 39.		Pinet	1er août 73				
HUOT, Henri-Auguste, boulanger, rue de Cambrai, 34.		Beaufour	30 juin 73	9 déc. 73	(5)		
HURON, Joseph-Pierre, peintre, rue St-Louis-en-l'Île, 52.		Barbot......	26 févr. 73	27 juin 73	(6)		
HUSSON dame, née Honorine GUINET, à l'asile Ste-Anne	*	Bourse......					* 27 nov. 73
Id. et LARCY, marchands de vins, à Levallois		Barboux....	12 sept. 73				
Id. Ch.-Antoine, miroitier, rue du Buisson-St-Louis, 23.		Meillencourt.	18 nov. 71	(7)			
HUVÉ, Henri, boucher, avenue des Ternes, 3		Beaufour	14 octob. 72	(8)			
HYAUME-LABARRE, Adolphe, m^d de fourrages, r. Riquet, 43.	*	Postel-Dubois.				13 août 73	

I, J et K

NOMS, PRÉNOMS, PROFESSIONS ET DOMICILES.		SYNDICS ET AVOUÉS	FAILLITES ET LIQUIDATIONS.	DATE DES HOMOLOGATIONS DE CONCORDATS	INSUFFIS^{es} ET UNIONS.	SÉPARAT^{on} DE BIENS JUDICIAIRES.	CONS.JUDIC. ET INTERDICT.
IMHOFF, Jean, marchand de vins, rue Seguin, 24.		Maillard.....	21 octob. 73				
INTENDANCE GÉNÉRALE des Familles. Voir : COUTURIER.							
ISAMBART demoiselle, modiste, rue Lamartine, 9		Prodhomme..	6 janv. 73		* 25 févr. 73		
ISAMBERT-RIGLET, Honoré-Laurent, sans domicile connu.	*	Audouin.....				2 déc. 73	
ISSERTEL, Auguste, charpentier, quai de la Gare, 72.		Barbot......	3 octob. 72	(9)			
JACKSON, James-Horatio, plombier, r. Grenelle-St-Germ., 104.		Gauche.....	18 nov. 71	11 mars 72	* 28 nov. 73		
JACOB, Émile, brossier, rue Moreau, 47.		Barbot......	27 mai 73	6 nov. 73	(10)		
Id. Alexandre, drapier, rue St-Martin, 170		Bourbon	27 nov. 73				

(1) HUBER paie 5 fr. 36 c. %, 2e et dernière répartition.

(2) HUET, veuve, paie 44 fr. 63 c. %, 3e et dernière répartition de l'actif abandonné.

(3) HUGUET paie 8 fr. %, en 2 répartitions.

(4) HULOT doit 30 fr. %, en 3 ans, par 1/3, de l'homologation.

(5) HUOT paie 20 fr. %, 1re répartition ; abandonne son actif, l'indemnité qui lui a été allouée et une créance sur la dame Baar ; et s'oblige à payer 10 %, en 5 ans, par 1/5.

(6) HURON doit 30 %, en 6 ans, par 1/6, de l'homologation.

(7) HUSSON, Ch., paie 1 fr. 12 c. %, unique répartition.

(8) HUVÉ paie 11 fr. 59 c. %, unique répartition.

(9) ISSERTEL. — Faillite clôturée par jugement du 23 juin 73.

(10) JACOB, Émile, paie 4 fr. 32 c. %, produit de l'actif qu'il abandonne moins son mobilier personnel, et s'engage à payer 20 %, en 5 ans, par 1/5, de l'homologation.

NOMS, PRÉNOMS, PROFESSIONS ET DOMICILES.	L indique Liquidation ● astérisque Avoué et Insuffisance	SYNDICS ET AVOUÉS	FAILLITES ET LIQUIDATIONS.	DATE DES HOMOLOGATIONS DE CONCORDATS	INSUFFIS⁻ ET UNIONS.	SÉPARAT⁻ DE BIENS JUDICIAIRES.	CONS.JUDIC. ET INTERDICT.
JACOB, Jacob, marchand de nouveautés, à St-Denis............		Heurtoy.....	19 févr. 09	11 juin 09	9 sept. 73		
Id. Eugène, confectionneur, rue du Temple, 201		Mollencourt.	11 avril 70	(1)			
JACOTIN, Jean-Claude. Voir : MUTEL et Cie.							
JACQUARD-HOHKA, François, rue St-André-des-Arts, 35 ..*		Engrand.....	....	....	....	11 janv. 73	
JACQUELOT, Jules, mᵈ de conserves alimentaires, r. Vavin, 32 .		Legriel......	23 mai 73	19 sept. 73	(2)		
JACQUEMIN, Louis-Charles-Édouard, à St-Cloud............*		Kloffer		....	....	....	7 août 73
Id. Eugène, épicier, rue de l'Annonciation, 41		Sarazin.....	22 janv. 73	(3)			
Id. -POIRIER, Charles-Odin, boul. Mênilmontant, 8..*		Trodoux.....	....	....	....	7 janv. 73	
Id. -DIDIER, Charles, à Montreuil................*		Poisson	....	....	....	30 août 73	
JACQUEMOT-LAGARDE, Henri-Émile-Édouard, r. des Lilas, 20.*		Foussier	....	....	....	4 févr. 73	
JACQUET, Pierre, ex-serrurier, rue Calmels, 32..............		Sarazin.....	20 août 71	(4)			
Id. marchand de couleurs et vernis, cité Boufflers, 12 ...		Pinet........	27 nov. 72	(5)			
Id. Alexandre, charcutier, faubourg St-Martin, 149.....		Normand....	29 nov. 09	29 mars 70	*22 mai 73		
Id. et Cie, commissionnaires, rue des Petites-Écuries, 23.		Maillard....	13 févr. 72	(6)			
JACQUILLAT-LOIR, Pierre-Victor, rue Montholon, 28 ....*		Branche.....	....	....	....	29 avril 73	
Id. Pierre-Victor, serrurier, Id. ....*		Pinet	8 déc. 73				
JACQUINET, Prosper-Victor, serrurier, rue Ste-Anne, 28.....		Dufay	5 avril 73				
JADIN, Félicie-Maximilienne. Voir : MILLERAND, veuve.							
JAHIER et TRUCHARD, restaur.. au Viaduc de Nogent-s.-Marne.		Meys........	25 juin 73	26 nov. 73	(7)		
JALLIVET-MACÉ, Georges-Armand, rue d'Hauteville, 23......*		Blachez	....	....	....	24 juin 73	
JAMES, Jean-Baptiste, épicier, avenue d'Ivry, 49		Gauche	9 août 73	20 nov. 73	(8)		
JAMIN dame, boulangère, rue Lafayette, 93		Beaujou	31 juillet 73				
JANNOT, marchand de cafés, rue Marché-St-Honoré, 6......		Bégis........	26 juillet 64	3 févr. 73	(9)		
JANODY-CORBET, Jean-Marie, ex-confectionnᵣ, r. Pouillot, 18..*		Hervel	....	....	....	29 avril 73	
JANOIS, Athanase, traiteur, rue des Charbonniers, 5		Beaugé.....⸱	6 mars 73	....	*27 mars 73	(10)	
JANSEM, Antoine. Voir : JOLY et JANSEM.							
JANSEN SALOMON et Cie, commissionnaires, rue Baudin, 31....		Barboux.....	13 sept. 72	....	*31 janv.73		
JANSON-PELICIER, Victor, rue Antoine-Dubois, 6........*		Bertinot.....	....	....	....	14 janv. 73	
JARDEL, Félix, traiteur, rue de Meaux, 6..................		Gauche......	17 déc. 72	....	*28 nov. 73		
JARDOT, Philippe, crémier, rue de l'Arbre-Sec, 6		Heurtoy......	9 octob. 73	....	*28 nov. 73		
JARY, François-Guillaume, limonadier, boulevard St-Martin, 14.		Bourbon.....	30 déc. 73				
JAUNAIN-BERTHENOT, Louis-Jules-Ernest, rue de Flandre, 76.*		Popelin	....	....	....	19 déc. 72	
JEAN et Cie, marchands de vins, rue Cadet, 3...............		Beaugé......	23 août 73	....	*29 sept. 73		
Id. Pierre-Théod., mᵈ de nouveautés, à Fontenay-aux-Roses .		Legriel......	11 octob. 73				
JEANDET, Alfred, fabricant de poterie, rue de Liancourt, 24...		Dufay.......	17 sept. 73	26 déc. 73	(11)		

(1) JACOB, Eugène, paie 4 fr. 82 c. %, unique répartition.

(2) JACQUELOT paiera l'intégralité des créances en 5 ans, par 1/5, de l'homologation.

(3) JACQUEMIN, Eugène, paie 10 fr. 34 c. %, unique répartition.

(4) JACQUET, Pierre, paie 16 fr. 88 c. %, unique répartition.

(5) JACQUET, mᵈ de couleurs, paie 1 fr. 69 c. %, unique répart .

(6) JACQUET et Cie paient 10 fr. %, 1ʳᵉ rép. et sont qual. faillis.

(7) JAHIER et TRUCHARD doivent 40 %, en 5 ans, par 1/5, de l'homologation.

(8) JAMES doit 40 %, en 5 ans, par 1/5, de l'homologation.

(9) JANNOT abandonne tout son actif sous la réserve d'une somme de 200 francs.

(10) JANOIS. — Réouverture du 21 avril 73. — Il paie 3 fr. 69 c. %, unique répartition.

(11) JEANDET doit 30 %, en 5 ans, par 1/5, de l'homologation.

NOMS, PRÉNOMS, PROFESSIONS ET DOMICILES.	L Liquidation ● antérieure Avoué et Insuffisance	SYNDICS ET AVOUÉS	FAILLITES ET LIQUIDATIONS.	DATE DES HOMOLOGATIONS DE CONCORDATS	INSUFFIS^{ce} ET UNIONS.	SÉPARAT^{ns} DE BIENS JUDICIAIRES.	CONS. JUDIC. ET INTERDICT.
JEANTEAUD, Pierre, maçon, à Alfort-Ville..................		Normand....	4 octob. 73	....	* 31 oct. 73		
JEANTROUX d^{lle}, restaurateur, rue Vieille-du-Temple, 2 bis...		Heurtey.....	8 janv. 73		* 22 mars 73		
JEAUD jeune, serrurier, impasse Crozatier, 6..........		Normand....	11 octob. 72	(1)			
JEAUNIN, marchand de vins, à Maisons-Alfort, île St-Pierre....		Darboux.....	20 octob. 73		* 24 déc. 73		
JEHAN, march. d'articles de ménage, boul. des Batignolles, 60..		Moys....	24 sept. 67		* 21 nov. 67	(2)	
JÉROME-PERCHERON, Louis-F^{ois}-Victor, r. Marie-Louise, 44 ..*		Pijon.....			....	22 juillet 73	
JEUDI dame, blanchisseuse, quai Valmy, 105		Gautier.....	12 mars 73		* 24 juill 73		
JOD, Émile, fabricant de chaises, rue de Charenton, 55........		Pluzanski...	28 sept. 72		* 24 déc. 72	(3)	
JOFFROY, cabaretier, rue de Vaugirard, 230..........		Darboux.....	30 déc. 72		* 12 févr. 73		
Id. Édouard, marchand de vins, rue de Flandre, 199..		Chevillot.....	1er févr. 73				
Id. -SAVETTIEZ, Louis-Édouard, Id. ...*		Mesnier.....				27 mai 73	
JOGAND veuve, emballeur, rue du Louvre, 18		Chevillot.....	30 déc. 73				
JOLLOT, Étienne-Isidore, épicier, rue de Clichy, 37...		Copin.....	13 mars 73	5 sept. 73	(4)		
JOLLY, Ad.-Gust., fab. de bijoux pour deuil, r. de Turenne. 97.		Moncharville..	14 janv. 73		* 27 janv. 73		
Id. -LEMAIRE, Jules-Ernest, boulevard Magenta, 13...... *		Breton.....	....			17 juin 73	
JOLY-VIET, Hipp.-Émile-René, rue de la Butte-Chaumont, 85 ..*		Clériot.....	....			17 sept. 73	
Id. Stanislas-Christ., serrurier, à Vanves...		Devin.....	14 janv. 73	27 mai 73	(5)		
Id. Charles-Nicolas, mécanicien, rue Claude-Villefaux, 48..		Hécaen.....	27 juin 73	27 nov. 73	(6)		
Id. J., marchand de vins, rue de Marseille, 7..........		Richard.....	3 juin 73		* 29 sept. 73		
Id. -DUBRAC, Jean, rue Pinel, 11 ....*		Chéramy.....				5 juillet 73	
Id. et JANSEM, charrons, avenue du Maine, 21		Chevallier....	20 sept. 73				
JONES, Williams, tailleur, rue Auber, 5		Hécaen......	2 juillet 73				
JORRE veuve, marchande de nouveautés, rue des Rigolles, 21 ..		Darboux.....	17 juin 73	27 nov. 73	(7)		
JOSEPH, Ernest, bonnetier, rue de Rivoli, 33		Heurtey.....	2 mai 73		29 juill. 73		
JOSSE-BONNET, Théodore, rue de Romainville, 9 ....*		Bertot.....	....			29 juillet 73	
JOSSEN dit JOUSSEN-LANGLOIS, Henry-F^{ois}, r. du Pont-Neuf, 5.*		Nottin.....	....			11 mars 73	
JOSSERAND-SAX, François, négociant, rue de la Collégiale, 25.*		Giraud.....	....			25 févr. 73	
JOUANNE, Antoine-Edmond, papetier, pass. Choiseul, 72 et 74 ..		Darboux.....	20 juin 73		* 25 juill. 73		
Id. d^o, tenant appartements meublés, av. Friedland, 37. L		Meillencourt..	13 nov. 71	20 juin 72	* 19 nov. 73		
JOUAULT-ROBINEAU, Léon-Charles, rue Caumartin, 31....... *		Robineau....	....			25 janv. 73	
JOUBERT-LANNOY, Edme-André, à Puteaux........... *		Tixier.....	....			12 août 72	
JOUBIN, Nicolas-Alfred, meunier, à Créteil		Knéringer ...	9 avril 73				
JOUFFRIAU, Alfred, limonadier. rue Montholon, 7, puis 8..		Beaujeu.....	16 avril 73		* 30 juin 73		
JOUFFROY, marchand de vins, à Alfort-Ville..........		Bégis.....	4 sept. 73		* 1er oct. 73		
JOUINES, marchand de vins et épicier, rue Perceval, 38........		Chevillot ...	4 août 73		* 1er oct. 73		
JOURDAIN-CATHAGNA, Victor, rue Constance, 1 ....*		Mouillefarine..	....			26 août 73	
JOURDAN dame. Voir : TEISSIER, Marie-Louise.							
Id. et Cie, marchands de vins, rue de Bercy, 47........		Dufay.....	17 juillet 73				
JOURDHEUIL dame, marchande à la toilette, r. Parmentier, 477.		Beaufour....	19 mars 73		* 24 avril 73		

(1) JEAUD paie 39 fr. 88 c. %, unique répartition.

(2) JEHAN. — Réouverture du 28 novembre 1873.

(3) JOB. — Réouverture du 7 octobre 1873.

(4) JOLLOT doit 50 %, en 5 ans, par 1/5, de l'homologation.

(5) JOLY, Stanislas, doit 50 %, en 8 ans, par 1/8, de l'homolog.

(6) JOLY, Charles, paiera l'intégralité des créances en 10 ans, par 1/10, de l'homologation.

(7) JORRE veuve, doit 25 %, en 5 ans, par 1/5, de l'homologat.

NOMS, PRÉNOMS, PROFESSIONS ET DOMICILES.	Indigne Liquidation * Avantagea Avoué et Insuffisance	SYNDICS ET AVOUÉS	FAILLITES ET LIQUIDATION.	DATE DES HOMOLOGATIONS DE CONCORDATS	INSUFFIS^{ce} ET UNIONS.	SÉPARAT^{ns} DE BIENS JUDICIAIRES.	CONS. JUDIC. ET INTERDICT.
JOURDY, marchand de bois, rue d'Allemagne, 85		Bourbon	13 mai 72	....	* 22 mars 73		
JOURNÉ, marchand de calicots, rue des Jeûneurs, 42.........		Devin.......	5 octob. 71	(1)			
JOURNEIL, ALMOND-PIERRE, à l'Hospice de Bicêtre	*	Daupeley....	....	....	....		* 13 déc. 73
JOUSSE-CHAPIN, PIERRE, rue Ste-Anne, 55	*	Barberon....	....	....		13 mai 73	
JOUSSET, peintre et limonadier, rue Feydeau, 5...............		Sarazin.....	18 janv. 73	....	* 17 mars 73		
JOVINET, JOSEPH, pelletier, rue de Sévigné, 40		Chevillot ...	14 nov. 73				
JUCLIER et ses fils, distillateurs, à St-Denis.................		Lamoureux..	26 avril 73				
JUGEAN-MATHIEU, JACQUES, sans domicile connu	*	Larroumès...	....	....		4 janv. 73	
JULES, JULIEN-MARIE. Voir : GOIX dit JULES.							
JULIA jeune, chapelier, rue du Plâtre, 3		Normand....	13 juin 73	....	* 25 juill. 73	(2)	
JULIEN, CYRILLE-JUSTIN, ex-limonadier, rue Chabanais, 2.......		Bégis	3 mars 73	15 juillet 73	(3)		
JULLIEN, PAUL, serrurier, rue Rébeval, 24		Hécaen :....	25 juillet 73	25 nov. 73	(4)		
JUMEL et LUNEL, marchands de vins, r. de l'Hôtel-Colbert, 40 .		Bégis	23 déc. 71	3 octob. 73	(5)		
JUNG vᵉ, brasserie, r. de la Voie-Verte, 18 et 20, à Montrouge ..		Hécaen......	8 octob. 73				
JUNON, boulanger, rue St-Jacques, 30		Copin.......	3 mai 73				
JUQUIN dame, ex-fabricante de colle, aux Prés St-Gervais		Pinet	8 déc. 73				
JUSSERAND-SIMONNET, AMABLE, rue St-Dominique, 101	*	Carlot.......	....	....	....	25 nov. 73	
JUTTEAU, boulanger, avenue de la Bourdonnaye, 51..........		Sommaire ...	19 juin 73	....	* 26 août 73		
KAMPF, ALFRED-ALEXANDRE, chapelier, chaussée Clignancourt, 22.		Sarazin.....	27 déc. 72	....	* 27 févr. 73		
KARWOWSKI-DUPLAN, JULIEN-BARTHÉLEMY, r. des Jeûneurs, 44.	*	Derré	....	....		1ᵉʳ juill. 73	
Id. Voir : BERGOUGNOUX, J. KARWOWSKI.							
KAUFRIED, LOUIS, ex-forain, rue de la Chapelle, 19, puis 106...		Sarazin......	11 octob. 72	16 janv. 73	(6)		
KERCKHOFF, CH.-ALF.-ÉMILE, tailleur, galerie d'Orléans, 22....		Barbot......	19 nov. 73				
KETELAIR, CAMILLE, mouleur-éditeur, rue St-Maur, 216........		Devin	23 juillet 73				
KIRST, BARBE. Voir : FLOS, dame.							
KNAPEN, PIERRE-HUBERT, fab. de meubles, faub. St-Antoine, 47.		Chevallier....	13 janv. 73	....	* 29 mars 73		
KNOD, MARIE-CLOTILDE-VIRGINIE. Voir : LACGER veuve.							
KOCH, HANSEN et Cie, négociants, rue Lafayette, 123..........		Barbot......	27 févr. 73				
KOENIG, entrepreneur de peinture, rue St-Sébastien, 15		Hécaen......	7 octob. 72	(7)			
KREMER, JACQUES-EUGÈNE, brasseur, rue d'Argout, 38		Sarazin.....	21 déc. 72	....	* 27 févr. 73		
KRESZ aîné, fabricant d'articles de pêche, rue du Temple, 75...		Beaujou.....	17 sept. 73	11 déc. 73	(8)		
KRUFF, tapissier, rue Grange-Batelière, 3...................		Legriel.....	23 juin 70	12 févr. 73	(9)		
KUHN et Cie, commissionnaires, rue d'Enghien, 44............		Id	30 janv. 73	....	* 17 mai 73	(10)	

(1) JOURNÉ paie 7 fr. 95 c. %, 2ᵉ et dernière répartition.

(2) JULIA jeune. — Réouverture du 11 juillet 1873.

(3) JULIEN paiera 5 % dans le mois de l'homologation, 17 fr. 50 c. %, le 1ᵉʳ septembre 1874 et 17 fr. 50 c. %, le 1ᵉʳ septembre 1875, avec la caution de son père.

(4) JULLIEN doit 40 %, en 5 ans, par 1/5, de l'homologation.

(5) JUMEL et LUNEL. — JUMEL paie 0 fr. 68 c. %, unique répartition. — LUNEL paie 24 fr. 14 c. %, produit de son actif, et s'engage à parfaire l'intégralité des créances, en 5 ans, par 1/5 ; 1ᵉʳ paiement le 1ᵉʳ octobre 1875.

(6) KAUFRIED doit 20 %, en 4 ans, par 1/4, de l'homologation.

(7) KOENIG paie 2 fr. %, unique répartition.

(8) KRESZ paiera 50 % en 9 paiements d'ici le 1ᵉʳ septembre 76. — Mᵐᵉ KRESZ renonce à toucher aucun dividende avant l'exécution du concordat envers les autres créanciers.

(9) KRUFF paie 11 fr. 23 c. %, produit de son actif, abandonne les sommes déposées à la Caisse des Consignations, et s'engage à parfaire 40 %, en 5 ans, par 1/5, de l'homologation.

(10) KUHN et Cie. — Réouverture du 16 octobre 1873.

L

NOMS, PRÉNOMS, PROFESSIONS ET DOMICILES.	L Indique Liquidation * astérisque Avoué et Insuffisance	SYNDICS ET AVOUÉS	FAILLITES ET LIQUIDATIONS.	DATE DES HOMOLOGATIONS DE CONCORDATS	INSUFFIS. ET UNIONS.	SÉPARAT. DE BIENS JUDICIAIRES.	CONS.JUDIC. ET INTERDICT.
LABARRE veuve, marchande de vins, avenue de Clichy, 25.....		Meys........	21 mai 73	....	* 29 août 73		
LABARTHE, ex-restaurateur, avenue Rumkorff, 6............		Chevallier...	3 mars 73	....	* 28 avril 73		
LABBÉ, MARTIN, mécanicien, rue Claude-Villefaux, 8..........		Bégis........	13 mars 72	(1)			
Id.　Eugène-Théophile, boucher, boulevard Voltaire, 100...		Sarazin.....	11 déc. 72	(2)			
LABOURDETTE, march. de vins et hôtelier, r. de la Glacière, 108.		Heurtey.....	10 octob. 73	....	* 28 nov. 73		
LABREN frères, tôliers, rue du Buisson-St-Louis, 10 et 12.....		Sommaire....	15 août 69	30 nov. 72	(3)		
LABRUGUIÈRE et BONNOUVRIER, merciers, boul. Nagenta, 87.		Gautier......	20 déc. 73				
LACGER veuve, chapelière, boulevard Haussmann, 36........		Chovillot ...	10 mars 73				
LACHARME-RIVIÈRE, JACQUES, rue Nationale, 49............	*	Vivet........				18 mars 73	
LACHAUME, LOUIS-LAURENT, boulanger, à Aubervilliers......		Hécaen......	20 juin 73				
LACHAUSSÉE, Léon-Const., distillateur, r. des Boulets, 52 et 54.		Normand....	21 avril 73	21 juillet 73	(4)		
LA CLOCHE (société anonyme), rue du Quatre-Septembre, 12...		Pinet........	28 août 73				
LACOMBE-SERRATRICE, PIERRE, rue de la Michodière, 21...*		Delaporte ...	....			11 févr. 73	
LACOSTE, ALEXANDRE, ex-boulanger, rue de la Félicité, 24.....		Heurtey.....	20 août 73				
LACOUR, EUGÈNE, marchand de volailles, faubourg St-Martin, 53.		Normand....	26 févr. 73	(5)			
Id.　NICOLAS-MICHEL. Voir: GERMAIN et Cie.							
Id.　scieur à la mécanique, avenue Uhrich, 81..........		Beaugé......	28 janv. 73		* 30 juin 73		
LACOURT, AUGUSTE, maçon, rue Clisson, 30.................		Id......	25 mars 69	(6)			
LACRESSONNIÈRE. Voir: DESHAYES, LACRESSONNIÈRE et Cie.							
LACROIX, JÉRÔME dit JULES, vannier, boul. de Strasbourg, 21...		Beaugé......	21 nov. 73				
Id.　Voir: SATURNIN dit LACROIX.							
Id.　-GAMBERT. Voir: SATURNIN-GAMBERT.							
Id.　-LEBOUEDEC, MARIE-JOSEPH, bd des Batignolles, 21..*		Roche				17 juin 73	
Id.　-VERBOECKHOVEN et Cie, libraires, fg Montmartre, 13.		Copin.......	3 févr. 72	27 sept. 73	(7)		
LADAU-BOCKAIRY-TEL, ANTOINE-MARIE-JULES, r. St-Arnauld, 7.*		Lemaire.....	....			25 nov. 73	
LAFAGE, commissionnaire, rue Grange-Batelière, 16..........		Barboux.....	17 mars 73	....	* 27 mai 73		
LAFARGE-MIRAUD, rue Fontaine-au-Roi, 20 ....*		Debladis				24 avril 73	
LAFFARGUE, J.-BAPT., agent de charbonnages, r. Lemercier, 30.		Sarazin	17 octob. 73				
LAFFITTE, ODETTE, veuve CORDIER, rue de Morny, 69.......	*	Castaignet...	....			....	6 nov. 73
LAFLEUR, ANTOINE, commissionnaire, rue des Petits-Hôtels, 7..		Battarel.....	7 nov. 72	19 juin 73	(8)		
Id.　Ch.-E., marchand de vins, rue des Marguettes, 16..		Beaujeu	19 déc. 73				
LAFON, JEAN, fondeur en fer, rue St-Maur, 61..............		Gautier......	11 sept. 73				
Id.　-SELLIER, PIERRE, rue Basfroi, 52................*		Engrand				28 janv. 73	

(1) **LABBÉ**, MARTIN, est qual. failli. — Il paie 15 fr. %, 1re rép.

(2) **LABBÉ**, EUGÈNE, paie 16 fr. 97 c. %, unique répartition.

(3) **LABREN** frères. — Concordat annulé par arrêt du 24 mai 73.

(4) **LACHAUSSÉE** doit 40 %, en 5 ans, par 1/5, de l'homolog.

(5) **LACOUR**, EUGÈNE, paie 31 fr. 58 c. %, unique répartition.

(6) **LACOURT** paie 1 fr. 25 c. %, unique répartition.

(7) **LACROIX-VERBOECKHOVEN** et Cie paient 50.000 fr. dans le mois de l'homologation et font une répartition de 4 fr. 34 c. %. — Le sieur LACROIX personnellement, s'engage à payer 20 % du montant des créances en 4 ans et par 1/4.

(8) **LAFLEUR** abandonne son actif, et s'oblige à verser dans la huitaine de l'homologation, la somme de 10.000 fr. avec la caution solidaire de MM. CAILLET, DONOP et Cie.

NOMS, PRÉNOMS, PROFESSIONS ET DOMICILES.	Z Indique Liquidation * Astérisque Avendu et Insuffisance	SYNDICS ET AVOUÉS	FAILLITES ET LIQUIDATIONS.	DATE DES HOMOLOGATIONS DE CONCORDATS	INSUFFIS^{es} ET UNIONS.	SÉPARAT^{on} DE BIENS JUDICIAIRES.	CONS.JU ET INTERD
LAFONT jeune, passementier, rue Trévise, 28...............		Battarel....	5 juin 73	....	* 24 juill. 73		
LAFOREST-MIARD, Eugène-Ernest, avenue Wagram, 35.......	*	Archambault.	....	....	....	4 mars 73	
LAFORT-JUDLIN, Jules-Fois-René, musicien, b^d des Batignolles.*		Cosselin....	....	....	....	18 déc. 72	
LAGESSE. Voir : DUCLOS, veuve.							
LAGNEOU veuve, à la maison du docteur Blanche, à Passy.....		Debladis	....	....	....	....	* 28 août
LAGNY, marchand de chiffons, boulevard de l'Hôpital, 167		Richard.....	22 août 71	(1)			
LAGRENAUDIE, Pierre, m^d de vins, r. des Écluses-St-Martin, 18.		Battarel.....	15 juillet 73	8 nov. 73	(2)		
LA HARANNE et Cie, exploit. du journal l'État, rue d'Argout, 8..		Maillard....	10 août 73	(3)			
LAHOUSSE-DEDUY, Adolphe, employé, rue d'Alesia, 58.......	*	Des Etangs ..	....	....	....	26 avril 73	
Id. Adolphe, m^d de déchets de laine, r. de Flandre, 47.		Barboux.....	7 octob. 08	....	* 28 nov. 08	(4)	
LAINÉ-DAVIGNON, François-Pierre, rue Clignancourt, 80...*		Lemaire.....	....	....	....	20 août 73	
LALANDE, ex-tapissier, rue de la Bruyère, 30,...............		Knéringer ...	23 octob. 73	....	* 17 déc. 73		
LALAUZE, tailleur, avenue de Clichy, 100..................		Moys..	23 nov. 72	17 mars 73	(5)		
LALIGANT, Charles. Voir : MARTIN et LALIGANT.							
LALORCEY, Françoise. Voir : DIDART, veuve.							
LALOUETTE, Victor-Georges, boulanger, rue Oberkampf, 80...		Cauche	16 mai 73				
LALREU. Voir : NADRIN dit LALREU-VIARS.							
LAMARQUE, Adrien, menuisier, rue Francs-Bourgeois, 5......		Prodhomme..	3 déc. 72	25 mars 73	(6)		
Id. -GESTAT, Jean-Joseph, rue Méhul, 4...........*		Mercier.....	....	....	....	22 avril 73	
LAMBEL, march. de pommes de terre, r. de la Parcheminerie, 11.		Copin.......	11 déc. 72	....	* 31 janv. 73		
LAMBERT, Jean-Auguste, pâtissier, rue Billault, 9		Pinel.......	28 juillet 73	....	* 24 déc. 73		
Id. -PARLON, Jean, faubourg du Temple, 69........*		Berton	....	....	....	30 août 73	
Id. -GUÉDON, Jean, boulevard Montmartre, 10.......*		Levesque....	....	....	....	24 octob. 73	
Id. -HUGUIN, Benoit, passage Ronce, 23 ....*		Lacroix	....	....	....	28 nov. 72	
LAMÈTHE, Firmin, fabricant d'eau gazeuse, à Courbevoie		Normand....	15 octob. 71	21 avril 73	(7)		
LAMOTHE, Eugène, marchand de vins, rue de Nemours, 6.....		Beaugé.....	21 avril 73	....	* 31 mai 73		
Id. et Cie, marchands de vins, port de Bercy, 27...		Meillencourt.	24 janv. 73	7 juin 73	(8)		
Id. Miguel, limonadier, boulevard Poissonnière, 24		Devin.......	20 févr. 73	(9)			
LAMY et son fils, dir. de la Fédération Comm^{le}, r. Tiquetonne, 57.		Bégis	7 nov. 72	....	* 31 mai 73		
Id. marchand de vins, rue Chemin-Vert, 15.............		Chevallier ..	23 sept. 72	(10)			
Id. Paul-Alfred, marchand de vins, rue de Bagnolet, 73....		Prodhomme .	11 déc. 72	(11)			
Id. veuve et fils, marchands de vins, rue Tlemcen, 3........		Moys........	9 juin 73	....	* 19 sept. 73		
Id. -COLOMBET, Jean-Louis-Pierre, rue St-Denis, 84 ...*		Francastel...	....	....	....	5 août 73	

(1) **LAGNY** paie 10 fr. 21 c. %, unique répartition.

(2) **LAGRENAUDIE** doit 60 %, en 10 paiements égaux, de 6 en 6 mois ; le 1er aura lieu le 1er juin 1874.

(3) **LA HARANNE** et Cie. — La Société se compose de : 1° Ernest La Haranne ; 2° Prosper Cappeville ; 3° Sérapion Sabatier-Libaros ; 4° Léon-Louis-Victor Riallen de Bourgneuf. — La faillite du 10 août 1873 est commune aux quatre associés.

(4) **LAHOUSSE.** — Réouverture du 10 décembre 1873.

(5) **LALAUZE** doit 30 %, en 3 ans, par 1/3, à partir du jour de l'homologation.

(6) **LAMARQUE** doit 30 %, en 5 ans, par 1/5 ; le 1er paiement aura lieu un an après l'homologation.

(7) **LAMÈTHE** paiera l'intégralité des créances en 5 ans, par 1/5, à partir du jour de l'homologation.

(8) **LAMOTHE** et Cie. — Edgard Ansas, l'un des associés, s'engage personnellement à payer 30 %, en 5 ans, par 1/5, à partir du jour de l'homologation.

(9) **LAMOTHE**, Miguel, paie 3 fr. 70 c. %, unique répartition.

(10) **LAMY**, march. de vins, paie 5 fr. 91 c. %, unique répart.

(11) **LAMY**, Paul, paie 16 fr. 64 c. %, unique répartition.

NOMS, PRÉNOMS, PROFESSIONS ET DOMICILES.	L Indique Liquidation * Astérisque Avoué et Insuffisance	SYNDICS ET AVOUÉS	FAILLITES ET LIQUIDATIONS.	DATE DES HOMOLOGATIONS DE CONCORDATS	INSUFFIS.ce ET UNIONS.	SÉPARAT.ons DE BIENS JUDICIAIRES.	CONS. JUDIC. ET INTERDICT.
NCELIN, Alexandre, limonadier, à Vincennes............		Normand....	27 janv. 73	(1)			
NDA et Cie, graveurs, rue des Boulets, 119		Hourtoy..	20 juin 73	....	* 23 sept. 73		
NDAU-JACOB, Michel, rue d'Allemagne, 20	*	Drochou....				21 janv. 73	
NDELLE, Jean-Alexandre, ex-chocolatier, r. de Javel, 121.	*	Darbot....	8 mars 73	17 sept. 73	(2)		
NDOIN, Christophe, gaufreur de rubans, r. de Rambuteau, 85.		Maillard....	11 févr. 73		* 31 mars 73		
NDRY, Auguste-Joseph, marchand de vins, r. de Sèvres, 68..		Richard	9 octob. 73				
Id. -DELANOUS, Joseph, rue de Sèvres, 68......		Robineau...				26 août 73	
NGE, fabricant de couleurs, rue du Roi-de-Sicile, 20.......		Beaufour..	26 juillet 72	23 déc. 72	(3)		
NGELEZ-MAGNAN, Louis-Théodore, à Neuilly		Deberpo...				11 déc. 73	
NGLADE-REVEL, Louis-Marius, sans domicile connu	*	Larroumès...				22 juillet 73	
NGLOIS, Ernest, march. de charbons, r. Nve-des-Mathurins, 58.		Lamoureux..	19 mars 73		* 20 mai 73		
Id. et BARRE, distillateurs, r. des Filles-du-Calvaire, 12.		Gauche.....	9 mars 72	(4)			
Id. , THIBOUST et THOMASSON, rue Taitbout, 87......		Maillard....	17 juillet 73				
Id. -TRONCÉ, Constant, r. du Château-des-Rentiers, 96.	*	Bertinot....				23 janv. 73	
NIER, Louis-Théodore, chemisier, boul. Beaumarchais, 57...		Beaugé....	2 juillet 73		* 18 sept. 73		
NIESSE, négociant, rue St-Marc, 25................		Richard	20 mai 73		* 30 sept. 73		
NNAY, marchand de bois de sciage, rue de Lévis, 63.......		Bourbon...	4 déc. 73				
NNOY, marchand de nouveautés, rue Turbigo, 50.........		Pinet.....	24 déc. 73				
NSON, Louis-Gustave, gantier, boulevard Sébastopol, 45...		Prodhomme..	18 avril 73	2 sept. 73	(5)		
NTHENER, Jules, brasseur, boulevard Arago, 21		Legriel....	31 mai 73				
NZENBERG-CAUTSCHAU, Samuel dit Alph., r. de Crussol, 18.	*	Guillemon...	....			15 octob. 73	
PERER dame, modiste, rue Maubeuge, 26		Chevillot...	22 août 73	22 nov. 73	(6)		
PERRIÈRE, Facmence-Chéri, march. de vins, rue Monge, 75.		Deaujeu..	25 févr. 73	(7)			
PEYRE-LEBARON, Eugène-Lacr.-Étienne, av. d'Essling, 25 .	*	Poinsot....	....			23 déc. 73	
PEYRIÈRE, Maurice, mercier, rue de Malte, 60...........		Lamoureux..	10 janv. 73				
PIERRE, ébéniste, rue Richard-Lenoir, 25.............		Beaufour..	8 mars 73	....	* 20 mai 73		
PORTE, Antoine, libraire, rue Bonaparte, 1.............		Pinet.....	22 août 73				
ARCHE D'ALLIANCE. Voir : Société anme dite l'Arche d'Alliance.							
RCHER, Ch.-Henri-Jos., changeur, r. des Filles-du-Calvaire, 2.		Hourtoy.....	19 mars 73				
RCY, Léonard. Voir : HUSSON et LARCY.							
RDEAU, maître de lavoir public, à Issy................		Sarazin....	6 juin 72		* 31 juill. 73		
RDIN-ROZÉ, Alexandre-Victor, à Charenton............		Hardy.....				10 juin 73	
RGE-BOUCHEZ, Hugues, rue de Richelieu, 60...:.......	*	Lescot.....				8 juill. 73	
RGET, Fl.-Eug.-Adolphine. Voir : LOMBARDIN, dame.							
RIVE-PERMALEVÉ, sans domicile connu...............	*	Masse.....				30 août 73	
ROCHE, Laurent-Alexandre, bandagiste, rue Sévigné, 25..		Hourtey....	13 sept. 73				
Id. -CHARLOT, Eugène-Louis, boulevard Ornano, 6 ...		Robineau..	....			12 août 73	

1) LANGELIN paie 30 fr. 01 c. %, unique répartition.

2) LANDELLE paiera 10 %, en 4 ans et en 5 paiements égaux ; le 1er aura lieu le 1er octobre 1873.

3) LANGE paie 4 fr. %, produit de son actif, et doit 30 %, savoir : 4 % dans les 2 mois de l'homologation, 4 % un an

(4) LANGLOIS et BARRE paient 9 fr. 58 c. %, unique répartition.

(5) LANSON paie 6 fr. 14 c. %, produit de son actif, et s'oblige à payer 15 %, en 5 ans, par 1/5, de l'homologation.

(6) LAPERER dame, doit 20 %, en 4 ans, par 1/4, de l'homolog.

(7) LAPERRIÈRE paie 3 fr. 42 c. %, unique répartition.

NOMS, PRÉNOMS, PROFESSIONS ET DOMICILES.	Indique Liquidation ° astreinte Avoué et Insuffisance	SYNDICS ET AVOUÉS	FAILLITES ET LIQUIDATIONS.	DATE DES HOMOLOGATIONS DE CONCORDATS	INSUFFIS** ET UNIONS.	SÉPARAT** DE BIENS JUDICIAIRES.	CONS. JUDIC. ET INTERDICT.
LAROCHETTE, Philibert, mécanicien, rue St-Martin, 298		Normand....	7 févr. 60	30 juillet 60	30 déc. 73		
LARTAUD, marchand de chaussures, rue d'Amsterdam, 38		Maillard.....	12 nov. 73	....	* 29 déc. 73		
LARZET, Émile, horloger, rue St-Honoré, 203		Barbot......	18 févr. 73	19 juin 73	(1)		
LASFARGUE-LOREILLARD, Narcisse-Math., sans dom. connu..	*	Pijon	....	....	....	14 juin 73	
LASNE, Louis, ex-marchand de vins, r. Campagne-Première, 5.		Gauche	11 août 73	....	* 30 sept. 73		
LASSERON-HÉMON, Charles, rue Lafayette, 12...............	*	Froc........	....	....	....	mai 73	
LATHENE-ALLARD, Abel-Blaise, avenue d'Orléans, 50	*	Duboys	....	....	....	18 nov. 73	
Id. Abel-Blaise, épicier, rue de Vanves, 133		Prodhomme..	11 mars 73				
LATRUFFE-MARANDOUT, Marie-Pierre-Franç., r. Rivoli, 196.*		Milliot	....	....	....	21 janv. 73	
LAUNAY-AVIAS, Auguste-Pierre-François, r. Ménilmontant, 152.*		Pijon	....	....	....	14 janv. 73	
LAURENCE, Ernest-Théophile, chapelier, faub. St-Martin, 31 ..		Lamoureux..	7 févr. 73	19 mai 73	(2)		
LAURENCEAU-MALET, Charles, rue du Vert-Bois, 66..........	*	Trodoux.....	....	....	....	23 août 73	
LAURENS, Eugène-Paul, commissionn**, r. de l'Université, 153.		Heurtey	17 sept. 72	7 mai 73	(3)		
LAURENT, cordonnier, rue de Flandre, 41		Maillard.....	22 sept. 73	....	* 29 oct. 73		
Id. marchand de vins, faubourg St-Honoré, 268........		Lamoureux..	10 déc. 72	(4)			
Id. Jean-Auguste, march. de vins, faub. St-Honoré, 268.		Mallo........	16 juillet 66	....	* 28 févr. 67	(5)	
Id. Paul-Henri, serrurier, à Levallois..................	*	Prodhomme..	23 nov. 72	26 mars 73	(6)		
Id. J., menuisier, rue de la Moselle, 4..............		Sarazin......	27 déc. 72	....	* 27 févr. 73		
Id. et VIAL, commissionnaires, rue Martel, 8..........		Sommaire ...	2 sept. 73	19 déc. 73	(7)		
LAURENT-BONNE, Philippe, sans domicile connu.........	*	Barberon....	....	....	....	25 mars 73	
Id. -DANGUS, Denis-Auguste, à Clichy-la-Garenne......	*	Delepouve...	....	....	....	11 mars 73	
Id. -DONNA, François-Anselme, rue Pasquier, 4........	*	Hervel	....	....	....	18 octob. 73	
Id. -GAUTIER, Félix, rue Béranger, 21	*	Loriat-Jacob.	....	....	....	19 avril 73	
Id. -LACHERET, Louis, faubourg St-Martin, 217	*	Audouin	....	....	....		10 déc. 72
LAUTENSCHLAGER, Jean-Eugène, tailleur, rue Le Peletier, 21 ..		Lamoureux..	6 déc. 73	....	* 29 déc. 73		
LAVANDIER et Cie, parfumeurs, rue Salomon-de-Caus, 4......		Beaujeu.....	29 octob. 73				
LAVERGNE veuve, fab. de chaussures, r. des Petites-Ecuries, 27.		Heurtey.....	11 déc. 73				
LAVILLE veuve, loueuse de voitures, rue Ernestine, 19........		Legriel......	22 janv. 72	29 juin 72	30 déc. 73		
LAVOISIER-PAVIE, rue d'Argout, 3	*	Michel	....	....	....	7 août 73	
LAVONDES. Voir : BURGUES et LAVONDES.							
LAVY-ROYAUX, Joseph, rue Vivienne, 53	*	Bourgoin....	....	....	....	20 mai 73	
LAYE-LENERU, François-Augustin, rue Brézin, 8............	*	Vivet........	....	....	....	22 avril 73	
LE BARBIER, Albert, distillateur, place d'Aligre, 5..........		Prodhomme..	23 janv. 73				
LEBEAU, Alfred-Félix, entrepr de peintures, r. du Temple, 153.		Barbot......	23 févr. 67	11 juin 67	* 28 nov. 73		

(1) **LARZET** paie 32 fr. 14 c. %, produit de son actif, et s'oblige à payer 30 %, en 5 ans, par 1/3, de l'homologation.

(2) **LAURENCE** doit 25 %, en 5 ans, par 1/3, de l'homologation.

(3) **LAURENS** doit 25 %, en 5 ans, par 1/3, de l'homologation.

(4) **LAURENT**, march. de vins. — Faillite rapportée et annulée par jugement du 2 janvier 1873.

(5) **LAURENT**, Jean. — Réouverture du 2 janvier 73. — Il paie 7 fr. 16 c. %, unique répartition.

(6) **LAURENT**, Paul, doit 25 %, en 5 ans, par 1/5, à partir du jour de l'homologation.

(7) **LAURENT** et **VIAL** paieront 40 %, savoir : 20 % dans les 3 mois de la reddition de compte par les soins du syndic, et 20 % au fur et à mesure des rentrées par les soins de M. Gatellier, demeurant rue d'Enghien, 24. — Ces paiements à faire par M. Gatellier auront lieu tous les 6 mois jusqu'au paiement intégral des 20 %, et sans que le délai ne puisse jamais excéder 3 ans de ce jour.

NOMS, PRÉNOMS, PROFESSIONS ET DOMICILES.	Indique Liquidation Avantagers Avoué et Insuffisance	SYNDICS ET AVOUÉS	FAILLITES ET LIQUIDATIONS.	DATE DES HOMOLOGATIONS DE CONCORDATS.	INSUFFIS^ce ET UNIONS.	SÉPARAT^ons DE BIENS JUDICIAIRES.	CONS. JUDIC. ET INTERDICT.
LEBEAUX père, ex-boucher, rue des Buttes-Chaumont, 36.....		Quatremère..	8 mai 68	1er avril 73	(1)		
LEBÊLE, Hippolyte, épicier, rue St-Lazare, 97.............		Beaufour....	3 févr. 73	(2)			
LEBELLE-BOUCHER, Hippolyte-Charles, rue St-Lazare, 97...*		Duboys.....	....	....	....	22 avril 73	
LE BELLIER, Pierre, fleuriste, rue de la Bourse, 10........		Prodhomme..	4 juillet 73	6 déc. 73	(3)		
LEDÊQUE, E., gainier, rue d'Angoulême-du-Temple, 70......		Meys.......	11 octob. 73		* 30 déc. 73		
LEBLANC, F., commerçant, rue des Barres, 13.............		Id.......	15 janv. 73	21 juin 73	(4)		
Id. frères, fabricants de pompes, rue de Bondy, 72.....		Dufay......	27 févr. 72	(5)			
Id. -XAVIER, Narcisse-Alphonse, rue Chemin-Vert, 103.*		Bonfils.....	....	....	....	17 juin 73	
LEBLOND, commissionnaire en denrées, rue de la Réale, 4....		Prodhomme..	18 janv. 73		* 27 févr. 73		
LEBOITEUX-BARBEROT, Clément-Alex^dre, sans domicile connu.*		Blachez....	....	....	....	17 déc. 72	
LEBON, ex-gérant de la Cie cent^le d'éclair^se par le gaz, r. Drouot.		Blainville....	5 sept. 73				
LE BORGNE, Alceste, marchand de blanc, rue du Bac, 56.....		Barboux.....	2 déc. 71	(6)			
LEBORGNE, Edouard, confectionneur, rue d'Hauteville, 35....		Moncharville.	26 févr. 68	17 déc. 73	(7)		
LEBOUCHER-LEDUFFE, Henri-Honoré, rue Vital, 10, à Passy..*		Rèty.......	....	....	....	23 déc. 73	
LEBOURGEOIS, Eugène, distillateur, place d'Aligre, 5........		Richard.....	10 nov. 73				
Id. Marie-Joséphine. Voir : ARCHENAULT, veuve.							
LEBRE, ex-marchand de vins, rue Grange-aux-Belles, 8.......		Chevallier...	3 octob. 72	4 juin 73	(8)		
LEBRETON-VAUGIEN, Louis-Gustave, rue Neslay, 31.......*		Trodoux.....	....	....	....	1er avril 73	
Id. François, marchand de bois, boul. de la Gare, 217.		Devin......	30 octob. 72		19 févr. 73		
LEBRUN-GIRARD, Louis-Frédéric, rue Commines, 12.......*		Thiébault....	....	....	....	26 févr. 73	
Id. veuve. Voir : BERTHIER de WAGRAM.							
LECADET, Parfait. Voir : SAUSSOY et LECADET.							
LECAPITAINE, marchand de vins, rue de Meaux, 25..........		Normand....	15 mai 73		* 20 juin 73		
LECARDEUR, Jean, maçon, rue de Patay, 77..............		Bourbon.....	19 sept. 73				
LECARPENTIER, Nicolas-Frédéric, m^d de meubles, à Levallois.		Pinet........	1er août 70	5 mars 73	(9)		
LECAT, Jules, négociant, boulevard Magenta, 15...........		Meys.......	15 avril 73		* 7 oct. 73		
LECLAIRE-MALLET, Bernard-Antoine, rue d'Argout, 38......*		Husson.....	....	....	....	18 nov. 73	
Id. Joséphine-Victoine. Voir : LECLERCQ, veuve.							
LECLANCHÉ veuve, menuisière, rue de Cambronne, 40......		Maillard.....	2 octob. 73				
LECLER, Joseph, commissionnaire, rue St-Lazare, 22.......		Id.......	1er mai 72		* 30 déc. 73		
Id. d^lle, Elisa-Léa, hôtelière, rue Neuve-des-Martyrs, 1...		Barbot......	15 avril 73		* 31 juill. 73		
LECLERC veuve, fleuriste, rue St-Honoré, 276...........		Gautier.....	9 mai 73		* 27 juin 73		
LECLERCQ veuve, bonnetière, rue Constantine, 32, à Plaisance.		Barbot......	15 octob. 73		* 28 nov. 73		
Id. François-Joseph, hôtelier, rue du Départ, 7........		Dufay......	13 janv. 73	20 mai 73	(10)		
LECLÈRE-BLOT, Louis-Gabriel, serrurier, avenue de Saxe, 37.*		Postel-Dubois	....	....	....	14 juin 73	
LECOINTE, Marie-Gustave-Térence, étudiant, avenue d'Eylau, 7.*		Denormandie.	....	....	....	....	26 juin 73

(1) **LEBEAUX** doit 10 %, en 2 ans et 2 paiem^ts égaux, de l'h^on.

(2) **LEBÊLE** paie 12 fr. 77 c. %, unique répartition.

(3) **LE BELLIER** doit 25 %, en 5 ans, par 1/5, de l'homolog.

(4) **LEBLANC**, F., paie 20 % comptant.

(5) **LEBLANC** frères, sont qualifiés faillis par jug^t du 21 avril 73. — Ils paient 25 fr. %, 1re répartition.

(6) **LE BORGNE** paie 10 fr. %, 2e répartition et 5 fr. 74 c. %, 3e et dernière répartition.

(7) **LEBORGNE** abandonne son actif sauf son mobilier personnel, et s'oblige à payer 5 %, en 5 ans, par 1/5.

(8) **LEBRE** paie 59 fr. 92 c. %, produit de l'actif qu'il abandonne sous la réserve de son mobilier personnel.

(9) **LECARPENTIER** doit 20 %, en 4 ans, par 1/4. — Mme Lecarpentier cautionne.

(10) **LECLERCQ**, F^ois, doit 20 %, en 5 ans, par 1/5, d'année en année, à partir de l'homologation.

NOMS, PRÉNOMS, PROFESSIONS ET DOMICILES.	L Indique Liquidation * astérisque Avoué Insuffisance	SYNDICS ET AVOUÉS	FAILLITES ET LIQUIDATIONS.	DATE DES HOMOLOGATIONS DE CONCORDATS	INSUFFIS^ces ET UNIONS.	SÉPARAT^ns DE BIENS JUDICIAIRES.	CONS.JUDIC. ET INTERDICT.
LECOMTE, Joseph, tailleur, rue des Colonnes, 12.............		Bourbon.....	4 déc. 73				
Id. marchand de vins, rue Constantine, 17		Knéringer ..	10 nov. 72	....	* 31 janv.73		
Id. -TERRASSE, Charles-Joseph rue Durantin, 3.....*		Roche.......	....	....	....	7 janv. 73	
LECOQ-COCHET, rue de la Procession, 10...................*		Dromery	....	....	....	2 déc. 73	
LEDIGUERHER-PATY, Jacques, place des Grès, 4, à Charonne..*		Rousselot....	....	....	....	20 août 73	.
LEDOYEN, Frédéric, commissionnaire, rue Berger, 10........		Sarazin.....	23 mars 73	....	* 29 avril 73		
LEDREUX, marchand de journaux, rue du Roule, 17..........		Dufay	19 mars 73	....	* 31 mai 73		
LEDUC, L., marchand de vins, quai des Célestins, 21		Sautton	9 juillet 73	....	* 17 oct. 73		
Id. marchand de vins, rue Friant, 10		Meillencourt..	20 juin 73	....	* 29 août 73		
LEFEBVRE, Pierre-Adrien, vidangeur, à Aubervilliers........		Battarel.....	17 mai 73	24 octob. 73	(1)		
Id. veuve. Voir : DEBONNELLE.							
Id. Louis-Joseph, carrier, faubourg St-Denis, 180.....		Barboux.....	30 juin 73	....	* 29 août 73		
LEFÈVRE, Eugène, bonnetier, rue Quincampoix, 76.........		Sommaire ...	19 nov. 73				
Id. Eugène, marbrier, boulevard Ménilmontant, 64....		Sarazin.....	19 août 73	4 déc. 73	(2)		
Id. -DUPONT, Joachim-Paul-Oscar, r. N^le-Coquenard, 26.*		Violette.....	....	....	....	18 févr. 73	
LEFOYER, Pierre-Const., m^d de meubles, r. de Cléry, 71 et 82..		Battarel.....	20 août 73	18 déc. 73	(3)		
LEFRANC, Augustine. Voir : TESSIER, veuve.							
LEFRANÇOIS, Alexis, limonadier, rue Beaubourg, 54 et 56...		Sarazin.....	4 avril 73	....	* 29 avril 73		
LEFRANT, Édouard, f^t de meubles, f^g du Temple, 121 et 123...		Chevallier...	8 juillet 73				
LEGAL, Jean-Mathurin, coiffeur, boulevard St-Denis, 2........		Barbot.....	20 déc. 73				
LEGARRÈRES, Auguste, boucher, faubourg St-Martin, 234		Pinet.......	11 janv. 73	24 juin 73	(4)		
LEGAY, Gabriel-Esprit, serrurier, rue St-Jacques, 235........		Gaucho	17 sept. 72	13 févr. 73	(5)		
LEGENDRE, Victor-Camille, scieur de long, r. Lafayette, 137 ..		Richard.....	10 juin 73				
Id. Jules-Roch-Mich., ex-boulanger, r. de l'Arrivée, 18.		Normand....	6 mars 73	6 août 73	(6)		
Id. Eugène-Victor, banquier, boulevard des Italiens, 9.		Beaugé.....	6 mai 72				
Id. -CÉBERT, F^ois-Octave, nég^t, b^d de la Villette, 31..*		Pijon.......	....	....	....	22 octob. 73	
Id. -ROUX, Ange-Marie, rue du Cherche-Midi, 117 ...*		Corpet......	....	....	....	20 juillet 73	
LEGENISSEL, entrepreneur de peinture, boul. du Temple, 32 ..		Meys.......	2 sept. 72	....	* 31 janv.73		
LEGER, quincaillier, rue du Rendez-Vous, 43		Richard.....	28 mars 73	....	* 29 avril 73		
Id. Léon, fabricant de chaussures, rue St-Martin.........		Prodhomme..	14 déc. 71	26 mai 73	(7)		
Id. -DERVOSON, Prudent, rue Virlet, 63............*		Levesque....	....	....	....	11 janv. 73	
LEGOAZIOU, carrossier, rue Château-Landon, 44.............		Normand....	4 nov. 73	....	* 24 déc. 73		
LEGOUIX, Louise-Irma. Voir : THOMAS, veuve.							
Id. Ernest, éditeur, rue Halevy, 14		Sommaire ...	13 mai 72	17 déc. 72	(8)		
LEGRAND, Henri, entrepreneur d'annonces, rue Vivienne, 51...		Gaucho	18 octob. 73				
Id. Jean-Jacques, peintre, rue de Vaugirard, 7.........		Hécaen......	12 mai 73	....	* 30 juill.73		

(1) LEFEBVRE, Pierre, paiera l'intégralité des créances en principal, intérêts et frais, en 5 ans, par 1/5, de l'homologat.

(2) LEFÈVRE, Eugène, marbrier, doit 50 %, en 5 ans, par 1/5, 1er paiement le 1er avril prochain.

(3) LEFOYER paiera 30 %, en 5 ans, par 1/5, de l'homologation.

(4) LEGARRÈRES paie 12 fr. 45 c. %, produit de son actif qu'il abandonne moins son mobilier personnel, et s'oblige à payer 15 %, en 3 ans, par 1/3.

(5) LEGAY doit 20 %, en 5 ans, par 1/5, de l'homologation.

(6) LEGENDRE, Jules, paie 23 fr. 31 c. %, produit de son actif qu'il abandonne moins son mobilier personnel, et s'engage à payer 10 %, en 4 ans, à partir de l'homologation.

(7) LEGER, Léon, doit 25 %, en 5 ans, par 1/5, de l'homologat.

(8) LEGOUIX, Ernest, paie 10 fr. 03 c. %, en 2 répartitions de l'actif abandonné.

NOMS, PRÉNOMS, PROFESSIONS ET DOMICILES.	Le jour de liquidation ● astérisques avoué et insuffisance	SYNDICS ET AVOUÉS	FAILLITES ET LIQUIDATIONS	DATE DES HOMOLOGATIONS DE CONCORDATS	INSUFFIS. ET UNIONS	SÉPARAT" DE BIENS JUDICIAIRES	CONS. JUDIC. ET INTERDICT.
LEGRAND et sa femme, traiteurs, avenue Bugeaud, 53........		Legriel....	19 sept. 72	20 janv. 73	22 juillet 73		
Id. -AURIER, Pierre-Jean, rue Poinsot, 17..........	*	Mesnier				6 févr. 73	
Id. ex-limonadier, rue Marie-Antoinette, 30..........		Gauche	28 févr. 68		* 20 avril 08	(1)	
Id. -CHATAIN, Jules-Pascal, rue Eugène-Delacroix, 5..	*	Lesage				9 déc. 73	
LEGRIS, Louis-Joseph, menuisier, rue St-Maur, 214...		Barboux....	12 sept. 73		* 29 oct. 73		
LEHMANN-LÉON, Zacharie, rue de Commines, 13	*	Lacomme....				20 mai 73	
LEID, Alexandre, lampiste, rue Lacondamine, 34......		Meys	22 mars 73		* 30 avril 73		
LEJEUNE, Valentin, marchand de chaussures, rue Dalagny, 21.		Devin	23 juillet 73		* 30 oct. 73		
Id. Léon, hôtelier, boulevard Neuilly, 17		Richard	23 févr. 72	5 mars 73	(2)		
LELONG, Maurice, éditeur, rue des Ecoles, 24..........		Sarazin....	10 févr. 73	20 juillet 73	(3)		
Id. -DURANAUD, Désiré, rue des Acacias, 36......	*	Mesnier				4 avril 73	
LELOUET, Frédéric, march. de nouveautés, faub. St-Honoré, 59.		Moncharville..	26 nov. 73				
LELOUP, Joseph-Edmond, march. de vins, rue de Belleville, 210.		Chevillot...	10 nov. 71	(4)			
LEMAIRE, Émile, droguiste, rue des Juifs, 11..........		Copin	14 octob. 73				
Id. négociant, boulevard Beaumarchais, 94..........		Richard	5 octob. 66	21 févr. 08	* 17 oct. 73		
Id. gérant du journal l'Industriel Français, à Courbevoie.		Maillard....	29 août 73		* 24 oct. 73		
Id. -HENAULT, Alfred-Isidore, rue Sedaine, 51..	*	Blachez				20 mai 73	
Id. et VERGER, direct. du Théâtre-Italien, r. Marsollier..		Richard	11 janv. 73		* 13 mars 73		
Id. marchand de vins, à Neuilly		Meys	5 déc. 73				
LEMAITRE, Jean-Désiré, porcelainier, avenue Bosquet, 20 et 26.		Hécaen	20 janv. 73		* 31 mars 73		
Id. Gustave-Alexdre, boulanger, faub. du Temple, 75.		Pinet	26 juin 73				
Id. marchand de vins, rue Soffroy, 21 ...	*	Barbot	10 mai 73		* 28 juin 73		
LEMAN-BUCKENS, Jules-François, av. de la Motte-Piquet, 28..	*	Clériot....				24 juin 73	
LEMARCHAND, march. de bois et charbons, boul. de la Gare, 10.		Gautier....	23 mai 73		* 17 oct. 73		
Id. dame, fab. d'engrais, aux Cornillons, à St-Denis.		Richard	25 sept. 73				
LEMARCIS, Edouard-Eugène, usinier, rue Popincourt, 30		Heurtey	1er févr. 73				
LEMARINIER-PRIEUR, Aldéric, boulevard de la Villette, 75...	*	Berryer....				19 août 73	
LEMARQUANT, marchand de vins, à Nogent..............		Meys....	6 févr. 73		* 30 août 73		
LEMIÈRE, Jacq.-Florentin, limonadier, boul. Beaumarchais, 27.		Quatremère..	28 sept. 72		* 22 févr. 73		
LEMIRE dit VANNIER, md de chev., r. des 2-Portes-St-Sauv., 15.		Sarazin....	22 octob. 72	19 févr. 73	(5)		
LEMIT, Pascal, pharmacien, rue de la Verrerie, 4		Barbot....	9 janv. 72		17 octob. 72	(6)	
LEMOINE, Auguste, libraire, rue de Rennes, 125..........		Gauche	15 avril 72	7 août 73	(7)		
LEMONNIER, agent d'affaires, rue Gay-Lussac, 5...		Barbot....	22 octob. 73				
Id. Adolphe-Denis, march. de vins, boul. Voltaire, 49.		Prodhomme..	9 octob. 73				
Id. -PINSARD, François-Désiré, rue Gallois, 12 ...	*	Bourse....				25 avril 73	
LENEVEU, GÉRARD et Cie, md de nouveautés, r. du Temple, 115.		Barboux.....	25 févr. 73	30 mai 73	(8)		

(1) LEGRAND, ex-limonadier. — Réouverture du 9 décemb. 73.

(2) LEJEUNE, Léon, est qualifié failli. — Il paie 40 % dans le mois de l'homologation. — M. Hector-Julien Lefèvre, propriétaire à Ognes (Oise), cautionne.

(3) LELONG, Maurice, doit 25 %, en 5 ans, par 1/5, à partir du jour de l'homologation.

(4) LELOUP paie 19 fr. 19 c. %, unique répartition.

(5) LEMIRE dit VANNIER doit 30 %, en 6 ans, par 1/6, avec la caution de son fils, Alexandre-Armand Lemire.

(6) LEMIT paie 4 fr. 82 c. %, unique répartition.

(7) LEMOINE paiera l'intégralité des créances, sans intérêts, en 8 ans et 8 paiements ; le 1er aura lieu le 15 juillet 1874.

(8) LENEVEU, GÉRARD et Cie paient 5 % 3 mois après l'homologation, et doivent 45 %, en 5 ans, par 1/5.

NOMS, PRÉNOMS, PROFESSIONS ET DOMICILES.	Liquidation • astérisque Avoué et Insuffisant	SYNDICS ET AVOUÉS	FAILLITES ET LIQUIDATIONS.	DATE DES HOMOLOGATIONS DE CONCORDATS.	INSUFFIS** ET UNIONS.	SÉPARAT** DE BIENS JUDICIAIRES.	CONS. JUDIC. ET INTERDICT.
LENJEALLÉ, Charles-Louis, fleuriste, r. Neuve-St-Augustin, 24.		Gautier......	21 avril 73	(1)			
LENNUYEUX-CHABON, Georges-Alexis, faubourg St-Martin, 93.	*	Pijon				30 déc. 73	
LENOIR, Liévin-Louis-Joseph, march. de vins, r. Châteaudun, 15.		Sarazin	11 nov. 73				
Id. entrepreneur de maçonnerie, rue du Rocher, 17......		Chevallier ..	24 sept. 72	23 avril 73	(2)		
Id. et MOYSE, carriers, rue Joubert, 17................		Pinot.......	16 juillet 73				
Id. -GRANGÉ, Léon-Abel, employé, b⁴ Richard-Lenoir, 98.	*	Well........				18 mars 73	
LENORMAND, marchand de chaussures, rue de la Chopinette, 33.		Hécaen......	5 juin 73		* 30 août 73		
LENOUVEL-BELLET, Fois-Dominique-Jules, r. de Rivoli, 408.	*	Huot........				23 août 73	
LÉON, fils et SEY. Voir : LÉVY et SEY.							
LÉONI, Hyacinthus, fumiste, rue de la Fidélité, 14............		Sarazin	13 mai 73		* 31 juill. 73		
LÉOTARD, Emile, tapissier, boulevard Malesherbes, 10........		Chevallier ...	30 déc. 71	(3)			
LEPERT-MOREAU, Jean-Baptiste-Adrien, rue d'Albouy, 18...	*	Flat				11 nov. 73	
Id. Baptiste-Adrien, ex-boulanger, Id.		Normand....	17 sept. 73	24 déc. 73	(4)		
LEPICIER et sœur, fabricants de boutons, r. des Vinaigriers, 42.		Battarel.....	10 janv. 73	24 déc. 73	(5)		
LEPLAIN, Etienne-Emile, cordonnier, boulev. Poissonnière, 5.		Prodhomme .	11 sept. 72	(6)			
LEPLAY, NOEL et Cie, fab. d'app. d'écl., b⁴ Bonne-Nouvelle, 8.		Moncharville.	10 juillet 72	25 janv. 73	(7)		
LEPOIGNEUX et Cie, confectionneurs, rue du Bac, 40.........		Beaugé......	21 mai 73	(8)			
LEPREVOST, fabricant de chaussures, rue d'Alambert, 7......		Moys........	21 janv. 73		* 24 avril 73		
LEPRIEUR, François, grainetier, à Noisy-le-Sec...........		Gautier......	30 janv. 73	12 juin 73	(9)		
LEPRINCE-COLAS, Théophile-Anatole-Marie, à New-Yorck ...	*	Dusart......				14 janv. 73	
LEQUENNE, Jules, grainetier, rue Duzelin, 18..............	*	Hourtey.....	8 mai 73		* 30 juin 73		
LEQUIEN, Edouard, tapissier, boulevard du Temple, 10		Beaugé.....	1er févr. 73	9 mai 73	(10)		
LERAY, menuisier, rue de Chazelles, 50		Sommaire ...	8 févr. 73				
LEREBOURS-CLERGIALE, Charles-Henri, cité des Plantes, 17.	*	Husson......				19 août 73	
LEREDDE, Gustave. Voir : CHASSAGNAC et Cie.							
LERÉTIF, François, tanneur, à Gentilly....................		Beaugé.....	22 déc. 71	10 avril 72	26 juillet 73		
LERICHE, Pierre-François, march. de vins, avenue Lacuée, 52.		Prodhomme,.	20 déc. 72		* 24 avril 73		
LERNON, Eugène, ex-loueur de voitures, rue Colineau, 2......		Bourbon	5 déc. 72		* 12 févr. 73		
LEROUSSEAU, marchand de vins et fumiste, rue de Sèvres, 118.		Chevillot	22 déc. 73				
LEROUX dame, hôtelière, rue d'Hauteville, 41		Pinot.......	28 janv. 73				
Id. Victor-Henri, vernisseur sur métaux, r. de Bondy, 80.		Sarazin	21 mars 73		* 29 avril 73		
Id. -LE BOUCHER, François-Pierre, rue de Braque, 4...	*	Gavignot				25 janv. 73	
Id. -SOMMIER, Ernest-Julien, av. Raphaël, 8, à Passy...	*	Cullerier				14 mars 73	
LE ROY, Arthur, épicier, avenue de Clichy, 82..............		Hécaen......	29 mai 73				
LEROY dame. Voir : ELIE, Clémence.							

(1) **LENJEALLÉ** paie 4 fr. 89 c. %, unique répartition.

(2) **LENOIR**, maçon, paiera 35 %, un an après l'homologation.

(3) **LÉOTARD** paie 1 fr. 14 c. %, unique répartition.

(4) **LEPERT** abandonne les sommes encaissées par le syndic à ce jour, plus 3.000 fr. dus par le sieur Cerisier, à titre de plus-value de loyer, payables en 12 ans, à raison de 60 fr. tous les 3 mois, et s'oblige à payer 10 fr. à raison de 2 % par an ; le 1er paiement aura lieu le 1er octobre 1875.

(5) **LEPICIER** et sœur, paieront 30 %, en 5 ans, par 1/5, à partir du jour de l'homologation.

(6) **LEPLAIN** paie 8 fr. %, unique répartition.

(7) **LEPLAY, NOEL** et Cie doivent 20 %, en 6 ans, par 1/6 ; le 1er paiement aura lieu le 31 janvier 1874.

(8) **LEPOIGNEUX** et Cie paient 14 fr. 42 c. %, unique répartit.

(9) **LEPRIEUR** doit 40 %, en 5 ans, par 1/5, de l'homologation.

(10) **LEQUIEN** doit 30 %, en 5 ans, par 1/5, de l'homologation.

NOMS, PRÉNOMS, PROFESSIONS ET DOMICILES.	SYNDICS ET AVOUÉS	FAILLITES ET LIQUIDATIONS.	DATE DES HOMOLOGATIONS DE CONCORDATS	INSUFFIS. ET UNIONS.	SÉPARAT. DE BIENS JUDICIAIRES.	CONS. JUDIC. ET INTERDICT.
LEROY, Maxime, boucher, rue Cardinal-Lemoine, 83	Meys	4 déc. 72	(1)			
Id. dame, couturière, rue Lavoisier, 5	Barboux	7 juin 73	1er octob. 73	(2)		
Id. Julien, commissionnaire, à St-Mandé	Bégis	19 févr. 73	30 octob. 73	(3)		
Id. blanchisseur, rue des Amandiers, 16	Dufay	23 mai 73		* 31 juill. 73		
Id. négociant en vins, rue de Richelieu, 28 bis	Beaujou	27 sept. 73		* 28 nov. 73		
Id. Charles, bonnetier, rue St-Antoine, 181	Sommaire	7 juillet 72	(4)			
Id. et Cie, commissionnaires, à St-Ouen, puis à Neuilly	Barboux	20 mars 73		* 20 juin 73		
Id. -GONNET, Louis-Charles, rue des Rigoles, 60	* Bourse				1er avril 73	
LERVY-DUBASTA, Louis-Philippe-Hippolyte, r. Vaugirard, 208.	Viollette				1er avril 73	
LESAGE, Adolphe-Ferdinand, ex-liquoriste, rue des Marais, 64.	Prodhomme	4 avril 73		* 30 août 73		
Id. représentant de commerce, chaussée du Maine, 69	Normand	10 avril 73		* 29 août 73	(5)	
LESCARCELLE. Voir : MUSSEL et LESCARCELLE.						
LESEIGNEUR et Cie, constructeurs de ponts, à Ivry	Hécaen	7 sept. 69	12 sept. 74	(6)		
LESEYEUX-SIMON, Th., chapelier, r. Ste-Cr.-de-la-Bretonn., 20.*	Chauveau				11 nov. 73	
LESIGNE-TRAVERS, Jean-Pierre-Alexdre, avenue Châtillon, 21.*	Thiébault				10 juin 73	
LESIRE, Marie-Joséphine. Voir : LOMBARD, dame.						
LESOT de la PANNETERIE. Voir : DESHAYES, etc.						
Id. Id. -ADOLLARD, artiste, r. Raynouard, 47.*	Pijon				16 déc. 73	
LESTAT fils, Paul-Louis-Prudent, maçon, à Charenton	Gauche	20 sept. 71	(7)			
LESTRADE, Gaston-Jean, boulevard Rochechouart, 25	* Pijon					* 13 déc. 73
LESTRILLE-DEBREISSENNE, Louis-Fois, rue du Ranelagh, 48.	Porard				15 févr. 73	
L'ÉTAT (journal). Voir : LA HARANNE.		.				
LETOUZÉ-LAINÉ, Charles-Albert, rue des Alouettes, 8	* Poisson				4 mars 73	
LEVAILLANT et Cie, E., papetiers, rue d'Alsace, 35	Prodhomme	3 avril 73		* 31 mai 73		
LEVAVASSEUR, marchand de vins, rue St-Lazare, 15	Beaufour	20 nov. 69	27 janv. 73	(8)		
LEVÊQUE, Aute-Jules-Junius, march. de bois, r. Rousselet, 35.	Dufay	6 févr. 73	5 juin 73	(9)		
LEVEUGLE, Henri-Joseph, limonadier, rue de Jessaint, 27	Barboux	27 janv. 73		* 21 mars 73		
LEVI-UHLMANN, Alexandre-Arthur, faubourg Montmartre, 47.*	Devaux				6 sept. 73	
LEVILLAIN, Aute-Fois, réprés' de fabrique, r. d'Aboukir, 76	Meys	14 août 73				
LEVILLAYER, Henri-Jacques, chemisier, rue de Choiseul, 27	Moncharville	25 janv. 69		19 mai 69	(10)	
LEVRIN-TROCHON, Louis-Joseph, rue Lecuyer, 5	* Duval				22 juillet 73	
LÉVY, L., marchand de draps, rue des Filles-du-Calvaire, 15	Gautier	3 déc. 72		* 17 mars 73		
Id. et Cie, fabricants de tissus, rue Bonaparte, 74	Beaugé	14 octob. 73				
Id. Emile, march. de salaisons, rue Cotte, 15, et à St-Denis.	Barboux	6 mars 73				
Id. Arthur, limonadier, faubourg Montmartre, 47	Hécaen	23 sept. 73		* 27 déc. 73		

(1) LEROY, Maxime, paie 2 fr. 95 c. %, unique répartition.

(2) LEROY dame, paiera 25 %, savoir : 10 % lorsqu'elle aura touché sa part dans le prix de la propriété de Chatou, et les 15 % de surplus en 3 ans, par 1/3.

(3) LEROY, Julien, paiera 25 %, en 5 ans, par 1/5, de l'homolog.

(4) LEROY, Charles, paie 20 %, en 2 répartitions.

(5) LESAGE, représentant de commerce. — Réouverture du 24 décembre 1873.

(6) LESEIGNEUR et Cie paient 10 fr. 40 c. %, unique répartition de l'actif abandonné.

(7) LESTAT paie 12 fr. 80 c. %, unique répartition.

(8) LEVAVASSEUR paiera 30 %, savoir : 8 %, le 15 mai 1873, 7 % le 15 janvier 1874, 5 % le 15 juillet 1874 et 5 % les 15 janvier 1875 et 1876.

(9) LEVÊQUE doit 25 %, en 5 ans, par 1/5, de l'homologation.

(10) LEVILLAYER paie 1 fr. 39 c. %, unique répartition.

NOMS, PRÉNOMS, PROFESSIONS ET DOMICILES.	L Indique Liquidation * Astérisque Avoué ou Insuffisance	SYNDICS ET AVOUÉS	FAILLITES ET LIQUIDATIONS.	DATE DES HOMOLOGATIONS DE CONCORDATS	INSUFFIS** ET UNIONS.	SÉPARAT** DE BIENS JUDICIAIRES.	CONS. JUDIC. ET INTERDICT.
LEVY aîné, Sylvain, confectionneur, chaussée du Maine, 54....		Bourbon......	4 juillet 72	(1)			
Id. et SEY, confectionneurs, r. Croix-des-Petits-Champs, 23..		Dégis........	30 juin 71	22 nov. 73	(2)		
Id. Félix, Id. Id. 36.		Chevillot	12 nov. 73				
LEXA et SIBUET, commissionn** en grains, rue de Viarmes, 7.		Heurtey......	3 octob. 73	....	* 29 nov. 73		
LEZY-FERBUS, horloger, rue Monsieur le Prince, 58 ....*		Larroumès...				25 mars 73	
LHERANDEL, Alph.-Ferd., épicier, r. Pot-de-Fer-St-Marcel, 7..		Copin........	12 déc. 73				
LHONNEUX, Paul-Prosper, place Rivoli, 3...................		Jacquin	....		....	(3)	. . 30 sept. 68
LHUILLIER demoiselle, Ernestine, mercière, r. Penthièvre, 38.		Normand....	3 juillet 73	....	* 31 juill 73		
Id. négociant en fourrures, rue Vivienne, 11..........		Id...........	10 déc. 71	(4)			
LIAUD, Eugène. Voir: FRANÇOIS dit Eugène LIAUD.							
LIBERCIER-ISIDORE, Louis, tonnelier, à Billancourt..........		Hervel.......	....		....	27 nov. 73	
LIBOTTE, François-Emile, cordonnier, à Gentilly		Sarazin	7 mars 73	....	* 30 avril 73		
LICKÈS, Nicolas, peintre, rue des Ormeaux, 26		Meillencourt.	6 mai 73	11 sept. 73	(5)		
LIENARD, Aimable, marchand de vins-logeur, rue St-Yves, 4...		Sommaire....	17 déc. 73				
LIENHARD-LARD, Léon-Victor, cité Jeandel, 8 .....:......		Pilastre......	....		....	29 mars 73	
LIÉVIN, marchand de bois, à Levallois		Chevillot....	14 déc. 71	(6)			
LIGNIEZ, Alexandre, cordonnier, avenue du Maine, 4		Heurtey......	19 janv. 72	....	* 21 mai 73		
LINDER et LAINNÉ, commissionnaires, rue de la Banque, 21 ...		Sautton......	15 févr. 69	....	31 juillet 71	(7)	
LIRÉ, Théodore, marchand de vins, rue St-Louis-en-l'Ile, 92...		Maillard.....	8 sept. 73	....	* 29 déc. 73		
LISSORGUES, marchand de vins, rue Pirouette, 43...........		Normand	1er juill. 73	4 nov. 73	(8)		
LITZEMBURGER-TERTOIS, Georges, avenue des Ternes, 57....*		Martin du Gard	....		....	25 mars 73	
LIVET, Jeanne-Euphrasie. Voir : WEBER, veuve.							
LOBRE demoiselle, Adèle, couturière, rue Pasquier, 10........		Meillencourt.	31 déc. 72	25 août 73	(9)		
LOCKE, limonadier, rue de la Ferme-des-Mathurins, 3........		Legriel......	27 janv. 73	....	* 22 avril 73		
LOËB, A., commissionnaire en vins, boul. Richard-Lenoir, 110..		Normand	7 avril 73	....	* 31 mai 73		
LOISE, commissionnaire, rue d'Enfer, 18 bis		Dégis........	30 août 73	....	* 1er oct. 73		
LOISEAU, Jules-Alexdre, agent d'affaires, r. Marie-Antoinette, 26.		Beaugé......	10 sept. 73	....	* 26 nov. 73		
Id. -NICOLLEC, Pierre-Emile, propre, r. de Turenne, 12.*		Gouget......	....		....	18 janv. 73	
Id. et DENIS, march. de bestiaux, rue d'Allemagne, 200.		Beaugé......	18 févr. 73	(10)			
Id. -MAURICE, Jules-Alexandre-Alfred, r. du Bois, 11.*		Masse........	....		....	2 déc. 73	
Id. Jules-Alexandre-Alfred, droguiste, à Clichy		Pluzanski....	31 déc. 73				
LOISEL, boulanger, rue Saussure, 93......................		Pinet........	10 févr. 70	(11)			
LOISON, Charles-Marie, march. de vins, route de Versailles, 143.		Beaujeu	2 juillet 73				
LOMBARD dame, lingère, rue Auber, 17....................		Knéringer....	23 nov. 72	4 juillet 73	(12)		

(1) LEVY aîné, paie 3 fr. 78 c. %, unique répartition.

(2) LEVY et SEY paieront 35 %, en 4 ans, par 1/4, de l'homolog.

(3) LHONNEUX. — 12 août 1873 main-levée de conseil.

(4) LHUILLIER est qualifié failli. Le syndic paie 107 fr. 25 c. % au moyen de l'abandon de 530.874 fr. 40 c. fait par 11 créanciers.

(5) LICKÈS doit 30 %, en 5 ans, par 1/3, de l'homologation.

(6) LIÉVIN est qualifié failli par jugement du 2 juillet 1873.

(7) LINDER et LAINNÉ paient 11 fr. 29 c. %, unique répartition.

(8) LISSORGUES doit 25 %, en 5 ans, par 1/5, de l'homolog.

(9) LOBRE dlle, doit 25 %, en 5 ans, par 1/5, et dans le cas où elle viendrait à recouvrer la somme qu'elle prétend lui être due par la famille Viault, elle s'engage à verser aussitôt 10 % à ses créanciers par les mains de Me Thiébault, avoué à Paris, sans le concours duquel elle s'interdit de toucher ladite somme.

(10) LOISEAU et DENIS paient 5 fr. 70 c. %, unique répartition.

(11) LOISEL paie 30 fr. 32 c. %, unique répartition.

(12) LOMBARD dame, doit 25 %, en 5 ans, par 1/5, de l'homol.

NOMS, PRÉNOMS, PROFESSIONS ET DOMICILES.	Z indique liquidation * astérisque Avoué ° Insuffisance	SYNDICS ET AVOUÉS	FAILLITES ET LIQUIDATION.	DATE DES HOMOLOGATIONS DE CONCORDATS	INSUFFIS^ces ET UNIONS.	SÉPARAT^ns DE BIENS JUDICIAIRES.	CONS. JUDIC. ET INTERDICT.
LOMBARD-HEMERY, Jean-François, rue Meslay, 148 ....°		Goujon......	....		....	19 déc. 73	
LOMBARDIN dame, march. de nouveautés, rue du Temple, 187.		Sarazin	11 déc. 73				
LONGUESPÉE, maître de lavoir et bains, rue Pétrelle, 23......		Prodhomme..	23 déc. 73				
LOPEZ-DIAZ, changeur, rue Montmartre, 162...............		Beaugé......	26 déc. 73				
LOQUET, Arthur, chapelier, rue de Rennes, 03.............		Hécaon......	14 octob. 73				
LORION demoiselle. Voir: WITZ, GOURNAY et Cie.							
LORIOT, mécanicien, boulevard de la Villette, 50		Devin.......	12 avril 73	....	* 30 juin 73		
Id. -BUNEAU, Jean-Jérôme, rue des Deux-Écus, 31......*		Carlet.......	....		....	30 août 73	
LORRAIN, Charles, menuisier, rue Cujas, 20		Sarazin	7 mai 73		* 20 oct. 73		
LOUAULT-MAULMONT, Jacq.-Alex.-Chles, r. St-Dominique, 43.*		Delessard....			....	25 juin 73	
LOUET, Emile-Jules, ex-distillateur, à Levallois		Bégis	25 sept. 09	(1)			
LOUVEL-LEMOYNE, Auguste-Marie-Joseph, place Pereire, 1 ..*		Tixier......	....		....	15 juillet 73	
LOUZON, A., marchand de vins, avenue Wagram, 21 .:.......		Bourbon ..	30 sept. 73	....	* 31 oct. 73		
LOZÉ dlle, Victor., couturière, r. de la Ferme-des-Mathurins, 32.		Pinet.......	4 nov. 73				
LUCAS-LEGAGNEUR, Adolp.-Pierre-Joseph, r. St-Georges, 33.*		Berton			....	23 déc. 73	
LUCE, Gabriel, mercier, rue St-Honoré, 269..............		Chevallier...	14 mai 73	16 déc. 73	(2)		
Id. -GAULT, Alphonse-Léandre, rue des Petits-Hôtels, 36 ..*		Denormandie.			....	30 août 73	
LUCIPIA-BLAISE, Gustave-François, à Asnières.............		Roche.......			....	29 octob. 73	
LUCOT-GARNIER, Jean-Baptiste, boulevard Magenta, 179 ....*		Henriet......			....	17 déc. 72	
LUCOTTE-CLÉMENT, Jules, rue de Buci, 14............*		Maugin......			....	5 août 73	
LUNDRE, boulanger, rue Servan, 44...............		Chevillot ..	15 octob. 73				
LUNEL, André-Adrien. Voir: JUMEL et LUNEL.							
Id. -LEROY, Eugène-Léon, en Algérie................*		Masse.......			....	2 août 73	
L'UNION ÉCONOMIQUE, dite Union syndicale, bd du Temple, 84,		Prodhomme..	14 juillet 73		* 1er oct. 73		
LUQUET, marchand de vins, rue du Roule, 12.............		Richard.....	27 janv. 73		* 22 avril 73		
Id. -HARELL, Edouard, rue Folie-Méricourt, 54........*		Dubois...:			....	29 juillet 73	
LUTON, Armand, boulanger, rue de la Glacière, 88 ....*		Heurtey.....	29 juillet 73		* 23 sept. 73		
LUTZ-CARLY de SWAZZENIA, Pierre-Antoine ....*		Audouin			....	31 mai 73	
LYOEN, direct. de la Caisse centr. des alloc. et indem. de guerre,		Lamoureux ..	19 juin 73	....	* 26 sept. 73		
LYON, Elie, brocanteur, quai Valmy, 29 ....*		Normand....	2 avril 73	21 juillet 73	(3)		

M

MABILLE-LITTEAU, Marie-Nic.-Arm., faubourg St-Martin, 76..*		Milliot			....	2 déc. 73	
Id. Remy-Jean-Baptiste, forgeron, rue Moret, 16		Barbot......	10 octob. 73	....	* 30 oct. 73		
MAC'ALISTER et sa femme, modistes, rue Monsigny, 9		Beaugé......	17 mars 73	26 nov. 73	(4)		
MACÉ, Désiré, épicier, rue de l'Arbre-Sec, 50		Sautton	1er déc. 73				

(1) LOUET est qualifié failli par jugement du 14 mai 1873.

(2) LUCE abandonne son actif moins son mobilier personnel, et s'oblige à payer 40 %, en 3 ans, par 1/3.

(3) LYON paiera 25 %, en 3 ans, par 1/5, à partir de l'homolog.

(4) MAC'ALISTER et sa femme, abandonnent tout l'actif réalisé, et s'obligent à verser au syndic le jour de l'homologation une somme de 1.000 fr. pour les créanciers. — M. Ducloux et Mlle Amélie Gallien renoncent à leur part dans la répartition.

NOMS, PRÉNOMS, PROFESSIONS ET DOMICILES.	SYNDICS ET AVOUÉS	FAILLITES ET LIQUIDATIONS.	DATE DES HOMOLOGATIONS DE CONCORDATS	INSUFFIStes ET UNIONS.	SÉPARATns DE BIENS JUDICIAIRES.	CONS. JUDIC. ET INTERDICT.
MACHET dame, limonadière, boulevard St-Michel, 58.........	Hécaen......	31 mai 73	16 août 73	(1)		
MACHIN, boulanger, rue Saussure, 73	Pluzanski..	20 octob. 69	....	* 31 mars 70	(2)	
MAFFRE, LÉANDRE. Voir: JOURDAN et Cie.						
MAGHY-JOOS, VICTOR, rue Montmartre, 107...............	*Husson.....	....	....		8 juillet 73	
MAGNIN, MARIE-PAULINE. Voir: SOCQUET, veuve.						
MAGRON-PAQUES, JULES-ARTHUR, linger, bd Bonne-Nouvelle, 17.	Dufay......	29 août 72	(3)			
MAHÉ-FEUILLADE, OLIVIER, rue de Meaux 72..............	*Dobladis...	....			14 déc. 72	
MAHEY jeune, plombier, rue Pavée, 8	Logriel.....	30 octob. 73		* 29 déc. 73		
MAHON, LOUIS, fabricant de feuillages, rue N.-D.-de-Lorette, 3.	Knéringer...	31 déc. 72		* 20 avril 73		
MAIGE, NICOLAS, loueur de force motrice, rue St-Sébastien, 39..	Chevallier..	21 mars 65	30 juillet 66	27 déc. 67	(4)	
MAIGNE, ERNEST-JEAN-MARIE, épicier, à St-Mandé	Knéringer...	7 févr. 73				
MAILLARD, HÉLÈNE-AUGUSTINE. Voir: LAMY, veuve et fils.						
Id. march. de fournitures pr horlogerie, pl. Gozlin, 4..	Battarel.....	5 mai 70	(5)			
MAILLAUT, TH.-FRANÇOIS-GUST., limonadier, r. de l'Arrivée, 10.	Meillencourt..	3 avril 73	....	* 26 avril 73		
MAILLET, JEAN-BAPTISTE, boulanger, rue de Belleville, 90......	Barboux.....	3 nov. 73		* 28 nov. 73		
Id. ANTOINE, boulanger, à Levallois	Gauche......	27 octob. 73				
MAIRE, marchand de vins, rue de l'Hôtel-de-Ville, 12...	Barboux.....	14 nov. 73		* 27 déc. 73		
Id. CYPRIEN, marchand de vins, rue Traversière, 76	Meys.......	31 juillet 73				
Id. -MERCIER, Jos.-CHARLES-LÉON, faub. St-Antoine, 238..	Archambault.				24 déc. 72	
MAIRESSE et Cie, négts, cour des Petites-Écuries, 20, et à Mexico.	Copin......	28 avril 70	(6)			
MAISONNEUVE, marchand de vins, à St-Ouen.	Chevillot..	28 octob. 73				
MAITRE, HYACINTHE, liquoriste, rue d'Aboukir, 89	Richard.....	19 mai 73		* 7 oct. 73		
MAITRE-D'HOTEL, EUGÈNE-FRANÇOIS, confiseur, r. Réaumur, 35.	Barbot......	25 nov. 72	4 avril 73	(7)		
MALACRIDA, JULES, opticien, rue Vivienne, 12...........	Moncharville.	29 août 72		* 31 mai 73		
MALAPERT et EPAILLY, corsetiers, boul. Sébastopol, 28 bis.	Gautier.....	31 juillet 71	(8)			
MALAURENT, décédé, march. de vins, r. des Poissonniers, 25..	Richard.....	1er janv. 73		* 30 sept. 73		
MALAVOY et Cie, marchands de vins, boulevard des Italiens, 4.	Maillard....	17 avril 73	(9)			
MALÉCOT dame, ex-cordonnière, rue du Bac, 5	Normand....	10 nov. 73		* 29 déc. 73		
MALENFANT, ex-quincaillier, avenue Parmentier, 28	Barbot......	22 octob. 73				
MALLET dame, couturière, rue Neuve-St-Augustin, 31	Beaugé.....	12 nov. 73				
Id. marchand de vins et champignons, rue St-Martin, 84 .	Battarel.....	8 mars 73	(10)			
Id. -RAYNAL, ANTOINE, rue St-Martin, 84	Protat......	....	....	.....	25 mars 73	
Id. WAREMBOURG, voiturier, rue de la Tour, 78	Copin......	1er déc. 73				
MALM, CH.-AUGUSTIN. Voir: SIMON et Cie.						
MALPIÈCE et Cie, ADOLPHE-FRANÇOIS, papetier, rue Palestro, 33.	Gautier......	29 avril 73				
MALRIC et Cie, commissionnaires, rue de Bagnolet, 98	Barboux.....	1er avril 73	....	* 27 mai 73		
MALTERRE, fabricant de boutons de soie, rue Brezin, 19	Prodhomme..	13 mai 73	....	* 28 juin 73		

(1) MACHET dame, doit 50 %, en 6 ans, à partir de l'homolog.

(2) MACHIN. — Réouverture du 21 mai 1873. — Il paie 8 fr. 35 c. %, unique répartition.

(3) MAGRON-PAQUES paie 0 fr. 88 c. %, unique répartition.

(4) MAIGE paie 6 fr. 70 c. %, unique répartition.

(5) MAILLARD paie 4 fr. 53 c. %, unique répartition.

(6) MAIRESSE et Cie paient 1 fr. %, 5e et dernière répartition.

(7) MAITRE-D'HOTEL doit 15 %, en 5 ans, par 1/5, de l'homol.

(8) MALAPERT et EPAILLY paient 3 fr. 93 c. %, deuxième et dernière répartition.

(9) MALAVOY et Cie paient 10 fr. %, 1re répartition.

(10) MALLET paie 100 fr. %, unique répartition.

NOMS, PRÉNOMS, PROFESSIONS ET DOMICILES.	L italique Liquidation * astérisque Avoué et insuffisance SYNDICS ET AVOUÉS	FAILLITES ET LIQUIDATIONS.	DATE DES HOMOLOGATIONS DE CONCORDATS	INSUFFIS^{ce} ET UNIONS.	SÉPARAT^{ns} DE BIENS JUDICIAIRES.	CONS.JUDIC. ET INTERDICT.
MAMET-AUTH, Guillaume, fabr. de cadres, r. Montmorency, 9 . *	Berryer	....	....	....	20 mai 73	
MANCEAU, fabricant de savons, boulevard Magenta, 147	Barbot	4 déc. 72	....	* 31 mars 73	(1)	
MANCEAUX, Ernest-François-Georges, rue St-Arnaud, 6... *	Rivière.....	....	....	....	....	28 juillet 03
MANDART-HAUSER, Eugène, rue N.-D.-de-Nazareth, 64 .. *	Dubois.....	....	....	....	20 mai 73	
MANDEL. Voir : VOISSE et MANDEL.						
MANEAU-MEUNIER, Alexandre-Désiré, r. J.-J. Rousseau, 56.. *	Poisson	....	....	....	1er octob. 73	
MANERTZ, Georges, traiteur, rue des Poissonniers, 129.......	Richard	1er juillet 72	18 févr. 73	(2)		
MANGÈS, Jules-Jacques, entrepositaire, rue de Flandre, 47	Id	10 déc. 73				
MANGIN, Gustave, entrepositaire, rue de Flandre, 92.........	Chevillot ..	10 octob. 71	19 févr. 72	19 août 73		
Id. 　 Léon, apprêteur d'étoffes, rue Petel, 5	Bégis	10 déc. 73				
MANISSIER, Jean-Marie, boucher, rue Magnan, 3	Dufay	23 juillet 73	5 déc. 73	(3)		
MANSART-PIGGIANI, chapelier, rue Richelieu, 45.........	Meys.....	15 sept. 69	27 déc. 69	* 31 déc. 73		
MANUSART et Cie, banquiers, cité Trévise, 8..........	Sautton ...	6 janv. 73		* 25 mars 73		
MARAINE-MANSART, Louis-André-Joseph, rue Git-le-Cœur, 6 . *	Gignoux....	....	....		1er août 73	
MARAIS, Eugène-Antoine, march. de vins, impasse Froissart, 11 .	Pinet	5 octob. 72	17 mai 73	(4)		
MARAND, François-Ernest, fab. de chocolats, r. de Flandre, 78.	Sautton	23 octob. 73				
MARC, marchand de vins et charbons, rue Bois-le-Vent, 6.....	Bégis	10 octob. 72	(5)			
Id. 　-DUBUT, Stanislas-Edouard, rue de l'Armorique, 9.... *	Bertot	....	....		15 juillet 73	
Id. 　-MOLINIER, Jean, avenue de Clichy, 52..........	Lortat-Jacob.	....	....		11 nov. 73	
MARÇAIS, Théodore, marchand de vins, boulevard Voltaire, 165.	Richard	25 sept. 71	....	14 sept. 72	(6)	
Id. 　-LEGER, Claude-Théodore, rue Chalgrin, 28 .... *	Dechambre ..	....	....		1er juill. 73	
MARCAULT, négociant, rue Cadet, 42, et à Chatou	Sarazin	29 mars 72	26 sept. 72	(7)		
MARCEAU, Louis, maçon, rue des Epinettes, 14 bis	Copin	29 mai 73	10 déc. 73	(8)		
MARCEL-MERVOYER, Joseph, boulevard de la Chapelle, 42.. *	Huet	....	....		28 août 73	
MARCELIN-BALOSSIER, André, tripier, rue de Normandie, 10. *	Barberon	....	....		3 avril 73	
MARCHAL, commissionnaire, rue N.-D.-de-Nazareth, 66........	Meys.....	2 sept. 73				
MARCHAND, maître de lavoir, rue des Cordelières-St-Marcel, 12.	Pluzanski...	27 déc. 72	17 juin 73	(9)		
Id. 　 dame, née Adèle HÉRARD	Rivière.....	....	....			* 14 août 73
Id. 　 fils aîné, entrep' de couvertures, r. Durantin, 47...	Battarel	21 octob. 71	(10)			
MARCILLE, Charles-Joseph, ex-md de vins, bd Magenta, 109 .	Maillard	3 févr. 72	4 mars 73	(11)		
MARCOTTE, Elysé, marchand de vins, rue St-Sauveur, 38	Beaugé	6 août 73	....	* 29 août 73		
Id. 　-LAIR, Louis, détenu à la prison de la Santé.... *	Dubost	....	....		20 juillet 73	
MARÉCHAL, Théophile, fab. d'art. de literie, rue St-André, 15..	Maillard.....	6 mars 72	7 août 73	(12)		

(1) **MANCEAU.** — Réouverture du 27 octobre 1873.

(2) **MANERTZ** doit 30 %, en 6 ans, par 1/6, de l'homologation.

(3) **MANISSIER** doit 25 %, en 5 ans, par 1/5, de l'homologation.

(4) **MARAIS** doit 50 %, en 8 ans et 8 fractions égales ; 1er paiement le 1er mai 1874.

(5) **MARC**, marchand de vins, paie 15 fr. %, 1re répartition.

(6) **MARÇAIS** paie 0 fr. 81 c. %, unique répartition.

(7) **MARCAULT** paie 28 fr. 32 c. %, produit de l'actif abandonné.

(8) **MARCEAU** abandonne l'actif réalisé, moins son matériel, ses outils, son mobilier personnel et les créances qui pourront

être recouvrées, et s'oblige à payer 5 %, en 5 ans, par 1/5 à partir du jour de l'homologation.

(9) **MARCHAND**, maître de lavoir, paiera l'intégralité des créances en 10 ans, par 1/20, de l'homologation.

(10) **MARCHAND**, fils aîné, paie 1 fr. 63 c. %, unique répartition.

(11) **MARCILLE** paie 25 % comptant, et doit 25 %, en 3 ans, par 1/3, avec la caution de M. J. Marcille.

(12) **MARÉCHAL**, Théophile, est qualifié failli. — Il paiera 40 %, en 4 paiements égaux, avec l'intervention de Mme Maréchal comme caution solidaire, et pour renoncer à toucher aucun dividende avant l'exécution du concordat envers les autres créanciers.

NOMS, PRÉNOMS, PROFESSIONS ET DOMICILES. (*L* indique Liquidation ♥ astérisque Avoué et Insuffisance)	SYNDICS ET AVOUÉS.	FAILLITES ET LIQUIDATIONS.	DATE DES HOMOLOGATIONS DE CONCORDATS	INSUFFIS. ET UNIONS.	SÉPARAT. DE BIENS JUDICIAIRES.	CONS. JUDIC. ET INTERDICT.
MARÉCHAL d^{lle}, Athalie, march. de confections, au Temple....	Meys........	16 juillet 73	17 nov. 73	(1)		
Id. -NORAND, Théophile, r. St-André-Montmartre, 13.*	Hardy......	....	....	....	13 mai 73	
MARESSE, scieur à la mécanique, petite rue St-Antoine, 5.....	Dufay......	18 avril 73	....	* 30 juin 73		
MARGELIDON et HÉBERT, fab. de faïences d'art, r. Lafayette, 45.	Bourbon....	18 févr. 73	17 sept. 73	(2)		
MARGOT, Jean-François, march. de bois, r. de Vaugirard, 235..	Gauche....	23 octob. 73				
MARIAGE-BLAVOT, Eugène, boulevard de Courcelles, 1.......	Roche......	....	....		5 août 73	
MARICHAL, Jacques, marchand de vins, rue St-Martin, 315	Barbot......	1er févr. 70	(3)			
MARIE-JEAN, Jean, sans domicile connu	Branche	....			18 mars 73	
Id. -LAPIED, Joseph-Alexandre, boulevard Contrescarpe, 42.*	Clériot	....			26 avril 73	
Id. -PASTOU, Abel, boulevard Ornano, 10	Audouin....	....			2 déc. 73	
MARIÉ, marchand de nouveautés, boulev. Bonne-Nouvelle, 31..	Legriel.....	11 févr. 73	24 mai 73	(4)		
MARINI, Hyacinthe, limonadier, rue de Poitiers, 5...........	Normand....	4 déc. 73				
MARION, Michel-Ange-Ath., confectionneur, rue Monsigny, 6..	Sarazin....	13 nov. 72	1er mars 73	(5)		
Id. et Cie, boulangers, rue Lafayette,.144........	Normand....	12 mars 73				
MARIOTTE et Cie, fab. de jupons et corsets, r. de Mulhouse, 13.	Bourbon....	9 avril 73		* 22 mars 73		
MARKOWSKI et TROUILLET, tenant bals publics, à Asnières...	Barboux....	10 sept. 73		* 26 nov. 73		
MARKS, fabricant d'instruments de musique, r. d'Angoulême. 60.	Copin......	28 nov. 73				
MARLAND, marchand de vins, rue St-Lazare, 122...........	Prodhomme .	18 mars 73		* 28 avril 73		
Id. direct^r de la *Tradition Nationale*, r. Gr.-Batelière, 8.	Barboux....	9 juillet 73		* 23 sept. 73		
MARLET, André, négociant en crins et laines, r. de Londres, 44.	Gauche....	31 févr. 73	22 déc. 73	(6)		
MAROTTE, Théophile, éditeur, rue St-Jacques, 22...........	Lamoureux..	5 juin 72	1er févr. 73	(7)		
Id. veuve, marchande de vins en gros, à Boulogne	Maillard....	21 août 73				
MARQUIANT-CONDAMININA, Charles, sans domicile connu....*	Branche....	....			26 août 73	
MARRAST, fabric. d'équipements militaires, r. de Rennes, 123..	Barbot.....	12 mars 73				
Id. et Cie, photographes, boulevard Rochechouart, 110.	Bourbon....	25 juin 73		* 17 oct. 73		
MARRÉ-THIERCELIN, Jean-Raym.-Ch.-Emm., boul. Magenta, 111.*	Branche....	....			25 mars 73	
MARSILLE, C., marchand de vins, aux Prés-St-Gervais........	Deaugé....	2 mars 70	21 juin 70	* 30 août 73		
MART, Jules, traiteur, à Neuilly	Dufay......	2 janv. 73	1er mai 73	(8)		
MARTEAUX, Joseph, porcelainier, rue Popincourt, 28	Meillencourt.	22 mars 72	18 octob. 72	8 sept. 73		
MARTEL, traiteur, r. de Montreuil, 19, et sans domicile connu .	Sautton....	1er octob. 73		* 30 déc. 73		
Id. -HOUPIART, François, rue des Marais, 11	Lamy......	....		....	5 août 73	
MARTER, Benjamin, marchand de nouveautés, rue Marcadet, 58.	Battarel	3 mars 73	(9)			
Id. -ISRAEL, Benjamin, rue Marcadet, 58	Flat.......	....			19 août 73	
MARTIN, épicier, rue du Bac, 59, et sans domicile connu.....	Pinet......	3 mars 73				
Id. ex-entrepreneur de transports, avenue de Choisy, 155.	Chevillot ...	25 juin 73				
Id. loueur de voitures, quai Jemmapes, 194	Id........	20 août 72		* 30 juin 73		

(1) **MARÉCHAL** d^{lle}, doit 20 %, en 5 ans, par 1/5, à partir du jour de l'homologation.

(2) **MARGELIDON** et **HÉBERT** doivent 25 %, en 5 ans, par 1/5, à partir du jour de l'homologation.

(3) **MARICHAL** paie 5 fr. 96 c. %, unique répartition.

(4) **MARIÉ** doit 20 %, en 5 ans, par 1/5, de l'homologation.

(5) **MARION** paie 40 % dans le mois de l'homologation, et parfait 30 %, en 3 ans.

(6) **MARLET** abandonne l'actif réalisé par le syndic, s'élevant à 7 fr. 45 c. %, et s'oblige à payer 15 %, en 5 ans, par 1/5

(7) **MAROTTE**, éditeur, doit 25 %, en 5 ans, par 1/5, 1er paiement un an après l'homologation.

(8) **MART** doit 50 %, en 3 ans, par 1/3 ; 1er paiement 1 an après l'homologation.

(9) **MARTER**, Benjamin, paie 1 fr. 12 c. %, unique répartition.

NOMS, PRÉNOMS, PROFESSIONS ET DOMICILES.	SYNDICS ET AVOUÉS	FAILLITES ET LIQUIDATIONS.	DATE DES HOMOLOGATIONS DE CONCORDATS	INSUFFIS.ce ET UNIONS.	SÉPARAT.n DE BIENS JUDICIAIRES.	CONS. JUDIC. ET INTERDICT.
MARTIN, L., négociant, rue de la Fidélité, 5	Prodhomme	22 août 73				
Id. et Cie, marbriers, boulevard Richard-Lenoir, 115	Meillencourt	15 avril 72	(1)			
Id. Joseph, boucher aux Halles, demeur.t r. des 2-Écus, 23.	Sarazin	30 mai 73				
Id. Lazare, marchand de vins, rue de l'Église, 90	Beaufour	18 juillet 73			* 26 nov. 73	
Id. Eug.-Napoléon-Charles, changeur, r. Lafayette, 138	Normand	9 octob. 72	(2)			
Id. Théodore, boulanger, rue de Lyon, 34	Meys	3 mai 73			* 14 août 73	
Id. Jules-Alexandre, charron, rue d'Hautpoul, 50	Darbot	17 nov. 73				
Id. ve, née Catherine Sartelet, md.e de vins, à Châtillon.	Sarazin	24 juillet 73			* 29 oct. 73	
Id. dame. Voir : BEAUJARD, veuve et Cie.						
Id. -BEAUPRÉ, frères, libraires, r. Monsieur le Prince, 21	Sautton	5 sept. 65	2 janv. 66		* 15 juill. 73	
Id. de JARTRAUX, commissionnaire, rue Baudin, 30	Chevillot	27 sept. 73				
Id. et LALIGANT, march. de vins, av. des Amandiers, 16.	Barboux	9 mai 73			* 29 mai 73	
Id. -ARNOUD, Jean, rue de l'Arbalète, 5	*Nicquevert					15 avril 73
Id. -MARCHOIS, François-Hippolyte, rue de l'Ouest, 17.	Postel-Dubois.					10 juillet 73
Id. Jeanne-Marie. Voir : BAUDUIN, veuve.						
MARTINET, marchand de vins, à Courbevoie	Barboux	20 mai 73	9 octob. 73	(3)		
Id. directeur de théâtre, rue Scribe, 17	Moncharville.	5 juin 72	25 janv. 73	(4)		
MARTOUGEN, march. de machines à coudre, boul. Strasbourg, 57.	Gaucho	9 avril 70		(5)		
MARTY dame, fabricante de chaussures, rue Quincampoix, 61	Sarazin	8 octob. 72	25 janv. 73	(6)		
MARX SPITZER, marchand de perles, rue Beauregard, 9	Darboux	7 nov. 73			* 17 déc. 73	
MASANTI, Louis, marchand de perles, boul. Sébastopol, 85	Richard	21 octob. 72			* 30 avril 73	
MASSE, Eugène, torréfacteur de cafés, à Montrouge	Battarel	23 avril 73				
MASSÉ dame, fabricante de sommiers, boul. de Strasbourg, 55.	Id	8 nov. 71	7 févr. 73	(7)		
MASSELOT-FONTAINE, Blaise, rue Jean-Lantier, 17	Mouillefarine.				20 juillet 73	
MASSIER, Pierre-François, voiturier, rue de Bercy, 218	Hécaen	11 juillet 73				
MASSIOT, Henry, marchand de vins et liqueurs, rue Papin, 7	Pinet	18 nov. 73			* 29 déc. 73	
MASSIP, Arnaud, limonadier, rue Cadet, 29	Bourbon	8 févr. 73	7 octob. 73	(8)		
MASSON, Gustave-Noël, cordonnier, rue du Mail, 36	Pinet	26 nov. 73				
Id. cordier, rue St-Martin, 326	Meillencourt	29 janv. 73			* 29 avril 73	
Id. marchand de vins et logeur en garni, à Bicêtre	Copin	11 sept. 73			* 31 oct. 73	
Id. Louis, peintre, rue Oberkampf, 59	Sautton	16 déc. 72			* 24 juill. 73	
Id. veuve, épicière, rue Pajol, 63	Bégis	12 juin 69	30 déc. 73	(9)		
MASTRAL, Jean-Eugène. Voir : GERMAIN et Cie.						
MATHEY-MALAISE, Philippe, rue St-Maur, 66	*Corpet					1er juillet 73
MATHIEU, Marcellin, chapelier, rue de Malte, 32	Meys	27 août 73			* 24 déc. 73	
Id. jeune, chapelier, rue du Temple, 20	Sarazin	19 août 73	11 déc. 73	(10)		

(1) MARTIN et Cie paient 5 fr. 25 c. °/o, unique répartition.

(2) MARTIN, Eugène, paie 13 fr. 45 c. °/o, unique répartition.

(3) MARTINET, march. de vins, paie 26 fr. 07 c. °/o, produit de son actif, et s'oblige à payer 20 °/o, en 5 ans, par 1/5.

(4) MARTINET, dir. de théâtre, doit 25 °/o, en 5 ans, par 1/5.

(5) MARTOUGEN paie 3 fr. 32 c. °/o, unique répartition.

(6) MARTY dame, paie 5 francs °/o 1 mois après l'homolo-

gation, 5 °/o un an après, et 45 °/o à raison de 5 °/o tous les 6 mois, à partir du 2e paiement.

(7) MASSÉ dame, est qualifiée faillie. — Elle paiera 20 °/o, en 5 ans et 5 paiements, à partir de l'homologation.

(8) MASSIP doit 30 °/o, en 6 ans, par 1/6, de l'homologation.

(9) MASSON veuve, abandonne tout l'actif dépendant de la faillite réalisé par le syndic.

(10) MATHIEU jeune, doit 40 °/o, en 4 ans, par 1/4, de l'homol.

NOMS, PRÉNOMS, PROFESSIONS ET DOMICILES.	L liquidation antérieure avoué en insuffisance	SYNDICS ET AVOUÉS	FAILLITES ET LIQUIDATIONS.	DATE DES HOMOLOGATIONS DE CONCORDATS	INSUFFIS.ces ET UNIONS.	SÉPARAT.ons DE BIENS JUDICIAIRES.	CONS.JUDIC. ET INTERDICT.
MATHIEUX, Alfred-Amédée. Voir : BRISSET et Cie.							
MATHIS, Laurent, traiteur, rue du Poteau, 49		Legriel	31 mars 73	(1)			
MATHONET, marchand de bois, impasse Bouton, 13		Sarazin	23 nov. 72	....		*27 févr. 73	
MATOUT, marchand de vins, r. St-Dominique-St-Germain, 130		Chevallier	8 juillet 73				
MATROD, Maurice, marchand de chevaux, r. du Géorama, 20		Darbot	16 août 73	....		*26 sept.73	
MAUCHIEN, Aimé-Victor, march. de vins, boulevard Picpus, 2		Prodhomme	10 juin 73	(2)			
MAUDON-RENON, rue Pigalle, 39		*Laden	......			29 juillet 73	
MAUFAY-MAMEL, Ernest-Julien, rue des Missions, 29		*Lescot	......			1er avril 73	
MAUGÉ, Eugène-Théophile, limonadier, rue St-Jacques, 34		Prodhomme	1er août 73	....	*1er oct. 73		
MAUGENEST, J.-Baptiste, hôtelier, rue St-Thomas-d'Aquin, 1		Heurtey	23 mars 72	16 octob.72	(3)		
MAUMEY, Jean, coupeur de poils, rue du Chemin-Vert, 82		Sommaire	20 déc. 73				
MAUPÉRIN, fruitier, rue Vandamme, 19		Legriel	24 août 72	7 févr. 73	(4)		
MAUPRIVEZ, Paul-Joseph, à l'asile d'Auxerre, dom.t à Tonnerre.		*Deherpe	......		(5)		*13 mars 66
Id. jeune, Honoré, épicier, rue d'Anjou, 4		Knéringer	17 janv. 73	18 juillet 73	(6)		
Id. -BRETON, Xavier-Honoré, rue d'Anjou, 4		*Dumont	......			15 avril 73	
MAURET dit MOURET de CASTILLON, agent d'aff., r. de Rome, 73		Knéringer	11 mai 69	....	*10 juin 70	(7)	
MAUREY et VATOT, passementiers, rue du Mail, 33		Devin	26 juin 72	11 mars 73	(8)		
MAURICE-MALLET, François-Antoine, sans domicile connu		Maza	10 nov. 73			10 juin 73	
MAXIA, bonnetier, rue de Sèze, 4		Dufay	10 nov. 73				
MAYER et Cie, escompteurs, boulevard Poissonnière, 10		Hécaen	10 juillet 72	10 févr. 73	(9)		
Id. -GOULET, Émile, rue des Petites-Écuries, 18		*Delessard	......			13 juillet 73	
Id. , SCKLEIN et GOUGENHEIM, nouveautés, r. St-Martin, 182		Sarazin	19 déc. 71	29 octob. 72	(10)		
Id. Moïse, ex-m.d de machines à coudre, r. St-Martin, 243		Pinet	23 déc. 71				
MAYET demoiselle, Jeanne, passementière, rue Montorgueil, 23		Beaufour	17 octob.73	10 déc. 73	(11)		
Id. -BOURSAULT, Alex.dre-Barth., r. Mouton-Duvernet, 5		*Dubois	......			9 déc. 73	
MAYNARD, François, restaurateur, à Vincennes		Beaujeu	10 juillet 73				
MAZEAU, Charles, limonadier, boulevard St-Michel, 10		Normand	10 juin 73	10 nov. 73	(12)		
MAZUET, Héloïse-Hortense. Voir : GODON, veuve.							
MAZURE-DAU, Marin, rue Descartes, 40		*Violette	......			1er juillet 73	
MAZY, marchand de vins, rue d'Angoulême-du-Temple, 82		Knéringer	3 mai 73	....	*29 oct. 73		
MAZZUCCHELLI, Alfred-Joseph, carrossier, rue Abatucci, 56		Beaufour	13 juillet 70	....	*21 janv. 73		
MÉNARD, Auguste-Anatole, fruitier, avenue des Amandiers, 13		Prodhomme	30 juin 73	....	*30 juill. 73		
Id. marchand de vins, aux deux Pavillons du Raincy		Beaugé	28 déc. 72	....	*17 mars 73		

(1) **MATHIS** paie 3 fr. 60 c. %, unique répartition.

(2) **MAUCHIEN** paie 1 fr. 44 c. %, unique répartition.

(3) **MAUGENEST** paie 8 fr. 78 c. %, produit de son actif.

(4) **MAUPÉRIN** doit 25 %, en 5 ans, par 1/5, de l'homologation.

(5) **MAUPRIVEZ, Paul.** — Mainlevée du 18 novembre 1873.

(6) **MAUPRIVEZ** jeune, doit 20 %, en 4 ans, par 1/4, de l'homol.

(7) **MAURET.** — Réouverture du 9 juillet 1873.

(8) **MAUREY et VATOT** paient 56 fr. 48 c. %, produit de l'actif qu'ils abandonnent moins la nu-propriété de maison, rue de Vaugirard, 209, et s'engagent à parfaire l'intégralité des créances dans un an, à partir du jour de l'homologation, avec la caution de V. Maurey.

(9) **MAYER et Cie** paieront l'intégralité des créances en 17 ans, avec la caution solidaire de M. Mayer père, pour 50 % imputables aux échéances suivantes : 30 % aussitôt après l'homologation, 40 % dans 5 ans et 10 % dans 10 ans.

(10) **MAYER, SCKLEIN et GOUGENHEIM** paient 13 fr. 38 c. %, 2e et dernière répartition.

(11) **MAYET** d.lle, doit 25 %, en 5 ans, par 1/5, de l'homologation.

(12) **MAZEAU** doit 25 %, en 5 ans, par 1/5, de l'homologation avec la caution de la dame Mazeau.

NOMS, PRÉNOMS, PROFESSIONS ET DOMICILES.	L indique Liquidation * astérisque Avoué ou Insuffisance	SYNDICS ET AVOUÉS	FAILLITES ET LIQUIDATIONS.	DATE DES HOMOLOGATIONS DE CONCORDATS	INSUFFIS ET UNIONS.	SÉPARAT DE BIENS JUDICIAIRES.	CONS.JUDIC. ET INTERDICT.
MÉNARD, Auguste, café-concert, faubourg St-Antoine, 142.....		Hourtey.....	31 juillet 73	....	* 29 sept. 73		
Id. et Cie, appareilleurs, faubourg St-Martin, 123 et 124..		Moncharville.	30 juin 73	....	* 20 août 73		
MENDÈS, Jacques, bijoutier, place du Château-d'Eau		Devin.......	21 févr. 08	....	21 octob. 08	(1)	
MENESCLOU, ex-épicier, passage de l'Arcade, 4..............		Pinet.......	20 sept. 04	(2)			
MENESSIER, pâtissier, rue Montmartre, 92		Hourtey.....	20 mai 73	....	* 30 juin 73		
MENETRIER d^{lle}, Oct., m^{de} de chaussures, b^d de Strasbourg, 11.		Beaugé......	16 déc. 73				
MENIER, Constant, march. de nouveautés, r. Montmartre, 117..		Saulton	12 août 72	(3)			
MÉNIL, Guillaume-Fréd., agent d'affaires, rue Tiquetonne, 62..		Prodhomme .	20 juillet 73	....	* 30 oct. 73		
MENNESSIER, ex-march. de nouveautés, faub. Poissonnière, 61.		Pinet	27 nov. 71	(4)			
MENON et Cie, marchands de vins, boulevard Voltaire, 90		Gautier.....	20 mars 73	....	* 21 juill. 73		
Id. Eugène. Voir : TRIPELS et Cie.							
MERANDON d^{lle}, Rose-Caroline, modiste, rue St-Honoré, 414...		Gautier......	12 déc. 73				
MERAUDON-TEINTURIER, Maxime, rue de Gentilly, 17........*		Delpon......	....	....	....	14 janv. 73	
MERCIER, Pierre, fruitier, rue de Babylone, 55 bis		Battarel.....	30 octob. 73				
Id. Gustave-Léopold, marbrier, à St-Mandé....		Barbot	2 janv. 73	(5)			
Id. fils, P., fabricant de produits chimiques, à Montreuil.		Barboux.....	1er avril 73	(6)			
Id. fils, entrepreneur de transports, aux Prés-St-Gervais.		Copin.......	2 avril 73	....	* 17 mai 73		
Id. maçon, aux Prés-St-Gervais.................		Chevillot....	17 janv. 72	(7)			
MERIEL d^{lle}, ex-marchande de bonbons, faub. Poissonnière, 10.		Barbot......	8 sept. 73	....	* 30 sept.73		
MERIOT aîné, Laurent-Constant, march. de vins, à Clamart....		Dufay.......	30 sept. 73				
MERKENS, Louis-Albert, ex-banquier, r. N.-D.-des-Champs, 83.		Moilleneourt..	23 déc. 71				
Id. et GARDES, banquiers, boulevard Haussmann, 17...		Id	16 déc. 71				
MERLE, marchand de vins, rue du Commerce, 60..............		Pinet.......	25 août 73	....	* 17 oct. 73		
Id. et Cie, A., marchands de vins, rue de la Côte-d'Or, 22..		Beaugé......	19 déc. 72	(8)			
Id. v^e et GERSTLE, m^{ds} de prod. aliment., f^g St-Martin, 214.		Gauche	6 mai 73	....	* 21 juin 73		
MERNY, limonadier, rue de la Rochefoucault, 49..............		Chevallier ..	30 juillet 73				
MERTZINSKI, marchand de meubles, rue de Flandre, 72.......		Meys	1er mars 73	....	* 24 juill.73		
MESLIER, Adélaïde. Voir : MOREAU, veuve.							
MESTRE-BRIOUDE, Jean-Antoine, sans domicile connu ....*		Branche.....	....	....	....	12 juillet 73	
METTREAUX-DESPINOIS, Félix-Isidore, rue Bellefond, 36 ...*		Rivière.....	....	....	....	1er mars 73	
MEUNIER, limonadier, boulevard des Batignolles, 25		Richard.....	28 févr. 73	....	* 29 mars 73		
Id. dame, parfumeuse, rue Gluck, 6 ......,.......		Sommaire ...	16 juillet 73	17 octob. 73	(9)		
Id. Voir : VINET, dame.							
Id. Prosper. Voir : TÉRON et MEUNIER.							
MEUR et SŒUR dames, lingères, rue de la Bourse, 4..........		Bourbon.....	17 janv. 73	(10)			

(1) MENDÈS paie 2 fr. 80 c. %, unique répartition.

(2) MENESCLOU paie 11 fr. 34 c. %, unique répartition.

(3) MÉNIER paie 12 fr. 47 c. % pour toutes répartitions.

(4) MENNESSIER paie 11 fr. 97 c. %, unique répartition.

(5) MERCIER, Gustave, paie 10 francs %, unique répartition de l'actif abandonné.

(6) MERCIER fils, P., paie 9 fr. 23 c. %, unique répartition.

(7) MERCIER, maçon, est qualifié failli par jug^t du 27 févr. 1873.

(8) MERLE et Cie paient 20 fr. 81 c. %, unique répartition.

(9) MEUNIER dame, paie 25 %, dans un an, du jour de l'homologation, et parfait l'intégralité des créances en 4 paiements égaux de 6 en 6 mois.

(10) MEUR et SŒUR paient 1 fr. 54 c. %, unique répartition.

NOMS, PRÉNOMS, PROFESSIONS ET DOMICILES.	L indique Liquidation • astérisque Avoué et Insuffisance	SYNDICS ET AVOUÉS	FAILLITES ET LIQUIDATIONS.	DATE DES HOMOLOGATIONS DE CONCORDATS	INSUFFIS⁰⁰ ET UNIONS.	SÉPARAT⁰⁰ DE BIENS JUDICIAIRES.	CONS. JUDIC. ET INTERDICT.
MEYER, demoiselle, Joséphine, couturière, rue de la Paix, 18...		Sarazin	27 nov. 72	13 mars 73	(1)		
Id. et Cie, fabricants de vinaigre, rue de Strasbourg, 10 ...		Beaufour	30 juillet 73	....	*19 nov. 73		
Id. Fidèle, encadreur, rue du Temple, 107, puis 14		Hourley	20 sept. 73				
Id. -BLUM, Henri, rue du Temple, 187.................	*	Des Etangs...	....		....	26 avril 73	
Id. -SAMUEL, Salomon, rue du Cloître-St-Jacques, 7.....	*	Derré........	....		....	4 mars 73	
MEZANGES, Antoine, entrepreneur de transports, rue Riquet, 9.		Beaujeu	5 sept. 73	....	* 30 oct. 73		
MIAS, Jacques, bijoutier, faubourg Montmartre, 41..		Normand....	12 mai 73	25 août 73	(2)		
MICCIO-CORVAÏA, Pascal, négociant, rue de Londres, 29......	*	Caron........	....		....	26 août 73	
MICERANT-DESROCHES, Jules-Jacques, boul. Beaumarchais, 2.	*	Dechambre ..	....		....	7 janv. 73	
MICHALET veuve, fabr. de porte-monnaies, faub. St-Denis, 23..		Normand....	6 nov. 72	7 févr. 73	(3)		
MICHAUD-COMBIER, Jules-Alfred, négociant, boul. Clichy, 89.	*	Postel-Dubois	....		....	1er juill. 73	
MICHAUT, Pierre, brasseur, rue Rochechouart, 36...		Dufay	5 déc. 73				
MICHAUX, père et Cie, fab. véloc⁰., cité Godot-Mauroy, 5, 6, 7, 8.		Beaujeu	11 mars 70	(4)			
MICHEL demoiselle, Maria, lingère, rue de Marseille, 4		Gautier......	19 sept. 73	....	* 29 nov. 73		
Id. décatisseur, rue St-Honoré, 108		Maillard.....	13 janv. 72	17 juin 73	(5)		
Id. -DESCHOYVER, Jacq.-Joseph, r. des Bons-Enfants, 32.		Cesselin	....		....	12 août 73	
Id. -FEYDIT, Jean, négociant, rue d'Enghien, 44.........	*	Delacave	....		....	2 avril 73	
Id. -LEQUET, Jules-Désiré, rue d'Orléans, 28............	*	Lesage	....		....	31 déc. 72	
MICHELOT, Émile, marchand de vins, rue St-Charles, 40.		Maillard.....	6 déc. 73		* 30 déc. 73		
MICHIELS, dir. du café-théât. la Tertullia, r. de la Michodière, 42.		Normand	28 mai 73				
MICHON demoiselle, Marie, chapelière, rue de Rivoli, 40 bis...		Battarel.....	7 mars 73	....	* 22 avril 73		
MICHOT, Victor, limonadier, rue de Richelieu, 36............		Bourbon	28 juillet 73				
MICOL, François, menuisier, rue Lemercier, 106.............		Copin	9 mai 73	30 déc. 73	(6)		
MIEUSSET, Caroline. Voir : BERTHÉLEMY, veuve.							
MIGNIEN, fabr. d'ustensiles de commerce, r. de la Reynie, 37 ..		Chevillot	27 nov. 73				
MIGNON, J.-Baptiste-Et.-Michel, limonadier, à Levallois.......		Hourley	24 octob. 73	....	* 31 déc. 73		
MIL-LEBLOND, Guill.-Louis-Joseph, drapier, bd Sébastopol, 33.		Maillard.....	20 janv. 72	(7)			
MILLAUD, Pr Journal Financier et Comptoirs et Caisse de Reports.		Moncharville.	11 févr. 73				
Id. Esther. Voir : BONNARDEL, veuve.							
MILLE dlle, marchande de chaussures, r. Basse-du-Rempart, 66.		Richard......	9 août 73				
MILLENVOYE, commissionnaire en grains, rue J.-J. Rousseau, 51.		Barboux......	24 avril 73	....	* 26 juin 73		
MILLERAND veuve, modiste, boulevard des Italiens, 8.........		Bégis	25 mars 73		* 30 avril 73		
MILLET-PECHARD, Louis-Nicolas, rue Aumaire, 27 ....*		Bouthomard .	....		....	27 mai 73	
Id. -MAGNANT, Jules, fab. de jalousies, pl. de la Bourse, 31.*		Carlet.......	....		....	7 janv. 73	
MILLIET, Pierre-Aimé, marchand de nouveautés, r. Turbigo, 89.		Hécaen......	22 avril 73		1er août 73		

(1) MEYER dlle, paiera 15 %, 2 mois après que la décision des Tribunaux sur son procès avec la Cie d'assurances aura acquis force de chose jugée, affectant, à la garantie de l'exécution de son engagement, l'indemnité qu'elle doit obtenir de la Cie Le Soleil, s'obligeant, en outre, à distribuer aux créanciers le surplus de la somme à toucher de ce chef, qui excéderait les 15 % promis comme supplément de dividende.

(2) MIAS doit 25 %, en 5 ans, par 1/5, de l'homologation.

(3) MICHALET veuve, doit 25 %, en 5 ans, par 1/5, à partir du jour de l'homologation.

(4) MICHAUX père et Cie paient 10 fr. 51 c. %, 3e et dernre rép.

(5) MICHEL paiera l'intégralité des créances dans le mois qui suivra le paiement du prix de l'immeuble situé à Billancourt.

(6) MICOL paiera 40 %, en 5 ans, par 1/5, de l'homologation.

(7) MIL-LEBLOND paie 3 fr. 73 c. %, 2e et dernière répartition.

NOMS, PRÉNOMS, PROFESSIONS ET DOMICILES.	Indique Liquidation • astérisque Avoué et Insuffisance	SYNDICS ET AVOUÉS	FAILLITES ET LIQUIDATIONS.	DATE DES HOMOLOGATIONS DE CONCORDATS	INSUFFIS. ET UNIONS.	SÉPARAT. DE BIENS JUDICIAIRES.	CONS. JUDIC. ET INTERDICT.
MILLOCHAU, Ernest, épicier, rue des Rigoles, 19		Darboux..	18 sept. 72	(1)			
Id. -MARIÉ, Ernest, rue Marie-Antoinette, 18 bis	*	Bourse.....	....			20 avril 73	
MILOT, Léon, chemisier, boulevard Magenta, 137		Gautier.....	10 juin 73				
MINET, Céline-Marie. Voir : GOETHALS et Cie.							
MINIGGIO, Jean, tailleur, à Levallois		Gaucho ...	9 juin 73	30 sept. 73	(2)		
MINOT, Jean-Charles, brocanteur, boulevard Magenta, 13.....		Beaugé....	11 août 73	....	* 30 août 73		
Id. Georges-Stanislas, marchand de vins, à Neuilly		Darboux....	8 août 73	....	* 30 sept. 73		
MIOUX et DEVAUX, marchands de vins, rue Thérèse, 4		Beaugé....	23 sept. 73				
MIQUEL, marchand de vins et charbons, r. Marie-Antoinette, 13.		Beaujeu..	26 sept. 73	....	* 31 oct. 73		
Id. charbonnier, rue N.-D.-des Victoires, 10..........		Barboux....	11 mars 73	....	* 28 avril 73		
Id. veuve, tailleur, rue Montmartre, 100..........		Sarazin,....	5 mars 73	....	* 20 avril 73		
MIRAT, Julien, fabricant de cristaux, faubourg St-Martin, 76..		Meilloncourt..	10 sept. 72	(3)			
MISSIER-ASSIMON, Narius, maçon, boulev. de la Villette, 180..	*	Gignoux.....	....			12 août 73	
MITENNE, Pierre, marchand de vins, à Levallois..............		Knéringer ..	23 juin 73	....	* 30 sept. 73		
MOINE et DOSSION, chemisiers, rue de Cléry, 19		Beaugé....	9 sept. 72	(4)			
MOISE-GOLDICHMIDT, Théodore-Désiré, rue du Billault, 13 ...	*	Bourse.....	....			26 déc. 72	
MOISY, Louis-Marie, marchand de pommes de terre, à Boulogne.		Bégis	22 févr. 73	25 juin 73	(5)		
MOLARD, épicier et marchand de vins, boulevard Magenta, 15..		Richard....	19 sept. 73	....	* 24 oct. 73		
MOLINA, Salomon. Voir : LÉVY et Cie.							
MOLOZAY, Jules-César. Voir : VILLAIN et MOLOZAY.							
MONAIN, Amédée-Noel, papetier, rue d'Aboukir, 137		Dufay.....	20 nov. 73				
MONDET et Cie, fab. d'équipements militaires, r. d'Enghien, 11.		Normand....	6 mai 73				
MONDOLLOT, grainetier, rue Pierre-Picard, 15.............		Pluzanski..	5 août 73	....	* 17 oct. 73		
MONGIN, Edouard, marchand de vins, rue de Grammont, 11 ...		Gautier.....	23 mai 73	(6)			
Id. François-Désiré, boulanger, à Aubervilliers........		Maillard.....	9 sept. 73	(6 bis)			
MONGONT, Pierre, traiteur, rue Pauquet-de-Villejust, 14		Pinet	15 janv. 70	20 juillet 70	* 27 mars 73		
MONJARET-MORIZET, Charles-Marie, r. des Ecuries-d'Artois, 14.		Petit-Bergonz	....			9 août 73	
MONNIER, Ed., tapissier, boulevard Haussmann, 98.........		Sarazin...	17 juin 70	22 juin 72	(7)		
Id. Jules, fabricant de chaussures, boulev. Voltaire, 48..		Lamoureux..	20 nov. 73				
MONSELET fils, repousseur en cuivre, rue Aumaire, 15........		Beaugé....	28 nov. 73				
MONTEL et VENDOME, mécaniciens, rue St-Maur, 107		Chevillot	14 janv. 73	25 avril 73	(8)		
MONTEUX, Gustave, tailleur, rue Croix-des-Petits-Champs, 38..		Beaugé....	2 août 73	....	* 20 sept. 73		
MONTEZER, Léon, passementier, rue St-Denis, 306		Dufay.....	20 janv. 72	4 mai 72	* 31 déc. 73		
MONTIGNY, coiffeur, rue N.-D.-de-Nazareth, 61.............		Pinet	19 nov. 73		* 29 déc. 73		
MONTILLET-PESSARD, René-Constant, quai d'Orléans, 14.....	*	Delessard....	....			26 août 73	
MONTUELLE-RENAULT, Victor, menuisier, à Neuilly.........	*	Dubois.....	....			12 déc. 72	
MOQUET aîné, teinturier, boul. de Strasbourg, 22, et à St-Ouen.		Moys........	17 janv. 73				
MORAND, Françoise. Voir : SERDEN, veuve.							

(1) MILLOCHAU paie 21 fr. 86 c. %, unique répartition.

(2) MINIGGIO doit 30 %, en 5 ans, par 1/5, de l'homologation.

(3) MIRAT paie 4 fr. 36 c. %, unique répartition.

(4) MOINE et DOSSION paient 0 fr. 95 c. %, unique répartition.

(5) MOISY abandonne son actif et paie 18 fr. 66 c. %, unique rép.

(6) MONGIN, Edouard, paie 18 fr. 79 c. %, unique répartition.

(6 bis) MONGIN, Frçois, paie 2 fr. 45 c. %, unique répartition.

(7) MONNIER, Ed., paie 9 fr. 79 c. %, 2e et dernière répartit.

(8) MONTEL et VENDOME paieront 35 %, en 3 ans et 5 paiements, à partir de l'homologation.

NOMS, PRÉNOMS, PROFESSIONS ET DOMICILES.	L indique Liquidation ♦ antérieure Avoué et Insuffisance	SYNDICS ET AVOUÉS	FAILLITES ET LIQUIDATIONS.	DATE DES HOMOLOGATIONS DE CONCORDATS	INSUFFIS⁰⁰ ET UNIONS.	SÉPARAT⁰⁰ DE BIENS JUDICIAIRES.	CONS. JUDIC. ET INTERDICT⁰⁰.
MORDA fils, fondeur en cuivre, rue de Lappe, 30 et 32........		Chevillot	4 mars 73				
MOREAU, Marc-Antoine, confectionneur, r. du Petit-Thouars, 16.		Bourbon	15 octob. 72	(1)			
Id. Modeste, marchand de meubles, rue Castex, 7......		Gauche	19 juillet 72		....	* 21 sept. 72	(2)
Id. A., marchand de produits chimiques, r. St-Denis, 390.		Beaufour	15 janv. 72	(3)			
Id. veuve, née SERVAN, propriét⁰, r. de l'Echiquier, 12. *		Chauvelot ...	....		....	....	* 17 mars 73
Id. v⁰, née MESLIER, m⁰⁰ de vins, pl. St-Pierre, Montmart.		Barboux	20 juillet 73		* 28 nov. 73		
Id. -BERG, Léonard-Jules-Eug., r. du Cherche-Midi, 113.*		Tixier......	....			18 févr. 73	
Id. -GENSTERDLUM, Henri-Firmin, rue Lecourbe, 7 ....*		Delepouve ...	....			29 juin 71	
Id. -VENIER, Auguste-Stanislas, boulevard Ornano, 39 .*		Duboys.....	....			12 août 73	
Id. * -VÉZARD, Nicolas-Désiré, rue de Marseille, 5.......		Drechou	....			26 août 73	
MOREL, Laurent-Gust., ex-marchand de tapis, r. de Poissy, 6..		Maillard....	28 mars 73	(4)			
Id. ex-bonnetier, rue Magnan, 6.................		Knéringer ...	4 mars 73		* 31 juill. 73		
Id. marchand de vins, grande rue de Montreuil, 87		Maillard....	24 févr. 73		* 27 mars 73		
Id. Ch.-Fercy, marchand de bois sculpté, r. de l'Arcade, 2.		Barboux.....	26 mai 73		* 29 oct. 73		
Id. et Cie, marchands de vins, r. Fontaine-St-Georges, 31.		Devin......	14 févr. 70	(5)			
Id. fils, Jean, gravatier, à St-Ouen...................		Sommaire ...	14 sept. 60	(6)			
Id. -DURAND DE PRÉMOREL, Cl.-Ch., r. de Maubeuge, 16.*		Marc.......	....			4 févr. 73	
Id. -MOIGNOT, Louis-Antidorg, rue de la Victoire, 8 .....*		Pijon......	....			24 sept. 73	
MORENO-VILLANOVA, commissionnaire, rue des Halles, 26...		Lamoureux...	20 nov. 72		* 12 févr. 73		
MORICE, Joseph-Marie, boulanger, rue St-Jacques, 278.......		Prodhomme .	6 sept. 73				
MORIGE-LAMBERT, Joseph, rue St-Jacques, 278 ....*		Fitremann...	....			12 août 73	
MORIN veuve, née SCHOEN, march. de vins, av. Parmentier, 17.		Barboux.....	28 nov. 73		* 17 déc. 73		
MORISOT et LACHAPELLE, grainetiers, rue du Pont-Neuf, 22 ..		Chevallier...	10 déc. 69	9 sept. 73	(7)		
MORITZ, François-Maurice, fondeur, r. du Chemin-de-Fer, 41..		Sommaire...	12 mai 69	(8)			
MORLET-PERS, Joseph-Honoré, rue du Poirier, 22...........*		Le Brun.....	....			4 déc. 72	
MORNARD, Jacques-Amédée, fabricant de dégras, à Villejuif ...		Mo nebarville	5 sept. 73				
MOSSELMAN, Maurice-Charles-Alfred, rue du Cirque, 4 .....*		Denormandie .	....				2 mai 67
MOSSIER-DIARD, Charles, à Ivry ....*		Lefoullon....	....			11 févr. 73	
MOUILLET, Henri, gantier, rue de Châteaudun, 38...........		Gauche......	9 sept. 71	10 févr. 72	* 29 oct. 73		
Id. père et fils, tréfileurs, rue des Panoyaux, 55		Copin	16 octob. 73				
MOULIN, Charles-Joseph. Voir : MÉNARD et Cie.							
Id. Paul, march. d'articles pour modes, rue Vivienne, 3..		Beaugé......	21 octob. 73				
MOULLET, Louis, loueur de voitures, à St-Ouen.............		Meilloncourt.	13 déc. 72		* 22 févr. 73		
MOURER, Georges, boucher, rue Riquet, 80...............		Hourtey.....	1er avril 73		* 31 juill. 73		
MOURET, marchand de vins et hôtelier, rue Réaumur, 60......		Gautier.....	20 janv. 73		* 17 mars 73		
Id. -CAZET, Jacques, rue du Figuier-St-Paul, 3 ....*		Delessard....	....			8 févr. 73	
MOURGUES, représentant de commerce, à Boulogne..........		Meys.......	12 déc. 72		* 29 oct. 73		

(1) MOREAU, Marc, paie 2 fr. 49 c. %, unique répartition.

(2) MOREAU, Modeste. — Réouverture du 31 mai 1873. — Il paie 16 fr. 60 c. %, unique répartition.

(3) MOREAU, A., paie 100 fr. %, unique répartition.

(4) MOREL, Laurent, paie 2 fr. 43 c. %, unique répartition.

(5) MOREL et Cie paient 7 fr. 84 c. %, unique répartition.

(6) MOREL fils, paie 12 fr. 01 c. %, unique répartition.

(7) MORISOT et LACHAPELLE abandonnent tout l'actif réalisé, et s'obligent à verser au syndic dans la quinzaine du concordat, chacun 5,000 fr., pour être répartis aux créanciers.

(8) MORITZ paie 1 fr. 66 c. %, unique répartition.

NOMS, PRÉNOMS, PROFESSIONS ET DOMICILES.	L indique Liquidation ⚹ Astérisques Avoué et Insuffisance — SYNDICS ET AVOUÉS	FAILLITES ET LIQUIDATIONS.	DATE DES HOMOLOGATIONS DE CONCORDATS.	INSUFFIS⁰⁰ ET UNIONS.	SÉPARAT⁰⁰ DE BIENS JUDICIAIRES.	CONS. JUDIC. ET INTERDICT.
MOURGUES, Jean-Louis, cordier, à Montreuil............	Hourtey.....	11 avril 73	....	⚹ 30 juin 73		
MOURIER, décédé, fabricant de jalousies, rue Monge, 79.......	Chevillot....	2 avril 73	....	Id.		
MOUROT-MENEGAULT, Julien-Nicolas, avenue de Châtillon, 3. ⚹	Maro........				7 janv. 73	
MOURRIER, fabricant de cols et cravates, rue Montmartre, 80 ..	Legriel......	12 août 72	4 janv. 73	(1)		
MOURY-LEGAINGNEUR, Marcelin, rue St-Charles, 117........	⚹ Fitremann..				16 déc. 73	
MOURZELAS, Thomas-Évo., f⁰ de brosseries, r. Quincampoix, 45.	Meilleoncourt	20 nov. 73				
MOUSSET, Pierre-Désiré, orfèvre, rue de Rivoli, 116	Pinot........	24 déc. 73				
MOUSSON, march. de vins et hôtelier, rue des Amandiers, 73...	Lamoureux ..	29 sept. 73				
Id.　-MONTPELLIER, Aug.-Adolp., employé, à Asnières .⚹	Chagnet.....				5 août 73	
MOUTARDIER-DIOT, Eugène, sans domicile connu...........⚹	Dusart.......	....	....	....	7 janv. 73	
MOUTIER, père et fils, parfumeurs, rue Chapon, 48	Chevallier ...	29 déc. 73				
MOUTON-PERRAULT, Jul.-Franç.-Paul, rue N.-D.-Lorette, 49.⚹	Dubost.......			....	4 octob. 73	
Id.　-QUENOBLE, Jean-Jos.-Alf., r. Neuve-St-Augustin, 24..⚹	MartinduGard			....	26 août 73	
MOUVEAU-COLONNIER, Alphonse-Eugène, r. Rochechouart, 28.⚹	Pilastro			....	19 août 73	
MOVET dⁿᵉ, Ernestine, march. à la toilette, rue Mandar, 16....	Barboux.....	18 sept. 72	2 avril 73	(2)		
MOY, Augustin, boulanger, rue du Commerce, 10............	Copin.......	9 déc. 72	(3)			
MOYSE. Voir : LENOIR et MOYSE.						
MUET, Jean, fruitier, rue de Chartres, 129	Gauche......	1ᵉʳ mai 73	....	⚹ 20 juin 73		
MULLER-BOIGET, Pierre, avenue d'Italie, 126............⚹	Blachez......			....	7 janv. 73	
MULTON, Eugène-François, march. de vins-logeur, à Antony ..	Legriel.:....	24 octob. 73	....	⚹ 21 nov. 73		
MURATET et CLOSSON, fᵇ de compt. à gaz, r. du Terrage, 15 et 17.	Richard.....	12 févr. 73				
MUSSAULT. Voir : FERREY et MUSSAULT.						
MUSSEL et LESCARCELLE, commissionnaires, boul. Voltaire, 40.	Beaugé......	16 août 73	25 nov. 73	(4)		
MUSSO, Jean, mercier, passage du Ponceau, 18............	Beaujeu.....	11 juillet 73				
MUSSOT, Louis-Joseph, changeur, rue Vivienne, 53	Copin	7 mars 73				
MUTEL et Cie, déménageurs, rue des Dames, 58	Prodhomme .	12 juillet 73				
MUTTE, marchand d'équipements militaires, rue d'Argout, 16 ..	Chevillot	24 mars 73	2 juillet 73	(5)		
Id.　-GRILLEBOUT, mᵈ d'équip. militaires, r. d'Argout, 16 .⚹	Vandewalle..	....	....	....	18 févr. 73	

N et O

NABÈRE, marchand de vins, rue St-Louis-en-l'Île, 57..........	Barboux.....	25 octob. 73	....	⚹ 17 déc. 73		
NABRIN, dit Lalreu-VIARS, Gérard, r. du Buisson-St-Louis, 10.⚹	Chain.......	....	....	....	11 nov. 73	
NACHON, bottier, rue des Bourdonnais, 24..................	Barbot	13 juillet 70	30 nov. 71	⚹ 31 mars 73		
NAMSLAUER, D., dʳ de la Caisse d'Escompte, r. de Provence, 21.	Chevillot	15 octob. 72	....	⚹ 30 août 73		

(1) **MOURRIER** paie 10 fr. 35 c. ⁰/₀, produit de l'actif abandonné et se réserve son mobilier personnel. — M. MOURRIER père, renonce à prendre part aux dividendes auxquels il a droit, et s'engage à verser en espèces au syndic la somme de 3.000 fr., pour être répartis aux créanciers en plus de l'actif.

(2) **MOVET** demoiselle, paiera l'intégralité des créances en 3 ans, par 1/6, de 6 en 6 mois de l'homologation.

(3) **MOY** paie 1 fr. 54 c. ⁰/₀, unique répartition.

(4) **MUSSEL** et **LESCARCELLE** paieront l'intégralité des créances sans intérêts autres que ceux échus au jour de la faillite et admis dans un délai de 4 ans.

(5) **MUTTE** doit 30 ⁰/₀, en 5 ans, par 1/5, à partir du jour de l'homologation.

NOMS, PRÉNOMS, PROFESSIONS ET DOMICILES.	L Indique Liquidation ● antérieure Avoué et Insuffisance	SYNDICS ET AVOUÉS	FAILLITES ET LIQUIDATIONS.	DATE DES HOMOLOGATIONS DE CONCORDATS	INSUPFIS^{ces} ET UNIONS.	SÉPARAT^{ns} DE BIENS JUDICIAIRES.	CONS. JUDIC. ET INTERDICT.
NARTZER, Franç.-Joseph, f¹ de prod. chimiques, r. Malher, 14.		Copin.......	1ᵉʳ mars 73	17 sept. 73	(1)		
NATHAN, entrepreneur de travaux publics, rue Clignancourt, 64.		Prodhomme .	3 mars 73				
NAUDET, Joseph, corroyeur, rue St-Martin, 07...........		Sarazin	2 déc. 72	15 mai 73	(2)		
NAUSER, Antoine, limonadier, rue Cujas, 20.............		Dufay......	24 mai 73	....	* 20 juin 73		
NÉEL, Antoine-Honoré, m⁴ de vins, r. de Sèvres, 165, puis 94 .		Hécaen......	8 mai 73				
NEESER, Charles, limonadier, rue Halévy, 12..........		Prodhomme .	7 févr. 73	....	* 31 déc. 73		
NÉPY-THIERRY, Denis-Antoine, boulevard de Neuilly, 10.....*		Langeron....	....			11 mars 73	
NÉRAT-HERLIER, horloger, b⁴ Magenta, 129 bis.........		Gaucho.....	28 janv. 73	21 juillet 73	(3)		
NEROEIZE, ex-marchand de vins, à St-Denis...........		Beaugé.....	10 avril 73	....	* 27 mai 73		
NESTLEN, Georges, nourrisseur, b⁴ Bruno, 55.........		Prodhomme .	16 déc. 09	....	11 avril 70	(4)	
NEU, Justin, banquier, rue Tréviso, 21...............		Maillard....	22 déc. 73				
NEUVE-ÉGLISE, commissionnaire en farines, rue Vauvilliers, 11.		Meys.......	6 octob. 73				
NEUVILLE, François, boulanger, rue Bellefond, 22........		Hourtoy.....	7 nov. 72		(5)		
NEVEU, Gabriel, gravatier, avenue de St-Ouen...........		Chevillot ...	21 août 73	....	* 31 oct. 73		
NEVEUX veuve, marchande de vins, r. du Pont-aux-Choux, 16..		Devin......	6 janv. 73	....	* 25 févr. 73		
Id. Édouard, casquettier, rue de Rambuteau, 26........		Lamoureux ..	9 déc. 71		(6)		
NEZ, Achille, mercier, faubourg Montmartre, 63...........		Richard.....	8 avril 73	....	* 18 juill. 73		
NÉZOT, dame, ex-boulangère, rue Oberkampf, 139.........		Chevallier...	18 nov. 09	23 juin 71	(7)		
NICOLAS, Ern.-Jules, m⁴ de comestibles, r. Chauveau-Lagarde, 3.		Hécaen......	20 nov. 73				
Id. -CHASSANT, Pierre-Jean, à Colombes.......		Marc.......	....			14 janv. 73	
NICOLLE-LACHOUILLE, Jean, m⁴ de faïence, r. Lacépède, 6...*		Bouthemard .	....			17 juin 73	
NIEF, marchand de vins, rue Vincent, 18.................		Bourbon ...	25 janv. 69		(8)		
NIEL et VALUET, fabricants de presses, rue Lecourbe, 14......		Chevillot ...	25 nov. 71	23 déc. 72	(9)		
NIGAUD dit VENDOME. Voir : MONTEL et VENDOME.							
NIGRA, négociant, passage Saulnier, 7......................		Beaugé......	17 mai 73				
NIHOUL, marchand de chevaux, rue Caumartin, 32..........		Copin	6 janv. 73				
NINOT, limonadier, rue Bréa, 17....................		Meys	7 mars 73	....	* 24 juill. 73		
NOBLET, Adélaïde. Voir : SELLIER, dame.							
NOEL, Hippolyte, boulanger, avenue de St-Ouen, 11........		Beaujeu.....	25 sept. 73				
Id. -RÉMOND, fabricant d'eau-de-seltz, à la Varenne-St-Maur.		Darbot......	14 juillet 73	....	* 30 août 73		
NOESEN, Jean, marchand de vins, boulevard de la Villette, 80..		Prodhomme .	28 déc. 72	....	* 31 mars 73		
NOLIN-GOUJON, Louis, rue de la Ferme-des-Mathurins, 2 .....*		Lacomme.....	....			5 avril 73	
NONY, demoiselle, Jeanne, marchande de vins, boul. Magenta, 6.		Barboux.....	12 sept. 72	8 janv. 73	(10)		
NORIN, Jean, entrepreneur de bâtiments, rue St-Paul, 20.......		Chevallier ...	9 janv. 69	7 juin 73	(11)		

(1) NARTZER paiera 60 °/₀, en 6 ans, à partir de l'homologation, avec affectation de la créance Bonneville au paiement des dividendes promis.

(2) NAUDET paie 7 fr. 75 c. °/₀, produit de l'actif qu'il abandonne, moins son mobilier personnel et la propriété qu'il possède dans le département de la Seine, et s'oblige à payer 10 °/₀, en 5 ans, par 1/5, de l'homologation.

(3) NÉRAT-HERLIER doit 25 °/₀, en 5 ans, par 1/5, de l'homol.

(4) NESTLEN paie 26 fr. 76 c. °/₀, unique répartition.

(5) NEUVILLE paie 7 fr. 16 c. °/₀, unique répartition.

(6) NEVEUX, Édouard, paie 7 fr. 94 c. °/₀, deuxième et dernière répartition.

(7) NÉZOT dame, paie 50 fr. 24 c. °/₀, unique répartition de l'actif abandonné.

(8) NIEF paie 23 fr. 15 c. °/₀, unique répartition.

(9) NIEL et VALUET paient 27 fr. 73 c. °/₀, unique répartition.

(10) NONY demoiselle, paiera 30 °/₀, en 4 ans, par 1/4, de l'hom.

(11) NORIN paie 4 fr. °/₀ un mois après l'homolog., et doit 10 °/₀, en 2 ans, par moitié, de l'homologation.

NOMS, PRÉNOMS, PROFESSIONS ET DOMICILES.	Indices Liquidation * astérisques Avoué et Insuffisance	SYNDICS ET AVOUÉS	FAILLITES ET LIQUIDATIONS.	DATE DES HOMOLOGATIONS DE CONCORDATS	INSUFFIS⁰ˢ ET UNIONS.	SÉPARAT⁰ˢ DE BIENS JUDICIAIRES.	CONS. JUDIC. ET INTERDICT.
NORMAND, Julien, plombier, boulevard Voltaire, 198.........		Barbot......	3 octob. 71	(1)			
NORMANDIN, bijoutier, passage Choiseul, 13...............		Richard.....	7 août 72	(2)			
NORTIER décédé, Frédéric, peintre, rue St-Paul, 24.........		Bourbon	28 sept. 71	(3)			
NOT et SEEBOLD, maçons, rue Dillault, 10...............		Quatremère..	4 nov. 69	(4)			
NOTTA, Marie-Rosalie. Voir : LEROY dame.							
NOURISSE, Marie-Patient, limonad⁰ʳ, r. des Petites-Écuries, 40.		Barbot......	21 mars 73	(5)			
NOURRY, marchand à la toilette, rue Mosnier, 20..		Dufay.......	8 avril 73	....		* 30 juin 73	
NOURY, Louis-Eugène, m⁴ de curiosités, rue de la Pépinière, 25.		Knéringer...	9 janv. 73	16 août 73	(6)		
NOUZILLET, Louis-Antoine, marchand de vins, à Ivry........		Maillencourt..	13 janv. 72	(7)			
NOYER veuve, marchande de charbons, à Courbevoie.........		Normand....	9 janv. 73			* 22 févr. 73	
OBERT, Victor, marchand d'éponges, rue Meslay, 63........		Beaujeu.....	11 sept. 72			* 28 févr. 73	
ODIER, Hippolyte-Adrien, rue de Provence, 40...........	*	Denormandie.	....				* 20 févr. 73
OEHLERT, J. Voir : BLONDEAU et OEHLERT.							
OFFICE FINANCIER et INDUSTRIEL. Voir : BOURNHONET.							
OKOLOWICH, limonadier, rue de la Gaîté, 16...............		Heurtey.....	27 mars 73			* 14 août 73	
OLIER-MÉTIVIER, Paul-Louis, passage Fauvet, 22.........	*	Francastel...				28 nov. 72	
OLIVE, Auguste-Michel, fab. d'art. de ménage, rue Basfroi, 41.		Beaujeu.....	8 déc. 73				
Id.　et PETIT, bijoutiers, rue Montmartre, 85............		Beaufour....	11 octob. 60	(8)			
OLIVIER dame, marchande de vins, au Perreux...........		Gauche......	9 janv. 73			* 22 févr. 73	
OLLAGNIER, march. de produits chimiques, faub. St-Antoine, 9.		Régis.......	13 janv. 62	7 juillet 02	* 30 nov. 66	(9)	
OLLIVIER, Élysée, marchand de tapis, r. Neuve-St-Augustin, 22.		Maillard....	5 juin 73				
Id.　négociant, rue de Cléry, 27...................		Moys.......	24 déc. 66		* 29 juin 67	(10)	
OPPENHEIM, marchand d'objets d'art, boulevard St-Martin, 2...		Knéringer...	7 sept. 72	21 janv. 73	(11)		
OPSOMMER-WINAUT dame, m⁴ᵉ de machines, r. Richelieu, 50..		Prodhomme..	28 juin 72	(12)			
OTTE-RAMEAU, Auguste-Joseph, rue de Dunkerque, 58...	*	Langeron....				16 août 73	
OUDET, veuve, née BAUDON, hôtelière, b⁴ de Courcelles, 124..		Gautier......	8 octob. 72			* 31 mai 73	
OUDOT, Edmond. Voir : BRULÉ et OUDOT.							
OUVRÉ, limonadier, rue Lepic, 59...............		Bourbon	27 nov. 72			* 28 févr. 73	
OUVRIER, Barthélemy, marchand de vins, rue d'Oran, 38		Heurtey.....	5 mai 73	16 août 73	(13)		

P

PABAN, Jean, fabricant de feutres, à St-Ouen		Heurtey.....	4 juin 73			* 30 août 73	
Id.　-DOMEJEAN, Jean, fabricant de feutres, à St-Ouen...*		Nicquevert ..				12 août 73	
PAGE, Eugène-François. menuisier, à Bondy...............		Beaujeu.....	28 mars 73			* 21 mai 73	

(1) NORMAND paie 15 fr. %, première répartition.

(2) NORMANDIN. — Faillite rapportée par arrêt du 17 mars 73.

(3) NORTIER décédé, paie 2 fr. 95 c. %, unique répartition.

(4) NOT et SEEBOLD. — Faillite clôturée par jug' du 4 janv. 70.

(5) NOURISSE paie 8 fr. 43 c. %, unique répartition.

(6) NOURY doit 20 %, en 4 ans, par 1/4, de l'homologation.

(7) NOUZILLET paie 4 fr. 30 c. %, unique répartition.

(8) OLIVE et PETIT paient 11 fr. 70 c. %, 2ᵉ et dernière rép.

(9) OLLAGNIER. — Réouverture du 22 novembre 73.

(10) OLLIVIER. — Réouverture du 13 décembre 71.

(11) OPPENHEIM doit 25 %, en 3 ans, par 1/3 ; premier paiement le 1ᵉʳ février 74.

(12) OPSOMMER-WINAUT paie 48 fr. 24 c. %, unique rép.

(13) OUVRIER doit 50 %, en 5 ans, par 1/5, de l'homologation.

NOMS, PRÉNOMS, PROFESSIONS ET DOMICILES.	L tel que Liquidation • antérieure Avoué et Insuffisance	SYNDICS ET AVOUÉS	FAILLITES ET LIQUIDATIONS.	DATE DES HOMOLOGATIONS DE CONCORDATS	INSUFFIS.ces ET UNIONS.	SÉPARAT.ons DE BIENS JUDICIAIRES.	CONS. JUDIC. ET INTERDICT.
PAGÈS, épicier et marchand de vins, rue François-Miron, 20 ...		Barboux.....	5 mars 73	....	* 26 avril 73		
Id. Louis, maison meublée, rue de Toul, 8		Prodhomme .	12 juin 73	....	* 15 juill. 73		
Id. dame, née DELPIERRE, confectionneuse, rue Racine, 13		Id....	19 déc. 73				
Id. commissionnaire, avenue des Amandiers, 16		Meys	30 avril 73	....	* 17 oct. 73		
Id. et Cie, commissionnaires, avenue des Amandiers, 16...		Barboux.....	10 juillet 73				
PAGNIER, Joseph-Narcisse, bonnetier, rue St-Sulpice, 40		Chevillot ...	26 déc. 73				
PAILLARD dame, bouchère, rue Crozatier, 81	*	Copin	29 octob. 72	(1)			
PAILLERET, Pierre, menuisier, rue de la Butte-Chaumont, 31..		Sautton	2 sept. 69	6 avril 70	10 nov. 71	(2)	
PAIN, Alexandre, bonnetier, rue de Cotte, 22.............		Barboux.....	13 sept. 73	....	* 30 oct. 73		
PAIRRAUDIN. Voir : PUTHOMME et PAIRRAUDIN.							
PALASI, Jacques, marchand de bois, rue Demours, 88........		Prodhomme .	27 août 73	7 févr. 73	(3)		
PALLICE, Urbain, fabricant d'art. de voyage, r. Beaubourg, 72		Pluzanski...	27 mars 73	4 octob. 73	(4)		
PALLIER, Martin, marchand de vins, r. Grange-aux-Belles, 23 .		Prodhomme..	22 octob. 72	(5)			
Id. Ulysse, marchand de vins, rue de la Gaîté, 49.......		Copin	30 mai 73	11 sept. 73	(6)		
PALLU, Stéphanie-Marie. Voir : DESRUES, dame.							
PALLUEL, Eugène, marchand de cafés, rue de l'Est, 14.......		Hécuen......	30 déc. 73				
PANASSIÉ, Pierre-Artémont, march. de vins, rue Daguerre, 17.		Copin	28 juin 73	5 déc. 73	(7)		
PAQUELET, Ch.-Emile, ex-mégissier, boulevard Arago, 21......		Beaugé....	20 juin 70	19 juin 73	(8)		
PARAF, JAVAL et Cie, négociants en tissus, rue du Sentier, 32 .		Id..	29 juillet 72	6 mai 73	(9)		
PARÉJA-PILLAUT DEBIT, Joseph, à Séville (Espagne).........		Postel	....	....		7 janv. 73	
PARENT-LELOUP, Mathieu-Auguste, sans domicile connu.....		Engrand....	....	....		25 janv. 73	
PARICHAULT veuve, maîtresse de lavoir, boulevard Mazas, 126.		Chevallier...	12 déc. 72	....	* 12 févr. 73		
PARIS-METTIER, Alexandre, employé, rue Corvetto, 6........	*	Doudin	....	....		24 janv. 73	
PARISSOT person¹, Léon, plâtrier, rue Dumont-d'Urville, 25...		Darbot.....	18 octob. 72	2 août 73	(10)		
PARIZOT-DUBOIS, Eugène, à Clichy	*	Delaporte....	....	....		27 mai 73	
PAROD, Ulysse-Ernest, plâtrier, rue Popincourt, 7..........		Gauche....	29 avril 70	(11)			
PARTY, Jules-François, bijoutier, rue de Poitou, 5..........		Richard	18 octob. 73	....	* 24 nov. 73		
Id. -PENAUD, Pierre-Alfroide, rue Turbigo, 2 ... ...*		Maugin	....	....		10 sept. 73	
PASCAL, Adolphe-Duval, négociant en tissus, r. Montmartre, 53.		Moillencourt .	21 octob. 73	....	* 26 nov. 73		
PASCAUD-CHAUNETTÉ, Raymond-Auguste, aven. Trudaine, 29.*		Popolin	....	....		22 avril 73	
PASQUIER, A., marchand de vins, rue de Passy, 85..........		Bégis	6 mars 73	(12)			
Id. marchand de vins, rue de Cousiou, 7..............		Beaugé......	1er déc. 73				

(1) **PAILLARD**, dame. — Faillite rapportée par arrêt de la 5e chambre du 22 août 1873.

(2) **PAILLERET** paie 21 fr. 19 c. %, unique répartition.

(3) **PALASI** paiera 20 %, en 4 ans, par 1/4. — Mme PALASI caution.

(4) **PALLICE** paiera 20 %, en 4 ans, par 1/4, de l'homologation.

(5) **PALLIER**, Martin, paie 4 fr. 91 c. %, unique répartition.

(6) **PALLIER**, Ulysse, paie 54 fr. 85 c. %, unique répartition de l'actif abandonné.

(7) **PANASSIÉ** paiera 25 %, dans un an, à partir de l'homologation et en un seul paiement.

(8) **PAQUELET** est qualifié failli. — Il paiera 20 %, en 5 ans, par 1/5, de l'homologation.

(9) **PARAF, JAVAL** et Cie paieront 40 %, en 5 ans, par 1/5, et s'engagent à désintéresser intégralement leurs créanciers s'ils reviennent à bonne fortune.

(10) **PARISSOT** abandonne : 1° l'actif réalisé par le syndic ; 2° la créance due par MM. Chantôme, père et fils ; 3° l'indemnité à toucher de l'État pour dégât de l'hôtel de la rue Dumont-d'Urville et se réserve le surplus de son actif. En sus de cet abandon, le failli s'oblige à verser au syndic cent mille francs avant l'homologation pour être répartis aux créanciers avec le produit de l'actif abandonné.

(11) **PAROD** paie 0 fr. 87 c. %, unique répartition.

(12) **PASQUIER** paie 17 fr. 72 c. %, unique répartition.

NOMS, PRÉNOMS, PROFESSIONS ET DOMICILES.	Indique Liquidation * arrérages Avoué ou Insuffisance	SYNDICS ET AVOUÉS	FAILLITES ET LIQUIDATION.	DATE DES HOMOLOGATIONS DE CONCORDATS	INSUFFIS^ce ET UNIONS.	SÉPARAT^ns DE BIENS JUDICIAIRES.	CONS. JUDIC. ET INTERDICT.
PASSART-BOUVERT, Adrien, avenue d'Orléans, 4	*	Savignat.....			....	29 juillet 73	
PASSET, Auguste-Franç., fab. de casquettes, r. Bourtibourg, 26.		Sarazin......	10 juillet 73				
PASTY, Pierre, boulanger, rue Myrrha, 73.................		Barboux.....	13 nov. 72	....	* 11 déc. 72	(1)	
PATAULT, François-Henri, mécanicien, à St-Denis..........		Richard.....	10 juin 73				
PATENOTTE et DANGUILLECOURT, grainet., r. des Vinaigr., 30.		Dufay.......	1er août 71	8 avril 73	(2)		
PAULUS fils, J.-Jules, loueur de voit., r. Duguay-Trouin, 6 et 8.		Chevallier....	31 juillet 72	(3)			
PAULY, Henri, fabricant de peluches, rue Ste-Anne, 49 bis.....		Beaugé.......	11 octob. 73				
PAVAUX-SOYEZ, Stanislas-Joseph, rue Pierre-Levée, 13...	*	Delepouve....	....	....	....	24 juin 73	
Id.　Stanislas-Joseph, tailleur,　Id.　......		Dufay.......	27 déc. 72	....	* 31 janv. 73		
PAVILLET, Jean-François, restaurateur, boulev. du Palais, 11..		Hécaen......	22 sept. 73				
PAYEN veuve, march. de bois et charbons, quai de la Loire, 16.		Copin......	17 juillet 67	(4)			
Id.　aîné, J.-Bapt.-Eug., distillateur, rue Quincampoix, 18..		Gauche......	3 juin 73				
PÉAN fils, négociant en tissus, rue des Halles, 26.........		Copin......	4 octob. 73	....	* 17 déc. 73		
Id.　Louise-Joséphine. Voir : CADIT, dame.							
PECH, Antoine, bottier, boulevard des Italiens, 8		Barbot	15 déc. 73				
PECHARD, marchand de vins, rue St-Bernard-St-Antoine, 5...		Beaugé......	1er mai 73	....	* 31 mai 73		
PEDLARY de la NEUFVILLE-MARCHOINE, rue de Bruxelles, 3.	*	Froc......	....	....	....	27 déc. 72	
PEGNA-BOULOY, Eugène, boulevard de Strasbourg, 4........	*	Pérard	....	....	....	11 janv. 73	
PELLEGRIN-HAAGE-BEY, Louis-Victor-Antoine, à Londres...	*	Francastel ...	....	....	....	14 juin 73	
Id.　-BOYER, Jules-Fois-Cath., bd de Strasbourg, 30...	*	Duval......	....	....	....	11 mars 73	
PELLETIER, Charles-Félix, tailleur, rue de la Jussienne, 21...		Maillard....	14 nov. 73	....	* 30 déc. 73		
Id.　serrurier, rue Dejean, 26.................		Prodhomme..	28 août 73	....	* 21 nov. 73		
Id.　Voir : FOURNIER dit PELLETIER.							
Id.　-AUDOYNAUD, Paul-Phocion, rue Darcet, 5......	*	Bouthomard ..	....	....	....	3 déc. 72	
PELLIGANT, marchand de vins, cité Gaillard, 3.............		Knériger....	22 juillet 73	(5)			
PELTIER dame, née Catherine VIANT, mde de dégras, à St-Denis		Moncharville..	5 sept. 73	6 déc. 73	(6)		
PENJEAN, Vict., march. de vins, pass. St-Pierre-du-Temple, 16.		Dufay......	6 sept. 73	....	* 29 nov. 73		
PENEZ, Prosper, agent d'affaires, boulevard de Clichy, 87		Legriel.....	12 févr. 73				
PEREZ veuve, hôtelière, rue de Boulogne, 33.............		Dufay......	6 août 73	....	* 31 oct. 73		
PERICAON-JOURDIN, Blaise-Augustin, à Colombes..........		Reimbert....	....	....	....	29 juillet 73	
PERIGAULT, grainetier, rue Petit, 42.................		Sarazin.....	18 janv. 73	....	* 29 avril 73		
PERINELLE, confiseur, rue des Francs-Bourgeois, 51........		Knériger....	28 nov. 72	....	* 27 mars 73		
PERNOT, Alex.-Léop., md de bois de placage, pass. Gatbois, 13.		Devin......	12 juillet 73				
Id.　-PATRIGEON,　Id.　Id.　.	*	Clériot.....	....	....	....	2 déc. 73	
PEROCHE-GUEURY, Gabriel-Benjamin, rue Mongé, 88........	*	Duboys.....	....	....	....	18 juillet 73	
PEROCHEAU, menuisier, rue d'Argout, 53.................		Meys..	17 juillet 72	25 févr. 73	(7)		
PEROT, Jeanne. Voir : OLIVIER, demoiselle.							

(1) PASTY. — Réouverture du 1er février 1873. — Il paie 2 fr. 60 c. %, unique répartition

(2) PATENOTTE et DANGUILLECOURT paieront 25 %, en 5 ans, par 1/5. Ils s'engagent en outre à payer comptant aux créanciers qui ne les ont pas reçus, les 10 % payés en exécution de l'arrangement antérieur de la faillite.

(3) PAULUS fils, paie 43 fr. 01 c. %, unique répartition.

(4) PAYEN veuve, paie 12 fr. 95 c. %, unique répartition.

(5) PELLIGANT. — Faillite annulée par jugt du 17 octobre 73.

(6) PELTIER dame, paiera 25 %, en 5 ans, par 1/5, de l'homol.

(7) PEROCHEAU doit 20 %, en 5 ans, par 1/5, de l'homologat.

19

NOMS, PRÉNOMS, PROFESSIONS ET DOMICILES.	L indique Liquidation * astérisque Avoué et Insuffisance	SYNDICS ET AVOUÉS	FAILLITES ET LIQUIDATIONS.	DATE DES HOMOLOGATIONS DE CONCORDATS	INSUFFIS ET UNIONS.	SÉPARAT DE BIENS JUDICIAIRES.	CONS.JUDIC ET INTERDICT.
PERRARD-MAGNIN, Charles-Auguste, sans domicile connu ...	*	Bourse......	......	......	......	29 avril 73	
PERRÉE, Alexandre, bijoutier, chaussée d'Antin, 8.... :		Heurtey....	16 janv. 72	4 mars 73	(1)		
Id. Athanase, imprimeur, rue Dunkerque, 58..........		Dufay......	5 déc. 71	27 mars 72	* 30 sept. 73		
PERREZ et Cie, commissionnaires, cité d'Antin, 5..........		Beaujeu....	29 avril 73	......	* 30 juin 73		
PERRIER, directeur du Comptoir Lyonnais, rue Vivienne, 40 ...		Dufay......	11 mars 73	......	* 6 déc. 73		
PERRIGAULT, ex-boulanger, boulevard Richard-Lenoir, 144 ...		Bourbon....	13 nov. 73	......	* 30 déc. 73		
PERRIN, Jean, charpentier, à Neuilly		Sarazin....	24 janv. 73	21 juillet 73	(2)		
PERROT, marchand de vins, rue de Rome, 17		Pluzanski..	8 mars 73	......	* 31 mai 73		
Id. veuve, Jean-Basile. Voir : MERCIER.							
Id. -CADET, Frédéric-Eugène, rue Traversière, 35	*	Violette....	......	......	......	29 juillet 73	
Id. frères, boulangers, rue Crozatier, 2,.............		Beaugé.....	12 août 73				
Id. -PERROT, Paul-Isidore-Eugène, boul. de Reuilly, 37.	*	Carvès	......	......	......	16 déc. 73	
PESLÉ-BARRÉ, Eugène-Paul-Alfred, rue Brochant, 5.......	*	Dobladis...	......	......	......	24 avril 73	
PESME et Cie, commissionnaires, rue de Lyon, 41..........		Richard	29 août 73				
PETIT, Théodore, peintre, boulevard Ornano, 33		Quatremère.	21 mai 73				
Id. marchand de vins, boulevard de la Chapelle, 28.......		Beaufour ...	24 juillet 73	......	* 26 sept. 73		
Id. Léon, commissionnaire en fruits, rue Berger, 33		Meys.......	20 juillet 73	......	* 29 déc. 73		
Id. aîné, Alexandre, épicier, rue François-Miron, 29		Chevallier..	17 déc. 73				
Id. charpentier, rue Rottembourg, 9..................		Dufay	6 mars 73	......	* 30 oct. 73		
Id. et Cie, mds de vins, rue de la Montagne-Ste-Geneviève, 11.		Richard	12 févr. 73				
Id. Désirée. Voir : TROUSSEL, veuve.							
Id. teinturier, à Montreuil........................		Barboux.....	13 déc. 72	......	* 27 janv. 73		
Id. fabricant de produits lithographiques, rue St-Denis, 347.		Meys........	16 août 71	(3)			
Id. -BENOITON, Louis-Gustave, rue Courtalon, 1		Kieffer.....	......	......	......	17 juillet 73	
Id. -DESCHEPOIX, Jean-Bapt.-Nicolas, à St-Maurice.....		Dechambre ..	......	......	......	15 avril 73	
Id. -TRIDON, Auguste, marchand de vins, av. Suffren, 38.	*	Langeron...	......	......	......	11 févr. 73	
Id. -RUISSEAU, Louis-Édouard, rue du Delta, 2		Lemaire.....	......	......	......	23 déc. 73	
PETITEAU et Cie, bijoutiers, rue Scribe, 1		Beaufour ...	11 août 68	26 nov. 69	(4)		
PETIT-JEAN D'INVILLE pers¹, changeur, rue des Sts-Pères, 31..		Beaugé.....	10 juin 73				
Id. Id. et Cie, banquiers, Id. ..		Id.....	27 mai 73				
PETITJEAN, négociant, rue de Vaugirard, 39		Sarazin....	13 sept. 67	(5)			
Id. Auguste, plombier, r. de la Gaîté-Montparnasse, 35.		Pinet.......	31 juillet 73	30 déc. 73			
Id. Claude-Auguste, droguiste, rue des Écouffes, 16...		Devin.....	9 juin 73				
Id. -ANSELME, Aug., Id. Id. ..		Derré				6 mai 73	
Id. -BARAT, Louis-Henri-Miltiade, rue Chappe, 5 ..		Milliot......				18 mars 73	
PETIT JOURNAL FINANCIER. Voir : MILLAUD.							
PETITPAIN-BERNARDOT, Charles-Désiré, rue St-Roch, 41....	*	Leboucq.....	......	......	......	29 avril 73	
PEUVREL-DENCOURT et Cie, mds de nouveautés, r. Turbigo, 3.		Battarel	20 déc. 71				
PEUVRIER, marchand de vins, rue N.-D.-des-Victoires, 13...		Richard.....	13 févr. 73	......	* 22 avril 73		

(1) PERRÉE, Alexandre, abandonne son actif à l'exception d'une somme de 3.000 fr. et des meubles, linge et effets lui appartenant ainsi qu'à sa famille. — Il paie 10 fr. %, 2º répartition de l'actif abandonné.

(2) PERRIN paiera 30 %, en 5 ans, par 1/5, de l'homologation.

(3) PETIT, Hyacinthe, paie 61 fr. 54 c. %, unique répartition.

(4) PETITEAU et Cie paient 0 fr. 97 c. %, 4º et dernière rép.

(5) PETITJEAN, négociant, paie 3 fr. 31 c. %, unique répartit.

NOMS, PRÉNOMS, PROFESSIONS ET DOMICILES.	À Liquidation * Affaires Avoué et Insuffisance	SYNDICS ET AVOUÉS	FAILLITES ET LIQUIDATIONS.	DATE DES HOMOLOGATIONS DE CONCORDATS	INSUFFIS^ce ET UNIONS.	SÉPARAT^ons DE BIENS JUDICIAIRES.	CONS.JUDIC. ET INTERDICT.
PEYNAUD-BACHELET, François, à Genève		Laubanie				7 janv. 73	
PEYREY, Pierre, chapelier, avenue de Clichy, 60		Sommaire	4 févr. 73				
PEYRON-GAGNERY, Jean, à la Préfecture de police		Thiébault				28 mai 73	
PEZET, Jules-Louis, fleuriste, rue Richelieu, 77		Beaujeu	10 févr. 73	20 juillet 73	(1)		
Id. -FESSART, Id. Id.		Kieffer				18 mars 73	
Id. -SAROTTE, Guillaume, rue Neuve-des-Boulets, 8		Huot				8 févr. 73	
PHILIPPE, Auguste-Henry, marchand de légumes, au Raincy		Beaugé	23 nov. 66	28 juin 73	(2)		
Id. Georges-Pierre, menuisier, rue de Charonne, 149		Id	17 août 71	22 nov. 71	* 30 juill 73		
Id. Philippe, comm^re en bronzes, r. Folie-Méricourt, 108		Barboux	1er févr. 73	(3)			
Id. -BOUQUET, Alexandre-Jules, sans domicile connu		Gavignot				10 mai 73	
Id. -BRETON, Nicolas-Georges, rue Lepou, 40		Dubois				17 juin 73	
PIAU, François-Ambroise, ex-épicier, cité Voltaire, 5		Battarel	18 avril 73				
PIC-PETIT, Henri-Ad., dit DE MONTFERRANT, r. Duperré, 7		Aymé				15 févr. 73	
PICARD, Ch.-Louis-Aug., march. de cafés, aven. de St-Ouen, 11		Prodhomme	3 mars 73				
Id. Arsène, épicier, rue des Amandiers, 50		Meilloncourt	4 octob. 72	(4)			
Id. fleuriste, rue de la Fidélité, 3		Devin	24 févr. 73			* 31 mai 73	
Id. Etienne, ex-menuisier, rue Bouret prolongée, 20		Gauche	20 juin 73	17 nov. 73	(5)		
Id. Ernest, bijoutier, rue du Vieux-Colombier, 12		Beaujeu	12 avril 73			* 28 juill. 73	
Id. Adolphe, négociant en tissus, boul. Beaumarchais, 30		Prodhomme	26 sept. 73			* 31 oct. 73	
PICART-ROTILLON, Louis-Arsène, sans domicile connu		Carlet				14 janv. 73	
PICAUD, marchand de vins, rue Fontaine-au-Roi, 56		Legriel	5 sept. 72			* 21 oct. 72	(6)
PICHARD, Jean-Louis, forgeron, à Levallois		Dufay	30 janv. 73			* 28 févr. 73	
PICHERAU, Alphonse, restaurateur, rue Bouchardon, 18		Id	5 août 73				
PICHON, Jules-François, fripier, place Rotonde-du-Temple, 18		Beaufour	6 juin 73				
Id. et BOISSARD, marchands de vins, r. de Flandre, 164		Bégis	19 août 72	11 juillet 73	(7)		
Id. -SASSIAT, Félix-Germain, à Montreuil		Cesselin				13 mars 73	
PICOD fils, ex-marchand de vins, rue St-Maur, 78		Gauche	23 avril 73				
PICOT, Jules, restaurateur, à Maisons-Alfort		Dufay	3 août 72	7 janv. 73	(8)		
Id. Anne-Victorine. Voir : LEROUX, dame.							
PIEDELOUP, Constant, marchand de fourrages, rue Riquet, 43		Bourbon	22 avril 73			* 31 mai 73	
PIEL-BROCHARD, Philippe-Adolphe, rue de la Pompe, 62		Lamy				8 juillet 73	
PIÉPLU, Constant-Charles, maçon, boulevard de Grenelle, 18		Barbot	7 mai 69	(9)			
PIERRE, boulanger, rue Richard-Lenoir, 35		Gauche	6 sept. 73			* 30 oct. 73	
Id. veuve, marchande de vins, rue du Chevaleret, 151		Barboux	28 nov. 73			* 29 déc. 73	
PIERRENOUD, Albert, loueur de voitures, r. des Fermiers, 29		Dufay	25 sept. 72			* 28 févr. 73	

(1) PEZET, Jules, paiera 30 %, en 5 ans, par 1/5 ; le 1er paiement aura lieu le 31 juillet 1874.

(2) PHILIPPE, Auguste, paie 75 % dans les 8 jours de l'homologation, et 25 % dans 1 an, sans intérêts, à partir de l'hom.

(3) PHILIPPE, Philippe, paie 6 fr. 25 c. %, unique répartition.

(4) PICARD, Arsène, paie 40 fr. 98 c. %, unique répartition.

(5) PICARD, Etienne, paiera 25 %, en 5 ans, par 1/5, à partir du 1er novembre 1873.

(6) PICAUD. — 7 juillet 73 réouverture. — Il paie 5 fr. 74 c. %, unique répartition.

(7) PICHON et BOISSARD. — Pichon paie 1 fr. 40 c. %, produit de la moitié de l'actif réalisé, provenant de la société Pichon et Boissard, et s'oblige à payer 25 %, en 5 ans, par 1/5. — Boissard paie 1 fr. 34 c. %, unique répartition.

(8) PICOT, Jules, paiera 25 %, en 5 ans, par 1/5, de l'homolog.

(9) PIÉPLU paie 8 fr. 03 c. %, unique répartition.

NOMS, PRÉNOMS, PROFESSIONS ET DOMICILES.	à lettre Liquidation * Avertissage Avoué et Insuffisance	SYNDICS ET AVOUÉS	FAILLITES ET LIQUIDATIONS.	DATE DES HOMOLOGATIONS DE CONCORDATS	INSUFFIS^ces ET UNIONS.	SÉPARAT^on DE BIENS JUDICIAIRES.	CONS. JUDIC. ET INTERDICT.
PIERRET veuve, ex-boulangère, cité Durel, 3...........		Quatremère..	23 avril 73	19 sept. 73	(1)		
PIERRON-BAY, Félix, sans domicile connu..............	*	Dusart..	....	....		9 janv. 73	
PIERSON-SUCAOT, François-Louis, boulevard Magenta, 137...	*	Bertot......	....	....	....	25 févr. 73	
PIGACHE, fils et VILLAIN, fabric. de guipures, r. de Cléry, 11..		Quatremère..	3 juin 73				
Id. -DILLOIR, Achille-Louis, rue Maubeuge, 28...	*	Losage..			....	20 avril 73	
PIGEAT, Jean-Baptiste, boulanger, faubourg St-Antoine, 140...		Lamoureux..	30 août 73				
PIGHENOT-BULLIER, Ch.-Léon-Pierre, r. Quincampoix, 100..	*	Giraud..	....			13 févr. 73	
PILÉ, Eugène-Joseph, épicier, à Clamart...........		Richard....	29 mai 73				
PILLÉ, ex-restaurateur, chaussée du Maine, 14..........		Maillard..	23 déc. 73				
PILLIEUX, monteur en bronze, rue Folie-Méricourt, 92.......		Prodhomme..	15 avril 73	29 juillet 73	(2)		
PILLON-VERALDI, Pierre-Arthur, parfumeur, à Levallois....	*	Clériot....				27 déc. 73	
PILLOT, Marcel, pharmacien, boulevard Beaumarchais, 50....		Beaufour....	23 avril 73	....	* 21 mai 73		
PIN-TAPPES, sans domicile connu......................		Dolessard..			....	1er juillet 73	
PINÇON, Louis-Élie, tailleur, rue St-Marc-Feydeau, 2........		Chevallier...	27 févr. 68	18 mai 68	30 mai 73		
PINEAU, Francisque, imprimeur, rue St-Maur, 42.........		Darbot..	19 sept. 73				
PINGUET, tapissier, rue Pauquet-de-Villejust, 11...........		Knéringer...	13 déc. 72	....	* 30 sept. 73		
PINSARD père, fournisseur de l'État, rue Déranger, 16........		Prodhomme..	20 mai 73	....	* 30 juill. 73		
PINSSON, gantier, rue de la Ferme-des-Mathurins, 16.........		Beaufour....	17 août 65	19 mai 73	(3)		
PIROU, Jean, marchand de papiers peints, rue Vivienne, 14....		Prodhomme..	13 déc. 73				
Id. EDMOND-CONSTANT, hôtelier, r. Paradis-Poissonnière, 10.		Sarazin......	28 juin 72	17 mars 73	(4)		
PITAIS, fabricant de manches de parapluies, rue St-Denis, 4.		Legriel......	24 avril 73	....	* 30 avril 73		
PITEL-JOLIBOIS, Jean-Louis, rue de Javel, 105..............		Estienne..				25 juillet 72	
PITON, banquier, place du Havre, 15..................		Copin......	14 juillet 71	(5)			
PITOUX veuve, bijoutière, grande rue de la Chapelle, 43.......		Quatremère..	11 octob. 72	25 févr. 73	(6)		
PITRE, Arthur, fabricant d'enseignes, rue de Lesdiguières, 19..		Meys........	19 mai 73				
PIVOT jeune, Antoine, charcutier, à Billancourt.............		Knéringer...	8 octob. 72	(7)			
PLANCHE, Filien-Louis, marchand de vins, r. de Belleville, 61.		Normand....	15 mai 73	....	* 26 juin 73		
PLANTARD-SOUILLARD, Joseph-Jean-Baptiste, à Levallois....	*	Deherpe....				28 janv. 73	
PLANUS, marchand d'étoffes pour fleurs, rue des Forges, 6....		Dufay.......	13 mai 73				
Id. -POIGNANT, Paul-Louis-Antoine, Id. ...	*	Maugin......				1er juillet 73	
PLÉ et dame, bouchers, rue St-Maur, 75..................		Normand....	21 mai 70	15 juillet 71	* 21 mars 73		
PLET veuve, place de l'École, 6.......................	*	Rivière....					*27 nov. 73
PLETSIER-ROUILLIÈRE, Charles-Adolphe, rue du Temple, 50.*		Colin......				5 août 73	
PLOUET. Voir: HERVY et PLOUET.							
PLUCHON et Cie, cordiers, quai de Bercy, 59..............		Dufay.......	25 juillet 73	....	* 30 sept. 73		
Id. et THEVENIN, fabric. de cordes, quai de Bercy, 59...		Hécaen......	24 juin 73				

(1) PIERRET veuve, paie 75 fr. 11 c. %, produit de son actif qu'elle abandonne plus un solde restant dû en principal et intérêts par les époux LESPAGNOL, sur le prix du fonds de boulangerie.

(2) PILLIEUX paiera l'intégralité des créances en principal, intérêts et frais, en 6 ans, d'année en année, à partir de l'homologation.

(3) PINSSON paiera l'intégralité des créances en principal, intérêts et frais, dans la huitaine de l'homologation.

(4) PIROU, EDMOND, paiera 50 %, en 7 ans et 7 paiements; le 1er aura lieu fin mai 1874.

(5) PITON paie 8 fr. 18 c. %, 2e et dernière répartition.

(6) PITOUX veuve, paiera 50 %, en 5 ans, par 1/5, de l'homol.

(7) PIVOT paie 49 fr. 64 c. %, unique répartition.

NOMS, PRÉNOMS, PROFESSIONS ET DOMICILES.	indique Liquidation * astérisque Avoué et Insuffisance	SYNDICS ET AVOUÉS	FAILLITES ET LIQUIDATIONS.	DATE DES HOMOLOGATIONS DE CONCORDATS	INSUFFIS. ET UNIONS.	SÉPARAT. DE BIENS JUDICIAIRES.	CONS.JUDIC. ET INTERDICT.
POCHAT, marchand de vins, à Billancourt....................		Normand....	13 déc. 73				
POIGET, Léon-Loup, gravatier, aux Prés-St-Gervais..........		Id........	14 mai 69	13 août 69	* 27 mars 73		
POIRIER-SERREAU, Onésime-Louis, rue des Déchargeurs, 7...	*	Rougeot..			....	18 mars 73	
POISAT, fils aîné, fabricant d'huiles, passage Saulnier, 23......		Hécnen..	27 déc. 72	(1)			
POISSON, march. de denrées alimentaires, r. de Châteaudun, 31.		Barboux..	2 juin 73		* 30 juill. 73		
PÓIVEZ, avo., journalier, à la maison de santé de Clermont (Oise).	*	Déglise..					* 4 oct. 73
POL, Hippolyte-Isidore, épicier, à Perret............		Barboux..	1er mars 73		* 27 juin 73		
POLLONAIS. Voir : HERDT, père et Cie.							
POMEY, cartonnier, faubourg St-Denis, 8.		Beaugé..	4 août 73		* 30 août 73		
POMMIER, Pierre-Eugène, menuisier, à Choisy-le-Roi		Barboux..	1er octob. 72	22 janv. 73	(2)		
PONCEROT dame, modiste, rue Laffitte, 2		Chevallier ..	24 sept. 73		* 14 nov. 72	(3)	
PONCET, Françoise. Voir : GERMANN, dame.							
PONS, personnellement, L., pâtissier, rue des Feuillantines, 87.		Beaujeu..	29 août 73				
Id. et Cie, pâtissiers, rue des Feuillantines, 87		Hourtey..	7 août 73				
PONSOT, boulanger, rue Lacépède, 40		Gautier..	31 octob. 73				
Id. -JANARD, Jean-Baptiste-Ernest, rue Daguerre, 17...	*	Maugin.			*	18 nov. 73	
PONT, fabricant de jouets, rue St-Martin, 175.		Hécnen..	4 févr. 73		* 31 mars 73		
PONTI, Théodore, commissionnaire, rue Meslay, 28		Meys..	25 nov. 71		4 déc. 72	(4)	
PORCHER-DESSET, Gustave, rue St-Jacques, 23........	*	Weil..				25 nov. 73	
PORET-PIERRON, Armand, rue de Richelieu, 110.	*	Castaignet..				1er avril 73	
PORRET, restaurateur, boulevard St-Michel, 31............		Sautton..	13 mars 72	(5)			
Id. Id. boulevard St-Germain, 100		Chevillot ..	4 juillet 73				
Id. -MAINTENANT, Id.	*	Clériot..				18 mars 73	
PORTIER, Arsène-Roger, grainetier, avenue de St-Ouen, 2.....		Richard ..	3 nov. 73				
Id. -GLAIZE, Charles-Victor, à Vincennes............	*	Bourse..				11 octob. 73	
PORTRET, demoiselle, modiste, rue Cadet, 20		Battarel..	24 octob. 73		* 29 déc. 73		
POTARD-DAUBENTON, Gabriel, chaussée Clignancourt, 18...	*	Dubois..				19 déc. 72	
POTIER-DOUSSINE, Alphonse-Jean-Hector, à Bois-Colombes ..	*	Mercier..				5 août 73	
POTTIER, Pierre-François, march. de cuirs, r. de Provence, 93.		Knéringer..	9 mars 72	8 nov. 72	(6)		
Id. marchand de bois à brûler, boulevard Voltaire, 177..		Beaugé..	8 mai 73		* 30 juin 73		
Id. Eugène, agent d'affaires, à Vincennes............		Richard ..	28 févr. 73		* 31 mars 73		
Id. -EBERHARDT, Fréd.-Edm., r. du Château-d'Eau, 55.*		Bertot ..				25 févr. 73	
POUCEL, Charles. Voir : BARTHÉLEMY et Cie.							
POUGNY-WYNANTS, Louis-Jules-Désiré, rue Montmartre, 55	*	Dehorpe..				24 févr. 72	
POUILLOT-DRUGEON, Isidore, sans domicile connu	*	Mesnier..				25 mars 73	
POULAIN, Louis-Auguste, march. d'art. de ménage, r. Blomet, 73.		Hécnen..	21 juin 73	8 nov. 73	(7)		
Id. Auguste, chapelier, rue Richelieu, 95............		Richard .:..	21 juillet 70	(8)			
Id. -MAITRE, Eugène-François, sans domicile connu ...	*	Gouget..				10 juin 73	

(1) POISAT, fils aîné, paie 12 fr. 16 c. %, unique répartition.

(2) POMMIER paie 10 % dans la huitaine de l'homologation, et 20 % fin juin 1874.

(3) PONCEROT dame. — Réouverture du 8 avril 1873.

(4) PONTI paie 6 fr. 83 c. %, unique répartition.

(5) PORRET paie 11 fr. 93 c. %, pour toutes répartitions.

(6) POTTIER, Pierre, paie 0 fr. 48 c. %, produit de son actif.

(7) POULAIN, Louis, paiera 25 %, en 5 ans, par 1/5, à partir du jour de l'homologation.

(8) POULAIN, Auguste, paie 9 fr. 33 c. %, unique répartition.

NOMS, PRÉNOMS, PROFESSIONS ET DOMICILES.	L indique Liquidation o Astérisque Avoué et Insuffisance	SYNDICS ET AVOUÉS	FAILLITES ET LIQUIDATIONS.	DATE DES HOMOLOGATIONS DE CONCORDATS	INSUFFIS⁰ˢ ET UNIONS.	SÉPARAT⁰ˢ DE BIENS JUDICIAIRES.	CONS. JUDIC. ET INTERDICT.
POULANGE, Jean, limonadier, boulevard Bonne-Nouvelle, 6....		Chevallier...	15 mai 73	19 déc. 73	(1)		
POULET, ex-banquier, rue Rossini, 22......................		Moncharville.	3 mai 66	(2)			
POURADIER veuve, marchande de porcs, rue du Pont-Neuf, 31.		Dégis........	5 nov. 73				
POURCELLE dit FLOREZ, Jules, imprimeur, r. Laromiguière, 9.		Beaugé......	5 juillet 73	(3)			
POURCET, veuve. Voir : FERRUS et POURCET, veuve.							
POURCHEZ, Victor, droguiste, à St-Mandé		Pluzanski....	2 octob. 72	(4)			
POURREAU-ROBERT, Eugène, rue St-Lazare, 13............*		Husson.......	....			14 janv. 73	
POURSIN, Charles-Simon, traiteur, à St-Ouen.............		Maillard....	2 juin 73		* 28 juill. 73		
POURTIER, Henri, loueur de voitures, r. des Chauffourniers, 18.		Chevillot..	26 déc. 73				
POUS-GRAS, Jean-Louis-Étienne, rue des Feuillantines, 87 ....*		Pilastre......				29 juillet 73	
POUSPIN, bourrelier, à Bondy		Chevillot....	7 juin 73		* 26 nov. 73		
POUTHIER, gantier-parfumeur, rue Rivoli, 158............		Bourbon.....	7 mai 72	17 déc. 72	(5)		
POUY, marchand de vins, rue do Vanves, 227		Moys........	24 avril 73		* 10 sept. 73		
POUZET-MONTAGNE, Alexandre, sans domicile connu.........		Cohn........			....	8 mai 73	
PRACHT, hôtelier, rue d'Hauteville, 41................		Sarazin	22 juin 70	(6)			
PRADEAU dame, marchande de vins, à Gentilly............		Prodhomme,.	13 sept. 73		* 29 oct. 73		
Id. commissionnaire, rue d'Enghien, 11		Devin.......	29 avril 73		* 30 juin 73		
Id. Id. Id.		Pluzanski....	14 nov. 73				
PRADEL, fabricant de machines, rue Claude-Villefaux, 27......		Chevillot	7 janv. 73				
PRADY, Eugène, boucher, rue des Lavandières, 8		Dégis.......	30 juillet 73		* 31 oct. 73		
PRALET demoiselle, Caroline, lingère, rue St-Georges, 60 ...		Heurtoy.....	26 sept. 73		* 29 oct. 73		
PRÉAU-RAVENEAU, Charles-Alexandre, à Ypres (Belgique) ....*		Rivière......	....			18 nov. 73	
PREMPAIN, Victor-Anatole, plâtrier, à Noisy-le-Sec		Bourbon.....	30 mars 67	3 octob. 73	(7)		
PRÉSEAU-BOURDON, Victor-Charles, rue de Rennes, 123 ...*		Froc........	....			22 août 73	
PREVOST, Augustin-Edmond, boulanger, rue Saussure, 1.......		Richard	8 octob. 73		* 19 nov. 73		
Id. Émile-Adélaïde. Voir : DAUBIGNY, dame.							
Id. et HERRMANN, fⁿˢ de caoutchouc, r. N.-D.-Nazareth, 25.		Battarel.....	8 janv. 73	26 août 73	(8)		
Id. Voir : ROLLAND et Cie.							
PRÉVOTÉ-FOUCAULT, Alexandre-Antoine, à St-Denis ....*		Dubois......				7 janv. 73	
PRINS, aîné et sœur, marchands de cannes, r. Montmorency, 19.		Beaujeu.....	28 octob. 73				
PROFIT, confiseur et épicier, rue Lafayette, 179		Chevillot....	15 juillet 73		* 30 août 73		
PROUTEAU, Henri-Louis, ex-march. de vins, r. de Reuilly, 25 ..		Moys........	18 févr. 73		* 31 oct. 73		
PROVOST, Adolphe-François. Voir : BLANCHET et PROVOST.							
PRUDHOM, marchand de vins, à Levallois, puis à Bois-Colombes.		Barboux.....	17 mai 73		* 28 juin 73		
PRUDHON-FAVIER, tailleur de pierres, rue Duris, 26 ....*		Derré.......	....			17 juillet 73	
PRUDON et Cie, fabr. de papiers à cigarettes, r. St-Martin, 149..		Richard.....	31 octob. 72		* 24 avril 73		
PRUEL-SIX, Charles-Marie-Albert, r. de la Tour, 11, à Passy.*		Gouget.....	....			1ᵉʳ avril 73	

(1) **POULANGE** paiera 15 %, en 5 ans, par 1/5, de l'homolog.

(2) **POULET** paie 6 fr. 48 c. %, 2ᵉ et dernière répartition.

(3) **POURCELLE** paie 10 fr. 17 c. %, unique répartition.

(4) **POURCHEZ** paie 0 fr. 29 c. %, unique répartition.

(5) **POUTHIER** paie 13 fr. 38 c. %, unique répartition.

(6) **PRACHT** paie 0 fr. 95 c. %, unique répartition.

(7) **PREMPAIN** abandonne son actif, et dans le cas où cet actif ne produirait pas un dividende de 20 %, il s'engage à parfaire la différence en 3 ans, par 1/3, avec la caution de son fils.

(8) **PREVOST** et **HERRMANN** abandonnent tout leur actif, et s'obligent à payer chacun personnellement 5 %, en 5 ans, par 1/5, de l'homologation.

NOMS, PRÉNOMS, PROFESSIONS ET DOMICILES.	à liquidation ● arriérages avoué ● insuffisance	SYNDICS ET AVOUÉS	FAILLITES ET LIQUIDATION.	DATE DES HOMOLOGATIONS DE CONCORDATS	INSUFFIS. ET UNIONS.	SÉPARAT. DE BIENS JUDICIAIRES.	CONS. JUDIC. ET INTERDICT.
PRUEL, Charles-Albert. Voir : MALAVOY et Cie.							
PRUNES dame, lingère, rue Schomer, 17..............		Chevallier ...	25 janv. 73	....	*28 févr. 73		
PRUNET frères, tôliers, rue de la Roquette, 31, passage St-Sabin.		Barboux......	21 sept. 72	(1)			
Id. ve, mde de vins et hôtelière, r. de la Tombe-Issoire, 96.		Chevallier...	20 févr. 73				
Id. Pierre, marchand de vins-logeur, rue de Lauzin, 7 ...		Meys........	3 sept. 72	18 févr. 73	(2)		
PUSSIN, Pierre, marchand de vins, rue St-Médard, 27........		Legriel......	12 févr. 73	....	*29 mars 73		
PUTHOMME et PAIRRAUDIN, marchands de vins, aux Lilas.....		Chevillot ...	3 nov. 73				
PUZIN, Pierre-Henri, menuisier, rue des Moines, 89		Gautier......	28 mars 73	7 octob. 73	(3)		
Id. veuve, march. de thé, rue Neuve-des-Petits-Champs, 77.		Beaujeu.....	6 mars 73	....	*31 mai 73		

Q et R

NOMS, PRÉNOMS, PROFESSIONS ET DOMICILES.		SYNDICS ET AVOUÉS	FAILLITES ET LIQUIDATION.	DATE DES HOMOLOGATIONS DE CONCORDATS	INSUFFIS. ET UNIONS.	SÉPARAT. DE BIENS JUDICIAIRES.	CONS. JUDIC. ET INTERDICT.
QUÉDÉ veuve, épicière, rue d'Allemagne, 88.................		Bourbon	2 mai 73	....	*31 mai 73		
QUÉRUEL, ébéniste, rue de Charonne, 37, puis 176.......		Beaugé......	13 sept. 73				
QUESNOT, François, boucher, avenue de Breteuil, 61.......		Legriel......	4 janv. 73	....	*27 mars 73		
QUINCENET, Pierre, commissionnaire, rue de Turenne, 50...		Chevillot ...	24 févr. 70	19 sept. 73	(4)		
QUINET, Hyacinthe-Honoré, agent d'affaires, rue Cadet, 20...		Hécaen......	27 déc. 73				
QUINZELAIRE, Pierre, md de vins, r. de la Folie-Regnault, 3...		Barboux.....	23 janv. 73	....	*22 févr. 73		
QUITARD, Numa-René, marchand de couleurs, à Auteuil.......		Meys........	25 avril 73	....	*26 août 73		
QUOY, fabricant de papiers dentelles, rue Puebla, 120		Copin.......	14 octob. 73				
RABERAUD, entrepreneur de travaux publics, rue Petit, 66.....		Beaujeu	7 janv. 73	....	*26 juin 73		
RABIET, Victor. Voir: BEAUCHAMPS et RABIET.							
RACLE demoiselle, Marie-Sophie-Claudine, rue Blomet, 119...*		Kieffer......	....	....	....	....	*9 août 73
RACQ-MOREAU, Nicolas, rue Damiette, 1................*		Savignat.....	....	....	....	17 juin 73	
RADIGUE-CHRISTOPHE, chez M. Perreau, piqueur, à Montsouris.*		Audouin.....	....	....	....	26 août 73	
RADU, appareilleur à gaz, rue St-Pétersbourg, 37.............		Barboux.....	12 août 73	....	*17 déc. 73		
RAFFORT, limonadier, boulevard Magenta, 88...............		Bégis.......	20 juin 73	....	*30 août 73		
RAFFI veuve, ex-marchande de vins, rue de Strasbourg, 19...		Bourbon.....	12 avril 72	(5)			
Id. , Constant et Alexandre, mds de vins, id.		Barboux.....	18 juillet 72	29 janv. 73	(6)		
RAIMBAULT dame, modiste, rue St-Sulpice, 22.............		Beaugé.....	6 nov. 73				
RALLET, Emile-Auguste, charron, à Bobigny...............		Prodhomme .	30 sept. 73				
RALLU, négociant en tissus, rue du Sentier, 8.............		Sommaire ...	3 juillet 72	...,..	18 janv. 73	(7)	
RAM, Joseph, ex-marchand de vins, rue Tronçon-Ducoudray, 8.		Hécaen.....	27 juin 73	....	*30 août 73		
RAMEAU-PFISTER, Ernest-Etienne, rue des Dames, 32......*		Weil........	....	....	....	1er avril 73	
RANDAING-MOREL, Jean-Baptiste, boul. des Batignolles, 15...*		Brémard.....	....	....	....	29 juillet 73	
RANDON-HERBIN, Louis-Victor-Alfred, boul. St-Germain, 38.*		Lesage......	....	....	....	12 août 73	
RAPHY-PREVOST, Joannès, pharmacien, rue Jouffroy, 1......*		Id	....	....	....	29 avril 73	

(1) PRUNET frères, paient 20 fr. 52 c. %, unique répartition.

(2) PRUNET, Pierre, doit 25 %, en 5 ans, par 1/5, de l'homol.

(3) PUZIN, Pierre, doit 25 %, en 5 ans, par 1/5, de l'homolog.

(4) QUINCENET paiera 12 %, dans le mois qui suivra l'homologation et 12 %, en 4 ans, par 1/4.

(5) RAFFY veuve paie 100 fr. %, unique répartition.

(6) RAFFY, Constant et Alexandre, paient chacun personnellement l'intégralité de leurs créances dans la huitaine du concordat.

(7) RALLU paie 15 fr. %, première répartition.

NOMS, PRÉNOMS, PROFESSIONS ET DOMICILES.	*L* Indique Liquidation ♦ affranchies Avoué en Insuffisance	SYNDICS ET AVOCÉS	FAILLITES ET LIQUIDATIONS.	DATE DES HOMOLOGATIONS DE CONCORDATS	INSUFFIS⁰⁰ ET UNIONS.	SÉPARAT⁰ DE BIENS JUDICIAIRES.	CONS.JUDIC. ET INTERDICT.
RAPICAULT, Léon, marchand de vins, rue de Bondy, 10......		Beaugé......	20 nov. 73				
RATABOUL, tailleur, rue Montmartre, 53....................		Sommaire...	25 mars 73		* 31 mai 73		
RATEAU, aîné, François, charpentier, petite rue St-Denis, 18...		Quatremère..	28 janv. 69	....	8 juillet 69	(1)	
RATTET et SOUBIRAN, limonadiers, boulevard St-Michel, 53...		Prodhomme..	16 nov. 72				
RAULT-VÉROLE, Louis-Léon, rue Trézel, 15...............	*	Dourgoin...	....		....	24 juin 73	
Id., ex-marchand de vins, à Levallois................		Gauche...	24 févr. 73		* 28 avril 73		
RAVEAU demoiselle, Louise-Antoinette-Amélie, rue Pajon, 57.	*	Delepouve...	....		....		4 déc. 73
RAVENEAU, Ernest, pâtissier, rue St-Jacques, 127...........		Knöringer...	28 mars 73				
RAVIER et Cie, marchands de vins, à Maisons-Alfort........		Gautier.....	21 octob. 73				
RAVOT-PAIMPAREY, Adolphe, rue du Pont-Neuf, 10.........	*	Larroumès...	....		....	17 juin 73	
RAVOUX de RAOUSSET-BOULBON, concerts, r. N. D. Lorette, 57.		Barbot......	12 déc. 68	27 sept. 73	(2)		
RAY et Cie, fabricants de caoutchouc, impasse du Puits, 7...		Pinet......	18 août 71	14 nov. 71	22 janv. 73		
Id. -BRUGÈRE, à Neuilly...................	*	Chaix......	....		....	8 janv. 73	
RAYGOT, Étienne, épicier, à Gentilly.....................		Beaujeu.....	15 janv. 73	(3)			
RED et CADINE, limonadiers, boulevard de Clichy, 26........		Id.......	19 févr. 73		* 30 oct. 73		
REDOUL et Cie, liquoristes, rue St-Martin, 191............		Pinet.....	26 févr. 73				
REBUT, Georges-Arsène, linger, rue Thévenot, 10..........		Normand...	1er déc. 73				
REDON, fabricant de gants, boulevard Magenta, 110........		Hécaen.....	24 nov. 64	8 mars 65	(4)		
REEG, Henri, sellier, faubourg St-Martin, 152.		Knöringer...	14 juin 73		* 30 sept.73		
REGARDEDAS-RETCH, Eugène-Florentin, sans domicile connu.	*	Lebocq.....	....		....	8 juillet 73	
RÈGLE, verrier, aux Lilas................		Sarazin.....	28 juin 73		* 30 août 73		
REGNAULT dlle, à la maison de santé de St-Venant (Pas-de-C.).		Lacroix.....	....		....	....	* 18 août 73
Id. de la MORLIÈRE, Victor, rue N. D. de Lorette, 45...	*	Pottier.....	....		....	11 juillet 73	
REGNIER, Armand-Mathieu, hôtelier, rue Clausel, 22.........		Gauche.....	20 juillet 72				
REICHLING, Henri, constructeur, avenue Tourville, 17.........		Gautier.....	29 nov. 73				
REINE-JOUENNE, Jean-Pierre-Émile, rue Taitbout, 24........	*	Delepouve...	....		....	1er févr. 73	
RÉMY, Philippe-Charles, fleuriste, rue du Caire, 36........		Hourley.....	13 nov. 73				
Id. fils, marchand de cuirs, rue Bl. Manteaux, 39...........		Pluzanski....	20 déc. 67	(5)			
Id. père, tailleur, rue St-Antoine, 195..................		Moys........	4 déc. 73				
RENARD, Alphonse-Édouard, march. de vins, r. des Célestins, 24.		Chevillot....	21 août 73	....	* 30 août 73		
Id. , Auguste, chapelier, rue Vivienne, 24...........		Pinet.......	27 févr. 73	14 mai 73	(6)		
Id. , Lucien, meunier, rue Lecourbe, 121..............		Chevallier...	22 janv. 73				
RENAUD, Julien-Marie, chapelier, rue Simon-le-Franc, 9......		Hourley.....	28 mai 73	11 nov. 73	(7)		
Id. -GODEFROY, cultivateur, rue St-Placide, 29..........	*	Desormandie.	....		....	24 mai 73	
Id. -BIRON, Julien-Marie, rue Simon-le-Franc, 9........	*	Corpet......	....		....	15 juillet 73	
Id. , limonadier, Grande rue de Passy, 35...............		Prodhomme..	5 mars 73		* 24 juill. 73		
RENAULT, François-Nicolas, bijoutier, rue Rivoli, 194........		Hécaen......	3 nov. 73				
RENEWALD, Louis, fruitier, rue Rochechouart, 73............		Barbot......	29 juin 73	....	* 23 sept. 73		

(1) RATEAU aîné, paie 5 fr. 72 c. %, 2e et dernière répartition.

(2) RAVOUX de RAOUSSET-BOULBON, abandonne tout l'actif réalisé par le syndic et paie 17 fr. 12 c. %, unique répartition.

(3) RAYGOT, paie 8 fr. 90 c. %, unique répartition.

(4) REDON, paie 4 fr. 96 c. %, unique répartition.

(5) RÉMY fils, paie 11 fr. 60 c. %, unique répartition.

(6) RENARD, Auguste, doit 20 %, en 4 ans, par 1/4, de l'hom.

(7) RENAUD, Julien, paiera 40 %, en 5 ans, par 1/5, de l'hom.

NOMS, PRÉNOMS, PROFESSIONS ET DOMICILES.	L Indique Liquidation * Astérisque Avoué et Insuffisance	SYNDICS ET AVOUÉS	FAILLITES ET LIQUIDATION.	DATE DES HOMOLOGATIONS DE CONCORDATS	INSUFFIS** ET UNIONS.	SÉPARAT** DE BIENS JUDICIAIRES.	CONS.JUDIC. ET INTERDICT.
RENOUARD de BUSSIÈRE-HOLLADAY, Henri, rue Beaujon, 9..	*	Hardy......	....	....	....	27 mai 73	
Id.　-LEVENQ, Jean-Baptiste, rue St-Sabin, 21.		Chagnet....				5 août 73	
Id.　, Jean-Baptiste, taillandier,　Id.		Sarazin....	14 janv. 73			* 28 févr. 73	
RENOUX, P., vinaigrier, rue des Boulets, 5..............		Moys......	1er mai 73	....		* 29 août 73	
Id.　, Alphonse-Louis, menuisier, place de la Nativité, 8....		Barboux....	2 octob. 72	16 mars 73	(1)		
RENU, marchand de vins, faubourg St-Jacques, 32..........		Beaugé....	24 juin 73	11 nov. 73	(2)		
REPRÉSENTATION INTERNATIONALE, etc. Voir : COLLET, Jos.							
REVEL, Françoise. Voir : PRUNET veuve.							
REVERT, François-Joseph, crémier, rue St-Lazare, 95........		Barboux....	16 avril 73	15 juillet 73	(3)		
REY, Pierre-Alexandre, chapelier, rue Simon-le-Franc, 7....		Copin......	16 févr. 72	8 mai 72		* 26 août 73	
REYMOND, taillandier-marchand de vins, rue Châtelain, 18....		Maillard....	21 mai 73			* 30 juin 73	
REYNAUD, J.-Bapt., marchand de vins, r. du Marché, 11, Passy.		Battarel	23 déc. 71	(4)			
Id.　, Irénée, fabricant de tissus, rue de Belleville, 216 ...		Maillard....	13 nov. 71	(5)			
RIALLEN de BOURGNEUF. Voir : LA HARANNE et Cie.							
RIANT, Pierre, épicier, route de Choisy, 110.............		Copin......	3 juin 73			* 26 août 73	
RIBEYRE cadet, François, bimbelotier, rue Bonaparte, 74 ..		Moys......	17 mai 73			* 7 oct. 73	
Id.　jeune,　　Id.　　Id.　....		Prodhomme..	23 déc. 72				
Id.　-TROPINAT, sans domicile connu...........		Larroumès ..				28 janv. 73	
RIBOULEAU-LAMY, Constant-Emile, boulevard Voltaire, 139..	*	Lamy......				26 août 73	
Id.　, ex-entrepreneur de lavoirs,　Id.　...		Beaugé,....	29 août 72	5 déc. 73	(6)		
RIBOULOT fils, D., entrepreneur, rue de Montreuil, 92........		Battarel	18 octob. 72	29 juillet 73	(7)		
RIBY, Louis, chapelier, faubourg St-Honoré, 100		Barbot	19 nov. 73				
RICARD demoiselle. Voir : BOURNAY et Cie.							
Id.　, Jean-Jérôme-Edouard, sculpteur, bd, Montparnasse, 81.		Normand	3 nov. 73			* 17 déc. 73	
Id. -LEFEBVRE　Id.　Id.　Id.　....		Mesnier				17 juin 73	
RICAUD-HUNZIKER, Charles-Constant, passage Léo, 1........	*	Delpon......				29 juillet 73	
RICAUT-VINCENT GROS, Jean-Pierre, place Jeanne-d'Arc, 41..	*	Roche......				2 déc. 73	
Id.　, Jean-Pierre, marchand de bois, quai de la Gare, 90..		Chevillot ...	31 janv. 73				
RICHARD-RIVES, Jules, rue St-Paul, 32..............	*	Delcave....				6 févr. 73	
Id.　, Casin, marchand de bois et vins, à Levallois-Perret..		Hourtey....	29 juillet 73			* 31 oct. 73	
Id.　-ROUSSILLE, Victor-Auguste, rue de Rambuteau, 26.	*	Quillet				16 déc. 73	
Id.　, E., marchand de nouveautés, rue du Bac, 56......		Barboux....	31 mai 73	18 octob. 73	(8)		
Id.　, Louis, marchand de vins, rue Corbeau, 31......		Maillard....	30 juin 73	(9)			
Id.　décédé, traiteur, avenue Daumesnil, 264..........		Meillencourt ..	20 sept. 72	(10)			
Id.　, Eug.-Pierre, boulanger, à La Pré, cne de St-Maur ...		Barbot	11 nov. 73				
Id.　, Joseph, agent d'affaires, rue St-Marc, 17..........		Knéringer ...	12 mai 73	....		* 31 juill. 73	

(1) RENOUX, Alphonse, paiera 10 %, par 1/2, les 15 avril et 15 juillet 73. — M. Chavannes, cautionne.

(2) RENU, paiera 25 %, en 4 ans, par 1/4. — M. Chauveau, cautionne 20 %, seulement.

(3) REVERT, doit 25 %, en 5 ans, par 1/5, de l'homologation.

(4) REYNAUD, J.-Bapt., paie 4 fr. 50 c. %, unique répartition.

(5) REYNAUD, Irénée, est qualifié failli par jugt du 28 mars 73.

(6) RIBOULEAU, doit 50 %, en 5 ans, par 1/5, de l'homolog.

(7) RIBOULOT fils, doit 20 %, en 5 ans, par 1/5, de l'homolog.

(8) RICHARD, E., doit 50 %, en 5 ans, par 1/5, de l'homolog.

(9) RICHARD, Louis, paie 2 fr. 74 c. %, unique répartition.

(10) RICHARD, décédé. — Le syndic paie 24 fr. 54 c. %, unique répartition.

13

NOMS, PRÉNOMS, PROFESSIONS ET DOMICILES.	Indique Liquidation * arriéristes Avoué et Insuffisance	SYNDICS ET AVOUÉS	FAILLITES ET LIQUIDATIONS.	DATE DES HOMOLOGATIONS DE CONCORDATS	INSUFFIS⁰ᵉ ET UNIONS.	SÉPARAT⁰ᵉ DE BIENS JUDICIAIRES.	CONS. JUDIC. ET INTERDICT.
RICHER, Félix, blanchisseur, à Boulogne		Moncharville.	13 sept. 73	....	* 21 nov. 73		
Id. -HUBERT, Victor-Antoine, à Bray-sur-Seine	*	Picard......	....	....		15 juillet 73	
RICHEZ-THIÉBAUX, Alexis, boulevard Sébastopol, 102.......	*	Trodoux.....	....	....		17 juillet 73	
RICHON-DUBUISSON, Nicolas-André, corroyeur, à Villejuif		Deherpe.....	....	....		1ᵉʳ avril 73	
RICHSHOFFER, Émile, limonadier, boulevard St-Martin, 10....		Meillencourt.	25 octob. 73				
RIDAY, fabricant de galoches, rue Blomet, 53...............		Prodhomme..	8 nov. 73				
RIDOUX-COURTEAU, Léon, rue Hallé, 50...................	*	Milliot	....	....		22 juillet 73	
Id. , Alexandre, marchand de vins, rue des Amandiers, 44.		Maillard.....	19 mai 73				
RIGAL-BLANCOU, Jean-Guillaume, rue Neuve-des-Mathurins, 54.	*	Servy	....	....		26 août 73	
Id. -COSSON, Jean-Antoine, Boulevard de Clichy, 46.......	*	Parmentier...	....	....		22 juillet 73	
RIGNY, hôtelier, boulevard Denain, 12...................		Pinet........	14 juin 67	8 janv. 68	27 mars 73		
RIGOLET, François-Joseph, marchand de vins, rue Ste-Foy, 5...		Battarel.....	6 juin 73	....	* 24 juill. 73		
RIGOULOT, Claude-François, menuisier, rue Alibert, 6........		Meillencourt.	8 juillet 73	2 déc. 73	(1)		
RINGHAM dᵉˡˡᵉ, marchande de compoteurs, boul. Magenta, 5 ...		Prodhomme .	14 octob. 73		* 6 déc. 73		
RIOLET fils, ébéniste, rue Jouy-Rouve, 6...................		Battarel	15 juillet 73		* 30 sept. 73		
RIOTTOT-FILLIOT, Émile-Henri, rue du Jour, 2.............	*	Parmentier ..	....	....		12 août 73	
TAINE frères, marchands de vins, rue Grange-aux-Belles, 30..		Devin.......	20 janv. 73		* 25 févr. 73		
RIVAUD, marchand de vins et eaux-de-vie, rue des Fêtes, 19 ...		Beaujeu	2 janv. 73		* 28 févr. 73		
RIVIÈRE décédé, Jean-Claude, charpentier, cité Jolly, 11 et 13.		Beaugé......	19 déc. 71	(2)			
Id. -LEGRAND, Henri-Isidore, rue Lafayette, 103		Dromery.....	....	....		29 avril 73	
RIVOIRON-HAOUR, Pierre, rue de Cotte, 29...............		Guillemon....	....	....		17 janv. 73	
ROBERT et Cie, constructeurs, rue Mongo, 31...............		Sautton.....	7 juillet 71	21 octob. 73	(3)		
Id. -ROGER, Léonce, rue St-Denis, 183..............	*	Pijon........	....	....		21 juin 73	
Id. , Henri-Louis-Hippolyte, tailleur, rue de Passy, 83.....		Sarazin.....	17 janv. 73		* 27 févr. 73		
Id. , charpentier, à Malakoff...................		Dufay.......	15 octob. 73				
ROBERTEAU et Cie, négociants, rue Keller, 13.............		Sommaire ...	2 juin 63	27 déc. 66	(4)		
ROBIN, Éloi-Léon, serrurier, rue Blomet, 54...............		Bégis.......	22 mars 73	5 juillet 73	(5)		
Id. demoiselle, mᵈᵉ de porcelaines, r. Ferme-Mathurins, 34.		Sarazin.....	16 mai 73		* 19 juin 73		
ROBINOT-BOQUILLON, Étienne-Joseph, rue Buffon, 15.......	*	Hardy.......	....	....		1ᵉʳ juillet 73	
ROBLOT, échaudeur à l'abattoir de Grenelle, r. Cambronne, 11.		Beaugé......	19 octob. 72		* 30 déc. 72	(6)	
ROBRIEUX, Gilbert-Léonidas, épicier, rue Mazarine, 82........		Copin.......	8 mai 73				
Id. -VAILLOT, François-Gilbert-Léonidas, Id.......	*	Dubois......	....	....		5 août 73	
ROCH-WARMÉ, boulevard St-Germain, 43...............	*	Froc........	....	....		29 juillet 73	
ROCHAIS, Paul-Émile, boucher, rue de Tournon, 7...........		Beaujeu.....	22 octob. 73				
Id. ex-boulanger, passage Parmentier, 13..............		Hécaen:.....	12 juin 73				
Id. fabricant de galoches, grande rue de Montreuil, 87...		Chevillot....	12 mars 73	....	* 31 mai 73		
ROCHARD-GIGANDET, Aug.-Denis-Claude, à Antrey, (Haute-Saône).		....	....	....		21 nov. 72	

(1) RIGOULOT doit 20 ⁰/₀, en 5 ans ; le 1ᵉʳ paiement aura lieu 18 mois après l'homologation.

(2) RIVIÈRE, décédé. — Le syndic paie 35 fr. ⁰/₀, en deux répartitions.

(3) ROBERT et Cie, sont qualifiés faillis et doivent 15 ⁰/₀, en 5 ans, par 1/5, de l'homologation.

(4) ROBERTEAU et Cie, paient 4 fr. 25 c. ⁰/₀, deuxième et dernière répartition.

(5) ROBIN, Éloi, doit 20 ⁰/₀, en 5 ans, par 1/3, à partir du jour de l'homologation.

(6) ROBLOT. — Récouv. du 1ᵉʳ mai 73. — Il paie 9 fr. 64 c. ⁰/₀, unique répartition.

NOMS, PRÉNOMS, PROFESSIONS ET DOMICILES.	Indique Liquidation ✦ Astérisques avoué et insuffisance	SYNDICS ET AVOUÉS	FAILLITES ET LIQUIDATIONS.	DATE DES HOMOLOGATIONS DE CONCORDATS	INSUFFIS. ET UNIONS.	SÉPARAT. DE BIENS JUDICIAIRES.	CONS. JUDIC. ET INTERDICT.
ROCHE, tenant hôtel meublé, rue Bergère, 18...............		Prodhomme..	17 mars 73	....	* 31 mai 73		
ROCHÉ, Séverin-Palémon, tablettier, rue Geoffroy-Marie, 7.....		Meilloncourt.	30 sept. 72	(1)			
ROCHEGUDE-VIEL, Charles-Philippe, passage Cardinet, 7..*.		Delepouve...	....	....	....	5 août 73	
ROCHER, Jean-Marie, marchand de cheveux, quai Valmy, 29...		Battarel.....	6 août 73				
Id. fruitier et marchand de vins, rue Rodier, 28.........		Hourley.....	26 févr. 73				
ROCHETTE et Cie, imprimeurs, boulevard Montparnasse, 90....		Moncharville.	4 octob. 72	(2)			
RODEL, boucher, rue de l'Ourcq, 57..................		Sommaire ...	5 déc. 73				
RODIÉ, Mathieu-Isidore, ex-limonadier, rue Lopic, 80........		Barbot......	26 déc. 67	29 mars 73	(3)		
ROGELET, H., droguiste, rue des Juifs, 15.................		Lamouroux..	31 mars 73	(4)			
ROGER, fabricant de chaussures, passage Dubois, 8.........		Normand....	12 juillet 73	....	* 29 août 73		
ROGUY, Claude, ex-fruitier, rue de la Douane, 43.........		Beaujeu	3 juillet 73	....	* 20 août 73		
ROINY-DOINON, Pierre-Hippolyte, rue Bichat, 57		* Langeron...	....	....	....	22 avril 73	
ROLLAND et Cie, droguistes, rue de la Verrerie, 4...........		Beaugé.....	17 juin 73	(5)			
ROLLET, Clément, limonadier, rue St-Jacques, 69 bis........		Maillard....	7 nov. 72	....	* 31 mars 73		
ROMAIN, Henri, passementier, rue des Rigoles, 35...........		Battarel	12 mai 73				
ROMANI, Alphonse, maroquinier, rue Barbette, 2..........		Meys	5 août 73	....	* 17 oct. 73		
ROME, E., libraire, rue de la Sorbonne, 14		Richard.....	12 févr. 73				
ROMÉRO et GARNIER, hôteliers, rue Vivienne, 43 et 45		Gautier.....	12 sept. 72				
ROMEU, fabricant d'épingles, rue du Buisson-St-Louis, 23 ...		Barboux.....	9 août 73				
RONFAUT, Ernest, cordonnier, rue de la Chapelle, 54........		Battarel	5 août 73	....	* 26 sept. 73		
RONGEAT, Alfred-Nicolas, peintre, rue Poliveau, 39..........		Beaujeu	22 août 73	16 déc. 73	(6)		
RONSIN-MADLER, Ernest-Edouard, rue Philippe-de-Girard, 52.*		Berryer.....	....	....	....	19 juillet 73	
ROQUES, Antoine, hôtelier, boulevard de la Villette, 80.......		Barbot......	3 octob. 72	18 févr. 73	(7)		
ROSSFELDER, boulanger, boulevard de Grenelle, 39..........		Barboux.....	18 avril 73	(8)			
ROSSI, Ferdinand, bijoutier, rue du Quatre-Septembre, 29		Beaufour....	20 févr. 72	(9)			
ROSSIGNOL, Pierre, marchand de vins, chaussée du Maine, 90..		Barboux.....	25 janv. 73	....	* 29 avril 73		
ROSTAND, Alexandre, traiteur, rue Duret, 15..............		Beaujeu	20 octob. 73	....	* 31 oct. 73		
ROTTEMBOURG, Salomon, casquettier, rue Beaubourg, 38.....		Maillard....	10 janv. 73	13 mai 73	(10		
ROUARD, Léopold, commissionnaire, rue d'Enghien, 15.......		Normand....	25 nov. 72	(11)			
ROUBERT fils, marchand de vins, rue Jouffroy, 47		Bégis	22 janv. 73	(12)			
ROUBERTI-CHAUVET, Théodore, rue St-Jacques, 328........*		Corpet......	....	....	....	19 août 73	
ROUCHEUX, Edouard-Léopold, traiteur, rue des 3 Couronnes, 4.		Beaufour	24 juillet 73	....	* 29 août 73		
ROUCHEZ, Jean-Pierre, loueur de voitures, rue Saussure, 29 ...		Quatremère..	24 août 70	(13)			
ROUCHON, Georges, comm. en grains, r. J.-J.-Rousseau, 1.....		Barbot......	29 mai 73	....	* 30 juin 73		
ROUDOT, Louis, marchand de vins, rue Ste-Eugénie, 16........		Hécaen......	20 octob. 73	....	* 29 nov. 73		
ROUEDE-MALLET, Ch.-Bernard, rue Vanneau, 60...........		* Mesnier	....	....	....	28 mai 73	

1) ROCHÉ paie 17 fr. 10 c. %, unique répartition.

(2) ROCHETTE et Cie paient 18 fr. 45 c. %, unique répartition.

(3) RODIÉ paiera l'intégralité des créances sans intérêt au moyen de l'abandon d'actif.

(4) ROGELET paie 10 fr. 98 c. %, unique répartition.

(5) ROLLAND et Cie paient 22 fr. 63 c. %, unique répartition.

(6) RONGEAT doit 30 %, en 6 ans; par 1/6, de l'homologation.

(7) ROQUES doit 30 %, en 6 ans, par 1/6, de l'homologation.

(8) ROSSFELDER, paie 15 fr. 62 c. %, unique répartition.

(9) ROSSI paie 1 fr. 90 c. %, unique répartition.

(10) ROTTEMBOURG doit 25 %, en 5 ans, par 1/5, de l'homolog.

(11) ROUARD paie 2 fr. 87 c. %, unique répartition.

(12) ROUBERT fils, paie 2 fr. 67 c. %, unique répartition.

(13) ROUCHEZ paie 7 fr. 50 c. %, première répartition.

NOMS, PRÉNOMS, PROFESSIONS ET DOMICILES.	Liquidation • arriérés Avoué et Insuffisance	SYNDICS ET AVOUÉS	FAILLITES ET LIQUIDATIONS.	DATE DES HOMOLOGATIONS DE CONCORDATS	INSUFFIS⁰ˢ ET UNIONS.	SÉPARAT⁰ˢ DE BIENS JUDICIAIRES.	CONS. JUDIC. ET INTERDICT.
ROUENT, Philippe-Toussaint, ferblantier, r. de la Roquette 118 bis.		Meilleneourt .	16 sept. 73				
ROUGEOT, Louis, marchand de vins, rue du Sommerard, 19		Devin......	13 août 68	24 déc. 68	* 31 mai 73		
ROUGET-LABBÉ, Octave-Achille, avenue Parmentier, 14.......*		Bouthemard..	....			1ᵉʳ avril 73	
Id. , Caroline- Euphrasie. Voir : MIQUEL, veuve.							
ROUGIER, veuve, limonadière, place St-Michel, 4		Carboux.....	15 juillet 73				
ROUILLOT-SCHALABEN, Alexandre, à Maisons-Alfort ....*		Laubanie ...	....			18 févr. 73	
ROULET, J., fabricant de boutons, rue Cloître-St-Jacques, 10 ...		Sarazin.....	1ᵉʳ mai 73		* 31 juill. 73		
ROUQUE-FARDEAU, Eugène, à Pantin.................*		Tixier......	....			18 févr. 73	
ROURET-CHASTANG, Claude-Marie, à Arcueil		Dumont......	....			17 juin 73	
ROUSSEAU, négociant, rue de Norny, 131................*		Quatremère..	10 juin 73				
Id. -DENORUS, Léonard dit Jules, rue de Bondy, 60...*		Mesnier	....			20 mai 73	
Id. -DUPONE, Louis-Guillaume, aux Lilas ....*		Corpet......	....			6 mai 73	
ROUSSEL-GRANIOT, Antoine, chaussée du Maine, 3.......*		Violette	....			26 août 73	
ROUSSELLE, ex-marchand de vins-traiteur, à La Briche.......		Barboux.....	1ᵉʳ févr. 73				
ROUX, Victor, traiteur, rue Boissy d'Anglas, 24........		Bourbon....	1ᵉʳ mars 73	14 août 73	(1)		
Id. -DISSELAIRE, Philippe-Jean, rue de la Sourdine, 8.....*		Masse.......	....			15 avril 73	
Id. , marchand de vins, avenue de Suffren, 4............		Knéringer ...	5 avril 73		* 30 juill. 73		
ROUY, Jean-Honoré, limonadier, rue St-Arnaud, 4		Prodhomme..	5 mars 73		* 24 juill. 73		
ROUZÉ, Charles-Eugène, march. de nouveautés, r. Réaumur, 11.		Meys.......	25 juillet 73		* 29 oct. 73		
ROY-DELAJON, Félix-Adolphe, rue Crozatier, 23........*		Gayot-Bernest.	....			19 juin 73	
Id. , Joachim-Etienne, cordonnier, rue d'Amsterdam, 31		Maillard....	23 mai 73	2 octob. 73	(2)		
Id. , F., commissionnaire, boulevard Voltaire, 41............		Hourtey	25 sept. 73				
Id. , Edme-Désiré, menuisier, rue Cardinet, 119		Beaufour ...	15 avril 73		* 30 avril 73		
Id. -GOUT, Alexis-François-Joseph, passage Saulnier, 1 .....*		Deberpe....	....			28 janv. 73	
ROYER demoiselle, Adèle, à Gennevilliers.................*		Postel-Dubois.	....			....	* 21 janv. 73
Id. , Honoré, herboriste, rue des Amandiers, 104		Barboux.....	1ᵉʳ juill. 73		* 25 juill. 73		
ROZE, Antoine, restaurateur, rue du Poteau, 62...........		Chevillot....	6 déc. 73				
ROZET, Georges-Emile, rue du Dauphin, 14...........*		Caron......	....			....	23 août 73
RUELLE, dᵉ du Théâtre de l'Athénée, r. Neuve des Mathurins, 35.		Maillard....	2 déc. 73				
RUFFIN-SUARD, Joseph-Adolphe, sans domicile connu ....*		Maucomble..	....			24 déc. 72	
RUIN, Auguste-Victor, marchand de vins, r. du Mont-Thabor, 28.		Barboux.....	19 févr. 73		* 22 mars 73		
RUON veuve, marchande de charbons, rue Morand, 27........		Id.........	18 sept. 73		* 29 nov. 73		

S

SABATIER dame, modiste, rue Lafayette, 54..................		Legriel......	25 sept. 69	(3)			
Id. -LIBAROS, Voir : LA HARANNE et Cie.							
SABDE fils, fabricant de robinets, rue de la Roquette, 38......		Prodhomme..	1ᵉʳ août 73	....	* 26 août 73		
Id. -HAMON, Gabriel-Pierre, Id. .....*		Robineau....	....	....	....	8 octob. 73	

(1) ROUX, Victor, doit 40 %, en 8 ans, par 1/8, de l'homolog.

(2) ROY, Joachim, doit 40 %, en 6 ans, par 1/6, de l'homolog.

(3) SABATIER paie 10 fr. %, première répartition.

NOMS, PRÉNOMS, PROFESSIONS ET DOMICILES.	Liquidation / Avoué / Insuffisance	SYNDICS ET AVOUÉS	FAILLITES ET LIQUIDATIONS.	DATE DES HOMOLOGATIONS DE CONCORDATS	INSUFFIS.ces ET UNIONS.	SÉPARAT.ns DE BIENS JUDICIAIRES.	CONS. JUDIC. ET INTERDICT.
SABOURÉ, couvreur, boulevard de Belleville, 39 et à Rueil....		Dufay......	27 octob. 71	....	* 23 janv. 73		
SABOURIN-NEUMANN, Émile-Marie, employé, rue Gozlin, 4...	*	Kleffer......	....	....	....	23 août 72	
SACHS, Julius, chapelier, rue Neuve-des-Petits-Champs, 6.....		Moys......	30 sept. 73				
SAGNIER, André, libraire, rue Vivienne, 9..............		Heurtey...	27 octob. 73				
SAILLANT, A., marchand de charbons, rue Richer, 2..........		Sarazin....	13 mars 73	....	* 31 mai 73		
SAINSAULLIEUX. Voir : RAIMBAULT dame.							
SAINT-CHAMAND, agent d'affaires, rue Bergère, 25...........		Pinet......	30 mai 73	....	* 7 oct. 73		
SAINT-FONTAINE et Cie. Voir : BOUCHER.							
SAINTELLIER fils, marchand de vins, boulevard Montparnasse..		Normand....	21 mai 73	....	* 31 juill. 73		
SALBAT-DUCOT, Henri-Stanislas, rue de Sèvres, 12..........	*	Plassard....	....	....	....	1er avril 73	
SALES, marchand de vins, rue Marie-Louise, 6.............		Hécaen....	3 janv. 73	....	* 31 janv. 73		
SALICHON, Antoine-Édouard, march. de doublures, r. Vivienne,.		Meilloncourt..	4 févr. 73	28 août 73	(1)		
SALLANDROUZE, Léonard-Éca., faïencier, r. Château-d'Eau, 29.		Barboux....	3 octob. 73				
SALLES, Alix-Marie. Voir : ANJOUBAULT dame.							
SALMON, Louis, ex-boulanger, rue de l'Hôtel-de-Ville, 2........		Beaugé......	11 août 73				
SAMBON, Alfred, bonnetier, rue J.-J.-Rousseau, 22.........		Normand....	18 déc. 72	8 avril 73	(2)		
SAMIE, François, ex-marchand de blanc, rue Blanche, 94.....		Gaucho......	6 août 73				
SAMSON et Cie, escompteurs, rue de Buffon, 31		Pinet......	8 juillet 73	....	* 26 nov. 73		
SAMUEL, agent de remplacement militaire, à Boulogne........		Beaujeu....	25 octob. 73				
Id. -SALOMON, Id. Id.		Derré......	....	....	....	4 octob. 73	
SANDRIN, François-Louis, serrurier, rue Grenier-St-Lazare, 14.		Gaucho......	27 nov. 73	....	* 31 déc. 73		
SANGUILLON, Eugène-Jean, traiteur, rue de la Michodière, 20...		Hécaen......	4 nov. 73				
SANSON fils, pers.t, Louis, briquetier, rue de Vaugirard, 208.....		Saulton....	18 nov. 71	(3)			
SANZ, Manuel, marchand de machines, passage Jouffroy, 24...		Darboux....	26 avril 73	....	* 27 mai 73		
SARAZIN, Lucien, boucher, rue Beaubourg, 101.............		Id......	26 sept. 72	6 mars 73	(4)		
SARRAZIN, Nic.-Victor, maître de lavoir, faub. St-Antoine, 213.		Quatremère...	10 mars 73	....	* 27 mars 73		
SARRET, quincaillier, à Bagnolet....................		Knéringer ...	29 mars 73				
SARRETTE fils et CHABAT, commissionnaires, pass. Saulnier, 17.		Richard......	22 févr. 65	25 févr. 73	(5)		
SARTELET, Catherine. Voir : MARTIN, veuve.							
SASSÉ, cordonnier, rue Vieille-du-Temple, 90..............		Legriel......	23 déc. 72	14 mai 73	(6)		
SATURNIN, Jos. dit Lacroix, march. de tulles, r. du Sentier, 11.		Bourbon.....	29 juillet 73				
Id. -GAMBERT, Id. Id. Id. ...		Levesque....	....	....	....	18 nov. 73	
SAUGUES et Cie, négociants, faubourg St-Denis, 157..........		Sarazin......	7 août 72	....	* 30 avril 73		
SAULE, Louis-Antoine. Voir : CHASSAGNAC et Cie.							
SAURET, Guillaume. Voir : HERBINOT et SAURET.							
SAUSSOY, épicier, boulevard Pereire, 195................		Gautier......	10 févr. 73				
Id. , Jules, ex-épicier, boulevard St-Germain, 47........		Chevillot	15 avril 73	(7)			
Id. et LECADET, épiciers, rue Paraday, 1..............		Gautier......	10 févr. 73				

(1) SALICHON paiera 5 %, 6 mois après l'homologation et 5 %, fin février 1875, 76, 77 et 78. — M. Delmas cautionne les premiers 5 %.

(2) SAMBON doit 35 %, en 5 ans, par 1/5. de l'homologation.

(3) SANSON fils, est qualifié failli par jugement du 31 janvier 73.

(4) SARAZIN paiera 20 %, en 4 ans, par 1/4, de l'homologation.

(5) SARRETTE, fils et CHABAT, paient 25 fr. 10 c. %, produit de leur actif abandonné.

(6) SASSÉ doit 20 %, en 4 ans, par 1/4, de l'homologation.

(7) SAUSSOY paie 20 fr. 77 c. %, unique répartition.

NOMS, PRÉNOMS, PROFESSIONS ET DOMICILES.	Indice Liquidation • antérieures Avoué et Insuffisance	SYNDICS ET AVOUÉS	FAILLITES ET LIQUIDATIONS.	DATE DES HOMOLOGATIONS DE CONCORDATS	INSUFFIS. ET UNIONS.	SÉPARAT. DE BIENS JUDICIAIRES.	CONS. JUDIC. ET INTERDICT.
SAUVAGE, Victor-Frédéric, chapelier, rue St-Vincent-de-Paul, 4.		Logriel......	7 juillet 73				
Id. -GOUDOUIN, Eugène-Victor, sans domicile connu....	*	Milliot......			....	21 janv. 73	
SAUZET, Jean, grainetier, à Levallois.....................		Barboux.....	5 mai 73	....	* 30 juin 73		
SAVEY, demoiselle, modiste, rue Feydeau, 26...............		Normand....	14 déc. 72		* 19 juin 73		
SAVOYE, marchand d'art. de modes, rue Montmartre, 140.....		Maillard.....	12 déc. 73				
SAVY-CAZIN, Achille-Désiré, rue des Fouillantines, 81........	*	Plassard.....			....	23 déc. 73	
SAX, fabricant d'instruments de musique, rue St-Georges, 56....		Lamoureux...	6 août 73	26 nov. 73	(1)		
SCHAEDELIN, Félix-Vict., droguiste, boulevard Sébastopol, 14 .		Meys........	24 mars 73	25 nov. 73	(2)		
SCHARVOGEL, Ernest, brasseur, à Vincennes..............		Lamoureux..	9 déc. 73	....	* 30 déc. 73		
SCHÉRER, Stanislas, restaurateur, à Nogent..............		Meys........	21 mai 73		* 25 févr. 73		
Id. -CÉLIN, ex-limonadier, rue Bellot, 21 et à Nogent....	*	Protat......			....	25 mars 73	
SCHIÉLÉ-GAUTHIER, Fois-Xavier-Gabriel, sans domicile connu.	*	Rousselet....			....	19 juillet 73	
SCHINDLER, Philippe-Frédéric, tailleur, rue de la Paix, 17....		Sauton	21 déc. 71	5 juillet 72	(3)		
SCHLESINGER et Cie, commissionnaires, rue Martel, 21........		Id	11 octob. 73				
SCHLOSSER fils, imprimeur, rue des Boulets, 101		Pinet........	4 juillet 73	(3 bis)			
Id. et Cie, négociants, à St-Denis...................		Beaufour	26 févr. 72	21 octob. 73	(4)		
SCHMIDT, tailleur, faubourg Montmartre, 17..............		Barboux.....	20 janv. 73	....	* 30 juill. 73		
SCHMITT-TRESSE, Jean, détenu à Melun	*	Gavignot			....	12 août 72	
Id. delle, Marguerite-Cécile, modiste, faub. St-Honoré, 36.		Gautier.....	20 déc. 73				
SCHMITTGALL veuve, marchande de vins, rue Cr.-Nivert, 9....		Devin.......	9 octob. 73				
SCHNEIDER, Georges, armurier, rue Ste-Anne, 14...........		Bourbon....	16 avril 73	28 août 73	(5)		
Id. -DUPRÉ, Id. Id.	*	Lamy......			....	1er juill. 73	
Id. -ZEINER, Pierre, rue Poissonnière, 9............	*	Plassard.....			....	8 nov. 73	
SCHOEN, Elisabeth. Voir : MORIN veuve.							
SCHOL, Nestor. Voir : PAGÈS et Cie.							
SCHOLTUS, Pierre, fabricant de pianos, rue Lafayette, 64......		Dufay.......	31 mars 73				
SCHOLTZ-RENÉ, Louis, passage Moulin, 3................	*	Roche.......			....	16 déc. 73	
SCHONFELD-DORVILLE, Alexandre, rue Cardinal-Lemoine, 8..	*	Quillet			....	6 mai 73	
SCHOOFS, marchand de chaussures, faubourg St-Antoine, 208...		Prodhomme..	24 juillet 73	11 nov. 73	(6)		
SCHULTEN, marchand de métaux, rue St-Gilles, 12		Barboux.....	4 mars 73	....	* 29 mai 73		
SCHUMACHER, Alfred, restaurateur, rue d'Allemagne, 200.....		Bégis	3 nov. 73				
SCHWABACHER, md de diamants, rue Lafayette, 53 et à Auteu .		Moncharville.	22 nov. 73				
SCHWARTZ, Jules, ex-boulanger, rue de Belleville, 102, puis 86		Gautier......	24 sept. 73				
SCHWEITZER, Henri, march. de nouveautés, boul. Magenta, 47.		Beaujeu	15 mars 73	25 sept. 73	(7)		

(1) **SAX** paiera l'intégralité des créances, principal, intérêts et frais en 8 ans, à partir de l'homologation.

(2) **SCHAEDELIN**, doit 50 %, en 10 ans, par 1/10 ; la dame Schaedelin intervient au concordat pour consentir au profit des créanciers, toute antériorité à elle-même à raison des reprises qu'elle peut avoir contre son mari.

(3) **SCHINDLER** paie 5 fr. 10 c. %, 1re rép. de l'actif abandonné.

(3 bis) **SCHLOSSER** fils, paie 4 fr. 28 c. %, unique répartition.

(4) **SCHLOSSER** et Cie, sont qualifiés faillis ; ils abandonnent toutes les sommes réalisées par le syndic et le montant de l'indemnité qui doit leur être payée, et, en cas d'insuffisance de cette somme, ils s'engagent à payer 10 %, en 5 ans, par 1/5.

(5) **SCHNEIDER** doit 40 %, en 4 ans, par 1/4 ; 1er paiement fin octobre 1874.

(6) **SCHOOFS** doit 35 %, en 4 ans, par 1/4 ; 1er paiement le 1er janvier 1875.

(7) **SCHWEITZER** abandonne son actif, et s'oblige à payer 10 %, en 3 ans, de l'homologation.

NOMS, PRÉNOMS, PROFESSIONS ET DOMICILES.	L indique Liquidation * Astérisque Avoué et Insuffisance	SYNDICS ET AVOUÉS	FAILLITES ET LIQUIDATIONS.	DATE DES HOMOLOGATIONS DE CONCORDATS	INSUFFIS⁶ ET UNIONS.	SÉPARAT⁶ DE BIENS JUDICIAIRES.	CONS. JUDIC. ET INTERDICT.
SCHWEITZER-BRACH, march. de nouveautés, boul. Magenta, 47.	*	Dehorpe....	....	....	....	21 juin 73	
SCHWINDT, Jean, march. de vins, à Boulogne, puis à Asnières..		Barbot......	9 août 64	7 déc. 67	* 17 oct. 73		
Id.　et Cie, commissionnaires, rue Cadet, 18..........		Maillard....	22 déc. 73				
SCHWITER-PETIBLED, Charles-Joseph, rue Thorigny, 11	*	Lovaux......	....	....	....	6 mai 73	
SEDILLON père, Eugène, agent d'affaires, rue du Bouloi, 25....		Normand....	10 juin 73		* 30 juill. 73		
SÉGARD, Ambroise-Louis, marchand de vins, rue Bagnolet, 131.		Beaufour ...	13 mars 73		* 24 avril 73		
SEGRETAN, fumiste, rue Vieille-du-Temple, 77..........		Normand....	22 déc. 73				
SEGUIN, Edmond-Antoine, marchand de vins, rue de Moscou, 24.		Barboux....	3 octob. 73		* 29 oct. 73		
Id.　, Pierre, négociant en soieries, rue de Louvois, 2....		Heurley....	13 févr. 72	(1)			
Id.　demoiselle, Louise, bouchère, rue Drevet, 2....		Barboux....	29 janv. 73		* 21 mars 73		
Id.　-COUTAREL, Jean, sans domicile connu	*	Estienne	....		....	1ᵉʳ avril 73	
SEGUINEAU veuve, couturière, à Courbevoie		Bégis	30 avril 73		* 24 juill. 73		
SEGUREL, Louis-Antoine, march. de tableaux, r. de Rome, 46..		Sommaire ...	25 octob. 71		* 31 mars 73		
SEIGNIER, Paul-Emile-Constant, épicier, rue Lecourbe, 91		Sarazin......	7 févr. 73	31 mai 73	(2)		
SELLIER et CASAGRANDE, fⁿ de poterie, r. Ste-Cr.-Breton., 24.		Richard.....	10 sept. 72	(3)			
Id.　-OLIVIA, Louis-Jules, négociant, bᵈ Strasbourg, 56 ..	*	Gavignot	....	....	....	18 mars 73	
Id.　dame, marchande de vins, rue d'Allemagne, 170		Bégis......	30 déc. 73				
SENAILLET, commissionnaire, rue Richer, 12		Prodhomme..	7 juin 73		* 14 août 73		
SÉNÉLAR, Arthur, traiteur, faubourg St-Martin, 142		Bégis	15 avril 73		* 29 avril 73		
SENNINGER, Nicolas, marchand de vins, à Aubervilliers.......		Normand....	8 août 73	(4)			
SEPTANT, Michel, marchand de vins, boulev. de la Gare, 114..		Gauche......	17 mars 73	2 octob. 73	(5)		
SERDEN veuve, boulangère, boulevard Strasbourg, 65..........		Barboux....	7 juillet 73		* 18 sept. 73		
SERÉ, Pierre, marchand de vins, place du Trône, 9		Sarazin......	6 mai 73		* 15 juill. 73		
SERIEYS, Victor-Jean, linger, faubourg Montmartre, 59		Quatremère..	8 févr. 73	19 mai 73	(6)		
SERPETTE, René, march. de beurre, rue Basse-des-Carmes, 9..		Sarazin	26 sept. 73				
SERPH-DEMAGNOU, camionneur, passage Stainville, 5.........		Barboux....	21 août 73	....	* 26 sept. 73	(7)	
SERVAN, Anne-Françoise. Voir: MOREAU, veuve.							
SEULIN veuve, couturière, rue Rochechouart, 10..........		Richard.....	12 sept. 73		* 21 nov. 73		
SEUX, Pierre-Antoine, marchand de vins, av. Labourdonnaie, 1.		Lamoureux..	24 févr. 73		* 21 mai 73	(8)	
SEVESTRE-HENNEGUY, Léon, négociant, bᵈ des Batignolles, 37.	*	Chain......	....		....	30 octob. 73	
SHACKELFORT GUNTHER, commissionn⁶, chaussée d'Antin, 15.		Lamoureux..	10 févr. 73	(9)			
SIBUET. Voir: LEXA et SIBUET.							
SIEBECK, courtier et commissionnaire, boulevard Ornano, 44 ..		Sarazin.....	12 juillet 73	....	* 30 août 73		
SILVA-CAPLEN, Frédéric, limonadier, rue Vivienne, 45.......		Meys......	21 juillet 73				
SILVANO, Henri, bijoutier, rue des Guillemites, 7..........		Richard.....	29 mai 73	....	* 24 juill. 73		
SILVESTRE dame, fleuriste, boulevard Sébastopol, 62		Beaugé......	9 avril 73	(10)			

(1) SEGUIN, Pierre, paie 7 fr. 58 c. %, 2ᵉ et dernière répartition.

(2) SEIGNIER paie 3 fr. 03 c. %, produit de son actif, et doit 20 %, en 5 ans, par 1/5, de l'homologation.

(3) SELLIER et CASAGRANDE paient 18 fr. 63 c. %, pour toutes répartitions.

(4) SENNINGER paie 11 fr. 74 c. %, unique répartition.

(5) SEPTANT paiera l'intégralité des créances en 10 ans, par 1/10, de l'homologation.

(6) SERIEYS doit 40 %, en 5 ans, par 1/10, de 6 en 6 mois; 1ᵉʳ paiement le 30 novembre 1873.

(7) SERPH-DEMAGNOU. — Réouverture du 4 novembre 1873.

(8) SEUX. — Réouverture du 11 décembre 1873.

(9) SHACKELFORT GUNTHER paie 8 fr. 93 c. %, unique répartition.

(10) SILVESTRE dame, paie 5 fr. 69 c. %, unique répartition.

Faillites, Séparations, Conseils judiciaires, etc., de 1873.

NOMS, PRÉNOMS, PROFESSIONS ET DOMICILES.	Indique Liquidation * astérisque Avoué et Insuffisance	SYNDICS ET AVOUÉS	FAILLITES ET LIQUIDATIONS.	DATE DES HOMOLOGATIONS DE CONCORDATS	INSUFFIS** ET UNIONS.	SÉPARAT** DE BIENS JUDICIAIRES.	CONS. JUDIC** ET INTERDICT
SIMON, Jacques-Eugène, horloger, rue Lafayette, 95		Barboux	24 octob. 72	24 janv. 73	(1)		
Id. fils et GÉRARD, marchands de bois, à Asnières		Id	8 déc. 71		(2)		
Id. et Cie, commissionnaires, rue Richer, 22		Normand	12 mai 73				
Id. -LEVEILLÉ, Auguste, sans domicile connu	*	Chagnot	....	....	....	3 juillet 73	
SIMONET, Léonard, maçon, rue Lauriston, 45		Chevillot	20 mai 73				
Id. -VINCENDON, Léonard, maçon, rue Lauriston, 45	*	Clériot	....			12 août 73	
SIMONIN et Cie, commissionnaires, rue des Petites-Ecuries, 40		Beaugé	11 octob. 73				
SIMONNET-CAREMELLE, Charles, grande rue de Passy, 78	*	Rousseau	....			5 août 73	
SIMONOT, carrier, à Vitry, puis à Gentilly		Barboux	30 octob. 73	....	* 24 déc. 72		
SIMORE, Joseph, marchand de vins, rue de Picardie, 3		Dufay	1er mai 73		* 30 août 73		
SIROT, commissionnaire, rue Drouot, 11		Beaugé	7 nov. 73				
SIRUGUES-RAZE, Jacques, rue Réaumur, 15	*	Bourgoin	....			9 déc. 73	
SIRVAIN, ex-marchand de vins, rue Guyot, 71		Meilloncourt	11 mars 73	....	* 20 avril 73		
SOCIÉTÉ des USINES de MONTJEAN et de CHAUNY, r. St-Guill., 31		Id	15 mars 72		(3)		
Id. de L'AERO-GAZ. Voir: CAUZIQUE, dame.							
Id. ANme au capital de 5 millions. Voir: BANQUE des PROV.							
Id. Id. dite l'Arche d'Alliance, rue Feydeau, 5		Barboux	31 mai 73				
Id. INDUSTRIELLE, rue Taitbout, 59		Saution	21 janv. 73				
Id. GÉNÉRALE FORESTIÈRE, pl. du Théâtre-Français, 1		Heurtey	18 nov. 73				
SOCQUET veuve, restaurateur, passage Mauruè		Bégis	20 nov. 73	....	* 17 déc. 73		
SOHY. Voir: PEREZ, veuve.							
SORANO, E., ex-changeur, boulevard de Strasbourg, 25		Lamoureux	6 nov. 72		(4)		
SOREL, march. de chaussures, grande rue de Passy, 41, puis 53		Beaugé	19 août 73	....	* 20 sept. 73		
Id. Cyprien-Fuis, négt en toiles, rue de la Coutellerie, 4		Lamoureux	21 nov. 73				
Id. -RATTIER, François-Cyprien, rue de la Coutellerie, 4	*	Gamard	....			30 déc. 73	
Id. commissionnaire, rue des Halles, 21		Chevallier	10 févr. 70		(5)		
SORLIN, Émile, horloger, à Boulogne		Battarel	21 juin 73		* 30 août 73		
SORNAY, commissionnaire en vins, à St-Maurice		Beaujeu	8 août 73	9 déc. 73	(6)		
SORUS, Charles-Eloi, serrurier, à Alfortville		Copin	13 janv. 73	....	* 17 mai 73		
SOUBERBIELLE, Léon, boucher, avenue Trudaine, 27		Barbot	3 octob. 72		(7)		
SOUBIRAN. Voir: RATTET et SOUBIRAN.							
SOUCHET-BENIT, Louis-François, rue de Belleville, 25	*	Pilastre	....			25 nov. 73	
Id. Caroline. Voir: FERLIN, dame.							
SOULARD-LATOUCHE, Isidore-Edouard, rue de Laval, 4	*	Rousseau	....			1er mai 73	
SOU LÉGER, dlle, L., couturière, faubourg Montmartre, 42		Bourbon	5 mai 73		* 24 juill. 73		
SOULLIEZ, manufacturier, rue Montagne-Ste-Geneviève, 34		Bégis	3 mars 68		(8)		
SOUPE, père et fils, droguistes, rue St-Louis-en-l'Ile, 81		Devin	18 janv. 72				
SOUQUIÈRES, Jean, fondeur, rue du Chemin-Vert, 84		Beaugé	26 août 73				

(1) SIMON, Jacques, doit 25 %, en 5 ans, par 1/5, de l'homol.

(2) SIMON et GÉRARD paient 10 fr. %, 1re répartition.

(3) SOCIÉTÉ des USINES, etc., paie 5 fr. %, 1re répartition.

(4) SORANO. — Faillite rapportée par arrêt du 10 juin 1873.

(5) SOREL, commissionnaire, paie 18 fr. 56 c. %, unique rép.

(6) SORNAY doit 20 %, en 4 ans, par 1/4, de l'homologation.

(7) SOUBERBIELLE paie 0 fr. 94 c. %, unique répartition.

(8) SOULLIEZ paie 8 fr. 38 c. %, unique répartition.

NOMS, PRÉNOMS, PROFESSIONS ET DOMICILES.	Indice Liquidation Avoué et Insuffisance	SYNDICS ET AVOUÉS	FAILLITES ET LIQUIDATIONS.	DATE DES HOMOLOGATIONS DE CONCORDATS	INSUFFIS ET UNIONS.	SÉPARAT DE BIENS JUDICIAIRES.	CONS. JUDIC. ET INTERDICT.
SOURI-LEROY, François, rue Neuve-des-Petits-Champs, 97	*	Roche				15 juillet 73	
SOURLIANY, marchand de vins, rue du Four-St-Jacques, 4		Normand	30 sept. 73				
SOURY, François, fruitier, rue Lafayette, 93		Meillencourt	20 mars 73		* 27 mai 73		
SOUVERAIN, Pierre-François, papetier, rue Magnan, 2		Id.	23 janv. 73	2 août 73	(1)	*	
SOYER dame, hôtelière, boulevard Montmartre, 8		Heurtey	2 août 73				
SPÉMENT, Léon, marchand de vins, rue Guy-la-Brosse, 9		Beaugé	1er octob. 73				
SPINETTE, Marie-Rebecca. Voir: JORRE, veuve.							
SPORS-DARDENNE, Charles, sans domicile connu	*	Danicourt				17 juillet 73	
STEFFENS, mégissier, à Gentilly		Sommaire	13 nov. 72	13 juin 73	(2)		
STEIFF, ex-brasseur, rue St-Jacques, 200		Barbot	26 juillet 73		* 19 sept. 73		
STENNER, Jacques, marchand, rue de la Roquette, 115		Id.	20 févr. 73		* 29 avril 73		
STEYMEYER, Simon, brasseur, rue des Enfants-Rouges, 5		Bégis	8 juin 72	(3)			
STOBINSKI, Nicolas-J.-Bapt., loueur de voitures, à Levallois		Knéringer	5 mars 72	24 juillet 73	(4)		
STORNICOLO, commissionaire, rue Lafayette, 83 bis		Sarazin	5 août 73				
STRENDEL dame, lingère, rue St-Martin, 156		Knéringer	14 déc. 72		* 27 févr. 73		
STUREL, François, march. de broderies, r. St-Marc-Feydeau, 6		Barboux	2 juillet 73		* 20 sept. 73		
STUVÉ, tailleur, rue du Colysée, 47		Sarazin	18 sept. 73		* 31 oct. 73		
SUBTIL fils, fabricant d'art. pour parapluies, bd Sébastopol, 93		Neys	4 févr. 73				
SUET-LATULYPE, Louis-Aimé, rue Casimir, 6	*	Milliot				10 mai 73	
Id.　Ernest, fabricant de tissus, rue des Jeûneurs, 30		Barboux	22 janv. 73	(5)			
SUISSE-BERGEAULT, François-Henri, sans domicile connu	*	Husson				24 juillet 73	
SURGEUL-CARTERON, Baptiste-Alph., sans domicile connu	*	Cesselin				15 mars 73	
SYLVESTRE, Antoine, confectionneur, rue du Temple, 169		Barbot	7 nov. 73				
SYSTERMANS fils, fabricant de pianos, rue Meslay, 48		Pinet	14 mars 73	7 août 73	(6)		

T

TACON et Cie, plombiers, avenue de Clichy, 96		Beaufour	1er sept. 73		* 17 oct. 73		
TAFORET, Charles, maître de lavoir, rue Tardieu, 5		Barbot	11 nov. 72	11 mars 73	(7)		
TAILLARD dame, vannier, rue Lecourbe, 35		Beaugé	3 juillet 73		* 30 juill. 73		
TAILLEFER, Delphine. Voir: LECLERC, veuve.							
TAILLET, CASSE et Cie, bijoutiers, rue Vincent, 17		Pinet	21 nov. 71	18 déc. 72	(8)		
TALBOUTIER, P.-Eug., commissre en charbons, rue Ramey, 50		Sarazin	9 déc. 73				
TARDY frères, fabricants d'amorces, rue du Roi-de-Sicile, 18		Barboux	15 mars 73	18 août 73	(9)		
TARLAY, Louis-Athanase, sellier, passage Chausson, 10		Battarel	5 déc. 72	24 octob. 73	(10)		

(1) **SOUVERAIN** doit 25 °/o, en 5 ans, par 1/5, de l'homologation.

(2) **STEFFENS** paie 6 fr. 60 c. °/o, uniq. rép. de l'actif abandonné.

(3) **STEYMEYER** paie 2 fr. 44 c. °/o, unique répartition.

(4) **STOBINSKI** paie 50 fr. °/o, produit de son actif, et parfait l'intégral. des créances en 5 ans, par 1/5, avec la caution de sa femme.

(5) **SUET**, Ernest, paie 9 fr. 86 c. °/o, unique répartition.

(6) **SYSTERMANS** doit 60 °/o, en 10 ans, par 1/10, de l'homol.

(7) **TAFORET** paiera l'intégralité des créances en 8 ans, par 1/16, de 6 en 6 mois, avec la caution de sa femme.

(8) **TAILLET, CASSE** et Cie paient 28 fr. 91 c. °/o, unique rép.

(9) **TARDY** frères, doivent 25 °/o, en 5 ans, par 1/5. — M. Tardy renonce à recevoir aucun dividende avant l'exécution du concordat envers les autres créanciers.

(10) **TARLAY** doit 25 °/o, en 4 ans, par 1/4, de l'homologation.

14

Faillites, Séparations, Conseils judiciaires, etc., de 1873.

NOMS, PRÉNOMS, PROFESSIONS ET DOMICILES.	L indique Liquidation * Avitroux Avoué et Insuffisance	SYNDICS ET AVOUÉS	FAILLITES ET LIQUIDATIONS.	DATE DES HOMOLOGATIONS DE CONCORDATS	INSUFFIS⁰ˢ ET UNIONS.	SÉPARAT⁰ˢ DE BIENS JUDICIAIRES.	CONS. JUDIC. ET INTERDICT.
TARNEAUD, porcelainier, rue Paradis-Poissonnière, 56		Hócaen....	25 mars 73	....	* 31 mai 73		
TARTARA-ESPINASSE, François, rue Billault, 0	*	Carlet......		....	....	18 févr. 73	
TASCHER (vicomte de), propriétaire, rue Blanche, 5	*	Denormandie.	....	....	....	(1) .	27 déc. 66
TASSET, Urbain, confectionneur, rue Rochechouart, 26........		Meys........	4 déc. 09	20 avril 70	15 nov. 73		
Id. Lucien, marchand de nouveautés, boul. de Clichy, 70.		Battarel.....	29 août 73				
TAUPAIN. Voir : BAUDIN et TAUPAIN.							
TAVERNIER, ex-marchand de vins, rue Chemin-Vert, 148......		Barboux.....	15 mai 73	....	* 29 mai 73		
TEISSÈDRE, Maxime, brocanteur, rue Popincourt, 38, puis 34 ..		Hócaen......	24 mai 73		* 31 juill 73		
Id. marchand de vins, rue Croix-Nivert, 24		Prodhomme .	19 avril 70	13 mai 73	(2)		
TEISSET, François-Durand, marchand de vins, cité Talma, 16 ..		Hócaen......	25 févr. 73		* 30 avril 73		
TEISSIER, Mar.-Louise, à la maison d'aliénés d'Aurillac (Cantal).	*	Lortat-Jacob.	....	....	....		* 7 août 73
Id. Théodore, lampiste, rue Montmorency, 4		Chevillot ...	18 mars 73	13 juin 73	(3)		
TEPPE, marchand de futailles, boulevard St-Germain, 5		Copin......	16 octob. 73		* 6 déc. 73		
TERON et MEUNIER, marchands de vins en gros, à la Varenne.		Meys	28 mai 73		* 31 oct. 73		
TERRENOIRE, hôtelier, boulevard St-Michel, 18		Copin......	19 mai 73	16 déc. 73	(4)		
TERRIER, ex-épicier, rue de Belleville, 174 et 148		Battarel	6 févr. 73				
TESNIÈRE et BERTHOD, armuriers, à Ivry		Pluzanski...	29 avril 69	28 juin 70	(5)		
TESSANDIER, agent d'affaires, quai Conti, 7...........		Prodhomme..	6 juin 73		* 15 juill. 73		
TESSIER veuve, march. de porcelaines, faub. Montmartre, 40 ..		Hourtey.....	3 sept. 73		* 29 oct. 73		
TESTA, démolisseur, grande rue de Montreuil, 134..........		Chevillot....	27 mars 72	(6)			
TESTAS, Auguste, drapier, rue Geoffroy-Lasnier, 23.........	*	Normand....	15 avril 72				
THABAUD-CHARBONNELLE, Joseph-J.-Bapt., r. Raynouard, 37.	*	Huet.......	....	....	....	11 mars 73	
THÉATRE du CHATELET. Voir : DESHAYES et Cie.							
Id. -ITALIEN. Voir : LEMAIRE et VERGER.							
Id. des NOUVEAUTÉS. Voir : CHEDIVY.							
Id. TIVOLI. Voir : ALLÈGRE.							
Id. de L'ATHÉNÉE. Voir : RUELLE, Jules.							
THÉRON-BREUIL, Jean-Baptiste, impasse Bertaud, 4	*	Rougcot.....	....	....	....	13 mai 73	
THÉRY, Etienne-Louis, confectionneur, rue des Halles, 22		Beaugé.....	22 mai 72	(7)			
Id. -DELODEL, Barthélemy-Joseph..................	*	Duboys.....	....	....	....	1ᵉʳ juill. 73	
THÉVENEAU-GEORGES, rue de Choisy, 174	*	Goujon......	....	....	....	15 avril 73	
THÉVENIN. Voir : PLUCHON et THÉVENIN.							
THÉVENIOT, Marie. Voir : MERCIER.							
THÉVENOT, François, marchand de vins, rue Charlemagne, 21.		Chevillot	14 juillet 73	....	* 31 juill. 73		
Id. Voir : BONNARD et THÉVENOT.							
THIBAUD, Zacharie, ex-restaurateur, rue Mondétour, 24.......		Beaugé......	20 août 72				
Id. et Cie, marchands de vins, rue d'Amboise, 5		Hócaen......	17 déc. 69	29 avril 73	(8)		

(1) TASCHER. — Main-levée du 1ᵉʳ mai 1873.

(2) TEISSÈDRE doit 20 °/₀, en 5 ans, par 1/5, de l'homologation.

(3) TEISSIER, Théodore, doit 30 °/₀, en 5 ans, par 1/5, de l'homol.

(4) TERRENOIRE paie 20 fr. 37 c. °/₀, produit de l'actif abandonné. — M. et Mᵐᵉ Collet renoncent à prendre part à la répartition pour la totalité de leurs créances. — Mᵐᵉ veuve Saulnier se réserve son droit jusqu'à concurrence de 8.000 fr. seulement.

(5) TESNIÈRE et BERTHOD paient 1 fr. 62 c. °/₀, unique répart.

(6) TESTA paie 3 fr. 32 c. °/₀, unique répartition.

(7) THÉRY paie 8 fr. 36 c. °/₀, unique répartition.

(8) THIBAUD et Cie paient l'intégralité des créances au moyen de l'abandon du sieur Plattet, de ses droits dans la succession de Mᵐᵉ veuve Charrand, sa grand'mère.

NOMS, PRÉNOMS, PROFESSIONS ET DOMICILES.	Indique Liquidation ° arrérages Avoué et Insuffisance	SYNDICS ET AVOUÉS	FAILLITES ET LIQUIDATIONS.	DATE DES HOMOLOGATIONS DE CONCORDATS.	INSUFFIS** ET UNIONS.	SÉPARAT** DE BIENS JUDICIAIRES.	CONS. JUDIC. ET INTERDICT.
THIBAUT, François, brasseur, rue des Deux-Gares, 16		Hécaon......	27 mai 73	27 nov. 73	(1)		
THIBOUST. Voir : LANGLOIS, THIBOUST et THOMASSON.							
THIÉBAUT veuve, logeuse, rue Mazagran, 12		Meillencourt.	25 août 73	....	* 20 sept. 73		
THIÉBAULT, François, peintre, rue Condorcet, 24		Heurtey.....	19 nov. 73				
THIEBLE dame, ex-marchande de chapeaux, au Temple		Prodhomme..	20 déc. 72	....	* 21 mars 73		
THIERRY-BANCE, Clair-Étienne, rue de l'Hôtel-Colbert, 14.. °		Daupeley.....	....	....	....	1er juillet 73	
THIÉRY, Claude, marchand de vins, rue Lecourbe, 22.........		Heurtey.....	19 mai 73		* 31 juill. 73		
Id. -LAPELLE, Napoléon-Adolphe, quai Jemmapes, 190.. °		Bourse......				18 nov. 73	
THIL et DINNAT, commissionnaires, rue d'Hauteville, 33.....		Knéringer...	6 août 73		* 29 déc. 73		
THIRION, Pierre, menuisier, rue des Poissonniers, 90.........		Lamoureux..	7 févr. 73	24 juin 73	(2)		
THOMAS, Eugène-Édouard, quincaillier, rue Rambuteau, 81		Barboux.....	27 août 73				
Id. Léon-Henri, marchand de vins, rue St-Lazare, 115...		Knéringer...	26 octob. 72	22 févr. 73	(3)		
Id. veuve, hôtelière, rue Berzélius, 16		Beaugé.....	27 juin 73	11 nov. 73	(4)		
Id. père et fils, bouchers, rue du Mont-Cenis, 103 ...		Meys......	8 nov. 72		* 22 avril 73		
THOMASSON. Voir : LANGLOIS, THIBOUST et THOMASSON.							
Id. Joséphine-Louise. Voir : DUCROT, veuve.							
THOMÉ, Guillaume, ébéniste, rue du Temple, 79.............		Chevallier....	18 mars 73		* 30 août 73		
THONNELIER, Théodore-Amant, gantier, rue de Cléry, 16......		Beaugé.....	10 mars 73	18 sept. 73	(5)		
THORD et Cie, restaurateurs, rue Vivienne, 49.............		Heurtey.....	21 juin 72	....	* 21 mai 73		
THOREL, tapissier, faubourg St-Honoré, 217...............		Battarel....	8 mars 73	....	* 29 avril 73		
THORIN, Auguste-Eugène, épicier, rue du Poteau, 77.........		Maillard....	4 févr. 73	28 mai 73	(6)		
Id. jeune, ex-marchand de vins, boulevard Voltaire, 125.		Knéringer ...	23 déc. 69	2 déc. 73	(7)		
THORON, marchand de soieries, rue Turbigo, 54.............		Prodhomme..	17 déc. 73				
THUREAU, Henri, hôtelier, boulevard Voltaire, 247		Bourbon ...	30 avril 72	(8)			
TINTINGER père, ex-marchand de vins, rue de Bondy, 38...		Barboux.....	11 nov. 73	....	* 17 déc. 73		
TIREFORT, banquier, rue de la Banque, 18...............		Legriel.....	3 janv. 73				
TISON, fils aîné, bijoutier, rue N.-D.-Nazareth, 12.........		Richard.....	15 juillet 70	27 juin 73	(9)		
TISSERAND, Paul, fabricant de balances, rue Oberkampf, 69 ...		Battarel....	1er juill. 73				
TISSIER, Pierre-Eugène, porcelainier, faubourg Montmartre, 54.		Chevallier ...	4 janv. 73				
TISSON-LOT, Edme, chemin de la Santé, 3.................		Marc........	....	....	....	27 août 72	
TOLET, boulanger, rue Poissonnière, 18..................		Meys........	19 avril 73				
TOMBOIS-SEYFFERT, Louis-Charles, boul. Richard-Lenoir, 65. °		Francastel ..	....	....	....	27 sept. 73	
TONNERRE-LEROY, Alfred-Philippe, rue de Rivoli, 44....... °		Caron......	....	....	....	29 juillet 73	
TONNIER veuve, opticienne, rue Ramponneau, 29............		Beaugé.....	13 sept. 72		* 25 févr. 73		
TOURNADRE, Amable, ex-boucher, rue du Commerce, 57......		Meys........	21 déc. 71		* 29 avril 72	(10)	
TOURNIER-BOURDONNÉ, Antoine-Honoré, av. Daumesnil, 62 .. °		Levesque....	....	....	....	15 avril 73	

(1) THIBAUT, Franç., doit 20 %, en 4 ans, par 1/4, de l'homol.

(2) THIRION doit 25 %, en 5 ans, par 1/5, de l'homologation.

(3) THOMAS, Léon, paie 11 fr. 91 c. %, produit de son actif, et doit 15 %, en 5 ans, par 1/5, de l'homologation.

(4) THOMAS veuve, doit 15 %, en 5 ans, par 1/5, de l'homolog.

(5) THONNELIER doit 25 %, en 4 ans, par 1/4, et abandonne jusqu'à concurrence de 80 %, le montant des sommes pouvant lui revenir par suite de l'instance pendante entre lui et la maison Rusch et Cie de New-York.

(6) THORIN, Auguste, doit 30 %, en 5 ans, par 1/5, de l'hom.

(7) THORIN jeune, doit 15 %, en 5 ans, par 1/5, de l'homolog.

(8) THUREAU paie 7 fr. 14 c. %, unique répartition.

(9) TISON, fils aîné, doit 50 %, en 11 paiements, de 6 en 6 mois.

(10) TOURNADRE. — Réouverture du 22 août 1873.

NOMS, PRÉNOMS, PROFESSIONS ET DOMICILES.		SYNDICS ET AVOUÉS	FAILLITES ET LIQUIDATION.	DATE DES HOMOLOGATIONS DE CONCORDATS	INSUFFIS.. ET UNIONS.	SÉPARAT.. DE BIENS JUDICIAIRES.	CONS. JUDIC. ET INTERDICT.
TOURTE-DELAHALLE, chaussée du Maine, 21	*	Langeron				28 janv. 73	
TOURTOULOU-CHASSANG, Géraud, rue Blomet, 53	*	Le Brun				1er juillet 73	
TOUSSAINT, fleuriste, rue St-Denis, 215		Beaujeu	28 nov. 73		* 30 déc. 73		
Id. fils, marchand de bois, à Ivry		Barbot	14 juillet 73				
Id. père, ex-banquier et md de bois, r. d'Orléans, 10	*	Pinet	11 juillet 73				
Id. -WUNSTEL, Em.-Nic.-Marie, r. du 4-Septemb., 31	*	Branche				21 mai 73	
TOUZET, Jean, maçon, à Vincennes		Richard	4 janv. 70	25 janv. 73	(1)		
TRAIZET, Alphonse, md de bois de sciage, rue Condorcet, 52		Id	21 août 73		* 30 oct. 73		
TRALIN-VIVAT, Pascal, rue du Croissant, 5	*	Estienne				22 juillet 73	
TRAPON, peintre, rue Gerbillon, 5		Sarazin	11 sept. 72	19 févr. 73	(2)		
TRAVERSIER, ex-marchand de vins, rue Charlot, 74		Bégis	14 déc. 72	9 mai 73	(3)		
TRECUL, agent d'affaires, rue de Lille, 1		Beaugé	4 déc. 73				
TRÉNAUNAY. Voir : BRUFEL et Cie.							
TRESTOURNEL père, commissionnaire, faub. du Temple, 45		Meys	15 juillet 73				
TREVÉ, Ph., courtier en vins, rue de Bercy, 27		Normand	10 févr. 73		* 31 mars 73		
TRICARD, marchand de vins, rue Montorgueil, 21		Beaugé	5 août 73		* 23 sept. 73		
TRICHARD, Antoine, marchand de vins, rue Galande, 57		Meys	30 avril 73		* 29 août 73		
TRIDON dame, marchande de vins, rue Dupuytren, 33		Beaujeu	28 déc. 73				
TRIER, Moïse, limonadier, rue du Temple, 187		Maillard	7 avril 73	12 nov. 73	(4)		
TRINQUESSE-COLIN, Eugène, rue de Montreuil, 77	*	Gavignot				17 juin 73	
TRIPELS et Cie, marchands de vins, boulevard Voltaire, 94		Gautier	30 avril 73		* 7 oct. 73		
TROLLEY de ROCQUES, agent d'affaires, rue Auber, 17		Devin	31 mars 69		(5)		
TROTIGNON, Georges-Henri, fabricant de plâtres, r. Lepic, 59		Normand	18 nov. 71	13 mai 73	(6)		
TROTOBAS, épicier-marchand de vins, rue de Nys, 18		Gautier	8 nov. 73		* 29 déc. 73		
TROTREAU, Léon, chapelier, rue des Blancs-Manteaux, 33		Richard	2 juillet 69		(7)		
TROUILLET, demoiselle. Voir : MARKOWSKI et TROUILLET.							
TROUPEL-DAUSSY, Frédéric, rue Monsieur le Prince, 36	*	Goujet				28 août 73	
TROUSLARD, Joseph, marchand de vins, rue Secretan, 4	*	Normand	24 sept. 00		(8)		
TROUSSEL veuve, boulangère, rue St-Denis, 374		Sarazin	23 avril 73	9 sept. 73	(9)		
TROUVÉ dlle. Voir : BAEHR aîné et TROUVÉ.							
TROYON-GILLE, Pierre-Eugène, rue de l'Université, 45	*	Dinet				7 janv. 73	
TRUCHARD. Voir : JAHIER et TRUCHARD.							
TRUCHON frères, marchands de vins, rue Budé, 1		Heurtey	30 nov. 71	21 juillet 73	(10)		
TUFFIER, Lucien, passementier, rue Rambuteau, 77		Chevillot	17 déc. 73				
TUGAULT, Adrien-Julien, tapissier, rue Châteaudun, 39		Beaugé	27 sept. 73	12 déc. 73	(11)		

(1) TOUZET paie 5 °/₀ dans la huitaine de l'homologation, et doit 20 °/₀, en 4 ans, par 1/5.

(2) TRAPON doit 25 °/₀, en 5 ans, par 1/5, de l'homologation.

(3) TRAVERSIER paie 8 fr. 10 c. °/₀, produit de son actif, et parfait 18 °/₀, en 5 ans, par 1/5, de l'homologation.

(4) TRIER doit 15 °/₀, en 5 ans, par 1/5, de l'homologation.

(5) TROLLEY de ROCQUES paie 8 fr. 33 c. °/₀, deuxième et dernière répartition.

(6) TROTIGNON doit 15 °/₀, en 5 ans, par 1/5, de l'homologat.

(7) TROTREAU paie 8 fr. 69 c. °/₀, unique répartition.

(8) TROUSLARD paie 10 fr. 16 c. °/₀, unique répartition.

(9) TROUSSEL veuve, doit 25 °/₀, en 5 ans, par 1/5.

(10) TRUCHON frères, paient 10 fr. 06 c. °/₀, produit de leur actif, et complètent 24 °/₀, à raison de 2 1/2 °/₀ ; 1er paiement après la reddition de compte, avec intérêts de 5 °/₀.

(11) TUGAULT doit 40 °/₀, en 5 ans, par 1/5, de l'homologation.

NOMS, PRÉNOMS, PROFESSIONS ET DOMICILES.	SYNDICS ET AVOUÉS	FAILLITES ET LIQUIDATIONS.	DATE DES HOMOLOGATIONS DE CONCORDATS	INSUFFIS.ᶜᵉˢ ET UNIONS.	SÉPARAT.ⁿˢ DE BIENS JUDICIAIRES.	CONS. JUDIC. ET INTERDICT.
TURBOT veuve, ex-marchande de vins, rue Bulagny, 8	Chevallier ...	28 octob. 73				
TURPIN, ALBERT et Cie, mᵈᵉ de dentelles, r. du Port-Mahon, 8.	Chevillot	12 mars 72	8 févr. 73	(1)		
Id. Vᴵᴄᴛᴏᴵʀᴇ. Voir : GUITON, dame.						
Id. Mᴀʀᴵᴇ-Aɴɴᴇ. Voir : BLOUZET, veuve.						
TUSSA, Lᴏᴜᴵs-Eᴜɢᴇ̀ɴᴇ, changeur, rue Château-d'Eau, 68	Normand	23 janv. 73				

U et V

NOMS, PRÉNOMS, PROFESSIONS ET DOMICILES.	SYNDICS ET AVOUÉS	FAILLITES ET LIQUIDATIONS.	DATE DES HOMOLOGATIONS DE CONCORDATS	INSUFFIS.ᶜᵉˢ ET UNIONS.	SÉPARAT.ⁿˢ DE BIENS JUDICIAIRES.	CONS. JUDIC. ET INTERDICT.
ULMANN père, Lᴏᴜᴵs, march. de curiosités, rue Labruyère, 46 .	Beaujeu	25 nov. 73				
UNION des CHARPENTIERS, avenue de Choisy, 126	Heurtey	6 janv. 73				
Id. de CRÉDITS. Voir : HÉBERT et Cie.						
UNION SYNDICALE de FRANCE. Voir : L'UNION ÉCONOMIQUE.						
URBAIN-DEHAUT, Jᴜʟᴇs-Aᴜɢᴜsᴛᴵɴ, rue Elzévir, 3............	*Jacquin	....	....		22 juillet 73	
VACHÉ, Lᴏᴜᴵs, teinturier, rue Ramey, 8..................	Sarazin	11 octob. 72	(2)			
Id. , Jᴏsᴇᴘʜ, menuisier, avenue de St-Ouen, 12.	Battarel	30 sept. 71	28 févr. 72	(3)		
Id. aîné, menuisier, avenue d'Orléans, 61..............	Quatremère..	30. avril 72	(4)			
Id. , Dᴇ́sᴵʀᴇ́-Fʀᴀɴᴄ̧ᴏᴵs, marchand de vins, rue Lourmel, 81...	Chevillot ..	21 févr. 73	6 sept. 73	(5)		
Id. -DESCARPENTERIES, Aɴᴛᴏɴᴵɴ-Fᴇ́ʟᴵx, av. de Clichy, 10..	*De Benazé ...	....	....	* 14 déc. 72		
VADEBOIN, Pᴵᴇʀʀᴇ, chapelier, rue St-Honoré, 110..........	Sarazin......	14 mars 73		* 29 avril 73		
VALANT, Pᴀᴜʟ, planeur sur métaux, rue de la Huchette, 27....	Moncharville.	12 déc. 73				
VALENTINY, Jᴇᴀɴ, maçon, boulevard Montparnasse, 151	Gautier.....	20 juin 70	25 août 71	* 24 juin 73		
VALÉRY, Hᴇɴʀᴵ, peintre, rue du Roi-de-Sicile, 2..........	Barboux.....	21 août 72	8 janv. 73	(6)		
VALETTE, Pᴵᴇʀʀᴇ, marchand de vins, rue de Vouillé, 67......	Chevillot ...	18 août 73				
Id. , Pᴵᴇʀʀᴇ, marchand de vins, rue Fontaine-au-Roi, 2..	Beaugé.....	9 juin 73	20 octob. 73	(7)		
Id. -CHÉPY, Vᴵᴄᴛᴏʀ, rue de Penthièvre, 19............	*Dromery....	....	....		29 avril 73	
VALLANTIN, distillateur, boulevard Voltaire, 34	Prodhomme..	22 sept. 73		* 31 oct. 73		
VALLÉE, Pᴵᴇʀʀᴇ-Aᴜɢᴜsᴛᴇ, imprimeur, rue du Croissant, 16....	Sarazin......	17 août 72	(8)			
Id. veuve, couturière, boulevard Haussmann, 48	Hécaen.....	11 nov. 72	(9)			
Id. -MILLIÈRE, Lᴏᴜᴵs-Pʜᴵʟᴵᴘᴘᴇ, boul. de la Villette, 142..	*Guillemon ...	....	....		6 févr. 73	
Id. -GARNEAU, Fʀᴀɴᴄ̧ᴏᴵs, à Montreuil.................	*Réty.......	....	....		10 déc. 73	
VALLEIX, H., banquier, rue St-Honoré, 346..............	Richard	4 janv. 73				
VALLERIN-PATUREAU, Hᴇɴʀᴵ-Fᴀᴜsᴛ-Fᴏᴵs, rue Duphot, 12......	Leboucq.....	....	....		25 févr. 73	
VALLERINI, Hᴇɴʀᴵ-Fᴀᴜsᴛ-Fᴏᴵs, bijoutier, rue St-Honoré, 267...	Bourbon ...	28 mai 69	3 déc. 69	* 14 août 73		
VALLET, Aᴅᴏʟᴘʜᴇ, march. de nouveautés, r. des Dames, 7 et 9..	Knöringer....	1ᵉʳ août 73				

(1) **TURPIN, ALBERT** et Cie paient 10 fr. 20 c. %, produit de leur actif, et s'obligent à payer 25 %, en 3 ans, par 1,3.

(2) **VACHÉ** paie 15 fr. 85 c. %, unique répartition.

(3) **VACHÉ**, Jᴏsᴇᴘʜ, paie 14 fr. 47 c. %, deuxième et dernière répartition de l'actif abandonné.

(4) **VACHÉ** aîné, paie 10 fr. %, première répartition.

(5) **VACHÉ** Dᴇ́sᴵʀᴇ́, paiera 17 %, par les soins du syndic, sur le montant de l'actif réalisé ; s'oblige en cas d'insuffisance de cet actif, à parfaire lesdits 17 %, dans les 3 mois de l'homologation et doit 5 %, en 5 ans, par/5 .

(6) **VALÉRY** paiera 50 %, en 7 paiements ; le 1ᵉʳ aura lieu le 31 janvier 1873.

(7) **VALETTE**, paie 6 fr. 78 c. %, unique répartition, abandonne son actif, et s'oblige à payer 5 %, en 5 ans, par 1/5.

(8) **VALLÉE**, Pᴵᴇʀʀᴇ, paie 10 fr. %, première répartition.

(9) **VALLÉE** veuve, paie 6 fr. 22 c. %, unique répartition.

NOMS, PRÉNOMS, PROFESSIONS ET DOMICILES.	Indices Liquidation * astreinces Avoué o Insuffisance	SYNDICS ET AVOUÉS	FAILLITES ET LIQUIDATIONS.	DATE DES HOMOLOGATIONS DE CONCORDATS	INSUFFIS^{cos} ET UNIONS.	SÉPARAT^{on} DE BIENS JUDICIAIRES.	CONS. JUDIC. ET INTERDICT.
VALLET-RICHARD, Léon, marchand de vins, av. de Ségur, 35..	*	Duboys.....	....	....		13 nov. 73	
VALLOBRA, négociant en engrais, boulevard de Strasbourg, 16..		Chevallier...	20 mai 73				
VAN DER VEENNE, Eugène, comm^{re}, rue Lacroix, 5..		Heurtey....	16 janv. 72	10 juin 72	* 29 oct. 73		
VANDERWALLE décédé, peintre, rue de Lyon, 41		Beaugé......	23 déc. 71	26 avril 72	(1)		
VANDEWALLE-LEFRANÇOIS, Charles-Désiré, rue d'Alsace, 33..	*	Huot.......	....	....	....	27 mai 73	
VAN de WOESTYNE, ex-gérant du journal l'Éclair, r. Halévy, 8		Sarazin......	12 avril 73				
VAN GANSEWINKEL, Ferdinand, comm., rue de l'Échiquier, 40.		Chevallier...	14 nov. 67	3 juin 68	20 août 09	(2)	
VAN HAM, marchand de fromages, rue Montmartre, 130........		Heurtey....	10 juillet 73				
VANLANCKER, marchand de vins, rue de Flandre, 42........		Hécaen.. ..	16 sept. 73		* 29 nov. 73		
VAN LANGENHOVE-de-CLERQ, Aimé-Ch.-J^h, r. Labruyère, 17..	*	Chain	....	....		26 avril 73	
VANNIER veuve, voiturière, boulevard Richard-Lenoir, 67......		Heurtey....	13 déc. 73.				
VANTIER et DOINET, bonnetiers, rue Rochechouart, 92........		Richard.....	3 avril 73				
VAN TRAPPE, Jean, tailleur, à Charenton...................		Meilloncourt.	12 mai 73	....	* 28 juill. 73		
VANWEERS-MÉTIVIER, Guillaume-Henri, rue Vanneau, 27....	*	Dinet.......	....	....		11 févr. 73	
VARENNE, marchand de vins, rue d'Angoulême, 55 bis........		Richard.....	20 octob. 71	(3)			
Id. veuve, marchande de nouveautés, rue du Rocher, 92..		Sarazin......	13 févr. 73	(4)			
VARLET-ROUSSEL, Benjamin-Désiré, au ministère de la guerre.	*	Cabanne,....	....	....		7 avril 73	
VARRALL, Charlotte-Joseph. Voir : DUBOIS dame.							
VASSAL, Edmond-Eugène, papetier, rue Monge, 40............		Pluzanski...	21 nov. 72	....	* 31 mai 73		
VASSELLE-BOMBÉE, Jules, rue Nollet, 1	*	Maugin.....	....	....		14 juin 73	
VASSEUR-DOUCHON, Joseph, rue des Boulets, 13	*	Id.........	....	....		19 août 73	
Id. , Gustave-Adolphe, à Sceaux	*	Derré......	....	....		....	* 2 août 73
Id. -VANIN, Hippolyte, boulevard de Grenelle, 155..	*	Huot.......	....	....		29 juillet 73	
Id. -NIVET, François-Alexis, rue Vanneau, 40.........	*	Lemaire.....	....	....		9 août 73	
VAST, fabricant d'art. pour chapellerie, rue Rambuteau, 15		Legriel.....	10 déc. 73	....	* 29 déc. 73		
VATERNEL-BROQUET, Louis, à Château-Thierry...............			....	....		25 nov. 73	
VAUBLANC. Voir : DE RAISMES.							
VAUCHIER, marchand de vins, rue du Commerce, 10		Richard.....	14 juillet 69	....	* 30 juill. 09	(5)	
VAUDRY, Ca., entrep^r de travaux publics, b^d Batignolles, 35....		Maillard.....	12 sept. 73				
Id. -MULBERGER, Ch.-Eugène, Id. ...*		Laden......	....	....		10 juin 73	
VAUTIER-PILLIAS, Jean-Jacques, rue Rochechouart, 92.......		Postel	....	....		18 févr. 73	
VAUTRIN, marchand de vins, boulevard Ménilmontant, 140.....		Legriel.....	17 mars 73	....	* 29 mai 73		
VAUZELADE, marchand de vins, pass. des Entrepreneurs, 10....		Chevilliot ...	19 juillet 73	....	* 30 août 73		
VAYSSETTES, marchand de charbons, à Clichy..............		Knéringer ...	27 sept. 72	7 avril 73	(6)		
VAZELLE-CHÉLARD, Simon, rue des deux-Portes-St-Jean, 6...	*	Chauveau...	....	....		25 févr. 73	
VEAUBOURDOLLE, Vic., agent d'affaires, av. de Wagramm, 63..		Pinet........	7 janv. 73	....	* 17 mars 73		
VEDIE veuve, marchande de chaux, rue du Cloys, 8		Beaufour	12 mars 72	(7)			
VEGHEANT-GERMON, Pierre, rue de Charenton, 222 ....*		Robineau....	....	....		15 mars 73	

(1) VANDERWALLE paie 25 fr. 66 c. %, 3e et dernière répart.

(2) VAN GANSEWINKEL paie 7 fr. 49 c. %, pour les créanciers nouveaux, unique répartition.

(3) VARENNE, marchand de vins, paie 27 fr. 60 c. %, unique répartition.

(4) VARENNE veuve, paie 5 fr. %, première répartition.

(5) VAUCHIER. — Faillite annulée par arrêt du 15 janvier 73.

(6) VAYSSETTES, paiera l'intégralité des créances avec intérêts en 5 ans, par 1/5, de l'homologation.

(7) VEDIE veuve, paie 5 fr. 52 c. %, unique répartition.

NOMS, PRÉNOMS, PROFESSIONS ET DOMICILES.	Liquidation Avoué et Insuffisance	SYNDICS ET AVOUÉS	FAILLITES ET LIQUIDATIONS.	DATE DES HOMOLOGATIONS DE CONCORDATS	INSUFFIS. ET UNIONS.	SÉPARAT. DE BIENS JUDICIAIRES.	CONS. JUDIC. ET INTERDICT.
VEHRUNG-DUCRET, Chrétien, rue Vanneau, 77............	*	Popelin......				19 juillet 73	
VEILLARD, Clément, marchand de nouveautés, rue de Cléry, 14.		Copin.......	3 octob. 72	9 janv. 73	(1)		
VENDOME, Anatole. Voir : MONTEL et VENDOME.							
VERBAERE, Jenny-Clémence. Voir : MALÉCOT dame.							
VERBOIS, Jules-Théod., fab. de cannes, r. Salomon-de-Caus, 4..		Battarel.....	25 nov. 73				
VERDIER-PUJOL, Jean-Pierre, rue Julien-Lacroix, 63........	*	Daupeley...				5 août 73	
Id.　　fils, Ch.-Adolphe, rue Marché-des-Bl.-Manteaux, 2...	*	Pijon........					6 déc. 73
Id.　　, Adolphe, banquier et journaliste, rue Feydeau, 26....		Dégis........	16 mai 73				
VERDOIS-POISSON, Louis, rue Ste-Anne, 12..........	*	Duboys.....				1er juillet 73	
VERDUN, Adelain, comm., rue de l'Entrepôt, 35.............		Gautier.....	1er avril 73	23 juillet 73	(2)		
VERDURM dame, ex-fabricante de cartonnages, r. Turenne, 117.		Beaujeu....	10 janv. 73				
VERGER. Voir : LEMAIRE et VERGER.							
VÉRITÉ, Honorine. Voir : JAMIN, dame.							
Id.　　Jamin, boulanger, rue Lafayette, 93 (Tribun. du Mans).		Gréauger....	17 juin 69				
VERNANT-RENART, Louis-Ernest, rue Ventadour, 5........	*	Quillet......				13 mai 73	
VERNAUT, distillateur-chocolatier, rue Ventadour, 5..........		Meys........	19 déc. 71	1er août 72	14 nov. 73		
VERNE, Louis-Pierre, passementier, boulevard Sébastopol, 16 .		Heurtey....	21 octob. 73				
VERPILLAT, Jean-Auguste, chemisier, rue d'Hauteville, 18.....		Meys........	14 mars 68	16 juin 68	13 déc. 72	(3)	
VERQUET, marchand de vins, boulevard Voltaire, 77.........		Deaufour...	7 janv. 73			* 31 mars 73	
VERRIER, Paul-Pierre, restaurateur, rue Ste-Anne, 63........		Barboux....	11 août 73			* 29 sept. 73	
Id.　　et CHEVET fils, march. de charbons, bd de Clichy, 47.		Chevallier...	10 mai 73			* 24 juill. 73	
VERSLUYS, Eugène-Louis, march. de vins, r. de Charonne, 120.		Heurtey....	28 octob. 73			* 30 déc. 73	
VEYRENC veuve, marchande de vins, à Aubervilliers..........		Battarel....	27 janv. 73			* 22 avril 73	
VEYSSIÈRE, Auguste, tenant bal public, rue St-Martin, 159		Normand...	25 juillet 73				
VEZIN, Honoré, menuisier, rue Lafayette, 241		Beaugé.....	15 mai 73	22 octob. 73	(4)		
Id.　　dame, hôtelière, rue Condorcet, 50................		Sautton.....	10 nov. 73				
VIAL, Joseph. Voir : LAURENT et VIAL.							
Id.　　Id.　　, gantier, boulevard Sébastopol, 121		Chevillot....	9 sept. 72	(5)			
VIALARD, Antoine, fondeur en fer, boulevard Voltaire, 212....		Barbot......	25 avril 73	14 octob. 73	(6)		
VIALATTE, Jacques, menuisier-marchand de vins, à Levallois..		Moilloncourt.	25 sept. 73	....	* 31 oct. 73		
VIALETTE et BOUTIER, fabricants de tubes, r. Pierre-Levée, 12.		Chevillot	31 juillet 73	29 octob. 73	(7)		
VIALLET, Jacques-Régis, mégissier, rue de la Clef, 11........		Pinet	Id				
VIANT, Catherine. Voir : PELTIER, dame.							
VIC-CAPLAT, Eugène, rue Lamartine, 9..............	*	Roche......		....	....	26 août 73	
VIDAL, marchand de vins, rue du Poteau, 107..............		Dufay	5 sept. 73	....	* 31 déc. 73		
Id.　　Paul, trancheur de bois, rue de Rome, 72		Beaugé.....	8 nov. 73				
Id.　　Jean, marchand de vins, passage d'Orient, 9		Bourbon....	6 juin 73				
Id.　　Ernest-Moïse, md de vins, pass. des Petites-Ecuries, 22.		Richard	7 octob. 72	21 juin 73	(8)		

(1) **VEILLARD** paie 10 fr, 36 c. %, produit de son actif et s'oblige à payer 15 %, en 3 ans, par 1/3.

(2) **VERDUN** doit 20 %, en 4 ans, par 1/4, de l'homologation.

(3) **VERPILLAT.** — Résolution annulée par arrêt du 25 févr. 73.

(4) **VEZIN,** Honoré, doit 30 %, en 5 ans, par 1/5, de l'homolog.

(5) **VIAL** paie 9 fr. 36 c. %, unique répartition.

(6) **VIALARD** doit 40 %; en 8 ans, par 1/16, de 6 en 6 mois ; 1er paiement le 10 novembre 1874.

(7) **VIALETTE** et **BOUTIER** doivent 25 %, en 5 ans et 5 paiements, à partir de l'homologation.

(8) **VIDAL,** Ernest, doit 25 %, en 5 ans, par 1/5, de l'homolog.

NOMS, PRÉNOMS, PROFESSIONS ET DOMICILES.	L. Liquidation Avoué et Insuffisance	SYNDICS ET AVOUÉS	FAILLITES ET LIQUIDATIONS.	DATE DES HOMOLOGATIONS DE CONCORDATS	INSUFFIS** ET UNIONS.	SÉPARAT** DE BIENS JUDICIAIRES	CONS. JUDIC. ET INTERDICT.
VIDAL et Cie, trancheurs de bois, à Suresnes...............		Beaugé......	14 août 73	(1)			
Id. -DUVERNAY DU PLESSIS, Alex.-Léon., r. Condorcet, 68.	*	Guibot.....	....	....	....	22 avril 73	
VIDALINC, Jérome, liquoriste, rue du Quatre-Septembre, 20 ...		Bourbon	26 mars 73	8 janv. 73	(2)		
VIET, Jules, brasseur, rue de Charonne, 80.............		Beaujeu.....	17 juin 73	....	*30 déc. 73		
VIETTE, Armand, menuisier, rue Léonie, 2 et 3.............		Beaufour....	21 mai 63	(3)			
VIGEOLAT, maréchal-ferrant, rue Marbeuf, 23		Normand....	20 août 73				
VIGIER-TORTIÈRE, Jean, faubourg St-Martin, 104...........	*	Pitremann...	....	....	....	10 juin 73	
VIGNAUD-SAIGNE, François dit Jules, à St-Maur...........	*	Leboucq.....	....	....	....	8 mars 73	
VIGNERON, François, tourneur, rue des Gravilliers, 59		Bourbon.....	18 nov. 72	2 avril 73	(4)		
VIGY, ex-limonadier, rue Folie-Méricourt, 92		Barbot......	5 déc. 73				
VILAIN, négociant, rue des Moines, 99		Barboux....	15 mai 73	(4 bis)			
Id. Louis-Alphonse, entrepreneur, rue des Moines, 99		Meys........	20 mai 73				
VILDET veuve, marchande de vins, boulevard de Belleville, 100.		Knéringer...	17 déc. 73				
VILLAIN. Voir: PIGACHE fils et VILLAIN.							
Id. et MOLOZAY, mds d'art. pr ecclés**, r. Bonaparte, 66..		Barboux.....	4 déc. 73	....	*27 déc. 73		
VILLE, limonadier, rue d'Aboukir, 127		Chevillot....	25 juillet 74	(5)			
VILLEDIEU dame, hôtelière, rue de Moscou, 17...........		Normand....	28 août 73				
VILLEMAIN, Henri, changeur, rue N.-D.-des-Victoires, 40		Sautton	14 sept. 70				
VILLENEUVE fils, Alfred, fabric. d'étrindelles, r. Blomet, 192.		Heurtey	24 nov. 69	27 mai 70	*18 sept. 73		
Id. Jean, fabricant d'étrindelles, rue Petel, 5.......		Normand....	23 juillet 68	11 sept. 73	(6)		
Id. père, Jean, fab¹ Id. Id.		Pinet	28 mai 72	(7)			
VILLOUTREIX, marchand de vins, rue de Varennes, 40		Meys........	15 mai 73	....	*19 sept.73		
VIMEUX, fabricant de chaussures, impasse Fessard, 5.......		Legriel......	19 févr. 73	....	*29 mars 73		
VINCENT, Claude-Henri, pâtissier, passage Choiseul, 22		Beaufour....	4 juin 68	....	*27 juin 68		(8)
Id. veuve, décédée, march. de brosserie, rue Gaillon, 7..		Gauche......	30 nov. 73				
Id. boucher, rue Hippolyte-Lebas, 11.............		Barboux.....	9 sept. 73	....	*28 nov. 73		
Id. Fçois, marchand de vins, grande r. de la Chapelle, 4.		Devin.......	19 mai 73				
VINET-BLANC, Adolphe-Jean, rue Neuve-St-Merri, 40	*	Cosselin.....	....	....	....	17 sept. 73	
Id. dame, cordonnière, boulevard Sébastopol, 111........		Barboux.....	22 mars 73	(9)			
VINOT, Adolphe-Jean, horboriste, rue Neuve-St-Merri, 40		Gauche......	19 juillet 73	22 déc. 73	(10)		
VINSOT, marchand de vins, rue des Fossés-St-Bernard, 28.....		Heurtey.....	5 nov. 72	4 juin 73	(11)		
VIOLAND, Adolphe-Nicolas, droguiste, à Vanves.............		Dufay......	23 juillet 73				
VIOLET-CAFFIN, Auguste-Ant., charpentier, rue Pradier, 16..	*	Thellier.....	....	....	....	2 juillet 72	
VIOLETTE-MARTINET, Louis-Edo.-Vict., bd Bonne-Nouvelle, 25.	*	Rousseau....	....	....	....	25 juin 73	
Id. -CORNIL, Paul, sans domicile connu	*	Langeron....	....	....	....	13 août 72	
VIRY, Joseph, maître de lavoir, rue Vincent, 14		Bégis.......	27 févr. 73	....	*29 avril 73		

(1) **VIDAL et Cie**, paient 11 fr. 88 c. %, unique répartition.

(2) **VIDALINC** doit 20 %, en 5 ans, par 1/5, de l'homologation.

(3) **VIETTE** paie 2 fr. %, quatrième répartition.

(4) **VIGNERON** doit 30 %, en 6 ans, par 1/6, de l'homologation.

(4 bis) **VILAIN**, négt. — Faillite annulée par jug¹ du 22 juill. 73.

(5) **VILLE** paie 1 fr. 84 c. %, unique répartition.

(6) **VILLENEUVE**, Jean, doit 20 %, en 4 ans, par 1/4, de l'hon.

(7) **VILLENEUVE**, père. — Un jugement du 21 mars 1873, annule cette faillite, et déclare que celle du 23 juill. 68 subsiste seule.

(8) **VINCENT**, Claude. — Réouverture du 15 mai 1873.

(9) **VINET** dame, paie 5 fr. 92 c. %, unique répartition.

(10) **VINOT** paiera 5 % dans le mois qui suivra l'homologation, et doit 15 %, en 5 ans, par 1/5, de l'homologation.

(11) **VINSOT** paie 1 fr. 84 c. %, produit de son actif, et s'oblige à payer 17 %, en 3 ans et 3 paiements.

NOMS, PRÉNOMS, PROFESSIONS ET DOMICILES.	L Indique liquidation * Astérisque avoué et souscillements	SYNDICS ET AVOUÉS	FAILLITES ET LIQUIDATIONS.	DATE DES HOMOLOGATIONS DE CONCORDATS	INSUFFIS^{ces} ET UNIONS.	SÉPARAT° DE BIENS JUDICIAIRES.	CONS.JUDIC. ET INTERDICT.
VOISEMBERT, Ch.-Antoine, logeur, rue Barthélemy, 5		Dattarel	31 déc. 72			* 25 févr. 73	
VOISIN. Voir : ENGELSBACH et VOISIN.							
Id. Alexandre-Adolphe, maçon, rue Demours, 46		Pinot	18 déc. 69	15 octob. 70	(1)		
VOISSE et MANDEL, banquiers, rue de la Bourse, 3		Hécaen	19 juin 73				
VOLANT, Louis, forgeron, rue Daret, 27		Normand	4 juillet 73	26 nov. 73	(2)		
VON BRUNN et CROLLIMUND, grainetiers, rue Jean-Lantier, 7		Richard	29 octob. 73				
VUILLEMIN-SALLE, Charles, rue St-Quentin, 23	*	Michel					15 avril 73
VUILLERMET dame, couturière, rue de Ponthieu, 5		Barboux	23 juillet 73			* 18 sept. 73	

W

NOMS, PRÉNOMS, PROFESSIONS ET DOMICILES.		SYNDICS ET AVOUÉS	FAILLITES ET LIQUIDATIONS.	DATE DES HOMOLOGATIONS DE CONCORDATS	INSUFFIS^{ces} ET UNIONS.	SÉPARAT° DE BIENS JUDICIAIRES.	CONS.JUDIC. ET INTERDICT.
WAGNER-SCHNEIDER, Alexandre, rue de la Charbonnière, 5	*	Reimbert				25 nov. 73	
Id. marchand de vins et hôtelier, rue Harvey, 12		Bourbon	19 août 73		* 31 oct. 73		
WAGNIER, Isidore-Benoni, m^d de vins, boul. du Temple, 14		Normand	20 juin 73		* 30 juill. 73		
WALD et Cie, commissionnaires, cour des Petites-Écuries, 8		Meillencourt	18 sept. 69	8 sept. 74	* 26 nov. 73		
WARCOLLIER, Léon-Félix, militaire, à Constantine	*	Lamy					29 nov. 73
WARIN, J.-Bapt., fabricant de boucles, r. Claude-Villefaux, 48		Legriel	22 janv. 73	12 mai 73	(3)		
WARNET, Ch.-Benoit, boulanger, rue de Bercy, 40		Maillard	24 mars 73	(4)			
WASSE, Timothée-Philogone, tailleur, rue Richelieu, 85		Bourbon	4 déc. 73				
WATRIN, Jean-Nicolas-Auguste, vétérinaire, cité Fénelon, 5		Barboux	9 janv. 72	6 mai 72	* 28 nov. 73		
WEBER veuve, marchande de nouveautés, rue d'Amsterdam, 27		Barbot	3 octob. 73				
WEIBEL, François-Joseph, serrurier, à Courbevoie		Barboux	1er août 73				
WEICK, Michel, limonadier, passage des Envierges, 14		Heurtey	21 octob. 73		* 27 déc. 73		
WEIL-WEIL, Joachim, rue de Turenne, 67	*	Nicquevert				12 août 73	
WEINBERG, Gustave. Voir : BOULAY et WEINBERG.							
WEINSCHENCK d^{lle}, C., m^{de} de chaussures, r. Lecourbe, 25 et 27.		Beaujeu	8 déc. 73				
WEIS, François, commissionnaire, rue d'Hauteville, 22		Devin	3 mars 73				
WELSCH, Edmond, fleuriste, rue d'Aboukir, 117		Normand	1er févr. 73	28 avril 73	(5)		
WERCKLÉ, marchand de vins, à Vincennes		Chevillot	1er sept. 73		* 30 oct. 73		
WERNER et Cie, E., négociants, faubourg St-Martin, 31		Richard	19 nov. 73				
WERTHEIMER, commissionnaire, rue de l'Echiquier, 40		Id	12 sept. 71		* 9 avril 73		
WIDIL et Cie, H., parfumeurs, rue Chauveau-Lagarde, 18		Barboux	22 octob. 73		* 17 déc. 73		
WIGHT, Pierre-Carl, épicier, faubourg St-Denis, 36		Heurtey	8 juillet 73	4 nov. 73	(6)		
WIKPOTEL. Voir : COUTURIER dit WIKPOTEL.							
WINISTORFFER, décédé, limonadier, rue St-Martin, 331		Beaufour	24 mars 71	(7)			
WISS-WISS, Jean-Michel, rue des Jardiniers, 3	*	Cullerier				27 mai 73	

(1) **VOISIN** paie 10 fr. 84 c. %, unique répartition de l'actif abandonné.

(2) **VOLANT** doit 20 %, en 5 ans, par 1/5, de l'homologation.

(3) **WARIN** doit 20 %, en 5 ans, par 1/5, de l'homologation.

(4) **WARNET** paie 18 fr. 13 c. %, unique répartition.

(5) **WELSCH** doit 25 %, en 5 ans, par 1/5, à partir du jour de l'homologation.

(6) **WIGHT** paie 5 % 2 mois après l'homologation, et doit 20 %, en 4 ans, par 1/4, à partir du 31 décembre 1873.

(7) **WINISTORFFER**. — Le syndic paie 59 fr. 70 c. %. unique répartition.

15

NOMS, PRÉNOMS, PROFESSIONS ET DOMICILES.	Z indique Liquidation • acréances avoué et Insuffisance	SYNDICS ET AVOUÉS	FAILLITES ET LIQUIDATIONS.	DATE DES HOMOLOGATIONS DE CONCORDATS	INSUFFIS** ET UNIONS.	SÉPARAT** DE BIENS JUDICIAIRES.	CONS. JUDIC. ET INTERDICT.
WITTELSBACH dame, boulangère, boulevard Haussmann, 57 ...		Chevallier ...	11 déc. 72	(1)			
WITTKOWSKI, Michael, commiss**, r. Béranger, 7, et à Berlin..		Hécaen......	30 janv. 72	(2)			
WITZ, GOURNAY et Cie, marchands de vins, à la Varenne		Chevillot	11 juin 73				
WOLF, Alphonse, commissionnaire, faubourg Poissonnière, 35..		Barboux......	9 août 71	....	18 déc. 71	(3)	
WOLFF, Joseph, limonadier, boulevard Rochechouart, 64		Beaufour	15 avril 73	....:....	* 31 juill. 73		
WOOD-DEVOEGT—AUMONT, Victor-Théophile, r. St-Denis, 268.*		Dubois......			....	10 juin 73	
WORBE, Paul, libraire, faubourg St-Antoine, 197		Sarazin	17 juin 73	....	* 26 nov. 73		
WORMS jeune, Abraham, passementier, rue du Cygne, 2......		Prodhomme .	19 octob. 72	5 avril 73	(4)		
WRIGHT et BUNEL, entrepreneurs, avenue des Ternes, 87		Copin	10 avril 70	(5)			
WULVERYCK-MEYER, boulevard Sébastopol, 107 ....*		Levaux......			....	9 déc. 73	

X, Y et Z

XAINTE-AVOCAT, Pierre, rue Vital, 38 ....*		Fitremann...	....	....	....	6 mai 73	
YERMOLOFF, Pierre-Jean-Nicolas, rue Pasquier, 15 ....*		Caron.......	....	....	....		30 août 73
ZENNIG, Hermann, commissionnaire, rue d'Enghien, 28		Gautier.. ...	21 mai 70	(6)			
ZIEGER-STAUB, Pierre, route de Flandre, 89............*		Milliot......	....	....	....	9 déc. 73	
ZINCK-WAGNER, boulevard Montparnasse, 146 ....*		Roche.......	....	....	....	17 avril 73	
ZOMING, Jean-Baptiste, traiteur, à St-Ouen		Beaujou	10 sept. 73	24 déc. 73	(7)		
ZUGER-STAUB, Pierre, route de Flandre, 83 ....*		Milliot......	....	....	....	9 déc. 73	
ZUSATZ, négociant, rue de Rivoli, 134. ....*		Chevallier ...	30 juin 73	....	* 23 sept. 73		
ZWEYACKER, Joseph, ex-tapissier, rue Montmartre, 155.......		Régis	28 mars 73	....	* 29 avril 73		

(1) **WITTELSBACH** dame, paie 2 fr. 85 c. %, unique répartition.

(2) **WITTKOWSKI** est qualifié failli par jug' du 2 avril 1873. — Il paie 6 fr. 98 c. %, unique répartition.

(3) **WOLF** paie 2 fr. 06 c. %, unique répartition.

(4) **WORMS** jeune, doit 30 %, en 5 ans, par 1/5, de l'homolog.

(5) **WRIGHT** et **BUNEL** paient 15 fr. 20 c. %, unique répartit.

(6) **ZENNIG** paie 10 fr. 08 c. %, unique répartition.

(7) **ZOMING** doit 30 %, en 4 ans, de 6 en 6 mois.

FIN

Imp. et lith. E. Chenu, à Orléans.

DICTIONNAIRE

POUR L'ANNÉE 1874

D'APRÈS LES JOURNAUX JUDICIAIRES

DES FAILLITES

LIQUIDATIONS, SÉPARATIONS DE BIENS, NOMINATIONS DE CONSEILS JUDICIAIRES,

INTERDICTIONS & RÉHABILITATIONS,

PRONONCÉES PAR LES TRIBUNAUX DE PARIS,

Avec les conditions sommaires de Concordats homologués, et la répartition
des dividendes de chaque Faillite,

PAR **H.-F. MASCRET**, ANCIEN NOTAIRE.

OUVRAGE HONORÉ D'UNE MENTION HONORABLE EN 1871, PAR L'ACADÉMIE NATIONALE DE PARIS,
ET D'UNE MÉDAILLE D'ARGENT A L'EXPOSITION UNIVERSELLE DE 1872, A PARIS.

PRIX : **6 FRANCS.**

PARIS,

CHEZ L'AUTEUR, RUE DES DEUX-PORTES-SAINT-JEAN, Nº **6**,

(Hôtel-de-Ville).

1875.

LOIS & DÉCRETS

INSÉRÉS AU BULLETIN OFFICIEL DE 1874.

———

Loi portant augmentation de droits d'enregistrement et de timbre.

DU 19 FÉVRIER 1874.

ART. 1er. — Sont établis à titre extraordinaire et temporaire, les augmentations d'impôts et les impôts énumérés dans la présente loi.

ART. 2. — Les divers droits fixes d'enregistrement auxquels les actes extra-judiciaires sont assujettis par les lois en vigueur sont augmentés de moitié.

ART. 3. — Le tarif du droit de timbre proportionnel établi, par le numéro 1er de l'article 2 de la loi du 23 août 1871, sur les effets négociables ou de commerce autres que ceux tirés de l'étranger sur l'étranger et circulant en France, est augmenté de moitié.

A partir du 1er juillet 1874, le droit de timbre des effets négociables ou de commerce au-dessus de 500 francs jusqu'à 1,000 francs sera gradué de 100 francs en 100 francs, sans fraction.

ART. 4. — Sont soumis au droit de timbre proportionnel fixé par l'article précédent :

Les billets, obligations, délégations et tous mandats non négociables, quelle que soit d'ailleurs leur forme ou leur dénomination, servant à procurer une remise de fonds de place à place.

Cette disposition est applicable aux écrits spécifiés ci-dessus, souscrits en France et payables hors de France et réciproquement.

En cas de contravention, le souscripteur, le bénéficiaire ou le porteur sont passibles chacun de l'amende de 6 p. %, édictée par l'article 4 de la loi du 5 juin 1850. Sont également applicables, en cas de contravention, les dispositions pénales des articles 6 et 7 de ladite loi du 5 juin 1850.

ART. 5. — Les dispositions suivantes sont ajoutées à l'article 1er de la loi du 14 juin 1865 :

« Le chèque indique le lieu d'où il est émis. La date du jour où il est tiré est inscrite en toutes lettres et de la main de celui qui a écrit le chèque.

« Le chèque, même au porteur, est acquitté par celui qui le touche ; l'acquit est daté.

« Toutes stipulations entre le tireur, le bénéficiaire ou le tiré, ayant pour objet de rendre le chèque payable autrement qu'à vue et à première réquisition, sont nulles de plein droit. »

ART. 6. — L'article 6 de la loi du 14 juin 1865 est abrogé et remplacé par les dispositions suivantes :

« Le tireur qui émet un chèque sans date ou non daté en toutes lettres s'il s'agit d'un chèque de place à place ; celui qui revêt un chèque d'une fausse date ou d'une fausse énonciation du lieu d'où il est tiré, est passible d'une amende de 6 p. % de la somme pour laquelle le chèque est tiré, sans que cette amende puisse être inférieure à cent francs.

« La même amende est due personnellement et sans recours, par le premier endosseur ou le porteur d'un chèque sans date ou non daté en toutes lettres, s'il est tiré de place à place, ou portant une date postérieure à l'époque à laquelle il est endossé ou présenté. Cette amende est due, en outre, par celui qui paie ou reçoit en compensation un chèque sans date ou irrégulièrement daté ou présenté au paiement avant la date d'émission.

« Celui qui émet un chèque sans provision préalable et disponible est passible de la même amende, sans préjudice des peines correctionnelles, s'il y a lieu. »

ART. 7. — Celui qui paie un chèque sans exiger qu'il soit acquitté est passible personnellement et sans recours, d'une amende de cinquante francs.

ART. 8. — Les chèques de place à place sont assujettis à un droit de timbre fixe de 20 centimes.

Les chèques sur place continueront à être timbrés à 10 centimes.

Sont applicables aux chèques de place à place non timbrés, conformément au présent article, les dispositions pénales des articles 4, 5, 6, 7 et 8 de la loi du 5 juin 1850.

Le droit de timbre additionnel peut être acquitté au moyen d'un timbre mobile de dix centimes.

ART. 9. — Toutes les dispositions législatives relatives aux chèques tirés de France sont applicables aux chèques tirés hors de France et payables en France.

Les chèques pourront, avant tout endossement en France, être timbrés avec des timbres mobiles.

Si le chèque tiré hors de France n'a pas été timbré conformément aux dispositions ci-dessus, le bénéficiaire, le premier endosseur, le porteur ou le tiré sont tenus, sous peine de l'amende de 6 p. %, de le faire timbrer aux droits fixés par l'article précédent, avant tout usage en France.

Si le chèque tiré hors de France n'est pas souscrit conformément aux prescriptions de l'article 1er de la loi du 14 juin 1805 et de l'article 5 ci-dessus, il est assujetti aux droits de timbre des effets de commerce. Dans ce cas, le bénéficiaire, le premier endosseur, le porteur ou le tiré, sont tenus de le faire timbrer, avant tout usage en France, sous peine d'une amende de 6 p. %.

Toutes les parties sont solidaires pour le recouvrement des droits et amendes.

ART. 10. — Les recouvrements effectués par les entrepreneurs de transport, à titre de remboursement des objets transportés, quel que soit d'ailleurs le mode employé pour la remise des fonds au créancier, ainsi que tous autres transports fictifs ou réels de monnaies ou de valeurs, sont assujettis à la délivrance d'un récépissé ou d'une lettre de voiture dûment timbrés.

Le droit de timbre du récépissé ou celui de la lettre de voiture fixé dans ce cas à 35 centimes, y compris le droit de la décharge, est supporté par l'expéditeur de la marchandise.

Décret relatif aux timbres et aux contre-timbres créés pour l'exécution de l'article 3 de la loi du 19 février 1874.

ART. 1er. — A partir de la promulgation de la loi du 19 février 1874, les papiers timbrés actuellement en usage pour les effets de commerce seront revêtus d'un contre-timbre indiquant l'augmentation du droit au moyen de la mention : *demi-droit en sus.*

Le contre-timbre sera appliqué au milieu de la partie supérieure de chaque feuille.

Il sera également appliqué sur les papiers présentés au timbre extraordinaire.

ART. 2. — Dans le cas où le contre-timbre ne pourrait pas être mis en activité au jour de la promulgation de la loi, il y serait suppléé par un visa daté et signé par le receveur de l'enregistrement.

ART. 3. — Les timbres mobiles actuellement en usage pour les effets de commerce seront également revêtus d'un contre-timbre indiquant l'augmentation du droit au moyen de la mention : *demi-droit en sus.*

ART. 4. — Les détenteurs de papiers et de timbres mobiles émis antérieurement à la nouvelle loi et non encore employés, seront admis, dans le délai de trois mois à partir de ce jour, à les présenter à la formalité du contre-timbre en acquittant les suppléments de droits.

ART. 5. — Il est créé de nouveaux types destinés à timbrer les coupons pour effets de commerce et portant l'indication des quotités établies par l'article 3 de la loi du 19 février 1874.

Ces types sont conformes au modèle annexé au présent décret.

ART. 6. — Le directeur général de l'enregistrement, des domaines et du timbre, fera déposer aux greffes des cours et tribunaux des empreintes des timbres et contre-timbres établis par les articles qui précèdent.

Ce dépôt sera constaté par un procès-verbal dressé sans frais.

ART. 7. — Le ministre des finances est chargé de l'exécution du présent décret, qui sera inséré au *Bulletin des lois.*

Loi du 27 juillet 1870, portant fixation du budget de l'exercice 1871.

ART. 6. — Le droit de timbre auquel sont assujettis les effets de commerce créés en France pourra être acquitté par l'apposition de timbres mobiles.

Pourront également être timbrés au moyen de timbres mobiles les papiers destinés à l'impression des affiches et des formules assujetties au timbre de dimension (1).

La forme et la condition d'emploi de ces timbres seront déterminés par un règlement d'administration publique.

Sont applicables à ces timbres les dispositions pénales des articles 20 et 21 de la loi du 11 juin 1859.

. . . .

Décret portant règlement d'administration publique, et relatif aux timbres mobiles proportionnels pour les effets de commerce et les warrants.

DU 19 FÉVRIER 1874.

ART. 1er. — Les timbres mobiles proportionnels qui peuvent être apposés, en exécution des lois susvisées, sur les effets de commerce venant de l'étranger ou des colonies, sur les warrants endossés séparément des récépissés et sur les effets négociables de toute nature, créés en France, seront conformes au modèle annexé au présent décret. Néanmoins,

---

(1) Les timbres mobiles pour affiches font l'objet d'un décret du 21 décembre 1872.

l'administration de l'enregistrement, des domaines et du timbre pourra modifier les couleurs de ces timbres, suivant les quotités et toutes les fois qu'elle le jugera convenable.

Art. 2. — Il est créé des timbres mobiles :

Pour les effets de 100 francs et au-dessous ;

Pour ceux au-dessus de 100 francs jusqu'à 200 francs ;

Pour ceux au-dessus de 200 francs jusqu'à 300 francs ;

Pour ceux au-dessus de 300 francs jusqu'à 400 francs ;

Pour ceux au-dessus de 400 francs jusqu'à 500 francs ;

Pour ceux au-dessus de 500 francs jusqu'à 1,000 francs ;

Pour ceux au-dessus de 1,000 francs jusqu'à 2,000 francs ;

Pour ceux au-dessus de 2,000 francs jusqu'à 3,000 francs, et ainsi de suite en suivant la même progression et sans fraction de 1,000 francs.

La quotité des droits fixés par les lois en vigueur pour les diverses catégories sera indiquée sur les timbres.

Il n'est pas créé de timbre mobile d'une quotité supérieure au droit exigible pour un effet de 10,000 francs ; mais le paiement du droit de timbre des effets négociables et des warrants pourra, même pour les sommes supérieures à 10,000 francs, être constaté par l'apposition de plusieurs timbres mobiles.

Art. 3. — Le timbre mobile est apposé avant tout usage. Il est collé, savoir :

1° *Pour les effets créés en France* au recto de l'effet, à côté de la signature du souscripteur ;

2° *Pour les effets venant de l'étranger ou des colonies*, au recto de l'effet, à côté de la mention de l'acceptation ou de l'aval ; à défaut d'acception ou d'aval, au verso, avant tout endossement ou acquit, si l'effet n'a pas encore été négocié, et, en cas de négociation, immédiatement après le dernier endossement souscrit en pays étranger ou dans les colonies ;

3° *Pour les warrants*, au dos des warrants et au-dessus du premier endossement.

Art. 4. — Chaque timbre mobile est oblitéré au moment même de son apposition, savoir :

Par le souscripteur pour les effets créés en France ;

Par le signataire de l'acceptation, de l'aval, de l'endossement ou de l'acquit, s'il s'agit d'effets venant de l'étranger ou des colonies ;

Par le premier endosseur en ce qui concerne les warrants.

L'oblitération consiste dans l'inscription à l'encre noire usuelle et à la place réservée à cet effet sur le timbre mobile :

1° Du lieu où l'oblitération est opérée ;

2° De la date (*quantième, mois et millésime*) à laquelle elle est effectuée ;

3° De la signature, suivant les cas prévus en l'article précédent du signataire de l'effet, de l'acceptation, de l'aval, de l'endossement ou de l'acquit.

En cas de protêt, faute d'acceptation, d'un effet venant de l'étranger ou des colonies, le timbre est collé par le porteur et oblitéré par le receveur chargé de l'enregistrement du protêt.

Il appose sur ce timbre la griffe de son bureau et sa signature.

Art. 5. — Les sociétés, compagnies, maisons de banque ou de commerce peuvent, pour l'oblitération, faire usage d'une griffe apposée sur le timbre à l'*encre grasse* et faisant connaître le nom et la raison sociale, le lieu où l'oblitération est opérée, enfin la date (*quantième, mois et millésime*) à laquelle elle est effectuée.

L'empreinte de cette griffe, dont le modèle doit être agréé par l'Administration, est déposée préalablement à tout usage, au bureau de l'enregistrement de la résidence de celui qui veut en faire emploi.

Il est délivré un récépissé de ce dépôt.

Art. 6. — L'Administration de l'enregistrement, des domaines et du timbre fera déposer aux greffes des cours et tribunaux des spécimens des timbres mobiles créés par le présent décret, il sera dressé sans frais, procès-verbal de chaque dépôt.

Les timbres mobiles actuellement en usage pour les effets de commerce venant de l'étranger et des colonies, et pour les warrants pourront être employés jusqu'au 1er juillet 1874. A partir de cette époque les timbres mobiles créés par le présent décret pourront seuls être employés.

L'administration de l'enregistrement, des domaines et du timbre prendra les mesures nécessaires pour le retrait des timbres mobiles aux anciens modèles qui n'auront pas été employés avant le 1er juillet 1874.

Art. 7. — Les décrets des 18 janvier 1860, 29 octobre 1862 (art. 8) et 23 janvier 1864, sont abrogés.

Art. 8. — Le ministre des finances est chargé de l'exécution du présent décret, qui sera inséré au *Journal officiel* et au *Bulletin des Lois*.

———

Décret qui crée des Timbres mobiles pour les effets de commerce de 500 francs à 1,000 francs.

DU 18 JUIN 1874.

Art. 1er. — Il est créé, à partir du 1er juillet 1874, des timbres mobiles :

Pour les effets au-dessus de cinq cents francs jusqu'à six cents francs ;

Pour ceux au-dessus de six cents francs jusqu'à sept cents francs ;

Pour ceux au-dessus de sept cents francs jusqu'à huit cents francs ;

Pour ceux au-dessus de huit cents francs jusqu'à neuf cents francs ;

Pour ceux au-dessus de neuf cents francs jusqu'à mille francs.

Ces timbres mobiles porteront l'indication de la quotité des droits afférents à chaque catégorie. Ils seront conformes au modèle annexé au décret du 19 février 1874 susvisé.

Aʀт. 2. — Les dispositions du paragraphe final de l'art. 1ᵉʳ et celles des articles 3, 4, 5, 6 et 7 du décret du 19 février 1874 sont applicables aux timbres mobiles créés par l'article précédent.

Aʀт. 3. — Le ministre des finances est chargé de l'exécution du présent décret, qui sera inséré au *Journal officiel* et au *Bulletin des lois.*

Décret portant règlement d'administration publique pour l'exécution de la loi du 26 novembre 1873, concernant l'apposition d'un timbre ou poinçon spécial sur les marques de fabrique ou de commerce.

ᴅᴜ 25 ᴊᴜɪɴ 1874.

TITRE Iᵉʳ. — DISPOSITIONS GÉNÉRALES.

Aʀт. 1ᵉʳ. — Tout propriétaire d'une marque de fabrique ou de commerce qui veut être admis à user de la faculté ouverte par la loi du 26 novembre 1873 doit préalablement en faire la déclaration à l'un des bureaux désignés par les articles 5 et 9 ci-après et y déposer en même temps :

1° Une expédition du procès-verbal du dépôt de sa marque, fait en exécution de la loi du 23 juin 1857 et du décret du 26 juillet 1858;

2° Un exemplaire du dessin, de la gravure ou de l'empreinte qui représente sa marque. Cet exemplaire est revêtu d'un certificat du greffier, attestant qu'il est conforme au modèle annexé au procès-verbal de dépôt;

3° L'original de sa signature, dûment légalisé. Il y a autant de signatures déposées que de propriétaires ou d'associés ayant la signature sociale et qui voudront user de la faculté de requérir l'apposition du timbre ou du poinçon de l'État.

En cas de transmission, à quelque titre que ce soit, de la propriété de la marque, le nouveau propriétaire justifie de son droit par le dépôt des actes ou pièces qui établissent cette transmission. Il dépose, en outre, l'original de sa signature dûment légalisé.

Il est dressé, sur un registre, procès-verbal des déclarations et dépôts prescrits par le présent article. Le procès-verbal est signé par le déclarant, à qui en est délivré récépissé ou ampliation.

Aʀт. 2. — Toutes les fois que le propriétaire d'une marque de fabrique ou de commerce veut faire apposer sur cette marque le timbre ou le poinçon, il remet au receveur du bureau dans lequel la déclaration et le dépôt prévus par l'article précédent ont été effectués, une réquisition écrite sur papier non timbré, et conformes aux modèles ci-annexés sous les numéros 1 et 2.

La réquisition, dressée au bureau sur une formule fournie gratuitement par l'administration, est datée et signée. Elle est accompagnée d'un spécimen des étiquettes, bandes, enve-loppes ou estampilles à timbrer ou poinçonner, lequel reste déposé avec la réquisition.

Ne peuvent être admises que les réquisitions donnant ouverture à la perception de cinq francs de droits au moins.

Aʀт. 3. — Les déclarations, dépôts et réquisitions prévus par les deux articles précédents peuvent être faits par un mandataire spécial, à la condition de déposer au bureau, soit l'original en brevet, soit une expédition authentique de sa procuration, laquelle est certifiée par le fondé de pouvoirs.

TITRE II. — ᴅᴇ ʟ'ᴀᴘᴘᴏsɪᴛɪᴏɴ ᴅᴜ ᴛɪᴍʙʀᴇ.

Aʀт. 4. — Les droits de timbre à percevoir, en exécution de l'article 2 de la loi susvisée du 26 novembre 1873, pour les étiquettes, bandes ou enveloppes en papier sur lesquelles figurent des marques de fabrique ou de commerce, sont fixés ainsi qu'il suit, savoir :

1 centime par chaque marque timbrée se rapportant à des objets d'une valeur de 1 franc et au-dessous.

2 centimes s'il s'agit d'obj. d'une valeur supér⁶ à 1 fr. jusqu'à 2 fr.		
3 *idem*	2	3
5 *idem*	3	5
10 *idem*	5	10
20 *idem*	10	20
30 *idem*	20	30
50 *idem*	30	50

1 franc, s'il s'agit d'obj. d'une valeur supér⁶ à. 50

Aʀт. 5. — La déclaration et le dépôt prescrits par l'art. 1ᵉʳ ci-dessus, ainsi que la réquisition, ne peuvent être opérés que dans les chefs-lieux de département désignés comme centres d'une circonscription.

Les marques ne peuvent être timbrées qu'au chef-lieu de la circonscription dans laquelle a eu lieu le dépôt au greffe prescrit par la loi du 23 juin 1857.

Aʀт. 6. — Le timbre sera apposé, après paiement des droits, sur la marque, si cette apposition peut avoir lieu sans oblitérer cette marque et sans nuire à la netteté du timbre. Dans le cas contraire, le timbre sera apposé partie sur la marque et partie sur la bande, étiquette ou enveloppe.

L'administration de l'enregistrement, des domaines et du timbre, est autorisée à refuser de timbrer :

1° Les marques apposées sur des étiquettes, bandes ou enveloppes dont la dimension serait inférieure à trente-cinq millimètres en largeur et en longueur;

2° Les marques qui seraient reproduites en relief ou qui seraient imprimées ou apposées sur des papiers drapés, veloutés, gaufrés, vernissés ou enduits, façonnés à l'emporte-pièce, sur papier joseph, sur papier végétal et tous autres papiers sur lesquels l'administration jugerait que l'empreinte du timbre ne peut être apposée ;

3° Les papiers noirs, de couleur foncée ou disposés de manière que l'empreinte du timbre ne puisse y être appliquée d'une façon suffisamment distincte.

Aʀт. 7. — Les étiquettes ou bandes doivent être présentées en feuilles et divisées en séries de dix destinées à être frappées du timbre de la même quotité. Toutefois les étiquettes ou bandes destinées à être frappées du timbre de un franc peuvent être reçues au nombre minimum de cinq.

Si la dimension des papiers portant les étiquettes ou bandes présentées au timbre est inférieure à dix centimètres en longueur et en largeur, il est perçu, à titre de frais extraordinaires de manipulation, un droit supplémentaire de deux francs par mille étiquettes ou bandes, sans que ce supplément puisse être jamais inférieur à vingt centimes.

Les feuilles, étiquettes, bandes ou enveloppes maculées ou avariées pendant l'opération, sont oblitérées et remises au propriétaire de la marque ou à son mandataire, et il lui est tenu compte des droits afférents à ces maculatures.

Dans tous les cas, le propriétaire ou son mandataire donne décharge des marques qui lui sont remises après avoir reçu l'apposition du timbre et de celles qui ont été maculées ou avariées pendant l'opération.

TITRE III. — DE L'APPOSITION DU POINÇON.

ART. 8. — Les droits de poinçonnage à percevoir, en exécution des articles 2 et 3 de la loi du 26 novembre 1873, pour les étiquettes et estampilles en métal sur lesquelles figurent les marques de fabrique ou de commerce ou pour les marques faisant corps avec l'objet lui-même, sont fixés ainsi qu'il suit :

VALEURS.		CLASSES.	ÉTIQUETTES et estampilles présentées sans l'objet qui doit les porter.	MARQUES fixées sur l'objet ou faisant corps avec l'objet lui-même.
			f. c.	f. c.
Pour chaque objet d'une valeur déclarée	de 5 00 et au-dessous	1re classe..	0 05	0 06
	de 5 01 à 10f.	2e idem...	0 10	0 12
	de 10 01 à 20.	3e idem...	0 20	0 24
	de 20 01 à 30..	4e idem...	0 30	0 36
	de 30 01 à 50..	5e idem...	0 50	0 60
	de 50 01 à 100..	6e idem...	1 00	1 20
	de 100 01 à 200..	7e idem...	2 00	2 40
	de 200 01 à 350..	8e idem...	3 50	4 20
	de 350 01 et au-dessus.	9e idem...	5 00	6 00

ART. 9. — La déclaration et le dépôt prescrits par l'art. 1er du présent décret, ainsi que l'apposition du poinçon, ne pourront être opérés que dans les bureaux de garantie des matières d'or et d'argent désignés ci-après, au choix du déclarant :

Amiens.
Avignon.
Besançon.
Bordeaux.
Le Havre.
Lille.
Lyon.
Marseille.

Nancy.
Nantes.
Nîmes.
Paris.
Rouen.
Saumur.
Toulouse.
Valence.

ART. 10. — Les étiquettes, estampilles ou objets fabriqués en aluminium, bronze, cuivre ou laiton, étain, ferblanc, fer doux, plomb, tôle et zinc, sont admis seuls à recevoir l'empreinte du poinçon de l'État, à la condition de présenter assez de résistance pour supporter l'application du poinçon. L'administration des contributions indirectes est néanmoins autorisée à refuser d'apposer le poinçon dans tous les cas où elle jugerait que cette opération est impraticable.

Les marques doivent présenter dans l'intérieur un espace nu circulaire d'au moins un centimètre de diamètre pour contenir l'empreinte du poinçon.

ART. 11. — Le montant des droits est perçu au moment du dépôt des étiquettes, estampilles, ou objets à poinçonner. Il en est délivré quittance.

Les étiquettes ou estampilles en métal avariées pendant l'opération sont oblitérées et remises au propriétaire de la marque ou à son mandataire, et il lui est tenu compte des droits afférents à ces rebuts.

Le propriétaire ou son mandataire donne décharge des étiquettes, estampilles ou objets qui lui sont remis après avoir reçu l'apposition du poinçon, ainsi que des étiquettes ou estampilles avariées pendant l'opération.

ART. 12. — Les préfets régleront par des arrêtés les jours et heures où les bureaux de garantie désignés à l'article 9 seront ouverts pour le poinçonnage des marques de fabrique ou de commerce.

ART. 13. — Les poinçons seront renfermés dans une caisse à deux serrures, sous la garde du contrôleur et du receveur du bureau de garantie. Ces deux employés auront chacun une clef de ladite caisse.

ART. 14. — Le ministre des finances est chargé de l'exécution du présent décret qui sera inséré au *Journal officiel* et au *Bulletin des lois.*

Décret portant création de types destinés à timbrer les étiquettes, bandes ou enveloppes en papier sur lesquelles figurent des marques de fabrique ou de commerce.

DU 25 JUIN 1874.

ART. 1er. — Il est créé des types destinés à timbrer les étiquettes, bandes ou enveloppes en papier sur lesquelles figurent des marques de fabrique ou de commerce.

Ces types, qui sont conformes au modèle annexé au présent décret, portent l'indication des quotités établies par l'article 4 ci-dessus du règlement d'administration publique.

ART. 2. — L'administration de l'enregistrement, des domaines et du timbre fera déposer aux greffes des cours et tribunaux des empreintes des timbres établis par l'article précédent.

Ce dépôt sera constaté par un procès-verbal dressé sans frais.

ART. 3. — Le poinçon destiné à être apposé sur les étiquettes ou estampilles en métal, dans les conditions déterminées par l'article 1er de la loi du 26 novembre 1873, affecte la forme ronde ; son diamètre est de six millimètres et demi, et il représente une tête d'Amphitrite d'après l'antique. Il porte l'un des chiffres arabes 1 à 9, indiquant le numéro et la classe du tarif correspondant à la taxe à percevoir.

ART. 4. — Le ministre des finances est chargé de l'exécution du présent décret, qui sera inséré au *Journal officiel.*

Décret pour l'exécution de la Convention de poste conclue, le 28 avril 1874, entre la France et les États-Unis de l'Amérique du Nord.

DU 13 JUILLET 1874.

ART. 1er. — Les taxes ou droits à percevoir par l'administration des postes de France pour l'affranchissement des lettres ordinaires, des lettres chargées, des échantillons de marchandises et des journaux, gazettes, ouvrages périodiques, livres brochés ou reliés, brochures, papiers de musique, gravures, lithographies, photographies, catalogues, prospectus, annonces et avis divers imprimés, gravés, lithographiés ou autographiés, qui seront expédiés de la France et de l'Algérie à destination des États-Unis ou de leurs territoires et des pays auxquels les États-Unis servent d'intermédiaire, tant au moyen des paquebots-poste français et étrangers faisant un service régulier entre la France et les États-Unis, que par la voie d'Angleterre et des paquebots affectés au transport des dépêches entre la Grande-Bretagne et les États-Unis, seront payés par les envoyeurs.

ART. 2. — Les taxes à percevoir, en vertu de l'article précédent, pourront être acquittées au moyen des timbres d'affranchissement que l'administration des postes est autorisée à faire vendre.

Lorsque les timbres-poste apposés sur une lettre à destination des États-Unis ou de leurs territoires représenteront une somme inférieure à celle due pour l'affranchissement, le destinataire paiera une taxe égale à la différence existant entre la valeur desdits timbres et le port dû pour une lettre non affranchie du même poids. Toutefois, lorsque la somme représentée par les timbres d'affranchissement présentera une fraction de demi-décime, il ne sera pas tenu compte de cette fraction.

ART. 3. — Les taxes ou droits à percevoir par l'administration des postes de France, tant pour les lettres non affranchies qui seront expédiées des États-Unis ou de leurs territoires, à destination de la France et de l'Algérie, que pour les lettres, les échantillons de marchandises et les imprimés de toute nature non affranchis qui seront expédiés des pays auxquels les États-Unis servent d'intermédiaire, à destination de la France et de l'Algérie, seront payés par les destinataires.

ART. 4. — Les échantillons de marchandises ne seront admis à jouir des modérations de taxes qui leur sont accordées par les articles 1 et 3 précédents, qu'autant qu'ils n'auront aucune valeur vénale, qu'ils seront affranchis jusqu'aux limites respectivement fixées par lesdits articles, qu'ils seront placés sous bandes ou de manière à ne laisser aucun doute sur leur nature, et qu'ils ne porteront d'autre écriture à la main, que l'adresse du destinataire, une marque de fabrique ou de marchand, des numéros d'ordre et des prix.

Pour jouir des modérations de port qui leur sont accordées par les mêmes articles, les imprimés devront être mis sous bandes et ne porter aucune écriture, chiffre ou signe quelconque à la main, si ce n'est l'adresse du destinataire, la signature de l'envoyeur et la date.

Ceux des objets désignés dans le présent article qui ne rempliront pas les conditions ci-dessus fixées ou qui n'auront pas été affranchis jusqu'à la limite fixée, seront considérés comme lettres et taxés en conséquence.

ART. 5. — Les journaux et autres imprimés ne seront reçus ou distribués par les bureaux dépendant de l'administration des postes de France, qu'autant qu'il aura été satisfait à leur égard aux lois, décrets, ordonnances ou arrêtés qui règlent les conditions de leur publication et de leur circulation en France.

ART. 6. — Il ne sera admis à destination des pays désignés dans l'article 1er du présent décret aucun paquet ou lettre qui contiendrait soit de l'or ou de l'argent monnayé, soit des bijoux ou effets précieux, soit enfin tout autre objet passible de droits de douane.

ART. 7. — Les lettres chargées expédiées de la France et de l'Algérie, en vertu de l'article 1er du présent décret, ne pourront être admises que sous enveloppes et fermées au moins de deux cachets en cire fine. Ces cachets devront porter une empreinte uniforme reproduisant un signe particulier à l'envoyeur et être placés de manière à retenir tous les plis de l'enveloppe.

ART. 8. — Les dispositions du présent décret seront exécutoires à partir du 1er août 1874.

ART. 9. — Toutes dispositions antérieures contraires sont et demeurent abrogées.

ART. 10. — Le ministre des finances est chargé de l'exécution du présent décret, qui sera inséré au *Bulletin des lois.*

NOMS, PRÉNOMS, PROFESSIONS ET DOMICILES.	Indique Liquidation * artistique Avoué et Insuffisance	SYNDICS ET AVOUÉS	FAILLITES ET LIQUIDATIONS	DATE DES HOMOLOGATIONS DE CONCORDATS	INSUFFISces ET UNIONS.	SÉPARATion DE BIENS JUDICIAIRES.	CONS.JUDIC. ET INTERDICT.
A							
AARON, Michel, porcelainier, rue de Bondy, 30		Heurtey	6 mai 73			* 31 mars 74	
ADALO, commissionnaire, rue Paradis-Poissonnière, 40		Knéringer	21 nov. 73			7 déc. 74	
ABRAHAM, Louis, marchand de charbons, rue Perdonnet, 8		Sarazin	26 juin 74			* 30 sept. 74	
ABRIAL, Paul-André, mercier, rue St-Denis, 371		Maillard	13 févr. 73	(1)			
ABRY, Claude-Louis, traiteur, à Pantin		Darbot	5 févr. 74			* 31 mars 74	
ACCARD, François-Auguste, marchand de vins, à Asnières		Dattarel	13 févr. 74	3 nov. 74	(2)		
ACHARD, Frédéric, f⁰ d'engrais, quai de la Marne, 20		Sautton	21 août 74				
ADAM, Étienne, marchand de meubles, rue Lamartine, 20		Normand	31 août 74				
Id. Romain, ex-boulanger, rue du Levant, 34		Gauche	25 avril 74	3 nov. 74	(3)		
Id. veuve, Joseph. Voir : ROUSSEL et Cⁱᵉ.							
ADOR-CHEVERRY et Cⁱᵉ, cafetiers, rue St-Antoine, 211		Beaugé	21 août 73	(4)			
ADROT et Cⁱᵉ, Victor-Aug., f⁰ de savons, à Clichy-la-Garenne		Id	30 octob. 74				
AIGOIN DU REY-GRÉNIER, rue de Rennes, 152	*	Levesque					22 déc. 74
ALAIN-GARDETTE, Elie, rue Keller, 1		Engrand					17 nov. 74
ALBERT, Jacques-Dominique, marchand de vins, à Vincennes		Heurtey	22 sept. 73	30 déc. 73	(5)		
ALBERTI, Antoine, négociant, à Clichy-la-Garenne		Knéringer	4 déc. 73	(6)			
ALBERTUCCIO-MÉNAGE, Honoré-Jos., r. St-Louis-en-l'Ile, 25.	*	Parmentier					28 mai 72
ALCAIN et Cⁱᵉ, Benito, commres en marchⁱˢ, r. du Sentier, 12		Lamoureux	7 sept. 74				
ALEXANDRE, Vict.-Amb., f⁰ de lavabos, bᵈ Richard-Lenoir, 115		Dufay	5 juin 74				
ALFRED. Voir : HJORTSBERG.							
ALIDERT, confectionneur, boulevard des Batignolles, 92		Battarel	17 juill. 74				
ALIZON, marchand de vins, à Arcueil		Prodhomme	8 octob. 73			* 31 janv. 74	
ALLAIN, Auguste-Antoine-Marie, treillageur, à Alfort		Dufay	12 mai. 74			* 2 octob. 74	
Id. -DOYER, F.-Aug.-Louis, menuis., r. Lacondamine, 26.	*	Duval					23 juin 74
Id. Armand, grainetier, rue Jean-Robert, 9		Beaujeu	12 févr. 72	(7)			
ALLANCHE, Théodore, mᵈ de vins et charbons, r. St-Placide, 47.		Heurtey	21 janv. 74	7 mai 74	(8)		
ALLARD-LAVALLEY, Ch.-Alphonse, négⁱ, bᵈ du Temple, 34.	*	Deherpe					17 nov. 74
Id. -TILY, Justin, soldat au 2ᵉ zouaves, à Oran (Afrique).	*	Carvès					9 juill. 74
ALLEAUME, Albert-Fⁱˢ, mᵈ de nouveautés, r. Dolzunco, 11 bis.		Lamoureux	7 juin 72	(9)			
ALLÈGRE, Auguste, dir. du Théâtre Tivoli, boulevard Clichy, 73.		Copin	1ᵉʳ juill. 73	(10)			
ALLONCLE, François, maçon, rue Saussier-Leroy, 10		Chevillot	11 nov. 74				
Id. -GEOFFROY, Id. Id.		Duval					22 déc. 74

(1) **ABRIAL** paie 2 fr. 00 % unique répartition.

(2) **ACCARD**, abandonne l'actif réalisé et la créance Harel et s'oblige à payer 20 %, en 5 ans, par 1/5, de l'homologation. — Le syndic paie 12 fr. 34 %, unique répartition.

(3) **ADAM**, Romain, abandonne son actif et parfait l'intégralité des créances en 5 ans, par 1/5 ; son père cautionne.

(4) **ADOR-CHEVERRY** et Cⁱᵉ paient 20 fr. 73 %, unique répartition.

(5) **ALBERT** paie l'intégralité des créances, sans intérêts, en 10 ans par 1/10 ; premier paiement, le 1ᵉʳ juin 1875.

(6) **ALBERTI** paie 12 fr. 21 %, unique répartition.

(7) **ALLAIN**, Armand, paie 3 fr. 81 %, unique répartition.

(8) **ALLANCHE** paiera le montant des créances par fractions égales, en 7 ans, à raison de 2 paiements fin janvier et fin avril de chaque année ; le 1ᵉʳ aura lieu fin janvier 75.

(9) **ALLEAUME** paie 10 fr. 20 %, unique répartition.

(10) **ALLÈGRE** paie 3 fr. 07 %., unique répartition.

2

NOMS, PRÉNOMS, PROFESSIONS ET DOMICILES.	Z indique Liquidation ° astérisque avoué et Insuffisance	SYNDICS ET AVOUÉS	FAILLITES ET LIQUIDATIONS.	DATE DES HOMOLOGATIONS DE CONCORDATS	INSUFFIS.ce ET UNIONS.	SÉPARAT.ons DE BIENS JUDICIAIRES.	CONS. JUDIC. ET INTERDICT.
ALLORGE, ex-marchand de nouveautés, rue Mosnier, 21......		Pinet	9 avril 72	19 juin 74	(1)		
ALLOT, Ch.-François, maçon, rue M. le Prince, 48............		Gautier......	30 avril 73	14 août 73	13 octob. 74		
ALLUCHON, marchand de vins, rue St-Benoît, 20		Barboux.....	7 octob. 74	....	°30 nov. 74		
ALMINANA et SARKISSIAN, mécaniciens, rue St-Maur, 75..		Tournel......	25 sept. 74				
ALOT, marchand de vins, rue d'Orcel, 20...................		Meillencourt.	12 août 74				
AMBIEHL, Charles, boulanger, rue de la Harpe, 1............		Beaujeu	28 août 73	16 déc. 73	(2)		
AMBLARD, Rosalie. Voir : COSTON, dame							
AMOUROUS, Léopold, commissionnaire, rue Daudin, 20.......		Chevillot....	18 nov. 73	3 mars 74	(3)		
ANCEAU-IMBART-LATOUR, Victor, boulevard de Courcelles, 14.°		Lacomme.....	....	....		9 juin 74	
ANDRÉ, Jean-Pierre, agent d'affaires, rue d'Arcole, 19.......		Meillencourt.	17 déc. 73	....	°26 févr. 74		
ANDRÉOLI, banquier et journaliste, rue Lafayette, 54		Moncharville.	4 juin 72	(4)			
ANDRIEU, Étienne, marchand de vins, bois et charbons, à Ivry..		Hécaen......	30 déc. 73	....	°31 mars 74		
Id. Henri, marchand de vins, rue de la Glacière, 18.....		Chevallier...	10 sept. 72				
Id. -DECROTTE, Id. Id........°		Mercier	....	....		2 juin 74	
ANDRIEUX-DOUDIER, Louis-Alfred, à Pantin..............	°	Rougeot......	....	....		17 mars 74	
ANDRYANE veuve, née MANGELSCHOT, m.de de chev. à Neuilly.		Battarel.....	11 nov. 74				
ANET fils, Louis-Sulpice, menuisier, rue Lantiez, 11......L.		Dufay.......	3 févr. 72	27 juin 72	°31 oct. 74		
Id. -KLEIN, Id. Id. Id. Id........°		Delepouve...	....	....		7 avril 74	
ANGELINI et Cie, charcutiers, rue de Moscou, 4..............		Beaujeu	23 août 73	(5)			
ANJOUBAULT dame, Miguel, ex-boulangère, à Levallois.......		Moys........	5 mars 73	12 août 74	(6)		
ANOBLE, Alphonse, marchand de pommes de terre, à Gentilly..		Normand....	30 janv. 74	....	°25 avril 74		
ANSELM, Théodore, confectionneur, rue Joquelet, 11.........		Beaugé......	13 févr. 74	19 mai 74	(7)		
ANSOULT fils, crémier, rue de Belleville, 12..............		Barboux.....	13 juin 74	....	°17 août 74		
ANTOINE, Jean-Augustin. Voir : VANNIER veuve et Cie.							
Id. dame et fils. Voir : RAMARD et Cie.							
Id. -ALLARD, Louis-Alfred, avenue de Clichy, 11......°		Bourgoin....	....	....		3 févr. 74	
APFELBAUM et Cie, commissionnaires, rue Magnan, 25.......		Moncharville.	13 déc. 73	28 mars 74	(8)		
APPAY, J.-Bapt.-Alexandre, négociant, rue Bellefond, 1		Gauche......	10 août 74				
ARCHAMBAUD et BOUBET, maçons, rue Grange-aux-Belles, 10..		Sarazin	12 octob. 00	(9)			
ARDOUIN, Paul-Jean-Ant., m.d de papiers, r. des Gravilliers, 19.		Pinet	3 sept. 73	12 févr. 74	(10)		
ARENT, m.d de pâtes alimentaires, r. du Cloître-St-Merri, 16...		Bourbon.....	13 mars 74	27 juill. 74	(11)		

(1) **ALLORGE** paie 25 %, en 5 ans, par 1/5 ; les dividendes sont garantis par la créance à lui due par M. Foulet, son successeur, dans le fonds qu'il exploitait chaussée Ménilmontant.

(2) **AMBIEHL** paie 75 %, en 6 ans, par 1,6, avec la caution de sa sœur, demeurant rue de la Harpe, 1.

(3) **AMOUROUS** paie 14 fr. % par les mains du syndic, 5 % le 31 décembre 74 et 6 % le 31 juillet 75. M. Édouard Amourous, négociant à Lisbonne, cautionne les deux derniers paiements.

(4) **ANDRÉOLI** paie 5 fr. 23 c. %, unique répartition.

(5) **ANGELINI** et Cie paient 19 fr. 41 c. %, unique répartition.

(6) **ANJOUBAULT**, dame, paie 10 % comptant et 10 % en cinq ans, par 1/5, de l'homologation.

(7) **ANSELM** paiera l'intégralité des créances en 10 ans, par 1/10 ; premier paiement un an après l'homologation.

(8) **APFELBAUM** et Cie paient 10 % comptant par les soins du syndic, et 5 % un an après l'homologation.

(9) **ARCHAMBAUD** et BOUBET paient 9 fr. 94 c. %, deuxième et dernière répartition.

(10) **ARDOUIN** paie 32 fr. 16 c. %, produit de son actif, et parfait 35 %, en 5 ans, par 1/5, de l'homologation.

(11) **ARENT** doit 30 %, en 5 ans, par 1/5, de l'homologation.

NOMS, PRÉNOMS, PROFESSIONS ET DOMICILES.	SYNDICS ET AVOUÉS	FAILLITES ET LIQUIDATIONS.	DATE DES HOMOLOGATIONS DE CONCORDATS	INSUFFIS^ce ET UNIONS.	SÉPARAT^on DE BIENS JUDICIAIRES.	CONS. JUDIC. ET INTERDICT.
ARETHENS, Joseph, marchand de charbons, rue de Rouen, 4...	Lamoureux ..	16 juill. 74	3 nov. 74	(1)		
ARGANT, Marie-Pélagie. Voir : LECLERC veuve.						
ARGER, fabricant de filets, boulevard Sébastopol, 96.........	Legriel	9 avril 74				
Id. -FAEHNLEIN, Charles, boulevard Sébastopol, 96.....*	Marc.........	....	....	....	23 juin 74	
ARMAN, L. négociant, boulevard Haussmann, 31	Dattarel....	2 juill. 08	15 mars 72	11 mars 74		
ARNAUD, décédé, Ch.-F^ois, entrep. de bâtiments, r. des Jutis,13.	Sautton	15 janv. 72	(2)			
Id. -DURET, Léon, sans domicile connu................*	Weil.........	....	....	....	6 juin 74	
ARNAVON demoiselles, tenant pension de famille, r. Balzac, 11.	Barbot......	1er juill. 74	7 nov. 74	(3)		
ARNOULD, Arthur. Voir : VIDELOT, ARNOULD et Cie.						
Id. -DOUÉ veuve, entrep. de transports, r. Constance, 7.	Heurtey	17 octob. 74				
ARNOULT, graveur-libraire, rue de Clichy, 15..............	Bourbon....	17 mars 74	....	*24 juill. 74		
ARNUPHILE, Ferd.-Ch., restaurateur, rue d'Allemagne, 194....	Barboux	13 nov. 08	1er mars 69	*31 janv. 74		
ARRACHART, Louis-Désiré, constructeur, rue Léopold, S......	Richard.....	25 mai 70	(4)			
ARSON-RICHIER, Marie-Charles, rue Saint-Lazare, 82.......*	Branche....	....	....	....	14 juill. 74	
ASCHERMANN, Joseph, manufacturier, rue de la Santé, 61.....	Kaéringer ..	8 juill. 74				
ASCHTGEN frères, loueurs de voitures, passage Blanchard, 20..	Dégis........	6 mai 74	....	* 30 juin 74		
ASSOCIATION GÉNÉRALE des ouvriers menuisiers en bâtiments.	Lamoureux..	15 janv. 72	29 janv. 74	(5)		
ASTRÉ, Gaston, ex-limonadier, rue Bréa, 13.............. .	Gauche.....	17 avril 74				
AUB, Ignace, fab^t d'art. de St-Claude, rue Petites-Écuries, 10...	Meillencourt	23 mai 72	....	*31 juill. 72	(6)	
AUBÉ et DELATRE, m^ds d'huiles et vins, r. N.-D.-des-Victoires, 40.	Copin	31 juill. 72	1er avril 73	(7)		
AUBERT, Zéphire, mercier, rue de Clichy, 78...............	Pluzanski...	6 nov. 74				
Id. aîné, Joseph, marchand de vins, rue Bichat, 51......	Battarel	7 févr. 74	18 juill. 74	(8)		
AUBINEAU, restaurateur, rue Lafayette, 76...............	Beaujeu	3 nov. 73	....	*29 déc. 73		
AUBRY, veuve. Voir : MAUFRAS et veuve AUDRY.						
AUBURTIN, J.-Bapt., ex-marchand de vins, rue Buzelin, 13...	Prodhomme .	8 août. 74	....	* 2 oct. 74		
AUCLAIR, fabricant de meubles sculptés, r. de Charonne, 54..	Bourbon....	16 juin 74	....	*17 sept. 74		
AUCLIN-BEAUBE, Pierre-Constant, sans domicile connu......*	Petit-Bergonz	....	....	....	3 févr. 74	
AUER-SAUVÉ, André, rue d'Enfer, 20.................... .*	Pagès	....	....	....	23 juin 74	
AUFRAY-TROUVÉ, Paul-J.-Bapt., rue Maître-Albert, 9.....*	Cullerier ...	....	....	....	16 janv. 74	
AUGÉ et Cie, commissionnaires, rue Paradis-Poissonnière, 54...	Dufay......	21 mars 74	....	*31 juill. 74		
Id. pers^t, Jean,　　Id.　　rue de Dunkerque, 6...	Id.........	Id......		Id.		
AUGER frères, Jean et Pierre, casseurs de sucre, r. de l'Odéon, 7.	Pluzanski...	4 nov. 74				
AUTRAN, commissionnaire, boulevard de Strasbourg, 53.....	Beaujeu	24 mai 74				
AUX FRANÇAIS, magas. de nouveautés, pl. du Théâtre-Français	Sautton	16 mars 74				
AVENET, décédé, tenant bazar, passage Jouffroy, 12..........	Beaufour....	11 mars 74	(9)			

(1) ARETHENS paie 5 %, 15 jours après l'homologation, et doit 20 %, en 4 ans, par 1/4, de l'homologation.

(2) ARNAUD, décédé. — Le syndic paie 25 fr. 14 c. %, unique répartition.

(3) ARNAVON, demoiselles, paient 40 %, en 5 ans, par 1/5, d'année en année, de l'homologation.

(4) ARRACHART paie 10 fr. %, première répartition.

(5) ASSOCIATION GÉNÉRALE, etc.- La Société paie 18 f. 08 c. %,

unique répartition.— Guillermet, l'un des associés, paie 5 %, en 5 ans, par 1/5, de l'homologation.

(6) AUB. — Réouverture du 18 juillet 1874.

(7) AUBÉ et DELATRE paient 8 fr. 36 c. %, unique répartition.

(8) AUBERT aîné, doit 25 %, en 5 ans, par 1/5 ; premier paiement le 1er août 1875.

(9) AVENET paie 10 fr. 51 c. %, unique répartition.

NOMS, PRÉNOMS, PROFESSIONS ET DOMICILES.	À indique Liquidation * astérisque Avoué et Insuffisance	SYNDICS ET AVOUÉS	FAILLITES ET LIQUIDATIONS.	DATE DES HOMOLOGATIONS DE CONCORDATS	INSUFFIS" ET UNIONS.	SÉPARAT" DE BIENS JUDICIAIRES.	CONS. JUDIC. ET INTERDICT.
AVOINE, marchand de vins, à Alfortville...................		Beaugé......	17 sept. 74	....	* 31 oct. 74		
Id. Joseph, Id. Id.		Maillard....	15 octob. 74	....	* 30 nov. 74		
AVOND, marchand de vins, rue de Charenton, 240..........		Meys........	22 juin 74				
AVRIL, Louis-Victor, ex-blanchisseur, à Auteuil.............		Gautier.....	25 nov. 72	22 avril 73	(1)		
AYCARD et Cie, banquiers, rue de la Victoire, 40		Chevillot...	20 janv. 70		* 27 janv. 74		
AYRAL, tailleur, rue d'Argenteuil, 33......................		Sarazin.....	4 juin 74				
AYRAULT, Auguste, boulanger, rue Simon-le-Franc, 29		Devin	9 févr. 74				
AZE-DESCHAMPS, Victor-Désiré, rue Dorthe, 10...........	*	Duval.......			....	14 juill. 74	
AZUR père et fils, et CORDIER, imprim., bd Montparnasse, 90...		Devin.......	4 févr. 74				

B

BABONEAU, William-Alexandre, commiss", rue Maubeuge, 71.		Copin.......	30 avril 72	21 août 72	* 30 juill. 74		
BACHELET-FONTAINE, Lazare, rue Charenton, 187	*	Cortot......	....	....	....	23 juin 74	
Id. veuve, batelière, rue des Moines, 63..............		Meys..	5 août 74				
BACHEVILLE Dlle, Françoise, marchande de vins, r. Mansart, 3.		Dufay.......	27 octob. 73	....	* 30 avril 74		
BACHOFFER, marchand de chiffons, boulevard Davoust, 32.....		Beaujeu.....	12 mai 74	(2)			
BACQUET, Charles, tapissier, rue Auber, 11 et 13		Beaugé......	20 mars 74		* 11 juin 74		
BADOIS-SEGUY DE VILLIERS, André-Joseph, à Londres......	*	Marc........				12 déc. 74	
BADIN-DAVENEL, Victor, sans domicile connu	*	Dourse......				2 juin 74	
BADUEL, marchand de vins et charbons, rue Belhomme, 5.....		Pinot	30 mars 74		* 30 mai 74		
BAER, Virginie. Voir : DENNERY, Veuve.							
BAFFALY, tenant café-concert, rue du Cherche-Midi, 63........		Meillencourt.	27 juin 74				
BAGAGE, Marie-Jeanne, ve Aubry. Vr : MAUFRAS et ve AUDRY...							
BAGEAU, décédé, René, charron, à Aubervilliers..............		Dattarol.....	1er avril 74				
BAGUENARD, marchand de vins, boul. des Filles-du-Calvaire, 8.		Meys........	21 sept. 67	3 avril 08	* 31 mars 74		
BAILLE, ex-dir. du journal La Fabrique, faub. St-Honoré, 124.		Darboux.....	14 mars 74	21 août 74	(3)		
BAILLIARGEOT, Pierre-Fois-Aug., menuisier, r. Tholozé, 23 ...		Knéringer...	8 juill. 73	31 janv. 74	(4)		
BAILLOT (baron), agent d'affaires, place Vendôme, 10		Maillard....	7 nov. 73	....	* 30 déc. 73		
BAIZE-GLAUTIEMET, François, rue Crozatier, 10	*	Lefoullon....	....	....	....	14 avril 74	
BALAGUY-MAILLOT, Jean, rue St-Ambroise, 21................	*	Dubois......	....	....	....	2 juin 74	
BALENSI, E., banquier, rue St-Lazare, 85................		Bourbon.....	24 janv. 73	(5)			
BALIN, décédé, Victor, droguiste, rue de Sévigné, 36		Beaufour....	13 nov. 71	5 juill. 72	13 déc. 73	(6)	
BALLERET, Eugène-Simon, bimbelotier, faub. Montmartre, 66..		Beaujeu.....	25 août 74				
BALLIVET dame, Placide, née Catala, mercière, à Levallois...		Meys........	28 févr. 74	....	* 30 avril 74		
BALLOFFET, Jacques, marchand de vins, rue Raynouard, 37 ...		Maillard.....	27 octob. 74				
BAMEULE, Pierre, marchand de vins, boulevard de Clichy, 42..		Beaugé......	10 avril 74		* 30 avril 74		

(1) AVRIL paie 22 fr. 50 c. %, deuxième et dernière répartition.

(2) BACHOFFER paie 2 fr. 96 c. %, unique répartition.

(3) BAILLE paie 10 fr. 50 c. %, produit de son actif, et s'engage à payer ce qu'il reste devoir en 5 ans, par 1/5, d'année en année, de l'homologation.

(4) BAILLIARGEOT doit 20 %, en 5 ans, par 1/5, de l'homolog.

(5) BALENSI. Faillite annulée par arrêt de la 5e chambre de la Cour d'appel du 24 janvier 1874.

(6) BALIN, décédé. Le syndic paie 38 fr. 65 c. %, produit de deux répartitions.

NOMS, PRÉNOMS, PROFESSIONS ET DOMICILES. *(L indique liquidation, * astérisque Avoué ou Insuffisance)*	SYNDICS ET AVOUÉS	PAILLITES ET LIQUIDATIONS.	DATE DES HOMOLOGATIONS DE CONCORDATS.	INSUFFIS ET UNIONS.	SÉPARAT DE BIENS JUDICIAIRES.	CONS. JUDIC. ET INTERDICT.
BANNIER-GILBERT, Charles-Eugène, employé, à Champerret. *	Caron	....	....	....	31 janv. 74	
BANQUE TERRITORIALE D'ESPAGNE, chaussée d'Antin, 53.	Heurtey	10 avril 74				
Id. DE CRÉDIT GÉNÉRAL ET VIAGER, rue Châteaudun, 17	Gauche	5 déc. 74				
BAPICOT, Sylvain, marchand de vins, à Clichy-la-Garenne	Bourbon	17 octob. 74				
BARBARIN, Victor, ex-limonadier, passage Lathuille, 21	Knéringer	11 juin 72				
Id. Antoine, coupeur de poils, rue de Montreuil, 107.	Sautton	25 mars 67	27 mars 08	21 nov. 71		(1)
BARBÉ, négociant, avenue Parmentier, 2.	Knéringer	28 mars 74				
BARBEN, Antoine, maçon, rue Mademoiselle, 91	Sautton	30 octob. 71	(2)			
BARBENOIRE, Eug.-J.-Bapt., mᵈ de charbons, r. Pierre-Picard, 13.	Copin	8 nov. 73	....	* 27 déc. 73		
BARBEROT, Émile, fabricant d'art. de Paris, boul. de Neuilly, 80.	Gauche	25 août 73	30 janv. 74	(3)		
BARBÈS, marchand de vins, à St-Ouen	Legriel	4 févr. 74				
BARBEY-POISSY, François, cocher, rue de la Chine, 5. *	Dechambre	....	....	....	3 mars 74	
BARBIER, Balthazar, fᵗ de produits chimiques, r. de l'Orillon, 37.	Barbot	22 octob. 74		* 30 nov. 74		
Id. Léon et Alfred, marchands de vins, boul. St-Denis, 19	Barbot	7 octob. 73		* 28 févr. 74		
Id. -GALLOIS, Louis, mᵈ de beurre, rue Pierre-Picard, 15.	Derré	....	....	....	20 nov. 73	
Id. -VAPILLON, Paul-Adrien, rue du Poirier, 14.	Lebrun	....	....	....	24 nov. 74	
BARBOTTE-DACHESNE, Jean, rue des Filles-du-Calvaire, 7.	Tissier				7 juill. 74	
BARDOU, mercier, rue Neuve St-Augustin, 41	Tournel	17 févr. 74		* 14 déc. 74		
BARD-OLLIVAUD, Pierre, rue Geoffroy-Lasnier, 20.	Pérard				4 juin 74	
BARDET, Emmeline-Honorine. Voir : LEMOINE, Veuve.						
BARDIN persᵗ., grainetier, boulevard de Strasbourg, 21. ...L.	Richard	2 déc. 71	6 octob. 74	(4)		
BARDON, marchand de vins, rue Mademoiselle, 1.	Sarazin	10 avril 74		* 30 mai 74		
BARDY, Jean-Eugène, menuisier, à Levallois	Meys	7 sept. 74				
BARELLA et Cie, Henri, commissres, rue de Trévise, 37	Beaujeu	13 nov. 74				
BARETY-DE VILLERS, Scipion-Henri-Ch.-Louis, rue Cadet, 18. *	Bourgoin	....	....	....	22 août 73	
BARNIER, Antoine, épicier, rue du Marché, 8.	Gautier	19 nov. 74				
BAROCHAT, Marie-Jacqueline-Adélaïde. Voir : PEYROT, veuve.						
BARON, Nicolas, marchand de vins, rue des Champs, 137	Sarazin	21 nov. 73	....	* 30 avril 74		
BAROU-LAURENT, Léopold, rue de Chabrol, 14.	Millot				10 avril 74	
DARRANDE et Cie, peaussiers, boul. de Strasbourg, 37 et à Lagny	Normand	1er sept. 73				
DARRÉ veuve, J.-Bapt., act. fe COSTA, hôtelière, pass. Hébert, 1.	Richard	6 juin 72	23 déc. 72	* 30 nov. 74		
BARRERE-SIMAST, J.-Pierre-Baptiste, à Levallois-Perret	Rivière	....	....	....	7 avril 74	
BARRET, Célestin, marchand de vins, avenue Taillebourg, 8.	Beaujeu	6 déc. 73		* 20 oct. 74		
Id. -PIPERAUD, Michel, chaussée Ménilmontant, 131.	Collet	....	....	....	28 juill. 74	
BARRIER, marchand de charbons, rue Labat, 83.	Meilloncourt	25 juill. 74		* 30 oct. 74		
Id. menuisier, cité Berryer, 9.	Id	16 octob. 74		* 28 nov. 74		
BARROIS, Alexis-Séverin, fabricant d'eau de seltz, aux Lilas.	Richard	3 déc. 74				
BARTELING-GÉNEAU, Louis, rue des Boulets, 7. *	Estienne	....	....	....		27 août 73?

(1) BARBARIN paie 7 fr. 94 c. %, unique répartition.

(2) BARBEN paie 7 fr. 32 c. %, unique répartition.

(3) BARBEROT abandonne son actif et paie 20 %, aussitôt après l'homologation.

(4) BARDIN est qualifié failli; il abandonne son actif et paie 5 %, en 6 ans, par 1/6; 1er paiement un an après la reddition de compte du syndic.

NOMS, PRÉNOMS, PROFESSIONS ET DOMICILES.	Judiciaire Liquidation et antérieure Avoué et Insuffisance	SYNDICS ET AVOUÉS	FAILLITES ET LIQUIDATIONS.	DATE DES HOMOLOGATIONS DE CONCORDATS	INSUFFIS** ET UNIONS.	SÉPARAT** DE BIENS JUDICIAIRES.	CONS. JUDIC. ET INTERDICT**
BARTH, mécanicien, rue Darreau, 61		Gautier	8 octob. 73	27 mai 74	(1)		
Id. Henut-Hipp., feuillagiste, faub. St-Martin, 52		Beaujeu	28 mars 74				
BARTHELEMY-JOLY, André-Exéchiel, rue du Temple, 104	*	Masse				18 juin 74	
BASSERIE Voir : HANSE et BASSERIE.							
BASSET, Gabriel-Victor, carrossier, boul. Richard-Lenoir, 23		Richard	23 févr. 74		* 25 avril 74		
BASSOT Frères, Ernest et Henry, négts., r. Cloître-St-Jacques, 3		Saulton	18 mars 74				
Id. Angélique-Florence. Voir : BOUDVILLAIN, dame.							
BASTARD, Édouard, horloger, galerie Vero-Dodat, 18		Normand	30 janv. 74	(2)			
BASTHARD, BOGAIN et Cie, md de meub., bd Bellev., 124 et 126		Darboux	27 nov. 73	(3)			
BASTIDE, Jacques, tôlier, rue Neuve-Coquenard, 13		Legriel	17 avril 74	7 octob. 74	(4)		
BATARD, fabricant de tabletterie, rue Sedaine, 6		Gauche	6 octob. 74				
BATHOLE, Théodore. Voir : BOUREAU et Cie.							
BATUT, marchand de charbons, à Puteaux		Copin	19 octob. 74		* 25 nov. 74		
BAUDEQUIN Dlle, Jeanne, tenant hôtel meub., r. du Dauphin, 4 et 6		Gauche	21 mai 70	(5)			
BAUDET, L., marchand de plumes, rue de Bondy, 36		Beaufour	5 févr. 74		* 27 mars 74		
BAUDIAU-CUNIN, Antoine, à Puteaux	*	Bourse				14 octob. 74	
BAUDOIN, Gaston-Fernand, épicier, à St-Denis		Dufay	10 août 74	5 déc. 74	(6)		
BAUDOT-THELLOT, rentier, pass. de l'Elysée des Beaux-Arts, 13		Henriet				15 juill. 74	
BAUDRY-CHEVALLARD. Voir : JEANNE dit BAUDRY-CHEVALL.							
Id. Alexis-François, boulanger, avenue de Clichy, 43		Meys	9 déc. 69	2 avril 70	* 25 nov. 74		
BAUJOUIN, Alex.-Auguste, md de vins et charbons, à Pierrefitte		Pluzanski	6 nov. 74				
BAUMIER, Vincent-Emile, cordonnier, boul. de la Villette, 234		Gautier	28 nov. 74				
BAUVINON, maçon, rue des Fourneaux, 130		Sarazin	12 janv. 74		* 30 mai 74		
BAYARD DE LA VINGTRIE, Ch., négociant, rue St-Guillaume, 31		Meillencourt	15 mars 72	(7)			
Id. Armand-Joseph, Id.		Id	Id	(8)			
BAYARD dame, tenant hôtel meublé, rue Caplat, 3		Battarel	18 déc. 73		* 28 févr. 74		
Id. PINCHON et Cie, fts d'équipem. militaires, r. Combes, 6		Barbot	20 nov. 74				
BAYELLE Dlle, Félicie, modiste, boulevard Poissonnière, 27		Beaufour	16 janv. 74	28 avril 74	(9)		
BAZARD, And.-Ed., changeur et brasseur, r. St-Antoine, 234 et 211		Copin	18 avril 74	(10)			
BAZIN veuve, couturière, rue du Mont-Thabor, 28		Beaugé	30 sept. 73	26 févr. 74	(11)		
Id. Hippolyte, commiss. en marchandises, r. St-Quentin, 38		Chevillot	3 déc. 74				
Id. Jean, marchand de crépins, rue des 5 Diamants, 42		Normand	10 janv. 74	(12)			
Id. et Cie, commissionnaires en soies, rue Greneta, 37		Chevallier	2 mars 74		* 30 avril 74		
BAZIRE, Arthur, faubourg St-Honoré, 11	*	Postel-Dubois					24 mars 6

(1) **BARTH**, mécanicien, paie 25 %, en 5 ans, par 1/5, le 31 mars de chaque année.

(2) **BASTARD** paie 0 fr. 88 c. %, unique répartition.

(3) **BASTHARD, BOGAIN** et Cie paient 14 fr. 58 c. %, unique répartition.

(4) **BASTIDE** doit 25 %, en 5 ans, par 1/5, de l'homologation.

(5) **BAUDEQUIN**, dlle, paie 11 fr. 89 c. %, 2e et dernière rép.

(6) **BAUDOIN** doit 30 %, en 5 ans, par 1/5, de l'homologation.

(7) **BAYARD DE LA VINGTRIE**, Charles, paie 3 fr. 30 c. %, unique répartition.

(8) **BAYARD DE LA VINGTRIE**, Armand, paie 4 fr. %, unique répartition.

(9) **BAYELLE**, dlle, doit 20 %, en 4 ans, par 1/4, de l'homolog.

(10) **BAZARD** paie 12 fr. %, première répartition.

(11) **BAZIN**, veuve, doit 50 %, en 5 ans, par 1/5, de l'homolog.

(12) **BAZIN**, Jean, paie 18 fr. 15 c. %, unique répartition.

NOMS, PRÉNOMS, PROFESSIONS ET DOMICILES.	Indique Liquidation * astérisque Avoué et Enregistrement	SYNDICS ET AVOUÉS	FAILLITES ET LIQUIDATIONS.	DATE DES HOMOLOGATIONS DE CONCORDATS	INSUFFIS^{ces} ET UNIONS.	SÉPARAT^{ns} DE BIENS JUDICIAIRES.	CONS. JUDIC. ET INTERDICT.
BAZOCHE, Louis-Gustave, épicier, rue Beuret, 8		Meilloncourt.	17 avril 73	(1)			
BEALE-BATAILLARD, Henri-Octave, rue de l'Arcade, 33	*	Mouillefarine.				25 août 74	
BEAUDOIRE, Constant, quincaillier, rue Ternaux, 15		Meilloncourt.	2 juill. 74	3 nov. 74	(2)		
BEAUFILS-RAVAUT, François-Jules, avenue Daumesnil, 52	*	Dubost				14 avril 74	
BEAUMIER, charcutier, à Montrouge		Devin	31 octob. 65		* 20 déc. 65	(3)	
BEAUPÈRE, marchand de vins, rue Daguerre, 53		Beaujeu	18 nov. 74				
BEAUPRÉ, Augustine. Voir : FEHREMBACH, dame.							
BEAUQUENNE v^{ve}, née BESANÇONNET, fruitière, r. Dunkerque, 40		Heurtey	3 mars 74		* 25 avril 74		
BEAUREPAIRE-YVON, Isidore-Louis, à Varemoutiers (S.-et-M.).	*	Benoist				13 août 74	
Id. Jean-Louis, menuisier, rue de la Voûte, 37		Dufay	14 août 74				
BEAUVAIS, Félix-Paul, fabricant d'huiles, à Asnières		Beaujeu	8 août 72	24 juin 74	(4)		
Id. Pierre, maçon, cité Guillaumot, 7		Prodhomme.	11 nov. 74				
BECKER, commiss. en march. et march. de vins, r. de la Paix, 17		Hécaen	23 octob. 73		(5)		
BECUWE et de BAVELAERE, appareill., boul. Richard-Lenoir, 21.		Richard	18 sept. 74				
Id. pers^t, Aug.-Armand-Florent, appareilleur, id.		Battarel	20 sept. 74				
Id. -LEUREGANS, Id. Id.	*	Clériot				29 déc. 74	
BEDEAU-BAUDOUIN, Jean-Pierre, pass. Forge-Royale, 11	*	Aymé				10 juin 74	
BEDOS, Louis, marchand de vins, boulevard de la Villette, 69		Meilloncourt.	12 juin 72	(6)			
BEDOUT, MONNIER et Cie, commissionn., pl. de la Madeleine, 33.		Copin	6 déc. 72	(7)			
BEER, marchand de vins-traiteur, rue de Charenton, 8		Sautton	23 avril 74	15 octob. 74	(8)		
BEETHAM Frères, commissionnaires, avenue d'Eylau, 7		Meys	4 févr. 74				
BEGIN, Eléonor-Hubert-Victor-Auguste, rue de Grenelle, 153.	*	Rivière					20 janv. 74
BÉGUÉ, négociant, avenue Parmentier, 40		Legriel	22 juin 74		* 25 nov. 74		
Id. -DEVOGE, Jean, colporteur, rue des Bernardines, 22.	*	Lamy				29 nov. 73	
BEGUIGNON, épicier, rue Saint-Martin, 112		Meilloncourt.	23 avril 74		* 29 mai 74		
BEGUIN-DUBIEF, Ch.-Aug.-Émile, rue Maître-Albert, 7	*	Pijon				24 octob. 74	
Id. Louise-Caroline. Voir : TRÉFFIL, veuve.							
Id. épicier en gros, rue Maître-Albert, 7		Lamoureux.	19 août 73	17 nov. 73	(9)		
BEGUINOT, Charles, limonadier, rue Mouffetard, 2		Hécaen	14 avril 74		* 30 juin 74		
BÉHAGEL-PETY, Arthur-Alexandre, place du Palais-Bourbon.	*	Delpon				5 févr. 74	
BEHAGLE, Jean-Alexan., carrossier, av. des Amandiers, 5 et 7.		Chevillot	30 mars 74	22 juill. 74	(10)		
BELHOMET, m^d de chaussures, rue des Cinq-Diamants, 16		Meys	10 sept. 74				
BELLAIS, Narcisse-François, mercier, boulev. Sébastopol, 61.		Sarazin	29 sept. 74				
BELLAMY, Alphonse-Franç., m^d de bois des Iles, r. Charonne, 63.		Lamoureux.	28 juill. 74				
BELLAN, Edmond, restaurateur, à Saint-Mandé		Id.	18 nov. 74				
BELLANGER-DELBECQUE, J.-Bapt., pass. de la Forge-Royale, 28	*	Dubost				2 juin 74	

(1) **BAZOCHE** paie 62 fr. 40 c. °/₀, unique répartition.

(2) **BEAUDOIRE** paie 8 fr. 69 c. °/₀, unique répartition, et parfait 50 °/₀, en 6 ans et 6 paiements, qui seront faits avec la caution de M. Edouard Varin, rue Ternaux, 15.

(3) **BEAUMIER**. Réouverture du 25 novembre 1874.

(4) **BEAUVAIS** doit 25 °/₀, en 5 ans, par 1/5, de l'homologation.

(5) **BECKER**. Faillite rapportée par arrêt de la Cour d'appel du 10 juillet 1874.

(6) **BEDOS** paie 5 fr. °/₀, deuxième répartition.

(7) **BEDOUT, MONNIER** et Cie paient 5 fr. °/₀, 1re répartition.

(8) **BEER** abandonne son actif et s'oblige à payer 10 °/₀, en 5 ans, par 1/5, de l'homologation.

(9) **BÉGUIN**, épicier, paie 4 fr. 90 °/₀, produit de son actif.

(10) **BEHAGLE** doit 30 °/₀, en 5 ans, par 1/5, de l'homolog.

NOMS, PRÉNOMS, PROFESSIONS ET DOMICILES.	Indi-que Liquidation ● ASTÉRISQUE AVOUÉ et Insuffisance	SYNDICS ET AVOUÉS	FAILLITES ET LIQUIDATIONS.	DATE DES HOMOLOGATIONS DE CONCORDATS	INSUFFIS⁰ˢ ET UNIONS.	SÉPARAT⁰ DE BIENS JUDICIAIRES.	CONS. JUDIC. ET INTERDICT.
BELLINET, agent d'affaires, faubourg Poissonnière, 9.........		Bègis	13 avril 74	(1)			
BELLOT, marchand de vins, passage Ménilmontant, 11.....		Meys	14 janv. 72	25 juill. 74	(2)		
BELOT, CHARLES, tenant maison de santé, av. Malakoff, 133.....		Copin.......	4 déc. 74				
BELS, BARTHÉLEMY-CAMILLE. Voir : BERTRAND et BELS.							
BELVA-DRIÈLE, AUGUSTE, rue Saint-Martin, 190.............	*	Larroumès...	....	....	....	3 mars 74	
BEMELMANS, JULIEN-HENRY, ébéniste, boul. de Charonne, 90...		Chevallier ...	2 avril 74	14 sept. 74	(3)		
BENARD, JULES-CÉSAR, marchand de salaisons, à St-Denis		Deaujeu.....	20 avril 74				
Id. ALF.-Fᵒⁱˢ-RÉNÉ, ex-corroyeur, av. d'Orléans, 122		Sommairo...	7 mai 70	(4)			
BÉNECH-VALLETTE, ANTOINE, charbonnier, r. de Boucry, 17..	*	Tricaud.....	....	....	....	7 juill. 74	
BENET-MARTIN, rue du Nil, 9.........................	*	Gouget.....	....	....	....	21 juill. 74	
BENITE-LUGUET, MAURICE dit DESRIEUX, boul. St-Martin, 53.	*	Cosselin	....	....	....	9 juin 74	
BENNER, ex-grainetier, rue Pigalle, 38....................		Beaufour ...	1ᵉʳ octob. 74	....	* 27 nov. 74		
BENOIST, EDMOND-DÉSIRÉ, épicier, boul. Montparnesse, 11.....		Beaugé......	3 octob. 73	26 janv. 74	(5)		
BENOIT veuve, DÉSIRÉ-EMMAN., fᵉ de cadres, r. d. Poitevins, 11.		Lamoureux ..	22 août 74				
Id. MAMERS, maréchal-ferrant, rue de la Chapelle, 63......		Id........	13 nov. 74				
BÉRARD-DUBOIS, JEAN-LOUIS-GUSTAVE, rent., fᵉ Poisson., 20..	*	Jacquin	....	....	....	1ᵉʳ juill. 74	
Id. -PARIS, PIERRE-THÉOPHILE, rue Piat, 35.............	*	Dusart	.	.	.	2 juin 74	
BERENGER, PIERRE, mercier, rue Lotort, 25.................		Beaugé.....	31 mars 74	....	* 22 juill. 74		
Id. ALEXANDRE, voiturier, quai Jemmapes, 148.......		Legriel.....	30 août 73	19 déc. 73	(6)		
BERGER et MARC puis MARC et Cie, drog., r. des Billettes, 14..		Richard	23 févr. 74	13 août 74	(7)		
Id. LÉON, mᵈ de chaus. et mercerie, r. Lecourbe, 98 et 100.		Prodhomme..	24 octob. 73	23 avril 74	(8)		
BERGIER, entrepreneur de travaux, boul. Magenta, 142........		Beaujeu.....	15 juin 72	(9)			
BERGOUGNOUX, J. KARWOWSKI, mᵈˢ de tapis, r. d. Jeûn., 44.		Meys	8 mars 73	(10)			
BERHARD, ALEXANDRE, dentiste et bijoutier, rue Drouot, 34...		Knéringer ...	6 janv. 73	27 juin 73	2 avril 74		
BERINGER-HARDY, JEAN, rue Simon-le-Franc, 17..........	*	Deherpe.....	....	....	....	10 juill. 73	
BERJOT-MORILLON, PRINCE-AUGUSTE, sans domicile connu....	*	Langeron	....	....	....	28 juill. 74	
BERKE-BOLATRE, LOUIS-HUGUES, rue du Boulevard, 20......	*	Daupeley ...	....	....	....	23 déc. 73	
BERLIRE, décédé, fumiste, rue d'Argout, 21		Heurtey	3 sept. 72	(11)			
BERNARD. ARSÈNE, marchand de vins, rue Saint-Honoré, 113...		Hécaen......	7 août 74				
Id. veuve, ADOLPHE, parfumeuse, r. N.-D.-Lorette, 8...		Pinet	1ᵉʳ juill. 74	....	* 17 sept. 74		
Id. fils, ex-tailleur, boulevard Beaumarchais, 20........		Chevallier ...	3 févr. 74	(12)			
Id. FÉLIX, marchand d'engrais, boul. Strasbourg, 62....		Deaujeu.....	5 juill. 73	....	* 30 juin 74		
Id. ROSE. Voir : CHANUSSOT veuve.							

(1) **BELLINET.** — Faillite rapportée et annulée par jugement du 14 novembre 1874.

(2) **BELLOT** paie 20 %, en 4 ans, par 1/4 ; le 1ᵉʳ paiement aura lieu le 31 décembre 1874, avec la caution de Mᵐᵉ Marie-Claudine Bellot, veuve de François-Michel Blang, demeurant rue du Marché, 7, à Passy.

(3) **BEMELMANS** doit 50 %, en 5 ans, par 1/5, de l'homolog.

(4) **BENARD, ALFRED,** paie 4 fr. 62 c. %, 2ᵉ et dernière répart.

(5) **BENOIST** paie 40 %, en 6 ans, et six paiements à partir de l'homologation.

(6) **BERENGER** paie 60 %, en 6 ans, par 1/6 ; le 1ᵉʳ paiement aura lieu 9 mois après l'homologation.

(7) **BERGER** et **MARC** paient 24 fr. 32 c. %, produit de leur actif, et s'obligent à payer 6 %, en 4 ans ; 1ᵉʳ paiement un an après la reddition de compte.

(8) **BERGER, LÉON,** doit 40 %, en 5 ans, par 1/5, de l'homolog.

(9) **BERGIER.** — Jugement du 12 oct. 74 qui clôture la faillite.

(10) **BERGOUGNOUX, J. KARWOWSKI,** paient 10 fr. 17 c. %, unique répartition.

(11) **BERLIRE,** décédé. — Le syndic paie 2 fr. 37 %, uniq. rép.

(12) **BERNARD** fils, paie 12 fr. 03 c. %, unique répartition.

NOMS, PRÉNOMS, PROFESSIONS ET DOMICILES.	Indique Liquidation et avérances Avoué et Insuffisance	SYNDICS ET AVOUÉS	FAILLITES ET LIQUIDATIONS.	DATE DES HOMOLOGATIONS DE CONCORDATS	INSUFFIS⁂ ET UNIONS.	SÉPARAT⁂ DE BIENS JUDICIAIRES.	CONS.JUDIC. ET INTERDICT.
BERNARDON, François, maçon, avenue de Châtillon, 49.......		Beaujeu....	16 octob. 73				
BERNIEU, Victor, négociant, rue Keller, 23		Normand....	9 octob. 74	....	*18 nov. 74		
BERNIVETTE-LEGRAND, Léopold, ferblant., r. des Boulets, 105.*		Denorman d ic	....		....	2 mai 74	
BEROUX, J.-Bapt.-Eug., fabricant de verre, à Clichy		Hourley ...	18 déc. 74				
BERROIS, Charles-Léon, épicier, faubourg Saint-Martin, 230..		Richard	9 mars 74	....	*22 juill. 74		
BERRY, Eugène, marchand de nouveautés, boul. de Clichy, 10..		Moys........	22 févr. 08	17 juill. 68	*30 nov. 71	(1)	
DERSANGE, Louis, camionneur, rue de l'Armorique, 10........		Richard	27 janv. 74	....	*28 avril 74		
BERSEVILLE et Cie, Alex.-Jean, père, changeurs, r. Turbigo, 5.		Id	21 juin 73	(2)			
DERT veuve, Ch.-Adolphe, passementière, rue de l'Arcade, 60..		Gautier......	21 octob. 74				
Id.　Laurent, maçon, à Issy..............		Barbot....	15 octob. 68	(3)			
BERTAUX, Édouard-Félix, md de vins, rue des Prouvaires, 3..		Chevillot ...	9 avril 73	(4)			
BERTHE, Émile-Aug., md de nouveautés, faub. St-Denis, 27...		Beaugé	24 sept. 72	24 déc. 72	26 déc. 73	(5)	
BERTHELOT, Sophie-Aglaé-Florentine. Voir : LESOT, veuve ..							
BERTHET, François, passementier, rue Mathis, 4..........		Barboux....	16 octob. 74	....	*22 déc. 74		
Id.　J.-Baptiste, imprimeur, quai Jemmapes, 104.......		Lamoureux..	17 mars 74	....	*30 juin 74		
BERTHEVILLE-LECLERC, Victor Maximilien, r. des Joûneurs, 3*		Robineau....	....		....	14 avril 74	
BERTHIER et PERRET, agents d'affaires, rue Taitbout, 60...		Gautier......	8 sept. 74	(6)			
Id.　et Cie, Charles, mécaniciens, rue de Montreuil, 82...		Copin........	1er mai 72		11 mars 74	(7)	
Id.　Blanche-Bathilde. Voir : CAMBRAY, dame.							
BERTHOLLE, Alexandre, marchand de vins, à Charenton.......		Gauche......	28 févr. 74	22 juin 74	(8)		
BERTHOUX, Claude, traiteur et hôtelier, r. Grange-aux-Belles, 14.		Barboux	15 déc. 71	23 nov. 74	(9)		
BERTIER et Cie. V : SOCIÉTÉ HOUILLÈRE et MÉTALLURGIQUE.							
BERTRAND et BELS, bonnetiers, rue des Deux-Boules, 7....		Gautier......	21 octob. 74				
Id.　Auguste, fabricant de tissus, à Suresnes......		Id	29 août 74		*22 déc. 74		
Id.　tripier, rue Daudricourt, 58..........		Darbot	10 juin 74		*31 août 74		
Id. Jean-Eugène. Voir : BARRANDE et Cie.							
BESANÇON, fabricant de tiges, à St-Maur............		Lamoureux..	16 mai 74	1er sept. 74	(10)		
Id.　Alphonse, limonadier, rue du Pont-Louis-Philippe, 23.		Gauche......	12 mars 72	9 octob. 74	(11)		
Id.　-HINET, Alphonse, rue. Folie-Méricourt, 100		Benoist.......	....		....	24 mars 74	
BESANÇONNET, Élisa. Voir : BEAUQUENNE veuve.							
BESNARD, Auguste-Laurent-Marie, doreur, rue St-Sébastien, 39.		Barboux.....	27 avril 74				
Id.　Aug.-Alexis, md de vins, pl. du Théâtre-Français, 1..		Beaufour	1er juill. 73	10 janv. 74	(12)		
BESNAULT-MARTIN, Jules, avenue Parmentier, 115.........*		Savignat.....	....		....	3 févr. 74	

(1) BERRY. — Réouverture du 28 janvier 1874.

(2) BERSEVILLE et Cie paient 1 fr. 17 c. %, unique répartition.

(3) BERT, Laurent, paie 43 fr. 52 c. %, unique répartition.

(4) BERTAUX paie 7 fr. 17 c., unique répartition.

(5) BERTHE paie 8 fr. 02 c. %, unique répartition.

(6) BERTHIER et PERRET. Faillite annulée par jugement du 31 octobre 1874.

(7) BERTHIER et Cie paient 9 fr. %, 1re répartition.

(8) BERTHOLLE doit 20 %, en 5 ans, par 1/5, d'année en année, à partir de l'homologation.

(9) BERTHOUX paie 12 fr. 78 c. %, produit de son actif et s'engage à parfaire 20 %, par moitié, à partir du 3 novembre 74.

(10) BESANÇON, fabricant de tiges, abandonne : 1° l'actif réalisé y compris les valeurs en portefeuille ; 2° la maison de campagne de St-Maur ; 3° le terrain de St-Cloud ; 4° une quantité de marchandises formant une somme de 10.000 fr. et s'oblige à payer une somme suffisante pour former, avec l'actif abandonné un dividende de 80 %, en 8 ans, par 1/8, à partir de la reddition de compte. Il a déjà payé 20 fr. %, 1re répart.

(11) BESANÇON, Alph., paie 25 %, en 5 ans, par 1/5, de l'hom.

(12) BESNARD paie 25 %, en 5 ans, par 1/5, de l'homologation.

NOMS, PRÉNOMS, PROFESSIONS ET DOMICILES.	Indique Liquidation arrangement avoué et Insuffisance	SYNDICS ET AVOUÉS	FAILLITES ET LIQUIDATIONS.	DATE DES HOMOLOGATIONS DE CONCORDATS	INSUFFIS^{ces} ET UNIONS.	SÉPARAT^{ns} DE BIENS JUDICIAIRES.	CONS.JUDIC. ET INTERDICT.
BESSIRARD, menuisier, rue de Charolais, 9		Barboux.....	16 juin 70	....	*30juill. 70	(1)	
BESSON, François, fabricant de moulures, boul. Magenta, 79 ...		Chevallier...	29 juill. 74				
BETTEMBEAU, François-Fulgence, chapelier, rue Rivoli, 74...		Hécaen......	14 juill. 74				
BEURET-LESAGE, Joseph-Antoine, rue de Rivoli, 109........*		Gavignot	....		....	5 sept. 74	
Id. Fils, Antony-Joseph, passomentier, b* Sébastopol, 109.		Richard	14 juill. 74	10 déc. 74	(2)		
BEURRIÈRE. Voir: DONDRILLE-SIQUIÉ.							
BÉZIER, Louis-Hippolyte, pharmacien, rue de Lancry, 14		Legriel......	10 déc. 74				
BIANCHINI et C¹⁰, commissionnaires, chaussée d'Antin, 15.....		Hourtey	20 nov. 73	....	*30 mars 74		
BIBERT, Gaspard, grainetier, chaussée du Maine, 56		Chevallier ...	1ᵉʳ juin 74				
BICHOFF-TANQUEREL, Joseph, rue d'Aboukir, 56 ....*		Carvès	....		....	17 mars 74	
BIDAUD. Voir: RAFFIN, GIROUDIÈRE et BIDAUD.							
BIDAUT-ROUARD, Henri-Marie-Emile, faub. Saint-Denis, 228..*		Labbé.......	....		....	29 nov. 74	
BIENTZ, Constant, marchand de vins, à Ivry		Chevillot ...	13 déc. 73	....	*28 août 74		
BIERRE-CHASSANG, Etienne, boulevard St-Denis, 26..........		Aymé	....		....	7 avril 74	
BIETTE-NOLEAU, Léopold, rue du Maine, 7 ....*		Levaux.....	....		....	7 mai 74	
BIGORNE, Zéphir-Fulmence, épicier, rue Curial, 34...........		Lamoureux..	10 octob. 73	6 févr. 74	(3)		
BIGOT, Louis-Henri, boulanger, rue Billault, 41.............		Hécaen.....	17 nov 74				
BIGOURAT, Jules, hôtelier, rue de Strasbourg, 13		Beaufour....	27 octob. 74	....	*27 nov. 74		
BILLETTE, Joseph, fourreur, rue du Boulol, 8...............		Gauche.....	31 janv. 74	2 juin 74	(4)		
BILLIET, Gustave, hôtelier, rue de Chartres, 25		Meillencourt..	12 octob. 74	....	*27 nov. 74		
BILLION, Charles-Louis, dir. de Théâtre, rue de l'Entrepôt, 13.		Beaugé.....	12 juin 74				
BILLIOTET, Jean-Jacques, cordonnier, rue St-Maur, 146		Legriel......	29 juill. 74	....	*31 oct. 74		
BIN veuve, Charles, lingère, rue du Bac, 122...............		Barboux.....	23 févr. 72	18 juill. 72	*26 févr. 74		
BINARD, Gabriel-Adolphe, papetier, rue d'Aboukir, 52........		Barbot	13 nov. 73	23 mai 74	(5)		
BINET, fab. de caves à liqueurs, faubourg St-Denis, 10.......		Chevillot ...	22 mars 70	1ᵉʳ juill. 70	*29 oct. 74		
BINOIT, Constant, marchand de bois et charbons, à Asnières...		Beaujeu.....	23 déc. 74				
BIOUT, Joséphine-Eugénie. Voir: BOINARD veuve.							
BISSON, Antoine, traiteur-logeur, rue de Flandre, 134.........		Tournel	25 sept. 74				
Id. Charles-Marie-Jude, traiteur, rue de Puebla, 506		Barboux.....	7 nov. 73	(6)			
BLAN-MUNIER, marchand de vins, rue Fontaine-au-Roi, 26		Gauche.....	25 nov. 73	....	*30 déc. 73		
BLANC-LARIVIÈRE et C¹⁰, banquiers, chaussée d'Antin, 15......		Maillard.....	29 janv. 74				
Id. Michel, restaurateur, boulevard Voltaire, 77...........		Meys	31 juill. 74	....	*31 déc. 73		
Id. Germain, photographe, rue de Buci, 11 ....'.		Sarazin......	28 avril 74	30 sept. 74	(7)		
Id. marchand de vins, à Montreuil		Sautton	20 octob. 73	....	*30 déc. 73		
Id. Id. Id. à Courbevoie		Meys	31 déc. 74				
BLANCHARD-BRUNETEAU, Emile-Théophile, quai Valmy, 19..*		Milliot	....		....	27 janv. 74	
Id. Emile, orfèvre, quai Valmy, 19.................		Beaujeu	19 nov. 73	....	*29 déc. 73		

(1) BESSIRARD. Jugement du 14 novembre 1874 ordonnant la réouverture.

(2) BEURET Fils, abandonne tout l'actif réalisé, plus 700 fr. payables aussitôt après l'homologation, et s'oblige à payer 10 %, en 5 ans, par 1/5. Madame Beuret renonce à prendre part dans l'actif abandonné.

(3) BIGORNE paie 25 %, en 5 ans, par 1/5, de l'homologation.

(4) BILLETTE doit 25 %, en 5 ans, par 1/5, de l'homologation.

(5) BINARD doit 40 %, en 8 ans, par 1/8, de l'homologation.

(6) BISSON paie 10 fr. 70 c. %, unique répartition.

(7) BLANC, Germain, paie 30 %, en 2 ans, par 1/2, de l'homolog.

NOMS, PRÉNOMS, PROFESSIONS ET DOMICILES.	L indique Liquidation * astérisques Avoué et Insuffisance	SYNDICS ET AVOUÉS	FAILLITES ET LIQUIDATIONS.	DATE DES HOMOLOGATIONS DE CONCORDATS	INSUFFIS°° ET UNIONS.	SÉPARAT°° DE BIENS JUDICIAIRES.	CONS. JUDIC. ET INTERDICT.
BLANCHET ET PROVOST, m^{ds} de nouveautés, rue St-Martin, 333 .		Beaugé	28 déc. 73	13 avril 74	(1)		
Id. SYLVAIN-CHARLES, constructeur, rue Folie-Regnault, 52.		Fleurtey	12 août. 74				
Id. marchand de pommes de terre, rue du Couëdic, 60 ...		Meillencourt .	25 juill. 73	....	* 7 oct. 73	(2)	
BLANCHETEAU-GERVAIS, PAUL-FERDINAND, détenu à la Roquette	*	Levesque.....			....	18 août 74	
BLANDIN D^{lle}, Marie, lingère, rue Abbatucci, 10..............		Legriel......	11 févr. 74	27 octob. 74	(3)		
BLARD, ÉTIENNE, marchand de vins, rue de la Lingerie, 6		Moucharville.	4 sept. 73	(4)			
BLAVETTE-CHASSEVENT, AUGUSTE, à Charenton-le-Pont	*	Guibet			....	10 févr. 74	
BLAYE FILS, JULES-PIERRE-ARSÈNE, papetier, rue Caumartin, 20.		Chevallier ..	9 nov. 72	22 mars 73	24 juill. 74		
BLEREAU-BLINZLER, RENÉ-ÉMILE, rue Pagevin, 10	*	Delessard ..			....	6 janv. 74	
BLETTERY, CLAUDE, traiteur, boulevard Saint-Germain, 406...		Maillard.....	31 mars 74		* 20 mai 74		
BLEU, marchand de vins, à Clichy-la-Garenne...............		Tournei	5 sept. 74		* 22 déc. 74		
BLIN, ISIDORE-FRANÇOIS, vannier, rue Jean-de-Bologne, 21....		Beaujeu	3 août 74				
Id. marchand de vins, rue Quincampoix, 61............		Barboux....	25 avril 74		* 26 juin 74		
Id. menuisier, rue Rebeval, 35..................		Id	19 déc. 73		* 30 janv. 74		
BLOCH, J., marchand de cuirs, rue Poliveau, 42...........		Legriel	13 juin 74		* 28 août 74		
BLONDEAU, loueur de voitures, rue Marcadet, 54...........		Gauche....	11 févr. 74		* 30 avril 74		
Id. PAUL-ALEXANDRE, linger, à Boulogne............		Barbot	30 mars 74	8 octob. 74	(5)		
Id. AMBROISE, marchand de vins, à Gentilly...........		Chevillot ..	12 août 74		* 25 août 74		
BLONDEL, imprimeur sur étoffes, à Puteaux...............		Prodhomme..	6 déc. 73	(6)			
Id. veuve, VALÉRI-HENRI, m^{de} de jais, rue Chapon, 17...		Fleurtey	13 mars 74		* 30 avril 74		
BLONDIAUX, GEORGES, épicier, à l'île Saint-Denis.........		Legriel	10 nov. 73		* 29 déc. 73		
BLONDIN, AMÉDÉE, ex-marchand de vins, à Courbevoie.......		Fleurtey	4 sept. 74		* 29 oct. 74		
BLOT-TÊTU, GUSTAVE-LÉON, à Courbevoie.............	*	Delessard....			....	4 août 74	
Id. GUSTAVE, charron et m^d de vins, à Courbevoie.		Gauche....	14 juill. 74	3 déc. 74	(7)		
Id. -GUÉRIN, AUGUSTE, ex-boulanger, av. de Clichy, 164...	*	Robineau ..				3 mars 74	
Id. SYLVAIN, maçon et m^d de vins, r. Croix-Nivert, 130 et 132.		Prodhomme..	1er déc. 69	(8)			
Id. marchand de soies et cotons filés, rue de Bondy, 62.....		Chevillot ...	5 janv. 74				
BLUM, SAMUEL, peintre, rue des Rosiers, 20.............		Barboux....	3 octob. 74		* 19 nov. 74		
Id. représentant de commerce, faubourg Saint-Denis, 230...		Richard....	24 avril 74		* 23 juill. 74		
BOBET fils, ÉMILE-AUGUSTE, menuisier, à la Garenne-Colombes.		Legriel....	21 janv. 74	16 mai 74	(9)		
Id. ÉDOUARD, épicier, à Levallois..................		Lamoureux ..	13 octob. 73	(10)			
BOBLIQUE, ALPHONSE-ALFRED, m^d de vins, av. d'Orléans, 3.....		Beaugé......	13 févr. 74		* 21 mars 74		
BOC, PIERRE-ÉMILE, m^d de bouchons, faub. du Temple, 25.....		Gauche......	10 nov. 72	(11)			

(1) **BLANCHET et PROVOST** paient 17 fr. 43 %, produit de leur actif, s'engagent à parfaire 20 %, dans les 3 mois de l'homologation et doivent 50 %, en 5 ans, par 1/10 de 6 en 6 mois, avec la caution de M. Provost père.

(2) **BLANCHET**, marchand de pommes de terre. Réouverture du 18 novembre 1874.

(3) **BLANDIN** D^{lle} paie 30 %, en 6 ans, par 1/6, de l'homolog.

(4) **BLARD** paie 5 fr. 17 c. %, unique répartition.

(5) **BLONDEAU**, PAUL, paie l'intégralité des créances, en 6 ans, par 1/6, d'année en année, de l'homologation.

(6) **BLONDEL**, imprimeur, paie 10 fr. 61 c. %, unique répartition.

(7) **BLOT**, GUSTAVE, doit 23 %, en 5 ans, par 1/5; 1er paiement 13 mois après l'homologation.

(8) **BLOT**, SYLVAIN, paie 28 fr. 54 c. %, pour toutes répartitions.

(9) **BOBET** fils, paie 70 %, en 7 ans, par 1/7, à partir du jour de l'homologation.

(10) **BOBET**, ÉDOUARD, paie 2 fr. %, unique répartition.

(11) **BOC** paie 3 fr. 05 c. %, unique répartition.

NOMS, PRÉNOMS, PROFESSIONS ET DOMICILES.	L Indique Liquidation * Astérisque Avoué et Insuffisance	SYNDICS ET AVOUÉS	FAILLITES ET LIQUIDATIONS.	DATE DES HOMOLOGATIONS DE CONCORDATS	INSUFFIS ET UNIONS.	SÉPARAT DE BIENS JUDICIAIRES.	CONS. JUDIC. ET INTERDICT.
BOCHARD, Élisée, limonadier, rue Ramey, 34...............		Sarazin......	15 janv. 74	19 juin 74	(1)		
BOCHE veuve, Adol., f⁰ d'art. de chasse, r. des Vinaigriers, 48.		Pluzanski...	20 févr. 73	(2)			
BOCKING et SCHOTT, marchands de vins, cité de la Chapelle, 5.		Henrtey.....	12 déc. 03	(3)			
BODARD, serrurier, rue des Poissonniers, 89...............		Id........	10 juill. 74	....	* 29 oct. 74		
BODELLE, Albert, fruitier, rue de Flandre, 14...........		Legriel......	21 févr. 74	....	* 27 mars 74		
BOGAERT-BLONDEAU, Charles-Louis-Aug. av. de Messine, 23. *		Brémard....	....	....	....	14 nov. 74	
BOHAIN, Henri-Joseph, linger, avenue d'Italie, 49........		Heurtey.....	21 juill. 74				
BOILAIGRE, boulanger, rue des Saints-Pères, 79...........		Copin......	29 avril 74	10 sept. 74	(4)		
BOINARD veuve, m⁴⁰ de tabletterie, rue Saint-Martin, 220.....		Legriel......	15 mai 74				
BOISSEAU-POUPON, Pierre, sans domicile connu........ *		Savignat...	....	....	....	25 août 74	
Id. -DUBOIS, Élie-Auguste, rue des Feuillantines, 5.... *		Delaporte...	....	....	....	10 mars 74	
Id. jeune, Élie-Auguste, f⁰ de cristaux, à Choisy-le-Roi. L		Saulton......	8 août 71	6 févr. 72	* 30 déc. 73		
BOISSON, épicier, rue Faraday, 4........................		Chevallier...	7 octob. 74				
BOITAL, Fabius, entrepreneur d'éclairage, rue Taitbout, 87....		Beaujeu.....	20 juill. 74				
BOIVIN, Louise-Éléonore. Voir : FERDINAND veuve.							
BOLARD veuve, marchande de vins, rue de Lille, 51.........		Bégis......	27 octob. 74		* 28 nov. 74		
BOLVIN, négociant, à Neuilly...........................		Dufay......	10 juin 74		* 31 août 74		
BON jeune, quincaillier, rue des Deux-Gares, 8.............		Chevillot....	15 sept. 74		* 18 nov. 74		
Id. François, restaurateur, rue de la Gaîté, 1.............		Dufay......	7 janv. 73		* 30 avril 74		
BONGUE, Alfred-Joseph, maçon, rue Cherche-Midi, 110.......		Heurtey.....	13 avril 09	(5)			
BONIFACE-GRUEYNE, Eugène, rue Popincourt, 48........ *		Audoin.....	....	....	....	30 juin 74	
BONITEAU, Georges-Julien, médecin, à Jauvry (S.-et-O.).....		....	....	....	....	....	* 10 avril 58
BONJOUR, Georges-Auguste, rue d'Anjou-Saint-Honoré, 7.... *		Quillet.....	....	....	....	....	5 févr. 74
BONN, Jules, marchand de soldes, faubourg Saint-Martin, 40...		Pinot......	26 août 74		* 29 oct. 74		
BONNAC, blanchisseur, à Boulogne.......................		Gauche.....	7 juill. 74		* 31 août 74		
BONNAFÉ, Pierre, fabricant de pompes, r. de la Roquette, 22..		Richard.....	21 mars 74		* 28 mai 74		
BONNAFOUSSE-CHAPPUY, Hippol.-Achille, s. domicile connu. *		Dromery....	....			3 févr. 74	
BONNARD fils, f⁰ de corsets, r. des Filles-du-Calvaire, 23.....		Meys......	3 nov. 74				
BONNEAU, dame, chapelière, rue Bourtibourg, 33...........		Lamoureux..	22 sept. 74				
BONNEFOI, J.-Bapt, charbonnier, rue Jeanne, 37...........		Beaugé.....	25 mars 74				
BONNEFOUS, François, m⁴ de boutons, boul. Sébastopol, 66...		Meillencourt.	24 août 74	11 déc. 74	(6)		
BONNEFOY, Louis-Alfred, limonadier, rue Rambuteau, 50....		Pinot......	9 octob. 09		* 30 avril 74		
BONNET, J.-Bapt.-Romain, cordonnier, boul. Ornano, 7........		Lamoureux..	26 janv. 74		* 31 mars 74		
Id. changeur, rue Lepelletier, 4.....................		Maillard....	1er mai 74		* 29 sept. 74		
Id. loueur de forces motrices, rue Saint-Bernard, 25....		Legriel......	9 déc. 71	26 mars 72	(7)		
Id. -PUTEAU, Joseph-Cyrille, avenue d'Eylau, 103.... *		Cortot......	....	....	....	22 déc. 74	

(1) BOCHARD paie 25 %, par 1/6, de six mois en six mois; premier paiement le 25 octobre 1874.
(2) BOCHE Vᵛᵉ, paie 15 %, 1ʳᵉ répartition de l'actif abandonné.
(3) BOCKING et SCHOTT paient 24 fr. 17 c. %, unique réparti.
(4) BOILAIGRE paie 18 fr. 11 c. %, unique répartition, et parfait 50 %, en 5 ans, par 1/5, de l'homologation avec la caution de Mᵐᵉ Boilaigre.

(5) BONGUE paie 8 fr. %, deuxième répartition.
(6) BONNEFOUS paie 50 %, en 6 ans et six paiements; les cinq premiers de 8 % chacun, et le dernier de 10 %.
(7) BONNET, loueur de forces motrices. — Par arrêt du 13 janvier 1874, le jugement du 26 mars 1872 qui qualifiait faillite, a été INFIRMÉ, et la Cour a déclaré le sieur Bonnet AFFRANCHI DE LA QUALIFICATION DE FAILLI et des incapacités y attachées.

NOMS, PRÉNOMS, PROFESSIONS ET DOMICILES.	Liquidation • Avoué et Insuffisance	SYNDICS ET AVOUÉS	FAILLITES ET LIQUIDATIONS.	DATE DES HOMOLOGATIONS DE CONCORDATS	INSUFFIS.ᶜᵉ ET UNIONS.	SÉPARAT.ⁿˢ DE BIENS JUDICIAIRES.	CONS.JUDIC. ET INTERDICT.
BONNET-RIGAL, Pierre, rue Maubuée, 21	*	Bonfils				29 nov. 73	
Id.　Alph.-Ém.-Stanislas, bijoutier, rue Clausel, 21		Lamoureux	14 déc. 74				
BONNEVIE veuve, ex-limonadière, rue Dauphine, 25		Chevillot	22 avril 74		* 25 août 74		
Id.　et Cie, fabricants de savons, à Billancourt		Moncharville	17 sept. 74				
BONNEVILLE, Marie. Voir : DUBOIS, dame							
BONNOR aîné, maître de forges, faubourg Saint-Martin, 171		Battarel	27 mai 74				
BOOT dame et Cie, marchands de tableaux, b⁴ Haussmann, 27		Normand	9 mai 74				
BOQUET, loueur de voitures, rue Marcadet, 312		Gauche	14 octob. 74		* 30 nov. 74		
BORDE, Léon-Alexandre, ex-épicier, rue des Halles, 2		Dufay	9 nov. 74				
Id.　et LAFFITE, DUFILHO et Cie, banq., r. Taitbout, 63		Moncharville	14 avril 74	22 sept. 74	(1)		
BORDEREAU-MOOSBRUGGER, J.-Bapt.-Lᵃ-Jules, r. Bonap., 34	*	Chagnot				7 octob. 74	
BOREL, mercier, rue Rochechouart, 76		Dufay	6 juill. 74		* 31 oct. 74		
Id　-SOIN, Édouard-Auguste, boul. Beaumarchais, 60	*	Lemaire				30 déc. 73	
Id.　de BRETIZEL, Pᵈ-Durand-René, à la mais. de santé d'Ivry	*	Barberon					* 10 déc. 74
BORIGLIONE, Émile, fabricant d'essieux, rue Duret, 23		Legriel	18 mai 74	20 octob. 74	(2)		
BORNICHE, Pierre-Antoine, serrurier, rue Lesage, 23		Barboux	16 déc. 73	26 mai 74	(3)		
BORRET, J., marchand de vins, rue Visconti, 13		Darbot	12 octob. 74				
Id.　veuve, marchande de vins et hôtelière, r. Palikao, 10		Id	10 juill. 74		* 29 oct. 74		
BORY, Bernard, nourrisseur, rue de la Carrière, 13		Barboux	20 juill. 71		* 11 déc. 72	(4)	
BOSSU-HUET, Julien-Louis, rue Vivienne, 53		Dubois				4 août 74	
BOSSUROY veuve et fils, drapiers, rue Montesquieu, 5, 7 et 9		Gauche	1ᵉʳ sept. 73	(5)			
BOTIER, Pierre, mᵈ de volailles, faub. Poissonnière, 16		Id	4 août 74				
BOTTARD, mᵈ de vins, rue de la Côte-d'Or, 87, à l'Entrepôt		Saulton	26 sept. 73	30 janv. 74	(6)		
BOTTE veuve, Jean, marchande de vins, à Billancourt		Heurtey	4 mars 74		* 31 mars 74		
BOUCHÉ, Charles-Antoine, nourrisseur, rue Lacretelle, 8		Hécaen	12 nov. 74				
BOUCHER, Gabriel-Louis, laitier, passage Montgallet, 23		Prodhomme	7 nov. 74				
Id.　Isid.-Félix-Ernest, limonad., r. des Amandiers, 11		Moncharville	13 sept. 73	(7)			
BOUCHET-COLLIN, Pierre-François, chapel. sans dom. connu	*	Popelin				27 janv. 74	
BOUCHON fils, fermier d'annonces, rue N.-D.-des-Victoires, 42		Copin	13 octob. 74				
BOUCHU, François-Alexandre, tapissier, rue Baudin, 27		Beaujeu	2 déc. 74				
BOUCOUR, Léopold-Sévère, ex-limonad., b⁴ Rochechouart, 40		Moys	20 juin 73	(8)			
BOUDIN dᵉ, Claudine, tenant cabinet littéraire, r. Soufflot, 58		Moncharville	22 mai 74				
BOUDIOT-BOULAY, Claude, chaussée Ménilmontant, 18	*	Picard				9 déc. 73	
BOUDRANT, François dit Désiré, grainier, rue du Cygne, 14		Battarel	8 mai 74		* 20 juin 74		
BOUDVILLAIN dame, mᵈᵉ d'art. pour fêtes, rue St-Martin, 234		Heurtey	21 févr. 74		Id.		
BOUFFIL, Étienne, tailleur, av. La Motte-Piquet, 23 bis		Legriel	6 août 74	16 nov. 74	(9)		

(1) **BORDE et Cie.** — La Société paie 33 fr. 30 c. %, unique rép. M. Borde paie 270,000 fr. comptant, au moyen de la réalisation de ses valeurs personnelles se trouvant aux mains du syndic, et 100,000 fr. en 4 paiements égaux par les soins de M. Léopold Jeannet, dᵗ r. du Rocher, 63 ; 1ᵉʳ paiement le 31 déc. 1875.

(2) **BORIGLIONE** paie 25 %, en 5 ans, par 1/5, de l'homolog.

(3) **BORNICHE** paie 50 %, en 5 ans, par 1/5, de l'homolog.

(4) **BORY.** — Réouverture du 2 septembre 1874. Il paie 71 fr. 23 c. %, unique répartition.

(5) **BOSSUROY** veuve et fils, paient 20 %, 1ʳᵉ répartition.

(6) **BOTTARD** paie 40 %, en 5 ans, par 1/5, de l'homologation.

(7) **BOUCHER**, Isid., paie 10 fr. 98 c. %, unique répartition.

(8) **BOUCOUR** paie 19 fr. 30 c. %, unique répartition.

(9) **BOUFFIL** paie 25 %, en 5 ans, par 1/5, de l'homologation.

NOMS, PRÉNOMS, PROFESSIONS ET DOMICILES.	L indique Liquidation * astérisque Avoué et Insuffisance	SYNDICS ET AVOUÉS	FAILLITES ET LIQUIDATIONS.	DATE DES HOMOLOGATIONS DE CONCORDATS.	INSUFFIS.ce ET UNIONS.	SÉPARAT.ns DE BIENS JUDICIAIRES.	CONS. JUDIC. ET INTERDICT.
BOUGER et CHASSY frères, menuisiers, square Napoléon, 19...		Sautton	8 nov. 72	24 octob. 74	(1)		
BOUGNOL, marchand de vins, rue d'Hautefeuille, 2...........		Chevallier ...	9 janv. 74	....	* 28 févr. 74		
BOUILLANT-TRIPIÉ, Benjamin-André, rue Roger, 6.......... *		Tricaud	....	....	....	26 nov. 74	
BOUILLY-CHENOY, Valentin, faub. Saint-Antoine, 158....... *		Postel-Dubois .	....	....	....	23 juin 74	
BOUIN veuve, tapissière, rue des Martyrs, 46.............		Normand	8 avril 74	26 juin 74	(2)		
BOUISSON, Louis, tailleur, rue Vivienne, 5...............		Pinet ....,..	20 juill. 74	7 nov. 74	(3)		
BOULANGER, Marie-Joséphine. Voir : CHARPENTIER, dame.							
Id. marchand d'os, à Boulogne..................		Beaugé	11 déc. 73	....	* 31 janv. 74		
BOULAY et WEINBERG, m.de de brosserie, r. V.-du-Temple, 44..		Copin.......	5 août 73	2 déc. 73	20 octob. 74		
Id. f. d'équipements militaires, rue Brantôme, 15.......		Gauche	9 févr. 74	11 juin 74	(4)		
Id. Joseph, confectionneur, à Saint-Ouen..............		Chevillot ...	19 juin 74	30 nov. 74	(5)		
Id. -LEMAIRE, Édouard-Fçois-Félix, rue V.-du-Temple, 47.*		Mesnier	....	....	....	22 déc. 74	
BOULCIER dame, m.de de confections, rue Halévy, 14.......		Bourbon ...	27 juill. 74	....	* 28 sept. 74		
DOULDÉ. Voir : FOUQUÉT dame, née BOULDÉ.							
BOULERY, Claude-Marie, boulanger, rue Saint-Martin, 149....		Meys.......	28 juin 73	....	* 28 avril 74		
BOULIAC, Guillaume, m.d de vins et charb., b.d de la Villette, 37.		Lamoureux ..	10 sept. 73	(6)			
BOULLÉ-DUBORT, Jean-Marie-François, rue du Havre, 9....*		Goujon......	....	....	....	12 mai 74	
BOULLEMONT, m.d d'art. de brosserie, r. N.-D.-des-Victoires, 38.		Tournel	23 févr. 74	....	* 24 juill. 74		
BOULONZAC, ex-marchand de vins, rue Aubriot, 12..........		Trille	26 avril 64	30 sept. 74	(7)		
DOUNEAU père, Jules-Fréd., m.d de vins, rue des Fêtes, 15....		Normand....	10 nov. 74	....	* 30 nov. 74		
Id. et THIS, m.de de vins, aux Prés-St-Gervais..........		Id........	Id.				
BOUQUEREL, comm.re en fruits, rue des Innocents, 4..........		Hécaen.....	22 avril 74	3 mars 74	(8)		
BOUQUET-COLIN, Pierre-Marie-Joseph, sans domicile connu..*		Rivière....	....	....	....	21 mai 74	
Id. et Cie, marchands de salaisons, r. Turbigo, 6......		Gautier.....	21 nov. 73	....	* 30 nov. 74		
BOURCERET, marchand de bois, rue Vandamme, 20..........		Chevallier ...	22 févr. 73	(9)			
BOURCIER, Adam, marchand de vins, à Levallois-Perret.......		Darbot.....	16 avril 74	....	* 30 mai 74		
BOURDIER, Eugène, agent d'affaires, rue N.le-Coquenard, 26....		Knöringer ...	22 juill. 69				
BOURDON, Clémentine-Joséphine. Voir : GUILLEMAIN, dame.							
BOUREAU aîné, chapelier, rue des V.-Haudriettes, 3 et 5 bis...		Prodhomme..	20 nov. 73	10 nov. 74	(10)		
Id. et Cie, charpentiers, à Levallois-Perret.............		Gautier	6 mai 74	28 octob. 74	(11)		
BOURGEOIS, Marie-Louis, hôtelier, rue de Dunkerque, 84.....		Hécaen.....	6 octob. 74	16 déc. 74	(12)		
Id. -DEHAEYNE, Adolphe-Constant, à Clichy........*		Loriat-Jacob .	....	....	....	9 mai 74	
Id. -LAURENT, Alfred-Philippe, chaus. du Maine, 73.*		Desgranges ..	....	....	....	23 avril 74	
Id. -RAVAUX, Armand-Louis-Victor, rue Richer, 17..*		Pijon	....	....	....	6 déc. 73	

(1) **BOUGER** et **CHASSY** frères. — La Société paie 34 fr. 24 %, unique répartition, par les mains du syndic. — Bouger paie en plus 5 %, en 5 ans, par 1/3, de l'homologation ; Félix et Antoine Chassy, chacun 3 %, en 3 ans, par 1/3, de l'homolog.

(2) **BOUIN**, veuve, paie 25 %, en 5 ans, par 1/5 ; 1er paiement le 15 novembre 1875.

(3) **BOUISSON** paie 70 %, en 7 ans, par 1/7, de l'homologation. M. Alder renonce à réclamer aucun dividende avant 7 ans.

(4) **BOULAY**, fabricant d'équipements, paie 40 %, en 5 ans, par 1/5, de l'homologation.

(5) **BOULAY**, Joseph, paie 20 %, en 5 ans, par 1/5, de l'homol.

(6) **BOULIAC** paie 1 fr. 62 c. %, unique répartition.

(7) **BOULONZAC** abandonne l'actif provenant de son père et s'oblige à payer 10 %, en 5 ans, par 1/5, de l'homologation.

(8) **BOUQUEREL** paie 25 %, en 5 ans, par 1/5, de l'homol.

(9) **BOURCERET** paie 0 fr. 87 c. %, unique répartition.

(10) **BOUREAU** aîné, paie 30 %, en 5 ans, par 1/5, de l'homolog.

(11) **BOUREAU** et Cie, paient 40 %, en 6 ans, par 1/6, de l'hom.

(12) **BOURGEOIS**, Marie, paie 30 %, en 5 ans, par 1/5, de l'hom.

NOMS, PRÉNOMS, PROFESSIONS ET DOMICILES.	*Indique Liquidation · asrèaizux Avoué et Insuffisance	SYNDICS ET AVOUÉS	FAILLITES ET LIQUIDATIONS.	DATE DES HOMOLOGATIONS DE CONCORDATS	INSUFFIS⁽ᶜᵉ⁾ ET UNIONS.	SÉPARAT⁽ⁿ⁾ DE BIENS JUDICIAIRES.	CONS. JUDIC. ET INTERDICT.
BOURGES et Cie, société de crédit civil et milit., r. St-Denis, 147.		Maillard.....	29 mai 74				
BOURGOIN, Eugène, marchand de vins, cité Guénot, 20........		Id........	3 févr. 74	....	* 28 avril 74		
Id. -BRUN, Id. Id.............	*	Delaporte....				29 déc. 74	
BOURLET-LECOMTE, Joseph-Modeste, pass. St-Victor, 22.....		Bonfils....				28 févr. 74	
BOURLIAUD-BERTHELOT, Jean, à Charenton............	*	Weil.....				29 avril 74	
BOURLIER, Aug.-Désiré, maçon, rue de Charenton, 107.......		Devin....	6 sept. 69	(1)			
BOURNAUD-QUINSAC, François, r. des Nonnains-d'Hyères, 15..	*	Bourgoin				5 juill. 73	
BOURNAY et Cie, fabricants de lingerie, r. St-Maur, 177......		Barboux	25 juill. 73	(2)			
BOURNEUF, E., marchand de vins, rue Lamartine, 28......		Legriel	25 juill. 74		* 29 sept. 74		
BOUROFF, Serge, coiffeur, avenue d'Eylau, 7		Hourley	17 juill. 74				
BOURON-LEFEBVRE, René-Victor, rue Quincampoix, 62.....*		Pilastre	....			28 juill. 74	
Id. et BONDU, cordonniers, Id. 46...		Barbot	10 déc. 72	5 mai 74	(3)		
BOURQUIN, distillateur, à Saint-Mandé.............		Chevillot	24 juin 74				
BOURSE, Louise-Marguerite. Voir : LOSSEL, veuve.							
BOURSIER dlle, Claire, couturière, pass. St-Roch, 18..		Hécaen	14 déc. 72	....	11 déc. 73		
BOUSSUGE, marchand de vins, rue Rambuteau, 50..........		Meys....	26 janv. 74		* 31 mars 74		
BOUTAL, dame, mde de vins et charbons, rue Poissonnière, 24.		Gauche	19 juin 74		* 28 août 74		
BOUTARD, marchand de nouveautés, à Gentilly.............		Beaugé	2 août 73	(4)			
BOUTELIER-LEMAIRE, François, rue d'Asnières, 2.........*		Fitremann	....			28 déc. 73	
BOUTÉT-TIBLE, Eugène, impasse des Mérillons, 27.........*		Audouin	....			25 août 74	
BOUTETTE-OUILLON, Antoine, rue Paul-Lelong, 1...........*		Milliot	....			14 juill. 74	
BOUTHEMY, marchand de vins, faubourg du Temple, 115......		Maillard....	16 nov. 74				
BOUTILLIER-LANGLET, Clerhuras, rue des Juifs, 13........*		Maujin	....			18 août 74	
Id. Cléophas, md de vins, rue N.-des-Petits-Champs, 22.		Pinet	14 janv. 74	(5)			
BOUTIN, Jean-Étienne-René, md de vins, rue Groneta, 61.....		Knéringer	6 janv. 74				
BOUTTIER, Léon-Jean-René, mécanicien, r. Jean-Beausire, 4...		Normand	10 avril 74	12 août 74	(6)		
BOUVET fils, Louis-Hippolyte, serrurier, pass. Pecquay, 4.....		Beaugé	15 juill. 73	(7)			
Id. -BAGUE, Id. Id. ....*		Drochou....	....			8 déc. 74	
BOUVIER-CLERGET, Jean-Aug., rue des Vinaigriers, 26....*		Engrand....	....			10 févr. 74	
Id. Cules-Antoine, emballeur, r. du Buisson-St-Louis, 15..		Hécaen	14 août 73	31 déc. 73	(8)		
BOUVOT, E., fleuriste, rue de Rivoli, 144...........		Dufay....	24 déc. 73	....	* 31 janv. 74		
BOUYER, Paul, harnacheur, rue Montorgueil, 21		Knéringer	11 juin 74				
BOUZIN et LAGRANGE, fruitiers, à Nanterre...........		Beaujou	2 sept. 74				
BOUZY, Auguste, marchand de vins, boul. Mazas, 28.........		Barbot	27 juill. 74		* 28 août 74		
BOWLES personnt, banquier, rue de la Paix, 12.............		Richard	24 janv. 73		* 16 oct. 74		
BOVY, Jean-Léopold, menuisier, rue Moreau, 31.............		Beaugé....	13 janv. 74	4 mai 74	(9)		

(1) **BOURLIER** paie 5 fr. 45 c. %, 2e et dernière répartition.

(2) **BOURNAY** et Cie paient 20 fr. 11 c. %, unique répartition.

(3) **BOURON** et BONDU paient 6 fr. 45 c. %, unique répartition. Bonnu persᵗ, paie 10 %, en 5 ans, par 1/5, de l'homologation.

(4) **BOUTARD** paie 1 fr. 80 c. %, unique répartition.

(5) **BOUTILLIER** paie 5 fr. 44 c. %, unique répartition.

(6) **BOUTTIER** paie 5 fr. 59 c. %, produit de son actif, et s'engage à payer le surplus, en 10 ans, par 1/10, de l'homolog.

(7) **BOUVET** fils, paie 74 fr. 49 c. %, unique répartition.

(8) **BOUVIER**, Charles, paiera l'intégralité des créances, en 7 ans, par 1/7, de l'homologation.

(9) **BOVY** paie 1 fr. 59 c. %, produit de son actif, et s'engage à payer 15 %, en 5 ans, par 1/5, de l'homologation.

NOMS, PRÉNOMS, PROFESSIONS ET DOMICILES.	L indique Liquidation ° astérisque Avoué et Insuffisance	SYNDICS ET AVOUÉS	FAILLITES ET LIQUIDATIONS.	DATE DES HOMOLOGATIONS DE CONCORDATS	INSUFFIS¹⁴ ET UNIONS.	SÉPARAT™ DE BIENS JUDICIAIRES.	CONS. JUDIC. ET INTERDICT.
BOYER, Théodore, ex-m⁴ de vins, rue Réaumur, 9		Chevillot	6 octob. 74		°31 oct. 74		
Id. marchand de vins, rue de Charenton, 203		Dufay	17 mars 74		°30 juin 74		
Id. François, fondeur de suif, boul. Serrurier, 5		Battarel	27 avril 74				
Id. et Cie, teinturiers en peaux, rue Rébeval, 43		Gauche	4 mai 74				
Id. -RONDOLPHI, Jean-Fᵘⁱ-Charles, r. de Vanves, 99	°	Pilastre				12 août 74	
BRACH, marchand d'art. de Paris, rue du Temple, 161		Barboux	19 déc. 74				
DRACK, Théodore-Aug., limonadier, chaussée du Maine, 44		Beaujeu	18 août 73	12 févr. 74	(1)		
Id. Adolphe, fabricant de literies, r. Rambuteau, 32		Heurtey	17 janv. 74		(2)		
DRACQ-PODMY, Louis-Casimir, rue Moret, 25	°	Parmentier				4 août 74	
BRALEY, Léon-Xavier, corroyeur, à St-Denis		Meys	2 octob. 73		(3)		
BRALLE, Louis-Victor, épicier, à Courbevoie		Prodhomme	28 déc. 73	13 mai 74	(4)		
BRANDEBOURGER, décédé, Mathias, hôtelier, r. des Écoles, 31		Heurtey	8 sept. 72		(5)		
BRANDON, Louis-Antoine, liquoriste, r. de Rivoli, 68		Dufay	7 sept. 74				
BRAQUEHAIS-GOUIN, Aug.-Bruno, rue Ste-Apolline, 9	°	Goirand				21 octob. 74	
BRARD, Louis-Marin, hôtelier, rue de Châteaudun, 31		Moncharville	28 nov. 74				
BRAS, marchand de vins, rue Véron, 7		Legriel	10 juill. 74		°30 nov. 74		
Id. fils, marchand de bois et charbons, av. Parmentier, 35		Hécaen	10 mars 74	28 juill. 74	(6)		
BRASSENS, Eug., entrepr. de transp., r. Philippe-de-Girard, 88		Richard	21 octob. 74				
BRAUN, J.-Bapt., cordonnier, av. de Clichy, 131		Copin	18 nov. 74				
Id. Joseph, boulanger, rue Bellot, 2		Knéringer	30 avril 70		(7)		
BRAUT veuve, m⁴ˢ d'art. de ménage, r. des Petits-Hôtels, 5		Beaugé	2 sept. 74				
BRÉARD et GACHELIN, m⁴ˢ de nouv., r. St-Dominiq., 157 et 159		Lamoureux	29 janv. 74				
BREDANT-GOBERT, Louis-Alfred, rue de Meaux, 23	°	Cullerier				3 févr. 74	
BREFFEIL-MILLET, Thomas, rue Claude-Villefaux, 41	°	Lacomme				8 juin 74	
BRENGOU, Pierre-Joseph, m⁴ de vins, r. des Envierges, 12		Moncharville	10 octob. 74		°31 oct. 74		
BRÉON, Paul, emballeur, rue Boissy-d'Anglas, 14 et 24		Beaugé	14 juill. 74		°24 oct. 74		
BRESNU, Louis, maçon, rue Lacueuville, 9		Chevillot	20 mars 69	16 octob. 72	(8)		
BRETON, grainetier, boulevard de Neuilly, 95		Devin	28 avril 09	18 nov. 69	7 nov. 72		(9)
BREYSSE, négociant en tissus, rue N.-D.-de-Nazareth, 19		Heurtey	30 octob. 71	8 nov. 72	°29 juin 74		
BREZILLON, briquetier, à Clichy-la-Garenne		Sarazin	13 avril 74				
BRIARD, Victorine. Voir : LIOULT, veuve.							
DRIDAULT, ex-directeur de théâtre, r. Clignancourt, 13		Beaujeu	15 sept. 74		°28 nov. 74		
BRIDOUX, Pierre-Félix-Ambroise, chapelier, r. Vivienne, 29		Bégis	13 octob. 74				
BRIEUSSEL et Cie, Léopold, marchands de vins, à Antony		Barbot	2 déc. 74				
BRILLE Fils, L. commissionnaire en vins, rue des 2 Ponts, 14		Heurtey	27 nov. 74				
BRIONNE, tonnelier, à Charenton		Beaugé	3 nov. 73		°31 déc. 73		

(1) **BRACK**, Théodore, paie 16 fr. 80 c. °/°, produit de son actif, et s'engage à payer 20 °/°, en 5 ans, par 1/5, de l'homolog.

(2) **BRACK**, Adolphe, paie 1 fr. 61 c. °/°, unique répartition.

(3) **BRALEY** paie 6 fr. 32 c. °/°, unique répartition.

(4) **BRALLE** paiera 80 °/°, en 5 ans, savoir : 5 °/° dans un an; 8 °/° dans 2 ans; 10 °/° dans 3 ans ; 12 °/° dans 4 ans , et 15 °/° dans 5 ans, de l'homologation.

(5) **BRANDEBOURGER** paie 2 fr. 90 c. °/°, unique répartition.

(6) **BRAS** fils, paie 10 °/°, un mois après l'homologation, et 35 °/°, en 7 ans, par 1/14, de 6 mois en 6 mois. Nad. Bras cautionne les dividendes promis.

(7) **BRAUN** Joseph paie 9 fr. 56 c. °/°, deuxième répartition.

(8) **BRESNU** paie 3 fr. °/°, première répartition.

(9) **BRETON** paie 3 fr. °/°, première répartition.

NOMS, PRÉNOMS, PROFESSIONS ET DOMICILES.	L indique Liquidation ° ASTÉRISQUE AVOUÉ et Insuffisance	SYNDICS ET AVOUÉS	FAILLITES ET LIQUIDATIONS.	DATE DES HOMOLOGATIONS DE CONCORDATS	INSUFFIS᷉ᵉˢ ET UNIONS.	SÉPARAT᷉ˢ DE BIENS JUDICIAIRES.	CONS. JUDIC. ET INTERDICT.
BRIQUET dame, née LACHAU, fleuriste, r. Quatre-Septemb., 4 bis.		Sommaire ...	23 févr. 74				
BRISELET, ALEXANDRE, md de vins, à la Varenne-St-Hilaire.....		Richard	26 déc. 74				
BRISION-VUILLEMINOT, ÉTIENNE, sans domicile connu........*		Audoin........				21 juill. 74	
BRISSET et Cie, mécaniciens, rue des Cloys, 13...............		Heurtey	21 octob. 73	6 mai 74	(1)		
BRIZARD, LOUIS-FRANÇOIS, carrossier, rue Mazel, 17.........		Richard	5 nov. 74				
BROCHARD dlle, ANNA, couturière, rue du 4 septembre, 16.		Lamoureux ..	28 avril 74	22 juill. 74	(2)		
BROCHET-BRUYANT, CLAUDE-HENRI, rue Thionville, 5.....*		Husson........				2 juin 74	
Id. -GUTIN, LOUIS-MARIE, à Saint-Ouen...............		Lesage........				24 mars 74	
BRODIN-FOUCAULT, GUSTIN-JULIEN-RENÉ, sans domicile connu..*		Audoin........				24 févr. 74	
BROGARD-COUECAULT, FERDINAND, rue Rodier, 43.......*		Horvel........				Id.	
BROSSARD, Fˢ⁺ᵉ-EDMOND, md de vins et carrier, à Ivry.........		Meillencourt.	28 avril 74	(3)			
BROSSE, JULIEN-FRANÇOIS, restaurat., r. N.-D.-des-Victoires, 40.		Battarel.......	23 juill. 74	14 nov. 74	(4)		
BROT fils et Cie, JOSEPH, marchands de vins, r. de Bercy, 101.		Sarazin.......	15 juill. 74		22 déc. 74		
BROUILLET, maçon, rue Campagne-Première, 8...............		Dourbon.....	29 nov. 69	(5)			
BROUTIN, marchand de vins, rue du Port-Saint-Ouen, 13......		Legriel.......	12 juin 74		*17 août 74		
BROUTTA-DE LA CHASSAIGNE DE SEREYES, à Joinville ......*		Fitremann....				21 juill. 74	
BRUDIEU BEAUMONT frères, négᵗˢ, av. de la Porte-Maillot, 59.		Quatremère ..	7 juin 64		*30 juin 64	(6)	
BRUGEROLLE, L., négociant, boul. Malesherbes, 12..........		Copin........	8 nov. 73		*28 févr. 74		
Id. JOSEPH, marchand de vins, r. de la Fidélité, 16..		Sommaire	20 octob. 73		*31 déc. 73		
BRULÉ et OUDOT, fⁱᵉ d'art. de pianos, rue Saintonge, 45.......		Bégis........	4 juill. 73	1ᵉʳ sept. 74	(7)		
Id. FRANÇOIS. Voir : LOUET et BRULÉ.							
BRULIN, LOUIS-PHILIPPE, cordonnier, faub. St-Denis, 78......		Meys........	14 déc. 74				
BRUN, ALBERT-MARIE-JOSEPH, passement., rue du Dragon, 19....		Dourbon.....	2 janv. 73	1ᵉʳ août 74	(8)		
Id. dlle, MARIE, boulangère, rue du Terrage, 17 et 25.......		Sarazin......	23 avril 74				
BRUNEAU, JOSEPH, marchand de vins, rue Scorétan, 13........		Darboux.....	10 juin 74		*20 juill. 74		
BRUNEAUX et Cie, fᵉ de machines de filatures, r. des 2 Gares, 10.		Meillencourt.	22 juin 72	(9)			
BRUNET, JEAN, marchand de vins et charbons, r. Pajol, 83....		Maillard.....	22 sept. 74				
Id. CH.-DELONY, restaurateur, rue de Bucy, 11........		Sarazin	19 janv. 74		*28 mai 74		
Id. -LAPLAINE, FRANÇOIS, à Issy..................*		Estienne				11 août 74	
BRUNSCHWICK frères, négoc. en tissus, r. des Jeûneurs, 40....		Pinet	9 déc. 72	(10)			
Id. jⁿᵉ, ALBERT, fⁱ de cuirs, r. de l'Hôpit.-St-Louis, 2.		Dufay.......	17 octob. 74				
BRUNSCHWIG et Cie. Voir : FRILOUX dlle et MERCIER.							
BRUZEAU, ÉM.-ALF.-FERD., boulanger, rue d'Aligre, 17........		Moncharville.	11 octob. 73	(11)			

(1) BRISSET et Cie, paieront 50 %, en 10 ans, à partir du jour de l'homologation.

(2) BROCHARD dlle, paie 6 fr. 25 c. %, produit de son actif, et parfait 20 %, à raison de 3 % par an; 1ᵉʳ paiement un an après l'homologation.

(3) BROSSARD paie 11 fr. 34 c. %, unique répartition.

(4) BROSSE paiera 20 %, en 5 ans, par 1/5, de l'homologation.

(5) BROUILLET paie 4 fr. 72 c. %, unique répartition.

(6) BRUDIEU BEAUMONT. — Réouverture du 20 juin 1872.

(7) BRULÉ et OUDOT. — La Société paie 45 fr. 02 c. %, unique répartition. — Brulé paiera 3 %, en 5 ans, par 1/5; Oudot abandonne l'actif provenant de la succession de ses père et mère et de la communauté de biens ayant existé entre lui et sa femme, et s'oblige à payer 3 %, en 5 ans, par 1/5, de l'homol.

(8) BRUN, ALBERT, paiera 25 %, en 3 ans, à partir de l'homol.

(9) BRUNEAUX et Cie, paient 11 fr. 72 c. %, unique répartit.

(10) BRUNSCHWICK frères, paient 1 fr. 83 %, troisième et dernière répartition.

(11) BRUZEAU paie 5 fr. 82 c. %, unique répartition.

4

NOMS, PRÉNOMS, PROFESSIONS ET DOMICILES.	Indique Liquidation ● ASTÉRISQUE AVOUÉ et Insuffisance	SYNDICS ET AVOUÉS	FAILLITES ET LIQUIDATIONS.	DATE DES HOMOLOGATIONS DE CONCORDATS	INSUFFIS.ces ET UNIONS.	SÉPARAT.on DE BIENS JUDICIAIRES.	CONS. JUDIC ET INTERDICT.
BUCHILLET, CLAUDE-Fçois, md de vins, port de Bercy, 45........		Bourbon	17 octob. 74				
BUCKINGHAM et Cie, éditeurs, place Vendôme, 10............		Gaucho..	23 juill. 74				
BUFFET, LOUIS-FÉLIX, limonadier, rue Montmartre, 49........		Heurtoy.....	22 octob. 73	....	● 24 déc. 73		
BUGEAUD DE REDON, HENRI, commre en vins, faub. St-Denis, 224.		Beaujeu	16 nov. 74				
BUISSON et Cie, agents de publicité et commres, r. de Bondy, 3...		Sarazin......	26 juin 74				
Id. PIERRE-JOSEPH, id. rue de Bondy, 3		Id........	9 juin 74				
Id. commissionnaire en marchandises, rue Turbigo, 2...		Chevillot....	1er août 74				
Id. et Cie, Société des entreprs de maçon. r. St.-Antoine, 208		Darbot......	23 octob. 69	....	● 25 nov. 74		
BULLOT, bijoutier, boulevard Voltaire, 112............		Sarazin.....	25 avril 74	....	● 30 sept. 74		
BURCH-LA DEUZE, WILLIAM, rue Constantinople, 20		Thiébault...	....			2 juin 74	
BUREAU, ÉTIENNE, bourrelier, à Noisy-le-Sec...............		Prodhomme..	10 juin 72	(1)			
BURET-VASSARD, ALEXIS-ROMAIN, négoc., r. Rochechouart, 26.*		Jacquin'.....	....			22 déc. 74	
BURGER, Ch.-Fréd., marchand de vins, rue Saint-Maur, 63...		Moncharville.	9 octob. 73	2 févr. 74	(2)		
BURGNION, JEAN dit JULES, md de cheveux, rue Réaumur, 55..		Sarazin.....	Id......	18 mars 74	(3)		
BURGOD, BENOIST, tailleur, rue de la Bourse, 1...........		Meillencourt.	29 mai 73	17 octob. 73	(4)		
BURON, LÉOPOLD, commissionnaire, boul. St-Germain, 31.....		Legriel.....	24 janv. 74	23 mai 74	(5)		
BURSCHTI, JOSEPH, tailleur, boulevard de Belleville, 43.......		Hécaen....	2 déc. 73	....	● 31 janv. 74		
BUTET, pharmacien, rue de Diragué, 4......................		Copin......	28 octob. 73	....	● 20 déc. 73		
BYR, SARA. Voir : LYONS, veuve.							

C

CABARET fils, HECTOR, marchand de vins, r. Vercingétorix, 14..		Beaujeu	28 janv. 74			● 31 mars 74	
CABIN, FERDINAND, bijoutier, faub. St-Denis, 124...........		Moys......	29 octob. 74				
CABRIDENS, MARTIN, marchand de vins, boul. Voltaire, 230...		Gaucho.....	13 nov. 74				
CABRIT-DOURDOU, FRANÇOIS-HENRI, à Levallois-Perret.......		Savignat	....	....		30 déc. 73	
CADEVIÉ-DURAND, JOSEPH, sans domicile connu............*		Niquevert ..	....	....		5 nov. 74	
CADIOU, PIERRE-MAURICE, md nouveautés, faub. St-Antoine, 63..		Legriel.....	5 févr. 74	16 juin 74	(6)		
CADOUCHE-FLEURY, ALEXANDRE-ÉDOUARD, r. de la Nation, 14.*		Popelin	....	....		9 juin 74	
CADOUX-DOURON, FRANÇOIS, rue Legendre prolongée, 166....		Levaux.....	....	....		28 juill. 74	
Id. -MATHIEU, VICTOR, place Passor, 9................*		Leboucq....	....	....		3 octob. 74	
CADY dame, JACQUES-ÉTIENNE. Voir : SOURIGUÈRE, LOUISE.							
CAGÉ, AUGUSTE, fruitier et marchand de vins, à Boulogne......		Moys......	6 nov. 73	(7)			
CAHIN-BLOCH, ABRAHAM, rue de Hauteville, 5.............*		Duboys....	....	....		14 avril 74	
CAHN, ADOLPHE-ABRAHAM, commisre, boul. Sébastopol, 91.....		Beaujeu	12 janv. 74				
CAILLE-GUILLON, EDMOND-CHARLES-GUISLAIN, négt, à Neuilly..*		Kieffer.....	....	....		9 juin 74	
CAILLET, VICTOR. Voir : LOCHON et CAILLET.							

(1) BUREAU paie 6 fr. º/º, unique répartition.

(2) BURGER paiera 40 º/º, en 6 ans, par 1/6, de l'homologation.

(3) BURGNION paiera 25 º/º, en 5 ans, par 1/5, de l'homolog.

(4) BURGOD paie 34 º/º, en 6 ans et six paiements; le premier aura lieu le 1er novembre 1874.

(5) BURON paie 10 º/º, huit mois après l'homologation, et 10 º/º par an jusqu'à concurrence de 40 º/º.

(6) CADIOU paie 50 º/º, en 5 ans, par 1/10, de six mois en six mois; 1er paiement fin février 1875.

(7) CAGÉ paie 41 fr. 46 c. º/º, unique répartition.

NOMS, PRÉNOMS, PROFESSIONS ET DOMICILES.	Liquidation * astérisque Avoué et Insuffisance	SYNDICS ET AVOUÉS	FAILLITES ET LIQUIDATIONS.	DATE DES HOMOLOGATIONS DE CONCORDATS	INSUFFIS⁰ ET UNIONS.	SÉPARAT⁰ DE BIENS JUDICIAIRES.	CONS. JUDIC. ET INTERDICT.
CAILLOZ, Jean-François, marchand de vins, r. Lauriston, 50 .		Meilleneourt .	4 avril 73	24 sept. 74	(1)		
CAIN-SPITZ, Michel, journalier, rue de la Roquette, 90......	*	Labbé	....	....	....	2 déc. 73	
CAISSE des ARTS et MÉTIERS. Voir COLMAIN et Cie.							
Id. des RENTIERS. Voir : MASSONNET.							
CALBRIS dᶠᵉ, Victoire, mᵈᵉ de fourrures, r. St-Honoré, 354..		Gautier......	9 nov. 74	....	* 24 déc · 74		
CALINET, Jeanne-Marie-Caroline-Paule. Voir : FAY, veuve.							
CALLIET, J.-Bapt.-René, ferblantier, à Billancourt..........		Gauche..	4 août 74	(1 bis)			
CALMEAU-FLOGNY, J.-Baptiste, boulevard du Temple, 14 ...*		Huot..	....	....	....	17 nov. 74	
CALVEL dit CRÉMIEUX. Voir : PÉGNA et CALVEL.							
CAMBIER, Ch.-Fréd, fᵗ de chocolats, rue de Flandre, 47.....		Chevillot ..	12 mars 72	25 juin 72	* 29 déc. 73		
CAMBRAY, commⁿ en marchandises, r. de la Michodière, 18...		Legriel....	15 juin 74	....	* 31 oct. 74		
Id. dame, Alphénède, couturière, Id. Id...	*	Id	27 juin 74	....	Id.		
CAMBRENUS. Voir : SITTER dit CAMBRENUS.							
CAMILLE, dame. Voir : POUCHET, dame.							
CAMON, Ernest, ex-marchand de vins, à Saint-Denis..........		Barboux .	28 nov. 73	....	* 30 janv. 74		
CAMPISTRON-CHAUVIN, serrurier, rue des Tournelles, 42.....*		Mesnier ..	....	....	....	27 janv. 74	
CAMUS, Frédéric, camionneur, à Saint-Denis...............		Dufay ..	22 avril 74	....	* 31 oct. 74		
CAMUSET, représentant de fabrique, rue de la Lune, 35......		Gauche...	23 juin 74	....	* 29 sept. 74		
Id. Jean-Marie-Émile, pharmacien, rue Marignan, 27...		Pinet ..	12 août 74	....	* 25 nov. 74		
CAMUZET-HUMBERT, Léon-Auguste, rue de Reuilly, 125.....*		Benoist.....	....	....	....	27 juin 74	
CANELLE, Hyppolyte, sculpteur s. ivoire, rue du Temple, 175.		Pinet ..	27 juin 74	5 nov. 74	(2)		
CANNUELLE, loueur de voitures, rue St-Pierre-Vaugirard, 20...		Legriel....	4 févr. 74	....	* 27 mars 74		
CANTEL, fabricant de brosses, rue des Trois-Couronnes, 43.....		Hécaen....	18 sept. 74	....	* 30 nov. 74		
CANTIN, J.-Bapt.-An., mᵈ de bains, Gᵈᵉ-Rue de Montreuil, 54..		Beaujou ..	6 févr. 74	19 juin 74	(3)		
Id. marchand de vins, rue Saint-Irénée, 7..............		Beaugé..	21 mai 73	....	(4)		
CARDONNELLE-VENTURA, Victor, rue de Châlons, 38.....*		Castaignet ...	....	....	....	12 mai 74	
CARDINAL, Eug., fᵗ de manches de parapᵉ, r. Montgolfier, 14..		Meys....	20 janv. 74	13 juin 74	(5)		
CARDON Vᵛᵉ, Ulysse, née GROSLAY, mercⁿᵉ, r. Ste-Anne, 11...		Tournel....	11 sept. 74	....	* 22 déc. 74		
Id. Henri. Voir : LEFEBVRE et CARDON.							
Id. -AMARGÉ, Henri, rue Schomer, 19.............*		Levaux,	....	....	....	28 juill. 74	
CAREAU, Pierre-Maurice, mᵈ de beurre, r. St-André-d.-Arts, 26.		Prodhomme..	20 juill. 73	....	* 31 déc. 73		
CARLES Vᵛᵉ, J.-Bapt., née PETIT, rue de Charonne, 161.....*		Robineau....	....	....	....	....	* 24 oct. 74
CARLIER-LEGRIS, Ferdinand, forgeron, rue Mercœur, 6.....*		Reimbert....	....	....	....	28 avril 74	
CARLY, Félix, fabricant de meubles, rue Moreau, 58..........		Beaujeu ..	16 juill. 74	....	* 28 août 74		
CARNET-VIDAL veuve, chapelière, rue Jean-Lantier, 13.......		Heurtey	3 janv. 74	(6)			
CARON, Martin-Marcelin, marchand de légumes, à Stains.....		Beaujou ..	22 déc. 73	....	* 31 janv. 74		
CARQUILLE, Jean-Pierre, mᵈ de vins, rue de Bagnolet, 50.....		Moncharville.	28 octob. 74	....	* 25 nov. 74		

(1) **CAILLOZ** paie 10 % comptant et 15 %, en 3 ans, par 1/3, d'année en année, de l'homologation.

(1 bis) **CALLIET** paie 5 fr. 23 c. %, unique répartition.

(2) **CANELLE** paie 10 %, 2 mois après l'homologation, et 10 % en 2 ans, par 1/2, à partir de l'homologation.

(3) **CANTIN**, J.-Bapt., paie 2 fr. 47 %, produit de son actif, et

s'oblige à payer 20 %, par 1/10, de 6 mois en 6 mois; premier paiement 1ᵉʳ janvier 1875.

(4) **CANTIN**, mᵈ de vins, paie 3 fr. 84 c. %, unique répartition.

(5) **CARDINAL** palera 50 %, en 5 ans, par 1/5, à partir du jour de l'homologation.

(6) **CARNET-VIDAL** veuve. — Faillite clôturée, faute d'intérêts de masse, par jugement du 8 mai 1874.

NOMS, PRÉNOMS, PROFESSIONS ET DOMICILES.	Indice Liquidation / Astérisque Avoué / Insuffisance	SYNDICS ET AVOUÉS	FAILLITES ET LIQUIDATIONS.	DATE DES HOMOLOGATIONS DE CONCORDATS	INSUFFIS** ET UNIONS.	SÉPARAT** DE BIENS JUDICIAIRES.	CONS.JUDIC. ET INTERDICT.
CARRATIER fils, Célestin, md de vins, rue des 2 Ponts, 11.....		Gautier......	4 déc. 74				
CARRAZ, Alphonse, mécanicien, cité du Vauxhall, 5..........		Maillard....	24 octob. 73	23 octob. 74	(1)		
CARRÉ, Paul, grainetier, faub. du Temple, 40...............		Sarazin......	10 sept. 09	....	10 sept. 70	(2)	
CARREAU, Jean, limonadier, rue de Rotrou, 2		Meillencourt.	30 déc. 73	....	*28 avril 74		
CARTAULT, Jules-Paul, passementier, rue Montmartre, 55...		Heurtey	12 août 73	31 déc. 73	(3)		
CARTAUX et RUEL, graveurs s. métaux, r. du Temple, 151....		Legriel	6 mars 74	7 octob. 74	(4)		
CARTIER, Urbain, négociant, rue du Sentier, 36............		Darbot......	25 juin 74	20 nov. 74	(5)		
Id. -DOLFUS, Id. Id.	*	Levaux......	....	....	....	7 juill. 74	
CARTRY-JOLLY, Pierre-Hippolyte, rue Montorgueil, 19......	*	Corpet......	....	....	....	28 juill. 74	
Id. Pierre-Hippolyte, md de cafés, Id. Id....		Pinet	30 mai 74	(6)			
CASIEZ, f° de gravures pour étoffes, rue Lepeu projetée, 15...		Hécaen.....	4 nov. 73	22 mai 74	(7)		
CASSELLI, md de vins et peintre, passage des Envierges, 11...		Durboux.....	18 août 74	....	*29 sept. 74		
CASSES, marchand de vins, rue de la Roquette, 81		Richard.....	21 déc. 74				
CASSET-DELAS, Louis-Aimée, avenue Victoria, 24..........		Chagnet......	....	....	....	2 juin 74	
CASSEVILLE, fruitier, faubourg Saint-Antoine, 209..........		Chevillot	11 juin 74				
Id. -GERMAIN, Philibert, Id Id.........		Milliot......	....	....	....	8 déc. 74	
CASSIGNOL, coiffeur, faubourg Saint-Antoine, 151..........		Gauche......	25 août 74	....	*30 sept. 74		
CASTAING, Pierre, boulanger, à Charenton........		Sarazin......	16 mai 74	....	*30 juill. 74		
CASTAN, Jean-Henri, tapissier, rue du Caire, 9.........		Chevillot	17 mars 73	(8)			
CASTILLON père, épicier, rue Piat, 1........		Beaugé......	5 août 74	....	*30 sept. 74		
CATALA, Louise-Eugénie-Antonia. Voir : BALLIVET, dame.							
CATON, Philiberte. Voir : RENAUT, dame.							
CATTOIS, gérant d'hôtel meublé, rue Vandamme, 2.........		Sommaire ..	25 sept. 74				
CATUTELLE, Georges, tripier, avenue d'Italie, 111.........		Dufay......	19 déc. 73	....	*30 juin 74		
CAUCHARD, maçon, rue des Murs-de-la-Roquette, 10.........		Bourbon.....	22 mars 72	(9)			
CAUCHY, FOURNIER et Cie, cordonniers. r. des 2 Portes, 34...		Meillencourt.	20 juin 73				
CAUCONNIER-BARRAUD, J.-Bapt., rue Nicolaï, 43.........	*	Dubois......	....	....	....	10 mars 74	
GAUTRU, Léon, maître de lavoir, rue Blomet, 78.........		Copin......	29 sept. 74				
CAUVRY, Victor-Alph., marchand de vins, rue d'Antin, 14.....		Chevallier..	12 juin 08	(10)			
CAVAILLON, comm** en vins et salaisons, boul. Magenta, 99....		Heurtey.....	25 juin 74	....	*20 sept. 74		
CAVENEL-CAVENEL, Henri-Charlemagne, r. St-Maur, 27......	*	Thiébault....	....	....	....	1er déc. 74	
CAYLA-ROUCHET, Pierre, md de vins, rue Lafayette, 36......	*	Robineau....	....	....	....	7 octob. 74	
CAYRON, marchand de charbons, rue Godot-de-Mauroy, 1.....		Gautier......	27 sept. 73	....	*31 déc. 73		
CAZALONG dlle, Marie, modiste, r. du Quatre-Septembre, 31...		Pinet	19 déc. 73	20 avril 74	(11)		
CAZARD-MOUREY, Martin, à Vanves...................	*	Lescot.....	....	....	....	30 juin 74	

(1) **CARRAZ** paiera l'intégralité des créances, savoir : 50 %, au moyen de l'actif réalisé par le syndic, et 50 %, en 3 ans, par 1/3, de l'homologation.

(2) **CARRÉ** paie 4 fr. 03 c. %, unique répartition.

(3) **CARTAULT** paie 25 %, en 5 ans, par 1/5, de l'homologation.

(4) **CARTAUX et RUEL** paient le montant intégral des créances en principal, intérêts et frais, en 10 ans, par 1/10, à partir du jour de l'homologation.

(5) **CARTIER** paie 30 %, en 6 ans, par 1/6, de l'homologation.

(6) **CARTRY** paie 20 fr. %, première répartition.

(7) **CASIEZ** paie 25 %, en 5 ans, par 1/5, de l'homologation.

(8) **CASTAN** paie 3 fr. 26 c. %, unique répartition.

(9) **CAUCHARD** paie 24 fr. 26 c. %, unique répartition.

(10) **CAUVRY.** — Faillite clôturée par jugement du 22 avril 1874.

(11) **CAZALONG** dlle, paie 50 %, savoir : 10 % comptant et 40 % fin décembre 1874, 75, 76 et 1877.

NOMS, PRÉNOMS, PROFESSIONS ET DOMICILES.	Σ indique Liquidation. ° astérisque avoué et Insuffisance	SYNDICS ET AVOUÉS.	FAILLITES ET LIQUIDATIONS.	DATE DES HOMOLOGATIONS DE CONCORDATS.	INSUFFIS⁰⁰ ET UNIONS.	SÉPARAT⁰⁰ DE BIENS JUDICIAIRES.	CONS. JUDIC. ET INTERDICT.
CAZEAUX, Jean-Adolphe. Voir : PINÇON et CAZEAUX.							
CÉLÉSIA, F⁰ⁱˢ, marchand de comestibles, faub. St-Denis, 104...		Normand....	3 juin. 74	11 sept. 74	(1)		
CELLARD, Louis-Honoré, graveur, rue Turbigo, 85..........		Legriel	28 janv. 74	16 juin 74	,2)		
CELLIER, Martin, menuisier, impasse Javotte...............		Beaujou....	30 sept. 71	13 janv. 72	9 octob. 73	(3)	
CENDRIER-JAILLANT, Benjamin-Edmond, r. Saint-Marc, 30....*		Martin	....	....	....	14 juill. 74	
CÉRÈS et Cie, Pierre-Félix, corroyeurs, rue Chanoinesse, 22..		Pluzanski....	16 octob. 72	(4)			
CERF, Henri, commissionnaire, rue Magnan, 20.............		Barbot.....	18 juin 74	....	°24 oct. 74		
CERISIER, m⁴ de fournitures pour chaussures, rue Greneta, 20..		Régis	11 févr. 73	1ᵉʳ juill. 73	°16 oct. 74		
CERPAUX, Jules, serrurier, rue de Fontanes, 13...........		Dufay.....	25 sept. 74	....	°20 oct. 74		
CHABRAT-BESSE, Louis, à Montreuil.................*		Desgranges..	....	....	....	2 juin. 74	
CHABRIET-PAILLET, André, passage Traëzer, 4...........		Castaignet..	....	....	....	6 juin. 74	
CHABUT, Martial, traiteur-logeur, à Levallois.............		Saulton	7 nov. 73	20 mars 74	(5)		
CHAIGNON, Benjamin, m⁴ de verrerie, boul. de la Chapelle, 7..		Normand....	9 mars 74	....	°25 avril 74		
Id. -CŒUILLIER, Benjamin-Jules-F⁰ⁱˢ, à Neuilly......		Milliot	....	....	....	4 août 74	
Id. -LEFEBVRE, F.-J.-Alexis, détenu à la Guyane......		Lortat-Jacob..	....	....	....	3 janv. 74	
CHAILLET, Alexandre, bijoutier, place Vendôme, 23.........		Sarazin	19 mars 72	....			
CHAIRGRASSE, dir. d'assuranc. milit., à Dijon (Tribun. de Dijon)		Rachot	....	20 octob. 71	8 mai 74		
CHALET, Nicolas-Édouard, linger, rue Tronchet, 23.........		Sarazin	11 déc. 74	....			
CHAMBON, Adolphe-Barthélemy, m⁴ de vins, à Levallois......		Copin	15 sept. 72	....	28 mars 74		
CHAMINADOUR, Léonard-Alf., menuisier, r. St-Bernard, 17...		Beaufour	26 nov. 74	....			
CHAMPENOIS, Louis-Alexandre, traiteur, boul. Magenta, 125...		Bourbon.....	11 sept. 73	21 mars 74	(6)		
CHAMPÉS, Jean, charpentier, rue de la Chapelle, 117.........		Sommaire ...	27 nov. 74				
Id. -RODIER, Jean, Id. Id.........		Francastel...	....	....	....	23 juin. 74	
CHAMPIOUX-THIABAULT, L⁴-Cⁿ-Jean, rue Fontenelle, 10....		Plassard.....	....	....	....	22 mai 74	
CHAMPS TESSON et Cie, marchands de vins, à Pantin		Beaufour	15 mai. 67	(7)			
CHANET-CUNY, Louis-Auguste, rue Muller, 20..............		....	....	....	....	1ᵉʳ déc. 74	
CHANONA, fabricant de cadres, faubourg du Temple, 64.......		Gauche.....	5 août 72				
CHANTREL, Camille, commissionnaire, rue Rambuteau, 77.....		Copin	24 janv. 74	(8)			
CHANUSSOT veuve, Sébastien, épicière, à Levallois..........		Barboux	6 janv. 74	....	°28 févr. 74		
CHANUT, Pierre, marchand de métaux, rue Daval, 47.........		Heurtey	15 sept. 74				
CHAPERON, Ch.-Honoré, changeur, av. d'Orléans, 8..........		Moys.....	17 juin 72				
CHAPIGNAC-DUQUET, J.-Pierre-Auⁱˢ, r. Château-d'Eau, 9....*		Marc.....	....	....	.....	18 août 74	
Id. Auguste, m⁴ de vins-épicier, à Saint-Mandé.......		Devin	24 févr. 74				
CHAPOTON et Cie, teinturiers, à Port-à-Langlais...........		Legriel......	29 avril 74	5 déc. 74	(9)		
CHAPRON dit Auguste, Louis-Arthur, linger, r. de la Paix, 11..		Prodhomme .	9 févr. 70	....	10 déc. 74		
CHARBONNEAU-PASCAL, Michel, à Vincennes.............*		Weill	....	....	....	17 mars 74	

(1) CÉLÉSIA paie 40 %, en 5 ans, par 1/5, de l'homologation.

(2) CELLARD paie 30 %, en 5 ans , par 1/5, de l'homologation.

(3) CELLIER paie 1 fr. 22 c. %, unique répartition.

(4) CÉRÈS et Cie paient 2 fr. 01 c. %, unique répartition.

(5) CHABUT paie 30 %, en 5 ans, par 1/5, de l'homologation.

(6) CHAMPENOIS paiera 25 %, en 5 ans, par 1/5, de l'homolog.

(7) CHAMPS TESSON et Cie, paient 4 fr. %, 2ᵐᵉ répartition.

(8) CHANTREL paie 8 fr. 37 c. %, unique répartition.

(9) CHAPOTON et Cie , abandonnent leur actif et s'obligent à payer 20 %, en 5 ans, par 1/5, de l'homologation.

NOMS, PRÉNOMS, PROFESSIONS ET DOMICILES.	L indique Liquidation ◆ astérisque Avoué et insuffisance	SYNDICS ET AVOUÉS	FAILLITES ET LIQUIDATIONS.	DATE DES HOMOLOGATIONS DE CONCORDATS	INSUFFIS™ ET UNIONS.	SÉPARAT™ DE BIENS JUDICIAIRES.	CONS. JUDIC. ET INTERDICT.
CHARBONNIER, Marie. Voir : GUILLAT veuve.							
Id. boulanger, à Épinay (Seine).................		Barbot......	6 févr. 74	....	*28 févr. 74		
CHARCOUSSET, Edmond, limonadier, rue Houdon, 6..........		Copin.......	3 août 74	....	*19 nov. 74		
CHARDENOT, ex-boucher, rue Mademoiselle, 7.................		Id.........	23 sept. 74	....	*29 oct. 74		
CHARDIN, négociant en charbons, avenue de Clichy, 77.......		Dufay......	20 mars 72	....	*31 déc. 73		
CHARENTON-STEIN, Louis-Joseph, r. des Petites-Écuries, 42...*		Foussier.....	....	....	....	9 juin 74	
CHARLIER, Clotilde. Voir : POURSIN, dame.							
CHARON jeune, Jules-Louis, m⁴ de vins, à la Varenne		Legriel....	12 sept. 74	....	*25 nov. 74		
Id. blanchisseur, à Cachan		Beaugé.....	18 mars 74	....	* 30 avril 74		
CHARPENTIER, comm™ en bois, rue de Flandre, 48...........		Gauche....	27 janv. 68	....	*29 avril 68	(1)	
Id. dame, Joseph, épicière, rue Nollet, 11...		Hécaen	5 mai 74	30 octob. 74	(2)		
CHARRIER cousins, teinturiers, à Suresnes.................		Meillencourt.	21 octob. 73				
CHARTIER-FULLE, Jean, rue des Moulins, 10............*		Chagnet....	....	....	....	25 août 74	
Id. Jean, tailleur, Id. Id...............		Gauche......	8 juin 74				
Id. décédé, Jules-Charles, quincail., r. des Dames, 54..		Hécaen.....	24 févr. 74				
CHARVET-VÉDRINE, Jean-Benoist, av. de la Roquette, 14.....*		Laubanie....	....	....	....	5 déc. 74	
CHARVILLE et Cie, commissionnaires, avenue Parmentier, 40..		Chevillot..	12 octob. 74				
CHASSAGNAC et Cie, m™ de bouteilles et bouchons, r. Suger, 7.		Sautton	24 mai 73	(3)			
CHASSANG, Antoine, charbonnier, r. Lafayette, 213........		Chevillot..	16 mars 74	....	*31 août 74		
CHASSEUR, Jeanne-Antoin™-Ernestine. Voir : PAVÉ, veuve.							
CHASTEIGNIER-MARLANT, Charles-Jean, rue Boursault, 16....*		Branche.....	....	....	....	23 juin 74	
Id· Charles-Jean, couvreur, Id. ...		Maillard....	28 févr. 74				
CHATARD-PEULLIER, Achille-Martial, av. des Ternes, 60....*		Coche.......	....	....	....	2 juin 74	
Id. Louis-Achille-Martial, mercier, Id. Id....		Sarazin......	17 juill. 74				
CHATAUX et CLAUDE, f™ de broderies, rue Rambuteau, 40.....		Maillard....	4 octob. 73	31 déc. 73	(4)		
CHATEAU-COLOMBI, Jean-Germ.-Bapt., b⁴ Richard-Lenoir, 36..*		Huet........	....	....	....	25 août 74	
CHATELAIN, marchand de vins, r. des Hautes-Vignolles, 45....		Knéringer ...	7 août 74	....	*29 oct. 74		
Id. E., m⁴ de vins et huiles, rue des Moulins, 13....		Pinet.......	25 nov. 73	....	*27 janv. 74		
CHATENOUS, François, marchand de vins, à Champigny.......		Tournel.....	26 août 74				
CHATOUILLAT, m⁴ de vins, r. Mesnil, 7, et à Dampierre (Loiret).		Heurtey	17 sept. 73	....	* 30 déc. 73		
CHAUFOUR pers¹, Louis, banquier, rue Bertin-Poirée, 17.......		Moncharville.	18 juill. 74	....	*25 août 74		
Id. et Cie, banquiers, Id. Id.......		Id	30 juin 74		Id.		
CHAUMETTE, décédé, f™ de brosses et tapis, rue Charlot, 7.....		Barbot......	26 sept. 73	(5)			
CHAUSSURE dit HILAIRE, pers¹, tailleur, rue Auber, 17.......		Bégis.......	29 avril 70	....	4 juin 72	(6)	
CHAUTARD, marchand de nouveautés, à Vincennes...........		Legriel.....	20 juill. 74				
CHAUVAIN, Alphonse, marchand de vins, à Charenton		Sarazin	1ᵉʳ août 73	21 févr. 74	(7)		

(1) CHARPENTIER. — Réouverture du 4 août 1874.

(2) CHARPENTIER dame, paiera 40 %, en 6 ans, par 1/6, d'année en année, de l'homologation.

(3) CHASSAGNAC et Cie, paient 20 fr. 74 c. %, unique répart.

(4) CHATAUX et CLAUDE paient 40 %, en 5 ans , par 1/5, d'année en année, de l'homologation.

(5) CHAUMETTE, décédé. — Le syndic paie 40 %, en 2 répart.

(6) CHAUSSURE paie 6 fr. 20 c. %, unique répartition.

(7) CHAUVAIN paie 7 fr. 91 c. %, produit de son actif; s'engage à verser pour la répartition qui doit être faite par le syndic : 1° une somme de 2,500 fr., 2 mois après l'homolog.; 2° et une autre somme de 5,000 fr., 6 mois après, avec la caution de son père, et s'oblige en outre à parfaire 20 %, en 5 ans, par 1/5; premier paiement le 1ᵉʳ avril 1875.

NOMS, PRÉNOMS, PROFESSIONS ET DOMICILES.	Ligne Liquidation • ... Avoué et Insuffisance	SYNDICS ET AVOUÉS	FAILLITES ET LIQUIDATIONS.	DATE DES HOMOLOGATIONS DE CONCORDATS	INSUFFIS⁻ ET UNIONS.	SÉPARAT⁻ DE BIENS JUDICIAIRES.	CONS.JUDIC. ET INTERDICT.
CHAUVEL, chapelier, quai du Louvre, 20		Moys.	6 déc. 73	22 juill. 74	(1)		
CHAUVIÈRE-BARREAU, Henri-Louis, tapissier, rue Cadot, 18. . .		Legriel.	4 avril 74	. . . .		' 30 juin 74	
CHAUVIN, Léon-Frédéric, m⁴ de bois et charbons, à Joinville. . .		Knéringer . . .	9 avril 74	15 sept. 74	(2)		
Id.　vouve, tenant café-brasserie, rue Mazarine, 40. .		Bourbon	5 mars 74	. . . .		' 8 avril 74	
Id.　Louis, traiteur, boulevard Saint-Germain, 227.		Chovillot	7 avril 74	24 août 74	(3)		
Id.　Louis-Théodore, peintre, rue Des Fontis, 7.		Moys.	18 sept. 73	27 févr. 74	(4)		
CHAVARIBERT et Cie, commissionnaires, rue Poulet, 14. . .		Meillencourt.	10 févr. 72	15 sept. 74	(5)		
CHEDEVILLE, Amédée-Ambroise, ex-m⁴ de vins, à Nogent.		Gauche.	10 juill. 74	. . . .		' 28 juill. 74	
CHEMIN, Alfred-Clovis, f¹ d'amidons, rue des Chantiers, 8		Chevallier . . .	20 sept. 73	(6)			
CHENARD, A., marchand de vins, rue Condorcet, 30.		Beaufour . . .	1er juill. 74	. . . .		' 14 déc. 74	
CHENEAU-LEVIAUX, Georges-L², rue N.-D.-des-Champs, 7. . . '		Deherpe.	. . . .	. . . .			14 octob. 74
CHENU, Adolphe, chemisier, rue Neuve-des-Petits-Champs, 7. . .		Sommaire . . .	19 mars 73	29 juill. 73	' 30 nov. 74		
Id.　-FONTANÉ, Adolphe dit Duperron, r. des Martyrs, 74. . '		Doudin.	. . . .	. . . .			30 déc. 73
CHERBONNEL-MILIOT, Joseph-F⁰ⁱˢ, sans domicile connu. . . . . . '		Henriet	. . . .	. . . .			12 mai 74
CHERTIER dⁱˡᵉ, limonadière, av. de la Grande-Armée, 59.		Chevillot	4 déc. 73	. . . .		' 31 janv. 74	
CHEVALIER, m⁴ de nouveautés, boul. de Strasbourg, 11.		Devin.	16 juill. 72	(7)			
Id.　Auguste-Adolphe, menuisier, rue Blomet, 49. . . .		Sommaire . . .	8 déc. 73	. . . .		' 25 août 74	
Id.　-CURT, Édouard, fumiste, rue de la Glacière, 87. .		Copin.	5 octob. 71	(8)			
Id.　-LEBLOND, Auguste, rue Miromesnil, 45.		Jacquin	. . . .	. . . .		5 mai 74	
Id.　-CORONGE, Charles-Edouard.		Clériot.	. . . .	. . . .			19 mai 74
CHEVALLIER, Emile, ex-m⁴ de vins, r. St-Vincent-de-Paul, 7. . .		Battarel	14 août 73	25 févr. 74	(9)		
Id.　frères, m⁻ de vins, rue du Temple, 79.		Sautton	19 nov. 74	. . . .			
Id.　-DELAAGE, Ern.-Léon, m⁴ de vins, q. d. l. Marne, 4.		Hécaen.	1er déc. 73	. . . .		' 31 janv. 74	
Id.　et Cie, Valentin, m⁻ de bois, rue Moreau, 4. .		Dufay.	10 mai 73	(10)			
CHEVARD pers¹, Alcide, banquier, rue de la Cerisaie, 1		Moncharville.	30 juin 74	. . . .		' 25 août 74	
CHEVEAU, marchand de vins, rue Riquet, 40.		Prodhomme. .	31 déc. 73	. . . .		' 28 févr. 74	
CHEVILLARD-MAROT, Benjamin, quai Saint-Michel, 5. . . . . '		Brémard	. . . .	. . . .			24 févr. 74
CHEVREAU, Aug⁻ᵉ, approvisionneur, boul. des Batignolles, 43. .		Chevillot	17 janv. 74	. . . .		' 20 avril 74	
Id.　et MONTPEYROUX,　id.　id.　83. .		Copin	13 janv. 74	. . . .			
CHEVREMONT, entrepreneur de peinture, rue de Crimée, 175. .		Heurtey	2 mars 74	. . . .		' 11 juin 74	
CHEVROLAT, Alexandre, marchand de vins, rue Greneta, 25. . .		Sarazin.	21 avril 74	. . . .			
CHEYLAC, marchand de draps, rue Croix-des-Petits-Champs, 29.		Gauche.	22 sept. 74	. . . .			
CHICOT-PONTONNIER. Voir : LEROY dit Chicot-Pontonnier.							

(1) **CHAUVEL** paie 20 %, en 5 ans, par 1/5, de l'homologation.

(2) **CHAUVIN**, Léon, paiera 30 %, en 6 ans, par 1/6, à partir du jour de l'homologation.

(3) **CHAUVIN**, Louis, paiera 25 % : 1° au moyen de l'abandon d'actif ; 2° et le surplus, par 1/5 ; 1er paiement le 1er janvier 1876. Mad. Chauvin cautionne.

(4) **CHAUVIN**, Louis-Théodore, paiera 30 %, en 6 ans, par 1/6, de l'homologation.

(5) **CHAVARIBERT** et Cie paient 96 fr. 19 c. %, produit de leur actif, et s'engagent à parfaire l'intégralité des créances, en 3 ans, par 1/3 ; 1er paiement le 15 janvier 1876.

(6) **CHEMIN** paie 45 fr. 64 c. %, unique répartition.

(7) **CHEVALIER**, m⁴ de nouveautés, paie 12 fr. 58 c. %, unique répartition.

(8) **CHEVALIER-CURT** paie 28 fr. 45 c. %, pour toutes répart.

(9) **CHEVALLIER**, Emile, paie 35 %, en 4 ans et 4 paiements, à partir de l'homolog. ; le 1er de 5 %, et les 3 autres de 10 %.

(10) **CHEVALLIER** et Cie paient 17 fr. 48 c. %, unique répartit.

NOMS, PRÉNOMS. PROFESSIONS ET DOMICILES.	L indique Liquidation * astérisque Avoué ou Insuffisance	SYNDICS ET AVOUÉS	FAILLITES ET LIQUIDATIONS.	DATE DES HOMOLOGATIONS DE CONCORDATS.	INSUFFIS ET UNIONS.	SÉPARAT DE BIENS JUDICIAIRES.	CONS.JUDIC. ET INTERDICT.
CHIOROZAS, Etienne, limonadier, à Bois-Colombes.........		Dufay.......	22 déc. 73	21 sept. 74	(1)		
CHOCAT, Jean-Paul, restaurateur, à Suresnes..............		Barboux.....	17 déc. 73		(2)		
CHODOT-GOUTTARD, Eugène, rue de Sèvres, 101...........	*	Denormandie				24 nov. 74	
CHOLET, Philibert, épicier, rue Bréa, 1................		Devin	3 janv. 74	1er juin 74	(3)		
CHOLLET et BRETON, commts en grains, r. J.-J. Rousseau, 10.		Meys.........	31 juill. 72	30 mai 74	(4)		
CHOPIN, épicier, rue Durantin prolongée, 7...............		Beaujeu.....	8 août 74		*28 nov. 74		
CHOUARD, loueur de voitures, à Neuilly.................		Prodhomme	24 févr. 74		* 30 juin 74		
CHRÉTIEN, Julienne. Voir : PICHON, veuve.							
CHUTAUX, fe de sonnettes électriques, faub. Poissonnière, 147.		Dufay.......	5 mai 74		*29 oct. 74		
CHUVIN, Eugène, mégissier, rue de Lourcine, 23		Bourbon.....	17 oct. 73	24 juill. 74	(5)		
CHWALIBOG dame, Jean, fabricante de plâtre, à Rosny.......		Meillencourt	8 juin 74	13 déc. 74	(6)		
Id. dame, Jean. Voir : DUGENAIT et Cie.							
CIGILE, Jules, marchand de vins, à Asnières...............		Tournel.....	27 mars 74		* 17 sept. 74		
CLAIRCY veuve, marchande de vins, rue de Reuilly, 15.......		Id........	28 juill. 74		* 22 déc. 74		
CLANCAU et Cie, marchands de chevaux, r. de Boulogne, 10...		Heurtey.....	16 janv. 74		* 31 mars 74		
Id. pers', Adolp.-Émile, Id. Id. Id...		Id........	Id........		*30 mars 74		
CLARA, Pierre-Honoré, tailleur, rue de Vaugirard, 3.........		Copin.......	23 août 71	21 nov. 71	* 24 déc. 73		
CLARK dame, Alfred, fe de voitures, rue de Courcelles, 77....		Maillard.....	29 sept. 74				
CLAUCHET-DEVAUX, Jules, détenu à Clairvaux............	*	Archambault.				28 juill. 74	
CLAUDIN-FRAISE, Louis-Ernest, à Maisons-Alfort..........	*	Brémard				18 août 74	
Id. fils, voiturier, Id.		Prodhomme .	26 juill. 73		(7)		
CLAUZADE, épicier, rue de Vaugirard, 331...............		Knéringer...	24 août 74		*30 nov. 74		
- Id. —MERLE, Pierre-Fols-Athan.-Alph., r. Vaugir., 331.	*	Prévot......				29 déc. 74	
CLAVIER, marchand de vins, rue Myrrha, 22..............		Gautier.....	16 juin 74		* 24 oct. 74		
CLÉMENT-BERNARD, Edouard-Joseph, à Saint-Denis........	*	Viollette....				30 juin 74	
Id. Eugène, gantier, rue du Pélican, 11.		Meys.......	3 mai 73		(8)		
CLERGEAU et MARGAINE, banquiers, rue des Tournelles, 28...		Copin......	30 mai 60		(9)		
CLERGET-GRESSEAU, Marie-Edouard, rue de Birague, 5.....		Doudin				2 juill. 74	
CLERIN, tonnelier, rue Lepelletier, 27...................		Copin......	23 août 73		(10)		
CLERT-MAHERAULT, Constant, rue Grange-Batelière, 16...	*	Deberpe.....				28 juill. 74	
CLOQUET-MARTEAUX, Hippol.-Etienne, r. de Charenton, 233..		Le Brun.....				7 juill. 74	
Id. fondeur en fer, rue de Charenton, 233.............		Moncharville.	11 sept. 73	12 févr. 74	(11)		

(1) **CHIOROZAS** paiera l'intégralité des créances, en 10 ans, par 1/10, de l'homologation.

(2) **CHOCAT** paie 5 fr. 23 c. %, unique répartition.

(3) **CHOLET** paiera 50 %, par 1/6 ; 1er paiement dans les 3 mois du concordat.

(4) **CHOLLET** et **BRETON** paient 30 fr. %, produit de leur actif.

(5) **CHUVIN** paie 3 fr. 24 c. %, produit de son actif, et s'oblige à payer 6 %, en 3 ans, par 1/3, de l'homologation.

(6) **CHWALIBOG** dame, paie 5 %, en 5 ans, par 1/5, et s'oblige à distribuer aux créanciers, savoir : 1° les sommes à recevoir de la Ville sur l'indemnité allouée à Rochebrune et Cie;

2° 2459 fr. à toucher sur la créance due par la succession Ancelet; 3° et 90 %, des sommes à toucher de l'Etat sur l'indemnité réclamée comme propriétaire de la plâtrière de Rosny-sous-Bois.

(7) **CLAUDIN** fils, paie 20 fr. 16 c. %, unique répartition.

(8) **CLÉMENT**, Eugène, paie 4 fr. 57 c. %, unique répartition.

(9) **CLERGEAU** et **MARGAINE** paient 0 fr. 64 c. %, deuxième et dernière répartition.

(10) **CLERIN** paie 4 fr. 28 c. %, unique répartition.

(11) **CLOQUET** paiera l'intégralité des créances, en 10 ans, à partir de l'homologation.

NOMS, PRÉNOMS, PROFESSIONS ET DOMICILES.	Liquidation Astérisque Avoué et Insuffisance	SYNDICS ET AVOUÉS	FAILLITES ET LIQUIDATIONS.	DATE DES HOMOLOGATIONS DE CONCORDATS	INSUFFIS⁰ ET UNIONS.	SÉPARAT⁰ DE BIENS JUDICIAIRES.	CONS. JUDIC. ET INTERDICT.
CLOSTRE, Antona, cordonnier, avenue Lamotte-Piquet, 33...		Beaujeu.....	30 mars 74				
Id. -BRUNAT, Id. Id. Id....		Bourse.....	....	....	....		22 déc. 74
COCHET et Cie, commissionnaires, boul. Magenta, 32........		Sarazin.....	25 juill. 73	....	* 27 déc. 73		
COCHOIS, ex-épicier, rue Sainte-Marie-du-Temple, 8........		Darboux.....	1er octob. 74	....	* 19 nov. 74		
COCURAL Vᵛᵉ, Clémence-Alaïc, mᵈᵉ de vins, rue Maubuée, 19...		Lamoureux ..	3 juill. 74	....	* 31 août 74		
COEUR. Voir : DUGAY, Jean et sa femme.							
COFFIGNON aîné, bijoutier, rue du Château-d'Eau, 13........		Dufay.......	14 juin 72		* 30 nov. 74		
COGNIAT-COCHET, Blaise, commissionn⁰ᵉ, rue de Turenne, 62..		Moys........	9 déc. 73		* 31 janv. 74		
COGNY, CHAPELLE et Cie, lingers, rue de Cléry, 16 et 18.....		Devin......	11 juill. 73	13 déc. 73	(1)		
COHEN-HASE, Jacob, négoc. en toiles, r. des Tournelles, 27...*		Husson......	....	....		24 nov. 74	
Id. -HEINE, Joseph, avenue Ulrich, 61........		Petit-Bergonz	....			6 janv. 74	
COHN, Édouard, courtier, rue Turbigo, 18.............		Beaugé......	29 déc. 69	21 avril 70	(2)		
COIFFIER-MORTIER, Pierre-Victor, à Nogent-sur-Marne......*		Masse.......	....			25 avril 74	
COIGNARD, François, épicier, rue de la Victoire, 46.........		Tournel.....	24 nov. 74				
COISNE, Nicolas-Joseph, mécanicien, r. St-Romain, 15 et 17...		Chevallier ..	17 nov. 73	20 mars 74	(3)		
COLAS, Louis-Aimé, tapissier, rue de Berlin, 35.....		Beaugé......	9 mars 74	19 juin 74	(4)		
Id. -CHASSALAY, Victor-Joseph, rue Saint-Maur, 45.....		Delpon......	....			25 nov. 73	
COLESSE-BRISSON, Simon-Sylvain-Jean, à Ivry.........*		Vandewalle...	....			24 nov. 74	
COLIBERT veuve, Louis, mᵈᵉ de vins, rue d'Allemagne, 174....		Prodhomme..	6 mars 74	(5)			
COLIN, Auguste, liquoriste, rue Ménilmontant, 3.............		Chevillot	16 mai 72	11 sept. 72	* 30 nov. 74		
COLLAS, Antoine, boulanger, à Levallois...................		Richard.....	31 déc. 74				
COLLET, Philibert-Fortuné, fabricant de plâtre, à Noisy-le-Sec.		Lamoureux ..	19 janv. 74				
COLLIN, Claude, marchand de futailles, rue Riquet, 34........		Gautier......	9 octob. 74	....	* 22 déc. 74		
Id. négociant, à Neuilly................		Beaugé......	14 août 74		* 31 oct. 74		
Id. -DAUBERT, Hippolyte, sans domicile connu..........*		Violette	....			14 avril 74	
COLLOMBET-REVERDY, Paul-Alfred, rue Barbette, 3.......*		Dumont.....	....			2 déc. 73	
COLLOMBIER-TISSOT, Jean-Martin, rue d'Abbeville, 5.......*		Gamard.....	....			30 sept. 74	
COLMAIN et Cie, société diᵗᵉ Cais. d. Arts et Mét., r. St-Mart. 85..		Prodhomme .	7 août 74		* 14 déc. 74		
COLOMBEL-OUDIN, Paul-Auguste, à Boulogne............*		Clériot......	....			18 août 74	
COLOMBIER, Marcel, éditeur de musique, rue Richelieu, 85....		Pinet.......	2 mai 74	27 octob. 74	(6)		
COLSON, François-Louis, limonadier, rue Saint-Martin, 298....		Sarazin.....	31 mars 73	9 avril 74	(7)		
Id. -DAVOUS, Eugène, à Saint-Mandé.............*		Foussier.....	....			23 déc. 73	
COMBAUD, marchand de bois de placage, r. de Citeaux, 27 et 32.		Pinet.......	28 juill. 73	(8)			
COMBETTE, Agnès-Rosalie-Léonie. Voir : TOURNEUR, veuve.							
COMÈS-DENAMUR, Étienne, aux Lilas..................*		Thiébault....	....			29 octob. 74	
COMMERCE en FRANCE, rue Grange-Batelière, 16............		Copin.......	20 juill. 66	(9)			

(1) COGNY, CHAPELLE et Cie. — La Société paie 33 fr. 51 c. %, uniq. rép. Les associés paient chacun 5 %, en 5 ans, par 1/5 .

(2) COHN paie 4 fr. 30 c. %, 2ᵐᵉ et dern. rép. de l'actif aband.

(3) COISNE paie 30 %, en 5 ans, par 1/3, de l'homologation.

(4) COLAS, Louis, paie 50 %, en 5 ans, par 1/5, de l'homolog.

(5) COLIBERT veuve, paie 21 fr. 27 c. %, unique répartition.

(6) COLOMBIER paie 1 fr. 91 c. %, produit de son actif, et s'oblige à payer 10 %, en 5 ans, par 1/5, de l'homologation.

(7) COLSON, Fᵒⁱˢ. — Concordat annulé par arrêt de la Cour d'Appel du 29 août 1874.

(8) COMBAUD paie 6 fr. 22 c. %, unique répartition.

(9) COMMERCE en FRANCE. — Le syndic paie 15 fr. %, 1ʳᵉ rép.

5

NOMS, PRÉNOMS, PROFESSIONS ET DOMICILES.	SYNDICS ET AVOUÉS	FAILLITES ET LIQUIDATIONS.	DATE DES HOMOLOGATIONS DE CONCORDATS	INSUFFIS** ET UNIONS.	SÉPARAT** DE BIENS JUDICIAIRES.	CONS. JUDIC. ET INTERDICT.
COMPAGNIE ANONYME des THERMES d'ENGHIEN, rue Choiseul.	Chevillot	24 août 74				
Id. FRANÇAISE D'EXPLOITATION de CHEMINS de FER.	Sarazin......	20 mars 74				
Id. GÉNÉRALE de LOCOMOTION à VAPEUR, à Courb.	Meys........	4 mars 74	....	* 31 déc. 74		
Id. NATIONALE des COMPTOIRS à l'ÉTRANGER.....	Sautton	28 juill. 74	....	* 31 oct. 74		
Id. PRIVILÉGIÉE des PORTS, DÉBARCADÈRE MARIT ..	Maillard.....	20 octob. 74				
COMPAN, ALFRED, imprimeur. rue de Strasbourg, 8...........	Chevillot ..	21 mars 74				
Id. -SILVEYRA, ALF.-CLAUDE-DÉSIRÉ, r. Paradis-Pois., 3..*	Bonfils......	....		....	1er déc. 74	
COMPÈRE dame, JULES, lingère, faubourg Saint-Martin, 11....	Prodhomme .	15 mai 74	....	* 30 juill. 74		
Id. Fois-ADOL., ex-limonadier, r. Ste-Croix-de-la-Bret., 43.	Sarazin......	1er oct. 72	20 févr. 74	(1)		
COMPEROT, PIERRE-ALEXIS, cartonnier, rue Molay, 5...........	Beaugé.....	21 févr. 74	....	* 27 mars 74		
COMPOINT et Cie, marchands de vins, à Saint-Mandé.........	Normand....	13 octob. 74				
COMPTOIR INTERNATIONAL de CHANGE, etc. Voir : REIS, Jules.						
Id. COMMERCIAL et MARITIME, faub. Montmartre, 13..	Barboux	2 févr. 74				
COMPTOIRS GÉNÉRAUX de la BOUCHERIE, rue Richelieu, 39..	Moncharville.	8 avril 70	(2)			
COMTE, EUG.-PAUL, dir. du comptoir de fonds publics, faub. M..	Barbot......	1er juin. 74				
CONNAY-VOISENET, CASIMIR-ADOLPHE, rue Bourtibourg, 21...*	Clériot......	....		....	1er août 74	
CONRAD-AUBERT, ERNEST-VICTOR, rue Oberkampf, 154 ....*	Vandewalle..	....		....	17 juin 74	
CONTANT, négociant, rue St-Martin, 229	Legriel	25 août 73				
COPPONNET, marchand de vins, à Billancourt	Beaujon....	11 nov. 73	....	* 29 déc. 73		
COQUISART, briquetier, rue St-Fargeau, 71.................	Beaugé	18 nov. 74	....	* 31 déc. 74		
COR FILS, AMÉDÉ, ex-marchand de cuirs, à St-Ouen	Sarazin.....	10 févr. 72				
Id.-SOUHART, AMÉDÉ, boulevard Ornano, 50...............*	Nicquevert,..	....		....	27 janv. 74	
CORBAZ, marchand de vins, rue Cardinal-Lemoine, 7.........	Copin.......	14 août 74	....	* 28 sept. 74		
CORBEDAINE-BOUZY, AUGUSTE-NICOLAS, rue Oudot, 105......*	Caron	....		....	17 févr. 74	
CORBIOT fils aîné, ex-marchand de vins, à Clichy	Prodhomme .	13 mars 73	(3)			
CORDIER, LOUIS-GUSTAVE, Voir : AZUR père et fils et CORDIER.						
CORDONNAIRE, LOUIS, grainetier, rue Poncelet, 44.........	Bourbon....	30 sept. 73	....	* 28 janv. 74		
CORDONNIER, ROSE-ESTHER. Voir : DESEAUX veuve.						
CORION, passementier, rue du Delta, 19...................	Legriel......	27 janv. 74	....	* 31 mars 74		
CORNET, J.-CH.-PIERRENEY, menuisier, rue Dailleul, 6.........	Sommaire..	28 mai 74				
Id. -LECLAIRE, JULES, rue de Turenne, 47............*	Delon.......	....		....	21 juill. 74	
CORNETTE, PIERRE, ex-marchand de nouveautés, à Vanves.....	Bégis	20 sept. 72	(4)			
CORNIL dame, femme VIOLETTE, mercière, rue Portalès, 4.....	Legriel......	17 octob. 74	....	* 28 nov. 74		
CORNILLE, ALEXANDRE, ex-marchand de vins, rue St-Denis, 183.	Gautier......	2 nov. 74				
CORNILLON-PRUNIER, PIERRE-FRANÇOIS, rue de Bondy, 70 .....*	Delacourtie..	....		....	7 juill. 74	
CORNU, ARTHUR-ÉDOUARD, bonnetier, rue Popincourt, 4.........	Chevillot ..	30 juin 74				
Id. -PRÉVOST, EUGÈNE, rue Popincourt, 20.............*	Aymé.......	....		....	30 juill. 74	
CORTOT, MARIE-ANNE. Voir : VERMOREL veuve.						
COSSON, LÉON-ÉDOUARD, fabric. de cordages, aux Prés-St-Gervais.	Chevillot	17 octob. 74	....	* 31 oct. 74		

(1) COMPÈRE, Fois, paie 19 fr. 04 c. %, prod. de l'actif aband.

(2) COMPTOIRS GÉNÉRAUX, etc. — Le syndic paie 20 fr. %, première répartition.

(3) CORBIOT fils aîné, paie 62 fr. 30 c. %, unique répartition.

(4) CORNETTE, paie 4 fr. %, unique répartition.

NOMS, PRÉNOMS, PROFESSIONS ET DOMICILES.	Liquidation astérisques Avoué et Insuffisance	SYNDICS ET AVOUÉS	FAILLITES ET LIQUIDATIONS.	DATE DES HOMOLOGATIONS DE CONCORDATS	INSUFFIS™ ET UNIONS.	SÉPARAT™ DE BIENS JUDICIAIRES.	CONS.JUDIC. ET INTERDICT.
COSTA dame. Voir : BARRÉ, veuve.							
COSTE, marchand de charbons, à St-Ouen..................		Hécaen......	15 nov. 73	....	* 31 déc. 73		
Id. Manius-François, peaussier, à Bicêtre...............		Sommaire ...	20 sept. 73	12 déc. 73	(1)		
COSTES-CHIBON, Fulcran-Raymond-Ch. rue des V°° Haudriettes, 5°		Tixier......	....	....	....	31 octob. 74	
COSTON, Édouard-Eugène, fruitier, rue Piron, 1 et 2.........		Barbot	1er févr. 73	(2)			
Id. dame, née AMBLARD, m°° de broderies, à Levallois...		Moncharville.	11 nov. 74	....	* 31 déc. 74		
COSTREJEAN, Giraud, marchand de charbons, pass. St-Joseph, 17		Sarazin,...	18 août 74	....	* 30 nov. 74		
COSTY d°°, Octavie, tenant café-concert, rue Oberkampf, 109..		Sommaire ...	8 nov. 73	....	* 30 déc. 73		
COT, J.-Bapt.-Simon, fabricant de vermicelles, à Pantin........		Richard	20 déc. 73	....	* 28 avril 74		
COTTIAU d°°. Voir : LIVRAYES dame.							
COTTIN, Jean-Marie, teinturier, rue de la Bûcherie, 16........		Meillencourt .	4 sept. 74	16 déc. 74	(3)		
COTTREL frères, commissionnaires, rue de Dunkerque, 22.....		Prodhomme	12 déc. 73	13 octob. 74	(4)		
COUBAND, E. entrepreneur de travaux publics, rue du Delta, 20.		Pinet	12 sept. 73	(5)			
COUDAT-BOULÈGNE, Jérôme-Maximilien, chaussée d'Antin, 57		Duboys....	....	....	....	3 mars 74	
COUDERC, marchand de charbons, rue Mouffetard, 112		Prodhomme .	25 mars 74	....	* 31 août 74		
COUDIÈRE dame, marchande de bois à œuvrer, à Alfortville....		Barboux....	14 octob. 73	....	* 31 déc. 73		
COUDRAY, André, marchand de lingerie, avenue de Clichy, 24.		Hourtey	10 juin 74	20 octob. 74	(6)		
COUDRY-LARMET, François, à St-Ouen..................	*	Daupeley ...	....	....	....	23 déc. 73	
COUILLARD, Emmanuel, couvreur, rue de Cîteaux, 10........		Chevallier ..	31 mars 70	(7)			
COULON, Firmin-Joseph, pulvériseur, rue de Charenton 179 et 181.		Barbot	17 nov. 74				
Id. Ernest, bijoutier, rue d'Hauteville, 36............		Hourtey	9 nov. 74				
Id. Pierre-Désiré, boulanger, faubourg St-Antoine, 224.		Tournel	22 octob. 74				
COURBET dame, couturière, rue Boissy-d'Anglas, 19..........		Beaujeu	4 nov. 74				
COURTIER veuve, marchande de tabacs, à St-Maurice.........		Copin	19 mai 74	1er déc. 74	(8)		
COURTILLON, Cl., f°. de couronnes en perles, r. des Renaudes, 4.		Gauche......	16 octob. 74				
COURTIN, J.-Bapt.-Armand, m° de coiffures, r. Beaubourg, 83.		Meillencourt .	3 déc. 74				
COURTOIS-GUILLOMET, Louis-Ernest, rue de la Lingerie, 8...	*	Masse.......	....	....	....	6 déc. 73	
COUSIN, Justine. Voir ROUSSEL et Cie.							
COUTEAU, Caroline. Voir : OZANNE, veuve.							
COUTEILLAS-COUTILLON, Mathieu, à Rilly-la-Montagne......	*	Marquis	....	....	....	30 juin 74	
COUTURE-NEUBURGER, Guill.-Félix-Ges, r. Lafayette, 54...	*	Postel-Dubois	....	....	....	24 févr. 74	
COUTY et PICOCHE, peintres, rue Lacépède, 51............		Battarel	21 octob. 74				
COUYRES et Cie, commissionnaires, rue des Petits-Hôtels, 31...		Normand....	7 déc. 74				
COX, linger, faubourg Saint-Denis, 30....................		Copin	8 avril 73	(9)			
CRABETTE, tailleur, rue Coquillière, 1.................		Maillard.....	13 août 74	....	* 20 sept. 74		

(1) COSTE, paiera 25 %, en 5 ans, par 1/3 de l'homologation.

(2) COSTON, Édouard, paie 19 fr. 24 c. %, unique répartition.

(3) COTTIN, paiera 50 %, en 5 ans, par 1/5, de l'homologation.

(4) COTTREL frères, paient 25 %, dans le mois de l'homologation, par les soins du syndic.

(5) COUBAND. — Faillite rapportée par arrêt de la 5e chambre de la Cour d'appel, du 4 août 1874.

(6) GOUDRAY, paie 25 %, en 5 ans, par 1/5, de l'homologation.

(7) COUILLARD, paie 1 fr. 20 c. %, unique répartition.

(8) COURTIER veuve, paie 22 fr. 99 c. %, produit de son actif qu'elle abandonne, moins son mobilier personnel, et s'oblige à payer 5 %, en 5 ans, par 1/5 ; 1er paiement 1 an après la reddition de compte.

(9) COX paie 7 fr. 93 c. %, 2me et dernière répartition.

NOMS, PRÉNOMS, PROFESSIONS ET DOMICILES.	Indique Liquidation, astérisque Avoué et Insuffisance	SYNDICS ET AVOUÉS	FAILLITES ET LIQUIDATIONS.	DATE DES HOMOLOGATIONS DE CONCORDATS	INSUFFIS^ce ET UNIONS.	SÉPARAT^ons DE BIENS JUDICIAIRES.	CONS.JUDIC. ET INTERDICT.
CRASSUS, Pierre-Fois-Albert, drapier, rue St-Antoine, 207....		Hécaon......	14 sept. 74	....	⁕ 31 oct. 74		
CRÉDIT DÉPARTEMENTAL de FRANCE, place Boïeldieu, 1.....		Copin.......	7 mars 74				
Id. FONCIER et COMMERCIAL SUISSE, pl. Vendôme, 10..		Darbot......	5 déc. 73				
CRÉMIEUX. Voir : PÉGNA et CALVEL dit CRÉMIEUX.							
CRÉMONT, Ferd.-Isidore, pharmacien, rue des Martyrs, 90....		Heurtey.....	23 juill. 74				
CRESPIN, md de tissus, r. St-Denis, 122 (Tribunal de Flers (Orne).		Palais.......	30 nov. 73				
CRESSENT et DEMARET, mds de charbons, à Levallois........		Maillard....	15 juin 74	....	⁕ 28 sept. 74		
Id. personnellement, Id. Id.		Pinet	Id .				
Id. -DEMARET, Alf.-Abdon, Id. ..⁕		Mercier	....	....	....	8 déc. 74	
CRETTÉ-MEYSEMBERG, Ls-Prosper, rue Fontaine-au-Roi, 9..⁕		Roche.......	....			1er août 74	
CRIAUD, marchand de vins-limonadier, à Saint-Ouen........		Pinet	13 mai 74		⁕ 28 juill. 74		
CRISTALLERIE de PUTEAUX, rue Paradis-Poissonnière, 0....		Beaugé......	19 janv. 72	(1)			
CROCHIN, Prosper-Joseph, md d'engrais, r. Butte-Chaum., 87..		Beaujeu.....	20 nov. 73		⁕ 31 mars 74		
CROIX-HERVIAUX, Charles-Joseph, rue Durantin, 27......		Audouin.....	....			⁕ 7 juill. 74	
CROIZAT, veuve, Jean-Marie, mde de jouets, rue Turbigo, 64..		Heurtey.....	25 sept. 74		⁕ 30 nov. 74		
CROSSON-HOLLEY WILLIAMS, Armand-Alexandre-Marie...⁕		Drémard....	....			3 déc. 73	
CROTEL, Louis-Alphonse, tailleur, rue Vivienne, 9...........		Beaugé......	19 déc. 74				
CROUZILLE, Jean, marchand de vins, rue Basfroi, 11........		Gautier.....	4 juill. 74		⁕ 24 oct. 74		
CRUDENAIRE dame, boulangère, rue Sainte-Isaure, 25........		Prodhomme..	20 août 74		⁕ 30 sept. 74		
CRUET frères, Léon et Eugène, mds de vins, rue Sévigné, 13...		Hécaon......	1er janv. 74				
CUBAYNE, pharmacien, rue de Belleville, 88...............		Richard⁕....	10 nov. 74				
CUCHET veuve, maîtresse de lavoir, rue Legendre, 128........		Legriel.....	9 nov. 74				
CUDELOU, Victor-Marie, boulanger, place Hébert, 1........		Heurtey....	9 avril 74	(2)			
Id. -LE BATARD, Id. Id. ....⁕		Francastel..	....			7 juill. 74	
CUISSET, Émile, commissionnaire en vins, à Charenton........		Normand...	27 mai 74		⁕ 22 juill. 74		
CULLET-PREVOST, ex-boulang., puis fruitier, r. Thonin, 4..		Beaugé.....	28 nov. 73	(3)			
CURET, marbrier, boulevard de Montrouge, 85.............		Prodhomme.	6 octob. 73		⁕ 31 déc. 73		
CURWING-BLANQUET, Alexandre, propre, rue Harley, 12....⁕		Mesnier....	....			30 juill. 74	
CUZOL, Aglaé. Voir : MERCIER, veuve.							

D

DAGAND, Eugène, marchand de vins, boul. Pereire, 226.......		Richard.....	7 mai 74	....	⁕ 28 mai 74		
DAGUILLON-FORTIER, Louis-Constant, rue Lacondamine, 17..⁕		Maucomble..	....			30 déc. 73	
DAGUZAN. Voir : PAUL, Louis-Joseph.							
DAIGUEPERSE, Léonard-Fréd., ébéniste, faub. St-Antoine, 50..		Beaujeu....	14 déc. 74				
DAILLY veuve, Claude, modiste, rue du Quatre-Septembre, 5..		Normand....	9 mars 74				
DAIVEAUX-LEFEBVRE de DÉCOURT, rue d'Amsterdam, 74...⁕		Benoist......	....		....	27 janv. 74	
DALEMAGNE, Léon, fabricant de silicates, rue Taranne, 8......		Normand....	30 avril 74				

(1) **CRISTALLERIE de PUTEAUX.** — Le syndic paie 4 fr. 41 c. %, unique répartition.

(2) **CUDELOU** paie 6 fr. 90 c. %, unique répartition.

(3) **CULLET-PREVOST** paie 19 fr. 34 c. %, unique répartition.

NOMS, PRÉNOMS, PROFESSIONS ET DOMICILES.	L (indique Liquidation • arrérages Avoué et Insuffisance)	SYNDICS ET AVOUÉS	FAILLITES ET LIQUIDATIONS.	DATE DES HOMOLOGATIONS DE CONCORDATS	INSUFFIS⁰ⁿ ET UNIONS.	SÉPARAT⁰ⁿ DE BIENS JUDICIAIRES.	CONS. JUDIC. ET INTERDICT.
D'ALMÉIDA-SCHMIDT, rue du Caire, 27	•	Archambault.				8 déc. 74	
DALSÈME jeune, MAURICE, nég¹ en châles, rue Chauchat, 9		Meillencourt.	14 févr. 73	25 nov. 73	(1)		
DALTROFF, ISAÏE, fabricant de cravates, rue Thibaud, 4 bis		Legriel	31 janv. 74	5 juin 74	(2)		
DAMAMM fils. Voir : JACQUEMARD et DAMAMM fils.							
DAMATTE, SOPHIE-HORTENSE. Voir : PITOUX, veuve.							
DAMELINCOURT-DINET, JEAN-MARIE, r. École-Polytechnique	•	Déglise				8 déc. 74	
DAMERON, ÉLIE, f⁰ de tulles et blondes, rue des Jeûneurs, 40		Beaujeu	1ᵉʳ déc. 74				
DAMERVAL et DOURNEAU, épiciers, impasse Guéménée, 5		Normand	7 avril 74	(3)			
DAMIENS, AUGUSTE, agent d'affaires, rue Royer-Collard, 11		Barboux	20 juin 74			• 31 août 74	
DAMOVILLE, nourrisseur, rue de Charenton, 180		Beaujeu	5 sept. 74				
DANGEARD, décédé, HIPP.-THÉOD., loueur de voit., r. Mathis, 14		Beaugé	17 févr. 74				
DANGÉE fils, ALPHONSE, grainetier, à Vincennes		Sarazin	27 janv. 74				
DANIEL, cordonnier, rue Taitbout, 32		Dufay	17 mars 69	12 janv. 74	(4)		
DANIET, CH.-MARTIAL, agent de fabriques, r. Quincampoix, 59		Devin	17 juin 73	(5)			
Id. -DUTILLOY, Id. r. des Vosges, 5	•	Nicquevert				27 janv. 74	
DANLOS, ARMANDO, aubergiste, rue Beccaria, 20		Beaujeu	29 nov. 73		• 28 févr. 74		
D'ARCET-MEUNIER, JEAN-CASIMIR, rue de Seine, 51	•	Branche				30 déc. 73	
DARDESPINNE, fabricant de chaux, quai Jemmapes, 40		Beaufour	9 mars 72	9 août 72	(6)		
DARGENT-BARRET, JEAN, rue de la Roquette, 167	•	Pilastro				29 nov. 73	
DARIS, peintre-vitrier, rue d'Aboukir, 14		Heurtey	27 mars 73	(7)			
DARNET, DÉSIRÉ, chemisier, rue de Richelieu, 81		Moys	15 sept. 71	(8)			
DARRU-PERCHERON, ERNEST, boulevard Saint-Germain, 94	•	Lamy				22 déc. 74	
DASVIN-TAVART, ÉMILE-LOUIS, journalier, à Issy	•	Delepouve				3 févr. 74	
DAUBIGNY dame, née PRÉVOST, modiste, rue Laffitte, 22		Dufay	21 nov. 73	18 avril 74	(9)		
DAUDÉ, marchand de vins-traiteur, à Suresnes		Barboux	4 sept. 74		• 20 oct. 74		
DAURAT, marchand de vins, rue Jean-Beaussire, 5		Hécaen	25 mars 74		• 30 mai 74		
DAUSPOLD, ex-marchand de vins, à Vincennes		Moncharville	28 octob. 74		• 30 nov. 74		
DAUTREVAUX, mercier, rue de l'Abbé-Groult, 20		Dufay	4 sept. 74		• 29 oct. 74		
DAUVAIS-BARBANÇON, FÉLIX-CH.-ALBERT, b⁴ de l'Hôpital, 68	•	Larroumès				17 nov. 74	
DAUVERGNE, ÉMILE, ex-épicier, rue du Four, 27		Gauche	7 nov. 74				
D'AVESNES-GOUVILLIEZ, EUG.-F⁰ⁱˢ-ERN. (cie-mⁱᵉ), r. de Val⁰ⁱˢ, 4	•	Delaporte				18 août 74	
DAVIAU et Cie, exploiteurs de carrières à plâtre, r. Bergère, 23		Darbot	17 octob. 72	(10)			
DAVID et Cie, peintres-décorateurs, rue Maubeuge, 31	L	Meillencourt	8 janv. 72	12 et 13 août 74	(11)		
Id. Id. Voir : SOURIGUÈRE, LOUISE.							
Id. jeune, AUG., commissionn. en vins, r. JULES-CÉSAR, 22		Barboux	17 octob. 74		• 22 déc. 74		
Id. dame, restaurateur, rue M.-le-Prince, 52, puis 24		Knéringer	14 mars 74		• 23 juin 74		

(1) DALSÈME paie 15 fr. 49 c. %, produit de son actif.

(2) DALTROFF paiera 40 %, en 6 ans; 1ᵉʳ paiement fin avril 75.

(3) DAMERVAL et ROUSSEAU paient 13 fr. 45 c. %, uniq. rép.

(4) DANIEL. Second concordat. — Il promet 15 %, en 5 ans, par 1/5, d'année en année, de l'homologation.

(5) DANIET paie 4 fr. 45 c. %, unique répartition.

(6) DARDESPINNE paie 4 fr. 02 c. %, produit de son actif.

(7) DARIS paie 8 fr. 26 c. %, unique répartition.

(8) DARNET paie 10 fr. 55 c. %, unique répartition.

(9) DAUBIGNY, dame, paiera 20 fr. %, en 5 ans, par 1/5, à partir du jour de l'homologation.

(10) DAVIAU et Cie paient 7 fr. %, première répartition.

(11) DAVID et Cie sont qualifiés faillis par jugement du 18 juillet 1874. — Ils paient 5 fr. 03 c. %, unique répartition, et s'engagent à payer chacun 20 %, en 5 ans, par 1/5, de l'homol.

NOMS, PRÉNOMS, PROFESSIONS ET DOMICILES. (L indique liquidation ♦ avrfanpca Avoué et Insuffisance)	SYNDICS ET AVOUÉS	FAILLITES ET LIQUIDATIONS.	DATE DES HOMOLOGATIONS DE CONCORDATS	INSUFFIS⁰⁰ ET UNIONS.	SÉPARAT⁰⁰ DE BIENS JUDICIAIRES.	CONS.JUDIC. ET INTERDICT.
DAVID, L. Voir : DUVAL et DAVID.						
DAVIN, Émile, négoc. en porcelaines, rue Saint-Quentin, 18,...	Hécaen......	4 juin 74	18 octob. 74	(1)		
DAVOULT-GUILAIN, Hri-Armand, négociant, r. du Sentier, 6...	Audouin	....	....	....	29 déc. 74	
DAVY, Marie-Désirée. Voir : GIRARD, veuve.						
DEBAIN, ex-marchand de vins, rue de Louvois, 10............	Devin.......	11 août 73	....	* 31 déc. 73		
DE BAR, Adolphe, marchand d'engrais, à Clichy............	Lamoureux..	30 octob. 74	....	* 22 déc. 74		
DE BAVELAER. Voir : BECUWE et de BAVELAERE.						
DE BELLUNE (duc). Voir : PERRIN-DE COSSARD d'ESPIÈS.						
DE BERGNE, Éléonore-J.-Bapt., limonad. r. Pierre-Lescot, 14..	Beaujeu.....	3 nov. 74				
DEBETTE, serrurier, impasse Saint-Sébastien, 2...............	Barbot......	30 mai 74				
DEBIÈVRE, Henriette-Désirée. Voir : NOVEL, veuve.						
DEBONDT, Louis-Pierre, serrurier, à Saint-Ouen............	Gautier.....	25 octob. 73	....	* 30 déc. 73		
DEBONTE, Louis-Alexis. Voir : LEFEBVRE et DEBONTE.						
DEBORDES, Lucie, modiste, rue Saint-Honoré, 257...........	Sarazin.....	28 avril 73	....	* 30 déc. 73		
DE DOURSETTY pers¹. Jules, raffineur, rue des Fouillant., 72..	Barboux.....	12 nov. 73	....	* 26 juin 74		
DEBRAY veuve, mde de chaussures, boul. Magenta, 2..........	Id.......	25 nov. 73				
DEBRET, boulanger, avenue Parmentier, 12.................	Meilloncourt.	23 juill. 74				
DE CAMILLI, md de denrées alimentaires, rue Châteaudun, 2...	Beaufour....	8 août 73	24 déc. 73	(2)		
DECERF-CHOLET, Fois-Edouard, md de vins, pass. Parment., 16.	Lamoureux..	3 sept. 74	....	* 30 oct. 74		
DECHAMBRE-MENAGER, Ernest, ex-avoué, rue Balagny, 5....	Robineau....				26 sept. 74	
DECHAUME, directeur de théâtres, passage Saint-Pierre, 5....	Moncharville.	24 octob. 73	31 mars 74	(3)		
DE CHAVANNES, Henri-Paul, ingénieur, r. Saint-Charles, 111..	Chevillot ...	3 octob. 73	1er octob. 74	(4)		,
DECOMME aîné, Jean, hôtelier, rue Ménilmontant, 90.........	Id.......	20 mars 69	29 juill. 69	* 29 avril 74		
DECORTE, conducteur de viandes, à Aubervilliers............	Sarazin.....	25 févr. 74	(5)			
DECOUDUN-BILLET, Robert, rue de l'Evangile, 23........... *	Lamy.......	....	....		9 juin 74	
DECOUFLEY, Gustave, hôtelier, avenue Victoria, 15 bis.......	Lamoureux..	27 octob. 74				
DE COURTIN-DE-St-AMAND (comte), Emmanl-Joseph-Marie.... *	Pilastre	....	....		14 juin 74	
DECOURTY, peintre et libraire, rue Lamartine, 19...........	Noys.......	22 sept. 74				
DECOUVRANT-LAMOTTE, Anat.-Isid.-Oliv., r. des Vinaig., 28.*	Bourse	....	....		11 août 74	
DE COYE et Cie, ex-limonadiers, place Valois, 6............	Lamoureux..	3 mai 72	(6)			
DE CRÉNY-FAUBERT (marquis), Ch.-Léon, rue de Morny, 83.. *	Cléramy	....	....		23 déc. 73	
DECUIS PARSEMMA CELLIER-MAULOANT, Ach., av. d. Terres, 53*	Dinchez	....	....		24 mars 74	
DEFACQZ, négociant en verrerie, faub. Poissonnière, 27.......	Beaujeu.....	28 janv. 74				
DEFOSSE, Romain-Simon, fleuriste, faub. Montmartre, 8.......	Legriel......	5 févr. 74	22 mai 74	(7)		
Id. aîné, Jean-Edme, md de meubles, r. V.-Colombier, 13.	Gauche	2 févr. 74				
DÉFOSSÉ et Cie, Achille, photographes, boul. St-Denis, 19.....	Pinet.......	18 mai 74				
DE FOUCAULT dame, Charles, modiste, boul. Magenta, 135....	Id.......	9 juill. 74	....	* 25 août 74		

(1) **DAVIN** paiera 25 °/₀, en 5 ans, par 4/5, de l'homologation.

(2) **DE CAMILLI** paie 3 fr. °/₀, produit de son actif, et 22 °/₀, en 4 ans, à partir de l'homologation.

(3) **DECHAUME** paie 5 °/₀ comptant, et 15 °/₀, en 5 ans, par 1/5, d'année en année, de l'homologation.

(4) **DE CHAVANNES** paie 4 fr. 41 c. °/₀, produit de son actif, et s'engage à payer 16 °/₀, en 8 ans, par 1/8, de l'homologation.

(5) **DECORTE** paie 14 fr. 36 c. °/₀, unique répartition.

(6) **DE COYE et Cie** paient 37 fr. 50 c. °/₀, unique répartition.

(7) **DEFOSSE** Romain, paiera 20 °/₀, en 5 ans, par 1/5, de l'hom.

NOMS, PRÉNOMS, PROFESSIONS ET DOMICILES.	SYNDICS ET AVOUÉS	FAILLITES ET LIQUIDATIONS.	DATE DES HOMOLOGATIONS DE CONCORDATS	INSUFFIS ET UNIONS.	SÉPARAT DE BIENS JUDICIAIRES.	CONS.JUDIC. ET INTERDICT.
DEGARDIN veuve, née Lecollier, modiste, faub. St-Honoré, 71.	Gauche.....	14 févr. 74	2 juin 74	(1)		
DEGNOUX-FLORIN, Auguste-Ernest, rue de la Cerisaie, 15....*	Laubanie...	....	....	....	9 juin 74	
DEGOVE et fils, quincailliers, boulevard Sébastopol, 7.........	Devin.....	4 déc. 73	23 avril 74	(2)		
DEGREZ, Augustin, marchand de vins, rue de la Roquette, 100.	Chevallier...	23 janv. 69	15 juill. 60	*28 mai 74		
DEHAYNIN, Ch.-Alfred, au château de Cataoutca (Bses-Pyrénées)*	Mouillefarine.	....	....	....	....	4 févr. 74
DE HENNEQUIN-LABBEY de la Roque, marquis de Villermont	Prévot....	....	....	....	11 août 74	
DE JALLAIS et Cie, exploiteurs de théâtre, faub. St-Martin, 33..	Heurtey....	19 févr. 73	31 mars 74	(3)		
DEJEAN-CUINIER, Eugène, avenue des Amandiers, 16....*	Best....	....	....	....	3 févr. 74	
DE JOUVENEL-GOURLEZ de LAMITTE, barre Jacq.-Lse, r. Mion. *	Delacourtie.	....	....	....	7 juill. 74	
DE JURQUET DELASALLE, J.-Bapt.-Mart., hôtel., r. Trévise, 20.	Beaugé.....	29 sept. 74				
DE KERVADOS dame, hôtelière, place d'Eylau, 9...	Copin....	23 avril 73	(4)			
DE KINKLIN-PELLETAN, gérant du jl La Culture, r. Moscou, 48.	Régis......	1er octob. 74				
DE LA CHARCE.. Voir : DE LA TOUR du PIN CHAMBLY-d'HARC.						
DELACOUR dame, née Dusus, bonnetière, rue du Bac, 97.......	Chevillot....	16 octob. 74				
DELAGE, Sylvain, maçon, rue Hébert, 11.................	Hécaen....	23 janv. 67	10 déc. 68	(5)		
Id. -BOURGOIN, Jean-Gustave, rue Lafayette, 103....*	Tixier...	....	....	....	29 janv. 74	
DE LAGRANGE pers, Abel, courtier en vins, r. des 4 Vents, 6...	Beaugé.....	30 juill. 73		*31 déc. 73		
Id. pers, Adhémar, Id. Id. ..	Id.	Id.		Id.		
DELAHAIE, épicier, rue de la Chapelle, 46.............	Barboux....	16 nov. 74		*30 déc. 74		
DELAINE-MEYER, Cyrille-Théodore, à Saint-Denis.......... *	Cahen....	....	....	....	2 juin 74	
DELAIRE veuve, maîtresse d'hôtel, r. Saint-Lazare, 113.......	Gauche....	5 févr. 74				
Id. Isidore-Alex.-Sylvain, charpentier, à la Courneuve ..	Prodhomme..	17 juill. 73		4 mai 74		
DELALAINE, Ludovic, brossier, boulevard Montmartre, 12.....	Heurtey....	5 août 74		*30 sept. 74		
DELAMARCHE, Philibert, paveur, à Choisy-le-Roy...........	Tournel....	18 sept. 74				
DELAMARE, Eugène-Jules, entrepr de bâtim, r. Maubeuge, 13	Lamoureux..	3 déc. 72	(6)			
DE LAMBERT DES CHAMPS DE MOREL. V : LECOMTE vve et Cie.						
DELAMONTAGNE et BLOT, entrs de trav. pub., av. Daumesnil, 108	Battarel....	4 nov 67	19 juin 72	(7)		
DELANNOY, Alexandre, mercier, à Charlebourg.............	Beaujeu....	25 mars 74	20 juill. 74	(8)		
DELANOY-QUENTIN, rue des Deux-Portes-Saint-Sauveur, 21...	Maza....	....	....	....	2 déc. 73	
DELAPORTE, Pierre-Charles, bimbelotier, r. Montmorency, 31.	Beaugé.....	20 déc. 73	12 août 74	(9)		
Id. -BARROIS, Id. Id. Id...	Devaux....	....	....	....	3 févr. 74	
Id. -SCHMITT, Ern.-Louis-Franç., r. Rébeval, 96 et 68*	Dubois....	....	....	....	9 mai 74	
Id. et JUNCA, E., mécaniciens, id..........	Barbot....	5 sept. 74				
Id. jeune marchand de beurre, rue Turbigo, 1.......	Chevillot....	7 févr. 74				
DELAQUAIZE, marchand de vins, rue de Charenton, 155.......	Beaugé	28 mai 74		*29 juill. 74		

(1) DEGARDIN veuve, paiera 20 %, en 4 ans, par 1/4, de l'htion.

(2) DEGOVE et fils, paieront 10 % aussitôt après la reddition de compte du syndic, et 30 %, en 3 ans, par 1/10, de 6 mois en 6 mois; premier paiement fin novembre 1874.

(3) DE JALLAIS et Cie paieront 30 %, savoir : 5 % les 1er janvier 1875, 76, 77 et 1878, et 10 %, 6 mois après la mort du survivant de ses père et mère.

(4) DE KERVADOS dame, paie 7 fr. 16 c. %, unique répartition.

(5) DELAGE paie 20 %, en 4 ans, par 1/4 ; premier paiement le 1er décembre 1869 (omis en 1868).

(6) DELAMARE paie 3 fr. 81 c. %, unique répartition.

(7) DELAMONTAGNE et BLOT paient 9 fr. 02 c. %, deuxième et dernière répartition.

(8) DELANNOY paiera 25 %, en 3 ans, par 1/3, de l'homolog.

(9) DELAPORTE paie 11 fr. 05 %, produit de son actif, et s'engage à payer en outre 30 %, en 6 ans, par 1/6, de l'homolog.

NOMS, PRÉNOMS, PROFESSIONS ET DOMICILES.	L indique Liquidation * astérisque Avoué et Insuffisance	SYNDICS ET AVOUÉS	FAILLITES ET LIQUIDATIONS	DATE DES HOMOLOGATIONS DE CONCORDATS	INSUFFIS ET UNIONS	SÉPARAT DE BIENS JUDICIAIRES	CONS. JUDIC ET INTERDICT.
DELAROCHE, Charles, marchand de curiosités, r. Bonaparte, 40.		Sautton	26 juin 69	3 juin 70	25 sept. 74		
DELASSUS, Gustave, commissionnaire, r. de la Condamine, 28.		Dattarol	6 octob. 74		22 déc. 74		
DE LA TOUR DU PIN CHAMBLY-D'HARCOURT, r. Vanneau, 11.	*	Prévot				20 mai 74	
DELAUNAY, bijoutier, à Saint-Maur		Richard	6 févr. 74		25 avril 74		
Id.　aîné, Jules-François, f de chauss., r. du Vertbois, 40		Maillard	9 janv. 74	(1)			
DE LAURÈS, dlle, tenant maison meublée, rue de Provence, 3		Devin	13 mai 72	(2)			
DELAVERNE, Narcisse-Adrien, quincaillier, au Parc-St-Maur		Gautier	12 octob. 74				
DELAVILLE-BAUDRY, Ad.-Clain-Franç.-Régis, r. St-Dom., 100	*	Dubois				11 août 74	
DELAYE, Édouard-Séraphin, md d'art. de jeux, r. de Bondy, 32.		Beaujeu	28 octob. 73	20 avril 74	(3)		
Id.　J.-Bapt.-Em., Id.　Id.		Gautier	21 juin 72	(4)			
DELBOST, Lucien-Joseph, md de nouveautés, r. Laghouat, 32		Beaufour	24 août 74				
DELCHER veuve, voiturière, rue Popincourt, 10		Sarazin	17 avril 74		30 juill. 74		
DELESALLE père décédé, f de bronzes, boul. du Temple, 41		Lamoureux	23 mars 74				
DELETROY, dame, et Cie, march. de bois et charbons, à Puteaux.		Régis	10 juill. 74				
DELHALLE vve, Eugène, née Avisse, mde de librairie, r. Richer, 46		Barboux	9 sept. 73		30 sept. 73	(5)	
DELHAYE, Franç.-Jos., md de nouveautés, r. de Jessaint, 19 et 21		Legriel	26 févr. 74				
DELIGNY Frères, Baptiste et Paul, serruriers, rue Asselin, 9		Hécaen	4 mars 74		30 mai 74		
DELOBEL-MICHEL, Auguste, à l'hôtel des Invalides		Dusart				7 juill. 74	
DE LORGERIL, (comte), Jean-Louis. Voir : DOOT, dame et Cie.							
DELORME, Léon-François, boulanger, rue St-Blaise, 20		Copin	5 août 74	(6)			
DELORT, marchand de vins, rue Vesale, 7		Gautier	10 juin 74		24 oct. 74		
DELOUVRES, Alph.-Adolphe, f de chaises, rue de Bondy, 80		Pinet	29 août 73	20 janv. 74	(7)		
DELOYNES, Etienne-Charles, à Ville-Evrard, Seine-et-Oise	*	Delepouve					17 sept. 74
DELPECH-BASTIDE, Joseph, rue Boulard, 5		Binet				4 août 74	
DELPEUCH, Jean-Louis, md de parapluies, av. de Clichy, 117		Gauche	23 janv. 74		30 avril 74		
DELPORTE, Alexandre Palmyre, coutelier, rue Réaumur, 29		Sarazin	21 avril 74		20 juin 74		
DELRIEUX veuve, Jean. Voir : DOCTAL, dame.							
DELSARTE décédé, Calixte, grainetier, rue Truffaut, 16		Hécaen	6 nov. 73		31 janv. 74		
DELSHENS, L., fabricant d'essieux, rue Traverse, 21		Sarazin	20 nov. 73		28 févr. 74		
DELVOYE, Charles, fabricant de chaussures, rue Bouchardon, 11		Barboux	30 juill. 74	19 nov. 74	(8)		
DEMANEST-FAVARCQ, Ch. Franç.-Xavier, rue des Martyrs, 38		Quillet				15 déc. 74	
DEMANGE, François-Xavier, couvreur, rue Bezout, 22		Beaufour	11 mai 74		23 juin 74		
Id.　dlle, Rose, modiste, boulevard Montmartre, 14		Copin	2 déc. 73	4 mars 74	(9)		
DEMARET. Voir : CRESSENT et DEMARET							
DE MAY-POIDEVIN, Ch.-Louis-Marie-Prosper, b Voltaire, 234.	*	Bourgoin				7 avril 74	
DEMICHEL et LEROUSSEAU, maçons, rue de la Goutte-d'Or, 18.		Bourbon	23 avril 66	(10)			

(1) DELAUNAY paie 6 fr. 30 c. %, unique répartition.

(2) DE LAURÈS, dlle paie 13 fr. 27 c. unique répartition.

(3) DELAYE, Édouard, paiera 30 %, en 3 ans, par 1/3, de l'hom.

(4) DELAYE, J.-Baptiste, paie 14 fr. 22 c. %, unique répart.

(5) DELHALLE veuve. — Jugement du 20 janvier 1874, qui ordonne la réouverture de la faillite. — Madame Delhalle paie 11 fr. 24 c. %, unique répartition.

(6) DELORME paie 17 fr. 45 c. %, unique répartition.

(7) DELOUVRES, abandonne tout l'actif réalisé dont le produit est de 73 fr. 07 c. %.

(8) DELVOYE paiera 25 %, en 3 ans, par 1/3, de l'homologation avec la caution de son fils.

(9) DEMANGE dlle paie 25 %, en 3 ans, par 1/10, de 6 en 6 mois, à partir de l'homologation.

(10) DEMICHEL et LEROUSSEAU paient 10 fr. 11 c. %, deuxième et dernière répartition.

NOMS, PRÉNOMS, PROFESSIONS ET DOMICILES.	Indique liquidation * astérisques Avoué et insuffisance	SYNDICS ET AVOUÉS	FAILLITES ET LIQUIDATIONS	DATE DES HOMOLOGATIONS DE CONCORDATS	INSUFFIS ET UNIONS.	SÉPARAT DE BIENS JUDICIAIRES.	CONS. JUDIC. ET INTERDICT.
DEMIDLER-MASSE, Félix, rue des Saints-Pères, 45 ....*		Poisson....				27 nov. 73	
DEMIL, Auguste, terrassier, à la Carrière-au-Loup....		Knöringer...	10 févr. 74	28 mai 74	(1)		
DEMONCEAUX-BRÉART, Alexandre-Félix, nég., r. Lafayette, 9°		Viollotte....				24 nov. 74	
DE MONTTESSUY Fils, rue St-Dominique-St-Germain, 190.....*		Denormandie					*12 juin 74
DEMOREUIL, Ernest, boulevard Magenta, 43.....		Postel-Dubois					1er août 74
DEMOURY dame, née Ern.-Elisa LANTENOY, inter. à Clermont.*		Viollotte....					*31 déc. 74
DE MUSSAN, Moutain-Théodore, rue Racine, 28............*		Cosselin....					30 sept. 74
DENY, Louis, fumiste, avenue d'Italie, 22............*		Beaujeu....	22 déc. 74				
DENFER, Antoine, ex-boulanger, rue de la Chapelle, 74.....*		Knöringer...	9 févr. 74	5 juin 74	(2)		
DENIER-MATHEZ, Vict.-Pierre-Emile, r. Geoffroy-Marie, 9 bis.*		Bonnel....				24 nov. 74	
DENIS, Ch.-Jacques, agent d'affaires, à Courbevoie......		Chevillot...	12 janv. 74				
Id. ALBERT, marchand de vins, rue Montgolfier, 6		Maillard....	22 sept. 74			*28 nov. 74	
Id. JEAN-NICOLAS, marchand de vins, à Issy.....		Prodhomme..	16 mars 74			*30 avril 74	
Id. JULES-AUGUSTE, ex-restaurateur, rue des Saules, 37.....		Barbot....	13 mars 72	(3)			
Id. ET Cie, commissionnaires, rue de Cléry, 100.....		Sarazin....	19 mai 74				
Id. -FRIART, ALFRED-VICTOR-LOUIS, rue Oberkampf, 10.....*		Trodoux....				11 août 74	
DENNEBOURG, J., représentant de commerce, rue de Turin, 25.		Beaujeu....	21 janv. 74			*28 févr. 74	
DENNERY veuve, marchande de nouveautés, rue Molière, 25...		Gauche....	1er mai 74	12 août 74	(4)		
DEPAGNIAT, entrepreneur de bâtiments, rue Condorcet, 28....		Pinet....	21 juill. 70	1er mai 74	(5)		
DEPIERRE, Pierre. Voir : CHAPOTON et Cie.							
Id. BARTHÉLEMY, fabricant de voitures, rue Duret, 10..		Moncharville.	24 mars 74				
DE PLEUC, A., commissionnaire, rue Grange-Batelière, 17.....		Beaufour....	4 juin 74			*31 juill. 74	
DE POLART, marchand de vins, rue de Turenne, 33		Dufay....	25 sept. 73			*31 déc. 73	
DE PONTCARRÉ-LEGRAS DU LUART, cte CYPRIEN-FRÉD.-HENRI.*		Clériot....				7 nov. 74	
DE RECOULÈS, Adolphe, courtier de banque, rue Le Pelletier, 21		Chevallier...	31 juill. 72				
DERENNE-PRÉAUX, DELPHIN-DÉSIR, sans domicile connu......*		Dorré....				21 avril 74	
DERÉST dit L'Albertaud, march. de vins, r. Vintimille, 8, 9 et 11		Barboux....	9 juin 74			*17 août 74	
DERIGNY, Eugène, plombier, rue des Petits-Hôtels, 25.......		Dufay....	4 octob. 73			*31 déc. 73	
DERONDEL, Eugène, marchand de vins, rue Stéphenson, 4.....		Pinet....	16 janv. 72			*12 févr. 73	(6)
DERREZ-RIVOLET, Eugène-Hippolyte, rue de Charenton, 10..*		Brémard....				28 avril 74	
DERUELLE, Marie-Rose-Eugénie. Voir : COURTIER, veuve.							
Id. -MORISOT, Jérémie-Mancel, rue de la Chapelle, 35.*		Denormandie				12 mars 74	
DESAINT-BRUXELLES, Charles-Auguste, rue Taitbout, 76....*		Lortat-Jacob.				15 octob. 74	
DE SAINT-GERMAIN pers, Edouard, linger, r. Rochechouard, 92		Beaufour....	16 juin 74				
DE SAINT-QUENTIN, baron Pierre-Balthazar, à Passy ....*		Lacomme....					*14 nov. 74
DESCHAMPS, Claude-Isidore, menuisier, à Levallois...........		Meys......	29 déc. 74	(7)			

(1) **DEMIL** paiera 25 %, en 5 ans, par 1/5, de l'homologation.

(2) **DENFER** paie 7 fr. 67 c. %, produit de son actif et s'oblige à payer 5 %, en 5 ans, par 1/5, de l'homologation.

(3) **DENIS**, JULES-AUGUSTE, paie 89 fr. 50 c. %, unique répart.

(4) **DENNERY** veuve, paiera 30 %, en 5 ans, par 1/5, à partir du jour de l'homologation.

(5) **DEPAGNIAT**, abandonne son actif et s'engage à parfaire 50 %, en 5 ans, par 1/5, à partir de la reddition de compte. Dans le cas où l'actif réalisé produirait un dividende supérieur à 40 %, le failli s'oblige à payer 10 %, en 5 ans, par 1/5.

(6) **DERONDEL**. — Réouverture du 19 février 74.

(7) **DESCHAMPS**, CLAUDE, paie 13 fr. 62 c. %, unique répart.

NOMS, PRÉNOMS, PROFESSIONS ET DOMICILES.	L indique Liquidation * astérisque Avoué et insuffisance	SYNDICS ET AVOUÉS	FAILLITES ET LIQUIDATIONS.	DATE DES HOMOLOGATIONS DE CONCORDATS	INSUFFIS⸗ ET UNIONS.	SÉPARAT⸗ DE BIENS JUDICIAIRES.	CONS. JUDIC. ET INTERDICT.
DESCHAMPS, marchand de vins, rue Bolidor, 4		Gautier	23 nov. 73		*31 janv. 74		
Id. boulanger, à Neuilly		Pinet	23 juin 74	(1)			
Id. -CHAMPONNAIS, Louis-Achille, f¹ du Temple, 20*		Viollette				12 déc. 73	
Id. -ALLAIS, Jules-François, rue Ramey, 10 ......*		Lesage				9 juin 74	
DESCOMBES Frères et Cⁱᵉ, mᵈ à la toilette, place Voltaire, 7.		Normand	29 avril 73	(2)			
DESEAUX veuve, Antoine-Désiré, pâtissière, à St-Denis		Id.	4 févr. 74		*28 févr. 74		
DÉSERT, Jules-Denoni, ex-épicier, boulev. Richard-Lenoir, 98.		Chevillot	17 nov. 73	(3)			
Id. -PELFRAY, Id. Id. Id. ....*		Lebrun				6 janv. 74	
DESÉTABLES, Urbain-Victor. Voir : LE MOINE et DÉSÉTABLES							
DESFORGES-DELARY, Pierre, sans domicile connu..........*		Bonfils				10 juin 74	
DES FOSSETTES, Paul-Marie-Joseph-Nicolas, rue de Fleurus, 23*		Denormandie					8 août 74
DESHAIES-GOUTARD, Jean-Marie, à Neuilly ....*		Lacomme				23 déc. 74	
DESHAYES, Benjamin-Constant, mᵈ de couleurs, faub. St-Denis, 77		Pinet	5 mai 74	3 nov. 74	(4)		
Id. restaurateur, à Neuilly		Knéringer	26 mars 74		*29 mai 74		
Id. persᵗ, Paul, ex-directeur de théâtre, rue Turgot, 8.		Chevillot	21 août 74				
DÉSINGE aîné, Émile-César, confectionneur, faub. St-Martin, 85.		Hurtey	8 sept. 74	17 déc. 74	(5)		
DESLION-GUITTIÈRE, Hippolyte-Joseph-Désiré, à Levallois ...*		Lacomme				19 mai 74	
DESMAREST, René, marchand de bois, rue Beaubourg, 30		Beaugé	16 juill. 73	(6)		'	
DESMARET, Alfred, limonadier, boulevard Denain, 6.		Meillencourt	31 mai 72	(7)			
DESMARRES-BENCKER, Alphonse, sans domicile connu......*		Denormandie				7 mai 74	
DESMOUTILS-JUMANTIER, Jules-Victor, av. Lamotte-Piquet, 23*		Bertinot				23 juin 74	
DESNET-LAFOND, Henri-Corneille, rue de Charonne, 46 .....*		Lacomme				Id.	
DESNOYERS, agent de charbonnages, rue Stephenson, 29		Gauche	17 avril 74		*31 juill. 74		
DESOIZE, Olivier, doreur sur métaux, rue du Perche, 7 bis ...		Hénon	24 août 74		*30 déc. 74		
DE SOMMARIVA vᵉ, (cᵗᵉˢˢᵉ), née SEILLIÈRE, r. Ville-l'Évêque, 28*		Denormandie					*20 août 74
DESORMEAUX, Constant, mercier, rue St-Denis, 155.		Battarel	16 janv. 72	(8)			
DE SOUTO, Henri, fleuriste, rue d'Antin, 7.		Lamoureux	5 mai 70	(9)			
DESPIREZ-FONTAINE, rue Laffitte, 3.		Delahaie				25 nov. 73	
DESPLACES, Paul-Désiré, peintre, à Vincennes.		Barboux	27 avril 74				
DESPORTES-BESNARD, Émile-Théophile, à St-Mandé........*		Goujon				27 juill. 74	
DESPRÉ-COLLOT, Émilien-Joseph, à Pantin..........*		Marquis				30 juin 74	
DESREZ-CRETTÉ, Auguste, boulanger, boulevard Voltaire, 10 .*		Mignot				28 juill. 74	
DESRIEUX-LUGUET. Voir : BENITE dit DESRIEUX-LUGUET.							
DESRUES dame, née PALLU, teinturière, rue St-Louis-en-l'Ile, 71		Gauche	10 déc. 73	24 août 74	(10)		

(1) DESCHAMPS, boulanger, paie 10 fr. 19 c. %, unique répart.

(2) DESCOMBES Frères et Cie, paient 13 fr. 40 c. %, unique rép.

(3) DÉSERT paie 10 %, première répartition.

(4) DESHAYES, Benjamin, paiera 20 %, en 4 ans, par 1/4, de l'homologation.

(5) L'ESINGE aîné, paiera 30 %, en 6 ans, par 1/6; 1ᵉʳ paiement un an après le jour l'homologation.

(6) DESMAREST paie 5 fr. 45 c. %, unique répartition.

(7) DESMARET paie 72 fr. 45 c. %, unique répartition.

(8) DESORMEAUX, paie 5 fr. 11 c. %, unique répartition.

(9) DE SOUTO, paie 30 fr. 50 c. %, unique répartition.

(10) DESRUES dame, paiera 10 %, savoir : 1 % aussitôt après l'homologation ; 1 % aussitôt après l'encaissement de ce qui peut lui revenir dans la succession de ses père et mère ; et 8 % en 8 ans, par 1/8 ; le 1ᵉʳ paiement aura lieu 3 ans après l'homologation.

NOMS, PRÉNOMS, PROFESSIONS ET DOMICILES.	Indique Liquidation * avérisqués Avoué et insuffisance	SYNDICS ET AVOUÉS	FAILLITES ET LIQUIDATIONS.	DATE DES HOMOLOGATIONS DE CONCORDATS	INSUFFIS~ ET UNIONS.	SÉPARAT~ DE BIENS JUDICIAIRES.	CONS. JUDIC. ET INTERDICT.
DESRUES, Thomas, tenant hôtel et café, r. des Poissonniers, 44.		Sarazin.:...	14 déc. 74				
DESSUSE et PAILLER, marchands de fils, bᵈ de Strasbourg, 43.		Chevillot	25 sept. 74				
DESTABLE, Ernest, agent de charbonnages, à Alfort..........		Beaufour	1ᵉʳ août 74				
DE STEFANO frères, ex-commissionnaires, bʳᵈ Haussmann, 174.		Richard	12 juin 74	....	*24 oct. 74		
DESTOY-BLANCARD, Achille, rue Auber, 12................*		Milliot	....	....		6 janv. 74	
DESUSINI RUISECO, cᵗᵉ; Jos., fᵗ de mach. à cigarᵗᵉˢ, r. Lavoisier, 22		Pinot	14 nov. 74				
DESVARET, décédé, J.-Bapt.-Joseph, commis~, r. des Dames, 24.		Gautier......	11 nov. 73				
DÉTAILLE-LAGNEAU, Jules, changeur, faubourg St-Denis, 228.		Sommaire ...	7 janv. 73	(1)			
DETHAN, Léon, négociant en crins et varech, rue de Rome, 27.		Barboux	27 juin. 74				
DEVÈZE fils, Alexandre-Hippolyte, mᵈ de vins, à Courbevoie...		Heurtey	20 octob. 74				
DEVILLARD, Fᵗⁱ, entrep. de maçonnerie, à Villeneuve-la-Garenne		Sautton	9 nov. 74				
DEVILLERS, Ch.-Evc.-Ans., limonadier, place de la Sorbonne, 3.		Gautier.......	6 févr. 74	5 juin 74	(2		
DEVILLIERS, Ecc.-Adrien, mᵈ de chaussures, r. St-Martin 140.		Bègis	21 octob. 73	(3)			
DEVOOGHT, Ch.-Léopold, maître de lavoir, rue Drouot, 23.....		Sautton......	1ᵉʳ juill. 68	(4)			
DEVOUGE, Alexandre-Louis, tripier, à Boulogne.............		Maillard.....	13 nov. 74				
DEVRIES, Albert-Benoit, marchand de vins, rue Popincourt, 39.		Décaen	7 févr. 74				
D'HALLU veuve, marchande de lingerie, rue Bleue, 1 bis......		Heurtey	12 mai 74	....	*30 sept. 74		
DHEURLE, décédé, boulanger, rue de la Grande-Truanderie, 28.		Barboux	15 nov. 71	(5)			
DIDIOT-ROBERT, Nicolas, rue St-Sébastien, 30............*		Prévot	....	....		16 juin 74	
DIEDERICH-MARTIN, Auguste-Thomas, rue des Deux-Gares, 40ᵉ		Froc	....	....		28 juill. 74	
Id. Thomas-Jean, marchand de tableaux, rue d'Alsace, 39.		Meys	25 mars 74	31 déc. 74	(5 bis)		
DIÉTRICH, Ernest et Henri, banquiers, rue de Châteaudun, 42.		Chevillot	17 nov. 74				
DIEU, Théodore, commissionnaire, rue de Richelieu, 78........		Meillencourt ...	8 nov. 73		*20 févr. 74		
Id. -GAUDET DE FRESNE, Id. Id. ....*		Delessard....	....	....		16 juin 74	
Id. Louis-François-Alexandre, peaussier, r. de l'Entrepôt, 22.		Maillard.....	4 nov. 73		7 avril 74		
Id. Ed.-Alexandre, tenant bazar, rue Nationale, 42		Chevallier....	14 juill. 74		*31 juill. 74		
DIEUDONNAT, boulanger, rue de Lappe, 25		Gaucho.....	24 sept. 74		* 31 oct. 74		
DINVILLE, Eugène, formier, rue Grange-aux-Belles, 39........		Beaufour	3 juill. 73		*30 sept. 72	(6)	
DOAZAN, Albert, rentier, rue d'Aumale, 20 ....*		Brémard	....	....		(7)	7 févr. 65
DODARD, fruitier-herboriste, rue d'Albouy, 18 ....*		Kuéringer....	17 mars 74	23 nov. 74	(8)		
DOLET-DUBAND, Jⁿ.-Hippolyte, mécanicien, r. de Crimée, 157.		Benoist.....	....	....		20 déc. 73	
DONDRILLE-SIQUIÉ, Pierre, dit DEURRIÈRE, à Vincennes....*		Le Brun.....	....	....		25 août 74	
DONNAY-MIXELLE, Ch.-Fᵗⁱˢ-Emmanuel, rue Gaillon, 10.......*		Deblsdis	....	....		17 nov. 74	
Id. -DEGRENDÈRE, Jos.-Thom.-Ém., r. de la Michodière, 14ᵉ		Id	....	....		10 octob. 74	
DORDET et NOGUES, changeurs, place de la Bourse, 5........		Tournel	10 févr. 74				
DORÉ, Alfred-Jacques-Auguste, pâtissier, à Nanterre		Richard	8 sept. 74				

(1) DÉTAILLE-LAGNEAU, paie 17 fr. 31 c. °/₀, unique répartit.

(2) DEVILLERS, paiera 25 °/₀, en 5 ans, par 1,5 ; 1ᵉʳ paiement le 1ᵉʳ janvier 1876.

(3) DEVILLIERS, paie 20 °/₀ première répartition.

(4) DEVOOGHT, paie 8 fr. 38 c. °/₀, unique répartition.

(5) DHEURLE, paie 1 fr. 63 c. °/₀, unique répartition.

(5 bis) DIEDERICH doit 25 °/₀, en 5 ans, par 1,5.

(6) DINVILLE. — Réouverture du 7 janvier 74. — Il paie 2 fr. 66 c. °/₀, unique répartition.

(7) DOAZAN. — 26 février 74, main-levée de conseil.

(8) DODARD, abandonne tout l'actif réalisé sous la réserve de son mobilier personnel et d'une somme de 800 francs.

NOMS, PRÉNOMS, PROFESSIONS ET DOMICILES.	Liquidation * astérisques Avoué et Insuffisance	SYNDICS ET AVOUÉS	FAILLITES ET LIQUIDATIONS.	DATE DES HOMOLOGATIONS DE CONCORDATS	INSUFFIS. ET UNIONS.	SÉPARAT. DE BIENS JUDICIAIRES.	CONS. JUDIC. ET INTERDICT.
DORISON-LEMARCHAND, Ferd.-Hippolyte, r. Saint-Maur, 100..	*	Audouin....	....	....	....	23 avril 74	
DORMITZER, comm.re en peaux, rue Lafayette, 103..........		Dufay....	9 sept. 73	....	* 31 déc. 73		
DOSMOND, Fois-Gustave, ex-boulanger, r. Montorgueil, 90.....		Barboux..	5 août 73	(1)			
DOTZLER, Jean, boulanger, à Vincennes..................		Tournel....	30 mai 74				
DOUCET. Voir : GEOGHEGAN et DOUCET.							
DOURNEAU. Voir : DAMERVAL et DOURNEAU.							
DOWLING, Georges, peintre, rue Fontaine-Saint-Georges, 47...		Knéringer...	31 déc. 72	9 octob. 74	(2)		
DOYEN dlle, Victoire-Joséphine, lingère, r. Lafayette, 113......		Legriel....	9 mai 74		* 29 juin 74		..
DRAPIER veuve, tenant hôtel, rue des Petites-Ecuries, 20......		Normand....	8 déc. 73	(3)			
DREUX-NAVEAU, Louis, rue Germain-Pilon, 12............	*	Savignat ..				23 août. 73	
DREVON-BUARD, François, boulevard Saint-Michel, 109......	*	Tourrette..				2 déc. 73	
DRIES, marchand de chaussures, rue de Vaugirard, 230.......		Bégis....	5 juin 74		* 23 juill. 74		
Id. -LEBRET, Pierre, Id. Id......	*	Rivière....				17 nov. 74	
DRIGON, Eug.-Nicolas, boulanger, r. des G.ds-Degrés, 3........		Maillard....	17 juill. 73	(4)			
DROUART et Cie, cordonniers, rue Saint-Maur, 185..........		Legriel....	22 mai 09	(5)			
DROUET, E., confectionneur, rue Neuve-des-Mathurins, 79.....		Beaugé....	3 juin 73	(6)			
DUBACQ, Hyacinthe, directeur de théâtre, rue de Paris, 8.....		Chevallier...	27 déc. 71	13 mai 72	* 30 avril. 74		
DUBOIS, Alfred, linger, rue Berzélius, 50................		Battarel....	25 nov. 74				
Id. dame, née Bonneville, m.de de comestib. r. Turbigo, 8 bis.		Barbot....	3 juill. 74	25 nov. 74	(7)		
Id. -GUIGNAULT, Ch.-Edmond, rue d'Enghien, 19.......		Dubois....	....	....		3 févr. 74	
DUBOSCQ, Auguste, marchand de vins, à Clichy-la-Garenne....		Sommaire...	25 févr. 73	(8)			
DUBREUIL, Anne. Voir : MOUSSERON, veuve.							
DUBRIT-LANGENDORF, Fois, cordonnier, faub. Poissonnière,189°		Denormandie	....	....		25 août 74	
DUBRUJEAUD-HOUSSARD, rue Honoré-Chevalier, 5..........	*	Dumont....	....	....		13 janv. 74	
DUBUC, marchand de vins, avenue d'Italie, 129............		Pinet....	15 octob. 73		* 28 janv. 74		
DUBUISSON dame, et Cie, m.de de vins, b.d Latour-Maubourg, 94..		Sarazin	2 mars 74		* 30 mai 74		
DUBUS, Pauline-Louise. Voir : DELACOUR, dame.							
DUCASSE et HUGOT, confectionneurs, rue du Mail, 25..........		Pinet.......	13 nov. 73	30 nov. 74	(9)		
DUCHATEL, Eugène-Joseph, cordonnier, rue Delessert, 5.......		Pluzanski...	29 octob. 74				
DUCHIRON, Félix-Eusèbe, m.d de vins, rue de Provence, 2.......		Sarazin....	9 juin 74		* 30 sept. 74		
DUCLO, Philippe-Guillaume, m.d de vins, rue du Temple, 83...		Heurtey	7 sept. 74	24 déc. 74	(10)		
DUCLOS, Alexandre, marchand de ciments, à Antony........		Bourbon ...	5 déc. 74				
Id. Henri, marchand de couleurs, rue de l'Ouest, 56.......		Legriel......	3 août 74				
DUCORNET, ex-marchand de vins, boul. Rochechouart, 48......		Meillencourt	16 juin 74	(11)			
DUCOUFLÉ, Léon-Pierre, papetier, r. N.-des-Petits-Champs, 64..		Prodhomme..	20 févr. 74	....	* 27 mars 74		

(1) **DOSMOND** paie 46 fr. 81 c. %, unique répartition.

(2) **DOWLING** paiera 30 %, savoir : 3 % dans un an; 7 % dans 2 ans, et 6 fr. 66 c. % à la fin de chacune des 3 années suiv.

(3) **DRAPIER** veuve, paie 20 fr. 34 c. %, unique répartition.

(4) **DRIGON** paie 12 fr. 40 c. %, unique répartition.

(5) **DROUART** et Cie paient 9 fr. 07 c. %, unique répartition.

(6) **DROUET** paie 4 fr. 87 c. %, unique répartition.

(7) **DUBOIS** dame, paie 20 %, unique répartition. — M.me veuve Bonneville, M. Gustave Paigné et M. Eugène Delval renoncent à prendre part dans cette répartition.

(8) **DUBOSCQ** paie 3 fr. 55 c. %, unique répartition.

(9) **DUCASSE et HUGOT** paient 65 fr. 73 %, en deux répartitions: — Hugot paie 25,000 fr. comptant avec la caution de son père.

(10) **DUCLO** paiera 25 %, en 5 ans, par 1/5, de l'homologation.

(11) **DUCORNET** paie 67 fr. 22 c. %, unique répartition.

NOMS, PRÉNOMS, PROFESSIONS ET DOMICILES.	à laquelle Liquidation * astérisques Avoué et Insuffisance	SYNDICS ET AVOUÉS	FAILLITES ET LIQUIDATIONS.	DATE DES HOMOLOGATIONS DE CONCORDATS	INSUFFIS⁵ ET UNIONS.	SÉPARAT⁵ DE BIENS JUDICIAIRES.	CONS. JUDIC. ET INTERDICT.
DUCOURET, Léonard, entrepr de bâtiments, r. Clignancourt, 122.		Barboux.....	9 juill. 74				
DUCRET, Jean, marchand d'art. de modes, rue Monsigny, 13,...		Gautier.....	20 nov. 74				
DUCREUX et MAZANDIER, m⁴ de tulles, r. d'Aboukir, 71......		Bégis	27 déc. 72	(1)			
DUCROT veuve, fabricante d'éventails, r. d'Hauteville, 8........		Prodhomme	26 déc. 73	(2)			
DUCRUIX dit DUCRUY, ex-marchand de vins, à Adamville......		Deanjou ...	3 juill. 73	(3)			
DUFAU, Ern.-Joseph, ex-dir. de théâtre, r. Fontaine-St-Georg., 50.		Knéringer ..	14 nov. 74				
DUFAURE de LAJARTE-GAUTHIER de LATOUCHE, Théod.-Ed..	*	Rivière......	....	....	....	25 août 74	
DUFILHO. Voir : BORDE et Cie et LAFITTE, DUFILHO et Cie.							
DUFOUR, marchand de vins, rue du Boulevard, 20...........		Knéringer...	6 févr. 74	....	* 8 avril 74		
Id. veuve, Thomas, boulangère, à Puteaux.............		Barbot	5 sept. 72	(4)			
Id. -RÉMOND, Eug.-Adolphe, rue Saint-Paul, 5...	*	Cuyot-Sionnet.		....	....	7 avril 74	
DUFRÊCHE, Léon, pharmacien, rue Boulard, 37.............		Meillencourt.	31 juill. 74	....	* 25 nov. 74		
DUFRICHE, Marie-Élise. Voir : GOUBERT, veuve.							
DUGAY et sa femme, fleuristes, rue du Château-d'Eau, 67.....		Devin	3 févr. 74	1er août 74	(5)		
DUGENAIT et Cie, fabricants de plâtre, à Rosny-s.-Bois.......		Meillencourt	6 mai 74	20 déc. 74	(5 bis)		
DUHAIL, Amédée-Julien-Jean, m⁴ de vins, rue St-Honoré, 372..		Moncharville	30 sept. 74				
DUHAMEL, Paul-Georges, imprimeur sur étoffes, à Puteaux....		Pinet	6 octob. 73	2 mai 74	(6)		
DUHORDEL et Cie, passementiers, rue de l'Échiquier, 40......		Chevillot ...	5 janv. 72	(7)			
DULAC, fabricant d'équipements militaires, rue Vivienne, 4....		Devin	18 juill. 73	(8)			
DULONG-LANGLOIX, Alphonse-Louis, rue Blanche, 76	*	Chain	....	....	....	31 octob. 74	
DUMETZ-DELATTRE, m⁴ d'huiles et cafés,.rue Birague, 16....		Maillard	27 juin 74	....	* 31 août 74		
DUMIGNY-GENTIL, Jacques, à Puteaux...................	*	Des Etangs ..	....	....	....	28 mai 74	
DUMONT veuve, née Ida Trier, peintre, rue Milton, 17......		Heurtey	8 déc. 74				
Id. Id. maîtresse-d'hôtel, rue de Moscou, 31.......		Dattarel	8 nov. 73	....	* 31 janv. 74		
Id. Ch.-Ant., entrepr. de fêtes publiq., av. Bugeaud, 10 et 12.		Lamoureux...	1er juin 67	(9)			
DUMOULIN, Antoine, liquoriste, rue d'Angoulême, 65.........		Tournel	7 sept. 74				
DUMUIS, Désiré-Simon, cordonnier, rue Vaugirard, 138........		Bégis	21 avril 74	....	* 24 oct. 74		
DUNET, maçon, rue de Lyon, 71.......................		Beaugé	25 janv. 72	(10)			
DUNEUFGERMAIN, Ern.-Adol., m⁴ de salais., av. d'Italie, 143 bis.		Darboux....	23 août 73	19 mars 74	(11)		
Id. -EUSTACHE, Id. av. de Choisy, 55..	*	Jacquin	....	....	....	22 déc. 74	
DUPALET, Pierre-Jacques, m⁴ de vins, rue Rambuteau, 23....		Heurtey	18 févr. 74	....	* 11 juin 74		
DUPEIGNE, Armand-Victor, m⁴ de vins, rue Pagevin, 7........		Sarazin	3 août 74				
DUPERRON. Voir : CHENU-FONTANÉ.							

(1) DUCREUX et MAZANDIER paient 6 fr. 41 c. %, unique rép.

(2) DUCROT veuve, paie 6 fr. 48 c. %, unique répartition.

(3) DUCRUIX paie 43 fr. 85 c. %, unique répartition.

(4) DUFOUR veuve, paie 11 fr. 84 c. %, unique répartition.

(5) DUGAY et sa femme paieront 30 %, en 6 ans, par 1/6.

(5 bis) DUGENAIT et Cie. — Dugenait pers⁴ s'oblige à payer 5 %, en 5 ans, par 1/5, de l'homologation.

(6) DUHAMEL paie 11 fr. 14 c. %, produit de son actif ; abandonne ses droits non liquidés dans la succession de son père,

et s'engage à parfaire 5 %, en 5 ans , par 1/5, à partir de la reddition de compte. — M. Paul Duhamel et M⁵⁵ veuve Duhamel cautionnent pour moitié les dividendes promis.

(7) DUHORDEL paie 5 fr. 53 c. %, 2ᵐᵉ et dernière répartition.

(8) DULAC paie 5 fr. 55 c. %, unique répartition.

(9) DUMONT, Ch., paie 8 fr. 40 c. %, 2ᵐᵉ et dernière répart.

(10) DUNET paie 4 fr. %, deuxième répartition.

(11) DUNEUFGERMAIN paiera l'intégralité des créances, en 10 ans, par 1/10 ; 1er paiement fin février 1875.

NOMS, PRÉNOMS, PROFESSIONS ET DOMICILES.	Indique Liquidation • Arrangees Avoué et Insuffisance	SYNDICS ET AVOUÉS	FAILLITES ET LIQUIDATIONS.	DATE DES HOMOLOGATIONS DE CONCORDATS	INSUFFIS⁰ ET UNIONS.	SEPARAT⁰ⁿ DE BIENS JUDICIAIRES.	CONS. JUDIC. ET INTERDICT.
DUPIC et CORNE, fleuristes, rue du Caire, 21..........		Dufay...	17 févr. 72	(1)			
DUPLANTY-BORDE, PIERRE-VICTOR, sans domicile connu......	*	Bonnel......				7 juill. 74	
DUPONCHEL, CH.-PIERRE, restaurateur, rue Montorgueil, 52....		Bourbon.....	28 déc. 73		* 28 févr. 74		
Id. -LEFEBVRE, LOUIS-BENJ.-MAG. b¹ Sébastopol, 47.	*	Postel......				10 mars 74	
Id. Voir : LEFEBVRE aîné et DUPONCHEL.							
DUPONT, père et fils, m⁰⁰ de produits chimiques, pass. Pivor, 5.		Battarel	31 janv. 74	10 sept. 74	(2)		
Id. -ALEXIS, MICHEL-ÉDOUARD, avocat, rue Jacob, 19....	*	Poullet......				17 nov. 74	
Id. décédé. Voir : MALDAGUE, DUPONT et Cie.							
DUPRET, JUSTE, marchand de vins, rue Ramey, 11..........		Legriel......	11 nov. 74		* 30 nov. 74		
DUPUIS, dir. du concert La Tertullia, rue Rochechouart, 7.....		Pinet......	28 avril 73	24 juill. 74	(3)		
Id. -DOISNEAU, CLOVIS-MARIE, rue Turbigo, 51.......		Milliot				20 mars 74	
DUPUY, LOUIS-VICTOR-JOSEPH, gantier, rue de Rennes, 52....		Prodhomme..	3 octob. 73	2 févr. 74	(4)		
DURAND, JEAN, marchand de vins, à Pantin................		Heurtey.....	2 octob. 74		* 18 nov. 74		
Id. JACQUES, décédé, voiturier, rue Poliveau, 39........		Hécaen.....	23 août 73	(5)			
Id. ÉTIENNE-LUCIEN, sellier, rue du Château-d'Eau, 55....		Pluzanski...	31 déc. 73	30 mai 74	(6)		
Id. -DUPIN, ÉTIENNE-AUGUSTIN, à Courbevoie...........	*	Pérard.....				17 juill. 73	
Id. -GOUILLY, GUSTAVE-VICTOR, à Bray-sur-Seine.......	*	Levesque....				18 août 74	
DURÉ et CHÉRIER, f⁵ de meubles, rue du Harlay, 5........		Beaugé.....	17 octob. 72	(7)			
DURIEUX-ESMENGAUD, SIMON, rue des Batignolles, 36.......	*	Brémard.....				21 nov. 74	
DURINGER-HELLER, JACQUES, rue de Reuilly, 8...........	*	Lemaire.....				23 juin 74	
DUROUCHARD, commⁿ en fruits, rue Saint-Honoré, 49.......		Maillard.....	18 juill. 74		* 28 sept. 74		
DUSSAULT, bijoutier, à Bois-Colombes..................		Id......	15 octob. 73	17 avril 74	(8)		
DUSSÉGNÉ frères, marchands de vins, à Levallois..........		Gautier.....	6 janv. 72	27 mars 74	(9)		
DUSSOURT, marchand de vins, à Bagnolet..............		Legriel.....	17 janv. 74		* 24 mars 74		
DUTAC-VALLÉE, JULIEN-AMÉDÉE, rue des Moines, 39.........	*	Denormandie				14 juill. 74	
DUTERTRE, HUBERT-EUGÈNE, libraire, pass. Bourg-l'Abbé, 18..		Darbot......	6 nov. 73	30 mai 74	(10)		
DUTILLEUL-DUTILLEUL, NICOLAS, sans domicile connu.......	*	Chaguet....				16 mai 74	
DUVAL, PIERRE-ALEXAND., m⁴ de papiers, rue Charlot, 9........		Darbot.....	5 déc. 74				
Id. et DAVID, fournisseurs p¹ chapeliers, r. du Temple, 50.		Maillard.....	10 juill. 73	28 déc. 74	(11)		
Id. ÉMILIE. Voir : MARANDET, veuve.							
DUVELLEROY, ALEXAND.-VICT., boulang., r. de Paris-Dellev., 189.		Richard.....	22 sept. 74				
Id. -LAMBERT Id. Id.	*	Levesque....				20 octob. 74	
DUVERNOY d¹¹ᵉ, hôtelière, rue du Terrage, 23.............		Sarazin....	1ᵉʳ juill. 74		* 17 sept. 74		

(1) DUPIC et CORNE paient 3 fr. 55 c. %, 2ᵐᵈ et dern. répart.

(2) DUPONT, père et fils, paieront l'intégralité des créances, en 9 ans, à partir de l'homologation.

(3) DUPUIS paie 7 fr. 75 c. %, produit de l'actif abandonné.

(4) DUPUY paiera 30 %, en 5 ans, par 1/5, de l'homologation.

(5) DURAND, JACQUES, paie 31 fr. 71 c. %, unique répartition.

(6) DURAND, ÉTIENNE, paiera 25 %, en 5 ans, par 1/5.

(7) DURÉ et CHÉRIER paient 7 fr. 52 c. %, unique répart.

(8) DUSSAULT paiera un dividende de 10,820 fr., moitié en

5 ans, du 1ᵉʳ octobre 1873, et moitié 3 ans après avec intérêts, affectant au paiement de cette somme une créance de la même valeur sur M. et Mᵐᵉ Doré.

(9) DUSSÉGNÉ frères, paieront 15 %, dans le mois qui suivra l'homologation, et 5 %, en 3 ans, par 1/3. M. Dusségné père cautionne le paiement des 15 % comptant.

(10) DUTERTRE abandonne son actif, moins son mobilier personnel, et s'engage à parfaire 30 %, à raison de 2 % par an.

(11) DUVAL et DAVID paient 33 fr. 34 %, unique répartition.— David s'oblige pers¹ à payer 3 %, en 6 ans, par 1/6, de l'hom.

NOMS, PRÉNOMS. PROFESSIONS ET DOMICILES.	L Indique Liquidation * astérisque Avoué et Insuffisance	SYNDICS ET AVOUÉS	FAILLITES ET LIQUIDATIONS.	DATE DES HOMOLOGATIONS DE CONCORDATS	INSUFFIS^{ces} ET UNIONS.	SÉPARAT^{ns} DE BIENS JUDICIAIRES.	CONS. JUDIC. ET INTERDICT.
DUVIVIER, Louis, mercier, rue de la Tombe-Issoire, 84.......		Beaugé....	1er sept. 74	....	*18 nov. 74		
Id. veuve, f^e de passe-partout, rue du Perche, 11.....		Dufay.......	16 octob. 74				
Id. restaurateur, rue Fabert, 34......................		Lamoureux..	22 août 73	(1)			
DUVOYE, graveur en lithographie, rue Marie-Louise, 10.......		Heurtey.....	8 octob. 73	....	*30 mars 74		

E et F

NOMS, PRÉNOMS. PROFESSIONS ET DOMICILES.		SYNDICS ET AVOUÉS	FAILLITES ET LIQUIDATIONS.	DATE DES HOMOLOGATIONS DE CONCORDATS	INSUFFIS^{ces} ET UNIONS.	SÉPARAT^{ns} DE BIENS JUDICIAIRES.	CONS. JUDIC. ET INTERDICT.
EGGERICKX veuve, commissionnaire, boulev. Haussmann, 171.L		Richard....	21 sept. 71	(2)			
EHRHARD, Jean, boulanger, rue des Récollets, 9..........		Beaujeu....	8 octob. 73	(3)			
ELIE, Edouard-Paul-Marcel, épicier, à Alfortville............		Bourbon....	21 nov. 74				
Id. Marie-Anne-Céleste. Voir : FRIGOST, dame.							
ELIOT-GAILLARD, Claude-Théophile, rue de la Michodière, 20		Mare.......					24 mars 74
ELOY veuve, née GAUTIER, fruitière, à St-Maur..........		Hécaen....	21 févr. 74		*30 mai 74		
ELSASER-CHADANEL, Paul-Alexandre, brd de Belleville, 4..		Pijon.......					6 janv. 74
ELSBACH fils aîné, fabric. de maroquinerie, r. Montmorency, 36.		Hécaen....	13 mai 74		*30 juill. 74		
EMCHIN et veuve LESCURE, m^{ds} de vins, r. Cherche-Midi, 103.		Meillencourt..	4 sept. 74		*25 nov. 74		
EMERY-DELAPIERRE, Jean-François, rue des Abbesses, 48...*		Dubost......					18 août 74
EMILE. Voir : BETTEMBEAU.							
EMMANUEL, commissionnaire, passage Saulnier, 40..........		Prodhomme..	16 juill. 74	....	*30 sept. 74		
ENGEL, Hippolyte, marchand de vins, rue Vandrezanne, 22....		Normand....	9 avril 69	17 juill. 69	14 nov. 73	(4)	
ENGELSPACH-YVON, Emile-François-Eugène, rue St-Honoré, 58		Nicquevert..					1er déc. 74
ENODEAU, Fréd.-Aug., fab^t de talons p. chaussures, r. Turbigo, 6.		Chevillot....	3 mars 74	5 déc. 74	(5)		
Id. -VISSEAU, Id. Id. Id. *		Popelin.....					19 sept. 74
ESCRIVAN, Paul-Emile, marchand de vins, rue Caumartin, 41..		Sarazin....	18 févr. 74		*30 mai 74		
ESNAULT-PATOUT, Eugène, sans domicile connu............		Mesnier....					28 juill. 74
ESPAGNARD, parfumeur, rue de la Fidélité, 14		Pinet......	28 nov. 74				
ESPÉRANDIEU, Albert-Benjamin, marchand de vins, à St-Denis.		Normand....	5 sept. 74	1er déc. 74	(6)		
ESTALON, Alexandre, chaudronnier, rue de Javel, 120.......		Chevillot....	25 juin 74	(7)			
ESTIER et HUGUES, commissionnaires, rue des Gravilliers, 10..		Maillard....	20 déc. 73	(8)			
ETOC, boulanger, rue de Vanves, 240...................		Knœringer..	22 août 73	26 juin 74	(9)		
EVEN-BERTRAND, Julien-Pierre, rue Oberkampf, 131.......		Martin du Gard..	....	....		28 juill. 74	
Id. Pierre-Julien, restaurateur, à Saint-Maur........		Barboux....	19 sept. 73	(10)			
EVRARD, marchand de vins, boulevard de Belleville, 38.......		Gautier....	6 déc. 73	....	*28 janv. 74		
Id. -DELABARRE, Paul-Joseph-Ch., faub. du Temple, 107.*		Duboys.....					9 juin 74
EYRAUD, passementier, rue Grange-aux-Belles, 23............		Copin......	14 nov. 72	(11)			

(1) DUVIVIER, restaurateur, paie 0 fr. 97 c. %, unique répart.

(2) EGGERICKX veuve, est qualifiée faillie par jug^t du 24 mars 1874; elle paie 7 fr. 69 c. %, unique répartition.

(3) EHRHARD paie 10 fr. 23 c. %, unique répartition.

(4) ENGEL paie 1 fr. 19 c. %, unique répartition.

(5) ENODEAU paiera 40 %, savoir : 5 %, 2 mois après l'homol.; 3 %, 1 an après, et 32 %, en 4 ans, par 1/4.

(6) ESPÉRANDIEU paiera 25 %, en 5 ans, par 1/5, de l'homolog.

(7) ESTALON paie 30 fr. %, première répartition.

(8) ESTIER et HUGUES paient 17 fr. 45 %, unique répartition.

(9) ETOC paiera 30 %, en 6 ans , le 1er juin de chaque année; premier paiement le 1er juin 1875.

(10) EVEN paie 12 fr. 54 c. %, unique répartition.

(11) EYRAUD paie 6 fr. %, première répartition.

NOMS, PRÉNOMS, PROFESSIONS ET DOMICILES.	L. Liquidation • astérisque Avoué et Insuffisance	SYNDICS ET AVOUÉS	FAILLITES ET LIQUIDATIONS.	DATE DES HOMOLOGATIONS DE CONCORDATS.	INSUFFIS¹⁵ ET UNIONS.	SÉPARAT⁰⁵ DE BIENS JUDICIAIRES.	CONS. JUDIC. ET INTERDICT.
FABRE, marchand de vins, rue du Plâtre, 15...............		Hourtey.....	12 sept. 74				
FABRY-SOUBEIRAN, Charles-Joseph, boul. de Strasbourg, 53..	*	Le Brun.....	....	....	....	20 juin 74	
FAGET, Jean, charpentier, rue de Puebla, 38..............		Maillard.....	28 déc. 73	....	*31 janv. 74		
FAIVRE, Pierre, marchand de vins, rue de Douai, 47........		Richard	19 nov. 74				
FANTIN, Jean-Henri-Honoré, nég¹ en tissus, r. d'Aboukir, 12...		Devin.......	24 nov. 73	27 mai 74	(1)		
FARAVEL, Adolphe, coiffeur, rue Vivienne, 10.............		Pinel........	11 juin 74	(2)			
FARDOUIN, Armand-Henri, m⁴ de vins, boul. Voltaire, 259....		Lamoureux..	21 avril 74	....	*31 juill. 74		
FARGÈS, Dieudonné-Marius-H¹¹, m⁴ de vins, rue Daguerre, 48..		Id........	8 octob. 74				
FARINET, J.-Bapt. Voir : PICOT et FARINET.							
FAROUX, ex-négociant, à Pantin.............		Gauche......	9 octob. 74		*30 nov. 74		
Id. et SCHUWIRTH, comm⁰⁵, boul. Poissonnière, 14...L		Quatremère..	17 nov. 71	15 fév. et 8 av. 74	(3)		
Id. marchand de vins, faubourg Saint-Denis, 180.......		Beaujou.....	7 févr. 74	....	*31 mars 74		
FAUCHEUR, Édouard-Félix, menuisier, rue Brisemiche, 8......		Hourtey.....	10 mai 70	13 octob. 71	(4)		
FAUDIN, Jules, menuisier, rue Cavé, 32............		Prodhomme..	19 sept. 74				
FAULLE-PATRY, Prudent-Désiré, rue Corbeau, 9............		*Déglise.....	....	....	25 mars 74		
FAVERIS, Louis-Jules, gainier, rue Beaubourg, 24...........		Legriel......	12 mars 74	23 octob. 74	(5)		
FAVET-FIDON, Claude-Antoine, à Saint-Ouen............		Belon.......	....	....	27 janv. 74		
FAVIER-BOUTROS, Étienne-Nestor, rue des Batignolles, 57...*		Aymé.......	....	....	2 déc. 73		
FAVRE, Auguste, marchand de meubles, à Sceaux............		Hourtey.....	15 avril 73	(6)			
Id. et GLAÇON, apprêteurs de pelleteries, cité Guénot, 7...		Barboux.....	19 nov. 74	....	*22 déc. 74		
Id. -FÉLIX, François, cordonnier, boul. des Capucines, 27..		Knéringer ...	3 juin 73	(7)			
FAY veuve, Jean-Nic.-Ern., née CALINET, hôtelière, à Rueil....		Deaugé......	12 déc. 74				
FÉBURIER-DESTRÈS, fleuriste, rue du Caire, 8.............		Dégis.......	26 nov. 72	7 avril 73	21 févr. 74	(8)	
Id. Id. F⁰¹ᵉ-Eugène-Alfred, rue du Temple, 172.*		Mignot......	....	....	11 août 74		
FEDON, Guillaume dit Léon, commissionnaire, rue du Caire, 12.		Chevillot ...	12 mai 74	29 nov. 74	(9)		
FEHREMBACH, dame, Auguste, ex-couturière, à Montrouge....		Sarazin.....	21 mars 74	....	*30 avril 74		
FÉLIX, Édouard, imprimeur, rue Sainte-Apolline, 49........		Tournel.....	12 sept. 74				
Id. Ernestine. Voir : BERNARD, veuve.							
FENARD et Cie, commissionnaires, boulevard Voltaire, 101....		Barboux.....	21 avril 74	....	*20 juin 74		
FERAILLE, Toussaint-Joseph, confectionneur, r. d'Aboukir, 78..		Richard	1ᵉʳ déc. 74				
FERAUD, J.-Bapt., commissionnaire, rue Lafayette, 118.......		Dégis.......	1ᵉʳ sept. 73	24 mars 74	(10)		
FERCHAULT, Gaston, tapissier, rue Tronchet, 20............		Hourtey.....	15 sept. 74	29 déc. 74	(11)		
Id. -AUBRIOT, Id. Id. ....*		*Déglise.....	....	....	24 nov. 74		

(1) FANTIN paiera 25 °/₀, en 5 ans, par 1/5, de l'homologation.

(2) FARAVEL paie 6 fr. 50 °/₀, unique répartition.

(3) FAROUX et SCHUWIRTH sont qualifiés faillis par jugement du 6 janvier 1874. — La Société paie 20 fr. 52 c. °/₀, unique répartition. — M. Faroux s'engage à parfaire 20 °/₀, en 4 ans, par 1/4. — M. Schuwirth paie 5 °/₀ comp¹ par les soins du syndic.

(4) FAUCHEUR paie 22 fr. 10 c. °/₀, 3ᵐᵉ et dernière répartition.

(5) FAVERIS paiera 40 °/₀, en 5 ans, par 1/5, de l'homologation.

(6) FAVRE, Auguste, paie 20 fr. 88 c. °/₀, pour toutes répartit.

(7) FAVRE-FÉLIX paie 5 fr. 94 c. °/₀, 2ᵐᵉ et dernière répartit.

(8) FÉBURIER-DESTRÈS paie 2 fr. 31 c. °/₀, unique répartition.

(9) FEDON paie 6 fr. °/₀, produit de son actif, et parfait 20 °/₀, savoir : 3 1/2 °/₀ le 31 décembre 1874, et 3 1/2 °/₀ les 30 septembre 1875, 1876 et 1877.

(10) FERAUD paiera 40 °/₀, en 4 ans, avec la caution de Mᵐᵉ Feraud ; premier paiement le 1ᵉʳ juin 1875.

(11) FERCHAULT paiera 5 °/₀, tous les 6 mois jusqu'à concurrence de 70 °/₀.

NOMS, PRÉNOMS, PROFESSIONS ET DOMICILES.	L indique Liquidation * Astérisque Avoué et Insuffisance	SYNDICS ET AVOUÉS	FAILLITES ET LIQUIDATIONS.	DATE DES HOMOLOGATIONS DE CONCORDATS	INSUFFIS²ᵉˢ ET UNIONS.	SÉPARATⁿˢ DE BIENS JUDICIAIRES.	CONS. JUDIC. ET INTERDICT.
FERDINAND veuve, Charles, hôtelière, rue de Kabylie, 2......		Moys....	27 octob. 74				
FERREY et MUSSAULT, bijoutiers, boulevard Voltaire, 99....		Beaugé.....	4 déc. 73	22 avril 74	(1)		
FERRY, épicier, rue Fontaine-au-Roi, 59		Chevillot...	6 juill. 74	....	* 28 août 74		
FEUGUEUR père, escompteur, rue Maubeuge, 1.............		Pinet......	4 août 69	....	* 30 nov. 69	(2)	
FIESS, tailleur, rue de Dondy, 66		Chevillot...	27 août 74		* 29 sept. 74		
FILHASTRE, Charles. Voir : PARIS et Cie.							
FILLIOT, Jules-Léon, casquettier, rue des Quatre-Fils, 5....		Bourbon.....	6 déc. 72	(3)			
FILLOCHE, marchand de vins, rue du Canal-Saint-Martin, 3....		Maillard.....	10 nov. 73	....	* 30 déc. 73	(4)	
FILLON veuve, Joseph, née Furet, papetière, rue de Clichy, 19.		Gautier......	2 juin 74		* 30 nov. 74		
FINET, Charles, serrurier, rue Oberkampf, 100.............		Prodhomme...	12 octob. 74				
FIRMIN-LECOINTE, François-Didier, rue Monjol, 2.........	*	Pijon	....	....		18 juin 74	
FISCALINI-D'AUVERGNE, Joseph-Fᵒⁱˢ, boul. Saint-Michel, 16.. *		Dubost......	....	....		3 févr. 74	
FISCHER—POIRIER, Charles, à la Varenne-Saint-Maur.......	*	Carvès......	....	....		11 nov. 73	
FISSIAUX-GÉNARD, Joseph-Gabriel, sans domicile connu.....	*	Delaporte....	....	....		14 juill. 74	
FIXARY, Ch.-Hippolyte, mᵈ de doublures, rue du Mail, 14.....		Richard.....	14 juin 74				
FLAMANT, Frédéric-Firmin. Voir : BOUIN, veuve.							
FLAMENT, Arthur-Augᵗᵉ, commⁱ, cité Trévise, 3...........		Bégis......	10 juill. 74	27 octob. 74	(5)		
FLECHEUX, Pierre-Amédée, négociant, rue Pierre-Picard, 5...		Gauche.....	1ᵉʳ sept. 74				
FLEURET aîné, Gabriel, colporteur, r. des Filles-du-Calvaire, 15.		Sommaire....	31 déc. 55		* 29 avril 63	(6)	
FLEURIET, boulanger, rue de Tourtille, 13...............		Moys......	15 juill. 74	(6 bis)			
FLEURY, fabricant de chaussures, rue de la Bûcherie, 19....		Legriel.....	31 janv. 74		* 27 mars 74		
Id.　　Charles-Victor, à Neuilly...................							19 janv. 55
Id.　　commissionnaire, rue Basfroi, 10..............		Barboux....	27 juin 74		* 27 févr. 74		
Id.　　-GOUPIL, Noël-Alexis-Désiré, rue de Solférino, 8.. *		Chagnet.....	....			10 janv. 74	
FLICHY, Édouard, mᵈ de charbons, rue des Quatre-Fils, 22....		Legriel.....	24 août 74				
FLOQUET, Pascal-Théodore, horloger, faub. Poissonnière, 53..		Dattarel....	31 déc. 74				
FLOTARD, Ernest, commⁱ en peaux, rue Greneta, 37........		Copin......	1ᵉʳ avril 74				
Id.　　-LAURENT, Ernest, rue des 2 Portes-St-Sauveur, 17 *		Violette....	....			17 nov. 74	
FOIGNE, Célestin-Frédéric, confectionneur, rue du Sentier, 5..		Normand....	8 déc. 74				
FOLIOT-MAGNE, Charles-Aristide, sans domicile connu.... *		Desgranges ..	....	....		21 nov. 74	
FOLLY-AUBLANT, Alfred-Jules-Camille, rue Nonessier, 8..... *		Corpot......	....		....	30 juin 74	
FONCIER, Léon, tailleur, rue du Helder, 17.................		Hécaen.....	6 nov. 74				
FONTAINE, Charles, chemisier, rue des Marais-St-Martin, 48...		Beaujeu	11 juin 74				
Id.　　-NICOLAS, Ch.-Joseph, rue des Petits-Pères, 1...... *		Denormandie	....	....		11 juill. 74	
FONTEYNE et PRINET, maîtres de bains, à Levallois.........		Quatremère .	13 mars 72	26 juill. 72	* 28 janv. 74		
FORESTIER dⁱˡᵉ, Marie, marchande de vins, boul. Voltaire, 144.		Pinet......	12 déc. 73		* 29 avril 74		
FORGET, Raymond-Pierre, mécanicien, av. Saint-Ouen, 53....		Normand....	5 déc. 72	(7)			

(1) FERREY et MUSSAULT paient 20 %, aussitôt l'homolog.

(2) FEUGUEUR père. — Réouverture du 15 novembre 1873.

(3) FILLIOT paie 11 fr. 40 c. %, unique répartition.

(4) FILLOCHE. — Réouverture du 14 mars 1874. — Il paie 12 fr. 16 c. %, unique répartition.

(5) FLAMENT paiera 25 %, en 5 ans, par 1/5, de l'homologation.

(6) FLEURET aîné. — Réouverture du 13 avril 1874.

(6 bis) FLEURIET paie 8 fr. 04 c. %, unique répartition.

(7) FORGET paie 3 fr. 55 c. %, unique répartition.

NOMS, PRÉNOMS, PROFESSIONS ET DOMICILES.	Indique Liquidation * Astreignent Avoué ou Insuffisance	SYNDICS ET AVOUÉS	FAILLITES ET LIQUIDATION.	DATE DES HOMOLOGATIONS DE CONCORDATS	INSUFFIS^{ce} ET UNIONS.	SÉPARAT^{on} DE BIENS JUDICIAIRES.	CONS.JUDIC. ET INTERDICT.
FORT, Jean, marchand de vins, rue Simon-le-Franc, 11.......		Tournel	20 sept. 74				
FOUANON, Noël, marchand de fourrages, à Saint-Mandé.......		Beaujeu	14 juill. 74		....	* 28 août 74	
FOUBERT, Constant-Aug^{te}, traiteur, rue Maubeuge, 12.......		Darbot	7 août 74		....	* 20 oct. 74	
FOUCHÉ LE PELLETIER-TRÉPAGNE, rue de Penthièvre, 34....		....	....		....	7 juill. 74	
FOUCHER-DESCHE, Frédéric, rue Mouffetard, 141......		....	....			24 mars 74	
FOUDRIAT, Charles, drapier, rue du Temple, 38............		Maillencourt.	15 juill. 73	30 déc. 73	(1)		
FOULET, Aug^{te}-Joseph, m^d de nouveautés, r. Ménilmontant, 30.		Régis	21 nov. 74				
FOULQUIER, Edmond, courtier en vins, r^{te} de Versailles, 53....		Beaujeu	1er avril 74		....	* 30 mai 74	
FOUQUE-COINDRE, Pierre, rue Claude-Villefaux, 10..........	*	Chéramy.....	....		....	14 avril 74	
FOUQUET-HEIM, Joseph-Anatole, rue Dautancourt, 12........	*	Rivière......	....			24 nov. 74	
Id. dame, née BOULDÉ, ex-marchande de vins, à Puteaux.		Pinet	11 déc. 74				
FOURCADE, Dominique, épicier, rue d'Angoulème, 10..........		Prodhomme ..	8 juill. 74	20 nov. 74	(2)		
FOURNIER, négociant en vins, rue Léopold, 16..............		Gautier.	27 octob. 74				
Id. opticien, rue de Douai, 28.....................		Gauché	12 juin 74		....	* 25 août 74	
Id. Joseph, marchand de futailles, r. de Charenton, 134.		Devin	21 janv. 74		....	* 30 avril 74	
Id. Camille. Voir : CAUCHY, FOURNIER et Cie.							
Id. marchand de vins-épicier, boulevard Ornano, 149...		Tournel	21 avril 74		....	* 29 juill. 74	
Id. Charles, marchand de vins, rue Saint-Maur, 25.....		Beaujeu	24 nov. 73	(3)			
Id. entrepreneur de transports, rue de Bercy, 25......		Gautier	2 sept. 74				
Id. dame, Léon, bijoutière, rue Montmorency, 18......		Pinet	3 mars 73	5 juin 73	* 14 juin 74		
Id. -FRAPIN, Virgile-Etienne, rue des Fontaines, 1...	*	Petit-Bergonz				2 juin 74	
FOURQUIER-WIDRATTE, Gustave-Victor, r. Ste-Opportune, 4.	*	Desétangs ...				15 déc. 74	
FOURRIER-BRETON, Louis-Désiré, route de Versailles, 210...	*	Barberon				6 janv. 74	
FOURTON-FOURCADE, Charles, ex-négoc., rue de Douai, 48..	*	Reimbert.....				17 nov. 74	
FOYER, mercier, rue Choron, 14................		Tournel	26 juin 74		....	* 22 déc. 74	
FRANCŒUR, Léon, négociant, rue Saint-Joseph, 6..........		Prodhomme ..	10 août 71	10 août 73	(4)		
FRANÇOIS, tapissier à façon, rue Pigale, 28		Gautier......	28 sept. 74				
Id. père, ébéniste, passage Sainte-Marie, 8...........		Chevillot ...	29 octob. 74		....	* 26 déc. 74	
Id. dit Eugène Liaud, ex-restaurat., r. St-Antoine, 110..		Legriel......	1er juill. 72	(5)			
Id. -MOLLERER, rue des Bons-Enfants, 12...........	*	Daupeley				5 mai 74	
FRAYSE, Jean, marchand de parapluies, rue Montaigne, 23....		Gauche......	2 déc. 74				
FREAR, William-Henri, m^d de comestibles, av. Montaigne, 08..		Lamoureux...	30 mars 74				
FRÉLON veuve et COMMON, f^{te} de cartonnage, r. de Braque, 5.		Darbot	4 avril 73	15 et 16 oct. 73	(6)		
FRETILLE, Alexis-Jules, linger, rue Quincampoix, 31.......		Pinet	7 avril 74		....	* 30 mai 74	
FRIBOURG, f^{te} d'équipements militaires, faub. St-Denis, 132...		Legriel......	7 août 74				
FRIGOST dame, m^{de} de plumes p^r parures, boul. Voltaire, 13...		Prodhomme ..	5 déc. 74				
FRILOUX d^{lle} et MERCIER dit Wug, tailleurs, b^d de la Madel., 9..		Gauche......	18 nov. 73				

(1) FOUDRIAT paie 35 fr. %, en 2 répartitions de l'actif abandonné, et s'engage à payer 5 %, en 5 ans, par 1/5, à partir du jour de l'homologation.

(2) FOURCADE paie 10 % dans le mois de l'homologation, et 30 %, en 4 ans, par 1/4, de l'homologation.

(3) FOURNIER, Charles, paie 12 fr. 48 c. %, unique répartit.

(4) FRANCŒUR paie 70 fr. %, première répartition.

(5) FRANÇOIS dit Eugène Liaud, paie 10 fr. %, 1re répartition.

(6) FRÉLON veuve et COMMON. — Common paie 7 fr. 84 c. %, produit de son actif; Mme veuve Frélon paie 8 fr. 82 c. %, produit de son actif.

NOMS, PRÉNOMS, PROFESSIONS ET DOMICILES.	Indice Liquidation † avérinnqéa Avoue et Insuffisance	SYNDICS ET AVOUÉS	FAILLITES ET LIQUIDATIONS.	DATE DES HOMOLOGATIONS DE CONCORDATS	INSUFFIS^ce ET UNIONS.	SÉPARAT^on DE BIENS JUDICIAIRES.	CONS. JUDIC. ET INTERDICT.
FROMENT, entrepr. de déménagements, r. Viell^e-du-Temp., 119.		Devin	20 févr. 72	(1)			
Id. Cl.-Alph., limonadier, rue Montmartre, 122.		Gauche	21 févr. 73	(2)			
FROMENTEL d^lle, Steph.-Angél.-Hort., m^de de tabac, r. Valois, 8.		Knériuger	15 juill. 74				
FROMION, Louis-Édouard, ex-traiteur, à Saint-Mandé		Copin	19 août 73	6 févr. 74	(3)		
FROMONT-FULCRAN, Jean, marchand de vins, à Gentilly	*	Goujon				1er déc. 74	
FRUTEL, Charles, épicier-m^d de vins, r. de la Roquette, 17		Normand	30 juin 74				
FUGÈRE, herboriste, à la Varenne-Saint-Hilaire		Chevillot	15 avril 74			* 30 mai 74	
FUMEX-ENCRENAZ, Augustin, à Bruxelles	*	Henriot				10 mars 74	
FURET, Marie-Alphonsine. Voir : FILLON, veuve.							

G

NOMS, PRÉNOMS, PROFESSIONS ET DOMICILES.	Indice	SYNDICS ET AVOUÉS	FAILLITES ET LIQUIDATIONS.	DATE DES HOMOLOGATIONS DE CONCORDATS	INSUFFIS^ce ET UNIONS.	SÉPARAT^on DE BIENS JUDICIAIRES.	CONS. JUDIC. ET INTERDICT.
GABRIEL, serrurier, rue du Battoir, 11		Gautier	2 août 70	(4)			
GACHELIN, François, épicier, rue des Haies, 32		Bégis	26 juill. 60	(5)			
Id. Jacques. Voir : BRÉARD et GACHELIN.							
GACHET, Daniel, glacier, rue Chauveau-Lagarde, 9		Chevillot	12 juin 73			* 11 juin 74	
GAGNAGE et Cie, entrepositaires, rue Charlot, 5		Pinet	13 avril 72	(6)			
GAGNEUR, Joseph-Constant, bonnetier, r. St-Honoré, 48 et 50.		Meillencourt	28 févr. 74			* 30 mars 74	
GAILLARD-FORESTIER, Félix-Édouard, r. Fossés-St-Jacq., 6	*	Deherpe				6 juin 74	
GAILLARD, m^d de vins, rue de la Butte-aux-Cailles, 19		Tournel	26 août 74				
Id. veuve, née Vauxrois, crémière, rue Fondary, 83		Richard	25 juin 74			* 20 sept. 74	
Id. d'ANDEL, banquier, rue Galilée, 24		Maillard	9 mai 74				
Id -PINEL, Eug.-Pierre, serrurier, faub. du Temp., 101.		Maucomble				1er déc. 74	
GAITTET-DUCARME, Sulpice-Marie, impr., s. domicile connu.	*	Weil				28 nov. 74	
GALAU, Louis, charron, à Nogent-sur-Marne		Moncharville	2 octob. 74				
GALHAUT d^lle, tenant hôtel meublé, à Saint-Mandé		Sarazin	29 sept. 73	(7)			
GALIBERT, f^t d'appareils respiratoires, boul. Sébastopol, 131.		Beaugé	11 nov. 73			* 27 janv. 74	
GALITZIN-DE MORANGIÈS, Antoine (prince), r. Pasquier, 39	*	Hardy				5 févr. 74	
GALLAS, Hélène. Voir : LENEPVEU, veuve.							
GALLAY, David-Henri, distillateur, rue Liancourt, 42		Normand	16 avril 74	27 juill. 74	(8)		
GALLE, père et fils, m^ds de vins, aux Prés-Saint-Gervais		Bégis	7 déc. 74				
GALLET-PAVÉ veuve. Voir : PAVÉ, veuve.							
Id. Voir : VERDAN, GALLET et Cie.							
GALLETTE-BRUNEAUX, François-Émile, à Semur		Larroumès				9 juin 74	
GALLOUIN-FLAMENT, m^d de nouveautés, rue du Commerce, 58.		Bégis	25 août 73	(9)			
GALLY veuve, tenant bureau de plac., r. des Batignolles, 31		Normand	27 octob. 74			* 30 déc. 74	

(1) FROMENT, entrepreneur, paie 4 fr. 72 c. %, unique répart.

(2) FROMENT paie 7 fr. 12 c. %, unique répartition.

(3) FROMION paiera 30 %, en 6 ans, par 1/6 ; d'année en année ; 1er paiement fin décembre 1874.

(4) GABRIEL paie 11 fr. 87 c. %, unique répartition.

(5) GACHELIN paie 4 fr. 26 c. %, unique répartition.

(6) GAGNAGE et Cie. — Faillite fixée définitiv. au 10 sept. 71.

(7) GALHAUT d^lle, paie 0 fr. 70 c. %, unique répartition.

(8) GALLAY paie 30 %, en 5 ans, par 1,5, de l'homologation.

(9) GALLOUIN-FLAMENT paie 23 fr. 35 c. %, unique répartit.

NOMS, PRÉNOMS, PROFESSIONS ET DOMICILES.	L Liquidation Avoué et Insuffisance	SYNDICS ET AVOUÉS	FAILLITES ET LIQUIDATIONS.	DATE DES HOMOLOGATIONS DE CONCORDATS	INSUFFIS** ET UNIONS.	SÉPARAT** DE BIENS JUDICIAIRES.	CONS. JUDIC. ET INTERDICT.
GANDON-DEVILLERS, Clément-Denis, sans domicile connu....	*	Clériot....				18 août 74	
GANDOUIN, Louis-Ernest, m⁴ de tableaux, rue Laffitte, 33......		Meillencourt.	25 octob. 73	24 févr. 74	(1)		
GARDIN, Jérôme-Anselme, à Derville-en-Roumois (Eure)....		Pijon......					* 31 oct. 74
GARDON, Louis-Alexandre, menuisier, rue Jacquemont, 5...		Beaujeu.....	8 sept. 73	7 févr. 74	(2)		
GARDY, Marie-Eugénie. Voir : BOUIN, veuve.							
GARIN, François, limonadier, boulevard Arago, 26............		Normand....	20 octob. 74		* 30 nov. 74		
GARNAUD, corsetier, rue des Petites-Écuries, 10............		Gautier....	4 mai 74				
Id. -RUDY, J.-Bapt.-Maxime, sans domicile connu....	*	Carvès				18 août 74	
GARNIER, Philibert, mégissier, rue Greneta, 58............		Quatremère..	10 janv. 73	(3)			
Id. Pierre, ex-marchand de vins, rue des Acacias, 23...		Prodhomme.	18 sept. 74		* 27 nov. 74		
Id. Eugène, dir. des Folies-Marigny, rue Taitbout, 30...		Chevillot....	17 janv. 73	26 juin 74	(4)		
Id. Ch.-Acole, ex-boulanger, rue Compans, 44........		Maillard.....	17 mars 74	28 octob. 74	(5)		
Id. Émile-Fⁱˢ, fᵗ de sièges, rue de Charonne, 48.......		Gauche.....	28 mars 74				
GARNIER-LOUVET-LAMARRE, Jean-Ch., rue des Martyrs, 13..	*	Tourrette....				25 août 74	
GAROLLE, Hippolyte-Louis, papetier, cité Boufflers, 14......		Prodhomme.	9 avril 74		* 29 mai 74		
GAROSTE, marchand de vins, rue Saint-Paul, 43..♦......		Legriel.....	13 janv. 74		* 28 févr. 74		
GARREAU dame, ex-crémière, rue de Turenne, 112..........		Hécaen.....	20 déc. 73		* Id.		
GASC, Étienne, marchand de charbons, av. de Clichy, 118......		Id	5 août 74		* 30 sept. 74		
GASPARD, Pierre-Joseph, traiteur, rue Guyot, 4............		Beaujeu.....	23 nov. 74		* 22 déc. 74		
GASSE, Alphonse, serrurier, rue Mercier, 1..............		Knéringer...	5 juin 70	20 octob. 72	14 mars 74		
GASTEL père et fils, commissⁿⁱˢ, rue d'Anjou-St-Honoré, 80...		Denufour....	15 avril 64	(6)			
GATIMEL, Jules-Alfred, épicier, chaussée du Maine, 138......		Tournel.....	17 sept. 74				
GAUDAILLIER, Ant. Voir : MONTPELLIER et GAUDAILLIER.							
GAUDAIRE, Gustave-Étienne, herbor., rue Vaugirard, 251.....		Legriel.....	20 janv. 74		* 30 avril 74		
GAUDET-DEBOVES, Joseph-Vinc.-Maxim., r. Ménilmontant, 96.		Clériot.....					11 nov. 73
GAUDIN, Pierre-Auguste, marbrier, boulevard Ornano, 125....		Dourbon....	20 nov. 74				
GAUDRILLIER, Désiré, m⁴ de vins, rue d'Hautefeuille, 4 bis...		Meillencourt.	25 mars 74		* 29 avril 74		
GAULARD-GIBOREAU, Thomas, rue du Dragon, 6........	*	Aymé........				21 mars 74	
GAUMER, Louise-Eugénie. Voir : CLARK, dame.							
GAUNAY-TREHERN, Étienne-Jean, rue Beaubourg, 61........	*	Picard				18 avril 74	
GAUTHERON, Gustave, ex-m⁴ de vins, rue de Bercy, 141.......		Bégis	2 octob. 74				
GAUTHIER, Pierre, m⁴ de vins-traiteur, à Ivry.............		Normand....	23 juill. 74		* 28 août 74		
Id. Paul, mécanicien, rue Grange-Batelière, 26.......		Meys........	11 mars 74		* 26 déc. 74		
Id. vannier, boulevard Malesherbes, 81.............		Chevillot....	8 déc. 73		* 31 déc. 73		
Id. Émile. Voir : SOCIÉTÉ des USINES à GAZ RÉUNIES.							
Id. père, marchand de vins, r. Neuve-St-Merri, 35....		Pinet	17 octob. 73		* 27 janv. 74		
Id. décédé, m⁴ de corn. et écail., r. Font.-du-Temp., 11.		Chevillot....	11 mars 74	(7)			

(1) **GANDOUIN** paiera 40 °/₀, en 8 ans, soit 5 °/₀ par an, sans intérêts ; premier paiement dans un an de l'homologation.

(2) **GARDON** doit 25 °/₀, en 5 ans, par 1/5, de l'homologation.

(3) **GARNIER**, Philibert, paie 0 fr. 97 c. °/₀, unique répartition.

(4) **GARNIER**, dir. des *Folies*, paie 5 fr. 65 c. °/₀, produit de son

actif, et s'oblige à payer 35 °/₀, en 5 ans, à partir de l'homol.

(5) **GARNIER**, Ch., paiera l'intégralité des créances, en 10 ans, par 1/10 ; premier paiement le 1ᵉʳ novembre 1876.

(6) **GASTEL**, père et fils, paient 30 fr. °/₀, en deux répartitions.

(7) **GAUTHIER**, décédé. — Le syndic paie 10 fr. °/₀, 1ʳᵉ répart.

NOMS, PRÉNOMS, PROFESSIONS ET DOMICILES.	ε indique liquidation $*$ astérisques Avoué ou insuffisance	SYNDICS ET AVOUÉS	FAILLITES ET LIQUIDATIONS.	DATE DES HOMOLOGATIONS DE CONCORDATS	INSUFFIS^{es} ET UNIONS.	SÉPARAT^{ns} DE BIENS JUDICIAIRES.	CONS. JUDIC. ET INTERDICT.
GAUTHIER, Jean-Jacques, m⁴ de vins, boulevard Ornano, 1....		Prodhomme	8 juin 74	....		*25 août 74	
Id. -RICHARDOT, Maxime, à Boynes (Loiret)..........	*	Bertinot..	....	....	....		17 mars 74
Id. -TOULZA, Louis-Joseph, à Levallois.............	*	Leboucq...	....	....	....		24 févr. 74
Id. Alexandre, marchand de vins, rue de Calais, 6....	*	Pinet	30 nov. 74				
Id. marchand de vins, avenue Richerand, 0......		Meys.......	5 déc. 74				
GAUTIER, Laurent, marchand de vins, avenue d'Esling, 20....		Devin	7 juill. 73			*31 déc. 73	
Id. Alfred, marchand de fleurs, rue Gaillon, 25.......		Sommaire ..	30 nov. 74				
Id. marchand de vins, à Billancourt...............		Beaugé	21 avril 74			*29 juin 74	
Id. -BEIDLAUFF, Marie-Pierre-Hᵗ, rue de Dunkerque, 21.*	*	Maza......	....	....	......	4 juin 74	
Id. -PARIZOT, Lucien-Cⁿ., employé, rue de Béarn, 5..*	*	Himbert....	....	....	......	17 mars 74	
Id. dame. Voir : ELOY, veuve.							
GAUZIN père, Xavier, serrurier, rue Brunnel, 42.............		Normand....	10 juill. 74	(1)			
GAY, Gabriel, ex-marchand de vins, rue de Grammont, 11.....		Hécaen....	11 mars 73	22 juill. 74	(2)		
Id. Félix, agent d'affaires, à Levallois....................		Beaujeu....	16 févr. 74	....		*30 sept. 74	
GAZ PROVINCIAL, rue Neuve-Saint-Augustin, 22.............		Tournel....	13 févr. 74				
GAZET, loueur de voitures, rue des Cendriers, 35..........		Pinet	8 mai 73				
GEIGER, Adolphe, m⁴ de cols et cravates, rue de Choiseul, 16..		Meillencourt.	4 avril 73	....		*28 juin 73	(3)
GELIN dⁿᵉ, Juliette, m⁴ᵉ de plumes, boul. Saint-Denis, 8.....		Legriel.....	2 mai 74	18 août 74	(4)		
GELOT, Jacques, commⁿ en grains, rue Saint-Honoré, 123....		Beaujeu....	12 octob. 74	....		*22 déc. 74	
GÉMY, Louis, m⁴ de vins-traiteur, à Boulogne		Hécaen....	3 nov. 74				
GENAILLE, Louis, maçon, rue du Cherche-Midi, 113..........		Knéringer ...	11 sept. 72	(5)			
GENDRIN vᵛᵉ, née Elmire LEGORGEU, lingère, r. Lafayette, 87..		Gautier.....	24 octob. 74	....		*22 déc. 74	
GENET, Pierre-Marius, appareilleur, rue Gay-Lussac, 40....		Meys.......	18 févr. 74				
GENTINE-DANGIRALLE, Louis, avenue de Clichy, 8		Engrand ...	....	....	....	3 févr. 74	
GEOFFROY-PROTAT, Avᵒᵗᵉ-Alexandre, à Charenton............	*	Coche......	....	....	....	14 juill. 74	
Id. -BACONNET, Hippolyte, r. du Pont-Louis-Philippe, 8*	*	Dromery....	....	....	....	28 avril 74	
GEOGHEGAN et DOUCET, chemisiers, rue du Luxembourg, 23..		Sarazin......	15 déc. 73				
GEORGES et Cie, tapissiers, cité Malesherbes, 16..:		Richard	8 juin 74	....		*17 août 74	
Id. -VOGIER, Louis, mécanicien, à Montrouge..........	*	Duboys.....	....	....	....	21 avril 74	
Id. dit Finance, Marien, peintre, rue Delambre, 44...		Bourbon ...	6 juill. 68	16 juill. 74	(6)		
Id. -LAFLOTTE, François, rue Saint-Charles, 167.......		Le Drun....	....	....	....	9 juin 74	
GÉRARD, ex-fabricant de cadres, quai Jemmapes, 18..........		Bourbon....	12 mai 73	28 févr. 74	(7)		
Id. dame, Antoinette. Voir : MARCOU, dame.							
GÉRAULT, Bern.-Louis, entrepr., av. de la Gᵈᵉ-Armée, 59......		Beaufour...	1ᵉʳ déc. 63	....	18 octob. 65	(8)	
GERDAIS-GACRY, Jean, rue Magnan, 28		Laden......	....	....	....	24 mars 74	
GERDAIX, fabricant de chaussures, rue Magnan, 28..........		Copin......	10 sept. 73	(9)			

(1) GAUZIN père, paie 0 fr. 54 c. %, unique répartition.

(2) GAY doit 20 %, en 4 ans, par 1/4, de l'homologation.

(3) GEIGER. — Réouverture du 16 septembre 1874.

(4) GELIN dⁿᵉ, doit 20 %, en 5 ans, par 1/5, de l'homologation.

(5) GENAILLE. — Faillite reportée au 30 novembre 1869, par jugement du 28 novembre 1873.

(6) GEORGES dit Finance, paie 2 fr. 36 c. %, produit de son actif, et s'engage à payer 6 %, en 6 ans, par 1/6, de l'homol.

(7) GÉRARD, ex-fabricant de cadres, doit 30 %, en 5 ans, par 1/3, d'année en année, de l'homologation.

(8) GÉRAULT paie une répartition de 100 fr. %, et une autre de 4 fr. 86 c. %, unique répartition.

(9) GERDAIX paie 9 fr. 70 c. %, unique répartition.

NOMS, PRÉNOMS, PROFESSIONS ET DOMICILES.	Liquidation antérieure Avoué ou Insuffisance	SYNDICS ET AVOUÉS	FAILLITES ET LIQUIDATIONS.	DATE DES HOMOLOGATIONS DE CONCORDATS	INSUFFIS. ET UNIONS.	SÉPARAT. DE BIENS JUDICIAIRES.	CONS. JUDIC. ET INTERDICT.
GERBOIS, restaurateur, rue Cardinal-Lemoine, 83..........		Barbot......	19 déc. 73	13 octob. 74	(1)		
GÉRÉ-LEFEBVRE, Jules-Théodore-Mathieu, rue Serpente, 34.		Levaux,.....	....	....	....	30 déc. 73	
GERMAIN HERMANOS fres, banquiers, pass. des Ptes-Écuries, 20.		Sautton	7 févr. 74	14 sept. 74	(2)		
Id. et Cie, chapeliers, rue des Vieilles-Haudriettes, 2...		Lamoureux..	5 déc. 73	7 avril 74	(3)		
GERST, Arthur, md de chiffons de laine, rue Condorcet, 51...		Dufay.......	26 juin 74	....	2 oct. 74		
GERVAIS, Jules-Achille, menuisier, rue Rocroy, 14..........		Normand	3 janv. 72	(4)			
GHEMIN, Pierre-Hippolyte, menuisier, bd Richard-Lenoir, 17..		Gautier......	18 nov. 74				
GHEUDE, Phil.-Théoph., ft de cuirs et vernis, à Montreuil....		Maillard,....	1er sept. 74		20 oct. 74		
GIARD, François-Octave, crémier, rue Geoffroy-St-Hilaire, 32..		Sautton	19 octob. 74		19 nov. 74		
GIBAUX-BOURCIN, Louis-Philippe, rue de Nys, 3...........		Delpon......	....		....	25 août 74	
GIBIER, Louis-Auguste, boulanger, rue Crozatier, 45........		Beaujeu.....	24 octob. 74				
GIDON, marchand de vins, rue Esquirol, 51...............		Beaufour ...	18 juill. 74		29 oct. 74		
Id. -SARAZIN, Baptiste, négociant, rue Esquirol, 46......		Belon.......	....		....	24 nov. 74	
GIGNON, md de nouveautés, rue de l'Abbé-Groult, 60........		Lamoureux...	13 déc. 73		28 févr. 74		
GIGUEL, md de charbons de terre, r. Philippe-de-Girard, 79...		Gautier......	20 avril 74		22 déc. 74		
GILBERT-RENIER, Ambroise, déporté à la Nouvelle-Calédonie.		Gougot......	....		....	25 août 74	
GILLARD, Antoine, boulanger, rue Saint-Martin, 98........		Chevallier ...	6 janv. 74	6 mai 74	(5)		
GILLES, Jules, ex-md de vins-traiteur, rue Condorcet, 46.....		Battarel.....	21 sept. 74				
Id. Émile, libraire, rue Saint-Sulpice, 20 et 26.......		Chevallier ...	2 sept. 73	(6)			
GILLET, Ed.-Alexand.-Zachar., charpentier, rue de Vouillé, 43.		Heurtey.....	3 déc. 73	11 juill. 74	(7)		
GILLY, Jules, représ. de commerce, rue de Provence, 21.....		Devin.......	14 avril 62	11 août 63	30 déc. 74		
GINET, Georges, boulanger, rue des Fourneaux, 231.........		Beaujeu.....	20 avril 74		31 août 74		
GINEYS, marchand de vins, à Ivry-sur-Seine..............		Battarel.....	2 déc. 74				
GINISTY et Cie, mds de vins, rue de Charenton, 140.........		Meys........	29 avril 73	....	28 mai 74		
GINOUX, md de chaussures, rue du Vieux-Colombier, 15......		Heurtey.....	25 juin 73	(8)			
GIOVANNACHI, Emmanuel, commisre, faub. Poissonnière, 46..		Richard.....	1er octob. 74				
GIRARD, ft d'ustensiles de ménage, rue Lafayette, 206........		Gauche......	17 févr. 74				
Id. Victor, boulanger, à Nanterre.................		Beaufour	2 octob. 74		31 oct. 74		
Id. Frédéric, boulanger, faub. Saint-Antoine, 237........		Gauche......	21 sept. 72	(9)			
Id. veuve, née Davy, mde de vins, rue Davy, 28.........		Id.........	19 août 74	....	20 oct. 74		

(1) GERBOIS paiera l'intégralité des créances, en 3 ans, par 1/3, affectant à la garantie du paiement le bénéfice de la sous-location faite aux époux Baudouin et une somme de 1,831 fr. 25 c.

(2) GERMAIN HERMANOS, abandonnent l'actif réalisé et à réaliser, tant en France qu'au Chili, sauf les exceptions ci-après, savoir : 1° les mobiliers personnels de Ch.-Eug. Germain et de Ange-Marie Germain ; 2° les cinq navires à voiles dont les noms suivent : Philippe-Auguste, Persistant, Persévérant, Ville-de-Cherbourg et Vigo. En outre de l'abandon consenti, les sieurs Germain Hermanos s'obligent à payer, à titre de dividende, la somme de un million de francs, en 8 annuités, de 125,000 fr. chacune, pour la 1re être payée un an après l'homologation et les 7 autres d'année en année, avec la caution solidaire de M. Victor Germain pour les 6 premières annuités, étant en outre entendu que, malgré l'abandon qui en a été fait, les deux navires, Ange-Marie et Apolline-Émilie, seront rendus à MM. Germain Hermanos, savoir : Ange-Marie après paiement des 4 premières annuités, et Apolline-Émilie après paiement intégral du million de francs promis. — Ils paient 10 fr. %, 1re répartition de l'actif abandonné.

(3) GERMAIN et Cie doivent 15 %, en 5 ans, par 1/5.

(4) GERVAIS paie 33 fr. 15 c. %, unique répartition.

(5) GILLARD doit 30 %, en 5 ans, par 1/5, de l'homologation.

(6) GILLES, Émile, paie 9 fr. 03 c. %, unique répartition.

(7) GILLET doit 30 %, en 6 ans, par 1/6, de l'homologation.

(8) GINOUX paie 12 fr. 02 c. %, unique répartition.

(9) GIRARD, Frédéric, paie 11 fr. 41 c. %, unique répartition.

NOMS, PRÉNOMS, PROFESSIONS ET DOMICILES.	L indice Liquidation * astreinte Avoué et Insuffisance	SYNDICS ET AVOUÉS.	FAILLITES ET LIQUIDATIONS.	DATE DES HOMOLOGATIONS DE CONCORDATS	INSUFFIS" ET UNIONS.	SÉPARAT" DE BIENS JUDICIAIRES.	CONS. JUDIC. ET INTERDICT.
GIRARD-MORRA, Avo¹⁰-Étienne, r. Neuve-des-P¹⁵-Champs, 82..	*	Cesselin.				7 juill. 74	
Id. Jean, entrep' d'arrosage, rue de Vanves, 105.......		Dufay......	18 déc. 74				
GIRARDEAU, comm'' pour prêts sur gages, r. Coquillière, 20...		Beaufour ...	17 janv. 74				
GIRARDIN père, fabricant de fermoirs, rue Alibert, 8........		Pinot	12 août 74				
GIRARDOT, Désiré, ex-distillateur, rue Dréa, 23...........		Bourbon....	21 mai 72	1er août 74	(1)		
GIRAULT-BELIN, J.-Bapt.-F°¹⁵, faubourg Saint-Denis, 17.....	*	Cahen.......				25 août 74	
GIRAUX-BERTHON BRUNETIÈRE, P¹-Sévè'⁵, r. St-Quentin, 6..	*	Pottier......				16 juin 74	
GIRBAL, François, marchand de vins, à Charenton...........		Normand....	21 mai 74	(2)			
Id. marchand de vins en gros, Id.		Gautier......	4 sept. 74				
GIRERD, Victor, coiffeur, rue Duphot, 12..............		Meillencourt.	11 janv. 74	9 avril 74	(3)		
GIROD, marchand de vins, rue d'Aboukir, 121.............		Dufay......	25 mai 74	27 octob. 74	(4)		
Id. Ulysse, épicier, rue Drisson, 33........		Hécaen......	27 janv. 74		* 31 oct. 74		
Id. dame, Palmyre, épicière, rue de Calais, 6....		Beaujeu......	17 août 74		* 20 oct. 74		
GIROLDI-BLOIN, Ambroise, rue de la Chapelle, 38.........	*	Barberon......				17 nov. 74	
GIRON dame, épicière et m'' de vins, rue Traversière, 35.....		Maillard......	22 sept. 74		* 30 déc. 74		
Id. frères et Cie, m'' de bois et charbons, à Saint-Denis....		Gauche......	1er avril 74				
Id. et Cie. Voir : MIRELLE et GIRON.							
GIROU, charbonnier, rue des Huies, 90.................		Chevillot ...	11 août 74		* 20 oct. 74		
GIROUDIÈRE. Voir : RAFFIN, GIROUDIÈRE et BIDAUD.							
GLAÇON, Antoine. Voir : FAVRE et GLAÇON.							
GLAIZE-COQUELET, François-Bapt., sans domicile connu....	*	Jacquin'.				11 mars 74	
Id. -GÉRARD, Joseph, rue des Vinaigriers, 44.........	*	Caron.......				12 févr. 74	
GLOUT-MADEMOUR, Pierre, rue Sainte-Eugénie, 49.........	*	Id				24 févr. 74	
GLUAIS, Pierre-Léon, bijoutier, rue Chapon, 18............		Heurtey	20 janv. 74	5 juin 74	(5)		
GODÉ fils, entrepr. de peintures, rue Maubeuge, 18........		Chevillot ...	25 sept. 73		* 29 avril 74		
GOBILLARD veuve, m'' de chaussures, au Temple, n° 1395....		Barboux....	11 sept. 74		* 31 oct. 74		
GODEDSKA. Voir : DUGENAIT et Cie et CHWALIBOG dame.							
GODEFROY-RODOT, Arsène, sans domicile connu............	*	Popelin				4 juill. 74	
Id. -PRÉEL, Victor-Dominique, rue de Lourmel, 89....	*	Vivet				30 juin 74	
GODIN, Julien, ex-entrepr. de transports, rue de Meaux, 31.....		Meillencourt.	29 janv. 74		(6)		
Id. -LEVÈQUE, Charles-Alphonse, rue de Belleville, 17....	*	Husson......				5 déc. 74	
GODON veuve, née Mazeut, lingère, rue Saint-Honoré, 422......		Meys........	9 déc. 73	1er juill. 74	(7)		
GOETHALS et Cie, m'' de tissus en caoutchouc, b⁴ Sébastop., 98.		Beaufour....	25 mars 73	(8)			
GOGUÉ, Louis-Victor, restaurateur, av. du Roi-de-Rome, 104...		Sommaire ...	27 avril 74		* 30 sept. 74		

(1) GIRARDOT paie 5 fr. °/₀, 1ᵉ répartition de l'actif qu'il abandonne, à l'exception de son mobilier personnel et des constructions élevées sur un terrain sis à Montrouge, et s'oblige, en outre, à payer 10 °/₀, en 5 ans, par 1/5, de l'homologation.

(2) GIRBAL, F°¹⁵, paie 26 fr. 50 c. °/₀, unique répartition.

(3) GIRERD abandonne tout l'actif réalisé, et s'oblige à payer 5 °/₀, dans 1 an, à partir de l'homologation.

(4) GIROD, marchand de vins, abandonne son actif et s'oblige à payer 5 °/₀, en 5 ans, par 1/5, de l'homologation.

(5) GLUAIS paiera l'intégralité des créances en principal, frais et intérêts au jour de la faillite dans le délai de 5 ans, par 1/5, à partir de l'homologation.

(6) GODIN paie 17 fr. 45 c. °/₀, unique répartition.

(7) GODON veuve, paie 12 °/₀, dans les 15 jours de l'homolog., par les soins du syndic et sur le maintien de l'actif réalisé, et 13 °/₀, en 5 ans et 5 paiements, à partir de l'homologation.

(8) GOETHALS et Cie paient 1 fr. 34 c. °/₀, unique répartition.

NOMS, PRÉNOMS, PROFESSIONS ET DOMICILES.	L indéque Liquidation * astreinges Avoué a Insuffisance	SYNDICS ET AVOUÉS	FAILLITES ET LIQUIDATIONS.	DATE DES HOMOLOGATIONS DE CONCORDATS.	INSUFFIS⁰ˢ ET UNIONS.	SÉPARAT⁰ⁿˢ DE BIENS JUDICIAIRES.	CONS. JUDIC. ET INTERDICT⁰ⁿ
GOGUÉ-GROSSET, Pierre-Louis-Victor, rue Descamps, 7......	*	Marquis.....	....	....	....	3 octob. 74	
GOGUELAT, Édouard-Joseph, dir. de théâtre, r. de la Gaîté, 20..		Normand....	13 octob. 73				
GOISOT-MONNOS, négociant en fruits, boulevard Ornano, 140..		Legriel.....	31 janv. 74	....	8 avril 74		
GOIX dit JULES, Julien-Marie, m⁴ de vins, au G⁴-Montrouge....		Dégis.....	16 sept. 73	(1)			
Id. -GUEUDIN, Julien, à Arcueil..........	*	Plassard....				25 août 74	
GONNAT, marchand de charbons, rue Perdonnet, 46.........		Moillencourt.	29 déc. 68	15 juill. 69	* 20 juin 74		
GONNET, ex-marchand de vins, rue des Dames, 28...........		Gautier....	24 nov. 73		*30 janv. 74		
Id. -DALIX, employé, Id.		Rougcot....				15 déc. 74	
CONTRET-GUINET de la MARTINIÈRE, Étien., r. Durantin, 8..	*	Tourrette....				25 août 74	
GORLIER-VITRY, Louis-Désiré, rue de Cléry, 21......	*	Langeron....				9 juin 74	
GOSSARD, Édouard-Stanislas, m⁴ de vins, chaus. du Maine, 70.		Beaujeu....	20 octob. 74				
GOST, Ch.-Gustave, épicier-m⁴ de vins, rue de Jussieu, 47....		Chevallier...	27 mai 74	(2)			
GOUBERT, Auguste, marchand de vins, rue Monge, 12........		Battarel....	10 déc. 68	24 avril 69	10 nov. 71		(3)
Id. veuve, née Dufresne, m⁴ de vins, r. des Moineaux, 5.		Gautier....	9 sept. 74		*26 déc. 74		
GOUDCHOU, négociant, rue Magnan, 3............		Beaugé....	22 juill. 73	18 juin 74			(4)
GOUDET, Jean, ex-négociant en tissus, rue du Caire, 33.......		Darboux....	9 nov. 73		*30 janv. 74		
GOUDRY fils, E., marchand de vins, à Clichy-la-Garenne......		Prodhomme.	13 octob. 73		*31 déc. 73		(5)
GOUFFAULT, Louis-Jacques-Adrien, épicier, pass. du Génie, 28.		Maillard....	13 févr. 74		*28 avril 74		
GOUIN, négociant en tissus, boulevard Sébastopol, 37......		Lamoureux..	4 sept. 72			28 févr. 73	(6)
GOUJON, Jules-Ambroise, messager, quai de la Loire, 14...		Gauche....	29 octob. 73	18 août 74			(7)
Id. maçon, rue du Gaz, 36.................		Sarazin....	2 avril 73		*19 juin 73		(8)
GOULAY, marchand de couleurs, rue des Amandiers, 2......		Dégis.....	20 nov. 74				
GOUMOT, Georges, débaleur, rue de Saintonge, 45..........		Gauche.....	9 déc. 74				
GOUMY, marchand de vins, rue François-Miron, 68..........		Beaugé.....	7 déc. 74				
GOURDON frères, marbriers, boulevard Richard-Lenoir, 39....		Darboux....	22 déc. 74				
GOURGUECHON-HARDEL, Aug.-Norbert, nég⁴, à Châtillon...		Robineau....	....	....	....	11 août 74	
GOURY, Alexina. Voir : TABAR, veuve.							
GOUT-LEYS, Jules-Henri, boulevard de Clichy, 50....	*	Kieffer....				19 mai 74	
GOUTY, mercier, rue Saint-Lazare, 143, puis à Asnières.......		Sommaire...	5 sept. 74		*30 nov. 74		
GOUZÉ-COUREL, Edmond-François, rue Jean-Bart, 8........	*	Archambault.				4 juin 74	
GOYARD, Léon, restaurateur, galerie Beaujolais, 98..........		Darboux....	14 mars 72	15 déc. 74	(9)		
GOYAUX-CALMENIL, rue Léon, 5..................	*	Duboys....				28 avril 74	
GRADELAY, boucher, rue des Deux-Gares, 44...........		Bourbon....	19 févr. 74		* 8 avril 74		
GRAJON, Jules-Jean-Pierre, boulanger, à Gentilly..........		Legriel....	11 juin 74		*31 juill. 74		
GRAMBERT, Prosper, passementier, rue du Sentier, 23.......		Prodhomme.	29 octob. 73		*31 déc. 73		

(1) **GOIX** dit Jules, paie 0 fr. 61 c. %, unique répartition.

(2) **GOST** paie 3 fr. 01 c. %, unique répartition.

(3) **GOUBERT**, Auguste, paie 6 fr. 53 c. %, deuxième et dernière répartition.

(4) **GOUDCHOU** paiera l'intégralité des créances, savoir : 30 % le 1er nov. 75; 30 % le 1er nov. 76, et 40 % le 1er nov. 1877.

(5) **GOUDRY** fils. — Réouverture du 12 juin 1874.

(6) **GOUIN** paie 4 fr. 18 c. %, unique répartition.

(7) **GOUJON**, Jules, paiera 40 %, en 6 ans, par 1/6 ; premier paiement un an après l'homologation.

(8) **GOUJON**, maçon. — Faillite annulée par arrêt de la Cour d'Appel de Paris, du 7 mars 1874.

(9) **GOYARD** paie 4 fr. 77 c. %, produit de son actif, et s'oblige à payer 23 %, en 5 ans, par 1/5, de l'homologation.

NOMS, PRÉNOMS, PROFESSIONS ET DOMICILES.	Liquidation * astérisques Avoué et Insuffisance	SYNDICS ET AVOUÉS	FAILLITES ET LIQUIDATIONS.	DATE DES HOMOLOGATIONS DE CONCORDATS	INSUFFIS** ET UNIONS.	SÉPARAT** DE BIENS JUDICIAIRES.	CONS. JUDIC. ET INTERDICT.
GRAND, André-Pierre, boulanger, cité Jolly, 17		Devin	20 janv. 72	(1)			
Id. fils, Louis-Marie, marbrier, rue Basfroy, 6 et 8		Barbot	9 nov. 74				
GRANDE IMPRIM. CATHOL. Voir : AZUR père et fils et CORDIER.							
GRANGÉ, Eugène, serrurier, rue Beccaria, 16		Sarazin	20 juin 74				
GRANGER et Cie, m** de ciments et fonte, av. Parmentier, 4		Hourtey	11 mai 74		*29 oct. 74		
GRANIER, Auguste. Voir : DUPONT père et fils.							
GRANJON aîné, fondeur de cloches, rue Saint-Martin, 283		Pinet	3 nov. 73		*25 nov. 74		
GRANVEAU-MOLOMAN, Achille, rue du Pont-Neuf, 33	*	Cohn				24 févr. 74	
GRATIGNAT, Axet, maçon, rue Lantiez, 27		Gautier	22 déc. 71	12 juin 72	30 oct. 74		
GRAVE-SOUDRIER, Urbain, rue du Terrage, 7 bis	*	Dromery				3 sept. 74	
GRAVEL, Charles-Henri, bonnetier, rue Clignancourt, 28		Prodhomme	14 janv. 74		*28 févr. 74		
GRAVELAIS, Joseph. Voir : LHERMEROUT et GRAVELAIS.							
GRAVEZ, Hon.-Jos., commissionnaire, rue J.-J.-Rousseau, 19		Lamoureux	16 nov. 74		*20 déc. 74		
GRAVIER, Auguste, tailleur, rue Neuve-des-Petits-Champs, 35		Bourbon	2 sept. 74		*30 sept. 74		
GREDELU, Alphonse-Edmond, ex-épicier, rue Legendre, 110		Beaujeu	21 juill. 74				
Id. -NICAISE, Alphonse-Edouard, sans domicile connu.	*	Dubois				24 nov. 74	
GRÉGOIRE, quincaillier, rue Lafayette, 37		Gautier	3 sept. 72	3 juin. 74	(2)		
Id. demoiselle, Marie, lingère, rue de Châteaudun, 25.		Beaujé	9 avril 74		*30 avril 74		
GRENIER, ex-maître d'hôtel, rue du Rocher, 32		Gauche	11 juill. 72	12 nov. 73	(3)		
Id. -VERJON, François-Alexandre, à Clamart.	*	Huet				9 août 73	
Id. PACHEU et Cie, m** de nouveautés, rue Thévenot, 27.		Barbot	14 mars 74	5 octob. 74	(4)		
GRENOUILLÉ, marchand de vins, rue Monge, 54		Beaujé	24 janv. 74		*24 déc. 74		
GREZE, François, fabricant de parapluies, pas. du Saumon, 39.		Barboux	3 févr. 74	22 mai 74	(5)		
GRISEL, Jean-Eugène, mécanicien, rue Buisson-Saint-Louis, 15.		Id.	28 août 74	(6)			
GRISON et JALQUIN jeune, marchands de vins, à l'Entrepôt.		Lamoureux	5 nov. 70	(7)			
GRIVEAU, Julien, march. de meubles, faubourg St-Martin, 162.		Gauche	13 mars 73	(8)			
GROBON, Vict.-Honoré, march. de vins, boul. de Strasbourg, 74.		Maillard	2 octob. 74				
GROLLEAU-JOUSSEAUME, Anatole, sans domicile connu	*	Picard				9 déc. 73	
GROMANS, Pierre, emballeur, passage Noyen, 15		Trille	31 octob. 64	20 avril 65	*27 janv. 74		
GROSHENS frères et Cie, vente à créd., boul. Richard-Lenoir, 131.		Devin	6 août 73	(9)			
GROSJEAN, marchand de vaisselle, à Boulogne		Normand	17 juill. 74		*28 août 74		
GROSLAY, Adrienne. Voir : CARDON, veuve.							
GROSSARD, Claude-François, loueur de voit., rue Cardinet, 121.		Richard	30 avril 74		*17 sept. 74		
GROULT-PISSEAU, Auguste-François, boulevard Voltaire, 128.	*	Deherpe				22 nov. 73	

(1) **GRAND**, André, paie 30 fr. 70 c. %, produit des deux dernières répartitions.

(2) **GRÉGOIRE**, quincaillier, doit 20 %, en 4 ans, par 1/4, d'an née en année, de l'homologation.

(3) **GRENIER**, ex-maître d'hôtel, paie 24 fr. 74 c. %, produit de son actif.

(4) **GRENIER, PACHEU et Cie** paient 3 %, première répartition, doivent 3 % tous les 6 mois depuis le 31 mai 1875 jus-

qu'au 31 mai 1879, et 4 % le 30 novembre 1879 et le 31 mai 1880 et font en outre abandon de toutes restitutions qui pourraient être la conséquence du procès intenté par le syndic.

(5) **GREZE** doit 20 %, en 5 ans, par 1/5, de l'homologation.

(6) **GRISEL** paie 0 fr. 22 c. %, unique répartition.

(7) **GRISON et JALQUIN** paient 6 fr. 44 c. %, unique répartition.

(8) **GRIVEAU** paie 15 fr. 58 c. %, unique répartition.

(9) **GROSHENS frères et Cie** paient 2 fr. 93 c. %, unique répart.

NOMS, PRÉNOMS, PROFESSIONS ET DOMICILES.	L indique Liquidation ✶ astérisque Avoué ou Insuffisance	SYNDICS ET AVOUÉS	FAILLITES ET LIQUIDATIONS.	DATE DES HOMOLOGATIONS DE CONCORDATS	INSUFFIS.ᶜᵉˢ ET UNIONS.	SÉPARAT.ᵒⁿˢ DE BIENS JUDICIAIRES.	CONS. JUDIC. ET INTERDICT.
GRUNEWALD et KOEHLER, représ. de com., bᵈ Magenta, 78....		Sarazin.....	29 juin. 69	10 déc. 69	(1)		
GUANOS DE MEJILLONES BOLIVIE, rue Caumartin, 60........		Devin.....	11 févr. 69	....	* 18 nov. 74		
GUEFFIER, Victoire-Alexandr. Voir : LECOMTE veuve et Cie.							
GUEGUIN-GAYAT, Pierre-Louis, rue Rollin, 7.............		Déglise.....	....			24 mars 74	
GUENIER-LEFEBVRE, Jules-Macloire, à Saint-Denis........	*	Trodoux.....	....		....	11 août 74	
GUERARD, courtier de banque et vins, rue Vivienne, 42......		Darboux.....	22 avril 74		* 20 juin 74		
GUERBET-JOUBERT, Joseph, rue Beauregard, 9.............	*	Belon.....	....			14 juill. 74	
GUERET-LAFERTÉ-MAZIAU, Eugène-Ernest, bᵈ du Temple, 42.*		Maza.....	....			12 mai 74	
GUÉRIN, Émile-Gaspard, mᵈ d'obj. d'art, chaussée d'Antin, 51..		Beaufour.....	28 avril 74		* 30 mai 74		
GUERRIER, Jules-Macloire, maroquinier, à Saint-Denis.......		Copin.....	21 juill. 74				
Id. Marguerite-Joséphine. Voir : BOOT, dame et Cie.							
GUESNIER et Cie, directeurs de journal, r. des Petites-Écuries, 2.		Heurtey.....	15 janv. 74		* 28 mai 74		
GUFFROY-BART, Armand-Charles, détenu à Amiens..........	*	Engrand.....	....			11 août 74	
GUIBAL, Étienne, restaurateur, rue Saint-Louis-en-l'Ile, 81.....		Prodhomme .	8 déc. 74	....	* 24 déc. 74		
GUIBERT, Joseph. Voir : ROBLOT et Cie.							
GUIET-CAISEZ, J.-Bapt.-Alexandre, passage Sainte-Marie, 11..	*	Dubois.....	....			13 août 74	
GUIGNARD-JEUNET, Joseph-Alfred, boul. de Clichy, 50......	*	Rousseau.....	....			25 août 74	
GUILHEN, Albert, confectionneur, rue de Belleville, 61........		Meillencourt.	21 mars 74		(2)		
Id. -CHAUVIN, Albert, rue des Dames, 42.............		Picard.....	....			24 nov. 74	
GUILLAT veuve, née Charbonnier, mᵈ de vins, imp. Touzet, 10.		Dufay.......	2 juin 74				
GUILLAUME-BEAL, J.-Bapt.-Célestin, imp. des Couronnes, 12.*		Savignat.....	....			7 juill. 74	
GUILLAUMOT veuve, escompteur, à Charenton...............		Sommaire ...	16 nov. 69		(3)		
GUILLEMAIN dame, Ch.-Laurent, modiste, à Vitry...........		Meillencourt.	13 août 74		* 24 oct. 74		
GUILLEMOT, entrepreneur, rue de Vanves, 217..............		Darbot.....	17 août 69		(4)		
GUILLERME et DERGERET, distillateurs, r. Ménilmontant, 25...		Sarazin......	10 nov. 73	....	* 28 févr. 74		
GUILLET, Antoine, restaurateur, rue de Choiseul, 5..........		Lamoureux ..	2 sept. 74				
GUILLIER, Alfred, épicier, rue de l'Annonciation, 41........		Legriel.....	12 juin 74				
GUILLOCHAU, Émile, appareilleur à gaz, à Saint-Denis.......		Id......	9 avril 74		* 30 avril 74		
GUILLOCHIN, agent d'affaires, rue des Bons-Enfants, 26......L		Dégis.....	11 août 74		(5)		
GUILLON, Louis-Michel, mᵈ de vins, boul. de Clichy, 91.......		Meillencourt.	14 sept. 74				
GUILLOT, Henri, horloger, à Nanterre....		Gautier.....	12 sept. 74				
Id. Claude, boulanger, avenue Daumesnil, 238 bis......		Normand.....	14 juill. 74				
Id. boulanger, cité Bergère, 3.................		Richard	6 févr. 73		(6)		
Id. vᵛᵉ et PELPEL, damᵉ, mᵐᵉˢ de lingerie, r. du Sentier, 23		Dufay........	21 mars 74				
Id. -BLANCHELAUDE, François, rue Lacépède, 11......*		Leboucq.....	....			4 août 74	
GUILLOUARD-SIMONAUD, Pⁱᵉ-Eug.-Thimot., s. domicile connu.*		Tourrette....	....			7 juill. 74	
GUILLOUET, Julien-Aimable, boulanger, rue Saint-Maur, 60....		Battarel	30 mars 74		(7)		

(1) GRUNEWALD et KOEHLER paient 1 fr. 18 c. %, dernʳᵉ rép.

(2) GUILHEN paie 4 fr. 92 c. %, unique répartition.

(3) GUILLAUMOT veuve, paie 20 fr. %, deuxième répartition.

(4) GUILLEMOT paie 18 fr. 78 c. %, unique répartition.

(5) GUILLOCHIN est qualifié failli par jugement du 5 juin 1874.

(6) GUILLOT, boulanger, paie 10 fr. %, 2ᵐᵉ répartit., et 5 fr. %, troisième répartition.

(7) GUILLOUET paie 8 fr. 53 c. %, unique répartition.

NOMS, PRÉNOMS, PROFESSIONS ET DOMICILES.	L indique liquidation ♦ Astérisque Avoué et Insuffisance	SYNDICS ET AVOUÉS	FAILLITES ET LIQUIDATIONS.	DATE DES HOMOLOGATIONS DE CONCORDATS	INSUFFIS^ce ET UNIONS.	SÉPARAT^ns DE BIENS JUDICIAIRES.	CONS. JUDIC. ET INTERDICT.
GUIMBERT, ex-porcelainier, route de Versailles, 218.........		Barboux.....	23 mars 74	(1)			
GUIOT, marchand de futailles, rue Bellièvre, 11.............		Hourtey	15 mai 74		....	*30 juill. 74	
GUIRAUD jeune, fabricant d'engrais, rue de Dunkerque, 11.....		Bourbon.....	14 avril 74		....	*30 juin 74	
GUITTARD aîné, Victor-Théophile, m⁴ de bois, à Pantin.......		Beaugé.....	13 févr. 74			* 31 oct. 74	
GUNY, Louis, marchand de vins, rue de Seine, 43............		Sarazin.....	17 nov. 74				
GUY, Jean-Emile, marbrier, à Levallois.................		Dufay	26 mai 74				
Id. Jean, entrepreneur de travaux publics, av. d'Orléans, 54..		Barbot	19 août 73	28 févr. 74	(2)		
GUYARD, Louis-Arc^le, m⁴ de conserves, rue Pierre-Lescot, 10...		Richard	16 juill. 72	(3)			
GUYON, Edme-F^ois, comm^re en bestiaux, rue de la Santé, 46....		Barbot.....	5 juin 74		....	*31 juill. 74	
GUYOT, liquoriste, rue de la Chapelle, 3............		Pinot	20 août 74		....	* 25 nov. 74	
Id. marchand de vins et épicier, rue de Flandre, 32.......		Beaufour.....	28 juin 73		....	* 30 oct. 73	(4)

H

NOMS, PRÉNOMS, PROFESSIONS ET DOMICILES.	L indique liquidation ♦ Astérisque Avoué et Insuffisance	SYNDICS ET AVOUÉS	FAILLITES ET LIQUIDATIONS.	DATE DES HOMOLOGATIONS DE CONCORDATS	INSUFFIS^ce ET UNIONS.	SÉPARAT^ns DE BIENS JUDICIAIRES.	CONS. JUDIC. ET INTERDICT.
HAAS, DAVID et CERF fils, m^ds de nouveaut., r. d'Allemagne, 36..		Sommaire ...	16 avril 74	5 août 74	(5)		
HACKENBERGER, chemisier, rue de Dunkerque, 51............		Gautier.....	11 août 73	15 avril 74	*22 déc. 74		
HACQ, Maxime-Gervais, hôtelier, rue d'Aubervilliers, 30.......		Prodhomme...	21 nov. 73		....	*30 janv. 74	
HAGUENAUER, Gustave, confectionneur, rue St-Sauveur, 52...		Moncharville...	13 nov. 74				
HAHN, limonadier, rue Mandar, 6..................		Beaugé.....	30 octob. 74				
HAIN veuve et DROUET, menuisiers, rue Tiquetonne, 51......		Hourtey	15 octob. 72	30 mai 73	(6)		
HAISTRE, Alphonse-Isidore, boulanger, à Aubervilliers........		Beaujeu.....	14 octob. 73	12 févr. 74	(7)		
HALLARD, Charles-François, m⁴ de crépins, rue d'Allemagne, 56.		Barbot.....	4 août 74				
HALLEY-FANCHON, Jean-Baptiste-Théodore, av. d'Italie, 77..'		Dusart			....		10 octob. 74
Id. Jean-Bapt.-Théodore, m⁴ de poteries, Id. ...		Dufay	23 juill. 74	15 déc. 74	(8)		
HALPHEN, Maurice, comm^re en diamants, rue de Buci, 10.....		Beaufour.....	6 déc. 60		* 20 déc. 60		(9)
HAMAN-LÉGER, François-Marie, rue de la Roquette, 2......*		Mesnier.....			....		27 janv. 74
HAMMÉS, Charles-Auguste, traiteur, rue Croix-Nivert, 81.....		Sarazin.....	20 janv. 74		....	*31 mars 74	
HAMON, Pascal-Grégoire, fabr. de chaussures, r. Darbette, 5..		Chevallier ...	29 août 74	11 déc. 74	(10)		
HANNEUZE, maçon, rue de Charenton, 240...............		Meys........	20 mai 73	28 févr. 74	(11)		
HANS-JACOB, Louis-Eug., march. de vins, rue St-Honoré, 201		Hécaen.....	14 sept. 74		....	* 22 déc. 74	

(1) GUIMBERT paie 11 fr. 98 c. %, unique répartition.

(2) GUY, Jean, paiera 15 %, par 1/3, d'année en année, mais pour faire le 1er paiement 2 ans après l'homologation et continuer ainsi d'année en année, il s'oblige à verser à ses créanciers : 1° la somme formant le reliquat du compte de son syndic ; 2° les sommes à recevoir par M. Pontarier ; 3° la somme qui pourra rester libre sur le prix de vente d'un terrain avec constructions sis avenue d'Orléans, 54, appartenant à M. Guy fils, lequel prend l'engagement de vendre.

(3) GUYARD paie 19 fr. 93 c. %, unique répartition.

(4) GUYOT, marchand de vins. — Réouverture du 25 août 1874.

(5) HAAS et fils, doivent 30 %, en 6 ans, par 1/6 de l'homolog.

(6) HAIN veuve et DROUET paient 15 c.%, unique répart.

(7) HAISTRE paie 22 fr. 40 c.%, produit de son actif, et parfait 30 %, en 5 ans, par 1/5, de l'homologation.

(8) HALLEY doit 30 %, en 5 ans, par 1/5. — Mme Halley renonce à réclamer aucun dividende avant le paiement des 30 % promis.

(9) HALPHEN. — Réouverture du 19 décembre 1874.

(10) HAMON doit 40 %, en 5 ans, par 1/5, de l'homologation.

(11) HANNEUZE paie 33 fr. 02 c. %, produit de son actif qu'il abandonne, plus : 1° la créance Piot frères ; 2° une créance sur l'État pour prix d'une fourniture de cailloux ; 3° une créance sur la commune de Vaux pour solde de travaux ; et s'oblige en outre à payer 6 %, en 6 ans, par 1/6.

NOMS, PRÉNOMS, PROFESSIONS ET DOMICILES.	Indique Liquidation * astérique Avoué et Insuffisance	SYNDICS ET AVOUÉS	FAILLITES ET LIQUIDATIONS.	DATE DES HOMOLOGATIONS DE CONCORDATS	INSUFFIS.ce ET UNIONS.	SÉPARAT.ns DE BIENS JUDICIAIRES.	CONS. JUDIC. ET INTERDICT.
HANSE et BASSERIE, march⁴ de charbons, rue de l'Ouest, 51.		Hécaen......	5 juin 74	....	* 31 août 74		
HANSER, Ch.-Nicolas, fab¹ d'objets religieux, rue Portefoin, 4.		Beaugé..	11 mai 74	(1)			
HARAUX Vᵉ, grainetière, grande rue de Montrouge, 37........		Bégis........	21 octob. 73	3 mars 74	(2)		
HARDEL et LUCAS, fabricants de parquets, place d'Enfer, 7.....		Moncharville.	20 octob. 74				
Id. -VIALLON, Jean-Marie-Paul, Id.	*	Carlet......	....			30 juin 74	
HARDRET, couvreur, boulevard Rochechouart, 21............		Chevillot ...	19 déc. 74				
HARE-LOUVET, Mathieu, rue Oberkampf, 62..............	*	Reimbert......				11 avril 74	
HARIVEL, Jean-Bapt.-Désiré, marchand de vins, à Bagnolet....		Beaujeu.....	6 févr. 74	13 juin. 74	(3)		
HARLÉ, Ch.-Louis-Théophile, linger, boulevard St-Martin, 15..		Id	21 mars 73	(4)			
HARMAND, taillandier, rue Polonceau, 3..............		Legriel	4 août 74		* 18 nov. 74		
HARMANT-RIBOULOT, Sébastien-Antoine, rue Labat, 12...	*	Denormandie				22 janv. 74	
HARRISSON, Robert-Ch., fab. d'art. p¹ parapluies, r. de Malte, 40		Sommaire...	5 nov. 74				
HAUBTMANN, Ignace, boulanger, rue Lemercier, 35..........		Normand	3 nov. 73	(5)			
HAUDECOURT, banquier, rue Vivienne, 22............		Barboux	9 févr. 74		* 20 août 74		
HAUDEDOURY, Ferd., marchand de bouteilles, rue Brézin, 15..		Legriel	19 janv. 74				
HAUDIGUE-PIGEROLLE, Georges-Antoine, rue Marcadet, 49..		Audoin......				24 mars 74	
HAUTREUX-NOEL, Émile, passage des Trois-Couronnes, 30...	*	Fitremann...				7 juill. 74	
HAUVELLE, fabricant de brancards, rue Lévy, 22............		Beaugé....	13 juin 74	(6)			
HAVARD dame, née Douvenot, ex-m⁴ᵉ de vins, r. Huchette, 12.		Gauche....	6 févr. 67	....	* 31 mai 67	(7)	
HÉBERT, Eugène, marchand de cereaux, rue de Flandre, 123.		Chevillot ...	22 mars 72		* 30 avril 74		
Id. ex-boulanger, rue Magnan, 22............		Sommaire ...	4 juin 72	(8)			
Id. ex-limonadier, à Saint-Mandé..................		Chevallier ...	29 octob. 74		* 20 déc. 74		
Id. Joseph-Désiré, liquoriste, boulevard de Clichy, 79....		Beaufour	23 janv. 72	21 févr. 74	(9)		
Id. Vᵉ Jean-Claude-Désiré, dor¹ sur bois, r. Oberkampf, 4.		Richard	9 nov. 74		* 27 nov. 74		
Id. -GÉOMINEE, Auguste, paveur, à Vanves............	*	Picard				28 juill. 74	
HEILIG-CHAFAUSE, Pierre-Georges-Henri, r. du Temple, 73..	*	Rousseau				7 avril 74	
Id. marchand de chaussures, rue du Temple, 78.........		Beaugé....	7 octob. 73	(10)			
HEILLES-LEROY, Simon, à Pantin................	*	Cesselin				4 août 74	
HEINDL, tenant café-brasserie, rue Cadet, 18..............		Bourbon	11 août 74	....	* 27 nov. 74		
HÉLIE, Pierre-Désiré, loueur de voitures, quai de Javel, 23...		Moncharville.	12 octob. 74				
Id. Alfred, bijoutier, rue de la Victoire, 43..............		Legriel	19 août 73	(11)			
HELLER, Léonard, march. de fromages, boul. de Strasbourg, 40.		Beaugé....	30 mars 74	....	* 29 juin 74		
HÉLOIN fils, ex-loueur, rue de la Providence, 5..............		Legriel	27 août 74	....	* 24 oct. 74		

(1) **HANSER** paie 5 fr. %, première répartition.

(2) **HARAUX** Vᵉ doit 15 %, en 10 ans, par 1/10, de l'homolog.

(3) **HARIVEL** doit 50 %, en 6 ans et 6 paiements ; le premier aura lieu fin mai 1875.

(4) **HARLÉ** paie 15 fr. 66 c. %, unique répartition.

(5) **HAUBTMANN** paie 11 fr. 03 c. %, unique répartition.

(6) **HAUVELLE** paie 19 fr. 03 c. %, unique répartition.

(7) **HAVARD** dame. — Réouverture du 19 janvier 1874. — Elle paie 100 fr. %, unique répartition.

(8) **HÉBERT**, ex-boulanger, paie 16 fr. 29 c. %, unique répartition.

(9) **HÉBERT**, Joseph, abandonne l'actif réalisé, comprenant 2 bons au porteur sur le Trésor public de chacun 500 fr., reçus de la Ville comme indemnité des dommages de la guerre, et s'oblige à payer 30 %, en 5 ans, par 1/5.

(10) **HEILIG** paie 29 fr. 15 c. %, pour toutes répartitions.

(11) **HÉLIE**, Alfred. — Faillite rapportée et annulée par jugement du 15 janvier 1874.

NOMS, PRÉNOMS, PROFESSIONS ET DOMICILES.	À la ligne Liquidation • astérisque Avoué et insuffisance	SYNDICS ET AVOUÉS	FAILLITES ET LIQUIDATIONS.	DATE DES HOMOLOGATIONS DE CONCORDATS	INSUFFIS** ET UNIONS.	SÉPARAT** DE BIENS JUDICIAIRES.	CONS.JUDIC. ET INTERDICT.
HÉLY, Joséphine. Voir : CROIZAT, veuve.							
HEMERY fils, Jacques-Émile, faïencier, rue Saint-Denis, 361....		Meillencourt.	10 octob. 71	21 octob. 72	* 20 févr. 74		
HEMMEN, Pierre, ébéniste, passage de la Bonne Graine, 48....		Dufay.......	12 mars 74	....	* 30 avril 74		
HENNEQUIN, Marie-Ant., f de prod. p blanch**, à Puteaux..		Sommaire...	20 mai 74				
HENNERY-DEMONCEAUX, Jacques-Émile, r. Beauregard, 12..	'	Marc........				16 juin 74	
HÉNOC, Adolphe-Alex**, boulanger, rue du Chemin-Vert, 128.		Chevillot....	19 juill. 73	(1)			
HÉNOCH, Alexandre. Voir : GRANGER et Cie.							
HENRICY et Cie, marchands de charbons, boul. Haussmann, 72		Dufay.......	28 octob. 73		* 31 oct. 74		•
Id. personnellement id. id.		Id........	Id.				
Id. —CANQUERY, Nicolas-François, id. ...'		Delepouve...				11 août 74	
HENRY, Jules, traiteur, boulevard de la Villette, 208.........		Bourbon	28 mai 73	2 mars 74	(2)		
Id. Ernest, boulanger, rue Daguerre, 24.............		Tournel	12 sept. 74				
Id. serrurier, au parc Saint-Maur...............		Beaugé	20 octob. 74				
Id. et HÉRARD, confectionneurs, rue du Temple, 207.....		Prodhomme..	3 janv. 72	5 juill. 72	3*		
Id. DULARD, Albert, sans domicile connu...........	'	Cahen......				1er déc. 74	
HÉRARD, Frédéric-Joseph, confectionneur, rue de Rivoli, 43...		Prodhomme..	19 mai 71				
HERBINOT et SAURET, fondeurs de cuivre, r. d'Angoulême, 72.		Normand	10 sept. 73	13 déc. 73	(4)		
HERERT-MICHON, Alfred-Prosper, avenue de Choisy, 180....'		De Benazé ..	....			30 déc. 73	
HERMAN, Jean-Baptiste, marchand de charbons, à Puteaux....		Meys	11 mai 72	(5)			
HERMANN, bijoutier, rue d'Allemagne, 88...............		Moncharville.	18 sept. 74		* 31 oct. 74		
HERNANDEZ, Ramon. Voir : MARCADET et HERNANDEZ.							
HERR, Augustin, marchand de vins, faubourg Poissonnière, 57.		Dufay.......	6 nov. 73		* 31 janv. 74		
HERRENSCHMIDT-FANTON, Adol.-Fréd.-Théod., r. Vezelay, 7.'		Delacourtie ..	....			29 déc. 74	
HERVIEUX, Hipp.-Édouard, march. de vins, r. Vaugirard, 222.		Beaufour....	10 déc. 73		* 31 déc. 73		
HERVY, marchand de vins, rue Saint-Irénée, 12.........		Meys........	21 août 73		Id.		
HESBERT, Léon, maçon, rue du Hainaut, 5..............		Dufay.......	28 mai. 70	30 août 70	* 30 juin 74		
HESS-MOYSE, Philippe, sans domicile connu.............		Best				27 déc. 73	
HEU-GUILLEMONT, Joseph, appareilleur, rue Montgolfier, 46...		Chevillot	7 mai 73	27 janv. 74	(6)		
HEUDIER-LOUIS, Jean-Jacques, détenu à Belle-Isle........'		Jacquin				7 juill. 74	
HEYDECKE, Victorine-Georgette. Voir : DE FOUCAULT, dame.							
HEYMANN, bijoutier, à Plaisance.................		Devin........	12 févr. 74		* 30 avril 74		
HEZEZ, Charles, fleuriste, boulevard de Strasbourg, 37.......		Pluzanski...	31 déc. 73	22 mai 74	(7)		
HIEMARD-PORTA, Isidore-François, impasse Lagille, 6.......		Tixier......	....			15 déc. 74	
HIGNARD-WOIGA, Toussaint-Isidore, faubourg du Temple, 19.		....				9 juin 74	
HIPPOLYTE. Voir : LAZARE dit HIPPOLYTE. '							

(1) HÉNOC paie 3 fr. %, unique répartition.

(2) HENRY, Jules, paie 6 fr. 07 c. %, unique répartition, abandonne l'indemnité qui lui est due par la Ville, et s'oblige à payer 30 %, en 5 ans, par 1/5. — Mme Henry, caution.

(3) HENRY et HÉRARD paient 8 fr. 06 c. %, produit de leur actif.

(4) HERBINOT et SAURET doivent 30 %, en 5 ans, par 1,5, de l'homologation.

(5) HERMAN paie 34 fr. 63 c. %, unique répartition.

(6) HEU-GUILLEMONT doit 35 %, en 5 paiements, d'année en année. — Mme veuve Heu consent à ne recevoir les dividendes auxquels elle a droit, que lorsque les créanciers de son fils auront touché ceux qui leur sont dus.

(7) HEZEZ doit 50 %, en 5 ans, par 1/5, de l'homologation.

NOMS, PRÉNOMS, PROFESSIONS ET DOMICILES.	L indique Liquidation * astérisque Avoue et Insuffisance	SYNDICS ET AVOUÉS	FAILLITES ET LIQUIDATIONS.	DATE DES HOMOLOGATIONS DE CONCORDATS.	INSUFFIS** ET UNIONS.	SÉPARAT** DE BIENS JUDICIAIRES.	CONS.JUDIC. ET INTERDICT.
HIRSCH, Jules, représentant de commerce, rue Turbigo, 65....		Richard.....	22 août 74	....	* 29 oct. 74		
Id. marchand de nouveautés, cours de Vincennes, 14.....		Gautier......	13 nov. 73	....	* 31 déc. 73		
HIRTZ aîné, Marc, fabricant de lorgnettes, rue Crussol, 10...		Dufay.......	30 déc. 74				
HJORTSBERG, Alfred, confectionneur, pl. de la Madeleine, 3..		Id.....	23 janv. 74	12 juin 74	(1)		
HOCQUARD, Nicolas, marchand de vins, rue Puebla, 183.....		Hécaen.....	3 nov. 74		* 30 nov. 74		
HOCQUET, Victor, marchand de curiosités, rue Maubeuge, 98..		Dufay......	4 mai 74		* 30 juin 74		
HODIN, entrepreneur de peintures, rue Saint-Honoré, 64......		Gautier.....	4 déc. 73		* 28 janv. 74		
HOEN, François, bijoutier, rue J.-J.-Rousseau, 62..........		Meys.......	7 octob. 74				
HONÊTE-BEAUREPAIRE, Philogène, rue Louis-le-Grand, 2...*		Mouillefarine.			....	7 juill. 74	
HOOMAN, Clément, commissionnaire, boulevard Magenta, 147.		Sarazin.....	8 avril 74		* 31 juill. 74		
HOTTOT, Louis-Victor, serrurier, quai d'Orsay, 113..........		Beaufour...	17 août 72	(2)			
HOUDET frères, merciers, rue Turbigo, 41..........		Bourbon....	17 octob. 68	27 avril 74	(3)		
HOUDRY, Pierre, marchand de vins, rue de l'Ouest, 2........		Beaugé.....	22 déc. 73		* 31 janv. 74		
HOUEL, dir. du Journal des Haras, av. de la Grande-Armée, 43..		Beaujeu....	4 mars 74		* 30 mai 74		
HOUZIEAUX et Cie, grainetiers, rue des Halles, 34..........		Legriel.....	2 mai 74		Id.		
HOVETTE, Louis, peintre, quai de la Tournelle, 27..........		Dufay......	14 octob. 74		* 30 nov. 74		
HUBAUT, Joseph-Irénée, m⁴ de vins, boul. Haussmann, 192..		Battarel....	22 déc. 73	(4)			
HUBERT-HUBERT, Hippolyte-Théodore, r. de la Ferronnerie, 9*		Cahen.......	....		....	10 févr. 74	
HUBY-BACHMANN, Joseph-Émile, rue des Tournelles, 7.....*		Gavignot....	....		....	30 juin 74	
Id. -GUÉRIN, Louis-Jean, sans domicile connu............*		Tissier.....	....		....	11 juin 74	
HUCK, Philippe-Georges, fact. de pianos, r. St-Vinc.-de-Paul, 5.		Beaugé.....	20 août 74				
HUDEL, Jacques-Jean, m⁴ de sables, à Maisons-Alfort.........		Barboux....	30 mai 74	13 octob. 74	(5)		
Id. Marie-Joseph, voiturier, à Clichy...........		Battarel.....	11 mars 69	(6)			
HUE-BERTIN, Eugène, rue de Calais, 5................	*	Blachez....	....		....	19 mai 74	
HUET aîné et Cie, m⁴ de tissus en caoutch., r. de l'Échiq., 30.		Beaugé.....	19 août 73	22 janv. 74	(7)		
Id. -RÉAUX, Achille-Ernest, rue Meslay, 34............		Delepouve...	....	....		28 juill. 74	
HUGOT, Amédée, coiffeur, rue Montmartre, 151............		Beaujeu....	30 nov. 74		* 31 déc. 74		
Id. -BÉGUIN, Eugène, rue Maubeuge, 63............		Cahen......	....		....	2 mai 74	
HUMBERT, Eugène-J.-Bapt.-Ch., traiteur, à Vincennes........		Meillencourt.	27 juin 74		* 25 août 74		
HUMEAU, Alph.-Aug.-Vincent, relieur, rue de la Harpe, 39...		Pinet.......	1er août 73		* 20 oct. 74		
HUNAULT, marchand de vins et cidre, passage Saint-Michel, 8..		Maillard.....	20 août 74		* 28 sept. 74		
HUOT, Henri-Auguste, boulanger, rue de Cambrai, 34........		Beaufour....	30 juin 73	9 déc. 73	(8)		
Id. -CORDOIN, Henri-Auguste, rue Richomme, 2 bis........*		Pilastre.....	....	....		3 févr. 74	
HURAUD, tenant café-concert, d' rue de la Michodière, 4......		Beaujeu.....	5 déc. 74				
HUREAU, Louis-Alphonse, lampiste, av. Parmentier, 111......		Meillencourt.	18 déc. 74				

(1) HJORTSBERG doit 50 %/₀, en 5 ans, par 1/5, à partir du jour de l'homologation.

(2) HOTTOT paie 1 fr. 38 c. %/₀, unique répartition.

(3) HOUDET frères, paient 5 %/₀ dans le mois de l'homologation, et 5 %/₀ un an après avec la garantie de Mad. la comtesse de St-Chamans ; les dames Houdet et M. Houdet père, renoncent à tous les droits qu'ils ont ou pourraient avoir.

(4) HUBAUT paie 7 fr. 67 c. %/₀, unique répartition.

(5) HUDEL, Jacques, doit 25 %/₀, en 5 ans, par 1/5, à partir du jour de l'homologation.

(6) HUDEL, Marie, paie 9 fr. 85 c. %/₀, 2° et dernière répartition.

(7) HUET aîné et Cie paient 9 fr. 86 c. %/₀, unique répartition. — Ernest Huet paiera 8 %/₀, en 2 ans, par moitié, à partir du jour de l'homologation.

(8) HUOT paie 20 fr. 24 c. %/₀, pour toutes répartitions.

NOMS, PRÉNOMS, PROFESSIONS ET DOMICILES.	L indique Liquidation * astérisque Avoué et Insuffisance	SYNDICS ET AVOUÉS	FAILLITES ET LIQUIDATIONS.	DATE DES HOMOLOGATIONS DE CONCORDATS	INSUFFIS** ET UNIONS.	SÉPARAT** DE BIENS JUDICIAIRES.	CONS. JUDIC. ET INTERDICT.
HUREL, tenant bureau de placement, à Levallois.............		Maillard.....	20 nov. 74				
HUSSON et LARCY, m⁴ˢ de vins et spiritueux, à Levallois......		Barboux	12 sept. 73	(1)			
HUTIN veuve, ayant tenu maison de santé, boul. Voltaire, 250..		Lamoureux ..	24 mars 74				
UVIER, papetier, faubourg Saint-Martin, 95..............		Bourbon	9 octob. 74				

I, J et K

NOMS, PRÉNOMS, PROFESSIONS ET DOMICILES.		SYNDICS ET AVOUÉS	FAILLITES ET LIQUIDATIONS.	DATE DES HOMOLOGATIONS DE CONCORDATS	INSUFFIS** ET UNIONS.	SÉPARAT** DE BIENS JUDICIAIRES.	CONS. JUDIC. ET INTERDICT.
ICHER, Louis, tailleur, à Levallois........................		Mécnen......	27 janv. 74	22 sept. 74	(2)		
IMBARD, ex-marchand de vins, rue de Chaillot, 49.		Normand....	17 octob. 74				
IMBERT et Cie, scieurs à la mécanique, à Pantin.............		Chevallier ..	28 avril 74			* 29 juin 74	
Id.　PHILIPPE, gantier, rue Rivoli, 124.		Pinet ...	16 mai 74				
IMHOFF, JEAN, loueur de voitures, rue Seguin, 21............		Maillard....	21 octob. 73	10 avril 74	(3)		
ISABELLE-DUBOIS, AIMÉ, avenue de Villiers, 72..........		*Dromery	....			28 juill. 74	
ISOPY, LÉON, marchand de chevaux, rue Spontini, 22.........		Dufay......	3 févr. 72		*31 déc. 73		
JUNCKER-SALVADOR, PAUL, avenue Trudaine, 17............		*Tixier......				27 août 74	
IZAR, épicier-marchand de vins, rue Montsouy, 4.		Maillard....	28 mars 74				
JACOB, ALEXANDRE, marchand de draps, r. St-Martin, 170.		Bourbon....	27 nov. 73	24 nov. 74	(4)		
Id.　JACQUES-MARIE, m⁴ de vins, rue de Flandre, 174......		Dufay......	15 juin 74				
Id.　ALF., chapelier et m⁴ de primeurs, rue Poissonnière, 18.		Mécnen......	18 juin 74				
Id.　dame, modiste, quai Jemmapes, 62.............		Saulton	27 août 74			*31 oct. 74	
Id.　chemisier, rue Saint-Martin, 186..............		Lamoureux ..	17 avril 74	(5)			
Id. -JACOB, EUGÈNE,　Id.　Id.		*Nicquevert ..	....				7 juill. 74
JACQUEMARD et DAMAMM fils, m⁴ˢ de chif., r. d'Allemagne, 50.		Richard....	13 octob. 74			*26 déc. 74	
JACQUEMIN, JOSEPH, cartonnier, rue St-André, 48...........		Maillard....	11 mai 72			*20 déc. 72	(6)
JACQUES, marchand de bois des iles, rue de Charenton, 84....		Beaujeu....	25 mars 74	(7)			
Id. -GEORGER,　Id.　Id.　Id.		*Robineau....					19 sept. 74
JACQUET et Cie, commissionnaires, rue des P⁴ˢˢ-Écuries, 23...		Maillard....	13 févr. 72	(8)			
Id. -OUVRIÉ, CH.-ADOLPHE, av. de la Bourdonnais, 75......		Denormandie ..				21 mars 74	
JACQUILLAT, PIERRE-VICTOR, serrurier, rue Montholon, 28...		Pinet	8 déc. 73	9 sept. 74	(9)		
JACQUINET, PROSPER-VICTOR, serrurier, rue Sainte-Anne, 28...		Dufay......	5 avril 73	(10)			
JAGER, JACOB, ébéniste, rue Traversière, 55..............		Sommaire ...	12 déc. 74				
JAILLOT-BOURLAN, SIMPHRONIEN-L⁴-ABEL, domicile inconnu....		*Rousseau....	....				9 juin 74
JALQUIN, pers¹, marchand de vins, boul. St-Germain, 26......		Lamoureux ..	17 nov. 70	(11)			
JAMIN, ALEXANDRE-RENÉ, m⁴ de vins, rue des Vinaigriers, 21...		Barbot......	28 nov. 74	....		*31 déc. 74	

(1) HUSSON et LARCY paient 6 fr. 45 c. %, unique répartition.

(2) ICHER doit 25 %, en 5 ans, par 1/5, de l'homologation.

(3) IMHOFF paiera l'intégralité des créances, en 8 ans, par 1/8, de l'homologation.

(4) JACOB, ALEXANDRE, paiera 20 %, en 4 ans, par 1/4, avec la caution de M. et Mad. Jacob.

(5) JACOB, chemisier, paie 46 fr. 98 c. %, pour toutes répart.

(6) JACQUEMIN. — Réouverture du 14 mars 1874.

(7) JACQUES paie 6 fr. 58 c. %, unique répartition.

(8) JACQUET et Cie, paient 17 fr. 95 c. %, 2° et dernière rép.

(9) JACQUILLAT doit 20 %, en 5 ans, par 1/5, de l'homolog.

(10) JACQUINET paie 3 fr. 38 c. %, unique répartition.

(11) JALQUIN paie 10 fr. 47 c. %, 2° et dernière répartition.

NOMS, PRÉNOMS, PROFESSIONS ET DOMICILES.	SYNDICS ET AVOUÉS	FAILLITES ET LIQUIDATIONS.	DATE DES HOMOLOGATIONS DE CONCORDATS.	INSUFFIS^{ces} ET UNIONS.	SÉPARAT^{ns} DE BIENS JUDICIAIRES.	CONS. JUDIC. ET INTERDICT.
JANNIN, Pierre-Paul-Eugène, march. de vins, à Maisons-Alfort.	Barboux.....	29 octob. 73	....	*24 déc. 73	(1)	
JANSON, imprimeur, rue Antoine-Dubois, 6.	Copin.......	27 août 74	18 déc. 74	(2)		
JANVIER, Jean-Julien, m^d de chaussures, boul. Beaumarch., 38.	Hécaen.....	20 janv. 74	....	' 30 mai 74		
JARDIN, Pierre-Jules-Édouard, bonnetier, rue St-Antoine, 108.	Gautier.....	5 mars 74				
JARNOLLE, marchand de vins, rue Vintimille, 11.	Maillard....	23 sept. 74	....	* 28 nov. 74		
JARRAUD-LINGRAND, Léonard, à Joinville.	Corpet......	....			31 janv. 74	
JARY, f^t d'ornements d'appartements, rue Sévigné, 38.	Copin.......	27 mars 74	25 sept. 74	(3)		
Id. F^{ois}-Guillaume, limonadier, bo levard St-Martin, 11...	Bourbon ...	30 déc. 73	....	'27 fevr. 74		
JAUNEZ et Cie, distillateurs, rue de Turin, 4. ...	Dufay......	26 nov. 74				
JAUVAIN, Nicolas, aplatisseur de cornes, r. des Maronites, 10..	Maillard....	15 octob. 74		* 30 nov. 74		
JAVELIER-MAILLEFER, f^t d'appareils à vap., r. St-Ambroise, 37.	Meilheneourt.	26 fevr. 74		'30 avril. 74		
JEAN, Pierre-Théodore, m^d de nouveautés, à Fontenay-aux-R^{oses}	Legriel......	11 oct. 73	18 mars 74	(4)		
JEANJEAN, marchand de vins, à Aubervilliers.	Heurtey.....	27 fevr. 74		'23 juin 74		
JEANNE-CHEVALLARD, Alexis-F^{ois} dit Batigny, r. St-Maur, 77.	Dusart......				10 octob. 74	
Id. -SNOECK, Félix-Alexis, à Billancourt.	Rougeot.....				3 octob. 74	
JEANNEST, Augustin, marchand de vins, r. Ste-Chapelle, 3....	Meys........	27 juill. 74		* 30 déc. 74		
JEANNIAC, Léo-François. Voir : DOYER et Cie.						
JEANNIN-VERAN, Jean-Émile, rue d'Hauteville, 5.	Tixier......				6 déc. 73	
JEHAN, m^d d'art. de ménage, boul. des Batignolles, 60.	Meys........	24 sept. 67	1er mai 74	(5)		
JEOFFRET veuve, Louis, ex-boulangère, à Aubervilliers.	Gauche......	17 déc. 74				
JEUDY, Joséphine-Marguerite. Voir : VIRLEGOUX, dame.						
JOANNESSE, Nicolas-Victor, à Charlebourg.	Sommaire ...	9 sept. 74		*30 nov. 74		
JOANNY, Jean-Hipp., mécanicien, rue du Chemin-de-Fer, 60...	Knëringer...	25 janv. 60	....	* 22 juin 60	(6)	
JOB, Émile, fabricant de chaises, rue de Charenton, 55....	Pluzanski...	28 sept. 72	(7)			
Id.-BOUCOT, F^{ois}-Léon-Émile, chaussée du Maine, 103.	Collet......				23 déc. 73	
JOEL aîné, marchand de toiles, faub. St-Martin, 128.	Battarel....	3 févr. 74	....	* 24 mars 74		
JOGAND veuve, Victor-Désiré, emballeur, rue du Louvre, 18...	Chevillot ...	30 déc. 73	10 mai 74	(8)		
JOHNSON, négociant en liquides, rue Milton, 16.	Pinet......	20 juin 74		* 16 oct. 74		
JOHNSTON-DURAND, Charles, rue Picard, 19.	Engrand.....				17 nov. 74	
JOHSON, Charles, marchand de bois, rue Pierre-Picard, 10....	Tournel	4 juill. 74				
JOLLIVET, Léon, fabr. de tiges de bottines, r. J.-J.-Rousseau, 10.	Gautier......	3 nov. 74				
JOLLY, Louis-Alexandre, épicier, rue Ménilmontant, 48.	Beaugé......	15 juill. 74				
JOLY et JANSEM, carrossiers, avenue du Maine, 21.	Chevallier...	20 sept. 73		'31 janv. 74		
JORRE, Pierre, boulanger, rue de la Glacière, 97 bis.	Richard.....	9 juin 74				
JOSPIN, tapissier, boulevard Beaumarchais, 31.	Bégis......	8 janv. 74	....	'31 mars 74		
JOSSET-DELLEVEAU, Édouard-Eugène, rue de Charenton, 113.	Dubois......				24 mars 74	
JOUANNE, Ernest-Georges, m^d de dentelles, rue Beauregard, 8.	Chevillot	2 janv. 74				

(1) JANNIN. — Réouverture du 26 mai 1874.

(2) JANSON doit 30 %, en 5 ans, par 1/3, de l'homologation.

(3) JARY, fabricant d'ornements, abandonne son actif et s'oblige à payer 5 %, en 5 ans, par 1/3, de l'homologation.

(4) JEAN doit 30 %, en 5 ans, par 1/5, de l'homologation.

(5) JEHAN paie 5 %, dans le mois de l'homologation, et 10 %, par 1/4, de 6 mois en 6 mois.

(6) JOANNY. — Réouverture du 7 avril 1874.

(7) JOB paie 37 fr. 67 c. %, unique répartition.

(8) JOGAND veuve, doit 20 %, en 4 ans, par 1/4, de l'homolog.

NOMS, PRÉNOMS, PROFESSIONS ET DOMICILES.	Liquidation * astérisques Avoué et Insuffisances	SYNDICS ET AVOUÉS	FAILLITES ET LIQUIDATIONS.	DATE DES HOMOLOGATIONS DE CONCORDATS	INSUFFIS. ET UNIONS.	SÉPARAT. DE BIENS JUDICIAIRES.	CONS. JUDIC. ET INTERDICT.
JOUBERT, Jules-César, Voir : TROCHE et JOUBERT.							
JOUFFREAU, V°, Pauline, ex-march. de vins, à Billancourt.....		Legriel......	9 mars 74	....	* 30 avril 74		
JOUHANT, Charles, marchand de vins, rue aux Ours, 53..		Copin......	21 janv. 74	....	* 27 févr. 74		
JOURDAIN, Eugène-Ferdinand, épicier, rue Lebrun, 02.......		Prodhomme..	18 mai 74	....	* 30 juill. 74		
JOURDAN et Cie, marchands de vins, rue de Bercy, 47........		Dufay.......	2 mai 74				
Id Élie, ex-pharmacien, à Marseille (Trib. de Marseille)..		Hahn	19 juin 74				
JOUVENOT, Claude-Marie, loueur de voitures, rue Dulong, 31..		Hécaen	11 août 74				
JOYEUX, Louis-Antoine, traiteur, boul. de Grenelle, 219.....		Sommaire ...	7 avril 74	11 juill. 74	(1)		
JUCLIER et ses fils, distillateurs, à Saint-Denis..............		Lamoureux..	20 avril 73	4 mai 74	(2)		
JUILLET, maçon, passage Champ-Mario, 8.................		Barboux....	14 nov. 74	....	* 30 déc. 74		
JUIT, Jean-Adolphe, chemisier, boulevard Magenta, 48........		Meys........	20 juill. 74				
JULIA jeune, Vict.-Jacq.-Jérôme, chapelier, r. du Plâtre, 3....		Normand....	13 juin 73	(3)			
JULIEN dame, née Traublereau, restaurateur, à Clichy........		Gauche......	12 octob. 74		* 30 nov. 74		
Id. -SERAY, Louis-Franç.-Félix, r. Neuve-St-Augustin, 33.'		Marquis	....	....	....	11 août 74	
JULLIARD V°, née Élisa MIGNOT, m°° de vins, r. Sic-Anne, 31..		Gautier......	21 octob. 72	(4)			
Id. -VAVASSEUR, Pierre-Ferdinand, rue Puebla, 144..*		Berryer	....	....	....	23 juin 74	
JULLIEN, Vict.-Henri, confectionneur, r. N.-D. Nazareth, 78...		Beaufour....	1er juin 74		* 29 juin 74		
Id. d°, décédée, ayant tenu hôt. meublé, r. Caumartin, 41..		Richard	6 juill. 72	(5)			
JUNCA. Voir : DELAPORTE et JUNCA.							
JUNG V°, tenant brasserie, rue de la Voie-Verte, 20............		Hécaen......	8 octob. 73		* 20 oct. 74		
JUNON, boulanger, rue Saint-Jacques, 30.................		Copin.......	3 mai 73	(6)			
JUQUIN dame, ex-fabricante de colle, aux Prés-Saint-Gervais....		Pinet.......	8 déc. 73		* 30 avril 74		
KAIL, Charles, boulanger, rue des Poissonnais, 89.............		Hécaen......	9 juill. 74	(7)			
KAISER, ex-boulanger, au Parc-Saint-Maur................		Barboux	30 janv. 74		* 28 févr. 74		
KALMÈS-CHARLOCHET, Pierre, faubourg du Temple, 42...*		Robineau.....	....	....	....	28 août 74	
KELSEN, Léon-Jules, fabr. d'engrenages, r. Pierre-Levée, 4 bis.		Bègis.......	5 nov. 74				
KERVINGANT-LE M·GUEN, François-Marie................*		Labbé.......					9 déc. 73
KIECHLE, Jean-Jacques, boulanger, boulevard de Strasbourg, 9.		Prodhomme	11 mai 74	10 août 74	(8)		
KIÉNER, André, ex-directeur de théâtre, r. de Dunkerque, 13..		Sarazin......	14 mars 74	6 juill. 74	(9)		
KIRCH dame, Louis. Voir : MOISE, sœurs.							
KLEIN, Jacques, boulanger, faubourg Saint-Antoine, 53........		Sommaire ...	12 juin 74	5 octob. 74	(10)		
KLOTZ et Cie, banquiers et journalistes, rue Châteaudun, 11....		Beaufour....	21 déc. 72				
Id. pers¹, Paul, gérant de la Sûreté Financière. Id.		Id	Id.				
KOCH, HANSEN et Cie, march. de fers et bois, r. Lafayette, 123.		Barbot......	27 févr. 73	(11)			

(1) JOYEUX doit 50 %, par 1/8, d'année en année, de l'homol.

(2) JUCLIER et ses fils, paient 15 %, en 5 ans, par 1/3, et s'engagent à répartir entre leurs créanciers les sommes qui pourront leur être attribuées, pour le préjudice qui leur a été causé par le génie militaire.

(3) JULIA jeune paie 18 fr. 17 c. %, unique répartition.

(4) JULLIARD veuve, paie 15 fr. 27 c. %, unique répartition.

(5) JULLIEN dame. — Le syndic paie 19 fr. 76 c. %, uniq. rép.

(6) JUNON paie 50 fr. %, première répartition.

(7) KAIL paie 5 fr. 60 c. %, unique répartition.

(8) KIECHLE doit 60 %, en 6 ans, par 1/6 de l'homologation.

(9) KIÉNER paie 0 fr. 96 c. %, produit de son actif, et s'oblige en outre à payer 5 %, en 10 ans, par 1/10, avec la caution de M°° Kiéner.

(10) KLEIN doit 40 %, en 8 ans, par 1/8, de l'homologation.

(11) KOCH, HANSEN et Cie paient 9 fr. 02 c. %, unique répart.

NOMS, PRÉNOMS, PROFESSIONS ET DOMICILES.	L indique Liquidation * astérisque Avoué et Insuffisance	SYNDICS ET AVOUÉS	FAILLITES ET LIQUIDATIONS.	DATE DES HOMOLOGATIONS DE CONCORDATS	INSUFFIS.ce ET UNIONS.	SÉPARAT.ons DE BIENS JUDICIAIRES.	CONS.JUDIC. ET INTERDICT.
KONSALIK, Théodore, mercier, rue Joquelet, 3..............		Barboux.....	5 sept. 74	....	*16 oct. 74		
KRAOUSSE dame, modiste, rue de Richelieu, 19.............		Chevillot	13 juin 74	....	*25 août 74		
KRAUSS, François-Joseph, limonadier, rue Greneta, 20.......		Normand	30 avril 74	3 nov. 74	(1)		
Id. Joseph, ébéniste, rue de l'Industrie, 11.		Battarel	1er juill. 74	....	*28 août 74		
KREISSER, Édouard, nourrisseur, à Colombes..............		Tournel....	10 janv. 74	....	*20 juill. 74		
KRIER, Baptiste, march. de vins, rue du Parc-Royal, 10......		Darbot......	2 avril 74				
KRÜGER, Chrétien, entrepr. de transports, r. de l'Échiquier, 6.		Meillencourt.	24 janv. 74				
KUHN et MULLER, commissionnaires, rue d'Enghien, 44.......		Legriel......	30 janv. 73				
Id. Voir : LOIR et KUHN.							
KUNKLER et Cie, fabr. d'abat-jour, rue des Trois-Bornes, 37 bis.		Bégis........	17 oct. 74				

L

NOMS, PRÉNOMS, PROFESSIONS ET DOMICILES.		SYNDICS ET AVOUÉS	FAILLITES ET LIQUIDATIONS.	DATE DES HOMOLOGATIONS DE CONCORDATS	INSUFFIS.ce ET UNIONS.	SÉPARAT.ons DE BIENS JUDICIAIRES.	CONS.JUDIC. ET INTERDICT.
LABBAYE Fils, Charles, menuisier, rue d'Asnières, 57........		Prodhomme .	31 oct. 71	24 févr. 72	*22 juill. 74		
LABBÉ, parfumeur, rue Rochambeau, 12....................		Id........	19 mars 74	....	*30 mai 74		
Id. Martin, mécanicien, rue Claude-Villefaux, 3..........		Bégis.......	13 mars 72	(2)			
LABICHE et Fils jeune, opticiens, rue du Perche, 14.........		Pinet.......	27 octob. 74	....	*25 nov. 74		
LABOREL, Édouard, marchand de vins, à Suresnes............		Barboux	28 juill. 74	....	*20 sept. 74		
LABOURÉ, marchand de charbons et plâtres, à Joinville........		Normand....	23 octob. 74	....	*25 nov. 74		
Id. dame, Nicolas, limonadière, rue Montorgueil, 7...		Id........	21 févr. 72	(3)			
LABOUREAU, Pierre, marchand de vins, rue Davy, 3.........		Beaugé.....	16 juin 74	....	*17 août 74		
LABOURET et Cie, dégraisseurs, à Clichy....................		Beaujeu	21 mars 72	25 mars 74	(4)		
LABRUGUIÈRE et BONNOUVRIER, merciers, boul. Magenta, 87.		Gautier.....	20 déc. 73	(5)			
LACGER veuve, chapelière, boulevard Haussmann, 36........		Chevillot	10 mars 73	(6)			
LACHARMOISE, Alex.-Barthél., serrurier, rue Dupin, 10......		Gautier.....	18 mars 72	31 octob. 72	*31 déc. 74		
LACHAU dme . Voir : BRIQUET dame.							
LACHAUME, Louis-Laurent, boulanger, à Aubervilliers........		Hécaen......	20 juin 73	(7)			
LACHAUSSÉE-DEPLIHEZ, Léon-Const., boul. Voltaire, 209....		Bourgeois ...	....			8 déc. 74	
LACOSTE, Alexandre, ex-boulanger, rue de la Félicité, 24.....		Heurley	20 août 73	(8)			
LACOUR, scieur à la mécanique, avenue Uhrich, 81.........		Beaugé.....	28 janv. 73	....	*30 juin 73	(9)	
LACROIX, Jean-Pierre, bonnetier, rue Rougemont, 10.......		Tournel.....	15 sept. 74				
Id. -KEENAN, Jean-Pierre, Id.	*	Mouillefarine.			....	26 sept 74	
LACRUZ, Théodore, teinturier, rue Boursault, 83............		Maillard.....	4 déc. 74				
LADEVIE, Joseph, restaurateur, rue Montorgueil, 13..........		Darbot......	12 octob. 72	(10)			

(1) KRAUSS, François, doit 25 %, en 5 ans, par 1/5, de l'homol.

(2) LABBÉ, Martin, paie 15 fr. %, deuxième répartition.

(3) LABOURÉ dame, paie 1 fr. 81 c. %, unique répartition.

(4) LABOURET et Cie abandonnent tout l'actif social réalisé dont le produit est de 1 fr. 84 c. % ; de plus, le sieur Berton s'engage pers¹ et sans solidarité avec le sieur Labouret, à compléter 50 %, dans le mois, de l'homologation, et les 50 % restant dus, en trois ans, par 1/3. Le sieur Labouret se trouvant personnellement libéré par l'abandon d'actif.

(5) LABRUGUIÈRE et BONNOUVRIER paient 5 fr. 33 c. %, unique répartition.

(6) LACGER veuve, paie 6 fr. %, première répartition.

(7) LACHAUME paie 4 fr. 14 c. %, unique répartition.

(8) LACOSTE. — Faillite annulée par jugement du 19 déc. 1873.

(9) LACOUR. — Réouverture du 3 mars 1874.

(10) LADEVIE paie 0 fr. 59 c. %, unique répartition.

NOMS, PRÉNOMS, PROFESSIONS ET DOMICILES.	L indique Liquidation * astérisque Avoué et Insuffisance	SYNDICS ET AVOUÉS	FAILLITES ET LIQUIDATIONS.	DATE DES HOMOLOGATIONS DE CONCORDATS	INSUFFISᶜᵉˢ ET UNIONS.	SÉPARATⁿˢ DE BIENS JUDICIAIRES.	CONS.JUDIC. ET INTERDICT.
LADUREAU DE BELOT, Paul-Léon, boul. des Capucines, 23...		Chéramy	....	....	....		*30 déc. 73
LAFFITTE, Jules, drapier, rue Saint-Honoré, 91		Moncharville.	5 juin 74	....	*25 août 74		
LAFITTE-CARREL, Jacques-Philippe, rue Gaillon, 10........*		Cesselin ..	....	....	....	10 nov. 74	
Id. DUFILIO et Cie. Voir : BORDE et Cie, etc.							
LAFLEUR, Ch.-E., marchand de vins, rue des Marguettes, 10..		Beaujeu..	19 déc. 73	....	*31 janv. 74		
Id. Antoine, commissionnaire, rue des Petits-Hôtels, 7..		Battarel ..	7 nov. 72	19 juin 73	(1)		
LAFON, Jean, fondeur en fer, rue Saint-Maur, 61..........		Gautier....	14 sept. 73	13 janv. 74	(2)		
LAFONT-LAUBY, Pierre, rue Corbeau, 23..............	*	Pijon	....	....		1er déc. 74	
Id. -LION, Louis-Alfred, rue Monge, 48..............	*	Blachez	....	....		23 mai 74	
LAFONTAINE, Antoine. Voir : BOYER et Cie.							
LAFOSSE-JEANSON, Pierre-Marie, rue des Deux-Écus, 23....*		Drochou....	....	....		17 mars 74	
LAFOURCADE-BRUNET, Nemours, employé, à Asnières........*		Robineau..	....	....		28 avril 74	
LAFOY, Louis, couvreur-plombier, rue Duret, 24..........		Beaujeu..	4 nov. 74				
Id. aîné, Calixte, march. de comestibles, rue Maubeuge, 09.		Darbot..	9 mai 74	....	* 30 juin 74		
LAGACHE-DE BERVAL, Denis-Charles, avenue d'Italie, 93 bis.*		Michel	....	....		28 juill. 74	
LAGARDE-TRAVET, Pierre, rue Jean-Cottin, 10..........		Coriot....	....	....		25 août 74	
LA GAULOISE, assur. contre l'incendie, rue Châteaudun, 29.....		Richard	27 déc. 73				
LAGRANDVAL, Henri, limonadier, r. de l'Ancienne-Comédie, 13.		Beaujeu....	10 août 74	....	* 29 oct. 74		
LAGRANGE, Louise. Voir : BOUZIN et LAGRANGE.							
LAGRUE, boucher, rue de Sèvres, 103..............		Bourbon....	14 avril 74				
Id. -DESCHAMPS, Aug.-Alexand., rue Cherche-Midi, 120.		Loriat-Jacob ·	....			9 juin 74	
LAGUERRE dame, marchande à la toilette, rue d'Angoulème, 76.		Beaufour ..	17 juin 74	....	* 30 nov. 74		
LA HARANNE et Cie, journalistes, rue d'Argout, 8.........		Maillard....	10 août 73	(3)			
L'AIGLE IMPÉR. LIBÉRAT. Voir : MARTINROCHE et MARTINET.							
LAIGRE-BERGUE, Auguste, tailleur, faub. Montmartre, 40...*		Cahen ..	....	....		21 nov. 74	
LAILLER, Armand, effilocheur de chiffons, rue Riquet, 72.....		Barboux....	4 mai 74				
LAILLER-BORDEL-BÉNARD, Armand, rue Riquet, 72.........*		Husson ..	....	....		10 octob. 74	
LAIB, pharmacien, boulevard Voltaire, 154.......		Heurtey	10 janv. 74	....	* 30 mars 74		
Id. -DÉGALLE, Dominique-Auguste, rue Harvey, 17.....*		Viollette....	....			8 déc. 74	
LALLEMANT, Jacques-Henri, md de broder., r. des Jeûneurs, 42.		Richard	15 janv. 74	22 juill. 74	(4)		
LALOU fils, Louis-Napoléon, march. de vins, au Pecq........		Copin	22 sept. 74	(5)			
LAMARLIÈRE, Anna. Voir : COURBET, dame.							
LAMARQUE, Jean-Baptiste, menuisier, rue de la Huchette, 27..		Heurtey.....	15 sept. 74	10 août 74	(6)		
LAMBERT, ébéniste, passage Brady, 2................		Maillard....	6 octob. 74	....	*28 nov. 74		
Id. -EHL, Étienne-Victor, sans domicile connu ....*		Estienne	....	....		12 mai 74	

(1) **LAFLEUR**, Antoine, paie 6 fr. 06 c. %, produit de son actif.

(2) **LAFON** paiera 40 %, en 8 ans et 8 paiements, à partir du jour de l'homologation.

(3) **LA HARANNE et Cie.** — Un arrêt de la cour d'appel rendu le 19 août 1874, infirme le jugement du 10 août 1873, en ce qui regarde M. RIALLEN DE BOURGNEUF, et décharge ce dernier des condamnations prononcées contre lui.

(4) **LALLEMANT** paie 7 fr. 95 c. %, produit de son actif.

(5) **LALOU fils.** — Faillite annulée par arrêt du 12 déc. 1874.

(6) **LAMARQUE** paiera 30 %, par 1/12, de 6 mois en 6 mois, au moyen des loyers à provenir de la maison sise rue des Missions, 35, dont M. Bisson, l'un des créanciers, est nommé gérant, jusqu'à parfait paiement des dividendes.

NOMS, PRÉNOMS, PROFESSIONS ET DOMICILES.	L lorsque Liquidation o astérisque Avoué et Insuffisance	SYNDICS ET AVOUÉS	FAILLITES ET LIQUIDATIONS.	DATE DES HOMOLOGATIONS DE CONCORDATS	INSUFFIS⁰ˢ ET UNIONS.	SÉPARAT⁰ⁿ DE BIENS JUDICIAIRES.	CONS. JUDIC. ET INTERDICT.
LAMBINET-CAUDRETTE, Élie, sans domicile connu...........	*	Delaporte....				28 juill. 74	
LAMÉTAIRIE, Julien-Jean, marchand de vins, rue Bezout, 23...		Prodhomme .	18 août 74	....	* 31 août 74		
LAMÉTHE, Firmin, fabricant d'eau gazeuse, à Courbevoie......		Normand	15 octob. 74	21 avril 73	23 juin 74		
LAMIRAL, charcutier, à Alfortville		Beaufour	18 févr. 74	....	* 30 avril 74		
LAMPERIÈRE, Victor-Désiré, m⁴ de vins, imp. Moulin-Joly, 6..		Legriel......	9 mars 74	12 août 74	(1)		
LAMULLE, Pierre, ex-limonadier, boul. d'Italie, 123..........		Beaujeu.....	23 juill. 70	(2)			
LAMY et Cⁱᵉ, journalistes, rue Tiquetonne, 57		Bégis	22 octob. 72	....	4 nov. 74		
Id. Léopold, briquetier, à Adamville....................		Pinet........	22 sept. 74				
Id. fils, Emmanuel, agent d'affaires, boul. Sébastopol, 11....		Bégis	7 déc. 74				
LANCELIN-SAINT CHARLES, Alexandre, av. du Bel-Air, 4...*		Cosselin.....	....	....	....	30 déc. 73	
LANDA-BOCHART, Jules-Alexand.-Alph., r. des Boulets, 19...*		Lesage.......	....	....	....	8 déc. 74	
Id. fⁱ de tissus écrus, rue St-Joseph, 3....................		Heurtey	10 octob. 74				
LANDRY, Acᵗᵉˢ-Joseph, m⁴ de vins, rue de Sèvres, 68.........		Richard.....	9 octob. 73	30 juin 74	(3)		
LANG et Cⁱᵉ, mᵈˢ d'objets en caoutchouc, boul. Magenta, 3.....		Sautton	1ᵉʳ sept. 74	....	* 31 oct. 74		
L'ANGEVINE, Société anonyme des filat. mécan., r. St-Lazare, 7.		Copin.......	31 déc. 73				
LANGLET, Jⁿ-J.-Bapt.-Alexand., hôtelier, boul. Pereire, 199...		Heurtey	16 mars 74	14 sept. 74	(4)		
LANGLOIS, Lucien, m⁴ de nouveautés, faub. du Temple, 54....		Gauche	13 octob. 74				
Id. limonadier, rue Saint-Jacques, 223...............		Beaujeu.....	2 nov. 74	....	* 31 déc. 74		
Id. THIBOUST et THOMASSON, rue Taitbout, 87...		Maillard.....	17 juill. 73	(5)			
LANGRAIS, Madeleine-Élisabeth. Voir : VIOLETTE, dame.							
LANIEZ, Louis, chapelier, rue des Quatre-Fils, 18...........		Sautton......	18 août 74	(5 bis)			
LANNEAU, Ange, ébéniste, rue St-Ambroise, 9...............		Richard.....	24 août 74	....	* 29 oct. 74		
LANNOY, Angélina. Voir : REYBET, veuve.							
Id. marchand de nouveautés, rue Turbigo, 50...........		Pinet	24 déc. 73	21 juill. 74	(6)		
LANSADE-DUFOUX, François, boul. de Belleville, 21........*		Deherpe.....	....	....	....	28 avril 74	
LANTENOY, Ernestine-Élisa. Voir : DEMOURY, dame.							
LANTONAT-LEMULIER, Jean-Marius, q. de l'Hôtel-de-Ville, 58*		Derryer	....	....	....	30 déc. 73	
LAPERRIÈRE-PERNELLE, Polyphile, sans domicile connu....*		Desgranges ..	....	....	....	11 août 74	
LAPERT, décédé, traiteur, rue de La Rochefoucault, 47.......		Bourbon	1ᵉʳ oct. 73	....	* 8 avril 74		
LAPORTE-NEISS, Antoine, rue Bonaparte, 1................*		Derton......	....	....	....	24 févr. 74	
Id. Antoine, libraire, Id. Id.		Pinet........	22 août 73	28 mai 74	(7)		
Id. agent de fabrique, boul. Voltaire, 115...........		Sarazin	13 févr. 74	....	* 29 avril 74		
LARCHER, Paul, négⁱ en tissus, rue des Filles-du-Calvaire, 2..		Barbot.......	22 juill. 74	....	* 2 oct. 74		
Id. Ch.-Henri-Joseph, changeur Id. Id..		Heurtey	19 mars 73	(8)			

(1) **LAMPERIÈRE** paiera l'intégralité des créances, en 12 ans, par 1/12, de l'homologation,

(2) **LAMULLE** paie 8 fr. 47 c. %, unique répartition.

(3) **LANDRY** paie 3 %, 4 mois après l'homologation, et 22 %, en 5 ans, avec la caution de sa femme.

(4) **LANGLET** doit 50 %, en 5 ans, par 1/5, de l'homologation.

(5) **LANGLOIS, THIBOUST et THOMASSON**. — Faillite rapportée par arrêt de la Cour d'appel du 19 février 1874.

(5 bis) **LANIEZ** 4 fr. 49 c. %, unique répartition.

(6) **LANNOY** paiera 50 %, savoir : 20 %, en 5 ans, par 1/5, avec la caution de M. Lespagnol, au nom de la société Lannoy et Lespagnol, et 30 %, dans 12 ans, de ce jour, en un seul paiement.

(7) **LAPORTE, Antoine**, doit 25 %, en 5 ans, par 1/5, à partir du jour de l'homologation.

(8) **LARCHER, Ch.**, paie 22 fr. 74 c. %, unique répartition.

NOMS, PRÉNOMS, PROFESSIONS ET DOMICILES.	L indique Liquidation * astérisque Avoué et Insuffisance	SYNDICS ET AVOUÉS	FAILLITES ET LIQUIDATIONS.	DATE DES HOMOLOGATIONS DE CONCORDATS	INSUFFIS^es ET UNIONS.	SÉPARAT^ons DE BIENS JUDICIAIRES.	CONS. JUDIC. ET INTERDICT.
LARCY-LEY GONIE, Léonard, à Levallois	*	Cosselin.				25 août 74	
LARGY, Philibert, traiteur, rue Mongo, 48.		Dufay. . .	25 févr. 74	13 octob. 74	(1)		
LA RIVIÈRE-FOURNIER, Antoine-Félix, boul. Magenta, 150. . *		Caron		. . . .	. . . . .	4 août 74	
LARIVIÈRE, Pierre-Alfred, banquier, rue d'Aumale, 14.		Maillard. . .	2 sept. 71				
Id. Id. Voir : BLANC, LARIVIÈRE et Cie.							
LAROCHE, Laurent-Alexandre, bandagiste, rue Sévigné, 25. .		Heurtey.	13 sept. 73	(2)			
LAROCHETTE, Philibert, mécanicien, rue St-Martin, 298.		Normand. .	7 févr. 60	30 juill. 60	* 27janv. 74		
LARRIVAZ, André-Pierre, marchand de vins, r. de Cléry, 35. .		Beaugé. .	10 janv. 74		* 27 févr. 74		
LARROQUE, Alexis, m^d de tabletterie, r. de l'Arc-de-Triomp., 30.		Id . .	21 juill. 74		* 17 sept. 74		
LARUE et CASTOUL, commissionnaires, r. d'Hauteville, 35. . .		Maillard. . .	16 déc. 68	31 janv. 72	(3)		
LASSERRE-PIRODEAU, J.-Bapt., détenu à Riom.	*	Dubois. . .		. . . .	. . . .	23 juin 74	
LASSIÈGE, Ernest-Louis, liquoriste, faub. St-Martin, 185. . . .		Gauche.	6 octob. 74				
LATOUCHE-BONPART, Louis, rue de la Tour-d'Auvergne, 34. . *		Dromery. .				21 mars 74	
LATTARD d^lle, Félicité. Voir : MÈGE et Cie.							
LAUBIÈRE, Albert, plombier, rue des Martyrs, 29.		Moncharville.	1er août 74	(4)			
LAUNAY, Félix, fabricant de galoches, rue Esquirol, 39.		Meillencourt.	23 mai 74	17 sept. 74	(5)		
Id. Eugène-Adolphe, maroquinier, r. N.-D.-de-Nazareth, 6.		Sarazin	28 févr. 74		* 30 mai 74		
LAUNOY-FANEILLE, Joseph-Marie-Alfred, rue Madame, 11. . .		Diachez . . .	. . . .	. . . .	. . . . .	3 févr. 74	
LAURAIN, F^ois-Alexand., restaurateur, quai d'Orsay, 1.		Sarazin. . .	11 sept. 74				
LAURENS-VIAL, Eugène-Paul, boul. Magenta, 52.		Dobladis . .				10 nov. 74	
LAURENT, Alfred, épicier, rue de Strasbourg, 14.		Heys.	4 juill. 72	(6)			
Id. François, marchand de charbons, r. des Gardes, 20.		Bourbon. .	20 avril 74		* 24 juill. 74		
Id. Jean-Antoine, f^t de tables, rue de la Roquette, 51. . .		Beaugé. .	10 juill. 74		* 31 juill. 74		
Id.^2 fils, Léon, commissionnaire, faub. St-Denis, 148.		Tournel. . .	20 août 74				
Id. Paul-Henri, serrurier, à Levallois.		Prodhomme.	23 nov. 72	20 mars 73	* 29 oct. 74		
Id. veuve, L^s née Adélaïde TARDY, épicière, à Antony.		Gauche. . .	23 juin 74	. . . .	* 25 août 74		
LAURENT-SCHRAMP, Eugène-Auguste, à Nogent. . . . . . *		Maugin . .				25 août 74	
Id. -BARTHÉLEMY, Charles-Henri, rue du Jour, 10. . *		Cabanne. . .				3 févr. 70	
LACRIETTE-PERIÉ, Henri-Joseph, rue d'Argout, 13. . . . . *		Milliot				21 août 74	
LAVANANT, Louis-Tous., m^d de chevaux, rue de la Vrillière, 2. *		Maillard. . .	19 juin 74				
LAVANDIER et Cie, parfumeurs, rue Salomon-de-Caus, 4. . .		Beaujeu. . .	20 octob. 73	31 déc. 74	(7)		
LAVENIR, Joseph, m^d d'articles de modes, rue St-Denis, 150. .		Sarazin. . .	11 mars 74	(8)			
LAVERGNE V^e, Jean-Stanislas, cord^re, r. Petites-Écuries, 27. .		Heurtey. . .	11 déc. 73	. . . .	* 2 oct. 74		
Id. négociant, rue des Archives, 14.		Richard. . .	21 sept. 74				
LAVIGERIE, FISCHER et Cie, rue St-Georges, 52.		Heurtey. . .	29 mai 74	. . . .	* 31 août 74		
LAVIGNE, Louis-Alph.-Adol., boulang., rue des Amandiers, 24.		Prodhomme.	27 sept. 69	5 déc. 71	(9)		
LAVILLE veuve, Jean-Vict., loueuse de voit., r. Ernestine, 19. .		Legriel.	22 janv. 72	29 juin 72	* 31 mars 74		

(1) LARGY doit 25 %, en 5 ans, par 1/5, de l'homologation.

(2) LAROCHE paie 5 fr. 61 c. %, unique répartition.

(3) LARUE et CASTOUL paient 18 fr. 36 c. %, dernière répart.

(4) LAUBIÈRE. — Faillite clôturée par jug^t du 15 octobre 1874.

(5) LAUNAY, Félix, doit 40 %, en 5 ans, par 1/5, de l'homolog.

(6) LAURENT, Alfred, paie 2 fr. 95 c. %, unique répartition.

(7) LAVANDIER et Cie abandonnent l'actif de la société, et s'obligent à payer 40 %, en 5 ans, par 1/5.

(8) LAVENIR paie 7 fr. 03 c. %, unique répartition.

(9) LAVIGNE paie 16 fr. 62 c. %, produit de son actif.

NOMS, PRÉNOMS, PROFESSIONS ET DOMICILES.	L Indice Liquidation * astérisque Avoué et Insuffisance	SYNDICS ET AVOUÉS	FAILLITES ET LIQUIDATIONS.	DATE DES HOMOLOGATIONS DE CONCORDATS	INSUFFIS** ET UNIONS.	SÉPARAT** DE BIENS JUDICIAIRES.	CONS.JUDIC. ET INTERDICT.
LAVOLLAY et PARIS, fabr. de cuirs factices, b⁴ Charonne, 103.		Chevillot....	1ᵉʳ avril 74				
Id. —FRANÇOIS, Charles-Émile, boulevard Voltaire, 180.	*	Goirand...	....	....	....	17 nov. 74	
LAZARD, Simon, march. de rouenneries, rue de Belleville, 87...		Gautier......	9 octob. 74				
Id. Émile, marchand de cafés, rue Oberkampf, 14.......		Gauche......	13 mars 74	13 juin 74	(1)		
LAZARE dit HIPPOLYTE, limonadier, rue Croix-Nivert, 13.....		Gautier......	9 mars 74	23 nov. 74	(2)		
LÉAUTAUD, ex-m⁴ de vins fins, avenue des Champs-Élysées, 93.		Meys........	6 janv. 74	....	* 30 mai 74		
LEBAS-MARÉCAT, Édouard-Louis, rue des Écoles, 10......	*	Foussier......	....	....		27 févr. 74	
LEDAUDY-BLAZY, Alfred, avenue de l'Opéra, 37	*	Savignat......	....	....		4 août 74	
LEBEAU dit d'AUBEL, fabricant de pianos, rue Condorcet, 18...		Deaujeu......	8 juin 72	10 févr. 74	(3)		
LEBECQ Vᵉ, Jacques, née LEJEUNÉ, parf⁹⁹, rue St-Georges, 35.		Sommaire...	25 sept. 68	(4)			
LEBÈGUE-LACOUR, Édouard-Louis, quai Jemmapes, 62......	*	De Benazé...	... ...			29 déc. 74	
LEDIGRE dit DUQUESNE, Paul-Léon, libr., rue Hautefeuille, 10.		Copin......	14 octob. 68	(5)			
LEBLANC, quincaillier, rue Fontaine-du-Temple, 14..........		Dufay......	11 mars 74				
LEBLOND, march. d'ustens. de ménage, faub. Saint-Denis, 157.		Hécaen......	31 mars 74	....	* 30 mai 74		
LEBORGNE, Édouard, confectionneur, rue d'Hauteville, 35.....		Moncharville..	26 févr. 68	17 déc. 73	(6)		
LEBOUCHARD-PONY, Léonard-Gabriel, avenue du Maine, 12..	*	Thiébault....	....	....		18 juill. 74	
LEBREGEAL, François, marchand de charbons, av. Lacuée, 7.		Maillard....	20 mai 74	....	* 24 juill 74		
LEBRETON, François, march. de bois, boulev. de la Gare, 217.		Devin......	30 octob. 72	....	19 févr. 73	(7)	
Id. épicier, aux Lilas, puis rue d'Albouy, 27 et 29...		Sarazin......	26 juin 74	....	* 31 août 74		
LEBRUN-DAMIEN, Émile-Narcisse, rue Saint-Sébastien, 22....	*	Gougeon ...	....	....	....	5 mai 74	
LECARDEUR, Jean, maçon, rue de Patay, 77.................	*	Dourbon	19 sept. 73	28 févr. 74	(8)		
LECERF-BILLET, Jean-Bapt.-Nicolas, nég¹, r. J.-J-Rousseau, 19.	*	Bertinot......	....	....		10 juin 74	
LÉCHELLE, P.-H., dentiste, rue Châteaudun, 14............		Copin......	12 sept. 74	(9)			
LECLAIRCQ-ARMAND, Alfred-Charles, employé, à Courbevoie.		Rolimbert.....	....	....		24 févr. 74	
LECLAIRE, Julien, fabricant de plâtre, quai de Marne, 20.....		Richard......	17 juin 74				
Id. —TOURLAQUE, Id. Id.	*	Postel-Dubois..	....	....		2 juin 74	
LECLECQ, Alphonse, confectionneur, avenue de Clichy, 2......		Gauche......	9 nov. 74				
LECLER, Émile, maçon, rue Saint-Didier, 12...............L		Pinet	15 déc. 74	(10)			
LECLERC, Louis-Phil., m⁴ de vaches, r. d'Allemagne, 108.....		Heurtey......	13 avril 74		11 nov. 74		
Id. veuve, Jean-Pierre, confectionneur, r. St-Honoré, 51.		Moncharville.	6 octob. 74	24 déc. 74	(11)		
LECLERCQ-PETITPAIN, Jean-Baptiste, avenue Daumesnil, 70..	*	Roche......	....	....		3 févr. 74	
LE COINTE-BALANDIER, Benjamin-Désiré, à Boulogne........	*	Poisson	....	....		2 juin 74	
LECOLLIER, Pauline. Voir : DEGARDIN veuve.							
LECOMTE, Joseph, tailleur, rue des Colonnes, 12.............		Bourbon.....	4 déc. 73	....	* 23 juin 74		

(1) **LAZARD**, Émile, doit 20 %, en 5 ans, par 1/5, à partir du jour de l'homologation.

(2) **LAZARE** paiera 12 %, en 6 ans, par 1/12, de 6 en 6 mois, de l'homologation.

(3) **LEBEAU** paie 27 fr. 38 c. %, produit de son actif, abandonne 7,000 fr., dus par Pfeffer et Dumont et payables le 31 janvier 1874, et s'oblige à payer 20 %, en 5 ans, par 1/5, de l'homol.

(4) **LEBECQ** veuve, paie 100 fr. %, unique répartition.

(5) **LEBIGRE** paie 3 fr. 88 c. %, deuxième et dernière répartition.

(6) **LEBORGNE** paie 10 fr. 67 c. %, produit de son actif.

(7) **LEBRETON**, François, paie 7 fr. 87 %, unique répartition.

(8) **LECARDEUR** doit 20 %, en 5 ans, par 1/5, de l'homolog.

(9) **LÉCHELLE**. — Faillite annulée par jugement du 8 déc. 1874.

(10) **LECLER**, Émile. — Liquidation qualifiée faillite par jugement du 20 mai 1874.

(11) **LECLERC** veuve, doit 25 %, en 5 ans, par 1/5, de l'homol.

NOMS, PRÉNOMS, PROFESSIONS ET DOMICILES.	L indique Liquidation * astérisque avoué et insuffisance	SYNDICS ET AVOUÉS	FAILLITES ET LIQUIDATIONS.	DATE DES HOMOLOGATIONS DE CONCORDATS	INSUFFIS** ET UNIONS.	SÉPARAT** DE BIENS JUDICIAIRES.	CONS. JUDIC. ET INTERDICT.
LECOMTE, décédé, restaurateur, rue d'Amsterdam, 22.........		Logriel......	6 juill. 72	(1)			
Id. et Cie, commissionnaires, rue Bergère, 7...........		Battarel....	18 déc. 73				
LECONTE, marchand de nouveautés, chaussée d'Antin, 59.....		Heurtey	29 nov. 73	....		* 30 mars 74	
LECRINIER-VERGNES, Jules, rue de Bondy, 42..............	*	Michel	....	....			27 juin 74
LECRIVAIN, fleuriste, rue d'Angoulême, 59..............		Beaufour	10 octob. 74	....		* 25 nov. 74	
LECUYER-DELAPORTE, Narcisse-Flor., faub. Saint-Denis, 210°		Deherpe...	....	....			13 juin 74
LEDON, Jean, march. de vins et maçon, rue de l'Ourcq, 96...		Beaugé	23 janv. 74	....		* 31 mars 74	
LEDOUX, Florent-Hon., confectionneur, r. Godot-de-Mauroy, 20.		Gauche...	10 févr. 74	....		* 30 avril 74	
LEDRESSEUR, Louis-Ern., confect', faubourg St-Martin, 270..		Beaujeu ..	6 août 74	23 nov 74	(2)		
LEDRU-LECUYER, Vincent-Henri, rue de Bièvre, 31.........	*	Bonfils.....	....				24 nov. 74
LEENAERTS, Jean-François, boulanger, rue d'Argenteuil, 14...		Gautier......	25 avril 70	(3)			
LEFEBVRE, Jean-Baptiste, commissionnaire, petite rue Curiale, 5.		Chevallier ..	2 déc. 68	(4)			
Id. aîné et DUPONCHEL, bonnetiers, rue St-Martin, 158..		Pinet	24 janv. 74	30 mai, 27 juin 74	(5)		
Id. -MOREL, Victor-Denis, Id. Id. ....*	*	Postel-Dubois	....	....			10 mars 74
Id. et CARDON, décatisseurs, rue du Plâtre, 3...........	*	Meys........	17 nov. 74	....			
Id. -DAUMESNIL, François, rue Schomer, 19...........*	*	Guyot-Sionnest...	....	....			11 août 74
Id. et DEBONTE, corroyeurs, rue Erard, 10..........	*	Meys	15 janv. 74				
LEFEUVRE-GAUDEFROY, Florent-Armand, r. Boissière, 63....*	*	Delacourtie...	....	....			7 juill. 74
LEFÈVRE, Paul, agent d'affaires, rue Petrelle, 26.............		Meillencourt.	12 nov. 74	....		* 28 nov. 74	
Id. Eugène, bonnetier, rue Quincampoix, 76....'...		Sommaire ...	19 nov. 73	(6)			
Id. -BELHIÈRES, Lucien-Désiré, rue Monge, 29...........*	*	Huet........	....	....			4 août 74
Id. dame, Joseph, logeuse en garni, rue Maubeuge, 34..		Meillencourt.	26 déc. 74				
LEFRANT, Ed.-Ant., f' de meub., faub. du Temple, 121 et 123.		Chevallier ...	8 juill. 73	9 févr. 74	(7)		
LEGAL, Jean-Mathurin, coiffeur, boulevard Saint-Denis, 2.....		Barbot......	20 déc. 73	....		* 31 janv. 74	
LEGAULT-BLANCHARD, Jules-Joseph, sans domicile connu...*	*	Mesnier......	....	....			17 juill. 74
LEGEAY, Louise-Jeanne. Voir : COLIBERT, veuve.							
LEGENDRE, Eugène-Victor, banquier, boul. des Italiens, 9...		Beaugé......	6 mai 72	(8)			
Id. Louis-Ern.-Gabr., bimbelotier, b' de Grenelle, 67.		Prodhomme .	6 févr. 74	....		* 28 févr. 74	
LÉGER, Guillaume, f' de papiers peints, faub. St-Honoré, 220..		Tournel......	24 sept. 74				
Id. Julien, marchand de vins, à Vanves................		Prodhomme .	19 juin 74				
LEGORGEU, Elmire. Voir : GENDRIN, veuve.							
LEGRAIN, Célestine-Rosalie. Voir : BONNEAU, dame.							
LEGRAND, Ernest, commiss'°, faub. St-Martin, 127...........		Meillencourt .	3 mars 74	(9)			
Id. J.-Bapt., fabricant de chaussures, à Nogent........		Chevillot	31 juill. 73				
Id. Henri, entrepr. d'annonces, rue Vivienne, 51.......		Gauche......	18 octob. 73	....		* 31 mars 74	

(1) **LECOMTE.** — Faillite annulée par arrêt du 19 déc. 1873.

(2) **LEDRESSEUR** paie 5 %, un mois après l'homolog., et 30 %, en 5 ans, par 1/5 ; premier paiement, fin décembre 1875.

(3) **LEENAERTS,** paie 5 fr. 01 c. %, unique répartition.

(4) **LEFEBVRE,** Jean-Baptiste, paie 32 fr. 65 c. %, unique rép.

(5) **LEFEBVRE** aîné et **DUPONCHEL** paient 21 fr. 08 c. %, unique répartition. — Lefebvre paiera en plus 5 %, en 5 ans, par 1/5. — Duponchel s'engage à verser au syndic 6,000 fr. avant l'homologation, et s'oblige en outre à parfaire 5 % en 5 ans, par 1/5.

(6) **LEFÈVRE,** Eugène, paie 13 fr. 26 c. %, unique répartition.

(7) **LEFRANT** paiera 20 %, en 4 ans, par 1/4, de l'homologation.

(8) **LEGENDRE,** Eugène, paie 0 fr. 90 c. %, unique répartition.

(9) **LEGRAND,** Ernest, paie 2 fr. 37 c. %, unique répartition.

NOMS, PRÉNOMS, PROFESSIONS ET DOMICILES.	Indique Liquidation ♦ Astérisques Avoué et Insuffisance	SYNDICS ET AVOUÉS	FAILLITES ET LIQUIDATIONS.	DATE DES HOMOLOGATIONS DE CONCORDATS	INSUFFIS⁰ˢ ET UNIONS.	SEPARAT⁰ˢ DE BIENS JUDICIAIRES.	CONS. JUDIC. ET INTERDICT.
LEGRAND, ex-limonadier, rue Marie-Antoinette, 30..........		Gauche..	28 févr. 68	(1)			
Id. J.-Cl.-Alexand., tenant lavoir, rue Tourtille, 34....		Beaufour	14 nov. 74				
Id. -DURAILLANT, rue de la Roquette, 129..........		Lefoullon..	....			11 août 74	
LEGRANDJACQUES-PIVERT, Jean-Fçis, r. des Chamaillards, 12.		Debladis...	....			19 juin 74	
LEGRIP, Émile-Adol., propʳᵉ, r. Duperré, 22. (Trib. de Cannes)..		Roubeau..	....			....	27 mai 74
LEGRIS, marchand de vins, à Aubervilliers................		Chevillot..	23 octob. 74		*31 déc. 74		
LEGROS, Edouard-J.-Bapt., ex-épicier, rue Moret, 9..........		Dufay....	1ᵉʳ juin 74				
LEGUAY, grainetier, à Saint-Denis		Beaugé...	25 juill. 73				
LE GUELINEL, Em.-Gust.-Hyac., teinturier, faub. St-Denis, 135.		Hécaen..	2 févr. 74		*28 févr. 74		
LEGUET, Joseph, marchand de vins, rue de Lancry, 40.......		Legriel....	28 juill. 74	(2)			
LEHOUT, Louis, terrassier, rue Sainte-Lucie, 4..........		Darboux...	1ᵉʳ oct. 74		*19 nov. 74		
LEICHT, Maurice, commissionnaire, rue de la Victoire, 71.....		Prodhomme.	21 déc. 74				
LEJEUNE, Jean-Joseph, voiturier, à Ivry..............		Heurtey..	24 juin 74	29 déc. 74	(3)		
Id. -DOUBLET, Jules-Victon, à Charenton............		Lefoullon....	....			30 juin 74	
LELOUET, Frédéric, mᵈ de nouveautés, faub. St-Honoré, 59..		Moncharville.	26 nov. 73	7 mars 74	(4)		
LELOUP, Alexand., mᵈ de bois d'industrie, r. des Acacias, 9...		Gauche..	26 octob. 74				
LEMAIRE, Ange-Émile, épicier, à St-Maur..........		Beaugé...	27 mai 74	28 sept. 74	(5)		
Id. H., commissionnaire, rue Mazagran, 13..........		Beaufour....	8 déc. 73				
Id. Émile, droguiste, rue des Juifs, 11..........		Copin....	14 octob. 73	21 févr. 74	(6)		
LEMAITRE, Gust.-Alexand., boulanger, faub. du Temple, 75..		Pinet....	26 juin 73	(7)			
LEMARCHAND fils et Cie, négociants, à St-Denis		Lamoureux..	3 janv. 74	....	* 30 oct. 74		
Id. dame, fᵐᵉ d'engrais, Id.		Richard....	25 sept. 73		*28 févr. 74		
LEMARQUAND, journaliste, rue Monthyon, 11..........		Lamoureux..	28 août 60	7 sept. 61	* 21 mai 64	(8)	
LEMAS-COURTENS, Paul-Désiré, rue de Luxembourg, 21.....		Aymé.....	....			22 déc. 74	
LEMASLE, charcutier, rue de l'Ancienne-Comédie, 4........		Chevillot ..	27 mars 74				
LE MERCIER, Thomas, tailleur, boul. Bonne-Nouvelle, 8......		Beaujeu..	14 mars 74		*31 mars 74		
LEMBERT, marchand de vins, avenue d'Ivry, 7..............		Legriel....	19 janv. 74		*24 mars 74		
LEMEREZ, peintre en voitures, rue St-Ambroise, 17..........		Bégis	30 janv. 74		*27 févr. 74		
LEMEUNIER, Louis-Edmond, mᵈ de vins, rue des Innocents, 9..		Hécaen..	17 nov. 74				
LEMICHEZ-TEEQUES, Alph.-Julien, sans domicile connu.....		Pijon....	....		....	12 sept. 74	
LEMIÈRE dame, limonadière, boul. Beaumarchais, 27..........		Quatremère	7 déc. 72	(9)			
LEMOINE, Bernard, faïencier, boul. de Strasbourg, 47........		Dufay......	2 févr. 74	5 juin 74	(10)		
Id. veuve, ex-mᵈᵉ de vins, rue Grange-aux-Belles, 39....		Meys	2 déc. 74				
Id. -CHADRIN, mᵈ de vins, rue des Écoles, 38..........		Copin....	2 janv. 72	(11)			
Id. et DÉSETABLES, fᵐᵉ de papiers, r. Folie-Méricourt, 100.		Havard......	2 janv. 74				

(1) **LEGRAND** paie 100 fr. %, unique répartition.

(2) **LEGUET** paie 37 fr. 99 c. %, unique répartition.

(3) **LEJEUNE**, Jean, paiera 50 %, en 5 ans, par 1/5, de l'homol.

(4) **LELOUET** paiera 40 % sans intérêts, en 7 ans ; 1ᵉʳ paiement 1ᵉʳ juin 1875.

(5) **LEMAIRE**, Ange, paiera l'intégralité des créances, en 6 ans, par 1/6, de l'homologation.

(6) **LEMAIRE**, Emile, paiera 80 %, en 5 ans, à partir de l'hom.

(7) **LEMAITRE** paie 6 fr. 59 c. %, première répartition.

(8) **LEMARQUAND**. — Réouverture du 26 octobre 1874.

(9) **LEMIÈRE** dame, paie 2 fr. 85 c. %, unique répartition.

(10) **LEMOINE**, Bernard, doit 50 %, en 5 paiements égaux, pour le premier avoir lieu le 31 janvier 1875.

(11) **LEMOINE-CHADRIN** paie 3 fr. 25 c. %, 3ᵉ et dern. rép.

NOMS, PRÉNOMS, PROFESSIONS ET DOMICILES.	L indique Liquidation * astérisque Avoué et Insuffisance	SYNDICS ET AVOUÉS	FAILLITES ET LIQUIDATIONS.	DATE DES HOMOLOGATIONS DE CONCORDATS	INSUFFIS᷉ᵉˢ ET UNIONS.	SÉPARAT᷉ᵒⁿ DE BIENS JUDICIAIRES.	CONS. JUDIC. ET INTERDICT.
LEMOINE veuve, J.-Bapt.-Clovis, chapelier, r. St-Martin, 147..		Pinet	1ᵉʳ déc. 74				
LEMONNIER, Léon-Lucien-Vict., comm᷉ᵉ, rue Maubeuge, 23....		Maillard....	29 juill. 74	....	* 30 nov. 74		
Id. Adolphe-Denis, m᷉ᵈ de vins, boul. Voltaire, 49....		Prodhomme .	9 octob. 73	....	*31 mars 74		
Id. Ch.-J.-Bapt., loueur de voitu᷉ˢ, r. d'Asnières, 144.		Devin.......	12 avril 70	(1)			
LENCOU, Pierre-Jacques, épicier, rue Amelot, 151............		Sarazin	10 juin 74	....	* 26 sept. 74		
LENELLE, Édouard, loueur de voitures, à St-Ouen		Sommaire ...	17 sept. 74	....	*22 déc. 74		
LENEPVEU veuve, Gustave, miroitière, rue de Cléry, 73......		Heurtey	5 juin 74				
LENOBLE fils, marchand de vins, rue de la Chopinette, 29...		Copin	4 nov. 74	....	* 30 nov. 74		
Id. -RIGAUX, Joseph-Achille, rue Daguerre, 6.........	*	Vandewalle..	....			2 juin 74	
LENOIR, Liévin-L᷉ᵉ-Joseph, m᷉ᵈ de vins, rue Châteaudun, 15....		Sarazin	11 nov. 73	31 mars 74	(2)		
Id. et Cⁱᵉ, f᷉ᵈ d'un mob. spéc. aux éc. de dessin, r. d'Alésia, 80		Bourbon	19 juill. 70	2 mars 72	(3)		
Id. -ARDIT, Gabriel, entrepreneur, rue Treilhard, 11...	*	Hervel	....			28 juill. 74	
LENTZEN, Jean-Antoine, bijoutier, rue de Tracy, 7........		Sarazin	31 janv. 68	23 sept. 66	16 juill. 72	(4)	
LÉONARD, Nicolas, loueur de voitures, av. de Paris, 90.....		Normand....	13 juin 74	24 août 74	(5)		
LEPAGE-LELONG, Nicolas-Auguste, rue de Sèvres, 47.......	*	Archambault.	....		....	25 août 74	
LEPASTEUR, Claire. Voir : BOTTE, veuve.							
LE PELLETIER, Paul, négociant en granits, rue Turin, 15.....		Beaufour ...	30 juin 74		* 30 sept. 74		
Id. courtier de commerce, quai de la Mégisserie, 18.		Lamoureux...	18 janv. 69		22 octob. 72	(6)	
LEPERT, Bapt.-Adrien, ex-boulanger, rue d'Albouy, 18........		Normand....	17 sept. 73	24 déc. 73	(7		
LE PEUPLE SOUVERAIN, rue du Mail, 30...................		Heurtey	9 mars 74		* 29 oct. 74		
LEPIENNE, Georges-Eug., mercier, rue St-Martin, 158......		Pinet	29 août 74		* 31 oct. 74		
LEPILLER veuve, marchande de tabacs, quai Voltaire, 27.....		Prodhomme .	2 déc. 74				
LEPLAIN, Étienne-Émile, m᷉ᵈ de chaussures, b᷉ᵈ Poissonnière, 5.		Id	11 sept. 72	12 déc. 72	* 30 avril 74		
Id. -PARIZOT, Étienne-Émile, rue Beauregard, 6....	*	Milliot	....		....	10 févr. 74	
LEPRIEUR, négociant en essences, faub. Saint-Denis, 148.....		Gauche......	21 févr. 74		* 30 avril 74		
LEPRINCE, Lucien-F᷉ˢ, ex-m᷉ᵈ de vins, boul. de la Villette, 110.		Beaujeu	27 mars 74		* Id.		
LEQUEUX, Phil.-Adolphe, m᷉ᵈ de chaussures, rue Boulard, 11..		Pinet	6 juin 74		* 22 juill. 74		
LEQUIEN, Édouard, tapissier, boul. du Temple, 10............		Beaugé.....	1ᵉʳ févr. 73	9 mai 73	31 juill. 74		
LERAY, entrepreneur de menuiserie, rue de Chazelles, 50.....		Sommaire ..	8 févr. 73	6 mars 74	(8)		
LERBEIL-BOURBON, Louis, rue de Romainville, 73..........	*	Bertinot.....	....		....	14 mars 74	
LERÊTIF, François, tanneur, à Gentilly,.................		Beaugé	22 déc. 71	10 avril 72	26 juill. 73	(9)	
LERICHE, Lazare, boulanger, route d'Italie, 31..............		Moys........	6 mars 69	(10)			
LEROUSSEAU, marchand de vins et fumiste, rue de Sèvres, 118.		Chevillot ...	22 déc. 73	....	* 26 févr. 74		
LEROUX, Auguste-Francisque, charcutier, rue Rambuteau, 15..		Sommaire ...	30 octob. 74				

(1) **LEMONNIER** paie 2 fr. 15 c. °/₀, 2ᵉ et dernière répartition.

(2) **LENOIR**, Liévin, doit 20 °/₀, en 5 ans, par 1/5, d'année en année ; premier paiement le 1ᵉʳ janvier 1875.

(3) **LENOIR** et Cie paient 9 fr. 54 c. °/₀, 2ᵉ et dernière répartition de l'actif abandonné.

(4) **LENTZEN** paie 2 fr. 70 c. °/₀, unique répartition.

(5) **LÉONARD** doit 40 °/₀, en 5 ans, par 1/5, de l'homologation.

(6) **LEPELLETIER**, courtier, paie 7 fr. 07 c. °/₀, unique répartit.

(7) **LEPERT** paie 18 fr. 30 c. °/₀, produit de son actif, abandonne une somme de 3,000 fr. due par le sieur Cerisier, payable en 12 ans, et s'oblige à payer en outre 10 °/₀, à raison de 2 °/₀ par an.

(8) **LERAY** paie 15 °/₀ comptant, et doit 20 °/₀, en 4 ans, par 1/4, d'année en année, à partir de l'homologation.

(9) **LERÊTIF** paie 4 fr. 58 °/₀, unique répartition.

(10) **LERICHE** paie 17 fr. 77 c. °/₀, 2ᵉ et dernière répartition.

NOMS, PRÉNOMS, PROFESSIONS ET DOMICILES.	É indique Liquidation * antérieure Avoué ou Insuffisance	SYNDICS ET AVOUÉS	FAILLITES ET LIQUIDATIONS.	DATE DES HOMOLOGATIONS DE CONCORDATS.	INSUFFIS** ET UNIONS.	SÉPARAT** DE BIENS JUDICIAIRES.	CONS.JUDIC. ET INTERDICT.
LEROUX, Eugène, ex-marchand de vins, impasse Carlier, 14...		Gauche	9 mai 74				
Id. dame, Justin-Pascal, hôtelière, rue d'Hauteville, 41..		Pinet	28 janv. 73	(1)			
Id. -PILASTRE, Louis-Jean-Baptiste, rue de Charonne...	*	Pottier	....	....	....	5 mai 74	
Id. -CHARIOT, Adolphe, passage du Moulin, 10.........	*	Weill	....	....	....	30 avril 74	
Id. -HÉBERT, Eugène-René, rue Sainte-Marie, 23.......	*	Aymé	....	....	....	7 avril 74	
LE ROY, Arthur, épicier, avenue de Clichy, 82.............		Hécaen......	29 mai 73	(2)			
LEROY , veuve, loueuse de voitures, rue de Sébastopol, 13.....		Darbot......	24 juill. 74				
Id. -MAUGEARD, faubourg Saint-Antoine, 127...........	*	Dromery.....	....	....	....	4 août 74	
Id. dit CHICOT-PONTONNIER, Cél. à la Garenne-Colomb**.*		Savignat	....	....	....	14 avril 74	
LESAGE, Jules-Aim.-Jean-Bapt., journaliste, rue Drouot, 23...		Meys........	26 mars 74	....	* 31 déc. 74		
Id Charles-Henri-Joseph, négociant, rue Brezin, 24.....		Normand....	10 avril 73	13 mars 74	(3)		
LESCARCELLE, F. Voir : MUSSEL et LESCARCELLE.							
LESCURE veuve. Voir : EMCHIN et veuve LESCURE.							
Id. Jean, pâtissier, rue François-Miron, 76.............		Richard	17 octob. 74				
LESNES, Justine. Voir : HÉBERT veuve.							
LESOT veuve, Eugène-Louis, marchande de vins, à Levallois...		Normand....	21 avril 74				
LESPORT, Albert, employé, à Vincennes....................	*	Delaruelle...	....	....	....	....	5 fév. 7
LESSORÉ SAINTE-FOY, Alex.-Ach. bij., r. des Fr.-Bourgeois, 54		Prodhomme .	20 mars 74	9 déc. 74	(4)		
LESTOCART demoiselles, lingères, rue Saint-Martin, 229.......		Meys..	9 juill. 74	....	* 26 déc. 74		
LESTOQUOY-DIOT, Adolphe, rue Cler, 1...............	*	Nottin.......	....	....	....	1er août 74	
LETAILLEUR-VAAST, Ém.-Phil.-Victor, avenue Trudaine, 27.*		Mignot......	....	....	....	23 octob. 74	
LETELLIER-DELAMARRE, Paul-Franç., négociant, r. Coypel, 1.*		Tixier.......	....	....	....	17 nov. 74	
LE TESSIER aîné, boulanger, rue Grenelle-Saint-Germain, 175.		Meys........	27 févr. 72	(5)			
LEVANNEUR-LÉPINE, Jul.-Laur., m⁴ de vins, au P¹-Colombes.*		Postel-Dubois	....	....	....	28 avril 74	
LEVASSEUR, Vict., march. d'art. de ménage, r. du Colombier, 3.		Gautier......	10 avril 74	....	* 30 mai 74		
Id. Ant.-Hippolyte. Voir : SIMONNET et LEVASSEUR.							
LEVASSOR, Charles-Alfred, march. de porcel., r. de la Paix, 2.		Beaufour	29 juill. 74				
LEVEQUE, épicier, rue de la Charbonnière, 8................		Prodhomme .	26 octob. 74	....	* 30 nov. 74		
LEVOUX-POULAIN, Adolphe-René-Philippe................*		Popolin......	....	....	....	2 juin 74	
LÉVY, David, mercier, rue Tardieu, 6....................		Meilloncourt.	9 sept. 74				
Id. fils, marchand d'étoffes, rue des Ternaux, 5..		Gauche	9 juin. 74	....	* 23 juill. 74		
Id. Félix, confectionneur, rue Croix-des-Petits-Champs, 30...		Chevillot	12 nov. 73	....	* 30 avril 74		
Id. Léon, marchand de bois et charbons, rue du Temple, 81.		Sarazin......	16 janv. 72	14 sept. 72	16 déc. 74	(6)	
Id. Jules, marchand à la toilette, rue Thorigny, 1..........		Hécaen.....	10 nov. 74	....	* 30 déc. 74		
Id. frères, casquettiers, rue des Rosiers, 44.............		Bourbon.....	16 mai 74	9 déc. 74	(7)		
Id. Simon, marchand d'engrais, rue de Marseille, 3........		Prodhomme .	9 janv. 74	....	* 31 janv.74		

(1) LEROUX dame, paie 27 fr. 48 c. %, pour toutes répartitions.

(2) LE ROY paie 4 fr. 32 c. %, unique répartition.

(3) LESAGE, Charles, paie 10 fr. 13 c. %, produit de son actif, et s'oblige à payer 10 %, en 5 ans, à partir de l'homologation.

(4) LESSORÉ paie 76 fr. 48 c. %, produit de son actif et s'engage

à parfaire l'intégralité des créances, en 4 ans. — Mme Veautier renonce à prendre part dans cette répartition.

(5) LETESSIER paie 9 fr. 42 c. %, unique répartition.

(6) LÉVY, Léon, paie 0 fr. 23 c. %, produit de son actif.

(7) LÉVY frères, doivent 30 %, en 5 ans, par 1/5, de l'homol.

NOMS, PRÉNOMS, PROFESSIONS ET DOMICILES.	Liquidation ✦ sérieuse Avoué ou Insuffisance	SYNDICS ET AVOUÉS	FAILLITES ET LIQUIDATIONS.	DATE DES HOMOLOGATIONS DE CONCORDATS	INSUFFIS^{es} ET UNIONS.	SÉPARAT^{ns} DE BIENS JUDICIAIRES.	CONS. JUDIC. ET INTERDICT.
LÉVY et Cie, fabricants de tissus, rue Bonaparte, 74.........		Beaugé	14 octob. 73	(1)			
Id. –WURMSER, confectionneurs, rue Caffarelli, 10........		Chevallier ...	17 octob. 74	31 déc. 74	(2)		
Id. dit LHÉRIC-HEURTAUX, Éd.-Avo., sans domici* connu.*		Bourgeois	....	....		24 févr. 74	
Id. –ISRAEL, Simon, rue Grange-aux-Belles, 35 .... *		Doudin	....	....		11 août 74	
LEYRELOUX, fumiste, boulevard d'Italie, 127..............		Sommaire	20 janv. 74	....	* 30 avril 74		
LEYS veuve, marchande de meubles, rue Traversière, 74.....		Prodhomme..	23 déc. 74				
LHENORET, Jules-Théodore, marchand de vins, cité Trévise 3...		Beaufour	19 déc. 74				
LHERANDEL, Alphonse-Ferdinand, épicier, rue du Pot-de-Fer, 7.		Copin	12 déc. 73	(3)			
LHÉRIC-HEURTAUX. Voir : LÉVY dit LHÉRIC.							
LHÉRITIER, Louis-Franç., m^d de couleurs, av. des Ternes, 43.		Gautier	27 déc. 71	12 juill. 72	(4)		
LHERMEROUT et GRAVELAIS, march. de bois, à Pantin.......		Hécaen.....	9 déc. 74				
LHERONDEL-HUET, Alph.-Ferd., rue du Battoir, 9........... *		Popelin	....	....		31 octob. 74	
LHEUREUX, Flore. Voir : COMPÈRE, dame.							
LHOMME, Alphonse, menuisier, rue Pradier, 28.........		Bégis	20 déc. 71	26 déc. 74	(5)		
LHUSSIER-HENSEL, Jean-Théophile, rue Lafayette, 26....... *		Bertinot.....	....	....		22 août 74	
LIABASTRE, marchand de vins et hôtelier, rue Ramey, 63...		Darboux	4 avril 74	(6)			
LIAIS, Gustave, rue d'Amsterdam, 24.................		Duboys.....					12 mars 74
LIARD, marchand de chevaux, à Gentilly...............		Beaugé.....	14 octob. 74		* 30 nov. 74		
LIARSOU, Jean-Bapt., fabr. d'étain en feuilles, av. Daumesnil, 88.		Copin.....	11 août 74	18 nov. 74	(7)		
LICOT, Charles, marchand de vins, à Bagnolet..............		Prodhomme..	3 déc. 72	(8)			
LIENARD, Aimable, logeur, rue Saint-Yves, 4.............		Sommaire	17 déc. 73		* 28 févr. 74		
Id. WALLON, François, cours de Vincennes, 43....... *		Benoist.....	....	....		8 janv. 74	
LIENNARD, Pierre, peintre, cité Industrielle, 5.........		Gautier.....	18 avril 74		* 29 juill. 74		
LIÉVIN, marchand de bois, à Levallois.................		Chevillot ...	14 déc. 71	(9)			
LINDIMER d^{lle}, Caroline, hôtelière, rue M. le Prince, 62.....		Copin	4 nov. 74		* 19 nov. 74		
LIONS veuve, Pierre, marchande foraine, rue de Lancry, 5.....		Bourbon	16 mai 74		* 11 juin 74		
LIOULT veuve, Ars.-Léon, fond. de cuiv., r. Gr.-aux-Belles, 39.		Normand....	13 octob. 74				
LISSAC, Jean-Julien, chapelier, rue de la Verrerie, 5.........		Darboux....	1er sept. 74	2 déc. 74	(10)		
LIVIGNOIS-FORBACH, André-Jules, rue Saint-Jacques, 283...*		Carvès.....	....	....		23 juin 74	
LIVRAYES dame, née COTTIAU, lingère, rue Rivoli, 90.......		Prodhomme..	6 août 74				
LOCHON et CAILLET, fabr. de porte-monnaie, rue Chapon, 13...		Gautier.....	17 juin 74				
LOCKERT, fabricant de dentelles, rue des Jeûneurs, 32........		Tournel	21 août 74				
LOCQUENEUX, Alfred. Voir : MALDAGUE, DUPONT et Cie.							

(1) LÉVY et Cie paient 8 fr. 20 c. %, unique répartition.

(2) LÉVY-WURMSER doivent 15 %, en 4 ans et 4 paiements ; le 1er aura lieu un an après l'homologation.

(3) LHERANDEL paie 6 fr. 98 c. %, unique répartition.

(4) LHÉRITIER paie 5 fr. 77 c. %, produit de son actif.

(5) LHOMME est qualifié failli ; il abandonne à ses créanciers tout l'actif réalisé et à réaliser.

(6) LIABASTRE paie 4 fr. 20 c. %, unique répartition.

(7) LIARSOU paie 10 fr. 43 c. %, produit de l'actif abandonné ; il se réserve : 1° son mobilier personnel ; 2° la somme à recevoir des contributions ; 3° les créances non recouvrées au jour de la reddition de compte ; 4° le droit d'usufruit de la succession de la dame Liarsou et s'engage à parfaire 25 %, en 5 ans, par 1/5, de l'homologation.

(8) LICOT paie 8 fr. 87 c. %, unique répartition.

(9) LIÉVIN paie 13 fr. 32 c. %, unique répartition.

(10) LISSAC doit 25 %, en 5 ans, par 1/10, de l'homologation.

NOMS, PRÉNOMS, PROFESSIONS ET DOMICILES.	indique Liquidation ✻ astérisque Avoué et Insuffisance	SYNDICS ET AVOUÉS	FAILLITES ET LIQUIDATIONS.	DATE DES HOMOLOGATIONS DE CONCORDATS	INSUFFIS⁰ ET UNIONS.	SÉPARAT⁰ DE BIENS JUDICIAIRES.	CONS.JUDIC. ET INTERDICT.
LOCQUET, Eugène-Joseph, bijoutier, à Montreuil.............		Copin.......	15 octob. 74				
Id. -TRONCHET, Jean-Louis, rue Hautefeuille, 32........	✻	Dubost....	....	....	....	7 juill. 74	
LOEB, Simon, confectionneur, chaussée du Maine, 19.........		Prodhomme.	20 sept. 74	....	*24 oct. 74		
LŒILLOT, Émile, traiteur, rue des Poissonniers, 20.........		Maillard...	7 août 74				
LOIR et KUHN, plombiers, rue des Deux-Ecus, 14.........		Prodhomme.	22 sept. 74				
LOISEAU, Louis-Aristide, fruitier, rue Mabillon, 10.........		Heurtey ...	4 août 74	....	* 20 oct. 74		
Id. dame, née Célina MAROT, modiste, r. d'Aboukir, 68.		Beaugé......	Id........		*17 sept. 74		
LOMBARD, Franç.-Marg.-Genev. Voir : MORRT dame.							
Id. Louis, boulanger, boulevard Mazas, 76............		Legriel ...	1ᵉʳ mai 74	....	* 29 juin 74		
LOMBARDIN dame, march. de nouveaut., r. du Temple, 187....		Sarazin....	11 déc. 73	(1)			
LONDE, Emmanuel, porcelainier, rue Saint-Honoré, 147.......		Gautier....	23 octob. 74				
LONGHI, Pierre-Jean-Baptiste, traiteur, à Alfort-Ville........		Barboux..	9 févr. 74	3 juill. 74	(2)		
LONGUESERRE, Germain, mᵈ de charb., r. des Entrepreneurs, 81.		Lamoureux..	23 mars 74	(3)			
LONGUESPÉE, Charles-Henri-Usm., tenᵗ lavoir, r. Pétrelle, 23..		Prodhomme.	23 déc. 73	....	*30 avril 74		
LOPEZ-DIAZ, changeur, rue Montmartre, 102.................		Beaugé....	26 déc. 73	(4)			
LORENTZ dame, march. de chaussures, r. Saint-Bernard, 32....		Sommaire..	25 mars 74	....	* 30 mai 74		
LORION, Alexandre-Aimable, traiteur, rue Belliard, 18........		Maillard...	20 juin 74				
LOSSEL, veuve, confectionneuse, au Temple, dᵗ r. des Vosges, 18.		Tournel	7 avril 74				
LOUCHAIN, charcutier, rue du Chemin de fer, 48.............		Beaujon....	24 févr. 40	(5)			
LOUET et BRULÉ, fabricants de colle, aux Prés-Saint-Gervais.		Gautier......	3 janv. 74				
LOUP-FOSSÉ, Dominique, sans domicile connu...............	✻	Clériot	....	....	....	17 nov. 74	
LOURY, marchand de vins, rue Portalès, 7.................		Knéringer..	12 octob. 74	....	* 30 nov. 74		
LOUVEL veuve, march. de produits chimiques, pl. du Maroc, 18.		Carbot.....	8 juill. 74				
Id. entrepreneur de travaux, rue Rennequin, 32.........		Beaugé....	19 sept. 72	(6)			
LOUVET, Jean-Franç.-Achille, grainetier, à Pantin............		Richard	7 avril 74				
LOZÉ dlle, Victorine, couturière, rue Ferme-des Mathurins, 32.		Pinot	4 nov. 73	20 avril 74	(7)		
LUCAS, Louis. Voir HARDEL et LUCAS.							
Id. Julien, restaurateur, rue Montmartre, 41.............		Tournel.....	10 févr. 74	....	*26 sept. 74		
Id. Alfred, boulanger, rue Neuve-Saint-Augustin, 32......		Hécaen....	23 janv. 74	5 mai 74	(8)		
LUCE, Gabriel, mercier, rue Saint-Honoré, 269.............		Chevallier...	14 mai 73	10 déc. 73	(9)		
Id. -BAZIRE, Jacques, rue Bourtibourg, 10................	✻	Estienne	....	....	....	21 févr. 74	
LUCIPIA, Gustave-François, cordonnier, à Asnières...........		Lamoureux..	17 janv. 74	(10)			
LUDWIG, commᵃ et journaliste, rue Jean-Jacq.-Rousseau, 56...		Sommaire ...	27 nov. 74				
LUEZ et Cie, Edouard, distillateurs, faub. Saint-Antoine, 315...		Knéringer ...	13 mars 74				
LUNDRE, boulanger, rue Servan, 44......................		Chevillot	17 juill. 73	26 déc. 74	(11)		

(1) **LOMBARDIN** dame, paie 9 fr. 75 c., unique répartition.

(2) **LONGHI** doit 40 %, en 5 ans, par 1/5, de l'homologation.

(3) **LONGUESERRE** paie 8 fr. 63 c., unique répartition.

(4) **LOPEZ-DIAZ** paie 4 fr. 74 c. %, unique répartition.

(5) **LOUCHAIN** paie 100 fr. %, unique répartition.

(6) **LOUVEL** entrepreneur. — Faillite reportée au 12 oct. 1869.

(7) **LOZÉ** dlle, doit 20 %, en 4 ans, par 1/8, de 6 en 6 mois.

(8) **LUCAS**, Alfred, doit 15 %, en 5 ans, par 1/3, d'année en année; le premier paiement aura lieu le 1ᵉʳ mai 1875.

(9) **LUCE**, Gabriel, paie 7 fr. 84 c. %, unique répartition.

(10) **LUCIPIA** paie 15 fr. 93 c. %, unique répartition

(11) **LUNDRE** paiera 10 %, dans 2 mois, à partir de l'homologation, et 10 %, en 5 ans, par 1/5.

NOMS, PRÉNOMS, PROFESSIONS ET DOMICILES.	L indique Liquidation * astérisques Avoué et Insuffisance	SYNDICS ET AVOUÉS	FAILLITES ET LIQUIDATION.	DATE DES HOMOLOGATIONS DE CONCORDATS	INSUFFIS** ET UNIONS.	SÉPARAT** DE BIENS JUDICIAIRES.	CONS.JUDIC. ET INTERDICT.
LUNDY, Pierre-Alfred, chemisier, rue du 4 septembre, 14.....		Gautier.......	29 janv. 74	3 juill. 74	(1)		
LUNEAU-BRIMBALLE, Fr.-Florent, boulevard de Charonne, 114.*		Levaux.......	....	....	....	24 nov. 74	
LUTEL, banquier, rue Breda, 28.............................		Sautton	2 avril 74	....	* 30 mai 74		
LYON dlle, Amélie, lingère, passage Brady, 08..............		Darbot.......	13 févr. 74	8 juin 74	(2)		

M

NOMS, PRÉNOMS, PROFESSIONS ET DOMICILES.	L	SYNDICS ET AVOUÉS	FAILLITES ET LIQUIDATION.	DATE DES HOMOLOGATIONS DE CONCORDATS	INSUFFIS** ET UNIONS.	SÉPARAT** DE BIENS JUDICIAIRES.	CONS.JUDIC. ET INTERDICT.
MAC'ALISTER et dame, modistes, rue Monsigny, 9...........		Beaugé......	17 mars 73	26 nov. 73	(3)		
MACDONALD, Georg.-Rodney, m⁴ de cheveux, r. Hauteville, 64.		Darboux.....	24 mars 74	(4)			
MACÉ, Désiré, épicier, rue de l'Arbre-Sec, 50..............		Sautton	1er déc. 73	....	* 29 avril 74		
MACHURON, Jules, hôtelier, rue de Turenne, 3..............		Hécaen......	2 juin 74	(5)			
MACLET, dlle, Constance, mde de vins, r. Larochefoucauld, 32.		Beaugé......	21 nov. 74	....	* 22 déc. 74		
MAES, Jean-Fois, f¹ de cartonnages, rue Simon-le-Franc, 19....		Darbot.......	16 nov. 74	....	* 30 nov. 74		
MAGNANT-BOURDEL, commissionnaire, r. Vintimille, 9 et 11...		Darboux	28 mai 74	....	* 23 juill. 74		
MAHAUDEAUX, Malvina-Joséphine. Voir : PIOCH, veuve.							
MAIGNE-VALTO, Ernest-Jean-Marie, rue St-Ambroise, 20...*		Chain.......	....	....	....	7 juill. 74	
Id.　　Ernest-Jean-Marie, épicier, à Saint-Mandé..........		Knöringer ...	7 févr. 73	(6)			
MAILLET, Antoine, boulanger, à Levallois................		Gauche......	27 octob. 73	(7)			
Id.　　Alexandre, marchand de vins, à Saint-Mandé......		Bégis	20 févr. 74	....	* 31 mars 74		
MAILLOCHON-LOUVET, boulevard Montparnasse, 35.........*		Goyet-Slossart...	....	....	....	7 mars 74	
MAILLOT, m⁴ de vins et peaux de lap., r. de la Roquette, 118 bis.		Sarazin......	25 févr. 74	....	* 30 mai 74		
MAINGUET, Rosalie. Voir : RICHARD, dame.							
MAIRE, Cyprien, marchand de vins, rue Traversière, 76.......		Meys	31 juill. 73	20 janv. 74	(8)		
MAISONNEUVE, marchand de vins, à Saint-Ouen............		Chevillot	13 octob. 72				
Id.　　dlle, épicière, rue Monsieur-le-Prince, 24......		Gautier......	24 févr. 74	....	* 30 juin 74		
Id.　　-ROUBILLE, rue Commines, hôtel de Boulogne.*		Prévot.......	....	....	....		8 août 74
MAISONNIER-CALAIS, Marie-Émile, boulevard Puebla, 410...		Langeron.....	....	....	....		2 juill. 74
MALACRIDA, Jules, opticien, rue Vivienne, 12............		Moncharville.	29 août 72	....	* 31 mai 73	(9)	
MALATO, Antoine, épicier, rue St-Germain-l'Auxerrois, 73......		Richard......	13 févr. 74				
MALDAGUE, DUPONT et Cie, drapiers, rue Montmartre, 152...		Pinet	24 août 74				
MALENFANT, Ch.-Pierre-Aug., ex-quincail., av. Parment., 28..		Darbot.......	22 octob. 73	(10)			
MALFRAY, Ed.-Marie-Adrien, peintre, faub. Saint-Denis, 451..		Prodhomme...	20 janv. 74	15 juin 74	(11)		
MALGAT-PORCHÉ, Pierre, rue de Lancry, 58..............*		Masse........	....	....	....		8 déc. 74
MALIDE, Adolphe, tapissier, rue Laffitte, 27..............		Sarazin	6 nov. 74				
MALLAC, Jean, tenant café-concert, rue Cadet, 27...........		Beaugé......	28 nov. 74				

(1) LUNDY doit 35 %, en 5 ans, par 1/5, de l'homologation.

(2) LYON dlle, doit 30 %, en 3 ans, par 1/3, de l'homologation.

(3) MAC'ALISTER paie 6 fr. 35 c. %, produit de son actif.

(4) MACDONALD paie 1 fr. 06 c. %, unique répartition.

(5) MACHURON paie 14 fr. 92 c. %, unique répartition.

(6) MAIGNE paie 2 fr. 03 c. %, unique répartition.

(7) MAILLET, Antoine, paie 5 fr. 16 c. %, unique répartition.

(8) MAIRE doit 40 %, en 5 ans, par 1/5, de l'homologation.

(9) MALACRIDA. — Réouverture du 17 mars 1874. — Il paie 9 fr. 49 c. %, unique répartition.

(10) MALENFANT paie 67 fr. 65 c. %, unique répartition.

(11) MALFRAY paie 79 fr. 80 c. %, produit de son actif, et s'oblige à payer, 10 %, en 4 ans, par 1/4, de l'homologation.

NOMS, PRÉNOMS, PROFESSIONS ET DOMICILES.	L Indique Liquidation * Astérisque Avoué et Insuffisance	SYNDICS ET AVOUÉS	FAILLITES ET LIQUIDATIONS.	DATE DES HOMOLOGATIONS OU CONCORDATS	INSUFFIS⁰⁰ ET UNIONS.	SÉPARAT⁰⁰ DE BIENS JUDICIAIRES.	CONS. JUDIC. ET INTERDICT.
MALLET, Edmond-Ernest, bijoutier, rue Beaubourg, 43........		Battarel.....	16 nov. 74				
Id. dame, couturière, rue Neuve-St-Augustin, 31........		Beaugé......	12 nov. 73	8 avril 74	(1)		
Id. -HOUTEVILLE, Léonce-Amab.-Auo., s. domic. connu..*		Labbé	....	....	....	28 juill. 74	
Id. -WAREMBOURG, entrepr. de transp., r. de la Tour, 78..		Copin.......	1er déc. 73	(2)			
MALTAUD. Voir : MALATO, Antoine.							
MALZAC dame, marchande de vins, rue Saint-Jacques, 312...		Beaujeu	4 mai 74	....	* 30 juin 74		
MAMET, fe de cadres de porte-monnaie, rue Montmorency, 0..		Chevillot....	1er déc. 73	25 nov. 74	(3)		
MANCEAU-ROUGIER, Hri-Michel-Ch., rue Montmartre, 18.....		Rély........	....	....	....	12 août 74	
Id. fabricant de savons, boulevard Magenta, 147........		Barbot......	4 déc. 72	(4)			
Id. Alfred, tailleur, rue J.-J.-Rousseau, 56...........		Moncharville.	2 octob. 74	....	* 27 nov. 74		
Id. -CHAUBE, Alexandre-Paul, détenu à Poissy........*		De Benazé...	....	....	....	25 août 74	
MANISSIÉ, fe de couronnes en perles, rue Bourtibourg, 21.....		Dufay.......	3 déc. 74				
MANGELSCHOT, Thérèse-Joseph. Voir : ANDRYANE, veuve.							
MANGIN, Gust., entrepre de bières, rue de Flandre, 92........		Chevillot....	10 octob. 71	19 févr. 72	* 26 juin 74		
Id. Léon, apprêteur d'étoffes, rue Petel, 5........		Bégis	10 déc. 73	3 mars 74	(5)		
MANICHON-CONSTANT, Émile, rue Saint-Lazare, 97..........*		Langeron....	....	....	....	24 nov. 74	
MANIETTE, Amédée, tenant bazar, rue Dauphine, 11..........		Copin.......	9 janv. 74	30 mai 74	(6)		
MANSARD et VILLIN, lithographes, rue Saint-Honoré, 152.....		Bégis	2 déc. 74				
MANTOIS dame, Alexan., mde de tabletterie, r. Rochechouart, 11.		Barbot......	8 octob. 74				
MANTOU, gantier, avenue des Ternes, 82.................		Gautier.....	7 mars 74	....	* 28 juill. 74		
MARAIS, Alphonse, march. de rouenneries, bd du Temple, 36...		Gauche......	27 octob. 74				
MARANDET veuve, ex-gér. d'un mess d'offic., r. Vaugirard, 200.		Normand....	20 juin 74	(7)			
MARC, marchand de vins et charbons, rue Bois-le-Vent, 0......		Bégis	16 octob. 72	(8)			
Id. et Cie. Voir : BERGER et MARC.							
Id. -ROUSSEAU, Raym.-Cas., faubourg Saint-Denis, 146...*		Pijon	....	....	....	14 juill. 74	
MARCADET et HERNANDEZ, taill., place du Château d'Eau, 1...		Barbot......	20 janv. 74	13 mai 74	(9)		
MARCEAU, Louis, maçon, rue des Epinettes, 14 bis..........		Copin.......	29 mai 73	16 déc. 73	(10)		
MARCEL, Antoinette. Voir : SERVIN, veuve.							
MARCHAL, commissionnaire, rue N.-D. de Nazareth, 66.......		Meys........	2 sept. 73	20 janv. 74	(11)		
Id. Jean, passementier, rue Saint-Denis, 95..........		Chevillot....	6 mars 74	22 juill. 74	(12)		
Id. Franç.-Joseph, ex-banquier, boul. de Courcelles, 122.		Beaugé......	18 mars 72	....	* 25 mai 72	(13)	
MARCHAND, Adèle-Laure. Voir : DUGAY et dame.							
Id. -DUCHAUME, march. de jouets, r. Miromesnil, 121.		Meillencourt.	2 févr. 74	21 juill. 74	(14)		

(1) MALLET dame, paie 19 fr. 65 c. %, produit de son actif, et s'oblige à payer 10 %, en 4 ans, par 1/4, de l'homologation.

(2) MALLET-WAREMBOURG paie 6 fr. 44 c. %, unique répart.

(3) MAMET abandonne son actif et s'oblige à payer 20 %, en 4 ans, par 1/4, de l'homologation.

(4) MANCEAU, fe de savons, paie un dividende de 13 fr. 63 c. %.

(5) MANGIN, Léon, paiera l'intégralité des créances, en 6 ans, par 1/6, de l'homologation.

(6) MANIETTE abandonne son actif, sauf son mobilier personnel, et s'oblige à payer 25 %, en 3 ans.

(7) MARANDET veuve paie 15 fr. 23 c. %, unique répartition.

(8. MARC, marchand de vins, paie 7 fr. 53 c. %, dernière rép.

(9) MARCADET et HERNANDEZ, paieront l'intégralité des créances, en 4 ans, par 1/4, de l'homologation.

(10) MARCEAU paie 10 fr. 64 c. %, produit de son actif.

(11) MARCHAL, comre, doit 30 %, en 5 ans, par 1/5, de l'homol.

(12) MARCHAL, Jean, doit 40 %, en 4 ans, par 1/4, de l'homol.

(13) MARCHAL, François. — Réouverture du 16 novemb. 1874.

(14) MARCHAND-DUCHAUME, doit 20 %, en 4 ans, par 1/4, d'année en année, de l'homologation.

NOMS, PRÉNOMS, PROFESSIONS ET DOMICILES.	SYNDICS ET AVOUÉS	FAILLITES ET LIQUIDATIONS.	DATE DES HOMOLOGATIONS DE CONCORDATS	INSUFFIS⁰ ET UNIONS.	SÉPARAT⁰ DE BIENS JUDICIAIRES.	CONS. JUDIC. ET INTERDICT.
MARCHAND-BOURCIER St-CHAFFRAY, G. -Hyac.-J., à Vincennes.*	Delpon......			....	26 juin 74	
MARCILLY dame, décédée, née MIRAY, bijre, bd Sébastopol, 9..	Bourbon ..	27 nov. 71	(1)			
MARCOU dame, née GÉRARD, hôtelière, rue Saint-Jacques, 212..	Tournel	3 sept. 74				
MARÉCHAL, marchand de vins, rue Poncelet, 51..............	Gauche......	23 octob. 74				
Id. fumiste, boulevard de Belleville, 53..............	Deaugé..	9 janv. 74	....	* 24 mars 74		
Id. JEAN-ANDRÉ, marchand de chaussures, à Nanterre.	Legriel......	15 janv. 74	27 avril 74	(2)		
MARÉCHAUX, ED.-LAUR.-FA., march. de tissus, rue Amelot, 130.	Normand...	23 octob. 74				
MARENOLAZ, FR.-LUCIEN, ex-fd de comptoirs, pl. de la Bastille, 1.	Deaugé..	22 déc. 74				
MAREST, ALFRED, négociant, rue Richelieu, 76..............	Pinet	26 déc. 73	....	* 29 mai 74		
MARGOT-TRÉSALLET, rue de Vaugirard, 235..............	*Dabladis...				14 juill. 74	
MARGUERIE-CARLIER, FRÉDÉRIC, à Liège...........	*Chagnet...				2 janv. 74	
MARINGUE, changeur, avenue de Bric, 15...........	Richard	5 déc. 74				
MARINI, HYACINTHE, limonadier, rue de Poitiers, 5..........	Normand...	4 déc. 73	19 mars 74	(3)		
MARION, courtier en vins, à Nanterre..............	Legriel	13 juill. 74		* 31 oct. 74		
Id. et Cie, boulangers, rue Lafayette, 144..............	Normand ...	12 mars 73	(4)			
Id. SYLVIE-ELISA. Voir : HÉGROT, dame.						
MARKS, F.-SALOMON, luthier, rue d'Angoulême, 66..........	Copin......	28 nov. 73	17 mars 74	(5)		
MAROT, CÉLINA. Voir : LOISEAU, dame.						
MAROTTE veuve, marchande de vins, à Boulogne..........	Maillard...	6 mars 73				
MARQUET, JEAN-BAPTISTE-Tuéon., commissionnaire, r. Pajol, 31.	Gauche.....	15 avril 74				
MARRAST, EUGÈNE, fabr. d'équip. milit.; rue de Rennes, 123 ..	Barbot.....	12 mars 73	(6)			
MARRE, FRANÇOIS-ALBERT, rue Cardinal-Lemoine, 15....... *	Bonnel.....			....	....	21 nov. 74
Id. JEAN-RAYMOND, marinier, boulevard Magenta, 111....	Richard ...	39 déc. 72	(7)			
MARTEL, ADAM, potier, boulevard Magenta, 64..............	Pinet	25 mars 74			* 30 sept. 74	
Id. restaurateur, rue Rochechouart, 75..............	Knéringer ..	19 déc. 74				
MARTEVILLE et Cie. Voir : SOCIÉTÉ HOUILLÈRE et MÉTALLUR.						
MARTIN, ex-entrepreneur de transports, avenue de Choisy, 155.	Chevillot	25 juin 73	12 févr. 74	(8)		
Id. JULES-ALEXANDRE, charron, rue d'Hautpoul, 50........	Darbot.....	17 nov. 74			* 31 mars 74	
Id. JEAN, hôtelier, passage Saint-Pierre, 21...........	Legriel.....	18 févr. 74			* 18 nov. 74	
Id. épicier, rue du Bac, 59...........	Pinet	3 mars 73	(9)			
Id. JEAN-JACQUES, agent d'affaires, rue du Temple, 170...	Barbot.....	21 mai 74	17 octob. 74	(10)		
Id. fabricant de porte-monnaie, rue Chapon, 10..........	Chevallier ..	16 nov. 74			* 26 déc. 74	
Id. ALFRED, ex-fabr. de boutons, rue Claude-Vellefaux, 38.	Chevillot	25 mars 74			* 30 juin 74	
Id. -NOTRÉ dame, fleuriste, r. N.-D.-des-Victoires, 40....	Pinet	25 nov. 74				
Id. SMITH, JEAN-EUG., rue de la Butte-Chaumont, 75....*	Goujon.....				4 août 74	
Id. -POGNON, HONORÉ, rue Vieille-du-Temple, 133.......*	Masso.....				20 janv. 74	

(1) MARCILLY dame. — Le syndic paie 20 fr. %, première rép.

(2) MARÉCHAL, JEAN, paie 9 fr. 46 c. %, produit de son actif, et s'engage à payer 10 %, en 3 ans, de l'homologation.

(3) MARINI doit 10 %, en 5 ans, par 1/5, de l'homologation.

(4) MARION et Cie paient 2 fr. 83 c. %, unique répartition.

(5) MARKS doit 20 %, en 4 ans, par 1/4, de l'homologation.

(6) MARRAST paie 22 fr. 61 c. %, en deux répartitions.

(7) MARRE, JEAN, paie 8 fr. 90 c. %, unique répartition.

(8) MARTIN, ex-entrepreneur, paie 43 fr. 59 c. %, produit de son actif, et s'oblige à payer 20 %, en 5 ans, par 1/5 de l'homolog.

(9) MARTIN, épicier, paie 48 fr. 17 c. %, unique répartition.

(10) MARTIN, JEAN-JACQUES, doit 30 %, en 5 ans, par 1/5, de l'hon.

NOMS, PRÉNOMS, PROFESSIONS ET DOMICILES.	L indique liquidation * astérisque Avoué et Insuffisance	SYNDICS ET AVOUÉS	FAILLITES ET LIQUIDATIONS.	DATE DES HOMOLOGATIONS DE CONCORDATS	INSUFFIS. ET UNIONS.	SÉPARAT. DE BIENS JUDICIAIRES.	CONS.JUDIC ET INTERDICT.
MARTIN-LESUEUR, Louis-Arthur, rue Beethoven, 25	*	De Donazé				28 avril 74	
Id. -LEMON, Charles, menuis., boul. de Grenelle, 211	*	Robineau				11 nov. 73	
Id. -MARTIN, François-Nicolas, boul. Richard-Lenoir, 136		Best				24 févr. 74	
Id. et Cie, Frédéric. Voir : WEYL et Cie.							
Id. Marguerite. Voir : DOUTAL, dame.							
Id. Jeanne. Voir : VIARD, dame.							
MARTINAUD, Léonard, maçon, rue des Dames, 40		Tournel	19 mai 74		* 24 juill. 74		
MARTINEAU, Ch.-Fçois., md de goudron, q. de la Tournelle, 27		Gauche	8 déc. 74		* 31 déc. 74		
MARTINROCHE et MARTINET, rue de Malte, 68		Gauche	27 août 70				
MARTY-BRUNET, Alb.-Max., maçon, av. Taillebourg, 9		Barboux	20 juill. 70	27 mars 72	25 juin 74		
MARTZLOFF, agent d'affaires, boul. Sébastopol, 91		Moys	24 févr. 74		* 25 nov. 74		
MARY dame. Voir : DELETROY dame et Cie.							
MASQUIN, Léopold, mercier, rue du Colisée, 18		Gauche	2 octob. 74				
MASSARD, épicier, rue Jullon-Lacroix, 72		Devin	30 avril 74		* 31 août 74		
MASSE et JULLIEN, entrepr. de travaux, faub. du Temple, 10		Barbot	5 mars 69	25 févr. 74	(1)		
MASSÉ, ex-restaurateur, aux Prés-Saint-Gervais		Beaugé	15 octob. 74		* 30 nov. 74		
Id. dame, fabricante de sommiers, boul. Strasbourg, 55		Battarel	8 nov. 71	7 févr. 73	* 16 oct. 74		
MASSON, Gustave-Noel, cordonnier, rue du Mail, 36		Pinet	26 nov. 73		* 27 janv. 74		
Id. Ambroise, ex-entrepreneur de transp. r. de la Perle, 11		Gauche	28 avril 74		* 30 juin 74		
Id. Eusèbe-Étienne, dragueur, à Boulogne		Beaufour	20 avril 74	(2)			
Id. FOURNIÉ-CASTILLA, Jean, détenu à Poissy	*	Engrand				28 avril 74	
MASSONNET, dir. de la Caisse des Rentiers, rue de Provence, 59		Maillard	7 avril 74		* 24 juill. 74		
MAST, Hubert, restaurateur, rue Sainte-Anne, 41		Beaujou	15 mai 74		* 23 juin 74		
MASURIER, Raoul, rond-point des Champs-Elysées, 45	*	Denormandie					29 déc. *
MATHÉ-DAISAY, Paul-Louis-Eugène, boul. St-Michel, 54	*	Deherpe				27 déc. 73	
MATHIEU, ex-marchand de bois, rue Rochechouart, 51		Heurtey	20 mars 72	(3)			
Id. Etienne-Auguste, march. de vins, à Charenton		Maillard	30 mai 74				
MATHON, courtier en charbons, rue des Martyrs, 58		Maillard	21 avril 74				
MATOUT, march. de vins, rue St-Dominique-St-Germain, 130		Chevallier	8 juill. 73	(4)			
MATROT, Pierre, carrossier, rue Riquet, 9		Barbot	10 mars 74	11 sept. 74	(5)		
MAUFRAS et veuve AUDRY, tenant lavoir, à Châtillon		Copin	2 avril 74	(6)			
MAUGENEST, Jean-Bapt., hôtelier, rue du 29 juillet, 11		Heurtey	23 mars 72	10 octob. 72	* 30 sept. 74		
MAUGER, marbrier, rue de la Roquette, 103		Lamoureux	16 sept. 74		* 31 déc. 74		
MAUGEZ, Edouard, chapelier, rue Saint-Honoré, 134		Barboux	24 juin 74	28 octob. 74	(7)		
MAUGIN-ANCIAU, Clovis, rue de Rouen, 6	*	Dumont				23 juin 74	
MAUMEY, Jean, coupeur de poils, rue du Chemin-Vert, 82		Sommaire	26 déc. 73	27 mai 74	(8)		

(1) **MASSE et JULIEN** paient 17 fr. 06 c. %, produit de leur actif, et s'engagent à payer chacun 10 %, en 5 ans, par 1/5. — M. Masse père renonce à prendre part dans la répartition de l'actif.

(2) **MASSON**, Eusèbe. — Faillite annulée par arrêt du 25 juill. 74.

(3) **MATHIEU**, ex-march. de bois, paie 3 fr. 50 c., 1re rép.

(4) **MATOUT** paie 22 fr. 07 c. %, unique répartition.

(5) **MATROT** doit 25 %, en 5 ans, par 1/5, de l'homologation.

(6) **MAUFRAS** et veuve **AUBRY** paient 9 fr. 83 c. %, uniq. rép.

(7) **MAUGEZ** doit 25 %, en 5 ans, par 1/5, de l'homologation.

(8) **MAUMEY** doit 40 %, en 5 ans, par 1/5 ; le premier paiement aura lieu le 1er mai 1875.

NOMS, PRÉNOMS, PROFESSIONS ET DOMICILES.	L indique Liquidation ° astérisque Avoué et Insuffisance	SYNDICS ET AVOUÉS	FAILLITES ET LIQUIDATIONS.	DATE DES HOMOLOGATIONS DE CONCORDATS	INSUFFIS^ce ET UNIONS.	SÉPARAT^on DE BIENS JUDICIAIRES.	CONS. JUDIC. ET INTERDICT.
MAUNOURY, ANASTASIE. Voir : BRAUT veuve.							
MAURET dit MOURET DE CASTILLON, agent d'aff., r. de Rome, 75		Knéringer....	11 mai 09	17 mars 74	(1)		
Id. JEAN-BAPT.-ROS.-ALPH., ex-m⁴ de vins, r. Marcadet, 63..		Hourtey	6 mars 74				
MAURICE et Cie, commissionnaires, rue des Fontaines, 25......		Prudhomme .	24 juill. 74				
MAURIZIO, frangeur de châles, faubourg Saint-Denis, 19.......		Gautier.....	21 mars 74		° 30 mai 74		
MAUROY-FAUCONNET, CONSTANT, à Alfortville...............	*	Corpet				17 octob. 74	
Id. CONSTANT, ex-épicier, à Alfortville....		Gauche.....	29 mai 74				
MAURY, LOUIS, entrepr. de transports, rue des Taillandiers, 12.		Pinet	17 mars 74	(2)			
Id. -BOUSSEDAULE, NOEL, rue Constantinople, 34.......	*	Cohn........				2 juill. 74	
MAUSSION, PAUL, rue de la Banque, 5...............	*	Chagnet.....					14 mars 74
MAVÉ, ex-traiteur, rue Ordoner, 111...............		Meys........	9 mars 74		° 31 déc. 74		
MAWAST-BARTHÉLEMY, ECD.-JEAN-F^ois, sans domicile connu..		Belon.......				28 avril 74	
MAXIA, bonnetier, rue de Sèze, 4...............		Dufay.......	10 nov. 73		° 31 janv. 74		
MAY, pers¹, changeur, rue de la Banque, 10..............		Lamoureux...	9 juill. 74		° 29 oct. 74		
MAYENC-CAPOT, HIPPOLYTE-HONORÉ, faub. Poissonnière, 155..		Rougeot.....				28 nov. 74	
MAYER, CH.-JACOB, m⁴ de comestibles, rue des Abbesses, 57...		Meys........	7 janv. 74	26 mai 74	(3)		
Id. MOISE, ex-m⁴ de mach. à coudre, rue St-Martin, 213...		Pinet	23 déc. 71	(4)			
Id. LÉOPOLD-ERNEST, photographe, rue Drouot, 2.........		Lamoureux...	11 mars 74	22 juin 74	(5)		
Id. et RODIE, confectionneurs, rue de Valois, 41.........		Tournel.....	28 sept. 74				
Id. LÉVY, f¹ d'appareils d'eau de seltz, av. des Amand., 10.		Dufay.......	11 déc. 73		° 28 août 74		
MAYET, BARTH.-ALEXAN., ex-m⁴ de vins, r. Mouton-Duvernet, 5..		Knéringer....	7 mai 74		° 20 oct. 74		
MAYNIAL, ANTOINE, ex-ferrailleur, à Neuilly...............		Gautier.....	10 nov. 74				
MAYSONNADE-DELAGE-MONTANCEIN, J.-JUL., av. Parment., 26.	*	Servy				16 juin 74	
MAZZEY, LOUIS-MARIE-PARFAIT, nourrisseur, à Ivry...........		Meilleneourt.	8 avril 69	(6)			
MAZZUCCHELLI, ALFRED-JOSEPH, carrossier, rue Abbatucci, 56.		Beaufour....	13 juill. 70		° 21 janv. 73	(7)	
MÉA veuve, ex-limonadière, rue de la Chapelle, 63...........		Richard	31 juill. 74		° 20 oct. 74		
MECOY, SUZ.-CLÉMENTINE. Voir : BENOIT, veuve.							
MÈGE et Cie, m^ds de vins-traiteur, rue Clignancourt...........		Beaujeu.....	7 janv. 74	(8)			
MÉGROT, marchand de vins, quai Napoléon, 23...........		Pinet	26 avril 72	(9)			
Id. dame, marchande de vins, chaussée Ménilmontant, 4.		Legriel.....	23 nov. 74		° 31 déc. 74		
MÉJANE-GONDAL, JEAN-JOSEPH, pass. Germain-Pilon, 3........	*	Hardy......				10 janv. 74	
MELCHIOR-NOYER, ALEXIS, rue Saint-Blaise, 27..........	*	Branche.....					12 déc. 74
MÉLODIA, ex-cantinier, rue des Messageries, 11...........		Copin.......	29 août 74		° 31 oct. 74		
MELOTTE, JULES-ISIDORE, imprimeur, rue Meslay, 57........		Pinet	19 sept. 74		° 26 nov. 74		
MENDEL, marchand de vins, à Vincennes...............		Gauche.....	10 avril 74		° 23 juill. 74		
MÉNEGAULT, GUSTAVE, teinturier, rue des Entrepreneurs, 43...		Normand....	15 déc. 74				

(1) MAURET dit MOURET paie 100 fr. %, unique répartition.

(2) MAURY paie 15 fr. %, première répartition.

(3) MAYER, CH., paie 10 % comptant, et doit 20 %, en 5 ans, par 1/5, d'année en année, de l'homologation.

(4) MAYER, MOISE, paie 1 fr. 36 c. %, unique répartition.

(5) MAYER, LÉOPOLD, paiera l'intégralité des créances, en 10 ans, par 1/10, à partir de l'homologation.

(6) MAZZEY paie 10 fr. %, deuxième répartition.

(7) MAZZUCCHELLI paie 2 fr. 36 c. %, unique répartition.

(8) MÈGE et Cie paient 100 fr. %, unique répartition.

(9) MÉGROT paie 17 fr. 77 c. %, unique répartition.

NOMS, PRÉNOMS, PROFESSIONS ET DOMICILES.	E Indique Liquidation 0 Arrérages Avoué et Insuffisance	SYNDICS ET AVOUÉS	FAILLITES ET LIQUIDATIONS.	DATE DES HOMOLOGATIONS DE CONCORDATS	INSUFFIS³⁴ ET UNIONS.	SÉPARAT³⁴ DE BIENS JUDICIAIRES.	CONS.JUDIC. ET INTERDICT.
MÉNÉTRIER dᵗˡᵉ, Octavie, cordonnière, boul. de Strasbourg, 11.		Beaugé......	16 déc. 73	(1)			
MENGÈS-SARSELLE, Jacques-Jules, rue de Flandre, 47.......	*	Denormandie	....	....	....	24 mars 74	
MENIL-COPEL, Pierre-Séraphin, rue Rambuteau, 4..........	*	Trodoux.....	....	....	....	8 août 74	
Id. Pierre-Séraphin, mᵈ de chaussures. Id.		Lamoureux..	17 juill. 74				
MENOCHET, Adrien-Aug., cordonnier, rue Montorgueil, 45......		Heurtey.....	15 déc. 74				
MENTZER veuve, mᵈ de vins, à la Garenne-Colombes		Normand....	25 sept. 74				
MENUDIER, Ferdinand, maçon, rue Riquet, 67...............		Hécaen.....	13 févr. 72				
MERAL-SOUQUE, Pierre, rue Quincampoix, 69...............	*	Laden......	....	....	....	14 avril 74	
MERCIER, maçon, aux Prés-Saint-Gervais...................		Chevillot...	17 janv. 72	(2)			
Id. veuve, née Aglaé CUZOL, épicière, rue Champollion, 3.		Beaujeu....	15 déc. 73				
Id. Ange-Casimir, ex-mᵈ de bains, à Boulogne..........		Knéringer...	19 octob. 74				
Id. dit WUG, Jules. Voir : FRILOUX dᵗˡᵉ et MERCIER.							
Id. -DONENFANT, Dominique, à Drancy (Seine)........	*	Doudin......	....	....	....	9 juin 74	
MERCKLEIN, Émile, opticien, faubourg du Temple, 108.......		Prodhomme..	15 mai 74				
MERGENTHALER, ex-boulanger, rue Lhomond, 51............		Sarazin.....	17 nov. 73				
MÉRIOT aîné, Laurent-Constant, mᵈ de vins, à Clamart.......		Dufay	30 sept. 73	17 mars 74	(3)		
MERKENS et GARDÈS, banquiers, boul. Haussmann, 17.......		Meillencourt..	16 déc. 71	21 déc. 74	(4)		
MERLIN, Désiré, marchand de vins, pass. Gourdon, 9.......		Sarazin.....	20 janv. 74				
MERMINOD, Joseph, logeur, à Montreuil.................		Sautton.....	17 nov. 74	....	*31 déc. 74		
MERNY, limonadier, rue Larochefoucault, 49.............		Chevallier...	30 juill. 73	(5)			
MERTENS, Pierre-Jean, ébéniste, faub. Saint-Antoine, 127....		Pinet	11 mars 74	....	*25 avril 74		
MESNARD, Jules, libraire, rue des Saints-Pères, 37..........		Sautton.....	20 juill. 70	12 sept. 71	(6)		
MESSAGER, Paul-Philogène, rue Tronchet, 5.............		Gayet-Siemest..	....	....	....	....	21 janv. 74
MESTRE-COURETTE, Joseph, rue de la Parcheminerie, 7......	*	Henriet	....	....	*25 juin 74		
Id. fumiste et crémier, rue Vandamme, 41.		Copin......	11 déc. 73	....	*28 févr. 74		
METZ, fabricant d'art. de nouveautés, rue de l'Échiquier, 18....		Lamoureux..	26 août 67	7 mars 68	28 janv. 74		
MEUNIER, Jules, entrepreneur, r. de l'Asile-Popincourt, 3.....		Beaufour....	23 juill. 74	24 déc. 74	(7)		
Id. Louis-Pierre, mᵈ de vins, à Saint-Denis............		Lamoureux..	28 janv. 74	30 mai 74	(8)		
Id. marchand de charbons, à Saint-Ouen............		Richard	22 mai 74	28 déc. 74	(9)		
MEURGÉ, Antoine, fᵗ de boutons, rue Saint-Maur, 119........		Beaujeu....	28 janv. 74				
MEVIL, Amédée. Voir : DONNEVIE et Cie.							
MEYER, Fidèle, encadreur, rue du Temple, 107, puis 14......		Heurtey.....	20 sept. 73	17 avril 74	(10)		
Id. frères, boulangers, rue Neuve-des-Petits-Champs, 11..		Pinet	9 août 72	(11)			

(1) MÉNÉTRIER dᵗˡᵉ, paie 2 fr. 63 c. %, unique répartition.

(2) MERCIER, maçon, paie 7 fr. 42 c. %, unique répartition.

(3) MÉRIOT paie 23 fr. 12 c. %, unique répartition, abandonne l'indemnité à lui due par la Ville et une créance dans la succession Dieu, et s'engage à parfaire l'intégralité des créances, par 1/12, d'année en année ; le 1ᵉʳ douzième à échoir est cautionné par M. Toubault.

(4) MERKENS et GARDÈS. — Gardès paie 3 %, aussitôt l'homologation, et parfait 50 %, en 9 ans.

(5) MERNY paie 3 fr. 35 c. %, unique répartition.

(6) MESNARD paie 8 fr. %, produit de son actif.

(7) MEUNIER, Jules, doit 25 %, en 5 ans, par 1/5, de l'hom.

(8) MEUNIER, Louis, doit 50 %, en 5 ans, par 1/5, de l'hom.

(9) MEUNIER, marchand de charbons, paiera le montant des créances, en 5 ans, par 1/5, avec la caution de Mad. Meunier.

(10) MEYER, Fidèle, doit 25 %, en 5 ans, par 1/5, de l'homol.

(11) MEYER frères, paient 2 fr. 44 c. %, unique répartition.

NOMS, PRÉNOMS, PROFESSIONS ET DOMICILES.	Z indique Liquidation * astérisque Avoué ou Invalidense	SYNDICS ET AVOUÉS	FAILLITES ET LIQUIDATIONS.	DATE DES HOMOLOGATIONS DE CONCORDATS	INSUFFIS^{ces} ET UNIONS.	SÉPARAT^{ans} DE BIENS JUDICIAIRES.	CONS. JUDIC. ET INTERDICT.
MEYER, Marie-F^{oise}. Voir : PONTON, veuve.							
MIAT frères, f^{ts} d'eau de seltz, rue Mesnil, 11		Bourbon	3 octob. 74				
MICHEL d^{lle}, Elisa, mercière, r. des Nonnains-d'Hyères, 3		Maillard	14 octob. 74				
MICRIELS, dir. du café La Tertullia, rue de la Michodière, 42		Normand	28 mai 73	30 janv. 74	(1)		
MICHOT, Victor, limonadier, rue Richelieu, 36		Bourbon	28 juill. 73		14 mars 74		
MICOCORDIER-BRICKA, Victor, rue Maubeuge, 42	*	Clériot				25 août 74	
MIGEVANT pers^t, Jul.-Joseph, photographe, b^d Beaumarchais, 2		Maillard	12 déc. 74		*30 janv. 72	(2)	
MIGNAC, Jean-Pierre, ex-march. de vins, à Brou (S.-et-Marne)		Meillencourt	17 nov. 74		*30 nov. 74		
MIGNATON, Joseph-Acace, maçon, rue des Fermiers, 12		Normand	18 nov. 74	7 mars 72	*28 nov. 74		
MIJON, Jean-François, fabr. de briques, rue du Contro, 4		Trillo	17 octob. 64		*3 févr. 65	(3)	
MILLARD-GRADO, Charles, rue du Lantiez, 6	*	Dechambre				23 déc. 73	
MILLAUD, Mard.-Alph., journaliste, rue des Martyrs, 11		Moncharville	14 févr. 73	(4)			
MILLE d^{lle}, Marie, cordonnière, rue Basse-du-Rempart, 66		Richard	9 août 73	(5)			
MILLET, Jules, menuisier, boul. du Temple, 12		Lamoureux	24 juill. 69	25 octob. 69	*29 juill. 74		
Id. Charles, tourneur en bois, rue Moreau, 58 bis		Battarel	23 mars 74		*30 mai 74		
MILLIET-DUCLOS, Pierre-Aimé, boul. du Temple, 46	*	Poinsot				17 mars 74	
MILLOCHAU dame, march. de vins, rue Turbigo, 57		Pinet	9 juill. 74				
MILLOT, épicier, rue Maubeuge, 38		Normand	23 mars 74		*30 avril 74		
MIMANDRE ainé et Cie, fabr. de biscuits, rue de l'Arbre-Sec, 33		Gauche	2 déc. 74				
Id. pers^t, Louis, Id. r. St-Louis-en-l'Ile, 52		Richard	20 octob. 74		*30 nov. 74		
MIRABLON, Paul-François. Voir : MIMANDRE ainé et Cie.							
MIRAL-SOUQUE, rue Quincampoix, 09	*	Laden				14 avril 74	
MIRELLE et GIRON, march. de bois et charbons, à Saint-Denis.		Gauche	1er avril 74				
MISCHLER, Jacques, march. de nouveaut., rue Charenton, 60		Sarazin	22 juin 74	10 déc. 74	(6)		
MITAINE et Cie, L^s-Pasc., charrons, gr. rue de Montreuil, 47		Beaujeu	29 sept. 74				
MOHR, Georges-Jacques, march. de vins, à St-Ouen		Meillencourt	9 octob. 74		*31 déc. 74		
MOHRT dame, née LOMBART, couturière, boul. Haussmann, 50		Barboux	1er déc. 74				
MOINET, Louis. Voir : PARIS et Cie.							
MOISE sœurs, march. de nouveautés, rue Cambronne, 108		Copin	6 octob. 74				
MOLARD-GOMBAULT, Ludovic, sans domicile connu	*	Olachez				23 déc. 73	
MOLINIER, Fr.-Vict.-Fréd., comm^{re}, rue Sainte-Anne, 23		Sautton	19 mars 74				
MONAIN, Amédée-Noel, papetier, rue d'Aboukir, 137		Dufay	20 nov. 73	18 avril 74	(7)		
Id. -LEMOUX, Id. Id.	*	Postel-Dubois				27 janv. 74	
MONDET et Cie, fabr. d'équip. militaires, rue d'Enghien, 11		Normand	6 mai 73	(8)			
MONGENOT, Eugène-Jean-Dés., polisseur, rue St-Sébastien, 9		Régis	13 nov. 74				
Id Nicolas-Hipp., march. de couleurs, r. Magnan, 26		Lamoureux	5 sept. 61		*28 oct. 61	(9)	

(1) **MICHIELS** paie 18 fr. 59 c. %, produit de son actif, et s'oblige à payer 5 %, en 5 ans, par 1/3, de l'homologation.

(2) **MIGEVANT**. — Réouverture du 22 juin 1874.

(3) **MIJON**. — Réouverture du 3 octobre 1870. — Il paie 52 fr. 80 c. %, unique répartition.

(4) **MILLAUD** paie 20 fr. %, première répartition.

(5) **MILLE** d^{lle} paie 20 fr. 57 c. %, unique répartition.

(6) **MISCHLER** doit 35 %, en 5 ans, par 1/5, de l'homologation.

(7) **MONAIN** doit 25 %, en 4 ans, par 1/4, de l'homologation.

(8) **MONDET et Cie** paient 3 fr. 27 c. %, unique répartition.

(9) **MONGENOT**, Nicolas. — Un jugement du 11 juillet 1874, annule la faillite du 29 juin 1860 et celle du 3 juin 1874, déclare que celle du 5 septembre 1861 subsiste seule, et en ordonne la réouverture. (Voir à la page suivante.)

NOMS, PRÉNOMS, PROFESSIONS ET DOMICILES.	Indique Liquidation * astérisques Avoué et Insuffisance	SYNDICS ET AVOUÉS	FAILLITES ET LIQUIDATIONS.	DATE DES HOMOLOGATIONS DE CONCORDATS.	INSUFFIS^ces ET UNIONS.	SÉPARAT^ons DE BIENS JUDICIAIRES.	CONS. JUDIC. ET INTERDICT.
MONGENOT, Nicolas-Hipp., m⁴ de couleurs, r. des Amandiers, 4.		Darbot......	29 juin 66	....	* 30 juill. 66		
Id. Id. Id. r. Magnan, 26.....		Meys........	3 juin 74				
MONIER, Constant, entrepr. de travaux publics, à Asnières....		Beaufour....	15 juill. 74				
MONIN, Charles, restaurateur, boulevard Poissonnière, 12.....		Beaugé......	26 sept. 74				
MONNIER, Jules, cordonnier, boulevard Voltaire, 48........		Lamoureux..	20 nov. 73	6 mars 74	(1)		
Id. Id. Id. act. rue Oberkampf, 73.....		Id	21 déc. 74				
MONSELET fils, Ch. Vict.-Fél., repouss. en culv., r. Aumaire, 15		Beaugé......	28 nov. 73	....	* 31 mars 74		
MONTEIL veuve, hôtelière, rue des Gobelins, 5........		Copin......	30 octob. 74	....	* 24 déc. 74		
MONTFORT, Alf.-J.-Bapt., tapissier, place du Château d'Eau...		Moncharville.	13 octob. 74	22 janv. 72	20 juin 74		
MONTIGNY, Émile, commissionnaire, rue Lafayette, 130......		Heurtey.....	24 avril 74	7 octob. 74	(2)		
Id. -VART. Id. Id. Id......*		Corpet......	....	....	....	23 juin 74	
MONTPELLIER et GAUDAILLIER, march. de cadr., r. d'Alsace, 37		Hécaen......	19 sept. 74	....	* 22 déc. 74		
MONTPEYROUX (de). Voir : CHEVREAU et MONTPEYROUX.							
MONTROUCY, ex-march. de meubles, r. des Vertus, 18........		Meys........	20 janv. 74	17 août 74	(3)		
MOREAU, Jean-Bellony, traiteur, à St-Denis..................		Dufay......	12 sept. 74				
MOREL, Pierre-François, gravatier, à Epinay..............		Chevillot	19 août 74				
Id. et Cie, passementiers, rue Riquet, 31..............		Copin......	4 nov. 74	....	* 31 déc. 74		
Id. frères et Cie, banquiers, rue Richelieu, 100..........		Moncharville.	18 nov. 72	(4)			
Id. -COUPRÉ, J.-Bapt.-Paul, rue de Lyon, 33..........*		Lacroix	....	....	....	9 juin 74	
MORGAT décédé, Sylvain, maçon, place de l'Hôtel de Ville, 74..		Moncharville.	18 août 68	24 juin 69	* 30 juin 74		
MORICE, Joseph-Marie, boulanger, rue St-Jacques, 278........		Prodhomme..	6 sept. 73	(5)			
MORIN, Eug.-Paul-Guill., fabr. d'épingles, rue Lepic, 87......		Gautier......	8 avril 74				
Id. Raymond-Antoine, épicier, avenue des Ternes, 85.....		Prodhomme..	28 mai 74	....	* 30 juin 74		
Id. fils et Cie, négociants, rue des deux-Gares, 16........		Id	11 mai 74	....	* 31 août 74		
Id. fils, pers^t, Id. Id. Id.		Id	Id		Id.		
Id. et Cie, drapiers, rue Sainte-Aimée, 22.............		Chevillot	23 sept. 74	....	* 25 nov. 74		
Id. fabr. de bouchons, rue de la Terrasse, 21.............		Copin......	24 juin 74	....	* 25 août 74		
Id. -LALOUTRE, Jean-Louis, rue de Bercy, 67..........*		Henriot	....	....	....	25 août 74	
Id. -HIMET, Jacq.-Isid., faubourg Montmartre, 36 bis.....*		Benoist......	....	....	....	24 févr. 74	
MORISE, Émile-Alex., march. de crép., rue de Belleyme, 37..		Hécaen......	6 janv. 74	....	* 30 mai 74		
MORISOT et LACHAPELLE, grainetiers, r. du Pont-Neuf, 22..		Chevallier ...	10 déc. 69	9 sept. 73	(6)		
MORNARD, Jacques-Amédée, fabr. de dégras, à Villejuif......		Moncharville.	1er juill. 72	22 avril 74	(7)		
MOSSOT, Prosper, maroquinier, pass. du Ponceau, 13........		Chevillot	30 avril 74	....	* 30 juin 74		
MOTTIES, Pierre-Joseph, menuisier, rue d'Auteuil, 6........		Pinet......	28 juill. 74				
MOTTU et Cie, Jules, banquiers, boul. Sébastopol, 110........		Moncharville.	8 août 70	....	* 26 avril 72	(8)	
MOUCHET-COLIN, François, rue du Petit-Pont, 14..........		Mesnier	....	....	....	7 juill. 74	

(1) **MONNIER** doit 25 °/₀, en 5 ans, par 1/5, d'année en année, à partir du jour de l'homologation.

(2) **MONTIGNY** abandonne son actif et parfait 30 °/₀, en 5 ans, par 1/5, d'année en année, de l'homologation.

(3) **MONTROUCY** doit 20 °/₀, en 5 ans, par 1/5, de l'homolog.

(4) **MOREL frères et Cie** paient 3 fr. 23 c. °/₀, unique répartit.

(5) **MORICE** paie 8 fr. °/₀, unique répartition.

(6) **MORISOT et LACHAPELLE** paient 25 fr. °/₀, première répartition de l'actif abandonné.

(7) **MORNARD** doit 20 °/₀, en 8 ans et 8 paiements; le premier aura lieu fin décembre 1875.

(8) **MOTTU et Cie**. — Réouverture du 3 novembre 1874.

NOMS, PRÉNOMS, PROFESSIONS ET DOMICILES.	Liquidation Avoué Insuffisance	SYNDICS ET AVOUÉS	FAILLITES ET LIQUIDATION.	DATE DES HOMOLOGATIONS DE CONCORDATS	INSUFFIS^{ces} ET UNIONS.	SÉPARAT^{ons} DE BIENS JUDICIAIRES.	CONS. JUDIC. ET INTERDICT.
MOUGEOT-CHOCARNE, Pierre-Franç., rue Montmorency, 5....	*	Bonnel......	....	....	....	24 nov. 74	
MOUILLET père et fils, tréfileurs, rue des Panoyaux, 55.......		Copin......	10 octob. 73	(1)			
MOULIN, Paul, commissionnaire, rue Vivienne, 3...........		Beaugé,.....	21 octob. 73	17 févr. 74	(2)		
MOURET, Achille, ex-fabr. de biscuits, boul. de Belleville, 3..		Bégis......	26 mars 74				
MOURIN dame, restaurateur, rue de Belleville, 237...........		Chevillot....	12 août 72	(3)			
MOURZELAS, Th.-Eug., fabr. de brosseries, r. Quincampoix, 45		Meilloncourt	26 nov. 73	9 avril 74	(4)		
MOUSELER, Joseph, limonadier, à Vincennes...............		Gautier.....	18 déc. 74				
MOUSSERON veuve, Joseph, sculpt. s^r bois, r. des Écouffes, 20.		Dufay......	12 juin 74	....	* 31 juill. 74		
MOUSSET, Pierre-Désiré, orfèvre, r. Rivoli, 110..........		Pinet......	24 déc. 73	18 juill. 74	(5)		
MOUSSON, march. de vins et hôtelier, rue des Amandiers, 72...		Lamoureux...	29 sept. 73	4 mars 74	(6)		
MOUTEL, Amélie. Voir : KUNKLER et Cie.							
MOUTIER, entrepr. de peinture, impasse d'Isly, 4............		Bégis......	23 mars 70	(7)			
Id. père et fils, parfumeurs, rue Chapon, 48.........		Chevallier..	29 déc. 73	....	* 31 janv. 74		
MOUTON dame, Cather., march. à la toilette, r. de la Poterie, 6.		Sarazin.....	12 août 74			* 28 nov. 74	
Id. -GOBER, Clément-Alexis, détenu à Embrun.......	*	Corpet......	....	....			12 mai 74
MOVET d^{lle}, Ernestine, march. à la toilette, r. Mandar, 16.....		Darboux....	18 sept. 72	2 avril 73	* 29 oct. 74		
MULLER veuve, mercière, rue St-Charles, 124..............		Meilloncourt	10 déc. 74	....	* 31 déc. 74		
Id. Voir : KUHN et MULLER.							
MULO, Louis-François, libraire, rue St-André-des-Arts, 60.....		Normand ...	2 janv. 74	10 avril 74	(8)		
MUNIER, Louis, ex-limonad., chaussée Clignancourt, 5........		Legriel.....	17 déc. 67	23 avril 74	(9)		
MUNSCH, Louis, march. de vins, à Saint-Denis.............		Pinet......	1er juin 74	7 nov. 74	(10)		
MURATET et CLOSSON, f^{ts} de compt. à gaz, r. du Terrage, 15 et 17		Richard	12 févr. 73	23 avril 74	(11)		
MUSSART, marchand de toiles, à Saint-Maurice.............		Beaugé.....	30 sept. 72	....	* 14 nov. 72	(12)	
MUSSEL aîné et Cie, F., négociants, rue du Chaume, 5.........		Heurtey....	14 juin 72	9 mai 74	(13)		
[Id. et LESCARCELLE, commissionnaires, b^d Voltaire, 46..		Copin'......	2 déc. 74				
MUSTÉ, Auguste-Lucien, serrurier, rue Boissière, 63........		Pinet......	5 févr. 72	29 juin 74	5 déc. 74		
MUTTE, Al.-Fréd., march. d'équip. milit. rue d'Argout, 16.....		Chevillot....	24 mars 73	2 juill. 73	4 sept. 74		

N et O

NABÈRE-GRESLÉ, Jean, sans domicile connu...............	*	Laubanie....	....	....	....	20 août 74	
NADAUD, tapissier, rue du Rocher, 68......................		Knéringer ...	12 octob. 74				
NADEAUD aîné, Gilbert, tapissier, boul. Haussmann, 40.......		Beaufour ...	1er juin 74	....	* 29 juin 74		

(1) MOUILLET père et fils paient 1 fr. 21 c. %, unique répart.

(2) MOULIN doit 20 %, en 5 ans, par 1/5, de l'homologation.

(3) MOURIN dame, paie 21 fr. 08 c. %, unique répartition.

(4) MOURZELAS paie 34 fr. 97 c. %, produit de son actif.

(5) MOUSSET, abandonne l'indemnité à recevoir de l'État, et parfait 20 %, en 5 ans, par 1/5.

(6) MOUSSON paie 50 fr. 90 c. %, produit de son actif, et s'oblige à payer 5 %, en 3 ans, par 1/3.

(7) MOUTIER paie 27 fr. 18 c. %, unique répartition.

(8) MULO doit 20 %, en 5 ans, par 1/5, de l'homologation.

(9) MUNIER abandonne son actif, et s'oblige à payer 5 %, en 5 ans, par 1/5, de l'homologation.

(10) MUNSCH abandonne l'actif provenant et à provenir du fonds de commerce, et s'oblige à payer 12 %, en 4 ans, par 1/4.

(11) MURATET et CLOSSON paient 40 %, en 6 ans ; 1er paiement un an après l'homologation.

(12) MUSSART. — Réouverture du 8 septembre 1874.

(13) MUSSEL aîné et Cie paient 23 fr. 76 c. %, produit de leur actif, et s'obligent à payer 30 %, en 4 ans.

NOMS, PRÉNOMS, PROFESSIONS ET DOMICILES.	Indique Liquidation * astérisque Avoué et Insuffisance	SYNDICS ET AVOUÉS	FAILLITES ET LIQUIDATIONS.	DATE DES HOMOLOGATIONS DE CONCORDATS	INSUFFIS** ET UNIONS.	SÉPARAT** DE BIENS JUDICIAIRES.	CONS. JUDIC. ET INTERDICT.
NAIS, ARMAND, boulanger, rue Frémicourt, 44...............		Dufay......	6 mai 74	....		*31 juill. 74	
NARTUCCI et Cie, commissionnaires, rue de Provence, 46.....		Gautier....	30 nov. 74				
NATHAN, entrepreneur, rue Clignancourt, 64...............		Prodhomme..	3 mars 73	....		* 2 oct. 74	
Id. SALOMON, colporteur, rue de Sévigné, 13.............		Id........	4 sept. 74				
NAU, AUGUSTIN-JOSEPH, épicier, rue d'Allemagne, 76...........		Heurtey....	12 juin 74	....		*23 juill. 74	
NAULIN, CHARLES-VICTOR, colporteur, rue d'Alsace, 35........		Richard....	28 févr. 74			* 28 avril 74	
NAYET, GUSTAVE-FRÉD., chapelier, rue d'Aboukir, 92..........		Pinet.......	25 févr. 74				
NÉANT, LÉON-JEAN-MARIE, forgeron, rue Curial, 2..........		Beaufour....	21 oct. 74				
NEEF, E., marchand de vins, rue de Passy, 73...........		Normand....	29 avril 74	....		* 23 juin 74	
NEEL, ANTOINE-HON., march. de vins, rue de Sèvres, 94.......		Hécaen....	8 mai 73	(1)			
Id. AUGUSTE, chapelier, avenue d'Italie, 131...........		Richard....	20 juin 74				
Id. -PASSARD, Id. Id. Id. ....*		Cosselin..	....	....		8 déc. 74	
NERRE, AUG.-J.-BAPT., chapelier, passage Jouffroy, 51........		Beaujou..	30 mars 74	(2)			
NERVEIZE, ex-marchand de vins, à Saint-Denis..............		Beaugé.....	10 avril 73			* 27 mai 73	(3)
NESTOR, JACQUES. Voir : TROCHE et JOUBERT.							
NEUVE-ÉGLISE, AUG.-ANT., comm** en far., rue Vauvilliers, 11.		Moys........	6 octob. 73	(4)			
NEZARD, JACQUES-LOUIS, marchand de vins, rue d'Albouy, 3....		Gauche....	13 mai 74	4 sept. 74	(5)		
NIBART, LÉON-JULES, entrepreneur, rue de la Glacière, 50.....		Copin.....	6 août 74				
NICOLAS, DÉSIRÉ, charron, à Noisy-le-Sec.............*		Chovillot..	31 mai 72	13 mars 74	(6)		
Id. JEAN-JULES, march. de comest. r. Chauveau-Lagarde, 3		Hécaen......	20 nov. 73	22 mai 74	(7)		
Id. -BARDOT, ANTOINE, rue des Carmes, 36............*		Dubois......	....	....		7 mai 74	
Id. -GIRARD, HENRI-FERD., sans domicile connu.......*		Violette...				17 févr. 74	
Id. -PENARD-GLAUDON, MAXIME, à Nanterre..........*		Poinsot....				24 mars 74	
NICOLLE, EUGÈNE, porcelainier, rue Louis-le-Grand, 25.......		Prodhomme.	23 sept. 74			*20 oct. 74	
Id. -ROBINET, LOUIS-ÉMILE, rue de la Cerisaie, 41.....*		Masse..	....			10 nov. 74	
NICOULEAU, MARGUERITE. Voir : PERIER, dame.							
NIEL-FAURE, PAUL-FERD.-LÉON, rue des Missions, 41........*		Laden......				14 juill. 74	
NIGOUT, JEAN, à Dampierre (Loiret)..........................*		Branche....				....	14 mars 74
NIQUET, FÉLIX, commissionnaire, boul. Poissonnière, 14.......		Maillard..	21 janv. 74			* 30 avril 74	
NIVELLEAU, décédé, RENÉ-CONST., hôtelier, rue de Malte, 10..		Chovillot..	12 sept. 73	(8)			
NOBLE, FRANÇOIS, march. de vins, rue St-Sauveur, 62.........		Beaugé.....	10 janv. 74			*27 févr. 74	
NOBLECOURT et Cie, négoc. en tissus, rue d'Hauteville, 32...		Tournel.....	9 févr. 74			*28 sept. 74	
Id. -RADIGUE, AUGUSTIN, rue des Capucines, 25.......*		Violette....	....			6 déc. 73	
NOEL, HIPPOLYTE, boulanger, avenue de Saint-Ouen. 11.......		Beaujou....	25 sept. 73	(9)			
Id. et PLOQUIN, restaurateurs, rue Vavin, 5..............		Knéringer..	5 mars 74	22 sept. 74	(10)		
Id. Voir : VINCENT dit NOEL.							

(1) NEEL paie 2 fr. 53 c. %, unique répartition.

(2) NERRE paie 1 fr. 83 c. %, unique répartition.

(3) NERVEIZE — Réouverture du 23 juin 1874.

(4) NEUVE-ÉGLISE paie 1 fr. 31 c. %, unique répartition.

(5) NEZARD paie 5 %, 2 mois après l'homologation et doit 30 %, en 5 ans, par 1/5, de l'homologation.

(6) NICOLAS, DÉSIRÉ, paiera l'intégralité des créances, en 5 ans, par 1/5, de l'homologation.

(7) NICOLAS, ERNEST, doit 30 %, en 5 ans, par 1/5, de l'homolog.

(8) NIVELLEAU. — Faillite rapportée par jugem' du 11 août 74.

(9) NOEL, HIPPOLYTE, paie 6 fr. 31 c. %, unique répartition.

(10) NOEL et PLOQUIN doivent 30 %, en 5 ans, par 1/5, de l'hon.

NOMS, PRÉNOMS, PROFESSIONS ET DOMICILES.	Indice Liquidation * astérisque Avoué et Insuffisance	SYNDICS ET AVOUÉS	FAILLITES ET LIQUIDATIONS.	DATE DES HOMOLOGATIONS DE CONCORDATS.	INSUFFISᶜᵉ ET UNIONS.	SÉPARATⁿ DE BIENS JUDICIAIRES.	CONS.JUDIC. ET INTERDICT.
NOGNES-BENOIST, Lucien-Louis, rue de Ponthieu, 29	*	Dromory				17 mars 74	
NOGUES, Lucien-Marie. Voir : DORDET et NOGUES.							
Id. -DELAVEAUX, Vict.-Jean-Marie, chaussée d'Antin, 8..		Lacomme				1ᵉʳ déc. 74	
NOIRJEAN, J.-Pierre-Hipp., gélatineur, rue Portefoin, 7		Beaufour	16 nov. 74		* 25 nov. 74		
NOLLIN-MARTIN, Maxim.-Phéc.-Stéphène, à Asnières	*	Audouin				27 janv. 74	
NONDIN, Paul, boucher, à Saint-Ouen		Chevillot	31 mars 74		* 30 mai 74		
NORD, pers¹, Achille, banquier, rue Berlin-Poirée, 19		Moncharville	30 juin 74		* 25 août 74		
NORMAND, Émile-Franç., peintre, rue Tholozé, 20		Cautier	27 août 74				
Id. Julien, plombier, boulevard Voltaire, 198		Barbot	3 octob. 74	(1)			
NOTELET-MARCHÉ, Jules-Alfred, rue de la Verrerie, 2	*	Delpon				21 avril 74	
NOTRÉ, Adelaide-Eugénie Voir : MARTIN-NOTRÉ.							
NOUALHIER, Achille, agent d'affaires, boul. Montmartre, 8		Maillard	1ᵉʳ juin 74		* 24 juill. 74		
NOUGUÉS-BARBÉ, Jean, passage Guillaumot, 6		Francastel				12 août 73	
NOUZET-FAIE, Louis-Simon, rue du Temple, 53	*	Boudin				5 mai 74	
NOVÉL veuve, Axsel., entrepr. de transp., rue Port-St-Ouen, 10		Lamoureux	1ᵉʳ juill. 74	(2)			
NURÉNA, Cypr.-Antoine, corroyeur, rue de Lourcine, 43		Heurtoy	6 juill. 74				
NUVILLE, chapelier, boulevard Magenta, 73		Moncharville	1ᵉʳ déc. 74		* 31 déc. 74		
OBLET-CHAILLOU, Eugène-Émile, sans domicile connu	*	Dinot				8 déc. 74	
OLIN, Alph.-Arthur, limonadier, rue Clignancourt, 5		Beaugé	20 févr. 74	9 juin 74	(3)		
OLIVE-DOULICAULT, ferblantier, rue Basfroi, 41	*	Duboys				24 nov. 74	
OLIVIER, Victor, chocolatier, à Saint-Mandé		Prodhomme	8 sept. 74		* 27 nov. 74		
Id. et Cie, Id. Id.		Id	14 oct. 74				
Id. Veuve, J.-Marie-Étienne, hôtel., quai de la Rapée, 8		Richard	11 déc. 74				
OLLAGNIER, Ed.-J.-Bapt., mᵈ de prod. chim., faub. St-Antⁱⁿᵉ, 9		Bégis	15 janv. 62	7 juill. 62	(4)		
OLYFF, Jos.-Lambert, chapelier, rue du Caire, 25		Copin	22 déc. 74				
ONNÉE dˡˡᵉ, fabr: de cour. en perles, avenue des Ternes, 44		Barbot	18 avril 74		* 30 juin 74		
OPIGEZ, Fr.-Octave, confectionneur, rue Richelieu, 83		Pinet	15 sept. 74	1ᵉʳ déc. 74	(5)		
ORIAC, Charles-Fréd., mercier, boulevard Saint-Michel, 52		Heurtey	15 avril 74	28 sept. 74	(6)		
Id. -NAZE, Id. Id. rue Lafayette, 179	*	Collin				16 juin 74	
ORLOT-PARENT, Benoit, charpentier, à Villemomble	*	Audouin				4 août 74	
ORTÉGA, José-Manuel, commᵣᵉ, rue d'Hauteville, 35		Beaujou	15 sept. 74				
ORTMANS et WACHTELS, commissionnaires, r. Bergère, 11		Beaugé	21 mars 74				
OUDARD-LOUYS, Louis-Alex., r. N.-D. des Victoires, 9	*	Dusart				17 nov. 74	
Id. Louis-Alex., négoc. en soieries, Id. 26		Chevillot	14 juill. 74				
OUDART, Paul, march. forain, rue Basse-des-Ursins, 15		Davin	23 févr. 74	22 juill. 74	(7)		
OURAILLE, Michel, maçon, rue des Prés, 13		Copin	11 nov. 74				
OURY, fais¹ le commerce de vente à créd., r. St-Antoine, 200		Sommaire	10 octob. 74				

(1) NORMAND, Julien, paie 4 fr. 09 c. %, 2ᵉ et dernière rép.

(2) NOVEL veuve paie 38 fr. 02 c. %, unique répartition.

(3) OLIN doit 20 %, en 3 ans, par 1/3, de l'homologation.

(4) OLLAGNIER paie 16 fr. 22 c. %, unique répartition.

(5) OPIGEZ doit 30 %, en 4 ans, par 1/5, de l'homologation.

(6) ORIAC abandonne une somme de 3,000 fr. — M. Nicolas-Georges Delauney, Mᵐᵉ veuve Donard, MM. Philibert Oriac père et Albert Oriac, renoncent à prendre part dans la répartition de cette somme.

(7) OUDART, Paul, doit 20 %, en 4 ans, par 1/4, de l'homolog.

NOMS, PRÉNOMS, PROFESSIONS ET DOMICILES.	Indique Liquidation * astérisques Avoué et Insuffisance	SYNDICS ET AVOUÉS	FAILLITES ET LIQUIDATIONS.	DATE DES HOMOLOGATIONS DE CONCORDATS	INSUFFIS⁰ˢ ET UNIONS.	SÉPARAT⁰ˢ DE BIENS JUDICIAIRES.	CONS. JUDIC. ET INTERDICT.
OZANNE frères, fabr. de cons. alimentaires, rue Cler, 52......		Dufay........	20 juill. 74				
Id. -CHAUVEL, Alex.-Achille, Id. Id.	*	Bertinot.....	....	....	....	10 octob. 74	
Id. -DAUMESNIL, Alph.-Fr., Id. Id.	*	Id.......	....	....	....	Id.	
Id. veuve, née COUTEAU, m^de de vins, faub. du Temp., 66		Legriel......	19 févr. 74	....	* 8 avril 74		

P

NOMS, PRÉNOMS, PROFESSIONS ET DOMICILES.		SYNDICS ET AVOUÉS	FAILLITES ET LIQUIDATIONS.	DATE DES HOMOLOGATIONS DE CONCORDATS	INSUFFIS⁰ˢ ET UNIONS.	SÉPARAT⁰ˢ DE BIENS JUDICIAIRES.	CONS. JUDIC. ET INTERDICT.
PACHEU, Marie. Voir : GRENIER, PACHEU et Cie.							
PAGÈS jeune, Sylvain, parfumeur, rue du Temple, 141.......		Normand....	3 juill. 74	....	* 28 août 74		
Id. dame, Henri, née Delpierre, confectionn^se, r. Racine, 13		Prodhomme.	19 déc. 73	....	* 30 janv. 74		
Id. v^ve, née Rochette, loueuse de voit^res, r. d'Hauteville, 80.		Barboux.....	9 févr. 75				
PAGNARD, Léon, épicier, rue de Sèvres, 111..............		Chevillot....	30 juill. 74				
PAGNIER, Jules-Joseph, m^d de lavoir, G^de-r.-de-Montreuil, 129.		Hécaen.....	17 mars 74				
Id. -PERRIER, Id. Id. Id.	*	Chauveau....	....	....	....	24 févr. 74	
Id. Joseph-Narcisse, bonnetier, rue Saint-Sulpice, 40...		Chevillot....	26 déc. 73	13 mai 74	(1)		
PAILHERET, entrepr. de transports, impasse Bizioux, 10......		Meys.......	30 déc. 74				
PAILLER. Voir : DESSUISE et PAILLER.							
PALLUEL, Eugène, marchand de cafés, rue de l'Est, 14.......		Hécaen.....	30 déc. 73	....	* 28 févr. 74		
PANAYOTY, Henri-Charles. Voir : RATIER et Cie.							
PANETIER, Anne. Voir : VOLUISANT, veuve.							
PANISSET, Eugène, restaurateur, place Vauban, 5............		Dufay.......	10 mars 74	27 juill. 74	(2)		
PAPE, Jean-Léonard, mécanicien, pass. Tournus, 11........		Beaufour....	20 janv. 72	(3)			
PAPETERIE NATIONALE, rue Bergère, 29..................		Normand....	1er mai 67	(4)			
PAPILLON, Ferdinand, maçon, rue Piepus, 115............		Richard....	27 juin 74				
PAPIN, Joseph, carrier-m^d de vins, à Maisons-Alfort.........		Meillencourt.	23 sept. 74	6 févr. 74	(5)		
PARAF-PARAF, Henri, rue du Sentier, 32..............	*	Pottier	....	....	....	25 août 74	
Id. -JAVAL, Benjamin, Id. Id............	*	Id.......	....	....	....	Id.	
PAREJA, Manuel, marchand de vins, r. Richelieu, 63.........		Dufay......	18 mars 69	(6)			
PARFOND-CHAUMIÈRE, Édouard-Hippol., sans domicile connu.	*	Larroumès...	....	....	....	18 juin 74	
PARIS, ex-épicier, avenue Wagram, 81..................		Copin......	20 août 74	....	* 24 oct. 74		
Id. et Cie, f^ce de produits chimiques, rue Bailly, 9........		Chevallier...	17 août 74				
Id. Gaston-Marie-Joseph. Voir : LAVOLLAY et PARIS.							
Id. -BATARD, Alfred, négociant, boul. de Courcelles, 37..	*	Collin......	....	....	....	1er déc. 74	
PARIS jeune, F^ois-Cl.-Alexan., m^d de tapis, rue du Mail, 18...		Dufay......	17 juill. 69	(7)			
PARISSOT pers^t, Léon, plâtrier, rue Dumont-d'Urville, 25......		Barbot.....	18 octob. 72	2 août 73	(8)		
PARISY aîné, Alexan.-Alf., m^d de bouchons, b^d de la Chap^elle, 81.		Hécaen.....	3 nov. 74	....	* 30 nov. 74		

(1) PAGNIER, Joseph, doit 30 °/₀ en 5 ans ; le premier paiement aura lieu 1 an après l'homologation.

(2) PANISSET doit 30 °/₀, en 5 ans, par 1/10, de 6 mois en 6 m.

(3) PAPE paie 4 fr. 84 c. °/₀, unique répartition.

(4) PAPETERIE NATIONALE. — Le syndic paie 3 fr. 23 c. °/₀, quatrième et dernière répartition.

(5) PAPIN est qualifié failli ; il abandonne tout son actif, moins son mobilier personnel, et s'oblige, en outre, à payer 5 °/₀, en 5 ans, par 1/5.

(6) PAREJA paie 3 fr. 94 c. °/₀, unique répartition.

(7) PARIS jeune, paie 8 fr. 78 c. °/₀, unique répartition.

(8) PARISSOT paie 9 fr. 63 c. °/₀, produit de son actif.

NOMS, PRÉNOMS, PROFESSIONS ET DOMICILES.	(indique Liquidation * astérisque Avoué et Insuffisance)	SYNDICS ET AVOUÉS	FAILLITES ET LIQUIDATIONS.	DATE DES HOMOLOGATIONS DE CONCORDATS	INSUFFIS.ces ET UNIONS.	SÉPARAT.ns DE BIENS JUDICIAIRES.	CONS.JUDIC. ET INTERDICT.
PARISY frères, m.ds de bouchons, boul. de la Chapelle, 84......		Hécaen......	30 sept. 74				
PARMENTIER-DUBROMEL, Joseph, à Boulogne..............	*	Rousselot....		....	....	4 août 74	
PARRIZOT, Léon-Cézaire, serrurier, rue Laromiguière, 9..		Legriel......	19 juin 72	(1)			
PARROT, Camille-Léon, teinturier, rue Bonaparte, 24........		Hécaen......	30 sept 74				
PASCAL et Cie, Noël, droguistes, rue Monsieur-le-Prince, 33..		Id........	11 févr. 07	....	*30 avril 07	(2)	
PASQUET, Mertien, m.d de vins-hôtelier, rue Ramey, 22..		Beaujeu....	23 janv. 74		*28 févr. 74		
PASQUIER, marchand de vins, rue Coustou, 7............		Beaugé....	1er déc. 73		*28 janv. 74		
Id. -FOURNIER, Paulin-Casimir, rue Crozatier, 77...*		Goujon..			....	23 octob. 74	
PASSAMA, ex-dir. de la Soc. Internat. du Com., r. d. 4 Vents, 4.		Barbot....	10 févr. 65		*28 avril 65	(3)	
PASSET, Augte-François, casquettier, rue Bourtibourg, 20...		Sarazin......	10 juill. 73	(4)			
PASSETEMPS-MAITRE, Jules-Apollinaire, rue Douchardon, 7.*		Duboys....	....		....	4 août 74	
Id. Jules-Apollinaire, grainetier, Id. Id.		Meys........	13 avril 74				
PATISSIER, marchand de vins-restaurateur, r. Popincourt, 3...		Dégis........	23 févr. 74	....	*30 avril 74		
PATOU, marchand de vins, rue du Petit-Musc, 35..........		Beaugé....	18 déc. 74				
PAUCHET, Charles, colporteur, à Montreuil-s.-Bois..........		Meillencourt..	13 juin 74	8 déc. 74	(5)		
PAUL, Louis-Joseph, ex-m.d de chiffons, rue Baudin, 31......		Gauche......	12 août 74				
PAVÉ veuve, Jean-Joseph, hôtelière, r. du Four-St-Germain, 72.		Prodhomme..	26 juin 74		*29 juill. 74		
PAVILLET, Jean-Fois, restaurateur, boul. du Palais, 11....		Hécaen......	22 sept. 73	(6)			
PAVY-FLAMAND, Jean-Bapt., m.d de vins, à Levallois........*		Hervel......	....		....	24 nov. 74	
Id. Id. Id. Id.		Gautier......	13 mai 74		*30 déc. 74		
PAYEN, Charles, marchand de vins, à Levallois............		Beaufour....	13 octob. 74		*23 nov. 74		
PAYSAN, Jacq., tenant bal et buvette, r. Maison-Dieu,'8 et 10..		Tournel......	1er juill. 74		*14 déc. 74		
PEAU, Louis-Amédée, passementier, rue de Rivoli, 50......		Lamoureux..	24 août 74	12 déc. 74	(7)		
PEAUD, Louis-Léc, courtier en métaux, rue Magnan, 16......		Battarel......	28 juill. 74				
PEAUGÉ veuve, marchande de fruits et volailles, à Clichy......		Barbot......	2 mars 74		*30 juin 74		
PEBEYRE, Louis, mercier, rue des Deux-Portes-St-Jean, 6.....		Gauche......	10 juill. 74				
PECH, Antoine, bottier, boulevard des Italiens, 8........		Barbot......	13 déc. 73	2 juin 74	(8)		
PÊCHERIES FRANÇAISES (Soc. générale des), r. de l'Opéra, 57.		Darboux....	23 juill. 74		*28 sept. 74		
PÉGNA et CALVEL dit Crémieux, exploitant le Café Crémieux..		Gauche......	12 nov. 74				
PEIGNÉ-GALLON, Jacques-Alfred, rue Saint-Denis, 150......		Duval......				1er déc. 74	
PELÉ-LAURENS, Philippe-Adol.-Louis, sans domicile connu...*		Debladis....	....		....	6 déc. 73	
PELLERIN, Charles, fabricant d'essieux, rue Traverse, 21.....		Lamoureux..	20 mars 74	(9)			
PELLETIER, Victor, peintre, rue de Malte, 40..............		Heurtey....	2 févr. 72				
PELPEL dame, Jules. Voir : GUILLOT veuve, et dame PELPEL.							
PEPIN-BOURRAT, Isaac, rue de Bordeaux, 66.............*		Dinet......	....		....	18 août 74	
PEQUIGNOT, marchand de vins, rue Michel-le-Comte, 14......		Meys	1er juin 74	....	*20 déc. 74		

(1) **PARRIZOT** paie 7 fr. 89 c. %, unique répartition.

(2) **PASCAL** et Cie. — Réouverture du 12 janvier 1874.

(3) **PASSAMA.** — Réouverture du 1er juin 1874.

(4) **PASSET** paie 18 fr. 63 c. %, unique répartition.

(5) **PAUCHET** doit 25 %, en 5 ans, par 1/5, de l'homologation.

(6) **PAVILLET** paie 21 fr. 88 c. %, unique répartition.

(7) **PEAU** paiera 45 %, en 3 ans, par 1/3, de l'homologation.

(8) **PECH** paie 11 fr. 61 c. %, produit de son actif, et parfait 50 %, savoir : 1° au moyen de l'abandon d'une somme de 3,000 fr. payable dans la huitaine de l'homologation ; 2° par le paiement d'une somme de 1,200 fr. par an, payable par trimestre jusqu'à libération des 50 % promis.

(9) **PELLERIN** paie 9 fr. 08 c. %, unique répartition.

NOMS, PRÉNOMS, PROFESSIONS ET DOMICILES.	I. Indique Liquidation * Astérisques Avoué et Insuffisance	SYNDICS ET AVOUÉS	FAILLITES ET LIQUIDATIONS.	DATE DES HOMOLOGATIONS DE CONCORDATS	INSUFFIS** ET UNIONS.	SÉPARAT** DE BIENS JUDICIAIRES.	CONS. JUDIC. ET INTERDICT.
PERICHON, épicier, à la Garenne-Colombes...............		Gauche......	24 févr. 74	....	* 31 mars 74		
PERIER dame, Casimir, couturière, rue de la Paix, 17........		Copin	27 avril 74	1er octob. 74	(1)		
PERINELLE fils, découpeur d'étiquettes, rue Bourtibourg, 14..		Heurtey.....	13 nov. 74	....	* 31 déc. 74		
PERISON-LUBIN, Victor-Fris, rue du Figuier-St-Paul, 1......		Masse	....			6 déc. 73	
PERNET, commissionnaire, boul. Richard-Lenoir, 110........		Beaugé	15 mai 74	....	* 31 août 74		
PERNOT, Jean-Léon, fᵉ de meubles, pass. Saint-Bernard, 7.....		Beaujeu....	13 août 74				
Id. marchand de vins, rue de Rambuteau, 102........		Gautier....	29 avril 74	(2)			
PEROCHAIN, Stephen, limonadier, boul. Voltaire, 25........		Prudhomme	12 août 74	....	* 31 août 74		
PERRÉ, Eugène-Alexandre, mᵈ de laine, rue du Bac, 23.......		Hécaen.....	10 juill. 74				
PERRET. Voir : BERTHIER et PERRET.							
Id. Mathieu-Ernest, fleuriste, rue Vivienne, 22........		Beaujeu.....	20 mai 74	29 août 74	(3)		
PERREUX, marchand de vins, rue Copernic, 19...........		Chevillot....	29 octob. 74				
PERRIER, limonadier, faubourg Montmartre, 61...........		Heurtey.....	10 juill. 74	....	* 30 sept. 74		
Id. Joseph-Marie, entrepr. de transp., rue Pajol, 50.....		Dufay.......	23 févr. 74	....	* 30 avril 74		
Id. Ant.-Pacifique, fᵉ de vernis, rue Traversière, 68.....		Hécaen......	3 nov. 74				
Id. Pierre. Voir : BOUREAU et Cie.							
PERRILLIAT, Claude, limonadier, rue Turbigo, 10...........		Beaugé	15 juin 72	23 octob. 72	* 28 févr. 74		
PERRIN, boucher, rue des Entrepreneurs, 93...............		Copin.......	23 sept. 74	....	* 29 oct. 74		
Id. -DE COSSART D'ESPIÈS, Vict.-Fᵒⁱˢ-Mᵉⁱᵉ, duc de Belluse		Henriet.....	....			16 juin 74	
PERRISSIN. Voir : BASTHARD, BOGAIN et Cie.							
PERROT, Dominique, menuisier, rue J.-J.-Rousseau, 37........		Gautier.....	28 janv. 74	....	* 31 mars 74		
Id. Fréd.-Ecₒ. et Pʰ-Isid.-Ecₒ., boulangers, r. Crozatier, 2.		Beaugé......	12 août 73				
PESCHARD-BOCQUET, Arthur-Edmond, rue de Turenne, 113..*		Postel-Dubois				27 août 74	
PETIOT-GRANVILLEMAIN, Aug.-Feray, faub. St-Jacques, 30..*		Masse......				11 août 74	
PETIT, Eugène, menuisier, à Saint-Ouen....................		Beaufour....	10 nov. 74				
Id. marchand de meubles, rue Nationale, 13..........		Darbot......	3 sept. 74	....	* 28 nov. 74		
Id. Théodore, peintre, boulevard Ornano, 33...........		Quatremère .	21 mai 73	21 avril 74	(4)		
Id. aîné, Alexandre, épicier, rue François-Miron, 29......		Chevallier...	17 déc. 73	13 avril 74	(5)		
Id. -MOREL et Cie, agents d'affaires, rue Turbigo, 13......		Prudhomme .	6 avril 74	....	* 20 juin 74		
Id. dame, Marie-Théophile. Voir : CARLES, veuve.							
PETITJEAN d'INVILLE et Cie, banq., rue des Saints-Pères, 31.		Beaugé......	27 mai 73	(6)			
Id. Claude-Auguste, droguiste, rue des Ecouffes, 10...		Devin......	9 juin 73	(7)			
Id. Auguste, plombier, r. de la Gaîté-Montparnᵃˢˢᵉ, 33.		Pinet.......	31 juill. 73	30 déc. 73	(8)		
PETREMENT, Alfred, vernisseur de cuirs, à Vanves..........		Dufay......	23 janv. 74	....	* 28 févr. 74		
PEUVREL-DENCOURT et Cie, mᵈ de nouveau., r. Turbigo, 3...		Battarel.....	20 déc. 71	30 sept. 74	(9)		
PEY, Joseph, marchᵈ de vins, rue de Tanger, 11.............		Heurtey.....	26 sept. 74	....	* 23 nov. 74		

(1) PERIER dame, doit 75 %, en 5 ans, par 1/5, de l'homolog.

(2) PERNOT, mᵈ de vins, paie 37 fr. 67 c. %, unique répartition.

(3) PERRET doit 25 %, en 5 ans, par 1/5, de l'homologation.

(4) PETIT, Théodore, paiera 50 %, dans un an, de l'homologation, avec la caution de sa mère.

(5) PETIT aîné doit 25 %, en 5 ans, par 1/5, de l'homologation.

(6) PETITJEAN d'INVILLE et Cie paient 40 %, en 2 répartit.

(7) PETITJEAN, Claude, paie 7 fr. 98 c. %, unique répartition.

(8) PETITJEAN, Auguste, paiera l'intégᵗ des créances en principal, intérêts et frais au jour de la faillite, en 8 ans, par 1/8.

(9) PEUVREL-DENCOURT et Cie paient 5 %, 1ʳᵉ rép. de l'actif abandonné, et s'engagent à parfaire 40 %, en 6 ans, par 1/6.

NOMS, PRÉNOMS, PROFESSIONS ET DOMICILES.	Liquidation · astérisque Avoué et Insuffisance	SYNDICS ET AVOUÉS	FAILLITES ET LIQUIDATIONS.	DATE DES HOMOLOGATIONS DE CONCORDATS.	INSUFFIS" ET UNIONS.	SÉPARAT" DE BIENS JUDICIAIRES.	CONS.JUDIC. ET INTERDICT.
PEYCHAUD-DELISLE, négoc., rue Neuve-des-Petits-Champs, 77.		Pinet.......	6 juill. 74	....	*28 août 74		
PEYROT veuve, ANTOINE, fleuriste, boul. Montmartre, 14......		Heurtey.....	31 janv. 74	29 avril 74	(1)		
PEZET, JULES-LOUIS, fleuriste, rue Richelieu, 77............		Beaujeu.....	10 févr. 73	26 juill. 73	*14 déc. 74		
PEZZI, GUSTAVE-FRANÇOIS, voiturier, à Alfortville............		Beaugé....	25 mars 74		*20 juin 74		
PHILASTRE-BEAUVALLET, EUG.-NARCISSE, cité Joly, 3.......	*	Lamy.......			....	22 janv. 74	
PHILIBERT, JEAN-LOUIS, ex-tailleur, rue Monge, 12..........		Chevillot.....	8 octob. 74		*19 nov. 74		
PHILIPPE, E., march. de chaussures, rue Turbigo, 24.......		Heurtey.....	20 mars 74	11 juill. 74	(2)		
Id.　　ÉDOUARD, fabr. d'encres, r. Popincourt, 10 et 12....		Tournel......	26 janv. 74				
Id.　　fils, LOUIS, fabricant de bougies, à Vanves.........		Dufay.......	20 mai 74				
Id.　　-CRESSELY, PHILIPPE, boul. Voltaire, 473.......		Delessard....			....	16 juin 74	
PHILIPPINI, décédé, PIERRE-MARIE, hôtel., r. de l'Échaudé, 6.		Pinet.......	4 sept. 73	(3)			
PIAT-MARTIN, AUG.-PIERRE, rue Fontaine-au-Roi, 30.......		Geujon.....			....	30 déc. 73	
PIAU, FRANÇOIS-AMBROISE, ex-épicier, cité Voltaire, 5......		Battarel.....	18 avril 73		*26 févr. 74		
PIC-SAINTE-MARIE, ULYSSE-BERNARD, rue Suger, 20.......	*	Tixier......			....	8 août 74	
PICAERTS-BERTHEVILLE, LOUIS-JULES, rue Pigalle, 26.......		Gignoux....			....	17 mars 74	
PICARD, commissionnaire, boulevard Voltaire, 49............		Barboux....	16 juill. 74		*28 sept. 74		
Id.　　marchand de vins, faubourg du Temple, 36......		Beaugé....	21 févr. 74		*24 mars 74		
Id.　　et fils, orfèvres, rue St-Martin, 186...........		Legriel.....	25 mars 74		*30 mai 74		
Id.　　-GRISON, DÉSIRÉ, rue Biscornet, 17............		Lefoullon....			....	25 août 74	
Id.　　-DECELLE, ÉTIENNE, rue Bouret prolongée, 20...	*	Lamy......			....	6 janv. 74	
PICHON veuve, DÉSIRÉ-PROSPER, épicière, à Bourg-la-Reine..		Beaugé....	15 juin 74	(3 bis)			
Id.　　-SONNET, sans domicile connu.............	*	Postel-Dubois			....	10 févr. 74	
PICOCHE, LOUIS. Voir : COUTY et PICOCHE.							
PICOT et FARINET, camionneurs, quai Jemmapes, 102........		Hécaen.....	19 août 74				
PICQ-MOUREY, FRANÇOIS, r. des Deux-Portes-St-Sauveur, 21...	*	Jusart......			....	4 août 74	
PICQUENARD, J., m⁴ de bois de sciage, pass. de la Main d'Or, 11		Meillencourt.	25 mai 74				
PIEDALLU, ÉM.-ALEX.-MARIE, vannier, chaussée d'Antin, 38.....		Prudhomme.	30 mars 74	21 août 74	(4)		
PIEDELOUP, march. de fourrages, rue Riquet, 41..........		Beaujeu....	23 janv. 74		*26 févr. 74		
PIEMONT, J.-PIERRE, march. de vins, pass. de l'Industrie, 13...		Normand....	1ᵉʳ déc. 74				
PIERARD veuve, loueuse en garni, r. du Helder, 20.........		Lamouroux..	7 févr. 74		*30 avril 74		
PIGEAT, J.-BAPTISTE, boulanger, faubourg St-Antoine, 110.....		Id........	30 août 73	(5)			
PIGENET, march. de vins, rue du Temple, 104.............		Maillard....	16 janv. 74		*28 avril 74		
PIHOUÉE-MARAU, ADOLPHE, sans domicile connu.............	*	Duboys.....			....	27 août 74	
PILÉ, EUGÈNE-JOSEPH, épicier, à Clamart.................		Richard.....	20 mai 73	(6)			
PILLARD, ED., march. de vins, à Vincennes..............		Beaufour....	5 déc. 74				
PILLE, LOUIS, mercier, passage Violet, 3................		Gauche.....	20 sept. 74				
PILLIET, JULES, limonadier, rue Lepic, 25...............		Hécaen.....	6 janv. 74				
PILLIEUX, HENRI-FERD., mont. en br., r. Folie-Méricourt, 92.		Prudhomme..	15 avril 73	29 juill. 73	8 déc. 74		

(1) PEYROT veuve doit 35 %, en 5 ans et 5 paiements, à partir du jour de l'homologation.

(2) PHILIPPE doit 25 %, en 5 ans, par 1/5, de l'homologation.

(3) PHILIPPINI. —Le syndic paie 32 fr. 20 c. %, unique répart.

(3 bis) PICHON veuve paie 0 fr. 48 c. %, unique répartition.

(4) PIEDALLU paiera 25 %, en 5 ans, par 1/5, de l'homolog.

(5) PIGEAT paie 34 fr. 44 c. %, unique répartition.

(6) PILÉ paie 3 fr. 48 c. %, unique répartition.

NOMS, PRÉNOMS, PROFESSIONS ET DOMICILES.	Le juge-commissaire · Liquidation · astérisque Avoué et insuffisance	SYNDICS ET AVOUÉS	FAILLITES ET LIQUIDATIONS.	DATE DES HOMOLOGATIONS DE CONCORDATS	INSUFFIS^ce ET UNIONS.	SÉPARAT^on DE BIENS JUDICIAIRES.	CONS.JUDIC. ET INTERDICT.
PILOST-CROSSON, Jules-Firmin, boul. Voltaire, 96..........*		Tissier......				29 déc. 74	
PINARD, négociant, boulevard Mazas, 142................		Gautier......	27 févr. 74				
PINCHON. Voir : BAYARD, PINCHON et Cie.							
PINÇON, ex-fabricant de cadres, aux Lilas..............		Beaugé......	6 juin 37		·20 mars 39	(1)	
Id. -RIHOUET, Hélie-Louis, rue St-Marc, 2..		Francastel...				18 août 74	
Id. et CAZEAUX, imprim., rue St-Martin, 174.		Hécaen......	25 juill. 74				
PINEAS FORMSLACHER dame, fleuriste, r. d'Amsterdam, 74..		Régis......	28 avril 74		·30 mai 74		
PINEL, Gustave, marchand de lingerie, à Boulogne..........		Normand..	28 janv. 74	12 juin 74	(2)		
PINETTE, Edme-Marie, serrurier, rue Myrrha, 50........		Heurley....	Id......		·30 mars 74		
PINSON-LUBIN, Vict.-François, r. de l'Hôtel-de-Ville, 50...		*Masse......				16 mai 74	
PIOCH veuve, Hipp., née Mahaudeaux, f^e de coiff., r. Rameau, 4		Pinet......	20 janv. 74		·30 avril 74		
PIOCHET-DAUPHIN, Pierre dit PIETRUS, r. J.-J.-Rousseau, 70°		Gayet-Slonnert				16 juin 74	
PION, Louis-Ant., fabr. de bout. de métal, rue Morand, 22..		Legriel......	18 mai 74	5 déc. 74	(3)		
Id. Henri, march. d'habits, rue des Trois-Bornes, 47........		Heurley....	13 juill. 74				
Id. boulanger, rue des Poissonniers, 80..............		Richard....	10 avril 74		·31 juill. 74		
PIPAUT, comm^re en soies et laines, rue d'Hauteville, 42..........		Sarazin....	27 mars 74	10 déc. 74	(4)		
PIQUET, Louis-Félix-Éloi, boucher et tripier, r. de Valois, 30..		Maillard....	16 mars 74	23 octob. 74	(5)		
PIROU, Jean, march. de papiers peints, rue Vivienne, 14......		Prodhomme..	13 déc. 73		16 juin 74		
PISTHER, Henri-Sylvain-Joseph, mécanicien, r. Cherche-Midi, 63		Sarazin....	19 janv. 74	(6)			
PITOUX V^e, Fr.-Alb., née DAMATTE, bij., g^de r. de la Chap^elle, 43		Beaujeu....	24 juin 74				
PITRE, Antoen, fabr. d'enseignes, rue Lesdiguières, 19........		Meys......	19 mai 73	26 janv. 74	(7)		
PITTOUD et Cie, tenant café-concert, boul. de Clichy, 73.....		Meillencourt..	30 déc. 74				
PLACET, Émile, photographe, rue St-Jacques, 328..........		Beaugé......	6 juill. 70	(8)			
PLANTÉ, Joseph-Victor, teinturier, à Levallois..............		Beaujeu....	5 déc. 74				
PLASSARD-DOUVIER, Jean, corroyeur, place de la Chapelle, 40.*		Robineau..				18 nov. 73	
PLETSIER-ROUILLÈRE, Ch.-Adolphe, rue du Temple, 50...*		Colin......				13 août 73	
PLISSET-BLOUCK, François, tonnelier, rue de Charonne, 29..*		Berryer....				24 nov. 74	
PLOQUIN, Alexis. Voir : NOEL et PLOQUIN.							
PLUCHON et THÉVENIN, Éd. et Cb., cordiers, quai de Bercy, 59.		Hécaen......	21 juin 73	(9)			
POCHAT, marchand de vins, à Billancourt................		Normand...	13 déc. 73	25 avril 74	(10)		
POILLON-DESSON, J.-Marie, rue de Belleville, 225..........*		Martin du Gard				14 avril 74	
POINSIGNON, Joseph, traiteur, à Neuilly..................		Dufay......	12 déc. 74		·31 déc. 74		
POIRIER, René, lampiste, rue Folie-Méricourt, 18..........		Copin......	10 mai 74	22 sept. 74	(11)		

(1) PINÇON, ex-fabr. de cadres. — Réouverture du 26 oc. 1874.

(2) PINEL doit 25 %, en 5 ans, par 1/5, de l'homologation.

(3) PION, Louis, doit 25 %, en 6 ans, 1er paiement un an après l'homologation.

(4) PIPAUT paie 23 fr. 79 c. %, produit de son actif, et doit 5 %, en 5 ans, par 1/5; 1er paiement le 31 mars 1876.

(5) PIQUET doit 20 %, en 4 ans, par 1/4, de l'homologation.

(6) PISTHER paie 3 fr. 52 c. %, unique répartition.

(7) PITRE paie 5 %, dans le mois de l'homol., et 45 %, en 5 ans

(8) PLACET paie 16 fr. 43 c. %, pour les deux dernières répart.

(9) PLUCHON et THÉVENIN paient 9 fr. 36 c. %, unique répart.

(10) POCHAT paie 24 fr. 42 c., produit de son actif, et parfait 30 %, en 3 ans, par 1/3, de l'homologation.

(11) POIRIER, René, abandonne tous ses droits dans la succession de sa mère, ainsi que tout l'actif lui appartenant moins son mobilier personnel, et, dans le cas où cet actif ne suffirait pas pour désintéresser les créanciers, il s'engage à payer le surplus en 5 ans, par 1/5.

NOMS, PRÉNOMS, PROFESSIONS ET DOMICILES.	SYNDICS ET AVOUÉS	FAILLITES ET LIQUIDATIONS.	DATE DES HOMOLOGATIONS DE CONCORDATS	INSUFFIS^ces ET UNIONS.	SÉPARAT^ons DE BIENS JUDICIAIRES.	CONS. JUDIC. ET INTERDICT.
POIRIER, Vict.-Aug., entrepr. de transports, rue de Bercy, 207.	Hourtey.....	19 juin 74	24 nov. 74	(1)		
Id. AUDY, Henri-François, r. de Rivoli, 230.........	Poisson				26 déc. 73	
Id. -VIENOT, Charles, sans domicile connu.........	Mercier				24 nov. 74	
POISSONNET-EGRON, Jean-Jos.-Alexandre, sans domic. connu	Derion				9 déc. 74	
POITOU-BARDEN, Auguste, rue de Vaugirard, 249...........	Rougeot.....				24 octob. 74	
POIX-GUYOT, Émile, rue Bisson, 4.................	Dubois				17 mars, 74	
POLINI-POLINI, J.-Marie, boulevard de la Madeleine, 3......	Prévost.....				9 juin 74	
Id. père et fils, bijoutiers, Id. Id.	Hourtey.....	14 mars 74	9 sept. 74	(2)		
POMPIER dames. Voir : veuve GUILLOT et dame PELPEL.						
PONS, J.-Baptiste, march. de chaussures, rue St-Antoine, 230..	Richard	27 octob. 74				
Id. marchand de vins, rue Domat, 6.................	Beaugé.....	22 janv. 74	....	* 24 mars 74		
Id. pers¹, L., pâtissier, rue des Feuillantines, 87...........	Beaujeu.....	29 août 73	....	* 2 oct. 74		
PONSOT, boulanger, rue Lacépède, 40.................	Gautier.....	31 octob. 73	11 mars 74	(3)		
PONTILLON, Henri, march. de tissus, rue Neuve-St-Augustin, 4..	Sommaire..	3 octob. 74				
PONTON veuve, née MEYER, mécanic., r. des Deux-Por^tes, 27...	Beaujeu.....	20 nov. 74				
PONZO, Antoine, commissionnaire, r. de l'Echiquier, 4........	Tournel.....	10 août 74				
PORRET-BERTHAUME, Eug.-Ferd., rue Turbigo, 6...........	Pijon	....		....	11 août 74	
Id. Eugène-Ferdinand, traiteur, boul. St-Germain, 100.....	Chevillot ...	4 juill. 73	(4)			
PORTE, peintre, rue Basse-des-Ursins, 49...............	Beaugé.....	21 août 74	....	* 30 sept. 74		
PORTIER, Arsène-Roven, grainetier, avenue de St-Ouen, 2.....	Richard	3 nov. 73	(5)			
PORY PAPY-PERUCCA, Vincent, détenu à Sainte-Pélagie....*	Denormandie	....		....	25 juill. 74	
POTEL, fruitier, rue Demours, 23.................	Tournel.....	4 avril 74		* 24 juill. 74		
POTTIER, ex-restaurateur, boulevard Voltaire, 31...........	Legriel.....	14 janv. 74		* 30 mai 74		
POUCHET dame, Camille, coutur., rue des Filles-St-Thomas, 9.	Meillencourt	12 mai 74		* 31 août 74		
POUGET, marchand de vins, rue Beautreillis, 28.............	Pluzanski...	31 juill. 74				
POUILLEUX, Louis, limonadier, à Charenton.............	Beaugé......	8 mai 74	15 déc. 74	(6)		
POULAIN, Marie-Etienne-Jules, ex-boulang., r. St-Anastase, 7.	Gauche.....	30 octob. 74				
POUPART-DAVYL, Lt-Jos.-Amédée, imprimeur, rue du Bac, 30.	Bourbon	12 mars 69	(7)			
POURADIER veuve, march. de porcs, rue du Pont-Neuf, 31.....	Dégis	5 nov. 73		* 27 janv. 74		
POURSIN, née Clot. CHARLIER, m^de de vins, r. Daudelique, 17.	Barboux	11 sept. 74		* 16 oct. 74		
PRADAN-COURTIOL, François, rue Jean-Beaussire, 13.......*	Pagès......	....			1er déc. 74	
PRADEAU, commissionnaire, rue d'Enghien, 11.............	Derin.....	29 avril 73		* 30 juin 73		(8)
PRADEL, fabr. de machines, rue Claude-Villefaux, 27.........	Chevillot	7 janv. 73		17 déc. 74		
PRAT, Prosper, march. de vins, rue Petit, 11.............	Gautier.....	27 juill. 74		* 24 oct. 74		
PREISS-NIDELAY, Eugène, agent d'affaires, r. de la Monnaie, 11*	Kieffer......	....			12 mai 74	
PRESBOURG, Paul, représentant de comm. rue Rampon, 6.....	Battarel.....	14 août 74		* 22 déc. 74		

(1) POIRIER, Victor, doit 40 %, en 6 ans ; 1er paiement un an après l'homologation. .

(2) POLINI père et fils, abandonnent tout l'actif sous la réserve du mobilier personnel et d'une somme de 1,500 fr. pour chacun d'eux. — Ils paient 40 fr. %, première répartition.

(3) PONSOT doit 40 %, en 5 ans, par 1/5, de l'homologation.

(4) PORRET paie 3 fr. 50 c. %, unique répartition.   .. ...

(5) PORTIER. — Faillite rapportée par arrêt du 18 juin 1874.

(6) POUILLEUX doit 25 %, en 5 ans, par 1/20, de 3 en 3 mois.

(7) POUPART-DAVYL paie 0 fr. 54 c. %, dernière répartition.

(8) PRADEAU. — Réouverture du 5 juin 1874.

NOMS, PRÉNOMS, PROFESSIONS ET DOMICILES.	Lre Liquidation arrêtées avouée et insuffisance	SYNDICS ET AVOUÉS	FAILLITES ET LIQUIDATIONS.	DATE DES HOMOLOGATIONS DE CONCORDATS	INSUFFIS ET UNIONS.	SÉPARAT DE BIENS JUDICIAIRES.	CONS. JUDIC ET INTERDICT
PRÉVOST dit REGNAULT, ex-journaliste, rue du Havre, 9....		Gautier......	25 avril 74				
Id. d¹¹ᵉ MARIE-EUG., mᵈᵉ de mach. à coud., bᵈ St-Germ., 68		Chevillot	25 juill. 74		30 sept. 74		
Id. -LEGRAND, EDME-SOSTH., boulevard Voltaire, 24.....		Laden......				14 juill. 74	
Id. CLÉMENCE. Voir : ROUTA veuve.							
Id. -PELLERIN, JEAN-PIERRE, boul. Sébastopol, 131..		Quillet......				25 août 74	
PRIEUR-DECAUDIN, Louis-JACQ.-DÉSIRÉ, faub. St-Denis, 99...		Goujon......				23 sept. 74	
Id. -DELACOMBLE, CH.-AMANCE, banquier, rue Rivoli, 79..		Sautton	28 octob. 70	6 mars 72	(1)		
PRIVAT, EUGÈNE, représentant de commerce, rue des Rosiers, 32		Beaugé......	10 octob. 74				
PROGRÈS AGRICOLE, boul. Saint-Denis, 15 bis...........		Heurtey	15 octob. 74				
PROLONGEAU d¹¹ᵉ, MARIE-CAR.-MAD.-AD.-ELIS., intern. à Auxerre.		Goirand....					12 mars
PRONIER, march. de vins-traiteur, à Levallois..........		Lamoureux..	31 janv. 74				
PROUTEAU, HENRI-LOUIS, ex-march. de vins, r. de Reuilly, 23..		Meys......	18 févr. 73		31 oct. 73	(2)	
PRUD'HOMME, march. de vins, avenue Daumesnil, 98.........		Moncharville..	31 octob. 74		30 nov. 74		
Id. PIERRE-FRANÇ., marb.-mᵈ de vins, bᵈ Voltaire, 88.		Gautier......	6 nov. 74				
PRUNIER, THOM.-PIERRE, brossier, rue de Fourcy, 7..........		Meillencourt..	5 févr. 74	26 mai 74	(3)		
PUISSANT, SYLVAIN-HIPP., épic., rue Port-St-Ouen prolongée, 5.		Pinet	2 juin 74			28 juill. 74	
PUNNEL, JEAN, peintre en voitures, rue Roussel, 26.........		Beaugé......	16 janv. 74			27 mars 74	
PUTHOMME et PAIRRAUDIN, mᵈ de vins, aux Lilas.........		Chevillot ...	3 nov. 73			28 mai 74	
PUYOLLE, ARISTIDE, traiteur, rue de Charenton, 82..........		Sautton	28 sept. 74			30 oct. 74	
PUZIN, CLAUDINE-JULES-CÉSAR, avenue Montaigne, 6..........		Roche......					19 août

Q et R

QADUEY fils, entrepreneur de démolitions, à Neuilly.........		Moncharville.	4 sept. 74				
QUANTIN, GUSTAVE, lithographe, av. des Ternes, 63...........		Maillard......	20 janv. 74			26 juin 74	
Id. ED.-MARC-NICOLAS, liquoriste, boul. Strasbourg, 26...		Legriel	26 févr. 74				
Id. -JACQUET, Id. Id. ..*		Poinsot......				14 avril 74	
QUEUIN, ACH.-DÉS.-JOACH., mᵈ de lavoir, rue Ramponneau, 29..		Dufay......	22 avril 74	(4)			
QUIBEL, EUGÈNE, limonadier, à Asnières.................		Devin......	2 déc. 71	1ᵉʳ mai 72	(5)		
QUILLENT, VICTOR, marchand de vins, aux Lilas.............		Beaujeu......	13 févr. 74			31 mars 74	
QUINET, HYAC.-HONORÉ, agent d'affaires, rue Cadet, 20.....		Hécaen......	27 déc. 73			28 févr. 74	
QUINT, GERMAIN, marchand de vins, rue de la Réale, 4.....		Id........	11 mai 74	(6)			
Id. -ZINDT, GERMAIN, sans domicile connu...............		Daupeley ...				7 juill. 74	
QUOY, LOUIS-ANT.-ALPH., fⁱ de papier-dentelle, rue Puebla, 120.		Copin......	14 octob. 73	26 janv. 74	(7)		
RABEUF, CH., marchand de couleurs, rue Turenne, 38........		Dourbon......	3 déc. 73	(8)			
RABIN et Cie, négts en vins fins, boul. des Italiens, 4.........		Maillard......	4 avril 74				

(1) PRIEUR-DELACOMBLE paie 7 fr. 17 c. %, dernière répartit.

(2) PROUTEAU. — Faillite annulée par arrêt du 2 mai 1874.

(3) PRUNIER doit 25 %, en 5 ans, par 1/5, de l'homologation.

(4) QUEUIN paie 5 fr. 24 c. %, unique répartition.

(5) QUIBEL paie 25 fr. 96 c. %, produit de son actif.

(6) QUINT paie 0 fr. 60 c. %, unique répartition.

(7) QUOY doit 30 %, en 5 ans, par 1/5, d'année en année.

(8) RABEUF paie 19 fr. 80 c. %, unique répartition.

NOMS, PRÉNOMS, PROFESSIONS ET DOMICILES.	Indices Liquidation * astérisque Avoué et Insuffisance	SYNDICS ET AVOUÉS	FAILLITES ET LIQUIDATIONS.	DATE DES HOMOLOGATIONS DE CONCORDATS	INSUFFIS.. ET UNIONS.	SÉPARAT.. DE BIENS JUDICIAIRES.	CONS. JUDIC. ET INTERDICT.
RABINEL-AVENTURIER, Désiré-Fois-Pierre, rue de Rome, 59.*		Drochou.....	....	....		3 févr 74	
RABOTEAU fils, boulanger, rue Cozlin, 20...................		Beaugé......	4 déc. 74				
RAFFIN, GIROUDIÈRE et BIDAUD, fleuristes, rue St-Denis, 408.		Heurtey.....	5 juin 74				
RAGONNEAU et VALLET, quincailliers, r. des Vinaigriers, 59...		Chevillot	1er oct. 74	18 nov. 74	(1)		
RAGUET fils, Émile-Henri, mécanicien, à Saint-Denis.........		Copin.......	10 juin 74	28 octob. 74	(2)		
RAIMBAULT dame, Louis-Jules, modiste, rue St-Sulpice, 22....		Beaugé......	6 nov. 74	25 févr. 74	(3)		
Id. Jean, me de bains, r. de l'Ecole-de-Médecine, 97..		Maillard.....	4 octob. 74	(4)			
RAINAL, Adolphe, cordonnier, faub. Saint-Honoré, 70......		Lamoureux ...	23 juin 74	9 octob. 74	(5)		
Id. -CANTARELLI, Philippe-Adolphe, rue Daras, 7.......*		Déglise.....				14 avril 74	
RALLET, Émile-Auguste, charron, à Bobigny................		Prodhomme ..	30 sept. 73	(6)			
RALLU, Armand-Alph., nég.t en tissus, rue du Sentier, 8......		Sommaire....	3 juill. 72		18 janv. 73	(7)	
RAMARD et Cie, passementiers, faub. Saint-Denis, 37........		Beaujeu.....	19 janv. 74		*28 févr. 74		
RAMES, marchand de vins, rue d'Asnières, 29...............		Sommaire	22 janv. 74		* Id.		
RAMPON, Pierre, entrepositaire de bières, rue de l'Église, 20...		Hécaen......	27 avril 74		* 30 juin 74		
RANGUET, Ed.-J.-Bapt., comm.te, r. des Marais-St-Martin, 51...		Gautier......	27 octob. 74				
RAOUL. Voir : TELHIARD dit RAOUL.							
RAPICAULT, Léon, marchand de vins, rue de Bondy, 49.......		Beaugé	20 nov. 73		*27 févr. 74		
RAPIN, Henri-Louis-Joseph, md de vins, rue de Bercy, 228....		Pinet	20 janv. 74		* 25 avril 74		
Id. et Cie, marchands de salaisons, à Clichy		Copin.......	9 avril 74		* 26 juin 74		
RAQUIN, Jean-Louis, f. de chaussures, rue St-Sauveur, 4 bis..		Dégis.......	15 octob. 74				
Id. -BERLEMONT Id. Id. Id. ..*		Millet.......		....		19 mai 74	
RASETTI, Louis-Amédée, rue Truffaut, 28.............*		Roche.......		....			2 déc. 74
RASSENEUR, laitier, rue de Tlemcon, 6.................		Meillencourt..	24 févr. 74		*30 mars 74		
RATEAU-BONNET, Léon, rue d'Aligre, 9................*		Rougeot.....				1er déc. 74	
RATIER et Cie, marchands de vins, av. d'Italie, 195..........		Richard	23 octob. 74		* 18 nov. 74		
RAVIER et Cie, Ave.-Jules, mds de vins, à Maisons-Alfort......		Gautier......	21 octob. 73	(8)			
RAYBOIS, Fois-Charles, bonnetier, cité Rougemont, 8.........		Pluzanski....	18 févr. 74				
RAYER jeune, Victor-Fois, confectionneur, r. de Flandres, 149.		Id.........	19 juin 74				
RAYMOND, Ernest, menuisier, rue de Turenne, 95.........		Gauche.....	11 juill. 74	3 nov. 74	(9)		
REBOUL et Cie, liquoristes, rue Saint-Martin, 191...........		Pinet	26 févr. 73	(10)			
REDOURS-BERNARD, Louis, boul. de l'Hôpital, 140........*		Reimbert....		....		12 mars 74	
REBUT, Georges-Arsène, linger, rue Thévenot, 10..........		Normand....	1er déc. 73	21 févr. 74	(11)		
RÉCHOU, Joseph, menuisier, rue Lafayette, 241.............		Bourbon	26 déc. 68		2 sept. 69		
REDON, V., coiffeur et logeur, à Courbevoie...............		Barboux	14 mars 74	21 sept. 74	(12)		

(1) **RAGONNEAU** et **VALLET** abandonnent tout leur actif, y compris les sommes dont le syndic devra demander le rapport à la masse, à l'exception du mobilier personnel de chaque associé.

(2) **RAGUET** fils, doit 40 °/o, en 6 ans, du jour de l'homolog.

(3) **RAIMBAULT** dame, doit 30 °/o, en 5 ans, par 1/5, de l'hom.

(4) **RAIMBAULT** Jean, paie 9 fr. 32 c. °/o, unique répartition.

(5) **RAINAL** doit 30 °/o, en 6 ans, du jour de l'homologation.

(6) **RALLET** paie 23 fr. 01 c. °/o, unique répartition.

(7) **RALLU** paie 10 fr. 56 c. °/o, 2e et dernière répartition.

(8) **RAVIER** et **Cie** paient 2 fr. 65 c. °/o, unique répartition.

(9) **RAYMOND** doit 25 °/o, savoir : 5 °/o un mois après la reddition de compte, 10 °/o le 30 juin 1875, et les 10 °/o restant, en 5 ans, par 1/5.

(10) **REBOUL** et **Cie** paient 2 fr. 14 c. °/o, unique répartition.

(11) **REBUT** doit 25 °/o, en 5 ans, par 1/5, de l'homologation.

(12) **REDON** palera l'intégralité des créances, avec intérêts, par fractions annuelles de 1,400 fr., payables en 4 termes, avec la caution de Mad. veuve Redon.

NOMS, PRÉNOMS, PROFESSIONS ET DOMICILES.	L indique Liquidation ◦ astérisque avoué et Insuffisance	SYNDICS ET AVOUÉS	FAILLITES ET LIQUIDATIONS.	DATE DES HOMOLOGATIONS DE CONCORDATS	INSUFFIS^ES ET UNIONS.	SÉPARAT^ns DE BIENS JUDICIAIRES.	CONS. JUDIC. ET INTERDICT.
REGIMBEAU, Eugène, marchand de vins, rue Molière, 25.......		Devin.......	12 mars 74				
REGNAULT. Voir : PRÉVOST dit REGNAULT.							
REGNIER, Armand-Mathieu, hôtelier, rue Clausel, 22..........		Gauche......	20 juill. 72	28 mai 74	(1)		
REICHLING, Henri, f^t de carreaux en plâtre, av. Tourville, 17...		Gautier......	29 nov. 73	....	*30 janv. 74		
REIS, Jules, changeur, rue Feydeau, 8.....................		Meillencourt.	8 sept. 74	....	*24 oct. 74		
REISDORFF, boulanger, rue Montmorency, 31...............		Sommaire....	10 octob. 74				
REIX, André, marchand de vins, rue de Meaux, 85..........		Barboux.....	28 mai 74	....	*25 juill. 74		
RÉMÉLIE-NEVERS, Nicolas, rue Lacépède, 57...............	*	Caron.......	....	....	....	16 mai 74	
RÉMY, Philippe-Charles, fleuriste, rue du Caire, 36..........		Heurtey	13 nov. 73	11 mars 74	(2)		
Id. frères, marchands de vins, à Courbevoie...............		Copin......	16 juin 74	....	*17 août 74		
Id. père, tailleur, rue Saint-Antoine, 195...............		Meys........	4 déc. 73	....	*31 janv. 74		
RENARD, Pierre, charron, boulevard Picpus, 70............		Barbot.....	13 avril 74	....	*31 juill. 74		
Id. Léon, vendeur à termes, rue Clapeyron, 13..........		Copin......	1er sept. 74	(3)			
Id. -VALLIGNY, Désiré-Louis, rue Beaubourg, 9........	*	Lesage.....	....	....	....	23 nov. 73	
RENAUD, marchand de vins, boulevard Mazas, 106..........		Maillard....	21 mars 74	25 sept. 74	(4)		
RENAUDIN frères, Vict. et Jos., vanniers, r. V.-du-Temple, 58.		Battarel.....	30 nov. 74				
RENAUDOT, Jeanne-Fçoise. Voir : OLIVIER, veuve.							
Id. Vict.-Pierre-Jos., plomb., r. Grenelle-St-Germ., 21.		Beaujeu....	20 mars 74	(5)			
RENAULT, Fçois-Nicolas, bijoutier, rue Rivoli, 194.........		Hécaen.....	3 nov. 73	....	*22 déc. 74		
Id. Jean, f^t d'art. de chapelier., r. Ste-C.-de-la-Bret., 46.		Copin......	5 fév. 74	19 mai 74	(6)		
Id. Alexis-Dom.-Ernest, fondeur, rue de la Perle, 7....		Dufay......	13 mai 62	11 août 63	*30 avril 74		
Id. marchand d'art. agricoles, rue de l'Écluse, 3.......		Knéringer ..	15 janv. 74	....	*29 mai 74		
Id. -NIVET, Fçois-Paul, rue de l'Annonciation, 23.......	*	Foussier....	....	....	....	23 déc. 73	
RENAUT, Jules, épicier, rue Disson, 35...................		Moncharville.	27 mai 74	(7)			
Id. Jean-Auguste, épicier, rue Curial, 34.............		Sautton.....	7 déc. 74	....	*31 déc. 74		
Id. dame, f^e de papiers à cigar., r. des Deux-Gares, 13..		Lamoureux...	3 janv. 74	....	*26 févr. 74		
RENIÉ dit Renié-Grétry, And.-Ern., art. peintre, à Pise (Italie)	*	Tixier......	....	....	....	....	7 nov. 74
RENOU, Henri, mercier, rue des Francs-Bourgeois, 22.......		Lamoureux...	27 févr. 74	28 juill. 74	(8)		
RENOUX, boulanger, rue de Flandre, 60...................		Dufay......	3 juin 74	....	*2 oct. 74		
RENOY, agent d'affaires, rue Bleue, 2....................		Pinet......	17 avril 74	....	*30 mai 74		
REUCHÉ, Henri-Fçois, m^d de vins, à St-Maur-les-Fossés.......		Beaufour....	8 juill. 74	....	*30 juill. 74		
REUX, Fçois-Pierre, m^d de vins, rue Julien-Lacroix, 30........		Beaugé.....	20 octob. 74	....	*30 nov. 74		
REVÉDIN, Antoine, négociant, rue Lafayette, 39.............		Dufay......	22 déc. 68	2 mars 74	(9)		
REYBÉT veuve, née Lannoy, limonadière, faub. St-Antoine, 85.		Gauche......	21 août 74				
REYNAUD, Irénée, fabricant de tissus, rue Belleville, 216.....		Maillard....	13 nov. 74	(10)			

(1) REGNIER paie 20 % comptant, unique répartition.

(2) RÉMY doit 25 %, en 4 ans, par 1/4, de l'homologation.

(3) RENARD, Léon, paie 76 fr. 04 c. %, unique répartition.

(4) RENAUD abandonne tout l'actif réalisé et les créances à recouvrer, et paie 30 fr. %, première répartition.

(5) RENAUDOT, Victor. — Faillite rapportée par jugement du 18 août 1874.

(6) RENAULT, Jean, doit 30 %, en 4 ans et 4 paiements, le premier aura lieu un an après l'homologation.

(7) RENAUT, Jules, paie 3 fr. 34 c. %, unique répartition.

(8) RENOU doit 15 %, en 5 ans, par 1/5, d'année en année.

(9) REVÉDIN paiera 10 %, en 3 mois, après l'homologation.

(10) REYNAUD paie 2 fr. 97 c. %, unique répartition.

NOMS, PRÉNOMS, PROFESSIONS ET DOMICILES.	É indique Liquidation ♦ adrénisçon Avoué et Insuffisance	SYNDICS ET AVOUÉS	FAILLITES ET LIQUIDATIONS.	DATE DES HOMOLOGATIONS DE CONCORDATS	INSUFFIS⁰⁰ ET UNIONS.	SÉPARAT⁰⁰ DE BIENS JUDICIAIRES.	CONS.JUDIC. ET INTERDICT.
RIALLEN de BOURGNEUF. Voir : LA HARANNE et Cie.							
RIBY, Louis, chapelier, faubourg Saint-Honoré, 100.........		Barbot......	19 nov. 73	20 mars 74	(1)		
RICHARD, Eugène-Pierre, boulanger, à la Pré.............		Id........	11 nov. 73	(2)			
Id. et Cie, Toussaint, fⁿ d'eaux gaz., faub. St-Denis, 12..		Quatremère..	10 nov. 66	(3)			
Id. fils, Frank-Lⁱ, fⁿ de colles, r. des Bⁿˢ-Vignolles, 15..		Sarazin	15 nov. 73				
Id. Victorien, fⁿ de produits céramiques, r. d'Albouy, 4.		Id.......	25 juill. 74	....	• 28 nov. 74		
Id. Gabrielle-Joséphine. Voir : BERT, veuve.							
Id. Gilbert, marchand de vins, rue des Noyers, 37....		Beaujeu	13 janv. 74	....	• 29 juin 74		
Id. dame, Jacques, ex-boulangère, boul. de Clichy, 28..		Chevillot	14 mars 74				
Id. de MONTJOYEUX-GEOFFROY, rue de l'Arcade, 16..*		Duval........				.... 27 nov. 74	
Id. persⁿ, Victor, banquier, r. Bⁿᵉ-du-Rempart, 50.....		Trille.......	19 juin 66	(4)			
Id. et Cie, Id. Id. Id. Id.....		Id........	26 mai 66	(5)			
RICHÉ, Marie-Héloïse. Voir : LOUVEL, veuve.							
RICHEDRACQUE-DACASSE, Théodore, à Neuilly............*		Lemaire......				28 nov. 74	
RICHEFEU, Édouard, menuisier, rue des Boulets, 02.........		Gautier.....	29 déc. 71	25 octob. 72	• 28 juill. 74		
RICHER, ex-limonadier, à Charenton		Bégis.......	21 mai 74	....	• 30 juin 74		
RICHERT, Jean-Baptiste, boucher, rue Puebla, 504.....		Dufay......	20 mai 74	21 sept. 74	(6)		
RICHIER-GOISOT, Joseph-Marius, rue Folie-Méricourt, 36....*		Delepouve....	....			.... 14 juill. 74	
RICHSHOFFER, Émile, limonadier, boul. Saint-Martin, 10.....		Meillencourt.	25 octob. 73	26 mars 74	(7)		
RIDAY, fabricant de galoches, rue Blomet, 53.........		Prodhomme..	8 nov. 73	8 avril 74	(8)		
RIEUTOR, Jean, casquettier, rue du Renard-St-Merri, 20.......		Heurtey.....	30 sept. 71	3 janv. 72	• 11 juin 74		
RIEUX-BARTHÉLEMY, Pierre, rue des Vosges, 4		Belon.......				15 janv. 74	
RIGAL, Pierre-Jean, mᵈ de vins, rue Palikao, 10.............		Chevillot....	14 févr. 74				
RIGAUDIN, Louise. Voir : DELETROY dame et Cie.							
RIGAULT, Victor-Fⁱˢ, mᵈ de brosserie, rue Lamartine, 20.....		Beaujeu	14 juill. 74	....	• 25 nov. 74		
RIGNY, mⁿ d'hôtel meublé, boul. Denain, 12.............		Pinet.......	14 juin 67	8 janv. 08	27 mars 73	(9)	
RIGONDAUD, Lⁱ-Félix, entrepⁿ de publicité, r. Richelieu, 100...		Meilloncourt.	3 nov. 74				
RIGOT jeune, Étienne-Émile, mécanicien, rue des Boulets, 90...		Dufay	3 juin 74	27 octob. 74	(10)		
RIGOUT, grainetier, rue de la Chapelle, 95.............		Battarel	13 juin 70	....	• 30 sept. 74	(11)	
RILLIÉ et CHOMETTE veuve, menuisiers, rue de Moscou, 7....		Moys.......	17 févr. 74				
RINGUET, Jean, marchand de vins, rue des Deux-Ponts, 12....		Lamoureux...	20 janv. 74	....	• 30 mai 74		
RIOTTOT-DUGUÊVRE, Henri-Louis, rue Meslay, 30............*		Petit-Bergonz	....			13 févr. 74	
RIVERAIN-MICHEL, Gabriel, rue Aubriot, 5.................		Duval.......	....			4 juill. 74	
RIVET, François, mᵈ de vins et hôtelier, rue St-Sauveur, 25...		Prodhomme..	7 déc. 74	....	• 30 déc. 74		
RIVIÈRE, décédé, J.-Claude, charpentier, cité Jolly, 11 et 13...		Beaugé	19 déc. 71	(12)			

(1) RIBY paiera 50 %, en 8 ans, par 1/3, de l'homologation.

(2) RICHARD, Euⁿ., paie 7 fr. 06 c. %, unique répartition.

(3) RICHARD et Cie paient 21 fr. 90 c. %, deuxième et dernière répartition.

(4) RICHARD persⁿ, paie 1 fr. 50 %, 3ᵉ répartition.

(5)   Id.   et Cie paient 2 fr. %, 3ᵉ répartition.

(6) RICHERT doit 50 %, en 5 ans, par 1/10, de 6 mois en 6 mois.

(7) RICHSHOFFER paie 3 fr. 44 c. %, produit de son actif, et parfait 50 %, en 5 ans, par 1/5, de l'homologation.

(8) RIDAY doit 20 %, en 4 ans, par 1/4, de l'homologation.

(9) RIGNY paie 1 fr. 91 c. %, unique répartition.

(10) RIGOT jeune, doit 20 %, en 5 ans, par 1/5, de l'homolog.

(11) RIGOUT, grainetier. — Réouverture du 22 septemb. 1874.

(12) RIVIÈRE paie 20 fr. 83 c. %, dernière répartition.

NOMS, PRÉNOMS, PROFESSIONS ET DOMICILES.	SYNDICS ET AVOUÉS	FAILLITES ET LIQUIDATIONS.	DATE DES HOMOLOGATIONS DE CONCORDATS	INSUFFIS^{cos} ET UNIONS.	SÉPARAT^{ns} DE BIENS JUDICIAIRES.	CONS. JUDIC. ET INTERDICT.
RIVIÈRE, Louis-René-François, rue de Lancry, 36.........	Cessolin....				....	*14 oct.' 74
Id. —ROMAN, L*-Jean-Joseph, rue du Chemin-Vert, 49...*	Picard.....				18 août 74	
ROBAULT, peintre en voitures, avenue d'Italie, 112...........	Dufay......	27 nov. 74				
ROBERT, Achille, limonadier, boul. Voltaire, 97.............	Heurtey...	26 janv. 74		*31 mars 74		
Id. Adolphe, marchand de vins, à Aubervilliers........	Gautier...	19 juin 74		*28 juill. 74		
Id. Dorsant, ex-traiteur et treillageur, au Parc-St-Maur..	Tournel.....	18 sept. 74				
Id. Edmond, marchand de vins, à Levallois.............	Id	20 août 74				
Id. —BESSON, Louis-Victor, rue Lafayette, 132-134...... *	Maza......				18 août 74	
Id. Louis-Victor, m^d de nouveautés, Id. Id.	Beaugé.....	28 juill. 74	18 nov. 74	(1)		
Id. Ch.-Gust., ex-m^d de vins, r. St-Dominiq.-St-Germ., 233.	Heurtey.....	6 juin 74		*28 août 74		
Id. charpentier, à Malakoff....................	Dufay......	15 octob. 73		*31 janv. 74		
ROBIN, Alphonse, mécanicien, rue Vanneau, 70.............	Beaujon....	20 octob. 74				
Id. ex-bijoutier, rue des Boulangers, 29.............	Id	1er octob. 74		*28 nov. 74		
Id. et Cie, Charles, banquiers, rue Taitbout, 80.......	Pluzanski....	12 nov. 64	(2)			
Id. —SCHWARTZ, Jean-Victor, à Châtillon............. *	Estienne				28 juill. 74	
RODINET, f^t de cordons de montres, rue Saint-Denis, 286.	Chevillot ..	9 déc. 72		*30 avril 74		
Id. —BOURGEOIS, Hect.-H^d-Philip., Id. 164....*	Devaux...				3 févr. 74	
RODLIN, fabricant de galoches, passage Buzelin, 4..........	Hécaen.....	18 août 74		*31 oct. 74		
RODLOT et Cie, m^{ds} de futailles, rue de la Gare, 8..........	Dufay.......	3 sept 74	(3)			
RODQUIN, Ch.-Philippe, serrurier, rue d'Aboukir, 18........	Hécaen.....	7 mars 74	3 juill. 74	(4)		
ROCH NEYREZ veuve, m^{de} de meubles, faub. St-Martin, 33....	Legriel	2 mai 74		*29 mai 74		
ROCHAIS, Paul-Emile, boucher, rue de Tournon, 7........	Beaujon	22 octob. 73	(5)			
ROCHAT-GÉNARD, F^{ois}-Elie-Xavier, rue Marcadet, 7....*	Leboucq....				1er déc. 74	
ROCHE, Benoist-Raymond, m^r de lavoir, à Pantin...........	Pluzanski ..	30 avril 74	(6)			
Id. —MOREL, Id. Id. à Clichy............*	Delpon ...				19 sept. 74	
Id. —THOMAS, Guill., charbonnier, rue du Banquier, 37...*	Dubois.....				11 juill. 74	
Id. —HERR, Pierre-Barthel, av. des Champs-Elysées, 30...*	Brémard ...				16 juill. 74	
ROCHEFRETTE, Etienne, modiste, rue Rambuteau, 40........	Sarazin....	5 nov. 74				
ROCHERON, Albéric, boucher, rue Corbeau, 24.............	Dufay.....	14 sept. 74				
ROCHETTE, Marguerite. Voir : PAGÈS, veuve.						
ROCHUT père, marchand de vins, rue des Dames, 6........	Gauche	5 sept. 74		*30 nov. 74		
RODEL, boucher, rue de l'Ourcq, 57......................	Sommaire ..	5 déc. 73		*28 févr. 74		
RODIÉ, Léopold. Voir : MAYER et RODIÉ.						
ROELLINGHOFF, limonadier, rue d'Aboukir, 125............	Richard....	27 juill. 74		*29 oct. 74		
ROGÉ, Joseph, m^d d'art. de chasse, faub. du Temple, 42........	Id	19 juin 74		*17 sept. 74		
ROGER-LETON, Alexandre-Joachim, rue de Norvins, 24......*	Mignot				30 déc. 73	
ROGNON, Jacques-Eugène, marchand de sable, à Clichy........	Gautier	4 mai 74		*28 juill. 74		
ROLLAND, Alfred, marchand de bois, chauss. du Maine, 95....	Heurtey.....	30 janv. 74	28 avril 74	(7)		

(1) ROBERT, L^s-Victor, doit 50 %, en 5 ans, par 1/5, à partir du jour de l'homologation.

(2) ROBIN et Cie paient 2 fr. 60 c. %, dernière répartition.

(3) ROBLOT et Cie paient 7 fr. 16 c. %, unique répartition.

(4) ROBQUIN doit 50 %, en 5 ans, par 1/5, de l'homologation.

(5) ROCHAIS paie 4 fr. 84 c. %, unique répartition.

(6) ROCHE, Benoist, paie 46 fr. 88 c. %, unique répartition.

(7) ROLLAND doit 40 %, en 4 ans, par 1/4, de l'homologation.

NOMS, PRÉNOMS, PROFESSIONS ET DOMICILES.	L indique Liquidation * astérisque Avoué et Insuffisance	SYNDICS ET AVOUÉS	FAILLITES ET LIQUIDATIONS.	DATE DES HOMOLOGATIONS DE CONCORDATS	INSUFFIS ET UNIONS.	SÉPARAT DE BIENS JUDICIAIRES.	CONS. JUDIC. ET INTERDICT.
ROLLET, J.-Bapt., fabricant de siéges, rue Florian, 24........		Pinot......	30 juill. 74	....	*16 oct. 74		
Id.　Victor-Fréd., charpentier, rue Mademoiselle, 103.....		Gauche......	1er févr. 72	7 mai 72	* 30 oct. 74		
ROME, E., libraire, rue de la Sorbonne, 14..............		Richard......	12 févr. 73	(1)			
ROMEU-BART, François-Pierre, sans domicile connu ....*		Nicquevert...	....		....	27 janv. 74	
Id.　fabricant d'épingles, rue du Buisson-St-Louis, 23......		Barboux....	9 août 73	(2)			
ROMIEU, ex-marchand de vins, faub. Saint-Martin, 77		Chevillot....	28 août 74				
RONDIER-DENIEAU, Vict.-Edward-And.,.r. de Grenelle, 106...*		Levaux......				6 janv. 74	
RONFLÉ, Émile-René,·md de nouveautés, boul. Sébastopol, 135.		Battarel......	28 avril 74				
RONCIER, Pierre-Jules, limonadier, r. de la Tour-d'Auverg., 23.		Heurtey......	20 octob. 74				
ROQUEBLAVE, dlle, mde de pianos, rue Bergère, 24........		Richard......	21 juin 72	....	* 20 nov. 72	(3)	
ROQUEFEUIL MONTPEYROUX, approvision., bd Batignolles.....		Copin......	27 févr. 74	24 juin 74	(4)		
ROSARD-DUMOURIEZ, Julien-René, pass. de l'Alma, 24 ....*		Castaignet....				21 avril 74	
ROSENWALD-MAYER, David, boulevard Voltaire, 7...........*		Masse......				22 déc. 74	
ROSOTTD-ROY, Jules-Joseph-Victor, sans domicile connu.....*		Trodoux......				27 nov. 73	
ROSSET, Germain, fabricant de tissus de laine, à Puteaux......		Maillard......	1er sept. 74				
Id.　Louis-Joseph, emballeur, rue Saint-Joseph, 12........		Gautier......	18 févr. 74	22 juill. 74	(5)		
ROSSIGNOL-GODET, Alexandre-Amédée, rue de Villiers, 4....*		Chéramy.....				6 janv. 74	
ROTHSCHILD, ferblantier, rue des Juifs, 45...............		Dufay......	12 mai 74	....	*31 juill. 74		
ROTTEMBOURG-SARRET, Nathan, rue Turbigo, 62.........*		Chéramy.....				14 avril 74	
ROUCHEZ, Jean-Pierre, loueur de voitures, rue Saussure, 29...		Quatremère..	21 août 70	(6)			
ROUCOLLE, Henry, marchand de vins, à Gentilly		Richard......	20 janv. 74	....	* 28 avril 74		
ROUENT, Phil.-Toussaint, ferblantier, cour Debille, 5........		Meillencourt.	16 sept. 73	(7)			
ROUGET fils, Charles-Auguste, au Havre................*		Plassard......					8 janv. 74
ROULIN, Frédéric-Nic.-Aug te, quincaillier, à Asnières		Copin......	3 mai 09	20 août 09	*20 déc. 74		
ROUQUAT-SINGLANDRE, Antoine, rue Montmartre, 131.....*		Trodoux......				16 mai 74	
ROUQUETTE, Victor, gantier, rue Saint-Denis, 244.........		Copin......	6 mai 68	14 août 60	*23 juin 74		
ROUSÉE, entrepr. de travaux publics, rue Commines, 15......		Darbot......	17 nov. 74		*22 déc. 74		
Id.　Clotilde-Appoline. Voir : HUTIN, veuve.							
ROUSSEAU, boulanger, rue Doudeauville, 20		Copin......	15 déc. 74				
Id.　Jules-Léonard, md de vins, rue d'Aboukir, 8 ...		Lamoureux...	1er août 74	....	* 30 oct. 74		
Id.　négociant, rue de Morny, 131...........		Quatremère..	10 juin 73	(8)			
Id.　-LEGRAND, Aug.-Camil., ébén., r. de l'Orillon, 21.*		Mercier......				30 juin 74	
Id.　-PARETTE, Ern.-Pl.Ex.-Nap.-Loiseau, r. Condorc., 61*		Robineau.....				18 avril 74	
ROUSSEL et Cie, cartonniers, rue Saint-Sauveur, 39........		Barbot......	11 mai 74				
ROUSSELET-CHATEAU, Jean-Charles, rue des Récollets, 15..*		Tourrette.....				27 janv. 74	
Id.　dlle, Antoinette, fruitière, rue Laval, 31..........		Maillard.....	15 déc. 74				

(1) ROME, E., paie 26 fr. 62 c. %, unique répartition.

(2) ROMEU paie 13 fr. 96 c. %, unique répartition.

(3) ROQUEBLAVE dlle. — Faillite rap. par arrêt du 20 août 73.

(4) ROQUEFEUIL s'engage à faire verser au syndic la somme de 20,000 fr., dans la huitaine de l'homologation. — Il paie 16 fr. 97 c. %, unique répartition.

(5) ROSSET, Louis, doit 30 %, en 6 ans, par 1/6, à partir du jour de l'homologation.

(6) ROUCHEZ paie 5 fr. %, deuxième répartition.

(7) ROUENT paie 1 fr. 37 c. %, unique répartition.

(8) ROUSSEAU, négociant, paie 4 fr. 90 c. %, unique répartit.

NOMS, PRÉNOMS, PROFESSIONS ET DOMICILES.	L indique Liquidation • astérisque Avoué et Insuffisance	SYNDICS ET AVOUÉS	FAILLITES ET LIQUIDATIONS.	DATE DES HOMOLOGATIONS DE CONCORDATS	INSUFFIS ET UNIONS.	SÉPARAT DE BIENS JUDICIAIRES.	CONS. JUDIC. ET INTERDICT.
ROUSSELET, Emilie. Voir : VINCENT veuve.							
ROUSSET, Pl-Gust., vice-consul de France, av. Ch.-Élys., 120..	*	Denormandie.	....	....	....	(1)	29 août 65
Id. François, md de papiers peints, rue du Mail, 6.....		Chevallier...	12 déc. 74				
Id. Etienne, fumiste, à Nanterre...................		Dufay.......	23 janv. 74				
ROUSSEY, Eugénie. Voir : MANTOIS, dame.							
ROUTA veuve, née PRÉVOST, loueuse de volt., r. Ernestine, 17.		Moillencourt.	19 déc. 74				
ROUVEL, charcutier, rue des Cannettes, 22...............		Dufay.......	11 févr. 74	....	*31 mars 74		
ROUX frères, limonadiers, boulevard Strasbourg, 30.........		Tournel.....	1er nov. 72				
Id. -CARÊNE, sans domicile connu	*	Cahon......			....	9 juin 74	
Id. Jean-Pierre-Marie, loueur de volt., r. de Sèvres, 23.....		Knéringer...	24 nov. 74				
Id. -ANGELY, Pierre, rue Delambre, 10.................	*	Desgranges..		....		23 déc. 73	
ROUXEL, Théoph-Julien-Rob., agent d'aff., rue du Jour, 31....		Beaugé......	9 juin 74	(2)			
ROUY, Louis-Aug.-Pierre, ex-boulanger, av. Clichy, 143.....		Barboux....	18 juill. 74		*25 nov. 74		
ROUYER, Ave"e, md d'art. de ménage, rue de l'Orillon, 30....		Sarazin.....	26 mai 74	....	*31 juill. 74		
ROUZA, Paul-Louis, rue Mozart, 23, à Passy...........	*	Michel......					31 déc. 74
ROY veuve, marchande de vins, à Bondy...............		Legriel.....	17 janv. 74		*28 févr. 74		
Id. F., commissionnaire, boulevard Voltaire, 41..........		Heurtey....	25 sept. 73		*31 janv. 74		
ROYER-GROSSIN, Prosper-Alphonse, rue Coquillière, 5.......	*	Clériot.....	....	....	....	1er août 74	
ROZE, Antoine, restaurateur, rue du Potcau, 62..........		Chevillot...	8 déc. 73	30 juill. 74	(3)		
RUBIN, Anatole, md de nouveautés, faub. du Temple, 78.....		Legriel.....	16 mai 74	23 octob. 74	(4)		
RUBRECKHUBE..T dame, Fçoise. Voir : MENTZER, veuve.							
RUEL, Albert-Calixte. Voir : CARTAUX et RUEL.							
RUELLE, dir. du Théâtre de l'Athénée, rue Neuve-Mathurins, 35		Maillard.....	2 déc. 73	....	*26 juin 74		
RUFFIN veuve. Voir : GUILLAT, veuve.							
RYSSIER-JOUDIOUX, Jean, place de la Nativité, 4...........	*	Thiébault...	....	....	....	24 octob. 74	

S

SABATIER, Ad.-Eugène, entr. de transp., rue Nationale, 20.....		Hécaen......	5 sept. 74				
SADE, commissionnaire, faubourg St-Denis, 132............		Copin.......	20 octob. 74				
SADLET, Anne-Françoise. Voir : TOMS, veuve.							
SABROUT, François-Louis, maçon, rue St-Ambroise, 20........		Barboux	8 mai 69	20 octob. 69	(5)		
SACLEUX, Victorine-Blémie. Voir : BLONDEL veuve.							
SADERNE-MONTROT, Jean, rue Tanger, 9................	*	Delepouve...	....	....	....	28 avril 74	
SADOUX, J.-Baptiste, constr. de bateaux, à Joinville.........		Chevillot....	30 octob. 74	....	*31 déc. 74		
SAGNIER-GRIFFON, André, libraire, rue Vivienne, 9.........	*	Bourgoin...				22 déc. 74	
SAINT-COLOMB-RENAULT, Baptiste, à Pantin..............	*	Jacquin.....	....	....	....	23 juill. 74	
Id -ÉTIENNE, Sylvain, éditeur, passage Saulnier, 9.......		Knériuger...	22 avril 72	9 juin 74	(6)		

(1) ROUSSET. — 25 août 1874, main-levée de conseil.

(2) ROUXEL paie 3 fr. 44 c. °/₀, unique répartition.

(3) ROZE doit 30 °/₀, en 5 ans, par 1/5, de l'homologation.

(4) RUBIN doit 40 °/₀, en 5 ans, par 1/5, de l'homologation.

(5) SABROUT paie 5 fr. 64 c. °/₀, troisième et dernière répartit.

(6) SAINT-ÉTIENNE paie 3 fr. 82 c. °/₀, produit de son actif qu'il abandonne, moins une somme de 250 fr., et s'oblige à payer 5 °/₀, en 5 ans, par 1/5, de l'homologation.

NOMS, PRÉNOMS, PROFESSIONS ET DOMICILES.	L Indique Liquidation * Arrérages Avoué ou Insuffisance	SYNDICS ET AVOUÉS	FAILLITES ET LIQUIDATIONS.	DATE DES HOMOLOGATIONS DE CONCORDATS	INSUFFIS** ET UNIONS.	SÉPARAT** DE BIENS JUDICIAIRES.	CONS. JUDIC. ET INTERDICT.
SAINT-GERMAIN et ROUSSEAU, négoc., rue Rambuteau, 82...		Beaufour....	21 octob. 62	....	* 24 nov. 62	(1)	
SAINTELLIER, Théodore, plombier, à Nanterre............		Dufay........	20 mai 74		* 31 août 74		
SALARNIER-POUX, Jean, rue d'Angoulême, 63	*	Mouillefarine.				10 octob. 74	
SALLÉ, Em.-Eug., fournisseur pour modes, r. Montmartre, 130.		Hourtey	21 juill. 74		* 30 sept. 74		
SALMON-SAUNIER, And.-Nic.-Auguste, rue Meslay, 22...	*	Pérard				29 avril 73	
SALOMON, Nathan, confectionneur, rue St-Denis, 5.........		Beaujeu.....	9 nov. 74				
SAMIE, François, ex-march. de blanc, chauss. d'Antin, 15......		Gauche	6 août 73	(2)			
SAMSON, fabricant de savons, à Saint-Denis............		Sommaire ...	4 août 74		* 30 nov. 74		
Id. fils, Charles, brasseur, rue de Cléry, 52............		Chevillot	22 avril 74		* 30 mai 74		
SAMUEL, agent de remplacements militaires, à Boulogne.....		Beaujeu.....	25 octob. 73		* 31 janv. 74		
SANDRAS, Émile-Auguste, chemisier, r. Lamartine, 19.......		Moys........	17 févr. 74				
Id. -LOUDIÈRE, Émile-Auguste, r. Bayard, 5...........	*	Robineau.....				8 déc. 74	
SANDRÉ-SAUNIER, Émile, rue Oudard, 42................	*	Gouget.......				27 juin 74	
SANDRIN, décédé, Louis, comm** en fer., rue des Deux-Ecus, 25		Legriel.......	27 févr. 67	(3)			
SANGNIER-MARY, Gabriel-Édouard, sans domicile connu.....	*	Servy........				1er déc. 74	
SANGUILLON, Eugène-Jean, traiteur, rue de la Michodière, 20..		Hécaen......	4 nov. 73	(4)			
SARKISSIAN, Pierre. Voir : ALMINANA et SARKISSIAN.							
SARRET, Antoine, camionneur, rue Popincourt, 10...........		Barbot	28 juill. 74				
Id. quincaillier, à Bagnolet.................		Knéringer....	29 mars 73	22 avril 74	(5)		
SASSIAT, entrepr. de travaux, rue Condorcet, 50...........		Copin........	8 janv. 74		* 8 avril 74		
SASSIER fils, Pierre-Léon, épicier, rue d'Allemagne, 202......		Deaugé.......	11 déc. 74				
SAUCIER, Étienne, paveur, rue St-Maur, 140..............		Pluzanski....	16 avril 72		* 28 févr. 74		
SAUGRIN-THÉRÈSE, Jules-Édouard, rue de l'Orillon, 33.....	*	Duboys.......	....		....	1er déc. 74	
Id. jeune, Jules, serrurier, à la Varenne............		Legriel.......	30 octob. 69	2 avril 70	21 nov. 71	(6)	
SAULNIER, Adolphe-François, épicier, au Petit-Ivry.........		Gautier......	12 déc. 74				
SAUNIED-CUDEZ, L*-Antoine, rue d'Aubervilliers, 19.........	*	Thiébault.....				27 déc. 73	
SAUNIER, Antoine-Alfred, marbrier, à Saint-Ouen...........		Hourtey.....	15 déc. 74				
SAUREL, Antoine, maçon, boulevard de Courcelles, 59.........		Moys........	4 nov. 74				
SAUSSOY et LECADET, épiciers, rue Paradol, 1..............		Gautier......	10 févr. 73	(7)			
SAUVAGE, Vict.-Fréd., chapelier, rue Saint-Vincent-de-Paul, 4.		Legriel......	7 juill. 73	26 janv. 74	(8)		
SAUVAN, Jacques-Théodore, rue M. le Prince, 11..........*	*	Flot	....	....	....	....	31 déc. 74
SAUX dlle, Adelina, épicière, r. de Lagille prolongée, 12......		Beaujeu	9 déc. 74				
SAVARD, Charles-Cyprien, grainetier, à Vincennes...........		Normand	2 avril 74	30 juin 74	(9)		
SAVARDEIX dlle, Aimée, confectionneuse, r. Lafayette, 41.....		Dufay.......	16 juin 74				
SAVOYE-PONS, Jean-Antoine, sans domicile connu...........	*	Laubanie.....	....			24 nov. 74	
Id. André-Jean-Benoist, art. de mod., r. Montmartre, 146.		Maillard.....	12 déc. 73	22 sept. 74	(10)		

(1) SAINT-GERMAIN et ROUSSEAU. — Réouv. du 11 juill. 74.

(2) SAMIE paie 8 fr. 67 c. %, unique répartition.

(3) SANDRIN. — Le syndic paie 2 fr. 13 c. %, dernière rép.

(4) SANGUILLON paie 08 fr. 10 c. %, unique répartition.

(5) SARRET, quincaillier, doit 20 %, en 5 ans, par 1/5, de l'hom.

(6) SAUGRIN jeune paie 0 fr. 45 c. %, unique répartition.

(7) SAUSSOY et LECADET paient 3 fr. 13 c. %, unique rép.

(8) SAUVAGE abandonne son actif et s'oblige à payer 15 %, en 6 ans, du jour de l'homologation.

(9) SAVARD doit 25 %, en 5 ans, par 1/5, de l'homologation.

(10) SAVOYE paie 9 fr. 09 c. %, produit de son actif, et parfait 10 %, à partir de la reddition de compte.

NOMS, PRÉNOMS, PROFESSIONS ET DOMICILES.	L Indique Liquidation * assistance Avoué ou Insuffisance	SYNDICS ET AVOUÉS	FAILLITES ET LIQUIDATIONS.	DATE DES HOMOLOGATIONS DE CONCORDATS	INSUFFISce ET UNIONS.	SÉPARATns DE BIENS JUDICIAIRES.	CONS. JUDIC. ET INTERDICT.
SCELLIER, marchand de vins, rue Moreau, 16.............		Maillard.....	7 août 74	....	*20 sept. 74		
SCHACK, ex-parfumeur, rue Caumartin, 53.............		Lamoureux..	26 octob. 74		*24 déc. 74		
SCHAFFER, Ch.-Pierre-Joseph, graveur, pass. Vivienne, 31....		Moillencourt.	5 mai 74	28 sept. 74	(1)		
SCHEADELIN, Pauline. Voir : VALLON dame.							
SCHÉRER-AUDY, Const.-Adrien, rue Rougemont, 13........*		Laubanie....	....	....	....	12 déc. 74	
SCHLEGEL veuve, Michel-Alexandre. Voir : CLARK dame.							
SCHLESINGER et Cie, Jonas, commissionnaires, r. Martel, 21..		Sautton....	11 octob. 73	(2)			
SCHLOSSER-SCHWARTZ, L.-Ch., musicien, b. Strasbourg, 23..		Postel-Dubois	....			17 févr. 74	
SCHMIDT, Bernard, dessinateur, r. Borda, 2.............		Knéringer...	28 mai 74	(3)			
Id. frères, commissionnaires, r. Condorcet, 41..........		Sautton....	9 octob. 72				
SCHMIT, Georges, fabr. de porte-monnaie, r. Réaumur, 5.....		Barbot....	12 août 74	....	*29 oct. 74		
SCHMITT dlle, Marg.-Cécile, modiste, faubourg St-Honoré, 36.		Gautier....	26 déc. 73		*30 janv. 74		
SCHNABEL, L.-Aug.-Eug., pharmacien, rue de Flandre, 47.....		Id........	24 juill. 74				
SCHNEIDER dlle, Louise. Voir : PITTOUD et Cie.							
Id. Joseph, fabricant de blouses, rue de Flandre, 201....		Normand....	27 mai 74	....	*17 août 74		
SCHOLLER-HUTOT, Jean-Henri, à Nogent................*		Masso....	....		....	29 déc. 74	
SCHOLTUS, Pierre, fabr. de pianos, r. Lafayette, 64....		Dufay....	31 mars 73	13 janv. 74	(4)		
SCHOTT, A., débitant de bière, rue des Trois-Frères, 41.......		Beaugé....	1er octob. 74		*10 nov. 74		
Id. -HERBONEL, Jacques, faubourg St-Martin, 122......*		Viollette....				5 mai 74	
SCHRATZ-FOUCAULT, Eug., journalier, sans domicile connu..*		Kieffer.....				7 juill. 74	
SCHULTZ, maître de bains, rue M. le Prince, 27............		Chevallier..	24 nov. 74		*26 déc. 74		
SCHUMACHER, Alfred, restaurat., rue d'Allemagne, 200......		Bégis....	3 nov. 73	(5)			
SCHURCHILL-BEETHAM, Édouard. Voir : BEETHAM frères.							
SCHUTZ-DUNCKEL, à Joinville...................*		Henriot....	....		....	30 juin 74	
SCHWARTZ, Jules, ex-boulanger, rue Belleville, 86..........		Gautier....	24 sept. 73	(6)			
Id. personnell., Ernest, changeur, r. de la Banque, 12.		Lamoureux..	9 juill. 74	....	*29 oct. 74		
Id. MAY et Cie, Id. Id. 16.		Id........	2 nov. 73				
SCHWEITZER, Henri, ex-m. de nouveaut., boul. Magenta, 47..		Beaujeu....	15 mars 73	25 sept. 73	(7)		
SCHWICKARDI-CHARPENTIER, L., dit AUBERT, r. Provence, 2*		Clériot.....				26 déc. 74	
SCHWOB-SCHWOB, Joseph, rue de l'Echiquier, 30..........*		Lefoullon....				25 août 74	
SCROEZYNSKI, François, boulanger, rue St-Maur, 72.........		Tournel....	26 févr. 74				
SÉBILLE, Pierre-Roch-Ferd., traiteur, r. des Halles, 7........		Chevillot....	23 nov. 74		*31 déc. 74		
SEBRIER, Jean-François, march. de charbons, à Levallois.....		Lamoureux..	31 mars 74		*28 août 74		
SEGRETAN, Aug.-Michel-Marie, fum., r. Vieille-du-Temple, 77.		Normand....	22 déc. 73	9 sept. 74	(8)		
SEIGNEUR, ex-pâtissier, rue du Temple, 101.............		Legriel....	28 mai 74		*22 juill. 74		
SEIGNIER, Paul-Emile-Const., épicier, rue de Bièvre, 27......		Knéringer...	9 octob. 74		*30 nov. 74		
Id. -BERNARD. Id. Id. Id. Id....*		Lacroix				22 déc. 74	

(1) SCHAFFER doit 20 %, en 5 ans, par 1/5, à partir de la reddition de compte.

(2) SCHLESINGER et Cie paient 5 fr. 12 c. %, unique répart.

(3) SCHMIDT, Bernard, paie 12 fr. 58 c. %. unique répartition.

(4) SCHOLTUS doit 25 %, en 5 ans, par 1/5, de l'homologation.

(5) SCHUMACHER paie 16 fr. 55 c. %, unique répartition.

(6) SCHWARTZ, Jules, paie 23 fr. 32 c. %, unique répartition.

(7) SCHWEITZER paie 11 fr. 85 %, unique répartition.

(8) SEGRETAN paie 20 % comptant, et doit 5 %, en 3 ans, après l'homologation.

NOMS, PRÉNOMS, PROFESSIONS ET DOMICILES.	Indices Liquidation Astreintes Avoué et Insuffisance	SYNDICS ET AVOUÉS	FAILLITES ET LIQUIDATIONS.	DATE DES HOMOLOGATIONS DE CONCORDATS	INSUFFIS⁾ⁱⁱ ET UNIONS.	SÉPARAT⁾ⁿ⁾ DE BIENS JUDICIAIRES.	CONS. JUDIC. ET INTERDICT.
SEILLIER, Jean-Chrysostôme, md de boutons, rue Charlot, 6....		Heurtey.....	21 juill. 74				
SELIGMAN, Émile, confectionneur, faub. du Temple, 27.......		Hécaen.....	20 janv. 74	16 avril 74	(1)		
SELIGMANN, Alfred, tailleur, rue de Sèvres, 109		Legriel.	1er mai 74	18 sept. 74	(2)		
SELLET, Émile, tenant brasserie, rue Saint-Lazare, 28........		Gautier.	13 avril 74	....	*28 juill. 74		
SELLIER-BERTHIER, sans domicile connu..................	*	Carvès...	....	....	....	11 nov. 73	
SÉNÉ, Auguste, plombier, rue des Marais-Saint-Martin, 91		Barbot ...	2 avril 70	(3)			
SEPTFONTAINE, marchand de vins, à Champigny		Chevillot	23 mai 74	....	*20 oct. 74		
SERGE. Voir : BOUROFF.							
SERGENT fils, md de vins, rue de la Montagne-Ste-Genev., 5....		Meillencourt.	3 sept. 74	....	*24 oct. 74		
Id.　Edmond, commissionnaire, rue Bleue, 14		Meys........	12 mai 74	9 sept. 74	(4)		
SERPH-DEMAGNOU, Jh-Eug., camionneur, pass. Stainville, 5....		Barboux.....	21 août 73	14 mars 74	(5)		
SERPIN, ex-marchand de vins, rue Saint-Ambroise, 29		Prodhomme..	30 octob. 74	....	*31 déc. 74		
SERVIN vve, tenant appartements meublés, av. Friedland, 27....		Richard	5 juin 74	(6)			
SEUX, Pierre-Antoine, md de vins, av. Labourdonnaie, 1......		Lamoureux..	24 févr. 73	(7)			
SÉVEL, Joseph-Eugène, vinaigrier, rue Saint-Denis, 157........		Legriel.	15 juin 74	....	*30 juin 74		
SÉVERIN, Rémy, md de bois, imp. Jean-Bouton, 13		Maillard..	8 sept. 74	....	*24 oct. 74		
SEVIN-YVON, Marcellin-Pierre, rue Deparcieux, 9...........	*	Marquis...	....	....	....	14 avril 74	
SIBEUD et Cie, ciriers, rue des Billettes, 10...............		Maillard...	21 mai 74	....	*20 sept. 74		
SIBOT, Gaston, cafetier, rue Tronchet, 21		Gauche.....	14 mars 74	....	*30 juin 74		
SIDRAC, fabricant de boutons, impasse Ronce, 8		Legriel..	24 févr. 74				
SILVA CAPLEN, Frédéric, limonadier, rue Vivienne, 45......		Meys......	21 juill. 73	17 janv. 74	(8)		
SIMON, boulanger, à Bondy................................		Copin...	19 août 74				
Id.　fils et GERARD, scieurs à la mécan., à Asnières.......		Barboux.....	8 déc. 71	(9)			
Id.　fils, Auguste, marchand de bois, à Asnières...........		Id	30 déc. 71	(10)			
Id.　dlle, Élise, couturière, rue de Châteaudun, 14........		Meillencourt.	7 nov. 74				
Id.　Félix-Marie-Joseph, épicier, rue des Amandiers, 100...		Prodhomme..	22 févr. 72	(11)			
Id.　-AUGER, Édouard, faub. Poissonnière, 152............	*	Trodoux...	....	....	....	28 avril 74	
Id.　-PARRY, Alexandre-Léon, rue Saint-Lazare, 54.......	*	Hervel	....	....	....	25 août 74	
Id.　L.　Voir : LÉVY, Simon.							
SIMONNET et LEVASSEUR, mds d'éventails, faub. St-Denis, 67...		Heurtey.....	11 août 74	23 nov. 74	(12)		
SIMONOT-HURSON, Edme-Florentin, rue Saint-Jean, 16.......	*	Levesque....	....	....	....	28 nov. 74	
SINGLÉ dlle, Thérèse, modiste, boulevard Montmartre, 19......		Heurtey....	7 juill. 74	8 déc. 74	(13)		
SIROT, commissionnaire, rue Drouot, 11		Deaugé...	7 nov. 73	....	*31 janv. 74		

(1) SELIGMAN doit 40 %, en 5 ans, par 1/5, de l'homologation.

(2) SELIGMANN doit 40 %, en 5 ans, par 1/5, de l'homolog.

(3) SENÉ paie 14 fr. 68 c. %, unique répartition.

(4) SERGENT, Edmond, doit 40 %, en 8 ans, par 1/8, de l'hom.

(5) SERPH-DEMAGNOU paiera 50 %, savoir : 10 % dans le mois de l'homolog.; 10 % fin nov., 10 % fin déc. 1874 ; 10 % fin mars, et 10 % fin avril 1875.

(6) SERVIN veuve, paie 53 fr. 95 c. %, unique répartition.

(7) SEUX paie 0 fr. 65 c. %, unique répartition.

(8) SILVA CAPLEN abandonne le prix de vente de son établissement, et s'oblige à payer 30 %, en 5 ans, par 1/5, de l'hom.

(9) SIMON et GÉRARD paient 5 fr. 69 c. %, 2e et dern. répart.

(10) SIMON fils, paie 3 fr. 18 c. %, unique répartition.

(11) SIMON, Félix, paie 12 fr. 10 c. %, unique répartition.

(12) SIMONNET et LEVASSEUR doivent 30 %, en 5 ans, par 1/5, à partir du jour de l'homologation.

(13) SINGLÉ dlle, abandonne son actif, et s'oblige à payer 10 %, en 5 ans, par 1/5, à partir du 1er décembre 1874.

NOMS, PRÉNOMS, PROFESSIONS ET DOMICILES.	L indique Liquidation * astérisque Avoué et Insuffisance	SYNDICS ET AVOUÉS	FAILLITES ET LIQUIDATIONS.	DATE DES HOMOLOGATIONS DE CONCORDATS	INSUFFIS⁽ᵉˢ⁾ ET UNIONS.	SÉPARAT⁽ⁿˢ⁾ DE BIENS JUDICIAIRES.	CONS. JUDIC. ET INTERDICT.
SITTER dit CAMBRENUS, David, limonadier, rue Jussieu, 29....		Pinet	14 avril 74	....	* 25 avril 74		
SIVARD, Jacques, tanneur, rue de Gentilly, 9.............		Beaufour....	30 juill. 74				
SIVIGNON, André-Jules, porcelainier, rue Saint-Jacques, 283...		Bégis	23 avril 74	24 juill. 74	(1)		
SMITH, Jules, éditeur, rue des Petites-Écuries, 40..........		Hourtey.....	18 déc. 74				
SOCIÉTÉ ANONYME dite L'ANGEVINE. Voir : L'ANGEVINE.							
Id. Id. dite l'ARCHE d'ALLIANCE, r. Feydeau, 5...		Darboux.....	31 mai 73	(2)			
Id. des CONCERTS et BALS FRASCATI, r. Vivienne, 40....		Moncharville.	17 juin 74				
Id. des USINES à GAZ RÉUNIES, r. du Quatre-Septemb., 14ᵉ		Maillard.....	27 juill. 74				
Id. Id. de MONTJEAN et de CHAUNY, r. St-Guil., 31.		Meillencourt.	15 mars 72	(3)			
Id. GÉNÉRALE des PÊCHERIES FRANÇAISES. V. : PÊCHER.							
Id. HOUILLÈRE et MÉTALLURGIQUE des ASTURIES.......		Prudhomme..	6 mars 73				
SOCQUET veuve, restaurateur, rue St-Maur-Popincourt, 25....		Bégis	20 nov. 73	....	* 17 déc. 73	(4)	
SOLAIRE père, maçon, à Bois-Colombes..................		Meys........	3 juin 74				
SOLET-COLLONGE, J.-Bapt., fabricant de galoches, r. de Bray..		Weill	....	....		8 déc. 74	
SOLOS-LEGOY, Jules, rue Tholozé, 16.............		Huet........	....	....		25 juin 74	
SOREL, Cyprien-Fçᵒⁱˢ, mᵈ de toiles, rue de la Coutellerie, 4....		Lamoureux..	21 nov. 73	28 févr. 74	(5)		
SORGNIARD, Aristide-Lᵗ-Marie, chemisier, r. Marie-Louise, 4..		Beaujeu....	14 déc. 74				
SORNIQUE frères, mᵈˢ de bois, r. Grenelle-St-Germain, 187....		Bourbon ...	19 octob. 74				
SOUCHET, marchand de vins, Grande-Rue-de-Belleville, 225....		Sarazin......	10 juin 72	22 janv. 74	(6)		
SOUCHON, Antoine, marchand de salaisons, rue Turbigo, 6...		Pinet.......	28 mai 74		* 22 juill. 74		
SOULARD-STEIN, Henri-Edmond, rue Gay-Lussac, 33........		* Plassard....	....	....		25 août 74	
SOULÉ, marchand de vins, rue des Bernardins, 8.............		Gauche......	0 mars 74		* 30 sept. 74		
SOULÈS, épicier, rue Poissonnière, 1		Legriel......	12 mars 74	(7)			
SOUPE père et fils, droguistes, rue Saint-Louis-en-l'Île, 81...		Devin.......	18 janv. 72	(8)			
SOUQUES, Antoine, mᵈ de charbons, rue des Fermiers, 29......		Darboux ...	2 juill. 74	15 déc. 74	(9)		
SOUQUIÈRES, Jean, fondeur, rue du Chemin-Vert, 84.........		Beaugé......	26 août 73	(10)			
SOURIGUIÈRE, Lᵒⁿ, fⁱᵉ d'ouate, r. de Lourmel, 73 (Trib. de Lyon)		....	5 juin 74				
SOURLIAMY, Léonard, mᵈ de vins, rue du Four-St-Jacques, 4..		Normand....	30 sept. 73	12 févr. 74	(11)		
SOUTUMIER, Adolphe-Philippe, ébéniste, rue Blanche, 11.....		Prodhomme .	3 sept. 74	....	* 28 nov. 74		
SOUVIGNY, Eugène, horloger, boul. Bonne-Nouvelle, 31		Devin.......	15 mars 00	(12)			
SOYER dame, Etienne-Alexis, hôtelière, boul. Montmartre, 8...		Hourtey.....	2 août 73	11 mars 74	(13)		
Id. -IMBAULT, Hᵗᵉ-Vicᵗ., gérant de café, r. de la Douane, 9..		Labbé.......	....	....		30 juin 74	
SPEISSE-ARMBRUDSER, Georges, pass. Geoffroy, 4.........*		Duboys.....	....	....		1ᵉʳ août 74	

(1) **SIVIGNON** doit 35 %, en 5 ans, par 1/5, de l'homologation.

(2) **SOCIÉTÉ l'ARCHE d'ALLIANCE** paie 40 fr. %, en 2 répart.

(3)   Id.   des **USINES de MONTJEAN** paie 4 fr. %, 2ᵉ rép.

(4) **SOCQUET** veuve. — Réouverture du 18 août 1874. — Elle paie 2 fr. 43 c. %, unique répartition.

(5) **SOREL** doit 60 %, en 6 ans, par 1/6, de l'homologation avec la caution de Mad. Sorel.

(6) **SOUCHET** doit 5 %, en 5 ans, par 1/5 ; premier paiement le premier janvier 75.

(7) **SOULÈS** paie 40 fr. 47 c. %, unique répartition.

(8) **SOUPE**, père et fils paient 18 fr. 19 c. %, pour toutes répart.

(9) **SOUQUES** doit 40 %, en 5 ans, par 1/5, de l'homologation.

(10) **SOUQUIÈRES** paie 2 fr. 33 c. %, unique répartition.

(11) **SOURLIAMY** doit 25 %, en 5 ans, par 1/5 de l'homolog.

(12) **SOUVIGNY** paie 4 fr. %, troisième répartition.

(13) **SOYER**, dame, doit 50 %, en 5 ans, par 1/5, et s'engage à payer les 50 %, remis dans le cas où elle viendrait à meilleure fortune.

NOMS, PRÉNOMS, PROFESSIONS ET DOMICILES.	L Liquidation * astérisque avoué et Insuffisance	SYNDICS ET AVOUÉS	FAILLITES ET LIQUIDATIONS.	DATE DES HOMOLOGATIONS DE CONCORDATS	INSUFFIS ET UNIONS.	SÉPARAT DE BIENS JUDICIAIRES.	CONS. JUDIC. ET INTERDICT.
SPÉMENT, Léon, marchand de vins, rue Guy-la-Brosse, 8......		Beaugé......	1er oct. 73	(1)			
SPEYSER, La-Gonzag., briquetier, à la Garenne-Colombes......		Barboux......	4 juill. 74	....	*10 oct. 74		
SPIEDT aîné, Fois, ft de chapelets, rue du Temple, 177........		Legriel......	9 mars 74	5 août 74	(2)		
SPINELLI jeune, Hect.-Alph, bijoutier, faub. Montmartre, 7....		Maillard...	20 juin 74	25 nov. 74	(3)		
SPIQUEL, ex-md de produits chimiques, à l'Ile-St-Denis........		Knérlnger...	5 mars 74	....	*23 juin 74		
SPIRO, Maurice, md d'art. pour fumeurs, pass. Verdeau, 25....		Battarel......	7 octob. 74				
STAAD, Antoine, ébéniste, faubourg Saint-Antoine, 47......		Legriel......	4 juin 74				
STEVANCE, Juvénal, ex-marchand de vins, rue Lambert, 15....		Sautton......	8 octob. 74		* 30 oct. 74		
STORNICOLO, Démétrius, commre, rue Lafayette, 89 bis........		Sarazin......	5 août 73	(4)			
STOUFFLET, épicier, rue de Lancry, 52....................		Beaufour...	5 sept. 74		*29 oct. 74		
STOUVENOT, Jean-Justin, commre, r. Bellefond, 35..........		Dufay......	21 mars 74		*31 juill. 74		
STRAUSS, Lazare. Voir : MAURICE et Cie.							
STROHM, Nicolas, boulanger, boul. Rochechouart, 106........		Hécaen......	8 sept. 74				
SUBTIL fils, fr de fournit. pr parapluies, boul. Sébastopol, 93....		Meys........	4 févr. 73	(5)			
SURCIN, marchand de vins, avenue de Clichy, 136............		Maillard......	10 nov. 74				
SURSIN-JEANTY, Maxime-Marie, rue Cassette, 9............	*	Poisson......	....			4 août 74	
SURUGUE, Ch.-Clément, gravatier et boueur, à Montreuil......		Gautier......	27 oct. 74				

T

TABAR veuve, née GOURY, lingère, r. Larochefoucault, 35....		Heurtey......	28 juill. 74	....	*20 sept. 74		
TABART-LENOIR, Joseph-Fleury....................	*	Déglise......	....			14 nov. 74	
TABOULET, Albert, maroquinier, rue du Temple, 132........		Battarel......	29 déc. 74				
TALBERT dlle, fabr. d'équipem. militaires, rue Bichat, 11....		Richard......	16 juill. 74				
TALON-CONDOR, François, chaussée du Maine, 101........	*	Fitremann...	....			5 déc. 74	
TAMISIER, Jean, terrassier, rue Marcadet, 178............		Sommaire...	10 octob. 74				
TANCHAT-FABART, Jean-Frédéric, quai St-Michel, 13........	*	Trodoux......	....			28 juill. 74	
TANSON-DELIN, Fr.-Charles, négociant, sans domicile connu..	*	Carvès......	....			5 déc. 74	
TARDY, Adélaïde. Voir : LAURENT veuve.							
TARLAY-DIGNON, La-Athanase, rue du Château-d'Eau, 27 bis..	*	Popelin......	....			3 févr. 74	
TASSET, Lucien, ex-md de nouveautés, boul. de Clichy, 70....		Battarel......	29 août 73	12 févr. 74	(6)		
TELHIARD dit RAOUL, chapelier, boul. des Italiens, 28........		Moncharville.	1er août 74				
TERRAGE, Jean, grainetier, rue Ramey, 44................		Gautier......	28 mai 74				
Id. -NICOLAS, Id. Id. Id............	*	Des Etangs...	....			10 févr. 74	
TERRASSON, marchand de vins, rue Lévis, 75............		Sommaire...	9 juill. 74	....	*30 nov. 74		
TERRIER, Pierre, nourrisseur, passage des Favorites, 7........		Normand....	30 sept. 74				
TESSIER, Louise-Augustine. Voir : DUVIVIER veuve.							

(1) SPÉMENT paie 5 fr. 81 c. %, unique répartition.

(2) SPIEDT aîné, doit 45 %, en 5 ans, par 1/5, à partir du jour de l'homologation.

(3) SPINELLI paie 23 fr. 25 c. %, produit de l'actif abandonné.

(4) STORNICOLO paie 6 fr. 38 c. %, unique répartition.

(5) SUBTIL fils paie 24 fr. 15 c. %, pour toutes répartitions.

(6) TASSET paie 0 fr. 19 c., produit de son actif, et s'engage à payer 20 %, en 5 ans, par 1/5, de l'homologation

14

NOMS, PRÉNOMS, PROFESSIONS ET DOMICILES.	* Indique Liquidation • affranchie Avoué et Insuffisance	SYNDICS ET AVOUÉS	FAILLITES ET LIQUIDATIONS.	DATE DES HOMOLOGATIONS DE CONCORDATS	INSUFFIS. ET UNIONS.	SÉPARAT. DE BIENS JUDICIAIRES.	CONS. JUDIC. ET INTERDICT.
TESSIER, Fr.-Joseph, serrurier, rue de l'Asile-Poplncourt, 14..		Hécaen......	14 oct. 72	26 mai 74	(1)		
TESSON, J.-Baptiste, march. de vins, à Pantin...............		Pluzanski...	28 octob. 74				
TESTAS, Auguste, ex-drapier, r. Geoffroy-l'Asnier, 23........		Normand...	15 avril 72	(2)			
TESTE-COULAND, Franç.-Laurent-Jules, r. Charlot, 24......	*	Foussier.....	......	....	....	29 août 74	
TÉTARD, maitre d'hôtel meublé, boul. Voltaire, 88...........		Richard.....	20 juin 74	....	* 20 oct. 74		
TEXIER, marchand de vins, rue des Gravilliers. 72...........		Beaufour...	3 déc. 74				
Id. Pierre, march. de vins-hôtelier, r. St-Sauveur, 10....		Richard.....	30 mai 74	....	* 8 juill. 74		
TESSEYRE, marchand de vins, à Ivry.................		Maillard....	5 août 74	....	* 28 sept. 74		
THANNE, passementier, rue Fontaine-au-Roi, 50...........		Hécaen......	26 janv. 74	....	* 31 mars 74		
THE FOREIGN et Sto-DOMINGO. Vt : LAVIGERIE, FISCHER et Cie.							
THEBAULT, J.-Baptiste, march. de vins, rue Montmorency, 8..		Legriel.....	12 juin 74	....	* 29 juin 74		
THEIS-PACON, Nicolas, rue Cambronne, 74.................	*	Lortat.......	....	....	....	18 août 74	
THEURIET, Charles, ex-march. de charbons, à Clichy,........		Gautier.....	28 nov. 74				
THEVARD, Adolphe-Pierre. Voir : ROUSSEL et Cie.							
THEVENIN-LAPROSTE, Charles, à Alfort.................	*	Brémard	....	....	....	4 août 74	
THEVENON, Alphonse, maçon, rue de la Comète, 17........		Lamoureux..	10 octob. 66	8 juill. 68	25 nov. 74		
THÉVENOT, Fréd.-Fn.-Pierre, pharmac., avenue de Clichy, 90.		Gautier.....	22 sept. 74				
Id. -THOMAZET, Franç., ex-md de vins, r. St-Maur, 168	*	Lesage......	....	....	....	10 févr. 74	
THEZARD, Alfred, papetier, boulevard Magenta, 33........		Barbot.....	17 janv. 74	10 août 74	(3)		
THIAFFAIT-MAIRE, Fr.-Xav.-Félix, rue Vaugirard, 63.....	*	Duboys.....	....	....	....	7 juill. 74	
THIBAULT, Emile-Prudent, march. de vins, rue Volta, 44.....		Chevallier...	16 févr. 72				
Id. PINÉGRE-GAILLOT, Avo., détenu à Mazas........		Laubanie....	....	....	....	28 nov. 74	
THIÉBAULT-PÉAN, Alexis-Eugène, sans domicile connu......	*	Nicquevert...	....	....	....	25 juill. 74	
THIÉBAUT, François, peintre, rue Condorcet, 24.............		Heurtey.....	19 nov. 73	31 mars 74	(4)		
THIÉBAUX, Ernest-Louis, ex-fleur., boul. Voltaire, 55.......		Beaufour....	23 déc. 74				
THIERRY, cordonnier, r. de l'Industrie-St-Antoine, 13.......		Legriel.....	14 mars 74	....	* 30 mai 74		
THIERY, Pierre-Alexandre, rue de Calais, 2.................	*	Cortot.......	....	....	....		* 12 nov. 74
THIS, personnelt, Gustave, march. de vins, aux Lilas........		Normand....	10 nov. 74	....	* 30 nov. 74		
THOMAS, Eugène-Ed., quincaillier, rue Rambuteau, 81......		Darboux.....	27 août 73	7 janv. 74	(5)		
Id. Nicolas, limonadier, rue Clignancourt, 45..........		Id........	27 mai 74				
Id. Ch., entrepr. de trav. publics, boul. du Temple, 42...		Chevillot....	25 mars 74				
Id. Jules, maitre de lavoir et bains, à Suresnes.........		Meys........	22 juill. 74	(6)			
Id. -CLAIRON, Jules, rue Blomet, 67.................	*	Poinsot.....	....	....	....	14 avril 74	
Id. de MONCOURT-PILVOIS, Pre-Ch.-Mano., r. Tilsit, 12.	*	Duval.......	....	....	....	3 févr. 74	
THOMASSIN, marchand de fumier, r. Boulainvilliers, 18......	*	Chevallier...	22 avril 72	....	* 31 juill. 72	(7)	

(1) TESSIER, François, abandonne tout l'actif réalisé et les sommes à provenir des mémoires qui lui sont dus par la Ville, et, dans le cas où l'actif ne produirait pas 50 %, il s'engage à payer la différence, à raison de 5 %, par an.

(2) TESTAS paie 31 fr. 45 c. %, pour toutes répartitions.

(3) THÉZARD abandonne son actif, moins son mobilier personnel, et une somme de 400 fr., et s'oblige à faire remettre au syndic dans la huitaine du concordat et avant l'homologation, une somme de 10,000 francs.

(4) THIÉBAUT, François, doit 25 %, en 5 ans, par 1/5, de l'hom.

(5) THOMAS doit 40 %, en 5 ans, par 1/5, de l'homologation.

(6) THOMAS, Jules, paie 20 fr. 07 c., unique répartition.

(7) THOMASSIN. — Réouverture du 4 mai 1874. — Il paie 1 fr. 06 c. %, unique répartition.

NOMS, PRÉNOMS, PROFESSIONS ET DOMICILES. L indique Liquidation * astérisque Avoué et Insuffisance	SYNDICS ET AVOUÉS	FAILLITES ET LIQUIDATIONS.	DATE DES HOMOLOGATIONS DE CONCORDATS.	INSUFFIS** ET UNIONS.	SÉPARAT° DE BIENS JUDICIAIRES.	CONS.JUDIC. ET INTERDICT.
THOMINOT, décédé, serrurier, place Pinel, 5	Sarazin	16 avril 73		*31 mars 74		
THORON, Octave-Stanis., march. de soies, rue Turbigo, 54	Prodhomme	17 déc. 73		* 30 avril 74		
THOUZERY, march. de vins, r. de la Grande-Truanderie, 4	Barbot	25 août 74		*30 sept. 74		
THOVEX, Louis, ag. de transp. maritimes, r. Drouot, 2	Maillard	20 mai 74		* 30 juin 74		
THUILLOT père, J.-Bapt., md de vins, rue Godot-de-Mauroy, 2	Gauche	3 nov. 74		*31 déc. 74		
THUREL, A., marchand de vins, boulevard de Clichy, 4	Copin	10 juin 74				
TINAS, maître de bains, quai de Bercy	Maillard	17 sept. 72	(1)			
TISSERAND, Paul, fabr. de balances, r. Oberkampf, 60	Battarel	1er juill. 73	30 déc. 73	(2)		
TISSERON, Jules-Victor-Adolphe, interné à Niort	*Levaux					* 17 déc. 74
TISSIER, Jacques, ex-carrier, rue du Chaume, 10	L Gauche	1er août 71	(3)			
Id. Joséphine-Anne. Voir : CHAUVIN veuve.						
TISSOT-GRILLON, Antoine, r. d'Angoulême, 22	*Blachez				19 juin 74	
Id. Pierre-Louis, souffl. de verre, r. du Grand-Chantier, 8.	Sarazin	20 mars 74				
TITRAN-DUPOUCH, Pre-Claude, corroy., rue des Gobelins, 19	*Filremann				26 mars 74	
TOLET, Le-Isid.-Hippol., boulanger, rue Poissonnière, 18	Meys	19 avril 73	(4)			
TOMBOIS-SEYFFERT, Le-Charles, boul. Richard-Lenoir, 65	*Francastel				26 sept. 74	
TOMS veuve, née SABLET, modiste, rue de Suresnes, 7	Barboux	8 janv. 74	2 mai 74	(5)		
TORCHEBŒUF-VERIEN, Théop., rue Rambuteau, 61	*Devaux				24 nov. 74	
TOURAUD-DIETZ, Ant.-Théodore, boul. St-Jacques, 4	Husson				16 juin 74	
Id. fils, marchand de vins, boul. St-Jacques, 4	Sarazin	20 nov. 73				
TOURNADRE, Amable, ex-boucher, rue du Commerce, 57	Meys	21 déc. 71	28 févr. 74	(6)		
TOURNAY, Edm.-Marie, plombier, rue Joubert, 11	Chevillot	1er déc. 74				
Id. -WILLIAUME, Isid.-Jos., faubourg St-Denis, 61	*Mesnier				25 juill. 74	
TOURNEMINE, Alex.-Ed., menuisier, passage Stainville, 12	Sommaire	10 sept. 74				
TOURNEUR veuve, Pierre, mde de chauss., pl. Château-d'Eau	Beaujeu	30 octob. 74				
TOURNIER frères, fabr. de voitures, avenue Daumesnil, 62	Meillencourt	8 mai 73				
TOURNIOL, Louis-François, tailleur, rue Oberkampf, 44	Tournel	28 août 74		*22 déc. 74		
TOURNON, Adolp.-Éd., march. de vins, rue Lamartine, 4	Beaufour	7 févr. 74		*24 mars 74		
TOURTE-VAIR, Le-Marie, faubourg du Temple, 109	*Aymé				24 nov. 74	
TOUSSAINT fils, marchand de bois, à Ivry	Barbot	14 juill. 73	14 mars 74	(7)		
Id. -CHAUMAS, Le-Auc.-Fnanç., r. des Missions, 41	Mignot				22 déc. 74	
Id. père, Franç.-Justin, march. de bois, r. d'Orléans, 10.	Pinet	11 juill. 73	9 févr. 74	(8)		
TOUSSART-DUBOIS, Émile-Léon, rue de Charenton, 89	*Kieffer				11 avril 74	
TRAVERS, Auguste, march. de chaussures, r. Morand, 9	Richard	17 janv. 74		*28 févr. 74		

(1) **TINAS** paie 2 fr. 15 c. %, unique répartition.

(2) **TISSERAND** doit 25 %, en 3 ans, à partir de l'homologation.

(3) **TISSIER**, Jacques, est qualifié failli par jugement du 19 mars 1874. — Il paie 3 fr. 50 c. %, unique répartition.

(4) **TOLET** paie 11 fr. 09 c. %, unique répartition.

(5) **TOMS** veuve doit 25 %, en 5 ans, par 1/5, de l'homologation.

(6) **TOURNADRE** paie 26 fr. 40 c. %, produit de son actif, et s'engage à payer 6 %, en 2 ans. par 1/2, de l'homologation.

(7) **TOUSSAINT** fils paiera 20 %, en 5 ans, par 1/5, et s'oblige à répartir entre ses créanciers les dividendes qu'il touchera dans la faillite de son père.

(8) **TOUSSAINT** père paiera l'intégralité des créances au moyen de l'abandon du revenu de ses immeubles, après paiement toutefois des hypothèques et des annuités dues au Crédit foncier, et des charges et accessoires nécessaires pour la gestion desdits immeubles.

NOMS, PRÉNOMS, PROFESSIONS ET DOMICILES.	L indique Liquidation * astérisque Avoué et Insuffisance	SYNDICS ET AVOUÉS	FAILLITES ET LIQUIDATIONS	DATE DES HOMOLOGATIONS DE CONCORDATS	INSUFFIS^ce ET UNIONS	SÉPARAT^on DE BIENS JUDICIAIRES	CONS. JUDIC. ET INTERDICT.
TRÉBOUL-ROUSSEAUX, Jules, négoc., rue du Sentier, 37......	*	Coche......	......	......	......	23 déc. 74	
TRÉBUTIEN, Jacques-Victor-Ad., drapier, rue de la Vrillière, 2.		Beaujeu.....	19 août 71	(1)			
TRECUL, agent d'affaires, rue de Lille, 4..................		Beaugé...	4 déc. 73		*28 févr. 74		
TREFFIL veuve, née BÉGUIN, restaur., boul. Ornano, 23.....		Heurtey.....	13 févr. 74				
TRÉGI-VIGIER, Théod., tailleur, r. Neuve-Petits-Champs, 41..	*	Lebœucq......	......			13 août 74	
TREMBLAY, Lt-Emile-Auguste, grainetier, à Boulogne.........		Chevillot ...	19 mai 70	(2)			
TRESTOURNEL père, commissionnaire, faub. du Temple, 45....		Meys......	15 juill. 73	22 août 74	(3)		
TREVET-LECUYER, Henri-Isidore, à Aubervilliers...........	*	Dumont......	......			17 nov. 74	
TRIDON dame, marchande de vins, r. Dupuytren, 33.....		Beaujeu.....	26 déc. 73		*31 janv. 74		
TRIEB et Cie, Victor, fleuristes, rue Le Peletier, 27.........		Darboux ...	15 mai 74		*17 août 74		
TRIER, Ida. Voir : DUMONT veuve.							
TRISTAN-DEVAUX, François, à Charenton............		Lebrun.....				9 déc. 73	
TROCELLIER-CHAUZEDONDE, J.-Pierre, pass. Ricaut, 4......	*	Dumont......	......			25 juill. 74	
TROCHE et JOUDERT, tailleurs, boul. St-Germain, 244........		Richard ...	2 juill. 74		*20 sept. 74		
TROCHET-BRUNET, François, rue Touzet, 10............	*	Clériot......				11 août 74	
TROLARD, Marie. Voir : LEFEVRE, dame.							
TRONSON, J.-Baptiste, commissionnaire, rue d'Armaillé, 25....		Gauche......	7 déc. 74				
Id. ex-marchand de vins, rue Meslay, 55...............		Prodhomme..	30 janv. 74		*31 mars 74		
TRUBLEREAU, Hortense, Voir : JULIEN, dame							
TRUPTIN, Emm.-Denis, boulanger, grande rue de la Chapelle, 74		Sarazin......	14 juin 74	10 déc. 74	(4)		
TUFFIER veuve, Jean-Charles. Voir : TREFFIL, veuve.							
TURBOT veuve, ex-march. de vins, rue Balagny, 8............		Chevallier ...	28 octob. 73	(5)			

U et V

ULMANN père, Louis, march. de curiosités, rue Labruyère, 40.		Beaujeu.....	25 nov. 73	16 juin 74	(6)		
UNION DES CAPITALISTES. Voir : BONNET.							
Id. FINANCIÈRE, rue Lafayette, 41..................		Moncharville.	22 août 74		*31 oct. 74		
Id. DES CHARPENTIERS, avenue de Choisy, 126........		Heurtey.....	15 nov. 72	(7)			
Id. MÉTALLURGIQUE DE FRANCE, r. Ste-Anne, 18........		Beaugé...	4 févr. 74				
VACHÉ, menuisier, avenue d'Orléans, 61..................		Quatremère..	30 avril 72	(8)			
VACHER-PORTEBŒUF, rue Montorgueil, 17.................	*	Dubeys......	......	......	......	3 févr. 74	
VAILLANT-PIGERRE, Alph.-Marc., r. Philippe-de-Girard, 70..*		Drechou.....				25 août 74	
VALADE, Aubin, couvreur, à Vanves..................		Richard ...	14 nov. 74				
VALANT, Paul, planeur sur métaux, r. de la Huchette, 27.....		Moncharville.	12 déc. 73	(9)			

(1) TRÉBUTIEN paie 8 fr. %, 3e répartition.

(2) TREMBLAY paie 12 fr. 13 c. %, unique répartition.

(3) TRESTOURNEL doit 50 %, en 5 ans, par 1/5, de l'homologat.

(4) TRUPTIN paie 56 fr. 41 c. %, savoir : 5 fr. 68 c. en espèces et 50 fr. 43 c. en billets, et s'oblige en outre à payer 10 %, en 2 ans, par 1/2, de l'homologation.

(5) TURBOT veuve paie 4 fr. 92 c. %, unique répartition.

(6) ULMANN père paie 2 fr. 59 c. % produit de son actif, et s'oblige à payer 16 %, en 4 ans, par 1/4, de l'homologation.

(7) UNION DES CHARPENTIERS paie 6 fr. 21 c. %, unique rép.

(8) VACHÉ paie 8 fr. 70 c. %, 2e et dernière répartition.

(9) VALANT paie 14 fr. 77 c. %, unique répartition.

NOMS, PRÉNOMS, PROFESSIONS ET DOMICILES.	§ indique liquidation ✦ astérisques Avoué et Insuffisance	SYNDICS ET AVOUÉS	FAILLITES ET LIQUIDATIONS.	DATE DES HOMOLOGATIONS DE CONCORDATS.	INSUFFIS** ET UNIONS.	SÉPARAT** DE BIENS JUDICIAIRES.	CONS. JUDIC. ET INTERDICT.
VALARCHET, march. de ferrailles, rue de la Cerisaie, 28.......		Darboux.....	23 janv. 74	....	*31 mars 74		
VALENTIN, serrurier, à Noisy-le-Sec.........................		Gautier.....	20 févr. 74				
Id. -PEYROUSE, Alph.-Simon, rue des Boulangers, 27...*		Delpon......	....	....		6 janv. 74	
VALETTE, Léon-Fréd., march. de vins, rue du Petit-Carreau, 28.		Richard.....	30 mai 74	....	*23 juill. 74		
Id. Pierre, march. de vins, r. de Vouillé, 67..........		Chevillot...	18 août 73	11 mars 74	(1)		
VALLAS dame, fournisseuse pour chapel., r. Neuve-St-Merry, 28		Knéringer...	27 juill. 74	....	*25 nov. 74		
VALLÉE, Pre-Augustin, imprimeur, rue du Croissant, 16........		Sarazin.....	17 août 72	(2)			
VALLEIX, H., banquier, rue St-Honoré, 346..................		Richard.....	4 janv. 73	(3)			
VALLET, fabr. de fourn. pr modes, rue Michel-le-Comte, 23....		Sarazin.....	14 sept. 74	30 déc. 74	(4)		
Id. marchand de vins, quai des Célestins, 54...........		Gautier.....	2 juin 74				
Id. Émile. Voir : RAGONNEAU et VALLET.							
Id. Adolphe, march. de nouv., rue des Dames, 7 et 9..		Knéringer...	1er août 73	7 févr. 74	(5)		
VALLETTE-MAILLET, J.-Alex., négociant, à Bourg-la-Reine...*		Caron.......	....	....		10 mars 74	
Id. Victor, linger, rue de Penthièvre, 19.............		Gautier.....	5 juill. 72	(6)			
VALLIER, Émile, ex-restaurateur, rue Papillon, 3...........		Heurtey.....	16 mars 74	....	*11 juin 74		
VALLOIS-GRANJEAN, Adol.-Fréd., rue de Crimée, 85.....		Servy.......	....	....		21 juill. 74	
VALLON dame, Fois, mercière, r. de Grenelle-St-Germain, 137.		Dufay.......	25 févr. 74	....	*31 mars 74		
VAN DE KERKHOVE, boulanger, à Asnières............		Beaugé......	27 août 74	....	*30 sept. 74		
VANDERHAEGHE, march. de chaussures, boul. Sébastopol, 131.		Barbot......	7 juill. 74	(7)			
Id. -MARTIN, Fortuné-Désiré-Bonheur............		Bonfils.....	....	....		17 nov. 74	
VAN DER MEULEN, fabr. d'art. de mod., boul. Magenta, 31....		Chevallier..	15 nov. 73	21 mai 74	(8)		
VAN HUYGHEVELDE, Alfred, tapissier, à Boulogne.......		Meys........	24 août 74				
VANNIER Ve et Cie, entrepr. de transp., boul. Richard-Lenoir, 67		Heurtey.....	13 déc. 73	(9)			
VANTIER et BOINET, bonnetiers, rue Rochechouart, 92......		Richard.....	3 avril 73	(10)			
VARENNE veuve, décédée, march. de nouv., r. du Rocher, 92..		Sarazin.....	13 fév. 73	(11)			
VARIOLI, Pre-Joseph, fabr. d'irrigateurs, r. du Temple, 112....		Knéringer...	22 avril 74				
VARLET, Alph.-Nat., apprêt' sr étoffes, rue Fontaine-au-Roi...		Beaugé......	15 janv. 72	20 avril 72	*22 déc. 74		
VATIN-EGRET, Bruno-Armand-Camille, à Douvres........*		Mouillefarine	....	....		1er déc. 74	
VAUDOIS, Pre-Zéphirin, cordonnier, à Champigny........		Heurtey.....	20 avril 74	....	*23 juill. 74		
VAUGEOIS dame. Voir : GAILLARD veuve.¹							
VAURY-JENNEPIN, Pierre, impasse Fessart, 6.............		Plassard....	....	....		24 juill. 74	
VAUTHIER, charcutier, rue de la Roquette, 65.............		Chevallier..	6 févr. 74	....	*28 févr. 74		
VAUZELADE-PRADET, François, à Aubervilliers.........*		Lemaire.....	....	....		23 juin 74	
VEILLET-DEBARBE, J.-Bapt.-Ben., maroquin., r. des Cordeliers.		Beaufour....	9 mai 74				
VERBECQ-BLARETTE, Alex.-Louis-Remy, à Ivry............		Dromery	....	....		7 juill. 74	
VERBOIS, Jules-Tutou., fabr. de cannes, r. Salomon-de-Caus, 4.		Battarel....	25 nov. 73	5 juin 74	(12)		

(1) **VALETTE**, Pierre, doit 30 %, en 5 ans, par 1/5, de l'homol.

(2) **VALLÉE** paie 19 fr. 31 c. %, pour les deux dernières répart.

(3) **VALLEIX** paie 5 fr. 51 c. %, unique répartition.

(4) **VALLET** doit 30 %, en 4 ans, par 1/4, de l'homologation.

(5) **VALLET**, Adolphe, doit 20 %, en 4 ans, par 1/4, de l'homol.

(6) **VALLETTE** paie 9 fr. 16 c. %, unique répartition.

(7) **VANDERHAEGHE** paie 25 fr. 28 c. %, unique répartition.

(8) **VAN DER MEULEN**, paiera l'intégralité des créances en 5 ans, par 1/5, de l'homologation.

(9) **VANNIER** et Cie paient 5 fr. 09 c. %, unique répartition.

(10) **VANTIER et BOINET**. — Vantier paie 3 fr. 81 c. % ; Boinet 15 fr. 74 %, unique répartition.

(11) **VARENNE** veuve paie 0 fr. 79 c., 2e et dernière répartition.

(12) **VERBOIS** doit 75 %, en 5 ans, par 1/5, du 1er juillet 1874.

NOMS, PRÉNOMS, PROFESSIONS ET DOMICILES.	L [biffure] Liquidation • sortissurage Avoué et Insuffisance	SYNDICS ET AVOUÉS	FAILLITES ET LIQUIDATIONS	DATE DES HOMOLOGATIONS DE CONCORDATS	INSUFFIS⁰ⁿ ET UNIONS	SÉPARAT⁰ⁿ DE BIENS JUDICIAIRES	CONS.JUDIC. ET INTERDICT.
VERDAN, GALLET et Cie, changeurs, rue Turbigo, 45		Sautton	20 mai 74		* 31 juill. 74		
VERDIER, Nord.-Fort.-Joseph, chemis., boul. des Italiens, 25		Barbot	10 mars 71	4 octob. 74	* 31 mars 74		
VERDUN, Adelain, comm⁰⁰, rue de l'Entrepôt, 35		Gautier	1ᵉʳ avril 73	23 juill. 73	12 déc. 74		
VÉREL-PARROT, René-Ém., fabr. de châles, r. de Cléry, 40	*	Bourse				8 déc. 74	
Id. Id. Id. Id.		Sautton	15 octob. 74				
VERJAT, Françoise-Fanny. Voir : DAILLY veuve.							
VERMONT-SCHMIT, Jos.-Zérnir, rue de la Rizière, 10	*	Poinsot				18 nov. 73	
VERMOREL veuve, née CORTOT, teint⁰⁰, r⁰ de Versailles, 87		Prodhomme	20 mars 74	(1)			
VERNAUT, Lᵉ-Ern., chocolatier, rue de Flandre, 52		Meys	10 déc. 71	1ᵉʳ août 72	* 31 janv. 74		
VERNET, J.-Bapt.-René, tapissier, place des Vosges, 2		Barboux	12 août 74		* 20 oct. 74		
Id. DE BONS, entrep⁰⁰ d'eaux minérales, rue Lacuée, 16		Normand	15 janv. 74		* 27 mars 74		
VERRERIES DU BASS. HOUILL. DE LA CREUSE, faub. Poisson⁰⁰		Heurtey	1ᵉʳ oct. 68	(2)			
VEZIN dame, née CHARPANTIER, hôtelière, r. Condorcet, 50		Sautton	10 nov. 73	9 mai 74	(3)		
VIAL, ex-marchand de vins, rue Poissonnière, 37		Meys	25 avril 72		* 31 déc. 73		
VIALLET, Jacques-Régis, mégissier, rue de la Clef, 44		Pinet	31 juill. 73	6 janv. 74	(4)		
VIARD dame, Claude-Vict., épicière, r. de la Bienfaisance, 22		Beaujeu	29 sept. 74				
VIART jeune, Vict., march. d'art. de brosser., r. Montmorency, 7		Neillencourt	26 déc. 72				
VIAUD, boulanger, rue de la Glacière, 88		Gauche	25 août 74		* 24 oct. 74		
VIBERT, camionneur, à Saint-Maurice		Chevillot	27 juill. 74		* 31 août 74		
VIDAL, Paul, trancheur de bois, rue de Rome, 72		Beaugé	8 nov. 73	(5)			
Id. Jean. charbonnier, passage d'Orient, 9		Bourbon	6 juin 73		* 31 déc. 74		
VIDALENC, Antoine, crémier, rue Cadet, 5		Quatremère	25 juill. 65	(6)			
VIDELOT, ARNOULD et Cie, imprimeurs, rue de Clichy, 15		Lamoureux	20 mai 74		* 28 août 74		
VIEL, Lucien et Eug., commissionn., r. des Petites-Écuries, 27		Normand	4 juin 74	26 sept. 74	(7)		
VIEUGE-ERNOUF, Edmond, à Bourg-la-Reine	*	Gouget				23 juin 74	
VIGNES, serrurier, rue Tlemcen, 16		Sarazin	24 mars 74		* 30 juin 74		
VIGOUROUX veuve, mère, épicière, rue Fontaine-au-Roi, 50		Id.	11 juin 74	(8)			
VIGY, ex-limonadier, rue Folie-Méricourt, 92		Barbot	5 déc. 73		* 28 janv. 74		
VILAIN, Louis-Alph., entrepr. de bâtiments, rue des Moines, 99		Meys	29 mai 73	29 janv. 74	(9)		
VILDET Vᵉ, née CHERON, mᵈ de vins, boul. de Belleville, 100		Knéringer	17 déc. 73		* 8 avril 74		
VILLAIN, Théod.-Denis, fᵗ de brosses, boul. Sébastopol, 110		Beaugé	12 janv. 74	13 mai 74	(10)		
VILLAT, boulanger, à Boulogne		Gauche	28 déc. 74				
VILLAUME, Jean-Charles, restaurateur, à Pantin		Beaufour	6 mars 74		* 29 mai 74		
VILLEMAIN, Henry, changeur, r. N.-D.-des-Victoires, 40		Sautton	14 sept. 70	(11)			
VILLIN, Charles-Ernest. Voir : MANSARD et VILLIN.							

(1) **VERMOREL** veuve paie 3 fr. 42 c. %, unique répartition.

(2) **VERRERIES DU BASSIN** etc. — Le syndic paie 8 fr. 85 c. %, unique répartition.

(3) **VEZIN** dame doit 20 %, en 5 ans, par 1/5, de l'homologat.

(4) **VIALLET** paie 14 fr. 11 c. %, produit de son actif, et s'oblige à payer 5 %, en 5 ans, par 1/5, de l'homologation

(5) **VIDAL** Paul, paie 0 fr. 53 c. %, unique répartition.

(6) **VIDALENC** paie 40 fr. %, première répartition.

(7) **VIEL** frères paient 15 fr. 12 c. %, produit de leur actif. — Mᵐᵉ veuve Viel paie comp¹ une somme de 28,000 fr., au moyen desquels elle libère complètement MM. Lucien et Eugène Viel.

(8) **VIGOUROUX** veuve paie 16 fr. 37 c. %, unique répartition.

(9) **VILAIN** paie 15 fr. %, dans le mois de l'homologation et 15 %, les 31 décembre 1875, 1876 et 1877.

(10) **VILLAIN** doit 25 %, en 5 ans, par 1/5, de l'homologation.

(11) **VILLEMAIN** paie 1 fr. 85 c. %, unique répartition.

NOMS, PRÉNOMS, PROFESSIONS ET DOMICILES.	Liquidation ☀ Astérisqes Avoué et Insufficance	SYNDICS ET AVOUÉS	FAILLITES ET LIQUIDATIONS.	DATE DES HOMOLOGATIONS DE CONCORDATS	INSUFFIS^{es} ET UNIONS.	SÉPARAT^{es} DE BIENS JUDICIAIRES.	CONS. JUDIC. ET INTERDICT.
VILLON, P^{re}-Arthur, parfumeur, à Levallois...............		Prodhomme..	6 mars 74	2 juill. 74	(1)		
VILTARDIF, Julien-Alfred, boucher, rue Tracy, 9...........		Chevallier...	1er avril 74	24 août 74	(2)		
VINCENT père, Jean, restaurateur, à Asnières.............		Beaujeu.....	23 déc. 74	....	*31 déc. 74		
Id. dit NOEL, Jules, march. de vins, rue d'Asnières, 93...		Id........	1er oct. 74	....	*28 nov. 74		
Id. Franç., march. de vins-hôtel., gr. r. de la Chapelle, 4..		Devin.......	19 mai 73	(3)			
Id. V^e, décéd., née ROUSSELET, m^{de} de bros., r. Gaillon, 7		Gauche......	30 nov. 72	(4)			
Id. marchand de vins en gros, à Levallois..............		Burboux....	3 juill. 74	....	*25 août 74		
Id. -SAUVÉ, Noel-Mac.-Vict., avenue de Breteuil, 63....		Delessard ...			....	16 juin 74	
Id. -GOUET, Arsène-Aimable, rue des Martyrs, 40.......		Bonfils.....			....	27 janv. 74	
VIOLAND, Adolphe-Nic., f^t de produits chimiques, à Vanves....		Dufay.......	23 juill. 73	29 janv. 74	(5)		
VIOLARD-THUEUX, Paul-Thomas, nég^t, rue Richelieu, 102...		Delepouve...			....	24 mars 74	
VIOLETTE dame. Voir : CORNIL dame.							
Id. Id. Isidore, quincaillière, place Voltaire, 2......		Chevillot....	10 mars 74	1er juill. 74	(6)		
VION et Cie, Jules et Ét., m^{de} de pelleteries, r. Charonne, 142..		Maillard.....	15 nov. 73				
VIRET, Louis, passementier, rue d'Aboukir, 27		Pinet	14 août 74				
VIRLEGOUX dame, Firmin-Barth., restaurateur, à Joinville..		Chevallier...	8 octob. 74	....	*25 nov. 74		
VITEL, Leon-J.-Bapt.-Const., m^d de dentelles, r. d'Aboukir, 61..		Sarazin	8 octob. 74				
VIVET, décédé, Julien, marchand de vins, à Nogent........L.		Beaujeu.....	16 octob. 71	8 févr. 72	26 juin 74	(7)	
VIVIEN, Louis-Léon, boulanger, rue de Citeaux, 30........		Meys........	16 juin 74				
VOGT, commissionnaire en marchandises, rue d'Albouy, 24....		Beaujeu.....	2 janv. 74	....	*27 févr. 74		
VOISSE et MANDEL, banquiers, rue de la Bourse, 3.......		Hécaen......	19 juin 73	(8)			
VOLLANT, Pierre-Emile, pharmacien, rue de Meaux, 22....		Burboux	8 mai 74	28 août 74	(9)		
VOLLEREAUX, Marie-Joseph, fondeur de suifs, à Ivry.......		Legriel	16 juin 74				
VOLOT, F^{ois}, marchand de vins, rue des Épinettes, 5		Sarazin	30 déc. 73	....	*28 févr. 74		
VOLQUIN-NOIROT, Aug.-Hector, sans domicile connu.......		Duboys			....	5 mars 74	
VOLUISANT v^{ve}, née PANETIER, ex-m^{de} de vins, r. d'Aboukir, 103.		Sarazin	6 mars 74	(10)			
VON DRUNN et GROLLIMUND, grs merciers, r. Jean-Lantier, 7...		Richard.....	29 octob. 73	(11)			
VOSS-PRICHLER, Edouard, sans domicile connu.......		Chagnet.....			....	18 nov. 73	
VOUTREMER-LÉGER, Ch.-F^{ois}, boucher, r. du Fr.-St-Germ., 71.		Kieffer......			....	11 août 74	
VUATEAU et Cie, Jean-Edouard, droguistes, r. des Juifs, 11....		Hécaen......	4 juill. 72	(12)			

W, X, Y et Z

WACHENEIMER, Maurice. Voir : MAURICE et Cie.							
WACHTELS, Henri-Philippe. Voir : ORTMANS et WACHTELS.							
WAHL-CHASTENET, Louis-Richard, à Boulogne		Aymé.......			....	18 févr. 74	

(1) VILLON doit 25 °/₀, en 5 ans, par 1/5. — MM. Millet, François et Adrien Varaldi, M. Villon père et Mme Villon ne touche-
ront leurs dividendes qu'après le paiement intégral de ceux
promis aux créanciers.

(2) VILTARDIF doit 20 °/₀, en 4 ans, par 1/4, de l'homologat.

(3) VINCENT, François, paie 19 fr. 89 c. °/₀, unique répartition.

(4) VINCENT veuve. — Le syndic paie 6 fr. 20 c. °/₀, uniq. rép.

(5) VIOLAND doit 20 °/₀, en 4 ans, par 1/4, de l'homologation.

(6) VIOLETTE dame, paiera 30 °/₀, en 5 ans, par 1/5, de l'h^{on}.

(7) VIVET, décédé, est qualifié failli par jug^t du 7 déc. 1874.

(8) VOISSE et MANDEL paient 4 fr. 58 c. °/₀, unique répartit.

(9) VOLLANT paie 5 °/₀ compt^t et 20 °/₀, en 5 ans, par 1/5, de l'h^{on}.

(10) VOLUISANT veuve, paie 16 fr. 24 c. °/₀, uniq. répartition.

(11) VON BRUNN et GROLLIMUND paient 11 fr. 13 c. °/₀, un. rép.

(12) VUATEAU et Cie paient 48 fr. 75 c. °/₀, unique répartition.

NOMS, PRÉNOMS, PROFESSIONS ET DOMICILES.	Indique Liquidation Arriérage Avoué et Insuffisante	SYNDICS ET AVOUÉS	FAILLITES ET LIQUIDATIONS.	DATE DES HOMOLOGATIONS DE CONCORDATS	INSUFFIS ET UNIONS.	SÉPARAT DE BIENS JUDICIAIRES.	CONS. JUDIC. ET INTERDICT.
WALLET-PEPIN, Léop.-Augustin, place des Trois-Maries, 3...	*	Derré......	....	....		20 déc. 73	
WALTZ, Jules-Christian, md de nouveautés, à Pantin.........		Normand...	17 mars 74	(1)			
WARLUZEL-VIGUET, Charles, rue d'Aboukir, 8	*	Nicquevert..	....			25 août 74	
WASSE, Thimothée-Philogone, tailleur, rue de Richelieu, 85.		Bourbon ...	4 déc. 73	10 avril 74	(2)		
Id. -BERNARD, Id. Id. Id. ...	*	Vandewalle..	....			3 févr. 74	
WEBER, Jacques, limonadier, rue de la Vole-Verte, 19		Gautier...	21 avril 74	....	* 30 déc. 74		
Id. veuve, Claude, mde de nouveautés, r. d'Amsterdam, 27.		Barbot...	3 octob. 73	12 janv. 74	(3)		
WEIBEL, François-Joseph, serrurier, à Courbevoie...........		Barboux...	1er août 73	7 mars 74	(4)		
WEIL, A., bonnetier, rue Malar, 37................		Caucho...	7 nov. 74				
WEILLER, Joseph, tapissier, à Levallois-Perret		Sommaire ...	3 octob. 74				
WEILS, marchand de vins, passage Delessert, 5.............		Chevillot....	21 mars 74		* 28 mai 74		
WEISS, boulanger, rue de Vouillé, 61		Heurtey ...	22 sept. 74		* 31 déc. 74		
WERNER et Cie, E., négociants, faubourg St-Martin, 31......		Richard.....	19 nov. 73		*28 janv. 74		
WERTHEIMER-HIRTZ, Isid.-Isaac-Ernest, rue des Vosges, 7...	*	Masse......	....			20 mai 74	
WERY, Eugène, maçon, avenue Bugeaud, 22		Pinet......	13 janv. 72	(5)			
WEYL et Cie, commissionnaires, rue St-Joseph, 8............		Beaugé...	16 mai 74				
WILHELMY, Catherine. Voir : JEOFFRET veuve.							
WINANDS, Marcus, colporteur, rue St-Antoine, 207...........		Bégis ...	18 août 74	9 déc. 74	(6)		
WITTEMANN et Cie, commres en peaux, r. des 2 Portes, 22...L		Sautton	6 janv. 72	(7)			
WITZ, GOURNAY et Cie, md de vins, à la Varenne-St-Hilaire..		Chevillot ...	11 juin 73	7 mai 74	(8)		
WIZEMANN, Georg.-Martin, tailleur, r. Neuve-St-Augustin, 21.		Gautier....	19 octob. 74	....	* 24 déc. 74		
WOLF, Salvador, md de soldes, rue St-Martin, 252..........		Sautton ...	10 août 74	30 nov. 74	(9)		
Id. jeune et Cie, Armand, mde de toiles, r. d. Ptes-Ecuries, 42		Dufay.......	5 nov. 74				
WOLFF père, négt à Zwoll (Hollande) et à Paris, r. Magnan, 20.		Beaufour	8 juill. 74				
WORDE, Paul, agent de publicité, rue Richelieu, 85..........		Pinet	26 août 74		* 25 nov. 74		
WUG, Jules. Voir : FRILOUX dlle et MERCIER dit WUG.							
WUNSCH, Guil.-Phil., propr d. Papeteries du Jura, r. Laffitte, 12.		Pinet	14 sept. 74				
WURMSER, Ernest. Voir : LEVY-WURMSER.							
XAINTE dame, Clémentine, limonadière, rte de Versailles, 188..		Gautier......	11 mai 74		* 20 juill. 74		
YGRON, François, restaurateur, rue Turbigo, 79		Pinet	20 juin 70		*24 juin 71		(10)
YUNG, Jules, confectionneur, rue Rivoli, 24................		Sarazin......	17 sept. 74	18 déc. 74	(11)		
YVER, Armand-Désiré-Alph., bijoutier, rue St-Jacques, 131....		Barbot	22 mai 74				
ZIMMERMANN, fr de machines à coudre, rue St-Jacques, 257..		Pinet	10 avril 74	14 sept. 74	(12)		

(1) **WALTZ** paie 21 fr. 05 c. %, unique répartition.

(2) **WASSE** doit 25 %, en 5 ans, par 1/3 : caution, Mme Wasse.

(3) **WEBER** veuve, doit 30 %, en 6 ans, par 1/6, de l'homolog.

(4) **WEIBEL** doit 40 %, en 5 ans, par 1/5, de l'homologation.

(5) **WERY** paie 5 fr. 23 c. %, unique répartition.

(6) **WINANDS** paiera 50%, en 5 ans, par 1/5 : caution, Mme Winands.

(7) **WITTEMANN** et Cie paient 1 fr. 40 c. %, unique répartition, et sont qualifiés faillis par jugement du 24 novembre 1874.

(8) **WITZ, GOURNAY** et Cie paient 55 fr. 75 c. %, prod. de leur actif, abandonnent 8,000 fr. prov. de la succession Witz père, et s'obligent à parfaire 100 %, en 2 ans et 2 paiements égaux.

(9) **WOLF, Salvador**, paiera l'intégralité des créances, en 6 ans, à partir de l'homologation.

(10) **YGRON.** — Réouverture du 22 septembre 1874.

(11) **YUNG** doit 20 %, en 5 ans, par 1/5, de l'homologation.

(12) **ZIMMERMANN** doit 25 %, en 5 ans, par 1/5, de l'homolog.

Imp. et lith. E. CHENU, à Orléans.

www.ingramcontent.com/pod-product-compliance
Lightning Source LLC
Chambersburg PA
CBHW060950220326
41599CB00023B/3663